SECTORES EM REDE: REGULAÇÃO PARA A CONCORRÊNCIA

CARLOS BAPTISTA LOBO
Professor da Faculdade de Direito da Universidade de Lisboa

SECTORES EM REDE: REGULAÇÃO PARA A CONCORRÊNCIA

Enquadramento Jurídico-Económico das redes Físicas
(Telecomunicações, Energia e Transportes) e das Redes Virtuais

SECTORES EM REDE: REGULAÇÃO PARA A CONCORRÊNCIA
Enquadramento Jurídico-Económico das Redes Físicas
(Telecomunicações, Energia e Transporte) e das Virtuais

AUTOR
CARLOS BAPTISTA LOBO

EDITOR
EDIÇÕES ALMEDINA. SA
Av. Fernão Magalhães, n.º 584, 5.º Andar
3000-174 Coimbra
Tel.: 239 851 904
Fax: 239 851 901
www.almedina.net
editora@almedina.net

PRÉ-IMPRESSÃO | IMPRESSÃO | ACABAMENTO
G.C. GRÁFICA DE COIMBRA, LDA.
Palheira – Assafarge
3001-453 Coimbra
producao@graficadecoimbra.pt

Outubro, 2009

DEPÓSITO LEGAL
301226/09

Os dados e as opiniões inseridos na presente publicação
são da exclusiva responsabilidade do(s) seu(s) autor(es).

Toda a reprodução desta obra, por fotocópia ou outro qualquer
processo, sem prévia autorização escrita do Editor, é ilícita
e passível de procedimento judicial contra o infractor.

Biblioteca Nacional de Portugal – Catalogação na Publicação

Lobo, Carlos Batista

Sectores em rede : regulação para a
Concorrência. - (Teses doutoramento)
ISBN 978-972-40-3869-8

CDU   346
      338

À memória do Professor Doutor António de Sousa Franco

AGRADECIMENTOS

- Ao Professor Doutor Eduardo Paz Ferreira, pela orientação científica desta dissertação e pelos incentivos contínuos à sua realização;

- À Faculdade de Direito da Universidade de Lisboa, pela dispensa de serviço docente que possibilitou a sua elaboração;

- A todos os meus Colegas e Amigos, pelo apoio prestado, impondo-se aqui salientar a Dr.ª Mafalda Carmona.

RESUMO

A presente dissertação tem como objectivo a descrição das formas típicas de organização dos diversos sectores em rede, físicos ou virtuais, e o seu impacto nos modelos gerais de regulação económica e do direito da concorrência, quer ao nível dogmático geral, quer ao nível concreto do controlo de comportamentos individuais e de comportamentos colectivos de sujeitos dominantes, tendo em vista a concretização de uma teorização jusconcorrencial eficiente adaptada à generalidade dos sectores económicos.

Palavras-chave: sectores em rede, princípio da eficiência; concorrência; exterioridades de rede; mercado relevante; posição dominante individual; posição dominante colectiva; regulação.

ABSTRACT

The network industries require a new way to approach economic regulation and also a new way to approach competition policy. Departing from the current legal *status* this work proposes a new theoretical framework on individual and collective dominance in physical and virtual networks characterized by dynamic, global and innovative markets.

Key words: network industries, efficiency; effective competition; network externalities; relevant market; market power; dominance.

PREFÁCIO

Dez anos depois da sua muito inovadora dissertação de mestrado – **Concorrência Bancária** – Carlos Baptista Lobo apresenta--nos a tese de doutoramento, que defendeu com grande brilho na Faculdade de Direito de Lisboa e fica a constituir um marco do maior relevo no conjunto de estudos sobre a concorrência que aquela Escola tem colocado ao serviço da comunidade jurídica e económica e, particularmente, daqueles que cultivam aquele fascinante ramo do saber que tanto se tem vindo a desenvolver.

Se já a **Concorrência Bancária?** era um livro desafiador, que se arriscava por terrenos complexos, **Sectores em Rede. Regulação para a Concorrência** não lhe fica em nada atrás, constituindo uma incursão totalmente ganha em áreas até agora praticamente ignoradas pela doutrina portuguesa e que convocam os saberes económico e jurídico.

As questões relacionadas com as indústrias de rede têm, de resto, merecido uma especial atenção de Carlos Lobo, também na sua actividade profissional, em que tem produzido, igualmente, trabalho da grande qualidade.

A dissertação tem como objecto a descrição das formas típicas de organização dos diversos sectores em rede, físicos ou virtuais, e o seu impacto nos modelos gerais de regulação económica e do direito da concorrência, tendo em vista a concretização de uma teorização jus concorrencial eficiente e adaptada à generalidade dos sectores económicos.

No essencial, defende-se no livro que os sectores em rede, independentemente da configuração que revistam, necessitam de uma política concorrencial e reguladora eficiente que, tomando em consideração as suas características próprias – *maxime* a inerente tendência para a concentração económica – defina modelos de organização óptima tendo em vista a promoção do bem-estar social.

Os sectores de rede constituem um dos maiores desafios à política de concorrência e têm sido especialmente trabalhados pela doutrina norte-americana, que o autor revela dominar, dialogando com frequência com os mais representativos autores.

Trata-se, como todos podem verificar de um livro de uma densidade, que poderia, por vezes, ter sido aliviada, mas que atesta não só os vastos conhecimentos na área, como também a capacidade para reflectir sobre os mesmos. Penso que é, também, uma daquelas obras que funcionará como estímulo a que novos estudos surjam, que é o que de melhor pode desejar um académico.

A mestria que Carlos Lobo demonstra na presente obra tem paralelo naquela que tem revelado noutras áreas, com relevo para a fiscalidade, campo em que associa à obra publicada a passagem por funções governativas.

Trata-se de um autor eclético, desperto para as grandes questões do direito e da economia. Traço comum a todas as suas obras, para além, da grande qualidade, é o gosto pelo risco e pela inovação. Tal gosto contribui para o prazer que tenho em prefaciar a obra e em ter Carlos Lobo como colega.

Eduardo Paz Ferreira

NOTA PRÉVIA

O objectivo desta dissertação, tal como o próprio título poderá indiciar, consiste na demonstração da possibilidade de desenvolvimento de uma teoria geral de direito económico, *maxime* ao nível da regulação e do direito da concorrência, que se aplique à generalidade dos sectores em rede.

O desafio é complexo e abrangente.

A doutrina tende a analisar a questão ou de forma limitada (investigando casuisticamente os diversos sectores económicos e tentando estender as conclusões concretas à generalidade das situações), ou de forma parcial (tomando o partido da regulação em desfavor da concorrência, e vice-versa), ou ainda numa perspectiva excessivamente genérica (analisando uma questão abstracta de forma genérica e emitindo mandamentos subsequentes inadaptáveis às situações concretas).

Por outro lado, e dada a sua relevância actual, o regime concorrencial dos sectores em rede assume-se como a principal questão doutrinária actualmente em discussão no seio do direito económico, permitindo o cruzamento contínuo de argumentos originários das escolas de vocação mais económica com os argumentos tipicamente mais conservadores das escolas do Direito. Para dificultar ainda mais a questão, as contendas assumiram, em algumas circunstâncias, a dimensão de verdadeiras disputas territoriais (campo do Direito/campo da Economia) ou ideológicas (escola de Chicago/Escola Post-Chicago/Escola Austríaca) eivadas de sentimentalismos naturalmente tendenciosos.

Atendendo ao seu alcance, necessariamente coincidente com o das redes mundiais, o debate atinge uma dimensão global. É por essa razão que se adopta a perspectiva do direito económico de fonte comunitária para a realização desta análise. Efectivamente, todos os modelos de ordenação económica dos Estados-Membros decorrem directamente das orientações comuns adoptadas no seio da União Europeia.

Dada a evidente convergência de posições entre esta ordem jurídica e a ordem jurídica norte-americana, optou-se, nas matérias essenciais, por cruzar as duas perspectivas, uma vez que a sua aproximação crescente permitirá extrair da segunda (inapelavelmente mais avançada em sede dogmática) orientações de ordenação que a primeira poderá, presumivelmente, adoptar.

Uma vez que se adoptou uma perspectiva dogmaticamente neutra – assente num princípio de eficiência – toda a modelização jurídica deverá fundar-se, e fundamentar-se, nos sãos princípios económicos. Neste enquadramento, a Economia constitui-se como uma verdadeira fonte ao nível dos princípios que devem guiar as soluções do direito económico. Neste âmbito, não existe qualquer margem para discricionariedades infundadas ou tendenciosas.

De forma a obter o máximo de coerência ao nível da enunciação da proposta doutrinária que, afinal, fundamenta esta dissertação, recorreu-se aos princípios estabelecidos na teoria das redes já hodiernamente estabelecidos para outras áreas do conhecimento. Obviamente que essa recepção não se efectuou sem dificuldades, no entanto permitiu obter alguns activos de importância fundamental.

O advento da denominada *"Nova Economia"*, caracterizada pelo seu intenso dinamismo, pelo seu alcance global e pela intensidade da inovação, obrigou a um repensar de posições a este propósito. Porém, é importante limitar os efeitos que daí decorrem e isolar as realidades realmente atípicas, sabendo-se que muitas das questões que se apresentam como novidade não são mais do que revisitações de disputas teóricas já resolvidas no passado.

Existe uma orientação que é estrutural ao longo da dissertação e que conforma definitivamente as suas conclusões: o conceito de rede tem um alcance tendencialmente global e uma organização inerentemente concentrada. Neste âmbito, os paradigmas concorrenciais assentes no modelo de concorrência perfeita devem, necessariamente, ser adaptados, nomeadamente ao nível do estabelecimento de modelos de contratação de acesso, das políticas de fixação de preços e da análise dos efeitos dos comportamentos colectivos perante a natural proeminência de *"líderes de mercado"*.

É neste enquadramento, complexo e abrangente, que os decisores públicos deverão desenvolver uma acção de ordenação económica – vulgo regulação – tendo em vista a promoção de uma concorrência efectiva e dinâmica nos sectores em rede.

Com o objectivo de garantir a maior neutralidade possível nas orientações propostas, optou-se por reduzir ao máximo as referências concretas aos sectores económicos específicos. De facto, as conclusões extraídas resultam de um processo analítico profundo dos mandamentos constantes na diversa legislação ordenadora dos mercados e dos princípios orientadores emitidos, quer pela doutrina administrativa, quer pelas instâncias judiciais, relativamente a cada um dos sectores em rede mais relevantes.

Efectuou-se, portanto, uma identificação dos elementos comuns a todos os sectores em rede, de forma a permitir a emissão de sugestões gerais de orientação juseconómica susceptíveis de serem aplicadas, de forma abstracta, a todos eles.

MODO DE CITAR E OUTRAS CONVENÇÕES

I – A jurisprudência do Tribunal de Justiça das Comunidades Europeias (Tribunal de Justiça) é sempre citada tomando como referência a *"Colectânea de Jurisprudência do Tribunal de Justiça das Comunidades Europeias"*. Por questões de simplificação, mesmo a jurisprudência anterior a 1986 é citada nesta conformidade, apesar de constar, como se sabe, no *"Recueil de Jurisprudence de la Cour de Justice des Communautés Européenes"*. Nesta óptica, adoptou-se a metodologia de abreviar as referências a "Colectânea", colocando-se o número do volume anteriormente à data. No entanto, e para efeitos de consulta, poderá utilizar-se o sítio oficial do Tribunal de Justiça: www.curia.eu

II – A legislação e jurisprudência norte-americana são citadas tomando como referência a metodologia do "US Code", com algumas adaptações, sendo que, para efeitos de consulta, poderá utilizar-se o sítio do *Department of Justice:* www.usdoj.gov

III – A referência às disposições relativas ao Tratado da União Europeia e, sobretudo, do Tratado que institui a Comunidade Europeia, são efectuadas tomando como referência a renumeração das mesmas em resultado do Tratado de Amesterdão, bem como às alterações decorrentes do Tratado de Nice, adoptando-se, com algumas alterações (*maxime* a referência simplificada a "Tratado", a referência abreviada do Jornal Oficial (JO) e a referência unicamente anual na indicação do Jornal Oficial), a *"Nota informativa sobre a citação dos artigos dos Tratados nos textos do Tribunal de Justiça e do Tribunal de Primeira Instância"* (in JO C 246/1, 1999). Desta forma, as disposições do Tratado que institui a Comunidade Europeia serão sempre efectuadas referindo-se ao artigo tal como se encontra em vigor depois de 1 de Maio de 1999. Em conformidade, adaptaram-se os artigos relevantes, mesmo quando se efectuam citações de decisões ou de jurisprudência.

IV – O Regulamento n.º 4064/89, do Conselho, de 21 de Dezembro de 1989, relativo ao controlo das operações de concentração de empresas (JO L 395/1, 1989), será referido sob a forma abreviada como *"Regulamento das Concentrações"*. Esta referência é efectuada ao corpo do regime, pelo que englobará igualmente o regime objecto das duas reformas já realizadas (a primeira reforma resultou da aprovação do Regulamento n.º 1310/97, do Conselho, de 30 de Junho – JO L180/1, 1997 – e a segundo do Regulamento n.º 139/2004, do Conselho, de 20 de Janeiro – JO L24/1, 2004), sendo que a última procede à integral republicação do referido regime, incorporando as alterações introduzidas *ex novo*. Só quando seja relevante, por exemplo, para a comparação de regimes, é que se fará referência às diferentes datas de publicação deste diploma legal.

V – A citação da legislação é efectuada em modo arial com letra 10, enquanto que citações de autores, acórdãos ou decisões administrativas são efectuadas em *itálico*. A generalidade das citações nos textos em língua estrangeira é feita na língua original. Sempre que a citação for traduzida, por relevância fundamental, a tradução será, claro está, da nossa responsabilidade.

VI – Os títulos de monografias são citados em *itálico*. Os títulos de estudos que integrem publicações periódicas ou incluídos em colectâneas são citados em *itálico,* entre aspas. Em regra, as publicações periódicas são citadas de forma não abreviada.

VII – A citação de obras de referência obedeceu a um princípio de ponderação de relevância. Efectivamente, nesta matéria, existe actualmente um excesso de informação e de elementos de suporte, sendo essencial proceder a uma selecção de conteúdos. Neste âmbito, referiram-se unicamente os autores cujo contributo se considerou como relevante para a elaboração da dissertação. Caso se pretenda saber mais sobre uma determinada matéria, bastará aceder a um motor de busca e efectuar a correspondente procura. Por outro lado, poderá igualmente aceder-se a bases de dados centralizadas de bibliografia que proliferam na internet. Formalmente, as obras citadas pela primeira vez são referidas pelo nome do autor e respectivo título, seguidos dos elementos de identificação fundamentais (origem/editora/ ano), da monografia ou do periódico (seguido das páginas em causa). Nas citações seguintes, estes dados, à excepção das páginas, serão omitidos (op. cit., cit. ou citado), sendo, em caso de desfasamento significativo entre a primeira citação e a citação em causa, acompanhados pelo título da obra.

PLANO GERAL

PARTE I
INTRODUÇÃO GERAL

CAPÍTULO I – Introdução dos sectores em rede
CAPÍTULO II – Da arquitectura da rede
CAPÍTULO III – Sectores em rede: questões estruturais essenciais

PARTE II
INTRODUÇÃO À REGULAÇÃO E CONCORRÊNCIA NOS SECTORES EM REDE

CAPÍTULO I – A política da regulação e da concorrência nos sectores em rede

PARTE III
PRÁTICAS CONCORRENCIAIS INDIVIDUAIS NOS SECTORES EM REDE

CAPÍTULO I – Da reformulação das bases de análise concorrencial das redes na óptica da posição dominante individual
CAPÍTULO II – Análise económica dos modelos de extensão vertical do poder de mercado em segmentos dos sectores em rede
CAPÍTULO III – Do abuso da posição dominante – práticas individuais de exclusão concorrencial nos sectores em rede
CAPÍTULO IV – Do abuso da posição dominante – práticas individuais de exclusão concorrencial baseadas na política de preços nos sectores em rede

PARTE IV
PRÁTICAS CONCORRENCIAIS COLECTIVAS NOS SECTORES EM REDE

CAPÍTULO I – Da reformulação das bases de análise concorrencial das redes na óptica dos comportamentos colectivos
CAPÍTULO II – Modelos económicos de actuação colectiva nos sectores em rede
CAPÍTULO III – A "Posição Dominante Colectiva" nos sectores em rede

PARTE V
CONCLUSÕES

PARTE I
INTRODUÇÃO AOS SECTORES EM REDE

I
Introdução Geral

1. Apresentação

Os *sectores em rede*, que no nosso ordenamento jurídico correspondem às *network industries* anglo-saxónicas, constituem a base da economia moderna. São a causa directa da globalização económica e, simultaneamente, o seu resultado[1]. Hoje em dia, uma parcela alargada da economia global é composta por este tipo de sectores que visam não só satisfazer directamente as necessidades dos cidadãos, através do fornecimento directo de um determinado serviço (por exemplo, o fornecimento de energia, telefonia vocal, ou o transporte aéreo, entre outros), como se apresentam como infra-estruturas essenciais de suporte à prestação de outros serviços ou ao desenvolvimento de outras actividades económicas (por exemplo, os serviços de pagamento electrónico e de compensação ou negociação de títulos).

As telecomunicações, sector em rede prototípico, apresentam-se, na economia moderna, como o elemento-chave do desenvolvimento económico. A prestação de serviços de transmissão de voz e dados é hoje fulcral, constituindo a verdadeira base dos sistemas económicos. Juntamente com as redes de *hardware* e *software* informático, são os motores do actual modelo de desenvolvimento económico global.

Não se poderão esquecer, no entanto, outros sectores em rede, já hodiernamente estabelecidos, como a rede de distribuição eléctrica,

---

[1] Esta é a tradução que consideramos mais correcta para o efeito. O termo normalmente utilizado – indústria em rede – não é o mais adequado dado que a sua abrangência se limita unicamente a um dos sectores básicos da actividade económica.

a rede de distribuição de água, as redes de transporte rodoviário, ferroviário, marítimo e aéreo ou os serviços postais, que constituíram a base do desenvolvimento económico dos últimos séculos.

Igualmente o sistema financeiro constitui-se como um verdadeiro e efectivo sector em rede. A própria definição conceptual do sector em causa, assentando na toponímia «*sistema*», indicia o seu modo de funcionamento baseado na «*produção conjunta*» e na «*mútua interdependência*» dos diversos fornecedores de serviços no mercado. Neste âmbito, assumem inevitavelmente a caracterização de "*rede*" os sistemas de pagamento, os sistemas de negociação de obrigações, acções e instrumentos derivados, os sistemas de compensação, a gestão dos cartões de crédito e débito, as operações *Business-to-Business* (B2B) e *Business-to-Consumer* (B2C), entre outros.

O mundo das redes não se limita a estas realidades relativamente típicas. A comunicação social e a indústria do lazer e entretenimento constituem-se, actualmente, como verdadeiros e próprios sectores em rede. Essa evolução das estruturas de organização é visível quando se verifica o transbordo da sua actividade típica para o domínio tradicional das telecomunicações.

Os sectores em rede não adquirem uma dimensão unicamente física. Essa dimensão é, de facto, característica dos sectores em rede tradicionais. Os sectores em rede de base física assentam a sua prestação de serviços na existência de uma infra-estrutura material ou imaterial, previamente erigida, de capacidade limitada e que suporta a actividade complementar, na ausência da qual, a prestação de serviços se torna impossível.

Paralelamente aos sectores em rede de dimensão física, existem outros sectores virtualmente organizados em rede. Os denominados sectores em rede virtuais são constituídos por um conjunto de bens que partilham uma plataforma técnica comum normalizada. Assim, todos os leitores de DVD (*Digital Versatile Disk*), partilhando da mesma norma de fabrico, formam uma rede, bem como todas as consolas de jogos *Playstation*. O mesmo acontece com todos os utilizadores de um sistema operativo comum, como o sistema *Windows*, e sobre o qual se desenvolve toda uma gama de software complementar compatível. Neste caso, o que releva não é a prestação de um determinado tipo de serviço no âmbito de uma determinada infra-estrutura física, mas sim a adopção de uma norma técnica que é partilhada por sistemas ou aplicações compatíveis[2] e que, por essa via de estrita complementariedade, permitem a satisfação da necessidade do cidadão.

É visível o conceito abrangente que sustenta a realidade dos sectores em rede. No entanto, essa abrangência conceptual é insuficiente para acomodar a inércia de expansão actual da actividade económica. Normalmente, o operador predominante (vulgarmente denominado de *"incumbente"*) de um determinado sector em rede tenta expandir a sua actividade oferecendo aos utilizadores da rede bens complementares, de forma a aumentar os seus proveitos. Essa expansão da actividade pode traduzir-se no fornecimento de serviços integrados: i) *verticalmente* (aquisição, distribuição e manutenção ou assistência; por exemplo, as empresas fornecedoras de serviços de telefonia móvel tendem a comercializar os telemóveis conjuntamente com a actividade principal de fornecimento da rede móvel); ii) *horizontalmente* (a rede de distribuição de serviços de televisão por cabo tende a oferecer igualmente serviços de transmissão de dados e de telefonia vocal) ou iii) *diagonalmente* (as empresas de software informático podem pretender entrar no mercado do hardware de jogos de computador; as empresas de transporte aéreo podem adquirir hotéis ou restaurantes).

Com a sofisticação sucessiva do tecido económico e com o aumento contínuo de dimensão (e simultaneamente de importância) das redes, verifica-se uma tendência inexorável no sentido da concentração dos elementos essenciais do tecido económico no âmbito da denominada «*convergência tecnológica*».

Note-se, no entanto, que esta tendência para a concentração económica – originando situações de oligopólio e de monopólio – terá diferentes causas e diferentes consequências, nomeadamente ao nível do Bem-Estar Social. Nesse âmbito, importará verificar se esse movimento decorre da estrutura natural do mercado ou se, ao invés, é provocado artificialmente por agentes com poder substancial de mercado num determinado segmento do mesmo e que pretendem a

---

[2] Embora parte da doutrina trate indistintamente as redes físicas e as redes virtuais, existem diferenças significativas entre elas. Essas diferenças não impedem, porém, a edificação de uma teoria geral comum.

utilizar essa influência dominante, estruturalmente limitada, para dominar segmentos adjacentes à sua área de actuação original. Por outro lado, e numa perspectiva eminentemente colectiva, importará verificar a actuação racional dos agentes oligopolistas, conscientes da existência de agentes em situação relativamente semelhante à sua e que deverá ser inexoravelmente analisada na óptica do domínio colectivo ou da posição dominante colectiva, quer ao nível da regulação sectorial e controlo de concentrações (perspectiva *ex ante*), quer ao nível do abuso de posição dominante (perspectiva *ex post*).

Dessa concentração de poder económico decorrerão inevitáveis consequências sociais e políticas. Cabe ao decisor público analisar essas consequências e erigir políticas públicas que prossigam os interesses dos cidadãos.

É este o desafio actual que se coloca ao decisor público após o movimento de privatização: a regulação eficiente dos mercados dos sectores em rede. Porém, e atendendo à multiplicidade de realidades económicas e de mercado abrangidas, poderia aparentar-se impossível a análise fundamentada e desenvolvida de todos os mercados enunciados nesta breve introdução. No entanto, a análise compreensiva dos mesmos permitiu verificar a existência de elementos comuns a todos os sectores em rede que justificam a enunciação dos fundamentos de uma teoria geral de organização.

Essa teoria geral assentará, essencialmente, na análise dos fenómenos económicos que constituem a base dos sectores em rede, implicando, necessariamente: (i) os mandamentos inerentes a correcções de incapacidades do mercado, onde estas existam; (ii) a eliminação de comportamentos abusivos lesivos da concorrência por parte de agentes com uma posição predominante no mercado que resultem da própria estrutura de rede; (iii) o desenvolvimento, por decisão pública, de situações proteccionistas à formação de novas redes; e (iv) a implantação, igualmente por decisão pública, de formas de satisfação de necessidades diversas das que resultariam do normal funcionamento do mercado, tendo em consideração as preferências de determinados cidadãos, de acordo com critérios de redistribuição alargada.

Se as duas primeiras vertentes assentam unicamente em pressupostos de base económica visando a correcção de falhas estruturais naturais do mercado e a eliminação de comportamentos abusivos nesse mercado, já as duas últimas vertentes implicam uma análise prognóstica de decisão que ultrapassa a simples análise conjuntural económica e que, por conseguinte, deverão ser prosseguidas por via da regulação económica.

Finalmente, a quarta vertente tem, ainda, um fundamento distinto das anteriores. Enquanto que estas adquirem uma dimensão essencialmente económica, a implantação, por decisão do órgão público, de obrigações especiais aos operadores de satisfação de determinados tipos de necessidades – em quantidade e em qualidade –, supera essa dimensão, assumindo uma dimensão "ética" ou redistributiva *lato sensu*.

2. Introdução à teoria das redes. Delimitação terminológica e axiológica

Novos ambientes económicos originam novas estruturas organizativas, e *vice-versa*. A teoria das redes alcançou um desenvolvimento significativo nos anos mais recentes, constituindo-se como a forma de organização primordial na sociedade globalizada e sucessivamente mais integrada.

A nomenclatura *"rede"* só recentemente se estabilizou. A doutrina, durante alguns anos, adoptou conceitos diversos, mais ou menos adaptados à realidade concreta em estudo[3]. O mérito terminológico

---

[3] Nohria e Pollock são lapidares na descrição da imprecisão – indecisão – terminológica anterior à adopção da terminologia definitiva. Referem, assim, que o abundante vocabulário com que a doutrina se deparava na bibliografia dedicada à ciência das redes, se assemelhava a uma *"terminological jungle in which any newcomer may plant a tree"* (N. Nohria e R.G. Eccles, *Network and Organizations*, Harvard Press School, Boston, MA, 1993, pág. 104). Os exemplos dessa selva terminológica são evidentes. Encontram-se, numa breve análise bibliográfica, os seguintes termos: "adhocracia" [T.W. Malone, *Modeling Coordination in Organizations and Markets*, Management Science, 33 (10), 1987, págs. 1317 a 1332; J. Quinn, H. Mintzberg e R. James, *The Strategy Process*, Englewood Cliffs, NJ, Prentice Hall, 1988], "capitalismo de alianças" (M. Gerlach, *Alliance Capitalism: The Social Organization of Japonese Business*, Berkeley, CA, University of Califórnia Press, 1992), "empresa ágil" (R. Nagel e R. Dove, *21st Century Manufacturing Strategy – An Industry Led View*, Iacocca Institute, Lehigh University, March, 1992), "organização em cluster" (L.M. Applegate, J.I. Cash e D.Q. Mills, *"Information Technology and Tomorrows´s Manager"*, Harvard Business Review, 1988, págs. 128 a 136), "relações

da toponímia *"rede"* assenta no seu conteúdo neutro e na sua extrema plasticidade, que lhe permite acomodar um número crescente de realidades em áreas multidisciplinares do conhecimento.

As áreas de estudo são diversificadas. A teoria das redes tem verificado significativos avanços em diversas disciplinas de referência como na economia, na gestão, na ciência política, na sociologia, na informática, na inteligência artificial e, inevitavelmente, no Direito.

São enormes as possibilidades de investigação proporcionadas pelas redes nos diversos campos do conhecimento. Tal advém da sua especial natureza e complexidade em todos os segmentos hermenêuticos. A interdisciplinaridade é essencial nesta matéria. Dada a sua componente abrangente e heterogénea, uma concepção teórica estruturada das redes depende da conjugação de contributos das diversas áreas do conhecimento. No entanto, a virtude da ciência do Direito radica precisamente na sua permissividade relativamente à incorporação de contributos advenientes de outras áreas do Saber. *Quem só sabe Direito...*

No campo do direito económico, as possibilidades de estudo são, pois, diversas e abrangentes, tendo em consideração as suas implicações nos diversos níveis da actividade social que se incluem no âmbito do interesse da ciência jurídica. Numa perspectiva comportamental, as redes são condição e resultado de padrões comporta-

---

interorganizacionais" [D.A. Whetten, *"Interorganizational Relations: a Review of the Field"*, Journal of *Higher Education*, 52 (1), 1981, págs. 1 a 28], "empresas comuns" [K.R. Harrigan, *"Joint Ventures and Competitive Strategy"*, *Strategic Management Journal*, 9 (2), 1988, págs. 141 a 158; B. Kogut, "Joint Ventures: Theoretical and Empirical Perspectives", *Strategic Management Journal*, 9, 1988, págs. 319 a 332; E. Roberts, *"New Ventures for Corporate Growth"*, Harvard Business Review, 58 (4), 1980, págs. 134 a 152], "organização modular" (S. Tully, "The Modular Corporation", Fortune, 1993, págs. 106-114), "organização moebius-strip" (S. Sabel, *Moebius-Strip Organizations and Open Labor Markets: Some Consequences of the Reintegration of Conception and Execution in a Volatile Economy*, in *Social Theory for a Changing Society*, P. Bairdieu e J.S. Coleman, eds., Westview Press, Boulder, CO, 1991, págs. 23 a 61), "organização orgânica" (P.R. Lawrence e J.W. Lorsch, *Organization and Environment*, Boston, Harvard University Press, 1967), "parceria de valor acrescentado [R. Johnston e P.R. Lawrence, *Beyond Vertical Integration – The Rise of Value-Adding Partnership, Harvard Business Review*, 66 (4), 1988, págs. 94 a 101] ou "organização virtual" (J.A. Byrne, R. Brandt e O. Port, *"The Virtual Corporation"*, Business Week, 1993, págs. 98 a 103; W.H. Davidow e M.S. Malone, *The Virtual Corporation*, New York, Harper Collins, 294, 1992).

mentais que regem pessoas, posições, grupos ou organizações. Como refere C. Jarillo, uma concepção comportamental estratégica das redes define-as enquanto *"long term purposeful arrangements among distinct related for-profit organizations that allow those firms in them to gain or sustain competitive advantage"*[4]. Esta concepção, de conteúdo organizacional, assente numa pressuposição comportamental subjectiva de agentes no mercado, tem implicações fundamentais no direito e teoria da concorrência, fundamentando a inclusão de variáveis psicológicas, sociológicas e organizacionais na investigação de comportamentos concorrencialmente lesivos.

No entanto, as concepções basilares fundamentadoras da teoria das redes não se esgotam na simples análise comportamental dos agentes económicos. Essa vertente subjectiva, inevitavelmente relevante, é superada pela perspectiva estrutural – objectiva – da organização em rede. A definição de *"rede"* assume uma clara dimensão organicista, sugerindo a existência de organizações flexíveis e adaptáveis, que visam a conformação de ambientes caracterizados por condições instáveis, que não são regidas por hierarquias rígidas omniscientes, mas sim por uma interacção entre todos os agentes – especializados – baseada em trocas de informação sucessivas e contínuas. Essa dimensão horizontal da *"rede"* é substancialmente distinta do sistema tradicional de integração vertical regente das estruturas económicas ancestrais.

Neste ambiente interactivo, o poder de mercado de um único agente torna-se menos relevante, dado que este o exerce numa única parcela do mesmo, encontrando-se dependente de outros agentes em outras parcelas. Daí a cada vez maior relevância da teoria do oligopólio relativamente à teoria do monopólio na teoria da concorrência em sede de redes. De facto, a «*convergência tecnológica*» que poderia indiciar a criação de um monopólio mundial é permanentemente acompanhada por uma especialização acentuada que origina uma concorrência pelos nichos de mercado, gerando-se, em situações limites, acesas concorrências monopolísticas, que atenuam essa pretensão de domínio global totalitário.

---

[4] C. Jarillo, "*On Strategic Networks*", Strategic Management Journal, 9, 1988, pág. 32.

Tal não impede o exercício de pretensões totalitárias de determinados agentes no mercado, atendendo às especificidades estruturais do mesmo. Por vezes, características especiais dos mercados em rede, assentes em monopólios naturais ou potenciando a existência de efeitos gargalo ou *"engarrafamentos monopolísticos"* (*"bottleneck effects"*), criam condições propícias ao exercício de comportamentos anticoncorrenciais por parte de agentes detentores dessas posições privilegiadas. Estas incapacidades – genéticas ou decorrentes – de mercado acentuam a relevância da regulação económica, enquanto mecanismo essencial na correcção das disfunções estruturais prototípicas do mercado.

E quando as condições genéticas das redes não proporcionam o exercício abusivo de poderes significativos de mercado assente nas condições estruturais existentes, os agentes podem alterá-las no sentido dos seus interesses, tendo em consideração a sua elevada flexibilidade e adaptabilidade. Daí a relevância atribuída pela *Nova Economia Industrial* à teoria dos jogos, enquanto elemento fundamental de análise preliminar de comportamentos anticoncorrenciais em determinados mercados[5].

Não se pretende efectuar uma análise interdisciplinar da teoria das redes, embora se torne inevitável a adopção de diversos ensinamentos provenientes de áreas diversas das ciências sociais.

Adoptar-se-á, incontornavelmente, uma perspectiva essencialmente jurídico-económica, dado que as duas realidades são inseparáveis.

---

[5] É extremamente feliz a enunciação de M. Alstyne: *"network organizations are defined by elements of structure, process, and purpose. Structurally, a network organization combines co-specialized, possibly intangible, assets under shared control. Joint ownership is essential but it must also produce an intgration of assets, communication, and command in an efficient and flexible manner. Procedurally, a network organization constrains participating agents' actions via their roles and positions within the organization while allowing agents' influence to emerge or fade with the development or dissolution of ties to others. As decision-making members, agents intervene and extend their influence through association; they alter the resource landscape for themselves, their networks, and their competitors and in the process can change the structure of the network itself. Then, a network as an organization presupposes a unifying purpose and thus the need for a sense of identity useful in bounding and marshaling the resources, agents, and actions necessary for concluding the strategy and goals of purpose"* [M.A. Alstyne, *"The State of Network Organization: a Survey in Three Frameworks"*, Journal of Organizational Computing, 7, 1997, pág. 2].

Neste campo, a lei não pode ser tomada como uma disciplina autónoma, desgarrada da realidade económica. Pelo contrário, existe uma obrigação intrínseca no sentido da sua adaptação às melhores soluções, tendo em consideração o princípio da eficiência[6].

Encontramos aqui uma alteração fundamental do posicionamento do direito económico: de promotor de alterações no seio do sector económico tendo em consideração a construção de um determinado sistema (postura hierarquizada e pró-activa), o direito económico passa a depender da doutrina económica, extraindo daí os seus fundamentos para a organização – o mais eficiente possível – dos mercados (postura transversal e reactiva)[7].

---

[6] A adopção do princípio da eficiência enquanto princípio essencial de organização de mercados, quer numa vertente jurídica, quer numa vertente política, não tem sido incontroversa. Muitos cultores do Direito demonstram uma aversão genética à adopção de conceitos económicos por parte da lei. No entanto, não se pode esquecer que a eficiência é um dos conteúdos essenciais da justiça. Não se defende a adopção do princípio da eficiência como o princípio jurídico supremo relativamente ao qual todos se vergam. No entanto, a sua relevância jurídica é, quanto a nós, irrefutável. Quer a Constituição da República Portuguesa, quer o Tratado das Comunidades Europeias adoptam o princípio da eficiência como um dos pilares fundamentais no sistema de organização económica. Na ordem jurídico-económica é um dos princípios fundamentais. Não se deve nunca negá-lo. Mas, obviamente, existem outros. Concorda-se, pois, com Thomas Ulen, quando refere: *"efficiency is certainly a valid legal norm, but there are others. There is not much to be gained from arguing about the rank ordering of these various legal norms. My intuition is that what norm receives primacy is a matter for case-by-case analysis and the exercise of judgment. There is no meta-rule to resolve this matter. One can say more about the seeming inattention by law and economics to distributive justice issues. First, economics has little settled learning on the issues of fairness and justice. But it is perhaps not so well known outside of formal economic training that this lack of settled learning is not for want of trying. There have been numerous attempts by notable economists to deal with equity. Second, this alleged inattention is exaggerated. Efficiency and distributive justice are rarely in conflict and often in accord"* [T. Ulen, *"Firmly Grounded: Economics in the Future of Law"*, Wisconsin Law Review, 1997, pág. 435 e segs.].

[7] A resistência das estruturas legais à adopção de princípios originários de outras áreas do conhecimento não se verifica unicamente na ordem jurídica nacional ou europeia. Mesmo nas ordens jurídicas supostamente "mais progressistas", como as anglo-saxónicas, tem-se verificado uma aversão natural a esta metodologia. Citando M. Lemley e D. McGowan, *"unless the conceptual framework of the external discipline is adopted along with its theory, the law may resist adaptation even while acknowledging the soundness of the theory. Take the exemple of antitrust law. In most recent antitrust disputes, economic analysis has prevailed; even the "post-Chicago" scholl of antitrust analysis explicitily takes into account inefficiencies that courts long ignored, or even encouraged. But until courts*

Não se deve ver aqui uma redução de importância do direito económico. Pelo contrário, a mutação dos sistemas económicos implica uma atenção permanente, bem como uma actuação compreensiva necessariamente promotora de eficiência e de Bem-Estar Social. Assim, a redução de intensidade da intervenção pública por alteração dos paradigmas próprios do direito económico é acompanhada de um aumento exponencial das áreas de abrangência, bem como por uma exigente modulação de intensidade na aplicação dos *"remédios"* ordenadores do mercado, tendo em vista a concretização de um mercado mais eficiente e de uma sociedade mais justa.

Hoje em dia, perante os diversos sistemas de organização dos mercados, numa lógica de concorrência acérrima entre os diversos Estados (ou organizações regionais) pela superioridade das suas empresas no ambiente globalizado, sistemas jurídicos eficientes são uma fonte fundamental de vantagens competitivas. Mais importante que uma taxa de imposto reduzida na tributação das sociedades é, sem dúvida, um sistema jurídico de organização de mercados eficiente e promotor do desenvolvimento.

Na matéria em concreto – organização de sectores em rede –, esta questão é particularmente sensível, pois a doutrina económica não é, ainda hoje, unânime relativamente aos termos de organização eficiente destes sectores. Muito pelo contrário, existem pressupostos iniciais que não se encontram, ainda, suficientemente estabilizados. São, pois, particularmente aliciantes os desafios que se colocam os cultores do direito económico. As questões são demasiado importantes para que se aguardem resultados definitivos provenientes da doutrina económica. Sem se pretender solucionar definitivamente todas as questões, existem, no entanto, pressupostos básicos, já hoje suficientemente densificados, que nos permitem tomar, com relativo grau de segurança, conclusões definitivas relativamente ao sistema de organização mais eficiente. Por outro lado, o estado actual de conhecimento permite-nos corrigir algumas soluções que eram inevitavelmente tomadas pelos órgãos aplicadores do direito – na melhor das intenções

---

were willing to accept efficiency as a (if not always the) goal of the antitrust laws, they resisted many economic conclusions, however evident those conclusions seemed to economists", [Mark Lemley e David McGowan, *"Legal Implications of Network Economic Effects"*, *California Law Review*, vol. 86, 1998, pág. 481].

possíveis – e que, no entanto, podem originar distorções significativas ao nível do Bem-Estar Social[8/9].

Na organização dos sectores em rede, os desafios colocados aos cultores do Direito são enormes[10]. De facto, não bastará a simples apreensão dos conceitos económicos básicos subjacentes à doutrina das redes. É necessário ir além desse limite dogmático, tornando-se imprescindível a construção de uma nova doutrina legal geral que tome a eficiência como um dos corolários lógicos – mas não o único, obviamente – da actuação das autoridades públicas, englobando não só o legislador (na perspectiva abstracta) mas, igualmente, os juízes e os reguladores (na perspectiva concreta).

---

[8] Se estas questões se colocam com grande acutilância nas ordens jurídicas com forte componente jurisprudencial – onde existe uma maior facilidade de adaptação face às novas circunstâncias – mais relevância adquirem nos sistemas onde vigora o *"império da lei"*. Nestas situações, o legislador terá, por si, de adaptar as estruturas legais às novas soluções, independentemente dos casos concretos que venham a aparecer nas instâncias jurisdicionais. Note-se aliás, que apesar de ser mais maleável e adaptável, a jurisprudência depende, em larga medida, do caso concreto e das partes em disputa. Qualquer decisão é necessariamente casuística e insusceptível de aplicação generalizada. Por outro lado, ao juiz, generalista por excelência, não se pode pedir a emissão de decisões jurisprudenciais inovadoras baseadas em teorias económicas ainda não suficientemente densificadas em termos normativos. Tal não significa, no entanto, que não esteja submetido ao princípio da eficiência, de vigência constitucional, que delimitará positivamente os termos da sua decisão. A lei, apesar do seu tendencial imobilismo, constitui-se como o instrumento por excelência para a introdução de novas soluções. Tal implica não só uma elevada preparação do legislador mas, igualmente, uma definição prévia dos objectivos estratégicos de organização dos vários mercados e uma vontade de *"delegação de poderes"* em agentes independentes reguladores do mercado.

[9] A doutrina tem uma enorme responsabilidade neste campo. Existirá uma tendência quase irresistível por parte dos académicos na extensão dos corolários decorrentes de novas teorias económicas ao campo jurídico. Por vezes, essa extensão é efectuada de forma acrítica, sendo comum a generalização de conclusões unicamente aplicáveis a situações restritas, gerando-se inevitavelmente distorções gravíssimas, não só no campo da organização económica, como na da aplicação da justiça em concreto. Só uma interacção permanente entre todos os cultores do direito (legislador, juiz e doutrina) e os cultores da economia permitirá o erigir de situações plenamente eficientes.

[10] Nicholas Economides, um dos principais cultores (se não mesmo o principal) da dogmática dos sectores em rede efectuou as seguintes observações: *"the legal system has tremendous inertia to new ideas and models. (...) the legal system is ill-equipped to deal with complex technical matters. (...) lawyers find it easier to fight the issues on well-treated ground even if the problems are really of a different nature (...)"* (N. Economides, *United States v. Microsoft: A Failure of Antitrust in the New Economy*, in http://www.stern.nyu.edu/networks/ UWLA.pdf".

No entanto, e para efeitos de criação e aplicação do direito económico, ressaltam duas dimensões, que apesar de interligadas, assumem feições relativamente diferenciadas no âmbito de uma teoria geral das redes. Curiosamente, ou talvez não, essas dimensões jurídico-económicas são coincidentes com as dimensões enunciadas pela teoria sociológica, que analisa diferenciadamente a teoria das redes enquanto elemento conformador da decisão do agente em interacção com outros (perspectiva subjectiva), e enquanto estrutura condicionante do comportamento dos agentes (perspectiva objectiva ou estrutural).

O estudo da teoria das redes em sede de direito económico tem de ser efectuado de forma cuidada e precisa. Os riscos envolvidos são demasiado elevados, não sendo permitida qualquer postura leviana a este respeito. Qualquer tentativa de introdução repentina dos pressupostos desta nova doutrina económica será, a todos os títulos, de condenar. Tal é tanto mais verdadeiro quando a sua teorização económica se encontra ainda longe de permitir a enunciação de uma qualquer conclusão definitiva.

As dificuldades são inúmeras e atingem os pilares mais básicos dos modelos de organização concorrencial.

Só para citar as questões fundamentais, numa primeira vertente, assistimos a um movimento geral de concentração económica. Partindo de um pressuposto ordoliberal de organização económica, esta alteração estrutural dos mercados origina enormes preocupações ao nível do controlo do *"poder económico"* subjacente. Porém, ao analisarmos estes movimentos de concentração verificamos a existência de uma coincidência dado que, simultaneamente, assistimos a um alargamento espacial das redes, com um aumento sensível de interligações e a uma convergência qualitativa das mesmas. Neste enquadramento, uma *"concorrência pelos méritos"* (*Leistungswettbewerb*) num determinado mercado poderá pressupor a existência prévia de um movimento de concentração no mesmo.

Uma segunda vertente radica na teoria da decisão económica em *mercados oligopolísticos*. Essa vertente, essencialmente subjectiva, analisa as tendências dos diversos agentes para o exercício de *comportamentos coordenados,* com o objectivo de alcançar uma estabilidade no mercado que proporcione ao agente a realização de ganhos excessivos relativamente aos auferidos em situações "normais" de concorrência. Não negando a importância das condições estruturais de mercado, dado que tal comportamento colectivo se torna virtualmente impossível em situações atomizadas, o cerne e escopo da investigação assentam primacialmente nas condutas dos agentes, ao nível das suas intenções ou propósitos. E, neste âmbito, poderemos verificar que, em algumas situações, o modelo mais racional e eficiente é o que resulta do comportamento colectivo.

O mercado em rede assume-se como uma terceira via de organização relativamente aos mercados verticais, caracterizados pelo facto de um dos agentes deter uma posição primordial e aos mercados atomizados, onde nenhum dos agentes detém uma posição suficientemente predominante que lhe permita estabelecer as condições de negociação. Neste âmbito, os interesses em jogo são bastante diversos em cada uma das três situações[11]. No caso do mercado em rede, os agentes terão um incentivo suplementar para o desenvolvimento de uma cooperação, assente em padrões de confiança elevados – inexistentes quer nas estruturas integralmente verticais (por desnecessidade), quer nos mercados atomizados (por impossibilidade) – que rege toda a actividade produtiva. Nestas situações, os compromissos a longo prazo (próprios das organizações centralizadas) e os compromissos de curto prazo (próprios das organizações atomizadas) dão lugar a compromissos resultantes de negociações comuns, recíprocas, assentes em fórmulas contratuais de conteúdo eminentemente relacional, prevendo a existência de fluxos de informação contínuos e incluindo, muitas vezes, verdadeiras cláusulas para a resolução amigável de conflitos.

Neste tipo de organizações, os objectivos estratégicos são discutidos e negociados de forma conjunta, assumindo posições de charneira os agentes que detenham uma melhor reputação ou uma maior capacidade de persuasão, quer de forma directa – o *líder de mercado* – quer de forma indirecta – por via de uma *organização normalizadora*.

Neste enquadramento complexo, o desempenho concorrencial nos sectores em rede adquire uma eminente dimensão estrutural que decorre da específica organização de um mercado do qual emergem

---

[11] Cfr. M.A. Alstyne, *"The State of Network Organization"*, cit., pág. 4 e segs.

características especiais que condicionam a actuação dos agentes. Porém, não se deve cair na tentação simplista de se considerar que as condições estruturais do mercado modelam definitivamente a actuação dos agentes; pelo contrário, são os agentes que, na esmagadora maioria das situações, condicionam as condições estruturais do mercado.

Neste enquadramento, e ao contrário do entendimento da grande maioria da doutrina[12], não se considera que o mercado em rede se situe num nível organizacional intermédio entre o monopólio e a concorrência perfeita, revestindo antes características singulares, caracterizando-se por um conteúdo ôntico próprio, distinto dos restantes[13]. Não se reconduz, igualmente, ao simples modelo oligopolístico, dada a sua extrema riqueza em sede de conteúdo e diversidade, que o afasta de qualquer qualificação simplificada.

O mercado em rede contém, no seu cerne, elementos compósitos característicos de cada um dos modelos enunciados, que importará analisar fundadamente.

---

[12] Y.L. Doz e C.K. Prahalad, "*Managing DMNC's: A search for a new paradigm*", *Strategic Management Journal*, 12, 1991, págs. 145 a 164; W.W. Powel, "*Neither Market Nor Hierarchy: Network Forms of Organization*", *Research in Organizational Behavior*, 12, 1990, págs. 295 a 336; P.S. Ring e A.H Van de Ven, "*Structuring Cooperative Relationships Between Organizations*", *Strategic Management Journal*, 13, 1992, págs. 483 a 498.

[13] Não se pode nunca esquecer que, quer o modelo de concorrência perfeita, quer o modelo do monopólio, não são mais do que arquétipos, de substrato eminentemente teórico, a que se reconduz uma realidade mundana, em termos melhor ou pior adaptados

II
Da Arquitectura da Rede

1. Sectores em rede. Definição

São múltiplas as configurações possíveis dos sectores em rede. Importa, no entanto, discernir os elementos comuns essenciais que os tornam especiais face aos restantes.

A sua estrutura pode mesmo assentar em elementos imateriais sendo, muitas vezes, desnecessários quaisquer suportes físicos para o desenvolvimento da sua actividade económica.

A componente estrutural da rede – até pela própria especialidade terminológica – adquire uma importância fundamental. Curiosamente, existe uma relação directa entre a configuração da rede e os seus efeitos económicos específicos. Este facto, muitas vezes desprezado, adquire uma importância fundamental

É esta componente estrutural, aliás, que permite, *ab initio*, a distinção dos sectores em rede relativamente a outros sectores económicos onde se fazem sentir *"efeitos positivos de retorno"* (*"positive feedback effects"*). Nestas situações, os bens produzidos aumentam de valor consoante o nível crescente de consumo de outros bens, independentemente da existência de qualquer interligação ou interoperabilidade com bens compatíveis. Assim, quando a produção de um determinado bem resulta de um processo produtivo que conjuga custos fixos com custos marginais, o custo médio de produção reduz-se à medida que a procura pelo bem aumenta, pois os custos fixos dispersam-se por um número cada vez maior de bens produzidos. Este é o fenómeno que se encontra subjacente às economias de escala. *In limine*, será necessária uma enorme massa de agentes do lado da procura para justificar economicamente toda uma produção.

Como é facilmente apreensível, as oficinas de reparação de carros exóticos situar-se-ão essencialmente nas grandes cidades, e não nas zonas rurais, dado que a racionalidade económica dessa actividade requer um mínimo de procura concentrada[14]. Ora, este fenómeno verifica-se independentemente da existência de compatibilidade tecnológica, interoperabilidade, ou mesmo de qualquer relação contratual estruturante de uma organização em rede. Em sentido literal, estes sectores nem sequer se organizam em rede[15], dada a ausência de uma norma harmonizadora.

Os sectores em rede podem revelar economias de escala significativas na sua actividade produtiva[16]: o custo médio unitário reduz-se com o aumento da produção. Em algumas situações, o aumento da produção não implica sequer custos adicionais (*"incremental costs"*) relevantes. No entanto, as economias de escala, apesar de existentes, não constituem o elemento essencial de caracterização tendo em vista uma pressuposta autonomização da categoria. Apesar de necessárias e características, não se revestem como um elemento de especialidade suficientemente operativo para distinguir os sectores em rede dos restantes tipos de organização industrial, encontrando-se presentes em diversas estruturas produtivas que não se podem reconduzir a essa qualificação[17].

---

[14] Cfr. D. McGowan, *Regulating Competition in the Information Age: Computer Software as an Essential Facility Under the Sherman Act*, Hastings Comm & Ent., L.J. 771, 1996, págs. 838 a 841.

[15] M. Lemley e D. McGowan, *"Legal Implications of Network Economic Effects"*, cit, págs. 504 e segs.

[16] Em sentido inverso, muitos mercados caracterizados pela existência de economias de escala também podem ser alvo de deseconomias de escala. Se demasiados consumidores adquirirem o mesmo carro exótico, poderá tornar-se difícil obter peças de substituição atempadamente ou marcar reparações. Nestas situações, ao pretender-se aumentar os níveis da oferta, será necessário efectuar enormes investimentos que aumentarão inevitavelmente os custos fixos.

[17] Conforme refere Fernando Araújo, *"as economias de escala são características tecnológicas de um produtor que lhe permitem realizar quebras dos custos médios de longo prazo quando a produção aumenta, traduzindo-se numa «curva de custos médios de longo prazo» descendente"* (F. Araújo, *Introdução à Economia*, Vol. I, Almedina,

A especialidade dos sectores em rede poderá não derivar das particularidades económicas situadas no lado da oferta – como é o caso das *economias de escala* – mas sim de uma característica do lado da procura. Assim, independentemente do facto dos custos do lado da oferta se reduzirem, em termos médios, na relação directa do aumento de produção do bem em causa, nestes sectores, a apetência do bem fornecido pelo sector em rede para a satisfação das necessidades do consumidor poderá ser superior na medida do crescimento de aderentes a essa rede. A utilidade de um bem para um determinado consumidor dependerá das opções tomadas pelos restantes consumidores: se o número de opções semelhantes for reduzido, então a utilidade será reduzida; ao invés, se o número de opções semelhantes for elevado, então o bem terá uma enorme utilidade. Fala-se, nestas situações, da existência de *efeitos externos de rede* ou de *exterioridades de rede*.

Estas relações de utilidade dependerão da configuração e do modelo de tráfego suportado pela rede em causa. Ao contrário do que a maioria da doutrina aponta, estes efeitos não são indiferenciados: dependem, em larga medida, do tipo de rede em presença[18].

Assim, em nosso entender, não se poderão analisar as características económicas específicas dos sectores em rede sem previamente se efectuar uma análise das suas componentes estruturais.

2003, pág. 484). Nesse âmbito, surgem em diversas estruturas industriais assentes em unidades de produção com elevados custos fixos de instalação e investigação e reduzidos custos operacionais. Nestas situações, a elevação dos níveis de produção (no âmbito da capacidade produtiva instalada) é efectuada a custos médios decrescentes. Cfr. C. Lobo, *Concorrência Bancária?*, Almedina, 2001, págs. 143 a 153.

[18] A doutrina económica tem optado por analisar a componente económica – o que é facilmente explicável dada a sua formação de base – desprezando a componente estrutural do sector. Tende, pois, a considerar uma parte pelo todo, tentando remeter para a teoria das exterioridades a fundamentação da organização eficiente de todos os sectores em rede.Esse é um procedimento metodologicamente errado, principalmente se tivermos em consideração as especificidades conceptuais do fenómeno das exterioridades.

1.1. Quanto à estrutura das redes: redes em estrela, circulares ou em teia

1.1.1. Rede em estrela

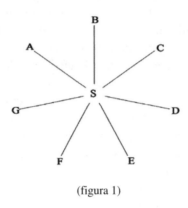

(figura 1)

A configuração em "estrela" constitui a forma mais simplificada de organização em rede.

Nessa situação, existirá um único elemento de ligação central – *"nó ou lacete"* – organizado normalmente segundo um modelo monopolista com o qual se relacionam os diversos segmentos em relações de intrínseca interligação. No caso de uma rede telefónica, os clientes localizados nos pontos A, B, C, etc. (segmentos periféricos) beneficiarão de uma prestação de serviços corporizada nas chamadas telefónicas (ASB, BSA, ASC, CSA, etc.). Para que uma determinada chamada seja realizada (a prestação de serviços relevante), é imprescindível a utilização de dois componentes segmentares complementares. Por exemplo, uma chamada de voz realizada do cliente A para o cliente B implica a existência dos segmentos AS e SB.

Basta este simples exemplo para revelar a extraordinária importância do nó central (ou lacete) S, para a existência da rede. Todos os serviços prestados na rede são originários ou têm necessariamente de passar por esse *nó central*. A sua relevância concorrencial é enorme e é por essa razão que a doutrina jurídico-económica denomina essas estruturas como *"engarrafamentos monopolistas"* (*"bottlenecks"*) no mercado ou, num modelo mais jusconcorrencial, como «*infra-estruturas essenciais*» (*"essential facilities"*). De facto, se o agente não tiver acesso a este nó central, qualquer prestação de serviços relevante no mercado torna-se virtualmente impossível. Note-se, aliás, que nos termos da doutrina dominante, os componentes AS e SB são qualificados como elementos de acesso ao nó central. No entanto, a fecundidade conceptual desta simples demonstração não se limita a este aspecto.

Revestindo o nó central a qualidade de elemento-chave num mercado em rede, torna-se essencial a análise da sua capacidade de prestação e transporte de serviços relevantes. Se a sua capacidade for adequada ao mercado (ou então, se for possível aumentar a sua capacidade total a um custo relativamente reduzido), será possível adicionar novos utilizadores à rede sem qualquer custo suplementar significativo. Existirão, desta forma, aumentos sucessivos de utilidade para os participantes, consoante a progressão numérica de utilizadores participantes.

Esta configuração económica, que origina economias de escala que parecem ser indissociáveis dos mercados em rede, pode, no entanto, causar efeitos nefastos se a rede estiver organizada de forma deficiente. Assim, qualquer limitação de curto prazo ao nível da capacidade de prestação de serviços poderá originar, muito facilmente, *deseconomias de escala*, que se manifestarão na forma de *congestionamentos*, atrasos ou inércia nos mercados em análise.

Por outro lado, uma excessiva dimensão do sistema em rede poderá originar custos de gestão de tal ordem que poderão anular os ganhos de eficiência[19].

Numa perspectiva simplificada meramente estrutural[20], em redes bidireccionais, a adição de um novo segmento à rede implicará a prestação potencial de duas vezes mais serviços nessa plataforma. Neste âmbito, a inserção de um novo segmento implicará a criação de novos bens para cada um dos clientes já estabelecidos, independentemente de qualquer acção por parte destes.

---

[19] Por exemplo, no mercado bancário. Cfr. a este propósito, Carlos Baptista Lobo, *Concorrência Bancária?*, Almedina, 2001, págs. 143 a 150.

[20] A análise económica deste fenómeno será analisada adiante. No entanto, deve já referir-se que na grande maioria das redes com configurações mais complexas não existirá simetria ao nível das exterioridades de rede.

O segundo elemento estrutural relevante nestes mercados em rede é a excepcional importância da complementaridade entre os componentes. Todos os componentes segmentares (AS, BS, etc.) só adquirem relevância por serem complementares uns dos outros. A prestação de serviços relevante só pode ser exercida quando pelo menos dois dos segmentos se combinarem, formando um bem composto (ASB)[21]. Esta complementaridade – imprescindível – existe independentemente da similitude entre os bens em presença. Essencial será a definição de especificações comuns e de normas de compatibilidade.

A complementaridade assume-se como a característica estrutural que constitui a base da *"rede"*.

Neste âmbito, a rede pode ser definida como um conjunto coerente e integrado de componentes (segmentos – *"nodes"* – e nós de ligação – *"switches"*) tendo em vista a prestação de um determinado serviço (em sentido amplo). No entanto, a existência de uma rede não se confunde com a existência desarticulada de diversos segmentos e nós de ligação. Para que a complementaridade seja efectiva, é necessário que os diversos componentes interajam mutuamente numa relação de intrínseca compatibilidade.

Esta primeira característica reveste uma dimensão eminentemente estrutural: os sectores em rede são compostos por segmentos e nós de ligação. A sua existência depende da complementaridade entre os vários segmentos e os diversos nós de ligação; o exercício de qualquer actividade económica nos sectores em rede implica a utilização de, pelo menos, dois componentes da rede[22].

---

[21] Ao considera-se o elemento S como um componente da rede em sentido próprio, tal significa que cada bem compósito será constituído por três componentes: AS, SB e S.

[22] A importância da complementaridade é extrema. Uma locomotiva não tem qualquer utilidade sem uma infra-estrutura ferroviária que a suporte, e *vice-versa*. A interdependência intrínseca entre os diversos componentes é facilmente demonstrável, mesmo nas situações mais básicas. Por exemplo, um computador é inútil se não for complementado com um monitor e um teclado. O mesmo acontece com o monitor ou com o teclado sem a existência de um computador que os suporte. Nestes termos, estes componentes (monitor, computador e monitor) constituem-se como complementos perfeitos, no sentido em que qualquer um se torna inútil se não se encontrar complementado com os restantes. Os primeiros modelos económicos relativos à complementaridade dos componentes foram desenvolvidos por Matutes e Regibeau (C. Matutes e P. Regibeau, *"Mix and match: product compatibility*

Estas normas de índole técnica poderão revestir uma natureza física ou tecnológica. A normalização física é necessariamente evidente: só se poderá ligar um telefone à rede se o cabo de ligação for compatível com os receptáculos instalados nas paredes das casas; os comboios só poderão circular em linhas compatíveis ou em túneis normalizados; os aeroportos deverão estar dotados de pistas de aterragem com dimensões suficientes para que os diversos aviões possam operar em segurança. Por seu lado, as normas de compatibilidade tecnológica tornaram-se, com o decorrer dos tempos, um elemento fundamental: os equipamentos telefónicos deverão ser compatíveis para o tratamento dos sinais processados pelas centrais telefónicas; os equipamentos eléctricos deverão ser compatíveis com a voltagem da rede eléctrica; os equipamentos de recepção de sinais radioeléctricos deverão ser capazes de descodificar as frequências utilizadas.

Estas características são comuns aos diversos sectores em rede (tais como as telecomunicações, transportes ferroviários, transportes rodoviários, energia – gás e electricidade, etc.). Numa perspectiva mais específica, poderão avançar-se os seguintes exemplos, além do da rede telefónica:

- Uma rede de comunicações aéreas de reduzidas dimensões (*"hub and spokes"*), correspondendo o nó central ao *"hub"* principal – o aeroporto central – onde os passageiros efectuam as suas ligações (mudando muitas vezes de avião), tendo em vista a deslocação para os *"hubs"* periféricos. Os segmentos de ligação corresponderão às ligações aéreas operadas pela companhia de aviação. Esta configuração restrita é igualmente demonstrativa do modelo de organização de sistemas limitados de transporte ferroviário e de pequenas companhias de autocarros;
- As redes locais de entrega de encomendas postais, correspondendo os nós periféricos[23] aos locais de recolha e entrega de

---

without network externalities", Rand Journal of Economics, 19, 1988, págs. 221 a 234) e por Economides (N. Economides, *"Desirability of compatibility in the absence of network externalities"*, American Economic Review, 79, 1989, págs. 1165 a 1181).

[23] Neste tipo de mercado cada um dos consumidores tende a ser identificado tendo em consideração o nó periférico (*in casu* o terminal) ou a posse de um determinado componente no final do segmento da rede (por exemplo, o número telefónico, o endereço postal ou o endereço electrónico).

mercadorias, e o nó central às instalações de triagem e encaminhamento das mesmas. Os segmentos, como não poderiam deixar de ser, correspondem às ligações necessárias à recolha e entrega das encomendas;
- As redes locais de produção e distribuição de energia, correspondendo os nós periféricos aos consumidores finais e o nó central à estação geradora de produção de energia. Os segmentos corresponderão aos cabos de transporte;
- As redes locais de difusão radioeléctrica de rádio e televisão, ou as redes locais de fibra óptica, correspondendo os nós periféricos aos consumidores finais (corporizados, obviamente, nos seus equipamentos receptores) e o nó central às instalações de teledifusão. No caso de teledifusão radioeléctrica, os segmentos de ligação assentarão, como analisaremos atempadamente, em impulsos radioeléctricos, difundidos no espectro radioeléctrico.

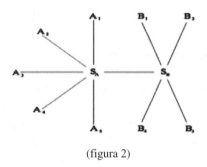

(figura 2)

Esta figura retrata uma rede sensivelmente mais complexa. Nesta situação existe um portal ("*gateway*") ou ("*trunk*") – $S_A S_B$ – que interliga dois lacetes ("*switches*") – (S_A e S_B) – que por sua vez, constituem os nós centrais de duas redes em estrela distintas. Todos os componentes integrantes da rede são ainda reciprocamente complementares. Porém, só os componentes que se encontram directamente interligados a um nó central comum são susceptíveis de se qualificar como bens directamente complementares ($A_1 S_A$, $A_2 S_A$, $A_3 S_A$, $B_1 S_B$, $B_2 S_B$, etc.), dado que se poderão relacionar directamente a fim de criar um bem composto (por exemplo, $A_1 S_A A_2$). Por sua vez, os componentes relacionados com os diferentes nós, $A_1 S_A$ e $B_1 S_B$ são igualmente complementares, ainda que de forma indirecta, pois necessitam do portal $S_A S_B$ para criarem o bem composto pretendido $A_1 S_A S_B B_1$.

Neste enquadramento, o diagrama é susceptível de representar os seguintes mercados:

- duas redes telefónicas locais unidas por uma ligação de longa distância entre as duas centrais; este exemplo é demonstrativo, igualmente, de duas redes de correio electrónico privativas interligadas entre si;
- duas linhas locais ou regionais de transporte (ferroviário ou rodoviário) ligadas entre as suas duas centrais logísticas através de uma ligação de longa distância; nos transportes aéreos esta configuração é usual nos casos em que a conexão entre dois *"hubs"* é efectuada por uma ligação de longa distância;
- nas redes eléctricas, esta configuração é efectivamente a mais usual. As estações produtoras de energia (A_1 a A_5) produzem energia para a rede eléctrica (coordenada por S_A), transportada em alta tensão pela ligação $S_A S_B$, sendo transformada pelo posto de transformação (S_B) e distribuída em baixa voltagem aos consumidores finais (B_1 a B_4);
- as redes de televisão por cabo mais complexas estão organizadas com base nesta estrutura. Assim, as estações produtoras de programas estão situadas no lado esquerdo do diagrama (A_1 a A_5) e os subscritores no lado direito (B_1 a B_4). A programação é gerida pela entidade S_A, que distribui os programas localmente utilizando os *"head ends"* (S_B), através dos quais os canais são electronicamente distribuídos aos subscritores.

As características deste tipo de redes são idênticas às enunciadas para as redes em estrela[24]. No entanto, nesta situação, o efeito «*engarrafamento monopolista*» verifica-se não num único componente da rede, mas na ligação entre S_A e S_B. Esse efeito é bilateral, já que os utilizadores da rede que se situam num dos extremos da mesma só poderão aceder aos restantes utilizadores situados no extremo oposto

---

[24] As economias de escala encontram-se inequivocamente presentes neste tipo de redes. A compatibilidade e a normalização física e tecnológica são igualmente essenciais.

se o seu nó central local se encontrar ligado ao nó central da rede de destino.

Este tipo mais complexo de redes em estrela é igualmente indicado para caracterizar alguns sistemas virtuais. Como analisaremos *infra*, as ligações em rede não se manifestam unicamente no universo físico. Pelo contrário, a doutrina tem vindo a analisar, com uma preocupação crescente, as redes virtuais. O exemplo paradigmático destas redes consiste nos sistemas informáticos pessoais. Assim, as aplicações de *software* corresponderão aos nós periféricos (A_1 a A_5), enquanto que o sistema operativo se identificará com o nó central (S_A). Por sua vez, o microprocessador corresponderá ao nó S_B que permitirá a ligação a outros periféricos (os restantes nós B_1 a B_4). As diversas fichas (USB, PCMCIA, BUS, etc.) ou liguagens (Java, Basic, etc.) permitem a interligação dos diversos componentes de *hardware* e de *software*.

1.1.2. Rede circular ou em anel

No entanto, as configurações em estrela não esgotam as formas possíveis de organização das redes. A figura seguinte retrata uma segunda configuração possível: a rede circular ou em anel. Este tipo de redes dispensa os nós centrais, sendo compostas por um número limitado de segmentos.

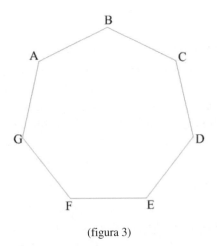

(figura 3)

Porém, a produção do bem compósito pretendido poderá obrigar a uma combinação de diversos segmentos, impondo-se subsequentemente o estabelecimento de uma maior capacidade de transporte. Por exemplo, a transmissão de A para E implicará a utilização do segmento AB, BC, CD e DE. O número de segmentos utilizados, nestas circunstâncias, é superior ao que decorreria de uma rede em estrela. Por outro lado, neste tipo de redes os segmentos detidos pelos proprietários terão necessariamente que garantir comunicações de terceiros.

1.1.3. Rede em teia

Nestas condições, a única forma de evitar a utilização de segmentos por terceiros será o estabelecimento de ligações directas entre todos os participantes da rede.

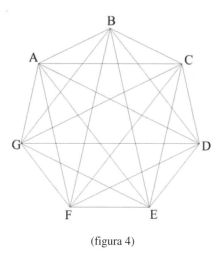

(figura 4)

Nestas circunstâncias, a distância a percorrer necessária ao estabelecimento de ligações entre os participantes será mais reduzida do que no exemplo anterior. No entanto, será necessário criar um número elevado de segmentos. À semelhança do modelo de organização anterior, esta rede dispensará a existência de um nó central e, adicionalmente, permitirá que se estabeleçam caminhos alternativos ao estabelecimento de uma ligação no caso de algum dos segmentos se encontrar danificado[25].

O exemplo típico desta forma de organização em rede é a World Wide Web.

1.2. Quanto à natureza da rede: redes físicas e redes virtuais

Tomando em consideração a sua natureza, poderão distinguir-se as redes físicas das redes virtuais[26].

1.2.1. Redes físicas

Os sectores em rede de base física assentam a sua prestação de serviços na existência de uma infra-estrutura de suporte que sustenta a actividade prestacional complementar, na ausência da qual a prestação de serviços relevante se tornaria impossível.

Essa infra-estrutura poderá ser material ou imaterial[27]. No caso da rede de estradas, da rede ferroviária, das redes de distribuição de energia (gás e electricidade) e água e da rede de telecomunicações por cabo (cobre ou fibra óptica), a infra-estrutura de suporte é material, pois todos os segmentos, nós e portais de ligação corporizam realidades materialmente existentes, implicando uma actividade prévia de construção, manutenção e subsequente amortização.

---

[25] Esta foi a configuração desejada para a ARPANET, a precursora da Internet. A ARPANET tinha por finalidade garantir as comunicações entre as bases nucleares americanas em caso de guerra. A existência de uma multiplicidade de segmentos garantiria a transmissão de informações, superando eventuais segmentos destruídos.

[26] Adoptamos parcialmente a terminologia utilizada por M. Katz e C. Shapiro. No entanto, a terminologia não se encontra ainda totalmente estabilizada na doutrina económica. Por exemplo, distinguem-se as redes literais das redes metafóricas (S. Liebowitz, S. Margolis, "*Network Externality: An Uncommon Tragedy*", *Journal of Economic Perspectives*, vol. 8, n.º 2, 1994, pág. 133) ou as redes actuais das redes virtuais (M. Lemley, D. McGowan, "*Legal Implications of Network Economic Effects*", cit, pág. 491)

[27] Estranhamente não se encontrou qualquer autor que proceda a uma distinção entre infra-estrutura material e imaterial. A relevância desta distinção é enorme, como veremos adiante quando tratarmos da tarifação eficiente da utilização de infra-estruturas.

No entanto, o conceito de rede física não comporta apenas as redes materialmente físicas, abrangendo também as redes imateriais, que assentam numa plataforma de prestação de serviços não totalmente composta por segmentos fisicamente palpáveis ou, numa perspectivam económica mais indicada para a matéria em análise, não amortizáveis ou depreciáveis. Integram-se nesta classificação as redes de telecomunicações ou de difusão de imagem ou som, que utilizam o espectro radioeléctrico, os transportes aéreos, que utilizam o espaço aéreo, e os transportes marítimos, que utilizam as rotas marítimas. Nestes casos, sendo imprescindíveis componentes de natureza eminentemente material (antenas, transmissores e receptores no primeiro caso, aviões e aeroportos no segundo, navios e portos no terceiro), a infra-estrutura essencial que serve de base à prestação de serviços é imaterial, não sendo necessário qualquer investimento para a sua construção, manutenção ou amortização, mas unicamente para a sua gestão, apesar dos utilizadores da mesma daí retirarem benefícios económicos pela sua exploração.

Em conformidade, analisaremos sinteticamente as características essenciais dos sectores em rede físicos:

i) Existência de barreiras à entrada significativas – Elevado investimento inicial

Uma característica específica das redes físicas é o elevado investimento de capital necessário para a criação da rede infra-estrutural. Numa perspectiva extremamente simplista, as redes de cobre, de fibra óptica e de gasodutos têm de ser implantadas no subsolo; as antenas e transmissores no solo; as redes, ferrovias e aeroportos têm de ser construídos; os satélites têm de ser colocados em órbita. São inegáveis os elevados custos de implantação destas redes.

Na Europa, e ao contrário do ocorrido nos Estados Unidos, estas redes foram implantadas directamente pelo Estado ou através de empresas públicas. Se, num momento inicial, simplesmente o Estado, ou empresas em parceria com o Estado, conseguiriam mobilizar os recursos financeiros necessários para a sua construção, num segundo momento, a propriedade pública destas infra-estruturas garantiu o exercício de um estrito controlo público da sua gestão. No entanto, o movimento global de privatização recentemente operado causou uma alteração radical na organização dos mercados. Essa modificação alterou, como não poderia deixar de ser, os mecanismos de regulação e controlo da gestão das infra-estruturas, tendo implicação ao nível do próprio regime de propriedade da rede.

Por sua vez, nas redes físicas imateriais, apesar do segmento de transporte não implicar qualquer investimento, mas uma simples gestão eficiente, é igualmente necessário proceder a pesados investimentos ao nível dos equipamentos e dos nós de ligação.

ii) Necessidade de existência de títulos de propriedade relativamente à totalidade dos componentes da rede

Cada componente da rede deverá ser propriedade de alguém. A possibilidade de determinação do direito de propriedade de cada componente da rede – cuja manifestação física é evidente – constitui, igualmente, um facto característico das redes físicas materiais. No entanto, também as redes físicas imateriais são susceptíveis de apropriação. Porém, os termos dessa apropriação não assentam na figura da propriedade privada mas sim da propriedade pública. Tomando o caso português como exemplo, quer o espectro radioeléctrico quer o subsolo (indistintamente considerado) são qualificados, por lei, como bens do domínio público[28]. No entanto, constituem utilidades divisíveis e finitas, relativamente às quais os diversos concorrentes entram em disputa.

O elevado investimento inicial em activos tangíveis cria, inevitavelmente, uma enorme tensão ao nível do exercício do direito de propriedade. Nenhum agente corre um elevado risco de investimento sem a garantia futura de um retorno financeiro significativo. Esse retorno é, por vezes, contestado, quer pelos concorrentes, que prestam serviços baseados na estrutura do incumbente, tentando aumentar os seus resultados líquidos, quer pelo Estado, que tenta minimizar as *"tarifas"* cobradas nessa função de *"transporte"* (a questão dos *"défices tarifários"*), tendo em vista a redução dos encargos dos consumidores. Note-se que dada a essencialidade dos serviços prestados, a elasticidade da procura é quase inexistente. Efectivamente,

---

[28] Como demonstraremos na Parte III, as consequências desta qualificação são extremamente relevantes.

um aumento de preços nestes serviços tem, de modo inevitável, um carácter regressivo, afectando de forma mais negativa os sujeitos com menores recursos económicos.

iii) Estrutura de mercado estável e existência de barreiras à saída

Os elevados custos de investimento na construção da rede originam inevitáveis barreiras à entrada no mercado das infra-estruturas. Por outro lado, o reduzido valor de cada componente, se extraído da rede, torna a saída do mercado bastante onerosa (o valor de sincronização excede em vários múltiplos o valor autárcico[29]). Nestas condições, os denominados *"custos irrecuperáveis"* (*"sunk costs"*) adquirem uma expressão avultada.

Tendo em consideração o seu carácter estrutural, a inovação adquire um papel bastante secundário. No entanto, deve fazer-se uma distinção a este respeito. A infra-estrutura tem, como a própria denominação o indica, um carácter estrutural. Essa perenidade implica necessariamente uma estabilidade qualitativa. Só assim os diversos prestadores de serviço poderão desenvolver aplicações diversas, de acordo com os *standards/normas* da infra-estrutura, no sentido da sucessiva melhoria dos índices de satisfação dos consumidores. Por outro lado, se os diversos componentes da rede forem detidos por vários sujeitos, a interligação entre esses diferentes componentes torna-se essencial. Essa interligação só é possível se ocorrer a adopção de uma *norma* comum[30].

---

[29] A este respeito, é possível efectuar uma distinção entre *valor autárcico* e *valor de sincronização*. O valor autárcico corresponderá ao valor do produto na ausência de outros utilizadores ou de ligação à rede. Por seu lado, o valor de sincronização corresponderá ao valor adicional decorrente da possibilidade de interacção desse bem com outros bens detidos por outros utilizadores, no âmbito de uma ligação em rede. (cfr. S.J. Liebowitz e S. Margolis, *"Network Effects and Externalities"*, in *The New Palgrave Dictionary of Economics and the Law, II*, Macmillan, 1998, pág. 671). Roberto Pardolesi e Andrea Renda distinguem a este respeito o valor intrínseco (*intrinsic value*) do valor em rede (*network value*) (R. Pardolesi e A. Renda, *"How safe is the King's Throne? Network Externalities on Trial"* in *Post Chicago Developments* in, Antonio Cucinotta, Roberto Pardolesi e Roger Van Den Bergh, Edward Elgar (eds.), *Antitrust Law*, Cheltenham, UK, 2002, pág. 215)

[30] A definição de normas ou *standards* é essencial no sector das telecomunicações. No entanto, também se fazem sentir em todos os restantes sectores em rede. Vejamos o caso

iv) Nível de concorrência intra-sistemática agressivo e nível de concorrência intersistemática mediano

Assumindo-se a relativa especialização de mercados, a *concorrência intersistemática* é exercida de forma muito limitada. Os sistemas, suportados pelas infra-estruturas implantadas, têm como finalidade a prestação de serviços típicos, visando a satisfação de necessidades específicas, e que dificilmente se poderão considerar como reciprocamente sucedâneos. A única excepção ocorre no sector dos transportes de mercadorias, onde o sistema rodoviário e ferroviário sempre concorreram intensamente entre si. A realidade actual da *concorrência intersistemática* encontra-se, no entanto, em clara mutação (daí o conceito de *convergência de redes*). No sector da energia, os grandes consumidores podem optar por consumir electricidade da rede eléctrica ou por gerar a sua própria energia, utilizando o gás natural distribuído em rede. Existe, pois, uma concorrência crescente – ainda que limitada – entre os dois sistemas num dos segmentos mais importantes do mercado energético. Porém, como não poderia deixar de ser, é no sector das telecomunicações que as modificações estruturais a este respeito são mais sensíveis, sendo duvidoso que, hoje em dia, se possa distinguir entre os diversos subsistemas (comunicações fixas, comunicações móveis, comunicações por IP, comunicações por satélite).

No entanto, e atendendo à relativa normalização dos serviços fornecidos nas redes, e em condições concorrenciais equilibradas (ou seja, com o isolamento dos segmentos organizados num modelo de monopólio natural, normalmente ao *nível grossista*), o nível de concorrência *intra-sistemática* poderá assumir dimensões apreciáveis, nomeadamente ao *nível retalhista*.

v) Prestação de serviços de relevante interesse público

As redes físicas servem de suporte à prestação de serviços de relevante interesse público. As telecomunicações, o fornecimento de energia, a distribuição de água e os diversos sistemas de transporte

---

do sector dos transportes. No sector ferroviário, é necessário o estabelecimento de uma norma uniforme relativa à bitola dos carris. Também os *slots* dos aeroportos devem ser compatíveis com as portas dos aviões.

constituem o instrumento de suporte vital à vida em sociedade. Se um destes sistemas não funcionar apropriadamente, a essência do bem-estar individual dos cidadãos é irremediavelmente afectada. Tendo em consideração a posição central destes sectores nas economias modernas, e a sua relevância para a definição dos níveis de bem-estar social, os organismos públicos têm, em geral, uma tendência irresistível para a definição dos termos de prestação destes serviços, na óptica da regulação qualitativa e de prestação de serviços de interesse geral.

1.2.2. Redes Virtuais

Paralelamente aos sectores em rede com dimensão física, existem sectores que pelas suas características são denominados por parte da doutrina como redes *"virtuais"*[31]. Estas redes são constituídas por um conjunto de bens que partilham uma plataforma técnica comum assente numa norma tecnológica. Assim, todos os leitores de DVD (*Digital Versatile Disk*) formam, neste sentido, uma rede virtual, bem como todas as consolas de jogos *Playstation,* ou *XBOX*. O mesmo acontece com todos os utilizadores de um sistema operativo comum, como o sistema *Windows*. Neste caso, o que releva não é a prestação de um determinado tipo de serviço no âmbito de uma determinada infra-estrutura, mas sim a adopção de uma norma técnica que é partilhada por sistemas ou aplicações compatíveis.

---

[31] M. Katz e C. Shapiro, "*Systems Competition and Network Effects*", *Journal of Economic Perspectives*, vol. 8, n.º 2, 1994, pág. 94.

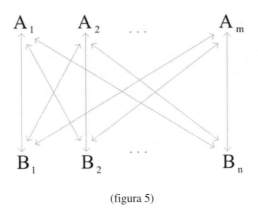

(figura 5)

As redes virtuais distinguem-se das redes físicas imateriais pois o espaço existente entre os diversos componentes não é utilizado como nó ou portal essencial para a construção da rede (transmissão de sinal ou espaço aéreo). Nesta situação, os vários componentes (de diferente tipo) interagem uns com os outros, numa relação de intrínseca compatibilidade.

Os diferentes componentes complementam-se mutuamente, decorrendo as diversas relações de utilidade directamente da compatibilidade entre os diversos componentes complementares. O computador onde está a ser elaborado este estudo não poderia funcionar sem o respectivo monitor, sem o sistema operativo e sem o programa de processamento de texto. Cumulativamente, sem os restantes, nenhum destes componentes teria qualquer utilidade.

A existência da rede depende, pois, da combinação de diversos componentes segmentares. Em termos sistemáticos, é possível identificar este tipo de redes com os sectores compostos por indústrias verticalmente conexas ("*vertically related industries*"). Os componentes da rede não necessitam de estar ligados a uma unidade central, como acontece numa rede de comunicações; basta, pois, que ocorram efeitos de *retorno* positivos ("*positive feedback effects*"), na interacção entre os diferentes elementos do sistema para que se atinjam elevados níveis de compatibilidade funcional[32].

---

[32] Mark Lemley e David McGowan, "*Legal Implications of Network Economic Effects*", cit, pág. 18.

Neste tipo de sectores, o bem final – compósito – é criado através da combinação de dois ou mais bens complementares, numa lógica intrínseca, cuja formulação prototípica pode ser encontrada na relação *hardware-software*[33].

Assim, um mercado assente em componentes compatíveis é constituído por *n* variedades de bens do tipo A e por *n* variedades de bens do tipo B. Os bens finais – compostos – são fabricados através da combinação dos componentes de tipo diverso. Nestes termos, e de forma semelhante ao enunciado relativamente às redes unidireccionais, um bem só terá utilidade se for composto por dois tipos diferenciados – mas compatíveis – de bens complementares. Os computadores não terão qualquer utilidade sem o sistema operativo. Por outro lado, os CD-ROM contendo sistemas operativos não terão qualquer utilidade sem um computador que os suporte.

Ao contrário do que acontece nas redes físicas, numa rede virtual um único utilizador pode ver todas as suas necessidades satisfeitas independentemente do facto de se encontrar ligado a outro sistema detido por outro utilizador. Por exemplo, na redacção deste texto o utilizador usufrui de todas as vantagens do sistema computador/sistema operativo/processador de texto/impressora, independentemente de qualquer outro utilizador deter o mesmo sistema num outro qualquer local.

De uma forma igualmente sintética, apresentam-se, de seguida, as principais características dos sectores em rede virtuais:

---

[33] M. Katz e C Shapiro efectuam a seguinte observação *"this hardware/software paradigm applies to many markets: computer hardware and software; credit-card networks (the card is the hardware, merchant acceptance the software); durable equipment and repair services (the equipment is the hard-ware, the repair the software); and the typewriter keyboard (the typewriter is the hardware, experience on that keyboard the software). These hardware/ software systems can fruitfully be thought of as forming "virtual networks" that give rise to feedback effects similar to those associated with physical networks"* (M. Katz e C. Shapiro, *"Systems Competition and Network Effects"*, cit. pág. 94). Como analisaremos adiante, a conclusão pela semelhança entre os efeitos externos existentes nas redes virtuais e nas redes físicas implica algumas considerações adicionais. Cfr. igualmente, M. Katz, e C. Shapiro, *"Network Externalities, Competition, and Compatibility"*, American Economic Review, June, 75, 1985, pág. 424-440; J.Church e N.Gandal, *"Network Effects, Software Provision, and Standardization"* Journal of Industrial Economics, Março, 40, 1992, págs. 85 a 104.

i) **Existência de barreiras à entrada significativas – Dependência de escolhas passadas**

Uma característica que distingue as redes virtuais das redes físicas é a desnecessidade de realização de investimentos iniciais avultados em infra-estruturas pesadas. Pelo contrário, as barreiras à entrada nos sectores em rede virtuais são eminentemente intelectuais. Baseando-se em modelos de organização de componentes complementares na regência de uma norma, as redes virtuais suscitam uma concorrência intra-sistemática atroz, sendo que o sujeito dominante se encontra permanentemente num risco de perda de mercado pela simples emergência de uma nova tecnologia que altere definitivamente o nível concorrencial anterior. A batalha concorrencial neste mercado é permanente e de curto prazo, alargando-se a todos os seus segmentos[34]. No entanto, tal não significa que a entrada no mercado seja facilitada. Pelo contrário, a criação de uma nova rede implicará sempre uma necessária sedução dos consumidores já estabelecidos no mercado e que terão alguma renitência em abandonar a rede presente relativamente estabilizada. Por outro lado, poderão existir segmentos da rede que adquiram uma especial proeminência, (*e.g.*, os sistemas operativos na rede informática). E, nesse campo, será essencial analisar quais as condições concorrenciais que existem no mercado.

---

[34] Richard Schmalensee referindo-se ao mercado do *software*, efectua as seguintes considerações: *"competition in the software industry is based on sequential races for the leadership of categories such as word processing, spreadsheets, personal financial software, games, operating systems, and utilities – not to mention currently unknown categories from which the next generation of "killer applications" will emerge. Many firms enter the race to lead or create a category. A firm can win the race for a category by virtue of being first to market with a innovative product desired by consumers, or by offering a product that consumers consider substantially better than existing products (...). The history of innovation in the software industry shows that breakthroughs can occur very quickly and are often made possible by hardware innovations. Category leadership is often transitory (...). Leaders are regulary displaced and, over time, there is a sequence of winners. As with most other creative enterprises, software firms vary from those that have had one-time "hits" to those that have hits time and time again"* (Richard Schmalensee, *Direct Testimony of Richard Schmalensee: United States v Microsoft*, 2001, http://www.ltg.ed.ac.uk/~richard/findfact.html).

ii) Existência de títulos de propriedade relativamente à totalidade dos componentes da rede: os direitos de propriedade intelectual

Nestas redes o jogo concorrencial exerce-se em planos múltiplos. Num primeiro nível, a norma terá de ser fundada. Sem uma norma comum não existirá uma rede virtual. A normalização é a única forma de todos os componentes se poderem articular entre si, de uma forma harmoniosa, tendo em vista a satisfação da necessidade relevante em causa. Essa implantação é essencial para o estabelecimento de uma série de componentes complementares que assentam na plataforma adoptada inicialmente.

Porém, os segmentos das redes virtuais são, na esmagadora maioria das situações, protegidos por *direitos de propriedade intelectual*[35]. E, nestas circunstâncias, será possível que um agente detentor de uma patente bloqueie a formação da própria rede, negando o acesso a concorrentes potenciais. Esta situação é bastante complexa, pois se estiver em causa a formação do próprio mercado, os agentes detentores do direito de propriedade intelectual estão, normalmente, disponíveis para licenciar a sua tecnologia, dado que tal sedimentará a sua posição de proeminência no momento de criação do novo mercado.

Tal como nas redes físicas, os diversos segmentos das redes virtuais são susceptíveis de apropriação por parte de sujeitos económicos que tentarão aumentar os seus ganhos na medida do possível. E, ao deterem uma posição predominante no mercado, irão certamente aproveitá-la, de forma a extraírem a renda monopolista disponível.

As duas questões que então se colocam, e que serão analisadas *infra*, são as seguintes: i) poderá existir, nas condições de concorrência próprias das redes virtuais, uma verdadeira situação de monopólio natural, sabendo-se, à partida, que a disputa concorrencial em mercados de inovação assenta precisamente na concretização de situações de monopólio em determinados mercados?; ii) qual o modelo óptimo de conformação das normas de protecção de propriedade

---

[35] Cfr. M. Moura e Silva, *Inovação, Transferência de Tecnologia e Concorrência*, Almedina, 2003.

intelectual com as normas de defesa de concorrência nos mercados constituídos por segmentos de redes virtuais?

Ora, nestas condições, e tal como nas redes físicas, o direito económico terá que desenvolver modelos de delimitação do conteúdo do direito de propriedade dos agentes económicos, de forma a que a sua actuação privada não colida com os mandamentos de eficiência económica visando a promoção do Bem-Estar Social.

iii) *Estrutura de mercado instável e existência de barreiras à saída*

Ao contrário do que ocorre nas redes físicas, os sectores em rede virtuais têm uma estrutura relativamente instável. Os modelos de concorrência construtiva de mercados implicam uma atenção permanente dos operadores económicos aos avanços tecnológicos subjacentes, sendo que um qualquer projecto pode ficar obsoleto ainda antes do seu lançamento. Esse é um risco permanente e que fundamenta, por vezes, acções concorrenciais radicais que permitam a arrecadação maximizada de receita num curto espaço de tempo, a fim de remunerar rapidamente o capital investido na configuração do produto. No entanto, esta instabilidade fundamental contagia os próprios consumidores que não saberão, no momento inicial, qual a tecnologia vencedora. Ora, não pretendendo aderir a uma rede derrotada, existirá uma natural tendência de expectativa, justificada, mas que poderá atrasar o ritmo da inovação tecnológica. É por essa razão que o movimento de normalização adquire uma extraordinária importância. Se a norma for adoptada, os agentes do lado da oferta poderão desenvolver produtos adaptados a essa norma, sendo a rede, consequentemente, formada por diversos segmentos produzidos por diferentes produtores, mas perfeitamente compatíveis entre si.

Neste âmbito, a norma tem como função estabilizar os termos concorrenciais de um mercado que, por definição, é instável e incerto.

Note-se que os *custos irrecuperáveis* (*"sunk costs"*) adquirem uma expressão avultada nestas redes, já que os activos essenciais revestem uma natureza intangível que não permite qualquer recuperação em caso de insucesso da empreitada. Nestas redes, os custos iniciais são elevadíssimos, visto que assentam essencialmente em actividades de investigação e desenvolvimento, sendo unicamente recuperáveis pelo facto da reprodução do modelo ser efectuada a custos extremamente reduzidos. Por exemplo, um programa informático pode ser replicado indefinidamente sem custos adicionais. Consequentemente, o custo de uma cópia é semelhante ao custo de um milhão de cópias. Se esse produto não tiver sucesso, e dada a natureza tendencialmente limitada do segmento em que opera, a possibilidade de recuperação do investimento inicial é inexistente.

iv) Níveis de concorrência intra-sistemática e intersistemática agressivos

O modelo concorrencial dos sectores em rede virtuais é relativamente atípico. Assim, num primeiro momento, a concorrência exerce-se num plano essencialmente intersistemático. O sistema que for adoptado condicionará definitivamente a estrutura futura do mercado. No limite, poderá mesmo referir-se que a definição da norma corporiza *ipso facto* a constituição do próprio mercado. Neste âmbito, nas redes virtuais, o jogo concorrencial é efectuado, num primeiro nível, entre sistemas. No entanto, e paralelamente a esse jogo concorrencial de primeiro nível, os diversos operadores competem entre si para o fornecimento de produtos dentro desse sistema. Esta disputa concorrencial, no entanto, efectua-se no plano intra-sistemático, já que depende da adopção prévia de um sistema que sirva de plataforma técnica.

Após a determinação do sistema vencedor, a atenção dos operadores vira-se essencialmente para o campo intra-sistemático. Essencial é, num primeiro momento, a determinação do sistema vencedor. Esse sistema, ao ser adoptado pela maioria dos consumidores, relegará os restantes para posições secundárias. Conforme refere Oz Shy, *"consumers in these markets are shopping for systems rather than individual products"*[36].

Nesse momento, e assumindo a relativa estabilidade do mesmo face ao estado de evolução tecnológica, a concorrência intersistemática atenua-se até à próxima evolução tecnológica, dando origem a uma acérrima concorrência intra-sistemática, potenciada pela relativa harmonização técnica dos produtos fornecidos.

---

[36] Oz Shy, *The Economics of Network Industries*, Cambridge University Press, 2001, pág. 2.

1.3. *Quanto ao tráfego da rede: redes unidireccionais e redes bidireccionais*

São várias as configurações possíveis dos sectores em rede. A primeira distinção a efectuar baseia-se na tipologia de serviço prestado, que poderá implicar a prestação unilateral ou multilateral de fluxos; tendo presente esta aspecto, poderão distinguir-se redes *unidireccionais* (*"one-way networks"*) e redes *bidireccionais* (*"two--way networks"*)[37].

1.3.1. Redes unidireccionais

A possibilidade de prestação bilateral de serviços não constitui uma característica essencial das redes. De facto, existem redes cuja prestação de serviços é unicamente unilateral. Inserem-se nesta qualificação as redes de difusão de sinal de rádio e televisão (não--interactiva), as redes eléctricas e de gás, as redes de fornecimento de água e de esgotos e os sistemas de reservas das linhas aéreas, entre outras.

Nestas redes, e ao contrário das redes bidireccionais, a combinação de dois componentes não cria necessariamente um bem composto. Numa perspectiva simplificada, existirão dois tipos de componentes, distintos em termos qualitativos, sendo o bem composto – objecto da procura – constituído pela combinação de componentes de diferente qualidade. Assim, existindo bens do tipo A e do tipo B, o bem objecto da prestação de serviços terá necessariamente a configuração AB. Numa rede com a configuração enunciada na figura 2, a única prestação possível de serviços suportada será a que comporte a combinação de elementos de classe A e classe B, ou seja, por exemplo, $A_1 S_A S_B B_1$. Neste âmbito, e numa perspectiva unidireccional, só fará sentido a existência de redes de longa distância, pois bens "locais"

---

[37] Cfr. e.g., N. Economides e L. White, "*One-way networks, two-way networks, compatibility and antitrust*", Working paper EC-93-14 (Stern Scholl of Business, New York University), 1993; Idem, "*Networks and compatibility: implications for antitrust*", *European Economic Review*, 38, 1994, págs. 651 a 662.

compostos não serão alvo de qualquer solicitação do lado da procura, dado que não terão qualquer utilidade acrescida.

Nas redes unidireccionais não existirá reciprocidade, pois a prestação de serviços só se efectua num único sentido, constituindo o bem composto a qualidade de sucedâneo próximo relativamente a outro com o qual partilhe um componente[38].

Note-se, que a existência física dos diversos componentes não é uma característica essencial. Como analisaremos de seguida, as redes virtuais não assentam em infra-estruturas físicas, materiais ou imateriais, mas pressupõem unicamente simples relações de compatibilidade entre diferentes componentes segmentares.

Em termos económicos, e na mera óptica unidireccional, o factor mais relevante é a ocorrência, neste tipo de redes, de economias de gama significativas no consumo. Essas economias de gama são de fácil identificação: se existir originariamente um número equivalente de componentes de tipo A e de tipo B, susceptíveis de serem combinados num ratio de 1:1, a adição de um novo componente de categoria A originará a existência potencial do dobro de combinações AB. Neste tipo de mercados, a economia de gama será corporizada pela criação de novos bens, distintos dos originariamente existentes, e que permitirão novas combinações que aumentarão aritmeticamente o número potencial de bens compósitos disponíveis.

1.3.2. Redes bidireccionais

Normalmente, a doutrina económica restringe o estudo das redes físicas bidireccionais ao sector das telecomunicações de voz[39]. No

---

[38] Ao contrário de Economides e White (N. Economides e L. White, "*One-way networks, two-way networks, compatibility and antitrust*", cit., pág. 4), entende-se que as redes unilaterais não se caracterizam pelo facto dos consumidores não se identificarem imediatamente com um particular componente ou nó constitutivo da rede. Tal só é verdadeiro nas redes virtuais e não nas redes físicas. Por exemplo, no caso da rede eléctrica, da rede de distribuição de gás e da rede de televisão por cabo não-interactiva, o consumidor é facilmente identificável enquanto titular de um elemento estrutural da rede, no caso, o terminal.

[39] O exemplo paradigmático é o trabalho de Katz e Shapiro. Estes autores limitam os seus estudos aos efeitos positivos de rede do sector das tecnologias da comunicação (cfr. M. Katz e C. Shapiro, "*Network Externalities, Competition and Compatibility*, cit.,); Também Oz Shy efectua a mesma restrição (O. Shy, *The Economics of Network Industries, cit.*).

entanto, as redes físicas bidireccionais não se limitam a este sector: veja-se o caso dos diversos sectores das estradas e auto-estradas, transportes rodoviários, transportes de mercadorias, transportes aéreos, transportes fluviais, transportes marítimos, serviços postais, sistemas de transacções e compensação financeiras, correio electrónico e fóruns de discussão, entre outros.

Podendo a rede comportar tráfego bidireccional, ocorrerá, inevitavelmente, reversibilidade ou reciprocidade dos serviços prestados: estes poderão, por exemplo, ter uma configuração A_n S B_n ou B_n S A_n, pois os segmentos contêm uma transmissão física em qualquer das direcções. No entanto, quer a utilidade retirada do serviço, quer a sua própria configuração poderão ser totalmente distintas: não será necessária, portanto, a existência de uma relação estritamente sinalagmática entre os agentes participantes na rede.

Dadas as suas características próprias, bem como a contínua sofisticação tecnológica, as redes bidireccionais tendem a assumir-se como o elemento da charneira da organização económica e, subsequentemente, como alvo privilegiado dos instrumentos regulatórios.

1.3.3. Redes virtuais bidireccionais compostas

Neste enquadramento haverá sempre que distinguir duas situações distintas.

Nas redes unidireccionais, os efeitos económicos relevantes decorrem única e simplesmente da eventual presença de economias do lado da oferta – economias de escala, economias de gama ou economias de densidade – dependendo a viabilidade concorrencial da rede directamente da sua dimensão.

Porém, nas redes bidireccionais, dada a sua vertente pluralista ao nível das relações cruzadas de oferta e de procura, será essencial tomar em consideração os efeitos económicos decorrentes da existência de *exterioridades de rede* e a consequente necessidade de se proceder à sua interiorização. Neste enquadramento, a existência de uma plataforma de intermediação poderá ser fundamental para a referida função, eliminando por essa via os excessivos custos decorrentes de negociações bilaterais generalizadas.

Nestas condições, e na presença de redes físicas, ocorrerá uma inevitável tendência para concentração, atendendo aos condicionalismos económicos inerentes à própria configuração da rede, e que se sentem de forma mais intensa no segmento *"bottleneck"* que, em situações limite, se organiza mesmo num modelo de monopólio natural.

Nas redes virtuais, a questão é mais complexa, uma vez que a configuração da mesma depende da norma e da função adoptada[40]. De facto, se assentarem numa rede de comunicações, as redes virtuais comungarão das mesmas características. No entanto, existem muitas outras, tantas quanto o número de normas adoptado.

Assim, se os grupos de participantes no mercado não se constituírem como idênticos em ambos os lados da rede, será necessário realizar algumas considerações adicionais.

Efectivamente, na rede das mensagens electrónicas, os agentes emissores e receptores têm características idênticas. De facto, todos os emissores podem ser receptores e *vice-versa*, e neste enquadramento, estaremos na presença de uma rede virtual bidireccional simples ou típica.

No entanto, existem situações em que as redes mantêm a sua bidireccionalidade, mas onde os agentes titulares dos diversos segmentos terminais da rede revestem qualidades distintas. Assim, numa rede de cartões de crédito, os agentes do segmento primário assumem a qualidade de compradores, enquanto que os agentes do segmento secundário revestirão a qualidade de comerciantes aceitantes[41]. Obvia-

---

[40] Rochet e Tirole, propõem uma definição mais restritiva de redes bidireccionais, anunciando o que denominam de *"falha do teorema de Coase"*. Neste enquadramento, só seriam redes bidireccionais aquelas onde os preços (e não somente o número de participantes) praticados pelos agentes participantes têm uma importância directa na participação no mercado dos restantes agentes, pelo que o volume de transacções não depende da simples análise comparativa entre os ganhos previstos e os custos de transacção suportados (J. Rochet e J. Tirole, *"Two-Sided Markets: An Overview"*, mimeo, IDEI, University of Toulouse, 2004). Cfr., igualmente, R. Roson, *"Two-Sided Markets: A Tentative Survey"*, *Review of Network Economics*, vol. 4, Issue 2, June 2005, págs. 142 e segs..

[41] Estas redes poderão revestir naturezas extraordinariamente complexas. Existem dois tipos de plataformas de cartões de pagamento: i) redes proprietárias, que integram três partes distintas; ii) associações de pagamentos, que integram quatro partes distintas. Num sistema tripartido (*e.g.* American Express), o detentor da infra-estrutura presta serviços de pagamentos a consumidores e a comerciantes, cobrando comissões diferenciadas consoante o segmento que considera prioritário de acordo com estratégias eficientes (cobrança de

mente que, quer uns, quer outros, poderão exercer as diferentes posições consoante o seu posicionamento subjectivo; porém, em cada transacção cada um assumirá um papel prototípico diferenciado do outro.

Apesar desta divergência, a ponderação de utilidade cumulativa mantém-se. Um grupo de utilizadores da rede retirará cada vez mais utilidade na sua participação quanto maior for o número de utilizadores do grupo simétrico. Neste enquadramento estaremos perante redes virtuais bidireccionais compostas, assentes numa infra-estrutura de telecomunicações, que conjuga grupos de utilizadores tipologicamente distintos mas com interesses convergentes e complementares.

Ora, as redes virtuais bidireccionais compostas poderão assentar numa plataforma de criação de mercado (*"market-maker"*) onde os membros de distintos grupos podem efectuar transacções entre si, atendendo ao aumento de liquidez que a rede propicia (*e.g.* NASDAQ ou eBay), numa plataforma de criação de audiência (*"audience--maker"*), de forma a que as mensagens publicitárias sejam apreendidas pelo seu verdadeiro destinatário na óptica das suas preferências reveladas (*e.g.* os sítios na Internet), ou numa plataforma de coorde-

---

comissões de participação aos utilizadores e de comissões de transacção aos comerciantes). No sistema quadripartido (*e.g.* Visa ou MasterCard), existe uma entidade associativa que engloba os bancos emissores, os utilizadores e os comerciantes, e que fornece a infra-estrutura de telecomunicações e regula todos os termos contratuais das relações, excepto as políticas tarifárias aplicadas pelos bancos emitentes aos utilizadores dos seus cartões e aos comerciantes que os aceitam. As diferenças entre estas duas formatações são relevantes. Enquanto que o sistema tripartido se caracteriza pela existência de uma procura conjunta e uma oferta simples, o sistema quadripartido envolve um posicionamento múltiplo em ambos os lados do mercado (no lado da procura estarão os utilizadores do cartão e os comerciantes aceitantes e no lado da oferta estará a associação e os bancos emissores). Ora, nesta última configuração, e uma vez que os bancos não têm capacidade de fixação de uma estrutura de preços que maximize inequivocamente os seus proveitos (deverá existir concorrência a este nível), a comissão multilateral (paga pelo banco aceitante ao banco emissor por cada pagamento efectuado no ponto de venda do comerciante, e que será recuperada quando o comerciante remunerar o banco aceitante) servirá unicamente para equilibrar o sistema e para regular o seu nível de utilização geral. Cfr. M. Holland, *"Two-Sided Markets: A Challenge to Competition Policy?"*, Paper for the First Annual Competition Commission, University of the Witwatersrand, Johannesburg, 2007. Não será por acaso que a doutrina sempre concedeu uma atenção especial à dinâmica concorrencial dos cartões de pagamento, chamando a atenção para as diversas especialidades que aí se demonstram. Cfr., e.g., Carlos Lobo, *Concorrência Bancária?*, *cit.*, págs. 492 a 524.

nação da procura (*"demand coordinator"*) que assenta na criação de uma norma que reúne todo um grupo de utilizadores (*e.g.* os sistemas operativos, as consolas de jogos, o sistema VISA)[42]. Porém, e independente da sua configuração concreta, também estas redes dependem da criação de uma ampla base instalada (*in casu*, e ao contrário das redes unidireccionais, em ambos os extremos do rede), da liquidez do mercado e de uma correcta ponderação dos interesses em jogo, de forma a que a política de fixação de preços seja efectuada segundo um modelo óptimo[43].

Se não existir procura num dos lados do mercado, os agentes aí presentes tenderão a migrar, independentemente dos preços praticados, pelo que a aquisição de massa crítica é fundamental. E, nesta configuração, salientam-se, mais uma vez, duas questões fundamentais para o desempenho concorrencial do mercado: a tendência para a concentração no segmento (*in casu*, na plataforma) e a verificação das políticas de preços, *maxime* no momento de criação da plataforma, tendo em vista a atracção de participantes.

---

[42] Adoptou-se a terminologia de D. Evans (*"Some Empirical Aspects of Multi-sided Plataform Industries", Review of Network Economics*, vol. 2, Issue 3, September 2003, págs. 191 e segs.)

[43] Obviamente que os utilizadores da plataforma poderão negociar directamente num ambiente exterior. Porém, nesse enquadramento, perderão inevitavelmente o "ambiente regulador" próprio à existência da plataforma (segurança, eliminação de custos de transacção, compatibilidade e normalização).

III
Sectores em Rede: Questões Estruturais Essenciais

1. Introdução

As implicações jurídico-económicas resultantes da organização em rede de sectores económicos basilares são vastíssimas. Tendo em consideração a sua relevância económica e social, competirá ao Estado promover o funcionamento eficiente dos sectores económicos e garantir o acesso de todos os cidadãos a serviços essenciais, inevitavelmente prestados nessas plataformas, com padrões elevados de qualidade. As condições estruturais são extraordinariamente complexas. A procura não se desenvolve num local determinado; pelo contrário a existência de uma rede física pressupõe precisamente a sua satisfação em modos difusos, espacial e temporalmente. Por outro lado, é necessário determinar os locais óptimos de interligação e os modelos de relacionamento.

Quanto à oferta, além da garantia de um pleno funcionamento e de fornecimento contínuo quer da procura presente, quer da oferta futura potencial (daí a relevância da componente de investimento), torna-se necessário distinguir a vertente infra-estrutural da vertente dos serviços que são prestados tendo por suporte essa base. Nesta óptica, têm sido sucessivamente desenvolvidos instrumentos regulatórios *ex ante* [*separação vertical* – *e.g.* separação da função de transporte de alta capacidade da função de distribuição na energia e no gás; separação da função de gestão da infra-estrutura de transporte ferroviário ou aéreo da função de prestação de serviços; ou *separação horizontal* – *e.g.* estabelecimento de um acesso livre ("*desagregado*") ao lacete local da rede de telecomunicações ("*unbundling*")], e por vezes *ex post*, *maxime* ao nível das políticas de correcção tarifária, de *desintegração sectorial*, dado que a vertente dos serviços é, ao contrário da primeira, eminentemente concorrencial.

No que diz respeito à procura, os padrões da sua satisfação variam significativamente de sujeito para sujeito. Neste enquadramento, importa garantir que os consumos possam ser realizados no momento, na quantidade e na qualidade pretendida. A manutenção deste fluxo contínuo de prestação de serviços é essencial para que o consumidor racional proceda à combinação dos segmentos que lhe parecerem mais úteis no momento em que as condições de mercado lhe forem mais favoráveis. Neste ambiente, inevitavelmente complexo, torna-se necessário garantir ao utilizador o máximo de opções possíveis (*e.g.* livre selecção de operador de telecomunicações, que pode ser definido por chamada; livre selecção de fornecedor de electricidade, que deve ser alvo de uma opção inicial). O expoente máximo dessa liberdade de selecção ocorre no sector dos transportes, onde o utilizador pode escolher o destino, a rota e o meio de transporte. Porém, também nos restantes sectores terá de ocorrer uma selecção de tráfegos, no sentido da utilização mais eficiente dos segmentos e dos nós de ligação disponíveis, evitando congestionamentos e propiciando rapidez nas prestações aos menores custos possíveis.

Estas considerações, bem como as condições físicas dos sectores, afectam consideravelmente a tarefa de construção e definição topológica da rede, *maxime* dos seus segmentos infra-estruturais. Assim, e para além do paradigma máximo de eficiência de uma rede que se traduz na garantia de estabelecimento de um máximo de fluxo ao menor custo possível, é ainda fundamental que, de forma totalmente eficiente: i) se estabeleçam os nós e os segmentos de forma a que a área de abrangência geográfica se encontre coberta da forma mais eficaz e completa possível; ii) se garanta um *princípio de conservação dos fluxos – Lei de Kirschoff –* nos termos do qual nenhum tráfego que seja injectado na rede pode ser perdido nas suas operações; iii) que a capacidade da rede suporte períodos de "*picos de procura*" sem uma quebra de qualidade (e que originam, no sector eléctrico os famosos "apagões"); iv) que as interligações intersistemáticas (vulgo ligações intermodais) se efectuem de forma a que o sujeito possa usufruir do máximo de possibilidades para a satisfação das suas necessidades, evitando-se congestionamentos ineficientes ou excessivos custos de ligação.

Apesar das questões juseconómicas subjacentes a estas realidades estruturais serem inúmeras[44], existem três matérias que importa clarificar no âmbito do regime concorrencial dos sectores em rede, a saber: i) a averiguação da existência de monopólios naturais em determinados segmentos das redes; ii) os méritos ou deméritos dos movimentos de normalização; iii) a existência e efeitos das exterioridades de rede.

2. Existência de condições para a constituição de monopólios naturais em determinados segmentos das redes

As infra-estruturas de suporte à prestação de serviços nestes sectores organizam-se, muitas vezes, num modelo monopolista. Essa realidade é visível no transporte de electricidade em alta tensão, na rede fixa de telecomunicações, principalmente ao nível do lacete local, nos gasodutos de alta pressão ou nas infra-estruturas dos transportes ferroviários.

No âmbito das redes físicas materiais, a interligação assume uma importância fundamental. A criação de redes de âmbito intersistemático implica que diversas redes – potencialmente concorrentes – se interliguem mutuamente formando uma rede composta de maior dimensão. A interligação é, assim, uma questão essencial em sectores como o das telecomunicações fixas, energia e transportes. Quem controlar o ponto de acesso – *engarrafamento monopolista* (*"bottleneck"*) – controla todos os fluxos de serviços intersistemáticos, adquirindo um poder de mercado significativo. Também no âmbito intra-sistemático poderá vislumbrar-se a existência de *engarrafamentos monopolistas*. Existirão estruturas segmentares em determinadas redes com características de monopólio e, nesse enquadramento, quem detiver esse segmento de rede poderá condicionar decisivamente todo o tráfego concorrencial, quer a montante quer a jusante, ao nível da infra-estrutura e ao nível dos serviços.

---

[44] Cfr., e.g., H. Bobzin, *Principles of Network Economics*, Pringer-Verlag Berlin Heidelberg 2006.

No entanto, a questão poderá ultrapassar o âmbito das redes físicas. Nas redes virtuais poderão existir segmentos que condicionem decisivamente a dinâmica concorrencial na restante rede. Por exemplo, o sistema operativo constitui o elemento central que permite a conjugação do *software* de aplicações com o *hardware* físico. Nestas condições, parte da doutrina tende a qualificar esse segmento do mercado como revestindo a natureza de um engarrafamento monopolista. Normalmente, a doutrina adopta uma classificação bipartida a este respeito, distinguindo entre engarrafamentos monopolistas unilaterais (*"one-sided"*) e bilaterais (*"two-sided"*).

O engarrafamento monopolista unilateral é detido por uma empresa que o explora em regime de monopólio, não sendo necessário qualquer outro nó ou lacete relevante para a prestação dos serviços na rede.

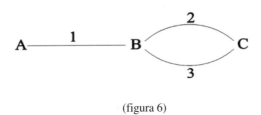

(figura 6)

Nesta figura, o engarrafamento monopolista corresponde ao segmento AB. Existem diversos exemplos para ilustrar esta situação. Nas redes locais de telecomunicações, o engarrafamento monopolista identifica-se com o segmento de ligação dos subscritores ao lacete. Este segmento é normalmente denominado como a última milha (*"last mile"*), que une o utilizador ao lacete local (*"local loop"*)[45]. No

---

[45] Esta é uma realidade estrutural que se constitui como *"monopólio natural"*. A prestação de serviços de telecomunicações é complexa, implicando a combinação de diversos componentes de natureza diversa, mas complementares. Uma chamada de longa distância terá início na rede do operador local, utilizando inicialmente o seu equipamento de telefone, a última milha e o lacete local, passará inevitavelmente pelas suas centrais digitais de processamento e será remetida para um operador de telecomunicações de longa distância, que obrigatoriamente a conduzirá a um outro operador local, através do seu lacete, a sua última milha e respectivo equipamento de telefone. Actualmente, a rede telefónica serve de suporte a uma multiplicidade de serviços distintos da simples transmissão de voz, principalmente depois do advento da tecnologia de banda larga. No entanto, em termos estruturais, e

entanto, sendo o exemplo clássico[46], não é o único possível. Vejamos algumas situações relevantes para o nosso estudo:

Sector	Engarrafamento Monopolista
Telecomunicações	Lacete local
Eléctrico	Linhas de transporte em alta tensão
Gás	Gasoduto de alta pressão
Ferroviário	Carris, Estações
Postal	Distribuição local
Água	Distribuição em alta pressão

Verificamos, a este respeito, que o conceito de engarrafamento monopolista tende a coincidir com o substrato doutrinário que suporta a teoria das infra-estruturas essenciais (*"essential-facilities"*) em sede de direito da concorrência, ou os modelos regulatórios de desintegração sectorial em diversos mercados.

Nestas situações, o engarrafamento monopolista é unilateral pois esse segmento constitui-se como infra-estrutura existente num mercado em regime de exclusividade. Se essa exclusividade for intrínseca ao próprio mercado – como o é nos casos acima referidos – então encontramo-nos na presença de um *monopólio natural*. Nestas circunstâncias, o direito económico adquire uma acutilante importância: o decisor público, norteado pelo princípio da eficiência, terá o dever funcional de proceder à correcção – eficiente – do mercado. Neste

---

com a tecnologia actual, o lacete local e a última milha serão, inevitavelmente, detidos por uma única empresa. Analisaremos adiante as implicações deste facto em sede de direito económico.

[46] Apesar de continuar a ser o exemplo clássico e, simultaneamente, a maior preocupação dos reguladores, existem segmentos do mercado das telecomunicações que não se encontram sujeitos ao exercício monopolista de poder de mercado no lacete local. O caso do acesso aos serviços de transmissão de dados em banda larga no mercado português é bem demonstrativo. Hoje em dia existe a possibilidade dos utilizadores escolherem a infra-estrutura base para a prestação do serviço. O grupo Portugal Telecom concorre directamente com a Cabovisão e com a Oni nesse mercado, para não falar do advento cada vez mais generalizado do sistema *wi-fi*, *wimax*, ou da oferta de banda larga por satélite.

ambiente, as potenciais práticas anticoncorrenciais terão um campo fértil para se desenvolver[47].

Ao nível da expansão do poder de mercado detido, o monopolista tenderá a contaminar mercados adjacentes, quer no sector, quer fora do sector. No limite, o monopolista poderá mesmo recusar sistematicamente o acesso ao seu segmento ou a interligação entre redes[48]. De uma forma menos intensa, o monopolista tenderá, igual-

---

[47] Como veremos adiante, este exercício abusivo de uma posição dominante por parte do detentor do segmento onde se desenvolve o engarrafamento monopolista é bastante comum, já que se reconduz à decisão correcta numa óptica da racionalidade individual do operador numa lógica de curto prazo. No entanto, essa opção poderá ter custos bastante elevados em sede de bem-estar social. Esta é uma situação muito complexa, que depende, em larga medida, das circunstâncias casuísticas do sector onde se verifica.

[48] A prática que despertou a atenção da ciência jurídico-económica para esta questão é bastante elucidativa. No início do século XX, a operadora telefónica americana AT&T dispunha de uma posição monopolista nas comunicações de longa distância. No entanto, no mercado local, enfrentava a concorrência de diversos operadores regionais. De forma a aumentar os seus proveitos, a AT&T impedia a interligação dos operadores de telecomunicações locais independentes à sua rede de comunicações de longa distância, reduzindo significativamente a utilidades dos serviços pequenos operadores. Esta recusa de interligação só era levantada se o operador fizesse parte do *Bell System*, o que significava essencialmente a corporização da sua aquisição pela AT&T. A recusa sistemática de interligação originou a criação de posição dominante da AT&T igualmente nos mercados locais. Este simples exemplo é extremamente feliz na demonstração da tendência natural de um monopolista na extensão do seu poder dominante para mercados complementares ou contíguos (cfr. N. Economides, "*Competition Policy In Network Industries: An Introduction*", 2006, http://www.stern.nyu.edu/networks/site.html). No entanto, a questão é extremamente complexa. A extensão acrítica da doutrina de supressão de limitações ao acesso a determinadas infra-estruturas essenciais detidas por um monopolista poderá originar situações de clara ineficiência. A própria AT&T, na situação descrita, rejeitou as acusações efectuadas justificando as restrições ao acesso com a necessidade de garantia dos padrões de qualidade da rede telefónica pois os operadores locais, além de disporem de algum material incompatível, teriam um reduzido padrão de qualidade no fornecimento dos seus serviços. Esta situação, no entender da AT&T poderia colocar em causa os serviços na sua rede. Finalmente, esta empresa alegou que numa situação de acesso pleno de operadores independentes à sua rede deixava de poder garantir a confidencialidade das chamadas dos seus subscritores, que poderiam ser alvo de obscuras interferências de terceiros. Estes argumentos não podem ser totalmente ignorados. Poderão existir claras situações de "*boleia*", se for imposta uma obrigação incondicional de interligação. No entanto, no caso concreto, a AT&T argumentava em clara má fé, pois a interligação foi recusada a todos os operadores independentes que a solicitaram. Por outro lado, quando a AT&T procedia a aquisição do operador local, a interligação era efectuada sem grandes alterações ao nível do

mente, a cobrar um preço excessivo pela realização da interligação, de forma a aumentar os seus proveitos[49].

Estas situações, que corporizam o exercício de um poder de conteúdo monopolista sobre parte do mercado, implicarão o exercício cuidado de políticas correctoras de eventuais práticas lesivas do bem-estar social.

Por sua vez, os engarrafamentos monopolistas bilaterais encontram-se nas situações em que dois operadores detêm em regime de exploração monopolista dois componentes essenciais, necessitando cada um deles, para prestar o seu serviço relevante, do segmento detido pelo outro.

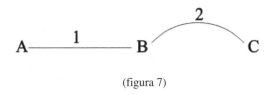

(figura 7)

Continuando a utilizar o mercado das telecomunicações locais como exemplo, se um subscritor de um dos operadores pretender efectuar uma chamada para outro subscritor de um outro operador, tal obrigará os operadores a utilizarem as suas infra-estruturas detidas em monopólio de forma concertada. A chamada só poderá ser efectuada se os dois nós forem mutuamente disponibilizados. Tal como é demonstrado na figura 7, se AB pertencer ao operador 1 e BC for detido pelo operador 2, o operador 1 fornecerá o serviço ABC e o

---

funcionamento estrutural. Esta prática foi erradicada em 1934, com a aprovação do *Federal Communications Act*, que estipulou uma obrigação de interligação tendo em vista evitar o desaparecimento dos restantes operadores locais independentes do mercado, estabilizando o poder de mercado da AT&T no mercado local. No entanto, esta empresa conseguiu manter a quota de mercado alcançada em 1934 (89%) até à sua liquidação, ocorrida em 1982.

[49] O exemplo da AT&T é igualmente elucidativo a este respeito. Após a Segunda Guerra Mundial, o sistema Bell, dominado pela AT&T solicitou inúmeros aumentos tarifários. Em 1965, após a análise do mercado, a *Federal Communications Commission* obrigou a AT&T a reduzir em 100 milhões de dólares as suas tarifas. Essas reduções prosseguiram em 1967 (120 milhões de dólares), e em 1969 a AT&T acordou com reduções anuais na ordem dos 150 milhões de dólares. (Cfr. A. Khan, *The Economics of Regulation, Principles and Institutions*, MIT Press, Massachusetts, 1988, II, pág. 110)

operador 2 fornecerá o serviço CBA[50]. Neste contexto, cada um dos operadores terá de adquirir o acesso de terminação ("*acess termination*") ao outro, a fim de completar a chamada solicitada. Se, por sua vez, cada um dos operadores fornecer indiferentemente tanto os serviços ABC como CBA, então terão, consoante os casos, de adquirir quer acesso de originação ("*acess origination*"), quer acesso de terminação[51].

Nestas condições de mercado, o agente que controla o nó da rede deterá um poder de mercado que lhe permite conformar decisivamente todas as opções concorrenciais dos restantes operadores.

Esse poder de mercado deverá ter alguma origem. De facto, e em circunstâncias concorrenciais normais, se existir uma renda supraconcorrencial a ser auferida por um agente, logo aparecerá um outro para a disputar. Assim, quais as razões que levam à não-duplicação de segmentos em determinados sectores em rede? Por outras palavras, por que será que determinadas infra-estruturas se transformam em engarrafamento monopolista no seio da rede?

Como bem refere Fernando Araújo, o facto de existir um único operador no mercado, ou de existir um operador com absoluta preponderância sobre os demais, derivará da existência de barreiras à entrada no mesmo[52]. Essas barreiras poderão resultar: i) do facto do produtor deter o exclusivo, de facto[53] ou legal[54], na exploração de determinados recursos essenciais; ii) da posse de um exclusivo, de facto ou legal, de informação privilegiada que permita o desenvolvimento de um produto ou de um procedimento sem que os concorrentes possam, no momento, concorrer com o detentor dessa inovação[55]; iii) da existência de um monopólio natural.

---

[50] Os modelos mais simples corresponderão integralmente à situação de monopólio bilateral.

[51] O que coloca, conforme demonstraremos na parte II, interessantes questões ao nível tarifário.

[52] Cfr. F. Araújo, *Introdução à Economia*, 3.ª ed., Almedina., pág. 338.

[53] Cfr. R. Frank, *Microeconomia e Comportamento*, 6.ª ed., McGraw-Hill, 2006, págs. 412 e 413.

[54] Decorrentes da concessão de licenças ou autorizações exclusivas. Cfr. e.g. R. Frank, *Microeconomia e Comportamento, cit.*, págs. 409 e 410; Fernando Araújo, *Introdução à Economia, cit.*, págs. 338 e 339.

[55] Cfr. eg., R. Frank, *Microeconomia e Comportamento, cit.*, págs. 411; Fernando Araújo, *Introdução à Economia, cit.*, págs. 339.

O primeiro caso reporta-se à detenção de uma situação de exclusivo sobre um determinado produto. Normalmente, os exemplos que são enunciados a este propósito confundem a detenção de facto do produto com a posse de uma licença legal de exploração sobre o mesmo. Quando se fala da especificidade geológica que dá origem à água Perrier ou às características de extraordinária pureza dos diamantes extraídos pela deBeers, não se está a referir à posse de facto de um bem de características excepcionais, mas sim à detenção de um direito exclusivo de exploração de bens do domínio público originário (águas subterrâneas e subsolo). Efectivamente, e salvaguardados determinados produtos com circunstâncias únicas de especificidade de que o exemplo mais típico são as obras de arte, o mercado tende a produzir bens sucedâneos susceptíveis de atenuar situações tendencialmente monopolistas a esse propósito.

Porém, e para os efeitos relevantes do nosso estudo, interessa-nos analisar prioritariamente as restantes duas situações.

Relativamente ao segundo caso, deverá referir-se preliminarmente que uma sociedade da informação assenta precisamente no valor da informação disponível. Se um sujeito detém um segredo relativamente a uma determinada inovação, a sua tendência será a optimização monetária da mesma. De facto, e conforme foi referido, o que incentiva a actividade de investigação e desenvolvimento é precisamente a utilização dos seus resultados na geração de uma determinada renda monopolista que permita a sua comercialização a um preço superior ao custo marginal da produção. No entanto, e sem a devida protecção estatal, esse segredo seria facilmente desvendado aos concorrentes *free riders* que, não tendo que amortizar os custos de investigação e desenvolvimento, facilmente comercializariam os seus produtos a um preço bastante inferior, atendendo ao reduzido custo da duplicação. Este facto até pode parecer favorável ao consumidor, já que lhe permite usufruir da inovação a um custo substancialmente mais reduzido. No entanto, esta perspectiva *ex post* não toma em consideração a realidade dinâmica da inovação e as considerações *ex ante* de rentabilidade que um operador minimamente responsável terá de efectuar no momento anterior ao investimento em investigação e desenvolvimento[56].

---

[56] É por estas razões que alguns autores propõem que o sistema de inovação seja integralmente financiado pelo Estado.

Essa protecção monopolista, necessária para a continuação do processo de inovação, é concedida pelo Estado através do sistema de protecção da propriedade intelectual. Se um agente inovador for incapaz de vender o seu produto por um preço suficientemente elevado, ele não conseguirá recuperar os seus custos iniciais, e consequentemente, não haverá qualquer incentivo para a investigação e desenvolvimento (*"chilling effect"*). Sem essa protecção legal, a concorrência faria com que o preço diminuísse até ao nível do custo marginal e, por consequência, o ritmo da inovação seria inevitavelmente reduzido pois os investimentos não seriam remunerados.

Esta situação é paradigmática nos sectores em rede virtuais, dado que grande parte dos seus segmentos reveste uma natureza puramente intelectual, sendo o tráfego concorrencial altamente influenciado pelo ritmo da inovação. E, nestas circunstâncias, concorda-se com Miguel Moura e Silva quando refere que *"o principal objectivo de um sistema de protecção de direito de propriedade intelectual deve ser o de encontrar um equilíbrio adequado entre o grau de protecção necessário para incentivar inovações socialmente úteis, por um lado, e a garantia da disseminação e utilização quase-óptima dessas inovações"*[57].

A questão é, portanto, relativamente clara. Na ausência de barreiras naturais à entrada num mercado onde a informação sobre os produtos existentes é fluida, o progresso económico dependerá do desenvolvimento de inovações, o que só ocorrerá se for criado um direito exclusivo de exploração a favor de quem a originar, com uma duração adequada para o ressarcimento justo da actividade de investigação original. Sem essa protecção, o risco no desenvolvimento da actividade de investigação e inovação seria incomportável, decorrendo numa verdadeira e própria falha de mercado, já que os benefícios dessa actividade seriam facilmente apropriados por terceiros[58/59].

---

[57] Cfr., M. Silva, *Inovação, Transferência de Tecnologia e Concorrência*, cit., pág. 69.

[58] Cfr. K. Arrow, *"Economic Welfare and the Allocation of Resources for Inventions"* in R. Nelson (ed.), *The Rate and Direction of Inventive Activity*, Princeton University Press, 1962, pág. 609 e segs.

[59] Em sentido contrário, existem teses que defendem a natureza prejudicial da propriedade intelectual. Um enunciado das mesmas pode ser consultado in M. Silva, *Inovação, Transferência de Tecnologia e Concorrência*, cit, págs. 57-59.

Nesta óptica, os direitos de propriedade intelectual adquirem uma natureza coseana, permitindo que as inovações sejam transformadas em bens transaccionáveis através de acordos de licenciamento[60].

Esta questão adquire particular relevo nas redes virtuais, onde a inovação é mais sensível. Neste campo, torna-se especialmente importante a realização de diversas ponderações jusconcorrenciais que superem a problemática da utilização social da inovação.

As dificuldades são extremas: a concentração dos mercados de inovação poderá permitir a perpetuação de posições dominantes; a convergência tecnológica poderá esconder tentativas de projecção económica de poder económico para áreas adjacentes da rede; a existência de subsidiação cruzada nas actividades de investigação e desenvolvimento poderá implicar a utilização de rendas monopolistas na actividade de investigação e desenvolvimento de mercados concorrenciais.

Torna-se crucial estabelecer os termos de exploração justa do acesso ao licenciamento tecnológico de forma a evitar a duplicação de custos de criação, bem como definir os modelos de partilha eficiente de eventuais "*plataformas essenciais*" das redes virtuais (como os sistemas operativos). Estes imperativos, conjugados com a extrema diversidade das circunstâncias concretas e com o dinamismo da competição intra e intersistemática obrigam a um tratamento ponderado das opções concorrenciais subjacentes à organização dos mercados.

Finalmente, a terceira situação reporta-se a uma característica susceptível de ocorrência em determinados segmentos das redes físicas. O monopólio natural é formado pela influência da estrutura produtiva de custos médios decrescentes, que ocorre nestas infra-estruturas face à sua enorme capacidade de suporte à prestação de serviços relevante e que tornam o custo de prestação de uma unidade adicional quase negligível.

Nestas condições, a totalidade da procura do sector pode ser satisfeita a um menor custo se for efectuada tomando como base uma única infra-estrutura[61].

---

[60] Cfr. R. Posner, *Antitrust Law. An Economic Perspective*, University of Chicago Press, Chicago, 1976, págs. 13 e 14.
[61] A definição de monopólio natural assenta essencialmente numa dimensão estrutural. Conforme refere Richard Posner, "*if the entire demand within a relevant market can be*

No caso das redes físicas, a doutrina discute a origem desse poder de mercado. Richard Posner refere, correctamente, que o monopólio natural não se refere ao número de produtores presente no mercado, mas sim à relação entre a procura e a tecnologia da oferta[62]. Esta supremacia decorre naturalmente da existência de uma subaditividade ao nível da função dos custos[63]. Nestas condições, para uma dada quantidade de produção, o custo do somatório das parcelas da produção é sempre menor que o somatório de custos de cada parcela. Numa perspectiva microeconómica, o monopólio natural poderá ser identificado nas situações em que ocorrem economias de escala, ou seja, quando os custos médios de produção de um bem, produzidos por uma só empresa, decrescem com o aumento de produção agregado. Conforme refere Alfred Khan, a identificação de um monopólio natural deverá basear-se na existência de custos marginais de longo prazo decrescentes e, consequentemente, da redução sucessiva dos custos médios de longo prazo, entendendo-se como longo prazo o momento a partir do qual todos os custos directamente decorrentes da capacidade produtiva se tornam variáveis[64].

---

satisfied at lowest cost by one firm rather than by two or more, the market is a natural monopoly, whatever the actual number of firms in it" (R. Posner, *Natural Monopoly and it's Regulation,* Cato Institute, 1999, pág. 1)

[62] Cfr. R. Posner, *Natural Monopoly and it's Regulation, cit.,* pág. 1.

[63] Cfr. W. Sharkey, *The Theory of Natural Monopoly,* Cambridge University Press, 1982, pág. 2. Existem alguns estudos empíricos relacionados com sectores em rede relevantes. Assim, para o sector eléctrico cfr., e.g., L. R. Christiansen e H. G. Greene, *"Economics of Scale in US Electric Power Generation", Journal of Political Economy,* 84, 1976, págs. 655 a 676; T. Cowing, *"Technical Change and Scale Economics in a Engineering Production Function: the Case of Steam Electric Power", Journal of Industrial Economics,* 23, págs. 135 a 152; T. Jasmb e M. Pollitt, *"International Benchmarking and Regulation: An Application to European Electricity Distribution Utilities", Energy Policy,* 31, 2003, págs. 1609 a 1622; para o sector das águas, cfr.e.g. R. Teeples e D. Glyer, *"Cost of Water Delivery Systems: Specific and Ownership Effects", Review of Economics and Statistics,* 69, 1987, págs. 399 a 408; para o sector das telecomunicações, cfr. e.g., D. Evans, *Breaking Up Bell: Essays in Industrial Organization and Regulations,* New York: North Holland, 1983; F. Gasmi, J. Laffont e W. Sharkey, *"The Natural Monopoly Test Reconsidered: An Engineering Process-Based Approach to Empirical Analysis in Tellecommunications", International Journal of Industrial Organization,* 20, 4, 2002, págs. 435 a 459.

[64] Cfr. A. Khan, *The Economics of Regulation, Principles and Institutions,* 1995, 6.ª ed., pág. 119.

Chama-se, porém, a atenção para o facto das economias de escala revestirem a natureza de condição necessária para a existência de uma subaditividade ao nível dos custos. De facto, poderá ser ainda menos onerosa a produção por parte de uma única empresa se o seu nível de produção se expandir para além do ponto em que se geram economias de escala. Assim, mesmo nessas situações, e na inexistência de *ineficiência-X*[65], o ambiente estrutural que regula a oferta não justifica a presença de mais de que um produtor, mesmo quando as economias de escala cessam num ponto intermédio do volume total de produção[66].

Estas características despontam com naturalidade em determinados segmentos das redes, decorrendo da necessidade de realização de avultados investimentos em activos imobilizados produtivos que demoram a atingir os padrões integrais de capacidade. Com efeito, os segmentos em rede, nomeadamente os inerentes às redes físicas, caracterizam-se pela sua enorme capacidade de prestação de serviços. Uma central eléctrica tem de produzir um elevado número de megawatts, sob pena de se tornar totalmente ineficiente. Tal decorre da enorme intensidade dos custos fixos face aos custos variáveis de produção. O mesmo acontece com um programa informático. Para a Microsoft, o custo de uma cópia do sistema Windows é quase equivalente ao custo de um milhão de cópias. Neste enquadramento, é importante ponderar as políticas de investimento sob pena de ineficiência, quer por falta de capacidade – nomeadamente em momentos de pico consumista – quer por excesso de capacidade – custos excessivos, ineficiência produtiva, duplicações de custos – aos quais se associam impactos redistributivos degressivos.

Os problemas adensam-se na presença de agentes que produzem uma variedade de produtos ou que detêm múltiplos segmentos situados em redes distintas. Nestes casos, a condição necessária para a ocorrência de uma situação de subaditividade de custos em múltiplos segmentos é a existência de economias de gama. Nesta situação, será mais económico produzir dois ou mais produtos distintos por

---

[65] Cfr, H. Leibstein, "*Allocative Efficiency vs. "X-efficiency"*"", The American Economic Review, June, 1966, págs. 392 a 414.

[66] Cfr. P. Joskow, *Regulation of Natural Monopolies*, 05-008 WP, Center for Energy and Environment Policy Research, Abril 2005, págs. 10 e 11.

uma única empresa do que por múltiplas empresas. No entanto, também poderão existir economias de escala num ambiente multiproduto, sobretudo quando o custo médio incremental de cada produto distinto se reduzir ou quando a criação do produto compósito permitir economias significativas no custo de produção unitário dos componentes[67].

Porém, e perante o que se referiu a propósito da caracterização dos sectores em rede, existirá uma circunstância de mercado que importará analisar com maior detalhe. A generalidade da doutrina analisa a questão do monopólio natural na estrita perspectiva das barreiras à entrada. No entanto, as barreiras à entrada são uma consequência das condições naturais de organização de um mercado estabelecido com base num modelo de monopólio natural. Nestas condições, e uma vez que se constituem como consequência do fenómeno, não será correcto que se formulem conceptualmente enquanto critério concretizador desse modelo de organização de mercado.

A questão essencial reconduz-se aos avultados custos fixos na criação da capacidade produtiva. São esses custos de investimento que geram *ab initio* uma capacidade excedentária e que permitem a produção subsequente a preços excepcionalmente baixos com uma componente de custos médios sucessivamente mais reduzida. Ora, numa lógica de contestabilidade dos mercados, esses custos iniciais de investimento não constituiriam qualquer barreira à entrada se pudessem ser recuperados no momento da saída do mercado. Nestas circunstâncias, a partir do momento em que um agente "monopolista" iniciasse a extracção de uma renda monopolista supraconcorrencial, entraria no mercado um novo concorrente que actuaria até à redução da margem disponível, independentemente de qualquer critério de subaditividade de custos, que, em tese, até seria benéfica para o consumidor já que, na perfeição dos seus termos, permite o desenvolvimento da função produtiva a custos excepcionalmente reduzidos.

---

[67] No limite, poderão existir economias de escala no produto principal, deseconomias de escala no produto secundário e, ainda assim, as economias multiproduto poderão justificar a eficiência da solução. Numa outra configuração, a existência de complementariedade nos custos poderá implicar que o custo marginal do produto secundário se reduza à medida que o volume de produção do produto principal aumente. Cfr. P. Joskow, *Regulation of Natural Monopolies, cit.*, págs. 11 a 14.

Infelizmente, os sectores em rede são caracterizados precisamente pela forma inversa, ou seja, pela existência de elevadas barreiras à saída decorrentes de avultados custos irrecuperáveis em activo imobilizado. Os carris da infra-estrutura ferroviária pouco valem se não estiverem a ser utilizados na sua função de suporte ao transporte ferroviário. A recuperação deste investimento no momento de saída é praticamente impossível. O mesmo acontece com a investigação e desenvolvimento de que resulte um produto falhado no jogo concorrencial próprio das redes virtuais. Nestes casos, nem sequer existirá uma qualquer materialidade susceptível de uma qualquer realização residual de liquidez em caso de saída do mercado. Em todas estas situações, os segmentos só se justificam economicamente se se encontrarem integrados na rede funcional. Em qualquer outra situação diversa revestem-se de uma total inutilidade. Por outro lado, e para acentuar as dificuldades de gestão concorrencial dos monopólios naturais, a rentabilização dos investimentos realizados só é concretizável num horizonte temporal alargado. Logo, o prazo de utilização do segmento terá de apresentar um relativo carácter de perenidade, sob pena de saída catastrófica.

Não será de estranhar, portanto, que nestas condições concorrenciais algumas redes se sobreponham a todas as outras. Por outro lado, e esta situação é relativamente comum nas redes físicas, a necessária rentabilização das mesmas num horizonte temporal alargado, conjugada com o seu excesso de capacidade no momento inicial da respectiva criação, consubstanciam, por si só, um entrave à concorrência dinâmica em determinados segmentos da rede. Esta situação deve ser tomada em consideração pelas autoridades públicas, dado que a justificação da emissão de licenças de exclusividade não se baseia unicamente no facto da lei prever esse procedimento burocrático, devendo entender-se simplesmente como instrumento essencial visando a rentabilização suficiente e justa dos investimentos infra-estruturais realizados.

Neste enquadramento, as licenças, enquanto títulos habilitadores de um monopólio legal, não podem ser entendidas como um direito definitivamente adquirido para todo o sempre ou susceptível de renovação a custo simbólico, apenas dependente da vontade do licenciado. A ponderação de justiça e de eficiência obriga a que, no momento da renovação da licença administrativa, se efectue uma reanálise das condições económico-financeiras de base, bem como uma consulta ao mercado tendo em vista a verificação das suas condições actuais, nomeadamente se existe um qualquer novo concorrente, potencialmente mais eficiente na gestão daquela infra-estrutura. Os custos irrecuperáveis e a necessidade de rentabilização do investimento realizado não se podem transformar em álibis permanentes para a manutenção transtemporal da gestão em monopólio legal de um segmento que, por via do desenvolvimento tecnológico, até poderá não revestir a qualidade de monopólio natural.

As questões jusconcorrenciais que se colocam são complexas e variadas. Em primeiro lugar importará analisar qual o número de produtores necessários ao fornecimento eficiente do mercado, atendendo às características da rede ou do segmento da rede. Esta questão é de alcance eminentemente normativo e implica um estudo tecnológico do mercado, assente em padrões estritos de análise de custos de produção. Subsequentemente, poderão identificar-se segmentos que evoluem de forma natural para o índice de concentração extrema e, nestas condições, será necessário identificar quais as características próprias que os reconduzem a esse estado natural de organização.

É neste ponto que se coloca a maior dificuldade. Atendendo às feições deste modelo de organização extremo, será importante averiguar os custos sociais dessa situação de monopólio e quais os custos da sua mitigação que, recorde-se, numa óptica estrita de mercado, poderá ser contranatural. Este problema não pode, porém, ser analisado de forma inocente. A tendência natural do mercado para o modelo de organização monopolista permite ao sujeito "beneficiário" a fruição de um poder de mercado exorbitante, e que pode superar a simples percepção da "natural" renda monopolista. Neste enquadramento, e se não existir uma qualquer forma de controlo da sua posição concorrencial, o monopolista poderá muito facilmente embarcar em metodologias de optimização extrema da sua posição no mercado e adoptar estratégias dissuasoras da concorrência, anulando qualquer contestação possível a este nível. Essa exclusão concorrencial poderá ser efectuada por diversas vias, nomeadamente pela imposição de preços predatórios, pelo aumento dos custos de interligação de recém-chegados visando a compressão da sua margem de lucro ou, numa forma radical, através da recusa em negociar a própria interligação. No entanto, a pior situação possível traduzir-se-á no desenvolvimento de estratégias de mitigação concorrencial nas franjas de mercado susceptíveis de desenvolvimento concorrencial por via da projecção do seu poder de mercado para segmentos adjacentes, sacrificando, desta forma, e sem qualquer benefício social, a margem de rentabilidade monopolística adicional[68].

Práticas anticoncorrenciais como o desenvolvimento artificial de uma capacidade de produção excessiva, ou a duplicação ineficiente de infra-estruturas dirigidas à exclusão de concorrentes actuais ou potenciais em segmentos concorrenciais, serão necessariamente financiadas pela margem monopolista, o que impede a sua transferência quer para os consumidores, quer para os próprios detentores do capital social.

Assim, quer o enquadramento teórico, quer a análise empírica, permitem a identificação clara e inequívoca de fenómenos de monopólio natural em diversos segmentos dos sectores em rede. Neste enquadramento, torna-se necessário proceder a uma regulação eficiente dos mesmos, visando o incremento dos padrões de concorrência no mercado. De facto, nem mesmo a doutrina liberal mais radical nega a necessidade de se proceder a uma vigilância cuidadosa dos titulares desses segmentos, embora indique formas alternativas de a realizar (v.g. criação de mercados secundários).

3. A compatibilidade e as normas do sector

A compatibilidade entre os diversos segmentos constitui o elemento operacional que permite o exercício de uma determinada actividade económica na rede física ou virtual. Por outro lado, é a compatibilidade que permite a conjugação de diversos sistemas numa única rede mais alargada[69].

---

[68] Cfr. P. Joskow, *Regulation of Natural Monopolies, cit.*, pág. 27.

[69] A prestação de um determinado serviço poderá ser efectuada através de um único sistema (por exemplo, em situações em que um dos componentes da rede se organiza como monopólio natural) ou de vários sistemas compatíveis. A compatibilidade intersistemática adquire, assim, uma enorme relevância, permitindo a formação de redes tendo como base sistemas diversos, mas compatíveis.

A compatibilidade, num sentido amplo, é uma característica intrínseca à rede e depende da adopção de uma *norma* ou *standard*. De acordo com Tassey, o processo de normalização consiste no estabelecimento de uma relação de conformidade entre os elementos constitutivos dos produtos, processos, formatos ou procedimentos que, na sua íntegra, constituem a norma do sector, tendo em vista um aumento de eficiência na actividade económica[70].

A determinação das normas implica uma fixação uniforme de medidas, especificações e condições entre todas as partes integrantes da rede. No limite, implica a *interoperabilidade* intersistemática. O alcance da norma é, nesta perspectiva, bastante compreensivo, regulando todas as relações desenvolvidas na rede entre os produtores, os grossistas, os retalhistas e os utilizadores ou consumidores[71]. Quanto à sua tipologia, as normas poderão ser abertas, sendo o seu acesso livre e indiscriminado (mas por vezes sujeito ao pagamento de uma remuneração), ou poderão ser normas fechadas, não estando imediatamente disponíveis aos restantes concorrentes (actuais ou potenciais) no mercado.

A doutrina distingue as diversas normas. Tradicionalmente, efectua-se a distinção entre normas de compatibilidade das ligações de segmentos (*"interfaces"*)[72] e normas de produtos[73]. As normas de compatibilidade das ligações entre segmentos seriam constituídas por especificações, dimensionais, temporais ou outras que permitem que dois ou mais componentes da rede funcionem conjuntamente. Por sua vez, as normas de produtos conformam definitivamente a tipologia do bem no mercado e permitem que uma determinada configuração supere todas as outras, tornando-se a norma dominante. Na definição

---

[70] G. Tassey, *"Standartization in Technology-Based Markets"*, Research Policy, n.º 29, 2000, págs. 587 a 602. Cfr., ainda, T. Hemphill e N. Vonortas, *"US Antitrust Policy, Interface Compatibility Standards, and Information Technology"*, Knowledge, Technology & Policy, vol. 18, n.º 2, 2005, págs. 126 a 147.

[71] S. Spivak e F. Brenner, *Standardization Principles: Principles and Practices*, New York, Marcel Dekker, 2001, págs. 1 a 6.

[72] Cfr. P. David, *"Some New Standards for the Economics of Standartization in the Information Age"*, in P. Dasgupta e P.Stoneman (eds.), *Economic Policy of Innovation and New Technology*, 1, 1990, págs. 3 a 41.

[73] Cfr. A. Afuah, *Innovation Management: Strategies, Implementation and Profits*, New York, Oxford University Press, (1998).

de Utterback, a norma dominante numa determinada classe de produtos seria aquela que fosse adoptada por todos os concorrentes e de cuja adopção dependeria o seu sucesso concorrencial, dado que seria a única prosseguida por todos[74].

Estas definições não são, porém, suficientemente operacionais. A rede depende da adopção de uma norma. Os diversos segmentos das redes interagem entre si, pois foram construídos na lógica própria do funcionamento conjugado. Consequentemente, o primeiro nível de compatibilidade ocorre ao nível infra-estrutural, com a adopção da norma de infra-estrutura ou de plataforma. Esta é uma realidade típica dos sectores em rede, quer adoptem uma configuração física, quer adoptem uma configuração virtual. O sector ferroviário depende da existência de uma bitola comum; a rede de telecomunicações fixas depende da qualidade das ligações de voz e dos comutadores. Essa compatibilidade é exteriorizada através da adopção de uma norma. O mesmo acontece em todos os sectores em rede, físicos ou virtuais. Por exemplo, o computador pessoal de nada serviria sem um sistema operativo compatível. Por sua vez, o restante *software* deve ser compatível com o sistema operativo. Quer o *hardware* de base, quer o sistema operativo, quer o restante *software* são construídos tomando como referência uma plataforma infra-estrutural previamente determinada. O mesmo acontece com um automóvel entendido como rede virtual. O seu funcionamento depende da compatibilidade alcançada entre todos os componentes, tendo em vista a satisfação da necessidade que se propõe desenvolver. Esta será, portanto, a *compatibilidade infra-estrutural intra-sistemática*.

Num segundo nível, a rede depende das relações de compatibilidade que se estabeleçam entre os seus diversos segmentos infra--estruturais e os produtos que sejam fornecidos tendo por base essa plataforma. As locomotivas devem ser compatíveis com a infra--estrutura ferroviária, os automóveis com a infra-estrutura rodoviária. As mensagens de correio electrónico devem ser compatíveis com os servidores de acesso à Internet. Assim, e a este propósito, a prestação do serviço depende da sua própria compatibilidade com a plataforma sobre a qual são prestados. Neste caso, estaremos perante a *compatibilidade operacional intra-sistemática*.

Num terceiro nível, as próprias redes poderão interagir entre si de forma a satisfazer uma finalidade mais ampla. Numa lógica mais alargada, é essencial o estabelecimento de relações de *interoperabilidade* entre os diversos sistemas de redes. De facto, a rede de cabo é compatível com a rede de cobre, ao nível das telecomunicações. O mesmo se pode referir ao nível das redes sem fios de telecomunicações e a rede satélite. Este é o campo da *interoperabilidade intersistemática*.

Finalmente, encontramos um quarto nível: a *intermodalidade*. Um terminal intermodal depende da compatibilidade de horários dos sectores ferroviários, rodoviários e aéreos. Um telemóvel depende de uma ligação ao computador pessoal para gestão da agenda ou dos contactos. Nestas situações, deparamo-nos com a *intermodalidade supra-sistemática*, que poderá ocorrer quer ao nível infra-estrutural, quer ao nível operacional. No limite, poderá mesmo referir-se que a intermodalidade se traduz numa verdadeira interoperabilidade entre normas de redes tradicionalmente distintas.

Esta é uma perspectiva eminentemente dimensional e necessariamente transitória. Outras poderão ser adoptadas. Por exemplo, a compatibilidade temporal é igualmente relevante. Uma nova rede, decorrente da inovação tecnológica, poderá ser compatível com a rede anterior e, neste caso, estaremos perante uma situação de *retrocompatibilidade*. Por outro lado, poderão distinguir-se as verdadeiras normas de compatibilidade estrutural, e que dizem respeito ao âmago das funções da rede, das normas de qualidade e desempenho, relativamente às quais a rede não se encontra integralmente dependente, mas que são essenciais para o desempenho eficiente da função em causa.

Todas estas realidades integram o conceito amplo de compatibilidade e, a este propósito, a doutrina discute os seus efeitos em sede de bem-estar[75], nomeadamente, quando a disputa concorrencial se

---

[74] Cfr. J. Utterback, *Mastering the Dynamics of Innovation*, Cambridge, Harvard Business School Press, (1984).

[75] M. Katz e C. Shapiro são de novo lapidares na colocação da questão: *"can a component designed to work in one system also work in another system? Classic examples of failures to attain compatibility include fire hoses that did not fit into fire hydrants, railroad cars that did not match railroad tracks, people who speak different languages,*

centra não na óptica operacional, mas da própria plataforma infra-estrutural.

Tomando como exemplo um sistema composto por dois componentes – o componente básico (computador) X e o componente secundário (monitor) Y – e existindo dois produtores (A e B), cada uma das empresas produzirá os dois componentes – X_A e Y_A e X_B e Y_B.

Os componentes serão incompatíveis se tiverem sido construídos por fabricantes diversos e não puderem ser montados num único sistema, ou seja, se no mercado forem inexistentes sistemas com a configuração $X_A Y_B$ e $X_B Y_A$. Por sua vez, serão compatíveis se os componentes produzidos por produtores diversos puderem ser montados num único sistema, ou seja, se no mercado existirem sistemas com a configuração $X_A Y_B$ e $X_B Y_A$.

Existindo três consumidores, AA, AB e BB, cujas preferências relativamente à escolha dos sistemas são heterogéneas (AA prefere o sistema $X_A Y_A$, BB o sistema $X_B Y_B$ e AB o sistema $X_A Y_B$) e considerando-se, para efeitos de simplificação, que os custos de produção variáveis são inexistentes, obteremos um modelo simples onde cada consumidor tem uma diferente concepção do sistema ideal, numa estrutura de custos igualitária.

Não existindo compatibilidade entre os dois sistemas, o consumidor AB terá que optar por um dos sistemas $X_A Y_A$ ou $X_B Y_B$, já que o sistema $X_A Y_B$ é inexistente. Nestas situações, os produtores destes

---

and computers that use different programming languages. It is tempting, but misleading, to view incompatibility as just another coordination failure. Al-though compatibility has obvious benefits, obtaining and maintaining compati-bility often involves a sacrifice in terms of product variety or restraints on innovation. Thus, important questions revolve around how, and if, markets determine the right degree of compatibility". E continuam, referindo que se encontram exemplos de incompatibilidade todos os dias, bastando para isso ler jornais ou revistas: *"VHS vs. Beta in videocassette recorders; phonographs vs. cassettes vs. compact discs vs. digital compact cassettes in audio equipment; analog vs. digital protocols for cellular telephone systems; Nintendo vs. Sega vs. Atari in home video game systems; 5 1/2 vs. 3 1/4 floppy disks and disk drives; e-mail vs. fax machines in instant written communications; conventional color television signals vs. high-definition signals in color television; and Visa vs. American Express vs. Discover in credit cards. The list can go on. Incompatible systems also can represent different generations of a single core technology: the Nin-tendo Entertainment System and the Super Nintendo Entertainment System accept different game cartridges"* (M. Katz e C. Shapiro, *"Systems Competition and Network Effects"*, cit. pág. 95 e 99).

sistemas desenvolverão estratégias concorrenciais visando a atracção dos consumidores cujas opções de base ainda não estão formadas – efectuando suaves reduções de preço – ou, numa perspectiva mais radical, visando alcançar consumidores cujas preferências já se encontram definidas num sentido inverso – efectuando reduções significativas de preços[76].

De acordo com Oz Shy, numa situação de incompatibilidade, os consumidores terão ganhos imediatos, pois poderão adquirir os seus sistemas a um preço inferior[77]. Esse é o resultado normal de uma concorrência intersistemática. No entanto, em sede de bem-estar social, esta solução poderá não ser a mais eficiente, pois reduz não só o lucro agregado das empresas do sector, como fomenta a monopolização do mercado pelo sistema dominante[78], reduzindo a apetência pela inovação. Assim, numa perspectiva assente nas preferências subjectivas, a incompatibilidade gera a predominância de um único sistema, impedindo que os consumidores efectuem outras opções

---

[76] Não se verificando um equilíbrio Nash-Bertrand nesta situação (pois é inaplicável a situações de pura concorrência na óptica dos preços em produtos diferenciados), o modelo que equilibra esta pressuposição é o UPE (*Undercut-Proof Equilibrium*), que estabelece os termos do equilíbrio de preços, determinando que um concorrente não elevará o preço do bem oferecido a um nível tal que permita ao seu concorrente reduzir o preço do seu bem, subsidiando os custos inerentes à mudança da preferência (tanto numa lógica física – subsidiando os custos de transporte – como na lógica das preferências individuais – compensando monetariamente a perda de bem-estar subjectiva decorrente da não aquisição do sistema preferido). Cfr. sobre este assunto, J. Eaton e M. Engers, *"Intertemporal Price Competition"*, Econometrica, 58, 1990, págs. 637-659; O. Shy, *Industrial Organization: Theory and Applications*, Cambridge, MIT Press, 1996). Nestas situações, existindo duas empresas no lado da oferta com dimensões diferenciadas, será estabelecido um equilíbrio no mercado. A empresa de maior dimensão terá uma apetência por reduzir os preços, aumentando, no entanto, os seus lucros. Essa apetência será ainda mais fortalecida pelo receio que terá relativamente às estratégias da empresa de menor dimensão, pois se esta operar uma redução significativa dos preços de venda poderá adquirir um ganho significativo de quota de mercado. Assim, a empresa de maior dimensão reduzirá os seus preços tomando sempre em consideração os preços da empresa de menor dimensão.

[77] No entanto, apesar da incompatibilidade gerar um ganho significativo para o consumidor no momento da aquisição, poderá originar, como se analisará de seguida, uma perda de bem-estar subsequente devido à menor intensidade das exterioridades de rede, dada a menor dimensão do sistema em concorrência directa com outro.

[78] O que implica perdas significativas de bem-estar presentes e futuras. Tal só não ocorrerá se existir uma situação estrutural propícia à ocorrência de um monopólio natural.

além da que corporize a aquisição do bem dominante e que por vezes não é o mais adaptado às necessidades do agente do lado da procura[79].

Note-se, aliás, que a questão da *compatibilidade/incompatibilidade* é essencial na configuração da concorrência presente e futura num sector. Numa situação de incompatibilidade, a opção do consumidor pela aderência a um determinado sistema dependerá, em larga medida, das expectativas existentes no momento presente relativamente à potencialidade de expansão desse sistema em concorrência com os restantes. O mesmo acontecerá com os fabricantes de bens complementares[80], que terão de decidir antecipadamente para qual

---

[79] Os efeitos negativos da incompatibilidade em sede de Bem-Estar Social foram comprovados por Oz Shy (*The Economics of Network Industries*, Cambridge University Press, 2001, págs. 36-43). No entanto, discordamos do pressuposto em que este autor assenta para o equilíbrio do seu modelo. De facto, para referir que o bem-estar social aumenta, Oz Shy refere que o alargamento da margem de lucro agregado das empresas produtoras resultante da compatibilidade deve ser distribuído pelos proprietários das empresas que, em última análise, são os próprios consumidores. Ora, esse pressuposto quase nunca é verdadeiro. Pelo exposto, somente uma análise casuística permitirá definir qual a solução mais eficiente – compatibilidade ou incompatibilidade – em sede de bem-estar social.

[80] Os fabricantes poderão competir na produção de componentes numa lógica intra-sistemática. Torna-se crucial, nesta sede, a questão da protecção da propriedade intelectual. A criação *ex novo* de um sistema implica um enorme investimento, em investigação e desenvolvimento. O retorno do investimento só será garantido se existir uma protecção efectiva dos direitos do promotor sobre os componentes do sistema, impedindo-se situações de engenharia reversa (*reverse engineering*) ilimitada, que corporiza verdadeiras situações de "*boleia*" ou comportamento oportunista ("*free ride*") (sobre este assunto cfr. M. Katz e C. Shapiro, *"Network Externalities, Competition and Compatibility"*, American Economic Review, 75, 3, 1985, págs. 424 e segs). No entanto, este nível de protecção não pode ser absoluto, sob pena de, conjugadamente com uma situação concorrência intersistemática inexistente, se fomentar uma também inexistente concorrência intra-sistemática. Além dos custos de investigação e desenvolvimento, deverão contabilizar-se igualmente os custos em marketing e publicidade pois, na maior parte das vezes, as preferências dos consumidores (e mesmo de produtores de componentes) são manipuladas pelo promotor do sistema, numa fase prévia à própria análise tecnológica ou económica. Nestes termos, hoje em dia, não se poderão defender teses como a enunciada por Brian Arthur, no sentido de que os sistemas dominantes triunfam por simples acaso e não por evidente superioridade tecnológica. Triunfam, sim, por mérito próprio, auxiliado pela força do marketing. (cfr. W. Arthur, *"Competing Technologies, Increasing Returns and Lock-in by Historical Events"*, The Economic Journal, 99, 1989, págs. 116 e segs). Não se podem esquecer, igualmente, as

dos sistemas canalizarão a sua produção. A expectativa gerada no momento inicial condicionará definitivamente a situação futura do mercado. Nesse âmbito, e de forma progressiva, a concorrência intra--sistemática deixará de existir, gerando-se uma prevalência significativa do sistema dominante.

Conforme refere Miguel Moura e Silva, este fenómeno gerará dois tipos de problemas. Se o sistema for controlado por uma só empresa, esta passará a deter um monopólio, ou pelo menos uma posição dominante significativa, no caso de persistir uma concorrência residual por parte do sistema preterido[81]. Se o sistema for controlado por um grupo de empresas em associação, irão aparecer fatalmente as tradicionais questões relacionadas com a concertação entre concorrentes, nomeadamente no sentido da exclusão de novos participantes no sistema dominante[82].

Dada a importância desta questão no âmbito dos sectores em rede em sede de bem-estar, existirá uma apetência quase irresistível por parte do Estado em intervir, o que poderá, muitas vezes, passar pela tentativa de imposição de uma norma de mercado autoritariamente estabelecida. Essa intervenção, a efectuar-se, poderá ter consequências nefastas, dada a manifesta incompetência dos órgãos públicos na definição de um elemento essencial do mercado[83].

---

estratégias de diversificação empresarial. Por vezes, empresas com situações de poder de mercado significativo em mercados paralelos, expandem a sua actividade, optimizando sinergias significativas. Neste âmbito, o poder de monopólio num determinado mercado gera recursos suficientes que possibilitam a criação de um novo sistema num sector distinto.

[81] O que não significa necessariamente, como se analisará adiante, a criação de uma situação ineficiente em sede de Bem-estar.

[82] Miguel Moura e Silva, *Inovação, Transferência de Tecnologia e Concorrência*, cit., pág. 92 a 93.

[83] Miguel Moura e Silva questiona: "*como é que chegamos à rede óptima e, se os mecanismos de mercado levam à escolha de uma rede que produz menos efeitos positivos do que uma rede outra rede alternativa, que mecanismos poderão ser criados para permitir a transição para esta última rede?*". Estas questões só podem ser respondidas pelas forças de mercado, desde que funcionem de modo eficiente e nunca por intervenção administrativa – rígida e burocratizada. Muitas vezes, os diversos fabricantes auto-organizam-se, erigindo entidades que procedem à normalização dos diversos componentes dos sistemas, numa lógica tipicamente auto-regulatória. No entanto, não se pode concluir pela total eficiência destas deliberações, já que as distorções ao nível da teoria da decisão também aí se encontram presentes, sendo relativamente fácil a uma empresa dominante exercer o seu poder de mercado no seio dessas organizações.

No entanto, a adopção, sem reservas, de um princípio geral de compatibilidade é, igualmente, de afastar. Como bem refere Fernando Araújo, analisando o assunto pela outra perspectiva *"a compatibilidade nem sempre se traduz em benefício para os consumidores (...). É que não só o problema da «standartização» cria barreiras de entrada no mercado e pode propiciar «rendas monopolísticas» vultuosíssimas (que o diga o patrão da Microsoft, Bill Gates, de momento o homem mais rico do mundo), como ainda ele pode servir de base de conluio entre produtores (de cartelização) em detrimento da adopção de produtos alternativos nos quais a heterogeneidade e incompatibilidade sejam mais do que compensados pelos preços baixos (aumentando o bem-estar, o excedente do consumidor)"*[84].

Aliás, como se pode observar por esta breve exposição, não existe uma solução definitiva, de aplicação universal, a este respeito.

Em tese, a solução para esta questão dependerá, em muito, da posição que se adopte relativamente aos efeitos externos de rede.

4. As exterioridades de rede

A complementaridade dos diversos componentes da rede, apesar de importante, não constitui característica suficiente que permita autonomizar o estudo das redes em sede de direito económico. Sendo inegavelmente um elemento necessário, a complementaridade é instrumental face à caracterização da essência da situação económica dos mercados. Em nosso entender, o conteúdo do conceito de sector em rede assenta essencialmente na especificidade económica subjacente, sendo a vertente estrutural do mercado um mero componente potenciador dessa especial característica.

O debate relativo à existência e eventuais consequências dos efeitos externos de rede é, hoje em dia, um dos mais interessantes e profícuos. Estes fenómenos, a existirem, introduzem uma especificidade exótica no funcionamento dos sectores em rede.

O seu grau de exotismo é tão elevado que, após a sua descoberta, originou uma verdadeira "corrida ao ouro", dada a sua potencial

---

[84] Cfr. Fernando Araújo, *Introdução à Economia*, I, cit., pág. 577

apetência para explicitar fenómenos atípicos inerentes ao funcionamento destes mercados. A doutrina, após a constatação inicial da sua existência, iniciou o seu estudo de forma quase desenfreada, confundindo, muitas vezes, realidades que são intrinsecamente distintas.

Essa aceitação acrítica das formulações iniciais[85], tomando a "parte" pelo "todo", originou distorções significativas de apreciação.

Ora, essas distorções não terão qualquer consequência se a aplicação da teoria subjacente se mantiver unicamente no campo teórico. No entanto, e para efeitos de aplicação do direito, a vertente prática assume uma importância fundamental. A teoria das redes deve constituir um instrumento para a aplicação eficiente e justa das soluções de direito económico[86]. O seu alcance será, pois, eminentemente prático. Além disso, servirá para a formulação de padrões de solução em casos concretos, quer ao nível da formulação de regimes jurídicos, quer ao nível da sua aplicação jurisdicional. Esta questão não poderá nunca ser utilizada (e muitas vezes é-o de facto) como um instrumento de arremesso entre os cultores de Chicago (que negam peremptoriamente a sua existência) e os cultores da orientação pós-Chicago que, redescobrindo o intervencionismo, ampliam, por vezes impensadamente, o âmbito das falhas estruturais de mercado como forma de legitimação para emissão de normas públicas correctoras[87].

---

[85] A formulação inicial decisiva é, em nosso ver, a de Michael Katz e Carl Shapiro, quando escreveram em 1985, que *"there are many products for which the utility that a user derives from consumption of the good increases with the number of other agents consuming the good (...). The utility that a given user derives from a good depends upon the number of other users who are in the same network".* (M. Katz e C. Shapiro, *"Network Externalities, Competition, and Compatibility"*, cit, pág. 425). Ao estenderem esta teoria para além das redes físicas, introduziram-na definitivamente nas redes virtuais.

[86] As exterioridades de rede tiveram um enorme destaque em importantes decisões jurisprudenciais recentes. Assim, quer no processo *Intergraph v. Intel* [3 F, Supp. 2d 1255 (N.D. Ala., 1998), vacated, 199 U.S. App. LEXIS 29199 (Fed. Cir., 1999)], quer no processo *United States v. Microsoft* [87 F.Supp.2d 30 (D.D.C. 2000) – conclusões de direito – e 65 F.Supp.2d 1 (D.D.C. 1999) – conclusões de facto], os efeitos externos de rede foram considerados a causa directa das distorções anticoncorrenciais dos mercados. Como referiu Kolasky, *"network externalities are the major antitrust battleground of our contemporary fin de siècle"* (W.J. Kolasky, *"Network Effects: a Contrarian View"*, George Mason Law Review, 7, 1999, pág. 577)

[87] Novamente se discute um dos fundamentos básicos de orientação de política económica pública. Desde Adam Smith que a questão central em economia se baseia na averiguação

Tendo em consideração a sua simplicidade conceptual, é relativamente estranho que só muito recentemente tenham sido estudados pela doutrina económica. De facto, a existirem, os *efeitos externos de rede* ou *exterioridades de rede* podem ter sido, efectivamente, a chave do desenvolvimento exponencial dos sectores em rede e da denominada "*nova economia*".

A análise correcta do fenómeno é essencial para a determinação dos instrumentos de correcção de eventuais distorções no mercado, quer do ponto de vista estrutural, quer do ponto de vista operacional. A existirem, as *exterioridades de rede* podem criar barreiras significativas à entrada de novos concorrentes, desviando significativamente o funcionamento dos mercados dos padrões de eficiência.

Em termos bastante simplificados, as exterioridades de rede derivam do facto de um utilizador de um determinado componente obter aumentos de utilidade à medida que outros componentes forem adquiridos por outros utilizadores. Quantos mais bens (semelhantes) forem adquiridos por outros consumidores, mais utilidade será retirada dos bens anteriormente adquiridos pelos utilizadores iniciais.

É necessária cautela na análise deste fenómeno, pois este aumento de utilidade originado pelo aumento de unidades consumidas é comum a outros sectores que, estruturalmente, não se encontram organizados em rede. Neste último caso, qualificam-se esses efeitos como *efeitos positivos de retorno* ("*positive-feedbacks*"), que têm como origem o fenómeno das economias de escala.

É essencial efectuar uma delimitação terminológica precisa, sob pena de se confundirem realidades parecidas, mas não semelhantes. Como foi referido, o conceito de rede abrange realidades físicas e virtuais. Os exemplos de escola são inúmeros. Do software às telecomunicações, da linguagem à matemática, da reparação de automóveis

---

das capacidades do mercado em alcançar, por si, situações eficientes para que todos os cidadãos beneficiem de aumentos sustentados de bem-estar. A razão para a disputa doutrinária é clara: se se chegar à conclusão que os efeitos externos de mercado se constituem como "falhas de mercado", então o terreno encontra-se aberto para intervenções musculadas por parte dos poderes públicos; se, ao invés, se considerar que os efeitos externos de rede não se constituem como "falhas de mercado", não originando situações de ineficiência, então o mercado, funcionando livremente, será o instrumento ideal para a realização das decisões económicas dos diversos agentes envolvidos, cabendo aos poderes públicos funções de mera orientação.

aos jogos electrónicos, da confecção de refeições à própria vida em aglomerados urbanos, tudo serve para exemplificar situações económicas assentes em *"efeitos de rede"* ou *"exterioridades de rede"*, tal como são indistintamente denominadas pela generalidade da doutrina.

Esse tratamento indiferenciado é inaceitável. Não se podem confundir as exterioridades de rede com os efeitos externos de rede. A doutrina económica tem sido, na generalidade, infeliz na utilização dos conceitos. Como refere Michael Klausner, *"the term "network externalities" seems to have occupied the entire field of network theory"*[88]. Tendo em consideração a tecnicidade inerente ao conceito de "exterioridade", invariavelmente relacionado com uma situação típica de incapacidade ou falha de mercado, é de estranhar a elevada adesão da doutrina a este termo, mesmo quando não estão em causa verdadeiras e próprias exterioridades, ou seja, situações onde não ocorrem falhas de mercado. Assim, se os custos do bem produzido reflectirem integralmente os custos associados à sua produção (incluindo os custos sociais), não existirão quaisquer exterioridades. O mesmo acontece se as vantagens económicas decorrentes do aumento do número de agentes participantes na rede forem redistribuídas não só pelos participantes adicionais como pelos participantes já estabelecidos.

Os efeitos económicos de rede só originarão exterioridades se o mercado, no âmbito dos seus mecanismos normais de funcionamento, não reflectir convenientemente as alterações de custo ou de benefício verificadas no seu âmbito. Não faz qualquer sentido que se utilize de forma descuidada terminologia de conteúdo eminentemente técnico numa área do conhecimento onde a precisão terminológica é fundamental, correspondendo os respectivos conceitos a fenómenos económicos precisos, insusceptíveis de manipulação desregrada.

Nestes termos, uma exterioridade negativa (ou por especial prejuízo) traduz-se num custo reflexo na esfera patrimonial de um terceiro, que não é contabilizado na contabilidade individual do agente causador. Por seu lado, a exterioridade positiva (ou de benefício) constitui-se como o ganho reflexo na esfera patrimonial do agente beneficiado, que não é contabilizado na contabilidade individual do agente causador.

---

[88] M. Klausner, *"Corporations, Corporate Law, and Networks of Contracts"*, *Virginia Law Review*, n.º 16, 1995, pág. 758

As exterioridades assentam, pois, numa falha estrutural do mercado[89]. Essa falha de mercado reside, em primeira linha, no desajustamento do custo (benefício) marginal privado relativamente ao custo (benefício) marginal social, no caso das exterioridades negativas (positivas)[90]. Esta disfunção genética pode ocorrer mesmo em mercados plenamente concorrenciais[91].

O fundamento da exterioridade reside na incapacidade do mercado em proceder à sua interiorização originando-se, desta forma, uma perda de bem-estar[92] economicamente ineficiente[93]. Se nada for

---

[89] A ilustração dos efeitos das exterioridades poderá ser observado do seguinte modo:
$$U_A = U_A (X_1, X_2, X_n, ... Y_1).$$
A utilidade (U) do sujeito A depende não só das suas actividades $(X_1, X_2, ..., X_n)$, que estão exclusivamente sobre o seu controlo, mas igualmente de uma actividade (Y_1), que é controlada por um terceiro. Como já referimos anteriormente, "*estes bens mistos, (a utilidade desse bem é partilhada com outro sujeito, determinado ou indeterminado), poderão gerar benefícios ou custos externos, em sujeitos diferentes dos agentes, que não contabilizam esses custos ou benefícios na sua contabilidade individual, procedendo de forma idêntica quem retira o benefício ou suporta o prejuízo, pois tal resulta de acções de terceiros*", (C. Lobo, "*Subvenções Ambientais, análise jurídico-financeira*", Revista Jurídica do Ambiente e Urbanismo, n°s 5 e 6, Almedina, 1997).

[90] Cfr. para demonstração gráfica, F. Araújo, *Introdução à Economia, II, cit*, págs. 944 e 947.

[91] Nas palavras de Pigou, as exterioridades negativas seriam "*a number of instances in which marginal private net product falls short of marginal social net product, because incidental services are performed to third parties from whom it is technically difficult to exact payment*". Por seu lado, as exterioridades positivas identificar-se-iam com "*a number of others, in which owing to the technical difficulty of enforcing compensation for incidental disservices, marginal private net product is greater than marginal social net product*" (in The Economics of Welfare, 4.ª ed., Londres, Macmillan, 1932, págs. 183-185).

[92] Nas situações relativas às exterioridades negativas, o ponto correspondente ao óptimo social situa-se na intersecção da curva da procura com a curva do custo marginal social, que é distinta da curva do custo marginal privado. No entanto, o preço do bem em mercado não é determinado pelo custo marginal social, mas sim pelo custo marginal privado, ou seja, o custo do bem para os produtores é inferior ao custo que essa produção acarreta para toda a sociedade. A diferença entre o custo marginal social e o custo marginal privado corresponde à exterioridade. Se interiorizarmos a exterioridade, então a curva do prejuízo marginal social será equivalente à curva do prejuízo marginal privado, eliminando-se incapacidade de mercado.

[93] O referencial de eficiência utilizado é, como não poderia deixar de ser, o óptimo paretiano. Este referencial, enunciado pelo economista e sociólogo italiano Vilfredo Pareto, (que conjuntamente com F. Y. Edgeworth e Leon Walras, se constitui como elemento fundador central da teoria económica do equilíbrio geral), foi elaborado tomando como

efectuado no sentido da sua correcção, a situação de óptimo social[94] é insusceptível de ser atingida. A teorização destas questões coube inicialmente a Arthur C. Pigou[95].

---

ponto de partida as teorias utilitaristas de Edgeworth, fornecendo a solução para o problema, anteriormente considerado como insolúvel, de medição da utilidade – "hedonimetria" -. Assim, partindo das conclusões de Edgeworth, segundo as quais os aumentos de utilidade são susceptíveis de medição, tomando em consideração o tempo e a pessoa (F. W. Edgeworth, *Mathematical Psychics*, Reimpressão, Nova Iorque, Augustus M. Kelley, 1967, págs. 6 a 8), e adoptando o modelo de equilíbrio geral de Walras, Pareto enuncia o seu próprio modelo de equilíbrio geral, denominado como óptimo de Pareto (V. Pareto, *Manuel D' Économie Politique*, 1906, tradução por A.S. Schwier, *Manual of Political Economy*, Nova Iorque, Augustus M. Kelley, 1971). Assim, segundo Pareto, o ponto máximo de Bem-Estar Social ("ofélimo") ocorre quando não é possível aumentar o nível de bem-estar de um indivíduo, sem necessariamente prejudicar um outro. Note-se que Pareto efectua uma distinção entre ofelimidade e utilidade. No seu *Manuel*, ofelimidade consistia na aptidão de um bem para satisfazer uma qualquer necessidade humana; por sua vez, a utilidade traduzia a aptidão de um bem para contribuir para o desenvolvimento de um sujeito ou de um grupo de sujeitos (cfr. Philippe Cazenave e Christian Morrison, *Justice et Redistribution*, Paris, Economica, 1978, pág. 22; J. Costa Santos, *Bem-Estar Social e Decisão Financeira*, Coimbra, Almedina, 1993, págs. 42 a 49. Nas palavras (traduzidas) de Pareto, o ponto óptimo é a situação, *"from which it is impossible to move a very small distance, in such a way that the ophelimities of the individuals, except for some which remain constant, all increase"* (Cfr. *Manuel D' Économie*, 1906, tradução por A.S. Schwier, *Manual of Political Economy*, cit, pág. 452) Este indexante de ofelimidade é, pois, construído numa base ordinal e não cardinal. Pareto enunciou então o que actualmente se considera como primeiro teorema fundamental da Economia do Bem-Estar: se todos os agentes numa economia considerarem os preços como certos, então o equilíbrio gera-se no ponto de ofelimidade máxima (a posição original de Pareto assenta na ofelimidade e não na utilidade, o que legitima a famosa questão enunciada por Philippe Cazenave e Christian Morrison: *"Mais Pareto était-il "parétien"*? in *Justice et Redistribution, cit*, pág. 9). No entanto, esta concepção tem como fonte directa as concepções clássicas assentes na "mão invisível" (cfr. Adam Smith, *"An Inquiry Into the Nature and Causes of the Wealth of Nations"* (1789), 5.ª ed., Nova Iorque, Random House/The Modern Library, 1937, pág. 423), cujo fundamento essencial assentava num conceito amplo de liberdade (cfr. Fernando Araújo, *Adam Smith. O conceito Mecanicista de Liberdade*, Coimbra, Almedina, 2001). Assim, é possível traçar um tronco ideológico comum: na economia clássica, a liberdade maximiza a riqueza; na economia utilitarista, o que deve ser maximizado é o nível agregado de utilidades; na economia paretiana, pretende-se atingir um ponto óptimo onde a maximização do lucro se coaduna com a elevação ordinal da utilidade social (cfr., para uma análise crítica do conteúdo teórico paretiano, cfr. Jorge Costa Santos, *Decisão Financeira e Bem-Estar Social, cit.*; Allan Feldman, *"Pareto Optimality"*, *The New Palgrave Dictionary of Economics and the Law*, 3, Londres, Macmillan, 1998, págs. 5 a 10)

[94] A bibliografia essencial sobre o óptimo social pode ser encontrada em Jorge Costa Santos, *Bem-Estar Social e Decisão Financeira, cit*, nota 100.

[95] Pigou efectuou as suas considerações iniciais na sua obra "*Wealth and Welfare*", publicada em 1912. Após várias críticas, efectuou uma revisão do texto, publicando em 1920 a obra "*The Economics of Welfare*". Nestas obras formulou as seguintes conclusões: (1) ocorrem divergências entre o custo social e o custo privado em mercados concorrenciais; (2) estas divergências provocam situações ineficientes no funcionamento dos mercados, distorcendo os termos de distribuição dos recursos; (3) existe um agente responsável por estas divergências; (4) de forma a alcançar-se uma situação económica eficiente é necessária a tributação do agente causador, interiorizando-se os custos reflexos causados. Arthur Pigou, "*Wealth and Welfare*", Londres, Macmillan, 1912; Idem, "The *Economics of Welfare*", cit.. A tese de Pigou relativa ao problema das exterioridades assenta na premissa de que o rendimento nacional é maximizado quando o sistema económico optimiza o resultado social líquido. Como refere Pigou, "*marginal social net product is the total net product of physical things or objective services due to the marginal increment of resources in any given use or place, no matter to whom any part of this product may accrue. It might happen, for example, that costs are thrown upon people not directly concerned, through, say, uncompensated damage done to surrounding woods by sparks from railway engines. All such effects must be included — some of them will be positive, others negative elements — in reckoning up the social net product of the marginal increment of any volume of resources turned into any use or place (...). Marginal private net product is that part of the total net product of physical things or objective services due to the marginal increment of resources in any given use or place which accrues in the first instance, i.e., prior to sale — to the person responsible for investing resources there (...). Whenever, therefore, the value of the marginal social net product of resources is less in any one use than it is in any other, the money measure of satisfaction in the aggregate can be increased by transferring resources from the use where the value of the marginal social net product is smaller to the use where it is larger. It follows that, since, ex hypothesi, there is only one arrangement of resources that will make the values of the social net products equal in all uses, this arrangement is necessarily the one that makes the national dividend, as here defined, a maximum.*" (in The Economics of Welfare, cit., págs. 134 a 136). Nesta matéria Pigou não é inovador, pois segue o seu mestre Alfred Marshall (por exemplo, cfr. *Priciple of Economics*, 8.ª edição, Londres, Macmillan, 1949, pág. 18). Inovador, é, sem dúvida, nas conclusões emitidas a este respeito, pois Alfred Marshall, adoptando um modelo de longo prazo, interiorizava naturalmente o resultado das exterioridades na curva da oferta do sector produtivo, nunca problematizando realmente os seus efeitos. Pigou, pelo contrário, concluiu que as economias externas ou deseconomias (denominação de Alfred Marshall) não podiam ser nunca absorvidas, quer no curto, quer no longo prazo. Para esta conclusão contribuiu igualmente a abertura que Pigou efectuou ao modelo anterior. Marshall baseava os seus estudos unicamente no sector industrial. Pigou alargou esse modelo, incluindo a sociedade em geral no ambiente das variáveis de custo e benefício. Apesar das críticas ferozes dos cultores da Escola de Chicago (Frank Knight e Ronald Coase), o conceito pigouviano de exterioridade é, em nosso entender, extremamente útil para o direito económico, servindo de enquadramento instrumental essencial para a análise da política da regulação e da concorrência.

Utilizando a classificação tripartida de Pigou[96], as exterioridades de rede, a verificarem-se, inserem-se na tipologia *"industrial organization externalies"*. Estas exterioridades têm como elemento base os efeitos económicos de um determinado acto na esfera jurídica de "terceiros", ou seja, sujeitos que sofrem alterações na sua utilidade geral, não estando, no entanto, directamente envolvidos na relação económica concreta, quer a título de produtores, quer a título de consumidores[97/98].

---

[96] Pigou distingue três tipos de exterioridades, tendo em consideração quem, para além do investidor, recebe parte do produto do investimento. O primeiro tipo denomina-se *"tenant-owner externality"*, o segundo *"spillover externality"* e o terceiro tipo *"industrial organization externality"*. Pigou é claro a este respeito: *"the source of the general divergences between the values of marginal social and marginal private net product that occur under simple competition is the fact that, in some occupations, a part of the product of a unit of resources consists of something, which, instead of coming in the first instance to the person who invests the nit, comes instead, in the first instance (i.e., prior to sale if sale takes place), as a positive or negative item, to other people. These other people may fall into any one of three principal groups: (1) the owners of durable instruments of production, of which the investor is a tenant; (2) persons who are not producers of the commodity in which the investor is investing; (3) persons who are producers of this commodity."* (in The Economics of Welfare, cit., pág. 174).

[97] Os exemplos enunciados por Pigou eram, já então, clássicos, mantendo-se, ainda hoje, como exemplos de escola. Relembre-se o mais famoso de todos, o do farol, primeiramente enunciado por Sidgwick: *"The above is only one of a large and varied class of cases in which) private interest cannot be relied upon as a sufficient stimulus to the performance of the most socially useful services, because such services are incapable of being appropriated by those who produce them or who would otherwise be willing to purchase them. For instance, it may easily happen that the benefits of a well-placed lighthouse must be largely enjoyed by ships on which no toll could be conveniently imposed."* (cfr. Henry Sidgwick, *Principles of Political Economy*, Londres, Macmillan, 1883, pág. 413). É, aliás, inegável a influência de Sidgwick em Pigou. Henry Sidgwick lançou as bases éticas do utilitarismo, seguindo de perto John Stuart Mill. A dicotomia pigouviana entre custo marginal privado e social tem inequivocamente como base a concepção utilitarista de Mill-Sidgwick. No entanto, Pigou, como marginalista que era, refuta inteiramente as conclusões utilitaristas de Sidgwick. As diferenças são suficientes para afastar qualificações redutoras, como a enunciada por Margaret O'Donnel, para quem o trabalho de Pigou não seria mais do que *"Sidwickian philosophy couched in Marshallian methodology"* (Margaret O'Donnel, *"Pigou: an extension of Sidgwickian thought"*, History of Political Economy, vol. 11-4, 1979, pág. 588). Cfr, sobre este assunto, Krishna Bharadwaj, *"Marshall on Pigou's Wealth and Welfare"* in Economica, Fevereiro 1972, págs. 32-46; Yutaca Yoshino, *"An Essay on Pigouvian Externality"*, University of Virginia, Janeiro de 2001.

[98] Segundo Pigou, a interiorização deste tipo de exterioridade só seria possível através da intervenção do Estado, já que a negociação bilateral seria impraticável. Seria necessária a

O conceito de efeito externo de rede não é coincidente com o conceito técnico de exterioridade. Existem efeitos externos de rede que não se reconduzem ao conceito técnico de exterioridade, já que não decorrem, nem provocam, uma incapacidade de mercado.

Devemos, pois, concluir que o conceito de efeito externo de rede é significativamente mais amplo do que o conceito de exterioridade de rede, englobando todas as situações em que a utilidade do consumo varia consoante o número de produtos compatíveis vendidos por decorrência de uma qualquer especificidade do lado da procura. Esta variação pode ser positiva, gerando-se um efeito externo positivo de rede – que é a situação mais comummente estudada pela doutrina económica – ou negativa. Neste último caso, o efeito externo negativo de rede poderá ser originado por uma situação de congestionamento, correspondendo a uma verdadeira e própria exterioridade negativa.

Centremos a nossa atenção, portanto, nos efeitos externos positivos de rede, notando, no entanto, que se torna essencial efectuar um redimensionamento da questão. Katz e Shapiro, em 1985, enunciaram uma distinção extremamente útil a este título. Distinguiram efeitos externos positivos de rede directos e indirectos, tendo em consideração a relevância da dimensão da rede – fisicamente considerada – na utilidade do bem. Assim, o *efeito positivo externo de rede seria*

---

introdução de um mecanismo de ajustamento traduzido num imposto (mais tarde denominado imposto pigouviano), pois a negociação bilateral entre os agentes e os terceiros seria impossível. Conforme ele próprio refere, "*it is plain that divergences between private and social net product of the kinds we have so far been considering cannot, like divergences due to tenancy laws, be mitigated by a modification of the contractual relation between any two contracting parties, because the divergence arises out of a service or disservice rendered to persons other than the contracting parties. It is, however, possible for the State, if it so chooses, to remove the divergence in any field by 'extraordinary encouragements' or 'extraordinary restraints' upon investments in that field. The most obvious forms which these encouragements and restraints may assume are, of course, those of bounties and taxes. Broad illustrations of the policy of intervention in both its negative and positive aspects are easily provided*". (*in* The Economics of Welfare, cit., pág. 192). Esta conclusão gerou reacções violentas. Ronald Coase liderou o movimento contestatário, afirmando peremptoriamente a desnecessidade de intervenção estatal a este propósito, pois, dado o carácter marcadamente bilateral das exterioridades, seria possível (e mais eficiente) uma solução negociada, na senda inicialmente referida por Edgeworth, na sua obra "*Mathematical Psychics*", Reimpressão, Nova Iorque: Augustus M. Kelley, 1967.

directo se a dimensão da rede, em sentido físico, tivesse influência directa na utilidade dos bens para os consumidores[99]. Neste âmbito, os *efeitos externos positivos de rede directos* estariam presentes em redes físicas, tais como as redes de telefones e de telecópias. A utilidade proveniente da propriedade de um único telefone sem qualquer ligação é nula[100]. No entanto, quanto maior for o número de telefones integrado na mesma rede, maior é a utilidade que se retira da detenção desse telefone. Esses aumentos de utilidade são, muitas vezes, exponenciais, podendo tanto ultrapassar largamente as escalas meramente aritméticas, como ficar bastante aquém destas[101].

---

[99] M. Katz e C. Shapiro, "*Network Externalities, Competition and Compatibility*", *cit.*, pág. 424.

[100] Relembre-se: praticamente toda a utilidade do segmento decorre do seu valor de sincronização e não do seu valor autárcico.

[101] A escala de aumento depende do sector em causa. Não se concorda, pois, com a denominada Lei de Metcalfe, segundo a qual o valor de uma rede para os participantes é proporcional ao quadrado do número desses participantes, progredindo linearmente consoante o aumento de dimensão da rede (cfr. (Fernando Araújo, *Introdução à Economia, cit.*, pág. 574). Bob Metcalfe, fundador da Ethernet, enunciou esta lei tomando como base uma pressuposição de progressão constante do aumento de utilidade. Análises recentes demonstram que a progressão não só não é linear, dependendo do tipo de sector em causa, como não progride até ao infinito. Em princípio, os utilizadores iniciais da rede retiram, *ab initio*, uma maior utilidade da rede. Os utilizadores subsequentes, ao invés, retirariam uma utilidade menor da sua participação. Tal constatação é, a nosso ver, evidente, pois os utilizadores iniciais da rede serão, em princípio, utilizadores entusiastas, retirando uma enorme utilidade da sua participação. No entanto, com o aumento de dimensão da mesma rede, o custo marginal da participação reduz-se drasticamente. Nessas condições, novos utilizadores poderão juntar-se à mesma rede simplesmente porque ela é barata, não a utilizando de forma tão intensa como os primeiros utilizadores entusiastas. Nestes termos, é clara a inexistência de uma margem de progressão linear de aumento de utilidade. A única lei que se poderá formular a este respeito é a seguinte: o valor da rede para os participantes é menos do que proporcional ao quadrado do número desses participantes. Como refere Nicolas Economides, "*despite the cycle of positive feedbacks, it is typically expected that the value of component A does not explode to infinity because the additional positive feedback is expected to to decrease with increases in the size of the network*" (cfr., N. Economides, "*Competition Policy In Network Industries: An Introduction*"cit.). Esses aumentos de utilidade, dependem, igualmente, da capacidade de rede. Se existirem congestionamentos, a utilidade para o utilizador reduz-se drasticamente. Como referem S. Liebowitz e Stephen Margolis, "*nor is there any reason that a network externality should necessarily be limited to positive effects, although positive effects have been the main focus in this literature. If, for example, a telephone or computer network becomes overloaded, the effect on an individual subscriber will be negative. As members of a network of highway users, we suffer from a*

Por seu lado, os *efeitos externos positivos de rede indirectos* corresponderiam às situações em que a utilidade do consumo não dependeria directamente da dimensão da rede, ou seja, não dependeria directamente do número de consumidores que tenham adquirido bens compatíveis (como acontece nos efeitos positivos de rede directos), mas sim da maior propensão para a produção de um maior número de bens complementares consoante mais alargada se torne a base de bens instalada. A percepção deste fenómeno é intuitiva. Os consumidores, ao efectuarem as suas decisões económicas no sentido da aquisição de um bem, preocupam-se com as decisões dos restantes consumidores. Os utilizadores do sistema *XBox* têm uma utilidade tanto maior quanto mais alargada for a rede de utilizadores do mesmo sistema, pois os fornecedores de bens complementares terão uma cada vez maior propensão para a criação de novos produtos (jogos, acessórios, etc.) quanto mais ampla for a base de clientes potenciais. Esta relação intrínseca entre o número de utilizadores instalados e a propensão para a criação de novos bens complementares no âmbito de uma rede encontra-se presente na totalidade dos mercados de componente tecnológica: sistemas de imagem, som, multimédia, computadores, consolas de jogos, entre outros. Fala-se, a este título, da existência de um paradigma *hardware/software*. No entanto, a sua vigência ultrapassa os mercados tecnológicos, encontrando-se presente em diversos mercados tradicionais[102]. Na nossa classificação, estes efeitos externos positivos de rede indirectos estarão presentes nas redes virtuais.

Tendo presente esta diferente qualificação, intuitivamente apreendida, importa analisar os seus efeitos na organização dos mercados. Neste âmbito, importa analisar quais são, efectivamente, as

---

negative network externality because freeways are subject to crowding. And although a larger installed base of computer users might lower the price of computer software, there are many goods, such as housing and fillet mignon, where larger networks of users appear to increase the prices"(S. Liebowitz e Stephen Margolis, *"Network Externality: An Uncommon Tragedy"*, *Journal of Economic Perspectives*, vol. 8, 2, 1994, pág. 134).

[102] A disponibilidade de peças de substituição e de acessórios (software) de um determinado automóvel depende directamente do número de viaturas adquiridas (hardware); a disponibilidade de bombas de gás (software) depende directamente do número de automóveis movidos a gás existente no mercado (hardware); a utilidade de um cartão de débito (hardware) depende directamente da rede de ATM´s instalada (software).

consequências económicas da ocorrência dos efeitos externos positivos de rede directos e indirectos em sede de direito da concorrência.

Nesta problemática, S. J. Liebowitz e Stephen Margolis, numa série sucessiva de trabalhos[103], criticaram o tratamento indiferenciado da diversa doutrina económica sobre estas duas realidades distintas. Em seu entender, o termo *"exterioridade de rede"* não podia ser utilizado para qualificar os efeitos externos positivos de rede indirectos, pois estes não seriam mais do que *"welfare neutral interactions that occur in properly functioning markets"*[104]. Neste caso, não existiria qualquer falha de mercado, pois da acção de um agente nesse mercado não resultaria qualquer ganho reflexo de utilidade para os terceiros. Por outras palavras, nestas situações a curva da utilidade privada coincidiria com a curva da utilidade social. Assim, quando o número de impressoras a laser aumenta exponencialmente e o preço dos tinteiros para esse tipo de impressoras diminui, estaríamos na presença de outro tipo de fenómenos económicos e não de exterioridades.

Não se pode deixar de notar o claro paralelismo desta discussão com a ocorrida no início do século XX entre Pigou e os seus críticos.

Uma posição que trate indiferenciadamente os dois fenómenos – efeitos externos positivos de rede directos e indirectos – estará a cometer exactamente o mesmo erro que Pigou. De facto, na perspectiva deste autor, todas as actividades industriais que não se baseassem numa estrutura de custos constantes necessitariam de uma acção correctiva estadual, de forma a alcançar-se uma situação socialmente eficiente. Essa correcção teria como fundamento a influência reflexa da actividade concorrencial de uma empresa nas demais: qualquer influência distorceria o mercado, afastando-o do sistema de organização

---

[103] S. J. Liebowitz e S. E. Margolis, *"Network Externality: An Uncommon Tragedy"*, cit; Idem, *"Are Network Externalities a New Source of Market Failure"*, Research in Law and Economics, 17, 1995, págs. 1-22; Idem, *"Network Effects and Externalities"*, cit; Idem, *"Network Effects"* in Handbook of Telecommunications Economics, vol. I, eds. M. Cave, S. Majumdar e I. Vogelsgang, Amesterdão, Elsevier, 2002, págs. 76-94; *Idem, Winners, Losers & Microsoft – Competition and Antitrust in High Technology*, The Independent Institute, Oackland, 2000.

[104] S. J. Liebowitz e S. E. Margolis, *"Network Externality: An Uncommon Tragedy"*, cit, pág. 139.

ideal. Tal como foi demonstrado por Frank Knight[105], essa perspectiva assenta em pressupostos errados, pois esses efeitos reflexos repercutem-se nos resultados das empresas afectadas, gerando rendimentos correspondentes e não afectando, em consequência, o custo social da actividade.

Tendo presentes estas diferentes situações, a doutrina subsequente distinguiu as exterioridades pecuniárias das exterioridades tecnológicas[106]. As exterioridades pecuniárias consistiriam em efeitos externos (indirectos e não reflexos) que se repercutiriam no sistema de preços, aumentando-os ou reduzindo-os[107].

---

[105] Cfr. F. Knight, "*Some Fallacies in the Interpretation of Social Cost*", *Quartely Journal of Economics*, 38, Agosto, 1924, págs. 582 a 606; Cfr., igualmente, H. Ellis e W. Fellner, "*External Economies and Diseconomies*", *American Economic Review*, 33, Setembro 1943, págs. 493-511.

[106] A "exterioridade" pecuniária corresponderá, pois, a uma transferência de rendimento que causa um custo privado, mas não um custo social, gerando unicamente um efeito de redistribuição individual da riqueza. Por seu lado, a exterioridade tecnológica causa um custo social, reduzindo, em consequência, o nível de Bem-Estar Social. Posner é extremamente feliz na sua exemplificação: "*competition is a rich source of "pecuniary" as distinct from "technological" externalities – that is, of wealth transfer´s from, as distinct from cost impositions on, unconsenting parties. Suppose A opens a gas station opposite B' gas station and as result siphons revenues from B. Since B' loss is A's gain, there is no diminution in overall wealth and hence no social cost, even though B is harmed by A's competition and thus incurs a private cost*" (R.A. Posner, *Economic Analysis of Law*, 5.ª ed., Nova Iorque, Aspen Law and Business, 1998, pág. 7).

[107] A exemplificação é relativamente simplificada. Vejamos, primeiro, um exemplo de deseconomias externas negativas. Assuma-se que C1 corresponderá à curva de oferta de longo prazo de uma empresa de fabrico de sapatos. Se os preços das matérias-primas se mantiverem constantes e existir uma tendência de elevação do preço do lado da oferta da indústria agregada de sapatos (que pode acontecer por razões diversas: locais limitados de implantação; diferente desenvolvimento tecnológico, etc.), o ponto de equilíbrio será J. Se cada empresa produzir na sua curva de custos marginais, então o seu preço associado, P1, corresponderá ao custo marginal dos sapatos. Existindo uma "rede" de compradores de sapatos, em que a aquisição de um sujeito influencia a utilidade dos restantes, se alguém adquirir um par extra de sapatos, então a curva de despesa da rede de compradores de sapatos mover-se-á de forma ascendente para o ponto C2 (existe aqui uma clara analogia com o movimento de uma curva da procura).

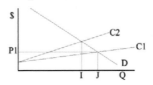

Vejamos esta última situação. Se uma empresa aumentar o seu nível de produção, reduzindo o preço marginal dos seus produtos, esse aumento de unidades produzidas terá inevitavelmente efeitos nas empresas concorrentes. Esse é o fundamento da própria concorrência.

Ora, nestas condições Pigou consideraria que o ponto C2 corresponderia à curva do custo social, propondo a tributação da empresa que produz em C1, de forma a fazer corresponder C1 (custo privado marginal) com C2 (custo social marginal), interiorizando a exterioridade. No entanto, como demonstraram os críticos de Pigou, esta solução seria incorrecta, pois C2 não corresponde ao custo social marginal. Não correspondendo ao custo social marginal, a diferença entre C1 e C2 não seria mais do que a corporização de um rendimento para o produtor que fabricasse os sapatos a um preço inframarginal. Assim, nas situações em que ocorram despesas adicionais de compradores de sapatos a valores inframarginais, tal corporizaria uma transferência de rendimento dos consumidores de sapatos a um preço inframarginal para os produtores de sapatos a preços inframarginais, sem qualquer impacto no nível de eficiência geral do mercado. Se, à semelhança do que se pretende na análise das redes virtuais, os custos de cada produtor individual de sapatos forem afectados pela expansão da indústria, torna-se essencial analisar concretamente as causas dessas variações de custos. Se existir uma verdadeira exterioridade tecnológica (por exemplo, uma situação de congestionamento), então a curva C2 corresponderá efectivamente ao custo social, sendo necessária intervenção externa para a sua correcção. No entanto, o que pode muito bem ocorrer é o aumento do preço do cabedal, a matéria-prima base para o fabrico dos sapatos, dado o aumento da procura. Neste caso, também não se gerará qualquer situação ineficiente pois a mais-valia será transmitida para o mercado a montante, remunerando o produtor do cabedal. Assim, em C2, o pagamento adicional efectuado pelo comprador ao produtor a preços inframarginais será transmitido ao fornecedor de cabedal. Ora, neste momento deverá questionar-se à razão pela qual o cabedal subiu de preço. Se existirem discrepâncias de preço por razões locacionais, então C1 corresponderá à curva do custo social marginal dos sapatos, constituindo a diferença entre C1 e C2 uma renda a favor do fornecedor de cabedal a preços inframarginais. Ao invés, se existir uma verdadeira exterioridade tecnológica (de novo o exemplo do congestionamento), então a curva do custo social marginal dos sapatos corresponderá ao ponto C2. A razão para essa discrepância não estará, no entanto, nos processos do fabricante, mas sim no facto do cabedal não ser vendido ao custo social marginal. Em conclusão, os resultados dos mercados a jusante são, muitas vezes, ecos de eventos ocorridos nos mercados a montante. Se o preço das matérias-primas for correctamente determinado e não existirem exterioridades tecnológicas, então o custo social marginal corresponderá ao ponto C1. Ora, nestas condições não existirão quaisquer exterioridades, dado que o mecanismo de preços encarregar-se-á de mediar as diferenças de custos das matérias-primas. Assim, as exterioridades pecuniárias não geram qualquer ineficiência nos mercados, pelo que a sua interiorização corresponderia a criar uma situação de monopsónio virtual. Cfr. S. J. Liebowitz e S. E. Margolis, *"Are Network Externalities a New Source of Market Failure"*, cit, pág. 3 e 4.

Os efeitos negativos reflexos causados aos concorrentes (redução do preço e aumento de produção da firma concorrente) repercutem-se num aumento de satisfação dos consumidores (que poderão adquirir mais produtos a um menor custo). Nestes casos, não existiria qualquer falha ou incapacidade de mercado. Se existisse uma obrigação de interiorização destes efeitos, ocorreria uma inevitável tentação de cartelização do mercado e, no limite, a monopolização.

Por seu lado, as exterioridades tecnológicas corresponderiam aos efeitos reflexos insusceptíveis de interiorização através dos mecanismos normais de mercado. Estas, sim, corresponderiam aos fenómenos que tipicamente se inserem na qualificação de falhas ou incapacidades de mercado. Nestas situações, os custos ou benefícios reflexos teriam de ser interiorizados através de mecanismos excepcionais (a negociação directa de título de propriedade, na perspectiva coaseana, ou a intervenção estadual por via de impostos ou subsídios, na perspectiva pigouviana).

Nestes termos, simplesmente as exterioridades tecnológicas revestiriam a qualidade de verdadeiras e próprias exterioridades no conceito técnico do termo.

É chocante a semelhança entre os assuntos em discussão (exterioridades pecuniárias/exterioridades tecnológicas *vs.* efeitos externos positivos de rede indirectos/efeitos externos positivos de rede directos).

Hoje, tal como no início do século XX, é essencial uma clarificação dos fenómenos económicos em apreciação, tendo em vista o desenvolvimento de uma política económica eficiente. Por outro lado, qualquer modelação económica que não tome em consideração estas diferenças essenciais padecerá, inevitavelmente, de vícios inultrapassáveis. Dada a relevância das questões em análise, qualquer solução incorrecta causará avultados custos sociais.

Existe uma clara identidade entre os denominados efeitos externos positivos de rede indirectos e as exterioridades pecuniárias. Pelas descrições avançadas pela doutrina económica, os efeitos externos positivos de rede indirectos na vertente preço/quantidade são de facto mediados através dos mecanismos normais de mercado (*"market-mediated"*). Assim, e no caso das redes virtuais, a relação de complementaridade entre os diversos componentes da rede não originará verdadeiras e próprias exterioridades, pois as relações de valor aí geradas corresponderão a "exterioridades pecuniárias", naturalmente interiorizadas pelo mercado.

Assim, quanto mais alargada for a base de utilizadores do sistema XBox, mais propensão existirá para os programadores de jogos e para os fabricantes de acessórios produzirem componentes para o sistema. Dessa variedade acrescida resultarão inevitáveis vantagens para os utilizadores, quer na perspectiva dos preços (redução dos preços dos jogos, dos acessórios e das próprias consolas XBox pelo próprio jogo da oferta e da procura e por eventuais economias de escala na produção), quer na perspectiva do volume da produção (mais quantidade e, eventualmente, uma melhor qualidade). Todos os efeitos económicos decorrentes do alargamento da base instalada foram repercutidos na esfera de utilidade dos consumidores ou dos produtores[108].

---

[108] No caso de exterioridades pecuniárias positivas, os efeitos indirectos reduzem os preços dos componentes da rede. O preço do sistema Windows reduz-se à medida que o número de proprietários de computadores aumenta. Numa empresa que produz bens a custos crescentes, se não ocorrer um aumento de preço das matérias-primas, um aumento no activo imobilizado fixo, ou alguma exterioridade tecnológica, o rendimento excedentário relativo ao custo marginal corresponderá a uma renda em benefício do produtor, adquirindo a natureza de transferência de liquidez. Essa renda poderá igualmente ter como causa um aumento da capacidade produtiva, com vendas a uma fracção superior ao custo marginal. No entanto, a demonstração gráfica de Liebowitz e Margolis não é feliz a este respeito. Note-se que, nestas condições, não é possível efectuar uma análise simétrica partindo do exemplo anterior, pois a venda com prejuízo é, em termos gerais, economicamente *contra natura*. O exemplo destes autores assenta na pretensa deslocação descendente da curva da oferta por redução dos preços das matérias-primas no mercado dos computadores e dos circuitos integrados. Considerando que os circuitos integrados são vendidos ao preço do seu custo marginal, na inexistência de exterioridades tecnológicas ou de economias de escala do lado da oferta, a deslocação descendente da curva da oferta implicará uma redução de preço dos circuitos integrados simultânea à expansão de vendas de computadores (por questões de simplificação, considera-se que o único elemento relevante para a determinação do preço de venda do computador é o custo do circuito integrado).

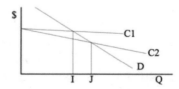

Figura H – S. J. Liebowitz e S. E. Margolis, *"Are Network Externalities a New Source of Market Failure"*, cit., pág. 6.

Apesar de tentadora, a conclusão pela existência de uma exterioridade sempre que as variáveis preço e quantidade se movem em direcções inversas é incorrecta, gerando inevitáveis erros ao nível da análise económica e do desenvolvimento de políticas[109].

Se as causas da redução do preço dos circuitos integrados não forem imputadas a qualquer acção de uma empresa individual, a curva dos custos marginais agregados da indústria deslocar-se-á no sentido dos ponteiros do relógio, já que corresponderá à soma de todas as curvas de oferta dos fabricantes. Na figura H, C1 corresponderá à oferta e C2 corresponderá à curva da despesa marginal associada a C1. Desta deslocação no sentido descendente da curva da oferta resultará uma situação em que a despesa marginal dos consumidores em computadores se situa abaixo do preço determinado pela curva da oferta. Tal resulta do facto segundo o qual o custo marginal de cada computador adicional corresponderá ao custo da última unidade produzida, subtraído do efeito (negativo) de custo sobre todas as outras unidades, que ficarão mais baratas por redução do preço dos circuitos integrados. Neste caso, e ao contrário das deseconomias externas, em que ocorre uma transferência de rendimento dos consumidores para os produtores, teríamos uma transferência de rendimento dos produtores dos computadores para os consumidores, correspondente à diferença de despesa inframarginal. No entanto, uma vez que estes produtores repercutem o preço efectivo dos circuitos integrados, deverá concluir-se que os benefícios para os consumidores derivam, não dos fabricantes de computadores, mas sim dos fabricantes de circuitos integrados. Considerando que a indústria de circuitos integrados adquire uma dimensão de monopólio natural, a venda destes circuitos a um preço inferior ao custo marginal gera inevitáveis prejuízos, obrigando a uma subsidiação destes produtores, que, em última instância, beneficiará os adquirentes de computadores. Por outro lado, se existir uma verdadeira exterioridade tecnológica, a empresa deverá receber um subsídio pigouviano determinado com referência ao aumento do volume de produção de computadores que beneficiará, em última instância, os consumidores de computadores. Liebowitz e Margolis concluem que, neste caso, não existirá qualquer exterioridade, pois o sistema de preços repercute fielmente todas as vicissitudes no mercado. Referem ainda que não se poderá confundir a situação de monopólio natural que identifica a indústria de circuitos integrados com uma qualquer exterioridade (cfr. S. J. Liebowitz e S. E. Margolis, *"Are Network Externalities a New Source of Market Failure", cit,* pág. 7). Com o devido respeito, pensamos que Liebowitz e Margolis não chegaram a analisar efectivamente uma situação susceptível de qualificação como rede virtual. O que analisaram foi o mecanismo de formação de preços na indústria de computadores, que, como se sabe, assenta numa produção de circuitos integrados abaixo do custo marginal, por razões de subsidiação (por exemplo, a construção da fábrica da INTEL da Irlanda foi financiada em 140% pelo estado irlandês) e de excesso de oferta. O que está efectivamente em causa, neste exemplo, não são as variações exógenas provocadas por um aumento da procura agregada, mas sim a transferência de uma renda para os consumidores pelo simples facto dos circuitos integrados estarem a ser vendidos abaixo do custo médio. Ao avançarem com as hipóteses de ocorrência de subsidiação ou de exterioridades tecnológicas invalidaram o exemplo.

[109] Os efeitos externos de rede já foram confundidos com efeitos do lado da oferta (nomeadamente com economias de escala e de gama), com outros efeitos do lado da procura,

Além disso, os efeitos externos positivos indirectos não explicam, *per se*, qual a razão da descida do preço ou do aumento de produção. Note-se que esta questão não se coloca unicamente na denominada "*Nova Economia*", assente em redes virtuais. Também na velha economia, à medida que se estabilizava a base produtiva, o preço unitário dos bens produzidos tendia para diminuir (isso verificou-se no mercado dos automóveis, frigoríficos, equipamento de refrigeração, etc.). Se tratarmos os efeitos externos de rede indistintamente como uma realidade unívoca, não existirá espaço para discernir outros fenómenos económicos de base (economias de escala na produção, redução do preço de produção devido ao progresso tecnológico, subvenções de monopólios naturais, escoamento de produção em excesso) que, inevitavelmente, se verificarão nestes sectores. Os efeitos externos positivos de rede indirectos (denominados por alguma doutrina como economias de escala do lado da procura) poderão, muitas vezes, ocultar efeitos económicos sensíveis do lado da oferta, de relevância quer micro, quer macro-económica. Não se poderá tratar indistintamente todos estes fenómenos, susceptíveis de manifestações diversas, numa única vertente, neutra quanto à intensidade e indistinta quanto à natureza.

Ao aceitar-se acriticamente o modelo avançado pela maioria da doutrina económica, que defende intransigentemente a existência de exterioridades positivas significativas nas redes virtuais, chegaríamos inevitavelmente a um sistema de organização industrial assente no modelo de monopólio natural. Expliquemos melhor. Ao referir-se que a utilidade recebida por um utilizador aumenta consoante o aumento de dimensão da rede, o resultado inevitável seria a constituição de um monopólio natural. A rede de maior dimensão forneceria maiores níveis de utilidade aos seus participantes, atraindo inevitavelmente todos os demais. No final do ciclo, todos os utilizadores fariam parte de uma única rede, ou no caso concreto das redes virtuais,

---

com monopólios naturais, com infra-estruturas essenciais, com efeitos de aprendizagem, com normalização e fixação de standards, só para citar alguns exemplos. Não é de admirar, portanto, que autores como Kolasky, as denominem como uma "*ubiquitous, pantheistic entity*" (W.J. Kolasky, "*Network Effects: a Contrarian View*", cit., pág. 577).

de um único sistema[110]. Esta é a única conclusão que se pode extrair de um modelo económico que tem como pressuposto a existência de sistemas sucedâneos concorrentes incompatíveis entre si. Esta constatação seria reforçada se a estrutura produtiva nesses sectores assentasse em custos decrescentes. Infelizmente, por questões de simplificação, a doutrina não tem elaborado modelos que integrem uma variável referente a custos. Quase todos os modelos, por definição, são elaborados num pressuposto de inexistência de custos de produção, ou de custos marginais constantes[111]. Neste âmbito, é possível efectuar uma segunda crítica aos modelos económicos elaborados a este propósito. Nenhum deles nos permite visualizar uma situação tão simples como a seguinte: o que acontece num caso em que a estrutura produtiva do sector assente numa tendência de custos decrescentes com uma intensidade superior à dos denominados efeitos de rede. Numa situação desta índole, a concorrência intersistemática continuaria a ser possível, emergindo novos sistemas em concorrência com o sistema dominante[112].

---

[110] Se não existirem outros pressupostos para a realização da opção económica além do preço e da quantidade, nem sequer existirá uma margem marginal de outras redes menores.

[111] Apesar das tentativas da ciência económica em basear as suas conclusões em modelos económicos à semelhança da matemática, existe uma diferença óbvia entre as duas ciências. Na matemática, é totalmente explícito que as "provas" apresentadas se aplicam unicamente a um universo hipotético constituído por uma série de postulados abstractos. Os matemáticos nunca pretenderam que o seu universo hipotético correspondesse ao universo real e empírico. O que pretendem é que algumas das suas descobertas teóricas auxilie o desenvolvimento de uma qualquer descoberta empírica no futuro (o caso típico foi a modelização matemática dos "nós", votada ao escárnio geral até ao momento em que serviu de base para a explicação do sistema de reprodução do ADN). Por sua vez, o modelo económico, ao contrário do modelo matemático, pretende retratar um comportamento ou uma opção no mundo real. Em termos económicos, um modelo é tanto melhor quanto mais fielmente retratar a realidade. E é aqui que se encontra a principal dificuldade: a modelização da realidade concreta a um enunciado matemático só pode ser efectuada simplificando-se os pressupostos e as hipóteses envolventes, ou seja, se nada mais se alterar. Isto significa que nos modelos económicos formais as "provas" só são válidas se se mantiverem todos os pressupostos – simplificados – que serviram de base à construção do modelo económico: valem nesse modelo, mas não valem no mundo real. Para compreendermos o mundo, teremos necessariamente de o observar, pelo menos de vez em quando, e não mergulhar permanentemente em envolventes modelizações simplistas da realidade.

[112] As críticas à modelação económica dos efeitos positivos externos de rede indirectos não ficam por aqui. Por exemplo, se analisarmos os modelos clássicos de M. Katz e C. Shapiro

No entanto, se analisarmos a realidade dos mercados, verificamos que estas pretensas exterioridades são insuficientes para garantir a criação de um monopólio natural. Uma constatação meramente empírica é suficiente para chegarmos a semelhante conclusão. O nosso mundo de hoje não é um mundo normalizado. Existem, ainda, sistemas a concorrer entre si, numa lógica de clara e sã concorrência.

Não se pode tratar o problema das redes virtuais através de modelos de normalização de utilidades numa estrita lógica quantidade/ preço. Como foi oportunamente referido, nem todos os participantes de uma rede retiram a mesma utilidade da sua participação. Por outro lado, nem todos os participantes de uma mesma rede retiram uma utilidade aumentada na mesma medida pela entrada de um novo utilizador. Por exemplo, economistas que participam numa *intranet* não vêem a sua utilidade aumentada se um arquitecto aderir a essa rede, ou então, numa lógica institucional, a compatibilidade de um programa de contabilidade empresarial de um grande grupo de empresas só tem relevância no seio desse grupo. A compatibilidade

---

(*in* "Technology adoption in the presence of network externalities", *Journal of Political Economy*, 94, 1986, págs. 822 a 841), C. Chou and O. Shy, (in "*Network Effects without network externalities*", *International Journal of Industrial Organization*, 8, 1990, págs. 259 a 270) J. Farrel e G. Saloner, (in "*Converters, compatibility and innovation*", *Journal of Industrial Economics*, 40, 1992, págs. 9 a 35), J. Church e N. Gandal (in "*Complementary network externalities and technological adoption*", *International Journal of Industrial Organization*, 11, 1993, págs. 236 a 260) e C. Matutes e P. Regibeau (in "*Compatibilty and bundling or complementary goods in a duopoly*", *Journal of Industrial Economics*, 40, 1992, págs. 37 a 54), verificamos que assentam em pressuposições irrealistas: custos marginais de produção constantes e funções de valor de rede que ascendem ao infinito. Em tese, e partindo de um pressuposto realista em que o último participante da rede não adicione qualquer valor acrescentado aos demais instalados, também será possível dizer que, numa situação destas, o aumento de escala da rede deixa de ser vantajoso, sendo possível a emergência de outras redes em plena concorrência. Neste ponto, não podemos deixar de relembrar os trabalhos de J. Buchanan e W. Stubbllebine que, em 1962, introduziram o conceito de exterioridade inframarginal. Estes autores, ao enunciarem a sua definição geral de exterioridade, identificaram fenómenos em que a utilidade para o agente causador da acção reflexa é nula. Ou seja, o terceiro prejudicado não é afectado por alterações marginais na acção causadora da exterioridade. Esta perspectiva de exterioridade foi esquecida porque a forma mais estudada (a poluição) causa efectivamente danos marginais (cfr. J. Buchanan e W. Stubllebine, "*Externality*", *Economica*, 29, 1962, págs. 371-384). Por outro lado, além dos congestionamentos, não deveremos esquecer a própria imperfeição da ciência da gestão, que não permite aumentos de escala infinitos.

desse programa com o resto do Mundo é totalmente irrelevante?. Aqui, os efeitos positivos de rede – e não as exterioridades – a verificarem--se, só se manifestarão dentro dessa pequena rede especializada. Não existe, pois, uma propensão de expansão ilimitada da mesma.

4.1. *Da urgência de uma definição*

É essencial uma definição a este respeito. A utilização, pelo sistema jurídico, de um conceito económico ainda não totalmente estabilizado envolve uma enorme perigosidade. Esta preocupação é ampliada pela nova "moda" europeia importada do sistema norte-americano, corporizada na adopção da modelação econométrica como instrumento fundamental de prova na aplicação do direito da concorrência.

Este assunto é ainda bastante controverso. No entanto, a sua clarificação é fundamental dada a sua relevância em sede de política da concorrência. Apesar da situação lacunosa em que ainda se encontra, a teoria das exterioridades de rede tem desempenhado um papel preponderante em diversas acções judiciais. Uma delas, a acção interposta pelos Estados Unidos contra a Microsoft, assentou, em larga medida, nas suas "supostas" conclusões. Note-se que as consequências a nível político são marcantes. A existirem exterioridades, tal implicará que a dimensão actual das redes fica aquém da sua dimensão óptima. É esta precisamente a questão que se discute nesta sede: a dimensão e não a qualidade da rede. Ora, se o mercado é imperfeito, não conseguindo corrigir-se a si próprio, então a intervenção do decisor público para a escolha da melhor norma/*standard* encontra total legitimação.

Como se pode facilmente concluir, esta questão adquiriu, igualmente, uma importância central no debate doutrinal económico. A corrente doutrinária "Post-Chicago" encontrou nesta temática o "cavalo de batalha" perfeito para as suas pretensões activistas no sentido da intervenção estadual nos domínios da Nova Economia, já que, nestas circunstâncias, o mercado seria insusceptível de atingir, por si, uma situação eficiente. De acordo com esta tendência, as exterioridades de rede teriam efeitos nefastos na concorrência, fortalecendo barreiras à entrada e protegendo, em consequência, as empresas instaladas, em detrimento de novos concorrentes.

Apesar de já se terem passado cerca de 20 anos da publicação do artigo de Katz e Shapiro, são raros aos autores que apresentam qualquer conclusão definitiva a este respeito. No entanto, esta indefinição conceptual não impediu os tribunais de aplicar sucessivamente a teoria das exterioridades como fundamento de intervenção pública em determinados mercados. Porém, deve referir-se que essas intervenções jurisdicionais não auxiliam em nada a doutrina, pois os seus fundamentos são vagos, consistindo, na maioria das ocasiões, em interpretações nebulosas de conceitos económicos.

Tentemos, então, clarificar os conceitos em causa.

Como se referiu *supra*, a definição da doutrina económica de "efeitos externos de rede" peca por ser excessivamente genérica, pois no seu âmbito poderão encontrar-se diversos fenómenos económicos de natureza heterogénea.

As exterioridades, a verificarem-se, terão um impacto decisivo na política económica dos mercados a desenvolver pelas autoridades públicas. Como foi referido, para se detectar uma exterioridade é essencial observar as acções dos agentes económicos individuais que geram efeitos reflexos (não pretendidos) na conduta de terceiros. No caso das exterioridades de rede, a acção decisiva é a decisão de uma agente adquirir um bem e, em consequência, entrar na rede. Verificar-se-ão exterioridades de rede quando o valor dos bens complementares detidos pelos restantes agentes aumentarem em função da nova entrada. Assim, a propensão para a aquisição de um bem dependerá não só da sua qualidade, mas igualmente da sua difusão.

$$W_A = A_i + A_n$$

A atractividade de um bem dependerá da soma do seu valor intrínseco, ou autárcico – A_i – com o seu valor em rede, ou de sincronização – A_n –[113].

---

[113] Cfr. Roberto Pardolesi e Andrea Renda, *"How safe is the King's Throne? Network Externalities on Trial"*, cit., pág. 215.

Se um mercado for caracterizado por um volume significativo de exterioridades de rede, a difusão generalizada dos bens complementares gerará um círculo virtuoso, retirando os utilizadores sucessivos aumentos de utilidade com a entrada de novos utilizadores para um sistema. De facto, o juízo relevante assentou numa mera ponderação de utilidade/quantidade. Os agentes aderiram ao sistema que teria a maior probabilidade de sucesso. Por vezes, o juízo efectuado *a priori* por um número de agentes pioneiros condiciona decisivamente a estrutura futura do mercado. Harvey Leibenstein, numa publicação de 1950[114], antecipou, em larga medida, a discussão presente. Segundo este autor, o aumento da dimensão da rede tinha como efeito essencial o aumento da intensidade da procura. Assim, quando os consumidores constatavam que a rede a que pertenciam aumentava de dimensão, as suas decisões económicas de aquisição de bens complementares tornavam-se mais corajosas. Esse efeito, denominado *"efeito das decisões em banda"* (*"bandwagon effect"*)*"*[115], assenta numa motivação de foro essencialmente psicológico[116]: o consumidor sente-se melhor quando efectua opções semelhantes às da maioria dos restantes consumidores[117].

A dimensão da base instalada (*"installed base"*) num determinado momento condicionará decisivamente a configuração futura do

---

[114] H. Leibenstein, *"Bandwagon, snob, and Veblen effects in the theory of consumer's demand"*, Quartely Journal of Economics, 64, 1950, págs. 183-207, reimpresso in W. Breit e H.M Hochman, Readings in Microeconomics, 2.ª edição, Nova Iorque, Holt, Rinehart e Winston, Inc., 1971, págs. 110 e segs.

[115] O *"bandwagon effect"* significaria *"the extent to which the demand for a commodity is increased due to the fact that others are also consuming the same commodity. It represents the desire of people to purchase a commodity in order to get a into "the swim of things"; in order to conform with the people they wish to be associated with; in order to be fashionable or stylish; or, in order to appear to be "one of the boys"."* in Leibenstein, *"Bandwagon, snob, and Veblen effects in the theory of consumer's demand"*, cit, págs. 115 e 116. Como se pode facilmente constatar, Leibenstein não se referia propriamente aos novos sectores tecnológicos, mas sim ao sector da moda.

[116] Uma análise dos condicionalismos de decisão humana que afastam as opções aparentemente mais racionais pode ser encontrada em R. B. Korobkin e T.S. Ulen, *"Law and Behavioral Science: Removing the Rationality Assumption from Law and Economics"*, Califórnia Law Review, 88, 2000, págs. 1051 e segs.

[117] Em sentido inverso, o *"snob effect"* ocorreria quando o consumidor se sente melhor ao tomar uma opção diversa da tomada pela maioria dos restantes consumidores.

mercado, dado que a propensão para a aquisição dos componentes aumentará consoante a percepção psicológica dos agentes do lado da procura de que o sistema escolhido é aquele que tem maiores probabilidades de sucesso[118].

Esta decisão é totalmente racional do ponto de vista económico, pois mesmo que o preço aumente em função do aumento da procura, a expansão da rede beneficiará os consumidores. A expansão da rede tem como consequência o aumento do seu valor. Esse benefício monetário será repartido entre o produtor/proprietário da rede e a base instalada, dependendo as quotas de distribuição do benefício do grau de elasticidade da procura: quanto mais rígida for a procura, maior o benefício do produtor/proprietário; ao invés, se a elasticidade for elevada, maior o benefício da base instalada[119].

Assim, num mercado em que o valor de rede de um bem for significativamente mais elevado do que o valor intrínseco, a organi-

---

[118] Parte da doutrina utiliza o conceito de "*massa crítica*" ("*critical mass*") para explicar as tendências de desenvolvimento de uma rede. Este conceito, originariamente introduzido no sector das comunicações, sugere que os crescimentos sustentados das redes dependem da não existência de um equilíbrio estrito ao nível do sector. Conforme refere Nicholas Economides, "*the existence of critical mass in markets with network effects suggests that a sustainable growth of the network requires a minimal nonzero equilibrium size*" (in "*The Economics of Networks*, cit, pág. 669). Num outro artigo deste autor, em co-autoria com Charles Himmelberg, interpretou-se a "*massa crítica*" como uma manifestação do paradoxo do "ovo e da galinha": de facto, sendo a rede de reduzida dimensão não atrairá qualquer utilizador; por outro lado, é por ser de tão reduzida dimensão que não atrai nenhum utilizador (in Nicholas Economides e Charles Himmelberg, "*Critical Mass and Network Evolution in Tellecomunications*" in Gerard Brock ed., *Towards a Competitive Telecommunications Industry: Selected Papers from the 1994 Telecommunications Policy Research Conference*, University of Maryland, Julho de 1995, págs. 31 a 42. Cfr., igualmente, Jeffrey Rohlfs, "*A Theory of Interdependent Demand for Communications Service*", *Bell Journal of Economics*, Spring 1974, 5, págs. 16 a 37; Samuel S. Oren e Stephen A. Smith, "*Critical Mass and Tariff Structure in Electronic Communications Markets*", *Bell Journal do Economics*, Autumn 1981, 12, págs. 467 a 487.

[119] Note-se que os utilizadores da rede terão de efectuar um juízo ponderado antes de abandonarem a rede em que participam em favor de uma nova rede concorrente. A escolha só será racional se: $W_B > W_A \Rightarrow B_i > A_i + A_n$

Ou seja, o valor intrínseco do bem rival (B_i) é de tal forma elevado relativamente ao valor intrínseco do bem A_i que compensa a perda de valor de rede deste bem (A_n), desde que o valor inicial de rede de B_n seja 0. Cfr. Roberto Pardolesi e Andrea Renda, "*How safe is the King's Throne? Network Externalities on Trial*", *cit.*, pág. 217.

zação do sector tenderá para a selecção de um *standard de facto*, que dominará esse mercado durante um determinado período de tempo[120].

Cria-se, então, uma situação denominada pelos economistas como de *"tipping"* ou de inércia exclusivista excessiva[121]. Este conceito foi inicialmente desenvolvido por Katz e Shapiro, como consistindo numa *"natural tendency towards de facto standardization, which means everyone using the same system. Because of the strong positive-feedbacks elements, systems markets are especially prone to 'tipping' which is the tendency of one system to pull away from its rival in polularity once it has gained an initial edge"*[122].

Ora, este fenómeno não poderá ser qualificado, à partida, como sendo inerentemente positivo ou inerentemente negativo. Se das condições económicas de um determinado sector decorrer que a emergência de uma única norma (*"standard"*) se constitui com uma situação mais eficiente que a de uma situação de concorrência entre normas (ou entre sistemas), então o *"tipping"* será inevitável[123]. Este sistema será mais eficiente e, portanto, mais desejável: quaisquer esforços que pretendam alterar estas condições «naturais» gerarão inevitavelmente uma heterogeneidade sub-óptima de sistemas[124].

A eficiência, ou ineficiência, de uma situação de normalização sistemática deve ser analisada com bastantes cautelas. A análise concorrencial tem necessariamente de ser efectuada numa perspectiva dinâmica. Com os elevados níveis de inovação tecnológica nos mercados[125],

---

[120] Dependendo da inovação tecnológica que se faça sentir nesse mercado.

[121] James B. Speta, *"Handicapping the Race for the Last Mile?; A Critique of Open Acess Rules for Broadband Platform"*, Yale Journal on Regulation, 17, 2000, págs. 39 e segs.

[122] Michael Katz e Carl Shapiro, *"Systems Competition and Network Effects"*, Journal of Economic Perspectives, 8, 1994, pág. 107.

[123] Como referem Roberto Pardolesi e Andrea Renda, *"(...) the drive towards standardization is seldom strong enough to hinder all potential competitor's attempts to enter the market. Hence users will chose what they perceive as the best network, and will 'vote with the feet' selecting their favourite exchange environment. Given the higher value of larger networks, dominant incumbent networks are more likely to be voted for than small, new entrant ones"* (in *"How safe is the King's Throne? Network Externalities on Trial"*, cit, pág. 217).

[124] Relembre-se o dilema entre compatibilidade e incompatibilidade de sistemas em sede de eficiência.

[125] Note-se que mesmo as opções de Investigação e Desenvolvimento dos agentes produtores são influenciadas pela percepção destes relativamente ao sistema vencedor.

uma solução que, à partida, pareceria ser a melhor pode, muito facilmente, ser ultrapassada e tornar-se relativamente ineficiente. Nestes termos, a normalização de um mercado num único sistema poderá ser bastante onerosa se o sistema escolhido se demonstrar como sendo de qualidade inferior.

4.2. *As exterioridades de rede e a tipologia das redes*

Os efeitos externos de rede apresentam-se, pois, como fenómenos económicos decorrentes de particularidades do lado da procura (*"demand side effects"*)[126]. Em princípio, os efeitos externos de rede constituem uma categoria ampla onde se inserem diversos fenómenos económicos, não se confundindo com as exterioridades. Este fenómeno fará, incontestavelmente, parte desta panóplia de efeitos económicos que se refugiam sob a capa indiferenciada dos efeitos externos de rede; no entanto, só se fará sentir em mercados localizados. Poderá então afirmar-se que só os efeitos externos positivos de rede directos resultarão de acções de agentes geradoras de exterioridades positivas do lado da procura.

Neste caso, ao contrário dos efeitos externos positivos de rede indirectos, existe uma efectiva interacção entre os agentes económicos participantes na rede que pode originar fenómenos financeiros insusceptíveis de apreensão pelo mercado. O caso paradigmático rela-

---

Como referem Katz e Shapiro, *"We suspect that in the long run the greatest difference between systems markets and other markets arises because firms 'innovation incentives are altered by network considerations. Rather little theoretical work as been done on R&D and technological choice in the presence of network effects and uncertain technological progress. But there is little reason to believe that, in the presence of network externalities, the marginal private and social returns to keeping one more technology in the portfolio of those under development are likely to be well-aligned"* (in *"Systems Competition and Network Effects"*,cit, pág. 106*).*

[126] Fernando Araújo define-as como constituindo *"os efeitos no uso de um bem ou serviço decorrentes da circunstância de outros utilizarem o mesmo bem ou serviço, ou bens ou serviços compatíveis, o facto de o incremento do consumo de um produto beneficiar todos os consumidores com a multiplicação de serviços específicos desse tipo de consumo, permitindo a mais produtores trabalharem à «escala de eficiência», e por isso expandirem a oferta"* (cfr. Fernando Araújo, *Introdução à Economia*, cit., pág. 573-574).

tivo a este fenómeno foi já enunciado: os utilizadores de uma rede de telefones sofrem sucessivos aumentos de utilidade com a entrada em número crescente de novos utilizadores com os quais se podem relacionar posteriormente. Ora, os utilizadores, quando aderem a uma rede, fazem-no unicamente por interesse pessoal, não tomando em consideração que, ao fazê-lo, estão igualmente a beneficiar os utilizadores já estabelecidos.

O valor de sincronização (invariavelmente positivo na diversa literatura económica a este respeito[127]), se não for convenientemente interiorizado, fará com que a utilidade social seja sempre superior à utilidade privada. As consequências ao nível da eficiência são evidentes: a não-interiorização dessa exterioridade positiva terá efeitos dramáticos ao nível da dimensão óptima da rede. A rede real será inevitavelmente menor que a rede ideal, dada a não-interiorização das exterioridades positivas.

Temos, pois, uma primeira base que nos permite extrair algumas conclusões preliminares.

Importa abandonar a prática doutrinária que analisa as redes de uma perspectiva dicotómica, distinguindo as redes físicas das redes virtuais. Apesar de útil para o estabelecimento de estratégias laterais de organização desses mercados, esta distinção, de ordem qualitativa, não traz qualquer valor acrescentado para a matéria em análise. De facto, a verificação da existência, ou inexistência, de exterioridades nos mercados em rede deverá assentar numa contraposição de índole meramente estrutural, assente nos conteúdos direccionais dos fluxos transmitidos (ou seja, dos serviços prestados) nas infra-estruturas da rede. Torna-se, pois, essencial distinguir as redes unidireccionais das redes bidireccionais.

Nas redes físicas unidireccionais (distribuição de água, gás, electricidade), não existe um aumento de utilidade directo do consumidor directamente relacionado com o alargamento da rede.

Estas redes correspondem a modelos de difusão ou distribuição de produtos, tendo como função prestar um determinado serviço ou fornecer um determinado bem a consumidores finais situados em

---

[127] Embora possa não o ser se gerar congestionamento de rede. No entanto, a doutrina económica não trata suficientemente esta questão.

diferentes áreas geográficas. A arquitectura da rede será determinada pela eficiência na distribuição; será o agente do lado da oferta que, tentando prestar o melhor serviço possível, construirá uma rede que permita atingir o máximo número de consumidores a custos mais reduzidos, numa lógica assente na maximização do lucro. Existirão, sim, economias de escala significativas nos mercados que tendem, no limite, para a sua organização em monopólio natural. Essas economias de escala decorrem da elevada capacidade das infra-estruturas de transporte (linhas de alta tensão, carris ferroviários, aquedutos e gasodutos de alta pressão, etc.), que permitem o transporte de unidades adicionais a preços decrescentes, dada a estrutura neutra ao nível dos custos marginais da unidade adicional e a amortização sucessiva dos elevados custos fixos de investimento. No entanto, os exemplos não se esgotam nos sectores assentes em infra-estruturas físicas de transporte. No sector da teledifusão de sinais de televisão, o elevado custo dos equipamentos transmissores e retransmissores (antenas e satélites) conjugado com a sua elevada capacidade gera, igualmente, economias de escala significativas.

A decisão individual de um agente em pertencer à rede não altera, *per se*, e directamente, os graus de utilidade dos outros utilizadores já estabelecidos. Neste âmbito, não se registarão efeitos positivos de rede directos, ou exterioridades.

Assim, os efeitos de rede gerados nas redes físicas unidireccionais serão, em primeira linha, constituídos por economias de escala no lado da oferta[128].

---

[128] É importante referir, no entanto, que as economias de escala não se fazem sentir com a mesma intensidade em todos os nós e segmentos da rede. Em determinados sectores, volumes alargados de tráfego podem exaurir as economias de escala existentes, gerando dificuldades de gestão que poderão superar quaisquer economias eventuais. Quando estão em causa enormes volumes de serviços e bens, os custos médios e marginais de produção poderão tornar-se constantes ou até mesmo crescentes, gerando-se deseconomias de escala. Conforme refere Lawrence White: *"the volumes of traffic for air, rail, truck, bus, or telephone between New York City and Pittsburgh are likely to be much greater – at comparable prices and qualities – than between New York and Platsbury. It is quite possible that the economies of scale in serving the former city pair could be exhausted at the larger volume, while unexploited economies could still be available in serving the latter city pair. Also, separate from density effects in each of the city pairs would be the question of whether the central node – New York – has economies or diseconomies of scale from the*

Obviamente que o facto do número de utilizadores se elevar poderá originar ganhos na esfera de utilidade do utilizador estabelecido. No entanto, esses ganhos serão indirectos. Quanto maior for o número de agentes que procuram um mesmo bem, mais probabilidades têm de o encontrar, pois os impulsos emitidos pelo lado da procura serão naturalmente captados pela oferta que, inevitavelmente, irá ao encontro da procura. Quanto maior for o número de adeptos de um determinado clube, mais probabilidades existirão dos jogos desse clube serem transmitidos na televisão. Ao invés, os apreciadores de ópera ou os aficionados das touradas, dado o seu menor número, terão menos probabilidade de ver os seus programas preferidos. Mas em nenhuma destas situações o valor individual decorrente do consumo de um bem aumenta em função da adesão de um novo utilizador. Os efeitos externos de rede serão meramente indirectos, tendo por base acções do lado da oferta (obviamente impulsionados pela procura) confundindo-se, neste caso, com os resultados do livre jogo da oferta e da procura ou, no limite, com as economias de gama[129/130].

---

accumulation of traffic from all the city pairs that are linked directly to it and thus whether a single entity´s ownership of multiple connected links creates economies or diseconomies of scope" (in *US Public Policy towards Network Industries*, AEI – Brookings Joint Center for Regulatory Studies, Washington D.C., 1999, pág. 10). As condições económicas de exploração de uma grande rede devem ser analisadas em sede económica. O Bem-Estar Social pode ser bastante afectado por eventuais deseconomias de escala ou de gama. A questão da dimensão óptima de rede torna-se, de novo, relevante. Cfr, igualmente, Edward Chamberlin, *The Theory of Monopolistic Competition*, 7.ª edição, Harvard University Press, Cambridgs, 1956, appendix B.

[129] O conceito de "economia de gama" tem em vista qualificar as situações em que a soma agregada dos custos de produção de produtos diferenciados, por um único produtor, é inferior aos custos agregados de produção de um volume de produção idêntico desses mesmos produtos, por parte de produtores diferenciados. Por vezes, os termos economias de escala e economias de gama são usados de forma indiferenciada para qualificar fenómenos que envolvam produtos similares mas não idênticos.

[130] Nicholas Economides e Lawrence White denominam estes fenómenos como "*inter-product network externality*" ou "*one-way long distance network externality*" (in "*One-Way Networks, Two-Way Networks, Compatibility, and Public Policy*", cit., pág. 4). Como se referiu *supra* é incorrecta a designação destes fenómenos como verdadeiras e próprias exterioridades. Qualitativamente, estes fenómenos revestem antes a natureza de economias de gama. Aliás, tal é reconhecido claramente por estes autores quando referem: "*when customers are not identified with components, their benefit from the addition of new*

Poderá, pois, concluir-se que nas redes unidireccionais o elemento de reciprocidade necessário à criação de uma verdadeira exterioridade de rede é inexistente[131]. Nestes termos, os efeitos externos de rede não têm na sua origem aquele tipo de incapacidade de mercado, decorrendo, antes, de economias de escala ou de gama inexploradas.

Estas economias de escala e de gama no lado da oferta podem revestir naturezas estruturalmente distintas, consoante os mercados em presença. Na sua manifestação mais comum, as economias de escala poderão reduzir os custos dos serviços prestados a todos os participantes da rede. Tal ocorre quando, no mercado de produção e distribuição de electricidade e de água, a participação de um consumidor adicional reduzir os custos – partilhados – dos serviços prestados a todos os participantes da rede. No entanto, parte da doutrina identifica um outro efeito externo de rede indirecto, directamente relacionado com o valor da diversidade[132]. O mercado das ATM's constitui o exemplo clássico a este propósito. Supondo que um determinado número de bancos constituem uma rede de ATM's, as suas decisões relativas à localização dos distribuidores automáticos assentarão essencialmente nas expectativas subjacentes ao nível de procura. Uma vez que existem economias de escala relevantes neste mercado, não fará sentido o desenvolvimento de uma estratégia de implantação espacial indiscriminada, pois os custos da sua gestão superariam,

---

products is indirect; they are now able to find a variety that is closer to their ideal one, and, if new components are provided by new firms, competition may decrease prices (market mediated effect na terminologia de Farrel e Saloner, cit., 1985). *Thus we can call indirect network externalities the economies of scope that are found in one-way networks"*.

[131] Estas redes têm, unicamente, finalidades de distribuição ou difusão de serviços a consumidores finais, geograficamente desagregados, situados nos pontos extremos das redes. A configuração eficiente destas redes depende unicamente da sua propensão para a satisfação das necessidades dos consumidores localizados em áreas geográficas diferenciadas, e que se encontram distantes das fontes de produção dos bens. A estrutura da rede é, pois, decisivamente determinada pelo lado da procura (*suplly-driven*), tentando o agente do lado da oferta maximizar os seus lucros através de uma selecção criteriosa da procura a satisfazer (por exemplo, a teledifusão radioeléctrica de sinais televisivos ou de rádio, as linhas de caminhos-de-ferro, os gasodutos, os cabos eléctricos, as redes de televisão por cabo, as redes de cartões de crédito, etc.).

[132] Cfr. Lawrence White, *US Public Policy towards Network Industries*, AEI – Brookings Joint Center for Regulatory Studies, Washington DC, 1999, pág. 9.

inevitavelmente, os ganhos económicos decorrentes da verificação das economias de escala. Porém, se os níveis da procura aumentarem, devido a um aumento populacional na área geográfica relevante, os bancos poderão considerar justificável a implantação de ATM´s adicionais que, inevitavelmente, aumentarão os níveis de bem-estar dos consumidores, reduzindo os custos de transporte e de negociação para os incumbentes[133/134].

No entanto, as melhorias de bem-estar nestes mercados que assentam em redes unidireccionais são de intensidade inferior às que se registam nos mercados que se baseiam em redes bidireccionais. A junção de uma ATM adicional implicará a possibilidade de prestação de mais um serviço a todos os incumbentes ($n+1$). Ao invés, nas redes bidireccionais, ao estabelecer-se um nó adicional será possível o desenvolvimento de $2n$ serviços.

Assim, nas redes físicas bidireccionais, a utilidade – crescente ou decrescente – do produto depende integralmente das interacções – crescentes ou decrescentes – que se registem entre os consumidores que detenham produtos semelhantes. De uma perspectiva mais simplificada, a utilidade extraída do bem para o consumidor encontra-se dependente da possibilidade de aceder a outros consumidores. A manifestação de efeitos externos positivos de rede directos, logo, de exterioridades, é evidente.

Existem, no entanto, outros efeitos económicos relevantes que não devem ser esquecidos. As economias de escala são quase inevitáveis nestes sectores. A estrutura industrial de todos os sectores económicos organizados em redes bidireccionais assenta numa actividade de prestação de serviços ou de produção de bens orientada por custos decrescentes por unidade produzida. As economias de

---

[133] O mesmo ocorre, por exemplo, nas redes de televisão por cabo. Quanto maior for o número de subscritores de uma determinada rede, maior será a justificação para uma maior e melhor programação.

[134] Lawrence White, (*in op. cit*,. pág. 9) conclui que tais fenómenos constituem verdadeiras exterioridades, embora de natureza indirecta. Como foi referido *supra*, essa afirmação é incorrecta. Apesar de se situarem inequivocamente no universo das incapacidades de mercado, as economias de escala não se confundem com as exterioridades. Qualquer tentativa de confundir as duas realidades económicas levará inevitavelmente a erros graves de política económica.

gama, dada a multiplicidade de produtos produzidos poderão, igualmente, adquirir uma enorme relevância.

Por outro lado, poderão existir economias de densidade: os custos unitários de um telefone de uma rede densa serão inevitavelmente menores que os custos unitários de um telefone de uma rede dispersa; logo, quanto maior for a quota de mercado, mais densa será a rede relativamente às redes concorrentes[135]. Finalmente, não se poderão esquecer os factores psicológicos envolvidos, nomeadamente, o efeito das *decisões em banda* (todos pretenderão pertencer à mesma rede à qual todos pertencem).

Porém, o aspecto distintivo traduz-se na existência de exterioridades de rede, fomentadas pelas variações da intensidade do lado da procura, que propiciarão, pelos seus efeitos, uma inevitável tendência para a concentração dos mercados[136], *i.e.*, para o estabelecimento de uma única rede harmonizada. Nestas condições, e devido às circunstâncias descritas *supra*, a rede só adquirirá uma dimensão eficiente se conseguir interiorizar, de forma espontânea ou provocada, as exterioridades positivas decorrentes das sucessivas adesões de novos utilizadores.

Nas redes bidireccionais, que serão erigidas de forma reticular, os agentes participantes não se limitam ao papel de simples consumidores finais, dado que desejam interagir e comunicar com outros agentes localizados noutras áreas da rede. Em termos arquitectónicos, estas redes assemelhar-se-ão a verdadeiras teias segmentadas, onde se farão sentir intensos efeitos externos positivos de rede directos, vulgo exterioridades de rede, pois o seu valor assentará essencialmente no valor de sincronização, ou seja, no valor do bem em interacção com os restantes componentes. Essa estrutura reticular é determinada pela necessidade do utilizador interagir com os demais participantes, ou seja, por impulsos do lado da procura, tendo em

---

[135] Cfr. M. e D. McGowan, *"Legal Implications of Network Economic Effects"*, cit, págs. 12 e 13.

[136] Até mesmo Liebowitz e Margolis, nas suas obras, parecem reconhecer a existência efectiva de exterioridades nestas situações, apesar de nunca as terem referido expressamente (Cfr. *Uncommon Tragedy, op. cit*, págs. 139 e 140).

vista a sua função essencial de propiciar soluções de comunicação descentralizadas[137].

Assim, tomando como ponto de partida a distinção dicotómica enunciada, as exterioridades de rede em sentido próprio (efeitos externos de rede directos) só se farão sentir nas redes bidireccionais[138]. Em consequência, uma acção do Estado, no sentido da garantia da concorrência efectiva nos sectores económicos e de promoção de um enquadramento regulador eficiente tendo em vista a interiorização destas exterioridades específicas, só fará sentido neste tipo de redes.

As redes unidireccionais, ao invés, não padecerão deste tipo de incapacidade de mercado. No seu âmbito, poderão ocorrer economias de escala, de gama ou de densidade, mas não exterioridades de rede em sentido próprio, ou seja, exterioridades de especial benefício causadas de utilizador para utilizador (*"user-upon-user externalities"*)[139], pelo que qualquer pretensão das autoridades públicas que se corporize na aplicação de uma qualquer política de interiorização deste tipo de exterioridades lesará inevitavelmente os níveis de bem-estar social. Não se podem interiorizar exterioridades inexistentes!

4.3. Da alegada existência de exterioridades de rede em redes virtuais

Conforme se referiu *supra*, as redes virtuais assentam numa estrutura de bens complementares, assentes numa relação de estrita compatibilidade.

---

[137] Enquanto que as redes unidireccionais têm em vista a construção de sistemas centralizados de distribuição. Cfr. Roberto Pardolesi e Andrea Renda, *"How safe is the King's Throne? Network Externalities on Trial"*, cit, pág. 224.

[138] Esta observação, de base essencialmente dedutiva, é ignorada pela generalidade da doutrina e da jurisprudência, o que tem levado a uma total distorção dos termos de análise jurídico-económica dos sectores.

[139] Claro está que, à semelhança dos restantes sectores, poderão gerar-se exterioridades relativamente a não-utilizadores (*"user-upon-non-user externalities"*), como o ruído e a poluição, bem como exterioridades negativas relativamente a outros utilizadores por via de congestionamentos. E, neste âmbito, deverão ser desenvolvidas políticas públicas correctoras a este propósito.

Numa perspectiva eminentemente estrutural, parte da doutrina (reactiva) tende a reconduzir as redes virtuais às redes unidireccionais[140], pelo que se poderia concluir, à partida, que nos sectores compostos por este tipo de redes não se fariam sentir quaisquer exterioridades de rede em sentido próprio.

Esta reacção doutrinária tem como fundamento atacar as posições iniciais de Farrel e Saloner[141], Katz e Shapiro[142], Church e Gandal[143] e Economides e Salop[144] que, como analisámos *supra*, pretendiam identificar exterioridades de rede nestes sectores assentes em redes virtuais.

Efectivamente, não será por serem qualitativamente virtuais que estas redes padecerão por si só de exterioridades de rede.

Porém, a doutrina recente insiste na defesa de posições mais arrojadas a este propósito[145]. Segundo alguns autores, a perspectiva bidimensional (preço/quantidade) que se encontra subjacente aos modelos de análise económica tradicionais será insuficiente para abranger a totalidade das questões relevantes, dado que se poderia chegar a uma conclusão distinta ao analisar-se o tema numa outra perspectiva.

Note-se que em nenhum lugar se colocou o problema da qualidade do sistema ou do componente. Essa qualidade pode ser analisada numa óptica objectiva – qualidade *per se* – ou subjectiva – qualidade para o sujeito na medida de uma superior propensão do bem para a satisfação da sua necessidade.

---

[140] Cfr., por todos, a síntese efectuada por N. Economides e L. White, *in* "*One-Way Networks, Two-Way Networks, Compatibility, and Public Policy*", cit., pág. 5.

[141] Joseph Farrel e Garth Saloner, "*Installed Base and Compatibility: Innovation, Product Preannouncement, and Predation*", American Economic Review, vol. 76, 1986, págs. 940 a 955.

[142] Michael Katz e Carl Shapiro, "*Technology Adoption in the Presence of Network Externalities*", Journal of Political Economy, vol. 94, págs. 822 a 841; Idem, "*Product Introduction with Network Externalities*", Journal of Industrial Economics, vol. XL, n.º 1, págs. 55-84.

[143] Jeffrey Church e Neil Gandal, "*Network Effects, Software Provision and Standartization*", Journal of Industrial Economics, vol. XL, n.º 1, págs. 85 a 104.

[144] Nicholas Economides e Steven Salop, "*Competition and Integration among Complements, and Network Market Structure*", Journal of Industrial Economics, vol. XL, n.º 1, págs. 70 a 83.

[145] Não serão estranhas a este propósito as doutrinas denominadas "*Post-Chicago*".

Relevante será, portanto, analisar os efeitos das eventuais exterioridades positivas de rede nesta terceira dimensão.

De facto, existe uma outra componente que poderá ser essencial para a resolução desta equação: a variedade. Essa terceira vertente é fundamental para a compreensão do funcionamento das redes virtuais. Ora, no caso concreto, estranha-se o facto da diversa doutrina económica não relacionar as denominadas exterioridades positivas de rede com o problema da escolha por parte dos utilizadores de sistemas concorrentes. Essa possibilidade de escolha acrescida poderá ser fundamental.

As relações de compatibilidade são essenciais nas redes virtuais. No entanto, compatibilidade não significa identidade. Pelo contrário, significa que componentes diversos podem ser combinados de variadas formas produzindo bens compostos diferenciados, melhor adaptados às múltiplas necessidades dos agentes económicos. E essas necessidades são cada vez mais especializadas. Assim, cada consumidor pode pretender construir o seu bem composto atendendo às suas necessidades específicas. Não existe um único tipo de monitores, não existe um único programa de processamento de texto. Existe sim, uma multiplicidade de variedades que permitem ao utilizador a realização de múltiplas opções que adaptem a sua unidade às suas reais necessidades. No entanto, ao analisar-se atentamente este fenómeno, verificamos que este se reconduz às economias de escala e de gama do foro clássico[146]. Nenhuma verdadeira e própria exterioridade de rede se extrai destas situações.

No entanto, a perspectiva adoptada a este propósito não pode ser totalmente estanque. Como se demonstrou, não é por uma rede ser virtual que terão de existir exterioridades de rede no seu âmbito;

---

[146] Conforme referem Mark Lemley e David McGowan, *"in addition to horizontal technological compatibility, software be subject to "increasing returns" based on positive feedback from the market in form of complementary goods. Software developers will write more applications programs for an operating system with two-thirds of the market than for a system with one-third because the operating system with the larger share will provide the biggest market for applications programs. The availability of broader array of application programs will reinforce the popularity of an operating system, which in turn will make investment in application programs compatible with that system more desirable than investment in programs compatible with less popular systems"* in "Legal Effects of Network Economic Effects", cit., pág. 19.

mas também não é por ser virtual que é unidireccional, não padecendo em consequência de qualquer exterioridade de rede.

Com a evolução tecnológica no domínio das tecnologias da informação, sectores tipicamente virtuais adoptaram uma estrutura bidireccional. A distinção entre redes físicas e virtuais não é, hoje em dia, totalmente clara. Essa opacidade tende a agravar-se com o desenvolvimento tecnológico. Actualmente, nos mercados directamente relacionados com as telecomunicações, a distinção entre redes virtuais e redes físicas não é mais possível. O mercado dos cartões de crédito constitui um bom exemplo na demonstração destas alterações estruturais.

Inicialmente, a rede de cartões de crédito constituía-se como uma rede virtual, através da qual o utilizador do cartão de crédito (*software*) solicitava um adiantamento ao banco emitente ou pagava uma transacção ao comerciante que era detentor da infra-estrutura de descodificação física (*hardware*), que não permitia qualquer retorno de informação ao banco emitente (no limite, efectuava-se um telefonema de controlo). Nestas condições de mercado, da expansão da rede resultaria unicamente o aproveitamento de economias de escala (no tratamento dos comprovativos de transacção) e um aumento do número de locais de aceitação do referido cartão, melhorando-se o padrão de satisfação do cliente. No entanto, todos estes fenómenos eram susceptíveis de ser interiorizados pelos mecanismos normais de mercado. Ora, com a inovação entretanto ocorrida no sector das telecomunicações, a estes benefícios naturais intrínsecos das redes de cartões de crédito foram adicionados outros directamente relacionados com a possibilidade de realização de transacções em tempo real. Assim, os sistemas de detecção de fraudes e a verificação simultânea dos níveis de crédito disponíveis transformaram uma rede que era tradicionalmente unidireccional numa rede bidireccional em sentido próprio. Esta já não é, apenas, uma rede virtual. O seu funcionamento assenta, essencialmente, na rede física de telecomunicações.

O mercado dos sistemas operativos e das aplicações de software encontra-se, igualmente, em clara evolução. Num futuro próximo, quer os sistemas operativos dos computadores pessoais, quer as próprias aplicações não residirão na unidade detida pelo utilizador (ou seja, no seu disco rígido), mas sim no ciberespaço (*e.g.*, o *middleware*).

Desta forma, os computadores pessoais servirão unicamente para aceder remotamente ao centro de operações, onde residirão o sistema operativo e todas as aplicações necessárias.

Esta situação é paradigmática: um sector que era tradicionalmente unidireccional tornar-se-á bidireccional com o desenvolvimento das tecnologias da informação, o que ocasionará, de forma inevitável, uma alteração estrutural do sector e das regras económicas que o norteiam.

As redes virtuais bidireccionais compostas têm características próprias que não podem ser ignoradas. Assim, as exterioridades de rede que se fazem sentir nestes mercados não assentarão na procura recíproca de produtos por agentes homogéneos presentes em ambos os lados da rede, mas na procura de produtos diferenciados, embora compatíveis entre si, por parte de agentes situados em lados opostos do mercado. Assim, a participação de um vendedor numa plataforma de venda depende da sua percepção relativamente à qualidade, quantidade e liquidez dos compradores presentes nessa plataforma e, neste enquadramento, as políticas de preços praticadas nos lados opostos das redes assumem uma dimensão fundamental, dado que os custos da aquisição poderão não ser transpostos de forma simétrica para o lado da oferta, e *vice-versa*.

Neste enquadramento, os efeitos decorrentes da presença de exterioridades de rede assumem uma dimensão bastante mais complexa. A sua interiorização não será efectuada em termos simétricos pelos agentes posicionados nos diferentes lados da rede. Pelo contrário, a imputação dos "*ganhos excepcionais*" poderá ter de ser feita no lado mais relevante ou mais necessitado para um desenvolvimento eficiente da rede, ou seja, para a atracção de mais agentes para o lado mais deficitário da plataforma em presença ("*getting the two sides on board*"[147]).

Assim, uma cada vez maior participação na rede de novos utilizadores poderá não revelar uma progressão de utilidade constante (como acontece nas redes bidireccionais clássicas) em favor dos agentes estabelecidos no mercado, já que os benefícios de participação

---

[147] J. Rochet e J. Tirole, "*Two-Sided Markets: An Overview*", mimeo, IDEI, University of Toulouse, 2004, pág. 2.

recíproca poderão assumir uma natureza assimétrica consoante o lado em que se opere uma nova entrada[148].

A compreensão do desempenho concorrencial nas redes virtuais bidireccionais compostas é essencial para a definição correcta das medidas de correcção regulatórias e concorrenciais. Potencialmente, existirá concorrência intragrupo e concorrência interplataformas. Na perspectiva intragrupo, a participação numa plataforma normalizada comum não prejudica o desenvolvimento de concorrência interna. Assim, a participação num sistema normalizado de pagamentos não prejudica que os participantes concorram entre si na oferta do melhor produto, no sentido do assédio do maior número de consumidores situados no lado da procura, e tal acontecerá inevitavelmente mesmo que sejam estabelecidas comissões harmonizadas de participação na rede, *maxime* ao nível da compensação das operações interbancárias[149].

---

[148] No limite, poderão mesmo distinguir-se exterioridades intergrupo e exterioridades intragrupo de orientação diversa. De facto, o ganho decorrente de mais um participante no lado oposto da rede é invariavelmente positivo; porém, a entrada de um novo participante no mesm lado da rede poderá significar uma concorrência mais acérrima para a aquisição ou venda do produto relevante, com os inevitáveis custos concorrenciais para o participante. Cfr. P. Belleflamme e E. Toulemonde, *Competing B2B Marketplaces*, mimeo, CORE Louvain and Lausanne University, 2004 e R. Anderson, G. Ellison e D. Fundenberg, *Location Choice in Two-Sided Markets with Indivisible Agents*, mimeo, University of California at Bekeley, 2005. Será neste enquadramento que se deverá analisar a questão das quotas de participação na plataforma (óptica intragrupo) e as comissões de transacção na plataforma (óptica intergrupo), sabendo-se previamente que o resultado destes pagamentos na economia da rede não será neutral (falha do teorema de Coase).

[149] A fixação das comissões interbancárias em sistemas de pagamentos continua a ser o exemplo típico. Assim, no processo interposto pelo Departamento de Justiça contra a VISA, o US Court of Appeals (11th Circuit) defendeu a favor da ré, baseando-se na necessidade da comissão para o funcionamento eficiente do sistema. Porém, o entendimento ainda não é pacífico. Frankel e Shampine referem o seguinte: *"there will always be some transaction costs in the economy resulting from the imperfections in and the competitively determined costs of engaging in retail trade and payment. An interchange fee, however, artificially increases those costs. It acts much like a sales tax, but it is privately imposed and collected by banks not on technologically and competitively determined costs, but through a collective process. Interchange fees distort competitive markets by steering consumers toward using more costly and less efficient payment methods, and generate significant increases in costs due to rent-seeking behavior"*. A. Frankel, A. Shampine *"The Economic Effects of Interchange Fees" Antitrust Law Journal*, 3, 2006, págs. 627 a 673. As mesmas dúvidas de princípio são exteriorizadas pela própria Comissão Europeia, no relatório da Direcção-Geral da Concorrência, *"Report on the Retail Banking Sector Inquiry"*, Commission Staff Working Paper, 2007.

No mesmo sentido, um centro comercial poderá ser entendido como uma rede virtual bidireccional composta, atraindo quer os consumidores, quer os lojistas, o que não impede que estes últimos possam concorrer entre si, apesar do seu superior interesse de competição com as restantes plataformas concorrentes, ou seja, com os restantes centros comerciais[150].

Esta última dimensão de concorrência intersistemática é extraordinariamente relevante e, em simultâneo, complexa. Conforme se referiu *supra*, a concorrência entre normas é muitíssimo relevante. Porém, e nas circunstâncias que agora se descrevem, as opções concorrenciais dos agentes económicos são necessariamente efectuadas num ambiente de *multidimensionalidade*[151]. Assim, enquanto que em circunstâncias concorrenciais normais os clientes são atraídos por estratégias bidimensionais (preço e utilidade retirada) relativamente a uma oferta situada num segmento unilateral da rede, nas redes virtuais bidireccionais compostas torna-se possível o desenvolvimento de estratégias concorrenciais complexas, atendendo à dimensão compósita do seu desempenho. Neste âmbito, e continuando a utilizar o mercado dos sistemas de pagamento como exemplo, uma determinada plataforma de pagamentos pode optar entre uma estratégia de redução da comissão ao consumidor ou ao comerciante, dependendo do lado da rede onde se pretende incentivar a participação no segmento terminal que se afigura como deficitário[152/153].

---

[150] V. Nocke, M. Peitz e C. Stahl, *"Plataform Ownership in Two-Sided Markets"*, mimeo, University of Pennsylvania and University of Mannheim, 2004.

[151] R. Roson, *"Two-Sided Markets: A Tentative Survey"*, Review of Network Economics, vol. 4, Issue 2, June 2005, pág. 149.

[152] Neste tipo de redes, a diferenciação produz efeitos idênticos aos que adviriam de uma rede tradicional. Assim, se não existir diferenciação, e num ambiente não-coordenado, ocorrerá uma guerra de preços do tipo Bertrand, o que elimina qualquer possível lucro nas plataformas concorrentes. Porém, haverá sempre que tomar em atenção que os preços praticados em ambos os segmentos terminais da rede poderão não estar alinhados com os custos marginais. Efectivamente, e conforme se demonstrou, um dos segmentos da rede poderá estar a subsidiar o lado simétrico.

[153] Importa não esquecer, igualmente, os corolários da concorrência dinâmica. Neste tipo de redes, tal como nas restantes, torna-se fundamental criar uma base instalada significativa, pelo que não serão de estranhar situações de subvenção à aquisição do equipamento base (por exemplo, nas consolas de jogos), a definição de compromissos de produtos complementares (*v.g.* software operacional) ou a extensão da plataforma a mercados adjacentes

4.4. Corolários concorrenciais da teoria das exterioridades de rede – a dependência das escolhas passadas ("path dependence") – falência da teoria dos mercados contestáveis?

A doutrina tem demonstrado uma enorme preocupação relativamente às consequências dos efeitos externos de rede, principalmente no respeitante à sua eventual contribuição para a cristalização de posições dominantes num determinado mercado. Esta questão é, mais uma vez, de difícil resolução, atendendo à multiplicidade de variáveis em presença: em primeiro lugar, deverá restringir-se a dimensão da questão (como se referiu *supra*, deverá distinguir-se a concorrência intersistemática da concorrência intra-sistemática); em segundo lugar, deverão analisar-se, concretamente, os fenómenos em presença, dado que as exterioridades de rede podem facilmente camuflar outros fenómenos económicos que, por si só, ou em conjugação, podem originar distorções significativas na concorrência.

No entanto, e mantendo a metodologia baseada na análise concorrencial dinâmica dos mercados, o desenvolvimento de uma opção de adopção de uma determinada rede num determinado momento poderá ter resultados nefastos no futuro. Assim, e em termos concorrenciais, o *"tipping"*, que assenta num modelo de escolha no momento presente (numa lógica previsional da situação futura), poderá originar situações efémeras de domínio de uma rede. Mais preocupantes serão os eventuais efeitos anticoncorrenciais de situações de *bloqueio à saída* (*"lock-in"*) de utilizadores por dependência das *escolhas passadas* (*"path-dependence"*).

Esta é uma situação que, a existir, colocará enormes problemas ao nível do bem-estar social. Os agentes, quando efectuaram as suas escolhas no passado, efectuaram-nas na pressuposição de que, no momento futuro, essa seria a rede mais eficiente. No entanto, numa realidade dinâmica, as expectativas são, muitas vezes, goradas. Atendendo aos elevados níveis de investigação e desenvolvimento é relativamente simplificada a emergência de novas tecnologias mais

---

(relembre-se que os cartões de débito apareceram originariamente com o único objectivo de permitir levantamentos de numerário em caixas automáticas; só num momento posterior é que se transformaram em cartões de pagamento). Só desta forma se poderá resolver o *dilema "do ovo ou da galinha"*, típico das redes bidireccionais.

eficientes. Se existirem barreiras significativas à saída de consumidores que já efectuaram a sua escolha – revelada menos eficiente – então o novo sistema – realmente mais eficiente – não poderá vingar. No limite, a existir uma situação de bloqueio à saída de utilizadores estabelecidos, os novos sistemas – pretensamente mais eficientes – poderão nem sequer emergir dado que os seus bloqueios à entrada, por falta de clientela disponível, serão demolidores. Numa situação desta índole, o esforço de investimento centrar-se-á, essencialmente, ao nível do fornecimento de componentes para o sistema estabelecido, havendo uma reduzida propensão para a aplicação financeira num sistema concorrente.

É necessário analisar esta questão com alguma profundidade, sendo óbvio que a situação presente depende das opções realizadas no passado. Esta percepção é de tal forma clara que qualquer prova suplementar é desnecessária. Esta percepção causal foi, no entanto, importada para as ciências, nomeadamente para a modelação económica e matemática[154].

Na ciência económica, as escolhas passadas são fundamentais para a compreensão da realidade presente e para a percepção do futuro[155]. Por exemplo, e só a título de ilustração, a riqueza ou a pobreza das nações depende, quase totalmente, do processo histórico de acumulação de capital (humano, monetário, tecnológico)[156].

Partindo de uma perspectiva assente na análise do bem-estar social, assumirá feições de extrema gravidade o facto de uma tecnologia inferior prevalecer sobre uma tecnologia superior. Se as

---

[154] Na matemática, e depois na física, a teoria da dependência das escolhas passadas constitui a base dos modelos da teoria do caos. Todos estes modelos assentam na extrema sensibilidade das condições iniciais, assentes em pormenores quase insignificantes que determinarão definitivamente os eventos futuros. É esta a origem da imagem da borboleta que vagueia pelo Saara, e que batendo as suas asas causa um furacão no Atlântico. Na biologia, a figura similar é a da contingência, ou seja, o carácter irreversível da selecção natural na teoria da evolução. Cfr. J. Gleick, *Chaos: Making a New Science,* Penguim, Nova Iorque, 1987.

[155] A perspectiva historicista de fundamentação da decisão económica não constitui novidade recente. Cfr., por exemplo, F. Hayek, "*Kinds of Rationalism*", Economic Studies Quartely, 15, 1965, pág. 3 e segs.

[156] Cfr. Adam Smith, "*An Inquiry Into the Nature and Causes of the Wealth of Nations*", 5.ª ed.. Nova Iorque: Random House/The Modern Library, 1937.

escolhas passadas dos utilizadores cristalizarem o domínio dessa tecnologia inferior, impedindo a entrada de outras mais eficientes, então teremos uma verdadeira falha de mercado.

Nesta óptica, a problemática das exterioridades de rede adquire uma nova dimensão: já não se discutem unicamente as questões redistributivas no seio de uma rede e os seus impactos ao nível do bem-estar individual dos utilizadores e do detentor da rede (relações intra-sistemáticas); ao invés, é o próprio bem-estar social que é afectado de forma directa e imediata pela proeminência de tecnologias e sistemas menos eficientes. Na óptica dos efeitos, a verificar-se este fenómeno, constituirá uma das consequências mais nefastas dos efeitos externos de rede. Michael Katz e Carl Shapiro são, a este respeito, liminares: este fenómeno reveste a forma de uma falha de mercado, demonstrando claramente a existência de exterioridades de rede em sentido técnico[157].

Estes autores não foram inovadores. Joseph Farrel e Garth Saloner, já tinham denominado este fenómeno como revestindo um caso de *inércia excessiva* (*"excess inertia"*)[158]. Philip Dybvig e Chester Spatt, por sua vez, denominaram-no de exterioridade de adopção (*"adoption externality"*)[159].

Note-se que a própria doutrina não tem sido unânime relativamente ao tratamento da dependência das escolhas passadas. Alguns autores consideram que este fenómeno tem unicamente por consequência a necessidade de se tomar em consideração, numa decisão económica, a variável duradoura do consumo desse bem.

Um autor tem uma visão radical a este respeito. Segundo Brian Arthur[160], será necessário proceder a uma alteração total de perspectiva

---

[157] Cfr. M. Katz e C. Shapiro, *"Network Externalities, Competition and Compatibility"*, cit., pág. 424; Idem, *"Technology adoption in the presence of network externalities"*, cit, págs. 830 e segs.

[158] J. Farrel e G. Saloner, *"Standartization, Compatibility, and Innovation"*, Rand Journal of Economics, Spring 1995, 16, págs. 70 a 83; Idem, *"Installed Base and Compatibility: Innovation, Product Preannouncements and Predation"*, American Economic Review, Dezembro de 1986, 76, págs. 940 a 955.

[159] P. B. Dybvig e C. Spatt, *"Adoption Externalities as Public Goods"*, Journal of Political Economics, March 1983, 20, págs. 231 a 247.

[160] W. Brian Arthur, *"Competing Technologies, Increasing Returns and Lock-In by Historical Events"*, The Economic Journal, 99, 1986, págs. 116 e seguintes; Idem,

se pretendermos entender os denominados sectores do conhecimento ("*knowledge based industries*"). A tese perfilhada por este autor parte do postulado básico da teoria do caos: um pequeno acontecimento aparentemente insignificante poderá atribuir uma vantagem a um dos sistemas concorrentes na fase inicial de desenvolvimento da rede, criando o círculo virtuoso que gerará, inevitavelmente, a proeminência desse sistema. Conforme refere Miguel Moura e Silva, "*implícita nesta teoria está a hipótese de que essas tecnologias triunfantes poderem ser inferiores às que com elas concorreram. Ou seja, com a informação de que hoje dispomos concluímos que a escolha foi incorrecta e que ela se ficou a dever à influência de acontecimentos fortuitos*"[161].

Não adoptamos a tese radical de Brian Arthur, embora entendamos que ele tocou na questão essencial ao distinguir os sectores baseados no conhecimento, que assentam essencialmente na informação dos restantes sectores. A defesa intransigente do acaso como elemento essencial da definição das redes dominantes peca por excessiva, correspondendo integralmente à alegoria da borboleta e do furacão.

Neste âmbito, e tendo em consideração a importância operacional deste efeito, poderemos distinguir dois tipos de efeitos de bloqueio: um efeito de *bloqueio forte* ("*strong lock-in*") e um efeito de *bloqueio fraco* ("*weak lock-in*").

O efeito de bloqueio forte existirá quando um novo produto com uma incontestável superioridade qualitativa não conseguir ultrapassar a barreira da compatibilidade intrínseca entre os consumidores. Nestes termos, se os utilizadores não se preocupassem com a compatibilidade, eles adquiririam esse produto. Porém, ao existirem efeitos de rede, isso implicará que esse requisito seja considerado como uma questão decisiva na formulação da decisão económica. A solução final só será economicamente ineficiente se os custos de aquisição, os custos de sincronização e os custos de aprendizagem decorrentes da aquisição de um novo sistema forem inferiores aos

---

"*Increasing Returns and the New World of Business*", Harvard Business Review, July-August 1996, pág. 100 e segs.

[161] In *Inovação, Transferências de Tecnologia e Concorrência*, cit, pág. 96 e segs.

benefícios económicos dessa aquisição, e ainda assim a tecnologia inovadora não vingar. Note-se que quase todas as variáveis poderão ser manipuladas pelos agentes do lado da oferta: o preço de venda pode ser subsidiado de forma a tentar alcançar-se uma quota de mercado suficientemente alargada para alcançar um valor de sincronização razoável, e os produtos poderão ser alvo de um processo de aprendizagem relativamente simplificado. A única variável que não pode ser manipulada (pelo menos de forma directa) é o esquema mental de decisão do adquirente. É, neste âmbito, que a variável restante – previsão da evolução futura do mercado – se torna fundamental, apesar de só poder ser efectuada com base em expectativas. Encontramos, aqui, uma dimensão inquietante da ciência económica: a eficiência económica só pode ser alcançada através de uma gestão das expectativas (futuras) do sujeito individualmente considerado; cada juízo dependerá não apenas das suas circunstâncias presentes, mas principalmente das expectativas que cada sujeito terá das suas necessidades futuras. Mais, as suas necessidades futuras dependerão dos juízos efectuados por terceiros na mesma situação.

Este é um campo demasiado fértil para o cultivo de formas de informação insuficientes. Neste quadro, a informação assimétrica florescerá, bem como a manipulação dos instrumentos de suporte (marketing de produtos fictícios, *"vaporware"* e manipulação de media).

O efeito de bloqueio fraco, por sua vez, emerge nas situações em que um produtor oferece um produto superior ao existente no mercado, não decorrendo, no entanto, da sua adopção um benefício suficientemente compensador que cubra os custos individuais da alteração de sistema (compatibilidade individual). Por exemplo, o lançamento de um disco rígido com mais capacidade no mercado não origina uma aquisição em massa por parte dos utilizadores dado que, ao não atingirem o máximo da capacidade dos discos adquiridos, não terão qualquer incentivo em adquirir os novos de maior capacidade. Neste caso, a solução mais eficiente para o utilizador individual é a manutenção da tecnologia inicialmente adoptada. Neste caso, existe de facto uma protecção do sistema instalado, mas que em nada se relaciona com os efeitos de rede ou mesmo com as economias de escala.

Nesta situação, ao contrário da anterior, não existirá qualquer dimensão de ineficiência no mercado.

A questão central assenta integralmente nos elementos que fundamentam a decisão do agente económico, *maxime*: *(i) a informação disponível no momento da decisão de aquisição do bem*; e, *(ii) a informação necessária para a adopção de um sistema concorrente pretensamente mais eficiente*. Vejamos cada uma destas situações.

i) A informação disponível no momento da decisão de aquisição do bem

A disponibilidade – bem como a fidelidade – da informação disponível no momento de decidir é fundamental para tomada da decisão de adesão a um determinado sistema. Nada existe de inovador nesta observação, a não ser o facto da ponderação em causa ter que ser efectuada atendendo a uma previsão de evolução futura, cujo juízo terá que ser necessariamente efectuado por cada agente individualmente considerado, atendendo às circunstâncias concretas do seu caso pessoal.

Quando um agente toma uma decisão económica no sentido da adopção de um determinado bem de consumo imediato, a informação necessária esgota-se na apetência presente desse bem para satisfazer as necessidades actuais do consumidor. Numa rede, a aquisição de um bem tem subjacente não só um juízo relativo à propensão presente para a satisfação da necessidade actual, mas igualmente um juízo relativo à propensão presente para a satisfação de uma necessidade futura e, no limite, um juízo relativo à propensão futura para satisfação de uma necessidade futura[162].

---

[162] Qualquer decisão económica que envolva um bem duradouro, ou seja, relativamente ao qual o consumo não seja imediato, implica um juízo de ponderação deste nível. A aquisição de um imóvel para habitação própria e permanente constitui um bom exemplo. Os consumidores não alteram as suas opções de consumo deste tipo de bens num curto prazo, ou seja, em função das variações do seu rendimento ou dos preços de mercado. A aquisição de uma habitação em especial teve subjacente um determinado juízo de ponderação efectuado no passado e que envolveu a informação disponível à data, quer em sede de rendimento, quer em sede de preços. Qualquer juízo que se faça no momento presente (quer no sentido da correcção ou da incorrecção da decisão passada) não pode esquecer os termos originários da decisão, *maxime*, as limitações no respeitante à informação disponível. Numa situação desta índole, as únicas variáveis objectivas que permitem qualificar a correcção da decisão do agente são as de conteúdo fixo, ou seja: a dimensão da casa, a localização da mesma ao momento, tendo em consideração o plano urbanístico aprovado, e pouco mais.

As variáveis que modelam a decisão económica de um agente numa rede são mais numerosas e complexas[163]. O nível de informação necessária é, por conseguinte, mais elevado. Neste âmbito, as possibilidades de ocorrência de informação imperfeita são enormes e quase inevitáveis.

Os veículos transmissores de informação tornam-se, a este respeito, fundamentais[164]. Por vezes, uma única notícia comparativa

---

Assim, quando a decisão económica tem impacto num longo prazo, tomando o agente em consideração a informação disponível ao momento e, em consequência, tomar a decisão correcta, *i.e.*, a decisão eficiente, então não existirá qualquer problema. A decisão não padece de qualquer erro ou ineficiência. De acordo com Stan Liebowitz e Stephen Margolis, esta situação configura-se como uma "*first-degree path dependence*". Ao invés, se a informação disponível ao momento não for perfeita, nomeadamente pelo facto das condições estruturais serem alteradas num momento posterior à decisão (por exemplo, se o município decidir construir uma estação de tratamento de águas residuais na vizinhança, após alteração do plano urbanístico), os termos da decisão passada só são considerados como ineficientes no momento futuro. Só no futuro (*ex post facto*) é que se torna possível ao agente verificar que a decisão tomada no passado não foi a mais correcta e que tinha outras alternativas. E, neste caso, das duas uma: se o custo de mudança for inferior ao prejuízo provocado pela ETAR, e o agente mudar de residência, então o mercado, *per se,* resolveu o problema; se o custo da mudança for superior ao prejuízo provocado pela ETAR, então o agente não se muda, tendo que acomodar-se à situação. Nestas situações, de "*second-degree path dependence*", as acções que se verificam *ex-post* como erradas derivam unicamente da informação disponível no primeiro momento. Esta só se revelou como imperfeita num momento posterior. Ora, de acordo com Stan Liebowitz e Stephen Margolis, estas situações não se configuram como falhas de mercado (cfr. *Winners, Losers & Microsoft – Competition and Antitrust in High Technology, cit.*, págs. 52 a 54). Em nosso entender, a segunda situação poderá configurar uma falha de mercado: a existência de informação imperfeita. Neste caso, terá de identificar-se se existe ou não uma qualquer imputação de responsabilidades a este respeito, *maxime* se o custo social da edilidade de informar os previsíveis eventos futuros no plano urbanístico supera os custos privados das consequências dessas alterações no direito de propriedade dos prejudicados. Se não superar, e não ocorrer qualquer indemnização aos prejudicados, então poderemos estar na presença de uma falha de mercado.

[163] Brian Arthur sugere que o *lock-in* poderá ter como origem: (1) os custos fixos; (2) os efeitos de aprendizagem; (3) os efeitos de coordenação; e (4) as expectativas de adaptação. In, "*Competing Technologies, Increasing Returns and Lock-In by Historical Events*", *cit.*, pág. 116 a 131.

[164] Veja-se o caso das revistas da especialidade na informática e nos outros sectores tecnológicos. Actualmente as classificações das revistas de informática servem mesmo de base de investigação para o estudo das consequências dos impactos dos efeitos externos de rede nos produtos informáticos. Cfr, por exemplo, Stan Liebowitz e Stephen Margolis, (*Winners,*

numa revista informática origina a adesão em massa a um novo *software*, condenando definitivamente os concorrentes. O *software* vencedor não ganhou por acaso, mas sim porque um especialista, ou um conjunto de especialistas, o consideraram como sendo o melhor. Tendo em consideração a dimensão intertemporal da decisão e a existência de uma rigidez na dependência das decisões tomadas no passado, as possibilidades de ocorrência de informação imperfeita são elevadas, gerando-se situações ineficientes directamente decorrentes desta situação de falha de mercado. Stan Liebowitz e Stephen Margolis contestam esta posição, arguindo que mesmo nas situações mais fortes de dependência de escolhas passadas (*"third-degree path dependence"*), onde poderão existir falhas de mercado, estas terão possibilidadede de ser facilmente remediadas. Para estes autores, a situação de ineficiência no mercado resulta do facto dos agentes reconhecerem que um outro estado de coisas é melhor que o actual, sendo a mudança exequível – os custos de mudança são inferiores à diferença de níveis de bem-estar entre a situação melhor e a situação pior – e, no entanto, nada fazerem a este respeito. Assim, sabendo que uma estação de tratamento de águas residuais vai ser construída na vizinhança, os agentes de decisão não alteram a sua decisão de estabelecimento, pois todos os seus amigos vão, igualmente, comprar casas nesse bairro. Ainda assim, quer o agente, quer os seus amigos prefeririam comprar casas longe de uma ETAR; no entanto, por alguma razão, não conseguiram coordenar as suas acções.

Os benefícios da solução alternativa ultrapassam os custos de nada fazer. Apesar disso, não se opera qualquer alteração de comportamento no sentido de se alcançar a alternativa, que se revelaria numa situação superior em termos de bem-estar individual, dada a inércia excessiva dos agentes em alterar as suas opções iniciais. Ora, os efeitos negativos em sede de bem-estar social são evidentes.

A chave para a resolução desta questão assenta no conceito de *remediabilidade* (*"remediability"*)[165]. Para se qualificar a situação

---

Losers & Microsoft – Competition and Antitrust in High Technology, cit, págs. 153 a 199), onde analisam a qualidade das folhas de cálculo e dos processadores de texto consoante as classificações emitidas pelas revistas, justificando a adesão dos utilizadores por essa via.

[165] Este conceito foi introduzido por Olivier Williamson (in *"Transaction Cost Economics and Organization Theory"*, *Industrial and Corporate Change*, 2, 1993, pág. 140).

presente como ineficiente, tem de haver necessariamente uma alternativa a considerar. A definição de ineficiência – aliás, à semelhança da de eficiência – só pode ser enunciada em termos relativos e comparativos, atendendo a uma alternativa disponível. Não é suficiente afirmar que uma determinada situação não é tão boa como a que pretenderíamos. É necessário que exista, objectivamente, uma outra alternativa possível[166].

Conforme referem Stan Liebowitz e Stephen Margolis, existem três tipos distintos de dependência das escolhas passadas: *"first--degree path dependence is a simple assertion of an intertemporal relationship, with no implied error of prediction or claim of inneficiency. Second-degree path dependence stipulates that intertemporal effects together with imperfect prediction result in actions that are regrettable, though not inefficient. Third-degree path dependence requires not only that the intertemporal effects propagate error, but also that the error is, in principle, avoidable and remediable"*[167].

Assim, na situação de dependência da escolha passada de terceiro grau, estes autores reconhecem explicitamente a existência de uma falha de mercado[168]. Outra conclusão não seria possível numa situação em que o mercado alcança um "equilíbrio" numa posição relativamente ineficiente.

---

[166] A existência de soluções alternativas constitui a base da perspectiva coaseana. Cfr. R.H. Coase, *"The Problem of Social Cost"*, Journal of Law and Economics, 3, 1960, págs. 1 a 44; Idem, *"The Regulated Industries: Discussion"*, American Economic Review, 54, 1964, págs. 194 a 197; Guido Calabresi, *"Transaction Costs, Resource Allocation and Liability Rules: A comment"*, Journal of Law and Economics, 11, 1968, págs. 67 a 74; Harold Demsetz, *"Information and Efficiency: Another Viewpoint"*, Journal of Law and Economics, 10, 1969, págs. 1 a 22; Carl Dahlman, *"The problem of Externality"*, Journal of Law and Economics, 22, 1979, pág. 141 a 163.

[167] Cfr. S. Liebowitz e S. Margolis, *Winners, Losers & Microsoft – Competition and Antitrust in High Technology*, cit., pág. 55.

[168] De novo um exemplo já clássico a este respeito (reproduzido por Stan Liebowitz e Stephen Margolis e Miguel Moura e Silva), Brian Arthur, no seu artigo de 1989 (*op. cit.*), ensaiou a seguinte situação modelar: existindo duas tecnologias distintas disponíveis num primeiro momento, somente uma se poderá desenvolver. O valor da tecnologia depende do número de aderentes à mesma; por outro lado, quanto maior for o número de aderentes, maiores as vantagens para cada um deles, dada a presença de efeitos externos de rede. Assim, apresentou a seguinte tabela:

Assim, teremos informação imperfeita e agentes pioneiros temerários que adoptam um sistema apesar de não existir ainda um número de utilizadores que o justifique em termos económicos.

Qual o fundamento destas primeiras opções, assentes em informação imperfeita? Será que deveremos deixar estes agentes pioneiros à sua mercê, caso a tecnologia adoptada se revele menos eficiente num momento futuro?

Stan Liebowitz e Stephen Margolis consideram que o mercado estará dotado de instrumentos suficientes para "remediar" a situação ineficiente[169]. Adoptando uma argumentação tipicamente coaseana,

Rendimento auferido pelos utilizadores das duas tecnologias

Número de adopções	0	10	20	30	40	50	60	70	80	90	100
Tecnologia A	10	11	12	13	14	15	16	17	18	19	20
Tecnologia B	4	7	10	13	16	19	22	25	28	31	34

In Brian Arthur, "*Competing Technologies, Increasing Returns, and Lock-In by Historical Events*", cit.

Esta tabela representa o benefício recebido por cada utilizador decorrente da adopção de uma determinada tecnologia. De acordo com a tabela, o primeiro utilizador espera receber um rendimento de 10 ao adoptar a tecnologia A, ou 4 se adoptar a tecnologia B. Nestas circunstâncias, e baseando-se o utilizador nestas projecções, ele adoptará necessariamente a tecnologia A. O segundo utilizador efectuará a mesma opção, e assim sucessivamente, o que aumentará a vantagem da tecnologia A relativamente à tecnologia B. De acordo com Brian Arthur, a ineficiência derivará do facto de que, com um número de adopções elevado, a tecnologia B consegue retornos de rendimento mais elevados; no entanto, os utilizadores estão bloqueados pelas suas opções iniciais de adopção da tecnologia A. Stan Liebowitz e Stephen Margolis criticam este exemplo com dois argumentos: (1) a percepção de existência de um resultado ineficiente implicará que, num determinado momento, alguém terá toda a informação necessária para aferir a situação em sede de Bem-Estar Social. Ora, cada utilizador, ao fazer a sua opção, ponderará unicamente as consequências em sede de Bem-Estar Individual (existência de informação imperfeita); (2) se cada utilizador pondera o benefício individual de ser o aderente *n*, tal significa que será mais proveitoso esperar por um elevado número de utilizadores prévios de forma a obter o máximo de rendimento no momento posterior, ou seja, ninguém quererá ser o primeiro aderente.

Ora, o facto é que mesmo nestas críticas existirão falhas de mercado evidentes (informação imperfeita) e, na prática, alguém é efectivamente o primeiro (existirão, pois, agentes temerários que serão os primeiros). Quais os fundamentos que originaram estas decisões?

[169] A batalha argumentativa entre a doutrina ultrapassa em muito o mero debate teórico. Também os exemplos casuisticamente avançados pelos autores de pretensas tecnologias superiores que claudicaram perante pretensas tecnologias inferiores são examinados até ao último detalhe. Neste âmbito foram analisadas as batalhas comerciais entre o

defendem que a propriedade da tecnologia será suficiente para que os promotores do novo sistema defendam os méritos do novo concorrente no mercado[170].

Algumas questões podem ser colocadas neste âmbito. Como veremos adiante, as situações são distintas consoante estejamos na presença de uma rede unidireccional ou de uma rede bidireccional. No entanto, em ambas as redes existem parcelas de mercado não detidas de forma eficiente (*e.g.* o espectro radioeléctrico nas telecomunicações móveis e na radiodifusão; nas redes físicas imateriais ou as licenças livres de *software*; nas redes vistuais), que impedirão *ab initio* a adopção deste tipo de argumentação.

O facto das ineficiências poderem ser resolvidas pelo mercado não significa que não existam. Não nos poderemos esquecer que nos situamos numa área onde a imperfeição da informação é estrutural.

---

formato VHS e o formato Betamax, nos videogravadores (S. J. Liebowitz e S. Margolis, *"Winners, Losers & Microsoft – Competition and Antitrust in High Technology"*, cit, pág. 120 a 127; W. B. Arthur, *"Positive feedbacks in the economy"*, Scientific American, 262, 1990, págs. 92 a 99; J. Lardner, Fast Forward, New York, W.W. Norton, 1987), entre o sistema operativo DOS e o sistema operativo Macintosh (S. J. Liebowitz e S. Margolis, *"Winners, Losers & Microsoft – Competition and Antitrust in High Technology"*, cit, pág. 120 a 127), entre o teclado QWERTY e o teclado idealizado por August Dvorak (S. J. Liebowitz e S. Margolis, "The Fable of the Keys", *Journal of Law & Economics*, vol. 22, 1, 1990, pág. 1 e segs; Paul David, *"Clio and the Economics of QWERTY"*, American Economic Review, vol. 75, 1985, págs. 332 a 337; Idem, *"Understanding the economics of QWERTY: The necessity of history"*, in *W.N. Parker, ed., Economic History and the Modern Economist*, New York, Basil Blackwell, 1986). S. J. Liebowitz e S. Margolis, autores contestatários dos efeitos nefastos da dependência das decisões passadas, chegam mesmo a analisar o sistema métrico relativamente ao sistema inglês, a burocracia ocidental relativamente ao MITI nipónico, a linguagem de programação FORTRAN relativamente à linguagem Pascal, C, C++ (in *Winners, Losers & Microsoft – Competition and Antitrust in High Technology"*, cit, pág. 120 a 127). S. J. Liebowitz, em obra individual, analisa igualmente a evolução comparativa do hardware por marcas e dos motores de busca ("browsers") (in *Re-thinking the Network Economy – The true forces that drive the digital marketplace*, AMACOM, New York, 2002, págs. 44 a 56).

[170] Referem *"when a technology is owned, the owner will have strong incentives to bring about its adoption. We expect the owner of a technology, like the owner of land, to capture some of the value of any special advantages that the technology (or land) offers over the alternatives. Because of that, the owner will take whatever steps are available – whatever investments are necessary- to bring the adoption of a technology"* (in *Winners, Losers & Microsoft – Competition and Antitrust in High Technology, cit.*, pág. 57).

De facto, só quem dispuser de uma máquina de viajar no tempo ou de uma bola de cristal terá disponível a informação necessária para a realização da decisão perfeita na perspectiva intertemporal[171].

A existência de informação imperfeita é, dadas as circunstâncias intertemporais da decisão, estrutural. De acordo com a mais básica teoria económica, a decisão económica deverá, para ser perfeita, ser tomada através da ponderação de todas as características do bem oferecido.

Ora, se tal é impossível dada as características dos sectores em rede, torna-se necessário desenvolver alguma acção pública a este respeito.

ii) A informação necessária para a adopção de um sistema concorrente – os custos de aprendizagem enquanto barreira à entrada

As barreiras à entrada decorrentes dos custos de aprendizagem constituem um fenómeno bem conhecido dos economistas. Mas não são unicamente os elevados custos de formação que inserem um grau de rigidez neste mercado. A adaptação a um determinado sistema causa inevitavelmente um vício de hábito que cristaliza o comportamento do utilizador. Neste âmbito, poderá afirmar-se que os custos de aprendizagem poderão acentuar ainda mais os efeitos positivos de rede num determinado sector, constituindo-se como um elemento de rigidez adicional. A aprendizagem corporiza um investimento de capital, que poderá ser irrecuperável (*"sunk cost"*), no caso do agente decidir aderir a um novo sistema incompatível. Esta questão reveste uma extraordinária importância nas redes virtuais, já que a adopção de um determinado *software* implica necessariamente um enorme investimento de tempo e aprendizagem. Estes custos de aprendizagem causam inevitavelmente fricções nos mercados, prote-

---

[171] Estes autores chegam mesmo a afirmar que, num primeiro momento – o momento da adopção – se existir unicamente uma tecnologia disponível – não existindo alternativa – nem sequer se poderá falar em opção ineficiente. De facto, os agentes quando efectuaram a decisão não tinham qualquer outro produtor que lhes fornecesse um produto concorrente. No entanto, o momento decisivo não é o momento inicial, mas sim o momento futuro em relação ao momento inicial de opção (por outras palavras, o momento presente), onde existem outras alternativas mais eficientes que não podem ser adoptadas.

gendo os detentores dos sistemas já estabelecidos em desfavor dos concorrentes potenciais.

Os custos irrecuperáveis associados ao processo de aprendizagem originam os denominados custos de mudança (*"switching costs"*). Estes custos originarão um ainda maior diferencial que o potencial concorrente deverá compensar de forma a atrair os utilizadores já estabelecidos[172]. No entanto, quanto mais simples e fácil de utilizar, mais probabilidades de sucesso terá o novo produto.

Por outro lado, e na medida do possível, deverá ser concedido ao consumidor a possibilidade de ele poder alterar, a qualquer momento, as suas opções de consumo do mercado sem custos de saída excessivos (*e.g.*, a perda da caução ou a portabilidade do número telefónico para rede diversa).

Tal como os efeitos externos de rede, os efeitos de aprendizagem alteram a estrutura do lado da procura num determinado mercado, tornando-a mais rígida. No entanto, quanto mais tempo o utilizador dedicar ao processo de aprendizagem, mais utilidade retirará do bem adquirido. Neste âmbito, poderá estabelecer-se uma relação directa entre o montante de custos irrecuperáveis a sustentar pelo utilizador e o investimento que ele efectuou no sentido da retirada do máximo de rendimento do bem adquirido[173]. Por outro lado, ninguém deixará de utilizar o bem adquirido sem que tenha recuperado, pelo menos, o valor dos investimentos em aprendizagem[174/175].

---

[172] Assim, o hipotético bem B só será adoptado se:

$$W_B > W_A \Rightarrow B_i > A_i + A_n + C$$

sendo C o montante de custo de mudança que os agentes terão de suportar se pretenderem abandonar o sistema adoptado em favor do novo concorrente, o produto B.

[173] Tal como os efeitos de rede, os efeitos de aprendizagem têm um impacto positivo em sede de Bem-Estar.

[174] Cfr. Roberto Pardolesi e Andrea Renda, *"How safe is the King's Throne? Network Externalities on Trial"*, cit., pág. 221.

[175] O caso mais estudado é a este respeito é o que resulta da polémica relativamente à adopção do teclado QWERTY em detrimento do teclado concebido por August Dvorak. De acordo com Paul David, o teclado QWERTY foi concebido para atrasar os dactilógrafos, devido à tendência das primeiras máquinas de escrever para encravar. Após a resolução desses primeiros problemas técnicos já não existiria a necessidade de utilizar esse teclado supostamente mais lento, podendo adoptar-se uma outra norma. Foi isso que efectuou Dvorak, que era oficial da Marinha americana. Essa mudança foi impossibilitada pois não

A combinação dos efeitos de rede com os efeitos de aprendizagem originarão, inevitavelmente, bloqueios significativos à acção dos agentes do lado da procura, ficando totalmente dependentes de uma tecnologia dominante, já que se tornaria irracional adquirir um novo produto. Nesta situação, os preços cobrados pelo agente em posição dominante poderão aumentar. Este fenómeno de elevação dos preços é simultâneo a uma tendência de expansão da sua quota de mercado.

4.5. Conclusão. A Formação de Normas ou "Standards"

A resolução do dilema compatibilidade/incompatibilidade constitui uma questão central na regulação das redes. Quando um consu-

---

existindo teclados Dvorak, ninguém treinava nesse teclado, que por conseguinte não era utilizado, o que impedia a sua comercialização. Nessa óptica, Paul David conclui que, apesar de um dactilógrafo recuperar em dez dias os custos do treino no novo teclado, ninguém interiorizou os benefícios dessa mudança, dado que o mercado não gera uma dinâmica suficiente para permitir a conversão e esse novo sistema. Refere em tom de síntese: *"competition in the absence of perfect future markets drove the industry prematurely into standardization on the wrong system where decentralized decision-making subsquently as sufficed to hold it"* (in *"Clio and the Economics of QWERTY"*, cit., pág. 332; também citado por Miguel Moura e Silva, *Inovação, Transferência de Tecnologia e Concorrência*, cit., pág. 101). S. J. Liebowitz e S. Margolis contestaram em toda a linha as conclusões de Paul David, referindo, em primeiro lugar, que o teclado QWERTY não foi utilizado para atrasar os dactilógrafos e que a alegada superioridade do teclado Dvorak assentava num estudo da Marinha americana, conduzido pelo próprio August Dvorak, o que colocava em causa a sua credibilidade (in *"The Fable of the Keys"*, *Journal of Law & Economics*, vol. 22, 1, 1990, pág. 1 e segs). Apesar de se encontrar fora da óptica deste estudo a análise ergonómica e dinâmica dos teclados, neste caso, dos computadores pessoais, não podemos esquecer a existência de uma situação idêntica em Portugal. Constitui um facto evidente que as teclas que se encontram na parte central do teclado são de mais fácil acesso, o que contribui decisivamente para a rapidez do utilizador. Logo, um teclado eficiente será aquele em que as letras mais utilizadas na língua de origem se encontram próximas do centro do teclado. Assim, é muito duvidoso que as letras mais utilizadas na língua portuguesa sejam o D, F, G, H, J, K, na linha intermédia, o T e o Y, na linha superior e o V e B na linha inferior (tanto mais quando o K e o Y não fazem parte do seu conteúdo). Ora, também é muito duvidoso que o teclado QWERTY seja o mais eficiente em todas as línguas ocidentais, cujas diferenças estruturais são enormes. Finalmente, não poderemos esquecer o teclado nacional, o HCESAR, concebido precisamente na óptica referida, e que nunca foi adoptado como norma. Pelo exposto, talvez exista algum fundamento de verdade relativamente à existência de situações de bloqueio no mercado nos teclados.

midor tenta efectuar o juízo económico que baseará a sua decisão de consumo, terá inevitavelmente de tomar em consideração (consciente ou inconscientemente) toda uma multiplicidade de variáveis. Terá que comparar preços, a qualidade intrínseca do produto, a sua apetência para a satisfação da sua necessidade, bem como os custos de aprendizagem necessários ao seu correcto manuseamento.

Na perspectiva de Stan Liebowitz e Stephen Margolis, o patrocínio da tecnologia e as acções de marketing seriam suficientes para corrigir e equilibrar o mercado, concluindo estes autores que a situação de bloqueio só se verificaria se os consumidores e os fornecedores adoptassem estratégias puramente passivas. No entanto, o poder económico nesta matéria é decisivo. Nem todos os agentes no mercado dispõem da mesma capacidade financeira. E como os próprios autores reconhecem, ninguém quererá ser o primeiro a adoptar a nova tecnologia. Se esse elemento de bloqueio existe na primeira decisão de adopção, ainda mais intenso será numa decisão de alteração de participação num sistema em favor de um outro sistema concorrente[176].

Em nossa opinião, na presença de exterioridades de rede deverá sempre analisar-se a estrutura de mercado existente, partindo do princípio que os agentes têm, inevitavelmente, determinados constrangimentos estruturais que impõem alguns padrões de rigidez na curva da procura. Além disso, no lado da oferta, o agente inicialmente vencedor adquirirá um poder de mercado tal, dada a estrutura de concorrência existente nestes mercados (supostamente assente no paradigma *"winner-take-all"*), que tentará exportar para mercados adjacentes ou complementares. Por outro lado, o agente pioneiro tentará inevitavelmente estabelecer cláusulas de fidelidade que vincularão os consumidores, criando um *lock-in* jurídico que fortalecerá o *lock-in* económico.

Sempre que o valor total do bem para o consumidor comportar uma elevada componente de valor de rede ou de sincronização, exis-

---

[176] Estes autores defendem mesmo a possibilidade de oferta inicial do produto, ou de um bem complementar do sistema. Por exemplo, a Adobe oferece gratuitamente o Acrobat Reader, que se difundiu mundialmente, vendendo, no entanto, o Acrobat Writer. Ao garantir que quase todos os utilizadores dispõem do Acrobat Reader, o formato PDF tornou-se, incontestavelmente, a norma neste mercado. Nessa óptica, garante todos os seus proveitos através da venda do conversor para PDF (o Acrobat Writer).

tirá naturalmente uma tendência de bloqueio na decisão de saída dessa rede. Esse efeito de bloqueio será ainda ampliado pelo investimento em aprendizagem efectuado pelo utilizador.

Não se pode, igualmente, esquecer o investimento efectuado pelo próprio utilizador na aquisição de bens complementares e que poderão não ser compatíveis com o novo sistema. A decisão de um agente em adquirir um novo programa de processamento de texto dependerá em muito da sua retrocompatibilidade relativamente aos ficheiros de texto produzidos através do programa antigo. Numa segunda linha de prioridade encontrar-se-á a possibilidade de troca de ficheiros com correspondentes. A compatibilidade tem, assim, um papel fundamental.

Os custos de mudança, enquanto elemento de perpetuação da escolha passada, podem decorrer da substituição de equipamento usado ineficientemente ou da existência de uma incompatibilidade entre o equipamento principal detido e os restantes equipamentos (complementares ou secundários) que se pretendem adquirir e que obrigam a uma alienação do equipamento principal, sem que ocorra uma recuperação do investimento inicial (*"sunk costs"*). Nestes casos verificam-se custos de mudança financeiros. Formas intermédias, mas igualmente válidas, de fixação ineficiente à escolha passada, exteriorizam-se nos custos de compatibilização, através de emuladores não totalmente eficientes, ou de aprendizagem de novos sistemas, revelando-se, nestes casos, como custos de mudança tecnológicos.

A *neutralidade das opções passadas* (*"teoria dos sistemas"*), defendida pelos cultores de Chicago, dependerá da reunião de uma série de pressupostos: (1) a existência de um nível de concorrência apreciável no mercado do produto primário; (2) a detenção por parte dos consumidores de plena informação relativamente aos preços do produto secundário, devendo esse conhecimento assentar em prognoses válidas de comportamentos futuros; (3) a ocorrência de uma efectiva simultaneidade entre o movimento de subida de preço dos produtos secundários e a redução de clientes no mercado do produto primário[177] (o que, na prática, reduz o âmbito possível de

---

[177] J. Makie-Mason e J. Metzler denominam este pressuposto como "simultaneidade efectiva" [in "*Links Between Markets and Aftermarkets: Kodak (1997)*", in J. Kwoka e L. White (ed.s), T*he Antitrust Revolution, Economics, Competition and Policy*, 4.ª edição, (2004), pág. 427 e segs.].

aplicação desta teoria a produtos primários com um reduzido ciclo de vida)[178], impedindo-se que a empresa fornecedora do produto principal efectue discriminações de preços entre consumidores passados e consumidores presentes[179].

No entanto, e na grande maioria das situações de mercado, estes pressupostos não se reunirão. A principal razão para essa insuficiência radica na inexistência de uma concorrência perfeita no mercado do produto principal. Ora, os mercados de produtos primários de redes são, na grande maioria das ocasiões, concentrados devido ao seu preço elevado e à sua longa durabilidade. E mesmo que o não sejam, a sofisticação dos mercados tem originado graus sucessivamente superiores de diferenciação de produtos, gerando-se mercados de concorrência monopolística[180]. Outras razões para esse facto resultarão da inexistência da simultaneidade efectiva decorrente do oportunismo do produtor do bem primário que, no âmbito da sua racionalidade económica individual, procurará optimizar o seu lucro explorando a base de equipamento instalada.

Este oportunismo é bastante tentador. Efectivamente, após os consumidores se encontrarem presos às suas opções iniciais, o agente detentor da rede física ou virtual poderá aumentar os preços do serviço a um montante superior ao que decorreria de um mercado concorrencial. Nesta situação, o lucro do fornecedor será equivalente ao custo de mudança sentido pelos consumidores[181]. Por outro lado, e como já foi referido, a informação completa relativa à totalidade do ciclo de vida da rede em causa é insuficiente e, simultaneamente, bastante onerosa, sentindo os consumidores extremas dificuldades

---

[178] Não se verificando, portanto, qualquer custo de mudança financeiro ou tecnológico.

[179] Uma forma de obter a simultaneidade efectiva entre o produto principal e o produto secundário será a celebração, no momento de aquisição do primeiro produto, de contratos de assistência de longo prazo e de garantia total. Desta forma serão anulados os custos de mudança financeiros (mas não os tecnológicos).

[180] Ou, em mercados oligopolísticos, e tendo em consideração os custos de mudança, estarão reunidas as condições ideais para comportamentos concertados de base não-cooperativa. Cfr. P. Klemperer, *"Markets with Consumer Switching Costs"*, *Quarterly Journal of Economics*, 102, (1987), págs. 375 a 394.

[181] Esta realidade é comum nos mercados maduros ou em declínio, situações em que o lucro provém dos consumidores aprisionados e não de novas vendas de produtos primários.

em efectuar juízos *ex ante*[182]. Finalmente, será necessário que os contratos de assistência cubram efectivamente todo o ciclo de vida do produto. Em caso inverso, a simultaneidade não será efectiva, mas meramente aproximada, o que dará espaço para o exercício de qualquer comportamento abusivo[183].

Um dos principais corolários deste enquadramento económico é a tendência para a formação de *normas* ou *"standards"*[184]. De facto, o funcionamento da rede depende das relações de intrínseca compatibilidade entre os segmentos. Numa perspectiva mais abrangente, a interoperabilidade entre as diversas redes depende de elementos de ligação que procedam à emulação das normas adoptadas. Existindo fortes pressões para a harmonização dos componentes das diversas redes, ocorrerá naturalmente um processo de normalização que permitirá o aproveitamento de todos os *feedbacks* positivos resultantes da

---

[182] J. Makie-Mason e J. Metzler "Links *Between Markets and Aftermarkets: Kodak (1997)*", *cit.*, pág. 438.

[183] Cfr. S. Borenstein, J. Mackie-Mason e J. Netz, *"Antitrust Policy in Aftermarkets"*, *Antitrust Law Journal*, 63, (1995), págs. 455 a 482.

[184] Conforme referimos, o efeito das normas no desempenho concorrencial das redes é controverso entre a doutrina. Obviamente que a normalização é inerente à existência da própria rede. Assim, e numa perspectiva pró-concorrencial, poderá referir-se que as normas: i) facilitam a realização dos juízos comparativos por parte dos consumidores, possibilitando o aumento dos padrões de eficiência da decisão económica; ii) previnem a duplicação ineficiente de investimentos em mercados do tipo *"winner takes all"*, eliminando o risco de bloqueios ineficientes em tecnologias perdedoras; iii) aumentam os padrões de bem-estar, eliminando os custos de incompatibilidade e aumentando o âmbito potencial da rede; iv) promovem a inovação numa base de "choques tecnológicos" que superam os benefícios da concorrência pelos segmentos; v) possibilitam o aparecimento de produtos diferenciados assentes numa tecnologia idêntica, aumentando os padrões potenciais de satisfação dos consumidores (modelo de concorrência monopolística). Porém, poderão contrapor-se argumentos em sentido contrário. Assim, as normas poderão ter efeitos anticoncorrenciais uma vez que: i) poderão inibir a inovação num período intermédio tecnológico, uma vez que impede o aparecimento de ideias fracturantes em momentos em que a própria tecnologia adoptada não se encontra totalmente amadurecida; ii) impedem o aparecimento de produtos concorrentes incompatíveis e que poderiam satisfazer de forma mais optimizada as necessidades dos consumidores; iii) facilitam o desenvolvimento de equilíbrios cooperativos anticoncorrenciais, uma vez que reduzem os padrões de diferenciação no mercado e mantêm estáveis as quotas de mercado. Porém, dada a importância das actuações colectivas na formação das normas, esta questão será analisada de forma mais desenvolvida na terceira parte. Cfr., igualmente, D. Kallay, *The Law and Economics of Antitrust and Intellectual Property*, *cit.*, págs. 169 a 183.

participação múltipla dos agentes do lado da procura (mais sensíveis nas redes virtuais mas igualmente existentes nas redes físicas) e a criação de economias de custos do lado da oferta (mais sensíveis nas redes físicas mas igualmente existentes nas redes virtuais).

De facto, e como analisaremos no local próprio, esta realidade estrutural levar-nos-á a concluir pela necessária adopção de um modelo de concorrência dinâmica em que a norma é o próprio mercado relevante e não os componentes diferenciados fragmentados que a respeitam. É este, aliás, um dos corolários do princípio da concorrência pelos mercados em ambientes de inovação contínua e acelerada.

Todas estas realidades, que analisaremos *infra*, serão essenciais para a compreensão de institutos clássicos de direito da concorrência, como o abuso de posição dominante. *In limine,* nestes mercados, os modelos concorrenciais assentes na concorrência perfeita falecem por completo.

PARTE II
INTRODUÇÃO À REGULAÇÃO E CONCORRÊNCIA NOS SECTORES EM REDE

I
A Política da Regulação e da Concorrência nos Sectores em Rede

1. A política da regulação e da concorrência. Fundamentos

As características intrínsecas aos sectores em rede impedem, de forma clara e inequívoca, a aplicação dos paradigmas da concorrência perfeita na sua análise concorrencial[185]. Efectivamente, existem diversos factores que, indelevelmente, propiciam uma tendência para a concentração do mercado e para a afirmação de sujeitos económicos com poder de mercado superlativo.

Nestas condições, o papel do Estado é fundamental na promoção quer da eficiência produtiva, quer da eficiência redistributiva[186].

---

[185] Cfr. Eduardo Paz Ferreira, *Direito da Economia*, AAFDL, 2001, pág. 467; Fernando Araújo, *Introdução à Economia*, Vol. I, Almedina, 2003, pág. 240 e segs. Um modelo de concorrência perfeita tem necessariamente presente as seguintes características básicas: (1) elevado número de concorrentes; (2) homogeneidade de produtos; (3) liberdade de entrada e de saída; (4) mercado transparente; (5) perfeita mobilidade dos factores de produção; (6) independência entre as unidades produtivas; (7) racionalidade absoluta. Cfr. Carlos Lobo, *Concorrência Bancária?*, Almedina, 2001, págs. 158-159.

[186] Ao contrário da generalidade dos autores, entende-se que não existe qualquer relação de contradição entre a promoção da eficiência no mercado e a concretização de uma redistribuição equitativa no mesmo. Não se negando que o objectivo da acção pública em sede económica deverá visar inequivocamente a concretização de melhorias paretianas na concretização do bem-estar social, deverá ter-se em atenção que a redistribuição tem necessariamente esse efeito ao tomar-se em consideração a utilidade marginal que o bem redistribuído gera na esfera do beneficiado. Assim, e numa situação limite, a desutilidade privada que é provocada a um agente com elevado rendimento por acção da tributação e que, no limite, poderá impedi-lo de gozar umas férias mais luxuosas é mais do que compensada pela redistribuição do produto dessa tributação por dez sujeitos que, por essa via, superam o limiar de pobreza e que, assim, conseguem sobreviver. Não se poderá negar, nestas condições,

Não havendo espaço nesta sede para o desenvolvimento dos padrões actuais que deverão conformar a intervenção do Estado na economia, deverá, porém, referir-se que, actualmente, é quase unânime a posição que advoga pela sua necessidade. Efectivamente, mesmo as correntes de índole mais liberal pressupõem o desenvolvimento de mecanismos de correcção de mercados, nem que seja através da criação de mercados de segundo grau que resolvam as falências do mercado original. Assim, quando se propõe a negociação em leilão de direitos de exercício em mercados naturalmente monopolistas, advogando-se o afastamento da regulação administrativa do Estado na correcção das insuficiências genéticas do mercado original, não se está senão a regular o mesmo mercado por via da criação do instrumento de correcção.

A este título, o direito da concorrência assume-se como um espaço de ordenação jurídica da liberdade de actuação dos agentes económicos. Parte de um princípio de liberdade de acção e assume-se como garante dessa mesma liberdade. Essa liberdade, no entanto, não se constitui como uma finalidade em si mesma. É um elemento meramente funcional relativamente a um objectivo superior: a elevação dos padrões de bem-estar social.

No entanto, o direito da concorrência depende da existência de uma paridade, pelo menos potencial, das condições de exercício concorrencial. A liberdade que se pretende garantir depende da igualdade de oportunidades concorrenciais ao dispor dos agentes económicos. A análise é, portanto, de índole essencialmente comportamental, pressupondo que o âmbito infra-estrutural que suporta o jogo concorrencial será neutro e propiciador de oportunidades equivalentes para todos os agentes económicos. Se essas condições estru-

---

o aumento do nível de bem-estar social. O papel do decisor político será fundamental na percepção do correcto equilíbrio da acção pública, promovendo um correcto juízo entre a desutilidade privada provocada (gerando sobrecargas tributárias excessivas, ("*excess burden*") ou perdas absolutas de bem-estar ("*deadweight losses*") e a utilidade pública fornecida. Note-se, aliás, que a redistribuição é inerente à própria concepção de óptimo paretiano. No limite, se alguém atingisse o ponto teórico do óptimo paretiano, nenhuma outra alteração poderia ser gerada, já que o aumento do bem-estar de alguém implicaria necessariamente o seu prejuízo. Cfr., e.g., J. Hirshleifer, A. Glazel e D. Hirshleifer, *Price Theory and Applications – Decisions, Markets and Information*, Cambridge University Press, 7.ed., 2005, págs. 497 a 536. F. Araújo, *Introdução à Economia, cit*, págs. 55 e 56.

turais se encontrarem naturalmente distorcidas, então o direito da concorrência é, *per se*, insuficiente para a resolução dos desequilíbrios que naturalmente ocorrerão no mercado em causa.

Torna-se decisivo partir da análise das condições de funcionamento e estrutura do mercado relevante, combinada com o comportamento dos agentes, para se poderem extrair conclusões em sede de direito da concorrência.

O direito da concorrência, tal como se encontra estruturado actualmente, depende de um pressuposto de base: a possibilidade, nem que seja meramente potencial, de desenvolvimento de práticas concorrenciais num paradigma de concorrência perfeita.

Infelizmente, na esmagadora maioria dos sectores em rede, os paradigmas da concorrência perfeita são inaplicáveis e, consequentemente, o mercado não tenderá naturalmente para uma situação de equilíbrio geral, tal como definida por Walras.

Importa efectuar uma distinção decisiva a este respeito. A chamada *economic regulation* não se confunde com o direito da concorrência (*antitrust*), onde sobrelevam as condutas dos agentes e não o seu enquadramento estrutural de actuação, muito embora a regulação possa ter por objectivo propiciar situações de relativa igualdade material (*level playing field*) que permitam a aplicação das normas de defesa da concorrência[187].

Nesta situação teremos uma regulação para a concorrência[188].

---

[187] Cfr. A. Kahn, *The Economics of Regulation*, Volume I, MIT Press, 1988, págs. 1 a 19; Daniel F. Spulber, *Regulation and Markets*, MIT Press, 1989, págs. 8 a 12 e 463 a 536; W. Viscusi, J. M. Vernon e J. E. Harrington, Jr., *Economics of Regulation and Antitrust*, 3rd Edition, The MIT Press, 2000, págs. 4 a 7, 61 a 72 e 297 a 336 e D. Helm e T. Jenkinson, *Introducing Competition into Regulated Industries*, in Dieter Helm e Tim Jenkinson (Ed.), *Competition in Regulated Industries*, Oxford University Press, 1998, págs. 1 a 22.

[188] Esta vertente teve (e ainda tem) uma importância fundamental. A grande preocupação inicial da Comissão Europeia assentou precisamente no aprofundamento dos níveis de integração e na construção do mercado interno. A construção desse mercado implicou, necessariamente, o estabelecimento de níveis de regulação harmonizados. Só assim mercados assentes em formas distintas de organização se harmonizaram, tornando possível, subsequentemente a aplicação do direito da concorrência. Note-se que sendo o direito da concorrência constituído por normas jurídicas que assentam num padrão de igualdade formal, a sua aplicação a sujeitos situados em padrões materiais distintos poderá originar graves distorções ao nível da equidade.

Quando se analisam as condições de acesso e de exercício da actividade de operador de sectores em rede, terá que se seguir uma perspectiva de *direito económico da produção*, ao passo que a determinação dos mercados relevantes e do impacto da posição relativa dos diversos agentes na oferta de bens e serviços nesses mercados exigirá a adopção de uma perspectiva de *direito dos mercados ou da concorrência*[189].

Noutros termos, num primeiro plano estará em causa a chamada regulação (também conhecida por *ex ante regulation*), ao passo que num segundo plano estará em causa a garantia dos princípios da liberdade de iniciativa económica e da igualdade de oportunidades entre os diferentes operadores económicos que enformam o *direito da concorrência*[190].

Não se pode esquecer que, após o movimento global de privatização empresarial e de mercados, a *"regulação"* e a *"política de concorrência"* correspondem às formas mais importantes de intervenção do Estado na economia. Neste óptica, assistimos a uma deslocação para montante do papel do Estado na satisfação das necessidades económicas, uma vez que este já não actua como agente económico pelo lado da oferta ou da procura, antes actuando como legislador ou como aplicador do direito, tendo em vista a prossecução do desenvolvimento económico e do bem-estar social através da promoção da eficiência dos mercados e das empresas.

---

[189] Sobre a diferença entre direito da produção e direito dos mercados, cfr. A. de Sousa Franco, *Direito Económico – Súmulas*, Volume II, Lisboa, AAFDL, 1983, págs. 7 e segs. Esta dicotomia não é plenamente estanque, em particular no direito das telecomunicações, onde a regulação assenta em critérios oriundos do direito da concorrência. Cfr. J. Braun e R. Capito, *The Framework Directive*, in C. Koenig, A. Bartosch, J.-D. Braun (eds.), *EC Competition and Telecommunications Law, cit.*, págs. 319 a 335.

[190] Cfr. A. Sousa Franco e C. Lobo, *Concorrência*, Enciclopédia Luso Brasileira de Cultura, 5.º Volume, Lisboa, Editorial Verbo; A. Xavier, *Subsídios para uma Lei de Defesa da Concorrência*, Cadernos de Ciência e Técnica Fiscal, 95, Lisboa, 1970, pp. 13-17. Ainda recentemente o Tribunal de Justiça das Comunidades Europeias teve oportunidade de frisar no acórdão *Connect Austria* que *"resulta da jurisprudência do Tribunal de Justiça que um sistema de concorrência não falseada, como o que está previsto no Tratado, só pode ser garantido se estiver garantida a igualdade de oportunidades entre os diferentes operadores económicos (...)"* (cfr. acórdão *Connect Austria*, de 22 de Maio de 2003, processo n.º C-462/99, www.curia.eu).

Apesar de terem configurações distintas, os objectivos da política da regulação e da política da concorrência são idênticos: a construção do ambiente económico onde os agentes possam livremente interagir, tendo em vista uma sucessiva melhoria dos níveis de bem-estar social. Em termos exemplificativos, não é de estranhar que a Constituição da República Portuguesa integre nas incumbências prioritárias do Estado a tarefa de «assegurar o funcionamento eficiente dos mercados, de modo a garantir a equilibrada concorrência entre as empresas, a contrariar as formas de organização monopolistas e a reprimir os abusos de posição dominante e outras práticas lesivas do interesse geral» (cfr. artigo 81.º, alínea *e)* da Constituição). Esta é uma preocupação imperativa de um estado moderno: garantir uma ordenação eficiente dos mercados visando a optimização do bem-estar social.

Apesar de não existirem quaisquer dúvidas relativamente à caracterização do regime económico português, assente na «liberdade de iniciativa e de organização empresarial no âmbito de uma economia mista» (artigo cfr. 80.º, alínea *c)* da Constituição), a verdade é que tal não exclui – pelo contrário, implicará – uma actuação conformadora do Estado, seja na vertente dos limites de acesso, seja na vertente dos limites de exercício às actividades económicas, desde que devidamente fundamentada na prossecução de direitos ou interesses constitucionalmente protegidos (cfr. artigos 17.º, 18.º, 61.º, n.º 1 e 86.º da Constituição)[191]. Esta asserção tem múltiplas confirmações no texto constitucional (cfr. artigos 59.º, n.ºˢ 2 e 3, 60.º, n.ºˢ 2 e 3, 63.º, 64.º, 65.º e 66.,º entre outros) e enquadra-se no modelo de organização económica subjacente à Comunidade Europeia (cfr. artigos 2.º, 3.º e 4.º do Tratado)[192].

---

[191] Sobre a diferença entre limites de acesso e limites de exercício no direito económico da produção cfr. António de Sousa Franco *Direito Económico – Súmulas*, Volume II, Lisboa, AAFDL, 1983, págs. 11 e segs. e António de Sousa Franco, *"Nota sobre o princípio da liberdade económica"*, BMJ, 355, 1986, págs. 17 a 40. Sobre o modelo de organização económica consagrado na Constituição e, em especial, sobre o problema das restrições à iniciativa privada, cfr. António de Sousa Franco e Guilherme D'Oliveira Martins, *A Constituição Económica Portuguesa – Ensaio Interpretativo*, Coimbra, Almedina, 1993, págs. 191 a 199 e págs. 331 a 348.

[192] Cfr. Paul J.G. Kapteyn, P. VerLoren van Themaat, *Introduction to the Law of the European Communities*, 3ʳᵈ Ed., Laurence Gormley ed., Kluwer, 1998, págs. 67 a 85.

Por este simples exemplo se demonstra que os princípios gerais do direito da economia são comuns, quer ao nível nacional, quer ao nível comunitário[193]. Tal resulta não só dos princípios do primado e da aplicação directa do direito comunitário a este respeito, mas principalmente da sucessiva integração das constituições económicas com os princípios gerais de orientação política do Tratado.

Partindo de um paradigma de liberdade e de uma concepção alargada de propriedade, ambas as ordens jurídicas coincidem nos seus objectivos de ordenação das actuações das condutas dos agentes tendo em vista a elevação do nível de bem-estar social.

Nessa óptica, ambas as ordens jurídicas visam a manutenção de uma sã concorrência entre os agentes económicos de forma a que os preços se reduzam e a qualidade da oferta melhore, visando a máxima satisfação dos cidadãos, num horizonte quer de curto, quer de longo prazo. A concorrência *lato sensu* visa, pois, a introdução de padrões de eficiência acrescida nos mercados.

---

[193] As duas ordens jurídicas distinguem-se, unicamente, num aspecto instrumental. O direito comunitário da concorrência é, igualmente, um instrumento de promoção da integração económica. No entanto, e salvo algumas desatenções, este objectivo é, hoje em dia, meramente instrumental. Efectivamente, após a concretização do mercado interno, a autoridade concorrencial comunitária – a Comissão Europeia, através da Direcção-Geral da Concorrência – deveria desenvolver a sua missão no que aos artigos 81.º e 82.º diz respeito, totalmente alheada das preocupações de integração, ampliando consecutivamente o seu entendimento respeitante à "dimensão comunitária". Porém, não é isso que acontece. A situação actual é, por vezes, esquizofrénica. A protecção dos concorrentes torna-se um imperativo fundamental, subalternizando a preocupação de defesa dos consumidores. Esta disfunção explica-se pelo facto da Comissão Europeia ainda não se encontrar liberta da preocupação da construção do mercado único, que implica uma necessária concorrência entre os diversos agentes situados em pontos distintos da União Europeia. No entanto, e infelizmente, essa postura que assenta num paradigma estrito de igualdade formal tem como consequência uma não ponderação das posições relativas das economias de determinados Estados-Membros. A igualdade material – princípio geral enformador da convergência real – tem dado lugar à igualdade formal na apreciação das diversas acções concorrenciais comunitárias. Como refere Miguel Moura e Silva, *"a consideração de objectivos políticos alheios ao direito da concorrência é uma arma pouco usada. A Comissão, ou melhor, a Direcção-Geral Concorrência (DG COMP) e os seus responsáveis têm pugnado, na última década, pela adopção de uma política centrada em objectivos económicos de promoção e defesa da concorrência. A referência a outros objectivos é meramente formal e desprovida de alcance útil"* (in Inovação e Transferência de Tecnologia e Concorrência, Estudo Comparado do Direito da Concorrência dos Estados Unidos e da União Europeia, Almedina, 2003, pág. 136).

Nesses termos, as duas ordens jurídicas utilizam instrumentos semelhantes, norteados por princípios idênticos.

O direito da regulação tem em vista a construção de um mercado eficiente, equilibrado e equitativo.

Neste campo, as suas finalidades extravasam o simples âmbito que normalmente se comete à regulação económica. Não se nega, porém, que a sua origem histórica e, consequentemente, a sua justificação inicial se baseavam na exploração das falências do modelo liberal de organização de mercados. O argumento era quase imbatível: se o mercado era geneticamente imperfeito, então eram necessárias medidas correctivas do mesmo. Esta justificação inicial para a *hetero--regulação* refutava directamente as virtudes da auto-regulação dos mercados directamente decorrentes da "mão invisível" smithiana. Partindo-se da verificação da falência das suas bases (inexistência de concorrência perfeita e, subsequentemente, de um equilíbrio geral) e mantendo-se os pressupostos de base que advogam as virtudes básicas destes modelos, emerge naturalmente a necessidade de uma "mão visível" para a correcção das distorções.

Ora, grande parte dos contestatários iniciais da teoria da regulação tornaram-se seus ferozes defensores[194] quando se aperceberam que a solução que os governos tendiam a adoptar para os sectores em rede era bastante mais radical: a propriedade pública das infra--estruturas[195].

---

[194] No entanto, há ainda quem entenda ser possível desenvolver uma política de *laisser-faire* em relação aos monopólios naturais (mas não nas exterioridades). Assim, deixar-se-ia a empresa monopolista produzir a quantidade que entendesse como correcta e desenvolver a política de preços que entendesse mais conveniente. Reconhecendo-se que desta prática decorrem problemas ao nível da justiça e da eficiência, argumenta-se, porém, que os seus custos em sede de bem-estar social são inferiores aos que resultariam de uma qualquer intervenção pública. Tal resulta da possibilidade de efectuar uma discriminação de preços, com a realização de descontos aos consumidores com menos capacidade aquisitiva. Esta segmentação de mercado ao nível dos preços reduz significativamente a perda de eficiência resultante da situação monopolista. A mesma justificação tende a ser desenvolvida ao nível da justiça na redistribuição dos proveitos. No entanto, e por mais que se tente, o benefício será inevitavelmente do accionista, o que, na presença de estruturas eficientes de planeamento fiscal, agrava ainda mais os problemas ao nível da eficiência redistributiva. Cfr. R. Frank, *Microeconomia e Comportamento, cit.*, págs. 443 a 446.

[195] A justificação para esta solução é quase intuitiva. O preço eficiente deve ser fixado, tendo em consideração o custo marginal da produção. Porém, num monopólio

A justificação para esta mudança de atitude é simples: mesmo reconhecendo que poderá ocorrer um excesso de intervencionismo estatal em algumas franjas da política de regulação, eliminar-se-ão, pelo menos, os custos administrativos inerentes à transferência de recursos da esfera privada para a esfera pública e atenuam-se os riscos de ocorrência de falhas administrativas e de governação na selecção das necessidades a satisfazer[196/197].

---

natural o custo marginal é inferior ao custo total médio. Nestas condições, e uma vez que as empresas privadas não podem cobrar preços inferiores ao custo médio e permanecerem na actividade produtiva a longo prazo, não existe outra alternativa que cobrar acima do custo marginal. Ora, como o Estado não tem a obrigação de geração de lucro, poderá financiar a cobrança do preço ao nível do custo marginal com as transferências do orçamento do Estado. No entanto, e uma vez que os termos de actuação pública não são totalmente optimizados (ineficiência-X), transparentes (os custos da ineficiência são facilmente confundidos com a margem de compensação de serviço público) ou desinteressados (interesse do governante em promover a sua reeleição, fornecendo bens público sem a cobrança imediata de impostos; interesse do burocrata em ter mais orçamento e mais funcionários), a regulação económica, que assenta num pressuposto de privatização de mercados, constituirá um mal menor face ao totalitarismo da intervenção pública directa. Cfr. quanto à eficiência-X, H. Leibenstein, *"Allocative Efficiency vs. X-Efficiency"*, American Economic Review, June 1966, págs. 392 a 415; quanto à teoria da burocracia e da governação cfr. W. Niskanen, *Bureaucracy and Representative Government,* Chicago, Aldine-Atherton, 1971; G. Tollock, *The Politics of Bureaucracy,* Washington DC, Public Affairs Press, 1965. Para uma visão mais optimista cfr. A. Breton e R. Wintrope, *The Logic of Bureaucratic Conduct*, Cambridge, Cambridge University Press, 1982.

[196] A teoria dos mercados contestáveis poderia servir de fundamento para a eliminação da regulação económica. Segundo esta doutrina, a existência de um monopólio natural não implica a imediata ausência de optimização das opções concorrenciais, nem o comportamento monopolista tradicional. Tal decorre da potencialidade permanente de entrada de um novo concorrente, na óptica de uma estratégia *"hit and run"*. Ora, a praticabilidade da teoria dos mercados contestáveis depende da ausência de barreiras à entrada e à saída o que, conforme se verificou, não ocorre na generalidade dos sectores em rede. Cfr. W. Baumol, J. Panzard e R. Willig, *Contestable Markets and The Theory of Industry Structure,* New York, Harcourt Brace Jovanovich, 1982.

[197] Uma outra tentativa para eliminar os problemas inerentes aos mercados imperfeitos, nomeadamente os decorrentes dos monopólios naturais, foi enunciada primeiramente por Edwin Chadwick no século XIX e desenvolvida posteriormente por Harold Demsetz. Aceitando os pressupostos teóricos que originam o monopólio natural, esta corrente teórica defende que pode ocorrer uma forte concorrência para a tomada do lugar do único fornecedor. Nesse âmbito, deverão ser desenvolvidos procedimentos concursais sérios e transparentes tendo em vista a concessão destes serviços. Porém, as falhas inerentes aos procedimentos de contratação pública originam distorções significativas (*e.g.*, falta de "saber fazer"; corrupção;

As funções do direito económico, independentemente das vestes que acolhe – direito regulatório ou direito da concorrência[198] –, são as seguintes[199]:

i) *introdução e manutenção de padrões de eficiência elevados* – os mercados, apesar de integrados, tem incapacidades genéticas, sendo necessária uma acção de regulação pública tendo em vista a resolução dessas falhas de mercado (*"market failures"*);

ii) *garantia de redistribuição, equidade e qualidade* – os organismos públicos não têm uma postura neutra relativamente ao destino do rendimento; a concepção da escola de Chicago que defendia a neutralidade em sede de bem-estar social das atribuições de rendimentos adicionais aos produtores não é

---

preocupações de desorçamentação; monitorização insuficiente) que aliadas à incerteza na renegociação e ao destino e estado de conservação das infra-estruturas no final do período de concessão tornam a regulação e a supervisão do Estado ainda mais necessária e profunda. Cfr. E. Chadwick, *"Results of diferent principles of legislation and administration in Europe: of competition for the field, as compared within the field of service" Journal of the Royal Statistical Society*, vol. 22A, 1859, págs. 381 a 420; H. Demsetz, *"Why Regulate Utilities?", Journal of Law and Economics*, April, 1968, págs. 55 a 65.

[198] Não se nega que existem algumas diferenças entre estes dois institutos. Assim, o direito da concorrência actua num pressuposto *ex post* enquanto que a regulação privilegia a actuação *ex ante*. Este facto encontra-se um pouco erodido, atendendo à prática de controlo das concentrações, mas mantém relevância. Por outro lado, as obrigações regulatórias são tendencialmente mais compreensivas e intensas que as obrigações concorrenciais. No entanto, tal poderá decorrer de falhas regulatórias e não de uma qualidade intrínseca do mecanismo (o mesmo poderá ser apontado relativamente às medidas de correcção, cujo elenco regulatório é bastante mais rico). Finalmente, a entidade reguladora poderá fomentar de forma mais intensa a promoção de novos mercados. Efectivamente, enquanto que as autoridades concorrenciais se devem limitar à enunciação de princípios gerais de promoção de concorrência intersistemática, as autoridades regulatórias poderão aplicar verdadeiros programas de design de rede, fomentando positivamente (e por vezes por via da própria subsidiação a cargo dos incumbentes) o aparecimento de novos mercados.

[199] Alguns autores referem uma quarta razão para a intervenção orientadora do Estado. Nesse enquadramento, a acção das autoridades públicas seria necessária para garantir os direitos de passagem das componentes infraestruturais, quer ao nível da propriedade privada, quer ao nível do domínio público. Porém, entende-se que tal função não reveste uma natureza regulatória *stricto sensu*, uma vez que não diz respeito à conformação do sector em si, mas antes às relações intersubjectivas de propriedade. Cfr., e.g. J. Gómez-Ibáòez, *Regulating Infrastructure, Monopoly, Contracts and Discretion*, Harvard University Press, 2003, pág. 5.

adoptada pelas instâncias comunitárias. É este o fundamento de suporte às concepções de serviço de interesse económico geral e de serviço universal;

iii) promoção de novos mercados – compete aos organismos públicos a prossecução de políticas de orientação macroeconómica visando o desenvolvimento estrutural da economia. Muitas vezes, essa função de orientação passa pela promoção de novos mercados, erigindo-se sistemas de protecção em conformidade. Esse foi o caso do gás natural ou da oferta de banda larga. O risco subjacente à actividade de inovação pode ser substancialmente reduzido através de uma política pública eficiente. Porém, deverá igualmente ter-se em atenção que políticas de abertura do nível das licenças de propriedade intelectual no momento actual poderão dar origem a retracções de investimento em actividades de inovação. Por outras palavras, a "democratização" do acesso a tecnologias actuais poderá atrasar o desenvolvimento de tecnologias futuras.

Numa perspectiva estrutural, o direito da concorrência integra, caracteristicamente, três tipos de instrumentos fundamentais: o regime dos acordos e práticas colectivas restritivas da concorrência, o regime dos sujeitos económicos em posição dominante, na óptica da repressão do abuso dessa posição privilegiada, e o controlo das concentrações.

Todos estes regimes decorrem originariamente do modelo paradigmático de organização: a concorrência perfeita. Nessa lógica, o mercado só funcionará eficientemente se nenhum agente puder influenciar decisivamente, de forma unilateral, as condicionantes da oferta e da procura.

O mercado assenta numa total interdependência dos agentes no mercado. Esses agentes, de forma que as prestações e contraprestações sejam equivalentes, deverão ter uma posição de igualdade relativa no mercado. Só assim o custo (elemento essencial de determinação da prestação do lado da oferta) poderá corresponder à utilidade (elemento essencial de determinação da contraprestação do lado da procura), permitindo aos agentes económicos a realização, de forma livre e informada, das melhores opções no âmbito da sua actividade económica. No entanto, este mercado de concorrência perfeita, caracterizado pela sua atomicidade, homogeneidade, transparência e fluidez, a verificar-se, implicaria necessariamente uma conclusão: a desnecessidade do direito da concorrência enquanto elemento de prevenção de práticas anticoncorrenciais; num mercado de concorrência perfeita não podem existir, por definição, comportamentos anticoncorrenciais.

O que acaba de se afirmar permite desde já formular a conclusão, muitas vezes salientada pelo Tribunal de Justiça, segundo a qual a política de concorrência visa salvaguardar o interesse geral e não interesses individuais de certos e determinados operadores que, muitas vezes em nome da defesa da concorrência, pretendem obter condições de actuação que de outra forma não conseguiriam[200].

Porém, os sectores em rede assumem-se como uma terceira via de organização relativamente aos mercados concorrenciais e aos mercados monopolistas. Não existirá espaço para o desenvolvimento de uma concorrência atomística fragmentada. Porém, o domínio unilateral de toda a rede é igualmente de afastar numa óptica de eficiência económica, só sendo concebível em segmentos muito limitados da rede. Por outro lado, atendendo às suas circunstâncias próprias, *maxime* à normalização necessária e à lógica de produção conjunta, os agentes terão um incentivo suplementar para o desenvolvimento de uma cooperação, assente em padrões de confiança elevados, inexistentes, quer nas estruturas integralmente verticais (por desnecessidade), quer nos mercados atomizados (por impossibilidade).

---

[200] Vejam-se os acórdãos *ICI/Comissão*, (processo n.º 48/69, Colectânea, 1972, págs. 619 e segs), *BASF/Comissão* (processo n.º 49/69, Colectânea, 1972, pág. 713), *Bayer AG/Comissão* (processo n.º 51/69, Colectânea 1972, pág. 745), Geigy AG/Comissão (processo n.º 52/69, Colectânea, 1972, pág. 787) *Sandoz AG/Comissão* (processo n.º 53/69, Colectânea, 1972, pág. 845), *Francolor/Comissão* (processo n.º 54/69, Colectânea, 1972, pág. 851), *Cassella Farbwerke/Comissão* (processo n.º 55/69, Colectânea 1972, pág. 887), *Hoechst AG/Comissão* (processo n.º 56/69, Colectânea 1972, pág. 927), *ACNA/Comissão* (processo n.º 57/69, Colectânea, 1972, pág. 933) onde se afirmou que «*la fonction de la concurrence en matière de prix est de maintenir les prix au niveau le plus bas possible et de favoriser la circulation des produits entre les Etats membres en vue de permettre ainsi une répartition optimale des activités en fonction de la productivité et de la capacité d'adaptation des entreprises*». Os níveis de eficiência concorrencial devem ser analisadas numa perspectiva de médio ou longo prazo e não numa lógica de curto prazo. Por vezes, a opção que à primeira vista parece ser mais favorável para o consumidor origina distorções significativas ao nível da qualidade e quantidade do fornecimento do bem ou serviço num prazo mais distante.

Os compromissos a longo prazo (próprios das organizações centralizadas) e os compromissos a curto prazo (próprios das organizações atomizadas) dão lugar a compromissos resultantes de negociações comuns, recíprocas, assentes em fórmulas contratuais de conteúdo eminentemente relacional, prevendo a existência de fluxos de informação contínuos e incluindo, muitas vezes, verdadeiras cláusulas para a resolução de conflitos. Neste tipo de organizações, os objectivos estratégicos são discutidos e negociados de forma conjunta, assumindo posições de charneira agentes que detenham uma melhor reputação ou uma maior capacidade de persuasão.

A dimensão estrutural do mercado adquire uma enorme importância. Dada a sua especificidade, emergem dela características especiais que condicionam fatalmente a actuação dos agentes. Ao contrário do entendimento de parte da doutrina[201], não se considera que o mercado em rede se situe num nível organizacional intermédio entre o monopólio e a concorrência perfeita, revestindo antes características singulares, caracterizando-se por um conteúdo ôntico próprio, distinto dos restantes[202]. Não se reconduz, igualmente, ao simples modelo oligopolístico, dada a sua extrema riqueza em sede de conteúdo e diversidade, e que o afasta de qualquer qualificação simplificada. O mercado em rede contém, no seu cerne, elementos compósitos característicos de cada um dos modelos enunciados.

Neste âmbito, existirão quatro questões essenciais que o direito económico deverá tomar em consideração e que conformarão a aplicação quer do direito da concorrência, quer do direito regulatório:

(1) A problemática dos monopólios naturais e os seus efeitos em sede de bem-estar social, numa óptica de concorrência dinâmica;

---

[201] Y.L. Doz e C.K. Prahalad, *"Managing DMNC's: A search for a new paradigm"*, Strategic Management Journal, 12, 1991, págs. 145-164; W.W. Powel, "Neither *Market Nor Hierarchy: Network Forms of Organization"*, Research in Organizational Behavior, 12, 1990, págs. 295-336; P.S. Ring e A.H Van de Ven, *"Structuring Cooperative Relationships Between Organizations"*, Strategic Management Journal, 13, 1992, págs. 483-498.

[202] Não se pode nunca esquecer que, quer o modelo de concorrência perfeita, quer o modelo do monopólio, não são mais do que arquétipos, de substrato eminentemente teórico, a que se reconduz uma realidade mundana, em termos melhor ou pior adaptados.

(2) A interiorização equitativa das exterioridades de rede e potenciação da dimensão óptima dos sectores;
(3) A inelutável tendência para o desenvolvimento de funções de produção conjunta, de normalização e de cooperação nos sectores em rede e os seus efeitos em sede de bem-estar social;
(4) A necessária conformação dos sectores em rede aos imperativos de redistribuição, equidade e qualidade.

Por questões de organização sistemática, as duas primeiras questões serão tratadas na Parte III, na óptica das práticas individuais nos sectores em rede e a terceira questão, dado o seu seu pendor eminentemente plural, será tratada na Parte IV.

A quarta questão, apesar da sua relevância, será tratada, de forma sucinta, de seguida.

2. A conformação dos sectores em rede aos imperativos de redistribuição, equidade e qualidade

Face à sua abrangência e à tipologia das necessidades em causa, nos sectores em rede adquire importância fundamental o conceito de *"serviço público"* nas suas diversas derivações ou complementos, mais ou menos intensos. Actualmente, e perante o estado actual do direito económico comunitário, o conceito de serviço de interesse económico geral adquiriu uma especial proeminência. Note-se, no entanto, que esta doutrina não deverá ser entendida como um simples fundamento de derrogação das regras comunitárias da concorrência, mas como verdadeira fundamentação da iniciativa económica pública.

Não sendo esta a sede própria para analisar substancialmente a distinção entre *serviço público* e *serviço de interesse geral*, ainda mais quando estes conceitos revestem uma índole claramente evolutiva, deverá simplesmente referir-se, como primeira aproximação, que o conceito de serviço público é utilizado primordialmente pelos ramos de direito romano-germânico, influenciados por uma tradição interventiva mais forte, enquanto que o conceito de serviços de interesse económico geral se baseia numa postura tradicionalmente mais liberal, própria dos sistemas anglo-saxónicos.

Sendo noções desenvolvidas numa perspectiva comunitária e cabendo ao Tribunal de Justiça um papel concretizador em sede casuística do conceito, deverá o intérprete tentar, pelo menos, concretizar minimamente um conteúdo, que, como já se referiu, é evolutivo e reveste uma geometria variável.

A título de exemplo, o CEEP[203] identificou como base comum a todas as expressões nacionais de serviços de interesse económico geral o facto das colectividades terem acordado deliberadamente na definição de especiais condições de existência e de funcionamento de instalações ou serviços essenciais. Assenta-se, pois, numa ideia de base estrutural essencial à actividade económica e à existência da vida social, consistente na prestação de serviços básicos indispensáveis, nomeadamente, o fornecimento de energia, transportes, telecomunicações, água e o saneamento.

Tendo em consideração a lógica evolutiva própria aos conceitos em análise face ao movimento de privatização da economia, o conceito de serviço público, ou de interesse económico geral, perdeu a conotação estritamente estatista que continha no século passado. Não se defende, portanto, a existência de uma reserva de iniciativa pública nesta área, pois tal seria completamente contraditório com o princípio da subsidiariedade da acção pública face à acção privada.

Toda a conceptualização assenta em realidades estritamente objectivas e não numa questão de titularidade subjectiva. Tendo em consideração as áreas tipicamente apontadas como fazendo parte do núcleo dos serviços de interesse económico geral, poderá referir-se que existe uma limitação da iniciativa económica pública, logo de actuação económica, aos seguintes objectivos a prosseguir:

(i) conformação e transformação da ordem económica e social, concretizando a cláusula constitucional de bem-estar ou do Estado Social, garantindo a produção de bens e a prestação de serviços considerados essenciais para a colectividade ou para o interesse nacional, em termos de aumento do nível de bem-estar social e da qualidade de vida, por efeito da ausência, insuficiência ou em complemento da iniciativa económica privada;

---

[203] CEEP, *"Europa – Concorrência e Serviço Público"* IPE, Lisboa, 1996.

(ii) parificação dos níveis de bem-estar entre cidadãos da colectividade ou entre regiões, através de acções de luta contra as disparidades regionais e incrementando a distribuição da riqueza;
(iii) defesa do próprio sistema de mercado, integrando-se no contexto de políticas económicas estruturais de desenvolvimento tecnológico e de criação de infraestruturas, combatendo distorções do mercado e da concorrência;
(iv) absorção das crises do sistema económico de mercado, incentivando emprego e investimento;
(v) estabelecimento de parcerias no âmbito de alianças, processos de internacionalização e concessão e exploração de infra--estruturas essenciais;
(vi) catalização de capital de risco e de empreendedores.

A expressão *"serviços de interesse económico geral"* é usada nos artigos 16.º e 86.º n.º 2 do Tratado. Apesar disso, não se encontra definida nem no seu texto, nem no direito derivado. Porém, e tal como se encontra referido no *Livro Verde sobre Serviços de Interesse Geral*[204], e no *Livro Branco sobre Serviços de Interesse Geral*[205], existe um consenso doutrinário em torno da expressão no sentido de que se refere a serviços de natureza económica aos quais as entidades públicas impõem obrigações de serviço público – ou, na nova terminologia, de *serviço universal* – por força de um critério de interesse geral.

As autoridades públicas dispõem de uma ampla liberdade na definição do que entendem por serviços de interesse económico geral. Hoje em dia, constitui entendimento pacífico que o conceito abrange a totalidade dos sectores em rede físicos (electricidade, água, telecomunicações, comunicações, etc.), submetendo-os aos princípios da universalidade, da equidade, da continuidade, da adaptabilidade e da transparência. O seu alcance não se esgota, porém, no âmbito dos sectores em rede físicos, abrangendo potencialmente toda uma série de realidades susceptíveis de se enquadrarem no seio das necessidades

---

[204] COM (2003) 270 final, de 21 de Maio de 2003.
[205] COM (2004) 374 final, de 12 de Maio de 2004.

económicas mais básicas, cuja conceptualização é necessariamente evolutiva.

A definição de serviço de interesse económico geral é substantiva e assenta no âmago da decisão financeira pública. De facto, um serviço constitui-se como de interesse económico geral quando o mercado não consegue fornecer de forma totalmente satisfatória as utilidades em causa numa óptica de redistribuição de encargos. As razões para essa insatisfação são diversas das decorrentes de falhas de mercado (que obrigam à acção prestativa pública) e radicam em razões de foro compensatório ou redistributivo.

Conforme se refere no *Livro Verde sobre Serviços de Interesse Geral*, "o papel das autoridades públicas no contexto dos serviços de interesse geral está em constante adaptação à evolução económica, tecnológica e social [...]. Actualmente, essas autoridades tendem a confiar a prestação de tais serviços a empresas públicas ou privadas ou a parcerias públicas-privadas"[206].

A definição de serviço de interesse geral depende da sua própria justificação intrínseca. Essa fundamentação implica a presença dos seguintes elementos:

– *a necessidade de desenvolvimento de um serviço universal* (ou seja, um requisito de interesse geral que garanta que certos serviços são disponibilizados, com uma qualidade especificada, a todos os consumidores e utentes de um espaço territorial local, independentemente da sua localização relativa e a um preço acessível);

– *a necessidade de desenvolvimento da actividade económica numa lógica de continuidade* (ou seja, a necessidade de prever a não-interrupção dos serviços quando a estrita lógica de mercado o imponha ou aconselhe);

– *a necessidade de garantir padrões elevados de qualidade de serviço* (superiores aos que resultariam da óptica prestativa de mercado em matérias de segurança, facturação, cobertura territorial, protecção contra cortes de fornecimento, etc.);

– *a necessidade de garantir uma acessibilidade de preços* (ou seja, a prestação deverá ser norteada numa óptica redistributiva,

---

[206] Comunicação citada, pág. 8.

tornando acessíveis bens ou serviços a quem tenha menores recursos);
– *a necessidade de desenvolver uma determinada acção privada* (através da nivelação dos níveis de risco ou o desenvolvimento de operações de charneira, e.g., a investigação de base num sector específico).

A definição de serviço de interesse geral tem, portanto, uma dimensão eminentemente redistributiva e que, por isso, é igualmente eficiente. No entanto, não se poderá nunca esquecer que, nessa perspectiva, reveste uma natureza prototributária (*"taxation by regulation"*), já que, e de forma inelutável, se traduz na imposição (não artificial) de encargos a determinados agentes económicos em favor de outros, tendencialmente mais desfavorecidos. O grande desafio para a política pública passa pela realização da nivelação óptima da componente redistributiva, não impondo uma desutilidade privada que seja superior à utilidade social extraída, bem como pela identificação dos correctos destinatários da política de auxílio. Efectivamente, nem todos os consumidores de energia ou de água revestem uma igual natureza e, consequentemente, podem merecer um tratamento diferenciado a nível tarifário.

3. Princípios óptimos de ordenação jurídico-económica nos sectores em rede

Atendendo às circunstâncias próprias que norteiam os processos concorrenciais nos sectores em rede, torna-se essencial o desenvolvimento de uma acção pública na conformação eficiente do desempenho concorrencial nos seus diversos segmentos. As tendências para a concentração são omnipresentes. O próprio conceito de rede é integrador e globalizante. No limite, cada necessidade básica do ser humano, necessariamente comum no plano universal, poderá ser satisfeita por um único fornecedor de serviços, no âmbito de uma infra-estrutura de alcance global. As razões económicas propiciam essa concentração; as inovações tecnológicas fomentam essa convergência sectorial.

Não é por acaso que a globalização se constitui como um processo imparável. A eliminação das fronteiras políticas é essencial para o desanuviamento de barreiras legais de base autoritária, necessariamente artificiais, que impedem uma natural harmonização técnica dos sectores em rede. Com o desaparecimento destas falhas administrativas ou de governação (por acção das entidades de normalização, dos blocos de integração regional ou da Organização Mundial de Comércio) abre-se espaço para um desenvolvimento – sem barreiras – das redes geridas pelos agentes mais eficientes.

Não será, igualmente, por acaso, que os sectores em rede são, actualmente, as áreas económicas com maior taxa de crescimento a nível mundial. Nestas condições, não será de estranhar que, após a consolidação de alguns (necessariamente poucos) vencedores, estes mesmos sintam uma vontade irresistível na sua unificação. As condições económicas de base tal propiciam. As economias de escala, de gama e as exterioridades de rede obrigam a essa integração. Não se pode esperar uma concorrência fragmentada em mercados naturalmente monopolistas ou oligopolistas. Pelo contrário, essa fragmentação seria sempre artificial e causadora de ineficiência. Como é facilmente perceptível, a base para esta integração é necessariamente constituída pelo sector das telecomunicações e da informação. *In limine*, do conceito de plena informação decorre um inequívoco conteúdo globalizante. Esta combinação entre *hardware* infra-estrutural global e *software* de conteúdos normalizados tem, necessariamente, um alcance universal, propiciando, subsequentemente, o alargamento de mercados aos restantes sectores em rede físicos.

O sector das telecomunicações é o arauto da globalização. A sua existência e eficiência dependem do seu alcance universal. Atendendo à sua bidireccionalidade e à presença de fortes exterioridades de rede, unidas a intensas economias de escala do lado da oferta, nenhuma outra solução será socialmente eficiente senão a da unificação global. Esse movimento é imparável e só é actualmente atenuado pela unificação de normas que, permitindo a compatibilização de redes regionais, atenuam momentaneamente a necessidade de unificação.

Neste campo, a última verdadeira barreira à globalização integral reside precisamente na primeira das normas regionais: a língua. Não é, portanto, por acaso, que os grandes motores de busca da Internet procuram desenvolver um programa de tradução verdadeiramente eficiente de forma a ultrapassar este último obstáculo.

Supervenientemente, e numa posição de "boleia" do sector infra-estrutural das telecomunicações, assistimos a uma "boleia" do sector dos conteúdos, englobando não só o software computacional, como a própria transmissão informativa em sistemas de teledifusão. De facto, uma vez que o movimento de interactividade se desenvolve a uma velocidade alucinante, a harmonização de sistemas torna-se fundamental. Terá de existir um único sistema mundial que suporte a transmissão de documentos na Internet ou um único sistema de leitura de vídeo ou de som. Por seu lado, existirá um único serviço de leilões (*e.g.* ebay.com), colocação de vídeos (*e.g.* youtube.com) ou de música (*e.g.* myspace.com). No futuro, e com o advento de sistemas eficazes de tradução, existirá um único directório mundial de documentos e de informação, sem que exista necessidade sequer de detenção de sistemas operativos ou de software proprietários (objectivo da Google para destronar a Microsoft).

O mesmo acontecerá aos sistemas de pagamento (harmonização cambial e de sistemas de negociação), aos mercados organizados de comercialização de títulos (fusão de bolsas) e à difusão de programas informativos ou de entretenimento (criação de conglomerados de *media*). A "*auto-estrada da informação*" é única e tem dois sentidos, revestindo, por si só, um potencial monopólio natural de alcance global e de âmbito compreensivo. A nova economia é inerentemente global. A velha economia, por via da difusão acelerada e aperfeiçoada de informação relevante, irá acompanhá-la.

Neste enquadramento, torna-se essencial redefinir a política da concorrência. A sua lógica tradicional assenta essencialmente na salvaguarda de restrições ou obstáculos à competição saudável que não sejam naturalmente corrigidos pelas forças presentes no próprio mercado. O seu objectivo é semelhante ao de qualquer outra política pública: o aumento dos padrões de eficiência na sociedade, quer esta revista uma natureza produtiva, distributiva ou dinâmica.

Neste ponto coloca-se uma questão fundamental: o que fazer quando o modelo de organização mais eficiente é o modelo integrado unificado? Será que valerá a pena direccionar recursos para a sua fragmentação, inevitavelmente forçada e artificial?

Ora, neste campo, torna-se essencial efectuar uma ponderação. A fragmentação artificial de mercados é aparentemente favorável aos concorrentes potencialmente perdedores e aos consumidores numa óptica de curto prazo. Porém, ela será inevitavelmente desfavorável a estes últimos no longo prazo, dado que os benefícios produtivos resultantes das economias do lado da oferta e da procura não lhes serão distribuídos na medida do que seria realmente possível.

A correcção da acção pública depende de um juízo decisório crucial. O seu objectivo é o aumento dos padrões de bem-estar social. É isso que a justifica e é isso que a legitima. Não se pode conceber um qualquer outro objectivo. Em conformidade, qualquer acção pública nos sectores em rede pressuporá necessariamente um estudo apurado e desenvolvido do modelo de organização mais eficiente, nas vertentes produtiva, redistributiva e dinâmica. Se uma rede, ou um seu segmento, se organiza naturalmente numa lógica monopolista não existirá qualquer vantagem na sua fragmentação.

O mesmo acontece com o estado intermédio de oligopólio. Se existe uma tendência natural para a concentração, e se dessa concentração resultar uma eficiência acrescida na perspectiva social, então qualquer acção em sentido contrário será artificial e injustificada. Se existem exterioridades de rede significativas, não se poderá fomentar a concorrência nesse segmento através de uma política pública de atenuação (ou eliminação) dessas exterioridades. Tal não faz qualquer sentido, uma vez que esses fenómenos são eminentemente favoráveis na perspectiva do bem-estar social. Importante será a sua interiorização (ou socialização) de forma a que a rede alcance a sua verdadeira dimensão eficiente.

O grande desafio não se traduz, portanto, na desagregação artificial de proprietários de redes, naturalmente globais, mas sim na averiguação casuística de eventuais práticas de abuso dessa posição privilegiada num determinado segmento relativamente a outros segmentos da rede ou em mercados conexos.

É este o desafio que se coloca ao direito económico actual. Diferentemente do direito económico de há duas décadas atrás, já não se fala de mudanças estruturais da economia. O seu sistema dogmático encontra-se definitivamente estabilizado. E o seu princípio central é o da eficiência, doutrinariamente neutro por definição. Poderá mesmo dizer-se que uma decisão pública ineficiente é uma decisão inconstitucional e susceptível de apreciação nessa sede. De facto, tendo o Estado como fundamento a elevação dos padrões de bemestar social, é incompreensível qualquer decisão que os reduza. É nessa perspectiva que se deve entender o próprio direito comunitário actual que, após a eliminação das barreiras nacionais, se volta inevitavelmente para a eficiência das estruturas comunitárias transnacionais.

Pena é que, por vezes, o anterior paradigma, que se traduzia no objectivo de protecção do concorrente, próprio de um modelo intermédio de integração regional, ainda hoje supere o correcto paradigma a este propósito: a protecção inequívoca do consumidor. Note-se, no entanto, que a necessária protecção dos consumidores supera as medidas casuísticas e necessariamente forçadas tomadas num horizonte estático que, aparentemente favoráveis a estes no curto prazo, lhes são totalmente adversas no longo prazo. A eficiência dinâmica tem, também aqui, um papel fundamental.

E é precisamente na sua vertente dinâmica que se devem entender quer as práticas individuais, quer as práticas colectivas nos sectores em rede. Remetendo-se as práticas colectivas para análise posterior, refira-se que a análise das práticas concorrenciais individuais nos sectores em rede depende da averiguação constante das condições estruturais dos sectores e dos segmentos onde estas são realizadas e da tomada em consideração permanente do modelo de organização mais eficiente de mercado. Neste enquadramento, e atentos os condicionalismos estruturais de mercado, a regulação torna-se essencial, revestindo-se como um complemento fundamental à política da concorrência.

Porém, os paradigmas que norteiam a política regulatória têm de ser alterados. Se existir uma tendência natural para a concentração, ela não deverá ser eliminada; ao invés, o que haverá a fazer é restringi-la ao seu espaço natural e, de seguida, tirar o maior proveito social da mesma.

Aliás, uma das vertentes da regulação propicia a própria concentração. Quando se fala de criação do mercado interno, eliminação das barreiras nacionais, harmonização das estruturas concorrenciais (*e.g.*, no mercado bancário, fundos próprios e rácios de solvabilidade) está-se, na prática, a nivelar todo o espaço de desempenho concorrencial que propiciará, mais tarde ou mais cedo, a concentração no sector. Esse é o fundamento da regulação técnica. É nisso que se traduz a própria criação de normas universais. Propiciando-se um movimento, essencialmente auto-regulatório, de convergência mundial através de opções optimizadas de compatibilidade promove-se, de facto, uma orientação de concentração ilimitada.

Neste ambiente, o direito da concorrência e da regulação económica adquirem uma importância fundamental. O seu papel não deverá ser destrutivo ou impeditivo relativamente aos modelos de organização natural dos mercados. No limite, a regulação económica seria incoerente com a regulação técnica. Pelo contrário, deverá assentar num pressuposto de permanente correcção de eventuais abusos e de compartimentalização de poderes económicos, impedindo que estes se projectem para segmentos ou mercados adjacentes, com custos em sede de Bem-Estar Social. Como se referiu anteriormente, será ineficiente fragmentar um monopólio natural; no entanto, se o detentor desse monopólio pretender monopolizar segmentos adjacentes, esse esforço será mercantilisticamente artificial e socialmente oneroso e, consequentemente, deverá ser impedido. Não deverá existir qualquer preconceito de base; a decisão deverá remeter-se unicamente a uma análise neutral de eficiência. No entanto, e não é demais repetir este mandamento: a análise deverá ser dinâmica.

Os mercados evoluem permanentemente. E, nos sectores em rede, nomeadamente, naqueles em que o modelo de organização tende mais fortemente para o monopólio, existe uma especial propensão para a superação estrutural tecnológica. Efectivamente, se o prémio significa o domínio natural do mercado, então os lucros potenciais superarão a natural aversão ao risco de investimento na concretização de uma tecnologia superior, superadora do actual estádio tecnológico.

Tal significa que o âmbito de apreciação do modelo de organização eficiente não se pode limitar à análise do ambiente concorrencial no mercado numa perspectiva intrageracional; ao invés, deverá superar-se esta dimensão temporal e atender à concorrência pelo mercado, na sua dimensão tecnológica intergeracional.

Nesta perspectiva, um monopolista será afastado por outro monopolista com uma tecnologia superior. Atendendo à rapidez da disseminação da novidade nas redes, esse afastamento será relativamente rápido. E, a tentação por essa superação natural será tanto maior quanto a dimensão do mercado do segmento em causa. Obviamente que o monopolista incumbente tem esta percepção, pelo que continuará a desenvolver todos os esforços necessários para manter a sua posição no mercado base. O desafio para as autoridades públicas será o de averiguar a razoabilidade dos meios que este utilize para essa finalidade. De facto, e numa situação limite, o monopolista poderá tentar atrasar o desenvolvimento de uma nova tecnologia, eliminando o seu potencial concorrente à nascença. É, aliás, esta a razão para o desenvolvimento de relações emocionais extremas entre concorrentes em redes virtuais.

Finalmente, não se pode ignorar a importância da regulação distributiva ou qualitativa. Esta justifica-se na óptica da redistribuição e da qualidade dos serviços. Se ocorrer um desvio entre a utilidade privada e a utilidade social, nomeadamente pela ocorrência de exterioridades negativas ou em casos de fornecimento de bens públicos, esta torna-se essencial. Nesta configuração, existirão três situações tipicamente elegíveis para efeitos de acção pública reguladora *lato sensu*[207]: i) situações de mercado em que se torna claro que a eficiência não é alcançada por via da simples acção da iniciativa privada; ii) situações de mercado em que o resultado socialmente desejável não é o proveniente de uma estrita perspectiva de eficiência mercantil; iii) situações de mercado em que os benefícios privados e os benefícios sociais são claramente distintos.

Na primeira situação, o grande desafio que se coloca ao decisor público traduz-se na distinção que deverá ser necessariamente efectuada entre integrações de segmentos eficientes, porque naturais, e integrações não-eficientes, porque artificiais ou mercantilisticamente forçadas. Neste último caso, os efeitos das operações de integração (horizontal, vertical ou, eventualmente, diagonal) de segmentos da rede terão um custo social desproporcionado face aos ganhos obtidos. Por outras palavras, a pretensão de domínio (absoluto) do mercado pelo pretenso monopolista implica um dispêndio injustificado de recursos tendo em vista a manutenção artificial da sua posição de charneira no mercado ou a extensão dessa sua posição (natural) para segmentos adjacentes onde a concorrência efectiva é susceptível de desenvolvimento e, consequentemente, onde o domínio monopolista é ineficiente.

---

[207] Enunciando uma classificação quase similar consultar N. Economides, *Public Policy in Network Industries*, working paper #06-01, Net Institute, 2006, pág. 3.

Por sua vez, na segunda situação, a solução (eficiente) de mercado não coincide com a solução justa. É muito mais oneroso a um operador de telecomunicações fixas ou móveis o fornecimento de serviços a utilizadores isolados do que a utilizadores concentrados.

Efectivamente, as economias de densidade têm, neste tipo de redes, uma importância primordial. Nesse âmbito, e numa estrita lógica mercantilista, somente as grandes cidades e os centros urbanos seriam alvo de um fornecimento deste tipo de serviços ou, no limite, o fornecimento a estes utilizadores isolados seria efectuado a um preço muito superior. Ora, isto é intolerável numa perspectiva social. Seria imoral cobrar a um utilizador pobre de uma aldeia isolada um montante muitas vezes superior ao que se cobra a um escritório situado na capital política do país em causa. Somente a regulação poderá resolver esta disfunção natural do mercado. O mesmo acontece com o fornecimento eléctrico. Na lógica de mercado, o fornecimento nas horas de madrugada não é justificável economicamente. Porém, é essencial a manutenção do fornecimento em todo o horário diário. Tal só é possível, igualmente, através da regulação e das imposições de interesse geral.

Na terceira situação, a maximização em sede de bem-estar social não coincide com a soma agregada dos benefícios dos consumidores e dos accionistas, dada a ocorrência das exterioridades de rede. A sua internalização torna-se, portanto, fundamental, o que só poderá acontecer com uma política pública dirigida para essa finalidade, *maxime* ao nível tarifário.

A função regulatória do Estado é fundamental em todas estas situações. A auto-regulação, assente num pressuposto de unanimidade, é falível numa relação directamente proporcional à tendência natural de desvio do mercado concreto, relativamente ao que resultaria de uma situação de concorrência perfeita.

4. Da distinção fundamental entre estratégias eficientes e ineficientes nos sectores em rede. A concorrência dinâmica

A situação primeiramente enunciada revela-se de primordial importância para o nosso estudo. A chave da política pública eficiente reside no sucesso da realização da distinção entre integração eficiente e integração ineficiente. Para tal é necessário abandonar um dos dogmas fundamentais da política da concorrência, tradicionalmente desfavorável à dimensão das infra-estruturas.

A rede é tendencialmente única por definição. A razão para esta irresistível tendência concentracionista é eminentemente estrutural. A partir do momento em que da relação de complementaridade entre os diversos segmentos resulte uma solução eficiente, essa tendência manter-se-á imparável até à integração de todos os segmentos restantes. E note-se, esta complementaridade extravasa o simples âmbito intra-sistemático, alcançando uma perspectiva intersistemática, na dimensão da interoperabilidade global (que será o resultado final da convergência tecnológica). No entanto, a propriedade unificada de todos os segmentos não é uma condição necessária para o alcance da situação de máxima eficiência. Da compatibilidade universal advirão resultados semelhantes.

Actualmente, e no serviço tradicional de comunicações de voz ou de prestação de acesso de Internet, ou no futuro mercado de difusão televisiva, as redes de telecomunicações fixas de cobre concorrem com as redes móveis (nas suas múltiplas vertentes – analógica, GSM, 3G, Wi-Fi), com as redes de fibra óptica, com as redes eléctricas e com as redes suportadas em satélites. Apesar de não serem totalmente equivalentes, apresentam-se como excelentes substitutos. Desde que se apresentem compatíveis entre si, os diversos utilizadores poderão usufruir da utilidade adicional acrescida que resulta de uma adesão agregada e das consequentes economias de escada do lado da procura.

O mesmo acontece com as economias de gama e de densidade nas redes virtuais unidireccionais, ou com as economias de escala do lado da oferta nas redes físicas tradicionais. A chave para a concretização de uma situação eficiente numa rede não se traduz na sua fragmentação, mas sim na compatibilização de diversos segmentos proprietários.

Os paradigmas de análise das estratégias concorrenciais dos operadores no sector em rede são necessariamente diversos dos padrões "normais" das restantes situações de mercado.

No limite, na presença de exterioridades de rede, a concorrência perfeita não se apresenta enquanto paradigma de referência, dado que a utilidade social marginal resultante da expansão da rede é superior ao benefício privado marginal para o agente que actue num mercado de concorrência perfeita. Consequentemente, numa situação de mercado de concorrência perfeita, resultará inevitavelmente uma rede com uma dimensão menor do que a resultante numa situação óptima na perspectiva social[208].

Neste enquadramento, poderá ser aceitável a prática de subsidiação estatal ao desenvolvimento de redes ou, *in limine*, a concessão de uma especial protecção monopolista a agentes vencedores, de forma a permitir-lhes a recuperação do investimento em investigação e desenvolvimento anteriormente efectuado. Esta protecção poderá ser efectuada quer por via dos regimes de propriedade intelectual, quer por via da regulação tarifária. Vejamos agora, de forma necessariamente sucinta e introdutória, algumas das suas especificidades concorrenciais.

Assim, e em primeiro lugar, os agentes presentes no mercado podem usufruir de um poder de mercado desproporcionado em determinados segmentos de rede. Por exemplo, no sector das telecomunicações e face à bidireccionalidade dos serviços, o prestador de serviços pode desenvolver uma política de preços geometricamente variável. Assim, pode optar por uma política de preços que assente na cobrança na origem da chamada, no destino da mesma ou em ambas as situações. Se dominar mais de dois segmentos de uma mesma rede, poderá efectuar discriminações de preços nos serviços em causa, potenciando as exterioridades de rede disponíveis. Não serão, portanto, de estranhar ofertas de serviços gratuitos em determinadas franjas do mercado.

O mesmo acontece nas redes virtuais bidireccionais. Um exemplo típico é o da empresa Adobe, que fornece gratuitamente o Adobe Reader, de âmbito passivo, mas vende o Adobe Writer, que é o único produto na rede que detém a capacidade de efectuar a composição dos documentos na linguagem de suporte. Esta é, aliás, uma característica dos mercados em rede, onde a prestação de serviços depende da combinação de dois segmentos distintos (*e.g.* máquinas de café e

---

[208] Cfr. N. Economides, *Public Policy in Network Industries*, cit., pág. 14. Para a demonstração matemática cfr. N. Economides e C. Himmelberg, "*Critical Mass and Network Evolution in Telecommunications*" in G. Brock (ed.), *Toward a Competitive Telecommunications Industry*, 1995.

respectivas recargas personalizadas, máquinas de barbear e respectivas lâminas, impressoras e tonners, consolas e os respectivos jogos, etc.).

Esta capacidade de imposição de preços em diferentes segmentos das redes permite a adopção de estratégias que visem a projecção da sua posição de domínio natural numa determinada franja do mercado para outro segmento adjacente. Tal é permitido pela relação de complementaridade entre os diversos segmentos. Restará saber se essas estratégias consubstanciam utilizações abusivas do seu poder de mercado originário e definir o papel que o regime da propriedade intelectual deverá assumir.

Relembre-se que, apesar das exterioridades de rede não serem totalmente interiorizadas pelos mecanismos de mercado, ainda assim poderá existir fundamento para aliciamentos suplementares a grandes clientes, tendo em vista a maximização dos efeitos positivos sistémicos que estes podem originar à rede. Neste enquadramento, a doutrina tradicional respeitante aos preços predatórios ou à discriminação contratual terá de ser repensada.

Em segundo lugar, e atendendo à dinâmica das economias presentes no lado da oferta e no lado da procura, a expansão da rede é potencialmente explosiva. Uma vez que a percepção de ganhos pelos utilizadores é quase imediata, a rede vencedora (quer revista uma natureza física, quer revista uma natureza meramente virtual) poderá ganhar, num curto prazo de tempo, uma enorme quota de mercado, sem que tal indicie o desenvolvimento de qualquer conduta abusiva. Esta realidade tem inevitáveis efeitos quer ao nível da análise concorrencial de práticas individuais, quer ao nível da identificação dos efeitos de eventuais práticas oligopolistas.

Em terceiro lugar, deverá ter-se em consideração que nas redes onde se façam sentir os efeitos das exterioridades de rede, a tendência inevitável será a da concentração da quota de mercado. No entanto, os índices de rentabilidade serão ainda mais desproporcionados, já que estes tenderão a variar geometricamente face à percentagem de mercado detida. Neste âmbito, a distribuição não-equitativa dos lucros de mercado é inerente à própria estrutura do mesmo e não é indiciadora de qualquer prática anticoncorrencial. A razão para esta circunstância de mercado é quase intuitiva. Além dos efeitos das economias de escala e de gama bem como das exterioridades de rede, a empresa dominante tem uma maior capacidade de venda dos bens complementares. Logo, a capacidade de recolha de proveitos evolui numa relação multiplicativa. Neste âmbito, uma rentabilidade que, numa primeira vista, poderá aparecer como excessiva[209] e, consequentemente, decorrente de práticas anti-concorrenciais exploratórias, não o será, decorrendo antes da normal estrutura do mercado[210].

Em quarto lugar, haverá que afastar um dos pressupostos correntes da tradicional política da concorrência e que deriva da teoria dos mercados contestáveis. Efectivamente, é posição relativamente pacífica na doutrina que a livre entrada de agentes no mercado origina uma situação de concorrência próxima do seu modelo perfeito. De facto, e atendendo ao que se referiu quer quanto aos aspectos temporais de expansão de rede, quer quanto à potencialidade de extracção de rentabilidade do negócio, por muitos esforços que as autoridades públicas desenvolvam no sentido de eliminar barreiras à entrada (*maxime*, por via da emissão de licenças administrativas adicionais), a realidade é que novos concorrentes não afectarão significativamente as condições concorrenciais dos mercados organizados em rede. Estes novos concorrentes poderão sobreviver atendendo às características típicas da produção destes sectores (nomeadamente nas redes virtuais, onde existe uma quase ausência de custos fixos de reprodução ou duplicação); no entanto, não poderão vingar em redes já maduras, nem alterarão de forma significativa a estrutura de rentabilidade das mesmas.

Neste enquadramento, a tendência para a concentração é inerente à própria estrutura dos mercados nos sectores em rede[211]. Porém,

---

[209] A *UK Monopoly and Merger Commission* referiu, num relatório sobre o mercado de consolas de jogos de 1995, que a Nintendo havia angariado lucros excepcionais em 1993 e 1994, concluindo que o mercado não se encontrava numa situação de concorrência efectiva. Ora, essa não era a realidade, pois a Sony entrou em 1995 no mercado e esmagou rapidamente a sua rival. Por outro lado, a autoridade concorrencial britânica esqueceu totalmente as falhas anteriores (Atari, Commodore, Philips, Sinclair, Amstrad). Cfr., Report of the Monopolies and Mergers Commission, *Vídeo Games, A report on the supply of vídeo games in the UK*, MMC, March 1995, para. 2.55.

[210] Cfr. N. Economides e F. Flyer, "*Compatibility and Market Structure for Network Goods*", Discussion Paper EC-98-02, Stern School of Business, NYU, 1998.

[211] Conforme referem Christopher Pleatsikas e David Teece, "*the chimera of perfect competition (...) is at odds with the reality of highly competitive technology-driven*

dessa situação poderá não derivar uma extrema preocupação. Atendendo a todas estas circunstâncias, a concorrência poderá não se desenvolver no interior do mercado em concreto, mas sim pelo próprio mercado na sua totalidade.

Importará neste ponto efectuar uma distinção entre as redes físicas pesadas, em que os custos fixos são extraordinariamente relevantes, e as restantes redes, de conteúdo mais dinâmico e inovador. Nas primeiras, concorda-se no essencial com a doutrina tradicional que advoga a necessária regulação face às incapacidades de mercado em presença. No entanto, relativamente às segundas, deverá alterar-se a perspectiva tradicional, impedindo-se a aplicação extensiva da doutrina tradicional, construída na regulação dos sectores em rede tradicionais. Face ao dinamismo concorrencial resultante da inovação, o mercado relevante poderá não se limitar ao conteúdo intra-sistemático, devendo estender-se à própria concepção tecnológica de mercado. Por exemplo, o mercado dos sistemas operativos dos computadores pessoais poderá não constituir *ipso facto* um mercado relevante em si mesmo, devendo englobar os sistemas de *middleware* ou de residência remota desmaterializada. Parte destes ainda se encontra em fase de desenvolvimento; porém, encontram-se noticiados e serão inevitáveis.

As práticas anticoncorrenciais mais nefastas traduzir-se-ão em eventuais tentativas de atraso do "*salto tecnológico*" e não em querelas simplistas relativamente a combinações de produtos de interesse relativamente secundário. O dinamismo concorrencial torna ineficientes decisões públicas tomadas tendo em consideração meros elementos de ordem histórica, obrigando a apreciações prospectivas de médio e longo prazo, numa óptica de promoção de evoluções tecnológicas significativas que constituam uma fractura face ao modelo de mercado existente no momento presente.

Mais do que uma concorrência destrutiva schumpeteriana, este movimento fracturante é construtivo e renovador. O novo patamar concorrencial é criado num único movimento, atendendo às possibilidades tecnológicas do momento. Para tal é necessária a fixação

---

industries" [C. Pleatsikas e D. Teece, "*New Indicia for Antitrust Analysis in Markets Experiencing Rapid Innovation*", in J. Ellig (ed.), *Dynamic Competition and Public Policy*, Cambridge University Press, 2001, pág. 95].

prévia da norma que se constitui como o elemento fundamental que compatibilizará os diversos segmentos.

Nestas condições, não será de estranhar que os agentes presentes no mercado desenvolvam estratégias que visem a sua apreensão totalitária. Face aos condicionalismos próprios das redes, o agente vencedor ficará com a quase integral rentabilidade disponível do mercado[212].

O limite ao seu poder de mercado não assentará nas reacções dos concorrentes actuais, perdedores inevitáveis, mas sim de um concorrente inovador que crie ou potencie a existência de um novo ciclo concorrencial, no âmbito de um processo contínuo de concorrência sequencial.

Os desafios que se colocam à política pública são enormes. Em primeiro lugar, haverá que alterar os conceitos chave de poder de mercado e de mercado relevante. A concorrência nos mercados não poderá ser apreendida numa lógica unicamente horizontal ou intra-sistemática, mas sim numa óptica longitudinal, nas dimensões da realidade intersistemática e das evoluções dinâmicas transtemporais.

Neste enquadramento, o verdadeiro desafio que se coloca na regulação económica dos mercados não será o da identificação da ineficiência da situação de monopólio e a sua sucessiva composição, mas sim o de verificar se o mesmo se encontra artificialmente "entrincheirado" tendo como base apenas os seus méritos passados. Obviamente que, nestas condições, o monopolista retorquirá sempre argumentando que se encontra no meio de um ciclo shumpeteriano, e por conseguinte, que deverá ser deixado em paz.

No entanto, tal poderá não ser verdadeiro e a única forma das autoridades o poderem demonstrar será através da análise da evolução tecnológica e da averiguação da existência de barreiras artificiais à entrada de agentes inovadores que, no limite, poderão traduzir-se em aquisições sucessivas de agentes emergentes por parte dos sujeitos monopolistas de forma a que os ciclos evolutivos sofram um atraso significativo.

---

[212] Cfr. S. Liebowitz, *Re-Thinking the Network Economy*, AMACOM, 2002, págs. 16 a 18.

A este respeito, se existirem provas de existência de ciclos monopolistas passados e na presença de investimentos intensos em investigação e desenvolvimento por parte de numerosos pró-rivais, a eminência de afastamento do incumbente torna a lógica inerente à concorrência dinâmica credível e efectiva. Se, porém, não existirem provas da existência de ciclos monopolistas passados, ainda assim poderá dar-se o benefício da dúvida ao monopolista que se preocupa permanentemente com a sua *eficiência-X*, reduzindo custos e investindo sucessivamente na criação de novos produtos.

Um monopolista consciente irá certamente precaver-se da concorrência potencial e o modo mais eficaz para alcançar esse objectivo será o de se comportar como se a concorrência potencial se traduzisse numa verdadeira concorrência efectiva. No entanto, este mesmo monopolista poderá ceder facilmente à tentação de desenvolvimento de práticas anticoncorrenciais. O desafio para as autoridades públicas será o de distinguir estes dois tipos de estratégias distintas e não o de fracturar artificialmente o agente naturalmente dominante.

Semelhante cautela deverá ser aplicada à regulação de preços. Uma intervenção não ponderada poderá interferir nos fluxos financeiros. No limite, ao impedir-se que o agente monopolista usufrua de uma renda a este título poderá colocar-se em causa a justa remuneração dos seus esforços de investigação e desenvolvimento, bem como a correcta compensação pelos riscos sustentados. Por outro lado, a regulação de preços poderá reduzir artificialmente as margens necessárias ao desenvolvimento da concorrência dinâmica, não incentivando a entrada de concorrentes inovadores e perpetuando a posição do incumbente.

Numa regulação de acesso bem intencionada poderão ter origem, muito facilmente, efeitos extraordinariamente nocivos em sede de bem-estar social.

Um bom exemplo deste facto poderá ser encontrado na decisão da Comissão Europeia relativa ao processo *Microsoft*, proferida em 24 de Março de 2004[213], e no acórdão decorrente do Tribunal de Primeira Instância, de 17 de Setembro de 2007[214]. Toda a decisão de

---

[213] C(2004)900 final.
[214] Acórdão do Tribunal de Primeira Instância, processo T-201/04.

aplicação do direito da concorrência por parte das autoridades comunitárias revelou a convivência pouco saudável entre a política da concorrência tradicional e os novos desígnios do conhecimento, assentes no desenvolvimento de novas tecnologias e na construção das chamadas "*redes virtuais*" de alta capacidade, tal como foi preconizado na "Estratégia de Lisboa para a Sociedade do Conhecimento".

Esta posição rígida das instâncias comunitárias em matéria de concorrência não constitui novidade. Por exemplo, ao nível da política de auxílios de Estado, os países menos desenvolvidos da União Europeia são tratados de forma totalmente equivalente aos países mais desenvolvidos, o que os impede de implementar qualquer política de atracção de investimento mais audaz e imaginativa, impedindo, assim, o seu desenvolvimento estrutural mais rápido e sustentado.

Esta postura pouco flexível teve, infelizmente, uma outra manifestação: as instâncias concorrenciais comunitárias, aproveitando a contenda judicial norte-americana, não hesitaram em condenar a Microsoft ao pagamento de uma coima no montante de 497,2 milhões de euros.

Foram dois os principais argumentos que fundamentaram essa decisão: (i) a alegada recusa da Microsoft em fornecer informação que permitisse a *interoperabilidade* de outros sistemas com os seus produtos informáticos e (ii) o estabelecimento de uma política de *tying* (vendas subordinadas) através da qual a Microsoft condicionou a aquisição do seu sistema operativo (*Windows*) à aquisição simultânea de um outro programa, o *Windows Media Player*.

Sendo a política de concorrência normalmente avessa a práticas adoptadas por uma empresa com posição dominante, quer estas se traduzam na conquista de mercados adjacentes, reduzindo ou eliminando a concorrência existente nesses mercados, quer associem a aquisição de um bem ou de um serviço à aquisição de outro bem ou de outro serviço que pode ser objecto de oferta e procura autónoma ou independente, a verdade é que a aplicação desta política ao caso concreto das redes privadas virtuais e das vendas subordinadas não é isenta de reparo, sobretudo quando não são tidos em conta os efeitos negativos de tais decisões no plano da eficiência na afectação dos recursos e do bem-estar económico geral.

Com efeito, na decisão do processo Microsoft, a Comissão preferiu ignorar todas as especialidades económicas inerentes às organizações que funcionam em rede. Os sistemas operativos de servidores para grupos de trabalho representam uma verdadeira modificação nas infra-estruturas tecnológicas, visando a elevação dos padrões de satisfação das necessidades dos consumidores. Assim, quando se sustenta que a Microsoft deveria ter cedido a informação que possibilitasse a interoperabilidade de *software* desenvolvido por sociedades concorrentes com o seu sistema operativo, a Comissão poderá estar a torpedear toda uma actividade de desenvolvimento tecnológico e de inovação, prejudicando gravemente a tutela da propriedade intelectual. Realmente, ao garantir o direito de acesso de terceiros a uma plataforma tecnológica alheia, a Comissão Europeia está a legitimar condutas de "boleia" (*free-ride*) de sujeitos que nunca tendo investido no desenvolvimento tecnológico recolherão, abusivamente, os benefícios dos esforços alheios, para os quais nunca contribuíram. Uma legitimação deste tipo de condutas significa o fim de qualquer investimento em investigação e desenvolvimento.

Esta postura da Comissão só no curto prazo e numa óptica estática poderá parecer benéfica para o consumidor. No longo prazo, e se analisarmos a questão na perspectiva dinâmica – a correcta – o seu impacto ao nível do bem-estar geral e do excedente do consumidor é totalmente irrelevante e ineficaz: a possibilidade de livre acesso a infra-estruturas alheias reduz o incentivo à criação de novas redes – leia-se sistemas operativos – concorrentes, de tal sorte que a luta contra o poder do monopólio acaba por ter como efeito a sua perpetuação. Os equívocos são, por isso, evidentes. O enquadramento rígido e inadaptado da política concorrencial comunitária, assentando em padrões de análise estáticos e de curto prazo, gera decisões prejudiciais ao mercado e ao consumidor.

Neste sentido, a decisão relativa à venda subordinada dos dois produtos informáticos não constitui mais do que a reedição da denominada "guerra dos *browsers*" tão veementemente travada nos tribunais norte-americanos e que tinha subjacente a integração do *Internet Explorer* no sistema operativo *Windows*.

No caso que teve oportunidade de investigar e decidir, a Comissão ignorou toda a discussão doutrinária ocorrida nos Estados Unidos – e também na Europa – a este respeito. Além disso, existem importantes argumentos económicos que, *a serem provados*, apontam no sentido inverso: (i) a renda de um monopolista será sempre idêntica, quer este a receba do mercado do produto principal ou do mercado do produto secundário; (ii) a existência de economias de gama na distribuição permite uma redução dos custos dos dois produtos; (iii) a garantia de uma boa compatibilidade reduz significativamente os custos operacionais do cliente; (iv) a venda de pacotes agregados de bens permite a redução do preço de venda do produto principal, o que possibilita o seu acesso por parte de um maior número de consumidores (*metering*). Analisaremos esta problemática *infra*.

A perspectiva de análise tem de ser, a este propósito, totalmente distinta, não se justificando a criação de uma clivagem fundamental e dramática entre a política concorrencial comunitária e a norte-americana, tanto mais quando é duvidoso que se possa fazer uma distinção de mercados relevantes, separando o sistema operativo de outros programas estruturais de um sistema informático moderno. No limite, poderá mesmo dizer-se que não existem dois produtos distintos mas unicamente um produto composto. É esse o conteúdo positivo de um sistema em rede.

A segunda crítica fundamental assenta na perspectiva adoptada pela Comissão relativamente à sua política de concorrência. Uma decisão com o teor da aplicada no caso Microsoft, assente numa óptica estática, limitada e de curto prazo, tem como únicos beneficiários os concorrentes da Microsoft e não os consumidores.

Apesar de se poder suspeitar da influência de grupos de pressão contrários à Microsoft – e são bastantes – não se pode esquecer que a política concorrencial comunitária, ao contrário da norte-americana, teve sempre um duplo objectivo: (i) a criação do mercado interno (objectivo principal); (ii) a eficiência dos processos produtivos maximizando o excedente do consumidor (objectivo secundário e derivado).

Os serviços da Comissão estão, pois, historicamente "formatados" no sentido da criação de padrões concorrenciais uniformes para as empresas concorrentes dos diferentes Estados-Membros e sujeitas e enquadramentos jurídicos distintos. O seu objectivo primário traduz-se, por isso, no nivelamento das condições de actuação dos diversos concorrentes. Os impactos positivos para os consumidores são deixados na sombra, sendo suficiente o argumento de que se verificariam no futuro.

Ora, esta preocupação de protecção de concorrentes em situação desfavorável no mercado é, neste processo, particularmente clara. O problema é que o enquadramento político não é idêntico. Uma empresa não pode ser penalizada por ser bem sucedida. Nos sectores em rede, o sucesso traduz-se, fatalmente, na apropriação de uma quota maciça de mercado, mas que só é obtida porque os consumidores optaram nesse sentido.

E não se poderá esquecer que, face à importância da inovação nestes sectores, uma posição de mercado que aparentemente pareça estabilizada poderá, a qualquer momento ruir. Bastará aparecer um concorrente com um produto melhor. É esse receio que, congeminado com o facto dos custos de reprodução se aproximarem do zero, mantém baixos os preços destes produtos.

5. Da necessidade de reformulação do conceito de domínio e de mercado relevante

5.1. *A concorrência dinâmica e o domínio de mercado*

As incongruências da política da Comissão ao nível da definição do que entende por domínio de mercado são facilmente identificadas na *Comunicação da Comissão relativa à aplicação das regras comunitárias de concorrência às restrições verticais*, de 13 de Outubro de 2000[215].

Refere-se nesse documento que "*do ponto de vista económico, o poder de mercado define-se geralmente como a capacidade de praticar preços superiores ao nível competitivo (a curto prazo o custo marginal, a longo prazo o custo total médio). Por outras palavras, é o que permite a uma empresa ter poder de mercado se tiver uma influência significativa sobre os seus preços de venda praticando preços superiores aos da concorrência, e pelo menos a curto prazo, realizar um lucro excepcional. A maior parte dos economistas*

---

[215] COM 2000/C 291/01 (in JO C 291/1, 2000).

concordaria em que existe poder de mercado abaixo do nível da posição dominante tal com foi definido pelo Tribunal de Justiça. É o ponto de vista que foi igualmente expresso no Livro Verde, a fim de sublinhar que as restrições verticais podem prejudicar a concorrência, mesmo quando as empresas em causa estão a um nível abaixo da posição dominante (...)".

Ora, perante esta enunciação, existirão três referenciais diferenciados de posição preponderante no mercado (terminologia incorrecta mas que somos obrigados a utilizar): (1) a posição dominante, nos termos definidos pelo Tribunal de Justiça, para efeitos de aplicação do artigo 82.º do Tratado; (2) o poder de mercado, para efeitos desta Comunicação; e (3) o poder substancial de mercado, para efeito da diversa legislação reguladora. Ora, como é facilmente compreensível, é imprescindível uma uniformização da definição comunitária de poder de mercado ou, adoptando-se o conceito do direito norte-americano, de agente com poder de monopólio.

A insuficiência conceptual actual é reconhecida pela própria Comissão Europeia no documento de discussão pública sobre a aplicação do artigo 82.º a abusos de exclusão (*Discussion Paper*)[216]. Neste âmbito, o próprio conceito de base, de origem jurisprudencial, parte de um princípio de prejuízo.

É hoje pacificamente aceite que o domínio se traduz na posição de poder económico que uma empresa usufrui e que lhe permite actuar de forma independente dos seus concorrentes, dos seus clientes e dos seus consumidores, impedindo, desta forma, o desenvolvimento de uma concorrência efectiva no mercado[217]. Ora, esta definição deve ser necessariamente adaptada à tipologia dos sectores em rede, *maxime*, àqueles que assentam em padrões de concorrência dinâmica.

---

[216] Cfr. European Commission, *DG Competition Discussion Paper on the Application of article 82 of the Treaty to Exclusionary Abuses*, December, 2005. Relembre-se que a doutrina, na sequência de Richard Whish, tende a distinguir os denominados abusos de exclusão dos abusos de exploração, considerando-se como tais a imposição de preços abusivos ou de condições contratuais injustas. Cfr. R. Whish, *Competition Law*, 4th ed., Butterworths, 2001, págs.168 a 179.

[217] Cfr. acórdão n.º 27/76, *United Brands Company and United Brands Continentaal BV vs. Comissão*, Colectânea, 1978, págs. 207 e segs., parágrafo 65.

Como não poderia deixar de ser, o ponto de partida da análise da situação de mercado baseia-se na análise relativamente simplista referente à quota de mercado detida. E, neste âmbito, os sectores em rede, apesar dos seus condicionalismos próprios anteriormente descritos, têm vindo a ser escrutinados de forma idêntica aos sectores ditos tradicionais. Não fará qualquer sentido, no âmbito de um ambiente de concorrência dinâmica, que a elisão de domínio se faça unicamente tomando como base os níveis quantitativos históricos de presença no mercado.

A chave para a redefinição da concepção de domínio reside precisamente no conceito de concorrência dinâmica, que tem origem na *Escola Económica Austríaca*[218], de fundamento eminentemente subjectivo e praxeológico[219]. Nesse âmbito, e adoptando uma perspectiva pragmática, secundariza as teorizações de equilíbrio geral, eminentemente neoclássicas, preocupando-se com a solução ideal no caso concreto, o que é particularmente aliciante na regulação dos mercados[220]. A concorrência consistirá num processo de descoberta, onde as bases estruturais do mercado se redefinem permanentemente, tomando em consideração a informação criada e disponibilizada.

Nestas condições, a noção de concorrência dinâmica assenta numa dimensão eminentemente processualista, menosprezando a estrutura presente de mercado. Por esta razão, o conceito de monopólio

---

[218] A Escola Económica Austríaca tem como precursor Carl Menger [cfr. C. Menger, *Principles of Economics*, 1871, J. Dingwall e B. Hoselitz (trad.) New York University Press, 1981], tendo seguidores notáveis, tais como Friedrich A. Hayek, Ludwig von Mises, Joseph Schumpeter, Israel Kirzner e Murray Rothbard entre outros. Cfr., e.g. Stephen Littlechild (ed.), *Austrian Economics*, Schools of Thought in Economic Series, vols. I, II e III, Aldershot, UK, 1990; J. Ellig e D. Lin, *"A Taxonomy of Dynamic Competition Theories"*, in J. Ellig (ed.), *Dynamic Competition and Public Policy*, Cambridge University Press, 2001, págs. 16 a 44.

[219] Cfr. H. Hoppe, *The Economics and Ethics of Private Property*, Kluwer, 1993, págs. 141 a 164; M. Rothbard, *"Praxeology: The Methodology of Austrian Economics"* in Edwin Dolan (ed.), *The Foundations of Modern Austrian Economics*, Sheed & Ward, 1976, págs. 19 e segs.

[220] O modelo austríaco assenta na concepção da concorrência como uma sucessão de eventos, tendencialmente fracturantes, como são as guerras no seu modelo extremo, mas que engloba igualmente as rupturas tecnológicas e criação de novos produtos. Neste enquadramento, os preços deixam de ter uma função essencial no mercado, revestindo, ao invés, uma função de sinalização.

estrutural é tendencialmente afastado. Por outro lado, a natureza do processo concorrencial extravasa em muito a mera vertente bidimensional traduzida no binómio preço/quantidade; pelo contrário, o que relevará concorrencialmente será o aparecimento de formas originais de posicionamento no mercado (*e.g.* novos produtos, novos processos, campanhas publicitárias inovadoras e, no limite, a criação de novos mercados). A adaptação desta escola de pensamento ao modelo concorrencial das redes virtuais é visível e intuitiva. De facto, já não se poderá falar numa promoção da inovação por via da política da concorrência, já que a inovação fará parte integrante da mesma; por outras palavras, a inovação não constitui um factor exógeno à concorrência nos mercados, ao invés, é integrante do próprio processo concorrencial[221].

Essa identidade conceptual é perceptível até pelo próprio substrato dinâmico comum aos conceitos de concorrência e de inovação. Neste âmbito, a intervenção do Estado será de afastar, já que a fixação de preços ou o estabelecimento de quotas de produção iria destruir a apetência criativa dos agentes empreendedores presentes no mercado.

Será crucial manter esta tendência criativa empreendedora no mercado. E, é aqui que se deverá efectuar uma distinção fundamental entre os sectores em rede eminentemente estáticos ou de vocação estrutural e os sectores em rede dinâmicos ou de vocação conjuntural. Apesar da sua denominação, não se deverá entender esta diferenciação como decorrendo de uma qualquer base infra-estrutural. Pelo contrário, o que a fundamenta é precisamente o ritmo potencial de inovação. O ritmo de inovação na indústria ferroviária, *maxime*, na esfera infra-estrutural é substancialmente mais reduzido do que o ritmo de inovação na indústria de *hardware* ou *software* informático.

E, note-se, é precisamente nos sectores onde o potencial de angariação de renda monopolista é superior que a inovação tecnológica se faz sentir com uma enorme intensidade. Por exemplo, no mercado dos microprocessadores, os dois concorrentes potenciais (Intel e AMD) trocam sistematicamente entre si a posição de domínio

---

[221] Cfr. D. Kallay, *The Law and Economics of Antitrust and Intellectual Property, An Austrian Approach*, Edward Elgar, 2004, pág.42.

no mercado, tendo em consideração os saltos tecnológicos que alcançam no fabrico dos seus produtos[222].

Consequentemente, o conceito de monopólio, definido originariamente de acordo com o modelo neoclássico como a situação em que existe um único fornecedor de um determinado bem, por ser desadequada à quase integralidade das situações do mundo real, teve de ser adaptada pelo direito económico, que adoptou uma óptica, substancialmente mais operacional, e que se traduz no conceito de poder de monopólio, de poder de mercado, ou de forma mais atenuada, de domínio.

No entanto, a influência neoclássica não foi afastada já que a identificação desse poder de mercado, nas múltiplas configurações descritas, se encontra estritamente relacionada com a capacidade do agente em determinar unilateralmente o preço do bem em causa[223], situação que é totalmente antagónica relativamente ao seu modelo óptimo de equilíbrio: a concorrência perfeita.

Ora, a aplicação prática deste modelo extremo é extraordinariamente limitada, só fazendo sentido em situações extremas de monopólio natural ou em situações de monopólio legal. Porém, conforme se referiu, as situações extremas de organização de mercado são, na realidade concreta, muito raras, pelo que a concepção neoclássica se torna inoperacional na análise dos casos da vida real, apesar de ser bastante aliciante, pela sua simplicidade, na análise econométrica abstracta da mesma[224]. Em nosso entender, a adopção de um paradigma

---

[222] A concepção da Escola Austríaca de Economia é igualmente feliz na descrição do ambiente de informação que rodeia os mercados. Ao contrário das restantes doutrinas, adopta um princípio de informação imperfeita que tem efeitos positivos ao nível da inovação, uma vez que inclui incerteza nas análises concorrenciais, aumentando os ganhos potenciais disponíveis para o empreendedor, quer porque adoptam uma perspectiva optimista, quer porque podem ganhar um prémio de arbitragem, quer porque a metodologia de tentativa-erro permite uma evolução mais rápida e eficiente. São estas as razões que fundamentam a concepção da concorrência como um processo de descoberta. Cfr. D. Kallay, *The Law and Economics of Antitrust and Intellectual Property, An Austrian Approach*, cit., pág. 88.

[223] O exemplo prototípico desta concepção consta no próprio *Sherman Act*.

[224] A perspectiva extrema de concorrência perfeita continua a ser a base de algumas tendências mais radicais, como a da Escola Ordoliberal de Friburgo, segundo a qual a manutenção do poder democrático dos Estados estaria dependente da imposição de um sistema de concorrência perfeita em todos os mercados. Cfr. W. Eucken, *Die Grundlagen der Nationalökonomie*, Fisher, Berlin, 1939.

axiológico não adaptado à realidade concreta é de correcção muito duvidosa.

Por outras palavras, a função de ordenação e correcção dos modelos concorrenciais presentes nos diversos mercados terá de assentar numa concepção credível e susceptível de aplicação prática e não numa concepção eminentemente ideal, que engloba, no seu âmago, unicamente posições de índole extrema. É esta a posição pragmática e realista que se adopta em sede de análise das práticas individuais nos sectores em rede, tal como será a posição, em modelos diferenciados, que se adoptará na análise das tendências oligopolistas inerentes às práticas colectivas nos mesmos sectores.

O conceito de monopólio, num contexto de concorrência dinâmica, é mais vasto e adaptável. A sua configuração baseia-se numa realidade microeconómica. Neste âmbito, o monopolista será o agente no mercado que se encontra imune às ameaças concorrenciais dos restantes agentes que podem, a todo o tempo, entrar no seu mercado. O ponto de partida parece ser coincidente com o da teoria dos mercados contestáveis. Diverge desta, no entanto, pela sua natureza eminentemente subjectiva, em claro contraste com os fundamentos objectivo-estruturais da primeira. Numa expressão metafórica extremamente feliz, o monopolista, nesta configuração dinâmica, será o agente no mercado que *"se encontra isolado dos ventos frios da concorrência potencial"*[225]. Se o mercado concorrencial é um mar tempestuoso, o monopolista encontra-se num porto de abrigo.

Esta orientação tem um impacto devastador na análise processual tradicional de aferição de poder de mercado.

Assim, e num ambiente de concorrência dinâmica, torna-se essencial efectuar um teste bifásico. Em primeiro lugar, e uma vez que o pressuposto concorrencial assenta numa base dinâmica, é necessário averiguar o nível de robustez do processo concorrencial, quer ao nível da intensidade de inovação, quer ao nível do número de concorrentes no mercado (em sentido amplo, isto é, abrangendo igualmente os sujeitos que operam em mercados adjacentes). De seguida, é necessário efectuar uma avaliação empírica das circunstâncias

---

[225] Cfr. I. Kirzner, *Competition and Entrepreneurship*, Chicago University Press, 1973, pág. 105.

concorrenciais iniciais[226]. Esta é uma análise comportamental dinâmica. Porém, para efeitos de avaliação do grau de intensidade concorrencial, torna-se necessário "fotografar" o momento actual, paralisando momentaneamente o que é intrinsecamente mutável. Esta é uma concessão que se deverá efectuar mas que se torna essencial para operacionalizar os procedimentos de controlo. Os critérios essenciais de análise são os seguintes:

i) o ritmo de inovação tecnológica (*e.g.*, a introdução de novos produtos, de novos processos, bem como a sua permanente diferenciação);

ii) a sensibilidade do agente relativamente às reacções dos consumidores e dos restantes concorrentes (que extravasa em muito a simples realidade bidimensional neoclássica, abrangendo para além dos preços e das quantidades, a qualidade e toda a envolvente comercial – publicidade, assistência técnica, etc.);

iii) a volatilidade da base de clientes instalada (quanto mais estável for a base, menor a intensidade concorrencial);

iv) a volatilidade do nível de quota de mercado detida pelo agente (se existir flutuação, tal constituirá uma indicação de existência de concorrência dinâmica; no entanto, se a quota se mantiver estável, ainda assim poderá existir concorrência dinâmica se o ritmo de introdução de novos produtos se mantiver elevado);

v) o grau de volatilidade dos preços no mercado relevante (diversamente da teoria neoclássica, os preços são elementos relevantes de sinalização através dos quais os produtores analisam as preferências dos clientes; consequentemente, e uma vez que as preferências dos consumidores se alteram em conformidade com novos produtos apresentados ou com a presença de novos concorrentes, se existir uma estabilidade a este nível, tal reflectirá uma estagnação do processo concorrencial);

vi) o número de alternativas aos bens produzidos (num processo concorrencial, existirá uma oferta robusta de alternativas aos bens produzidos, que supera a simples produção de bens integralmente sucedâneos; neste âmbito, o quadro concorrencial de base para a fixação do mercado relevante é bem mais abrangente, englobando a integralidade dos produtos presentes no segmento da rede);

vii) o grau de incerteza concorrencial (quanto maior for o grau de incerteza maior será o ganho potencial; nos sectores em rede físicos, a regulação tarifária limita os ganhos potenciais; ora, tal já não acontece nas redes virtuais. Nestas últimas, a limitação do grau de incerteza é efectuado por via das normas de protecção da propriedade intelectual);

viii) o nível de barreiras à entrada que dificultam o processo concorrencial (este critério é semelhante ao adoptado pela doutrina neoclássica, englobando, no entanto, unicamente as barreiras à entrada decorrentes de comportamentos dos agentes dominantes e não as vertentes meramente estruturais).

Pelo exposto, deverá salientar-se que o nível estático da quota de mercado detida pelo agente "dominante" é totalmente ignorado. De facto, o único factor relevante para a análise concorrencial dinâmica é a tendência da sua evolução, ainda assim ponderada com a intensidade da renovação da produção. Na realidade, em ambientes de concorrência pelo mercado, que é tipicamente o caso dos sectores em rede, *maxime*, dos virtuais, o desenvolvimento de uma política pública que dificulte ou impeça esse resultado terá inevitáveis efeitos nefastos em sede de bem-estar social. A concentração da quota de mercado é inevitável[227]. O que haverá a fazer será a eliminação de quaisquer vantagens ou exclusivos artificialmente concedidos por via legal e que permitam a perpetuação artificial dessa posição, bem como proceder ao estímulo da investigação e desenvolvimento e, finalmente, garantir a prestação de serviços de interesse geral quando tal se justifique.

O teste proposto permite, na sua segunda fase de investigação empírica, averiguar a razão precisa pela qual um qualquer monopolista identificado adquiriu a sua posição proeminente (quer decorra de fonte legal, protecção de patente, ou decorra de condições objectivas de mercado – detenção de um nó ou lacete essencial que se organize em monopólio natural).

Obviamente que, em determinadas situações, como é o caso das redes físicas materiais tradicionais, existirão segmentos organizados em monopólio natural historicamente identificados e, consequentemente, poderá partir-se de um pressuposto de necessidade regulatória no modelo *ex ante*. Porém, terá sempre de se tomar em consideração a possibilidade de aparecimento de novos produtos adjacentemente concorrentes e que permitem a realização de um *by-pass* tecnológico, superando o segmento em monopólio natural.

Por exemplo, no sector das telecomunicações sempre se tomou o lacete local e, em sentido amplo, a rede de cobre, como revestindo a natureza de um monopólio natural. No entanto, hoje em dia, existe uma rede de fibra óptica, uma rede de energia, uma rede móvel e uma rede de satélite que, não constituindo *ipso facto*, a duplicação dessa infra-estrutura, permitem a prestação dos serviços que anteriormente eram exclusivamente suportados por essa rede. Neste sector, o conceito estrutural de monopólio natural encontra-se claramente em crise.

Não se negando a sua existência na configuração neoclássica do termo, deverá, no entanto, reconhecer-se que a criação de produtos concorrentes suportados por infra-estruturas adjacentes permitirá expurgar uma grande parte do poder de mercado detido pelo proprietário desse segmento. Actualmente, para que a sua capacidade concorrencial se mantenha, o agente detentor da rede fixa necessita de efectuar enormes investimentos em velocidade de rede (por exemplo, na oferta retalhista de serviços) e oferecer serviços a preços (quase) gratuitos.

5.2. *Da necessária reformulação do conceito de monopolização e de posição dominante*

O direito da concorrência tem sentido uma extrema dificuldade em clarificar o que se entende por monopolização ou abuso de posição dominante, conforme a ordem jurídica considerada, quando estão em causa condutas que não se encontram directamente relacionadas com a fixação unilateral de preços. Não é por acaso que as autoridades de tutela da concorrência sintam uma quase irresistível atracção para a análise deste tipo de práticas, tomando como ponto de referência o seu impacto ao nível da estrutura de preços nos diversos mercados, reconduzindo-as, muitas vezes, aos *"preços predatórios"* ou à *"compressão de margens"*.

Essa tendência é normal e, em algumas situações, até poderá ser útil tendo em consideração a já bastante desenvolvida dogmática existente a este propósito. No entanto, nunca poderá limitar-se a análise destes fenómenos a uma simples averiguação da ocorrência desses factos, sob pena de se efectuar uma redução simplista e, inevitavelmente, errada.

A Secção 2 do *Sherman Act*[228] norte-americano assenta essencialmente no conceito de exclusão concorrencial, identificando três condutas típicas: (1) monopolização[229]; (2) tentativa de monopolização[230]; e, (3) conspiração visando a monopolização[231].

---

[226] Cfr. D. Kallay, *The Law and Economics of Antitrust and Intellectual Property, An Austrian Approach*, cit., pág. 91 a 97.

[227] Conforme se demonstrará *infra*, esta é a nossa principal crítica ao sistema de controlo de concentrações. De facto, a averiguação dos méritos concorrenciais de uma qualquer posição dominante (individual ou colectiva) por acção de um processo de concentração não pode ser efectuada de forma preliminar. Relembre-se que a detenção da posição dominante não é penalizada *per se*, mas unicamente o seu abuso.

[228] *Sherman Antitrust Act*, 15 U.S.C., em especial, secções 1 a 7, (1890).

[229] Foi referido, a este propósito, pelo Supremo Tribunal Federal no acórdão *United States v. Grinnel Corp.* de 1993 [384 U.S. 563, 570-571, 86 S.Ct. 1698,1704 (1986)]: "*The offense of monopoly under § 2 of the Sherman Act has two elements: (1) the possession of monopoly power in the relevant market and (2) the wilful acquisition or maintenance of that power as distinguished from growth or development as a consequence of a superior product, business acumen, or historic accident*". Este método de análise continua a ser utilizado na actualidade em casos tão relevantes como o referente ao processo Microsoft (*United States v. Microsoft Corp.*, 253 F.3d 34, D.C. Cir. 2001).

[230] A formulação jurisprudencial moderna a este propósito pode ser encontrada no acórdão *Spectrum Sports, Inc. v. McQuillan* (506 U.S. 447, 456, 113 S. Ct. 884, 890 (1993), onde o Supremo Tribunal Federal referiu expressamente: "*Petitioners may not be liable for attempted monopolization under 2 absent proof of a dangerous probability that they would monopolize a relevant market and specific intent to monopolize. The conduct of a single firm, governed by 2, is unlawful "only when it threatens actual monopolization." Copperweld Corp. v. Independence Tube Corp.,(467 U.S. 752, 767) . Consistent with this approach, Courts of Appeals other than the court below have generally required a plaintiff in an attempted monopolization case to prove that (1) the defendant has engaged in predatory or anticompetitive conduct with (2) a specific intent to monopolize and (3) a dangerous probability of achieving monopoly power. Unfair or predatory conduct may be sufficient to prove the necessary intent [506 U.S. 447, 448] to monopolize. However, intent alone is insufficient to establish the dangerous probability of success, Swift & Co. v.*

Por sua vez, o artigo 82.º do Tratado CE não distingue estas condutas típicas, preferindo adoptar o termo *"abuso"* relativamente a condutas concorrencialmente patológicas desenvolvidas por empresas em posição dominante, tendo a sua aplicação sido efectuada de forma mais restritiva do que a disposição congénere norte-americana, quer pela Comissão, quer pelo Tribunal de Justiça. Efectivamente, e em sede de definição de posição dominante, as autoridades comunitárias admitem a sua existência na presença de quotas de mercado na ordem dos 40% ou 50%, consideravelmente inferiores às quotas de 70% que os Tribunais norte-americanos associam à existência de um poder de monopólio para efeitos de aplicação da Secção 2 do *Sherman Act*[232]. Por outro lado, as instâncias comunitárias tendem a

---

United States, (196 U.S. 375, 402), which requires inquiry into the relevant product and geographic market and the defendant's economic power in that market.". Cfr. A. Gavil, W. Kovacic e J. Baker, *Antitrust Law in Perspective: Cases, Concepts and Problems in Competition Policy*, Thomson West, 2002, págs. 562 e 563.

[231] Esta alínea é raramente utilizada na litigância norte-americana exigindo uma acção concertada (nos termos definidos na Secção 1 do *Sherman Act*) e um objectivo específico visando a monopolização, tendo o autor que provar, no entanto, que os réus dispõem de poder monopolista [Cfr. *American Tobacco Co. v. United States, 328 U.S. 781, 66 S. Ct. 1125 (1946)*].

[232] O acórdão referente ao processo *Alcoa* emitido em 1945 (*United States v. Aluminium Co. of América*, Circuit Court of Appeals for the Second Circuit, 1945, 148 F.2d 416) constitui, ainda hoje, o processo referencial nesta matéria. Efectivamente, uma das maiores preocupações da doutrina e jurisprudência norte-americana era precisamente a definição do que se entendia por monopolização. A doutrina económica sempre definiu o poder monopolista tomando como referência os seus efeitos no âmbito da teoria do poder de mercado (a possibilidade do agente poder elevar o preço de venda dos seus produtos sem que tal significasse uma redução substancial do seu volume de vendas). Neste âmbito, nem mesmo a questão aparentemente mais simples (a quota de mercado necessária) deixa de revestir uma enorme complexidade. A este propósito a doutrina norte-americana tem enunciado dois métodos de averiguação de poder de mercado substantivo consoante exista a possibilidade de utilização de provas directas ou, na sua impossibilidade, de provas circunstanciais. As técnicas de avaliação directa do poder de mercado substantivo resumem-se a duas: (1) a medição do grau de elasticidade da procura dos produtos da empresa que se julga ter poder monopolista ou (2) a demonstração de que o alegado monopolista utiliza métodos comerciais que não assentam num desempenho superior de forma a excluir os rivais do mercado. No entanto, a dificuldade inerente à demonstração de resultados provenientes das técnicas de avaliação directa tem vindo a fazer aumentar a importância das provas circunstanciais. Dentro destas, o volume de vendas, ou mais simplesmente, a quota de mercado detida adquiriu uma importância fundamental. Assim, e numa análise panorâmica

incluir uma maior panóplia de condutas das empresas no âmbito do *"abuso"*, em claro contraste com o posicionamento "conservador" dos tribunais norte-americanos[233].

---

verifica-se que no processo *Standard Oil*, de 1911 (*Standard Oil Company of New Jersey v. United States*, 221 US 1, 31 S. Ct. 502) a detenção de uma quota de mercado de 90% indiciava a detenção de uma posição monopolista. No processo *U.S. Steel*, de 1920, (*United States v. United States Steel Corp*. 251 U.S. 417, 40 S. Ct 293), a quota de 41% detida por essa empresa não serviu como prova suficiente para a constatação de existência de um poder monopolista. Por sua vez, no processo *Standard Oil Company of Indiana* de 1931 (*Standard Oil Company of Indiana v. United States*, 283 U.S. 163, 51 S.Ct. 421), a quota de mercado de 26% foi igualmente insuficiente para ser aferida uma posição monopolista. No acórdão *Alcoa*, o tribunal de Circuito, actuando com a autoridade de Supremo Tribunal Federal, através do Juiz Hand efectuou uma ponderação que é válida ainda hoje (e que, pelos mesmos motivos, é ainda contestada ou aclamada), referindo que uma percentagem 90% de quota de mercado é suficiente para se considerar o monopólio como existente enquanto que uma percentagem de 33% de quota de mercado certamente o não é.

[233] Basta comparar o acórdão do Supremo Tribunal Federal *Brooke Group Ltd. V. Brown & Williamson Tobacco Corp.* de 1993 (509 U.S. 209, 113 S. Ct 2578, 125 L.Ed2d 168) com o acórdão do Tribunal de Justiça referente ao processo *AKZO Chemie B.V. v. Comissão*, de 1991 (Colectânea I, pág. 3359). Assim, nos termos da jurisprudência norte--americana o autor terá que provar, nas suas alegações, que o réu fixa os seus preços abaixo da medida apropriada aos seus custos e que detém uma perigosa probabilidade de recuperar o seu investimento em preços predatórios no momento posterior. Este ónus da prova recai sobre o autor que terá de demonstrar a posição dominante do réu bem como os aspectos financeiros subjacentes à sua actividade predatória [cfr. Stephen Calkins, *The October 1992 Supreme Court Term and Antitrust: More Objectivity than Ever, Antitrust Law Journal*, 62, (1994), págs. 327 e segs.]. Não foi fixada qualquer medida para a análise do custo, embora os Tribunais de apelo tenham adoptado o método dos custos variáveis médios. Por sua vez, a instância judicial comunitária não tem sido tão exigente com o autor, adoptando uma postura mais objectiva: *"It should be observed that, as the Court held (...) the concept of abuse is an objective concept relating to the behaviour of an undertaking in a dominant position which is such as to influence the structure of a market where, as a result of the very presence of the undertaking in question, the degree of competition is weakened and through recourse to methods which, different from those which condition normal competition in products or services on the basis of the transactions of commercial operators, has the effect of hindering the maintenance of the degree of competition still existing in the market or the growth of that competition. It follows that Article (82) prohibits a dominant undertaking from eliminating a competitor and thereby strengthening its position by using methods other than those which come within the scope of competition on the basis of quality. From that point of view, however, not all competition by means of price can be regarded as legitimate. Prices below average variable costs (that is to say, those which vary depending on the quantities produced) by means of which a dominant undertaking seeks to eliminate a competitor must be regarded as abusive. A dominant*

As dificuldades identitificadas decorrem em larga medida da adopção do conceito estrutural de monopólio estático, tomando-se em consideração como ponto de partida para a análise concorrencial dos diversos sectores as quotas de mercado historicamente detidas. Ora, esta estratégia é, conforme foi referido, totalmente desajustada para os sectores em rede não tradicionais, nomeadamente para aqueles que assentam na inovação tecnológica. Porém, e paradoxalmente, quer a Secção 2 do *Sherman Act,* quer o artigo 82.º do Tratado não consideram o domínio estático monopolista como uma infracção em si mesma[234]. É necessário que a posição obtida resulte de uma prática

---

undertaking has no interest in applying such prices except that of eliminating competitors so as to enable it subsequently to raise its prices by taking advantage of its monopolistic position, since each sale generates a loss, namely the total amount of the fixed costs (that is to say, those which remain constant regardless of the quantities produced) and, at least, part of the variable costs relating to the unit produced. Moreover, prices below average total costs, that is to say, fixed costs plus variable costs, but above average variable costs, must be regarded as abusive if they are determined as part of a plan for eliminating a competitor. Such prices can drive from the market undertakings which are perhaps as efficient as the dominant undertaking but which, because of their smaller financial resources, are incapable of withstanding the competition waged against them. These are the criteria that must be applied to the situation in the present case. Since the criterion of legitimacy to be adopted is a criterion based on the costs and the strategy of the dominant undertaking itself, AKZO' s allegation concerning the inadequacy of the Commission' s investigation with regard to the cost structure and the pricing policy of its competitors must be rejected at the outset". Em comparação com o acórdão do Tribunal Federal *Brooke Group,* a postura das instâncias comunitárias é mais aberta na análise das interacções entre a empresa dominante e os seus rivais, analisando casuisticamente todas as circunstâncias. Pela leitura do acórdão comunitário, o requisito da demonstração da possibilidade de recuperação do investimento não é expressamente imposto ao autor, embora o Tribunal considere que o estabelecimento de preços abaixo do custo médio constitui uma presunção relativamente à ilegalidade da prática.

[234] Para o direito norte-americano, a aquisição da posição monopolista em virtude de um acidente ou de uma superioridade concorrencial não constitui qualquer infracção. Cfr., e.g., *US vs. Aluminium Co. of America e al.,* 148 F2.d 416, 429-430 (2nd Circuit, 1945); *Berkey Photo, Inc. vs. Eastman Kodak, Co.,* 603 F2.d 263 (2nd Circuit, 1979), cert. denied, 444 US 1093 (1980); *US vs. United Shoe Machinery Corp.,* 110 F. Supp 295, 344 (D. Mass, 1953), *aff'd per curiam,* 347 US 521 (1954) . Para o direito comunitário, e conforme foi referido, terá de ocorrer um abuso da posição dominante. Cfr., *e.g.,* acórdão 85/76, *Hoffman-La Roche vs. Comissão,* Colectânea, 1979, pág. 461, para. 91. No limite, e para o direito comunitário, uma prática que poderia ser considerada legal se fosse desenvolvida por uma empresa sem posição dominante poderá merecer um tratamento diferenciado no caso de ser praticada por uma empresa em posição dominante. Cfr. acórdão 322/81, *NV Nederlandsche Baden- -Industrie Michelin vs. Comissão,* Colectânea, 1983, págs. 3461, para. 57.

negativamente ponderada e não de uma evolução concorrencial normal resultante de uma superioridade competitiva (por muito díficil que se possam distinguir em casos concretos).

Numa apreciação liminar, deverá referir-se que as perspectivas tradicionais de medição do poder de mercado e dos níveis de concentração no mesmo só são adequadas na presença de redes físicas de reduzida densidade tecnológica. Caso contrário, e mesmo na ausência de choques sistémicos sucessivos ao nível da actividade de inovação, qualquer pressuposto de análise que assente em quotas de mercado (na tipologia *HHI*[235] ou de indíce *Lerner*) pecará inevitavelmente por desadequação[236].

Tal resulta do elevado nível de diferenciação que caracteriza os produtos integrantes das redes virtuais. Nesta perspectiva, qualquer análise acrítica levará inevitavelmente à conclusão de existência de elevados níveis de concentração no mercado, já que a potencialidade de entrada de novos concorrentes no mercado é, no momento, improvável. Porém, essa conclusão é desadequada à realidade. Mais importante que a entrada no estádio de mercado actual é a entrada potencial no estádio de mercado subsequente. De facto, numa estrutura de concorrência tipicamente qualificada de *"winner takes all"*, os incumbentes estão mais preocupados com a próxima geração de produtos do que com o *status* concorrencial actual.

Por outro lado, não se poderá argumentar pela incerteza relativamente ao momento da ocorrência dessa alteração de paradigma concorrencial sistémica, nem à sua configuração final. Sabe-se, no entanto, que o incumbente responsável condicionará toda a sua conduta concorrencial a essa inevitabilidade, que é certa quanto à ocorrência mas incerta quanto ao momento da ocorrência e, nesta perspectiva, não poderá enfurecer a sua base de clientela, já que esta constitui o seu melhor trunfo na futura batalha concorrencial.

---

[235] *Herfindhal-Hirschman Índex.* Cfr., e.g., S. Bishop e M. Walker, *The Economics of EC Competition Law*, Thomson, 2002, págs. 56 a 59.

[236] Demonstrando a falência dos critérios do acórdão *Brown Shoe* para a definição de poder de mercado nas redes de alta tecnologia consultar C. Pleatsikas e D. Teece, "*Markets Experiencing Rapid Innovation*", in J. Ellig (ed.), *Dynamic Competition and Public Policy*, Cambridge University Press, 2001, págs. 112 a 131.

As dificuldades que se deparam ao aplicador do direito da concorrência são significativas. Além da definição do que se entende por "mercado relevante", questão que será tratada de seguida, é necessário encontrar um indicador que, conjuntamente com a quota histórica de mercado, seja um indicador base que permita subsequentemente analisar, de forma sólida e sustentável, condutas subjectivas concorrencialmente intoleráveis.

E, tradicionalmente, o indicador utilizado pelas autoridades concorrenciais traduz-se invariavelmente nas "rentabilidades excessivas persistentes"[237], ou, numa perspectiva mais económica, na capacidade de aumentar os preços sem que ocorra uma redução da quota de mercado detida, ou, na concepção comunitária, na capacidade de agir autonomamente face às acções dos restantes concorrentes.

Não se pode nunca esquecer que a fonte de proveitos extraordinários poderá advir de uma posição de monopólio, mas igualmente da escassez de recursos (numa perspectiva ricardiana) ou de uma vantagem empreendedora (na concepção de Schumpeter). É essencial identificar correctamente a origem dessa rentabilidade excepcional, o que não constitui uma tarefa fácil. No entanto, qualquer política que tente artificialmente eliminar as consequências de uma escassez de recursos originará, de modo inevitável, uma situação de crescimento económico não sustentável, enquanto que uma outra política que tente erradicar os ganhos de empreendedorismo levará fatalmente à estagnação tecnológica.

Por conseguinte, a utilização de um qualquer indicador de determinação do poder de mercado que vise unicamente determinar uma *"rentabilidade excessiva"* e a sua consequente eliminação, nunca deverá esquecer que a inovação tecnológica depende, intrinsecamente, de uma elevada margem de ganhos inicial e de uma subsequente rentabilidade acrescentada resultante dos serviços de formação e de

---

[237] Como bem refere Fernando Araújo, a inovação tecnológica é um objectivo primordial dos produtores em mercado competitivos, visto que esse é um dos poucos meios para que se possam criar lucros extraordinários, por mais fugazes que sejam. Numa situação de atomicidade extrema, os produtores estarão invariavelmente condenados à estagnação tecnológica, não havendo possibilidade de investimento em investigação e desenvolvimento. Cfr. Fernando Araújo, *Introdução à Economia*, cit., pág. 405.

assistência (problemática dos "*aftermarkets*"). Se tal for ignorado, os proveitos não compensarão os riscos inerentes à actividade de inovação.

No mundo da alta tecnologia existe uma grande incerteza e uma concorrência exasperada. Neste enquadramento, os preços ultrapassam naturalmente os custos marginais[238]. Os novos produtos são introduzidos em ondas sucessivas, frequentemente acompanhadas por preços elevados num momento inicial, mas que sofrem um rápido declínio no momento em que as imitações começam a aparecer. Porém, também podem aparecer de forma relativamente "subsidiada" de modo a que se atinja uma massa crítica suficiente; de seguida podem estabilizar-se no seu padrão natural, até, obviamente, ao aparecimento das "duplicações".

Conforme foi demonstrado, o modo de organização típico dos sectores em rede fomenta, muitas vezes, este tipo de resultado sem que ocorra qualquer intenção subjectiva de desempenho de práticas anticoncorrenciais. Por outras palavras, o modelo objectivo de organização estrutural do mercado em rede obriga a que um agente responsável tome determinadas opções concorrenciais racionais que, observadas do exterior, poderão ser tomadas como anticoncorrenciais, já que o seu nível de independência, num horizonte temporal estático e num mercado relevante circunscrito, parecerá ser total.

O tráfego concorrencial actual não se compadece com estes pressupostos de análise. Tirando as redes físicas de conteúdo estrutural tendencialmente estático, todas as restantes redes assentam em pressupostos de inovação sucessiva. E, neste enquadramento, torna-se mais importante a análise do conteúdo dinâmico das acções do concorrente dominante do que a análise do seu comportamento em si mesmo, num determinado momento temporal, num espaço restrito. Mais relevante do que o próprio concorrente é o relacionamento entre este e os restantes concorrentes, independentemente das quotas

---

[238] Se existirem custos fixos elevados (nomeadamente ao nível da investigação e desenvolvimento) e custos de produção reduzidos, como acontece no caso paradigmático das redes virtuais de *software*, os preços a praticar terão de ser superiores ao custo marginal, sob pena de não se remunerarem os custos de investimento inicial. Logo, o paradigma tradicional básico da eficiente fixação de preços que se traduz na equiparação do preço de venda ao custo marginal da produção não tem aplicação neste tipo de sectores. Cfr. S. Bishop e M. Walker, *The Economics of EC Competition Law, cit.*, pág. 37.

de mercado detidas. Mais importante do que a análise das situações concorrenciais num determinado momento histórico será a análise do conteúdo relacional diário entre os diversos agentes e a preocupação do dominante em manter a sua posição, melhorando os níveis de produção, a qualidade dos produtos e dos processos[239].

Ao contrário do que aparenta, esta perspectiva facilita a análise concorrencial dos mercados. Em primeiro lugar, torna desnecessária a análise histórica do mercado (que de pouco vale face à rapidez da evolução tecnológica) e que era essencial para uma análise estática do monopólio. Mais importante que o *status quo* é a prática concorrencial evolutiva e a qualidade das relações que se estabelecem entre os concorrentes e entre estes e os consumidores. Em segundo lugar, torna desnecessária qualquer indagação sobre as intenções subjectivas do concorrente.

---

[239] E, neste pressuposto, supera a própria perspectiva da concorrência monopolística, que circunscreve o poder de mercado do produto à sua diferenciação relativa face aos restantes, medida economicamente pelo grau de insensibilidade da sua clientela relativamente ao factor preço, antepondo uma terceira dimensão sensitiva, a qualidade, que induz no cliente a convicção que está a obter uma satisfação superior da sua necessidade, apesar de estar a pagar um preço mais elevado. De facto, também a concorrência monopolística assenta num pressuposto de equilíbrio geral. Tal é claramente comprovado pela conceptualização de Fernando Araújo, "*a concorrência monopolística verifica-se num mercado em que há, por um lado, diferenciação suficiente entre produtos – e custos fixos suficientemente elevados na produção e publicitação dessas diferenças – para que cada concorrente possa exercer algum poder sobre o mercado, defrontando-se, como um monopolista, com uma procura que reage em termos inversamente proporcionais às variações de preços; e em que há, por outro lado, atomicidade, no sentido de que cada concorrente pode reagir ao mercado sem se importar com o impacto das suas atitudes sobre os outros concorrentes*" (in Introdução à Economia, cit., pág. 394). Note-se que aquilo que distingue a concorrência monopolística da situação de monopólio, que são os efeitos a longo prazo ao nível das facilidades de entrada no mercado, e que, na primeira situação, tendem a direccionar os lucros para uma situação de normalidade, pode não fazer qualquer sentido num mercado onde a inovação seja o factor crucial de competitividade. Nesta situação, a diferenciação é substancial, o que impede a aplicação do *ratio* inerente ao equilíbrio subjacente à concorrência monopolística, e que se traduz na existência de uma diferenciação formal ou artificial. Neste âmbito, a concorrência dinâmica contém um enquadramento mais rico e adaptado à realidade que a "aparente" tridimensionalidade da concorrência monopolística. De facto, a terceira dimensão inerente ao equilíbrio conceptual – a qualidade do produto – nunca é tomada como uma valência estrutural do mercado mas como uma mera ficção ou artifício que será naturalmente suplantada pelos concorrentes do agente no mercado.

Quanto a isso não existem dúvidas: qualquer acção concorrencial no mercado visa a eliminação dos concorrentes. De facto, não existe nenhum concorrente no mercado que não deseje o desaparecimento de todos os demais. No limite, todas as acções, mesmo as mais simples como a redução de preços do produto produzido por via do aumento de eficiência dos procedimentos produtivos, têm como fundamento a eliminação dos restantes concorrentes. Logo, a única questão relevante que resta será a verificação da idoneidade dos meios utilizados para atingir essa finalidade de superioridade concorrencial absoluta.

E, neste enquadramento, mais importante do que verificar os efeitos do comportamento do agente dominante no equilíbrio neoclássico abstracto será a análise dos meios que esse agente dominante utiliza para se furtar às ameaças concorrenciais dos agentes que tentam disputar a sua posição.

As duas perspectivas não são antagónicas, nem se excluem mutuamente[240]. As barreiras à entrada e à saída dos mercados mantêm o seu papel crucial; o mesmo se deve referir quanto à necessidade de existência de uma informação perfeita que norteie as opções dos consumidores. A análise das variações do nível de preços continua a revelar-se fundamental como elemento de sinalização dos comportamentos concorrenciais, embora não se constitua como elemento de prova suficiente para a condenação anticoncorrencial.

Porém, a perspectiva da concorrência dinâmica supera a mera bidimensionalidade do mercado neoclássico (preços/quantidades; monopólio/concorrência perfeita) introduzindo outras variáveis relevantes (qualidade, inovação, assistência técnica, diferenciação de produtos, convergência tecnológica, entre outras).

Note-se que não se nega a existência de monopólios estruturais no sentido neoclássico do termo. É um facto indesmentível que nos sectores em rede físicos existem determinados segmentos organizados de tal forma que a sua duplicação não fará qualquer sentido na óptica económica. Por outro lado, encontram-se relativamente imunes à inovação tecnológica pelo facto da sua capacidade e da sua amorti-

---

[240] Cfr. D. Kallay, *The Law and Economics of Antitrust and Intellectual Property, An Austrian Approach*, cit., pág. 101.

zação só fazer sentido num horizonte de longo prazo. Este facto é particularmente evidente nas redes físicas materiais, *maxime*, na rede eléctrica, de gás, de distribuição de água e de saneamento e na rede de telecomunicações (pelo menos, na vertente eminentemente infra--estrutural).

Nas restantes redes, onde o ritmo de inovação é mais acelerado, a sucessão tecnológica não pode ser ignorada. De facto, a apreciação concorrencial das condutas dos agentes com posição privilegiada de mercado não pode ser efectuada na ignorância desse movimento dinâmico inexorável.

É neste ponto que as referências concorrenciais próprias das redes assumem uma dimensão fundamental. Efectivamente, não fará qualquer sentido tratar uma rede virtual dinamicamente evolutiva da mesma forma que uma rede física de infra-estruturas ferroviárias. Os paradigmas que fundamentam um eventual poder de mercado são radicalmente diferentes, pelo que não terá razão de ser estender os conceitos tradicionais de monopólio presentes num sector aos restantes sectores, radicalmente distintos. Esta distinção fundamental tem de ser tomada em consideração não só pelo legislador como pela jurisprudência. Efectivamente, e neste último caso, é necessária uma extrema cautela na aplicação analógica de soluções jurídicas. Não fará sentido estender a jurisprudência concorrencial tradicional aplicável aos monopólios tradicionais a situações estruturalmente distintas, como é o caso das redes virtuais de *software*.

É igualmente neste ponto que a teoria das exterioridades de rede e da teoria da dependência das escolhas passadas adquire uma especial importância. De facto, o pressuposto da concorrência dinâmica é a inexistência de barreiras significativas à mudança tecnológica. Neste âmbito, e de forma semelhante à teoria neoclássica, admite-se a existência de ineficiência caso existam barreiras à entrada e à saída do mercado. Essas dificuldades devem ser igualmente apontadas em caso de existência de barreiras à tomada da decisão mais eficiente por parte dos utilizadores. E, neste âmbito, é igualmente fundamental a averiguação precisa da realidade dinâmica dos mercados e a eventual extensão, se for caso disso, do próprio conceito de poder de mercado, atendendo não só aos constrangimentos do lado da oferta, mas igualmente aos condicionalismos do lado da procura, sempre tomando em consideração, claro está, o ritmo da inovação tecnológica no sector em causa.

Ainda assim, o pendor de análise deve assentar não na perspectiva estrutural mas sim na perspectiva comportamental do sujeito económico em posição dominante. No entanto, e por questões de simplificação, deverá admitir-se a adopção de medidas regulatórias *ex ante* quando a situação monopolista é de fundo eminentemente estrutural, ou seja, quando existe uma identificação de situação tendencialmente monopolista por via da aplicação cumulativa dos pressupostos técnicos adoptados pelas doutrinas em exposição. De facto, e como ressalva fundamental, relembre-se que as diversas exposições doutrinárias efectuadas a este propósito, quer pela doutrina neoclássica, quer pela doutrina que adopta os fundamentos da concorrência dinâmica, se referem tendencialmente a redes distintas em momentos temporalmente desfasados: a doutrina neoclássica assenta num acervo técnico desenvolvido inicialmente para a regulação das redes físicas, e consequentemente, a sua extensão para a regulação das redes virtuais coloca enormes dificuldades; a doutrina que adopta a teoria da concorrência dinâmica preocupa-se essencialmente com as redes de inovação, *maxime*, com as redes virtuais, pelo que a sua aplicação às redes pesadas tradicionais não pode ser efectuada sem as devidas ponderações.

Conforme se demonstrou, os fundamentos concorrenciais destas redes são tendencialmente diversos, pelo que as soluções técnicas devem ser casuisticamente ponderadas, afastando-se liminarmente quaisquer apreciações que sejam efectuadas numa lógica *per se*, ou que, pressentindo as falhas dos modelos dogmáticos tradicionais, admitam o surgimento de novas realidades desgarradas.

Um exemplo deste caso pode ser encontrado quando as autoridades concorrenciais comunitárias enunciaram o conceito de "*superdomínio*" ("*superdominance*") tendo como objectivo introduzir na dogmática concorrencial uma obrigação especial a cargo dos agentes claramente dominantes, no sentido de facilitar a emergência de concorrentes potenciais[241]. Ora, conforme se referiu, a única obri-

---

[241] Cfr. opinião do Advogado-Geral Fennely no *acórdão Compagnie Maritime Belge Transports SA, Compagnie Maritime Belge SA e Dafra-Lines A/S v Comissão* (processos conjuntos C-395/96 Pe C-396/96 P, Colectânea, I, 2000, págs. 1365 e segs.

gação que pode ser imposta a um agente dominante, independentemente do volume da sua quota de mercado, é que concorra pelos méritos, nada mais.

5.3. *A concorrência dinâmica nas redes e a definição de mercado relevante*

Uma das grandes vantagens da conceptualização concorrencial dos sectores em rede resulta da sua própria estrutura de análise. Efectivamente, ao analisarem-se os diversos sectores tomando como base os elementos infra-estruturais, a uma percepção do modelo organizacional dos diversos segmentos seguir-se-á, quase imediatamente, uma imagem geral de âmbito eminentemente estrutural que permitirá calibrar o necessário esforço de definição de mercado relevante.

A organização do sector, decomposta nos diversos segmentos estruturantes, permitirá a construção diagráfica de uma imagem, onde os diversos segmentos interagem de forma a criar uma panorâmica de mercado sobre o qual é desenvolvida a actividade económica relevante.

Uma qualquer investigação jusconcorrencial num sector em rede não poderá ignorar a forma como os diversos segmentos interagem entre si. Por conseguinte, em termos de definição de mercado relevante, a teoria concorrencial, na presença de sectores em rede, poderá incidir entre dois extremos: o mercado do segmento *stricto sensu* ou o mercado integral da própria rede *lato sensu*.

Como sabemos, a definição – tradicional – de mercado relevante implica uma indagação bifásica: em primeiro lugar é necessário identificar o produto em sim mesmo onde o eventual poder de mercado é exercido; em segundo lugar é necessário verificar o âmbito potencial de exercício sustentável desse poder de mercado por parte do agente económico, ou seja, e numa terminologia tradicional, a sua capacidade de aumentar preços ou reduzir a produção relativamente ao referencial de concorrência durante um período prolongado de tempo.

Apesar de ser um momento instrumental meramente preliminar na apreciação do desempenho concorrencial de um determinado mercado, a definição do mercado relevante irá estabelecer definitivamente as condicionantes fundamentais que sustentam a análise subsequente. De facto, e atendendo à irresistível tendência para apreciações de ordem eminentemente formal, não constitui situação rara o facto das indagações das autoridades concorrenciais se sustentarem numa apreciação extremamente limitada de mercado relevante – na óptica do nicho de mercado ou de mero segmento – para a definição de quota de mercado das empresas intervenientes, que suportam uma conclusão subsequente de domínio num raio bastante mais alargado. Efectivamente, a análise concorrencial dos mercados é, na óptica administrativa, tendencialmente analítica. O mercado potencial – de âmbito radial – é, muitas vezes, decomposto sucessivamente até que a empresa produtora especializada adquira uma inevitável primazia ao nível da quota – analítica – daquele segmento específico[242].

Esta disfunção é tanto mais grave quando as autoridades administrativas presumem (ou mesmo assumem) que a estrutura do mercado condiciona definitivamente o desempenho concorrencial dos agentes económicos quer no mercado em causa, quer em mercados adjacentes, através da potencial projecção do seu poder económico para segmentos a montante, a jusante, ou mesmo para segmentos diagonais ou paralelos[243]. Neste campo mantém-se, ainda hoje, vivas as concepções estruturalistas da escola de Harvard[244].

A concepção radial é especialmente aconselhada para a definição do produto em si e da área geográfica do mercado relevante. A definição típica da dimensão do produto relevante assenta na perspectiva do consumidor quanto à sua substituibilidade recíproca, aten-

---

[242] Este é um perigo permanente que permite extrair conclusões erradas por aplicação de presunções que, nesta óptica formalista, assumem dimensões de inelidibilidade. A situação inversa, que se traduz na definição excessivamente dilatada de um mercado relevante, é mais rara; porém, os seus custos sociais são igualmente relevantes.

[243] Não são raras as práticas administrativas que se traduzem na definição excessivamente restrita do mercado primário (aferindo-se desta forma o poder de mercado do agente económico) e numa definição extremamente ampla do mercado secundário (para efeitos de aferição da prática abusiva).

[244] Cfr. S. Bishop e S. Baker, *"The Role of Market Definition in Monopoly and Dominance Inquiries"*, Economic Discussion Paper 2, OFT 342, Julho de 2001, para. 2.6.

dendo às suas características próprias, ao seu preço e ao uso pretendido para o mesmo[245]. A análise quantitativa é a preferida, já que a medição da substituibilidade é efectuada primacialmente por via da aferição da reacção dos consumidores a uma subida sensível do preço de venda do produto face aos produtos concorrentes (substituibilidade do lado da procura).

Porém, e neste momento, é fundamental relembrar Mario Monti, quando, num seu discurso, referiu que a definição do mercado é uma "*cornerstone of competition policy, but not the entire building*"[246].

O conceito de mercado relevante assume uma dimensão fundamental na análise do desempenho concorrencial. Relembre-se que o direito económico visa a regulação eficiente dos mercados em sentido lato. Neste âmbito, o princípio da descentralização assume um papel fundamental, pelo que o desenvolvimento da acção pública reguladora deverá estar atribuído ao organismo que se encontrar o mais próximo possível do mercado, a não ser que a decisão regulatória possa ser tomada num grau superior de eficiência por um organismo situado num ponto superior da orgânica da estrutura política.

Nesta perspectiva, eminentemente espacial, a decisão económica pública deverá ser tomada pela instituição que tiver uma jurisdição num determinado espaço territorial que lhe permita visualizar a integralidade das condições concorrenciais da rede em causa. Análises parcelares de sectores em rede terão inevitavelmente resultados ineficientes, uma vez que assentarão em pressupostos factuais necessariamente incompletos.

A importância da definição do mercado relevante não se limita à sua componente territorial. Inclui ainda uma necessária abstracção de

---

[245] Cfr., e.g., Comissão Europeia, *Comunicação sobre a Definição de Mercado Relevante para efeitos da Legislação Comunitária da Concorrência*, (JO C 372/5, para.7) (adiante *Comunicação sobre a Definição de Mercado Relevante*). Apesar desta Comunicação ter um alcance transversal, a verdade é que as metodologias de definição de mercado relevante são diferentes a propósito da aplicação do artigo 82.º do Tratado, onde se adoptam técnicas econométricas extremamente simplistas e conservadoras ou do controlo de concentrações, onde a sofisticação é crescente, o que é, obviamente, incongruente. Cfr., sobre este assunto, R. Donoghue e J. Padilla, *The Law and Economics of Article 82 EC*, Hart Publishing, 2006, pág. 67.

[246] M. Monti, "*Policy Market Definition as a Corner of a EU Competition Policy*", *Workshop on Market Definition*, Helsinquia, 5 de Outubro, 2001.

forma a tornar possível a análise operacional do mercado. E, neste âmbito, terão de ser identificadas características básicas, que permitam o "isolamento" de uma determinada franja do mesmo, tendo em vista o desenvolvimento da função aplicativa do direito económico.

É necessário identificar com um elevado grau de precisão quais os produtos integrantes do mercado em causa. Só após essa definição se poderão identificar os produtores concorrentes, as respectivas quotas de mercado e o grau de concentração.

Esta definição do mercado relevante assume uma dimensão fundamental, uma vez que é um instrumento para a aplicação do normativo legal abstracto à situação concreta. Porém, e tal nunca poderá ser esquecido, apesar de ser essencial para a realização da análise concorrencial, a sua função é meramente instrumental para a definição do resultado da mesma.

Neste campo, e atendendo à dificuldade conceptual inerente à própria definição, assume particular importância a *Comunicação da Comissão relativa à definição de mercado relevante para efeitos do direito comunitário da concorrência*[247].

No entender da Comissão, as empresas estão sujeitas a condicionalismos concorrenciais de três ordens, a saber, a substituibilidade do lado da procura, a substituibilidade do lado da oferta e a concorrência potencial. Apesar do anúncio à concorrência potencial, a perspectiva é eminentemente estática e excessivamente analítica. De facto, a definição de mercado relevante traduz-se na identificação das verdadeiras fontes alternativas de fornecimento para os clientes da empresa em causa, tanto em termos de produtos e serviços como em termos da localização geográfica dos fornecedores; porém, num horizonte temporalmente delimitado ao momento presente. Vejamos.

Na sua primeira dimensão, ou seja, a apreciação da substituição do lado da procura, a definição do mercado relevante depende da determinação da gama de produtos considerados substituíveis pelo consumidor. Esta apreciação, de fundo essencialmente subjectivo, é alvo de uma objectivação relativamente forçada. Assim, é normalmente utilizado pelas autoridades concorrenciais um teste de sensibilidade (teste do "*monopólio hipotético*", teste "SSNIP" ou teste

---

[247] J O C 372/5, de 9 de Dezembro de 1997.

"5-10%") que mede a reacção dos consumidores a uma hipotética *"pequena mas significativa e não transitória"* variação do preço dos bens em causa, e que visa avaliar as reacções prováveis dos clientes a esse aumento, na óptica do efeito de substituição do lado da procura resultante de pequenas variações permanentes nos preços relativos.

Em conformidade, esta abordagem implica que partindo do tipo de produtos que as empresas em causa vendem e da respectiva área de venda, serão incluídos ou excluídos produtos e áreas adicionais da definição de mercado, consoante a concorrência destes produtos e áreas afecte ou restrinja de forma suficiente a fixação dos preços dos produtos das partes, a curto prazo.

O juízo concorrencial dependerá de se se saber se os clientes transfeririam rapidamente a sua procura para os produtos de substituição disponíveis ou para fornecedores situados noutros locais em resposta a esse pequeno aumento hipotético (em torno dos 5 a 10 %) dos preços relativos, dos produtos e áreas em análise. Neste âmbito, e no entender da Comissão, "se o fenómeno da substituição for suficiente para tornar o aumento de preços não lucrativo devido à perda de vendas daí resultante, os produtos de substituição e as áreas adicionais serão incluídos no mercado relevante até que o conjunto de produtos e área geográfica seja de molde a tornar lucrativos pequenos aumentos duradouros dos preços relativos"[248].

Na sua segunda dimensão, a determinação do mercado relevante depende de uma apreciação analítica dos procedimentos de substituição do lado da oferta. Assim, para além do impacto que a hipotética opção monopolizante do produtor tem no lado da procura, a Comissão entende que é igualmente relevante verificar se os fornecedores concorrentes podem, nesse caso, transferir a sua produção para os produtos relevantes e comercializá-los a curto prazo sem incorrer em custos ou riscos suplementares significativos em resposta às pequenas alterações duradouras nos preços relativos. Nestas condições, e para efeitos administrativos, o mercado do produto relevante englobará todos os produtos que sejam substituíveis do ponto de vista da procura e da oferta, sendo adicionadas as vendas desses produtos para calcular a totalidade do valor ou volume do mercado.

---

[248] Cfr. para 17.

Finalmente, e na sua terceira dimensão, a determinação do mercado relevante depende, na senda dos mandamentos da teoria dos mercados contestáveis, da averiguação da concorrência potencial. Porém, o seu papel é secundarizado. A Comissão refere mesmo que *"a terceira fonte de condicionalismos concorrenciais, a saber, a concorrência potencial, não é tomada em consideração na definição dos mercados, uma vez que as condições em que a concorrência potencial representará efectivamente um verdadeiro condicionalismo concorrencial dependerá da análise de factores e circunstâncias específicos relacionados com as condições de penetração no mercado. Caso necessário, esta análise é apenas realizada numa fase subsequente, em geral, uma vez determinada a posição das empresas em causa no mercado relevante e sempre que essa posição suscitar preocupações do ponto de vista da concorrência"*[249].

Ora, esta metodologia é claramente insuficiente. Em primeiro lugar, assenta numa dimensão eminentemente estática e analítica desprezando, quase integralmente, a dimensão qualitativa dos produtos, bem como o próprio papel da concorrência potencial. A análise é unicamente unidimensional, ou seja, baseia-se essencialmente na dimensão preço/custo[250], esquecendo, na prática, os constrangimentos

---

[249] Cfr. para. 24 .

[250] O que poderá propicial situações como a identificada no acórdão *Du Pont* e que se denominou a *"falácia do celofane"* (*United States v. E.I du Pont de Nemours & Co.*, 1956, 351 US 377; 76 S.Ct. 994; L. Ed. 1264). A origem deste problema radica precisamente na limitação da própria análise histórica das condições de mercado. Se um agente já dispõe de poder de mercado, então os seus preços já se encontram fixados no limiar da substituibilidade. E, consequentemente, numa apreciação de evolução de preço reduzida mas persistente, ele perderia imediatamente quota de mercado. No entanto, essa já é uma situação de domínio, mas a análise evolutiva conclui precisamente pela situação inversa. A mesma falência aparecerá simetricamente se o sujeito dominante estiver a desenvolver uma prática de preços predatórios. De facto, o que é relevante é a verificação da análise do preço concorrencial, e só a partir desse ponto é que se poderá efectuar um juízo coerente ao nível da verificação das condições de mercado em caso de aumento do preço. Porém, e como é óbvio, os paradigmas da concorrência perfeita raramente funcionam nos sectores em rede, pelo que a determinação do "preço concorrencial" é extremamente problemática. Curiosamente, a Comunicação da Comissão relativa à definição dos mercados relevantes demonstra o conhecimento deste facto (cfr. para. 19); infelizmente, não refere os termos da sua resolução, declarando unicamente que será "tomado em consideração". Para uma tentativa de ultrapassar a *"falácia do celofane"* consultar S. Bishop e M. Walker, *The Economics of EC Competition Law*, cit., págs. 102 e 103.

tecnológicos bem como quaisquer vantagens de mercado obtidas pelo concorrente na óptica da concorrência monopolística. Finalmente, tem como ponto de partida as quotas de mercado historicamente delimitadas.

A esta insuficiência analítica é aliada a uma óptica da evolução presuntiva corporizada no juízo hipotético futuro assente nas condições históricas previamente delimitadas. Finalmente, e tal falência foi já identificada pelo próprio Tribunal de Justiça no acórdão *United Brands*, as movimentações do lado da procura tendem a ser analisadas na óptica de um grupo padrão de consumidores, ou de consumidores médios, e não na óptica do consumidor marginal[251].

Em conformidade, esta perspectiva é unicamente adaptada para a análise de mercados estabilizados e de produtos relativamente uniformizados. Note-se que a própria Comissão tem consciência destas insuficiências. Nos parágrafos finais da Comunicação, a instância comunitária efectua uma (importante) ponderação das situações concorrenciais próprias dos mercados conexos de produtos primários e secundários (*"aftermarkets"*)[252] e dos mercados assentes em redes de elevada dimensão, na perspectiva das cadeias de substituição[253]. Porém, nunca abandona os pressupostos neoclássicos que originam o juízo de partida.

Na *Comunicação da Comissão relativa à aplicação das regras comunitárias de concorrência às restrições verticais*[254], adoptou-se uma diferente terminologia para a identificação dos níveis de concor-

---

[251] Gerando-se aquilo que já se denominou de *"falácia dos desdentados"*, na sequência do acórdão *United Brands* (acórdão 27/76, *United Brands Co. and United Brands Continental BV v. Comissão*, Colectânea, 1978, págs. 207 e segs.). Neste processo, a Comissão argumentou no sentido de que as bananas constituiam um mercado relevante distinto das restantes frutas uma vez que os muito jovens e os muito velhos (i.e., os desdentados) não anteviam qualquer fruta sucedânea à banana para a satisfação das suas necessidades. Ora, como é óbvio tal não faz qualquer sentido. No limite, só se poderia identificar um poder de mercado se a United Brands pudesse efectuar uma discriminação de preços, penalizando os desdentados, o que além de descabido, seria impossível de efectuar no sistema tradicional de comercialização deste tipo de fruta. Cfr. S. Bishop e M. Walker, *The Economics of EC Competition Law*, cit., pág. 92.

[252] Cfr. para. 56.

[253] Cfr. paras. 57 e 58.

[254] Comunicação da Comissão, de 13 de Outubro de 2000: Orientações relativas às restrições verticais [COM(2000/C 291/01) (JO C 291/1, 2000)].

rência nos mercados. Refere-se a esse propósito: *"(...) a teoria económica considera que o domínio das restrições verticais só pode suscitar preocupações quando a concorrência inter-marcas é insuficiente, isto é, se existir um certo grau de poder de mercado. Por outro lado, quanto mais acesa for a concorrência inter-marcas, maior é a probabilidade de as restrições verticais não terem efeitos negativos ou terem pelo menos um efeito líquido positivo. Por outro lado, quanto mais reduzida for a concorrência inter-marcas, maior é a possibilidade de as restrições verticais produzirem um efeito negativo. Isto significa que a mesma restrição vertical pode ter diferentes efeitos consoante a estrutura de mercado e o poder de mercado da empresa que aplica a restrição vertical"*. Ora, a adopção do método de referência através de mercados de "marcas" é distinto do utilizado na Comunicação referente à definição do mercado relevante. Porém, é igualmente insuficiente e leva a resultados insatisfatórios. Por um lado, não identifica convenientemente o âmbito concorrencial relevante: a concorrência dentro das redes (e dentro destas os respectivos segmentos) ou a concorrência entre as redes?

Parece que se limita a esta última dimensão; porém a própria rede pode ser formada por segmentos com marcas distintas. De facto, o que é relevante é a compatibilidade entre os diversos segmentos, o que propicia uma concorrência entre segmentos paralelos. Por outro lado, tem uma aplicação limitada às redes virtuais, que se organizam muitas vezes – mas não sempre – em redor de uma marca comum. Se não se organizarem em torno dessa marca, mas sim em torno de uma tipologia de serviço prestado, a definição do mercado relevante por via da "marca" não tem qualquer aplicação. Assim, também neste aspecto deveria ser alterado o âmbito terminológico da Comissão.

As dificuldades a este título são evidentes. E, face à incerteza, os órgãos concorrenciais tendem a adoptar uma perspectiva conservadora, definindo o mercado relevante de forma extraordinariamente restritiva.

Nunca se poderá esquecer que a Comunicação tem única e exclusivamente o escopo de fornecer orientações quanto à forma como a Comissão Europeia aplica os conceitos de mercado geográfico relevante e mercado de produto no quadro do seu controlo de aplicação do direito comunitário da concorrência. A sua base de fundamentação é clara; o mercado geográfico e de produto é definido numa base eminentemente estruturalista, tomando em consideração o poder de mercado detido pelo agente e a sua possibilidade de actuação independente de pressão concorrencial efectiva.

A inversão conceptual é relativamente fácil e deve ser evitada: a definição de mercado de relevante depende da possibilidade de exercício de poder de mercado na comercialização de um produto num determinado espaço geográfico.

Neste enquadramento, a função de definição do mercado relevante assume, por conseguinte, uma dimensão eminentemente subjectiva, actuando ao nível do nicho de mercado alcançado por via de uma especialização produtiva. No limite, se um sujeito optar – e bem – por especializar as suas capacidades produtivas num nicho de produto que só ele domina, então, inevitavelmente, terá poder de mercado significativo nesse fragmento (no limite, uma marca ou denominação comercial) – na óptica da concorrência monopolística – e estará submetido aos constrangimentos concorrenciais e regulatórios gerais, tal como uma qualquer entidade que domine todo um segmento de rede.

Efectivamente, a definição do mercado relevante é efectuada tendo em vista a análise de eventuais condutas "monopolistas *lato sensu*" de determinados agentes económicos, tendo em vista a potencial aplicação de sanções concorrenciais ou regulatórias. Ora, não se pode negar que, perante a necessidade de desenvolvimento de uma qualquer acção investigatória, a definição do campo de jogo dependerá inequivocamente da conduta sob suspeita. Assumindo esta acção uma dimensão eminentemente casuística, a tendência natural será a de uma definição restritiva do âmbito de análise, independentemente de qualquer indagação genérica que se desenvolva no âmbito de apreciação generalista da substituição do lado da procura, da oferta ou da concorrência potencial.

A apreciação da substituição do lado da procura implica a determinação da gama de produtos considerados substituíveis pelo consumidor, assentando, portanto, numa perspectiva eminentemente subjectivista. Nos termos da Comunicação citada, esta determinação pode ser feita, nomeadamente, através de um exercício em que se formula uma hipótese de uma pequena variação duradoura dos preços relativos e em que se avaliam as reacções prováveis dos clientes a esse aumento.

Esta abordagem implica que, partindo do tipo de produtos que as empresas em causa vendem e da respectiva área de venda, serão incluídos ou excluídos produtos e áreas adicionais da definição de mercado, consoante a concorrência destes produtos e áreas afecte ou restrinja de forma suficiente a fixação dos preços dos produtos das partes, a curto prazo[255].

Conforme foi demonstrado na parte introdutória, o jogo concorrencial nos sectores em rede reveste uma extrema complexidade, pelo que perspectivas que se baseiem nesta vertente poderão originar definições de mercado relevante: i) excessivamente estreitas: em mercados onde a concorrência se desenvolva num nicho ou numa marca; ii) excessivamente alargadas: na perspectiva da *"falácia do celofane"*[256], nos termos do qual a análise dos padrões de substituição do lado da procura de empresas com posição dominante poderá tomar como ponto de partida de pesquisa de variação um preço que já seja excessivo, pelo que os movimentos de alteração de preferências do lado da procura poderão abranger já produtos considerados como substitutos imperfeitos do produto principal.

A perspectiva que aparece como suplementar na Comunicação da Comissão – a substituibilidade do lado da oferta – parece-nos preferível e de resultados mais objectivos. Nesta perspectiva, assume-se que os fornecedores possam transferir a sua produção para os produtos relevantes e comercializá-los a curto prazo, sem incorrer em custos ou riscos suplementares significativos em resposta a pequenas alterações duradouras nos preços relativos. Assim, sempre que a substituibilidade do lado da oferta implicar a necessidade de uma adaptação significativa dos activos corpóreos existentes, a realização de investimentos adicionais, alterações nas decisões estratégicas ou substanciais atrasos, esta não será tida em conta na fase de definição do mercado.

---

[255] Uma clara comprovação da dimensão analítica da Comissão Europeia poderá ser encontrada no processo COMP/38.233, *Wanadoo Interactive*, (Decisão da Comissão de 16 de Julho de 2003), onde separou o acesso à Internet de banda larga do acesso à Internet de banda estreita.

[256] Relembre-se, esta denominação deriva do processo original *United States v. E.I Du Pont De Nemours & Co* (351 US 377, 1956), onde a Du Pont argumentou que o mercado do celofane não constituia um mercado separado, uma vez que existia uma elevada elasticidade cruzada ao nível dos preços relativamente a outros materiais flexíveis de embrulho.

Esta vertente é extremamente importante para a definição do mercado relevante, tendo o Tribunal de Justiça já anulado decisões da Comissão por esta autoridade a ter ignorado na sua fundamentação[257].

Em nosso entender, a conceptualização da ideia de mercado em rede poderá facilitar significativamente a definição do mercado relevante. Efectivamente, a rede tem um conteúdo dimensional intrínseco. Na sua dimensão física, o alcance geográfico é definido pela abrangência territorial dos seus segmentos infra-estruturais. Por seu lado, os produtos fornecidos serão aqueles que se suportam na própria infra-estrutura física materialmente definida. Na perspectiva das redes virtuais, a definição do mercado poderá ser facilmente delimitada tendo como referência a norma ou *standard* vigente, ou no limite, as normas ou *standards* concorrentes, tendo em vista a satisfação de uma necessidade concreta dos consumidores.

No entanto, uma perspectiva que assente unicamente nas variações de preços, tendo como pressuposto a concepção ideal de "preço concorrencial", deverá ser afastada. Além da sua insuficiente dimensionalidade, nunca conseguirá suportar no seu enquadramento as especificidades do mecanismo de formação de preços em mercados que tendem naturalmente para uma organização monopolista ou oligopolista.

Não é por acaso que as próprias autoridades concorrenciais, apesar de reafirmarem a importância e o significado do teste de monopolista hipotético, tendem a efectuar aproximações mais substanciais.

Por exemplo, a Comissão Europeia tem entendido que as características físicas dos produtos e as finalidades que eles visam atingir são importantes na definição do mercado relevante[258]. Nada haverá a criticar relativamente a este procedimento, excepcionando o facto de este não revestir senão uma qualidade estritamente indiciária. Porém, a doutrina tende a criticar esta posição pelo facto de, no seu entender, assentar em pressupostos eminentemente subjectivos. O caso

---

[257] Cfr., e.g., acórdão 6/72, *Europemballage Corporation and Continental Can v. Comission*, Colectânea, 1973, pág. 215, para. 33.

[258] Cfr. processo COMP/M.1672, *Volvo/Scania;* processo IV/M04, *Renault/Volvo*, JO C 281/2, 1991.

paradigmático é o referente ao processo *Nestlé/Perrier*, onde se discutiu o mercado relevante da água mineral, tendo-se concluído que seria constituído pelos produtos que se integrassem na categoria de *"um líquido para alívio da sede, proveniente de uma fonte natural saudável e que fornece sais minerais"*[259].

Ora, e independentemente da relevâncias dessas críticas para a generalidade dos restantes mercados, deverá referir-se que, no caso dos sectores em rede, esse será inevitavelmente o caminho preferível a trilhar na tentativa da definição correcta de um mercado relevante. A limitação da tendencial subjectividade da análise finalística do produto em função da necessidade que visa satisfazer decorrerá da intrínseca objectividade que advém do funcionamento padronizado do mercado em rede.

Nada haverá de subjectivo no mercado eléctrico. Por sua vez, o fornecimento de prestação de serviços de acesso à Internet depende unicamente da velocidade de ligação, independentemente de se basear numa rede de cobre, em fibra óptica, em espectro radioeléctrico, em sinal de satélite ou em rede eléctrica.

Não se deverá esquecer, igualmente, a vertente da interoperabilidade, bem como o movimento de convergência tecnológica. Actualmente, os produtos de base tecnológica sucedem-se no tempo a uma velocidade vertiginosa. Por sua vez, as próprias redes alteram a sua configuração tecnológica permitindo a prestação de serviços alternativos que anteriormente seriam prestados através de outras infra-estruturas, o que, no limite, permite uma interoperabilidade plena entre redes anteriormente distintas.

Os próprios produtos e serviços convergem na satisfação de necessidades cada vez mais específicas dos consumidores. A personalização das soluções é hoje uma das vantagens competitivas mais apreciadas. Por exemplo, no processo *US. v. Oracle*[260] encontrava-se precisamente em discussão a possibilidade de personalização extrema do software de gestão empresarial que, tomando como base uma infra-estrutura tecnológica comum, conteria não só as aplicações normais para o funcionamento da empresa como implicaria, na sua

---

[259] Cfr. processo IV/M190, *Nestlé/Perrier*, JO L356/1, 1992.
[260] In http://www.usdoj.gov/atr/cases/oracle.htm#appeals

implementação, a total desmaterialização lógica de toda a cadeia de valor. No entanto, e dada a evolução explosiva que se verificou neste tipo de mercados, assistiu-se a uma separação das funções lógicas de negócio das restantes aplicações de software. Essa separação estrutural permitiu a normalização relativa de muitas aplicações que anteriormente se encontravam inseridas num pacote global, aumentando a eficiência da interoperabilidade com outros sistemas e a integração horizontal das soluções. Ora, esta evolução, que se deu num espaço de um ano, originou uma enorme discussão doutrinária, já que, nestas condições, a vertente infra-estrutural não deveria ser incluída no mesmo mercado relevante que o *software* aplicativo, dado que ambas as vertentes não são sucedâneas entre si, nem se prestam à satisfação das mesmas necessidades de gestão empresarial.

Consequentemente, não deveriam ser integrados no mercado relevante todos os restantes produtores de sistemas operativos empresariais mas unicamente os fabricantes de aplicações de software.

Concorda-se, portanto, com Teece e Coleman, quando estes autores referem que a definição estática de mercados onde o ritmo de inovação é intenso leva inevitavelmente a uma conclusão errada e que se traduz numa definição demasiado estreita do mercado relevante[261]. Por outro lado, a alteração permanente dos paradigmas de actuação concorrencial não permite qualquer veleidade que anseie pela permanente imutabilidade da realidade estrutural, e que é inerente à análise concorrencial tradicional.

Numa situação limite, um incumbente que não acompanhe essa alteração de paradigma (e as posições conservadoras são aliás comuns em incumbentes instalados) é rapidamente substituído na sua posição de charneira pelo mais bem sucedido pioneiro da onda de inovação.

Finalmente, mais importante que a definição apriorística de um produto de referência para a determinação subsequente do mercado relevante (perspectiva *top-down*) será a adopção de uma perspectiva inversa em que o produtor pode construir (montar) o seu produto

---

[261] D. Teece e M. Coleman, *"The Meaning of Monopoly: Antitrust Analysis in High Technologies Industries"*, Antitrust Bulletin, 43, 1998, págs. 801 a 857.

perante as opções tecnológicas à sua disposição[262] ou o consumidor construir o seu produto adquirindo individualmente os segmentos parcelares do seu sistema, eminentemente personalizado (perspectiva *bottom-up*).

Se no primeiro caso é a funcionalidade final do produto que dita a escolha da tecnologia utilizada, sendo as possibilidades de sucedaneidade extremamente limitadas, já no segundo caso, a escolha será mais interactiva, uma vez que as características finais do produto serão construídas na óptica do conjunto parcelar de segmentos adquiridos e não na perspectiva estrita do objectivo agregador final[263].

Assim, a perspectiva *bottom-up* permite uma liberdade de escolha de segmentos acrescida, já que as opções serão tomadas tendo em consideração as tecnologias disponíveis, permitindo uma maior sucedaneidade potencial de componentes. Ora, esta óptica, intensamente mutável, é distinta da aplicável às redes físicas maduras, onde a funcionalidade é intrínseca à própria infra-estrutura subjacente.

No caso das redes virtuais, em que a componente tecnológica é muito importante, e que, no limite, comporta a integralidade da própria norma (por exemplo, no *software*), o grau de diferenciação entre produtos não permite uma delimitação de mercado relevante que se baseie em simples aferições assentes unicamente nos preços.

Nestas condições, qualquer teste da tipologia SSNIP torna-se impraticável. As razões que demonstram a sua falência são evidentes.

Nas redes virtuais são os desempenhos dos componentes que ditam as opções concorrenciais. Por outro lado, os preços praticados

---

[262] Na realidade, e na grande maioria das redes virtuais, o produtor do produto final não faz mais do que reunir uma série de componentes compatíveis, tendo em vista o alcance de um determinado desempenho. O vendedor de computadores pessoais tem uma vasta gama de componentes intermediários disponíveis. A formatação do produto final depende do desempenho que o produtor entende que os consumidores pretendem.

[263] O caso das baterias de telemóvel constitui um bom exemplo. Numa perspectiva *top-down*, o fabricante de baterias define a capacidade da sua bateria, dependendo o produto final da tipologia da bateria. Assim, o telemóvel e as suas capacidades são totalmente dependentes da capacidade e da dimensão da bateria previamente disponível. Inversamente, na perspectiva *bottom-up*, será o fabricante final de telemóveis que definirá aquilo que o seu telemóvel irá fazer, bem como as suas dimensões, e procurará no mercado uma bateria que se adapte às especificações finais do seu produto. O sistema Oracle de ERP é hoje um sistema *bottom-up*.

são evidentemente funcionalizados com referência na posição detida no mercado, tomando-se consciência que qualquer vantagem é meramente temporária. Por exemplo, no mercado dos microprocessadores, as velocidades de processamento são os factores cruciais de competitividade. No entanto, um microprocessador de topo de gama só mantém a sua posição por um período de dois ou três meses, já que a inovação tecnológica permite a construção de um novo sistema num curto prazo de tempo.

Nestas condições, a importância do preço é secundária face ao desempenho. No limite, a definição do mercado na perspectica SSNIP deveria ser adaptada, considerando-se o binómio preço/desempenho, já que só esta perspectiva permitirá enquadrar correctamente as motivações concorrenciais dos produtores e as preferências dos consumidores[264].

Em tese, nas redes virtuais, cada um dos componentes susceptíveis de agregação são diferentes no seu desempenho, e consequentemente, terão preços diferenciados em função das suas capacidades. Será a combinação preço/desempenho que regulará o sucesso concorrencial de um determinado produto. Nesta configuração de mercado, existirá uma multidão de monopolistas liliputianos que deterão um poder de monopólio na reduzida fracção de mercado em que actuam. No entanto, esse poder de mercado efectivo, mas que actua unicamente numa reduzida fracção da integralidade da rede, não terá qualquer relevância concorrencial efectiva.

Torna-se necessário que as apreciações concorrenciais adquiram alguma profundidade analítica, já que as diferenças de preços no mercado poderão ser sustentadas pelas diferenças de desempenhos dos diversos segmentos e, quem fará a arbitragem final ao nível das opções será o consumidor dos mesmos (final ou o produtor do produto na sua configuração final) que, em princípio, deterá uma informação relativamente perfeita sobre as condições do mercado à sua disposição.

As dificuldades de fixação de mercados relevantes tornam-se evidentes. A Comunicação da Comissão relativa aos mercados rele-

---

[264] Cfr. R. Hartman, D. Teece, W. Mitchell e T. Jorde, *"Assessing Market Power in Regimes of Rapid Technological Change"*, Industrial and Corporate Change, 2, 1993, págs. 317 a 350.

vantes no sector das telecomunicações electrónicas constitui uma boa demonstração da falência da metodologia tradicional de definição de mercados relevantes. De facto, num sector em que as alterações de paradigma concorrencial são mensais, compreendem-se as dificuldades dos organismos de tutela concorrencial na definição dos mercados relevantes. No entanto, essa dificuldade resulta da dinâmica inerente ao mercado e não pode ser ultrapassada pela fixação burocrática das condições estruturais de mercado.

No caso concreto, a pretender-se uma objectivação administrativa dos elementos que constituem os diversos mercados relevantes, tal implicará uma correcção mensal das fronteiras dos mercados em causa.

Não se pode congelar o resultado de um jogo de futebol através da fixação do seu resultado parcial no painel electrónico. Independentemente do resultado aí fixado, as equipas continuarão a sua disputa. No caso concreto das redes virtuais, e *maxime*, das comunicações electrónicas, esse jogo concorrencial é permanente e tendencialmente infinito, pelo que qualquer fixação administrativa dos elementos estruturais do jogo será, pelo menos, duvidosa.

Repete-se a ideia inicial: a razão para esta conceptualização insuficiente radica na tendencial adopção dos paradigmas neoclássicos para a aferição da eficiência concorrencial da organização dos mercados, já amplamente demonstrada. Nesta perspectiva, e salvo nos casos em que estejamos na presença de uma rede física de reduzida intensidade tecnológica, deverá afastar-se a ideia de inexistência de diferenciação de produtos, elemento base de uma qualquer formulação neoclássica[265].

Pelo contrário, e para além do seu preço, os produtos deverão ser identificados em função do seu desempenho e qualidade, sendo muitas vezes únicos na sua configuração funcional. Simultaneamente,

---

[265] Deverão ainda ser reponderados todos os modelos que assentam em presunções de equilíbrio, tal como a configuração estática da curva da procura de um determinado consumidor que assume que todas as condições de mercado se mantém idênticas, à excepção da variação do preço do bem em causa. Ora, no mundo real as condições de procuta e de oferta nunca são imutáveis, pelo que a indagação abstracta é excessivamente simplista. Cfr. F. Hayek, *"Competition as a Discovery Procedure"* in *New Studies in Philosophy, Politics, Economics and the History of Ideas*, University of Chicago Press, 1978, págs. 181e segs.

deverá ponderar-se a tendência para a separação rígida de mercados já que, na realidade, os mercados nunca estão claramente separados, havendo uma tendência permanente para a formação de produtos agregados e que, no limite, baseia o movimento global de convergência tecnológica.

Nestes termos, mais importante que o conceito de "produto" ou de "marca" será o conceito de segmento, no seu conteúdo funcional no seio de uma rede.

6. Conclusão. O conceito de Concorrência Efectiva

A noção de concorrência efectiva constitui-se como o elemento agregador do ordenamento jurídico-económico comunitário. Nesse âmbito, e para além da previsão legal básica em sede de direito originário, encontramos referência a esta concepção quer no *Regulamento das Concentrações*[266], quer nas diversas decisões jurisprudenciais. Para este efeito, basta relembrar o acórdão *United Brands*[267], onde se define o domínio como a capacidade de "prevenir a manutenção de uma concorrência efectiva no mercado". Por outro lado, todo o edifício regulatório comunitário assenta no pressuposto de concretização de um mercado estruturalmente equilibrado onde a concorrência efectiva seja praticável.

Apesar de todas estas referências que lhe atribuem uma omnipresença no ordenamento jurídico-económico comunitário, a verdade é que o conceito de concorrência efectiva nunca se encontra explicitado em nenhum instrumento legal.

Simon Bishop e Mike Walker ensaiam algumas tentativas para a definição do que se poderá entender como concorrência efectiva[268]. Nesse âmbito, propõem quatro aproximações possíveis.

A primeira aproximação traduz-se na identificação da concorrência efectiva com o processo de rivalidade concorrencial que dinamiza

---

[266] Regulamento (CE) n.º 139/2004 do Conselho de 20 de Janeiro de 2004 relativo ao controlo das concentrações de empresas ("Regulamento das concentrações") (JO L 24/1, 2004).
[267] Citado.
[268] Cfr. S. Bishop e M. Walker, *The Economics of EC Competition Law*, cit., págs. 12 a 41.

o jogo da oferta e da procura nos mercados. Porém, existem diversas situações de mercado, *maxime*, a constituição de empresas comuns, ou até mesmo a constituição de uma simples sociedade de pessoas, que visam precisamente atenuar os níveis de rivalidade no mercado sem que isso reduza a intensidade do jogo concorrencial, quer pelo seu âmbito substantivo não restritivo, quer pela sua reduzida importância. Por ser excessivamente restritiva, esta definição não se torna operacional, e, consequentemente, deverá ser afastada.

Numa segunda aproximação, poder-se-ia equiparar a concorrência efectiva a uma situação de inexistência de restrições aos comportamentos económicos das empresas. No entanto, e apesar de se constituir como conceito base para a aplicação do artigo 81.º do Tratado[269], esta definição peca igualmente por excesso, ignorando todas as vinculações jurídico-contratuais naturais numa sociedade de mercado.

Uma terceira aproximação traduzir-se-ia na definição do estado de concorrência efectiva quando nenhuma empresa pudesse influenciar o preço no mercado, replicando-se o conceito de concorrência perfeita adoptado pelo ordenamento concorrencial norte-americano para efeitos de aplicação da Secção 2.ª do *Sherman Act*. Porém, conforme foi referido *supra*, esta definição não é operacional nos diversos sectores em rede, já que a existência de poder de definição do preço no mercado poderá não implicar qualquer restrição concorrencial.

A quarta aproximação constitui-se já como uma definição de recurso. Porém, fundamenta muitas práticas regulatórias e traduz-se unicamente na ideia de definição de preços em si mesma, equiparando-os em função de diversas estruturas de custos. É, aliás, este o conceito utilizado pela Comissão nas suas *Orientações sobre Restrições Verticais*[270], e que, no limite, poderá criar uma concepção em que a concorrência no mercado só existirá quando as empresas não conseguirem realizar qualquer lucro.

Ora, todas estas aproximações padecem de insuficiências graves. Tal não é de estranhar, uma vez que o próprio conceito de concorrência efectiva é em si mesmo atípico e foi desenvolvido precisamente pelo facto de todas as concepções tradicionais falharem na definição

---

[269] O que, perante a sua desadequação, obriga à definição subsequente de ponderações tais como a *regra de minimis* e a aprovação de isenções por categoria.

[270] *Orientações, cit.*, para. 126.

concreta de um "bom ambiente" concorrencial. Consequentemente, ao tentar configurar-se o conceito de concorrência efectiva às típicas concepções escolásticas não se estará mais se não a revisitar as dificuldades sentidas pelo legislador originário e que, no limite, basearam a emissão do próprio conceito que, em si mesmo, se configura como uma situação de recurso.

Neste enquadramento de extrema dificuldade, torna-se necessário indagar os fundamentos básicos do direito económico e, neste âmbito, relembrar o seu objectivo de base, e que é, precisamente, o aumento dos níveis de bem-estar social. É este enquadramento de eficiência social que justifica a acção reguladora pública na conformação dos comportamentos privados.

Num ambiente complexo e onde as variáveis são incertas e extremamente mutáveis, deverá recorrer-se permanentemente a este referencial de eficiência para a resolução das situações controvertidas concretas. A diversidade e o dinamismo do tráfego concorrencial não permitem a adopção de soluções mágicas, de precisa objectividade e de alcance universal. Ao invés, a realidade deverá ser intrinsecamente analisada e as consequências da acção intensamente escrutinadas.

Não se deverá, no entanto, cair no extremo oposto. O eventual desencantamento relativamente às teses puras neoclássicas poderá facilmente criar uma tendência para a aceitação de objectivos extra-económicos relativamente à política da concorrência. Nesse enquadramento poderá ser enunciada a moderna escola populista[271], que enuncia enquanto objectivos diversos fundamentos tais como a protecção dos pequenos negócios independentes[272], a protecção do Estado democrático perante o poder económico[273], a protecção da liberdade

---

[271] Cfr. B. White, "*Countervailing Power – Different Rules for Different Markets? Conduct and Context in Antitrust Law and Economics*", Duke Law Journal, 41, 1992, págs. 1045 e segs.

[272] Este fundamento, eminentemente estruturalista, chegou a ser enunciado na jurisprudência norte-americana. Cfr. e.g. *US v. Grocery Store Co.*, 384 US 270 (1966); *Brown Shoe Co. v. US*, 370 US 294, 344 (1962); *US v. Trans-Missouri Freight Association*, 166 US 290, 323-324 (1897). Cfr., ainda, H. Blake e W. Jones, "*Toward a Three-Dimensional Antitrust Policy*, Columbia Law Review, 65, (1965), págs. 422 e segs.

[273] Cfr., e.g., M. Friedman, *Capitalism and Freedom*, Chicago University Press, 1962; F. Hayek, *Individualism and Economic Order*, Chicago University Press, 1948; H. Simons, *Economic Policy for a Free Society*, Chicago University Press, 1948.

empreendora individual perante as grandes concentrações de capital[274], o tratamento neutral das minorias[275], a protecção de determinados imperativos morais de mercado[276] ou a concorrência justa ("*fair competitition*")[277].

Em nosso entender, a política da concorrência e da regulação económica são integrantes do grande sector do direito económico cujo objectivo é a ordenação eficiente dos diversos mercados. Porém, o conceito de eficiência adoptado em muito extravasa a realidade neoclássica estrita, que integra unicamente no seu âmbito a eficiência produtiva[278] e a eficiência alocativa[279] inerentes ao estádio de concorrência perfeita.

A função redistributiva não pode ser retirada do conceito amplo de eficiência. Para esse efeito, poderá partir-se do conceito primário de eficiência definido por Pareto[280], no entanto, é necessário ter cons-

---

[274] Também com amplo suporte jurisprudencial. Cfr., e.g., *US v. Aluminium Co. of America et al.*, 148 F2.d 428-429 (2nd Circuit 1945). Cfr. R. Pitofsky, "*The Political Content of Antitrust*", University of Pennsylvania Law Review, 127, 1979, págs. 1051 e segs.

[275] Cfr. e.g., G. Becker, *The Economics of Discrimination*, Chicago University Press, 1957; A. Alchian e R. Kessel, "*Competition, Monopoly and the pursuit of Money*", Aspects of Labour Economics, Princeton University Press, 1962.

[276] Cfr. e.g., P. Dixon e C. Mueller, "*Competition: The Moral Justification for Capitalism*", Antitrust Law & Economic Review, 27, 1996, págs. 11 e segs.; Idem, "*Antitrust Law: The Magna Carta of the Free Enterprise System*", Antitrust Law & Economic Review, 27, 1996, págs. 25 e segs..

[277] Cfr., e.g., R. Lande, "*Wealth Transfers as the Original and Primary Concern of Antitrust: The Efficiency Interpretation Challenged*"; Hastings Law Journal, 34, 1982, págs. 65 e segs.; D. Dewey, "*The Economic Theory of Antitrust: Science or Religion*"; Vancouver Law Review, 50, 1964, págs. 413 e segs.

[278] A eficiência produtiva traduz-se no estado em que um determinado conjunto de produtos é fornecido ao mais baixo custo possível (mantendo-se a tecnologia, os custos das matérias-primas, etc.). Num estádio concorrencial perfeito, os lucros económicos das empresas eficientes são nulos, enquanto que as ineficientes geram prejuízos.

[279] A eficiência alocativa diz respeito à diferença entre o custo marginal da produção e a avaliação que os consumidores efectuam do mesmo. Se o custo marginal da produção for diferente daquele que os consumidores pretendem pagar, então existirá uma ineficiência alocativa.

[280] Na sequência do critério paretiano, a economia do Bem-Estar formulou dois teoremas fundamentais. De acordo com o primeiro teorema, denominado "teorema directo", se os agentes económicos actuarem num ambiente de concorrência perfeita, tomando-se os preços como dados, existindo um conjunto completo de mercado e informação perfeita, então a afectação de recursos será óptima em termos paretianos. Por sua vez, o segundo

ciência das suas próprias insuficiências e que, em tese, geraram a quase simultânea criação das denominadas teorias de segundo óptimo.

Efectivamente, as melhorias unânimes, dada a inerente subjectividade das percepções humanas, são improváveis, e se exigidas, seriam inevitavelmente bloqueadoras do desenvolvimento económico-social. Tal não significa que se defenda uma perspectiva puramente utilitarista que decorra da simples adição aritmética de ganhos de Bem-Estar individuais[281].

Esta perspectiva falece pela deficiente redistribuição dos recursos, sendo que, nestas condições, quem parte de uma melhor situação tem inevitavelmente uma capacidade de reprodução de capital superior aos que partem de uma posição mais desfavorecida.

Assimetricamente, a distribuição de unidades económicas aos mais desfavorecidos gera um aumento de utilidade superior em termos sociais (na óptica da utilidade marginal) do que resultaria da utilização das mesmas na satisfação das necessidades dos mais favorecidos.

Porém, tal não significa que se adopta uma perspectiva igualitarista[282]. Muito pelo contrário, o que interessa averiguar serão os efeitos económicos que resultam da aplicação da unidade monetária disponível. Por exemplo, a aplicação de uma unidade monetária para investimento tem um efeito reprodutivo em sede de bem-estar social superior à que resulta do consumo de um bem de luxo.

Logo, o que haverá a ponderar serão os efeitos da desutilidade privada dos impostos em sede de bem-estar social e os efeitos da utilidade pública prosseguida pela aplicação do montante tributado, sabendo-se, à partida, que os efeitos de uma aplicação privada em

---

teorema fundamental, também designado por "teorema converso", refere que se as curvas de indiferença e as isoquantas forem convexas, existir de novo um conjunto completo de mercados, houver informação perfeita e se for possível efectuar transferências *lump-sum* entre os agentes envolvidos, então qualquer das possíveis afectações de recursos óptimas em termos paretianos poderá ser alcançada através do equilíbrio concorrencial, desde que as transferências se efectuem sem custos administrativos ou perdas de Bem-Estar. Cfr., J. Santos, *Bem-Estar Social e Decisão Financeira*, Almedina, 1993, pág. 82.

[281] Na óptica da "maior felicidade do maior número", preconizada por Jeremy Bentham. Cfr. J. Santos, *Bem-Estar Social e Decisão Financeira*, Almedina, 1993, págs. 124 a 129.

[282] Cfr., e.g. L. Putterman, J. Roemer e J. Silvestre, "*Does Egualitarism Have a Future?*", *Journal of Economic Literature*, 36, 1998, págs. 861 a 902.

investimento ou em poupança serão inevitavelmente superiores a uma aplicação em consumo, mas que, no entanto, serão inevitavelmente inferiores aos efeitos em sede de bem-estar que resultam de uma qualquer subvenção a um sujeito que se encontre abaixo do limiar de existência[283].

Recorde-se, aliás, que a separação entre a eficiência económica e a redistribuição foi efectuada inicialmente por Kaldor[284], que apelou à ideia de compensação ou indemnização virtual através da qual os beneficiados pudessem integralmente indemnizar os prejudicados, deixando-os numa situação equivalente à anterior e, ainda assim, conservassem alguma vantagem. Esta posição foi subsequentemente confirmada por Hicks[285], de forma a conseguir-se um critério operacional de medição de bem-estar social[286].

Porém, critérios simplificados de análise tendo em vista preocupações de comodidade intelectual não podem suplantar os fundamentos

---

[283] Neste ponto torna-se fundamental eliminar quaisquer falhas de informação. Neste âmbito, o paradigma neoclássico é superado pelo paradigma da informação. Cfr. J. Stiglitz, *Whither Socialism?*, Cambridge, MIT Press, 1994. Por outro lado, o pacote de utilidades a fornecer poderá ser composto por uma multiplicidade de activos diversos, e não necessariamente por dinheiro. Cfr. J. Rawls, *A Theory of Justice*, Harvard University Press, 1971. A este propósito, Amartya Sen salienta a literacia e os cuidados de saúde (Cfr. A. Sen, "*Equality of what?*, in S. McMurrin (ed.), *Tanner Lectures on Human Values*, Vol. I, University of Utah Press, 1980); Ronald Dworkin salienta, por sua vez, os recursos ou talentos pessoais, transferíveis ou não-transferíveis (Cfr. R. Dworkin, "*What is Equality? Part 2: Equality of Resources*", *Philosophy and Public Affairs*, 10, 1981, págs. 283 a 345); John Rohmer, por sua vez, acentua a questão da igualdade de oportunidades (cfr. J. Rohmer, *Theories of Distributive Justice*, Harvard University Press, 1996).

[284] Kaldor referiu mesmo que "*the economists should not be concerned with prescriptions at all (...) for, it is quite impossible to decide on economic grounds what particular pattern of income-distribution maximizes social welfare*" (cfr. N. Kaldor, "*Welfare Propositions in Economics and Inter-Personal Comparisons of Utility*", *Economic Journal*, 49, 1939, pág. 551).

[285] Hicks, por sua vez, concorda com esta clivagem e salientou, numa óptica relativamente pessimista que "*if measures making for efficiency are to have a fair chance, it is extremely desirable that they shouls be freed from distributive complication as much as possible*" (cfr. J. Hicks, "*The Foundations of Welfare Economics*", *Economic Journal*, 49, 1939, pág. 712).

[286] Cfr., para uma crítica aos critérios de Kaldor-Hicks, T. Scitovsky, "*A Note on Welfare Propositions in Economics*", *Review of Economic Studies*, 9, 1941, págs. 77 a 88; J. Santos, *Bem-Estar Social e Decisão Financeira*, Almedina, 1993, págs. 99 a 120; R. Zerbe, *Economic Efficiency in Law and Economics*, Edward Elgar, 2001, págs. 8 a 11.

para a correcção das concepções económicas de base[287/288]. Neste âmbito, qualquer critério de bem-estar terá inevitavelmente de efectuar comparações interpessoais, tomando em consideração valores sociais e imperativos éticos inalienáveis.

A adopção de uma posição de base a este propósito é fundamental, tendo em vista a nivelação das opções normativas do direito económico. A necessidade de realização de uma ponderação é facilmente demonstrável. Se adoptarmos a perspectiva simplificada de bem-estar social, daí resulta uma indiferença ao nível da sua evolução, que poderá resultar quer do excedente do produtor, quer do excedente do consumidor.

Estas soluções não são socialmente neutras. Por outro lado, as concepções normativas do direito da concorrência têm uma enorme dificuldade em vislumbrar os efeitos ao nível destas duas realidades como indiferentes. Se para um economista a ocorrência de € 1 de ganho na esfera do produtor ou na esfera do consumidor é totalmente indiferente, já o mesmo não acontecerá para o jurista prototípico. Ao invés, e neste âmbito, tende-se a acentuar, por vezes, desproporcionadamente, a óptica do consumidor em contraste com a posição do produtor.

Não é por acaso que quer o direito comunitário da concorrência[289] (cfr. e.g. n.º 3 do artigo 81.º do Tratado), quer a própria ordem jurídica norte-americana (cfr. e.g., *1997 Merger Guidelines*) tendem a privilegiar nas suas soluções a posição do consumidor em detrimento da posição do produtor.

É essencial uma ponderação a este respeito tendo em vista a conceptualização da concorrência efectiva. Nem as duas situações

---

[287] Já Pigou, de forma directa e Little, de forma indirecta, sugeriram o desenvolvimento de um teste dual, considerando que a distribuição equitativa do rendimento constituia um aspecto positivo em sede de Bem-Estar Social. Cfr. A. Pigou, *The Economics of Welfare*, 4th Edition, London MacMillan, 1932 (1920); I. Little, *A Critique of Welfare Economics*, 2nd Edition, Oxford University Press, 1957 (1950).

[288] Tendemos, no entanto, a concordar com Richard Zerbe quando ele refere que *"there is a trade-off between de theoretical strenght of a measure and the extent of its applicability"* (in R. Zerbe, *Economic Efficiency in Law and Economics, cit.,* pág. 15).

[289] Posição aliás exteriorizada pelo Comissário Mario Monti no seu discurso no dia da Concorrência em Madrid, realizado em 26 de Fevereiro de 2002.

em sede de incremento de bem-estar social são equivalentes, nem se poderão desequilibrar os pratos da balança em favor do consumidor[290].

A definição do que se entende por concorrência efectiva assume uma dificuldade extrema, uma vez que deverá integrar, para além dos critérios clássicos de eficiência essenciais, preocupações de ordem ética e que passam, no limite, pelo estabelecimento de padrões de mínimos de existência e de protecção dos mais desfavorecidos em termos contratuais.

Embora a resolução final da questão em muito ultrapasse o conteúdo deste trabalho deverá, porém, referir-se que a concorrência efectiva poderá partir da conceptualização tradicional da eficiência económica, adicionando-lhe, no entanto, critérios redistributivos (eficientes) e flexibilidade analítica na indagação de comportamentos colectivos e dinamismo temporal[291]. De facto, será mais importante que todos fiquem numa melhor posição no final do processo do que em cada fase do processo, sendo que a compensação (informada) dos mais desfavorecidos é, em termos marginais, eficiente já que proporcionará uma evolução mais significativa dos padrões de bem-estar social.

O direito económico deverá promover uma análise concorrencial de médio e longo prazo e não de curto prazo. Somente em horizontes temporais mais alargados se poderão aferir com algum grau de certeza os efeitos do aumento dos padrões de bem-estar social, eliminando-se os constrangimentos decorrentes da visão estática que, no limite, fundamenta juízos de reversibilidade, tal como apontado por Tibor Scitovsky.

A concorrência efectiva revestirá um alcance global e compreensivo, confundindo-se com a doutrina de base do direito económico comunitário. Por outro lado, a concorrência efectiva deverá constituir um carácter de superação face às posições teóricas tradicionais, já que a sua abrangência doutrinária implica a apreensão da integralidade

---

[290] É por esta razão que S. Bishop e M. Walker concluem que "*the welfare standard for EC competition law is consumer welfare, not social welfare*". Cfr. S. Bishop e M. Walker, *The Economics of EC Competition Law*, cit, págs. 26 e 27.

[291] E subtraindo-lhe eventuais preocupações instrumentais tal como o objectivo de criação do mercado interno e as consequentes tentativas de nivelação concorrencial que, no limite, se traduzem no desenvolvimento de políticas de simples protecção de concorrentes.

dos imperativos jurídico-constitucionais de organização do Estado e, consequentemente, de regulação da acção pública na definição do modelo social de mercado, sempre visando, claro está, os imperativos de bem-estar social.

O seu ponto de partida reside na concepção de eficiência basilar: a acção pública de actuação no mercado é subsidiária da acção privada. Se a iniciativa privada for suficiente na satisfação das necessidades dos agentes económicos, o Estado não deverá intervir já que a sua intervenção implicará perdas administrativas e falhas de alocação de recursos.

Neste ponto, a óptica da concorrência efectiva confunde-se com o movimento de privatização, que ultrapassa o fenómeno empresarial, e se traduz numa real privatização de mercado, cujo alcance, nos sectores em rede, é global e globalizante. Nesta configuração, a concorrência efectiva implicará que se efectuem juízos de oportunidade para a realização de uma acção reguladora pública, em sentido amplo, corrigindo as disfunções naturais do mercado, punindo os comportamentos anticoncorrenciais de forma a garantir a qualidade dos serviços prestados e promovendo a justa redistribuição de encargos.

Pelo exposto, e neste primeiro nível de fundamentação, eminentemente estrutural e objectivo, a concorrência efectiva confunde-se com o próprio sentido de ordenação económica global, abrangendo os fundamentos tradicionalmente apontados à regulação económica (eliminação de falhas de mercado, controlo de monopólios naturais, interiorização de exterioridades, garantia de fornecimento de bens públicos) mas igualmente uma lógica de justiça e redistribuição eficiente. Neste âmbito, a concorrência efectiva implica um controlo das tendências de concentração no mercado, mas não deve esquecer que, em determinadas condições, essas tendências de concentração, oligopolistas ou até mesmo monopolistas, são estruturais ao mercado e, consequentemente, eficientes do ponto de vista económico Por outro lado, não poderá esquecer que as eventuais economias de escala que alteram os padrões de referência relativamente ao funcionamento eficiente de mercados poderão existir quer no lado da oferta, quer no lado da procura (v.g., as exterioridades de rede).

Assim, a concorrência efectiva, do ponto de vista estrutural, implicará uma função eminentemente operacional, traduzindo-se na política de optimização concorrencial das condições existentes do mercado de forma que, numa determinada configuração natural do mesmo, reconhecida e tolerada, resultem as melhores opções produtivas, de qualidade e de redistribuição.

Num segundo nível, a concorrência efectiva implica a análise dos fundamentos subjectivos da decisão. Na verdade, a inerente subjectividade dos juízos de valor tem sido um obstáculo permanente à teorização económica de organização estrutural de mercado. No limite, essa inerente subjectividade impede *ipso facto* a formação de um conceito perfeito de bem-estar social. Por outro lado, os interesses pessoais dos agentes no mercado têm merecido um tratamento especial da Escola da Escolha Pública, que forneceu importantes contributos em sede de distorções à decisão do governante, ao modo de funcionamento da burocracia e dos grupos de pressão e, no limite, das falhas de decisão dos reguladores, dos legisladores e dos aplicadores do direito.

Estes são elementos fundamentais que deverão ser considerados na formulação da política de organização de mercados; porém, e para o que nos interessa, revestem uma importância colateral ou enquadrante. O que releva para efeitos de determinação da concorrência efectiva é o comportamento dos agentes no mercado, quer do lado da oferta, quer do lado da procura.

Por outras palavras, o que importa é o comportamento dos produtores e o comportamento dos consumidores, sabendo-se que, no limite, e na óptica tradicional redistributiva, o excedente do produtor será sempre preterido em favor do excedente do consumidor. E, nesta óptica, terá de se ultrapassar a tendência natural que se traduz na atribuição de uma importância fundamental à estrutura do mercado, subalternizando a vertente comportamental dos agentes que é, muitas vezes, reconduzida a uma simples consequência das condições objectivas determinadas. Não poderá haver ilusões: os agentes tentarão optimizar os seus proveitos utilizando todas os meios disponíveis ao seu dispor[292].

---

[292] Já Adam Smith tal referia, afirmando que relativamente ao indivíduo, *"ele não pretende, normalmente, promover o bem público, nem sabe até que ponto o está a fazer. Ao preferir apoiar a indústria interna em vez da externa, só está a pensar na sua própria segurança; e, ao dirigir essa indústria de modo que a sua produção adquira o máximo valor, só está a pensar no seu próprio ganho, e, neste como em muitos outros casos, está*

A concorrência efectiva deverá impedir os efeitos nefastos resultantes das posições monopolistas, mas não deverá esquecer que, em algumas situações, estas se assumem como elementos estruturais, logo eficientes de mercado, nem deverá esquecer que a motivação permanente dos concorrentes é a exclusão dos restantes do mercado, não devendo tratar desfavoravelmente o monopolista quando este não abusa do seu poder de mercado. O mesmo se deve referir quanto ao comportamento colectivo, *maxime* quanto à prática dos agentes oligopolistas, tradicionalmente penalizados pelo desenvolvimento das suas opções racionais de mercado por vezes de forma mais intensa que um verdadeiro e próprio monopolista.

Neste último caso, e conforme demonstraremos na parte IV, existirão situações em que determinadas práticas colectivas deverão ser toleradas e, até mesmo, promovidas, como é caso da formação colectiva de normas das redes.

No limite, poderá mesmo referir-se que a actuação em rede depende da coordenação de comportamentos entre os diversos agentes que detêm os diversos segmentos da infra-estrutura e que prestam serviços sobre a mesma.

Assim, e nesta segunda dimensão, a concorrência efectiva implica a análise das consequências comportamentais dos agentes no mercado, sem que para tal se tome em consideração uma determinada estrutura de mercado enquanto elemento dado ou imutável. Tal implica que as motivações dos agentes deverão ser cuidadosamente escrutinadas, não devendo ocorrer penalizações pelo facto da estrutura do mercado revestir uma tendência para uma natural concentração[293].

Num terceiro nível de fundamentação encontramos a dimensão espacial do mercado relevante. O movimento de globalização económica não pode constituir-se como uma mera constatação determinista. Pelo contrário, a globalização é determinante para a definição

---

a ser guiado por uma mão invisível (...). Ao tentar satisfazer o seu próprio interesse promove, frequentemente, de uma maneira eficaz, o interesse da sociedade (...)". (cfr. A. Smith, *Inquérito sobre a Natureza e as Causas da Riqueza das Nações*, 2.ª ed., Fundação Calouste Gulbenkian, s.d., (trad. Portuguesa), vol. I, pág. 758). Tullock, por sua vez, é um pouco mais optimista, pois, segundo a sua lei, os indivíduos só são altruístas em cinco por cento das ocasiões.

[293] Esta questão será tratada na análise da situação de posição dominante colectiva.

dos mercados em causa. Em termos estruturais, as redes têm uma natural dimensão mundial. A concorrência efectiva implica que esse tendencial alcance globalizante seja integrado na análise concorrencial. Porém, e do ponto de vista comunitário, tal implica que se supere a dimensão que ainda hoje é a vigente de abertura dos mercados nacionais à concorrência comunitária. Efectivamente, o poder de mercado dos agentes nacionais é, por definição, transitório.

Nos sectores organizados em rede, a transição para um estado de organização mundial é inevitável. A concorrência efectiva obriga a que esse modelo tendencial de organização seja ponderado e verificado nas análises casuísticas de mercados. Porém, e paradoxalmente, a concorrência efectiva deverá ter igualmente em consideração a tendência reactiva dos agentes económicos perante este atenuar do seu poder espacial de mercado. Referimo-nos, neste ponto, à tentativa de diferenciação dos produtos com a criação de poderes monopolísticos sobre determinados micromercados, numa óptica estrita de concorrência monopolística com desenvolvimento de poder de mercado em estreitos nichos. Ora, esta salutar diferenciação terá de ser considerada por uma análise de concorrência efectiva, devendo evitar-se qualquer tentativa de extensão da teoria do monopólio à análise concorrencial deste tipo de comportamentos.

Finalmente, numa quarta dimensão, aponta-se a dimensão temporal da concorrência efectiva. Esta vertente, que apesar de evidente, é quase ignorada nos actuais sistemas administrativos de controlo concorrencial de mercados, implica uma superação na análise concorrencial tradicional de mercados. Essa superação traduz-se na inserção de uma dimensão de inovação e progresso, substituindo-se a análise bidimensional típica de equilíbrio geral (preço/quantidades) por um sistema tridimensional onde o desenvolvimento tecnológico desempenha um papel de ruptura e de desequilíbrio permanente.

Ora, como é óbvio, esta dimensão dinâmica implica a substituição de todos os modelos clássicos de análise concorrencial, que assentam inevitavelmente em concepções concorrenciais estáticas.

E, nesta perspectiva, nos sectores em que a intensidade do desenvolvimento tecnológico é superior, o conceito de agente monopolista transmuta-se radicalmente, bem como as consequências ao nível da eficiência na percepção da "renda monopolista" exorbitante. Nesta configuração, que radica numa perspectiva dinâmica de bem-estar, eventuais ineficiências tradicionais de curto prazo deverão ser toleradas, já que serão compensadas por eficiências adicionais de longo prazo que mais do que compensarão os prejuízos anteriores. Nesta dimensão da concorrência efectiva, o poder de mercado não é anticoncorrencial em si mesmo, o que implica uma reconfiguração das políticas tradicionais de concorrência e de regulação de preços. De facto, a solução eficiente dependerá de uma análise profunda das políticas de investimento do eventual monopolista e do ritmo de introdução de novos produtos.

Pelo exposto, a concorrência efectiva consistirá numa configuração eficiente de concorrência que tome em consideração a dimensão objectiva, subjectiva, espacial e temporal dos mercados, nos termos sucintamente descritos anteriormente.

PARTE III
PRÁTICAS CONCORRENCIAIS INDIVIDUAIS NOS SECTORES EM REDE

I
Da Reformulação das Bases de Análise Concorrencial das Redes na Óptica da Posição Dominante Individual

1. **A reorientação das metodologias de apreciação do poder de mercado individual: da forma aos efeitos**

Não se pode negar que grande parte das questões concorrenciais típicas dos sectores em rede decorre da sua vertente infra-estrutural. Sendo a rede uma composição de segmentos organizados e orientados tendo em vista a prestação de um serviço, a sua formatação geométrica definirá em larga medida a forma e a potencialidade de exercício de poder de mercado.

O exercício de poder de mercado nos sectores em rede estará indissociavelmente relacionado com os constrangimentos infra-estruturais de organização e funcionamento dos segmentos (veja-se o caso dos *engarrafamentos monopolísticos*). Porém, e conforme já foi referido, haverá que afastar qualquer tentação de excessiva simplificação analítica, nomeadamente para a parametrização do desempenho concorrencial num determinado sector atendendo única e simplesmente à dimensão estruturalista envolvente, pois tal poderá provar de menos (na presença de operadores históricos com uma ampla base instalada em segmentos não oligopolistas) ou de mais (no caso dos operadores desencadearem comportamentos concorrenciais efectivos independentemente da componente estrutural pretensamente favorável à concertação).

É por esta razão que a análise comportamental assume uma particular importância. De facto, não se deverá ceder a tentações de excessiva simplificação tomando como referência elementos indiciários estruturais. Nesta perspectiva, é necessária a adopção de metodologias de análise económica que permitam, sem excessiva complexidade, analisar em concreto as motivações casuísticas dos concorrentes, num ambiente necessariamente complexo e economicamente interactivo. Tal implica que quer o artigo 82.º do Tratado, quer a diversa legislação reguladora deverão ser repensados da mesma forma que o foram o artigo 81.º do Tratado e o *Regulamento das Concentrações*.

Essa reestruturação conceptual e operacional poderá não implicar o incremento de complexidade na análise jurídico-económica dos mercados. Muitas vezes, a necessidade de alteração das metodologias jurídico-concorrenciais é afastada atendendo a uma natural aversão a modificações radicais nos modelos conceptuais, quer em sede de investigação, quer mesmo nas soluções jurisprudenciais, o que leva a que o decisor – por razões de aparente segurança e certeza jurídica na emissão de soluções abstractas – valorize excessivamente a vertente formal das acções, em desfavor dos efeitos concretos da mesma no tecido concorrencial desse mercado.

A *doutrina dos efeitos* deve ser desenvolvida, sob pena de perda de aproveitamento de uma margem de aumento de eficiência disponível. Por outro lado, atendendo à configuração própria dos sectores em rede, a doutrina dos efeitos poderá ser desenvolvida de forma relativamente simplificada, atendendo à configuração própria das infra-estruturas de base.

As vantagens que daí advirão são manifestas. Em primeiro lugar, a norma jurídico-económica de regulação do mercado manterá a sua legitimidade no âmbito do princípio da eficiência, assegurando-se que as soluções legais propostas não violam princípios óptimos de organização de mercados.

Em segundo lugar, serão impedidas práticas que, tomando os modelos formais de decisão como garantidos, poderiam facilmente, através de manipulação dos mesmos, contornar por essa via os sãos princípios de organização concorrencial.

Em terceiro lugar, e uma vez que a doutrina dos efeitos engloba necessariamente uma visão compreensiva da integralidade do ambiente concorrencial, os riscos de realização de juízos negativos relativamente a práticas pró-concorrenciais seriam inevitavelmente reduzidos.

Finalmente, e em quarto lugar, a adopção da doutrina dos efeitos permitiria uma superação dos modelos formais de decisão, que se encontram actualmente fragmentados, alcançando-se uma unificação das soluções tendo em vista o resultado concorrencial das mesmas.

Neste enquadramento, a verificação das condicionantes concorrenciais nos diversos sectores altera-se radicalmente, dado que a vertente formal da conduta é liminarmente superada. Nesta perspectiva já não relevará a componente formal da conduta (*v.g.* negociação exclusiva, preço predatório, venda coligada, compressão de margem) em si mesma considerada (*"per se"*), mas sim os seus efeitos concretos no mercado relevante em causa, numa óptica assente na "*rule of reason*" e numa política regulatória e de concorrência não dirigista.

Tal não significa que se assuma uma perspectiva liberal na análise dos condicionalismos concorrenciais dos diversos mercados. A perspectiva de partida é, aliás, diametralmente oposta.

Assim, e como ponto de partida, assume-se que, nos sectores em rede, existe um ambiente natural para a criação de posições dominantes em diversos segmentos das redes. Considera-se, igualmente, como facto consumado a apetência dos mesmos agentes para a rentabilização das suas posições dominantes (desde que, claro está, seja essa a solução mais racional na perspectiva individual).

Porém, a discussão dogmática acerca da aplicação do artigo 82.º do Tratado (e consequentemente, da legislação reguladora sectorial) encontra-se enclausurada numa perspectiva cedular artificial excessivamente formalista (*v.g.* preços predatórios, preços excessivos, discriminação, descontos de fidelidade, vendas coligadas, recusa em negociar), quando, na prática, muitas destas condutas visam precisamente os mesmos objectivos anticoncorrenciais.

Enunciemos três exemplos:

i) Um agente com posição dominante no mercado que pretenda aumentar a sua posição no segmento em que opera poderá adoptar uma estratégia de preços predatórios, através da redução geral de preços, oferecer descontos selectivos aos clientes dos rivais, oferecer melhores condições de pagamento, desenvolver uma estratégia complexa de discriminação de preços ou oferecer descontos de fidelização ou por quantidade adquirida – *estratégias de expansão horizontal*;

ii) Um agente com posição dominante no mercado que pretenda aumentar a sua posição no segmento a montante ou a jusante, poderá recusar o acesso dos restantes concorrentes ao segmento por si dominado, aumentar o preço de acesso para níveis insustentáveis, oferecer pacotes agregados de produtos obrigando a que os agentes que pretendem um produto no segmento dominado adquiram igualmente o produto de outro segmento, ou poderá criar soluções de incompatibilidade física e técnica que impeçam, na prática, a ligação dos segmentos dos concorrentes ao seu segmento concreto – *estratégias de expansão vertical*;
iii) Um agente com posição dominante no mercado que pretenda aumentar a sua posição num segmento adjacente da rede, mas não directamente relacionado com o seu, poderá oferecer descontos selectivos ou criar pacotes de produtos de forma a expandir a sua posição para esse ramo do mercado – *estratégias de expansão diagonal*.

Estas três situações englobam no seu âmbito uma multiplicidade de formas para a prossecução de objectivos materialmente determinados.

O primeiro exemplo diz respeito a estratégias de expansão horizontal de poder de mercado. Nestas circunstâncias, o agente dominante pretende dominar integralmente o seu segmento de mercado e eventuais segmentos paralelos, desenvolvendo estratégias de exclusão de concorrentes que operam nesse nível da rede.

O segundo exemplo retrata as diversas estratégias que um agente com poder de mercado poderá desenvolver, tendo em vista a expansão vertical do seu poder de mercado para segmentos que se situam a jusante ou a montante daquele que ele domina (exclusão em segmentos verticalmente integrados).

Finalmente, o terceiro exemplo retrata a eventual projecção do poder de mercado de um agente com posição dominante num segmento para outros segmentos que, situando-se na mesma rede que o segmento primário, não se relacionam directamente com este nem se situam a um nível paralelo; nesta situação o relacionamento entre os segmentos poderá ser descrito como diagonal (exclusão em segmentos adjacentes).

A adopção de uma concepção concorrencial radial permite uma conceptualização relativamente simplificada das questões concorrenciais de base, *maxime*, ao nível que nos interessa: *os abusos de exclusão*[294].

A ponderação concorrencial das diversas práticas deverá ser analisada, mais uma vez, nos termos de uma teorização geral unificada na óptica dos efeitos, o que permite alcançar uma consistência dogmática fortalecida, relevando-se os efeitos concorrenciais no mercado e nos consumidores e subalternizando-se as perspectivas excessivamente formalistas que gravitam à volta dos conceitos concorrenciais de base, que muitas vezes advogam soluções distintas para situações idênticas e que fazem perigar interpretações consistentes com os condicionalismos casuísticos do caso concreto.

1.1. *Práticas de Exclusão Horizontal: Remissão*

O agente dominante na rede poderá pretender expandir a sua posição através do desenvolvimento de práticas anticoncorrenciais no mesmo segmento em que opera. Do mesmo modo, poderá igualmente pretender expandir o seu poder para um segmento paralelo de forma a reduzir o perigo de erosão do seu poder monopolista por via da estreita sucedaneidade entre produtos. Nesta perspectiva, a análise concorrencial deverá ser operada de um ponto de vista eminentemente horizontal, ou seja, paralela à actividade prioritária que esse agente desenvolve (que para facilitar a exposição poderemos designar por *incumbente*), escrutinando-se os efeitos dessa prática nos níveis de eficiência global do desempenho desse estádio produtivo segmentar.

Esta exclusão concorrencial pode ser desenvolvida de duas formas distintas. Numa primeira configuração, o agente explora o seu poder de mercado de forma a forçar a saída do concorrente do jogo concorrencial desse segmento ou de segmento paralelo ou, numa forma menos radical, de forma a convencer o seu concorrente a desenvolver estratégias de concorrência mais passivas. Numa segun-

---

[294] Face à sua relevância para os sectores em rede, trataremos essencialmente deste tipo de abusos, deixando de parte os *abusos de exploração* e os *abusos de discriminação*.

da configuração, o agente dominante usa o seu poder de mercado no sentido de prevenir qualquer novo acesso a esse segmento.

Neste modelo de concorrência horizontal, as estratégias concorrenciais desenvolvidas pelo agente dominante têm subjacente uma dimensão temporal. Num primeiro momento, o agente dominante actua agressivamente, a que se segue um período subsequente de recuperação. Assim, na fase inicial, o agente dominante desenvolve acções no sentido de reduzir as expectativas creditícias dos seus concorrentes, actuais ou potenciais, através da imposição de preços predatórios, descontos selectivos ou vendas subordinadas. Pode igualmente celebrar contratos exclusivos com fornecedores e distribuidores, oferecer uma enorme variedade de produtos ou sobre-investir em capacidade de produção e publicidade.

E, nesta configuração, os efeitos no consumidor no curto prazo são positivos. De facto, os preços são reduzidos, a qualidade dos produtos aumenta, bem como a sua variedade. Porém, os efeitos a longo prazo são diametralmente opostos já que, com o afastamento (ou submissão) do concorrente, o sujeito dominante poderá recuperar as suas perdas iniciais e, finalmente, explorar o seu poder de mercado num modelo protomonopolista.

Nesta óptica, analisaremos nesta Parte III, os modelos de extensão horizontal traduzidos nos preços predatórios, dada a sua especial relevância.

Porém, e atendendo a que, nos sectores em rede, a forma de organização económica dos mesmos tende para o modelo oligopolista, e face à inevitável complexidade da sua análise, optou-se por remeter a análise dos modelos de extensão horizontal do poder de mercado dos agentes em posição dominante tomando como referência os padrões concorrenciais aplicáveis a comportamentos colectivos para a Parte IV, pela sua especificidade conceptual.

Em consonância, e dada a existência de uma tendência para a criação de monopólios naturais, analisaremos de seguida, em sede de comportamentos individuais, os modelos de extensão vertical do poder de mercado para segmentos a montante e a jusante, bem como as práticas de projecção diagonal do poder de mercado para segmentos adjacentes.

II
Análise económica dos modelos de extensão vertical do poder de mercado em segmentos dos sectores em rede

1. **Extensão vertical e integração vertical: conceito e definições**

A distinção entre práticas concorrenciais legais e ilegais constitui uma tarefa muito complexa em mercados onde existam empresas verticalmente integradas. A integração vertical traduz-se, na sua forma mais pura, no fornecimento por um único agente económico de toda uma gama de utilidades que, de outra forma, poderiam ser fornecidas por outros agentes presentes no mercado[295].

---

[295] Foi Cournot quem, em 1838, enunciou pela primeira vez uma teorização económica sobre os efeitos concorrenciais da integração vertical. No seu modelo, Cournot considerou a existência de dois produtos complementares produzidos individualmente por dois monopolistas, que tinham de ser necessariamente usados em conjunto de forma a que o consumidor obtivesse o resultado pretendido (no exemplo avançada por este autor constavam o cobre e o zinco enquanto componentes essenciais do bronze, embora o exemplo possa ser transposto para os componentes das redes físicas e virtuais). Nestas condições, de acordo com este autor, dois monopolistas que actuem independentemente fixarão inevitavelmente um preço elevado economicamente ineficiente. Se eles se fundirem ou se coordenarem poderão baixar os seus preços e, simultaneamente, aumentar os seus lucros. A razão para este fenómeno é bastante simples, pois a baixa de preço do primeiro produto estimulará a aquisição do segundo produto, sendo o inverso igualmente verdadeiro. Através desta simples constatação poderá dizer-se que Cournot foi o pai das teorias de integração (e um dos avós da posição doutrinária de Chicago), pois a concentração de agentes no mercado permitiria a interiorização das exterioridades negativas que o aumento de preço de um produto causa no seu complemento; ou seja, a concentração de agentes do lado da oferta permitiria a redução de preços, pois as exterioridades negativas seriam interiorizadas. Cfr. Augustin Cournot, *Recherches sur les príncipes mathematiques de la theorie des richesses*, Paris, Hachette, 1838. Tradução para inglês, *Research into the Mathematical Principles of the Theory of Wealth*, traduzido por N. Bacon, Mountain Center, California, James and Gordon, 1995.

Por outras palavras, em determinados mercados, um agente económico, que se dedique à produção de um determinado segmento da rede física ou virtual, poderá optar por fornecer também outro segmento, complementar do originariamente produzido. Os exemplos de integração vertical são inúmeros: uma empresa de distribuição de correio expresso poderá optar por criar uma rede local de distribuição própria em vez de subcontratar uma rede externa; um construtor automóvel poderá produzir as suas próprias baterias em vez de as adquirir a fornecedores terceiros, ou deter uma rede própria de distribuição, em vez de a atribuir a concessionários independentes; uma empresa de aviação poderá optar por estabelecer um serviço próprio de *"handling"* em vez de contratar uma outra empresa que se dedique à prestação desse serviço, essencial ao prestador de serviços de transporte aéreo.

A revolução tecnológica permitiu o desenvolvimento de *cadeias de distribuição* totalmente desmaterializadas, o que possibilitou a eliminação de agentes intermediários no processo de produção: este processo é normalmente denominado como *desintermediação*[296], e permite o relacionamento directo entre o produtor originário e o consumidor final.

Os exemplos são inesgotáveis, o que demonstra o número infinito de possibilidades de desenvolvimento de práticas de integração vertical na nossa sociedade, constituindo esta, eventualmente, a forma natural de organização nos sectores em rede, dadas as relações de estrita complementaridade entre os diversos segmentos. Sendo um estado natural, não decorrerá, em princípio, da prática de quaisquer acções anticoncorrenciais. No entanto, na perspectiva do agente económico fornecedor de um determinado bem ou serviço que vê recusado o seu fornecimento, a opção do anterior adquirente do seu produto em proceder por si próprio à produção do bem referente a esse segmento produtor, anteriormente subcontratado, poderá não ser facilmente aceite.

A integração vertical num sector em rede é, teoricamente, e tomando em consideração as características dos mercados, sempre

---

[296] A desintermediação é um fenómeno comum em toda a economia. No entanto, fez-se sentir com especial intensidade no sector financeiro. Cfr. Carlos Baptista Lobo, *Concorrência Bancária?*, cit., págs. 125 e segs.

possível, já que, por natureza, os diversos segmentos interagem entre si, em relações de estrita complementaridade.

Atendendo ao posicionamento dos diversos segmentos no mercado, se um agente proceder à integração do seu segmento num outro segmento mais próximo do ponto de fornecimento do bem ou do serviço, ou, numa outra perspectiva, do ponto de origem do trajecto de direccionalidade na rede, estaremos na presença de uma *integração a montante* (*"upstream"*). Utilizando os exemplos referidos, estaremos na presença de uma integração vertical a montante quando o construtor automóvel opta por fabricar baterias próprias ou quando a empresa de aviação optar por deter um serviço próprio de *"handling"*.

Na *integração a jusante* (*"downstream"*), o agente procede à integração do seu segmento num outro segmento mais próximo do ponto de consumo final do bem ou do serviço ou, numa outra perspectiva, do ponto de destino do trajecto de direccionalidade na rede. Assim, se o construtor automóvel e a empresa de correio expresso optarem por deter uma rede local própria de distribuição, estaremos na presença de uma integração vertical a jusante.

Numa outra perspectiva, a integração vertical poderá ser total ou meramente parcial, dependendo do nível de dependência do fornecedor do segmento principal relativamente a fornecedores de segmentos complementares terceiros. Por exemplo, uma empresa que se dedique ao fabrico de rações poderá deter aviários próprios para a produção de frangos. No entanto, poderá contratar prestadores de serviços externos para que possam criar alguns bandos em instalações próprias. Em termos de pura racionalidade económica, a empresa dominante terá uma rede de produção que permite o fornecimento normal do mercado, subcontratando a montante unicamente um volume de produção que corresponda à banda de excesso relativamente ao padrão normal do mercado. Ora, quando os níveis de procura se reduzem, constitui uma opção natural que a empresa dominante favoreça a sua própria produção, deixando de utilizar prestadores de serviços subcontratados[297/298].

---

[297] Obviamente que tudo dependerá do conteúdo contratual celebrado com esses fornecedores independentes. Questão distinta é a da lealdade contratual, uma vez que a empresa dominante terá a tendência por optar pela colocação nos seus fornecedores de

A integração vertical poderá ser desenvolvida através de três formas distintas. No seu modelo mais simples, o agente que desenvolve uma actividade no mercado primário resolve iniciar a produção do bem ou o fornecimento do serviço complementar. Desta forma, se o construtor automóvel decide iniciar a produção própria de baterias (*integração a montante*) ou a implantação de uma rede própria de concessionários (*integração a jusante*), deparamos com uma integração vertical *ex novo*. Uma alternativa à produção própria do bem ou serviço secundário poderá passar pela aquisição de activos ou das participações sociais de empresas que já se encontrem no mercado do produto complementar, ou então pelo desenvolvimento de uma complexa teia contratual que, não consubstanciando uma aquisição ou uma fusão em sentido próprio, implique uma redução das margens de actuação individual do produtor do bem ou serviço complementar ou secundário[299]. Neste último caso estaremos perante acordos restritivos de distribuição[300].

---

produtos de inferior qualidade. Por exemplo, no caso concreto do mercado de produção de frangos, a empresa fabricante de rações tenderá a fornecer rações e pintos de pior qualidade aos fornecedores terceiros, guardando para as suas unidades os *inputs* de melhor qualidade.

[298] Cfr., num exemplo de integração parcial a montante, *United States vs. Aluminium Co.* (Alcoa) (148 F.2d 416, 436-438, 2d Cir. 1945).

[299] A intensidade da integração vertical numa rede será extrema se o agente proceder à aquisição da propriedade do fornecedor do segmento complementar ao por si produzido. No entanto, o mesmo resultado poderá ser alcançado através de uma rede complexa de relações contratuais, por exemplo, acordos de franquia, estabelecida entre diversos agentes presentes no mercado, que tornarão o agente encarregue do fornecimento do segmento complementar derivado totalmente dependente do produtor do segmento principal. Cfr. Ronald Coase, "*Nature of the Firm*", *Economica*, 4, 1937, págs. 386 e segs; O. Williamson, "*The Vertical Integration of Production: Market Failure Considerations*", *American Economic Review*, 61, 1971, págs. 112 e segs.; B. Klein, R. Crawford e A. Alchian, "*Vertical Integration, Appropriate Rents and the Competitive Contracting Process*", *Journal of Law & Economics*, 21, 1978, págs. 297 e segs. e P. Areda e H. Hovenkamp, *Antitrust Law*, vol. IIIA, 2nd edition, Aspen Law & Business, 2002, pág. 4 e segs..

[300] Os acordos restritivos de distribuição distinguem-se da integração vertical clássica devido à sua configuração eminentemente contratual. Enquanto que a integração vertical clássica assenta primordialmente na acção de um único agente individualmente considerado no mercado que actua de forma totalmente independente – integrando a figura da posição dominante clássica – este tipo de acordos assentam numa acção colectiva que, no entanto, é determinada fundamentalmente por um agente económico com posição preponderante no mercado. Apesar da sua diferente natureza, dos acordos restritivos de distribuição poderão advir as mesmas consequências anticoncorrenciais.

Não se pense, porém, que o desenvolvimento tecnológico implica um natural movimento de integração vertical nas redes. Pelo contrário, a necessidade contínua de padrões superiores de inovação pode levar a uma sucessiva especialização no tecido produtivo, com a criação de sucessivos micromercados que ocupam o espaço de um mercado anterior de maior dimensão. Por exemplo, no mercado dos computadores, que constituem o arquétipo das redes virtuais, os fabricantes totalmente integrados (como a IBM ou a Apple) deram lugar a uma multiplicidade de fabricantes, que produzem cada um dos diversos componentes e que, só em momento posterior, são montados ("*assembled*") pela marca final que comercializa o computador.

Neste caso, ao invés do anteriormente descrito, estamos na presença de movimentos de desintegração vertical, com a criação sucessiva de mercados de novos segmentos que, num momento anterior, se encontravam totalmente integrados num único produto. Conforme se pode facilmente antever, a definição do mercado relevante assume uma importância fundamental e é sucessivamente mais dificultada devido ao movimento de inovação tecnológica. De facto, conforme foi demonstrado, dois segmentos tradicionalmente complementares podem, na prática, ser combinados de forma totalmente indissociável, tornando-se num único produto relevante; pelo contrário, um segmento tradicionalmente integrado pode dar origem a uma série de segmentos complementares por via da especialização.

2. Relevância Concorrencial da Integração Vertical em Mercados Concorrenciais

Como facilmente se poderá antever, as implicações concorrenciais decorrentes da integração vertical em muito excedem as questões inerentes ao abuso de posição dominante, na óptica do direito comunitário da concorrência, ou da monopolização de mercados, na óptica do direito norte-americano da concorrência. Apesar de ser neste contexto individual que as situações jurídicas mais acutilantes se fazem sentir, não se poderão nunca esquecer, a este respeito, os regimes da concentração de empresas (fusões e aquisições)[301], da

---

[301] Cfr. § 1 do *Sherman Act*, § 7 do *Clayton Act* e *Regulamento Comunitário das Concentrações*.

constituição de empresas comuns[302] e da celebração de acordos entre empresas[303], o que confirma o alcance transversal desta problemática.

Dada a relação de estrita complementaridade entre os diversos segmentos dos sectores em rede, a integração vertical constituirá sempre um elemento permanente e ubíquo na economia moderna que, desenvolvido unilateralmente em mercados concorrenciais nunca colocará, em princípio, qualquer questão na perspectiva do direito da ordenação de mercados (legislação de defesa da concorrência ou de regulação). Note-se que a própria organização em rede pressupõe o desenvolvimento de uma integração vertical de segmentos, pelo que a mesma é inerente ao próprio conceito. No entanto, as dificuldades na clarificação das diversas consequências desta prática são inúmeras.

A integração vertical da actividade de fornecimento dos diversos segmentos poderá traduzir (e na maior parte das ocasiões traduz efectivamente) o estado mais perfeito de organização do sector em rede, permitindo a plena satisfação das necessidades do consumidor na presença de mercados organizados em padrões próximos do paradigma da concorrência perfeita.

Nestas circunstâncias, qualquer intervenção dos órgãos públicos poderá causar uma distorção no mercado, introduzindo ineficiência e perdas absolutas de bem-estar, o que é inadmissível perante o princípio constitucional da eficiência.

A análise das condições estruturais de concorrência nos sectores é, portanto, crucial. O princípio da neutralidade económica da integração vertical só se manifesta quando nenhum dos agentes produtores no mercado detiver um poder de mercado substancial em qualquer segmento da rede.

Assim, se o nível concorrencial entre as diversas redes concorrentes (concorrência intersistemática) ou entre os agentes produtores de segmentos de uma única rede (concorrência intra-sistemática) for elevado, não existirão quaisquer impactos anti-concorrenciais decorrentes de uma acção de integração vertical[304].

---

[302] Cfr. § 1 do *Sherman Act* e *Regulamento Comunitário das Concentrações*.
[303] Cfr. § 1 do *Sherman Act*, § 3 do *Clayton Act* e artigo 81.º do Tratado CE.
[304] Na *Comunicação da Comissão relativa à aplicação das regras comunitárias de concorrência às restrições verticais*, (*cit.*), adoptou-se uma diferente terminologia para a identificação dos níveis de concorrência nos mercados. Refere-se a esse propósito: "(...) *a*

A integração da função produtiva dos diversos segmentos da rede poderá mesmo revelar um sistema de organização mais próximo do óptimo, o que é desejável[305/306]. Note-se que, neste enquadramento

---

teoria económica considera que o domínio das restrições verticais só pode suscitar preocupações quando a concorrência inter-marcas é insuficiente, isto é, se existir um certo grau de poder de mercado. Por outro lado, quanto mais acesa for a concorrência inter-marcas, maior é a probabilidade de as restrições verticais não terem efeitos negativos ou terem pelo menos um efeito líquido positivo. Por outro lado, quanto mais reduzida for a concorrência inter-marcas, maior é a possibilidade de as restrições verticais produzirem um efeito negativo. Isto significa que a mesma restrição vertical pode ter diferentes efeitos consoante a estrutura de mercado e o poder de mercado da empresa que aplica a restrição vertical". Ora, a adopção do método de referência através de mercados de "marcas" é totalmente insuficiente e leva a resultados insatisfatórios. Por um lado, não identifica convenientemente o âmbito concorrencial relevante: a concorrência dentro das redes ou a concorrência entre as redes? Parece que se limita a esta última dimensão, porém a própria rede pode ser formada por segmentos com marcas distintas – o que é relevante é a compatibilidade entre os diversos segmentos. Por outro lado, tem uma aplicação limitada às redes virtuais, que se organizam muitas vezes – mas não sempre – em redor de uma marca comum. Se não se organizarem em torno dessa marca, mas sim em torno de uma tipologia de serviço prestado, a definição do mercado relevante por via da "marca" não tem qualquer aplicação. Assim, também neste aspecto deveria ser alterado o âmbito terminológico da Comissão.

[305] Alguns autores argumentam num sentido inverso, afirmando que mesmo na ausência de agentes no mercado detentores de poder de mercado substancial a integração vertical de actividades produtivas poderá ter efeitos nefastos no mercado. O fundamento para estas doutrinas assenta na possibilidade do agente que procede à integração das actividades produtivas poder contabilizar os custos de produção num ponto mais próximo da origem da produção, reduzindo-os nas fases intermédias, e consequentemente, aumentando as margens de rentabilidade nas fases finais do ciclo de produção (cfr. Phillip Areeda e Herbert Hovenkamp, *Antitrust Law*, vol. IIIA, pág. 8). Não se pode concordar com esta posição. Da manipulação contabilística dos custos de produção no interior de um grupo de empresas poderão resultar unicamente vantagens de natureza fiscal. É por essa razão que, nos últimos anos, a OCDE e os diversos legisladores nacionais têm dado uma especial atenção à problemática dos preços de transferências, nomeadamente, nas matérias relacionadas com os pagamentos intragrupo, adoptando, na diversa regulamentação aplicável o princípio da plena concorrência, nos termos estabelecidos no artigo 9.º do Modelo de Convenção da OCDE: "*quando duas empresas, nas suas relações comerciais ou financeiras, estiverem ligadas por condições aceites ou impostas que difiram das que seriam estabelecidas entre empresas independentes, os lucros que, se não existissem essas condições, teriam sido obtidos por uma das empresas, mas não foram por causa dessas condições, podem ser incluídos nos lucros dessa empresa e tributados em conformidade*". Para efeitos fiscais, o princípio da plena concorrência, ao proceder ao ajustamento dos lucros remetendo para as condições prevalecentes entre empresas independentes relativamente

próximo da concorrência perfeita, a integração vertical só será economicamente justificável se daí resultar um aumento da eficiência dos processos produtivos. Se tal não ocorrer, essa estratégia não fará qualquer sentido, já que, com os mesmos custos, se poderia subcontratar um fornecedor especializado. No limite, os ganhos obtidos poderão traduzir-se simplesmente na eliminação das margens de transacção, substancialmente inferiores quando as transacções se efectuam no interior de um mesmo grupo económico.

Em condições próximas da concorrência perfeita, o fornecedor preterido terá unicamente que procurar um novo cliente, de forma a superar a perda do cliente anterior. Nada de mais natural num mercado concorrencial.

Algumas dificuldades se poderão levantar, porém, se o fornecedor tiver efectuado investimentos avultados, de forma a poder manter uma relação especializada de fornecimento perante necessidades específicas desse cliente. Esta tipologia de relações comerciais é comum

---

a operações idênticas e em circunstâncias análogas, adopta o critério que consiste em tratar os membros de um grupo empresarial verticalmente integrado como entidades separadas e não como subconjuntos indissociáveis de uma única empresa unificada (cfr. OCDE, *Princípios aplicáveis em matéria de preços de transferência destinados às empresas multinacionais e às Administrações Fiscais, Cadernos de Ciência e Técnica Fiscal*, 189, Lisboa, 2002, págs. 37 e segs.). No entanto, como bem se nota, as implicações desta regulamentação são estritamente fiscais, sendo unicamente a esse nível que se poderão obter as eventuais vantagens por parte de quem recorra (abusivamente) a este tipo de estratégias. Efectivamente, e numa perspectiva exclusivamente económica, a metodologia de distribuição dos custos nos diversos estádios da cadeia de produção é totalmente irrelevante pois, no momento da venda do produto, o seu preço será determinado pelo produto composto dos diversos custos incorridos no processo de produção, independentemente do local da cadeia onde tenham sido imputados, ainda que distribuídos artificialmente. Para efeitos de determinação económica do preço, e na ausência de qualquer motivação fiscal, a redistribuição dos custos nos diversos estádios da cadeia produtiva é totalmente irrelevante na determinação do preço final do bem produzido.

[306] Um outro argumento susceptível de ser avançado a este propósito traduz-se na possibilidade de um agente verticalmente integrado poder reduzir o preço de venda de um produto final, financiando essa estratégia através dos lucros obtidos na comercialização de um produto intermédio. No entanto, esta táctica, assente no desenvolvimento de preços de venda abaixo do custo – preços predatórios – só terá um verdadeiro impacto anticoncorrencial quando o agente em causa detenha uma qualquer posição relevante no mercado. Na ausência de uma qualquer condição privilegiada, o agente estará unicamente a sacrificar lucros que poderia obter pela venda de um determinado produto.

nos sectores em rede, já que determinados agentes no mercado fornecem, muitas vezes, um único cliente. Na indústria automóvel, por exemplo, os fabricantes de componentes automóveis têm, muitas vezes, uma única marca cliente. No entanto, e apesar da sensibilidade das questões relacionadas com estratégias de integração vertical, na ausência de agentes com poder de mercado significativo, estas não terão qualquer relevância concorrencial, pelo que a sua resolução deverá ser desenvolvida no âmbito das relações contratuais estabelecidas.

3. Relevância Concorrencial da Integração Vertical em Mercados Não Concorrenciais

Infelizmente, numa perspectiva concorrencial, o princípio da neutralidade económica da integração vertical não é susceptível de ser aplicado de forma generalizada nos sectores em rede.

Pelo contrário, atendendo à configuração arquitectónica típica das redes físicas e virtuais, a natureza plenamente concorrencial dos mercados não constitui a regra; pelo contrário, configura-se como a verdadeira e própria excepção. Assim, sob a aparência deste tipo de organização "natural", os agentes poderão esconder verdadeiros actos abusivos visando unicamente a exclusão de concorrentes.

Esta possibilidade é facilmente demonstrável: o sujeito dominante (incumbente histórico ou incumbente "natural") controla um segmento monopolista ("*bottleneck*"), essencial para todo o circuito da rede, o que lhe permite condicionar totalmente o tráfego concorrencial nessa rede limitando, ou até mesmo recusando, a utilização do seu segmento por parte dos restantes concorrentes.

Este "encerramento" do segmento monopolista pode ser desenvolvido de diversas formas. Assim, poderá revestir uma natureza absoluta por via de: i) recusa pura e simples de negociação com concorrentes actuais ou potenciais; ii) criação ou desenvolvimento de relações de incompatibilidade com os segmentos detidos por concorrentes; iii) exercício de preços abusivos pelo acesso ao segmento; iv) criação de produtos agregados, com desenvolvimento camuflado de práticas de subsidiação cruzada.

Ao invés, poderá revestir uma natureza de limitação relativa, favorecendo explicitamente determinados concorrentes ou determinados clientes.

As dificuldades que envolvem a formulação de um qualquer juízo a este respeito são claras e evidentes, dado que a posição preponderante do agente num determinado segmento da rede se constitui como uma mera condição necessária, mas não suficiente, para que a integração vertical seja considerada nociva no âmbito desse mercado ou sector[307].

Como se verá adiante, essa posição privilegiada nem sequer poderá ser considerada como indício, já que na esmagadora maioria das ocasiões, o desenvolvimento deste tipo de acções por parte dos monopolistas não poderá ser considerado concorrencialmente nocivo, constituindo, tal como acontece nos mercados concorrenciais, uma forma típica de actuação dos mesmos num determinado mercado relevante[308].

---

[307] As incongruências da política da Comissão ao nível da definição do poder de mercado são facilmente identificadas na *Comunicação da Comissão relativa à aplicação das regras comunitárias de concorrência às restrições verticais*, de 13 de Outubro de 2000, [COM(2000/C 291/01) in Jornal Oficial C 291 de 13.10.2000]. Refere-se nesse documento que "*do ponto de vista económico, o poder de mercado define-se geralmente como a capacidade de praticar preços superiores ao nível competitivo (a curto prazo o custo marginal, a longo prazo o custo total médio). Por outras palavras, é o que permite a uma empresa ter poder de mercado se tiver uma influência significativa sobre os seus preços de venda praticando preços superiores aos da concorrência, e pelo menos a curto prazo, realizar um lucro excepcional. A maior parte dos economistas concordaria em que existe poder de mercado abaixo do nível da posição dominante tal com foi definido pelo Tribunal de Justiça. É o ponto de vista que foi igualmente expresso no Livro Verde, a fim de sublinhar que as restrições verticais podem prejudicar a concorrência, mesmo quando as empresas em causa estão a um nível abaixo da posição dominante, e o artigo 82º e o controlo das concentrações não constituem, por conseguinte, medidas suficientes. O artigo 81º deve ser aplicado às restrições verticais, em especial, em mercados oligopolistas em que nenhuma das empresas individuais detém uma posição dominante*". Ora, perante esta enunciação, existirão três referenciais diferenciados de posição preponderante no mercado (terminologia incorrecta mas que somos obrigados a utilizar): (1) a posição dominante, nos termos definidos pelo Tribunal de Justiça, para efeitos de aplicação do artigo 82.º do Tratado; (2) o poder de mercado, para efeitos desta Comunicação; e (3) o poder substancial de mercado, para efeito da diversa legislação reguladora. Ora, como é facilmente compreensível, é imprescindível uma uniformização da definição comunitária de poder de mercado, ou, adoptando-se o conceito do direito norte-americano, de agente com poder de monopólio.

[308] P. Areeda e H. Hovenkamp, *Antitrust Law*, vol. IIIA, *cit.*, págs. 5 e 6.

Estruturalmente, ninguém poderá ser penalizado pelo facto de ser monopolista. Operacionalmente, nenhuma actuação concorrencial no mercado poderá ser considerada de *per se* nociva pelo facto de ser desenvolvida por um agente com posição dominante no mercado.

A análise dos impactos concorrenciais da acção dos diversos agentes presentes nos sectores em rede é necessariamente complexa. Essa complexidade deriva da própria realidade estrutural dos sectores e traduz-se na necessidade de realização de uma avaliação concorrencial bidimensional, tomando em consideração o *"poder"* no mercado do produto primário (segmento subordinante ou principal) e as consequências do seu exercício abusivo no mercado que se pretende integrar, ou seja, no mercado do produto derivado (segmento subordinado ou secundário, que se poderá situar a montante ou a jusante do segmento subordinante ou principal).

Porém, esta avaliação bidimensional é ainda insuficiente por não comportar um terceiro factor fundamental: o elemento temporal ou cronológico.

As estruturas concorrenciais inerentes à organização em rede são, por definição, dinâmicas. Esse dinamismo é constante, implicando uma análise permanente da evolução do âmbito infra-estrutural da rede (o desenvolvimento de segmentos), da tipologia dos serviços que são prestados utilizando as plataformas (física ou virtual) existentes, do número de agentes presentes no mercado, quer do lado da oferta, quer do lado da procura (concorrência nos mercados), bem como do desenvolvimento de outras infra-estruturas que sejam susceptíveis de concorrer com a existente (concorrência pelos mercados).

O dinamismo é inerente à organização em rede e terá necessariamente que ser incluído na análise da situação concorrencial nos diversos sectores.

Neste enquadramento, mesmo os movimentos de integração vertical tradicionalmente penalizados poderão exigir um escrutínio mais cuidadoso. Por exemplo, um dos segmentos mais comummente considerado como monopolista é o lacete local no sector das telecomunicações fixas. Tipicamente, este lacete assumia esta configuração dado que se entendia que seria unicamente por sua via que se conseguiria chegar ao consumidor final doméstico. Esta realidade, inequívoca no século passado, deu origem a uma doutrina regulatória de abertura de acesso que se traduziu na orientação de garantia de "*acesso desagregado ao lacete local*", contemplado na generalidade da legislação reguladora das telecomunicações. Esta medida de correcção regulatória era justificada pelo facto da detenção deste segmento essencial poder propiciar uma centralização de fornecimento de produtos complementares em favor do detentor desse lacete (normalmente o incumbente histórico). Porém, hoje em dia este mandamento de liberdade de acesso mantém-se; no entanto, poderá ser repensado se as formas de outros operadores poderem aceder ao consumidor aumentaram exponencialmente [*powerlines*, linha móvel (3G ou digital hertziana), *wifi*, satélite, fibra óptica]. Deste ponto de vista, existem actualmente outras formas – paralelas – que se encontram disponíveis aos operadores e que lhes permitem alcançar os clientes domésticos, o que poderá erodir, com o decorrer do tempo, a presunção de exorbitante poder monopolista que era normalmente indiciada ao detentor do lacete local.

4. A Integração Vertical Intra-sistemática: riscos e oportunidades

Em princípio, a integração vertical nos sectores em rede não terá quaisquer efeitos nefastos quando os mercados do segmento primário e do segmento secundário forem plenamente concorrenciais, mesmo que a estratégia desenvolvida pelo agente integrante cause algum prejuízo ao fornecedor ou cliente com quem normalmente contratava. Não se pode nunca esquecer que um direito económico ordenador do mercado eficiente visa a protecção do consumidor e não a protecção dos concorrentes. Se um concorrente for afectado, ou no limite desaparecer, devido à acção de integração desenvolvida pelo produtor do segmento principal, num mercado concorrencial, nenhum espaço de actuação caberá ao direito da concorrência ou da regulação.

No entanto, a possibilidade de empresas dominantes num determinado mercado poderem influenciar outros mercados secundários, no sentido da aquisição de iguais posições privilegiadas através de acções desenvolvidas no primeiro mercado, tem sido uma matéria amplamente discutida pela doutrina e pela jurisprudência.

Esta questão adquire uma importância fundamental no domínio das relações concorrenciais que se estabelecem no interior de uma rede. Tendo em consideração a configuração arquitectónica típica desta forma de organização, assente numa lógica de estreita complementaridade, as próprias ligações indissociáveis entre os diversos segmentos permitirão uma comunicabilidade económica entre os diversos níveis (micromercados) de eventuais estratégias restritivas da concorrência desenvolvidas por empresas em posição dominante.

Alguma doutrina e jurisprudência têm vindo a defender que, em mercados onde se façam sentir efeitos externos de rede, uma empresa dominante poderá desenvolver estratégias visando a monopolização de um mercado através da adopção de medidas que, numa primeira análise, poderão parecer não estar directamente relacionadas com o mercado alvo, mas que, em última análise, visam o seu domínio.

Esta temática está directamente relacionada com a teoria da dependência das escolhas passadas (*path dependence*) já que, na grande maioria das ocasiões, as estratégias de domínio assentam em opções prévias de consumidores que configuram definitivamente a situação futura de mercados.

Nos sectores em rede torna-se essencial um escrutínio rigoroso e permanente das condutas concorrenciais dos agentes no mercado, de forma a obstar a que alguma prática nefasta permita o extravasar dessa posição monopolista originária para um mercado secundário (*efeito dominó*).

Essa extensão do poder económico para segmentos adjacentes da rede poderá ser desenvolvida de diversas formas. Porém, e preliminarmente, atendendo à sua importância, torna-se fundamental desenvolver um pouco mais a justificação económica subjacente.

5. Doutrina Económica Relevante: Escola de Chicago e Post-Chicago

A posição estrutural dogmática de partida, nomeadamente na perspectiva do bem-estar social, é tudo menos pacífica, existindo uma clara clivagem na posição dos diversos autores, que adoptaram esta questão como o principal campo de batalha onde se degladiam as diversas orientações doutrinárias que se desenvolvem à luz dos *timings* ditados pela jurisprudência[309]. Efectivamente, nenhum outro

---

[309] Foram precisamente os tribunais norte-americanos que aplicaram pela primeira vez a denominada teoria da projecção do poder económico para mercados adjacentes enquanto

assunto foi debatido em tão grande detalhe e profundidade na moderna doutrina jurídico-económica.

A escola doutrinária Post-Chicago[310] tem utilizado a denominada *teoria da alavancagem* (*"leverage theory"*), ou numa tradução mais ilustrativa, e que se adopta, a *teoria da projecção do poder económico para mercados adjacentes*, como fundamento para a enunciação de uma posição de princípio de proibição *per se* da prática de integração vertical de funções produtivas de segmentos complementares por parte de agentes que detenham poder de mercado substancial numa parcela da rede[311].

---

elemento constitutivo de uma prática restritiva da concorrência. O primeiro caso decidido com base nesta teoria ocorreu em 1912 (acórdão *Henry v. A.B. Dick Co.*, 224 U.S. 1 at 53 (1912)), tendo o juiz White afirmado que a ligação contratual de patentes poderia "multiplicar monopólios". Por sua vez, o Supremo Tribunal Federal adoptou esta jurisprudência em 1917 (acórdão *Motion Picture Patents Co v. Universal Film Co.*, 243 U.S. 502, 518 (1917), tendo-a mantido até 1969 nos assuntos relacionados com a prática de "tying" (cfr., por exemplo, acórdão *Fortner Enterprises, Inc. v. United States Steel Corp. (Fortner I)*, 394 U.S. 495 at 509 (1969); acórdão *Times-Picayune Publishing Co. v. United States*, 345 U.S. 594, 611 (1953) (*"[T]he essence of illegality in tying arrangements is the wielding of monopolistic leverage; a seller exploits his dominant position in one market to expand his empire into the next."*); acórdão *Carbice Corp. of Am. v. American Patents Dev. Corp.*, 283 U.S. 27, 32 (1931); acórdão *United Shoe Mach. Corp. v. United States*, 258 U.S. 451, 457-58 (1922)). No entanto, esta teoria foi igualmente aplicada em processos relacionados com a prática de acordos verticais (cfr. acórdão *Brown Shoe Co. v. United States*, 370 U.S. 294, 332 (1962) (fusões); acórdão *Standard Oil Co. v. United States*, 337 U.S. 293, 305-06, 314 (1949) (vendas exclusivas)) ou no contexto de monopolização dos mercados nos termos previstos pela Secção 2 do Sherman Act (cfr. acórdão *United States v. Griffith*, 334 U.S. 100 (1948)). O tratamento legal das práticas de vendas coligadas por parte da jurisprudência norte-americana tem evoluído historicamente no sentido indicado pelas correntes económicas. Como não é de estranhar, dessa derivação de posições resulta um elevado nível de confusão dogmática.

[310] A designação "Post-Chicago" foi utilizada pela primeira vez por Herbert Hovenkamp e Oliver Williamson, (*in "Post-Chicago Analysis After Kodak: Interview with Professor Steven C. Salop", Antitrust*, 7, 1992, págs. 20 e segs.).

[311] Esta posição de princípio é, naturalmente, criticada pela escola de Chicago. O debate tem sido aceso. Nas últimas quatro décadas ambas as correntes digladiaram argumentos a este respeito. A Escola de Chicago tem sido, como não poderia deixar de ser, mais veemente na argumentação atendendo aos seus fundamentos ultra-liberais. Em tese, esta corrente doutrinária considera que a prática de *leveraging* é inócua mesmo quando desenvolvida por um agente monopolista, pelo que a repressão judicial desse tipo de estratégias tem impedido que as empresas elevem os padrões de Bem-Estar Social, pois essas técnicas reprimidas não seriam mais do que formas eficientes e benignas de organização,

Esta perspectiva doutrinária restritiva não é nova; pelo contrário, a teoria da projecção do poder económico para mercados adjacentes foi muito popular na jurisprudência americana em meados do século passado.

O fundamento para a proibição deste tipo de práticas decorria essencialmente de argumentos baseados nas suas implicações ao nível da eficiência global dos mercados. Assim, entendeu-se que a integração vertical de segmentos complementares por parte de um agente que detivesse uma posição proeminente no mercado poderia ocasionar duas perdas absolutas de bem-estar: uma no mercado do produto principal e outra no mercado do produto secundário. Por exemplo, no caso *Northern Pacific*, o Supremo Tribunal Federal decidiu que a prática de vendas coligadas negava efectivamente o acesso de potenciais concorrentes ao mercado do produto secundário. As razões invocadas pela ré (aumento da qualidade e redução do preço dos produtos oferecidos) não foram consideradas procedentes, tendo o Supremo Tribunal considerado que o único motivo para a sua realização era o de fortalecimento da sua posição no mercado do produto secundário, que era conseguida através da projecção de poder económico da empresa dominante produtora do produto principal para o mercado secundário adjacente[312].

Criou-se, então, uma prática jurisprudencial restritiva, porém, limitada às práticas de vendas coligadas e à formação de pacotes agregados, e que eram consideradas como ilegais *per se*[313].

---

que aumentam os lucros das empresas e, consequentemente, melhoram os níveis de Bem-Estar Social (cfr. Richard Posner, *"The Chicago School of Antitrust Analysis"*, University of Pennsylvania Law Review, 127, 1979, págs. 925 e segs.).

[312] Acórdão *Northern Pacific Railway Company vs. United States*, 356 US 1(1958). A prática de vendas coligadas ou de formação de pacotes agregados de produtos no sentido amplo do termo (propriedades, bens móveis, licenças ou outros intangíveis) está intimamente relacionada com outras vertentes da legislação de defesa de concorrência como, por exemplo, o regime de fusões e concentrações, a integração vertical, a tentativa de monopolização, a recusa em negociar e a compressão de margem.

[313] Cfr. acórdão *International Salt Co. v. United States* (332 U.S. 392, 396, 1947). Esta orientação esteve na origem da redacção dos artigos 85.º e 86.º (hoje 81.º e 82.º) do Tratado CE. Assim, eram considerados ilegais *per se* a manutenção do preço de revenda (cfr. acórdão *Dr. Miles Medical Co. v. John D. Park & Sons Co.*, 220 U.S. 373, 1911), a repartição de mercados (cfr. acórdão *United States v. Arnold Schwinn & Co*, 388 U.S. 365, 1977) e a venda exclusiva (cfr. acórdão *Standard Oil Co. v. United States*, 337 U.S. 293, 1949).

Face à sua configuração relativamente intervencionista, esta teoria foi criticada de forma acérrima pela *Escola de Chicago*[314], que a tornou um dos campos de eleição para a demonstração da pretensa superioridade da sua doutrina de base liberal.

Assim, os seus defensores argumentaram que uma empresa que detivesse uma posição de monopólio num determinado mercado poderia estendê-la a um mercado conexo, não advindo daí qualquer efeito negativo suplementar em sede de bem-estar social[315]. Efectivamente,

---

A prática de preços predatórios, por sua vez, nunca mereceu uma presunção de ilegalidade *per se*, tendo os tribunais adoptado a "*rule of reason*" de forma bastante ampla (cfr acórdão. *Standard Oil Co. v. United States*, 221 U.S. 1, 1911).

[314] Aaron Director tem sido identificado como o pai da Escola de Chicago. Cfr. *The New Palgrave Dictionary of Economics and the Law*, cit., vol. I, págs. 227 a 233 e 601 a 605. Os artigos fundadores desta orientação doutrinária começaram a ser publicados em meados da década de 50 do século passado. Cfr, por exemplo, A. Director e E. Levi, "*Law and the Future: Trade Regulation*", *Northwestern University Law Review*, 51, (1956), págs. 281 e segs.; R. Bork, "*Vertical Integration and the Sherman Act: The Legal History of an Economic Misconception*", *University of Chicago Law Review*, 22, (1954), págs. 157 e segs; R. Posner, "*The Chicago School of Antitrust Analysis*", *cit.*, págs. 925 e segs.; W. Bowman Jr., "*Tying Arrangements and the Leverage Problem*", *Yale Law Journal*, 67, (1957), pág. 19 e segs.; J. McGee, "*Predatory Price Cutting: The Standard Oil (NJ) Case*". *Journal of Law and Economics*, 1, (1958), págs. 127 e segs.; L. Telser, "*Why Should Manufacturers Want Fair Trade?*", *Journal of Law and Economics*, 3, (1960), pág. 86 e segs. Relativamente à influência da Escola de Chicago na aplicação do direito da concorrência, consultar: R. Bork, The Antitrust Paradox, (1978), 2.ª edição em 1993, The Free Press, New York; W. Kovacic e C. Shapiro, "*Antitrust Policy: A Century of Economic and Legal Thinking*", *Journal of Economic Perspectives*, 43, (2000), págs. 55 e segs; H. Hovenkamp, "*Antitrust Policy After Chicago*"; *Michigan Law Review*, 84 (1985), págs. 213 e segs.; Idem, "*Post-Chicago Antitrust: A review and a critique*", *Columbia Business Law Review*, (2001), págs. 257 e segs.; E. Kitch, "*The Fire and the Truth: Remembrance of Law and Economics at Chicago, 1932-1970*", *Journal of Law and Economics*, (1983), págs. 163 e segs.; M. Jacobs, "*An Essay on the Normative Foundations of Antitrust Economics*", *North Carolina Law Review*, 74, (1995), págs. 219 e segs.; W. Page, "*The Chicago School and the Evolution of Antitrust: Characterization, Antitrust Injury, and Evidentiary Sufficiency*", *Vancouver Law Review*, 75, (1989), págs. 1221 e segs.

[315] A defesa acérrima desta posição de neutralidade em sede de Bem-Estar Social decorrente da prática de "*leverage*" é fortemente demonstrada pelas afirmações de Bork: "*the theory of tying arrangements is merely another example of the discredited transfer of power theory, and perhaps no other variety of that theory has been so thoroughly and repeatedly demolished in the legal and economic literature*" (R. Bork, *The Antitrust Paradox*, New York, Basic Books, (1978), págs. 5 e segs.). No mesmo sentido, Hovenkamp refere o seguinte: "*such 'leveraging' is not a plausible way to increase monopoly profit (...).*

os defensores desta posição teórica assumem uma posição de relativo conformismo económico, assumindo que os lucros suplementares resultantes da exploração do monopólio serão sempre idênticos, independentemente da forma de exploração do mesmo e dos mercados de onde sejam extraídos. Esses lucros supranormais revestiriam sempre a forma de um montante fixo, com inevitáveis efeitos negativos no bem-estar social, independentemente do local da sua percepção na cadeia de produção (*"teorema da renda monopolista única"*)[316].

Seria, pois, indiferente para o bem-estar social se a exploração directa do poder de mercado fosse feita unicamente no mercado do produto principal, ou indirectamente, através da oferta integrada do bem principal com um bem secundário. Desde que a situação monopolista no mercado principal tivesse sido alcançada de forma legal, todos os lucros supranormais conquistados por essa via seriam igualmente legais, independentemente do facto de provirem do mercado

---

The theory that a monopoly can use a tie-in to enlarge monopoly profits has been condemned repeatedly by commentators for four decades" (H. Hovenkamp, *Federal Antitrust Policy*, St Paul, West Publishing, 1994, págs. 3 e segs.). Cfr, igualmente, R Blair e D. Kasserman, *Antitrust Economics*, Homewood, Richard D. Irwin, (1985); B. Dunlop, D. McQueen e M. Trebilcock, *Canadian Competition Policy: A Legal and Economic Analysis*, Toronto, Canada Law Book, Inc, (1987).

[316] O teorema da renda monopolista única foi inicialmente desenvolvido para contestar as decisões jurisprudenciais relativas à integração vertical, e subsequentemente aplicado à análise das vendas coligadas e das infra-estruturas essenciais. De acordo com este teorema, numa cadeia de produção vertical só poderá ser recebida uma única renda monopolista. Cfr, por todos, R. Bork, *The Antitrust Paradox*, cit., págs. 195 a 201. P. Areeda e H. Hovenkamp (*in ob. cit.*, vol. IIIA, pág. 14) enunciam mesmo uma teorização geral. Referem, *"a monopolist's profit-maximizing price is determined by the intersection of its marginal revenue curve and its marginal cost curve. The marginal revenue curve is entirely a function of the demand curve, and demand does not change simply because the production and distribution process shows more or less integration. If the integration of two different operations has no effect at all on marginal cost (i.e., it is neither more nor less expensive to produce through the vertically integrated firm), then that intersection always occurs at precisely the same place"*. Se, numa óptica estática, esta enunciação é insusceptível de críticas, já o mesmo não acontece ao inserir-se uma componente dinâmica na apreciação da estrutura do mercado. Efectivamente, apesar de no momento inicial não ocorrer qualquer alteração substancial no nível dos preços, este tipo de estratégias reduz, ainda mais, os padrões de concorrência na rede, possibilitando, no futuro, o exercício absoluto de um poder de mercado ilimitado nos diversos segmentos da rede.

do produto principal, do mercado do produto secundário ou de uma combinação entre ambos[317].

Em síntese, para a escola de Chicago, a integração vertical das funções produtivas de segmentos complementares, independentemente da forma como seja realizada – vendas coligadas, formação de pacotes agregados, ou outras – em caso algum seria anticoncorrencial, pois existindo unicamente uma renda monopolista para ser auferida, seria indiferente o local no mercado onde ela se revelasse (mercado do produto principal ou mercado do produto secundário)[318].

---

[317] Richard Posner enuncia a sua posição crítica relativamente à teoria da projecção do poder económico para mercados adjacentes de forma extremamente clara: "*A weakness of the leverage theory is its inability to explain why a firm with a monopoly of one product would want to monopolize complementary products as well. It may seem obvious that two monopolies are better than one, but since the products are by hypothesis used in conjunction with one another (...), it is not obvious at all. If the price of the tied product is higher than the purchaser would have had to pay in the open market, the difference will represent an increase in the price of the final product or service to him, and he will demand less of it, and will therefore buy less of the tying product. To illustrate, let a purchaser of data processing be willing to pay up to $1 per unit of computation, requiring the use of one second of machine time and 10 punch cards, each of which costs 1¢ to produce. The computer monopolist can rent the computer for 90¢ a second and allow the user to buy cards on the open market for 1¢, or, if tying is permitted, he can require the user to buy cards from him at 10¢ a card — but in that case he must reduce his machine rental charge to nothing, so what has he gained?*" (cfr. Richard Posner, "*The Chicago School of Antitrust Analysis*", cit, pág. 173).

[318] A posição da escola de Chicago é facilmente demonstrável dada a sua simplicidade estrutural, uma vez que tem subjacente uma série de pressuposições de base. A primeira pressuposição assenta no facto dos dois produtos (A e B), serem consumidos em proporções fixas e relativamente aos quais os consumidores têm as mesmas preferências, *i.e.*, a mesma propensão para a aquisição (consumidores homogéneos). Como segunda pressuposição deveremos entender que o produto A é alvo de uma oferta monopolística, sendo o seu valor para os consumidores de P_A, e não um qualquer outro valor superior. A terceira pressuposição implica que o mercado do produto B seja perfeitamente concorrencial, havendo diversos fornecedores potenciais para a sua oferta separada, sendo que o seu valor para os consumidores é de P_B. Para simplificar, deverá ainda entender-se que os custos de fabrico dos dois produtos são constantes, pelo que sendo o mercado do produto B totalmente concorrencial, o seu preço equivalerá ao do seu custo marginal, ou seja, C_B. Ora, as consequências desta organização de mercado no preço do produto A na ausência de tácticas de coligação de produtos serão as seguintes: uma vez que os consumidores consomem os bens em quantidades fixas, qualquer consumidor que compre o produto B terá que comprar necessariamente o produto A. Os consumidores só estarão, no entanto, dispostos a pagar $P_A + P_B$ pelos dois produtos, assim, se pagarem C_B pelo produto B, só estarão disposto a pagar $P_A+P_B-C_B$ pelo produto A. Ora, estando os consumidores dispostos a pagar $P_A + P_B$

Em consequência, nenhuma empresa com uma posição dominante no mercado do produto principal teria interesse em monopolizar o mercado do produto secundário, já que não obteria qualquer ganho adicional relevante (o decorrente *"teorema da impossibilidade"*)[319].

Uma questão ficava, no entanto, por esclarecer. Face à alegada neutralidade ao nível dos efeitos de bem-estar social deste tipo de práticas e considerando que a renda monopolista era idêntica quer o sujeito com poder dominante vendesse os produtos de forma separada ou coligada, a Escola de Chicago teria de explicar as razões pelas quais, ainda assim, se desenvolviam tácticas de comercialização de produtos agregados. Efectivamente, se dessas práticas não decorrem quaisquer ganhos adicionais, porque é que são desenvolvidas de forma tão comum?

Segundo a doutrina de Chicago existirão justificações para que o monopolista desenvolva uma estratégia de vendas agregadas.

Ao analisarmos a diversa literatura económica ressaltam três razões essenciais para o desenvolvimento desse tipo de estratégias: a discriminação de preços, a poupança ao nível dos custos e o controlo de qualidade.

i) *primeira justificação: a discriminação de preços*

A primeira justificação avançada pela doutrina de Chicago assentava na ideia de que as vendas coligadas poderiam consistir num método eficiente de discriminação de preços entre consumidores[320].

---

pelos dois produtos na ausência de vendas coligadas, o monopolista só poderá fornecer os dois bens coligados por esse preço. Por outro lado, os lucros do monopolista serão idênticos nos dois casos, ou seja, $P_A + P_B - C_B - C_A$, sendo que C_A corresponde ao custo unitário de produção do produto A. Obviamente, que esta demonstração no sentido da neutralidade da prática de vendas combinadas só funciona se aceitarmos as pressuposições de base: o mercado concorrencial perfeito na comercialização do produto secundário e o consumo dos dois bens em proporções fixas (por exemplo, o sapato direito e o sapato esquerdo). Ora, esta neutralidade é tudo menos surpreendente já que nestas condições, e uma vez que os bens são consumidos em proporções idênticas, não teremos, na realidade, dois bens distintos, mas um único bem compósito (no caso, um par de sapatos).

[319] Cfr. D. Evans e A. J. Padilla, *"Designing Antitrust Rules for Assessing Unilateral Practices: A Neo-Chicago Approach"*, Joint Center, AEI-Brookings Joint Center for Regulatory Studies", 04-20, Setembro 2004, pág. 2.

[320] De acordo com Bowman, precursor da teoria da discriminação de preços, os consumidores adquirem uma unidade do produto principal (por exemplo, um computador) e

Nestas circunstâncias, se um determinado produto principal necessitasse de produtos secundários complementares relativamente aos quais existe um mercado competitivo (por exemplo, as consolas de jogos necessitam de jogos, as máquinas fotográficas necessitam de cartões de memória, as fotocopiadoras necessitam de papel), e o vendedor coligar o produto principal com o produto secundário, tal permitirá cobrar mais aos adquirentes do produto principal que o utilizam de forma mais intensa relativamente a utilizadores que o utilizem de forma mais esporádica e que, em consequência, não tinham uma propensão para a aquisição do produto principal tão elevada[321].

---

quantidades variáveis de produtos secundários (por exemplo, software de aplicações). A avaliação por parte dos consumidores do valor do produto principal é variável, no entanto, por razões de mercado, só se torna possível a prática de preços lineares. Assim, a ligação de produtos secundários ao produto principal não será mais do que uma tentativa de extrair rendimento adicional na perspectiva de que os utilizadores com maior apetência aquisitiva relativamente ao produto principal usem os bens secundários de forma mais intensa (W.S. Bowman, *"Tying Arrangements and the Leverage Problem", Yale Law Review*, 67, (1957), págs. 19 a 36). No mesmo sentido, Richard Posner refere o seguinte: *"a tie-in makes sense only as a method of price discrimination, based on the fact that the amount of the tied product bought can be used to separate purchasers into more or less elastic demanders of the tying product"* (Richard Posner, *"The Chicago School of Antitrust Analysis"*, cit., pág. 925 e segs. Cfr., igualmente, Hal Varian, *"Price Discrimination", in The Handbook of Industrial Organization*, R. Schmalensee e R.D. Willig, eds., Amsterdam: North Holland Publishing, 1989).

[321] Esta prática comercial é normalmente denominada como *"metering"* (cfr. W. K. Viscussi, J.M Vernon e J.E. Harrington, *Economics of Regulation and Antitrust*, Cambridge MIT Press, 1995). O exemplo constante em Simon Bishop e Mike Walker (*ob. cit.*, págs. 212 e 213) é bastante esclarecedor. Supondo que existe uma única consola de jogos e que é produzida por um único fabricante ao custo de 2, e que o mercado de jogos para esta consola é de concorrência perfeita, tendo estes um custo de fabrico de 0 (atendendo aos custos inexistentes de reprodução), existindo unicamente dois consumidores (A e B), a discriminação de preços origina uma situação óptima em sede de bem-estar. Imagine-se que o monopolista fixa o preço de venda da consola em 32. O consumidor A só adquirirá a consola se o seu preço for 16 ou inferior. No entanto, o outro consumidor B compra a consola a esse preço de 32. Nestas condições, o lucro do monopolista é de 30 (32 – 2). Se o monopolista pretender vender a consola aos dois consumidores, então terá necessariamente que estabelecer um preço de 16, situação em que o seu lucro seria 28 (16+16-2-2). No entanto, se o monopolista permitir unicamente a utilização de jogos que ele próprio forneça, ele teria igualmente um poder de monopólio nesse mercado, não necessitando de os vender ao seu custo marginal, ou seja, 0. Nesta situação, o preço óptimo das consolas seria de 8 e o dos jogos de 2. Nesta situação, os dois consumidores adquiririam consolas, sendo que o

O monopolista pode aumentar os seus lucros, e simultaneamente, ao propiciar o bem principal a um preço menor a utilizadores que não detinham uma elevada propensão a sua aquisição, aumentar os níveis de bem-estar social em geral, e dos consumidores em particular, nomeadamente quando estiverem em causa bens principais duradouros e bens secundários de consumo imediato.

O alargamento da base instalada de bens duradouros (possível pela redução do seu preço) iria permitir uma maior expansão de bens secundários do mercado, com inevitáveis vantagens para os utilizadores se, neste mercado, se fizerem sentir economias de escala significativas[322].

De acordo com a mesma orientação doutrinária, a formação de pacotes agregados de produtos pode igualmente ter efeitos positivos nos níveis de bem-estar social em situações em que o pacote é avaliado pelos consumidores em termos distintos do que resultaria de uma avaliação individualizada dos produtos componentes. Nestas situações, poderão ser formados pacotes de produtos (AB) a um preço

---

consumidor A compraria 4 jogos e o consumidor B 8 jogos. Nesta situação, o lucro do monopolista seria de 36 (40 das vendas menos 4 de custos). Nesta situação, o consumidor A compraria a consola por 8 e gastaria os restantes 8 em jogos, esgotando a sua capacidade aquisitiva. Nesta situação, a venda coligada aumenta os níveis de bem-estar social, pois na ausência desta prática ele seria de 30 (lucro do monopolista); ao invés, na presença de vendas coligadas, ele será significativamente superior, ascendendo a 44 (lucro para o vendedor de 36 e excedente do consumidor B de 8). Cfr, igualmente, W. Bowman, *"Tying Arrangements and the Leverage Problem", Yale Law Journal*, 67, 1957, pág. 23. Contra, J. Makie-Mason e J. Metzler, que afirmam: *"suppose that customers are heterogeneous in the utility they derive from the good and its aftermarket. The heterogeneity is not observable in the primary market. The heterogeneity is, however, related in some manner to the consumer's demand for the aftermarket good. This allow the equipment manufacturer to use aftermarket purchases as a metering device if he as an aftermarket monopoly, and thereby to extract additional profits"* in "Links Between Markets and Aftermarkets: Kodak (1997)", cit., pág. 438. No mesmo sentido contrário, Z. Chen e T. Ross, *"Refusals to Deal, Price Discrimination and Independent Service Organizations", Journal of Economics and Management Science*, 2, (1993), págs. 593 a 614.

[322] É o caso do software informático e, igualmente, dos telemóveis. Aliás, estes comportamentos são característicos em sectores onde se sinta uma clara resistência dos consumidores na aquisição inicial de um bem duradouro. No sector das telecomunicações móveis, os telemóveis pessoais são subsidiados pelos operadores da rede, que recuperarão os seus custos com a realização de números crescentes de chamadas, resultantes do alargamento da sua base instalada.

inferior (por exemplo, 15) ao da aquisição separada dos dois produtos componentes (por exemplo, 10+10). Assim, os consumidores que não considerem atractiva a aquisição dos produtos individualmente considerados por um preço de 10, mas que, ao invés, valorizem positivamente os dois produtos coligados a um preço de 15, adquirirão o pacote e não os produtos comercializados individualmente. Neste caso, existe um efectivo ganho para os consumidores e, igualmente, para o produtor, se esta estratégia for desenvolvida num momento posterior à comercialização inicial dos produtos, já que o produto das vendas dos pacotes poderá ser considerado como um resultado extraordinário[323].

ii) segunda justificação: a poupança ao nível dos custos

Em primeiro lugar, tal como acontece nos mercados concorrenciais, a integração vertical de mercados poderá originar poupanças ao nível das margens de comercialização dos produtos (*eficiência transaccional*), já que estas serão sensivelmente inferiores quando as transacções se realizam no seio de um mesmo grupo empresarial, evitando-se as diversas contingências de mercado[324].

---

[323] Este poderá ser um exemplo que prove demasiado, pois nestas condições poderemos entender que o produto coligado é visto pelos consumidores como um único produto compósito, distinto dos produtos individualmente considerados. Nestas circunstâncias teríamos três produtos e não dois, o que impede qualquer conclusão firme relativamente aos impactos positivos destas práticas no bem-estar social.

[324] P. Areeda e H. Hovenkamp (*in Antitrust Law*, vol. IIIA, *cit.*, págs. 14 e 15) vão ainda mais além, referindo que a integração vertical de dois monopólios sucessivos (ou seja em mercados de segmentos directamente complementares) origina simultaneamente um movimento de redução dos preços e de aumento de produção. Ora, e antecipando as críticas que serão realizadas à posição defendida pela escola de Chicago, não se pode concordar com esta posição. Em primeiro lugar, este argumento padece de um vício originário e que se traduz na incorrecção de aplicação de padrões estáticos de análise concorrencial. Efectivamente, se tal movimento de redução dos preços se pode fazer sentir no momento imediato, ao invés, num momento futuro as condições estruturais de mercado propiciam o desenvolvimento de um poder absoluto de mercado por parte do agente monopolista (agora bimonopolista). Em segundo lugar, na inexistência de concertação entre os dois monopolistas, os padrões de funcionamento de um mercado organizado em monopólio bilateral aproximam-se dos padrões decorrentes do paradigma da concorrência perfeita; ora, se aceitarmos de ânimo leve a integração dos dois segmentos, tendencialmente organizados numa lógica de monopólio natural, no seio de um único monopolista abdicamos totalmente das virtudes decorrentes do funcionamento do mercado em concorrência perfeita, esse sim, irrefutavelmente eficiente.

Por outro lado, na presença de economias de escala e de gama significativas na produção, na distribuição, no *marketing* ou no licenciamento, a venda de um pacote compósito de produtos poderá possibilitar uma redução do preço de comercialização em comparação ao preço de venda dos dois produtos separados (*eficiência produtiva*). Sendo a rede composta por diversos componentes, a comercialização conjunta de dois ou mais segmentos poderá permitir uma redução significativa dos custos de comercialização[325/326].

---

[325] A poupança ao nível dos custos como justificação da prática de vendas em ligação teve origem na literatura económica que analisou os efeitos económicos da integração vertical de mercados (cfr., a este respeito, J.M. Vernon e D.A. Graham, *"Profitability of Monopolization by Vertical Integration", Journal of Political Economy*, 79, (1971), págs. 924 e 925; R. Schmalensee, *"A Note on the Theory of Vertical Integration", Journal of Political Economy*, 81, (1973), págs. 442 a 449; F.M. Westfield, "Vertical *Integration: Does Product Price Rise or Fall?", American Economic Review*, 71, (1981), págs. 335 a 346). A este propósito, Blair e Kasserman demonstram que a venda em ligação tem o mesmo efeito ao nível da redução de custos que a integração vertical (R. Blair e D. Kasserman, *"Vertical Integration, Tying and Antitrust Policy", American Economic Review*, 68, (1978), págs. 397 a 402). Enquanto que a fundamentação assente na discriminação de preços acentua a vertente de complementaridade intrínseca entre os produtos, a poupança nos custos assenta nas suas relações de substituição. A este propósito, Margaret Slade refere o seguinte: *"the idea is that as input monopolist cannot reap full monopoly rents when consumers can substitute away from his product. Moreover, when substitution occurs, final products are not produced at minimum-social cost. Indeed, too little of the monopolistically supplied input and too much of the competitively supplied input are used. A monopolist who ties the two inputs, in contrast, can internalize this externality by setting prices whose ratio equals the ratio of their marginal costs"* (Margaret Slade, *"The Leverage Theory of Tying Revisited", Discussion Paper n.º 97-09*, Department of Economics, University of British Columbia, (1997), pág. 4).

[326] Quando o único impacto de uma estratégia de integração vertical de segmentos de uma rede consistir no aumento da eficiência produtiva ou transaccional nenhum impacto negativo em sede concorrencial poderá ser assacado. No entanto, os tribunais norte-americanos consideraram que da simples redução de custos alcançada pela empresa verticalmente integrada poderiam resultar vantagens injustas para esta. Por exemplo, no caso *Brown Shoe*, onde foram analisados os impactos concorrenciais de uma fusão entre empresas, referiu-se: *"independent retailers of shoes are having a harder and harder time in competing with company-owned and company-controlled retail outlets. National advertising by large concerns hás increased their brand name acceptability and retail stores handling the brand named shoes have a definite advertising advantage. Company-owned and company-controlled retail stores have definite advantages... in advertising, insurance, inventory control... and price control. These advantages result in lower prices or in higher quality for the same price and the independent retailer can no longer compete in the low and*

Nas redes físicas, as relações de complementaridade entre os diversos componentes poderão favorecer a construção de segmentos pré-ligados, reduzindo-se significativamente os custos de interligação ou, no caso de patentes e licenças, os custos administrativos unitários da sua gestão. A análise dos efeitos concorrenciais da prática de vendas coligadas nos sectores físicos é pois relativamente simplificada, assentando numa correcta percepção dos custos reais de produção, afectados por eventuais economias de escala ou de gama.

Nas redes virtuais, nomeadamente, do sector do *software* informático, a questão é bastante mais complexa. Nestes sectores, estas práticas comerciais são extremamente comuns dado que os diversos segmentos das redes assentam essencialmente em licenças e patentes de existência imaterial, sendo os custos físicos de comercialização (reprodução) extremamente baixos, ou quase inexistentes, o que permite a conjugação de dois produtos diferenciados num único pacote comercial (por exemplo, sistema operativo conjugado com motor de busca ou com leitor de multimédia)[327].

---

medium-priced fields and has been driven to concentrate his business in the higher-priced, higher quality type of shoes – and, the higher the price, the smaller the market. He has been placed in this position, not by choice, but by necessity. (cfr. United States vs. Brown Shoe Co., 179 F. Supp. 721, 738 (E.D. Mo. 1959), aff'd, 370 U.S. 294 (1962)). Ora, como é óbvio, nunca se poderá impedir uma operação de integração utilizando unicamente como fundamento o facto de dela resultar uma redução dos custos de operação e um aumento da eficiência produtiva. No entanto, e como se demonstrará adiante, a Comissão Europeia, no processo *GE/Honneywell* enveredou, igualmente, por essa doutrina.

[327] Quer os tribunais americanos (processo *Lepage's v. 3M*), quer a Comissão Europeia (processo *Virgin/British Airways*) são bastante exigentes na prova exigida aos réus relativamente aos fundamentos para a redução dos preços. Neste âmbito, quase que existe uma presunção de que a redução do preço de venda do produto resulta de um sacrifício de lucros e, consequentemente, da prática de preços predatórios. Por exemplo, no caso citado, a Comissão foi peremptória em não aceitar o argumento da British Airways para a realização de descontos que se traduziam num aumento das comissões das agências de viagens tendo como referência o aumento do volume de vendas anual de passagens aéreas dessa companhia. A Comissão considerou que não existia qualquer aumento de eficiência nos processos de venda de bilhetes que pudesse justificar essa redução de proveitos da companhia aérea, o que indiciava a existência de sacrifício de lucros. Esta situação será analisada *infra*.

iii) *terceira justificação: o controlo de qualidade*

De acordo com a Escola de Chicago, as vendas coligadas e a formação de pacotes agregados poderá ser conforme as normas de defesa da concorrência destinando-se à protecção da reputação da empresa ou de marcas[328]. Esta justificação, bastante utilizada nas contendas comunitárias[329], tem um campo de aplicação fértil nos sectores em rede. Constitui um argumento quase intuitivo que, sendo as redes compostas por diversos componentes complexos e interdependentes, os agentes dominantes, detentores da infra-estrutura, possam ter receio que eventuais falhas sistémicas causadas por produtos secundários ou complementares aos seus, produzidos ou fornecidos por outros agentes, lhes possam ser imputadas.

Perante a configuração abrangente e uniformizada das redes, os consumidores não terão capacidade de identificar imediatamente o causador. Juridicamente, esta situação quase que conforma o detentor, ou o sujeito dominante da infra-estrutura, como um responsável objectivo por defeitos ocorridos na mesma. Nestas condições, a empresa dominante preferirá produzir pacotes agregados próprios compostos por produtos principais e secundários. Tal ocorrerá quer em redes físicas, quer em redes virtuais (rede telefónica e terminal telefónico, sistema operativo e processador de texto, etc.) de forma a evitarem-se potenciais riscos decorrentes de avarias ou de incompatibilidades[330/331].

---

[328] A justificação assente na garantia de qualidade e segurança no sistema tem sido bastante utilizada pelos sujeitos económicos. Relembre-se que a Bell justificava a necessidade de garantir simultaneamente o serviço telefónico local e o serviço telefónico de longa distância precisamente nos eventuais efeitos nefastos que uma rede local não harmonizada teria no serviço telefónico global.

[329] Acórdão *Hilti AG vs. Comissão*, processo T-30/89, Colectânea II, 1991, págs. 1439 e segs.; acórdão *Hilti AG vs. Comissão*, processo C-53/92, Colectânea I, 1994, págs. 667 e segs.; acórdão *Tetra Pak International vs. Comissão*, processo T-83/91, Colectânea II, 1994, págs. 755 e segs.

[330] Note-se que serão os detentores da infra-estrutura física ou os produtores do componente principal nas redes virtuais (o sistema operativo) que sofrerão os impactos nefastos de uma qualquer avaria ou incompatibilidade. Tais consequências negativas poderão ocorrer quando seja oneroso para os consumidores determinar qual o componente defeituoso, mesmo com a assistência técnica do vendedor do componente, ou quando mesmo com assistência técnica eficiente seja impossível a este provar que os problemas verificados

Em conclusão, a Escola de Chicago defende uma perspectiva jusconcorrencial extremamente permissiva na análise de práticas de projecção de poder económico dado que, em seu entender, existirá uma única renda monopolista susceptível de ser auferida no mercado, sendo absolutamente indiferente o local da sua extracção. Em consequência, este tipo de práticas unilaterais deveriam ser consideradas legais *per se*[332].

6. Análise crítica da posição da Escola de Chicago

Numa perspectiva geral, é correcto afirmar-se que os efeitos económicos resultantes da integração económica das funções produtivas de diferentes segmentos de uma mesma rede são tendencial-

---

são da responsabilidade de um componente que não foi por si produzido. Por exemplo, a Microsoft quando procedeu à comercialização do Windows 3.1.introduziu uma mensagem de aviso relativa a possíveis incompatibilidades com produtos não fossem produzidos por si. Nesta situação, a Microsoft foi condenada devido ao uso de técnicas de marketing "terroristas". Cfr. Michael Katz e Carl Shapiro, *"Antitrust in Software Markets"*, cit., pág. 68.

[331] Esta justificação terá de ser cautelosamente ponderada. As entidades reguladoras dos sectores físicos organizados em rede têm, hoje em dia, uma função certificadora de componentes que, em princípio, evitam este tipo de preocupações. Por sua vez, nas redes virtuais, a questão essencial radica precisamente na compatibilidade, na normalização e na permissão de acesso aos códigos e à linguagem de programação.

[332] Até mesmo a Comissão foi influenciada pela aparente força dos argumentos utilizados por esta corrente doutrinária. Assim, na *Comunicação relativa às restrições verticais* (cit.), a Comissão considera justificáveis *per se* a aplicação temporária de certas restrições verticais nos seguintes casos: (1) quando um distribuidor puder beneficiar dos esforços de promoção de um outro distribuidor; (2) quando um fabricante pretenda entrar num novo mercado geográfico, por exemplo, exportando pela primeira vez os seus produtos para um outro país. Tal pode envolver "investimentos iniciais" especiais por parte do distribuidor a fim de implantar a marca no mercado; (3) quando certos retalhistas tiverem a reputação de armazenarem apenas os produtos "de qualidade"; (4) quando existirem investimentos específicos para um cliente efectuados quer pelo fornecedor, quer pelo comprador, tais como em equipamento especial ou em formação; (5) quando ocorrerem fornecimentos de saber-fazer (*"know-how"*), poderão ocorrer limitações ao nível da sua disseminação; (6) quando a fim de explorar economias de escala e desta forma conseguir um preço de retalho inferior para o seu produto, o fabricante pretender concentrar a revenda do seu produto num número limitado de distribuidores; (7) quando um fabricante aumenta as suas vendas impondo uma certa uniformidade e normas de qualidade aos seus distribuidores, de forma a adquirir uma boa imagem de marca e aumentar o interesse do consumidor.

mente idênticos quer estejamos na presença de agentes detentores de quotas substanciais de mercado ou de ambientes concorrenciais mais próximos da concorrência perfeita.

Assim, constitui questão relativamente pacífica na doutrina o facto da integração de diversos estádios de produção aumentarem os níveis de eficiência na produção e na comercialização. O factor temporal é, nesta matéria, crucial. Efectivamente, o momento após o qual se torna possível o reconhecimento desta melhoria nos padrões de bem-estar depende do tipo de operação de integração que o agente pretende desenvolver.

Os efeitos decorrentes da construção de uma nova unidade produtiva são unicamente avaliáveis no longo prazo; ao invés, da fusão de duas empresas produtoras de segmentos complementares decorrem efeitos imediatamente mensuráveis.

Em sentido inverso, os efeitos negativos decorrentes de situações de mercado monopolistas são igualmente reconhecidos de forma quase pacífica na doutrina[333]: o monopólio pode originar preços finais mais elevados, volumes de produção mais reduzidos e uma menor propensão para a inovação ou para a adopção de métodos produtivos mais eficientes[334].

Nos sectores em rede a organização monopolista dos mercados de determinados segmentos poderá aparecer como natural. Nestas circunstâncias, qualquer tentativa de introdução de maior intensidade concorrencial será totalmente artificial, originando inevitáveis perdas

---

[333] Cfr. Fernando Araújo, *op. cit.*, vol. I, págs. 602 a 606.

[334] Um agente com poder monopolista aumenta os seus lucros fazendo equivaler o seu custo marginal com o seu rendimento marginal. O resultado desta equiparação traduz-se no aumento do custo da produção que supera naturalmente o seu custo marginal e na redução do volume total de produção relativamente ao que resultaria num mercado em concorrência perfeita. Nestas condições, a empresa monopolista não desencadeará qualquer iniciativa na redução dos seus custos de produção e não se importará minimamente em reduzir os preços de venda dos seus produtos. Se existirem monopolistas sucessivos, este diferencial entre o custo marginal de produção e o preço de venda final tem tendência para o agravamento e o volume total de produção reduz-se significativamente. Nestas circunstâncias parte da doutrina enuncia a denominada teoria da marginalização dupla, segundo a qual, na presença de monopolistas sucessivos será conveniente a integração de todos eles num só. Cfr. por todos P. Areeda e H. Hovenkamp, *Antitrust Law*, vol. IIIA, págs. 27 a 32. No entanto, nestas circunstâncias, o perigo de concertação entre todos os monopolistas sobrepõem-se à possibilidade efectiva de integração.

de bem-estar. O decisor político estará, nestas situações, perante um dilema: não actuando irá perpetuar a situação monopolista existente; actuando, irá distorcer as condições naturais de organização dos mercados, reduzindo ainda mais os níveis de eficiência existentes.

No entanto, existe uma alternativa. Nos sectores em rede, a relação de estrita complementaridade que envolve os diversos segmentos componentes possibilita uma aproximação intermédia aos organismos decisores. De facto, num mesmo sector em rede poderão existir segmentos cujos mercados se organizam numa lógica de monopólio natural e outros onde pode existir uma efectiva concorrência.

Se nada for efectuado, existirá uma tendência quase incontrolável para que o agente monopolista de um determinado segmento projecte a sua posição económica para o mercado adjacente. Ora, os efeitos negativos decorrentes do desenvolvimento deste tipo de estratégias são dificilmente analisáveis no curto prazo.

Por outro lado, não se poderá pressupor que um agente que detenha uma posição substancial no mercado num determinado momento seja efectivamente um monopolista. Por exemplo, nas redes virtuais, a extrema fluidez dos mercados decorrente do processo de inovação contínua permite a manutenção de um perigo constante de novas entradas de agentes produtores. Nestes casos, o papel da concorrência potencial não pode ser ignorado[335]. O mesmo já não acon-

---

[335] Não se pode esquecer que a integração de segmentos de uma mesma rede pode criar barreiras à entrada e impedir o desenvolvimento de uma concorrência potencial eficiente. No entanto, tal como na restante teoria concorrencial, é necessário efectuar uma distinção entre situações normais de mercado e as situações das redes. Assim, se um monopolista integra na sua função produtiva um determinado serviço secundário meramente instrumental da sua produção (por exemplo, o operador monopolista de telecomunicações opta por deter a sua própria frota de automóveis), o mercado desse serviço secundário continua a ser concorrencial. Ao invés, se o produto secundário for um segmento complementar da rede, a situação altera-se significativamente dado que a integração dos dois segmentos dificultará a entrada de novos concorrentes, que já não poderão aceder unicamente a um mercado mas somente aos dois, com os inevitáveis custos adicionais em sede de capitais próprios e de recuperação de investimentos e com significativo aumento do risco da operação. Estamos, neste caso, na presença dos denominados *"monopólios sucessivos"*. Esta última situação é de difícil escrutínio. No limite, os dois segmentos complementares podem, muitas vezes, ser fundidos num único produto oferecido, alterando os padrões de aferição do mercado relevante. Nas redes virtuais, esta situação é particularmente comum por via da inovação

tece nas redes físicas, que se organizam tendencialmente em redor de um segmento em monopólio natural (o nó ou lacete). As situações possíveis são diversas e as possibilidades de acção inúmeras.

Tendo em consideração a força dos argumentos justificativos avançados (discriminação de preços, redução de custos, defesa da reputação e da qualidade) e os seus inequívocos efeitos positivos em sede de bem-estar social, é bastante fácil esquecer as duas pressuposições de base nas quais assenta integralmente a doutrina defendida pelos escolásticos de Chicago, a saber: i) a existência de um mercado perfeitamente concorrencial no segmento ou produto secundário; ii) o consumo em proporções fixas dos dois produtos integrados.

Ora, esse "esquecimento", conjugado com a força argumentativa das justificações referidas, originou uma posição conformista, que ainda hoje vigora na jurisprudência recente norte-americana (por exemplo, no processo Microsoft o juiz considerou que os eventuais efeitos nefastos da prática de *"leverage"* ainda não se encontravam claramente determinados), e que é fortemente criticada pela corrente doutrinária Post-Chicago.

Os argumentos de contraposição à doutrina de Chicago, na ausência das duas pressuposições referidas, são quase intuitivos. Na inexistência de um mercado do produto secundário perfeitamente concorrencial (ou seja, na esmagadora maioria das situações dos sectores organizados em rede considerando as relações de estrita dependência estabelecidas), o perigo de ocorrência de projecção do poder económico para mercados secundários é evidente.

Parece evidente que o produto decorrente das rendas do monopólio não é indiferente à conduta do monopolista nos diversos mercados. É verdade que, no limite, se o monopolista fixar o preço de venda dos seus produtos atendendo unicamente ao seu custo marginal, ele não receberá qualquer renda monopolista. Nestes casos estaríamos na presença do denominado *"monopolista benevolente"* que,

---

tecnológica. Porém, indiciariamente, poderá afirmar-se que, quando estejam em causa monopólios naturais no mercado do segmento primário, qualquer integração de segmentos complementares deverá ser analisada cuidadosamente pois facilmente o agente monopolista aproveitará a sua posição proeminente para alargar, ainda mais, o seu poder de mercado na rede.

prescindindo dos seus desígnios maximizadores de lucros, visaria, ao invés, a melhoria dos padrões de eficiência dos mercados, reproduzindo a conduta de um vendedor num mercado atomístico e plenamente concorrencial[336].

Porém, infelizmente, nas situações normais de mercado não regulado não existem "monopolistas benevolentes". Pelo contrário, existirão monopolistas que visam unicamente a maximização do lucro de curto prazo, de forma a remunerar convenientemente – e rapidamente – os capitais investidos. Nestas condições os monopolistas nunca terão um incentivo para fixar o preço dos seus produtos ao nível do seu custo marginal[337]. A vertigem decorrente da possibilidade de auferimento de uma renda monopolista é demasiado forte para ser evitada. E, se essa renda puder ser recebida quer no mercado do segmento primário, quer no mercado do segmento secundário tanto melhor.

Estes argumentos que sustentam a intolerabilidade de alastramentos de poder de monopólio face aos seus efeitos estruturais na organização eficiente dos mercados – ou seja, a criação de posições monopolistas nos mercados secundários – convenceram parte dos teóricos de Chicago. Efectivamente, perante a demonstração arrasadora desta possibilidade, alguns autores alteraram o seu posicionamento. Para esse efeito enunciaram uma distinção entre as práticas de projecção do poder económico que visassem um aumento dos lucros e as que visassem a criação de situações monopolistas em mercados conexos[338/339]. As primeiras deveriam ser consideradas legais, enquanto que as segundas não mereceriam esse juízo positivo.

---

[336] Cfr. Fernando Araújo, *ob. cit.*, vol. I, pág. 603.

[337] Cfr. M. D. Winston, *"Tying, Forclosure and Exclusion"*, American Economic Review, vol. 80, (1990), págs. 837 a 859; J. Carbajo, De Mesa e D.J. Seidmann, *"A Strategic Motivation for Commodity Bundling"*, Journal of Industrial Economics, vol. 38, (1990), págs. 283 a 289; D.J. Seidmann, *"Bundling as a Facilitating Device: A Reinterpretation of Leverage Theory"*, Economica, vol. 58, (1991), págs. 491 a 499; Margaret Slade, *"The Leverage Theory of Tying Revisited"*, University of British Columbia, Discussion Paper n.º 97-09, (1997).

[338] Esta distinção foi inicialmente enunciada por W. Bowman: *"A distinction can usefully be made between leverage as a revenue-maximizing device and leverage as a monopoly-creating device. The first involves the use of existing power. The second requires the addition of new power"* (cfr. W. Bowman, *"Tying Arrangements and the Leverage Problem"*, Yale Law Journal, 67, 1957, pág. 19).

Esta distinção parece traduzir um recuo na posição dos teóricos de Chicago. No entanto, a sua bondade é meramente aparente. No limite, também as práticas que visem o aumento dos lucros decorrentes de uma exploração mais intensa de uma renda monopolista têm intenções de exclusão de concorrentes efectivos ou potenciais do mercado.

Segundo Kaplow[340], os poderes públicos não devem ficar indiferentes face a tentativas de maximização dos proveitos por parte de monopolistas. Se essa renda resultar de uma prática ilegal, os poderes públicos devem actuar, independentemente do tipo de estratégia desenvolvida[341], analisando os seus efeitos no longo prazo e utilizando para o efeito, modelos económicos dinâmicos[342].

---

[339] Cfr. R. Posner, *Antitrust Law: An Economic Perspective*, 1976, pág. 29 (utilizando a expressão *"unilateral noncoercive monopolization"* para caracterizar as práticas monopolísticas de projecção do poder de mercado) e pág. 171 (aplicando a distinção); Para Director e Levi a discriminação de preços *"might be considered more an enjoyment of the original power than an extension of it"*, (in *"Law and the Future: Trade Regulations"*, *Northwestern University Law Review*, 51, 1956, pág. 290); Cfr., igualmente Markovits, *"Tie-Ins and Reciprocity: A Functional, Legal, and Policy Analysis"*, *Texas Law Review*, 58, 1980, págs. 1363 a 1369.

[340] Cfr. Louis Kaplow, *"Extension of Monopoly Power Through Leverage"*, *Columbia Law Review*, vol. 85, 1985, págs. 515 e segs. Este autor critica frontalmente a posição da escola de Chicago a este respeito: *"There are a number of deficiencies in the analysis of recent commentators who have attempted to proclaim the death of leverage theory. The basic mistake in their central thesis is that antitrust law should be indifferent to the exploitation of monopoly power because extant power is a fixed sum and thus will result in the same damage regardless of how it is deployed. Although of some superficial appeal, it can readily be demonstrated that their analysis is strongly counterintuitive. Consider the case of a terrorist on the loose with one stick of dynamite. The fixed sum thesis posits that since the power is fixed – that is, the terrorist has one and only one dynamite stick – we should be indifferent to where the dynamite is placed. It is all too obvious, however, that the potential damage resulting from power in this context, as well as in virtually any other we can imagine, is overwhelmingly dependent upon how it may be used"*.

[341] Cfr. Louis Kaplow, *"Extension of Monopoly Power Through Leverage"*, cit., pág. 521. Efectivamente, esta distinção só fará sentido ao entender-se que a prática de preços discriminatórios é legal, e em consequência, tolerável. Relativamente a este aspecto, a doutrina Post-Chicago demonstra, fundamentalmente, que as consequências em sede de Bem-Estar Social de uma apropriação de lucros supranormais por parte do monopolista vendedor não são neutras. Cfr., a este propósito, Slawson, *"A Stronger, Simpler Tie-In Doctrine"*, *Antitrust Bulletin*, 1980, págs. 688 e 689, onde refere, na discussão acerca da legitimidade da prática de preços discriminatórios, que *"of course this cannot possibly be a use's only effect, even if it is the seller's only purpose . . . . The other effects should at least be*

Assim, e em jeito de conclusão, a projecção de poder económico para mercados adjacentes terá inevitavelmente efeitos nefastos nos casos em que o mercado do produto secundário não for concorrencial. Se o for, e os produtos forem consumidos numa proporção fixa, os sujeitos económicos poderão optar à vontade entre produtos secundários livremente oferecidos no mercado, não havendo qualquer violação das normas de defesa da concorrência.

Se não existir essa perfeição ao nível do mercado do produto secundário, a situação altera-se radicalmente. Essa imperfeição do mercado, que consubstancia a criação de uma verdadeira barreira à entrada[343], pode ser causada pelo sujeito com posição dominante no mercado do produto principal através, por exemplo, do desenvolvi-

---

examined in order to determine whether they are anticompetitive or harmful in other respects (...)". Por seu lado, Turner, (in *"The validity of Tying Arrangements Under the Antitrust Laws"*, *Harvard Law Review*, n.º 42, 1958, págs. 50 a 53) chama a atenção para os efeitos deste tipo de práticas nos concorrentes do lado da oferta. Para uma análise mais genérica, cfr. John Lopatka e William Page, "*'Obvious' consumer harm in antitrust policy: The Chicago School, the Post-Chicago School and the Courts*" in Antonio Cucinotta, Roberto Pardolesi e Roger van den Bergh, eds., *Post-Chicago Developments in Antitrust Law, New Horizons in Law and Economics*, 2002 págs. 129 a 160.

[342] Kaplow é extremamente incisivo nas suas críticas à utilização de modelos estáticos, pois, segundo este autor, é da sua utilização que resultam as conclusões de Chicago. Cfr. Louis Kaplow, "*Extension of Monopoly Power Through Leverage*", *cit.*, pág. 528 e 529.

[343] Numa situação em que uma empresa detenha uma posição monopolista num determinado produto principal (A) e não detenha essa posição no produto secundário (B), que não é, no entanto, de concorrência perfeita, se esta efectuar uma ligação indissociável entre os dois produtos, irá necessariamente vender a mesma quantidade de ambos. Nestas condições, o agente terá um incentivo para baixar o preço de B, de forma a manter o volume de vendas de A (de onde recolhe a renda monopolista). Assim, o risco de perda de rendimento será mais significativo se o agente optar por efectuar uma comercialização coligada dos dois produtos; de facto, além de perder o rendimento/lucro relativo à venda de B, corre o risco de perder a renda monopolista de A. Ora, estas condições são propícias ao desenvolvimento de preços predatórios. Este incentivo será, no entanto, menor se a estratégia desenvolvida não consistir na formação de pacotes agregados (*bundling* puro) mas sim na comercialização conjunta dos dois produtos, em alternativa à sua comercialização separada. Nestas condições, o agente terá um incentivo a baixar igualmente o preço de venda do produto B; no entanto, o seu risco de perda de rendimento será menor pois ele nunca perderá a renda monopolista que aufere na comercialização de A, dado que os consumidores que optem por não adquirir B poderão sempre adquirir A separadamente. Cfr., a este propósito, Simon Bishop e Mike Walker, *op. cit.*, pág. 214. Contra, cfr. P. Areeda e H. Hovenkamp, *op. cit.*, vol. IIIA, págs. 20 e segs.

mento de situações de incompatibilidade do seu produto principal com produtos secundários fornecidos por concorrentes, na recusa de venda de produtos secundários a prestadores de serviços de assistência concorrentes ou, no caso da formação de pacotes agregados (em que o produto secundário é fornecido de forma gratuita ou quase), pela prática de preços predatórios que impeçam, na prática, a entrada ou a manutenção no mercado do produto secundário de outros concorrentes, criando condições propícias ao aumento estrutural de preços no longo prazo.

A projecção de poder económico do agente dominante para mercados adjacentes torna-se possível quer as práticas de vendas coligadas ou de formação de pacotes agregados impliquem a exclusão de agentes do mercado ou impeçam a entrada de concorrentes potenciais (*"strong leverage"*), quer permitam a extracção de uma renda monopolista adicional no mercado do produto secundário (*"weak leverage"*), sem que tal implique o seu encerramento[344]. Estas distinções são, pois, totalmente irrelevantes.

Apesar dos repetidos apelos dos cultores de Chicago, os impactos concorrenciais deste tipo de práticas são inevitavelmente negativos: concorrentes efectivos e potenciais são excluídos do mercado e os consumidores sustentam encargos mais elevados, sendo os investimentos em investigação e desenvolvimento reduzidos devido ao clima

---

[344] Carlton e Walman examinaram o papel das denominadas economias de gama intertemporais. No seu modelo consideram dois períodos sucessivos. Num primeiro momento, o monopolista é o único produtor do bem principal, existindo, no entanto, a possibilidade de entrada de novos concorrentes no período 2. Por sua vez, no mercado do bem secundário, existe a possibilidade de entrada imediata de novos concorrentes. Ora, nestas condições, se o monopolista efectuar uma comercialização coligada dos dois bens, consegue evitar a nova entrada de um novo concorrente no período 1, e, em consequência, tornar não-lucrativa a entrada no mercado do produto principal no momento 2. Esta situação decorre, segundo estes autores, do facto dos custos fixos de entrada no mercado do bem secundário criarem economias de gama intertemporais, ou seja, a empresa rival não conseguirá cobrir a totalidade dos custos da sua entrada no mercado do bem secundário operando unicamente num dos períodos; por outro lado, é igualmente prejudicial a entrada de um rival no mercado do produto primário no período 2, quando a entrada, para ser bem sucedida, implica a operação simultânea em ambos os mercados. Nestas condições, o monopolista poderá retirar rendas monopolistas em ambos os mercados nos dois períodos. Cfr. D. Carlton e M. Waldman, *"The Strategic Use of Tying to Preserve and Create Market Power in Evolving Industries"*, NBER Working Paper 6831, 1998.

de incerteza gerado – um factor dramático numa economia do conhecimento[345].

Esta realidade decorre de uma forma quase evidente na comercialização conjunta de componentes de redes, dada a sua relação de estrita complementaridade. Porém, como diversa doutrina já demonstrou, poderá originar lucros supranormais em situações em que a procura dos bens comercializados conjuntamente é totalmente independente[346]. No entanto, como a doutrina actual repetidamente reafirma, é necessária uma análise empírica casuística das diversas condições dos mercados em causa. A fronteira entre uma intervenção pública eficiente e uma outra desastrosa em sede de bem-estar social é muito ténue, dado que, em condições muito restritas, o desenvolvimento deste tipo de práticas pode, efectivamente, melhorar os níveis de satisfação dos consumidores.

Apesar das dificuldades, é possível efectuar um enquadramento geral a este propósito. Assim:

– se o produtor monopolista de um segmento primário integrar na sua produção um segmento secundário cujo mercado seja perfeitamente concorrencial, aparentemente não existirá qualquer impacto anti-concorrencial susceptível de ser apontado.

---

[345] Jay Choi e Chris Stefanidis desenvolveram um modelo que permite identificar práticas de vendas coligadas usadas como métodos de defesa no combate a entradas de rivais potenciais. Nas suas palavras: *"to arrive at the dynamic version of the leverage theory, three basic assumptions were made: the initial presence of market power in all components, the existence of potential competition in all components, and the presence of economies of scale in the form of risky up-front investment. It has been shown that tying may make the prospects of entry less certain, discouraging the incumbent's rivals from investing and innovating. In these circumstances, tying may lead to lower consumer and total economic welfare"* (in J. Choy e C. Stefanidis, *"Tying, Investment, and the Dynamic Leverage Theory"*, Michigan State University, Julho de 2000, pág. 27). No mesmo sentido, M. Katz e C. Shapiro, "Antitrust in Digital Age", cit., págs. 70 e 71.

[346] Não se concorda pois com Greer quando refere que *"under certain conditions (…) a firm with monopoly control over the tying product may be able to extend its power by tying. One key condition is that the tying and tied goods be complements"* (in D. F. Greer, *Industrial Organization and Public Policy*, 2ⁿᵈ edition, New York, Macmillan Publishing Company, 1984). Cfr. M.L Burnstein, *"The Economics of Tie-In Sales"*, The Review of Economics and Statistics, 42, 1960, págs. 19 a 36; F. Mathewson e R. Winter, *"Tying as a Response to Demand Uncertainty"*, University of Toronto mimeo, 1994.

Os efeitos negativos serão, em princípio, meramente aparentes, atingindo unicamente os concorrentes anteriores no mercado do segmento secundário, sem que daí decorram quaisquer prejuízos para os consumidores. A propensão para a inovação e a possibilidade de entrada de novos concorrentes no mercado do segmento secundário mantêm-se inalteradas;
– se o produtor monopolista de um segmento primário integrar parcial ou totalmente na sua produção um segmento secundário complementar cujos padrões de mercado se afastem significativamente do paradigma da concorrência perfeita, poderão fazer-se sentir significativos impactos anticoncorrenciais decorrentes do movimento de integração. Os efeitos negativos far-se-ão sentir, em princípio, ao nível da propensão para a inovação e da possibilidade de entrada de novos concorrentes no mercado do segmento secundário que necessitarão de realizar investimentos adicionais, quase nunca recuperáveis se existirem economias de escala significativas. No entanto, poderão verificar-se efeitos positivos decorrentes do aumento da eficiência nos processos produtivos e nas transacções. Finalmente, não se poderá esquecer a possibilidade de eliminação de dupla marginalização na presença de monopólios sucessivos.

6.1. *Um exemplo Jurisprudencial Norte-Americano: o processo Eastman Kodak – mercados derivados – ("aftermarkets") e suas consequências ao nível comunitário*

Os exemplos anteriores enquadraram a questão geral da projecção do poder económico para segmento adjacente no âmbito mais simplificado das vendas coligadas. Sem prejuízo desta temática ser desenvolvida em termos mais concretos *infra*, importa neste momento explicitar uma questão fundamental que envolve os denominados mercados derivados ou subsequentes atendendo à sua relevância em sede de disputa dogmática concorrencial entre as duas escolas referidas.

No direito norte-americano, o processo mais importante a este respeito envolvendo mercados "tradicionais" é, sem dúvida, o *Eastman Kodak*. Efectivamente, excluindo o processo *Microsoft*, que será analisado separadamente, foi nesta querela relativa a uma rede virtual assente nos produtos base Kodak e na respectiva assistência técnica ("*aftermarkets*") que se esgrimiram, de forma violenta, novos argumentos típicos da escola doutrinária post-Chicago[347].

Este processo é igualmente útil para retratar a proximidade conceptual entre as diversas patologias concorrenciais em presença. De facto, o que está em causa é uma exclusão vertical de mercado desenvolvida quer por via de formação de pacotes contratuais agregados, quer por recusa de fornecimento de peças eventualmente essenciais.

A Eastman Kodak detinha a liderança do mercado das fotocopiadoras e dos serviços de microfilmagem. Durante muitos anos forneceu a assistência técnica aos seus equipamentos que, tendo em consideração a sua finalidade e funcionalidade, se podem considerar como redes virtuais. Em meados da década de 80 do século passado, apareceram diversas empresas independentes prestadoras de serviços que adquiriram quotas de mercado sucessivamente superiores no mercado de assistência técnica aos equipamentos Kodak.

Como reacção a esta intromissão no mercado secundário, a Kodak deixou de fornecer peças sobresselentes aos fornecedores independentes, o que originou uma queixa por parte destes no sentido de que a Kodak: (i) havia efectuado uma ligação indissociável ilegal entre o fornecimento de peças sobresselentes e a prestação de serviços de assistência técnica e, em consequência, (ii) monopolizou o mercado relevante de serviços de assistência técnica. Esta situação violava potencialmente as Secções 1 e 2 do *Sherman Act*.

---

[347] Cfr. A Gavil, W. Kovacik e J. Baker, *op. cit.*, págs. 583 e sgs.; P. Areeda e L. Kaplow, *op. cit.*, pág. 751 e segs.; P. Areeda e D. Turner, "*Antitrust Law*", 1996, pág. 404,; S. Borenstein, J. Makie-Mason e J. Netz, "*Antitrust Policy in Aftermarkets*", *Antitrust Law Journal*, 63, 1995, págs. 455 e segs.; C. Shapiro, "*Aftermarkets and Consumer Welfare: Making Sense of Kodak*", *Antitrust Law Journal*, 63, 1995, págs. 483 e segs.; S. Borenstein, J. Makie-Mason e J. Netz, "*Exercising Market Power in Proprietary Aftermarkets*", *Journal of Economics and Management Strategy*, 9, 2000, págs. 157 e sgs.; D. Carlton, "*A General Analysis of Exclusionary Conduct and Refusal to Deal – Why Aspen and kodak are Misguided*", *Antitrust Law Journal*, 68, 2001, págs. 659 e segs.; J. Makie-Mason e J. Metzler, "*Links Between Markets and Aftermarkets: Kodak*" (1997), in *The Antitrust Revolution, Economics, Competition and Policy*, J. Kwoka e L. White (eds.), 4.ª edição, 2004, pág. 427 e segs.

A Kodak, na sua defesa, alegou que detinha uma quota reduzida (cerca de 20%) do mercado de fotocopiadoras e de máquinas de microfilmagem, facto que precludia, à partida, qualquer alegação de que detinha uma posição dominante no mercado primário (relembre--se a *"teoria dos sistemas"*). Por outro lado, não tinha qualquer interesse em aumentar os preços, já que essa estratégia levaria inevitavelmente à redução da sua quota de mercado pois estes migrariam para marcas concorrentes.

Neste âmbito, a Kodak utilizou a argumentação típica sufragada pela Escola de Chicago: um agente económico nunca poderá ser acusado de práticas monopolistas ou, na perspectiva do direito comunitário, de abuso de posição dominante, num mercado secundário, se não deter efectivamente uma posição monopolista no mercado primário. Note-se que, do ponto de vista processual, e até esta decisão, este argumento impedia a realização do próprio julgamento, não tendo os autores quaisquer possibilidades para a demonstração efectiva das suas posições, pois nos termos do regime processual norte-americano e conforme a jurisprudência até então vigente, a Kodak nunca poderia ser condenada.

A proibição da prática de vendas coligadas nunca poderia ser provada se a ré não detivesse um poder de monopólio no mercado principal por uma questão de economia processual. E, nestas circunstâncias, nem sequer existiria qualquer julgamento, sendo o processo resolvido sumariamente, o que na prática consubstanciava a não condenação da ré.

Esta orientação tradicional foi aceite pelo Tribunal de Primeira Instância[348], tendo os autores apelado para o *Court of Appeals*, argumentando que a defesa da Kodak assentava em pressupostos meramente teóricos e que várias imperfeições do mercado poderiam implicar a inexistência de uma correlação directa entre uma subida de preços no mercado secundário e uma redução do número de clientes no mercado principal.

Num movimento de ruptura, o Tribunal de Apelo concordou com as alegações dos autores e remeteu o caso para julgamento efectivo no Tribunal de Primeira Instância. A ré recorreu desta decisão

---

[348] 1988 WL 156332 (N.D. Cal).

para o Supremo Tribunal Federal que, por sua vez, em 1992, confirmou a decisão do Tribunal de Apelo.

Neste processo o Supremo Tribunal Federal inaugurou uma nova jurisprudência, claramente paralela à do Tribunal de Justiça, susceptível se ser estendida a todas as redes virtuais, negando vencimento prévio à posição defendida pela Escola de Chicago, segundo a qual uma empresa que não detivesse uma posição dominante no mercado principal nunca poderia, por natureza, desenvolver práticas anticoncorrenciais no mercado secundário.

Assim, o Supremo Tribunal Federal considerou plausíveis as teorias dos prestadores independentes de serviços e remeteu o caso para julgamento efectivo no Tribunal de Primeira Instância.

No caso concreto, estava em causa uma rede que se poderia considerar como privativa da Kodak. O mercado principal era constituído exclusivamente por equipamento desta marca e o mercado secundário existia unicamente em função do seu mercado principal. Existe, nesta circunstância, uma verdadeira rede virtual (baseada em equipamentos principais Kodak e em equipamentos e serviços complementares constitutivos do mercado secundário) em sentido extremamente restrito, já que o Supremo Tribunal Federal entendeu que o simples equipamento de uma única marca se constituía como um verdadeiro mercado relevante[349], independentemente dos níveis de concorrência (intra-sistemática) sentidos no mercado principal[350].

Note-se que, neste caso, o argumento avançado pela Kodak no sentido de que não podia abusar do seu poder de mercado secundário sem perder necessariamente os clientes no mercado principal, e que por isso poderia impedir os prestadores de serviços independentes de aceder aos seus equipamentos já que daí não decorria qualquer custo suplementar para os consumidores, é facilmente contestado, uma vez que os prestadores de serviços independentes prestavam

---

[349] Os autores da acção argumentaram no sentido da existência de um mercado relevante de peças sobresselentes para os copiadores Kodak. A prova efectuada foi no sentido de que as peças sobresselentes para esses copiadores não tinham quaisquer substitutos.

[350] No mesmo sentido, embora não explicitamente C. Shapiro e D. Teece, "*Systems Competition and Aftermarkets: an economic analysis of Kodak*", Antitrust Bulletin, 39 n.º 1, Spring 1994, pág. 135 a 162.

assistência técnica a preços muito inferiores o que, à partida, favoreceria a aquisição de equipamento básico à Kodak.

Com esta argumentação, os autores destruíram a "presunção"[351] adveniente da aceitação da teoria económica da escola de Chicago e que precludia, à partida, qualquer possibilidade de êxito para os autores.

A Kodak respondeu argumentando que os serviços de assistência técnica serviam para segmentar, ao longo dos tempos, o custo total dos equipamentos base. Os autores contestaram esta justificação (tentadora) da Kodak referindo que os custos de informação e de mudança impediam a realização de um juízo inicial que formalizasse uma estratégia do tipo enunciado pela ré.

Assim, arguíram que o estabelecimento de preços tomando em consideração o ciclo de vida total de produtos duradouros e complexos constituía uma tarefa difícil e bastante onerosa, sendo que a informação necessária para a formulação desse juízo era de quase impossível obtenção no momento da venda e que, além disso, se verificavam significativos custos de mudança (*"switching costs"*) que impediam a migração dos consumidores no mercado principal para equipamentos de outras marcas.

O resultado deste processo foi a condenação da Kodak por deliberação unânime dos juízes por prática de projecção de poder económico para mercado adjacente, tendo esta empresa sido obrigada ao pagamento dos prejuízos sofridos pelos autores e à venda de peças de substituição aos prestadores independentes de serviços por um prazo de dez anos[352/353/354].

---

[351] O termo "presunção" foi usado por J. Makie-Mason e J. Metzler, in *"Links Between Markets and Aftermarkets: Kodak (1997)"*, cit., pág. 432. Este caso é igualmente curioso do ponto de vista do relacionamento entre a teoria económica e a aplicação do direito pelos tribunais. Note-se que a totalidade da defesa da Kodak assentava nas conclusões da teoria económica de Chicago, tentando, com essa base, evitar a realização do julgamento. As alegações dos autores, porém, colocaram em causa essa orientação económica, e permitiram-lhes demonstrar a sua posição, igualmente numa perspectiva económica embora distinta. Por outro lado, o Tribunal aceitou a prova de "equilíbrio parcial" apresentada pelos autores, essencial para o estabelecimento dos nexos de causalidade entre o mercado primário e o mercado secundário. Não foi necessário apresentar um modelo de equilíbrio geral onde se provasse que a Kodak estava, efectivamente, a realizar lucros supranormais.

[352] Acórdão *Image Technical Services, Inc. et al. v. Eastman Kodak Co.,*, C 87-1686 (January 18, 1996) e acórdão *Image Technical Services, Inc. et al. V. Eastman Kodak Co.*,1996-2 (CCH 71,624, N.D. Cal., Feb. 28, 1996).

Independentemente das posições extremadas pelos cultores das duas orientações doutrinárias em presença, deve referir-se como ponto de partida que não se antevê como possível qualquer conduta

---

[353] Desde então poderão ser identificadas sete decisões jurisprudenciais de tribunais de primeira instância que aplicaram o precedente construído no processo Eastman Kodak. Em três decisões (*Lee v. Life Ins. Co. of North America*, 23 F.3d 14, 1st Circuit 1994, 513 U.S. 964, 1994; *PSI vs. Honeywell*, 104 F.3d 811, 8th Circuit 1997; *Digital Equipment Corp. v. Uniq Digital Techs. Inc*, 73 F.3.d 756, 7th Circuit 1996, 520 U.S.1256), os tribunais de circuito decidiram no sentido de que seria necessária uma alteração *"surpresa"* na política de vendas no mercado secundário para se considerar que uma empresa que sofre concorrência sensível no mercado primário possa ter desenvolvido uma prática anticoncorrencial naquele mercado, condicionando a existência de uma exploração oportunista da base instalada a uma alteração surpreendendente de política comercial, o que é extremamente redutor. As restantes quatro decisões foram mais coerentes: *Kodak*, numa revisita ao Nono Circuito sobre o mesmo assunto; *United Farmers Agents. V. Farmers Ins. Exchange*, 89 F3.d 233, 5th Circuit 1996; *Allen-Myland v. IBM*, 33 F3.d 194, 3rd Circuit 1994; *Virtual Maintenance v. Prime Computer*, 11 F3.d 660, 6th Circuit 1993.

[354] Os autores contestários do conteúdo da decisão do processo Eastman Kodak encontraram na decisão relativa ao processo *Xerox* (CSA, L.L.C. v. Xerox Corp., 203 F3.d 1322, Fed. Circuit 2000) uma nova fonte de alento. Este processo, não incidindo directamente sobre questões idênticas às tratadas no primeiro processo Kodak introduziu, no entanto, uma nova variável para ponderação: os direitos de propriedade intelectual enquanto elemento de introdução de alguma impunidade em sede de direito da concorrência. Note-se que a Kodak, em recurso relativo à primeira decisão, alegou que as patentes que detinha sobre as peças sobresselentes lhe concediam o direito de recusar a venda das mesmas aos prestadores independentes de serviços de assistência. No entanto, o Nono Circuito concluiu num sentido novamente desfavorável à Kodak. Reconhecendo que os direitos de propriedade intelectual conferem uma justificação comercial válida para a recusa de venda das peças, verificou, no entanto, que das 10 000 unidades em causa somente 65 tinham a sua patente registada. Ora, no processo Xerox, o Circuito Federal, que detém a competência exclusiva em sede de direitos de propriedade intelectual, veio afirmar, no seguimento do que havia referido no processo *Intel (Intergraph Corp. v. Intel Corp.*, 195 F 3.d 1346 at 1362), que as leis de tutela da concorrência não negavam o direito do detentor da patente excluir concorrentes relativamente ao fornecimento da propriedade patenteada e que a vantagem comercial adquirida por via da nova tecnologia e pela protecção da patente não tornavam o seu possuidor num monopolista proibido. Também no processo *Abbot (Abbott Lab v. Brennan*, 952 F 2.d 1346, 1354, 21 USPQ2d 1192, 1199, Federal Circuit 1991), esta instância havia afirmado que os direitos de patente deveriam ser articulados com as violações da Secção 2 do *Sherman Act*. Tendo em consideração estas decisões alguns autores vierem afirmar expressamente que a jurisprudência Xerox estaria correcta, ao contrário da relativa ao caso Aspen e ao caso Kodak (cfr., por exemplo, D. Carlton, *"A General Analysis of Exclusionary Conduct and Refusal to Deal – Why Aspen and Kodak Are Misguided", Antitrust Law Journal*, 68, 2001, págs. 659 a 684. No mesmo sentido, C. Shapiro e D. Teece, *"Systems Competition and Aftermarkets: an economic analysis of Kodak"*, cit., pág. 158 a 160).

abusiva num mercado secundário se os produtos oferecidos no mercado primário forem totalmente homogéneos. No mesmo sentido, se a barreira de mercado advir unicamente da reputação da marca, essa empresa não pode ser condenada por pretender aproveitar essa vantagem concorrencial que, sendo intangível, implicou investimentos onerosos em qualidade e *marketing*.

Esta constatação não significa a defesa da posição da escola de Chicago pois as justificações avançadas pelos autores da acção são complexas e assentam em pressupostos económicos proscritos por essa orientação doutrinária: a teoria da dependência das escolhas passadas ou a teoria da informação assimétrica enquanto causadora de falhas de mercado.

Por outro lado, a denominada "*teoria dos sistemas*" não falece unicamente nas situações em que exista uma exploração oportunista da base instalada ou que se verifiquem falhas de informação. Ela falhará sempre que ocorra qualquer realidade (económica, tecnológica ou física) que impeça a realização de uma efectiva conexão entre os preços de venda dos produtos do mercado secundário e o volume de vendas dos produtos do mercado primário.

A questão crucial residirá, portanto, nos níveis de elasticidade cruzada entre a procura do mercado primário e a oferta no mercado secundário; terá de existir uma ligação forte, efectiva e simultânea, entre esses dois mercados da mesma rede para que a teoria dos sistemas possa efectivamente vingar[355], e validar *ex ante* os comportamentos concorrenciais do produtor dominante.

---

[355] Até mesmo C. Shapiro, um dos peritos da Kodak, identifica quatro situações onde poderá existir um comportamento abusivo no mercado secundário, com a criação de prejuízos para o bem-estar do consumidor: (1) a existência de custos de mudança; (2) a protecção contratual imperfeita de compradores aprisionados; (3) os custos de informação e de cálculo do ciclo de vida do produto; e finalmente, (4) a exploração oportunista da base instalada. No entanto, este autor conclui que esta questão não deveria ser tratada pela legislação de defesa da concorrência mas sim pelo direito dos contratos, já que o comportamento da Kodak seria melhor retratado enquanto violação dos direitos contratuais. Cfr. C. Shapiro e D. Teece, "*Systems Competition and Aftermarkets: an economic analysis of Kodak*", Antitrust Bulletin, 39 n.º 1, 1994, págs. 135 a 162. Não se poderá concordar com esta posição pois a própria argumentação avançada pelos autores indicia a existência de falhas de mercado que necessitam de ser corrigidas na óptica do direito económico.

Porém, é com extrema preocupação que se analisa a posição enunciada pelo Comissão Europeia no *Documento de Discussão relativo à aplicação do artigo 82.º do Tratado*[356]. Aí se refere que: "*if a dominant position on an aftermarket as been established (...), the Commission presumes that it is abusive for the dominant company to reserve the aftermarket for itself by excluding competitors from that market. Such exclusion is mostly done through either tying or a refusal to deal. The tying can come about in the various ways described in the section on tying. The refusal to deal may, for instance, involve a refusal to supply information needed to provide products or services in the aftermarket; a refusal to license intellectual property rights; or a refusal to supply spare parts needed in order to provide aftermarket services*"[357]. Ora, se este posicionamento for adoptado, a simples detenção da posição dominante passa a ser considerada, *per se*, abusiva, o que contraria toda a lógica subjacente ao artigo 82.º do Tratado. Urge, pois, afastar este tipo de axiologismo e aplicar, nestas situações, critérios de razoabilidade e de proporcionalidade.

Assim, tendo sido extraídas algumas conclusões relativamente aos efeitos económicos da integração vertical de segmentos nos sectores em rede, encontram-se reunidas as condições necessárias para a análise fundamentada do regime jurídico aplicável.

A este propósito, e no âmbito do nosso estudo, torna-se fundamental analisar três situações: i) em concreto, as vendas subordinadas ("*tying*") e a formação de pacotes agregados ("*bundling*"), numa óptica de concorrência pelos segmentos das redes; ii) a recusa em contratar e o acesso a infra-estruturas essenciais, no âmbito de uma concorrência pelos lacetes ou nós de ligação; iii) as políticas de preços e de tarifação de acesso a infra-estruturas.

---

[356] *DG Competition discussion paper on the application of article 82 of the Treaty to exclusionary abuses*, Dezembro 2005.
[357] Cfr. *Discussion Paper*, para. 264.

III
Do Abuso da Posição Dominante – Práticas Individuais de Exclusão Concorrencial nos Sectores em Rede

1. **As vendas subordinadas ("tying") e a formação de pacotes agregados ("bundling"), numa óptica de concorrência pelos segmentos das redes**

1.1. *Introdução*

Dada a sua relevância actual, e sem prejuízo do que foi referido a propósito da questão geral relativa à projecção do poder económico para segmentos adjacentes, analisaremos com particular atenção os impactos concorrenciais decorrentes da concretização de vendas subordinadas (*"tying"*) envolvendo um produto principal e um produto acessório, bem como a formação de pacotes agregados de produtos (*"bundling"*)[358].

---

[358] Por vezes a doutrina e a jurisprudência tratam estas realidades de forma indiferenciada. Porém, existem diferenças significativas entre as práticas de *"tying"* e *"bundling"* que importa tomar em consideração. O desenvolvimento comercial de vendas subordinadas (*"tying"*) ocorre quando um produto secundário –*"tied good"*- (o produto A) só pode ser adquirido quando o produto principal – *"tying good"* – (o produto B) é igualmente adquirido, embora este último possa ser potencialmente comercializado de forma separada. Nestas situações, os adquirentes têm duas opções de compra neste mercado (A+B; B). Por sua vez, a formação de pacotes agregados (*"bundling"*) pode revestir duas formas: na sua forma pura, os produtos coligados só se encontram disponíveis no mercado com essa configuração, não podendo ser adquiridos separadamente, pelo que os adquirentes têm unicamente uma opção de compra (AB); por sua vez, na forma mista, os produtos coligados podem ser obtidos tanto de uma forma conjugada como separadamente (AB; A e B);

Numa perspectiva colectiva, os mesmos efeitos podem ser prosseguidos através de acordos restritivos de distribuição, que poderão revestir a qualidade de acordos ou de práticas concertadas em que participam duas ou mais empresas, cada uma delas operando, para efeitos do acordo, num segmento diferenciado da rede, e que digam respeito aos termos em que as partes podem adquirir, vender ou revender certos bens ou serviços no âmbito da rede instituída.

O impacto concorrencial destas estratégias de comercialização[359] fazendo-se também sentir nas redes físicas, adquire uma enorme relevância nos sectores em rede virtual (*vide* os vários processos Microsoft: nos Estados Unidos pela inclusão do Microsoft Explorer no pacote Windows; na Europa, pela inclusão do MediaPlayer).

Apesar das diversas decisões jurisprudenciais relativas a contratos coligados ao longo da história, o mercado do software informático, pelas suas características próprias, veio novamente colocar esta questão no centro de uma disputa doutrinária de enormes proporções.

A prática de estratégias de venda que impliquem a ligação entre produtos é relativamente usual no tráfego comercial. No entanto, atendendo às características dos sectores em rede, esta questão assume uma especial importância dado que os diversos componentes interagem numa relação de estreita complementaridade.

Esta característica intrínseca aos sectores em rede facilita estratégias de negociação de produtos agregados. Tomando em consideração as relações próprias dos componentes nestes sectores, cada um dos componentes dependerá do componente adjacente. Por exemplo, nos mercados de telecomunicações por voz, constitui prática normal das companhias de telefone a oferta de pacotes que englobam o serviço de telefonia vocal e o terminal telefónico. Nestas circunstâncias poderá existir um perigo de monopolização de um mercado adjacente, já que a utilização do terminal telefónico implica o uso da

---

no entanto, o preço dos dois produtos combinados é inferior ao preço dos produtos adquiridos de forma separada. Cfr. Simon Bishop e Mike Walker, *The Economics of EC Competition Law*, Thomson Sweet & Maxwell, 2.ª edição, Londres, 2002, pág. 209 e segs; Michael Katz e Carl Shapiro, "*Antitrust in Software Markets*", in *Competition, Innovation and the Microsoft Monopoly: Antitrust in the Digital Marketplace*, Jeffrey Eisenach e Thomas Lenard, eds., The Progress & Freedom Foundation, Kluwer, Boston, 1999, págs. 66 e segs..

rede de transmissão de sinal detida pelo agente monopolista. No entanto, não se poderá enunciar uma regra geral a este propósito. Por exemplo, se o detentor da infra-estrutura telefónica denunciar o contrato de locação de automóveis utilizados para a assistência de clientes, e começar a deter veículos próprios, nenhuma questão concorrencialmente relevante se colocará.

Assim, além da análise da posição relativa dos agentes no mercado é essencial proceder a uma indagação das eventuais relações de complementaridade que se estabelecem entre os diversos segmentos da rede e das suas condições de mercado. Só após a realização deste tipo de análises será possível tomar uma posição sustentada relativamente às diversas problemáticas concorrenciais relevantes a este efeito e que se organizam em torno da categoria ampla da "recusa em negociar" abusiva desenvolvida por um sujeito com posição preponderante no mercado.

1.2. *O regime legal comunitário e respectivas concretizações*

A alínea d) do artigo 82.º do Tratado CE prevê explicitamente a contratação subordinada e a formação de pacotes agregados de produtos enquanto práticas potencialmente concretizadoras de uma situação de abuso de posição dominante.

Quando um agente em posição dominante obriga a outra parte à aceitação de obrigações complementares que, de acordo com a sua natureza ou com os usos comerciais, em nada se encontram relacionadas com o conteúdo normal desses contratos, a legislação comunitária considera essa conduta como susceptível de corporizar um abuso da posição dominante, tendo em consideração os seus efeitos nefastos na posição concorrencial dos concorrentes que unicamente comercializam o produto secundário[360].

---

[359] Por questões de simplificação irá fazer-se referência unicamente às estratégias de venda. No entanto, a comercialização coligada poderá ser efectuada no âmbito de licenciamentos ou de locações.

[360] O processo *Hilti* constitui o caso de referência nesta matéria (acórdão *Hilti AG vs. Comissão*, processo T-30/89, Colectânea II, 1991, págs. 1439 e segs.; acórdão *Hilti AG vs. Comissão*, processo C-53/92P, Colectânea I, 1994, págs. 667 e segs.)

O *Clayton Act* de 1914 é bastante mais vago nas suas determinações. A prática de vendas coligadas e condutas similares encontra-se expressamente prevista no §3, sendo considerada desconforme com o normativo da concorrência se por essa via se reduzirem substancialmente os níveis concorrenciais, *maxime*, através da criação de condições para o estabelecimento de um monopólio[361].

Os critérios adoptados pelas autoridades comunitárias seguem, com algum diferimento temporal, as posições adoptadas pelo Supremo Tribunal Federal[362].

---

[361] O §3 do *Clayton Act* tem a seguinte redacção: "*It shall be unlawful for any person engaged in commerce, in the course of such commerce, to lease or make a sale or contract for sale of goods, wares, merchandise, machinery, supplies, or other commodities, whether patented or unpatented, for use, consumption, or resale within the United States or any Territory thereof or the District of Columbia or any insular possession or other place under the jurisdiction of the United States, or fix a price charged therefor, or discount from, or rebate upon, such price, on the condition, agreement, or understanding that the lessee or purchaser thereof shall not use or deal in the goods, wares, merchandise, machinery, supplies, or other commodities of a competitor or competitors of the lessor or seller, where the effect of such lease, sale, or contract for sale or such condition, agreement, or understanding may be to substantially lessen competition or tend to create a monopoly in any line of commerce*"

[362] Como já foi referido, os Tribunais norte-americanos foram os primeiros a aderir à teoria da projecção do poder económico para mercados adjacentes. Em 1949, o Supremo Tribunal Federal referiu expressamente que os "*tying arrangements serve hardly any purpose beyond the supression of competition*" (in acórdão *Standard Oil*, 337 U.S. 293, at 305). Por sua vezes, em 1969 referiu que as mesmas práticas "*generally serve no legitimate business purpose that cannot be achieved in some less restrictive way*" (in acórdão *Fortner I*, 394 U.S. 495, at 503). Em 1984, por decisão por maioria (5-4), o Supremo Tribunal rejeitou uma mudança na apreciação jurisprudencial das práticas de "*tying*" para um sistema baseado na "*rule of reason*", mantendo a posição tradicional a este propósito (acórdão *Jefferson Parish,* 466 U.S. 2). Ultimamente, o critério baseado na apreciação económica dos efeitos das vendas coligadas tem superado a simples apreciação per se, fazendo emergir, na prática, uma "*rule of reason*". Para o Supremo Tribunal Federal, o *tying* seria, assim, ilegal se se encontrarem preenchidas quatro condições essenciais: (1) a existência de pelo menos dois produtos distintos; (2) o vendedor condicionar a aquisição do produto primário à aquisição do produto secundário (o produto visado); (3) o vendedor tem de deter um poder económico significativo no mercado do produto principal de forma a afectar de forma sensível o tráfego comercial no mercado do produto secundário, i.e., a existência de uma posição dominante ("*market power*") no mercado do produto primário, e; (4) a venda coligada deverá ter efeitos anti-concorrenciais no mercado do produto secundário. (Cfr. *Jefferson Parish Hospital District n.º 2 v. Hyde*, 466 U.S. 2 (1984)). Uma análise da jurisprudência citada pode ser encontrada em P. Areeda e L. Kaplow, *Antitrust Analysis,*

Refira-se para efeitos de clarificação inicial que, nos últimos anos, esta instância tem desenvolvido uma apreciação baseada na "*rule of reason*" em clara contraposição com o sistema anterior.

A Comissão Europeia tem desenvolvido alguma actividade neste campo, principalmente nos processos relativos a projectos de concentrações ou de criação de empresas comuns, importando, para este campo, toda a doutrina enunciada[363].

No processo *RTL/Verónica/Endemol*[364], a autoridade concorrencial comunitária averiguou os termos através dos quais a empresa

---

Problems, Text, Cases, 5th edition, Aspen Law, 1997, págs. 686 a 769. Cfr, igualmente, David Evans, "*Introduction*" in David Evans ed., *Microsoft, Antitrust and the New Economy: Selected Essays*, Kluwer Academic Publishers, Milken Institute, (2002), pág. 5.

[363] A alteração efectuada ao n.º 4 do artigo 2.º do Regulamento n.º 4064/89 através do Regulamento do Conselho n.º 1310/97, conjugada com a revisão do Regulamento 17 de 1968 corporizou um alargamento da jurisdição da Comissão no âmbito da análise dos processos de concentrações que permitiu incluir o artigo 81.º do Tratado enquanto referencial de análise cumulativo. A apreciação dos processos de criação de empresas comuns é extremamente relevante. Efectivamente, a criação de uma empresa deste tipo poderá traduzir, na prática, a corporização, *proprio sensu*, de uma prática proibida nos termos dos artigos 81.º e 82.º do Tratado. Neste âmbito, a Comissão tem aplicado de forma consistente um teste a dois tempos: num primeiro momento investiga a possibilidade da ciração da empresa comum corporizar ipso facto o desenvolvimento de uma conduta restritiva à concorrência actual ou potencial nos termos do n.º 1 do artigo 81.º do Tratado; de seguida, e caso o primeiro teste seja negativo, analisa de forma casuística as cláusulas negociais e verifica se integram algumas condutas que desenvolvidas pelas casas mãe corporizariam uma violação do n.º 1 do artigo 81.º ou do artigo 82.º do Tratado. No entanto, e por uma questão do coerência, em ambas as circunstâncias a Comissão analisaria a potencial aplicação de uma isenção no caso de se encontrarem reunidos os pressupostos exigidos pelo n.º 3 do artigo 81.º. Cfr. por exemplo, no sector das telecomunicações processo IV/JV.1 – *Telia/Telenor/Schibsted*; processo IV/J.V.2, paras. 35 a 41 – *Enel/FT/DT*; processo IV/J.V.4, paras. 31 a 33 – *Viag/Orange U.K.*; processo COMP/J.V.5, paras. 34 e sgs. – *Cégétel/Canal+/AOL/Bertelsmann*; processo COMP/J.V.6, paras. 29 e segs. – *Erikson/Nokia/Psion*; processo IV/JV.7, paras. 29 e segs. – *Telia/Sonera/Lithuanian Telecommunicati ONS*; processo IV/J.V.8, paras. 29 e segs. – *Deutsche Telekom/Springer/Holtzbrink/Infoseek/Webseek*; processo IV/J.V.9, paras 30 e segs. – *Telia/Sonera/Motorola/Omnitel*; processo IV/J.V.11, paras. 35 e segs. – *Home Benelux B.V.*; Processo IV/J.V. 16, paras 25 e segs. – *Bertelsmann/Viag/Game Channel*; processo COMP/J.V.17, para. 21 – *Mannesmann/Bell Atlantic/OPI*; processo COMP/J.V.23, para.29 – *Telefónica/Portugal Telecom/Medi Telecom*; processo COMP/J.V.30, paras. 29 e segs. – *BVI Television/SPE Euromovies Investments/Europe Movieco Partners*; processo COMP/J.V. 40, paras. 44 e segs. – *Canal+/Lagardère/Canal Satellite*; processo COMP/J.V. 51, paras. 25 a 27 – *Bertelsmann/Mondadori/BOL Itália*.

[364] Processo IV/M.553 (1996), in JO L134/32.

comum Holland Media Groep oferecia pacotes agregados de espaços publicitários, em horários mais e menos nobres, que se traduziam, na prática, em descontos quase integrais relativamente a anúncios em espaços televisivos pouco atractivos.

Por sua vez, no processo *Bertsmann/Kirch/Premiere*[365], a Comissão investigou, entre outros aspectos, a relação entre os mercados de TV paga e TV gratuita. A Bertsmann e a Kirsh detinham uma posição forte, mas não dominante, no mercado da TV gratuita e, consequentemente, no mercado publicitário subjacente; a Kirsh detinha ainda uma posição dominante na TV paga na Alemanha. Neste processo a Comissão entendeu que, como é lógico, quanto mais atractiva for a televisão gratuita menos incentivados serão os consumidores a subscrever serviços pagos de televisão, pelo que a constituição de uma empresa comum por estes operadores poderia originar uma redução da qualidade dos programas da TV gratuita, levando os consumidores a aderir aos sistemas de televisão paga. Neste caso, tendo sido constatado que quer as audiências, quer o volume de receitas publicitárias se haviam mantido relativamente à TV gratuita, a Comissão não emitiu qualquer conclusão desfavorável.

O processo *Enel/France Télécom/Wind/Infostrada*[366] envolveu uma investigação aos mercados das telecomunicações e da electricidade italianos, decorrendo da aquisição do fornecedor de serviços telefónicos fixos, Infostrada, que era detida pelo grupo Vodafone/Mannesmann, pela empresa italiana Wind, que se dedicava aos serviços de comunicações móveis e que era detida conjuntamente pela France Télécom e pela Enel. Neste caso, a Comissão investigou três tipos de mercado: comunicações fixas, serviços de acesso à Internet e fornecimento de capacidade de transmissão, tendo concluído que em nenhuma destas situações a entidade adquirente ficaria com uma quota de mercado superior a 15%, pelo que, potencialmente, não existia qualquer questão a levantar.

No entanto, a autoridade concorrencial italiana, tradicionalmente activa, não satisfeita por essa conclusão, questionou a Comissão acerca dos efeitos futuros da operação, não no mercado das teleco-

---

[365] Processo IV/M.993 (1999), in JO L53/1.
[366] Processo COMP/M.2216.

municações, mas no mercado da electricidade pois, de acordo com a autoridade italiana, daí poderia decorrer um reforço da posição dominante da Enel no mercado de fornecimento de energia eléctrica.

Os argumentos utilizados baseavam-se, precisamente, na possibilidade que a Enel teria no futuro de proteger a sua posição dominante no mercado eléctrico, criando um pacote agregado de fornecimento eléctrico com a prestação de serviços de telefone fixo. Ora, em consequência desta tomada de posição, as autoridades italianas condicionaram a autorização para a aquisição da Infostrada pela Wind à alienação pela Enel de uma parte considerável da sua capacidade de oferta no mercado eléctrico, de forma a reduzir a sua posição dominante nesse mercado[367].

No processo *BskyB/KirshPayTV*[368], a Comissão concluiu que a Kirch poderia projectar o seu poder económico decorrente da posição dominante que detinha no mercado da TV paga para o mercado vizinho (*"neighbouring market"*) dos serviços televisivos digitais interactivos. A base para a sua conclusão assentou na necessidade de utilização da plataforma detida pela Kirsh por parte dos diversos fornecedores de conteúdos para esse mercado, o que permitiria a esta empresa dominar igualmente o mercado dos serviços televisivos digitais.

Porém, um dos processos mais interessantes a este respeito foi o referente à proibição que a Comissão emitiu relativamente ao projecto de aquisição da Honeywell pela General Electric em 3 de Julho de 2001[369], ou seja, pouco tempo após o Departamento de Justiça Norte-Americano ter aprovado a mesma operação em 2 de Maio de 2001.

Estas duas empresas notificaram, no dia 5 de Fevereiro de 2001, o seu acordo de concentração para efeitos de autorização nos termos do n.º 3 do artigo 8.º do Regulamento das Concentrações. Em 1 de Março, a Comissão deu início a uma investigação aprofundada onde constatou que a General Electric, por si só, já detinha uma posição dominante nos mercados dos motores a jacto para grandes aviões.

Esta forte posição no mercado, combinada com a sua força financeira e a forte integração vertical do sector da construção com o

---

[367] Decisão entretanto anulada pelos Tribunais italianos.
[368] Processo COMP/JV.37, parágrafos 78 e 79.
[369] Processo COMP/M.2220.

sector da locação financeira de aeronaves, foram alguns dos factores que levaram a concluir pela posição dominante da General Electric nestes mercados.

A investigação revelou igualmente que a Honeywell era o fornecedor líder de produtos da aviónica e não-aviónica, bem como de motores para jactos de empresas e de sistemas de arranque (um elemento chave do fabrico de motores).

De acordo com a Comissão, da combinação das actividades das duas empresas teria resultado a criação de posições dominantes nos mercados do fornecimento de produtos de aviónica, de não-aviónica e de motores para jactos de empresas, bem como o reforço da posição dominante da General Electric, já existente a nível dos motores para grandes aviões comerciais e grandes jactos regionais.

Em conclusão, a Comissão considerou que uma posição dominante teria sido criada ou reforçada como resultado das sobreposições horizontais em alguns mercados, bem como através do aumento do poder financeiro da General Electric, da integração vertical com as actividades da Honeywell e da combinação dos seus produtos complementares. Nos termos do comunicado à imprensa, *"tal integração permitiria à entidade resultante da concentração reforçar o poder de mercado das duas empresas a nível dos produtos uma da outra. Tal teria por efeito excluir concorrentes, eliminando a concorrência nestes mercados e, em última análise, afectar negativamente a qualidade do produto, o serviço e os preços aos consumidores"*[370].

Os fundamentos da decisão da Comissão são claramente perceptíveis. A sua principal preocupação radicava no facto da empresa emergente deter uma vasta gama de produtos complementares, o que originava um perigo potencial de formação de pacotes agregados de produtos.

As práticas comerciais futuras passariam, muito provavelmente, pela venda a preços mais reduzidos de pacotes agregados de equipamentos, em claro contraste com os elevados preços exigidos pelas peças avulsas[371]. Os concorrentes, não podendo acompanhar o movi-

---

[370] IP/01/939, disponível em http://europa.eu.int/rapid/start/cgi/

[371] Cfr. Eleanor Fox, *"What is harm to competition? Exclusionary Practices and Anticompetitive Effect"*, Antitrust Journal, vol. 70, 2003, pág. 398.

mento de descida dos preços, iriam abandonar o mercado, ou parte deste, o que permitiria um movimento de subida de preços no momento posterior. A segunda preocupação baseava-se no papel predominante que a sociedade financeira *GE Commercial Aviation Services* detinha no mercado da locação aeronáutica. Essa empresa, do universo General Electric, poderia, com alguma facilidade, seduzir os seus clientes a adquirir os produtos do seu grupo empresarial[372/373].

Os fundamentos em que assentou a decisão da Comissão são, no mínimo, criticáveis. A sua única preocupação foi a de que a fusão causaria um decréscimo imediato dos preços. Nunca foi analisada a razão para essa efectiva descida de preços. No entanto, em princípio, uma qualquer reorganização no mercado que tenha esse efeito é positiva, se a redução dos preços resultar de um aumento na eficiência dos processos de produção. Porém, e este aspecto assume alguma gravidade, em nenhuma fase do processo se analisou o impacto da fusão nos níveis de bem-estar dos consumidores[374]. Toda a decisão

---

[372] Cfr. Processo COMP/M.2220, paras. 350 a 411. As reacções norte-americanas não se fizeram esperar. O Procurador Geral Adjunto do Departamento de Justiça, Charles James, lamentou a decisão das autoridades comunitárias, referindo expressamente que a Europa havia proibido uma fusão que *"would have been procompetitive and beneficial to consumers"* e que a Comissão *"apparently concluded that a more diversified, and thus more competitive GE, could somehow disavantage other market participants"*. Cfr. Mergers and Aquisitions: *Antitrust Division Chief Reacts to EU Decision to Prohibit GE/Honneywell Deal, Antitrust & Trade Reg. Rep.,* 81, BNA 15, de 6 de Julho de 2001.

[373] Existe alguma semelhança entre este caso e o que fundamentou o recurso no processo *Tetra Laval v. Comissão* (acórdão do Tribunal de Primeira Instância T-502, de 25 de Outubro de 2002, disponível em http://curia.eu.int.jurisp.), onde o Tribunal de Primeira Instância anulou a decisão da Comissão de proibição de uma fusão, pelo que a *General Electric* interpôs um recurso de anulação da decisão. Naquele processo, o Tribunal de Primeira Instância, aceitando o princípio segundo o qual a fusão poderia projectar o poder económico dos agentes para mercados adjacentes, aumentando os níveis da posição dominante, através da prática de vendas coligadas, formação de pacotes agregados, vendas forçadas e descontos por lealdade comercial, considerou, no entanto, que a Comissão não havia provado a sua efectiva ocorrência, e que os efeitos de uma fusão eram normalmente "neutros e até benéficos" para a concorrência. Neste processo a instância judicial afastou-se radicalmente do modelo de proibição per se deste tipo de operações, exigindo um maior rigor probatório no que diz respeito à realidade económica subjacente e aos presumíveis efeitos da operação de fusão.

[374] Cfr. Barry Nalebuff, *"Bundling: GE-Honneywell (2001)"*, in The Antitrust Revolution, Economics, Competition and Policy, John Kwoka Jr. e Lawrence White eds., 4th edition, Oxford University Press, 2004, págs. 388 e segs.

assentou numa pretensa evolução futura do mercado, em termos meramente teóricos e de longo prazo[375/376].

No respeitante aos processos jurisdicionais comunitários, o *acquis* fundamental é composto pelos acórdãos *Hugin, Hilti e Tetra Pak II.*

Assim, e quase que clonando a questão controvertida no acórdão Kodak norte-americano, no acórdão *Hugin*[377], um fabricante de caixas registadoras recusou fornecer peças de substituição a concorrentes prestadores de serviços de manutenção. Perante este procedimento, a Comissão entendeu que, na prática, se havia corporizado a realização de uma ligação indissociável entre a prestação dos serviços de manutenção e a compra de peças de substituição para as máquinas.

Apesar da quota no mercado da venda de caixas registadoras detida pela Hugin não exceder os 13% (de novo se denotam as semelhanças com o processo norte-americano[378]), a recusa em fornecer as peças aos concorrentes foi considerada uma prática abusiva

---

[375] Stefan Schmitz é igualmente contundente nas críticas à actuação da Comissão: "*although it is probably true that the new company would indeed have the potential to bundle and it cannot be ruled out that one point in time it might engage in this behaviour, using this potential to conclude that the merger would strengthen a pre-existing dominant position within the meaning of article 2 European Merger Control Regulation is questionable (...) Describing the question of whether it is permissible to block a merger because of possible future bundling as theoretical, hardly fits the impact it has (...)*" in Stefan Schmitz, "*How Dare They? European Merger Control and the European Commission's Blocking of the General Electric/Honneywell Merger*" University of Pennsylvania Journal of International Economic Law, 23, Summer 2002, págs. 325 a 383. Efectivamente, o instrumento mais indicado para averiguar a conformidade deste tipo de práticas seria o artigo 82.º do Tratado. O problema é que a sua aplicação é unicamente *ex post*. A Comissão, com esta decisão tornou o artigo 2.º do Regulamento n.º 4064/89 num instrumento de repressão *ex ante* de possíveis práticas abusivas de posição dominante.

[376] Este tipo de críticas foram sentidas pelo Comissário Mário Monti que, no final do processo, sentiu a necessidade de reafirmar que o direito comunitário da concorrência não visa proteger concorrentes mas os consumidores. Cfr. Mario Monti, "The *Future of Competition Policy in the European Union*", discurso no Merchant Taylor's Hall, Londres, 9 de Julho de 2001, disponível em http://europa.eu.int/comm/competition/speeches/index/2001.html.

[377] Acórdão *Hugin Kassaregister AB v. Commission*, processo 22/78, Colectânea, 1979, pág. 1869.

[378] Relembre-se, o acórdão "irmão" norte-americano referente a estas questões ("*aftermarkets*") é o relativo ao processo Kodak (*Eastman Kodak Co. v. Image Technical Services, Inc., United States Supreme Court*, 1992, 504 US. 451, 112 S. Ct. 2072, 119 L.Ed 2d 265).

pois, na perspectiva da Comissão, essa conduta teria como resultado a remoção da Liptons, um dos concorrentes principais da Hugin no mercado da assistência, manutenção e fornecimento de máquinas recondicionadas.

Nos acórdãos referentes ao processo *Hilti*[379] estava em causa a conduta de um fabricante de pistolas de pregos para a construção civil, que obrigava a aquisição conjugada de pistolas e dos cartuchos de pregos, detendo o fabricante ambas as patentes. A Hilti detinha uma quota de 55% do mercado de pistolas de pregos e a quase totalidade do mercado de cartuchos de pregos compatíveis com as suas pistolas. Neste caso, a Comissão, com o acordo do Tribunal de Justiça, considerou que a Hilti havia abusado da sua posição dominante ao dificultar o acesso de outros concorrentes ao mercado dos cartuchos de pregos compatíveis com as suas pistolas.

O processo *Tetra Pak II*[380] é, ainda hoje, basilar a este propósito. Os princípios enunciados pelos acórdãos são de tal forma claros que a sua aplicação aos sectores em rede é quase inevitável.

Pela Decisão 92/163/CEE, de 24 de Julho de 1991, relativa a um processo de aplicação do então artigo 86.º do Tratado[381] a Comissão considerou provado que a *Tetra Pak International SA* ocupava uma posição dominante no mercado das máquinas e das embalagens de cartão assépticas destinadas ao acondicionamento dos líquidos alimentares no espaço comunitário e que havia explorado abusivamente essa posição de 1976 até 1991, tanto nos mercados das embalagens assépticas como no mercado das máquinas e embalagens não assépticas[382].

A Comissão concluiu, no artigo 1.º da decisão, o seguinte: *"tirando partido da sua posição dominante nos mercados denomina-*

---

[379] Acórdão *Hilti AG vs. Comissão*, processo T-30/89, Colectânea II, 1991, págs. 1439 e segs.; acórdão *Hilti AG vs. Comissão*, processo C-53/92, Colectânea I, 1994, págs. 667 e segs..

[380] Acórdão *Tetra Pak International v. Comissão*, processo T-83/91, Colectânea, II, 1994, págs. 755 e segs.; acórdão *Tetra Pak International v. Comissão*, processo C-333/94P, Colectânea, I, 1996, págs. 5951 e segs.

[381] Processo IV/31.043, JO L 72/1, 1992.

[382] Cfr. V. Korah, *"Tetra Pak II Lack of Reasoning in Court's Judgement"*, *European Community Law Review*, 8, 1997, pág. 99.

dos 'assépticos' das máquinas e dos cartões destinados ao acondicionamento dos líquidos alimentares, a Tetra Pak infringiu, desde pelo menos 1976, o disposto no artigo 86.º do Tratado CEE, tanto nestes mercados 'assépticos', como nos mercados vizinhos e conexos do equipamento e dos cartões 'não assépticos', através de uma série de diferentes práticas que visavam a eliminação da concorrência e/ou a maximização, em detrimento dos utilizadores, dos benefícios que poderiam ser retirados das posições adquiridas"[383].

O primeiro elemento relevante desta decisão da Comissão foi a concretização de um conceito de poder de mercado significativo, importado do direito norte-americano, que foi depois transposto por via dos diversos regulamentos comunitários reguladores para os diversos sectores em rede[384].

Neste âmbito, a empresa dominante Tetra Pak detinha uma quota de mercado de 78% no sector das embalagens assépticas e não assépticas. O seu concorrente mais directo tinha, neste mercado, uma quota sete vezes inferior. Perante estes dados, o Tribunal de Primeira Instância considerou que a posição da empresa no mercado das embalagens assépticas era quase monopolística, já que detinha cerca de 90% de quota de mercado. Por sua vez, o mercado das embalagens não assépticas tinha uma configuração oligopolística, detendo a Tetra Pak 50% de quota do mesmo. Ora, foi precisamente neste mercado

---

[383] Os elementos essenciais dessas infracções foram resumidos da seguinte forma na decisão: 1) prossecução de uma política de comercialização destinada a restringir consideravelmente a oferta e a compartimentar os mercados nacionais no interior da comunidade; 2) imposição aos utilizadores dos produtos Tetra Pak, em todos os Estados-Membros, de inúmeras cláusulas contratuais cujo objectivo essencial era o de ligar indevidamente estes utilizadores à Tetra Pak e afastar artificialmente o jogo potencial da concorrência; 3) práticas de preços em relação aos cartões que se revelaram discriminatórias entre utilizadores de Estados-Membros diferentes e, pelo menos em Itália, eliminatórias relativamente aos concorrentes; 4) práticas de preços em relação às máquinas que se revelaram discriminatórias entre utilizadores de Estados-Membros diferentes, e eliminatórias relativamente aos concorrentes; e 5) práticas pontuais diversas que visam a eliminação, em Itália pelo menos, de concorrentes e/ou da sua tecnologia de certos mercados.

[384] Conforme se referiu *supra*, no sector das telecomunicações, a Directiva 97/33/CE (in JO 1997, L 199/32), denominada de Directiva da Interconexão, conteve pela primeira vez uma definição de poder de mercado significativo. A Directa Quadro, por sua vez, veio desenvolver o conceito legal.

das embalagens não assépticas que a Tetra Pak foi acusada de praticar actividades restritivas da concorrência.

Considerando a percentagem de quota de mercado detida pela empresa no sector das embalagens assépticas[385], o Tribunal de Justiça confirmou o acórdão do Tribunal de Primeira Instância uma vez que considerou existirem ligações muito estreitas entre os dois mercados em causa, referindo *"que tendo em conta que a posição quase monopolística detida pela Tetra Pak nos mercados assépticos e a sua posição proeminente nos mercados não assépticos, distintas mas estreitamente conexas, colocavam esta empresa numa situação equiparável à detenção de uma posição dominante no conjunto dos mercados em causa"*[386].

A posição do Tribunal de Justiça não foi peremptória. Assim, e em jeito de cautela referiu que a interpretação "extensiva" do actual artigo 82.º *"pressupõe a existência de uma relação entre a posição dominante e o comportamento alegadamente abusivo, relação essa que normalmente não se verifica quando um comportamento num mercado distinto do mercado dominado produz efeitos nesse mesmo mercado. Tratando-se de mercados distintos, mas conexos, como no caso presente, só circunstâncias especiais podem justificar uma aplicação do artigo (82.º) a um comportamento verificado no mercado conexo, não dominado, e que produz efeitos nesse mesmo mercado"*[387].

Para se compreender verdadeiramente a posição do Tribunal de Justiça, importa analisar duas questões: primeiramente interessará

---

[385] A Tetra Pak alegou no sentido da inaplicabilidade do artigo 86.º a condutas verificadas em mercados não-dominados. No entanto, a este respeito já as instâncias comunitárias haviam decidido em sentido contrário. Os acórdãos de 6 de Março de 1974, *Instituto Chemioterapico Italiano e Commercial Solvents v. Comissão* (6/73 e 7/73, Colectânea, págs. 119 e segs.), e de 3 de Outubro de 1985, *CBEM* (311/84, Colectânea, págs. 3261 e segs.), fornecem exemplos de abusos que produzem efeitos em mercados que não são os mercados dominados. Nos acórdãos de 3 de Julho de 1991, *AKZO v. Comissão* (C-62/86, Colect., págs. I-3359), e de 1 de Abril de 1993, *BPB Industries e British Gypsum v. Comissão* (T-65/89, Colectânea, págs. II-389), o juiz comunitário considerou abusivos determinados comportamentos em mercados que não eram os mercados dominados e que tinham efeitos nestes.

[386] Parágrafo 31.

[387] Parágrafo 27.

concretizar o que se entende por *"circunstâncias especiais"* que possam justificar a aplicação do artigo 82.º; de seguida, deverá concretizar-se a definição de *"mercados conexos"* (*"closely related"*)[388].

É impossível concretizar um conceito que englobe uma fórmula típica de *"circunstâncias especiais"*. A sua natureza vaga decorre directamente da margem de discricionariedade que quer a Comissão, quer o Tribunal de Justiça pretendem manter em seu poder no âmbito da apreciação casuística dos diversos processos. No entanto, e tendo em consideração a importância do precedente em direito comunitário, interessará indubitavelmente analisar cuidadosamente os termos de apreciação empregues pela Tribunal de Justiça no caso concreto.

No processo *Tetra Pak*, o Tribunal de Justiça considerou que as *"circunstâncias especiais"* se encontravam reunidas no seguinte enquadramento: i) a Tetra Pak detinha 78% do mercado global de embalagens; ii) a Tetra Pak detinha uma posição de liderança no mercado das embalagens não assépticas; iii) a Tetra Pak detinha uma posição quase monopolística no mercado das embalagens assépticas; iv) este posicionamento no mercado global das embalagens favoreceu a actuação da Tetra Pak no mercado das embalagens não assépticas; v) 35% dos consumidores de embalagens adquiriam embalagens dos dois tipos.

Perante a configuração do mercado no caso concreto, entendeu que a Tetra Pak detinha uma posição privilegiada no mercado das embalagens não assépticas, podendo concentrar os seus esforços nesse mercado, nomeadamente através da prática de subsidiação cruzada.

Relativamente ao que se entende por *"mercados conexos"* – questão fundamental na óptica da análise concorrencial dos sectores em rede – interessa analisar as Conclusões emitidas pelo Advogado-Geral no processo.

A este propósito, o Advogado-Geral Colomer enunciou cinco categorias gradativas de relacionamento entre uma posição dominante num mercado e o eventual abuso resultante da projecção do poder

---

[388] Mark Patterson adopta a terminologia "mercados adjacentes". (Cfr. M. Patterson, "Monopolization and Short-Term Profits", *in International Antitrust Law & Policy*, 2003, Fordham University School of Law, pág. 218.

económico resultante dessa posição[389]: a) o abuso confina-se ao mercado onde existe uma posição dominante; b) o abuso verifica-se no mercado dominado mas os seus efeitos são sentidos noutros mercados onde a empresa não detém posição dominante; c) o abuso é cometido num mercado onde não existe posição dominante, de forma a fortalecer a posição da empresa no mercado dominado; d) o abuso é cometido num mercado separado, mas relacionado ou ligado com o mercado dominado pela empresa; e e) a posição dominante e o abuso são verificados em mercados diferenciados e não relacionados.

Este é um campo de análise extremamente difícil, pelo que é compreensível que o Advogado-Geral do processo tenha tentado clarificar todas as opções existentes.

A existência de uma ligação estreita entre mercados é fundamental para a extensão da previsão do artigo 82.º do Tratado.

Na sequência da teoria da projecção do poder económico por via de alavancagem, deverá existir um mercado que o agente económico tentará dominar (ou monopolizar) – mercado secundário – e um mercado base de onde é originária a sua posição dominante – mercado primário.

Assim, e adoptando a distinção gradativa efectuada pelo Advogado-Geral Colomer, não existirá qualquer dúvida relativamente à aplicabilidade do artigo 82.º do Tratado à situação (a).

Inversamente, também não restarão quaisquer dúvidas no que se refere à inaplicabilidade do mesmo preceito no caso dos mercados primários e secundários serem diferenciados e não relacionados – situação (e). Efectivamente, nestes casos, teríamos claramente uma projecção para o exterior da rede, ou no limite, para segmentos diagonais o que, a nosso entender, extravasa significativamente o conteúdo útil desta doutrina.

Prossigamos então. A situação (b) integra-se plenamente no âmbito da previsão da alínea d) do artigo 82.º do Tratado, onde se estabelece que as práticas abusivas podem consistir na subordinação de contratos à aceitação por parte dos outros contraentes de outras prestações suplementares que, pela sua natureza, ou de acordo com

---

[389] Conclusões do Advogado-Geral Colomer in *Tetra Pak v. Comissão*, Colectânea, I, 1996, págs. 5951, parágrafo 38.

os usos comerciais, não têm ligação com o objecto desses contratos. O Tribunal de Justiça tem, aliás, decidido nesse sentido em várias ocasiões[390].

Os efeitos anticoncorrenciais de uma prática do tipo enunciado em c) são discutíveis. Quer a doutrina[391], quer a jurisprudência comunitária[392] têm aceitado, sem grande discussão, a aplicação do disposto no artigo 82.º do Tratado a este tipo de práticas.

Tal posição não é, porém, isenta de críticas. Se um abuso é cometido num mercado que não é dominado, todos os restantes agentes relevantes presentes nesse mercado serão livres na realização das suas opções, independentemente dos efeitos da estratégia do agente dominante no mercado primário se fazerem unicamente sentir no mercado do produto dominado. Assim, os consumidores poderão adquirir um outro bem secundário que, face às características do mercado, estará disponível e os concorrentes poderão, perante a situação abusiva, oferecer um outro produto concorrente, quer em sede de concorrência presente, quer em sede de concorrência potencial.

Poderá, no entanto, concluir-se de um outro modo se as práticas desenvolvidas pelo agente com posição dominante num mercado primário se traduzirem na fixação de preços predatórios no mercado secundário, decorrentes de subsidiação cruzada[393] financiada pelos rendimentos excedentários provenientes do primeiro mercado[394].

---

[390] Cfr. acórdão do Tribunal de Justiça referente ao processo *CBEM*, Colectânea, 1985, págs. 3261 e segs, para. 25.; acórdão do Tribunal de Justiça referente ao processo *Commercial Solvents*, Colectânea, 1974, págs. 223 e segs, para. 25.

[391] Cfr. J. Braun e R. Capito, *"The Framework Directive"*, in C. Koenig, A. Bartosh e J. Braun (eds.), *EC Competition and Telecommunications Law*, Kluwer, 2002, pág. 341 e segs; M. Patterson, *"Monopolization and Short-Term Profits"*, cit., pág. 225.

[392] Cfr. acórdão do Tribunal de Justiça referente ao processo *British Gypsium*, Colectânea, I, 1995, págs. 865 e segs, para. 11; acórdão do Tribunal de Primeira Instância referente ao processo *British Gypsium*, Colectânea, II, 1994, págs. 389 e segs., paras. 94 e segs; acórdão do Tribunal de Justiça referente ao processo *AKZO*, Colectânea, I, 1991, págs. 3359 e segs, para. 45.

[393] A subsidiação cruzada pode revestir duas formas: numa primeira configuração, que se poderá denominar como de transferência de lucros, um sujeito que detenha uma posição dominante num determinado mercado de produto ou geográfico aplica a totalidade ou parte do lucro supranormal proveniente da exploração da sua situação privilegiada no financiamento das suas operações num outro mercado de produto ou geográfico distinto, compensando eventuais perdas de exploração resultantes do desenvolvimento de uma política

Neste caso, o resultado poderá traduzir-se num efectivo fortalecimento da sua posição concorrencial no mercado secundário. No entanto, e nestas circunstâncias, esse domínio fortalecido fazer-se-á sentir quer no mercado principal, quer no mercado secundário. Na presença de barreiras à entrada, ocorrerá um efectivo fortalecimento da posição do agente no mercado primário se os agentes presentes nesse mercado não puderem acompanhar esta estratégia e, nesta óptica, aceitam-se as posições da doutrina e da jurisprudência citada.

E, neste ambiente, os efeitos negativos ocasionados por este tipo de práticas no mercado secundário serão bem mais graves comparativamente aos efeitos negativos sentidos no mercado do produto principal, concluindo-se que o fortalecimento da posição ocorrida no mercado primário será meramente subsidiária da ocorrida no mercado secundário, sendo esta última a realmente relevante na perspectiva concorrencial.

Em última instância, poderá mesmo dizer-se que o fortalecimento da posição económica ocorrida no mercado primário constitui uma mera decorrência do aumento de quota de mercado verificado no mercado secundário.

Esta conclusão remete a situação descrita para a alínea d) da classificação enunciada pelo Advogado-Geral Colomer, não existindo, pelo exposto, qualquer conteúdo útil susceptível de ser reconduzido a c)[395].

---

de baixos preços que visa o aumento da sua quota nesse mercado; numa segundo configuração, que se poderá denominar como de afectação de custos, um sujeito contabiliza a totalidade ou parte dos custos suportados na exploração deficitária de um mercado de produto ou geográfico onde não detém uma posição dominante nos resultados de exploração do mercado onde detém a posição dominante, de forma a compensar as perdas resultantes da estratégia de aumento de quota de mercado no primeiro mercado. Cfr. por exemplo, L. Garzaniti, *Telecommunications, Broadcasting and the Internet*, 2nd edition, Thomson Sweet & Maxwell, 2003, pág. 301 e segs.; Hancher e B. Sierra, *"Cross-subsidiation and EC Law"*, Common Market Law Review, 35, (1998), págs. 901 e segs.; L. Abbamonte, *"Cross-subsidization and Community Competition Rules: Eficient Pricing versus Equity"* European Law Review, (1998); págs. 414 e segs.

[394] Acórdão AKZO, citado.

[395] Procedendo-se desta forma, nega-se igualmente qualquer fundamento à justificação apresentada pela Escola de Chicago para este tipo de práticas e que assenta na denominada *"teoria da compra de exclusão"* (*"purchase of exclusion"*) (Cfr. M. Patterson, "Monopolization and Short-Term Profits", cit., págs. 223 e 224). Esta teoria defende a

A possibilidade de extensão da previsão contida na alínea d) do artigo 82.º às situações descritas em d) tem sido aceite pela generalidade da doutrina.

Neste ponto, e para situar o caso, importará qualificar a rede em causa.

Parece claro que não nos encontramos na presença de uma rede física (que implicaria uma efectiva ligação física entre segmentos, materiais ou imateriais). Restarão, portanto, as redes virtuais. Ora, em nosso entender, a situação subjacente nem sequer se pode reconduzir ao âmbito de uma rede virtual em sentido próprio, já que os dois produtos em causa (embalagens assépticas e não assépticas) não poderão ser considerados como integrando segmentos paralelos ou complementares[396/397].

---

neutralidade concorrencial deste tipo de estratégias. O agente que as desenvolve estaria unicamente a investir de forma a aumentar o seu poder no mercado do produto principal o que, à partida, deveria ser considerado legítimo tendo em consideração que os seus concorrentes poderiam desenvolver, se assim o entendessem, estratégias equivalentes. Alguns autores norte-americanos referiram que o agente económico, neste tipo de acções, estará a "comprar" uma exclusão no mercado secundário, que em princípio não será de condenar e que, naturalmente, implicará um sacrifício ao nível do mercado primário de forma a induzir essa exclusão. Esta doutrina assenta essencialmente na perspectiva de que o monopolista não pode ser punido por utilizar a sua superior capacidade de negociação e que lhe permitirá, se o assim entender, exigir de co-contratantes algumas compensações adicionais, mas que na prática, se traduzem na percepção da renda monopolista, não no mercado principal, mas no mercado secundário. Cfr Cfr. Robert Bork, *The Antitrust Paradox*, pág. 307; T. Krattenmaker e S. Salop, "Anticompetitive Exclusion: Raising Rivals Costs to Achieve Power over Price", *Yale Law Journal*, 96, (1986) pág. 226. Estas indagações empíricas localizadas no mercado do produto primário são desnecessárias: os efeitos negativos deste tipo de práticas no mercado do produto secundário tornam, liminarmente, improcedentes quaisquer justificações desse teor. Tornam-se, em consequência, supérfluas quaisquer investigações suplementares relativamente ao desempenho concorrencial do mercado primário.

[396] Nestes termos, o Advogado-Geral Colomer conclui que não seria razoável qualquer aplicação do artigo 82.º (então 86.º) quando as actividades restritivas fossem exercidas num mercado completamente separado do mercado dominado (cfr. parágrafo 42 das suas Conclusões, cit.). Esta posição contrasta com as Conclusões do Advogado-Geral Verloren van Themmat no processo *Michelin v. Comissão* (in Colectânea 1983, pág. 3530), onde se referiu que o abuso de posição dominante poderia ocorrer num mercado onde a empresa em causa não detenha essa posição, sem se considerar sequer os níveis de relacionamento entre os mercados. O Advogado-Geral Colomer, para afastar este precedente referiu que essa perspectiva não ajudaria em nada à manutenção de uma concorrência não distorcida no mercado interno, nos termos constantes da alínea g) do artigo 3.º do Tratado, à luz do qual o

É neste enquadramento de extrema dúvida que se torna particularmente útil o requisito dos mercados conexos (*"closely related"*) que tenta superar a estrita lógica de ligação efectiva entre os mesmos. Note-se, no entanto, que esta extensão do alcance do âmbito da previsão não é, porém, isenta de problemas. De acordo com a técnica legislativa adoptada pelo legislador comunitário, a aplicação do artigo 82.º do Tratado pressupõe necessariamente a existência de uma ligação entre a posição dominante no mercado e a alegada conduta abusiva. Este é o pressuposto básico de toda a arquitectura comunitária relativa ao abuso de posição dominante.

---

artigo 82.º deveria ser interpretado. Ora, esta argumentação peca por um formalismo extremo. A questão essencial é, pelo contrário, de natureza substancial. Efectivamente, se não existe relação entre os dois produtos nunca poderá existir qualquer efeito de arrastamento ou qualquer "coacção" ao consumidor ou cliente.

[397] Richard Wish refere, por sua vez, que se poderá estender este tipo de doutrina a práticas restritivas deste teor que se façam sentir em mercados não relacionados. Não se concorda com esta posição pois, tendo em consideração a tipologia genética dos sectores em rede, este tipo de condutas só deverão ser sancionadas se se fizerem sentir num mercado complementar (secundário), tendo como ponto de partida um mercado primário onde exista posição dominante. O prisma de análise deverá assentar na relação de complementariedade entre os diversos componentes da rede. Efectivamente, existem três efeitos que importa relacionar (a posição dominante no mercado primário, o abuso dessa posição e os efeitos desse abuso no mercado secundário). Só será possível estabelecer uma relação se os mercados forem complementares ou adjacentes. Se tal não ocorrer, não se poderá considerar que tenha ocorrido um qualquer efeito restritivo no mercado secundário. A resposta para a compreensão da posição deste autor poderá ser encontrada ao apreender-se o conceito de "mercado" por ele utilizado. Na verdade, Richard Wish considera igualmente que os três efeitos referidos poderão fazer-se sentir num único mercado. Ora, por definição, não poderá ocorrer uma projecção de poder económico para mercado adjacente se existir um único mercado. No entanto, este autor dá como exemplo o processo *Michelin v. Comission* (decisão da Comissão *Badengroothandel Friescheburg BV/Nederlandsche Baden-Industrie Michelin NV*, 81/969, in JO L 353/33, 1982, cujo recurso foi decidido no acórdão 322/81, *Nederlandsche Baden-Industrie Michelin NV v. Commission*, Colectânea 1985, págs. 3461). Estava em causa neste processo a prática de descontos por parte da Michelin a clientes que haviam efectuado um maior número de compras no ano anterior. A Comissão considerou que, à excepção de medidas de curta duração, nenhum desconto poderia ser concedido a não ser que estivesse relacionado com uma genuína redução de custos de produção da Michelin. Ora, este autor considerou que, nesta situação, existiam dois mercados, distintos consoante o ano económico em que se realizaram as vendas. Ora, esta distinção temporal não pode servir de base para uma conclusão que advogue pela existência de dois mercados de produtos distintos. Cfr. Richard Wish, *Competition Law*, 4.ª edição, Butterworths, (2001), págs. 605 a 624.

Tal como não é condenável a detenção de uma posição dominante sem que exista um abuso, também não deverá ser considerada abusiva uma qualquer conduta tipicamente reportável ao elenco de práticas proibidas, a não ser que seja exercida num mercado onde o sujeito detenha uma posição proeminente. Esta última condição parece estar ausente quando a conduta abusiva tem efeitos num mercado distinto daquele onde o agente detém a posição dominante. Foi esta dificuldade que fundamentou a extrema cautela do Tribunal de Justiça na construção desta nova jurisprudência, cuja aplicação é limitada, como se viu, a *"circunstâncias especiais"*.

Esta posição do Tribunal de Justiça tem como origem directa a aproximação preliminar efectuada pelo Tribunal de Primeira Instância, que decidiu no pressuposto que a Tetra Pak detinha uma situação comparável à de uma empresa dominante nos dois mercados em questão, dado que os consumidores de um determinado sector do mercado seriam igualmente potenciais consumidores do outro[398].

Este argumento, aceite pela generalidade da doutrina como suficiente para fundamentar a extensão do âmbito de aplicação do artigo 82.º do Tratado[399] ao caso em análise é, em nosso entender, claramente insuficiente.

Em primeiro lugar, desconsidera totalmente a definição prévia de mercado relevante pela qual se aferiu a posição dominante no mercado primário. O erro na metodologia é evidente. A posição dominante da Tetra Pak no mercado foi aferida em relação às embalagens assépticas. Foi essa situação de mercado que legitimou, à partida, a potencial aplicação do artigo 82.º do Tratado.

Porém, para se estabelecer o nexo causal entre a conduta abusiva no mercado distinto e essa posição dominante no mercado primário, fazem-se esfumar todos os elementos que levaram à definição do

---

[398] Acórdão referente ao processo *Tetra Pak II v. Comissão*, Colectânea, I, (1996), pág. 6009, para. 29.

[399] Cfr. J. Braun e R. Capito, *"The Framework Directive"*, in *EC Competition and Telecomunications Law*, cit, pág. 342; D. Goyder, *EC Competition Law*, cit., pág. 349; C. Koenig, J. Kuhling, J. Braun, *"Die Interdependenz von Markten in der Telekommunikation (Teil II) – Art. 13 Abs. 3 des Rahmenrichtlinien-Entwurfs und seine Folgen"*, 2001, págs. 825 a 832; G. Zekos, *"The New E.U. Approach to Mergers and Market Integration"*, *European Community Law Review*, 27, (2000), págs. 43 e segs.

mercado relevante primário, construindo-se um novo mercado que engloba os dois mercados em questão (embalagens assépticas e não assépticas), sem que se tome em consideração as suas circunstâncias específicas e que fundamentaram a definição prévia de mercados relevantes distintos. A petição de princípio é demasiado clara e evidente.

Em segundo lugar, uma fundamentação assente na potencialidade dos consumidores serem clientes dos dois mercados poderá servir para a concretização do conceito de *"circunstâncias especiais"*, mas nunca para o estabelecimento de ligações entre mercados que tenham sido considerados distintos pela aplicação das regras relativas à definição de mercados relevantes.

Só existia, a este respeito, uma de duas opções: ou se considerava o mercado relevante como integrando a totalidade das embalagens (assépticas ou não assépticas), calculando-se a posição da Tetra Pak no mercado agregado e, nesta situação, constatando-se pela existência de uma posição dominante no mercado (agregado) e de uma prática abusiva, condenar a empresa nos termos normais, já que a posição dominante e a prática abusiva estariam intrinsecamente relacionadas num mesmo mercado relevante; ou então, ao definirem-se, liminarmente, mercados relevantes diversos, teriam de provar-se efectivos nexos causais entre os mesmos que fundamentassem uma possível projecção do poder económico, tendo como ponto de partida o mercado primário e como destino o mercado secundário.

O Tribunal de Justiça, ao optar pela segunda via, falhou drasticamente na demonstração do nexo causal entre os mercados[400]. Em

---

[400] Valentine Korah, adoptando uma perspectiva formalista, colocou igualmente em causa a validade da decisão relativa ao processo Tetra Pak II, referindo que os fundamentos para a decisão assentavam não em argumentos jurídicos mas em conclusões pré-concebidas e não justificadas: *"at paragraph 28 the Court referred to Tetra Pak's strong position on the non-aseptic markets, but merely concluded that the "relevance of the associative links which the CFI thus took into account cannot be denied". This is a conclusion, not a reason for extending the law and holding that conduct on the market that was not dominated and which affected only the non-dominated market infringed article 86 (82). The Court did not consider how the need of the dairies for both products can have affected market power in either market. The Court has no jurisdiction over questions of fact, so could not hold that Tetra Pak was dominant also over the non-aseptic markets, although this may be the interpretation that does not conflict with the wording of article 86 (82)"* (in *"Tetra Pak II Lack of Reasoning in Court's Judgement"*, cit., pág. 100).

termos estruturais nada foi referido, tendo-se limitado a realçar que os consumidores de um e outro mercado seriam potencialmente os mesmos, sendo esse o único elo de ligação entre os dois mercados.

No acórdão Tetra Pak II, o Tribunal de Justiça citou quatro processos anteriores: o acórdão *Commercial Solvents*[401], o acórdão *Télémarketing*[402], o acórdão *AKZO*[403] e o acórdão *British Plaster Board*[404], de forma a tentar justificar a sua decisão[405]. No entanto, nenhuma das situações controvertidas julgadas por estes acórdão se equipara à presentemente sob análise. Os processos *Commercial Solvents* e *Télémarketing* consubstanciavam práticas típicas de vendas subordinadas, relativamente às quais a recusa em fornecer um determinado produto primário tinha como objectivo o reforço da posição no mercado do produto secundário a jusante. Por sua vez, no acórdão *AKZO,* o Tribunal julgou pela existência de um único mercado relevante, não procedendo a qualquer distinção entre mercado primário e mercado secundário. Finalmente, o acórdão *British Gypsium* é extremamente impreciso e opaco, visto que o Tribunal não especificou qual a prática desenvolvida pelo *British Plaster Board* que foi julgada e sancionada, pelo que da análise desta decisão não se consegue extrair nenhuma orientação válida. No entanto, deste processo pode ser retirada uma conclusão: a situação em juízo não era minimamente comparável ao condicionalismo factual subjacente ao acórdão *Tetra Pak II*, não estando em causa qualquer conduta em mercado não-dominado com efeitos no mercado dominado.

Nesta situação, não existia qualquer organização em rede entre os diversos produtos. O mercado das embalagens assépticas é total-

---

[401] *Istituto Chemioterapico Italiano SpA and Commercial Solvents Corp.* vs. *Comissão*, processos 6 & 7/73, de 6 de Março de 1974, Colectânea, I, 1974, págs. 223 e segs.

[402] *Centre Belge d´Etudes du Marché – Télémarketing SA* vs. *Compagnie Luxembourgeoise de Télédifusion*, processo 311/84, de 3 de Outubro de 1985, Colectânea, 1986, págs. 3261 e segs.

[403] *AKZO Chemie BV and AKZO Chemie UK Ltd* vs. *Comissão*, processo C-62/86, de 3 de Julho de 1991, Colectânea, 1993, págs. 3359 e segs.

[404] *BPB Industries and British Gypsium* vs. *Comissão*, processo T-65/89, de 1 de Abril de 1993, Colectânea, II, 1993, págs. 389 e segs.

[405] No parágrafo 25 do acórdão *Tetra Pak II*, o Tribunal refere que a doutrina comunitária considera que determinadas condutas desenvolvidas em mercados distintos dos dominados, mas que tenham efeitos sobre estes últimos, poderão ser consideradas abusivas.

mente distinto do das embalagens não assépticas. Os diversos produtos não se constituem como partes integrantes de uma mesma rede física ou virtual, pelo que, quando a Tetra Pak operou no mercado dos produtos não assépticos, a sua posição dominante no mercado das embalagens assépticas não estava a ser usada para prejudicar clientes ou para excluir concorrentes em qualquer dos mercados.

Em conclusão, o acórdão *Tetra Pak II* não poderá ser considerado como fundamento jurisdicional para as posições doutrinárias que advogam a possibilidade de extensão da letra do artigo 82.º do Tratado nos termos descritos pelo Advogado-Geral Colomer relativamente à situação d), ou seja, quando o abuso for cometido num mercado separado, mas relacionado ou ligado com o mercado dominado pela empresa[406/407].

---

[406] A posição do Advogado-Geral Colomer foi praticamente transposta para o ordenamento regulador comunitário. Assim, e a título de exemplo, o n.º 3 do artigo 14.º da Directiva Quadro das Telecomunicações Electrónicas e Serviços (Directiva 2002/21/CE do Parlamento e do Conselho, de 7 de Março de 2002), exige igualmente um relacionamento estreito entre o mercado onde a empresa detém um poder de mercado significativo e o mercado onde a acção é desenvolvida: *"caso uma empresa tenha um poder de mercado significativo num mercado específico, pode igualmente considerar-se que tem um poder de mercado significativo num mercado estreitamente associado se as ligações entre os dois mercados forem de molde a permitir utilizar num mercado, por efeito de alavanca, o poder detido no outro, reforçando assim o poder de mercado da empresa"*.

[407] Koenig (*in op. cit.*) refere, porém, que o poder de mercado significativo tal como se encontra definido no artigo 14.º da Directiva Quadro das Telecomunicações Electrónicas justifica um controlo regulador *ex ante* quando se encontrarem reunidas circunstâncias excepcionais, tais como: *"a) international obligations of the Community and its Member States as well in such cases where these obligations are directed to undertakings which b) have financed infrastructure on the basis of special or exclusive rights where there are legal, technical or economic barriers to market entry, in particular for the construction of the network infrastructure or c) which are vertically integrated entities owning or operating network infrastructures for the delivery of services to customers, and also providing services over that infrastructure, to which their competitors necessarily requires acess"*. A limitação do âmbito efectuada por estes autores não é despropositada. Efectivamente, o fundamento para a aplicação da regulação *ex ante* só existe enquanto se mantiverem os pressupostos que presidiram à sua criação. Assim, a elencagem efectuada sintetiza os pressupostos essenciais que justificam essa regulação estrutural do mercado. Se não se verificarem, ou não estiverem em causa na situação concreta, a aplicação do n.º 3 do artigo 14.º da Directiva Quadro não será legítima. A sua aplicação é, pois, condicionada, limitando-se a regular situações que se encontrem no âmbito das obrigações reguladoras gerais.

O que estava em causa no processo *Tetra Pak II* era, quanto muito, uma prática de projecção de poder económico para segmentos diagonais, se entendessemos, claro está, que a rede era única e indistinta (o que não foi provado dada a diversidade potencial de utilizações para os dois tipos de embalagem). Ora, esta diagonalidade quebra necessariamente o nexo causal que sustenta o intuito de projecção ou, noutras palavras, não permite a utilização de um qualquer ponto de apoio sólido que sustente o intento de alavancagem. Os planos são distintos, logo, os mercados não são conexos. Não o sendo, as circunstâncias especiais não poderão fundamentar, por si só, a aplicação deste tipo de extensão jurisprudencial da letra da alínea d) do artigo 82.º do Tratado.

1.2.1. Os processos Microsoft: pacotes agregados

Os processos judiciais que tiveram a Microsoft como alvo, quer nos Estados Unidos, quer na União Europeia, constituem uma excelente base para a compreensão da problemática relativa à comercialização de pacotes agregados em redes virtuais.

A dificuldade inicial a este propósito radica na definição do próprio mercado relevante e da distinção real entre os pseudo-segmentos de uma rede. Efectivamente, a teoria da projecção do poder económico tem subjacente a alavancagem de um poder de mercado detido num mercado para um outro relacionado, quer este se situe a jusante ou a montante do mercado principal. Porém, é necessário que o segmento da rede para onde o poder é projectado seja diferente daquele em que tem origem.

O Departamento de Justiça dos Estados Unidos iniciou, no dia 18 de Maio de 1998[408], o mais importante processo judicial concorrencial da história moderna tendo como alvo a Microsoft.

---

[408] DOJ Complaint 98-12320. Este não foi o primeiro processo contra a Microsoft. No dia 15 de Julho de 1994 o DOJ havia já acusado a Microsoft de desenvolver práticas concorrenciais ilegais em violação da Secção 2 do Sherman Act por via da celebração de acordos de licenciamentos dos seus produtos com os fabricantes de computadores de forma a alcançar uma massificação dos seus produtos no mercado, o que levou à celebração de um consent decree no julgamento final de 21 de Abril de 1995. Neste âmbito, foram impostas à

Neste âmbito, esta empresa foi alvo das seguintes acusações: i) monopolização do mercado dos sistemas operativos para computadores pessoais por via da celebração de contratos com diversos fabricantes de computadores e fornecedores de serviços de Internet; ii) tentativa de monopolização (falhada) do mercado dos motores de busca na Internet; iii) formação de um pacote compósito anticoncorrencial que integrava o Microsoft Explorer no sistema operativo Windows.

Por sua vez, o Tribunal de Círculo, considerou que tais acusações tinham provimento, tendo o Juiz Thomas Penfield Jackson concluído que: i) o mercado relevante era constituído pelos sistemas operativos que actuavam em computadores pessoais do tipo Intel, no qual a Microsoft detém um monopólio alargado e estável; ii) que esse monopólio era protegido por significativas barreiras à entrada, compostas pela diversidade de aplicações que corriam no ambiente Windows; iii) que a Microsoft utilizava o seu poder de mercado nos sistemas operativos para excluir os rivais e prejudicar os consumidores; iv) que a Microsoft impedia o desenvolvimento da inovação.

A questão fundamental neste processo residia no impacto concorrencial da estratégia que foi desenvolvida pela Microsoft ao longo dos anos e que consistia na integração sucessiva de novas utilidades nos seus produtos tradicionais. Assim, aplicações informáticas que, anteriormente, eram comercializadas separadamente, eram sucessivamente integradas em pacotes de software em todas as novas gerações do sistema Windows.

In casu, o que estava em causa era a legalidade da integração do Internet Explorer no próprio sistema Windows da Microsoft e que, de acordo com a interpretação do DOJ, tinha unicamente como objectivo a eliminação concorrencial da Netscape do mercado dos motores de busca da Internet.

Os efeitos negativos desta exclusão concorrencial eram, no entendimento das autoridades concorrenciais norte-americanas, de enorme intensidade uma vez que a Netscape poderia servir de plataforma

---

Microsoft duas restrições: i) numa vertente horizontal, a Microsoft ficou impedida de proceder a quaisquer descontos a favor dos fabricantes, a não ser que corporizassem descontos de quantidade; ii) numa vertente vertical, a Microsoft ficou impedida de proceder à formação de produtos agregados numa base contratual, *maxime*, vendas coligadas; porém, ficou autorizada a realização de pacotes agregados de base tecnológica.

para a introdução de novas aplicações que, no limite, poderiam tornar o sistema operativo Windows obsoleto. Porém, a Microsoft, ao formar o pacote compósito do sistema operativo Windows com o motor de busca Internet Explorer, retirava qualquer incentivo para que um consumidor adquirisse separadamente o produto Netscape.

Ora, esta acusação de monopolização no mercado dos sistemas operativos foi considerada provada pelo Juiz Jackson que, na sua decisão sobre medidas de correcção, resolveu aplicar a medida extrema de desinvestidura estrutural, cindindo a Microsoft em duas empresas separadas e impondo medidas severas de conduta empresarial.

Os elementos cruciais neste processo concorrencial e que sustentaram a decisão do Juiz Jackson[409] foram os seguintes: i) foi demonstrado que a Microsoft havia desenvolvido contactos preliminares com os outros agentes principais no mercado (Netscape, Intel e Apple) no sentido de alcançar um acordo que mantivesse o seu domínio no mercado dos motores de busca; ii) foi igualmente demonstrado que a Microsoft havia investido pelo menos 100 milhões de dólares no desenvolvimento do Microsoft Explorer, que agora comercializava de forma gratuita; iii) foi considerado que a estratégia de venda coligada dos dois produtos foi desenvolvida num momento sucessivo ao próprio lançamento original do Windows 95, tendo-se iniciado na fase de distribuição desta versão do sistema operativo aos fabricantes de computadores e, a este respeito, verificou-se que a instalação do Windows implicava uma imediata instalação do Internet Explorer, num caso limite de ligação tecnológica; iv) finalmente, foi considerado como provado que a Microsoft havia acordado com fornecedores de serviços de Internet a protecção do seu sistema operativo, oferecendo-lhes, caso aceitassem, uma posição de relevo no ambiente de trabalho do sistema operativo.

Após recurso interposto pela Microsoft, o acórdão do *Court of Appeals*[410] de Junho de 2001 deu provimento parcial à decisão do Juiz Jackson, limitando porém, de forma radical, as medidas de correcção propostas[411]. Assim, concluiu que a Microsoft havia mantido

---

[409] Acórdão *US v Microsoft*, 87 F. Supp 2d 30 (2000).

[410] United States Court of Appeals for the District of Columbia, Opinion, *U.S v. Microsoft Corp.*, June 28, 2001, http//ecfp.cadc.uscourts.gov/MS-Docs/1720/0.pdf.

[411] Para uma análise comparativa, cfr. D. Evans, "*Introduction*", in D. Evans (ed.) *Microsoft, Antitrust and the New Economy: Selected Essays*, Kluwer, 2002, págs. 1 a 23.

de forma ilegal o seu monopólio no mercado dos sistemas operativos por via de exclusão de produtos concorrentes de *middleware* e que, caso tivessem sucesso, poderiam colocar em causa as suas quotas de mercado actuais. Especificamente, o *Court of Appeals* considerou que as práticas contratuais desenvolvidas pela Microsoft e que consistiam na imposição de uma proibição dos fabricantes de computadores apoiarem eventuais produtos de *middleware* que concorressem com o sistema Windows ou as opções tecnológicas que limitavam a opção de remoção do Internet Explorer dos seus sistemas operativos tinham um efeito anti-concorrencial.

Finalmente, o DOJ efectuou um acordo com a Microsoft, impondo um largo espectro de restrições à conduta anti-concorrencial desta empresa, tendo em vista a criação de oportunidades para que fabricantes independentes de software pudessem desenvolver produtos de *middleware* susceptíveis de concorrer em pé de igualdade com os produzidos pela empresa dominante.

Nesse âmbito, a Microsoft deveria dar uma possibilidade de introdução dessas aplicações no sistema operativo Windows e não retaliar no caso dos fabricantes de hardware optarem por introduzir nos seus computadores outros produtos que não os fabricados pela Microsoft.

O processo norte-americano, que aliás prosseguiu até hoje em diversas submanifestações, dizia respeito a uma estratégia de formação de pacotes agregados, que excede a dimensão contratual e integra a própria componente tecnológica. Efectivamente, neste caso, o Internet Explorer fazia parte integrante do sistema operativo, situando-se num mesmo segmento de mercado, o que pode colocar em causa a teoria básica da projecção do poder económico.

O processo europeu é, mais uma vez, uma decorrência lógica de uma investida das autoridades concorrenciais norte-americanas. É inegável a tendência das autoridades concorrenciais comunitárias para desenvolver processos em áreas já analisadas e tratadas no direito norte-americano. E, no caso concreto, o objecto da litigância contra a Microsoft assentou na ligação entre o Media Player e o sistema operativo Windows.

Assim, em Março de 2004[412], a Comissão considerou que a Microsoft havia violado o artigo 82.º do Tratado, uma vez que os consumidores não tinham a possibilidade de adquirir o sistema operativo Windows sem a inclusão do Media Player, um leitor multimédia.

À semelhança do processo norte-americano, assistimos a uma prática típica de "*bundling*" tecnológico. As alegações foram idênticas, e assentaram na tentativa de demonstração de que a Microsoft desenvolvia uma estratégia global no sentido de tornar a presença do Windows ubíqua, e que incluía a prática de não licenciamento de aplicações similares desenvolvidas por fabricantes concorrentes[413].

De uma forma clara e inequívoca, toda a argumentação da Comissão assentou na demonstração de que as exterioridades de rede, por si só, permitiriam o desenvolvimento de práticas abusivas dado que, pela existência de uma ampla base instalada, todos os outros fabricantes estariam impedidos de fabricar novos produtos. Finalmente, deve salientar-se que este processo demonstrou uma alteração de posicionamento da Comissão relativamente aos processos de vendas coligadas. De facto, e anteriormente, a Comissão tentava demonstrar que o produto secundário era vendido, de forma forçada, pelo fabricante, que condicionava a aquisição do bem primário a esse facto; ao invés, neste processo, nem sequer alegou a existência de qualquer coacção sobre os consumidores, assentando todo o seu caso na alegada desmotivação dos concorrentes em produzir produtos que contestassem a posição do Media Player.

Como medida de correcção a este respeito, a Comissão propôs que o Windows fosse comercializado sem a inclusão do Media Player, facto que a Microsoft contestou, interpondo recurso para o Tribunal de Primeira Instância[414].

Apesar de ambos os processos parecerem similares, existem, porém, diferenças fundamentais entre ambos. Em primeiro lugar, o processo norte-americano absorve o seu fundamento na teoria da concorrência dinâmica.

---

[412] Decisão COMP/C-3/37.792, Microsoft, de 24 de Março de 2004 (C/2004)900 final).
[413] Cfr. paras. 972 a 974.
[414] Acórdão *Microsoft v. Comissão*, processo T-201/04R, decidido em 17 de Setembro de 2007.

Efectivamente, e embora tal não seja dito expressamente, a base da litigância do DOJ assentava essencialmente no risco da Microsoft tentar impedir a ocorrência de um *"salto tecnológico"*, o que parece, hoje em dia, quase inevitável com a evolução de sistemas como o Google.

Ao invés, o processo comunitário tem como base uma simples formação de pacote compósito, numa estrita óptica de concorrência estática. O que a Comissão pretende é o aumento de concorrência nos leitores de multimédia, mercado mais do que dominado pelo Media Player. De facto, existem exterioridades de rede significativas neste segmento de mercado e que resultam das inequívocas vantagens da garantia de relações de estrita compatibilidade entre os agentes que fabricam os conteúdos e aqueles que os visualizam (estamos na presença de uma rede bidireccional composta).

Nada impede que um novo produto que contenha uma tecnologia de compressão de dados esmagadora não possa entrar de forma explosiva no mercado que, como se antevê, se organiza num típico sistema de *"winner takes all"*. Também nada impede que os diversos fabricantes possam fornecer leitores de multimédia assentes numa tecnologia múltipla, facto que actua, inequivocamente, na ancoragem dos consumidores a um determinado sistema. Por outro lado, basta uma pequena consulta na Internet para que se possam instalar, de forma gratuita, diversos leitores multimédia potencialmente concorrentes do Media Player (ou o próprio Media Player, no caso deste ser desfragmentado do sistema operativo Windows – o que aliás já acontece e demonstra o total desajustamento da decisão jurisprudencial a este propósito, uma vez que o preço das duas versões do sistema Windows é idêntico).

Quer a decisão da Comissão, quer o acórdão da Primeira Instância dão uma relevância extrema ao fenómeno das exterioridades de rede, sem, no entanto, as entenderem convenientemente. Esquecem o fenómeno da "multidomiciliação" típico das redes bidireccionais compostas e que permite a diferenciação entre produtos e a decorrente erosão do eventual poder de mercado da Microsoft. De facto, nada impede os diversos consumidores de adquirirem múltiplos leitores de multimédia, que se encontram, aliás, livremente disponíveis na Internet para descarregamento.

Ambos os processos demonstram a existência de uma dificuldade crucial: a identificação da diferenciação segmentar entre os produtos comercializados. Esta questão é extremamente evidente no processo norte-americano: a aplicação informática tradicionalmente autónoma foi tecnologicamente integrada no próprio sistema operativo (*"technological bundling"*). Assim, e este foi um dos principais argumentos de defesa da Microsoft, não fazia sentido propor uma separação entre os produtos já que estes se constituíam, geneticamente, como um só.

E, neste âmbito, poderá sempre referir-se que não existiam dois produtos mas unicamente um só, o que coloca em crise qualquer pretensão de aplicação da teoria de projecção do poder económico para mercados adjacentes.

1.3. Algumas referências conclusivas

As estratégias concorrenciais que corporizem vendas coligadas ou a formação de pacotes agregados de produtos poderão ser desenvolvidas quer por via contratual (sistema tradicional), quer por opções tecnológicas de base (e.g. *Microsoft Explorer*).

Tipologicamente, este tipo de práticas podem constituir alvos do controlo concorrencial *ex post* por via do artigo 82.º do Tratado. Porém, e por via do desenvolvimento conceptual, assistimos a um escrutínio em crescendo em sede de legislação reguladora deste tipo de práticas, que poderão consubstanciar-se como elementos – *ex ante* – concretizadores do tipo de exercício de poder significativo de mercado em sectores regulados. Simultaneamente, os mesmos motivos fundamentam as análises efectuadas em sede de apreciação das operações de concentração.

Existe, efectivamente, uma coerência na acção da Comissão no âmbito do controlo de concentrações no que se refere aos termos constantes na legislação reguladora comunitária[415]. Ambas partem de

---

[415] Tal como demonstrado *infra* a Comissão na sua actividade de controlo de concentrações tem sistematicamente utilizado os critérios descritos no n.º 3 do artigo 14.º da Directiva Quadro das Telecomunicações Electrónicas.

uma perspectiva *ex ante*, em claro contraste com a análise *ex post* inerente à aplicação do artigo 82.º do Tratado.

Porém, e conforme se demonstrou, não existe uma solução inequívoca nesta matéria.

Ambas as perspectivas doutrinárias de base (Escola de Chicago e Post-Chicago) falecem em sede argumentativa quando tentam enunciar uma teoria geral pretensamente aplicável a todas as práticas de mercado. Como se demonstrou, a perspectiva de Chicago tem alguma validade se os alicerces do mercado em causa repousarem nos seus dois pressupostos básicos: mercado do produto secundário perfeitamente concorrencial e consumo dos dois produtos de forma simultânea e em quantidades equivalentes. No entanto, estas conclusões, parciais e aplicáveis a situações reais extremamente limitadas, não permitem o estabelecimento de uma presunção de legalidade geral.

A doutrina post-Chicago, por sua vez, falha quando tenta demonstrar a ineficiência destas práticas em todas as situações de mercado. Teve, no entanto, o mérito de desmontar a construção totalitária assente no teorema da impossibilidade enunciada pela Escola de Chicago, demonstrando, com recurso à teoria dos jogos e à nova economia industrial, que determinados comportamentos poderiam ser anticoncorrenciais em circunstâncias particulares (teorema da possibilidade).

A enunciação de uma regra geral a este respeito torna-se liminarmente impossível, sendo nefastas as incursões reguladoras que estabeleçam a validade ou a invalidade, à partida, deste tipo de práticas. Essa enunciação legislativa não constitui mais do que uma tomada de posição prévia das autoridades públicas relativamente a determinadas situações, traduzida numa proibição ou permissão geral, que não toma em consideração as especificidades de cada situação. A já criticada presunção económica de legalidade ou de ilegalidade das práticas é substituída por um mandamento legal irrefutável. Os efeitos em sede de bem-estar social de uma solução legislativa errada (que será inevitável nem que seja em franjas marginais do mercado) serão muito mais nefastos, já que, ao contrário das presunções económicas, não admite qualquer prova em contrário. Qualquer apreciação jurisdicional terá que assentar numa análise casuística –

"*rule of reason*" – podendo o juiz socorrer-se nas diversas teorizações económicas na definição da sua convicção[416], mas não mais do que isso[417].

Preliminarmente, é necessário averiguar se, efectivamente, os dois produtos são totalmente distintos e independentes entre si. A subjectividade da apreciação adquire aqui uma grande relevância. Os exemplos típicos de produtos dependentes são os automóveis e os seus pneus e o transporte aéreo e a refeição servida a bordo[418].

Nos sectores em rede, o juízo de dependência/independência dos produtos entre si é extremamente dificultado. A relação de complementaridade entre os diversos componentes obnubila a identidade própria de cada um dos elementos individualmente considerados. É precisamente por essa razão que a doutrina e a jurisprudência têm uma enorme dificuldade em responder peremptoriamente a estas questões[419].

---

[416] Frank Easterbrook salienta a importância das presunções económicas na estruturação judicial dos processos relativos às leis da concorrência. Na sua óptica, os juízes deveriam adoptar uma perspectiva assente em três princípios básicos: (1) não é possível distinguir, com total grau de certeza, entre práticas concorrenciais e práticas anticoncorrenciais. A economia poderá dar alguma orientação mas não pode separar liminarmente práticas nocivas de práticas benéficas; (2) o direito económico (legislação da concorrência e normas reguladoras) deverá tentar minimizar o custo de eventuais erros resultantes da condenação de práticas benéficas ou da não condenação de práticas nocivas, contendo, no entanto, algum grau de orientação para os Tribunais e instâncias administrativas, salvaguardando-se o princípio da segurança jurídica; (3) a distinção de práticas e a minimização dos custos decorrentes de eventuais erros obriga à aplicação de um conjunto de presunções baseadas na economia e na experiência. In *"The Limits of Antitrust"*, Texas Law Review, 63, (1984), págs 1 e segs.

[417] As palavras de William Kovacic e Carl Shapiro são ilustrativas: "*some types of conduct, such as long-term contracts with key customers or preemptive capacity expansion, could deter entry and entrenched dominance, but they also could generate efficiencies. The only way to tell in a given case appeared to be for the antitrust agencies and the courts to conduct a full-scale rule of reason inquiry.*" in *"Antitrust Policy: A Century of Economic and Legal Thinking"*, Journal of Economic Perspectives, 43, (2000), pág. 55.

[418] Jonathan Faull e Ali Nikpay, *The EC Law of Competition*, Oxford, 1999, pág. 166.

[419] Jonathan Faull e Ali Nikpay (*in op. cit.*, pág. 166) referem que não é óbvio se o computador e o seu monitor constituem um único produto. Ora, nesta questão, a resposta é liminarmente negativa. O mercado dos computadores e o mercado dos monitores são totalmente distintos.

Os critérios legais (natureza e usos comerciais) para a determinação da identidade dos produtos têm, por si só, pouca ou nenhuma utilidade nos sectores em rede, apesar de terem sido os principais suportes utilizados pela jurisprudência comunitária nos diversos casos colocados à sua consideração[420].

Tendo em consideração os elevados níveis de inovação nos produtos oferecidos (e nos próprios mercados), constituirá uma prática capciosa a análise dos mesmos atendendo aos usos comerciais ou à sua natureza se se adoptar uma perspectiva eminentemente histórica. Tal deve-se a uma observação óbvia: se o produto é novo, não existe qualquer uso comercial prévio regulador da venda desse produto; se o mercado é novo, não existe qualquer uso comercial vigente no mesmo.

Mesmo em mercados já estabelecidos, a aplicação destes critérios afigura-se extremamente falível. Note-se que o processo de inovação nas redes ocasionou a criação sucessiva de micromercados totalmente independentes do mercado principal originário. Utilizando o exemplo do computador e do monitor, todos se lembram do tempo em que todos os computadores e monitores eram fabricados pela IBM. Hoje em dia, a situação estrutural é claramente distinta; por exemplo, as unidades centrais dos computadores são hoje montadas componente a componente: processador, disco rígido, placa-mãe, placa de som, placa de vídeo, placa de rede, modem, etc. Cada um destes componentes tem um mercado próprio onde diversas empresas concorrem ferozmente. Hoje em dia, nem a própria unidade central constitui, claramente, um produto distinto e diferenciado, pois a sua construção depende em larga medida do objectivo funcional que o consumidor prossegue.

A situação agudiza-se nas verdadeiras redes virtuais, nomeadamente ao nível do *software*. Não é por acaso que é precisamente nestes mercados que a disputa judicial é tão acesa.

O juízo de apreciação da identidade dos diversos produtos deve, pois, assentar numa outra perspectiva que não a sua natureza ou os usos comerciais vigentes.

---

[420] Cfr, por exemplo, acórdão referente ao processo T-83/91, *Tetra Pak International vs. Comissão*, Colectânea, II, 1994, págs. 755 e segs.

Relembre-se que, e como em qualquer outra situação que corporize um abuso de posição dominante, é necessário que os efeitos da conduta se façam sentir no mercado do produto secundário. Se os consumidores puderem optar por outros equipamentos secundários alternativos sem sentirem qualquer prejuízo suplementar nas aquisições do produto primário (peças fabricadas por terceiros, salvados, contrafacção, contrabando, adaptações não excessivamente onerosas de outros equipamentos concorrentes, etc.) certamente que não existirá possibilidade de desenvolver práticas abusivas nesse mercado. O mesmo raciocínio é aplicável nas prestações de serviços de assistência. Na inexistência de barreiras significativas à entrada no mercado (custos de aprendizagem reduzidos e na disponibilidade de manuais de operação e software de apoio não protegidos por direito de propriedade intelectual) não existirá qualquer possibilidade de fixação de preços a um nível superior ao normal.

É necessário, ainda, que o agente detenha uma posição privilegiada no mercado primário, não podendo os seus clientes alterar livremente as suas opções iniciais. É lógico que assim seja, pois só um agente com esse estatuto no mercado do produto principal poderá, com sucesso, obrigar os seus co-contratantes a adquirir o produto secundário em complemento. Se não existir essa posição dominante, os co-contratantes poderão, numa situação de vendas coligadas, optar livremente por adquirir quer o produto principal, quer o produto secundário a outros agentes no lado da oferta e, numa situação de projecção de poder económico para mercados adjacentes, abandonar o produto principal e optar por uma rede distinta.

Como em qualquer caso de projecção do poder económico para mercado adjacente, é necessário verificar se existiu efectivamente um comportamento oportunista assente na base instalada, independentemente das razões económicas que tornaram essa conduta possível.

A jurisprudência comunitária, perante a falência dos critérios legais positivados, deve tentar desenvolver critérios alternativos assentes numa *"rule of reason"*. Assim, a prática de *tying* não constituirá um abuso se puder ser objectivamente justificada[421]. Essa justificação assentaria, unicamente, num juízo estritamente económico: se for

---

[421] Jonathan Faull e Ali Nikpay, *The EC Law of Competition*, cit., pág. 168.

mais onerosa a distribuição separada dos dois produtos em análise, o *tying* será justificado[422]. Tal parece-nos, no entanto, insuficiente face à extrema complexidade da questão.

O mesmo tipo de críticas poderá ser avançada para a outra justificação normalmente utilizada pela jurisprudência comunitária: a garantia de qualidade, segurança e boa utilização dos produtos fornecidos. O Tribunal de Justiça nos processos *Hilti*[423] e *Tetra Pak*[424], e a Comissão, no processo *Novo Nordisk*[425], referiram que a prática de *tying* poderia ser justificada se ajudasse a assegurar que todos os elementos do sistema funcionariam de forma eficiente e, evidentemente, constituísse o meio menos restritivo de garantir esse objectivo[426].

A relevância desta questão para o direito comunitário é enorme pois o artigo 82.º do Tratado é muito mais abrangente do que a disposição legal homóloga norte-americana (secção 2.ª do *Sherman Act*). De facto, constitui jurisprudência constante do Tribunal de Justiça que a extensão de uma posição dominante para um mercado conexo ou adjacente constitui um abuso de posição dominante, sem que seja sequer necessário aos autores a prova de existência de uma posição dominante efectiva no mercado alvo[427].

Esta aplicação crescente deste instituto por parte das autoridades comunitárias contrasta claramente com o posicionamento da jurisprudência norte-americana que tem vindo, na sequência das críticas da escola de Chicago, a abandonar a aplicação da *leverage theory* nos processos judiciais concorrenciais[428].

---

[422] Ora, não se pode concordar com este método de análise; o que está em causa é uma eventual justificação da prática, mas não a sua qualificação. Adoptando esta metodologia, ignora-se o problema essencial (a distinção dos produtos), fundamentando-se a decisão numa justificação economicista que não qualifica o tipo de infracção mas que constitui, unicamente, a base de decisão de uma eventual atribuição de isenção.

[423] Citado.

[424] Citado.

[425] Comissão Europeia, *Relatório sobre a Política da Concorrência 1996*, vol. XXVI, 1997, pág. 35

[426] Tendo, no entanto, concluído em sentido contrário.

[427] Acórdão do Tribunal de Justiça, *Télémarketing*, processo n.º 311/84, Colectânea, 1985, págs. 3261 e segs.

[428] No caso *US v. Microsoft*, os autores alegaram que a Microsoft teria usado o seu poder de mercado num mercado para alcançar uma vantagem concorrencial noutro mercado

Quais serão, pois, os critérios de análise?

Nas redes físicas, a questão é, apesar de tudo, de mais fácil resolução. Cada um dos componentes tem uma função específica na rede. A distinção estrutural destes produtos assentará, pois, no elemento funcional inerente tendo em consideração a sua função e consequente localização na rede. Note-se que, neste tipo de redes, a diferenciação entre os diversos componentes pode ser efectuada numa perspectiva física.

O componente diferenciar-se-á dos demais atendendo ao local da rede onde se situa; e, tendo em consideração a sua localização, terá uma função própria e inerente. Assim, poderá situar-se ao nível da geração do serviço, ao nível da distribuição por grosso ou ao nível da distribuição final. Poderá ser um elemento de produção, de conversão, de derivação ou de simples transporte.

No entanto, nas redes virtuais, a análise funcional atendendo à localização física do mesmo é, por natureza, impossível.

Também aqui a doutrina tende a tratar indiferenciadamente situações que são distintas. Por outro lado, esta questão nada tem a ver com as exterioridades de rede em sentido próprio, enquanto fenómeno económico tipificado, mas sim com a própria estrutura dos diversos mercados. A este respeito existem, pois, duas realidades distintas:

- nos sectores em rede virtuais, e atendendo às relações complexas que se geram entre os diversos componentes da rede[429]

(cfr. *Plaintiff States' First Amended Complaint, US v. Microsoft Corp*, July 17, 1998, http://.naag.org/features/microsoft/amendco.cfm, Paragraphs 91-92). A Microsoft reagiu, requerendo a retirada dessa queixa antes do início do julgamento, tendo sido atendida pelo Juiz Jackson, nos seguintes termos: "*Third and Ninth Circuits and many commentators have rejected the [monopoly leveraging] theory outright, as contrary to both economic theory and the Sherman Act's plain language*" (cfr. *Memorandum and Order, US v. Microsoft Corp*, September 14, 1998, págs. 51 e segs.

[429] As ligações entre os diversos componentes originam não só teias materiais mas igualmente teias contratuais. No entanto, um dos argumentos da Kodak enunciados no processo *Eastman Kodak* é susceptível de uma análise mais cuidada. Nos pontos Tr. 6010 a 6014 da sua defesa, a Kodak alegou que a definição de mercado relevante não deveria abranger unicamente o equipamento fotocopiador primário e os serviços de assistência secundários mas todo o sistema Kodak que os consumidores poderiam adquirir. Assim, um consumidor satisfeito com uma fotocopiadora Kodak seria um consumidor potencial futuro de equipamento de microfilmagem da mesma marca. A reputação seria assim a malha que integraria todos os produtos da empresa, constituindo um sistema unificado. Tendo em

(interdependentes) geram-se efeitos de retorno positivos que podem projectar um componente melhor compatível com o elemento central do mercado para uma posição de superioridade face aos concorrentes, aproveitando a sua ampla base instalada de clientes que lhe são fiéis;
– nos sectores em rede físicos, empresas que detenham a estrutura de distribuição organizada em monopólio natural poderão optimizá-la de forma a oferecer novos serviços (em mercados diferentes) distintos do produto principal. Também nestes sectores, a empresa que detenha esta infra-estrutura essencial poderá negar o acesso a empresas terceiras, fornecendo de forma exclusiva outros serviços laterais à prestação de serviços principal.

Finalmente, a possibilidade de projecção do poder económico para mercado adjacente poderá igualmente fundar-se na possibilidade de realização de subsidiação cruzada por parte de agentes com posição dominante em determinados mercados. Este fenómeno poderá acontecer com alguma facilidade nos sectores em rede, dada a usual actuação simultânea dos diversos operadores nas diferentes áreas do mercado em causa.

Nesse âmbito, os lucros supranormais decorrentes do exercício monopolista da actividade num determinado segmento do mercado poderão ser utilizados para subsidiar preços mais baixos no outro segmento, onde eventualmente exista concorrência efectiva ou potencial[430].

---

consideração o critério funcional adoptado para a identificação e individualização da rede, não se poderá concordar com este tipo de argumentação.

[430] Esta prática é corrente no sector das telecomunicações. Existem já diversos casos em que as operadoras utilizam os lucros supranormais decorrentes da realização de ligações telefónicas entre o seu país e um outro situado no estrangeiro (segmento onde detém uma posição monopolista) para subsidiar outras ligações com outros países, visando a eliminação de concorrência potencial no último segmento de mercado. Nesta situação, quer o normativo da concorrência, incluindo o Regulamento das Concentrações, quer o ordenamento regulatório (o n.º 3 do artigo 14.º da Directiva Quadro) censuram este tipo de estratégias. Aliás, a consideração das chamadas internacionais entre diversos países como integrantes de mercados separados foi já enunciada pela Comissão. Assim, no processo IV/M. 856 – British Telecom/MCI (II) de 1997 (in JO L 336/1, paras. 19/20), a Comissão definiu as chamadas de voz entre os Estados Unidos e o Reino Unido enquanto integrantes de um

Fará sentido analisarem-se separadamente as práticas concorrenciais nos diversos segmentos dos mercados em rede?

Não será a rede um único mercado, pelo que condutas abusivas deverão ser analisadas na óptica da rede em concreto e não nos segmentos em separado?

Desta forma, as práticas restritivas da concorrência já não deverão ser analisadas na perspectiva transversal dos mercados adjacentes ou complementares, mas sim num único grande mercado que coincide com a própria rede em concreto.

Esse é normalmente o argumento avançado pelos sujeitos detentores de posição dominante num segmento da rede para justificar a sua conduta no mercado adjacente.

Os efeitos económicos deverão ser avaliados tomando em consideração os efeitos da conduta na economia da rede, sendo impraticáveis juízos económicos segmentados ou restritos a simples fracções das redes.

Assim, se numa análise concorrencial se fraccionar a rede atendendo separadamente aos diversos segmentos tendo em conta a necessidade analítica casuística, terá necessariamente que se ter presente a finalidade comum que fundamenta a própria existência dos segmentos.

A questão crucial será pois, e mais uma vez, a definição do mercado relevante...

Finalmente, nunca se poderá esquecer que as práticas de vendas coligadas e de formação de pacotes agregados poderão revestir aspectos pró-concorrenciais. A ligação de produtos complementares poderá originar economias de escala e de gama, aumentando a eficiência e melhorando a qualidade dos fornecimentos. Por outro lado, e no caso das redes físicas, a ligação entre produtos poderá auxiliar na recuperação dos elevados custos fixos de operação. O mesmo se pode aplicar à formação de pacotes agregados, que permite uma redução dos custos de transacção, optimizando-se as redes de comercialização, ainda mais quando os suportes são praticamente desmaterializados.

---

mercado autónomo. Esta decisão teve uma influência significativa nas decisões da autoridade reguladora alemã (*Regulierungsbehorde fur Post und Telekommunikation*) que, a partir de 20 de Fevereiro de 2001 passou a tratar este sector em termos similares aos da Comissão (Az: BK 2c 00/0019 e Az: BK 2b 00/014), em claro contraste com a situação anterior e com as decisões da *Monopol kommission (Sondergutachten* 29, nota 65, págs. 9 e 10).

Por outro lado, além de corporizarem estratégias eficientes de discriminação de preços e de medição de preferências (*"metering"*), a criação de pacotes agregados que incluam o equipamento de base e o fornecimento de componentes suplementares consumíveis poderá permitir uma redução nos preços de aquisição inicial de um bem de investimento, reduzindo os riscos de ocorrência de uma dependência de escolhas passadas. Tal ocorrerá, obviamente, se os custos de fidelização não superarem a margem de liberdade adicional decorrente da redução dos encargos de aquisição.

Finalmente, e em sede de compatibilidade intra-sistemática e de interoperabilidade intersistemática, o desenvolvimento de vendas coligadas e a formação de pacotes agregados poderá permitir reduções significativas de custos de incompatibilidade e de informação, aumentando-se significativamente a qualidade dos serviços prestados na rede.

Relembre-se que, no limite, com o advento das normas e com a crescente segmentação dos mercados, este tipo de agregação de componentes permitirá o crescimento da concorrência pelos sistemas (*i.e.* pelo mercado) em prejuízo da concorrência pelo segmento (*i.e.*, pelo componente), com as inevitáveis consequências positivas em sede de bem-estar do consumidor.

Nestas circunstâncias, o incentivo para a redução dos custos no fabrico dos componentes em sistemas proprietários é superior ao que ocorreria no caso de existência de sistemas mistos dado que essa vantagem adicional, reflectida no preço final do bem, seria partilhada por todos os restantes fabricantes de componentes parcelares.

2. A recusa em negociar e o acesso a segmentos essenciais

2.1. *Questões iniciais*

Constituindo-se as redes como infra-estruturas complexas compostas por segmentos complementares, o relacionamento entre os proprietários dos diversos segmentos, e entre estes e os prestadores de serviços nessa infra-estrutura, torna-se essencial. De facto, o proprietário de um dos segmentos poderá, a todo o momento, pretender recusar o acesso de um outro sujeito ao segmento por si detido ou, no limite, recusar a realização de uma interligação (*e.g.* através de uma simples negação, da criação de uma situação de incompatibilidade, ou exigindo para o efeito uma quantia exorbitante) com os restantes segmentos situados a montante e a jusante.

Como é facilmente perceptível, esta questão assume uma importância fundamental nos sectores em rede já que, no limite, poderá colocar em causa a sua própria existência[431].

Os interesses em causa revestem usualmente uma natureza estritamente económica e reflectem, normalmente, uma tentativa de exclusão de concorrentes que operam em segmentos a montante ou a jusante daquele em que o agente dominante detém uma posição privilegiada (*in limine*, uma posição monopolista).

Não se tendo concordado com o argumento da Escola de Chicago que advoga a impossibilidade de extracção de uma dupla renda monopolista numa mesma rede considerando a não-neutralidade do local de percepção da mesma, a verdade é que a recusa em contratar se revela como uma forma típica de exclusão concorrencial em redes verticalmente integradas, *maxime*, quando o agente dominante controla um segmento que é essencial para a actividade de todos os outros operadores.

Esta questão só assume uma verdadeira relevância concorrencial se não existirem alternativas negociais ao dispor dos restantes operadores, dadas as circunstâncias concretas que envolvem a realidade económica inerente ao segmento em causa.

Se nenhuma medida correctora for desenvolvida, serão anuladas todas as vantagens decorrentes das medidas reguladoras que propugnam soluções de desintegração vertical nos sectores económicos.

Atendendo às circunstâncias económicas próprias dos sectores em rede, a propensão para a existência destes segmentos essenciais é elevada. De facto, e numa perspectiva física, existirão segmentos de redes físicas com características físicas únicas (*e.g.* uma ponte ferroviária

---

[431] Se as redes forem fundamentais para a satisfação das necessidades básicas dos consumidores, a legislação reguladora relativa à salvaguarda do interesse geral, *maxime*, as regras de serviço universal e de continuidade de prestação do serviço adquirirão uma importância fundamental.

que não pode ser replicada; um aeroporto situado no único local com dimensões apropriadas; um túnel rodoviário na única área geologicamente susceptível do suportar), ou com características económicas que tendem para essa singularidade (*e.g.* os cabos de transporte de electricidade em alta tensão, os gasodutos de alta pressão, as redes de abastecimento de água em alta pressão, os carris ferroviários), atendendo à sua elevada capacidade e às economias de escala aí geradas.

Cumulativamente, não se poderão esquecer os efeitos decorrentes das exterioridades de rede que, adicionalmente aos efeitos inerentes às economias existentes no lado da oferta, propugnam uma crescente concentração económica num segmento que, por essa via, se torna dominante.

Neste enquadramento, não é possível esquecer que, historicamente, a maioria dos sectores em rede se organizava segundo modelos monopolistas de origem legal. Se tal se justificava num primeiro momento atendendo à necessidade de realização de pesados investimentos de instalação, a verdade é que estes se foram mantendo graças à pressão monopolista, agora de fonte económica, de um dos segmentos componentes. Assim, não é de estranhar que as políticas reguladoras do acesso a determinados segmentos tentem, quase a todo o custo, isolar este componente essencial, evitando que os efeitos económicos esmagadores que se fazem sentir no seu seio contaminem integralmente a rede que o integra.

Colocam-se, no entanto, várias questões a este respeito. Em primeiro lugar, é essencial determinar de forma precisa a intensidade da pretensão reguladora sectorial. De facto, uma hipótese para a resolução desta questão passa por determinar uma obrigatoriedade de concessão de acesso de terceiros ao segmento detido pelo agente em posição dominante.

Muitas vezes, a medida correctora proposta não se limita a este remédio comportamental assumindo, ao invés, um efeito de desfragmentação estrutural, extraordinariamente violento e perigosamente radical na perspectiva de organização de mercados, ainda mais quando é desenvolvido de forma *ex post*, num intuito claramente reactivo.

Esta imposição estrutural, estranhamente comum na apreciação dos projectos de concentrações, é extraordinariamente arriscada se desenvolvida num sector em rede, podendo anular diversos elementos propiciadores à geração de eficiências na rede (relembre-se que estes sectores dependem da interligação dos seus diversos componentes e a sua qualidade decorre da perfeição das relações de compatibilidade).

Em segundo lugar, é necessário atender à real essencialidade dessa liberdade de acesso ao segmento em causa.

Se o segmento em causa não revestir qualidades que o possam qualificar como naturalmente monopolista, estarão a criar-se condições para o usufruto de "boleias" economicamente ineficientes, concedendo-se acesso a uma infra-estrutura construída por via de investimentos intensivos a um agente que não correu qualquer risco na sua construção. Nestas condições, poderão criar-se graves desincentivos ao investimento, que se farão sentir de forma intensa nas redes virtuais, geneticamente desmaterializadas.

Em terceiro lugar, haverá que obter uma absoluta certeza acerca da real natureza económica do segmento em presença. A recusa em contratar só assume uma relevância jurídico-económica quando o contraente afectado não possa obter a satisfação da sua necessidade num outro prestador. E, nestas circunstâncias, a indisponibilidade de componentes complementares concorrentes no mercado deverá ser entendida de forma absoluta, *i.e.*, quando a existência desse segmento adicional concorrente não faça economicamente sentido face à existência do segmento detido pelo agente incumbente.

Se o regulador estabelecer uma liberdade de acesso de um prestador de serviços a uma determinada infra-estrutura que não se organiza enquanto monopólio natural, então estará a criar as condições para que esse segmento se mantenha perenemente no mercado, enquanto monopólio de facto, já que não haverá incentivo para a construção de uma plataforma concorrente.

Num ambiente económico que propugna uma concorrência pelos sistemas em desfavor de uma concorrência pelos componentes, estar-se-á, por esta via, a eliminar todo o incentivo à construção de plataformas concorrentes, mesmo quando estas façam todo o sentido em termos económicos. Assim, ao tolerar-se um monopólio temporário poderão criar-se as condições necessárias para o aparecimento de um sistema mais eficiente num ambiente de concorrência dinâmica.

Em quarto lugar, é necessário proceder a uma clarificação das relações entre as normas reguladoras da propriedade intelectual e as regras da concorrência. De facto, e esta questão é relativamente comum nas redes virtuais, o poder monopolista do detentor de um segmento deriva directamente das regras que regulam os direitos de autor ou as patentes. Nestas condições, se a doutrina que propugna a liberdade de acesso a determinados segmentos – factual mas não economicamente monopolistas – não se conciliar com os princípios e regras existentes em sede de propriedade intelectual, facilmente se criarão incongruências entre estes dois ramos do direito, o que constituirá uma solução intolerável considerando o paralelismo dos seus objectivos e fundamentos.

Em quinto lugar, qualquer solução jurídica nesta sede depende de uma correcta percepção do ambiente económico integral da rede em presença, *maxime*, das condições concorrenciais a jusante. De facto, a recusa em negociar – nas suas múltiplas manifestações – só terá efeitos significativos em sede concorrencial se o detentor do segmento não tiver conseguido usufruir da integralidade do seu poder de mercado ao nível do seu próprio segmento. Só nesse caso é que ele terá um incentivo em projectar o seu poder económico para um outro nível da rede. Tal acontecerá quando o monopolista (*e.g.*, o grossista) não consiga estabilizar um preço de venda unificado (*in casu*, um preço que integre a sua renda monopolista) a todos os seus clientes (*e.g.*, os retalhistas).

Nestas condições, todos os seus clientes tentarão negociar um preço com desconto, de forma a garantirem uma vantagem concorrencial no mercado retalhista o que, inevitavelmente, irá reduzir os lucros do grossista. Ora, nestas condições, o estabelecimento de um preço regulado de venda, num ambiente de informação imperfeita, poderá legitimar as pretensões do monopolista.

2.2. *Em especial, os acordos restritivos de comercialização e os descontos de fidelização*

Os acordos restritivos de comercialização distinguem-se da recusa em negociar clássica devido à sua configuração eminentemente contratual. A recusa em negociar clássica assenta primordialmente na acção de um único agente individualmente considerado no mercado que actua de forma totalmente independente – integrando a figura da posição dominante clássica. Ao invés, este tipo de acordos pressupõe uma acção colectiva que, no entanto, é fundamentalmente determinada por um agente económico com posição dominante no mercado[432].

---

[432] A Escola de Chicago refuta a possibilidade dos acordos restritivos de comercialização revelarem efeitos anticoncorrenciais. O primeiro argumento utilizado não é mais do que uma variação da tese da renda monopolista única. Se um fornecedor pretender impor exclusividade de fornecimento a um reatlhista então terá de "comprar" esse exclusivo. Porém, a renda que obtém encontra-se limitada pelo poder negocial do retalhista sobre o consumidor. É nesta margem estreita que o grossista deverá actuar. Porém, e neste enquadramento, mesmo para o um retalhista só fará sentido adquirir este poder de fornecimento exclusivo se existir alguma margem de eficiência adicional a obter; se esta não existir, então não ganhará nada com essa acção (cfr. *e.g.*, B. Bernheim e M. Whinston, *"Exclusive Dealing", Journal of Political Economy*, 106 (1), 1998, págs. 64 a 103. O segundo argumento utilizado pela Escola de Chicago fundamenta-se exclusivamente nas razões de eficiências próprias à eliminação de "boleias" quando o fornecimento de um produto principal dependa da qualidade de fornecimento dos produtos complementares. Nestas circunstâncias, mesmo a criação de um mercado próprio de fornecimento de produtos complementares poderá não ser totalmente eficiente dados os custos de formação e de compatibilidade técnica (cfr. e.g., H. Marvel, *"Exclusive Dealing", Journal of Law and Economics*, 25, 1982, págs. 1 a 25; I. Segal e M. Whinston, *"Exclusive Contracts and the Protection of Investments", RAND Journal of Economics*, 31, 4, 2000, págs. 603 a 633). Como reacção, as teorias Post-Chicago, avançam contra-argumentos relevantes que se baseiam, mais uma vez, na insustentável simplicidade dos modelos económicos utilizados pelos teóricos de Chicago, e que, só fundamentariam as suas conclusões se estivessem reunidas três condições essenciais: i) as empresas deveriam ter condições para praticar políticas de preços não--lineares (e, nestas condições, poderiam optimizar modelos mais eficientes de retribuição atendendo às quantidades realmente comercializadas) – condição de linearidade económica; ii) todos os agentes afectados deverão estar presentes no mercado no momento da negociação do exclusivo (em teoria, e de acordo com os teóricos de Chicago, todos os agentes presentes no mercado têm um interesse comum na redução das margens de eficiência disponíveis, impedindo desta forma o incentivo para o aparecimento de novos concorrentes; assim, a exclusão não é o pressuposto para a formulação de contratos exclusivos) – condição de concorrência estática; iii) a empresa que aceita estes contratos exclusivos deverá compensar os retalhistas pelos danos sofridos em resultado desses contratos. Além das insuficiências próprias das primeiras duas condições, já anteriormente criticadas, a terceira condição é totalmente insustentável nos sectores em rede. Efectivamente, o fornecimento de um produto só é rentável após a aquisição de uma massa crítica significativa dadas as condições económicas próprias destes sectores. Ora, nestas condições, o grossista não terá que compensar a integralidade dos retalhistas mas unicamente alguns, mas suficientes para impedir que o novo concorrente alcance a dimensão crítica necessária. Além disso, e nestas condições, o retalhista assediado pelo grossista saberá que este não necessita do seu consentimento para o desenvolvimento da sua estratégia, já que os restantes retalhistas provavelmente irão aceitar o repto e, neste contexto, não terá nada a perder em assinar o contrato nas condições pretendidas pelo grossista (regra dividir para reinar). Cfr. R. Donoghue e J. Padilla, *The Law and Economics of Article 82 EC*, Hart Publishing, 2006, pág. 355.

Os acordos restritivos de comercialização poderão revestir formas diferenciadas. As mais comuns traduzem-se na imposição aos clientes por parte de um vendedor dominante de uma proibição de negociação com os seus concorrentes[433].

Apesar da sua diferente natureza, dos acordos restritivos de comercialização poderão advir as mesmas consequências anticoncorrenciais atrás identificadas para a recusa em negociar.

Quer no direito norte-americano, quer no direito comunitário, os acordos restritivos de distribuição, atendendo à sua natureza colectiva, são alvo de um regime jurídico diferenciado do aplicável aos modelos clássicos.

Na ordem jurídica norte-americana, a recusa em negociar é regida pela § 2 do *Sherman Act*, dado que constitui uma manifestação de monopolização. Por sua vez, os acordos restritivos de distribuição são, em geral, regulados no direito norte-americano pelo § 1 do *Sherman Act*. Se estes acordos envolveram o desenvolvimento de

---

[433] Existem outras práticas comerciais mais evoluídas que se podem reconduzir a esta qualificação. Assim, e em primeiro lugar, poderão desenvolver-se práticas de descontos por aumento de quota de mercado, que apesar dos seus efeitos pró-concorrentiais têm sido invalidadas (cfr. acórdão *Hoffman-La Roche and Co AG v. Comission*, processo 85/76, Colectânea, 1979, págs. 461 e segs.), ou de permissão de participação em clubes especiais de distribuidores, também desconsiderados concorrencialmente (cfr. acórdão *Manufacture française des pneumatiques Michelin v. Comissão*, Colectânea, II, 2003, pág. 4071, paras. 175 e 201.). Também as denominadas cláusulas inglesas, através das quais o agente dominante tem a hipótese de reduzir o custo do fornecimento em caso de oferta concorrente, têm sido equiparadas a práticas de contratação exclusiva por parte da Comissão, apesar dos seus impactos positivos ao nível dos preços em caso de manutenção da confidencialidade da oferta. Finalmente, poderão ser apontadas como práticas equivalentes à comercialização exclusiva o aluguer de posições de venda (v.g. prateleiras em supermercado) (cfr. decisão *Coca-Cola*, in JO L 253/21, 2005); a deposição de equipamento (v.g., equipamento frigorifico) (cfr. decisão *Van den Bergh Foods Ltd*, in JO L 246/1, 1998, em recurso no acórdão *Van den Bergh Foods Ltd v. Comissão*, processo T-65/98, Colectânea, II, 2003, págs. 4653 e segs.); ou a gestão comum de equipamentos (gestão comum de unidades de stock e venda – "SKU") (Decisão COMP/M.3732, *Procter and Gamble/Gilette*) Porém, e apesar da prática administrativa, entende-se que estas práticas só terão efeitos anticoncorrenciais em situações extremas, ou seja, quando a imposição de exclusividade seja manifestamente desproporcional, abrangendo uma larga fatia da capacidade total do retalhista. Cfr. R. Donoghue e J. Padilla, *The Law and Economics of Article 82 EC*, Hart Publishing, 2006, págs. 368 a 374.

vendas subordinadas ou de vendas exclusivas, o regime aplicável será o constante do § 3 do *Clayton Act*[434].

No direito comunitário, ao invés, o regime é substancialmente mais complexo. Em princípio, e como regra geral, se a estratégia restritiva for colectivamente desenvolvida por empresas, sem que nenhuma detenha uma posição dominante no mercado, o regime aplicável será o constante no artigo 81.º do Tratado. Pelo contrário, se a prática desenvolvida envolver um agente detentor de uma posição dominante, estar-se-á no campo de aplicação do artigo 82.º do Tratado[435].

Apesar desta aparente simplicidade, algumas dificuldades de qualificação poderão suscitar-se em casos específicos. Assim, se o acordo restritivo for celebrado entre empresas de um mesmo grupo económico, o artigo 81.º do Tratado será inaplicável pois as relações estabelecidas no seu seio assentam num paradigma relacional próprio (relação empresa mãe/empresa subsidiária). Essa acção comum permite ao direito da concorrência comunitário tratar essa organização colectiva como um único agente individualmente considerado, já

---

[434] Por sua vez, uma concentração vertical estará submetida quer ao § 7 do *Clayton Act,* quer ao § 1 do *Sherman Act*. Estas distinções não são meramente formais: o § 1 do *Sherman Act* e o *Clayton Act* são muito mais exigentes que o § 2 do *Sherman Act* . Cfr., por todos, P. Areeda e R. Hovenkamp, *op. cit.*, vol. IIIA, págs. 42 e 43.

[435] Quer o artigo 81.º, quer o artigo 82.º do Tratado visam a manutenção da concorrência efectiva no mercado interno (cfr., *e.g.*, acórdão *Europemballage Corporation and Continental Can Company Inc vs. Comission*, processo 6/72, Colectânea, 1973, págs. 215 e seguintes). Nesta lógica, a jurisprudência tem emitido orientações relevantes no sentido da coordenação das duas disposições. Assim, e como primeiro princípio, deverá referir-se que ambos os preceitos poderão ser aplicados de forma cumulativa num mesmo caso concreto (cfr., e.g., acórdão *Ahmed Saeed Flugreisen and Silver Line Reiseburo GmbH v. Zentrale zur Bekampfung unlauteren Wettbewerbs eV*, processo 66/86, Colectânea, 1989, págs. 803 e segs.). Em segundo lugar, e apesar do campo de aplicação por excelência do artigo 81.º ser o das práticas colectivas, o artigo 82.º também é susceptível de aplicação nessa matéria se a corporização do "abuso" decorrer das disposições contratuais estabelecidas. Como terceiro princípio, poderá referir-se que a "imunidade" concedida em sede de aplicação de artigo 81.º por via, por exemplo, de uma isenção por categoria não prejudica a eventual aplicação do artigo 82.º em caso de prática de condutas abusivas (cfr., e.g., acórdão *Tetra Pak Rausing SA v. Comissão*, processo T-51/89, Colectânea, II, 1990, págs. 309 e segs.). Cfr. R. Donoghue e J. Padilla, *The Law and Economics of Article 82* EC, Hart Publishing, 2006, págs. 38 e 39.

que os seus diversos componentes não gozam de independência económica[436].

Tal não significa, obviamente, que os efeitos deste tipo de acordos fiquem extraídos do sufrágio concorrencial. Efectivamente, quer o grupo económico, quer a empresa dominante (entendendo-se como tal aquela que possa desenvolver uma influência decisiva no seio do grupo), poderão ser responsabilizados se daí decorrerem efeitos anticoncorrenciais que afectem terceiros, nomeadamente, e como se analisará no próximo ponto, em sede de abuso de posição dominante do grupo entendido como entidade económica unitária[437], aferido nos termos do artigo 82.º do Tratado[438].

Apesar dos regimes jurídicos aplicáveis derivarem de fontes normativas diversas, os efeitos anticoncorrenciais são idênticos e, por conseguinte, deverão ser sufragados juridicamente por um mesmo crivo dogmático.

A aplicação de um sistema de regra de razão foi, aliás, analisada e decidida no processo *Van den Bergh Foods*[439]. E, de facto, neste

---

[436] Cfr. acórdão do Tribunal de Justiça Béguelin Import vs. GL Import Export, (processo 22/71, Colectânea, 1972, págs. 949 e segs.; acórdão do Tribunal de Justiça *Corinne Bodson vs. Pompes Funèbres dês Regions Libérées SA*, (processo 30/87, Colectânea, 1988, págs. 2479 e segs.; acórdão do Tribunal de Primeira Instância *Viho vs. Comissão* (processo T-102/92, Colectânea, II, 1995, págs. 17 e segs., confirmado pelo acórdão do Tribunal de Justiça (processo C-73/95, Colectânea, 1996, I, págs. 5457 e segs.). A jurisprudência norte-americana é, aliás, semelhante. Cfr. acórdão *Copperweld Corpn vs. Independence Tube Corp* (467 US 752).

[437] Cfr. Comissão Europeia, *XXVI Relatório sobre Política da Concorrência*, 1996, ponto 54, págs. 139 e 140.

[438] Para este efeito, a existência de integração vertical no seio de um grupo empresarial, nomeadamente corporizada na detenção de uma rede de distribuição própria, tem sido utilizada como indício de domínio num mercado por parte do Tribunal da Justiça. Esta posição, exteriorizada inicialmente pelo Tribunal de Justiça nos acórdãos *United Brands vs. Comissão* (processo 27/76, Colectânea, 1978, págs. 207 e segs.) e *Hoffmann La Roche vs. Comissão* (processo 95/76, Colectânea, 1970, págs. 461 e segs), e profusamente aplicada pela Comissão é inapropriada, dado que a integração vertical não é, *per se*, susceptível de qualquer julgamento favorável. Só o será se dela decorrerem efeitos economicamente nefastos.

[439] O Tribunal de Justiça e o Tribunal de Primeira Instância têm, aliás, evoluído neste sentido. Até muito recentemente, todas as questões referentes a práticas de comercialização exclusiva desenvolvidas por sujeitos com posição dominante eram consideradas proibidas *per se*. Porém, uma segunda fase foi inaugurada com o processo *Van den Bergh Foods*, onde foram dados os primeiros passos para a adopção de uma regra de razão quase similar à

processo, apesar de nos encontrarmos na presença de uma prática individual, o Tribunal de Primeira Instância analisou o caso como se de uma prática colectiva se tratasse, aplicando todo o *acquis* referente ao artigo 81.º do Tratado. Assim, delimitou o mercado relevante, considerando que o acordo abrangia uma larga percentagem da base de clientela (40%) e concluiu que o acordo se consubstanciava numa barreira à entrada inultrapassável. Assim, apesar de existirem outros fornecedores disponíveis, o clausulado proposto impedia, de facto, qualquer migração a este propósito. Finalmente, e numa óptica de típica apreciação de proporcionalidade próprio das *"rule of reason"*, concluiu que apesar da existência de certas eficiências, as cláusulas de exclusividade não eram indispensáveis para a sua realização[440].

Os acordos exclusivos de comercialização poderão corporizar barreiras concorrenciais intransponíveis para concorrentes actuais ou potenciais quando um número relativamente alargado de clientes ceder à pretensão de comercialização exclusiva proposta pelo vendedor dominante. Por sua vez, se o vendedor dominante num determinado segmento essencial celebrar um acordo de exclusividade com um retalhista no segmento a jusante, então os efeitos de concorrência de preços ao nível do retalho serão anulados, e o poder monopolista será exercido em todo o seu esplendor.

Apesar de actualmente se encontrarem sujeitos a regimes jurídicos distintos e de gozarem de práticas aplicativas relativamente diferenciadas ao nível das suas consequências, da recusa em negociar e da celebração de acordos exclusivos de negociação podem decorrer efeitos idênticos ao nível da projecção do poder económico de agentes dominantes para segmentos adjacentes ao segmento principal. De facto, em ambas as situações, o consumidor final será mais onerado já que o preço final do produto será mais elevado.

Em termos conceptuais, uma solução juridicamente correcta dependerá da realização das indagações dogmáticas anteriormente refe-

---

aplicada para efeitos do artigo 81.º do Tratado (cfr. Acórdão *Van den Bergh Foods, Ltd,* in JO L 246/1, 1998, no recurso T 65/98, *Van den Bergh Foods Ltd vs. Comissão,* Colectânea, 2003, II, pág. 4653).

[440] Aguarda-se que a adaptação final seja efectuada pela Comissão na revisão das Orientações relativas à aplicação do artigo 82.º do Tratado (cfr. *DG Competition discussion paper on the application of article 82 of the Treaty to Exclusionary Abuses,* Dezembro 2005).

ridas. No entanto, um dos argumentos mais utilizados para a justificação pró-concorrencial deste tipo de práticas radica na necessidade de estabelecimento de uma exclusividade relacional de forma a garantir-se a qualidade dos fornecimentos e dos serviços retalhistas prestados na rede e para a protecção de investimentos pesados em activos corpóreos ou na formação de funcionários que, de outra forma, poderiam beneficiar outros concorrentes que actuam no segmento grossista.

Num ambiente regulado por uma *"rule of reason"*, na presença de um sector em rede será necessário aferir se a prática de contratualização exclusiva se traduz efectivamente num impedimento efectivo de acesso de rivais a segmentos a jusante ou a montante[441]. Efectivamente, é importante referir que o que é relevante é o acesso ao segmento em si mesmo (o verdadeiro mercado relevante) e não a limitação de acesso a determinados clientes ou fornecedores, dado que estes são meros componentes da procura e da oferta total.

Será essencial aferir da efectividade da cláusula e da possibilidade do concorrente aceder, por outra via, a esse segmento. No limite, haverá igualmente que tomar em consideração a possibilidade do concorrente construir uma linha de distribuição própria ou adoptar estratégias de distribuição alternativas. Note-se, aliás, que estas possibilidades de desenvolvimento de segmentos grossistas/retalhistas alternativos são cada vez mais naturais num ambiente sucessivamente mais desmaterializado e especializado[442].

---

[441] Embora esta questão seja quase sempre analisada na óptica do "encerramento" de segmentos a jusante, a negociação exclusiva poderá ser desenvolvida como método de exclusão de acesso a segmentos a montante por parte de clientes tendencialmente monopsonistas. Cfr., processo COMP/E-2/38.381, *De Beers/Alrosa*, in JO C 136/32, 2005.

[442] Por exemplo, as questões relativas ao acesso aos sistemas de reservas de bilhetes proprietários de companhias aéreas dominantes foram naturalmente ultrapassadas por via da venda de bilhetes em portais próprios na internet por parte das pequenas companhias de transporte aéreo. Nesta matéria, o *US Court of Appeals* considerou que o encerramento de 38% da base de clientes não era significativo uma vez que existiam métodos de distribuição alternativos ao dispor dos concorrentes. Cfr., e.g, acórdão *Omega Environmental Inc v. Gilbarco Inc*, (127 F3.d 1157, 9th Circuit, 1997). Em sentido contrário, *acórdão United States of America v. Dentsply International Inc.* (399 F3.d 181, 3rd Circuit, 2005).

Além disso, e uma vez que a concorrência efectiva se afere em função do bem-estar do consumidor e não do bem-estar do concorrente, é essencial analisar os efeitos na primeira sede[443].

Finalmente, é necessário efectuar o difícil juízo de ponderação entre os efeitos concorrenciais negativos e a geração de eficiências[444] apesar, claro está, de se considerar que, em tese, não existe qualquer possibilidade de contraposição prática entre as duas realidades[445].

Por sua vez, os descontos de fidelização consubstanciam práticas de atribuição de bónus por desempenho excepcional de alguns retalhistas. Apesar de aparentemente premiarem boas práticas comerciais, estas estratégias têm sido bastante combatidas por parte das instâncias comunitárias sendo mesmo, em algumas circunstâncias, alvo do regime de proibição *per se*.

Apesar da sua relevância no seio de mecanismos de venda em massa, a verdade é que estas bonificações contratuais têm sido sistematicamente entendidas enquanto instigadoras de uma lealdade incondicional de retalhistas face a um grossista situado no segmento a

---

[443] No documento *DG Competition discussion paper on the application of article 82 of the Treaty to Exclusionary Abuses*, citado, refere-se, no seu parágrafo 55, que "*harm to intermediate buyers is generally presumed do create harm to consumers*". Ora, esta afirmação poderá ter um impacto devastador em sede de aplicação futura do artigo 82.º nos sectores em rede. Assim, e numa primeira apreciação deverá referir-se que, antes de qualquer conclusão precipitada haverá que analisar a essencialidade dos intermediários no tráfego geral da rede. Efectivamente, a negociação exclusiva só terá potenciais efeitos negativos se os intermediários se situarem em segmentos da rede que consubstanciem portais de liberdade concorrencial para tráfego direccionado para segmentos a jusante. Assim, se esses intermediários forem redundantes ou obsoletos não discurtinamos qualquer prejuízo concorrencial a esse propósito. Por outro lado, importará não esquecer que a Comissão prevê o estabelecimento de uma mera presunção, de natureza naturalmente elidível. Assim, será essencial verificar se a prática em causa consubstancia realmente um aumento do poder de mercado da empresa em causa ou uma prática que redunda na sua manutenção, na redução da inovação ou da qualidade de produtos, situações estas claramente nefastas num ambiente de concorrência dinâmica, ainda mais se os efeitos de rede se fizerem sentir.

[444] As potenciais eficiências são diversas: i) aumento dos esforços comuns de venda de produtos por parte de grossistas e retalhistas; ii) eliminação de boleias ao nível do marketing, promoção e formação; iii) garantia da qualidade; iv) garantia de fornecimentos seguros; v) geração de economias de escala e de gama do lado da oferta; vi) eliminação dos custos de negociação; vii) protecção da confidencialidade; viii) garantia de retorno de investimentos relacionados com a rede num longo prazo.

[445] Desenvolveremos esta questão na Parte IV.

montante, consubstanciando, por conseguinte, um comportamento abusivo deste último.

A doutrina administrativa e a prática jurisprudencial comunitária até hoje dominante têm optado pela realização de um juízo liminar de prejuízo face a este tipo de práticas[446], apesar de referirem preliminarmente que "*os descontos de quantidade são legais*"[447]. Assim, tem-se entendido que uma empresa dominante só terá interesse em desenvolver este tipo de descontos se tiver em vista intenções de exclusão concorrencial de rivais[448].

Este posicionamento peca por excessiva simplificação[449]. Efectivamente, os métodos de análise económica utilizados pelas instâncias comunitárias na aferição dos efeitos anticoncorrenciais deste tipo de

---

[446] Este posicionamento é o culminar de um movimento crescente de contestação a este tipo de práticas, que, segundo alguma doutrina, têm um efeito equivalente à negociação exclusiva (cfr., e.g., OECD, *Loyalty and Fidelity Discounts and Rebates*, Report of February 4, 2003, (DAFFE/COMP, 2002, 21, pág. 7; W. Tom, D. Balto e N. Averrit, "*Anticompetitive Aspects of Market-Share Discounts and Other Incentives to Exclusive Dealing, Antitrust Law Journal*, 67, 2000, págs. 615 e segs.). A base desta doutrina assenta, como não poderia deixar de ser, nos efeitos anticoncorrenciais decorrentes da criação de barreiras à entrada adicionais e do reforço de uma base instalada de clientela, insusceptível de mutações significativas na presença de algum grau de rigidez no lado da procura. Note-se, aliás, que o vendedor dominante, apercebendo-se que tem o escoamento de produtos garantido poderá efectuar uma discriminação de preços para as unidades adicionais comercializadas, reduzindo, por via de desconto, o custo dessas vendas acrescidas. Ora, nestas condições, na presença de exterioridades de rede, torna-se impossível a um concorrente rival intrometer-se neste mercado e alcançar uma dimensão minimanente rentável. Porém, e nestas circunstâncias, torna-se essencial analisar o grau de crescimento da procura de forma a verificar se existe algum espaço adicional para concorrentes potenciais.

[447] Cfr. acórdão *NV Nederlandsche Banden Industrie Michelin v. Commission*, processo 322/81, Colectânea, 1983, pág. 3461, para. 71.

[448] Por exemplo, no acórdão *British Airways*, o Tribunal de Primeira Instância entendeu peremptoriamente que essa companhia aérea só teria interesse no desenvolvimento destas práticas uma vez que visava a exclusão concorrencial de rivais de forma a manter a sua posição dominante de mercado. Cfr. acórdão *British Airways plc v. Comissão*, processo T-219/99, Colectânea, II, 2003, págs. 5917 e segs., para. 288.

[449] Efectivamente, nos sectores em rede, poderão desenvolver-se tipicamente três tipos de estratégias distintas de descontos de fidelização: i) os descontos individualizados integrais ou retroactivos, que são concedidos pelo sujeito dominante a retalhistas situados em segmentos a jusante que ultrapassem um determinado referencial personalizado de venda e que são aplicados à integralidade do fornecimento; ii) os descontos normalizados integrais ou retroactivos, que divergem dos anteriores uma vez que os referenciais para o benefício

descontos são manifestamente insuficientes. Tal é claramente demonstrado no controverso processo *Michelin II*, onde a Comissão concluiu que os descontos só seriam aceitáveis se, por essa via, a empresa dominante em causa alcançasse economias de escala suplementares[450/451].

Pelas razões demonstradas na primeira parte, as economias de escala são um dos muitos fundamentos económicos que norteiam a actuação das empresas, dominantes ou não, nos sectores em rede.

---

do desconto são aplicados genericamente a todos os retalhistas; iii) os descontos incrementais, onde o benefício é concedido atendendo à margem excedente comercializada. O primeiro tipo de descontos foi analisado no processo *Michelin I* (acórdão *NV Nederlandsche Banden Industrie Michelin v. Commission, cit.*), tendo o Tribunal de Justiça concluído pela sua natureza anticoncorrencial, atendendo à sua selectividade, ao longo prazo dos compromissos assumidos, à sua essencialidade para a rentabilidade final dos retalhistas, à falta de transparência na negociação e à pressão negocial imposta pelos representantes do grossista aos retalhistas. Nestas cirunstâncias, quer a Comissão, quer o Tribunal de Primeira Instância têm aplicado uma presunção de abuso, na ausência de justificação económica válida (que só é aceite em termos bastante restritivos). Por sua vez, os descontos normalizados gozavam, até ao processo *Michelin II*, de uma presunção geral de legalidade, atendendo à sua natureza geral e não personalizada (cfr. e.g., decisão *British Gypsum*, JO C 321/9, 1992; decisão *Interbrew*, Comunicado de Imprensa IP/04/574, de 30 de Abril de 2004). Finalmente, atendendo ao seu papel de incentivo à eficiência produtiva, os descontos incrementais, concedidos num ambiente de transparência e de não-discriminação, devem ser entendidos no âmbito da legalidade concorrencial, a não ser que se possam reconduzir à figura de preços predatórios (cfr. *DG Competition discussion paper on the application of article 82 of the Treaty to Exclusionary Abuses*, cit., para.168).

[450] Decisão *Michelin*, in JO L 143/1, 2002, para. 216 e acórdão *Manufacture française des penumatiques Michelin v. Comissão*, processo T-203/01, Colectânea, II, 2003, págs. 4071 e segs.. Cfr., igualmente, acórdão *Portugal v. Comissão*, processo C-163/99, Colectânea, I, 2001, págs. 2613 e segs., em especial, para. 49.

[451] Neste processo, os descontos eram concedidos num modelo normalizado, relativamente ao qual todos os retalhistas tinham acesso, tomando em consideração o volume de negócios alcançado com produtos da Michelin France, sendo que os montantes descontados eram entregues numa base anual no mês de Fevereiro do ano seguinte ao tomado como referência. Porém, a Comissão entendeu, e o Tribunal de Primeira Instância confirmou, que no ambiente de extrema concorrência que se fazia sentir nesse mercado, as margens disponíveis para os retalhistas eram muito reduzidas, o que os obrigava a vender com prejuízo no período intercalar anterior à percepção do desconto, sempre num ambiente de total incerteza uma vez que a percentagem de desconto só se saberia com total precisão no último dia do ano, ou seja, no momento de encerramento do exercício, dado que os escalões de desconto atendíveis ascendiam a 60. Neste enquadramento, foi entendido que o retalhista era "obrigado" a comercializar produtos Michelin sob pena de alcançar margens negativas. Cfr. Decisão *Michelin, cit.*, para. 218.

Além destas economias, claramente importantes, do lado da oferta, poderão estar em causa intentos de alargamento da base instalada na óptica da prossecução das economias do lado da procura, estratégias de recuperação eficientes de custos fixos atendendo aos pesados investimentos iniciais por via da discriminação (eficiente) de preços, bem como o fornecimento de incentivos aos retalhistas no sentido do desenvolvimento de esforços suplementares na comercialização de um determinado produto ou, no limite, de superação de bloqueios ineficientes ao nível da formação ou divulgação, por via da atribuição de uma margem suplementar compensatória.

No limite, e na presença de dois agentes com poder de mercado situados em segmentos complementares da mesma rede, a prática de descontos de fidelidade será essencial para a redução dos efeitos adversos da "*dupla marginalização*", anteriormente referida, ou então, será a forma pela qual o cliente com algum poder de mercado exerce as suas pretensões perante o agente dominante situado a montante[452].

Nestas condições, e perante a insuficiente fundamentação das autoridades comunitárias, não é de estranhar que se tenha instalado uma enorme confusão dogmática a este propósito.

Em primeiro lugar, a fundamentação económica utilizada nos diversos processos em que se concluiu pela aplicação de uma proibição *per se* é claramente pantanosa. De facto, é incompreensível que quer a Comissão, quer as instâncias jurisdicionais, aceitem o princípio segundo o qual os descontos poderiam ter efeitos pró-concorrenciais e, ainda assim, apliquem este esquema de decisão.

Em segundo lugar, o próprio teste legal falece em toda a sua extensão. Efectivamente, o Tribunal de Primeira Instância refere que estas práticas serão ilegais a partir do momento em que induzam à fidelização ("*fidelity-building*" ou "*fidelity-inducing*"); porém, e nestas circunstâncias, coloca-se imediatamente uma questão: não serão

---

[452] A doutrina é bastante abundante na crítica do posicionamento das instâncias comunitárias. Assim, e somente a título de exemplo, cfr. D. Waelbroeck, "*Michelin II: A per se rule against rebates by dominant companies?*", Journal of Competition Law and Economics, 1, 2005, págs. 149 a 171; D. Spector, "*Loyalty Rebates and Related Pricing Practices: When Should Competition Authorities Worry?*", in D. Evans e J. Padilla (eds.), Global Competition Policy: Economic Issues and Impacts, LECG, 2004.

todas as práticas de concorrência pelos preços, no sentido da sua redução a um mínimo de rentabilidade, práticas indutoras de fidelização[453]?

Em terceiro lugar, a argumentação das autoridades concorrenciais parece esquecer que a prática de descontos não pode ser entendida isoladamente, mas no âmbito de uma política global de determinação de preços numa determinada rede. De facto, o retalhista deve ser entendido como agente racional que toma as decisões de aquisição grossista à entidade que oferece os bens de forma mais favorável. O desconto não pode ser entendido isoladamente, mas sim como um método, entre muitos outros, de estabelecimento de preço de um determinado bem.

O benefício que o retalhista pretende é o aumento da sua margem de rentabilidade independentemente do modelo de determinação de preço adoptado. Esse aumento de rendimento pode ser alcançado por via de uma redução global dos preços praticados pelo grossista ou por via de uma política de descontos. Relevante será, isso sim, verificar se pela prática de descontos ocorreu um qualquer aumento de preços ao nível do consumidor; porém tal nunca é suficientemente apreciado quer pela Comissão, quer pelo Tribunal de Primeira Instância, que se parecem satisfazer com a posição, cómoda, de aplicação de uma presunção de proibição *per se*.

Como em qualquer outra situação de escrutínio concorrencial, deverá desconsiderar-se o âmbito formal da conduta em si mesma e deverão analisar-se os efeitos da mesma em sede de concorrência efectiva, ou seja, o impacto da mesma no desempenho concorrencial de concorrentes igualmente eficientes e, acima de tudo, as suas consequência ao nível do bem-estar do consumidor, *maxime* ao nível dos preços e das quantidades de bens produzidos.

---

[453] Nem mesmo quando os responsáveis da Comissão modificam o seu discurso (v.g., L. Gyselen, *"Rebates: Competition on merits or Exclusionary Practice?"*, 8th EU Competition Law and Policy Workshop, European University Institute, Junho 2003, para. 122), alterando o diapasão da fundamentação do vector da fidelização para o vector da exclusividade, se poderá ultrapassar esta crítica. De facto, o preço mínimo praticado visa precisamente o alcance uma situação de exclusividade concorrencial: é esse, aliás, o objectivo de uma concorrência pelo mérito.

Deverá analisar-se o mercado relevante onde os efeitos do desconto se farão sentir; se o seu âmbito for reduzido, então poderão excluir-se quaisquer efeitos anticoncorrenciais a este propósito. Por outro lado, e na ausência de preços predatórios, não se consegue antever quaisquer efeitos anticoncorrenciais decorrentes de sistemas normalizados de descontos ou de sistemas de natureza incremental. No primeiro caso, todos os retalhistas terão acesso ao mesmo sistema num ambiente de transparência e não-discriminação; no segundo caso, todos os concorrentes igualmente eficientes poderão desenvolver uma oferta concorrente, no âmbito de um sistema normal de mercado de concorrência pelos méritos.

Tal não significa, obviamente, que os planos de descontos personalizados sejam, *per se*, anticoncorrenciais. Ao invés, deverão antes ser analisados de forma mais escrutinada, analisando-se a justificação económica dos referenciais de descontos, a sua progressão bem como a duração do procedimento. Finalmente, será crucial que todo o sistema seja erigido de forma transparente[454].

---

[454] Cfr. *DG Competition discussion paper on the application of article 82 of the Treaty to Exclusionary Abuses*, citado, paras.153 a 162. O documento de discussão da Comissão sugere uma metodologia de cinco passos para a aferição da conformidade concorrencial dos sistemas de descontos de fidelização. Em primeiro lugar é necessário aferir do grau de contestabilidade do mercado; se este for totalmente contestável, não existirá margem para efeitos anticoncorrenciais. Em segundo lugar, deverá verificar-se, tomando como referência cada cliente, qual a margem líquida de preço das unidades adicionais em comparação com o custo de produção das mesmas, de forma a aferir da contestabilidade do mercado relativamente a essas unidades adicionais. Em terceiro lugar, é necessário verificar a denominada "*quota de mercado comercialmente viável*" comparativamente às capacidades dos concorrentes. Em quarto lugar é necessário verificar se o âmbito de aplicação do sistema de descontos é alargado e abrange uma vasta margem do mercado relevante. Finalmente, poderão existir factores agravantes: i) descontos personalizados, ii) sistemas onde o nível de descontos final é incerto; iii) sistemas de descontos vigentes durante períodos alargados de tempo; iv) existência de outras práticas de exclusão, *e.g,* vendas coligadas ou oferta de pacotes agregados de produtos.

Ora, este é um procedimento extremamente complexo. A aferição do grau de contestabilidade do mercado é extraordinariamente difícil, ainda mais se essa análise for efectuada relativamente a unidades adicionais de produção tomando como referência os consumidores individualmente considerados. Por outro lado, o conceito de quota de mercado comercialmente viável não se encontra suficiente densificado no documento da Comissão. Além disso, e mais uma vez, não toma em consideração as diversas características próprias dos sectores em rede, *maxime* as suas particularidades ao nível da concorrência dinâmica pelos mercados, dos sistemas de formação de preços e de criação de bases instaladas.

2.3. *O direito de acesso aos segmentos "essenciais" nos sectores em rede*

Os sectores em rede assentam numa componente infra-estrutural constituída por diversos segmentos que, independentemente da sua configuração (natureza física ou virtual), são da titularidade de um sujeito (*in limine* do Estado) que, de forma directa ou indirecta, os constrói ou os explora economicamente. E, nesta perspectiva, os agentes detentores dos segmentos são, em princípio, livres para negociar com os restantes operadores que desejem aceder ao segmento por si detido.

Porém, e conforme já foi explicitado, existem determinados segmentos que, por razões diversas, são considerados fundamentais para o desenvolvimento da actividade económica na integralidade da rede.

Acresce que, tendencialmente, quer por razões económicas, quer por razões históricas, o agente detentor desse segmento detém, tendencialmente, uma posição dominante nesse mercado.

Neste enquadramento, torna-se essencial definir os termos que poderão obrigar estes agentes a negociar o acesso a esse segmento fundamental por parte de terceiros quando essa não seja a vontade expressa do seu titular.

Como se pode facilmente antever, esta questão assume vestes de enorme controvérsia, uma vez que poderá colidir com o núcleo mais fundamental da liberdade contratual e do direito de propriedade e atinge quer os segmentos físicos (*maxime* aqueles onde a duplicação física seja de todo impossível ou que se encontrem organizados segundo o modelo de monopólio natural), quer os segmentos virtuais titulados por direitos de propriedade intelectual (*lato sensu*).

Existem diversos exemplos para ilustrar esta situação limite. Conforme referimos, uma ponte ou um porto poderão não ser replicados devido a constrangimentos de ordem física. Por seu lado, os carris ferroviários, os sistemas de transporte de energia de alta tensão, os gasodutos e as condutas de água de alta pressão, bem como os lacetes locais das telecomunicações poderão constituir-se como verdadeiros monopólios naturais, o que torna a sua duplicação ineficiente em sede de bem-estar social. Finalmente, os direitos de propriedade intelectual poderão fornecer uma protecção jurídica ao seu titular que lhe permite o exercício de um poder monopolístico sobre os mesmos que, no limite, permite equiparar os efeitos deste monopólio jurídico em sede de bem-estar aos efeitos económicos decorrentes das restantes situações referidas.

Ao não se permitir o acesso de terceiros (entendendo-se estes terceiros num sentido amplo, abrangendo não só prestadores de serviços concorrentes nesse mesmo segmento como os agentes que detenham segmentos a montante ou a jusante), o detentor deste segmento essencial pode facilmente estender a sua área de domínio, que se situa originariamente num estrato naturalmente não-concorrencial do mercado, para outros segmentos onde a concorrência pode ser potencialmente desenvolvida.

Afastando-se liminarmente a doutrina da *"renda monopolista única"* advogada pela Escola de Chicago, o desenvolvimento de uma estratégia de recusa de acesso a terceiros por parte de um detentor de um segmento *"essencial"* de uma rede permitir-lhe-á, de forma relativamente simplificada, eliminar toda a concorrência numa rede e um exercício pleno e efectivo de um poder de mercado integral e incontestável na óptica estrita da oferta.

Esta é uma questão central nos sectores em rede e que pode, numa situação limite, colocar em causa todos os esforços de liberalização económica efectuados nos diversos sectores. De facto, de nada vale uma separação infra-estrutural de segmentos (*"unbundling"*) se o detentor desse segmento puder desenvolver, por sua livre iniciativa, uma extensão do seu poder económico para os sectores complementares, alargando o seu poder monopolista no segmento essencial.

Por conseguinte, e dada a configuração do problema, encontramo-nos no cerne mais sensível do moderno direito económico, enquanto direito de conformação da propriedade privada na óptica do bem-estar social e do princípio da eficiência económica, ultrapassando-se os paradigmas tradicionais do intervencionismo económico[455].

É neste enquadramento de *"garantia de acesso"*, que se tem discutido a possibilidade de imposição de um *dever de negociar* numa óptica de regulação concorrencial *"ex post"*, naturalmente

---

[455] O que não impede alguma doutrina de defender a integração destes segmentos "essenciais" na propriedade pública de forma a garantir a imparcialidade e a justiça na sua administração. Cfr. R. Sánchez, *Infraestructuras en red y liberalización de servicios público*, INAP, 2003.

complementar das medidas regulatórias "*ex ante*" de correcção comportamental e estrutural que se encontram previstas na diversa regulação sectorial.

Este *dever de negociar* terá de ser cuidadosamente definido, atendendo aos constrangimentos próprios decorrentes da tutela do direito de propriedade. E, como em qualquer outro ramo do direito económico, a imposição de uma determinação positiva pública dependerá da sua proporcionalidade e da eficiência acrescida dos seus efeitos em sede de bem-estar social.

Como ponto de partida, refira-se, que o dever de negociar só poderá ser imposto se os requisitos do artigo 82.º do Tratado estiverem verificados. Por outras palavras, só existirá um dever de negociar se a sua recusa configurar um abuso de posição dominante[456]. Vejamos, no entanto, de seguida a questão da propriedade intelectual dada a sua particular relevância para as redes virtuais.

2.4. Os direitos de propriedade intelectual, a concorrência e o dever de negociar nas redes virtuais

Conceptualmente, o fundamento para a existência de um direito de propriedade intelectual pode parecer como antagónico perante o princípio que fundamente um dever em negociar o acesso a segmentos "essenciais" integrantes de sectores em rede.

O fundamento para a existência de um dever em negociar numa rede física decorre da impossibilidade técnica ou da ineficiência económica inerente à duplicação do segmento em causa; ao invés, nas redes virtuais, os segmentos são facilmente replicados, dado que os custos de produção da "cópia" são residuais face aos custos de "criação", que englobam não só os custos de investigação como os

---

[456] Em tese, teremos que estar preparados para adoptar um de três postulados de diferentes intensidades: i) o monopolista não poderá recusar negociar quando o efeito for o de criação de um monopólio no mercado do comprador; ii) o monopolista não poderá recusar negociar com um comprador que concorra com o monopolista no mesmo mercado; iii) o monopolista deverá negociar de forma indiscriminada, quer com concorrentes, quer com não concorrentes. Cfr. P. Areeda e H. Hovenkamp, *Antitrust Law*, vol. IIIA, 2nd edition, Aspen Law, 2002, pág. 165.

custos de desenvolvimento e de negociação para o estabelecimento da norma[457].

Desta forma, e ao contrário das limitações físicas ou económicas, é a própria ordem jurídica que estabelece uma limitação artificial de acesso ao segmento.

Deparamo-nos com uma situação paradoxal: enquanto que nas redes físicas, o eventual reconhecimento de um dever em negociar resultará da extrema dificuldade ou da irracionalidade de uma replicagem física dos segmentos, nas redes virtuais, a outorga do direito de protecção decorre da extrema facilidade da sua duplicação.

Este simples exemplo demonstra a complexidade das situações em presença, facto que deve ser permanentemente relembrado em todas as indagações teóricas a este propósito. Ainda assim, a doutrina tende a confundir as duas situações, confundindo os corolários

---

[457] E, neste enquadramento, o titular do direito de propriedade intelectual poderá cobrar uma renda protegida que lhe permitirá ressarcir-se dos investimentos iniciais. Este argumento de base utilitarista era já avançado por J. Bentham (in, *A Manual of Political Economy*, New York, Putnam, 1839), J. Stuart Mill (in, *Principles of Political Economy*, 5th Ed., New York, Appleton, 1862) e por A. C. Pigou, (in, *The Economics of Welfare*, 24th Ed., London, Macmillan & Co., 1924). Porém, existem outras correntes doutrinárias susceptíveis de enunciação para a justificação da existência do direito de propriedade industrial. Assim, e nos termos da Teoria do Trabalho, iniciada por John Locke (in, *Two Treatises of Government*, P. Laslett (ed.), Cambridge, Cambridge University Press, 1970, *Second Treatise, sec. 27*) perfilhada, com algumas ponderações, por Robert Nozick (in, *Anarchy, State and Utopia*, New York, Basic Books, 1974, págs. 178 a 182), uma pessoa que trabalhe e produza activos que não sejam reconhecidos enquanto de "posse comum" detém um direito natural de propriedade relativamente ao fruto do seu engenho, sendo que o Estado tem o dever de respeitar e defender esse direito natural. Por sua vez, de acordo com a Teoria da Personalidade, decorrente dos trabalhos de Kant e Hegel, os direitos de propriedade intelectual encontram-se intrinsecamente relacionados com a satisfação das necessidades humanas fundamentais, no sentido de evitarem uma apropriação indevida de "vontades" expressas e que se encontram intimamente ligadas ao núcleo central da "pessoa" (cfr. J. Hughes, *The Philosophy of Intellectual Property*, Georgetown Law Journal, 77, 1988, págs. 330 a 350). Finalmente, de acordo com a Teoria do Planeamento Social, desenvolvida inicialmente por Thomas Jefferson (in, *Notes on the State of Virgínia*, New York, Norton, 1972) e nos trabalhos iniciais de Karl Marx (in *Economic and Philosophic Manuscripts of 1844*, New York, International Publishers, 1964), a propriedade intelectual é essencial para moldar uma cultura mais justa e equitativa, proporcionando um incentivo à expressão criativa, reforçando a cultura democrática e a associação cívica. Cfr. W. Fisher, *Teorias da Propriedade Intelectual, in A Economia da Propriedade Intelectual e os novos Media: entre a inovação e a protecção*, Guerra & Paz, 2006, págs. 58 a 87.

concorrenciais do direito de acesso de terceiros a segmentos físicos e a segmentos virtuais "essenciais" com os pressupostos inerentes à defesa da utilização exclusiva de um produto do engenho.

E, neste ambiente, depara-se-nos uma primeira dificuldade conceptual. Sendo o direito de propriedade intelectual um produto da ordem jurídica que concede um direito exclusivo relativamente à disposição de um determinado segmento virtual, poderá esse dispositivo legal entrar em contradição com outras normas jurídicas, *maxime* as de tutela de concorrência, quando esse segmento for essencial para o desenvolvimento de uma concorrência efectiva numa rede?

De forma a alcançar uma aparente conformidade entre orientações potencialmente antagónicas, alguma doutrina tem defendido a aplicação de um tratamento mais tolerante em sede de tutela concorrencial relativamente aos segmentos "essenciais" nas redes virtuais, defendendo a não-imposição ao seu titular de um dever em negociar o acesso de terceiros ao conteúdo do mesmo, perante o aparente primado da protecção da propriedade intelectual face aos fundamentos do direito da concorrência[458].

Não perfilhamos esta posição.

Em primeiro lugar, considera-se que não existe qualquer antagonismo entre o direito da concorrência e o direito da propriedade intelectual. Em segundo lugar, as situações que justificam a aplicação das soluções concorrenciais nas redes físicas e nas redes virtuais são relativamente idênticas, pelo que o tratamento jusconcorrencial deverá ser idêntico em ambos os casos. Analisemos as questões relevantes de forma separada.

---

[458] Neste sentido Gilbert e Shapiro referem o seguinte: "an obligation to deal does not necessarily increase economic welfare even in the short run. In the long run, obligations to deal can have profound adverse incentives for investment and for the creation of intellectual property. Although there is no obvious economic reason why intellectual property should be immune from an obligation to deal, the crucial role of incentives for the creation of intellectual property is reason enough to justify scepticism towards policies that call for compulsory licencing" (in R. Gilbert e C. Shapiro, *"An Economic Analysis of Unilateral Refusals to Licence Intelectual Property", Proceedings of the National Academy of Sciences USA*, 1985, pág. 12754). Também Massimo Motta refere que "in antitrust agencies tried to eliminate or reduce market power whenever it appeared, this would have the detrimental effect of eliminating firms' incentives to innovate" (in, *Competition Policy: Theory and Practice, cit.*, pág. 64).

*i) **Inexistência de conflitos entre direito da concorrência e direito da propriedade intelectual***

O dilema entre propriedade e concorrência é inerente ao pensamento jurídico moderno. Numa outra dimensão, essa aparente contradição revela-se igualmente na tensão entre a liberdade e a segurança nos sistemas jurídicos. Não será, portanto, de estranhar que, neste ambiente relacional complexo, o ordenamento da concorrência, assente em princípios de liberdade de acção, *maxime* de acesso, aparentemente conflitue com a propriedade intelectual enquanto pressuposto de segurança jurídica. Efectivamente, num modelo neoclássico de concorrência perfeita, a ideia de direitos exclusivos conflitua imediatamente com os princípios da igualdade concorrencial e de liberdade de acesso aos segmentos.

A questão subjacente é simultaneamente mais simples, numa primeira apreciação, e mais complexa, numa análise multidimensional. É mais simples dado que a aparente contenda entre liberdade e propriedade e entre segurança e disputa concorrencial é inerente a toda a ordem jurídica, pelo que a aparente tensão entre o ordenamento da concorrência e o ordenamento da propriedade intelectual não é mais do que um corolário natural desta virtual conflitualidade genética da ordem jurídica.

Ao adoptar-se uma perspectiva multidimensional, se verificarmos que o direito de propriedade intelectual cria uma protecção relativamente a segmentos não tangíveis que excede, em potência jurídica, o seu equivalente em relação aos segmentos físicos, então poderão colocar-se alguns problemas relacionais.

Os segmentos susceptíveis de serem qualificados enquanto "essenciais" numa rede física são extraordinariamente limitados, situados em locais típicos, e decorrem de uma circunstância natural de ordem prática ou de ordem económica. Ao invés, os segmentos "essenciais" nas redes virtuais são virtualmente infinitos dadas as relações cruzadas de intrínseca compatibilidade que se estabelecem entre os diversos segmentos e que estão, no limite, integralmente sujeitos a uma protecção da propriedade intelectual, quer ao nível dos componentes individualmente considerados, quer ao nível do sistema ou da norma.

Não é de estranhar que, de uma apreciação simplista desta intrincada teia relacional, se conclua pela existência de um conflito inerente entre estes dois ramos da ordem jurídica. E esta é, aliás, a posição da doutrina tradicional que salienta a inerente contradição entre o poder de utilização exclusiva decorrente da titularidade do direito de propriedade intelectual e a simultânea tentativa do desmantelamento do poder de mercado por parte do direito da concorrência[459].

Numa primeira apreciação deverá referir-se que esta situação autodestrutiva seria, *ab initio*, intolerável numa ordem jurídica moderna. Porém, esta contradição é meramente aparente uma vez que a propriedade intelectual não tem como objectivo a atribuição de poder de mercado ao beneficiário do direito em causa.

O seu único fundamento é a atribuição de um direito de utilização exclusiva o que, em circunstâncias normais de mercado, em nada colide com o direito da concorrência. Só colidirá se esse detentor deter uma posição significativa de mercado e utilizar esse seu direito proprietário para proceder a um abuso típico. A apreciação da conformidade concorrencial assentará, portanto, na conduta desenvolvida (*i.e.* no seu exercício) e não no exclusivo que lhe foi reconhecido.

Poderá dizer-se que a dimensão da análise em sede de direito da concorrência é diferente da dimensão em que opera o direito de propriedade intelectual. Este visa a concessão de um exclusivo de utilização, sanando as falhas de mercado inerentes à sua fácil duplicação e, por conseguinte, tem uma dimensão inequivocamente estrutural. Por sua vez, o direito da concorrência opera no âmbito da análise de condutas, tendo um escopo eminentemente operacional.

As dimensões em que actuam estes dois ramos do direito são, portanto, diferentes. A outorga de um direito de propriedade intelectual não implica qualquer concessão de poder de mercado, mas tem unicamente como fundamento a conformação eficiente de um direito de propriedade sobre um activo imaterial.

---

[459] Cfr., e.g, W. Bowman, *Patent and Antitrust Law: A Legal and Economic Appraisal*, Chicago University Press, 1973, págs. 3 e segs.. Esta orientação foi perfilhada por diversos acórdãos norte-americanos. Cfr., e.g., acórdão *Jefferson Parish Hospital Dist. N.º 2 vs. Hyde*, 446 US 2, 16, 1984; acórdão *Digidyne Corp. vs. Data General Corp.*, 734 F2.d, 1336, 1341-2 (9th Circuit, 1984).

Tomando consciência desta disfunção dimensional que, à partida, aniquila qualquer posição que advogue uma doutrina de antagonismo relacional entre os dois institutos, os apologistas da teoria da contradição viraram a sua atenção, não para o conflito em si mesmo, mas para a potencial contradição entre os seus propósitos e as suas filosofias de base[460].

No entendimento de alguma doutrina, o direito da concorrência visa a preservação de uma livre concorrência; ao invés, o direito da propriedade intelectual tem em vista a atenuação destes propósitos dado que concede monopólios legais remuneratórios dos custos de "criação"[461].

Obviamente que não sufragamos desta opinião. Em primeiro lugar, o fundamento do direito da propriedade intelectual não é nem nunca será a erosão concorrencial; quanto muito, poderá ocorrer uma inércia adicional decorrente da concessão do exclusivo, mas que em si mesmo não afecta de *per se* o desempenho concorrencial do mercado.

Por outro lado, também já se referiu que o fundamento do direito da concorrência não é a concorrência em si mesma, mas sim a elevação dos níveis de bem-estar social. E, de facto, esta é a chave da questão. Ambos os institutos visam, única e exclusivamente, o aumento da eficiência nos sectores económicos e a optimização dos padrões de bem-estar social. Assim, a vertente mercantilista do direito da propriedade intelectual não é nem mais nem menos do que uma expressão do direito económico enquanto direito de conformação eficiente da propriedade, no sentido da eliminação das falhas de mercado inerentes à imaterialidade das redes virtuais. Ora, esse primado de eficiência orienta igualmente o direito da concorrência, que actua, porém, numa outra dimensão.

---

[460] Na mesma linha de pensamento, uma outra corrente doutrinária defende que a propriedade intelectual se constitui como uma excepção ao direito da concorrência. Cfr., e.g., G. Sobel, *"The Antitrust Interface with Patents and Innovation: Acquisition of Patents, Improvement Patents and Grant-Backs, Non-Use, Fraud on the Patent Office, Development of the New Products and Joint Research"*, Antitrust Law Journal, 53, 1985, págs. 681 e segs.

[461] Cfr., e.g., P. Grunzweig, *"Prohibiting the Presumption of Market Power for Intellectual Property Rights: The Intellectual Property Antitrust Protection Act of 1989"*, Journal of Corporation Law, 16, 1990, págs. 103 e segs.

Na sua vertente económica, o direito da propriedade intelectual não contém senão uma regulação *ex ante*, essencial para o estabelecimento inicial das regras de propriedade sem as quais o mercado das redes virtuais se tornaria impossível.

Nas redes físicas, o segmento essencial é facilmente identificável pois a sua especial qualificação resulta de elementos de ordem física, facilmente constatáveis, ou de elementos de ordem económica, facilmente demonstráveis e quantificáveis. Neste enquadramento, e dada a sua existência física (material ou imaterial), a sua apropriação por um agente, ou por um conjunto de agentes num regime de compropriedade, exclui, por definição, a apropriação do mesmo segmento por parte de terceiros.

Nas redes virtuais, a titularidade exclusiva do segmento depende da outorga do respectivo direito de propriedade intelectual. É este direito que permite ao titular usufruir da sua propriedade, usando-a em exclusivo de forma a extrair um rendimento que retribua os custos incorridos na sua criação. Ora, atendendo à configuração destes segmentos, os rendimentos que decorrem da sua exploração não são mais nem menos do que rendas protegidas, porém essenciais para recompensar o esforço de inovação e a criação intelectual.

Em tese geral, o direito de propriedade intelectual concede um direito de utilização exclusiva por via da atribuição de um monopólio legal que se traduz na possibilidade de exclusão de terceiros "borlistas" na fruição dos bens em causa, mas que não se confunde com a posição dominante num mercado já que esse monopólio legal poderá não se estender à integralidade do segmento da rede, situação que impedirá o exercício de um poder determinante sobre as condições gerais de mercado[462].

Por outras palavras, o direito de propriedade intelectual traduz-se num poder de exclusão de *"free riders"*, enquanto que a posição dominante se traduz num poder de determinação unilateral das condições gerais de mercado, *maxime*, dos preços praticados[463].

---

[462] Cfr., e.g., W. Landes e R. Posner, *The Economic Structure of Intellectual Property*, Cambridge, Harvard University Press, 2003, págs. 171 e segs.

[463] Conforme refere M. Moura e Silva, *"os direitos de propriedade intelectual conferem ao seu titular direitos exclusivos no pressuposto de tal criar um incentivo para o desenvolvimento de inovações que contribuirão para o progresso económico e tecnológico*

A propriedade intelectual é, portanto, essencial para garantir o exercício efectivo de um direito de propriedade nos segmentos virtuais, facto que é essencial para a interiorização das exterioridades de rede positivas nas redes virtuais. Assim, a concorrência, na sua configuração efectiva e dinâmica na promoção da inovação[464], e a propriedade intelectual, enquanto elemento estrutural que permite um exercício de um direito de propriedade efectivo e pleno em segmento imateriais, constituem-se como instrumentos complementares entre si, essenciais para a eficiência dos mercados e para a maximização do bem-estar social.

Este entendimento tem vindo a ser adoptado por algumas autoridades concorrenciais. A título de exemplo, as autoridades concorrenciais norte-americanas consideram, actualmente, que existe uma relação íntima e complementar entre o direito da concorrência e o direito da propriedade intelectual. Este posicionamento, comungado pelo DOJ e pela FTC, pode ser comprovado na análise das suas posições no acórdão *Atari Games Corp. vs. Nintendo of America, Inc.*, onde o Circuito Federal efectuou as seguintes considerações: "*[the] aims and objectives of patent and antitrust laws may seem, at first glance, wholly at odds. However, the two bodies of law are complementary, as both are aimed at encouraging innovation,*

---

da comunidade. Por este motivo, às inovações de maior valor são conferidos direitos exclusivos quanto ao exercício de uma determinada actividade económica. O criador fica assim protegido contra a imitação pelos seus concorrentes, os quais não tiveram que incorrer nos custos de investigação e desenvolvimento. O pressuposto deste raciocínio é o de que a disciplina de mercado, por si só, levaria a um nível de invenção inferior ao óptimo devido ao problema da aversão natural ao risco de alguns agentes económicos (risk aversness) e aos problemas de apropriação dos benefícios da inovação por terceiros (appropriability)" (in, Inovação, Transferência de Tecnologia e Concorrência, cit., págs. 55 e 56.)

[464] Relembre-se que não se adoptou a perspectiva neoclássica do direito da concorrência. Porém, se se assumisse o pressuposto de construção de um mercado (utópico) de concorrência perfeita, então poderiam ocorrer alguns desfasamentos conceptuais entre os dois institutos, já que a propriedade intelectual dificulta o acesso aos segmentos por parte de eventuais novos concorrentes. Além disso, assumindo-se que existe uma total homogeneidade nos produtos oferecidos, a concessão de um exclusivo poderá criar, *per se*, um poder monopolístico intolerável. Este último argumento é, no entanto, erodido ao adoptar-se o modelo de concorrência monopolística, que assume um grau de diferenciação entre os produtos oferecidos.

industry and competition."[465] As *Antitrust Guidelines for the Licensing of Intellectual Property* (*"IP Guidelines"*), emitidas conjuntamente pela FTC e pelo DOJ em 1995, comprovam esse posicionamento comum[466], considerando que não existe especialidade na análise concorrencial das redes virtuais.

Por outro lado, as autoridades concorrenciais não presumem qualquer poder de mercado para efeitos concorrenciais que decorra directamente da titularidade de um exclusivo intelectual[467]. Finalmente, consideram que o licenciamento pode ser pró-concorrencial uma vez que promove a criação de redes virtuais adicionais[468].

---

[465] 897 F.2d 1572, 1576, 14 U.S.P.Q.2d (BNA) 1034, 1037 (Fed. Cir. 1990) (citando *Loctite Corp. v. Ultraseal Ltd.*, 781 F.2d 861, 876-77, 228 U.S.P.Q. (BNA) 90, 100-01 (Fed. Cir. 1985).

[466] United States Department of Justice & Federal Trade Commission, *Antitrust Guidelines for the Licensing of Intellectual Property* § 5.6 (Apr. 6, 1995) http://www.usdoj.gov/atr/public/guidelines/ipguide.htm

[467] O processo desenvolvido pela FTC contra a *Intel* é extremamente revelador (*Cfr. Intel Corp.; Analysis to Aid Public Comment*, 64 Fed. Reg. 14246 (Mar. 24, 1999) </ os/ 1999/9903/d09288intelanalysis.htm>; Cfr., igualmente, *FTC Accepts Settlement of Charges Against Intel* (Mar. 17, 1999) </opa/ 1999/9903/intelcom.htm.'). Assim, foi alegado por esta instituição que a Intel detinha um poder de monopólio sobre o mercado mundial de microprocessadores, que havia reforçado por via da introdução de novas barreiras à entrada corporizadas em acordos de licenciamento celebrados com os fabricantes de computadores, seus potenciais concorrentes, em que os obrigava a adoptar a sua tecnologia, sob pena de recusa de fornecimento de informação técnica essencial e acesso a amostras necessários para o fabrico do computador por parte dos produtores (onde se incluía a Digital Equipment Corporation, Intergraph Corporation, e a Compaq Computer Corporation). Desta forma, a conduta anticoncorrencial da Intel baseava-se em três pressupostos: i) o acesso privilegiado da Intel às tecnologias de segmentos concorrentes da rede virtual onde se incluíam os microprocessadores por via dos acordos preferenciais celebrados com os seus fabricantes; ii) o licenciamento forçado das tecnologias concorrentes; iii) a incapacidade que os outros fabricantes detinham ao nível do marketing dos seus produtos. No dia 6 de Agosto de 1999, foi formulado o "consent decree" (Intel Corporation, No. 9288 (FTC Aug. 3, 1999) </os/ 1999/9908/inteld&o.htm). Não tendo sido imposta qualquer obrigação de licenciamento à Intel, foi unicamente imposta uma proibição de alavancagem da sua posição dominante, impedindo-se a Intel de extrair vantagens ao nível da propriedade intelectual detida pelos seus clientes ou de ameaçar os mesmos com uma paragem de fornecimentos. Cfr., e.g., C. Shapiro, *"Technology Cross-Licencing Practices: FTC v. Intel"*, in J. Kwoka, Jr e L. White (eds.) *The Antitrust Revolution,* Oxford Press, 2004, págs. 350 a 372.

[468] Facto igualmente reconhecido pela Comissão Europeia, embora em termos mais restritivos. Cfr. *Comissão Europeia, Orientações relativas à aplicação do artigo 81.º do Tratado CE aos acordos de transferência de tecnologia,* (2004 C/101/02), JO C101/2, 2004.

Os únicos desfasamentos que poderão existir entre os dois institutos resultarão única e simplesmente de uma eventual intensidade excessiva da protecção da propriedade intelectual. Efectivamente, a eficiência desta protecção depende do nível de exclusividade que for concedido relativamente a segmentos "essenciais" de redes virtuais e, nesta sede, deverá garantir-se que a protecção concedida não excede um limite socialmente eficiente.

O período de utilização exclusiva, o âmbito da protecção, os termos do exercício do seu direito – o poder-dever de exploração do seu direito[469] – e o nível remuneratório das *royalties* deverão ser calibrados em função de um resultado socialmente óptimo. Tal obriga a um procedimento de avaliação preliminar casuística da intensidade inicial de protecção e de controlo concomitante dos termos de exploração e das rendas auferidas, em tudo similar ao que decorreria num contexto de regulação económica tradicional. Nenhum destes procedimentos será estranho em sede de propriedade intelectual dada a sua dimensão inequivocamente económica.

Em termos conceptuais, a análise concorrencial de abusos de posição dominante em redes virtuais e em redes físicas deverá ser efectuada em termos semelhantes, não existindo qualquer motivo para uma adaptação analítica com fundamento na propriedade intelectual. Esta existe para garantir um direito eficiente de "propriedade" sobre o segmento produzido com base nessa protecção, e não servirá de fundamento ou de salvaguarda para justificar qualquer abuso concorrencial cometido na rede em si mesma por via da utilização desse mesmo segmento[470].

---

[469] A concessão da protecção tem em vista a elevação dos níveis de bem-estar social. Se um sujeito obtém a protecção e não desenvolve a sua criação, então não existirá qualquer fundamento económico para a sua salvaguarda. Cfr. D. Kallay, *The Law and Economics of Antitrust and Intellectual Property, cit.*, pág. 121.

[470] Um interessante caso envolveu a FTC e a Dell Computer Corporation (Dell Computer Corp., 121 F.T.C. 616 (1996)), devido à participação desta última na Video Electronics Standards Association ("VESA"), uma entidade não lucrativa que se dedicava à promoção de normas no mercado informático. Assim, em 1992, a VESA encontrava-se a desenvolver uma norma denominada "VL-bus.", elemento crucial para a ligação dos componentes da rede virtual. O procedimento de aprovação desta norma requeria que cada membro da organização emitisse uma declaração onde se referisse que a norma não violava qualquer direito de propriedade intelectual por si detido. Apesar de ter emitido essa declaração, num

Assim, a propriedade intelectual visa conceder uma base sólida para a utilização eficiente de um segmento; um eventual abuso concorrencial não decorrerá desta base mas sim de uma vontade superveniente do agente titular[471]. Assim, ambos os institutos têm um fundamento comum: a elevação dos níveis de bem-estar social, pelo que conceptualmente não se poderá enunciar qualquer clivagem entre ambos quer ao nível do estabelecimento de dever de negociar, quer ao nível de qualquer outra conduta típica susceptível de corporizar uma patologia concorrencial.

ii) ***Identidade das condições de base relativamente aos segmentos essenciais em redes físicas e em redes virtuais***

As redes virtuais distinguem-se das redes físicas devido à intensidade relacional dos diversos segmentos componentes. Numa rede física, o eventual nó ou lacete situa-se numa localização relativamente

---

momento posterior a Dell iniciou dois procedimentos por violação de propriedade intelectual contra dois utilizadores da norma entretanto aprovada. Ora, no entender da FTC, esta conduta causou prejuízos nos concorrentes e nos consumidores, uma vez que a norma deixou de ser utilizada por receio de imposição de processos por parte da Dell. No "*consent decree*" a Dell foi proibida de anunciar o seu pretenso direito de propriedade intellectual relativamente a essa norma, no caso concreto ou no futuro, quando esse direito resulte de um acordo no seio de uma entidade normalizadora (cfr. *In the matter of Dell Computer Corporation, Consent and Order* (20 de Maio de 1996), 121 F.T.C. 616 (1996), 1996 WL 350997 (F.T.C.)). Esta questão é interessante uma vez que existe igualmente uma concorrência de primeiro estádio entre as próprias entidades normalizadoras. Assim, e na matéria de normalização de componentes de ligação, a primeira norma – XT bus – foi definida pela ISA, dominada pela IBM, em 1982, sucedida pela XT-bus em 1987. A inovação seguinte foi a introduzida pela EISA em 1988. A VESA alcança proeminência em 1994 com o "VL-bus". Finalmente, é a ISA quem vence actualmente a disputa com a sua norma PCI bus, de 1993. Ora, neste enquadramento de concorrência dinâmica não nos parece existir qualquer vantagem em desenvolver qualquer procedimento concorrencial. Cfr. D. Kallay, *The Law and Economics of Antitrust and Intellectual Property, cit.*, págs. 166 a 201.

[471] Ronald S. Katz, Janet Arnold Hart e Adam J. Safer defendem que as patentes e os direitos de propriedade intelectual prosseguem finalidades de interesse público, mas a sua expansão extravagante poderá resultar em posições dominantes susceptíveis de abuso (in "*Intellectual Property vs. Antitrust: A False Dilemma*", *Computer Law*, 11, at 8, 9, 1998, págs. 11 e segs.). O Supremo Tribunal Federal declarou que a aquisição e manutenção de um monopólio através de "a superior product, business acumen, or historic accident does not rise to the level of an antitrust violation". Cfr. Acórdão *United States v. Grinnell Corp.*, 384 U.S. 563, 570- 71 (1966).

linear no seio da rede o que, em tese, pode mesmo fundamentar a própria distinção entre os segmentos concorrenciais a montante e os segmentos concorrenciais a jusante. Ao invés, nas redes virtuais e perante os padrões relacionais complexos, os segmentos "essenciais", a existirem, poderão situar-se em localizações diversas e as suas relações de interligação poderão estabelecer-se numa multiplicidade de níveis com componentes bastante diferenciados.

O problema fundamental, a este propósito, radica na imaterialidade subjacente às redes virtuais, bem como na intensidade das exterioridades de rede que aí se façam sentir. Nestas condições, mesmo que se identifique um segmento "essencial", a sua regulação concorrencial deverá ser cuidadosa sob pena de geração de perdas em sede de bem-estar social. De facto, grande parte da ponderação a realizar por parte das autoridades concorrenciais dependerá de uma conclusão anterior quanto aos efeitos positivos ou negativos decorrentes de uma relação de compatibilidade integral entre todos os segmentos, independentemente da sua origem ou proveniência.

As razões que levam a esta discussão são idênticas, quer se tratem de redes físicas ou de redes virtuais. De facto, e num momento *ex ante* nenhum terceiro se oferece para contribuir nos esforços de investimento para a construção do segmento. Porém, *ex post*, ou seja, após a sua entrada em funcionamento, as solicitações para a permissão de acesso são inúmeras. E, de facto, a diferenciação entre os momentos concorrenciais é crucial para o estabelecimento de um sistema equilibrado a este propósito.

Após o segmento ter sido criado, a solução mais eficiente numa perspectiva de concorrência estática, é a permissão de disseminação da sua utilização; porém, e numa perspectiva dinâmica, tal impediria *ipso facto* qualquer investimento inicial na sua criação, quer estejamos a falar de uma ponte ou de um programa informático.

O mesmo dilema se manifesta no que diz respeito à ponderação dos benefícios para os consumidores. Assim, se no curto prazo os consumidores veriam a sua situação melhorada por via de um acesso livre ao produto da criação, no longo prazo, ao invés, assistiríamos a uma redução significativa do ritmo da inovação ou do investimento pesado.

Actualmente, a questão concorrencial crucial a este propósito decorre dos processos interpostos contra a Microsoft, quer nos Estados Unidos, quer na União Europeia. O cerne da questão radica na eventual qualificação dos sistemas operativos como segmentos "essenciais" na rede virtual mais abrangente e difusa do mundo: os sistemas informáticos globais. Efectivamente, ninguém contesta o direito da Microsoft à fruição do produto da sua criação, o sistema Windows. O que interessa saber é se as práticas decorrentes dessa utilização poderão consubstanciar abusos de posição dominante, nomeadamente quando essa empresa se recusa a fornecer os códigos de acesso a fabricantes de aplicações informáticas.

A questão não se situa ao nível da propriedade intelectual mas sim ao nível dos benefícios (ou malefícios) de um sistema de compatibilidade integral relativamente a um sistema operativo que se tornou, de facto, na norma global. E, de facto, perante a situação global, importa distinguir qualitativamente os segmentos em questão: o sistema operativo poderá constituir-se enquanto segmento "essencial"; o software aplicativo constituirá o segmento a jusante; por sua vez, o hardware constituirá o segmento a montante. Em todo este sistema, o sistema operativo constitui a plataforma que permite a interligação entre todos os componentes de forma que estes prossigam a sua finalidade essencial.

A natureza virtual do segmento é irrelevante. O que interessa saber é se ele se constitui como segmento essencial neste mercado e, em conformidade, averiguar a necessidade de se estabelecer um efectivo dever em negociar por parte do detentor do direito de propriedade intelectual. E para tal basta aplicar os mesmos princípios que se aplicariam a um segmento essencial em rede física[472].

A natureza, o alcance ou o período de protecção decorrente da propriedade intelectual para um segmento de uma rede virtual visam permitir a remuneração dos custos da sua criação; ora, o mesmo acontece quando um agente económico constrói uma ponte, uma linha de caminho de ferro ou um gasoduto. Todo o enquadramento jurídico

---

[472] No mesmo sentido, cfr. M. Katz, *"Intellectual Property Rights and Antitrust Policy: Four Principles for a Complex World"*, Journal on Telecommunications & High Technology Law, 1, 2002, págs. 325 e segs.; R. Donoghue e A. Padilla, *The Law and Economics of Article 82 EC, cit.*, págs. 421 a 423.

será nivelado tendo como base um consenso social entre rendimento privado justo e o benefício público decorrente, de forma que o investimento seja promovido e o bem-estar social optimizado.

Por outro lado, não existe qualquer relação directa entre o monopólio legal concedido pelo direito de propriedade intelectual e o poder económico de mercado. Efectivamente, o direito de propriedade intelectual não confere qualquer grau de poder económico por si só[473].

O que interessará analisar, tal como aconteceria em qualquer rede física, será o grau de substituibilidade potencial entre segmentos concorrentes. Só na circunstância de existência de um monopólio de facto é que os problemas concorrenciais despontarão. Aliás, de forma totalmente idêntica ao que ocorreria numa rede física.

O direito de utilização exclusiva concedida pelo normativo da propriedade intelectual visa, única e exclusivamente, resolver uma incapacidade de mercado, *maxime*, o requisito da utilização exclusiva do bem económico, essencial para o funcionamento de um mercado concorrencial, o que é naturalmente resolvido nas redes físicas[474] perante a inerente exclusividade do acto do seu consumo ou utilização. Porém, claro está, se o nível de protecção decorrente do direito de propriedade intelectual exceder este núcleo fundamental de tutela de exclusividade, então poderão levantar-se questões concorrenciais relevantes[475].

E, neste enquadramento, tal como ocorreria num processo que envolva redes físicas, as questões de análise concorrencial não devem ver limitado o seu alcance ao segmento em si mesmo, devendo abranger toda a relação entre esse componente segmentar e a integralidade do sector, quer no âmbito intra-sistemático, quer no âmbito intersistemático.

---

[473] O Supremo Tribunal Federal "anulou" essa presunção, que decorria desde os processos *International Salt Co. v. United States*, (332 U. S. 392), *Morton Salt Co. v. G. S. Suppiger Co.*, (314 U. S. 488) e *United States v. Loew's Inc.*, (371 U. S. 38), no processo *Illinois Tool Works Ink v Independent Ink*, em decisão de 1 de Março de 2006, num certoriari referente ao acórdão do Court of Appeals, Federal Circuit (396 F3.d 1342).

[474] Pelo menos nas redes físicas materiais, já que as imateriais, como o espectro radioeléctrico necessitam de uma entidade gestora que outorgue os títulos habilitantes de forma que alcancem modelos optimizados de organização.

[475] No mesmo sentido, cfr. J. Faull e A. Nikpay, *The EC Law of Competition, cit.*, págs. 157 e 158.

2.5. *O dever em negociar e a doutrina das "infra-estruturas essenciais"*

Atendendo à aparente essencialidade de alguns componentes estruturais dos sectores em rede, quer a doutrina, quer a jurisprudência, quer a legislação regulatória e mesmo algumas legislações nacionais de tutela da concorrência[476] têm tratado de forma particular a questão do acesso a segmentos ditos "essenciais" de determinadas redes.

O enquadramento particularizado desta questão resulta portanto da teoria das *"infra-estruturas essenciais"* desenvolvida pela jurisprudência norte-americana.

O fundamento de especialidade é facilmente explicável. Os tribunais norte-americanos reconhecem a não-existência de um dever de negociar com os concorrentes, a não ser que determinadas circunstâncias se encontrem reunidas[477]. Em conformidade, esta teoria não se configura enquanto doutrina autónoma, mas sim como subcategoria da *"recusa em negociar"* para efeitos de averiguação de uma prática de monopolização no sentido da Secção 2 do *Sherman Act*, inserida no conjunto mais amplo da integração vertical abusiva de segmentos[478/479].

---

[476] Por exemplo, nos termos do disposto na *alínea b)*, do n.º 3 do artigo 6.º da Lei de Defesa da Concorrência portuguesa (Lei n.º 18/2003, de 11 de Junho), estabelece-se que «pode ser considerada abusiva, designadamente: (...) a recusa de facultar, contra remuneração adequada, a qualquer outra empresa o acesso a uma rede ou a outras infra-estruturas essenciais que a primeira controla, desde que, sem esse acesso, esta última empresa não consiga, por razões factuais ou legais, operar como concorrente da empresa em posição dominante no mercado a montante ou a jusante, a menos que a empresa dominante demonstre que, por motivos operacionais ou outros, tal acesso é impossível em condições de razoabilidade».

[477] Cfr. acórdão *Carribbean Broad. Sys., Ltd. v. Cable & Wireless PLC*, 148 F.3d 1080, 1088 (D.C. Cir. 1998) ("A monopolist has no general duty to share his essential facility, although there are certain circumstances in which he must do so.").

[478] Assim, para efeitos de Secção 2 do *Sherman Act*, a doutrina das infra-estruturas essenciais só será aplicada quando o monopolista no mercado primário pretender projectar a sua posição económica para um mercado secundário, a montante ou a jusante do segmento essencial por si detido. As potencialidades desta doutrina têm sido levadas ao extremo. Assim, já se arguiu que o acesso a um pavilhão local era essencial para a criação de uma equipa de basquetebol profissional (acórdão *Fishman v. Wirtz*, 807 F2.d 520, 537,

O caso seminal remonta a 1912, quando o Supremo Tribunal Federal, no acórdão *United States v. Terminal Railroad Association*[480], determinou que a recusa em conceder o acesso a uma ponte ferroviária por parte de um consórcio, impedindo os concorrentes de oferecer o serviço de transporte ferroviário, constituía uma restrição ilegal e uma tentativa de monopolização do mercado.

Apesar de nunca se ter referido ao termo *"infra-estruturas essenciais"*, o Supremo Tribunal Federal utilizou a sua lógica sem, no entanto, alguma vez referir a existência de um algum direito de acesso de terceiros a esse segmento naturalmente monopolista. De facto, o que foi estabelecido foi a obrigação dos concorrentes integrarem os terceiros no consórcio que geria os segmentos em causa (a ponte ferroviária, os ramais de acesso e o terminal de St. Louis)[481].

(7th Circuit. 1986), que decidiu pela essencialidade. No mesmo sector económico, cfr. *Hecht v. Pro-Football, Inc.*, 570 F.2d 982, 992-93 (D.C. Cir. 1977)); que o acesso a um hospital era essencial para que um cirurgião desenvolva a sua prática (acórdão *McKenzie v. Mercy Hospital of Independence, Kansas*, 854 F.2.d 365 (10th Circuit 1988), que decidiu pela não essencialidade); que o acesso a um gasoduto local era essencial para a distribuição de gás de um vendedor retalhista (acórdão *Illinois ex rel. Hartigan v. Panhandle E. Pipe Line Co.*, 730 F. Supp. 826 (C.D. III, 1990), aff'd, 935 F.2.d 1469 (7th Circuit 1991) cert. denied, 502 U.S. 1094 (1992), que decidiu pela não essencialidade da infraestrutura uma vez que o retalhista poderia vender gás por outros meios); que a recusa em partilhar software de diagnóstico de problemas de harwdware excluía um prestador de serviços independente do mercado da assistência a uma determinada marca de computadores (acórdão *Data General Corporation v. Grumman Systems Support Corporation*, 761 F. Supp 185 (D. Mass. 1991), que decidiu pela não essencialidade uma vez que o prestador independente poderia desenvolver o seu próprio software de diagnóstico); que o acesso às bases de dados de clientes telefónicos era essencial para elaborar as "páginas amarelas" (acórdão *Rural Telephone Services Co. v. Feist Publications*, 737 F. Supp. 610 (D. Kansas 1990), que decidiu pela não essencialidade já que a informação relevante poderia ser obtida por outras fontes); que o acesso a um sistema informático de reservas era essencial para que o prestador de serviços de transporte aéreo desenvolvesse a sua actividade (acórdão *Alaska Airlines v. United Airlines*, 948 F2.d 536 (9th Circuit 1991) cert. negado, 503 U.S. 977 (1992), que decidiu pela não essencialidade já que a companhia aérea podia desenvolver a sua actividade sem o acesso ao sistema detido pelo United Airlines).

[479] Existe igualmente jurisprudência que defende que a doutrina das infra-estruturas essenciais não integra o escopo da concorrência nem dos seus princípios. Cfr. acórdão *Blue Cross & Blue Shield United of Wisconsin v. Marshfield Clinic*, 65 F3.d 1406, 1413 (7th Circuit 1995).

[480] 224 U.S. 383 (1912).

[481] Cfr. P. Areeda e H. Hovenkamp, *Antitrust Law*, vol. IIIA, 2nd Edition, cit., págs. 176 a 178. Cfr., no sentido de que existe uma efectiva decisão de imposição de um direito

Ainda assim, e desde então, diversas decisões jurisprudenciais seguiram a doutrina que, como referimos, se encontra subjacente a esta decisão jurisdicional[482].

Foi um tribunal de segunda instância que, pela primeira vez, invocou explicitamente a doutrina das *"infra-estruturas essenciais"*. Assim, no acórdão *MCI Communications v. AT&T*,[483] de 1983, esta última empresa foi condenada a permitir o acesso da autora à sua rede telefónica de longa distância de modo a possibilitar o desenvolvimento de concorrência nesse mercado relevante. Os fundamentos utilizados pelo tribunal radicam intimamente na qualificação desta

---

de acesso à infra-estrutura em causa M. Leitão Marques e J. Almeida, *"Entre a propriedade e o acesso: a questão das infra-estruturas essenciais"*, in A. Soares e M. Leitão Marques (eds.) *Concorrência, Estudos*, Almedina, 2006, págs. 45 e 46.

[482] No acórdão *Associated Press v. United States*, (326 U.S. 1 (1945)), o Supremo Tribunal Federal considerou que a Associated Press violava o *Sherman Act* através da limitação que promovia no acesso à sua organização, impedindo os concorrentes locais dos seus sócios de aceder aos serviços de comunicação que organizava no seu seio. O remédio imposto foi unicamente o de obrigação de adesão dos novos parceiros. No acórdão *Lorain Journal Co. v. United States*, (342 U.S. 143, 146-49 (1951)), o Supremo Tribunal Federal emitiu decisão idêntica, considerando que a recusa em negociar publicidade por parte de um pequeno jornal local a anunciantes que também utilizavam a rádio local para esse propósito constituia igualmente uma tentativa de monopolização. Por sua vez, no acórdão *United States v. Griffith*, o Supremo Tribunal Federal emitiu pela primeira vez a sua teoria alargada de projecção do poder económico (*"the use of monopoly power, however lawfully acquired, to foreclose competition, to gain a competitive advantage, or to destroy a competitor, is unlawful"* in para. 107) e entendeu que a Griffith, proprietária de diversos cinemas nos Estados Unidos, usava o seu poder económico para obrigar os distribuidores a fornecer determinados filmes unicamente às suas salas, mesmo onde existisse concorrência ao nível retalhista. Finalmente, no acórdão *Otter Tail Power Co. v. United States*, (410 U.S. 366, 377-79 (1973)), a mesma instância jurisdicional considerou que a recusa de fornecimento grossista de electricidade a concorrentes tendo em vista o desenvolvimento da sua quota de mercado no mercado retalhista violava o Sherman Act. Porém, nesta circunstância, e uma vez que a Otter Tail desenvolvia a sua actividade no âmbito de normas de regulação económica, a utilização do direito da concorrência adquiriu uma natureza subsidiária, sanando um "vácuo regulatório". Assim, fica claro que a teoria das infra-estruturas essenciais não é mais do que uma substancialização de acções de monopolização. Cfr., acórdão *Kramer v. Pollock-Krasner Found.*, (890 F. Supp. 250, 257 (S.D.N.Y. 1995); acórdão *Internationall Audiotext Network, Inc. v. American Tel. & Tel. Co.*, 893 F. Supp. 1207, 1213 (S.D.N.Y. 1994) e acórdão *Viacom International Inc. v. Time Inc.*, 785 F. Supp. 371, 376 n.12 (S.D.N.Y. 1992).

[483] *MCI Communications v. American Tel. & Tel. Co.*, 708 F.2d 1081, 1132-33 (7th Cir. 1983).

rede telefónica enquanto monopólio natural[484] e na vantagem económica que decorreria para a própria AT&T da disponibilização de capacidade excedentária. Neste processo, foram estabelecidos os requisitos essenciais que baseiam esta doutrina, a saber: i) é necessário que a infra-estrutura detida pelo monopolista seja essencial; ii) é indispensável que o concorrente não consiga duplicar em termos razoáveis essa infra-estrutura; iii) é necessário que exista um acto de negação de acesso a um concorrente; iv) deve ser possível ao monopolista o fornecimento de acesso de terceiros à sua infra-estrutura[485/486].

Mais emblemático é, no entanto, o acórdão *Aspen Skiing Co v. Aspen Highlands Skiing Corp.*[487], emitido pelo tribunal de segunda

---

[484] No mesmo sentido, cfr. *e.g.*, acórdão *CTC Communications Corp. v. Bell Atlantic Corp.*, (77 F. Supp. 2d 124, 147- 48 (D. Me. 1999) – os serviços de correio de voz fornecidos por uma empresa de telecomunicações local poderão constituir uma infra-estrutura essencial para um concorrente retalhista de serviços telefónicos locais); acórdão *Apartment Source of Philadelphia v. Philadelphia Newspapers*, (Civ. A. No. 98-5472, 1999 WL 191649, at *7-*10 (E.D. Pa. Apr. 1, 1999) – os jornais locais poderão constituir uma infra-estrutura essencial para o mediador imobiliário que preste um serviço de anúncio concorrente); acórdão *Direct Media Corp. v. Camden Tel. & Tel. Co., Inc.*, (989 F. Supp.1211, 1218-19 (S.D. Ga. 1997) – o acesso à lista de subscritores de serviços telefónicos de uma companhia poderá ser essencial para o produtor de listas telefónicas, mesmo na existência de listagens impressas); acórdão *BellSouth Adver. & Publ'g Corp. v. Donnelley Info. Publshing, Inc.*, (719 F. Supp. 1551, 1566 (S.D. Fla. 1988) – aplica a doutrina das infra-estruturas essenciais numa situação em que a ré alegava o seu direito de autor).

[485] Cfr. M. Leitão Marques e J. Almeida, *"Entre a propriedade e o acesso: a questão das infra-estruturas essenciais"*, cit., pág. 50; R. Pitofsky, *The essential facilities doctrine under U.S. antitrust law*, 2005, in http://www.ftc.gov/os/comments;

[486] Desde então este "teste" sido aplicado profusamente. Cfr. acórdão *Intergraph Corp. v. Intel Corp.*, 195 F.3d 1346, 1356, 1357 (Fed. Cir. 1999); acórdão *Carribbean Broad. Sys., Ltd. v. Cable & Wireless PLC*, 148 F.3d 1080, 1088 (D.C. Cir. 1998); *Ideal Dairy Farms, Inc. v. John Labatt, Ltd.*, 90 F.3d 737, 748 (3d Cir. 1996); acórdão *City of Anaheim v. S. Cal. Edison Co.*, 955 F.2d 1373, 1380 (9th Cir. 1992); acórdão *Laurel Sand & Gravel, Inc. v. CSX Transp., Inc.*, 924 F.2d 539, 544 (4th Cir. 1991); acórdão *Delaware & Hudson Ry. Co. v. Consol. Rail Corp.*, 902 F.2d 174, 179 (2d Cir. 1990); acórdão *Advanced Health-Care Servs., Inc. v. Radford Cmty. Hosp.*, 910 F.2d 139, 150-51 (4th Cir. 1990); acórdão *City of Malden v. Union Elec. Co.*, 887 F.2d 157, 160 (8th Cir. 1989); acórdão *Ferguson v. Greater Pocatello Chamber of Commerce, Inc.*, 848 F.2d 976, 983 (9th Cir. 1988); acórdão *Int'l Audiotext Network, Inc. v. American Tel. & Tel. Co.*, 893 F. Supp. 1207, 1213 (S.D.N.Y. 1994); acórdão *Servicetrends, Inc. v. Siemens Med. Sys., Inc.*, 870 F. Supp. 1042, 1055 (N.D. Ga. 1994); acórdão *Sunshine Cellular v. Vanguard Cellular Systems, Inc.*, 810 F. Supp. 486, 497 (S.D.N.Y. 1992).

[487] 738 F.2d 1509, 1513 (10th Cir. 1984),*aff'd*, 472 U.S. 585 (1985).

instância do 10.º Círculo. Neste processo, a Aspen Highlands, detentora do direito de exploração das pistas de ski de três montanhas, e após um longo período de comercialização de um bilhete multiáreas conjuntamente com a Aspen Skiing Co., que detinha o direito de exploração das pistas de ski de uma só montanha, resolve terminar o acordo, recusando-se a ceder, a qualquer título, cupões de utilização das suas pistas à Aspen Skiing Co. que, desta forma, não conseguia formar pacotes de serviços (*in casu*, bilhetes multiárea) que excedessem a oferta da sua pista.

Perante estes factos, o tribunal decidiu que a Aspen Highlands havia desenvolvido uma conduta concorrencial nociva, uma vez que a sua decisão de recusa de comercialização de um bilhete multiáreas (*in casu* a infra-estrututura essencial) não tinha qualquer outra fundamentação económica que não a exclusão da concorrente por motivos não relacionados com uma eficiência acrescida[488].

Actualmente, tem havido uma regressão na aplicação desta doutrina nos tribunais norte-americanos, muito por força da doutrina académica dominante. De facto, todos os casos são apreciados num modelo dramaticamente casuístico, sendo que a definição e qualificação da infra-estrutura essencial, seguindo ainda o modelo enunciado no processo *MCI Communications,* é efectuada de forma muito cautelosa, e num pressuposto de que a recusa em negociar só será nefasta concorrencialmente quando exista uma intenção de projecção de poder económico de mercado para segmentos adjacentes.

Por outro lado, e na sequência do processo *Trinko*[489], o Supremo Tribunal Federal concluiu que a existência de legislação reguladora que determine o conteúdo possível de comportamentos susceptíveis de desenvolvimento pelos diversos actores numa determinada rede prejudica a aplicação da doutrina das infra-estruturas essenciais, uma vez que a regulação económica do modelo concorrencial nesse mercado foi efectuada por outra via, numa configuração casuística, que afasta a aplicação do normativo geral.

---

[488] Os comentários a este acórdão são extremamente abundantes. Saliente-se, no entanto, a apreciação crítica efectuada por Areeda e Hovenkamp, críticos da doutrina das infra-estruturas essenciais, in *Antitrust Law*, vol. IIIA, 2nd edition, cit., págs. 182 a 192.

[489] Acórdão *Verison Communications Inc. v. Law Offices of Curtis v. Trinko*, LLP, 540, U.S., 2004.

Neste âmbito, e perante a inevitável progressão dos modelos regulatórios nos sectores em rede, a doutrina das *"infra-estruturas essenciais"* enquanto elemento conformante da "recusa em negociar" padecerá de um inevitável emagrecimento devido à redução do seu espaço útil de aplicação. De facto, e em tese, se o legislador teve oportunidade de emitir as suas orientações relativamente à organização de um mercado e, nesse enquadramento, não estabeleceu qualquer obrigação *ex ante* de imposição de um dever em negociar o acesso a um determinado segmento, não fará qualquer sentido que, em sede concorrencial, tal se estabeleça.

2.6. *O dever de negociar o acesso a segmentos essenciais no direito comunitário da concorrência*

Originariamente, foi a Comissão Europeia quem, num primeiro momento, formulou as bases gerais que conformam o dever de negociar por parte de sujeitos com posição dominante.

Numa primeira decisão, que se reporta ao ano de 1974, e que se considera como precursora da moderna configuração do *"dever em negociar"*, o Tribunal de Justiça, no seu acórdão *Commercial Solvents*[490], decidiu que esta empresa havia abusado da sua posição dominante quando recusou fornecer os seus produtos (dos quais detinha um *know-how* único na Europa) a uma outra entidade, a empresa Zoja. O fundamento para decisão jurisprudencial assentou na alegada intenção da Commercial Solvents em afastar a Zoja do mercado a jusante, de forma a poder desenvolver o seu poder de mercado no segmento grossista (que dominava) e no segmento retalhista, onde a Zoja operava, do mercado de aminobutanol.

O primeiro caso relacionado directamente com infra-estruturas em rede envolveu, à semelhança do processo norte-americano *Alaska*

---

[490] Acórdão *Istituto Chemioterapico Italiano SpA and Commercial Solvents Corporation v. Commission*, processos conjuntos 6/73 e 7/73, Colectânea, 1974, págs. 223 e segs.. No mesmo sentido, acórdão *Centre Belge d'études de marché – Télémarketing (CBEM) v. SA Compagnie luxembourgeoise de télédiffusion (CLT) and Information publicité Benelux (IPB)*, processo 311/84, Colectânea, 1985, págs. 3261 e segs. Cfr., quanto a este último, P. Nihoul e P. Rodford, *EU Electronic Communications Law, cit.,* pág. 361.

Airlines v. United Airlines[491], o acesso de companhias áreas concorrentes ao sistema de reservas detido por empresas em situação dominante. Assim, na decisão *London European/Sabena*[492], a Comissão decidiu que a Sabena havia cometido um abuso quando recusou o acesso da London European ao seu sistema de reservas Saphir o que, no seu entender, poderia afastar a London European de rotas aéreas relevantes.

Num sentido semelhante, a Comissão entendeu, no processo *British Midland/Aer Lingus*[493], que esta última companhia havia cometido um abuso quando se recusou a continuar num acordo de serviços interlinhas com a British Midland, assim que esta resolveu iniciar uma rota entre Londres e Dublin.

O fundamento para esta decisão assentou no risco de afastamento de um concorrente por parte de um sujeito com posição dominante num mercado atendendo à importância dos serviços interlinhas para o desenvolvimento de operações aéreas comercialmente viáveis.

A primeira vez que a Comissão utilizou expressamente a terminologia *"infra-estruturas essenciais"* num processo envolvendo redes físicas foi na decisão interina referente ao processo *Sea Containers*[494]. Neste processo, esta empresa pretendia iniciar uma nova rota marítima baseada num serviço rápido de transporte em catamaran entre Holyhead e Dun Laoghire. Ora, o primeiro porto encontrava-se na posse da Sea Link que, por sua vez, também prestava serviços no segmento retalhista do transporte marítimo. Uma vez que a empresa dominante havia criado diversos obstáculos para a fruição desse porto por parte da Sea Containers, a Comissão considerou que deveria ser garantido um acesso não-discriminatório a essa *"infra-estrutura essencial"*.

---

[491] Acórdão citado.

[492] Decisão *London European/Sabena*, JO L 317/47, 1988.

[493] Decisão *British Midland v Aer Lingus*, JO L 96/34, 1992. No mesmo sentido, relativamente a serviços de *handling* aeroportuário, decisão *FAG-Flughafen Frankfurt/Main AG*, JO L 72/30, 1998.

[494] Decisão *Sea Containers v Stena Sealink – Interim Measures*, JO L 15/8, 1994. No mesmo sentido, e numa investida da Comissão ao mercado da infra-estruturas portuárias, Decisão *Port of Rodby*, JO L 55/52, 1994.

Por sua vez, o Tribunal de Justiça teve a oportunidade de se pronunciar pela primeira vez sobre esta matéria, de uma forma expressa, no acórdão *Bronner*[495], quando foi questionado, por parte de um tribunal austríaco, sobre quais as circunstâncias que poderiam configurar uma conduta abusiva por parte de um grupo económico detentor de vários jornais, a Mediaprint, quando este se recusava a fornecer o acesso de terceiros à sua rede de distribuição doméstica.

In casu, o Tribunal de Justiça procedeu a uma restrição do entendimento, que até então havia sido desenvolvido pela Comissão, e considerou que o sistema de distribuição domiciliária não deveria ser considerado como uma "infra-estrutura essencial" dado que existiam outros mecanismos de distribuição alternativos que concorriam com o próprio sistema da Mediaprint. Nessas circunstâncias, não existiam quaisquer limitações que impedissem Oscar Bronner, que publicava um jornal diário de distribuição nacional na Áustria, de desenvolver um sistema de distribuição domiciliária alternativo[496].

---

[495] Acórdão *Oscar Bronner GmbH & Co KG v Mediaprint Zeitungs und Zeitchriftenverlag GmbH & Co KG, Mediaprint Zeitungsvertriebsgesellschaft mbH & Co KG and Mediaprint Anzeigengesellschaft mbH & Co KG*, processo C-7/97, Colectânea, I, 1998, págs. 7791 e segs.

[496] Com efeito, no acórdão *Bronner* (cit.) o Tribunal afirma que «mesmo supondo que esta jurisprudência referente ao exercício de um direito de propriedade intelectual seja aplicável ao exercício de qualquer direito de propriedade [refere-se aqui à jurisprudência Magill], seria ainda necessário, para que o acórdão Magill pudesse ser utilmente invocado para concluir pela existência de um abuso na acepção do artigo 86.º do Tratado [actual artigo 81.º] numa situação como a que é objecto da primeira questão prejudicial, não só que a recusa do serviço que constitui a distribuição domiciliária seja de natureza a eliminar toda e qualquer concorrência no mercado dos jornais diários por parte de quem procura o serviço e não possa ser objectivamente justificada, mas ainda que o serviço seja em si mesmo indispensável para o exercício da sua actividade, no sentido de que não exista qualquer substituto real ou potencial para o sistema de distribuição domiciliária». No caso concreto decidido naquele acórdão o Tribunal afirmaria ainda que para demonstrar que a criação de um sistema próprio de distribuição domiciliária à escala nacional e de o utilizar para a distribuição dos seus próprios jornais diários não constituía uma alternativa potencial realista e que o acesso ao sistema existente era, portanto, indispensável: «não basta invocar que não é economicamente rentável devido à fraca tiragem do ou dos jornais diários a distribuir», é «pelo menos, necessário provar, (...), que não é economicamente rentável criar um segundo sistema de distribuição domiciliária para a distribuição de jornais diários com uma tiragem comparável à dos jornais diários distribuídos pelo sistema existente». Cfr. V. Korah, *Intellectual Property Rights and the EC Competition Rules*, Hart Publishing, págs. 141 a 143.

A evolução das orientações legais relativamente à imposição de um dever de negociar nas redes virtuais seguiu, como seria de esperar, um caminho idêntico ao percorrido em sede de redes físicas.

Assim, e assentando no pressuposto que o acesso à rede decorria do desenvolvimento de uma obrigação compulsória de negociar um licenciamento, o Tribunal de Justiça, no acórdão *Volvo/Renault*[497], considerou que a exclusividade decorrente da protecção de propriedade intelectual obstava a que uma recusa de licenciamento dos direitos de design de um modelo automóvel fosse considerada como abusiva.

Porém, não conclui pela existência de uma presunção de legalidade *per se* a este respeito, uma vez que poderia existir uma violação do direito da concorrência se, concomitantemente, fosse desenvolvida uma *"conduta abusiva adicional"*, tal como a recusa de fornecimento de peças de substituição a reparadores independentes, a fixação de *royalties* num montante desproporcionado ou a decisão de interromper a produção de peças de substituição quando os veículos em causa se mantenham em circulação.

A única situação em que os tribunais comunitários aplicaram uma obrigação de licenciar direitos de propriedade intelectual ocorreu no processo *Magill*[498]. Neste processo, considerou-se que as empresas difusoras de serviços de televisão no Reino Unido e na Irlanda (RTE, BBC e ITP) haviam abusado da sua posição dominante ao recusarem fornecer à Magill as listas semanais de emissão que publicavam de forma independente, embora se tenha reconhecido que essas listas se encontravam protegidas por direitos de propriedade intelectual, apesar de se constituírem como subproduto da actividade principal e não terem qualquer valor artístico ou literário. O Tribunal de Primeira Instância concordou com a decisão da Comissão e ordenou às três empresas que fornecessem a informação solicitada à Magill, de forma que esta pudesse publicar uma lista integrada de programação.

---

[497] Acórdão *AB Volvo v Erik Veng (UK) Ltd*, processo 238/87, Colectânea, 1988, págs. 6211 e segs.. No mesmo sentido, acórdão *Consorzio italiano della componentistica di ricambio per autoveicoli and Maxicar v Régie nationale des usines Renault*, processo 53/87, Colectânea, 1988, págs. 6039 e segs.

[498] Acórdão *Radio Telefis Éireann and Independent Television Publications Ltd (RTE & ITP) v Comissão*, processos C-241/91 P e C-242/91 P, Colectânea, I, 1995, págs. 743 e segs.

O Tribunal de Justiça deu como provado que a recusa em ceder o acesso às listas de programação tinha como intenção a manutenção de uma posição dominante no mercado de guias de televisão, sendo que essas listas semanais deveriam ser consideradas *"infra-estruturas essenciais"* porque, devido a circunstâncias excepcionais desse mercado, o acesso às mesmas era essencial para a promoção de um novo programa e, se esta prática se mantivesse, as três empresas estabilizariam o oligopólio no mercado retalhista da distribuição de guias de televisão. Simultaneamente, considerou que não existia qualquer razão objectiva que fundamentasse a decisão de recusa de acesso.

No acórdão *Ladbroke*[499], o Tribunal de Justiça, referindo-se expressamente à teoria das infra-estruturas essenciais, considerou que a recusa de acesso à transmissão audiovisual de corridas de cavalos francesas, cujos direitos eram propriedade da Pari Mutuel Urbain Français e Pari Mutuel International, a um agente de apostas em eventos desportivos a operar na Bélgica, a Ladbroke, não constituía um abuso de posição dominante uma vez que a conduta daquelas empresas não tinha qualquer influência no mercado retalhistas das apostas, já que aí não operavam, sendo que as corridas de cavalo francesas não eram essenciais para o desempenho da Ladbroke no mercado belga, onde detinha, aliás, uma posição dominante.

O processo *IMS Health* é, igualmente, emblemático. A Comissão considerou, na sua decisão interina, que esta empresa havia abusado da sua posição dominante quando se recusou a licenciar o uso da sua estrutura de distribuição de produtos farmacêuticos a um seu concorrente, a NDC. Esta questão é relevante uma vez que o sistema de organização da IMS Health, e que se baseava numa divisão administrativa de todo o território alemão em 1860 zonas, se havia constituído como a norma ou *"standard"* de facto para efeitos de definição de compartipações, volumes de venda nesse mercado, quotas de mercado e de programas de incentivo.

Perante este modelo de organização estabelecido, a NDC e um outro novo concorrente, a AzyX, que acederam ao mercado germânico em 1999, solicitaram que os seus relatórios de venda fossem

---

[499] Acórdão *Tiercé Ladbroke SA v Comissão*, processo T-504/93, Colectânea, II, 1997, págs. 923 e segs.

agregados ao sistema normalizado estabelecido. A IMS Health reagiu a este propósito utilizando como argumento o direito de propriedade intelectual que detinha sobre o modelo, impedindo o seu acesso aos dois novos concorrentes potenciais.

Perante esta reacção, a Comissão concluiu que a recusa de acesso a essa infra-estrutura eliminaria a concorrência no mercado relevante, que essa recusa não era objectivamente justificada e que a infra-estrutura era indispensável para o desenvolvimento da actividade, uma vez que não existia qualquer alternativa actual ou potencial[500].

O Tribunal de Justiça, cuja intervenção foi solicitada por um tribunal alemão[501], clarificou o seu entendimento quanto às condições legais que poderiam originar um dever compulsório a licenciar. Assim, reafirmou a orientação segundo a qual a mera recusa em licenciar um direito de propriedade intelectual não configura, por si só, um qualquer abuso, mas que, em circunstâncias excepcionais, essa recusa de licenciamento poderá estar relacionada com uma conduta abusiva. De seguida referiu que a recusa em licenciar por parte de um titular de um direito de propriedade intelectual em posição dominante e que se consubstancie no impedimento de acesso a um produto ou serviço que seja indispensável para o desenvolvimento de uma actividade económica, poderia ser considerada abusiva se se encontrassem reunidas três condições cumulativas a verificar casuisticamente: i) a recusa impede a emergência de um novo produto relativamente ao qual existe uma procura potencial; ii) a recusa é injustificada; e, iii) a recusa exclui a concorrência no mercado secundário[502/503].

---

[500] Decisão COMP D3/38.004, *NDC Health/IMS Health: Interim measures*, Julho de 2001, para. 70.

[501] O processo jurisdicional foi bastante complexo, com interveniência simultânea de diversas instâncias jurisdicionais. Cfr. R. Donoghue e A. Padilla, *The Law and Economics of Article 82*, cit., pág. 429. Sobre o recurso no Tribunal de Primeira Instância, consultar V. Korah, *Intellectual Property Rights and the EC Competition Rules, cit.*, págs. 143 e 144.

[502] Acórdão *IMS Health GmbH & Co OHG v NDC Health GmbH & Co KG*, processo C-418/01, Colectânea, I, 2004, págs. 5039 e segs., em especial paras. 44 a 49.

[503] Apesar do Tribunal de Justiça ter declinado a sua jurisdição neste processo, o processo *Syfait* tem alguma relevância nesta questão atendendo ao conteúdo das conclusões do Advogado-Geral Jacobs. Neste processo, a Glaxosmithkline parou de fornecer três tipos de medicamentos a retalhistas gregos argumentando que estes os exportavam para países

No entanto, o processo essencial nesta matéria envolve, mais uma vez, a Microsoft. Assim, a decisão da Comissão Europeia relativa ao processo *Microsoft*[504], proferida em 24 de Março de 2004, e apreciada pelo Tribunal de Primeira Instância das Comunidades Europeias em acórdão de 17 de Setembro de 2007, adquire, mais uma vez, uma importância primordial para a orientação doutrinária do direito comunitário da concorrência.

Uma vez que concluiu pela posição quase monopolista da Microsoft no mercado dos sistemas operativos, a Comissão entendeu que esta empresa havia recusado o fornecimento dos protocolos de interoperabilidade do sistema Windows que permitiam que os diversos computadores pessoais interagissem numa relação de plena compatibilidade com os sistemas operativos dos servidores.

A razão desta recusa de fornecimento baseava-se numa alegada tentativa da Microsoft de monopolizar o mercado dos sistemas operativos dos servidores uma vez que, sem estes protocolos de acesso, os eventuais concorrentes não conseguiriam criar um software que fosse totalmente compatível com o sistema Windows.

Assim, e como base de acusação, encontramos a formulação típica da projecção do poder económico para segmentos adjacentes, *in casu*, do mercado dos sistemas operativos dos computadores domésticos para o mercado dos sistemas operativos dos servidores[505].

Consequentemente, a Comissão considerou que a retenção de informação necessária para que os concorrentes desenvolvessem sistemas operativos de servidores totalmente compatíveis com o sistema Windows constituía uma prática abusiva que eliminava a concorrência

---

terceiros, o que provocava um défice de fornecimento na Grécia. Essas exportações eram possíveis uma vez que a Grécia era o país onde os preços, fixados administrativamente, eram mais baixos. Assim, iniciou ela própria um processo de distribuição a retalhistas, fornecendo os seus medicamentos directamente aos hospitais e às farmácias. Assim, e apesar de se considerar normalmente que o impedimento de comércio paralelo constitui, *ipso facto*, um indicio de abuso, o Advogado-Geral considerou que, uma vez que os preços dos medicamentos eram administrativamente fixados, a conduta do agente grossista poderia ser economicamente justificada, sob pena de total distorção do mercado. Cfr. acórdão *Synetairismos Farmakopoion Aitolias & Akarnanias (Syfait) e outros v Glaxosmithkline AEVE*, processo C-53/03, 2005, 5 CMLR 7.

[504] C(2004)900 final.

[505] Cfr. paras. 533, 779 a 781 e 1065 da decisão.

no segmento dos servidores[506], reduzindo o ritmo da inovação[507] e a variedade de escolha dos consumidores que se encontravam bloqueados nesse sistema operativo (argumento de *"lock in"*)[508].

Segundo a Comissão, a Microsoft detinha uma posição dominante no segmento dos sistemas operativos dos servidores não pelo superior mérito do seu produto, mas sim pelo facto dos seus concorrentes terem dificuldades em criar produtos concorrentes totalmente compatíveis com o sistema operativo dos computadores pessoais.

Para a análise do caso, a Comissão adopta uma estratégia extremamente abrangente, tomando como base os casos anteriores (*Volvo/ Renault, Magill, Ladbroke* e *IMS*[509]), referindo, no entanto, que as circunstâncias excepcionais que fundamentavam a imposição de um dever de negociar nesses casos não eram exaustivas[510].

Considerou que a recusa em fornecer os protocolos-fonte à Sun Microsystems integrava uma conduta mais alargada de recusa de prestação de informação essencial a diversos outros fabricantes de sistemas operativos de servidores[511], e que era distinta das práticas anteriores, onde essa informação era livremente fornecida[512].

Desta forma, a Comissão justificou a sua decisão de imposição de um dever em negociar nos seguintes factores: i) os comportamentos

---

[506] Cfr. paras. 585 a 589.
[507] Cfr. paras. 585 a 692. Cfr. F. Leveque, *"Innovation, Leveraging and Essential Facilities: Interoperability Licencing in the EU Microsoft Case"*, World Competition Law and Economics Review, 28, 2005, págs. 71 e segs.
[508] Cfr. para. 692.
[509] Todos citados.
[510] Em total antagonismo com a posição do Tribunal de Justiça que, no processo *IMS Health*, arguiu pela exaustividade das condições excepcionais identificadas no processo *Magill*.
[511] Cfr. paras. 573 a 577.
[512] Cfr. paras. 578 a 584. A justificação da Microsoft a este propósito assentou claramente na óptica das exterioridades de rede. De facto, num momento em que tentava dominar o mercado dos sistemas operativos dos computadores domésticos era essencial que os produtos complementares fossem totalmente compatíveis. Nessas condições, a total transparência da informação foi essencial para a formação da norma de mercado. Subsequentemente, a Microsoft alegou que só não começou a fornecer a totalidade das informações quando os produtos dos seus concorrentes perderam quota de mercado. Assim, a razão do aumento da sua quota de mercado decorria da superioridade dos seus produtos, que deveriam ser protegidos pelas normas de propriedade intelectual, facto que a Comissão contestou veementemente (para. 711).

de exclusão concorrencial eram abrangentes, incluindo a prática de vendas subordinadas, o que deveria ser entendido como prática geral; ii) a Microsoft efectuou uma discriminação selectiva em desfavor de alguns concorrentes; iii) a Microsoft finalizou um período onde a troca de informação de interoperabilidade era livre e perfeita; iv) existia um risco sério de eliminação da concorrência no mercado dos sistemas operativos de servidores uma vez que a informação de interoperabilidade era de *"importância concorrencial significativa"*[513], não havendo qualquer possibilidade de a obter em qualquer outro lugar; v) a recusa em fornecer a informação tinha efeitos adversos no desenvolvimento tecnológico e no bem-estar dos consumidores; vi) o fornecimento da informação para garantir a total interoperabilidade dos produtos dos concorrentes não reduzia os incentivos para a Microsoft inovar; vii) a disponibilização deste tipo de informação era comum na indústria do software informático, prática que, aliás, era consistente com a legislação comunitária relativa à protecção de programas.

Este entendimento foi confirmado pelo Tribunal de Primeira Instância no seu acórdão de 17 de Setembro de 2007. Refira-se, no entanto, que esta questão se encontra intrinsecamente relacionada com o problema mais geral que depende da resolução do dilema compatibilidade/incompatibilidade.

Conforme foi referido *supra*, torna-se necessário identificar com precisão qual a verdadeira situação concorrencial no mercado primário para que se possa, posteriormente, nivelar a medida correctiva concorrencial no mercado secundário. Efectivamente, uma obrigação de transmissão de informação deste tipo de protocolos insere-se claramente no âmbito mais central do *"dever em negociar"*. Porém, se o sistema operativo dos computadores pessoais (o segmento principal) não revestir a natureza de monopólio natural, então não fará sentido aplicar este tipo de imposições de garantia de interoperabilidade perfeita relativamente a um segmento secundário – o sistema operativo dos servidores – dado que, ao fazê-lo, estar-se-á a estabilizar definitivamente a posição dominante no mercado principal. De facto, e nestas circunstâncias, uma vez que se garante uma interoperabilidade

---

[513] Cfr. para. 586.

perfeita entre todos os segmentos independentemente da identidade do produtor, não haverá qualquer incentivo para que um concorrente construa um novo produto, que englobe uma relação de complementaridade perfeita entre o segmento principal e o secundário, que concorra com o sistema Windows. Esta decisão transforma uma posição dominante no mercado principal num verdadeiro monopólio de facto. A partir de agora, não existirá incentivo para a criação de uma qualquer alternativa a este nível.

2.7. *A regulação de acesso a segmentos essenciais*

A tentação para a aprovação de legislação reguladora determinando obrigações *ex ante* de concessão de acesso a determinados segmentos fundamentais (nós ou lacetes) das redes é de fácil legitimação.

Por exemplo, o acesso às redes de comunicações electrónicas[514], por força da *Directiva-Quadro* e da *Directiva-Acesso*, só pode ser imposto pela via regulamentar sempre que o mercado relevante não seja efectivamente concorrencial e o titular da infra-estrutura detenha uma posição dominante nesse mercado. Caso contrário, haverá que recorrer às soluções *ex post* decorrentes do direito da concorrência.

Isto mesmo consta das *Orientações da Comissão relativas à análise e avaliação de poder de mercado significativo*[515], quando se afirma que «a doutrina dos "recursos essenciais" é complementar das obrigações gerais existentes impostas à empresa dominante, como

---

[514] Na *Comunicação sobre a aplicação das regras da concorrência aos acordos de acesso no sector das telecomunicações* (cit., para. 69) e nas Orientações relativas à análise e avaliação de poder de mercado significativo (cit., para. 81) a Comissão tem entendido que «*uma empresa que controla o acesso a uma infra-estrutura essencial detém uma posição dominante na acepção do artigo 86º [actual artigo 82.º]. De modo inverso, uma empresa pode deter uma posição dominante nos termos do artigo 86º sem controlar uma infra-estrutura essencial*». Esta posição tem sido muito justamente criticada pela doutrina com o argumento de que não reflecte de forma adequada a jurisprudência do Tribunal de Justiça na matéria (cfr. Andreas Bartosch, *Essential Facilities: The Access to Telecommunications Infrastructures and Intellectual Property Rights under article 82 EC*, in C. Koenig, A. Bartosch, J.-D. Braun (eds.), *EC Competition and Telecommunications Law*, cit., págs. 140 a 143).

[515] Citadas.

sejam as obrigações de não-discriminação entre clientes, e tem sido aplicada em casos ao abrigo do artigo 82.º em circunstâncias excepcionais, como nos casos em que a recusa de fornecimento ou de concessão de acesso a terceiros limita ou impede a emergência de novos mercados, ou novos produtos, contrária ao disposto na alínea b) do artigo 82.º do Tratado» e que «a doutrina dos "recursos essenciais" é menos relevante para fins da aplicação *ex ante* do artigo 14.º da directiva-quadro do que para a aplicação *ex post* do artigo 82.º do Tratado CE».

Porém, existem diversas normas regulatórias que contemplam a imposição de verdadeiros deveres em negociar o acesso a segmentos essenciais[516].

Tal constitui uma decorrência lógica das opções regulatórias de desintegração vertical de determinados segmentos que, *a priori*, são qualificados como essenciais. De nada valeria o isolamento regulatório de determinados componentes das redes se os seus possuidores não fossem obrigados a ceder o acesso a outros agentes que serão seus concorrentes em outros segmentos da rede[517].

Analisemos algumas situações paradigmáticas nos sectores em rede físicos das telecomunicações e da energia e no sector em rede virtual relativo aos programas de computador e bases de dados.

---

[516] Cfr. *e.g.* artigo 6, n.º 1 da Directiva n.º 91/250, do Conselho relativa à protecção legal de programas de computador (JO L122/42, 1991), entretanto revogada; artigos 6.º e 9.º da Directiva 96/9, do Parlamento Europeu e do Conselho sobre a protecção legal de bases de dados (JO L77/20, 1996); artigo 1.º, n.º 6 da Directiva 96/19, da Comissão, relativa à implementação de uma concorrência plena no mercado das telecomunicações (JO L74/13, 1996).

[517] A legislação reguladora não prevê uma obrigação de acesso ilimitada. Assim, é normalmente previsto um requisito de proporcionalidade bem como a possibilidade de recusar o acesso quando houver incompatibilidade nas especificações técnicas que não possa ser razoavelmente ultrapassada. De facto, os detentores da rede podem recusar o acesso à rede com base na falta de capacidade, ou se esse acesso à rede os impedir de cumprir as obrigações de serviço público (caso existam), ou ainda com base em sérias dificuldades económicas e financeiras. Porém, e neste enquadramento, todas as situações devem ser escrutinadas, sendo que as autoridades reguladoras devem tomar as medidas necessárias para assegurar que as empresas que recusem o acesso à rede com base em falta de capacidade ou em falta de ligação efectuem os melhoramentos necessários, na medida em que tal seja economicamente viável e sempre que um potencial cliente esteja interessado em pagar por isso. É neste enquadramento regulatório que deveremos analisar a concepção concorrencial do dever em negociar para efeitos do artigo 82.º do Tratado.

2.7.1. Sector das telecomunicações electrónicas

No sector das telecomunicações electrónicas, a legislação regulatória preocupou-se, de forma bastante evidente, em assegurar a oferta de acesso desagregado ao lacete local. O "lacete local" é o circuito físico em pares de condutores metálicos entrançados da rede telefónica pública fixa que liga o ponto terminal da rede nas instalações do assinante ao repartidor principal ou a uma instalação equivalente.

A razão para esta legislação especial, desenvolvida através do Regulamento (CE) n.º 2887/2000 do Parlamento Europeu e do Conselho, de 18 de Dezembro de 2000, assentava na qualificação deste segmento enquanto "monopólio natural"[518].

De seguida, foi aprovada a Directiva 2002/21/CE, do Parlamento Europeu e do Conselho, de 7 de Março de 2002, relativa a um quadro regulamentar comum para as redes e serviços de comunicações electrónicas (Directiva-Quadro)[519]. Em seu desenvolvimento, a Directiva 2002/19/CE do Parlamento Europeu e do Conselho, de 7 de Março de 2002, relativa ao acesso e interligação de rede de comunicações electrónicas e recursos conexos (Directiva-Acesso)[520], harmonizou o modo como os Estados-Membros regulamentam o acesso e a interligação das redes de comunicações electrónicas e recursos conexos.

De forma a garantir uma total harmonização de conceitos, o artigo 2.º desta Directiva define "acesso", enquanto a disponibilização de recursos e/ou serviços a outra empresa, segundo condições definidas, em regime de exclusividade ou não-exclusividade, para efeitos de prestação de serviços de comunicações electrónicas.

---

[518] Conforme se refere no preâmbulo do Regulamento, não seria economicamente viável para os novos operadores duplicar toda a infra-estrutura de acesso local em fio metálico do operador histórico num prazo razoável. As infra-estruturas alternativas, como a televisão por cabo, os satélites e os lacetes locais sem fios não oferecem de momento a mesma funcionalidade nem a mesma ubiquidade, embora as situações dos diferentes Estados-Membros possam variar. Assim, o acesso desagregado ao lacete local permite aos novos operadores entrar em concorrência com os operadores que os dominam, oferecendo serviços de transmissão de dados de alto débito para o acesso permanente à Internet e para aplicações multimédia a partir da tecnologia da linha de assinante digital (Digital Subscriber Line, DSL), bem como serviços de telefonia vocal.

[519] JO L108/33, 24 de Abril de 2002.

[520] JO L108/7, 24 de Abril de 2002.

Abrange, nomeadamente: o acesso a elementos da rede e recursos conexos, podendo incluir a ligação de equipamento, através de meios fixos ou não-fixos (incluindo, em especial, o acesso ao lacete local e a recursos e serviços necessários para prestar serviços pelo lacete local); o acesso a infra-estruturas físicas, incluindo edifícios, condutas e postes; o acesso a sistemas de software pertinentes, incluindo sistemas de apoio operacional; o acesso à conversão numérica ou a sistemas que ofereçam uma funcionalidade equivalente; o acesso a redes fixas e móveis, em especial para fins de itinerância (roaming); o acesso a sistemas de acesso condicional para serviços de televisão digital e o acesso aos serviços de rede virtual.

No artigo 4.º estabelece-se que os operadores das redes de comunicações públicas têm o direito e, quando solicitados por outras empresas autorizadas para o efeito, a obrigação, de negociar a interligação entre si com vista à prestação dos serviços de comunicações electrónicas acessíveis ao público, de modo a garantir a oferta e a interoperabilidade de serviços em toda a Comunidade.

Nesta sede, a autoridade reguladora nacional pode, nos termos do artigo 8.º da Directiva-Acesso, impor aos operadores a obrigação de dar resposta aos pedidos razoáveis de acesso e utilização de elementos de rede específicos e recursos conexos, nomeadamente em situações em que considere que a recusa de acesso ou a fixação de condições não razoáveis prejudicaria a emergência de um mercado concorrencial sustentável a nível retalhista, ou não seria do interesse do utilizador final[521].

---

[521] Pode, nomeadamente ser exigido aos operadores que: a) concedam a terceiros o acesso a elementos e/ou recursos de rede específicos, incluindo o acesso desagregado ao lacete local; b) negoceiem de boa fé com as empresas que requerem acesso; c) não retirem o acesso já concedido a determinados recursos; d) ofereçam serviços especificados com base na venda por atacado para revenda por terceiros; e) concedam acesso aberto às interfaces técnicas, protocolos ou outras tecnologias-chave que sejam indispensáveis para a interoperabilidade dos serviços ou serviços de rede virtuais; f) proporcionem a partilha de locais ou outras formas de partilha de recursos, incluindo a partilha de condutas, edifícios ou postes; g) ofereçam serviços especificados, a fim de garantir aos utilizadores a interoperabilidade de serviços de extremo-a-extremo, incluindo recursos para serviços de rede inteligentes ou itinerância (roaming) em redes móveis; h) ofereçam acesso a sistemas de apoio operacional ou a sistemas de software similares, necessários para garantir uma concorrência leal no fornecimento de serviços; i) interliguem redes ou recursos de rede. As autoridades reguladoras nacionais podem fazer acompanhar essas obrigações de condições de justiça, razoabilidade e oportunidade.

Por uma obrigação de coerência, quando exista a imposição de regulação *ex ante* no sentido da contingentação de um determinado segmento, não fará sentido aplicar, nesse segmento, a doutrina das infra-estruturas essenciais em sede de artigo 82.º do Tratado.

A relação de especialidade da legislação regulatória justifica esta opção. Se o legislador pré-concebe e predefine uma imposição concreta, não fará sentido aplicar nessa sede as normas de concorrência.

E no resto da rede? Fará sentido aplicar o dever em negociar o acesso a um determinado segmento nos termos do artigo 82.º do Tratado quando esse mercado é alvo de regulação *ex ante* onde não consta essa obrigação? Em princípio, tal também não fará sentido. O legislador regulatório, no momento da elaboração da legislação, tem a obrigação de configurar o mercado do modo mais eficiente possível. É, aliás, essa a fundamentação e o objectivo da legislação regulatória. Assim, se não concebeu essa obrigação, então terá de se presumir que esta não fará conceptualmente sentido.

Reforça esta ideia o facto de que, existindo regulação *ex ante*, tal implicará que a actuação dos agentes no sector não assentará num pressuposto de liberdade. Assim, se existir regulação de preços de acesso, não fará qualquer sentido arguir um dever em negociar relativamente ao acesso a este segmento.

2.7.2. Sector da energia

A Directiva 2003/55/CE, do Parlamento Europeu e do Conselho, que estabelece regras comuns para o mercado interno de gás natural[522], prevê, no seu artigo 18.º, que os Estados-Membros devem garantir a aplicação de um sistema de acesso de terceiros às redes de transporte e distribuição e às instalações de Gás Natural Liquefeito, baseado em tarifas publicadas aplicáveis a todos os clientes elegíveis, incluindo as empresas de fornecimento, e aplicadas objectivamente e sem discriminação entre os utilizadores da rede.

---

[522] *JO L176/57 de 15 de Julho de 2003.*

Por outro lado, nos termos do n.º 2 desse artigo, "se necessário para o exercício das suas actividades, incluindo o transporte transfronteiriço, os operadores das redes de transporte devem ter acesso às redes de transporte dos outros operadores".

Atendendo à sua importância no sector do gás, o artigo 19.º da Directiva estabelece, igualmente, um regime de acesso ao armazenamento, que pode assumir uma configuração de acesso negociado ou de acesso regulado[523].

Constatando-se a inequívoca existência de um monopólio natural ao nível dos gasodutos de alta pressão, o artigo 20.º da Directiva prevê que os Estados-Membros devem tomar as medidas necessárias para assegurar que as empresas de gás natural e os clientes elegíveis, onde quer que se encontrem, possam aceder às redes de gasodutos a montante, incluindo as instalações que prestam serviços técnicos relacionados com tal acesso, excepto às partes dessas redes e instalações que sejam utilizadas para operações de produção local nos campos onde o gás é produzido.

Finalmente, no sector da electricidade, a Directiva 2003/54/CE do Parlamento Europeu e do Conselho, que estabelece regras comuns para o mercado interno da electricidade[524], estabelece igualmente, no seu artigo 20.º, o regime de acesso de terceiros à rede. Assim, e nesta sede, os Estados-Membros devem garantir a aplicação de um sistema de acesso de terceiros às redes de transporte e distribuição – aquelas que se encontram organizadas segundo o modelo de monopólio

---

[523] Em caso de acesso negociado, os Estados-Membros devem tomar as medidas necessárias para que as empresas de gás natural e os clientes elegíveis, dentro ou fora do território abrangido pela rede interligada, possam negociar o acesso ao armazenamento e ao armazenamento na rede, quando tal seja técnica e/ou economicamente necessário para permitir um acesso eficiente à rede, bem como para a organização do acesso a outros serviços auxiliares. Caso se opte por um regime de acesso regulado, os Estados-Membros devem tomar as medidas necessárias para conferir às empresas de gás natural e aos clientes elegíveis, dentro e fora do território abrangido pela rede interligada, o direito de acesso ao armazenamento, ao armazenamento na rede e a outros serviços auxiliares com base nas tarifas e/ou noutras condições e obrigações publicadas para utilização desse mesmo armazenamento ou armazenamento na rede, quando tal seja técnica e/ou economicamente necessário para permitir um acesso eficiente à rede, bem como para a organização do acesso a outros serviços auxiliares.

[524] JO L176/37, de 15 de Julho de 2003.

natural – baseado em tarifas publicadas, aplicáveis a todos os clientes elegíveis e aplicadas objectivamente e sem discriminação entre os utilizadores da rede.

2.7.3. Redes virtuais: programas de computador e bases de dados

Em termos de propriedade intelectual, a Directiva 2006/116/CE, do Parlamento Europeu e do Conselho[525], relativa ao prazo de protecção do direito de autor e de certos direitos conexos, estabelece os prazos e os termos de protecção do direito de autor sobre obras literárias e artísticas e outras manifestações artísticas.

Não tendo uma relação directa com vertente económica que fundamente um ordenamento regulatório inerente às redes virtuais, a imposição de uma obrigação de acesso é inexistente.

Por sua vez, a Directiva 2001/29/CE, do Parlamento Europeu e do Conselho[526], relativa à harmonização de certos aspectos do direito de autor e dos direitos conexos na sociedade da informação, estabelece explicitamente que um enquadramento legal do direito de autor e dos direitos conexos, através de uma maior segurança jurídica e respeitando um elevado nível de protecção da propriedade intelectual, estimulará consideravelmente os investimentos na criatividade e na inovação, nomeadamente nas infra-estruturas de rede, o que, por sua vez, se traduzirá em crescimento e num reforço da competitividade da indústria europeia, tanto na área do fornecimento de conteúdos e da tecnologia da informação como, de uma forma mais geral, num vasto leque de sectores industriais e culturais[527].

Em conformidade, este diploma contém uma previsão mais cuidada ao nível do estabelecimento de equilíbrios eficientes entra a protecção e a duplicação.

Para efeitos de regulação de acesso, importa analisar a Directiva 91/250/CEE do Conselho, de 14 de Maio de 1991, relativa à protecção jurídica dos programas de computador[528], com a última redacção que

---

[525] JO L372/12, de 27 de Dezembro de 2006.
[526] JO L167/10, de 22 de Junho de 2001.
[527] Cfr. considerando 4 da Directiva.
[528] JO L 122/42, de 17 de Maio de 1991.

lhe foi dada pela Directiva 93/98/CEE e a Directiva 96/9/CE, do Parlamento Europeu e do Conselho, de 11 de Março de 1996, relativa à protecção jurídica das bases de dados[529].

Nos termos do artigo 6.º da Directiva 91/250/CEE, não é necessária a autorização do titular dos direitos quando a reprodução do código e a tradução da sua forma forem indispensáveis para obter as informações necessárias à interoperabilidade de um programa de computador, criado independentemente, com outros programas, uma vez preenchidas as seguintes condições: i) esses actos serem realizados pelo licenciado ou por outra pessoa que tenha o direito de utilizar uma cópia do programa, ou em seu nome por uma pessoa devidamente autorizada para o efeito; ii) não se encontrarem à disposição das pessoas habilitadas à detenção de informações necessárias à interoperabilidade; c) esses actos limitarem-se a certas partes do programa de origem necessárias à interoperabilidade.

Por seu lado, nos termos do n.º 1 do artigo 6.º da Directiva 96/9/CEE, o utilizador legítimo de uma base de dados ou das suas cópias pode efectuar todos os actos necessários para aceder ao conteúdo da base de dados e para a utilizar em condições normais sem autorização do autor da base. Por sua vez, nos termos do artigo 9.º, os Estados-Membros podem prever que o utilizador legítimo de uma base de dados posta à disposição do público, seja por que meio for, possa, sem autorização do fabricante da base, extrair e/ou reutilizar uma parte substancial do seu conteúdo: i) sempre que se trate de uma extracção para fins particulares do conteúdo de uma base de dados não-electrónica; ii) sempre que se trate de uma extracção para fins de ilustração didáctica ou de investigação científica, desde que indique a fonte e na medida em que tal se justifique pelo objectivo não--comercial a atingir; ii) sempre que se trate de uma extracção e/ou de uma reutilização para fins de segurança pública ou para efeitos de um processo administrativo ou judicial

A existência de normas de regulação sectorial condiciona, naturalmente, o campo de aplicação do direito da concorrência. Não existindo espaço de liberdade dada a existência de imposições normativas, não haverá possibilidade de aplicar os normativos

---

[529] JO L 77/20, de 27 de Março de 1996.

concorrenciais. De facto, ainda que a regulação económica vise a potenciação concorrencial nos sectores em rede, através do controlo *ex ante* de eventuais situações das quais decorreriam inevitavelmente desequilíbrios concorrenciais pela simples actuação racional dos agentes económicos, a verdade é que, quando exista uma configuração concreta de conduta relativamente a uma fracção do mercado, não existirá possibilidade de aplicar qualquer correcção numa vertente *ex post*.

O caso mais evidente resulta da situação extrema onde a regulação sectorial prevê a existência de um monopólio legal ou onde a entrada é condicionada à emissão de uma licença. Neste caso, onde as barreiras à entrada são de origem legal, nunca se poderá imputar ao agente incumbente qualquer conduta de exclusão a este propósito.

Por outro lado, nestas condições, a autoridade de regulação adquirirá naturalmente um primado sobre a autoridade de tutela da concorrência na apreciação das condutas no mercado.

Nas condições descritas, quando na legislação reguladora se prevê uma obrigação de concessão de acesso a um determinado segmento da infra-estrutura por parte de terceiros, não existirá qualquer espaço útil para o normativo da concorrência.

Na ocorrência de falhas regulatórias, o agente regulado poderá, com base no segmento regulado, desenvolver estratégias de projecção de poder económico quer para jusante, quer para montante, nomeadamente através de recusas em negociar em segmentos não-regulados, mas necessários para o funcionamento do sector. Tal só não ocorrerá nas situações em que a própria legislação reguladora impede ao agente regulado, *maxime* a um detentor de um segmento em monopólio natural, o desenvolvimento de qualquer actividade em segmentos complementares[530].

Na inexistência deste normativo, poderão assistir-se a decisões concorrenciais extremas, como a que ocorreu no processo que envolveu a fragmentação da AT&T[531].

---

[530] O que evita situações como as decididas no acórdão *Otter Tail*, (cit.), onde um produtor eléctrico e detentor da infra-estrutura de transporte projectou a sua posição para o segmento retalhista e no acórdão *Griffith* (cit.) onde o detentor da infra-estrutura de suporte alavancou a sua posição para o segmento da distribuição. Cfr., sobre este assunto, P. Areeda e H. Hovenkamp, *Antitrust Law*, vol. IIIA, cit., págs. 304 e segs.

[531] Neste processo foi ordenada a desinvestidura da AT&T relativamente ao segmento das telecomunicações locais. Cfr. acórdão *United States v. AT&T*, 524 F. Supp. 1336 (D.D.C. 1981).

2.8. Regime concorrencial do dever em negociar o acesso a segmentos essenciais

O enquadramento do dever em negociar o acesso a segmentos detidos por agentes em posição dominante em favor de concorrentes que decorre do artigo 82.º do Tratado, depende, conforme foi referido, da construção jurisprudencial que foi sendo desenvolvida em torno da teoria das infra-estruturas essenciais. De facto, assiste-se a um tentativa de resistência na utilização expressa dessa terminologia, apesar dos procedimentos de análise concorrencial utilizados se remeterem integralmente à sua lógica.

E, em termos jurisprudenciais, assiste-se mesmo a um tratamento complexo ao nível do enquadramento substantivo do *"dever de negociar"*, que, segundo alguns autores, depende da própria tipologia relacional estabelecida[532].

---

[532] Assim, e em termos gerais, existem orientações doutrinárias diferenciadas para o enquadramento das primeiras negociações e para negociações subsequentes a uma decisão de impedimento de acesso. Na verdade, atendendo às diferentes situações de facto analisadas pelos tribunais comunitários, alguns autores entendem que poderão existir regimes diferenciados a este respeito. De facto, o acórdão *Commercial Solvents* (cit.) e o acórdão *Télémarketing (cit.)*, que constituíram o corpo inicial da orientação jurisprudencial analisaram questões que se reconduziam a finalizações de fornecimento. Ao invés, os processos mais recentes, tais como os acórdãos *Bronner, Magill* e *IMS Health* (cits.), analisaram situações em que novos concorrentes eram impedidos de aceder a determinados segmentos. Por sua vez, o próprio *Documento de Discussão* da Comissão Europeia (cit.), também indicia um entendimento desta índole, uma vez que expressa um enquadramento distinto para situações em que fornecimentos anteriores hajam cessado (cfr. págs. 62 a 64 do documento citado). Assim, segundo alguns autores (cfr., e.g., H. Hatzopoulos, *"Case Notes in IMS"*, Common Market Law Review, 41, 2004, págs. 1613 e segs.; B. Sher, *"The Last of the Steam-Powered Trains: Modernising Article 82"*, European Competition Law Review, 25, 5, 2004, págs. 243 e segs.), o desenvolvimento de uma actividade relacional anterior poderá ter levado um concorrente a efectuar determinados investimentos pressupondo a manutenção da relação negocial. Este entendimento, que assenta num pressuposto de *"legítimas expectativas"*, parece ter sido perfilhado pela própria Comissão na sua decisão relativa ao processo *Clearstream* (cfr. decisão COMP/38.096, *Clearstream*, de 2 de Junho de 2004, paras. 242 a 243), e que, no documento de discussão refere *"however, if the input owner is itself active in the downstream market and terminates supplies to one of its few competitors, it will normally be presumed that there is a negative affect on competition on the downstream market"* (para. 222). A outra corrente doutrinária, com a qual se concorda, não efectua qualquer diferenciação a este respeito. De facto, o regime do "dever em negociar" deverá ser sólido e unificado. A protecção dos investimentos realizados ou de expectativas

Entende-se, porém, que o regime do dever de negociar com rivais para efeitos do artigo 82.º do Tratado constitui um instituto unificado que, no caso de acesso a segmentos em sectores em rede, depende da reunião de algumas condições essenciais:

i) a entidade dominante deverá recusar o acesso ao segmento em causa

Assim, e em primeiro lugar, deverá existir uma recusa de acesso por parte de uma entidade que tenha poder dominante sobre o segmento principal. Ora, esta recusa deverá ser entendida de forma extensiva, não se devendo limitar o seu âmbito a actos formais de recusa[533].

Deste modo, tem sido entendido que o conceito de recusa não abrange unicamente os actos expressos com esse conteúdo mas igualmente as situações em que as empresas dominantes impõem condições objectivamente desrazoáveis[534], utilizam mecanismos dilatórios[535] ou exigem preços excessivos[536], numa concepção idêntica à

---

criadas deverá ser enquadrada num foro puramente contratual, dado que em nada relevam na vertente concorrencial. A diferença que aparenta existir do ponto de vista jurisprudencial advém unicamente dos tempos históricos em que os diversos acórdãos foram emitidos, sendo que os mais recentes remetem integralmente para os anteriores sem que se efectue qualquer consideração correctiva (cfr., e.g., no direito comunitário, D. Geradin, *"Limiting the Scope of Article 82 EC: What can the EU Learn from the US Supreme Court's Judgement in Trinko, in the Wake of Microsoft, IMS and Deutsche Telekom?"*, Common Market Law Review, 41, 2004, págs. 1526 e segs.; R. Donoghue e A. Padilla, The Law and Economics of Article 82, cit., págs. 458 a 461; no direito norte-americano, E. Elhauge, *"Defining Better Monopolisation Standards"*, Stanford Law Review, 56, 2, 2003, págs. 253 e segs.). Efectivamente, na óptica do princípio da eficiência, será indiferente o momento em que o agente dominante cessa a sua predisposição negocial: o que interessa averiguar serão os efeitos concorrenciais que decorrem dessa conduta. No limite, a única diferença que se poderá antever nesta matéria entre as duas situações será em sede de prova e de ponderação da medida de correcção eventualmente aplicável; efectivamente, se o relacionamento negocial existiu no passado poderá continuar a ocorrer no momento futuro.

[533] O Supremo Tribunal Federal, nos seus acórdãos *Otter Tail* e *Aspen (cits.)* exigiu a demonstração da intenção de exclusão concorrencial.

[534] Decisão *Deutch Post AG – Interception of cross-border mail*, JO L 331/40, 2001, para. 103.

[535] Cfr. *DG Competition Discussion Paper, cit.*, pág. 64. Cfr., igualmente, decisão *Sea Containers v Stena Sealink – Interim Measures*, JO L15/8, 1994, paras. 700 a 74.

[536] Cfr., e.g., conclusões do Advogado-Geral Poiares Maduro no processo *Arcor AG & Co. KG v República Federal da Alemanha*, processo C-55/06, 18 de Julho de 2007.

que decorre da doutrina aplicável à "redução de margem", ou seja, preços de acesso que impliquem um necessário resultado negativo na exploração do segmento a jusante ou a montante.

ii) o agente que detém o segmento relativamente ao qual se solicita o acesso deverá ser dominante nesse segmento primário enquanto que os efeitos anticoncorrenciais da recusa deverão fazer-se sentir no segmento a jusante ou a montante;

Em segundo lugar, e uma vez que este tipo de estratégia se inclui no âmbito dos modelos de projecção do poder económico para segmentos adjacentes, deverão necessariamente existir dois segmentos diferenciados. Assim, deverá existir necessariamente uma relação controvertida de âmbito vertical no sector em rede em causa[537].

O segmento em causa deverá situar-se numa relação de complementaridade com um outro segmento que, relativamente a este, se situa a jusante ou a montante da cadeia produtiva[538]. De facto, o exercício de poder monopolista num único segmento de mercado, de onde não extravase qualquer consequência concorrencial para outro segmento, só terá eventuais efeitos concorrenciais a título de "preços excessivos"[539].

A relação de necessária complementaridade entre os segmentos é facilmente identificável numa rede física face ao inerente fluxo de

---

[537] A recusa em negociar o acesso é unicamente relevante na óptica da problemática da integração vertical das redes. Apesar desta problemática ainda não ter sido suficientemente desenvolvida na jurisprudência comunitária, a doutrina é hoje pacífica a este respeito. Cfr., e.g. P. Areeda e H. Hovenkamp, *Antitrust Law*, IIIA, cit., págs. 204 e segs.; J. Faull e A. Nikpay, *The EC Law of Competition, cit.*, págs. 625 e 626.

[538] Conforme refere Temple Lang, *"a vertically integrated company is not necessarily obliged to provide acess to a facility that other companies wish to use if it is not providing them to any independent users. The key test seems to be whether its upstream and downstream operations are merely part of the same business, or separate in nature*" (cfr. J Temple Lang, *"The Principle of Essential Facilities in European Community Competition Law – The position since Bronner", Journal of Network Industries*, 1, 2000, págs. 375 a 405).

[539] Contra R. Pitofsky, D. Patterson e J. Hooks, (*in "The Essential Facilities Doctrine Under U.S. Antitrust Law", Antitrust Law Journal*, 70, (2002), págs. 443 a 462) que referem que, embora relevante, a existência de dois mercados relacionados verticalmente não se constitui como requisito essencial para o direito norte-americano. Porém, esta doutrina, que se extrai tangencialmente do acórdão *Aspen* (cit.), não é acompanhada pela maioria dos autores. Cfr., e.g., P. Areeda e H. Hovenkamp, *Antitrust Law*, IIIA, cit., págs. 204 a 213.

produtos ou de serviços aí transaccionados, numa relação de estrita continuidade com origem no produtor e *terminus* no consumidor. Porém, também a configuração própria das redes virtuais permite efectuar um juízo equivalente, embora adaptado. De facto, os direitos de propriedade intelectual centram-se num corpo essencial que protege o autor relativamente ao objecto da criação. Esse núcleo central de direitos é normalmente denominado por parte da jurisprudência comunitária como a *"função essencial"* da propriedade intelectual[540]. Ora, essa função essencial traduz-se na garantia de uma exclusividade de utilização visando a angariação dos frutos remuneratórios do seu investimento criativo. Logo, se o beneficiário da criação de um segmento utilizar a sua protecção jurídica intelectual materialmente delimitada de forma a tentar alcançar uma utilização exclusiva de um outro segmento da rede virtual ou, no limite, uma utilização exclusiva de toda a rede, então teremos uma situação anticoncorrencial equivalente à que foi descrita para as redes físicas.

A questão complica-se nas redes onde os segmentos são relativamente indiferenciados. Efectivamente, quando se adoptou para a elaboração desta tese a perspectiva dos segmentos da rede, tal baseou-se essencialmente numa tentativa de apuramento específico do âmbito dos mercados relevantes nos sectores em rede.

Na grande maioria das decisões jurisprudenciais, os casos subjacentes abrangiam claramente segmentos distintos, nos quais o sujeito dominante grossista tentava expandir a sua posição para o segmento retalhista a jusante. Assim, no acórdão *Magill*, o segmento grossista era constituído pela difusão de programas televisivos e o segmento a jusante era o dos guias televisivos; na decisão *Stena Sealink*, o segmento grossista traduzia-se nas instalações portuárias e o segmento retalhista consistia na actividade de transporte marítimo; no acórdão *Ladbroke*, o mercado grossista dizia respeito às transmissões de corridas de cavalos e o segmento retalhista, igualmente a jusante, era o das apostas; no acórdão *Microsoft*, o mercado grossista era composto pelo sistema operativo e o mercado retalhista era o das aplicações informáticas, *in casu*, o leitor de media.

---

[540] Terminologia utilizada no acórdão *Warner Brothers Inc and Metronome Video ApS v Erik Viuff Christiansen*, processo 158/86, Colectânea, 1988, págs. 2605 e segs., para. 13. Cfr., igualmente, acórdão *Radio Telefis Éireann (RTE) v Comissão*, *cit*, para. 73.

O único caso que envolveu um mercado secundário a montante foi o referente ao acórdão *Oscar Bronner*, onde o segmento contestado foi o da distribuição e o afectado o segmento a montante da produção e edição de jornais.

Afiguram-se, no entanto, de extrema gravidade afirmações como as efectuadas pela Comissão na decisão *IMS Health*, quando referiu que apesar da jurisprudência comunitária assentar no pressuposto de que a "recusa em negociar" implica a existência de dois mercados, tal não preclude a possibilidade de uma recusa em licenciar um direito de propriedade intelectual *per se* poder ser contrária ao artigo 82.º[541].

Tal como na grande maioria das redes virtuais, os seus componentes segmentares interagem repetidamente numa relação de compatibilidade integrada. Porém, apesar das dificuldades acrescidas que se colocam, não se poderá abandonar, sob pena de total incongruência, o pressuposto base de alavancagem necessária. Esta dificuldade com que a Comissão se deparou para a identificação dos mercados no processo IMS Health decorre da própria falência do modelo de identificação de mercados normalmente utilizado. Relembre-se que o que estava em causa era o acesso à grelha de segregação espacial de informação detida pela IMS Health para a comercialização de medicamentos. Ora, se adoptarmos a perspectiva segmentar, aparenta-se-nos claro que tal mercado se constitui como primário em relação ao segmento a montante composto pela informação comercial que a NDC pretendia desenvolver.

E, neste enquadramento, nem sequer se torna necessário contornar as regras típicas de definição de mercado relevante, "forçando" a emergência de um segundo mercado dito "potencial"[542]. De facto,

---

[541] Decisão *IMS Health, cit.*, para. 184.

[542] Não se concorda, portanto, com a Comissão, quando no documento de discussão (cit.), refere: *"in some circumstances, there may not be an existing market for the input in question as it is used only by the owner in a captive market. For example, an IPR may be nothing more than an input that is not marketed separately from the goods and services to which the IPR relates. However, it is sufficient that a captive market, that is, a potential market, or even a hypothetical market, can be identified. Such is the case where there is actual demand for the input on the part of undertakings seeking to carry out the activity for which the input is indispensable"* (paras. 226 e 227).

esta é a saída que a jurisprudência normalmente utiliza para justificar a presença de dois mercados em redes virtuais onde os segmentos componentes não se encontram claramente identificados[543].

Por outro lado, também não se nos afigura correcta a utilização do modelo de "estádios de produção" tal como foi efectuado no acórdão *IMS Health*[544]. De facto, esse modelo poderá ser aplicado nas redes físicas, uma vez que, dada a sua organização linear, cada segmento corresponderá tendencialmente a uma das fases típicas de produção industrial.

Nas redes virtuais, dada a relação intrínseca entre os diversos componentes, o modelo falece por completo. Assim, da alteração conceptual sugerida pelo Tribunal de Justiça não decorre qualquer vantagem conceptual adicional. O segmento será, nesta configuração, um componente com uma vocação funcional própria, mas que, apesar de só adquirir uma funcionalidade plena no seu âmbito, poderá ser vendido separadamente devido à sua configuração própria de bem privado.

A este respeito poderá levantar-se uma questão relevante. Existem mercados, como os das telecomunicações electrónicas, em que o modelo de organização, apesar de linear, poderá adquirir configurações radiais relevantes, por via da aposição de "excertos" segmentares no tronco essencial da infra-estrutura (segmentos paralelos ou redundantes).

Por exemplo, os serviços retalhistas de fornecimento de acesso de banda larga à Internet poderão ser fornecidos por diversos agentes, que se poderão interligar à rede detida pelo incumbente em pontos de acesso diferenciados.

Ora, a interligação poderá ser efectuada ao nível grossista da rede, ou no outro extremo, no lacete local, isto é, no ponto mais próximo do consumidor. Porém, entre o sistema central e o lacete

---

[543] Geradin refere o seguinte: "any intellectual property right could 'hypothetically' be marketed as a stand-alone item", o que, em tese poderá sustentar uma tese que defenda uma obrigação indiscriminada de licenciar, com as inevitáveis consequências nefastas ao nível do investimento em inovação (D. Geradin *"Limiting the Scope of Article 82 EC: What can the EU Learn from the US Supreme Court's Judgement in Trinko, in the Wake of Microsoft, IMS and Deutche Telekom?"*,*cit.*, pág. 1530).

[544] Acórdão *IMS Health GmbH & Co OHG v NDC Health GmbH & Co KG, cit.*, para. 45.

local poderão ser efectuadas interligações por via da utilização de outras tecnologias. Nestas circunstâncias, e caso se conclua que deverá fornecer acesso nas diferentes fases, o incumbente poderá ser obrigado a efectuar investimentos adicionais na rede para a inclusão de sistemas que nem ele próprio utiliza.

Esta é uma situação que, em nosso entender, excede o âmbito da obrigação em negociar prevista no artigo 82.º do Tratado. De facto, as interligações situam-se em diferentes pontos do ciclo de produção; porém, apesar das suas diferentes configurações, os diferentes sistemas constituem-se como um único segmento do mercado atendendo à sua vocação funcional típica: o fornecimento retalhista, a jusante, de serviços de Internet de banda larga.

Talvez seja esta percepção que tenha impedido a tutela concorrencial deste tipo de acessos em sede de direito da concorrência. De facto, e uma vez que diz respeito aos modelos programáticos de organização de mercados, essa competência deverá ser outorgada à legislação reguladora.

iii) o segmento essencial deverá ser indispensável para a concorrência efectiva no segmento a jusante ou a montante;

A terceira condição é a que denomina o enquadramento teórico de análise. Assim, o segmento em causa deverá ser indispensável para o desempenho concorrencial da rede. Deverá referir-se liminarmente, para efeitos de clarificação, que a maioria da doutrina defende uma limitação do âmbito de aplicação desta doutrina. Assim, de acordo com Areeda e Hovenkamp[545], a doutrina das infra-estruturas essenciais deveria ser abandonada, sendo que as suas orientações só seriam eventualmente susceptíveis de aplicação em três situações limitadas: i) na existência de monopólios naturais; ii) na existência de monopólios legais regulados; iii) na existência de infra-estruturas subsidiadas por fundos públicos, mas detidas por privados, uma vez que, nestas condições, a sua duplicação segundo um modelo puro de mercado seria impossível. Por sua vez, Richard Posner limita ainda mais o âmbito potencial desta orientação aos segmentos em monopólio natural.

---

[545] *In Antitrust Law*, vol. IIIA, 2nd edition, cit., pág. 175.

A indispensabilidade do segmento essencial resulta inequivocamente da sua natureza económica. Conforme foi referido, as condições económicas nas redes propiciam a formação de monopólios naturais, de forma mais ou menos intensa. De facto, quer as economias ao nível da oferta, quer as economias ao nível da própria procura acentuam de forma inelutável o surgimento deste tipo de segmentos. Porém, o escrutínio concorrencial deve ser muito rigoroso, sob pena de legitimação de "boleias" ineficientes, de atenuação do ritmo de inovação ou mesmo de estabilização definitiva de pseudomonopólios relativamente a plataformas ou nós em relação aos quais seria viável a construção de segmentos concorrentes, só não o sendo a partir do momento em que o seu titular foi obrigado a conceder um acesso indiscriminado aos mesmos.

A partir do momento em que a Microsoft foi obrigada a revelar todos os códigos-fonte do sistema operativo de forma a garantir uma total compatibilidade das aplicações, deixou de haver qualquer incentivo à criação de um sistema operativo concorrente e, presumivelmente, atenuou-se a urgência de surgimento de um "salto tecnológico" neste mercado.

Para que o artigo 82.º possa ser aplicado é necessário que o acesso ao segmento em causa seja realmente fundamental para o exercício da actividade concorrencial na rede. Dado que o enfoque do direito económico radica na organização eficiente dos mercados, torna-se necessário ponderar a intensidade do exercício do direito privado de propriedade sobre um determinado segmento, *maxime*, quando esse segmento é essencial para o exercício da liberdade de actuação económica de um outro agente.

O juízo que permite alcançar uma situação de equilíbrio a este propósito assentará, necessariamente, numa perspectiva de bem-estar social, igualmente baseada num princípio da eficiência económica socialmente delimitado. Nesta perspectiva, quem pretender o acesso a um segmento detido por outrém necessita de provar a essencialidade desse acesso para o exercício da sua actividade na rede.

Por outras palavras, o acesso ao mesmo deverá ser vital para a sua existência. *A contrario*, o segmento não será essencial se o agente pretendente puder desenvolver a sua actividade sem a este aceder, mesmo que de forma mais dificultada[546].

Este juízo de essencialidade deverá ser efectuado necessariamente numa óptica de concorrência dinâmica superando-se, quando necessário, os paradigmas tradicionais da concorrência neoclássica, nomeadamente se estivermos na presença de redes virtuais, com uma forte tendência evolutiva norteada pelo primado da concorrência pelo mercado e não pela concorrência pelo componente. Por outro lado, se o monopólio for de natureza legal, então antes de se efectuar um juízo de pendor concorrencial, e uma vez que a situação em causa decorre de uma orientação legislativa reguladora, o legislador terá a obrigação de proceder a uma correcção dessa situação, impondo obrigações regulatórias *ex ante* de acesso, que corrigirão, em sede legal, a ineficiência que resultava, em primeira linha, da norma legal que concedia a exploração exclusiva daquele agente. Assim, e sem prejuízo do eventual campo de aplicação potencial do direito da concorrência nestas situações, a responsabilidade principal desta disfunção do mercado deverá ser cometida ao legislador, já que foi ele próprio que a criou.

De seguida é essencial verificar quais as alternativas que se encontram à disposição do agente que pretende o acesso[547]. De facto,

---

[546] Normalmente, se o agente pretendente já estiver no mercado e colher lucros da sua operação, muito dificilmente se poderá entender que o acesso ao segmento em causa é vital para a sua sobrevivência. Cfr., e.g., acórdão *Robinson v Magovern*, 521 F. Supp. 842, 913 (W.D. Pa. 1981) aff'd, 688 F.2d 824 (3rd Circuit 1982), onde se decidiu que o segmento não era essencial uma vez que a recusa de acesso ao mesmo somente dificultava a actividade desenvolvida pelo autor, ou implicava uma redução de lucros. Porém, já foram emitidas decisão jurisprudenciais em sentido contrário. Cfr. acórdão *Great Western Directories v Southwestern Bell Tel.* (63 F3.d 1378 (5th Circuit 1995) revisto em parte, 74 F3.d 613 (5th Circuit), cert. negado, 518 U.S. 1048 (1996).

[547] Esta questão é analisada pela Comissão no *Discussion Paper (cit.)*: *"To be an abuse the refusal to start supplying must concern an input, which is indispensable to carry on normal economic activity in the downstream market. Without this input companies cannot manufacture their products or provide their usual service levels. Therefore, when real or potential substitutes exist in the market, the input of the dominant company is not indispensable. The same holds if it would be legally and economically possible for other companies to produce the input in question themselves. A facility is an indispensable input*

a detenção de um terreno agrícola é essencial para o agricultor que pretende semear trigo. Porém, existem outros locais onde essa cultura pode ser desenvolvida. Por outras palavras, existem alternativas que impedem que um terreno individualmente considerado seja essencial para o desenvolvimento daquela actividade económica.

Nesta óptica, o factor relevante assentará numa análise objectiva relativamente à possibilidade, ou não, de duplicação do segmento[548], quer numa perspectiva económica pura[549], quer numa perspectiva temporal[550]. Assim, nunca se poderá fundamentar uma decisão desta

---

only when duplication of the existing facility is impossible or extremely difficult, either because it is physically or legally impossible to duplicate, or because a second facility is not economically viable in the sense that it would not generate enough revenues to cover its costs. One element that may be relevant for reaching such a conclusion is the switching costs that customers would have to incur in order to use an alternative structure. In the case of IPRs it must not be possible for competitors to turn to any workable alternative technology or to "invent around" the IPR. Such a requirement would likely be met where the technology has become the standard or where interoperability with the rightholder's IPR protected product is necessary for a company to enter or remain on the product market" (cfr. paras. 228 a 230, pág. 65).

[548] Cfr. e.g. acórdão *Massachusetts School of Law at Andover v ABA*, 107 F3.d 1026 (3rd Circuit 1997), onde se considerou que a realização de conferências não se constituía como infra-estrutura essencial, dada a possibilidade de duplicação das mesmas; acórdão *Blue Cross (cit.)*, onde se considerou que o facto da infra-estrutura em causa se constituir como a "melhor", tal não implicava a imposição de uma obrigação de acesso à mesma; acórdão *International Audiotext Network v AT&T* (893 F. Supp. 1207 (S.D.N.Y 1994), aff'd 62 F3.d 69 (2nd Circuit 1995), onde se concluiu que os serviços telefónicos internacionais da AT&T não se consituiam como segmentos essenciais para o serviço de pagamentos do pretendente; acórdão *Cyber Promotions v America Online* (1997-1 Trade Cas. ¶71,856 (E.D. Pa. 1996), onde se decidiu que a plataforma da AOL não constituía um segmento essencial para os serviços de publicidade prestados pelo autor da acção.

[549] Cfr. acórdão *IMS Health (cit)*, para. 28. Porém, neste acórdão, o conceito de rentabilidade foi desenvolvido numa óptica comparativa e não absoluta, ou seja, foi decidido que o pretendente não conseguiria desenvolver um segmento com custos idênticos aos do incumbente uma vez que este tinha uma cadeia de produção já instalada. Ora, conforme já foi referido, os efeitos de economia – do lado da oferta e do lado da procura – que justifiquem a aplicação do dever de conceder acesso terão necessariamente de ser aferidos numa óptica absoluta, sob pena de penalização dos agentes mais eficientes. Prefere-se, portanto, a formulação utilizada na decisão da Comissão *GVG/FS*, (in JO L11/17, 2004, paras. 108 e 148), que assenta na perspectiva de uma impossibilidade de duplicação atentendo a "custos proibitivos sem racionalidade comercial".

[550] Cfr. acórdão *European Night Services Ltd e outros v Comissão*, processos conjuntos T-374/94, T-375/94, T-384/94, T-388/94, Colectânea, II, 1998, para. 209. Porém,

índole no facto dos produtos do pretendente serem menos apetecíveis do que os fornecidos pelo incumbente, quer em termos qualitativos, quer em termos de preço final de venda[551].

Em termos de efeitos, é essencial que o eficiente desempenho concorrencial da rede dependa do acesso a esse segmento por parte de pretendentes. Na perspectiva negativa, que é normalmente utilizada pela jurisprudência, é condição essencial que a recusa em negociar o acesso implique *"a eliminação ou a redução substancial da concorrência em prejuízo dos consumidores, quer no curto quer no longo prazo"*[552].

Se a recusa não eliminar a concorrência, então o acesso ao segmento não será essencial; se a concorrência for eliminada na totalidade da rede, então o segmento será certamente essencial uma vez que o não acesso ao mesmo constitui uma barreira à entrada insuperável, que exclui liminarmente o exercício concorrencial nos restantes segmentos.

E, nesta sede, concorda-se com Robert Donoghue e Jorge Padilla, quando referem que este critério deverá ser interpretado de forma muito restritiva[553]. Efectivamente, se já existir concorrência nos segmentos a montante ou a jusante, então a concorrência é, já então, possível.

Porém, o entendimento comunitário tem flutuado a este respeito. A jurisprudência comunitária, nos acórdãos *Bronner, IMS Health* e *Magill*, adoptou uma formulação extremamente rígida a este propósito – *"a recusa em negociar deverá excluir qualquer possibilidade de concorrência no mercado secundário"*[554]. Por sua vez, a Comissão Europeia, no processo Microsoft, erodiu de forma significativa este requisito, atenuando o nível necessário de bloqueio concorrencial adveniente da recusa de acesso. Assim, referiu a necessidade de

---

também este requisito deverá ser ponderado com bastante cuidado pois poderá prejudicar o agente que teve a percepção da oportunidade de mercado num momento preliminar. De facto, a *first movers advantage* não deverá fundamentar *per se* a aplicação de mecanismos de penalização.

[551] P. Areeda e H. Hovenkamp propõem que esta doutrina se aplique somente aos casos mais claros (*in Antitrust Law*, vol. IIIA, cit., pág. 201).

[552] Cfr. acórdão *IMS Health, cit.*, para. 29.

[553] *In The Law and Economics of Article 82 EC, cit.*, pág. 443.

[554] Cfr., e.g., acórdão *IMS Health, cit*, para 38.

imposição de um dever de negociar quando: i) o acesso a esse segmento (*in casu*, ao ponto de interligação "códigos fonte") fosse necessário para a "presença viável" do concorrente no mercado; ii) a recusa de acesso representasse uma redução "do nível de acesso"; iii) ocorresse um "risco" de eliminação de concorrência no mercado secundário; iv) reduzisse o nível de inovação no mercado secundário[555].

Como se pode verificar, e sem nos referirmos às questões estritamente legais, a Comissão, mais uma vez, cometeu o seu erro mais usual ao nível conceptual: considerou que o direito da concorrência visa a protecção dos concorrentes e não dos consumidores.

Também não se poderá entender que os efeitos de exclusão concorrencial só se fazem sentir quando o incumbente detém uma quota de 100% do mercado relevante. Efectivamente, poderão existir situações de *duopólio coordenado*[556] ou onde existam concorrentes "*bonsai*"[557], mas de onde se extraem efeitos equivalentes a uma situação monopolista, apesar do incumbente não deter a quota integral do mercado.

O grande desafio que se coloca actualmente nesta temática consiste em saber o que se deve entender por "*redução substancial da concorrência*"[558].

Em nosso entender, este juízo económico deverá assentar necessariamente num nivelamento apreciativo assente nos paradigmas descritos para a "concorrência efectiva" nos mercados, na sua vertente dinâmica.

Uma grande parte dos benefícios concorrenciais poderá depender do momento em que se impõe a obrigação de acesso ao segmento essencial. Se tal for efectuado numa óptica reactiva, então o sujeito incumbente poderá ter monopolizado o mercado secundário, quer este se situe a jusante ou a montante do segmento essencial. Por essa razão, a legislação reguladora tem uma importância fundamental

---

[555] Cfr. Decisão *Microsoft*, cit., paras. 779 a 784.
[556] Cfr. parte IV.
[557] Ou seja, concorrentes que são tolerados, mas cujo crescimento é contido pelo incumbente.
[558] Cfr. *Discussion Paper, cit.*, para. 231.

uma vez que permite a imposição *ex ante* de obrigações de acesso, o que é crucial em situações de mercados secundários emergentes[559].

Nestes termos, a questão mais difícil que se pode colocar é a da definição de novo produto, ou de produto emergente. Efectivamente, num ambiente de concorrência pelo mercado, todos os esforços dos concorrentes assentam, precisamente, na aquisição de um domínio global do mesmo que, nas condições típicas das redes bilaterais, se pode considerar como socialmente eficiente.

Neste ambiente de concorrência dinâmica torna-se crucial que os novos concorrentes possam desenvolver os "saltos tecnológicos" essenciais. Ora, essas rupturas construtivas devem ser promovidas, não devendo ser permitido ao incumbente o desenvolvimento de quaisquer estratégias dilatórias nesta matéria. Assim, o conceito de novo produto que, nas redes virtuais, corresponde tendencialmente ao âmbito da nova rede virtual normalizada, deverá assentar necessariamente numa realidade já evidente, para a qual existe uma necessidade actual, e não num pressuposto especulativo potencial ainda não materializado. Por outro lado, deverá ultrapassar a natureza de mera melhoria, consubstanciando, de forma evidente, o surgimento de uma nova rede em si mesma, de uma nova norma, ou de um novo segmento, acoplado à perspectiva radial que o envolve, criando um novo espaço de mercado e alargando a margem agregada de procura nessa rede, numa dimensão que ultrapasse a simples conquista de quota de procura já existente.

---

[559] Nos processos jurisprudenciais que envolvem direitos de propriedade intelectual, é usual a exigência de um "elemento adicional" para que a recusa em negociar se possa considerar anticoncorrencial. Esta posição é uma decorrência lógica das doutrinas que defendem o tratamento mais favorável das redes virtuais em sede de dever de negociar, o que já foi contestado anteriormente. Porém, este elemento adicional poderá ser útil se interpretado correctamente. Conforme foi demonstrado no local próprio, as redes virtuais caracterizam-se pelo seu intenso dinamismo. Ora, nesta perspectiva, poderá entender-se que a recusa em negociar poderá obnubilar a concorrência num segmento que ainda não é existente, pelo que os seus efeitos negativos se revelariam no facto de se impedir o aparecimento de um "novo produto". Ora, esta possibilidade é mais do que teórica dado que, conforme se demonstrou, as redes virtuais se formam através da intrínseca relação entre todos os seus componentes. Assim, bastará que um destes se configure como monopolista num desses componentes para que derivações de produtos existentes, mas que impliquem a utilização daquele segmento, sejam impedidas de aparecer no mercado. Porém, deverá ser referido que o próprio direito de propriedade intelectual não impede desenvolvimentos tecnológicos. Assim, inovações sequenciais não se encontram impedidas.

Finalmente, também este critério de análise deve ser igualmente aplicado quer às redes físicas, quer às redes virtuais.

iv) o acesso deverá ser técnica e economicamente viável, não existindo qualquer justificação objectiva para a recusa.

O impossível não obriga e, nessa medida, ninguém poderá ser obrigado a conceder acesso ao segmento essencial detido se a pretensão do terceiro for inviável de uma perspectiva técnica ou económica. Nesta medida, o incumbente poderá recusar o acesso ao seu segmento essencial se existir uma justificação objectiva que tal fundamente.

Esta é, no entanto, uma matéria extraordinariamente controversa uma vez que essa fundamentação não é, por definição, susceptível de tipificação. Assim, as autoridades concorrenciais têm interpretado de forma variada o seu âmbito potencial.

Os tribunais norte-americanos têm adoptado uma perspectiva mais alargada, numa óptica típica de *"rule of reason"*. Tal como foi referido no acórdão *MCI*[560], nenhum monopolista se encontra obrigado a aumentar a sua capacidade de transmissão ou a construir interconexões que permitam o acesso de terceiros ao seu segmento. Assim, o Sétimo Circuito, e após a desinvestidura da AT&T, referiu que esta empresa, independentemente de qualquer obrigação de interconexão, *"may deny interconnection it (...) had a reasonable basis in regulatory policy to conclude, and in good faith concluded, that denial of interconnection is required by concrete, articulable concerns for the public interest"*. Neste âmbito, Areeda e Hovenkamp concluem o seguinte: *"no matter how essential a monopolist's resource may be, the monopolist is never obliged to sacrifice legitimate business objectives"*[561].

---

[560] Acórdão MCI, *cit.*, para. 1137.

[561] Cfr. P. Areeda e H. Hovenkamp, *Antitrust Law,* vol. IIIA, 2nd ed., *cit.*, pág. 210. No mesmo sentido, cfr., e.g., acórdão *Oahu Gas Services v Pacific Resources*, 838 F2.d 360 (9th Circuit) cert. Negado, 488 U.S. 870 (1988). Obviamente que, em casos em que se prevê uma obrigação de acesso, o incumbente terá de ser remunerado pelos investimentos realizados e pelos custos adicionais sustentados. Porém, essa é uma questão que trataremos adiante.

As autoridades comunitárias adoptaram um entendimento bem mais restritivo[562]. Ainda assim, algumas justificações têm sido aceites. Por exemplo, na *Comunicação da Comissão sobre a Aplicação das Regras de Concorrência aos Acordos de Acesso no Sector das Telecomunicações*, refere-se que as justificações que podem ser utilizadas para fundamentar uma decisão de recusa de acesso poderão assentar na demonstração de uma dificuldade inultrapassável ou na necessidade de utilização própria do segmento para o desenvolvimento e comercialização de um serviço próprio[563].

Mais recentemente, a Comissão admitiu que, no caso das redes físicas, a ausência de capacidade deverá constituir-se como uma justificação relevante[564].

Esta é, no entanto, uma questão que terá de ser cuidadosamente aferida em ambientes regulados. Efectivamente, a entidade reguladora deverá homologar os programas de investimento dos operadores incumbentes de segmentos essenciais. E, nesta perspectiva, terá de tomar em consideração os modelos tecnológicos que se desenvolvem, premeditando pedidos de interligação relativamente a segmentos potencialmente nascentes, ou fomentando o aumento de capacidade da rede, face à procura futura prevista. De facto, e nestas situações, nunca se poderá premiar um incumbente que recusa a ligação por falta de capacidade quando esse défice resulta precisamente de um desinvestimento que só a este é imputável.

Por outro lado, a reputação e a credibilidade do parceiro pretendente poderá igualmente fundamentar uma decisão negativa a este respeito[565].

---

[562] Cfr. Decisão interina *IMS Health, cit.*, para. 173.

[563] JO C265/2, 1998, para. 91.

[564] Cfr. *Discussion Paper, cit.*, pág. 66, para. 234.

[565] E, neste caso, as autoridades comunitárias têm uma tolerância superior à demonstrada pelas autoridades norte-americanas, por exemplo, no caso em que a AT&T recusava o acesso das companhias locais à sua rede nacional com a justificação de incompatibilidade técnica dos sistemas adoptados e que poderiam colocar em causa a qualidade e fiabilidade da rede nacional. Cfr., e.g., *Comunicação da Comissão sobre a Aplicação das Regras de Concorrência aos Acordos de Acesso no Sector das Telecomunicações, cit.*, para. 25. Porém, na decisão *FAG-Flughafen Frankfurt/Main AG* (in JO L72/30, 1998), os argumentos da entidade gestora do aeroporto de Frankfurt para recusa de acesso a empresas independentes de prestação de serviços de handling foram duplamente escrutinados, e, na sua grande maioria, considerados improcedentes.

No caso das redes virtuais, a dificuldade para alcançar uma teoria comum a este respeito agrava-se substancialmente. Assim, tem sido entendido que a entidade que detém o direito de propriedade intelectual não se encontra obrigada a licenciar a sua tecnologia a não ser que a invenção desenvolvida pelo terceiro se constitua com um melhoramento significativo (*"upgrade"*) de uma tecnologia anterior detida pelo incumbente, que por si só se possa considerar como um novo segmento[566], e este último não esteja a desenvolver um produto idêntico[567].

Por sua vez, uma fundamentação de recusa de acesso por via da utilização do argumento puro de protecção da propriedade intelectual[568] e que radica na protecção do investimento de criação[569], deverá ser necessariamente aferida ao nível do que foi referido anteriormente quanto ao relacionamento entre este ramo do direito e a concorrência – na sua vertente dinâmica – sabendo-se, no entanto, que se deverão evitar discussões circulares a este respeito e que a resposta dependerá da situação de onde decorrer uma maior eficiência social[570]. Por

---

[566] Nos termos descritos *supra*.

[567] Constrói-se, desta forma, quase como que um direito de preferência a favor do incumbente relativamente a melhoramentos significativos na sua tecnologia. Obviamente que, nestas circunstâncias, o incumbente terá de provar o seu esforço de desenvolvimento e demonstrar a planificação efectuada anteriormente à solicitação de acesso por parte do pretendente.

[568] Cfr. *Discussion Paper, cit.*, pág. 66, para. 235.

[569] E que engloba quer o custo do projecto bem sucedido como o custo dos projectos falhados.

[570] Esta é igualmente a solução para a definição do número de acessos permitidos a segmentos essenciais. Efectivamente, é necessário determinar qual o limite do dever de conceder acesso por parte do incumbente aos pretendentes que se lhe deparam. Assim, existe quem entenda que, no cumprimento de um estrito dever de não-discriminação, uma vez que seja concedido um acesso, todos deverão ter direito a um tratamento idêntico. Em sentido contrário, alguma doutrina defende que a permissão deverá revestir uma natureza excepcional, pelo que a concessão de uma simples autorização legitimará o processo de rivalidade que se pretende ao nível do segmento secundário da rede. Ora, em nosso entender, o dever de conceder acesso manter-se-à até ao momento em que as condições que o fundamentaram se mantenham. Assim, é natural que por cada acesso adicional se observe uma erosão dessa fundamentação. O factor de ponderação é, mais uma vez, o nível de intensidade concorrencial no mercado secundário. Cfr., J. Temple Lang, *"Anticompetitive Non-Pricing Abuses under European and National Antitrust Law"* B. Hawk (ed.) *International Antitrust Law & Policy*, Fordham, 2004, págs. 235 a 340.

outro lado, os momentos de ponderação dos interesses deverão necessariamente reportar-se a períodos temporais idênticos.

Com efeito, se o segmento produzido for efectivamente excepcional, então o seu produtor, em circunstâncias económicas normais em sede de sectores em rede, irá obter uma situação próxima do monopólio pelo que o seu produto será inevitavelmente apreciado. Porém, esta é uma ponderação *ex post* e que decorre de uma situação de sucesso criativo. Para que ocorra uma ponderação eficiente a este respeito, nomeadamente ao nível da concessão de acesso, importa analisar a situação anterior à da criação, *maxime*, os custos e os riscos que o agora incumbente sustentou isoladamente para obter a situação de charneira que detém no momento presente.

Em jeito de conclusão, a ponderação das justificações de não concessão de acesso deverá ser necessariamente efectuada num perspectiva casuística, uma vez que a solução variará em função da tipologia da rede em presença, do momento tecnológico da sua evolução ou da fase económica do processo de investimento. Assim, deverão ser aferidos, em todas as circunstâncias, os efeitos que advêm dessa permissão de acesso para a economia da rede em si mesma. Se se demonstrar que os níveis de eficiência se reduzem – *e.g.*, por redução de valor da rede, por dificuldades acrescidas de expansão, por congestionamento, ou por risco de incompatibilidade – e que os consumidores ficam numa pior posição, então não existirá qualquer fundamento para essa permissão de acesso.

Em situações em que o incumbente detém o segmento a título de concessão, em que este é propriedade pública, ou em situações em que existiu financiamento público para a sua construção, os argumentos que fundamentem uma recusa a uma pretensão de acesso deverão ser cuidadosamente aferidos, uma vez que as obrigações de concessão de acesso aumentam exponencialmente, atendendo às circunstâncias próprias destas "*public utilities*" em sentido próprio[571].

---

[571] Em sentido contrário, J. Temple Lang, "*Anticompetitive Non-Pricing Abuses under European and National Antitrust Law*", *cit.*, pág. 275.

IV

Do Abuso da Posição Dominante – Práticas Individuais de Exclusão Concorrencial Baseadas na Política de Preços nos Sectores em Rede

1. A determinação de preços óptimos de acesso a segmentos de sectores em rede

Uma das matrizes essenciais de um modelo económico eficiente é precisamente a concorrência pelos preços. De facto, e conforme se demonstrou, o jogo concorrencial visa fundamentalmente um aumento da capacidade de produção e uma redução significativa dos preços para referenciais próximos do custo marginal (*i.e.*, o preço em mercados de concorrência perfeita)[572].

Porém, o modelo concorrencial dos sectores em rede em muito se afasta deste paradigma concorrencial. Existindo uma entidade com poder relativo de monopólio, é natural que se nos deparem no mercado opções que impliquem a geração de ineficiência social em favor de um proveito monopolista privado, e que se traduzem em transferências de rendas dos consumidores para o produtor[573]. Porém, tal não signifique que se propugne pela aplicação de um mandamento geral de fragmentação dos monopólios. Conforme foi demonstrado, estes modelos de organização aparecem como naturais em determinados segmentos dos sectores em rede.

Neste enquadramento complexo, deparam-se ao decisor económico dois desafios.

---

[572] Isto, claro está, num modelo concorrencial neoclássico.
[573] Cfr., e.g., J. Hirshleifer, A. Glazer e D. Hirshleifer, *Price Theory and Applications*, 7th edition, Cambridge University Press, 2005, págs. 221 e segs.

Em primeiro lugar, e de forma a alcançar modelos eficientes de organização social, torna-se necessário emular os resultados que decorreriam do livre exercício de uma concorrência perfeita em situações de mercado que bastante se afastam desse paradigma. Nesta óptica, e uma vez que os mecanismos de mercado são necessariamente falíveis nas circunstâncias concretas dos diversos sectores em rede, torna-se necessário formular modelos de regulação *ex ante* que superem as incapacidades genéticas desses mercados, tendo em vista a optimização dos níveis de bem-estar social.

Esse modelo de regulação *ex ante* é, no entanto, insusceptível de alargamento à generalidade dos sectores. Em tese, esse modelo só será operacionalmente aplicável quando estivermos na presença de segmentos naturalmente monopolistas. Na sua ausência, a construção de um modelo regulatório será totalmente desadequada, podendo resvalar para um modelo autoritário de fixação de preços. Porém, não se pode negar que, nestas condições, existirá ainda uma margem de poder de mercado disponível para o sujeito dominante titular do segmento em causa.

Este é, precisamente, o segundo desafio que se coloca ao decisor público, *in casu*, às autoridades concorrenciais. De facto, de nada vale a aplicação de medidas de correcção (do foro concorrencial ou do foro regulatório), a nível estrutural ou comportamental, se a entidade em causa conseguir, ainda assim, manipular a estrutura de preços conforme os seus interesses, *maxime*, através da aplicação de *preços predatórios* ou de práticas de *subsidiação cruzada* que excluem do mercado os concorrentes mais fracos. De nada vale a imposição de uma obrigação de concessão de acesso a uma infra-estrutura essencial se a remuneração exigida por esse acesso for insuportável para o pretendente, aplicando-se esta realidade quer às redes físicas, quer às redes virtuais (*i.e.*, à remuneração de licenciamentos de propriedade industrial).

Da mesma forma, o agente dominante num segmento essencial poderá facilmente projectar o seu poder económico através da exigência de preços de interligação elevados a retalhistas dependentes, obstando à sua presença no mercado através da *eliminação da margem* potencial de rentabilidade económica.

Assim, e num primeiro momento, analisaremos as questões relacionadas com as políticas regulatórias de preços e, de seguida, trataremos da questão dos preços predatórios e da eliminação de margens.

2. A regulação de preços

2.1. *Introdução*

Os modelos de regulação de preços *ex ante* devem ser entendidos como subsidiários de todos os outros. De facto, se existirem possibilidades efectivas para uma definição mercantilística dos mesmos, então a opção regulatória deverá ser abandonada, atendendo aos riscos e aos custos em que se incorre na sua definição. E, quando nos referimos a definições de mercado, englobamos neste âmbito a própria construção de mecanismos de mercado secundários, de inspiração coaseana, e que se traduzem na titularização de direitos e na sua comercialização em mercados derivados[574].

Esta questão é extremamente importante. De facto, de nada valeriam opções de desintegração vertical de segmentos naturalmente monopolísticos nos sectores em rede, se fosse permitido aos seus detentores uma liberdade plena de preços de acesso aos mesmos.

Desta forma, e mais uma vez, deverá atender-se ao mandamento de eficiência: a regulação de preços só se justificará quando os benefícios que daí decorrem superem os custos do seu exercício; ora, nas situações em que os segmentos se organizam segundo o modelo de monopólio natural, então esta opção será sempre aconselhável.

Neste pressuposto de subsidiariedade, depara-se ao regulador um verdadeiro desafio uma vez que terá que desenvolver opções de *pricing* que, sem que se afecte a apetência do incumbente em investir no desenvolvimento do seu segmento, simultaneamente:

---

[574] Que, em nosso entender, e apesar da orientação geral, integram, igualmente, um modelo regulatório. De facto, a criação do mercado e a comercialização dos direitos depende de legislação estatal legitimadora, em termos semelhantes aos que decorrem dos modelos regulatórios clássicos. Cfr., e.g., C. Lobo, "*Subvenções Ambientais – Análise Jurídico-Financeira*", Revista Jurídica do Urbanismo e do Ambiente, n.º 4, 1995, págs. 63 e segs.

i) previnam o exercício exorbitante de poder de mercado, emulando situações eficientes em mercados onde a concorrência perfeita é, por definição, impossível;
ii) interiorizem exterioridades negativas (*e.g.* congestionamentos, poluição);
iii) socializem exterioridades positivas (*maxime*, as exterioridades de rede, garantindo o exercício de um direito de propriedade sobre o segmento);
iv) aumentem os níveis de eficiência produtiva (*"eficiência técnica"*), garantindo que os segmentos da rede e os serviços e produtos aí fornecidos sejam comercializados ao menor preço possível, garantido a utilização eficiente dos recursos escassos;
v) concretizem padrões de eficiência distributiva elevados, de forma que os bens sejam produzidos e comercializados nas melhores condições possíveis;
vi) respeitem os paradigmas da concorrência dinâmica, fomentando o aparecimento de novos mercados e de novos produtos;
vii) assegurem uma elevada qualidade dos bens produzidos e dos serviços;
viii) garantam uma universalidade redistributiva no fornecimento dos bens[575].

---

[575] Este juízo de eficiência ou de "proporcionalidade" deve ser efectuado numa óptica microfinanceira. Assim, se às entidades públicas se depararem diversas propostas de tributação num determinado mercado, elas deverão adoptar a solução mais eficiente no caso concreto. Note-se que a preocupação do Estado no sentido de assegurar a plena satisfação das necessidades dos cidadãos é inerente à sua própria definição. A acção pública não pode, em consequência, ser geradora de situações ineficientes do ponto de vista social. Não se advoga, porém, que o sistema tributário se encontra submetido a um princípio geral de neutralidade. O sistema tributário, entendido aqui no seu sentido mais amplo como o conjunto de receitas coactivas desprovidas de carácter sancionatório, e por isso abrangendo quer os impostos, quer outras figuras tributárias que se lhes assemelhem, como é o caso das taxas, pode comportar a assunção de finalidades extrafinanceiras; podendo-se, assim, enunciar um *princípio da eficiência funcional do sistema tributário*. Cfr. C. Lobo, *"Reflexões sobre a (necessária) equivalência económica das taxas", in Estudos Jurídicos e Económicos em Homenagem ao Prof. Doutor António de Sousa Franco*, Vol. 1, 2006, págs. 409 e segs.

O objectivo fundamental consiste na preservação e melhoria dos padrões de bem-estar social, estando o regulador obrigado, nos termos do princípio da eficiência constitucional, a alcançar a situação mais eficiente possível. Note-se que os equilíbrios são extremamente precários a este respeito: se um preço de acesso a um segmento for fixado abaixo do nível óptimo, ocorrerá um incentivo ao desinvestimento e o segmento em causa – essencial – degradar-se-á naturalmente; ao invés, se o preço de acesso for fixado acima do nível óptimo, a renda monopolista, teoricamente susceptível de contestação em sede concorrencial, será definitivamente legitimada[576]. Neste âmbito, e uma vez que os dados que decorrem do mercado não se afiguram fiáveis, torna-se fundamental para o decisor económico a adopção de referenciais sólidos e credíveis que possibilitem essa emulação do preço socialmente eficiente. Aliás, estes referenciais, assumindo dimensões de função socialmente óptima, serão igualmente úteis para a determinação dos critérios de aferição de abusos concorrenciais.

E, neste enquadramento, torna-se essencial distinguir duas situações: i) a situação em que a construção e amortização do segmento pressupõe a geração de custos, como é o caso típico das redes físicas materiais e das redes virtuais, permitindo a utilização de um referencial de custos; ii) situação em que a utilização do segmento *per se* não implica a geração de custos, mas de onde se retiram benefícios económicos para o seu utilizador, como acontece no caso de segmentos de sectores em rede físicos imateriais, *maxime* do espectro radioeléctrico, o que obriga à utilização de um referencial de utilidade ou benefício.

2.2. *Referencial de Custos para a Determinação de Preços de Acesso*

A determinação do preço eficiente de acesso a um determinado segmento tendencialmente monopolista é uma das questões mais

---

[576] Situação esta que é relativamente comum uma vez que o regulador depende da informação disponibilizada pelo incumbente para a fixação da remuneração. Este é, aliás, o modelo mais usual de "*captura do regulador*".

controversas do moderno direito económico. A questão coloca-se claramente nos sectores em rede, onde o fornecimento do serviço ou do bem ao consumidor implica a combinação de dois ou mais segmentos, sendo que um deles poderá estar organizado segundo um modelo monopolista.

Em princípio, poderão identificar-se dois tipos de problemas distintos, consoante a tipologia relacional de acesso estabelecida entre os segmentos da rede: i) acessos unidireccionais, onde o agente que opera num segmento concorrencial necessita de estabelecer uma conexão com o segmento monopolista para a concretização do seu negócio, sem que o inverso seja necessário para o incumbente (*e.g.* operadores de serviços retalhistas de telecomunicações que necessitam de ligação ao operador grossista); ii) acessos bidireccionais, onde os agentes necessitam de aceder reciprocamente aos segmentos detidos pelos concorrentes.

Não havendo possibilidade do livre jogo do mercado determinar um preço eficiente, torna-se necessário adoptar um método indirecto que vise essa finalidade. E, a este propósito, nenhum outro critério se mostra mais adequado do que o dos custos de produção. E é aqui que as dificuldades começam, uma vez que uma função óptima que é determinada pelo encontro da livre oferta e da livre procura não pode ser descortinada unicamente por uma apreciação simples das componentes do lado da oferta, ainda mais quando esta assume formulações tendencialmente monopolistas. Um aprofundamento analítico é, neste âmbito, essencial.

Num primeiro nível, haverá que distinguir os custos variáveis, os custos fixos e os custos totais[577]. Os *custos variáveis*, como a sua própria denominação indica, flutuam em função da produção (*e.g.* matérias primas); ao invés, os *custos fixos* mantêm-se estáveis independentemente do volume produzido (*e.g.* rendas), podendo ser *específicos* de uma unidade produzida, *partilhados* diferencialmente por diversas unidades diversificadas produzidas, ou *comuns* a todas as unidades produzidas. Os *custos totais* são constituídos pela soma

---

[577] A base de cálculo contabilística para a remuneração de investimento traduz-se no referencial de resultados operacionais ("*EBITDA – Earnings Before Interest Taxes, Depreciation and Amortisation*").

dos custos fixos e dos custos variáveis. Nesta configuração torna-se ainda possível descortinar o *custo médio unitário*, e que se configura como a média de custos variáveis e de custos fixos por unidade produzida bem como o *custo médio total*, que se constitui pela soma dos custos médios variáveis com os custos médios fixos.

Num segundo nível conceptual, encontramos os *custos marginais* e os *custos incrementais*. Os custos marginais aproximam-se conceptualmente dos custos variáveis, uma vez que traduzem o custo da produção de uma unidade adicional[578]. Porém, o conceito que mais se integra no âmbito conceptual dos sectores em rede é o dos custos incrementais. De facto, embora muitas vezes se confundam com os custos marginais, os custos incrementais adquirem uma relevância especial uma vez que se referem ao custo, não de uma unidade adicional, mas de múltiplas unidades adicionais. Efectivamente, para o operador num sector em rede que se caracteriza por níveis de produção em massa, o que interessa é saber o custo de milhares de unidades adicionais e não de uma só. Desta forma, se a produção adicional for reduzida, os custos marginais tenderão a equivaler aos custos incrementais; porém, se a produção adicional for massiva, tal já não será verdadeiro.

Num terceiro estrato, deverão distinguir-se os *custos evitáveis* e os *custos não-evitáveis*, que constituem uma variação do *critério da recuperabilidade* para efeitos comparativos. Assim, estes custos comparam os custos de manutenção em operação com os custos irrecuperáveis que decorreriam da paragem de laboração. Por outras palavras, reside na comparação entre os custos que suporta por se manter no mercado e os custos em que incorreria se saísse naquele momento.

Num quarto nível, poderão distinguir-se os *custos de curto prazo* dos *custos de longo prazo*. Entendem-se de curto prazo os custos incorridos no período em que não podem produzir-se unidades adicionais sem a realização de custos adicionais. Por sua vez, são de longo prazo os custos que são variáveis em função das unidades produzidas. Nestes termos, todos os custos são fixos num muito curto prazo e variáveis num muito longo prazo.

---

[578] Embora não se confundam.

Tomando em consideração esta panóplia de possibilidades, e iniciando a análise da questão na situação mais simplificada do acesso unidireccional, o regulador estará obrigado a adoptar o modelo que seja mais eficiente para o mercado em causa.

De facto, só uma determinação de preço eficiente é que poderá garantir que o consumidor paga o verdadeiro valor do produto que adquire, que a cadeia de distribuição não é distorcida, e que a sociedade utiliza os recursos escassos da melhor maneira possível. A questão é extremamente difícil pois só um mercado não distorcido poderia fornecer o referencial perfeito a este respeito. Porém, tal não ocorre na generalidade dos sectores em rede, *maxime*, nos segmentos que se organizam segundo modelos de monopólio natural, onde assistimos a múltiplas economias do lado da oferta e da procura e onde as unidades económicas produzem múltiplos e variados produtos e serviços.

2.2.1. *O preço eficiente no acesso unidireccional a segmentos nos sectores em rede*

O problema de determinação do preço de acesso unidireccional é semelhante ao da usual regulação de preços em monopólios naturais. E a este respeito é permitido efectuar um juízo de presunção assente em dois princípios fundamentais. Em primeiro lugar, o preço eficiente de uma unidade adicional de serviços ou de bens será o preço que recupera o valor exacto dos custos económicos incorridos para a prestação dessa unidade adicional. Em segundo lugar, num mercado concorrencial perfeito, o preço de uma unidade adicional de bens ou serviços coincidirá com o custo económico integral desse incremento de produção.

É por esta razão que a doutrina tem discutido qual o melhor referencial para a determinação do modelo de custo que emule o preço economicamente eficiente. Assim, o primeiro referencial que se nos depara é o do custo marginal. Efectivamente, este será o preço eficiente num mercado de concorrência perfeita. Porém, nos sectores em rede, o modelo de eficiência poderá afastar-se desse paradigma, quer nos fundamentos, quer nos próprios resultados do aumento dos níveis de bem-estar social. Neste âmbito, e em termos práticos, uma vez que os custos marginais não aparecem demonstrados na contabilidade das empresas, Areeda e Turner propõem a utilização sucedânea do referencial traduzido nos custos variáveis médios[579].

Este referencial pode não ser o melhor indicador para a generalidade dos sectores em rede.

Em alguns sectores em rede assistimos à oferta de um único produto ou de um único serviço. Nestas circunstâncias, a tarefa de definição de custos fixos e variáveis é extremamente facilitada. *In limine*, e como demonstraremos, nas situações de segmentos susceptíveis de qualificação enquanto engarrafamento monopolístico (*e.g.* nos segmentos de transporte de larga capacidade), o regulador poderá mesmo antever e fixar, de forma concreta e extensiva, o preço "*tarifa*" a cobrar, homologando os investimentos considerados como relevantes.

Existem situações em que essa simplicidade analítica não pode ser atingida atendendo ao facto dos produtores oferecerem, em algumas situações, uma multiplicidade de produtos – *maxime* nas redes virtuais – e considerando a dificuldade de diferenciação dos custos fixos e variáveis relativamente a uma panóplia de unidades diferenciadas produzidas, torna-se tarefa extremamente difícil a sua verificação casuística[580]. Além disso, dada a sua rigidez conceptual, este referencial permitirá o desenvolvimento de estratégias de "planeamento económico" por parte da entidade incumbente que, de forma a contornar o modelo de eficiência, poderá sobreinvestir em capitais fixos, gerando uma enorme capacidade excedentária, manipulando integralmente os propósitos pretensamente objectivos de um referencial economicamente válido[581].

---

[579] P. Areeda e D. Turner, "*Predatory Pricing and Related Practices under Section 2 of the Sherman Act*", Harvard Law Review, 88, 1975, págs. 697 a 733.

[580] Baumol propôs algumas modificações ao critério de Areeda e Turner, já que, em seu entender, seriam mais relevantes os custos recuperáveis médios. Porém os efeitos úteis desta teoria só se fazem sentir ao nível da análise de preços predatórios. Cfr. W. Baumol, "*Predation and the Logic of the Average Variable Cost Test*", Journal of Law & Economics, 39, 1996, págs. 49 e segs.

[581] O referencial de remuneração depende da base de activos relevantes. A OCDE refere a este propósito o seguinte: *"the "asset base" can be viewed as an amount that the owners of the regulated firm have "in the bank". Each period this amount increases by the interest paid by the bank and by any additional "deposits" in the form of any new capital investment (whether in the form of creation or purchase of new assets, renovation,*

Por outro lado, o modelo descrito abrange um lapso temporal muito limitado, dado que o custo marginal, ou o custo variável médio, abrange unicamente a decisão económica relativa a uma e só uma unidade adicional produzida. Ora, nos sectores em rede, a decisão produtiva não toma nunca em consideração o custo de uma única unidade adicional. O que é relevante a este respeito será o custo de múltiplas unidades adicionais atendendo à capacidade de produção maciça das unidades que actuam nestes sectores. Os juízos económicos são, portanto, efectuados numa lógica de longo prazo que é totalmente antagónica com o alcance limitado do referencial em análise. Por outro lado, existem situações, nomeadamente nos sectores em rede virtuais, em que o custo variável decorrente da produção de uma unidade adicional é praticamente inexistente. Por exemplo, nos mercados de software, os custos fixos traduzidos na investigação e desenvolvimento são esmagadores face aos custos variáveis de reprodução que, no caso de distribuição por "*download*" são mesmo inexistentes.

É por esta razão que o referencial assente nos *custos médios totais de longo prazo* tem ganho alguma proeminência. Este critério, também denominado de *custos incrementais médios de longo prazo*, tem merecido uma aceitação crescente por parte da doutrina[582] e é normalmente definido como o custo total de produção de uma empresa, incluindo o custo do produto, subtraídos os custos totais que a

---

rebuilding or refurbishment of existing assets, or maintenance) and decreases by any "withdrawals" in the form of a payout (in the form of earnings) to investors. The asset base can therefore be seen as the amount "owed" to the regulated firm by the regulator. At any point in time if the regulated firm were shutdown and its owners given a payment equal to the asset base (i.e., if there was a "withdrawal" of all the remaining funds in the "bank"), they would be fully compensated for the costs of investment they had incurred up to that point in time" (in *OCDE, Access Pricing in Telecommunications, 2004, cit.,* pág. 264.

[582] A óptica prospectiva é a indicada para a generalidade dos sectores em rede uma vez que permite um cálculo tarifário em função da actualização dos activos e da sua depreciação ou amortização. A este respeito podem realizar-se dois tipos de projecção: i) a projecção atendendo aos custos de substituição da infra-estrutura existente a preços actuais (que é possível em sectores onde os activos têm um período de vida útil mais reduzido); ii) a projecção de custos irrecuperáveis dos activos actuais em função da procura (situação normal no sector eléctrico).

empresa sustentaria se não tivesse produzido esse produto, dividido pela quantidade de produtos produzidos[583].

Dado o seu amplo alcance temporal, este referencial supera o reduzido horizonte de curto prazo. Por outro lado, atende à vertente incremental, não-unitária, dos custos de produção, e permite a inclusão de uma compensação adicional para a remuneração do capital investido, quer na construção, manutenção e amortização do segmento, quer dos elementos de materiais de interligação. Por outro lado, numa configuração mais complexa – *custos incrementais de longo prazo relativos a serviços integrais* – permite a inclusão de elementos compostos para o cálculo da remuneração eficiente, admitindo facilmente a inclusão suplementar de novos produtos ou serviços na panóplia de produção[584]. Ora, é precisamente esta a questão que se deve resolver em sede de acesso unilateral a segmentos monopolistas.

Note-se que num sector em rede de produção múltipla, o preço praticado poderá não ser igual ao custo incremental de longo prazo, podendo abranger parte dos custos partilhados ou comuns do operador que estejam relacionados com a prestação do serviço ou com a interligação ao segmento. Desta forma, o estabelecimento de um preço que seja superior ao custo incremental de longo prazo poderá não ser ineficiente.

Este critério parece ser bastante mais adequado para o estabelecimento de preços eficientes nos sectores em rede dado que permite a inclusão dos custos fixos não-recuperáveis na fórmula de cálculo. Atendendo aos elevados investimentos na composição infra-estrutural dos segmentos físicos e na investigação e desenvolvimento dos segmentos virtuais, seria totalmente descabida a adopção de uma posição que integrasse no cômputo regulatório unicamente a vertente dos custos variáveis ou marginais de curto prazo, cujo cálculo assenta necessariamente numa base histórica[585].

---

[583] Cfr. P. Bolton, J. Brodley e M. Riordan, "*Predatory Pricing: Strategic Theory and Legal Policy*" Georgetown Law Journal, 88 (8), 2000, pág. 2272.

[584] O que supera a crítica efectuada por R. O'Donoghue e J. Padilla a este critério (*cfr.*, The Law and Economics of Article 82, cit., pág. 243).

[585] Esta é a técnica de mais fácil aplicação pelo que não é de admirar que seja a mais utilizada pelos reguladores dos diversos sectores.

Efectivamente, o que é relevante num sector em rede é a racionalidade prospectiva da decisão económica (custos presente e futuros) e não as realidades passadas definitivamente estabilizadas[586].

Neste momento, coloca-se uma questão fundamental. De facto, o que fundamenta a regulação dos mercados é precisamente a necessidade da sua conformação ao princípio da eficiência. Assim, originariamente, o que o direito económico visa é a maximização do bem-estar social e, nesta perspectiva, o excedente do consumidor e o excedente do produtor aparecem secundarizados a este nível, já que são meras fracções do desígnio superior agregado. Assim, como vimos, se se adoptasse o critério neutro do custo marginal, o produtor não conseguiria recuperar os custos fixos, *in casu*, do investimento na construção do segmento[587]. Tal acontece na presença de economias do lado da oferta e da procura. Por exemplo, sempre que os custos médios decrescerem com o aumento de produção e os custos marginais forem inferiores aos custos médios, então a adopção do referencial de preços assente nos custos marginais não permitirá ao produtor atingir o limite mínimo de viabilidade (*"breakeven"*), já que, nestas condições, os prejuízos serão constantes[588].

Porém, e nestas condições (aliás, o referencial adoptado tem mesmo este objectivo), o afastamento do modelo de determinação de

---

[586] Tendo-se estabelecido um referencial relativamente eficiente, importa agora desenvolver a óptica da remuneração da actividade. A regulação de preços visa unicamente a contenção do poder de mercado intrinsecamente detido pelo incumbente, propugnando pela maximização do bem-estar social, não tendo como objectivo o "confisco" de toda a margem de lucro potencial que, numa economia de mercado, justifica a actividade económica. De facto, não nos poderemos esquecer que o modelo regulatório actual não visa a substituição do mercado, mas unicamente a sua conformação eficiente. Assim, os critérios regulatórios não devem corporizar mandamentos imperativos totalmente restritivos da actividade do incumbente (incumbente-marionete), devendo deixar-lhe uma margem potencial de liberdade que o incentive à concretização de aumentos de eficiência na sua actividade.

[587] E, neste âmbito, poderá advogar-se um princípio de neutralidade interexercícios. Assim, e partindo do princípio que a remuneração do investimento é de 0, esse resultado poderá ser alcançado numa perspectiva transtemporal.

[588] Cfr. S. Brown e D. Sibley, *The Theory of Public Utility Pricing*, Cambridge University Press, 1986, págs. 34 a 37. Cfr, igualmente, M. Armstrong, *"The Theory of Access Pricing and Interconnection"* in M. Cave, S. Majumdar e I. Vogelsang (eds.), *Handbook of Telecommunications Economics*, Elsevier, 2002.

preços por via dos custos marginais[589/590] implica um afastamento das condições de óptimo social, já que, nestas circunstâncias, o excedente agregado se reduz à medida que nos afastamos desse referencial[591].

Por estas razões, onde se integra necessariamente uma preocupação de equidade, o modelo de determinação de preços proposto assume claramente uma dimensão de segundo óptimo. E, neste âmbito, o preço de acesso, que não deve nunca exceder em termos financeiros os custos totais, pode ser fixado segundo modelos que permitam a realização de discriminação entre consumidores, nomeadamente: i) em função do valor dos serviços (também denominado como *modelo de preços Ramsey*), introduzindo-se a variável da elasticidade da procura na definição do adicional eficiente e, assim, a contribuição da estrutura de custos de cada um dos serviços para o montante global será inversamente proporcional à elasticidade da sua procura[592],

---

[589] Note-se que, numa situação em que o agente monopolista produza diferentes tipos de serviços ou de bens, o preço eficiente deverá conter uma recuperação dos custos incrementais de longo prazo, uma margem para a recuperação de custos fixos, uma margem para a recuperação de custos partilhados e uma margem para a recuperação de custos comuns. Além disso, e para dificultar a tarefa, os adicionais a considerar poderão variar em função de situações concretas. Por exemplo, poderá permitir-se o desenvolvimento de vasos comunicantes entre os proveitos dos diversos produtos, de forma que os proveitos de parte deles possam compensar os custos partilhados ou comuns que deveriam ser suportados pelos restantes. Porém, e neste enquadramento, terão de analisar-se necessariamente os resultados destas práticas que, aparentemente lógicas, poderão corporizar práticas de subsidiação cruzada.

[590] A aplicação de margens adicionais *"mark-ups"* em função do investimento realizado poderá levar ao sobreinvestimento (*efeito Averch-Johnson*). Efectivamente, se esse for o referencial de remuneração então será natural que a realização destas aplicações se efectue a um nível supra-óptimo, já que essa é a única forma de obtenção de remuneração.

[591] Cfr. F. Araújo, *Introdução à Economia, cit.*, pág. 355.

[592] Este modelo assenta na ponderação dos efeitos da variação de preços na elasticidade da procura dos serviços ou bens. Assim, assenta na verificação dos efeitos da subida de preços no nível da procura. Se a elasticidade for -3, tal significa que um aumento de preço de 10% terá como consequência uma redução da procura de 30%. Assim, e neste enquadramento, o preço regulado deverá prever um adicional (*"mark up"*) de 33,3%. Ao invés, se a elasticidade for de -1, então o adicional deverá ser de 100%. Desta forma, nos termos deste modelo, os produtos com elevada elasticidade terão um adicional menor enquanto que os que são sujeitos a um grau mais significativo de rigidez serão sujeitos a um adicional mais elevado, pretendendo-se, desta forma minimizar o efeito dos adicionais em sede de bem-estar social. As principais críticas a este modelo assentam precisamente na dificuldade de medir precisamente as elasticidades de preço ao nível dos diferentes serviços.

ii) pela adopção de *tarifas não-lineares*, que constituindo um aperfeiçoamento do modelo de preços Ramsey, pretende permitir que as forças do mercado determinem *per se* o montante em que cada diferente produto ou serviço contribui para os custos comuns e partilhados globais[593].

Neste âmbito torna-se imperativo o estabelecimento de uma neutralidade económica ao nível da rede[594], revelando-se a denominada *"ECPR – Efficient Component Pricing Rule"* que, como refere Fernando Araújo, *"admite preços fixados pelo «operador histórico», preços incorporando não apenas os custos marginais de admissão de novos concorrentes mas ainda os custos de oportunidade advenientes da perda de volume de tráfego em favor desses concorrentes, tudo acrescido das «margens» («mark-ups») que asseguram uma captura mínima de bem-estar pelos operadores"*[595/596].

Por outro lado, o sistema poderá ser injusto, uma vez que aprisiona os sujeitos mais dependentes, já que atribui aos segmentos monopolísticos a maior percentagem de custos comuns e partilhados. Para uma análise deste método, abrangendo os efeitos da exterioridades de rede, consultar B. Mitchell e I. Vogelsang, *Telecommunications Pricing, Theory and Practice*, Cambridge University Press, 1988, págs. 55 a 61.

[593] Tendo origem nos trabalhos de R. Coase (*in "The Marginal Cost Controversy"*, *Economica*, 13, 1946, págs. 169 a 182), o modelo mais simplificado de preços não-lineares é o da tarifa dupla, que integra dois componentes diferenciados: o preço de acesso ao serviço e o preço da sua utilização. Nesta configuração, é possível efectuar uma discriminação de preços eficiente, colocando um maior encargo no sujeito que mais utiliza o segmento em causa. Para uma análise das múltiplas configurações deste modelo, consultar B. Mitchell e I. Vogelsang, *Telecommunications Pricing, Theory and Practice, cit.*, págs. 74 a 114.

[594] A fixação regulatória de preços deve garantir uma total simetria no desempenho concorrencial do mercado – manutenção do *level playing field* – não podendo prejudicar um incumbente que concorra nesse segmento, criar diferenças de preços ao nível de produtos sucedâneos ou provocar eliminações de margem ao nível retalhista. Neste caso, poderá ser mesmo necessário proceder à fixação do preço de venda final do bem ou do serviço em causa, à subsidiação pública ou à tributação efectiva. Assim, se os preços praticados por um monopolista foram regulados, e forem fixados acima ou abaixo do custo marginal, o preço eficiente para serviços que forem complementos ou substitutos do regulado deverão igualmente ser fixados acima ou abaixo do custo marginal (na mesma direcção se forem substitutos; em direcção oposta se forem complementos). Só assim se alcançará uma situação eficiente. Porém, se o mercado retalhista, a jusante, não for concorrencial, então poderá ocorrer um aumento substancial de preços pois a margem não será incorporada mas transposta, sustentando o consumidor uma margem duplicada.

[595] Cfr. F. Araújo, *Introdução à Economia, cit.*, pág. 354. Porém, é necessário que se garanta que o monopolista não é ineficiente ao nível da oferta no segmento retalhista.

Existem mesmo propostas para o estabelecimento de preços regulados de acesso tomando como base a capacidade de produção, onde a parcela fixa incluiria um montante proporcional à capacidade disponível que integraria o sistema de cabazes de preços na formulação de tectos máximos (*price caps*) traduzida nas tradicionais tarifas de acesso e de utilização, que contendo um referencial de eficiência ("*o factor X*") potenciam uma discriminação de preços ainda mais eficiente[597/598/599].

---

[596] Estas margens não podem ser fixadas a um nível que incentivem duplicações de rede não eficientes por parte de novos concorrentes. Por outro lado, se os preços finais resultarem a um nível elevado, então fará sentido aprovar medidas de serviço universal em favor dos consumidores mais carenciados ou de promoção de extensão das redes em áreas de menor densidade.

[597] Cfr. OCDE, *Access Pricing in Telecommunications*, 2004, págs. 11 e 42. Esta ponderação é bastante utilizada no sector do gás natural norte-americano e na definição das slots nos aeroportos, sendo particularmente útil no caso das redes físicas materiais, *maxime*, na definição no longo prazo da oferta grossista, ou seja, quando a vertente dos custos variáveis for desprezível perante os custos fixos. De facto, quando uma rede de elevada capacidade estiver instalada, o custo de fornecimento de uma unidade ou do fornecimento adicional de um milhão de unidades será virtualmente idêntico, desde que dentro da capacidade total. Neste âmbito, torna-se fundamental a celebração de contratos de longo prazo de forma a se antever as situações de pico de utilização ("*peak load*"), redistribuindo-se os custos decorrentes dessa capacidade adicional pelos restantes operadores de segmentos, se, obviamente, o tráfego no seu segmento tiver contribuído para essa situação. Assim, as situações de congestionamento podem ser minimizadas. Porém, uma forma de obstar a esta necessidade de contratação poderá passar pela aplicação de "*tarifas retrospectivas*", que tomem em consideração os fluxos históricos.

[598] Laffont e Tirole referem que a aplicação de um sistema de tecto máximo de preços global incentivará o monopolista a escolher uma estrutura de preços de acesso e de preços finais eficiente e maximizadora do bem-estar social (cfr. J. Laffont e J. Tirole, "*Access Pricing and Competition*", European Economic Review, 38, 1994). O sistema de *price caps*, enquanto modelo de regulação por incentivo de desempenho promove o aumento de eficiência na actividade do monopolista, ao contrário do que ocorre no sistema mais dirigista da regulação por taxa de remuneração. Cfr., sobre este assunto, R. Marques, *Regulação de Serviços Públicos*, Edições Sílabo, 2005, págs. 99 e segs.

[599] A "*regulação de incentivos*" visa precisamente incentivar a entidade regulada a aumentar os padrões de eficiência da sua actividade, permitindo-lhe a angariação de um proveito adicional. Existem diversos métodos a este respeito: *i) taxa de remuneração em banda* – a remuneração permitida não é especificamente fixada, sendo possível que se situe dentro de uma banda de variação; se essa banda for ultrapassada, os ganhos líquidos devem ser partilhados com os consumidores; se a remuneração foi menor que a margem inferior, o agente poderá aumentar a sua taxa de remuneração de activos (uma forma alternativa deste

2.2.2. O preço eficiente no acesso bidireccional a segmentos nos sectores em rede

No acesso unidireccional, o interesse na realização da interligação é meramente unilateral dado que, em tese, o agente primordial poderá, por si só, desenvolver a actividade relevante. No entanto, existem situações em que a cadeia produtiva implica uma interligação mútua relativamente a segmentos detidos por agentes distintos. Por exemplo, nas redes de telecomunicações, de dimensão tendencialmente global, a prestação de serviços depende da efectiva interligação entre as diversas redes geograficamente delimitadas e que são propriedade de sujeitos económicos diferenciados. Assim, uma chamada de voz de Portugal para Espanha implica a utilização da rede fixa da Portugal Telecom e da rede fixa da Telefonica. Porém, os exemplos não se esgotam nesta dimensão espacial. Atendendo à convergência tecnológica e ao próprio desenvolvimento de redes alternativas de telecomunicações, a realização de uma chamada de voz da rede fixa para a rede móvel implica a interligação eficiente entre as duas infra-estruturas de telecomunicações.

O mesmo acontece noutros sectores em rede. Por exemplo, no sector ferroviário os comboios poderão ter que utilizar linhas detidas por diversos proprietários; no sector postal, os serviços de distribuição local poderão ter que garantir a entrega de correspondência emitida por outra empresa postal.

Pelo exposto, sempre que estivermos na presença de uma rede bidireccional, dada a relação de intrínseca colaboração e interacção entre os agentes, colocar-se-ão irremediavelmente questões extremamente complexas ao nível do estabelecimento do preço óptimo. E é devido a esta complexidade que a própria teoria económica não foi

---

método consiste na partilha de ganhos com os consumidores em termos progressivos); ii) *partilha de rendimentos* – o regulado deve partilhar parte de rendimentos adicionais com os consumidores (este forma distingue-se da anterior uma vez que toma em consideração os rendimentos brutos); iii) *congelamento de preços* – os preços regulados são mantidos constantes num determinado período permitindo-se à entidade regulada todos os proveitos adicionais resultantes da redução de custos (uma forma alternativa é a da celebração de moratórias tarifárias); iv) *tectos tarifários híbridos* – através deste mecanismo o regulador combina o sistema normal de tectos de preços com um mecanismo de premeio por ganhos adicionais que, a este respeito, deverão ser partilhados.

ainda capaz de delinear uma teoria comum a este respeito. De facto, os modelos que têm vindo a ser propostos pela doutrina têm como objectivo o estabelecimento de equilíbrios tarifários em sectores específicos, insusceptíveis de serem transpostos, sem mais, para os restantes sectores, atendendo a particularidades próprias dos mesmos.

Apesar de tudo, tal não nos impede de enunciar alguns princípios gerais a este respeito. E, nesta senda, importa efectuar uma distinção essencial entre acessos bidireccionais relativamente a segmentos detidos por monopolistas (interligação entre segmentos em monopólio bilateral, *e.g.*, interligação entre redes de telecomunicações fixas) e entre acessos bidireccionais relativamente a segmentos em que o principal é detido por um monopolista e o secundário (a montante ou a jusante) é detido por um agente que actua num mercado concorrencial mas que, no entanto, não pode interagir para a prestação da actividade relevante com os restantes agentes que actuam no mesmo segmento secundário (*e.g.*, interligação de uma rede de telecomunicações móvel com uma rede fixa).

Dada a existência de um poder de mercado simétrico, a primeira situação é de mais simples resolução uma vez que "bastará" resolver a questão da eventual imposição de margens duplicadas ("*double marginalization*").

Porém, no segundo caso, a situação é bem mais complexa. Assim, e em primeiro lugar, se a terminação do serviço relevante se verificar no segmento concorrencial, e não havendo concorrência possível entre os diversos prestadores de serviços, então esse agente comportar-se-á como um verdadeiro monopolista, tentando maximizar os seus proveitos. Tal torna-se possível uma vez que os clientes se encontram aprisionados num grupo fechado ("*closed user group*"), que permite ao retalhista o exercício de um poder económico significativo. Por exemplo, se um agente efectua uma chamada da rede fixa (monopolista) para a rede móvel (*in casu*, oligopolista), o detentor deste segmento poderá cobrar uma renda monopolista (mesmo sem coordenação) na sua taxa de terminação da chamada uma vez que, por um lado, não existe qualquer prestador alternativo para a prestação desse serviço[600] e, por outro lado, o agente que recebe a chama-

---

[600] O que é ainda mais grave nos serviços de *roaming*, tendo levado à adopção de medidas extremas de fixação autoritária de preços por parte do Parlamento Europeu. No

da é relativamente indiferente ao custo que é imposto ao sujeito que a origina. Esta situação é tanto mais grave uma vez que, como analisámos na parte I, as exterioridades de rede possibilitam um relativo aprisionamento na rede inicialmente escolhida e, neste caso, a estrutura de preços entre rede fixa e rede móvel torna-se relativamente rígida e insensível, o que permite a angariação de rendas significativas.

Nestas condições, cada proprietário de uma rede móvel detém um poder de mercado na terminação de chamadas para o seu cliente que pode ser explorado[601].

Neste enquadramento, os efeitos em sede de bem-estar social são preocupantes. Em primeiro lugar, existe um aumento significativo dos preços originados na rede fixa e terminados na rede móvel, já que a tarifa de terminação de chamada é uma componente essencial para a formação do preço final do serviço, pelo que a sua fixação a um nível supra-óptimo distorcerá a eficiência alocativa (aumenta o preço das chamadas entre a rede fixa e a rede móvel para um valor que é superior ao seu custo marginal). Por outro lado, este rendimento adicional resultante da renda monopolista beneficiará significativamente os operadores de rede móvel de maior dimensão, que os usarão para compensar a redução de custos entre chamadas da sua própria rede ou para fomentar a entrega de terminais a preço subsidiado, o que, por sua vez, aumentará ainda mais a taxa de penetração da sua rede e, consequentemente, aumentará ainda mais o número de chamadas originadas na rede fixa com esse destino.

Neste momento depara-se-nos um desafio regulatório: o aumento da taxa de terminação aumenta a penetração da rede móvel, mas tal efectua-se à custa de uma elevação do preço de chamada fixo-móvel para um valor bastante superior ao custo marginal; no entanto, a

---

entanto, este modelo de intervenção é criticável uma vez que se baseia num sistema de imposição totalmente antagónico ao sistema de regulação para o mercado.

[601] A OCDE enuncia mesmo um princípio a este propósito: *"In the two-way interconnection of networks, if the customers of each network do not receive utility from (or pay for) inputs sold to other networks and if the customers of each network do not care about the welfare of customers of other networks then, if each network chooses the price at which it sells its own inputs unilaterally, then each network will choose a price which maximises its own profits from selling inputs. This price is inefficiently high from an overall welfare perspective"*. (*in* OCDE, *Access Pricing in Telecommunications, cit.*, pág. 58).

fixação regulatória de uma taxa de terminação reduzirá os preços mas, por outro lado, tal reduzirá a penetração das redes móveis. A precisão regulatória torna-se essencial, uma vez que está em causa não só a fixação de um preço eficiente mas igualmente o estabelecimento de um equilíbrio entre a abrangência da rede fixa e a expansão da rede móvel, nomeadamente perante os produtos sucedâneos que a rede fixa pode oferecer de forma mais eficiente que a rede móvel e que, devido a esta distorção ao nível de preços, poderão estar a ser desperdiçados[602].

A resolução desta questão dependerá, mais uma vez, do cerceamento do poder de mercado. Tal poderá ser efectuado por via da fixação de um preço de retalho independente da taxa de terminação, ao nível do custo marginal, sendo que esta última servirá unicamente para "compor" o desígnio regulatório de organização eficiente de mercado ao nível da taxa de penetração da rede móvel, evitando-se, desta forma, "*mark-ups*".

Uma outra via passará pela fixação de uma taxa de acesso bipartida, composta por uma fracção fixa baseada no número de subscritores da rede móvel e uma fracção variável baseada no tráfego verificado originado na rede fixa com destino na rede móvel. Neste enquadramento, a vertente variável poderá ser fixada ao nível do custo marginal (a taxa de terminação), enquanto a componente fixa servirá para compor os níveis de interpenetração no mercado de ambas as redes[603].

Quer nas redes de telecomunicações, quer nas restantes redes bidireccionais, a questão essencial passará pelo cerceamento dos poderes de mercado existentes e que superam o simples poder monopolista do agente titular de um segmento essencial. Efectivamente, sempre que o consumidor estiver bloqueado num operador retalhista, também este poderá exercer poder de mercado às custas do próprio monopolista na rede originária. Nas condições descritas, o segmento detido pelo operador que actua no mercado secundário assumirá a natureza de quase "monopólio natural", uma vez que os seus clientes

---

[602] O que nos remete para a questão da tributação eficiente do espectro radioeléctrico, que trataremos de seguida.

[603] Cfr. OCDE, *Access Pricing in Telecommunications, cit.*, pág. 60.

estarão relativamente indiferentes[604] aos custos sustentados pela originador do tráfego.

Numa outra situação, poderá configurar-se uma concorrência entre dois titulares de segmentos paralelos numa mesma rede que fornecem serviços retalhistas a consumidores. Imagine-se as relações entre duas redes móveis que, nos seus segmentos, se assumem como monopolistas relativamente aos seus clientes. Se existir uma liberdade de fixação da taxa de terminação na sua rede, então a rede predominante irá canibalizar as restantes redes já que, tendencialmente, sendo a sua rede a de maior dimensão, será essa que terá um tráfego de chamadas de terminação em maior volume e, nestas condições, uma vez que o agente que recebe o serviço é relativamente indiferente aos custos sustentados pelo originador da chamada, o titular dessa rede poderá exercer um relativo poder monopolista a esse propósito.

Note-se que, neste enquadramento, o preço global de serviços aumentará significativamente; porém, será a rede, ou as redes de menor dimensão que sustentarão os encargos em maior medida. E, uma vez que estes pagamentos internos funcionam em sistemas de compensação[605], a rede mais alargada será sucessivamente subsidiada pelas redes de menor dimensão, o que impede totalmente, caso fosse legalmente possível, a entrada de um novo concorrente no mercado[606].

2.3. Referencial de Utilidade para a Determinação de Remuneração por Utilização de Segmentos

Nas redes físicas imateriais existem incapacidades de mercado significativas ao nível do exercício do direito de propriedade dos segmentos. De facto, e conforme foi demonstrado na parte I, para que a rede atinja a sua dimensão óptima é essencial que se proceda a

---

[604] A não ser no caso de famílias e de empresas. É por essa razão que as próprias empresas de comunicações móveis fornecem pacotes altamente atraentes a este propósito.

[605] Pelo contrário, nas redes de internet não existe compensação uma vez que os operadores dos segmentos interagem entre si numa base "book-and-keep".

[606] Para não falar dos incentivos para a coligação neste tipo de situações, tal como descrito na parte III.

uma interiorização das exterioridades positivas de rede. Para que tal ocorra é fundamental que se desenvolva uma utilização economicamente racional do segmento, o que implica um exercício efectivo do direito de propriedade.

Dada a imaterialidade desses segmentos, torna-se difícil a realização dessa tarefa. Tradicionalmente, muitos destes segmentos (*maxime*, o espectro radioeléctrico, as rotas marítimas ou o espaço atmosférico) constituem-se como bens do domínio público e são colocados à disposição dos agentes económicos de forma mais ou menos livre.

Esta situação é intolerável. Nos termos do princípio da eficiência, ao existirem falhas de mercado relevantes (*maxime* exterioridades negativas ou existência de monopólios naturais), os organismos públicos deverão obrigatoriamente proceder à sua correcção, equilibrando o mercado distorcido. Este é o fundamento da regulação activa de mercados, e que serve de fundamentação à equivalência neutra ou correctora, e que se corporiza na criação, através do Estado, de condições de mercado que se aproximem, mesmo que tal não seja totalmente possível, do paradigma da concorrência perfeita.

Nestes casos, não é possível a utilização do referencial de custo. De facto, dada a sua imaterialidade, não existem custos de construção nem existe depreciação ou amortização de investimentos. Assim, os critérios descritos no ponto anterior são insusceptíveis de aplicação a estes segmentos, não fazendo, por conseguinte, qualquer sentido posições que defendam a aplicação de um princípio de remuneração baseado na estrita *"cobertura de custos"*.

Não se nega que a sua gestão seja remunerada por taxas de prestação de serviços, mas estas em nada nos auxiliam no esforço de "clonagem" do exercício do direito de propriedade. De facto, o que elas possibilitam é uma superação das ineficiências inerentes à iniciativa gestionária individual ou cooperativa (*e.g.* "*bloqueios*" ou "*boleias*").

Serão estes segmentos genericamente qualificados enquanto bens do domínio público, verdadeiros e próprios bens públicos?

Como bem ensina Sousa Franco[607], os bens colectivos (ou públicos)[608], são aqueles em que, para um determinado nível de existência ou provisão do bem, a utilização por uma pessoa não prejudica minimamente a utilização por qualquer outra. Ao invés, os bens individuais (ou privados), se são consumidos por uma pessoa em determinada quantidade, não podem ser consumidos por outra.

Podem pois enunciar-se as características dos bens colectivos (ou públicos) em contraste com as dos bens individuais (ou privados):

a) os bens colectivos prestam, pela sua própria natureza, utilidades indivisíveis e proporcionam satisfação passiva, enquanto que os bens individuais, por serem alvo de procura e oferta em mercado, são marcadamente de satisfação activa e divisíveis.

b) os bens colectivos são bens não-exclusivos, pois não é possível (em regra, podendo haver, com maior ou menor custo, exclusão ou limitação artificial) privar alguém da sua utilização; os bens individuais são bens exclusivos, pois o consumo de uma unidade exclui necessariamente o consumo da mesma por outrem.

c) os bens colectivos são bens não-emulativos, pois os consumidores não entram em concorrência para conseguir a sua utilização, enquanto que, nos bens individuais, os sujeitos entram necessariamente em concorrência para a sua apropriação.

As consequências quanto à tributação do bem são manifestas. Como bem refere Sousa Franco: *"os bens colectivos nunca serão oferecidos em mercado por um particular: só serão criados, sustentados e oferecidos por sujeitos desinteressados e tendencialmente dotados de autoridade, que definam e imputem as utilidades que lhes prestam e possam cobrar coactivamente o respectivo montante"*[609].

Interessa, pois, qualificar os segmentos em causa. Ora, tendo em consideração as características avançadas, parecem não restar muitas dúvidas que os segmentos em análise, apesar de pertencentes ao domínio público (e portanto serem públicos atendendo à sua titulari-

---

[607] António de Sousa Franco, *Finanças Públicas e Direito Financeiro*, vol. I, Almedina, 3.ª edição, 1998, págs. 26 e segs.

[608] Partimos de um pressuposto de equivalência de significado para facilitar a exposição.

[609] *Op. cit.*, pág. 27.

dade) revestem uma natureza essencialmente privada, pois sendo escassos, são necessariamente de satisfação activa, divisíveis, de consumo exclusivo e emulativos. De facto, todos os segmentos enunciados são finitos, limitados e susceptíveis de congestionamentos. *In fine*, constituem-se inequivocamente enquanto bens privados, relativamente aos quais se aplicam as regras do mercado no sentido da determinação da remuneração da sua utilização.

No entanto, a solução não é tão simples como parece, atendendo à natureza própria dos bens em causa.

É fácil verificar que não se está na presença de um mercado de concorrência perfeita e, por outro lado, a sua importância fundamental na estrutura de funcionamento da sociedade moderna, obriga a que o Estado, ou quem actue por conta do Estado, regule de uma forma, igualmente eficiente e eficaz, o regime de acesso e de exercício a estas infra-estruturas segmentares básicas.

Atendendo às características próprias dos segmentos em presença, e não sendo possível recorrer a referenciais de custos, diversas aproximações são possíveis:

a) *Pricing* Administrativo – que atende ao valor económico do bem, determinado administrativamente;
b) Mecanismos baseados no mercado – titularização, direitos negociáveis em sistema de leilão ou outros sistemas de negociação multilateral
c) *Pricing* de acordo com a utilização – determinado em função da utilização do bem.

A primeira aproximação, baseada numa determinação administrativa do valor económico do bem, tem a vantagem de ser a mais simplificada. No entanto, tendo em consideração a dinâmica própria do mercado em causa, padece de uma insuficiência genética dado o seu aspecto essencialmente estático, logo não adaptável a rápidas oscilações no nível de utilização do bem. De facto, nunca uma tributação poderá ser eficiente, numa situação susceptível de ser regulada pelo mercado, se for incapaz de se adaptar *on time* às condições desse mercado em permanente oscilação. Por outro lado, as formas administrativas de determinação económica de valores de bens no mercado padecem sistematicamente de distorções relevantes ao nível do próprio cálculo, quer por inadequações funcionais, quer pela própria lógica burocrática de funcionamento dos serviços.

Os mecanismos baseados no mercado não padecem das insuficiências genéticas até agora apontadas relativamente aos métodos administrativos de determinação do valor económico dos bens. No entanto, algumas questões relevantes não deverão ser desprezadas. Assim, existirão sempre custos económicos avultados na criação dos mercados de negociação, a liquidez necessária é dificilmente assegurada tendo em consideração o mercado em causa, e questões como a do método inicial de atribuição dos direitos e o seu correcto preço serão de muito difícil resolução, podendo uma solução errada distorcer toda uma estrutura de mercado, gerando ainda mais ineficiências, nomeadamente ao nível do acesso de novos operadores ao mercado em causa.

Nestes termos, parece restar a última aproximação baseada no valor de utilização do bem em causa que, como veremos, não é isenta de dificuldades.

Na ausência de métodos alternativos (e.g., a titularização de direitos e a sua transacção eficiente em modelos coseanos), compete às entidades públicas a aplicação de taxas, que não tendo qualquer relação com a óptica de cobertura de custos administrativos, deverão incidir sobre um referencial de utilidade, tendo em vista o fomento de uma utilização óptima de recursos.

Deverá ser imposto ao utilizador de um segmento físico imaterial o mesmo encargo que resultaria de uma utilização normal de um bem privado. Tal significa que, para que as exterioridades positivas de rede possam ser interiorizadas, deverá garantir-se o exercício de um direito de propriedade exercido de forma racional, fomentando-se a sua utilização em moldes totalmente adequados ao bem-estar social.

Este tributo não é mais nem menos que uma normal taxa de utilização de bens do domínio público que visa um propósito de incremento de eficiência no mercado. Em consequência, e adoptando o modelo simplificado do custo marginal como referencial óptimo de determinação de preços em mercados plenamente concorrenciais, torna-se essencial, para efeitos de introdução de eficiência na utilização destes segmentos, a determinação de um valor que corresponda a uma materialização financeira de um elemento físico imaterial, *in casu*, a Unidade de Mercado relevante.

A determinação objectiva da Unidade de Mercado é essencial para se proceder à definição do valor intrínseco da utilização de um segmento imaterial.

Ora, como se referiu, quando não exista um mercado que permita *per se* a determinação do valor da unidade numa lógica assente no livre jogo da oferta e da procura, caberá à entidade reguladora a determinação desse valor.

Existirá, assim, uma dupla vinculação na opção do decisor de fixação do valor da Unidade de Mercado: (1) a relação efectiva do referencial do valor do bem com a Unidade de Mercado propriamente dita (assente no princípio da sinalagmaticidade qualitativa – contraprestação específica); e (2) a fixação eficiente do valor desse bem (assente no princípio da sinalagmaticidade quantitativa – proporcionalidade).

Será, assim, essencial que o valor a fixar assegure a utilização óptima dos recursos disponíveis, não devendo promover qualquer distorção do mercado, quer em sede de criação de eventuais barreiras à entrada ou à saída, quer no exercício da actividade por parte dos sujeitos económicos em concorrência (submissão a um princípio de igualdade não formal mas material).

Tendo em consideração a inexistência de referenciais iniciais de fixação do valor da unidade básica do mercado, poderão ser adoptadas duas metodologias base na determinação do preço da Unidade de Mercado: a) o custo da Unidade de Mercado (perspectiva do lado da oferta), ou b) a utilidade recebida pelo agente na utilização da Unidade de Mercado (perspectiva da lado da procura).

A perspectiva assente no lado da oferta tem como vantagem uma fixação uniforme do preço da unidade por parte da entidade pública; porém, e conforme foi demonstrado, falece no caso concreto devido à inexistência de uma própria estrutura de custos autónoma resultante da especial natureza do bem, que é escasso mas não perecível, não obrigando, sequer, a uma manutenção seja a que nível for.

A forma de se proceder a uma fixação eficiente do valor da Unidade de Mercado deverá, então, ter em consideração a utilidade que, da fruição da mesma, resulta para o agente que a utiliza.

São irrefutáveis os ganhos económicos que resultam para um sujeito da utilização dos segmentos imateriais descritos. Por outro lado, estes são susceptíveis de medição tendo em consideração a análise do balanço de exploração dos utilizadores da Unidade de Mercado.

É, porém, inegável que da utilização de determinados sistemas resulte uma maior utilidade económica do que de outros. Daí a necessidade de tomar em consideração, na determinação deste valor, uma média das vantagens patrimoniais resultantes de todos os sistemas que exploram os segmentos imaterais como plataforma de distribuição dos seus serviços.

Através deste sistema conseguir-se-á privilegiar quem retira maiores vantagens económicas em desfavor de utilidades menos eficientes do bem do domínio público.

Uma outra questão que se poderá levantar nesta matéria assenta no método de cálculo dessa utilidade dentro do referencial Unidade de Mercado. De facto, já se referiu que o que está em causa será a utilização da Unidade de Mercado, mas impõe-se ponderar se será uma utilidade marginal ou uma utilidade média.

Tendo em consideração a formulação típica de uma estrutura de tributação conformadora de uma taxa de uso, parece não existirem muitas dúvidas no sentido da adopção de um princípio baseado na utilidade marginal (na perspectiva incremental), pois esse é o único sistema que corresponde a uma utilização efectiva do domínio público e a uma real usufruição das vantagens decorrentes do mesmo. Só nestes termos se poderá garantir uma real sinalagmaticidade, quer na óptica qualitativa, quer na óptica quantitativa, e uma total eficiência na concretização do sistema tarifário.

Esta é uma proposta de modelo geral, pelo que se torna necessário proceder a algumas adaptações casuísticas. Assim, não se nega que capacidades detidas mas não utilizadas devam ser oneradas. Em princípio, este tipo de utilizações nem sequer deveria ser permitido tendo em vista a promoção de liberdade de acesso ao segmento em causa, dado que, considerando a sua escassez, poderá fomentar a instituição de barreiras à entrada significativas. No entanto, dada a especial natureza do mercado, bem como a gestão do mesmo numa óptica de inovação tecnológica no médio prazo, existirão inevitavelmente situações em que Unidades de Mercado possam ser cativas mas não efectivamente utilizadas. Nesta situação, é justo o lançamento de uma taxa de reserva tendo em consideração a inegável vantagem patrimonial resultante da reserva de utilização daquela Unidade de Mercado (*in limine*, a remuneração do monopólio legal que é atribuído por via da sua concessão).

Assim, e uma vez que não existem custos a remunerar pela disponibilização do segmento (a gestão é remunerada a título de taxa administrativa), torna-se necessário adoptar a perspectiva da utilidade e, neste âmbito, importa instituir um modelo que se adapte aos elementos físicos do segmento em causa (*e.g.* frequência, exclusividade, largura de faixa, área de exclusão).

Neste enquadramento, torna-se possível garantir a utilização eficiente do segmento físico imaterial: i) onerando utilizações ineficientes, *maxime* as frequências reservadas e não utilizadas total ou convenientemente (os tais "custos de oportunidade"), de forma a garantir a contestabilidade no mercado; ii) socializando as exterioridades positivas de rede; iii) privilegiando utilizações eficientes numa óptica de estrita neutralidade tecnológica; iv) interiorizando exterioridades negativas (*e.g.* congestionamentos); v) criando condições económicas para investimentos em desenvolvimentos tecnológicos que permitam um aumento de capacidade; vi) garantindo a acessibilidade universal (serviço universal); e vii) tratando de forma mais privilegiada as zonas remotas e descentralizadas – princípio da coesão económica e social – (evitando-se o recurso a "impostos regulatórios", *i.e*, redistributivos interclasse).

2.4. Um exemplo de tributação eficiente pelos custos: a taxa de utilização da infra-estrutura ferroviária

O sector ferroviário constitui-se como um sector de charneira na adopção de modelos jurídico-económicos de promoção de eficiência nos sectores em rede. De facto, parece revestir como que um "*sector--cobaia*" na definição de soluções jusconcorrenciais e regulatórias. Relembre-se que a própria doutrina das infra-estruturas essenciais foi primeiramente testada neste sector ainda no século XIX.

Tal não é de estranhar face à linearidade dos segmentos físicos materiais infra-estruturais que, apesar de tradicionalmente pertencentes ao domínio público (e portanto serem públicos atendendo à sua titularidade), visam a satisfação de necessidades privadas, sendo escassos, divisíveis e de consumo exclusivo. De facto, as Unidades de

Mercado, *in casu* os *Canais Horários*, são finitos em termos de capacidade da infra-estrutura e fonte de uma intensa concorrência para a sua obtenção em países onde a estrutura concorrencial do mercado se encontra equilibrada quer num nível intersistemático, quer num nível intra-sistemático.

A solução não é tão simples como parece atendendo à natureza própria dos bens em causa. É fácil verificar que não se está na presença de um mercado de concorrência perfeita – a infra-estrutura ferroviária constitui-se como monopólio natural – e, por outro lado, a sua importância fundamental na estrutura de funcionamento da sociedade moderna obriga a que a entidade reguladora desenvolva uma intensa actividade na construção de um modelo de funcionamento eficiente e eficaz, quer ao nível do acesso, quer ao nível do exercício de actividades suportadas por esta infra-estrutura básica.

Relativamente à taxa de utilização da infra-estrutura ferroviária os referenciais encontram-se harmonizados ao nível comunitário. Por exemplo, o Decreto-Lei n.º 104/97, de 29 de Abril, estabelece no n.º 2 do artigo 7.º os princípios gerais que presidem ao seu estabelecimento. Assim, refere-se que "as taxas de utilização devem ser calculadas de forma a evitar qualquer discriminação entre empresas ou agrupamentos de transporte ferroviário que operem na infra-estrutura, devendo ter em conta, designadamente, a quilometragem, a composição do mercado circulante, a velocidade, a carga por eixo e o período de utilização da infra-estrutura".

Estes constituem os critérios objectivos de modelação dos termos de cálculo da taxa de utilização. Nos termos do n.º 2 do artigo 8.º do referido decreto-lei, essas taxas devem, progressivamente, assegurar a cobertura integral dos custos de exploração da entidade gestora da infra-estrutura.

A referência à progressividade é essencial. De facto, essa cobertura só poderá ocorrer no momento de uma utilização plenamente eficiente de toda a infra-estrutura ferroviária. Só no momento em que todos os canais horários se encontrarem preenchidos em todos os sectores ou ramais da infra-estrutura é que se poderá verificar uma plena coincidência entre os custos de exploração e a receita da infra-estrutura. Até lá, e por insuficiências de exploração – ditadas por um mercado ainda insuficiente – não poderá existir uma plena cobertura dos custos de exploração: foi por essa razão que o legislador português, na sequência das orientações comunitárias, optou, expressamente, por sublinhar o princípio da progressividade na cobertura de custos.

Esta ideia – cobertura integral de custos em situações de exploração totalmente eficientes – é fortalecida pelo Regulamento n.º 19/2000, de 24 de Agosto, quando refere, no seu n.º 1 do artigo 4.º que "as taxas de utilização assegurarão a cobertura integral dos custos de gestão da infra-estrutura referidos no artigo 2.º n.º 1 (ou seja, pela disponibilização de um conjunto de serviços indispensáveis à circulação ferroviária em condições de fiabilidade e segurança), calculados tomando como referência as condições tecnológicas e operacionais mais eficientes no ponto de vista da qualidade e da fiabilidade do serviço de gestão da rede ferroviária". Nota-se, também aqui, a preocupação de fixação de montantes quantitativos para o cálculo da taxa de utilização tomando-se como referência as condições tecnológicas e operacionais mais eficientes, ou seja, a plena utilização dos canais horários disponíveis.

Desta forma, existe já uma base sólida para a realização de uma determinação individual e subjectiva da Unidade de Mercado utilizada, que deverá ser calculada com base em critérios indexantes de base objectiva.

Após a determinação objectiva da Unidade de Mercado (neste caso o conjunto binomial comboio/quilómetro) é essencial proceder-se à determinação do seu valor intrínseco.

Como se referiu, não existe actualmente um mercado que permita, *per se*, a determinação do valor da unidade numa lógica assente na oferta e na procura, pelo que caberá ao Estado, *maxime* à entidade que gere a infra-estrutura, a determinação desse valor, facto que deve ser arbitrado pela entidade reguladora do sector.

A questão essencial que se coloca a este respeito, e que tem feito correr muita tinta na doutrina internacional, assenta na escolha do melhor método de cálculo dessa utilidade dentro do referencial Unidade de Mercado.

Já se referiu que o que está em causa será o custo de utilização da Unidade de Mercado, mas impõe-se ponderar se esse custo se baseará na óptica do custo marginal ou do custo médio.

Saliente-se, no entanto, que se a resposta se inclinar para o modelo dos custos médios, não teremos uma taxa de utilização ou uso, mas sim uma taxa pelo direito de exploração da Unidade de Mercado, que se confundirá com a licença a cobrar pelo acesso ao segmento e que, como veremos adiante, deverá corresponder ao custo administrativo do processamento desse acesso, sob pena de constituir uma barreira à entrada não eficiente. Assim, se se cumularem os dois tipos de tributação no acesso ao mercado daí resultará um sistema ineficiente. Além disso não existirá qualquer correlação entre a utilidade retirada pelos utilizadores e o montante cobrado a título de taxa, o que tornará o tributo num verdadeiro imposto.

Esta realidade dissociativa, empiricamente evidente, é comprovada pela Comissão Europeia, no *Livro Branco – Uma Estratégia para Revitalizar os Caminhos-de-Ferro Comunitários*[610] –, que a identifica como uma dos principais factores que levaram ao declínio dos caminhos-de-ferro.

Resta-nos precisamente a regulação como a única forma de alcançar uma redistribuição de rendimentos eficiente entre o detentor da infra-estrutura ferroviária e o operador de transporte tendo em vista a maximização do nível de bem-estar dos consumidores.

Aliás, os objectivos macroeconómicos que regem o modelo de organização do sector poderão ser facilmente enunciados: i) incentivo para que os utilizadores da infra-estrutura ferroviária cubram os custos inerentes à mobilização de recursos; ii) desenvolvimento do sector do transporte ferroviário em geral e não simplesmente das empresas que já se encontrem no mercado, permitindo-se, igualmente, uma concorrência, quer intra-sistemática, quer intersistemática, com efeitos benéficos ao nível dos preços, da qualidade e da inovação.

Pelo exposto, e conforme demonstraremos, a formulação jurídica óptima das taxas por utilização da infra-estrutura ferroviária assenta necessariamente no estabelecimento das mesmas segundo o método dos custos marginais[611].

---

[610] COM (96) 421 final.

[611] Baumol refere o seguinte a este propósito: *"imposing a different and higher cost standard deprives railroads of traffic which they can transport more economically, artificially stimulates the growth of uneconomic transportation by other means including private transportation, deprives the shipping public of the benefits of low-cost service, and*

Quer o pacote ferroviário I, composto pela Directiva 2001/12/CE[612], pela Directiva 2001/13/CE[613] e pela Directiva 2001/14/CE[614], quer o pacote ferroviário II composto pela Directiva 2004/49/CE[615], pela Directiva 2004/50/CE[616] e pela Directiva 2004/51/CE[617], confirmam esta orientação que, aliás, decorre da própria tradição de charneira do sector, visando o desenvolvimento de mercado ferroviário único, assente numa estrutura regulatória óptima[618].

---

imposes higher commodity prices on the consuming public. However computed, the use of fully distributed costs would be wasteful of economic resources by misdirecting their use and by keeping them idle or underutilized. In addition to its inherent defect, this specious "cost" proposal has another deficiency. To whatever extent carriers which operate on public facilities may not have to meet full economic costs in conducting their business, their "fully distributed costs" are not consistent with those computed for railroads. For the railroads a fully distributed cost computation embraces the entire costs. The effect of the use of the "full cost of the low cost carrier doctrine is to obstruct the railroads in pricing their services in competition with other modes to the extent that they may be subsidized". Cfr. William Baumol, *Journal of Business, 1962, págs. 357-366.*

[612] Directiva 2001/12/CE, do Parlamento Europeu e do Conselho, de 26 de Fevereiro de 2001, que altera a Directiva 91/440/CEE do Conselho relativa ao desenvolvimento dos caminhos-de-ferro comunitários (in JO L 75/1, de 15 de Março de 2001).

[613] Directiva 2001/13/CE do Parlamento Europeu e do Conselho, de 26 Fevereiro de 2001, que altera a Directiva 95/18/CE do Conselho relativa às licenças das empresas de transporte ferroviário (in JO L75/26, de 15 de Março de 2001).

[614] Directiva 2001/14/CE do Parlamento Europeu e do Conselho, de 26 de Fevereiro de 2001, relativa à repartição de capacidade da infra-estrutura ferroviária, à aplicação de taxas de utilização da infra-estrutura ferroviária e à certificação da segurança (versão consolidada *in* JO L14/2, de 14 de Dezembro de 2002).

[615] Directiva 2004/49/CE do Parlamento Europeu e do Conselho, de 29 de Abril de 2004, relativa à segurança dos caminhos-de-ferro da Comunidade, e que altera a Directiva 95/18/CE do Conselho relativa às licenças das empresas de transporte ferroviário e a Directiva 2001/14/CE relativa à repartição de capacidade da infra-estrutura ferroviária, à aplicação de taxas de utilização da infra-estrutura ferroviária e à certificação da segurança ("directiva relativa à segurança ferroviária") (in JO L164/44, de 30 de Abril de 2004).

[616] Directiva 2004/50/CE do Parlamento Europeu e do Conselho, de 29 de Abril de 2004, que altera a Directiva 96/48/CE do Conselho relativa à interoperabilidade do sistema ferroviário transeuropeu de alta velocidade e a Directiva 2001/16/CE do Parlamento Europeu e do Conselho relativa à interoperabilidade do sistema ferroviário transeuropeu convencional (in JO L 164/114, de 30 de Abril).

[617] Directiva 2004/51/CE do Parlamento Europeu e do Conselho, de 29 de Abril de 2004, que altera a Directiva 91/440/CEE do Conselho relativa ao desenvolvimento dos caminhos-de-ferro comunitários (in JO L164/164, de 30 de Abril).

[618] A Comissão Europeia tem, na matéria relativa ao transporte ferroviário, uma posição de inequívoco apoio ao desenvolvimento, dada a sua importância e relevância para a

O objectivo essencial destes pacotes regulatórios traduz-se na aplicação de um tecido normativo supressor das insuficiências gené-

---

mobilidade dos cidadãos no interior da União Europeia. A política comunitária relativamente ao transporte ferroviário tem sido transparente, coincidindo os seus objectivos com os da União Internacional dos Caminhos-de-Ferro (UIC), nomeadamente ao nível das recomendações ou da emanação de directivas de harmonização. Nestes termos, da análise quer dos documentos oficiais emanados pela Comissão Europeia (Livro Branco e Livro Verde, Directivas Comunitárias) e pela UIC, é possível apontar os objectivos fundamentais em sede de política tarifária nos caminhos-de-ferro: i) Favorecimento da melhor utilização possível da infra-estrutura ferroviária, quer em termos de eficácia, quer em sede de eficiência económica, numa lógica de não-discriminação; ii) Contribuição para os custos de desenvolvimento da infra-estrutura ferroviária; iii) Incentivo para a utilização do transporte ferroviário numa lógica de concorrência intermodal; iv) Contribuição para a gestão equilibrada do território, melhorando a acessibilidade a zonas desfavorecidas, tendo em consideração imperativos de equidade e de solidariedade. Assim, tal como refere a Comissão Europeia, os custos das infra-estruturas ferroviárias constituem um dos principais elementos dos custos totais dos caminhos-de-ferro, sendo os seus custos elevados uma das principais causas para o seu declínio. Nos próprios termos do *Livro Verde relativo à Tributação Equitativa e Eficaz nos Transportes,* da Comissão Europeia, refere-se que um dos elementos essenciais da política comunitária a este respeito assenta no princípio de que, na medida do possível, as taxas de utilização deverão reflectir não simplesmente os custos marginais directos, mas igualmente os custos marginais externos. Obviamente, sempre numa lógica integrada com os diversos aspectos sociais relativamente aos diferentes sistemas de transportes. Só assim se conseguirá alcançar um nível de concorrência eficaz e não distorcido quer no plano intersistemático, quer no plano intra-sistemático. Qualquer abuso nesta matéria, no que diz respeito à fixação abusiva e não coerente de montantes de taxas de utilização, mesmo quando intermediada por entidade reguladora, poderá dar origem a violação por abuso de posição dominante (tal possibilidade encontra-se mesmo prevista pela Comissão Europeia no *Livro Branco – Uma Estratégia para Revitalizar os Caminhos de Ferro Comunitários* – COM (96) 421 final). Numa outra perspectiva, verificando-se a existência de condições para a avaliação dos custos externos causados pelas diferentes actividades transportadoras, a sua não valoração poderá dar azo a uma violação das normas da concorrência comunitária, por favorecimento directo e imediato de outros sectores de transporte, nomeadamente o rodoviário, considerando o peso financeiro que será incumbido ao operador de transporte ferroviário. De facto, a não submissão de um mesmo regime, na mesma lógica, a um outro meio de transporte concorrente, poderá dar origem à aplicação das normas referentes às ajudas de estado, de forma a evitarem-se distorções na concorrência intersistemática – preocupação constante da Comissão Europeia – bem como do legislador português (veja-se o artigo 5.º da Lei n.º 10/90, onde se estabelece um princípio incorrectamente designado de harmonização fiscal, que consubstancia, isso sim, um princípio de não-discriminação, onde está expressamente prevista a utilização dos instrumentos tributários para a eliminação das "*disparidades de tratamento que sejam de molde a falsear substancialmente as condições de concorrência dos diversos modos, tipos e empresas de transporte*"). Extremamente relevante é, igualmente, o Livro Branco sobre a Política Europeia de Transportes no Horizonte

ticas do mercado ferroviário, tendo em vista a correcção de incapacidades de mercado próprias (tal como a estrutura monopolista própria do mercado da infra-estrutura ferroviária), isolando os elementos tipicamente oferecidos em concorrência imperfeita (no caso concreto através de um princípio de desintegração vertical por via de desfragmentação estrutural) e abrindo todos os restantes segmentos potencialmente concorrenciais a uma concorrência efectiva.

No entanto, os denominados pacotes ferroviários I e II constituem a última fase de um processo evolutivo iniciado há muito. As Directivas 91/440/CEE, de 29 de Julho, 95/18/CE, de 19 de Junho, e 95/19/CE, de 19 de Junho, constituíram os pilares legais iniciais do mercado ferroviário único (do qual fazem parte, igualmente, os Regulamentos (CEE) n.º 1108/70, n.º 2598/70, n.º 1384/79, n.º 2830/77 e n.º 2183/78).

Note-se que este movimento comunitário não tem como único e simples fundamento a integração do mercado ferroviário em si mesmo, antes o tomando como basilar para a compleição dos objectivos essenciais da União Europeia, *maxime* para a concretização do Mercado Interno, com a garantia de uma eficiente e eficaz política de transportes que sustente os princípios da livre circulação de mercadorias e da livre circulação de pessoas no espaço comunitário.

São estes, pois, os fundamentos integradores de acção, e que basearam o princípio da independência da gestão das empresas ferroviárias (artigos 4.º e 5.º da Directiva 91/440/CEE, de 29 de Julho); o princípio da separação de gestão da infra-estrutura da actividade de transporte (desintegração vertical) (artigos 6.º a 8.º da Directiva 91/440/CEE, de 29 de Julho, e Directiva 2001/13/CEE); o princípio do saneamento financeiro dos operadores (artigo 9.º da Directiva 91/440/CEE, de 29 de Julho); e, o princípio da liberdade de acesso à infra-estrutura ferroviária (artigo 10.º da Directiva 91/440/CEE, de 29 de Julho, Directiva 95/18/CE, de 19 de Junho e Directiva 2001/14, de 26 de Fevereiro de 2001).

---

de 2010, de 12 de Setembro de 2001, da Comissão Europeia, que salienta de forma veementemente a necessidade de tomada em consideração dos custos externos ocasionados pelos diversos meios de transporte na tributação da utilização das infra-estruturas, bem como a necessidade emergente de revitalização do sector ferroviário.

Por sua vez, e tendo em consideração o elemento central na matéria em apreço – a fixação da Taxa eficiente de Utilização – foi aprovada a Directiva 95/19/CE, de 19 de Junho, relativa à repartição das capacidades das infra-estruturas ferroviárias e a percepção de taxas de utilização das infra-estruturas.

Nestes termos, as instâncias comunitárias, considerando que importava garantir que as empresas ferroviárias pudessem beneficiar da liberdade de acesso às infra-estruturas ferroviárias, prevista no artigo 10.º da Directiva 91/440/CEE, de 29 de Julho, fazem publicar a Directiva 95/18/CE, de 19 de Junho, onde se estabelece a necessidade de instauração de um sistema não discriminatório e uniforme de repartição das capacidades das infra-estruturas, numa lógica baseada no princípio da subsidiariedade, estando os Estados-Membros vinculados a garantir um sistema que permita uma repartição das capacidades das infra-estruturas ferroviárias que permita uma utilização eficaz e óptima da mesma (artigo 3.º).

Em termos gerais, a Comissão refere mesmo, na Comunicação COM (2000) 572 final, de 15 de Setembro de 2000, que *"qualquer desvio sistemático do princípio da tributação segundo os custos marginais apresentaria impactos negativos na eficiência dos incentivos que o sistema de tributação das infra-estruturas proporcionaria aos intervenientes do mercado."*

Sublinhe-se que no preâmbulo da Directiva 2001/14/CE se refere nomeadamente que, *"para possibilitar a fixação de taxas de utilização de infra-estrutura a níveis justos e adequado, os gestores da infra-estrutura necessitam de inventariar e determinar o valor dos seus activos e de adquirir uma boa compreensão dos factores determinantes dos custos de exploração de infra-estrutura. Convém garantir que os custos externos sejam tidos em conta nas decisões respeitantes aos transportes. A taxa de utilização da infra-estrutura deverá corresponder aos custos directamente incorridos em resultado da exploração do serviço ferroviário. A infra-estrutura é um monopólio natural. Por conseguinte é necessário incentivar os gestores da infra-estrutura a reduzirem os custos e a gerirem eficientemente a infra-estrutura".*

Por outro lado, o n.º 3 do artigo 7.º da citada Directiva consagra que "*as taxas de utilização (...) devem corresponder ao custo directamente imputável à exploração do serviço ferroviário*"[619].

O tecido normativo comunitário referido não faz mais do que transpor para o mercado ferroviário os princípios óptimos de regulação/concorrência já aplicáveis (ou em vias de aplicação) noutros sectores regulados (energia, telecomunicações, etc.).

Em tese, o que os pacotes regulatórios ferroviários pretendem efectuar é o estabelecimento de um mercado eficiente de caminhos-de-ferro, tendencialmente regulado de acordo com as regras de mercado, isolando os constrangimentos estruturais próprios (de concorrência imperfeita) aí existentes.

Ao isolarem-se os elementos estruturalmente oferecidos em concorrência imperfeita, torna-se possível uma aplicação das normas de concorrência (assentes num princípio de igualdade) em todas as outras áreas.

Essa lógica – aliás comum à política de regulação comunitária dos diversos sectores em rede físicos – assenta nos seguintes vectores fundamentais:

- Separação vertical entre a gestão (detenção) da infra-estrutura ferroviária (monopólio natural) e a operação de transporte ferroviário, tendo em vista a criação de um mercado concorrencial nas operações de transporte;
- Estabelecimento de condições de livre acesso a essa infra-estrutura (evitando-se barreiras à entrada para novas empresas que pretendam instalar-se no mercado, o que minimiza os riscos concorrenciais do oligopólio natural existente no mercado da oferta dos serviços de transporte ferroviário);
- Estabelecimento de um *level playing field* normativo relativamente às condições de acesso e de exercício da actividade de transporte ferroviário, criando-se um modelo de licença europeia

---

[619] Este inequívoco posicionamento comunitário a favor do princípio de tributação segundo o custo marginal não é afectado pelo n.º 6 que refere que "*para evitar flutuações desproporcionadas indesejáveis as taxas referidas (...) podem ser niveladas por um valor médio*". Note-se que esta referência a um valor médio não significa a adopção do método dos custos médios, mas sim a adopção de um valor médio de taxas marginais de forma a evitar flutuações e facilitar a aplicação do método.

normalizado, essencial para a criação de um verdadeiro mercado único ferroviário assente no princípio do reconhecimento mútuo (passaporte comunitário);
- Eliminação dos constrangimentos ao nível da informação (potenciação da publicitação de todo o tecido informativo essencial ao desenvolvimento da actividade: horários, especificações técnicas, etc.).

A regulação tarifária é crucial no sucesso do modelo regulatório proposto. É através do instrumento tarifário que o regulador vai ficcionar a existência de um preço em mercado de concorrência perfeita.

A Directiva 2001/14/CE constitui o elemento legislativo essencial na matéria das taxas de utilização da infra-estrutura ferroviária. E, de facto, o regime contido neste instrumento legal vai ao total encontro do que referimos anteriormente relativamente aos princípios essenciais de tributação em sede de taxas de utilização

O seu artigo 4.º, referente à fixação, determinação e cobrança de taxas, estabelece os princípios gerais nesta matéria, referindo que caberá, em princípio, ao gestor da infra-estrutura o estabelecimento de regras de tributação específicas[620]. Neste âmbito, o princípio da não-discriminação é essencial: o gestor da infra-estrutura deve garantir que o regime de tributação seja aplicado de modo a que as taxas cobradas às diferentes empresas de transporte ferroviário que prestam serviços sucedâneos num segmento análogo de mercado sejam equivalentes e não discriminatórias e que as taxas efectivamente aplicadas observem o disposto nas regras definidas nas especificações da rede.

Por sua vez, o artigo 6.º estabelece, igualmente, um princípio de equilíbrio nas contas. Nestes termos, as contas do gestor da infra-estrutura devem apresentar pelo menos um equilíbrio entre as receitas provenientes das taxas de utilização da infra-estrutura, os excedentes

---

[620] Se o gestor da infra-estrutura não for independente das empresas de transporte ferroviário, no plano jurídico, organizativo e decisório, as funções descritas no presente capítulo, com excepção da cobrança de taxas, serão desempenhadas por um organismo de tributação independente, no plano jurídico, organizativo e decisório, das empresas de transporte ferroviário. Porém, e neste ambiente, a captura do regulador é quase inevitável.

provenientes de outras actividades comerciais e o financiamento estatal, por um lado, e as despesas da infra-estrutura, por outro. Estamos, assim, na presença de um equilíbrio complexo. No lado das receitas, verificamos a coexistência das taxas de utilização com as receitas provenientes de excedentes de actividades comerciais e financiamento estatal. Não existe, assim, um principio integral e sem reservas de cobertura de custos da infra-estrutura por via das taxas de utilização, mas sim um princípio de progressividade e parcialidade nesse processo.

Para além das questões intra-sistemáticas, o artigo 6.º preocupa-se com a concorrência intersistemática, dada a relação de intersucedaneidade que existe nos diversos sectores dos transportes. Assim, estabelece-se que "sem prejuízo do eventual objectivo, a longo prazo, de cobertura pelo utilizador dos custos de infra-estrutura de todos os modos de transporte com base numa concorrência intermodal equitativa e não discriminatória, sempre que o transporte ferroviário esteja em condições de concorrer com outros modos, no quadro da tributação prevista nos artigos 7.º e 8.º, os Estados-Membros podem exigir ao gestor da infra-estrutura que equilibre as suas contas sem beneficiar de financiamento estatal".

Nestes casos a transparência é fundamental. Se o regulador opta por conceder um tratamento não desfavorável à infra-estrutura ferroviária (desfavorável no sentido que o seu sistema de tributação óptimo implicará um encargo para os operadores mais elevado do que o verificado nos mercados de transportes sucedâneos, pois os restantes mercados continuam a ser subtributados), então esse auxílio de Estado deve ser atribuído de forma a garantir um equilíbrio ao nível da concorrência intersistemática.

O artigo 7.º da Directiva citada estabelece os princípios básicos de tributação. Assim, nos termos do n.º 3 *"as taxas de utilização do pacote mínimo de acesso e do acesso por via férrea às instalações de serviços devem corresponder ao custo directamente imputável à exploração do serviço ferroviário"*. O legislador comunitário foi veemente nesta matéria. Os operadores de transporte ferroviário pagam aquilo que efectivamente utilizam: o método dos custos marginais, já vigente em sede de princípios de tributação óptima, encontra-se agora positivado.

As preocupações do legislador comunitário relativamente ao princípio da eficiência não terminam por aqui, procedendo a diversas ponderações directamente relacionadas com as exterioridades existentes no mercado ferroviário. Assim, no caso da ocorrência da exterioridade negativa corporizada no congestionamento, refere, no n.º 4, que "a taxa de utilização da infra-estrutura pode incluir uma componente que reflicta a escassez de capacidade do segmento identificável da infra-estrutura durante os períodos de congestionamento".

Note-se que só adoptando um método de tributação assente no custo marginal é que esta margem fará sentido. Estamos a falar de níveis de utilização superiores ao nível óptimo, geradores de custos suplementares, que obviamente deverão ser transpostos para o agente causador (i.e. interiorização de exterioridades negativas), de forma que o mercado tenda para o equilíbrio. Numa lógica de custos médios, o resultado seria a redução do nível de taxa dado o aumento de frequências. Tal seria totalmente ineficiente e promotor de congestionamentos.

Por outro lado, o n.º 5 trata de outro efeito externo, neste caso as exterioridades ambientais. Refere-se, assim, que "*a taxa de utilização da infra-estrutura pode ser modificada para ter em conta o custo dos efeitos ambientais provocados pela exploração da composição. Esta modificação deve ser diferenciada em função da magnitude do efeito causado. No entanto, a tributação dos custos ambientais que impliquem um aumento do montante global das receitas realizadas pelo gestor da infra-estrutura só é permitida se existir a um nível comparável também nos outros modos de transporte concorrentes. Na falta de um nível comparável de tributação dos custos ambientais noutros modos de transporte concorrentes, esta modificação não deve ter repercussões nas receitas do gestor da infra-estrutura. Se tiver sido introduzido um nível comparável de tributação dos custos ambientais nos transportes ferroviários e noutros modos de transporte concorrentes, e daí resultar um aumento da receita, competirá aos Estados-Membros decidir da afectação das receitas suplementares*".

De novo se demonstram as preocupações de exercício de uma política tributária óptima e de não imputação de desvantagens concorrenciais intersistemáticas.

Por sua vez, o n.º 6 estabelece um princípio de estabilidade, prevendo a possibilidade de estabelecimento de uma taxa de utilização tomando em consideração um valor médio, calculado com base num leque razoável de serviços ferroviários e de períodos de tempo. Valor médio de custos marginais e não custos médios. Essa intenção é inequívoca, pois só assim se explica a referência efectuada na parte final do número.

Estes são os princípios básicos subjacentes à fixação da taxa de utilização, tomando como referência o pacote mínimo de acesso.

No entanto, existem outros serviços susceptíveis de ser fornecidos pelo gestor da infra-estrutura aos operadores de transporte ferroviário. Ora, no âmbito dos serviços complementares, a Directiva efectua uma tripartição, remetendo o seu regime para o dos preços. Esta remissão, directa, tem como consequência uma limitação estrita na fixação dos montantes aos custos realmente incorridos pelo gestor. Qualquer margem supranormal implica, imediatamente, um abuso da posição dominante dada a sua posição monopolística no mercado.

Assim, distinguem-se os serviços complementares[621], devendo ser tido em conta a situação concorrencial dos transportes ferroviários na fixação dos preços desses serviços – o que significa, indirectamente, a possibilidade de estabelecimento de preços inferiores ao custo – os serviços adicionais[622] e os serviços auxiliares[623]. Nestes

---

[621] O acesso por via férrea às instalações de serviços e ao fornecimento de serviços incidirá:
  a) Na utilização de meios de alimentação de energia eléctrica para tracção, quando disponíveis;
  b) Nas instalações de abastecimento de combustível;
  c) Nas estações de passageiros, seus edifícios e outras instalações;
  d) Nos terminais de mercadorias;
  e) Nas estações de triagem;
  f) Nas instalações de formação das composições;
  g) Nos feixes de resguardo;
  h) Nas instalações de manutenção e outras instalações técnicas.
[622] Os serviços adicionais podem incluir:
  a) A energia eléctrica para tracção;
  b) O pré-aquecimento dos comboios de passageiros;
  c) O abastecimento de combustível, as manobras e todos os outros serviços fornecidos nas instalações de acesso aos serviços acima referidos;

dois últimos casos, quando apenas sejam oferecidos por um único prestador, a taxa cobrada pelo serviço estará relacionada com o custo da sua prestação, calculado com base no nível real de utilização.

Além da taxa de utilização e dos preços referidos, a Directiva prevê ainda a possibilidade de cobrança de uma taxa a título da utilização de capacidade para a manutenção da infra-estrutura. Essas taxas não devem, porém, exceder a perda líquida de receitas suportada pelo gestor da infra-estrutura em resultado das operações de manutenção.

Este é o edifício principal do regime tarifário constante na legislação comunitária. Pelo exposto, este regime é imperativo e taxativo tendo em vista o esforço de harmonização comunitária.

E é tão taxativo que as próprias excepções aos princípios de tributação se encontram explicitamente tratadas no artigo 8.º. Neste âmbito, encontramos no n.º 1 deste artigo uma margem adicional para a plena recuperação de custos do gestor da infra-estrutura. No entanto, essa margem só pode ser lançada "*se as condições do mercado o permitirem*". Esta condição refere-se, precisamente, à situação de equivalência concorrencial intersistemática. Esses "*mark-ups*" deverão ainda assentar "em princípios eficazes, transparentes e não discriminatórios, garantindo ao mesmo tempo a maior competitividade possível, em especial no que se refere ao transporte ferroviário internacional de mercadorias. O regime de tributação deve respeitar os aumentos de produção alcançados pelas empresas de transporte ferroviário". Nas situações em que o mercado ferroviário for mais competitivo que os restantes mercados de transporte poderá o gestor da infra-estrutura proceder ao lançamento desta margem.

Uma outra condição encontra-se prevista na segunda parte deste número. Refere-se; "no entanto, o nível das taxas não deverá excluir a utilização da infra-estrutura por segmentos de mercado que possam

---

    d) Contratos personalizados para:
      – controlo do transporte de mercadorias perigosas,
      – assistência na operação de comboios especiais.
[623] Os serviços auxiliares podem incluir:
    a) O acesso à rede de telecomunicações;
    b) O fornecimento de informações suplementares;
    c) A inspecção técnica do material circulante.

pelo menos pagar os custos directamente imputáveis à exploração do serviço ferroviário, acrescidos de uma taxa de rentabilidade se o mercado o permitir". Ora, esta condição reside na possibilidade de efectivação de um juízo de equidade tendo em consideração a utilidade prestada ao operador do transporte ferroviário. De facto, se a utilidade marginal – o benefício económico – da utilização da infra--estrutura for superior ao montante dos custos marginais (e só nestas situações), poderá o gestor da infra-estrutura anexar parte do benefício extraordinário do prestador de serviços, redistribuindo os ganhos supranormais. No entanto, e acentua-se este ponto, tal só poderá acontecer nas situações de acentuado benefício económico em favor dos operadores de transporte ferroviário.

Uma outra margem excepcional é a respeitante à recuperação de investimentos específicos. Assim, para projectos de investimento específicos a realizar no futuro ou que tenham sido concluídos no máximo quinze anos antes da data de entrada em vigor da directiva, o gestor da infra-estrutura pode fixar ou manter taxas mais elevadas com base nos custos a longo prazo desses projectos, se estes aumentarem a eficácia e/ou a relação custo-eficácia e se, de outro modo, não pudessem ser ou ter sido realizados. Essas disposições sobre tributação podem incluir acordos sobre a partilha dos riscos associados aos novos investimentos. Pelo exposto, esta sobretaxa deverá ser acompanhada preferencialmente de um acordo, bem como de uma análise técnico-financeira dos efeitos do investimento

Na continuação da senda de um sistema de tributação óptimo, o legislador comunitário, no artigo 9.º da citada directiva procedeu a uma regulação estrita dos descontos. Assim, e sem prejuízo do normativo da defesa da concorrência e do princípio da não-discriminação, os descontos devem limitar-se à economia real de custos administrativos realizada pelo gestor da infra-estrutura. Para determinar o nível de desconto não se podem ter em conta as economias de custos já integradas na taxa aplicada.

Além destes descontos resultantes de economia de custos, são possíveis outros – limitados temporal e espacialmente – destinados a incentivar o desenvolvimento de novos serviços ferroviários ou que incentivem a utilização de linhas consideravelmente subutilizadas.

Também numa lógica inserida no princípio da igualdade na vertente da concorrência intersistemática, o artigo 10.° prevê um sistema de compensação de custos ambientais, de acidentes e de custos de *infra*-estrutura não cobertos.

Finalmente, e numa lógica de optimização da utilização da infra-estrutura e dada a metodologia adoptada que assente no método dos custos marginais, o artigo 12.° estabelece uma taxa de reserva de capacidade a lançar pelo gestor da infra-estrutura sobre a capacidade pedida mas não utilizada.

O edifício comunitário baseia-se, pois, num princípio de tributação óptima. A taxa geral é uma taxa calculada nos termos da regra dos custos marginais, sendo qualquer adicional, ou desconto, aplicado de forma transparente, não discriminatória e fundamentada.

Como já vimos, a determinação do valor da unidade de mercado de um bem do domínio público é sempre dificultada pela inexistência de valores comparativos de mercado sucedâneos. Por outro lado, inexistindo preços comparáveis de mercado, deverá atender-se à cadeia de custos incorridos no fornecimento do bem.

No mercado ferroviário, a situação é bastante simplificada e a sua lógica pode ser estendida aos restantes sectores em rede físicos de base material.

2.5. Um exemplo de tributação eficiente pela utilidade: a taxa de utilização do espectro radioeléctrico

O espectro radioeléctrico enquanto infra-estrutura essencial de suporte à realização de comunicações electrónicas constitui-se como um dos mais importantes activos físicos do Estado.

Compete às entidades públicas a gestão eficiente do espectro radioeléctrico, quer na perspectiva da concessão de direitos de utilização, da gestão dessa utilização e do controlo e fiscalização de eventuais abusos aí cometidos.

O espectro radioeléctrico, apesar de se configurar como um bem do domínio público, é susceptível de apropriação individual, constituindo-se como bem privado.

Um operador que disponha de uma determinada frequência não só a utiliza para a prestação do serviço que disponibiliza aos consumidores (frequência enquanto infra-estrutura de suporte à prestação de serviços de telecomunicações electrónicas), como dispõe de um verdadeiro poder monopolista (face aos concorrentes actuais e, igualmente, perante os concorrentes potenciais) legalmente concedido. Assim, da utilização do espectro e da protecção monopolista que resulta da sua detenção, os operadores extraem inequívocas vantagens económicas.

A importância do espectro radioeléctrico para o mercado das telecomunicações, enquanto infra-estrutura de suporte à transmissão de imagem, de som e de dados, justifica a intervenção das entidades públicas na sua organização. A estas competirá a organização do mercado, através da garantia jurídica do acesso ao mercado e da fiscalização do cumprimento das especificações técnicas, bem como a gestão de todas as frequências disponíveis.

Estas funções estão cometidas normalmente a uma entidade reguladora do mercado das telecomunicações, atendendo à especificidade e tecnicidade das mesmas.

No entanto, existe uma outra vertente de acção pública que não estando directamente relacionada com a gestão das frequências é essencial para a correcta organização do mercado.

Essa vertente traduz-se precisamente na exploração da utilização do espectro radioeléctrico. Nestas circunstâncias, as entidades reguladoras deverão promover a mais eficiente exploração do espectro radioeléctrico, atribuindo as frequências aos operadores que delas retirem a maior utilidade social. Essa ponderação de utilidade só pode ser efectuada através da utilização de instrumentos económicos, mormente, os instrumentos tributários.

Efectivamente, os operadores retiram uma utilidade económica da utilização da infra-estrutura de comunicações que é o espectro radioeléctrico.

Ora, competirá às entidades reguladoras fomentar a correcta utilização das frequências, atribuindo-as aos operadores que melhor as conseguirem utilizar atendendo aos objectivos de política pública que subjazem ao mercado das telecomunicações e ao serviço universal exigido.

Por razões assentes no princípio da igualdade, na vertente do benefício ou da equivalência, se os operadores retiram vantagens económicas da utilização de um bem que é de todos, a apropriação individual do bem público implicará a exigência de uma contribuição a favor do Estado. Essa contribuição não serve mais do que para compensar o Estado pela permissão de utilização privativa de um bem do domínio público.

Esse pagamento em nada contraria as suas obrigações em sede de sistema fiscal geral, já que desenvolvem uma actividade económica normal, nem as obrigações de sustentação do serviço universal, numa óptica de coesão económica social e territorial, nem as obrigações de pagamento da taxa por prestação de serviços prestados pelas entidades reguladoras.

As suas actividades, na matéria que se toma aqui como relevante poderão ser cindidas em duas subfunções básicas: i) prestação de serviços de gestão do bem do domínio público, e ii) exploração, por conta do Estado, do bem do domínio público.

Verifica-se, pois, a existência de duas funções de diferente natureza normalmente cometidas às entidades reguladoras a que deverão corresponder dois tipos diferenciados de contraprestação a suportar pelos operadores: i) uma taxa por serviços prestados por parte do regulador enquanto entidade organizadora e fiscalizadora do mercado, e ii) uma taxa de utilização do bem do domínio público, destinada a remunerar a utilização desse bem público, nomeadamente como contrapartida da utilidade obtida pela sua utilização por parte dos operadores de telecomunicações que utilizam o espectro radioeléctrico enquanto infra-estrutura de suporte à prestação de serviços.

As taxas por prestação de serviços que sustentam os serviços prestados pela entidade reguladora deverão assentar numa estrita óptica de cobertura de custos de regulação, devendo ser tomadas enquanto contribuições para os custos associados com o controlo e supervisão deste mercado. São precisamente estas tarefas as que se encontram previstas enquanto potencialmente remuneráveis através de "taxas administrativas" nos termos do n.º 1 do artigo 12.º da Directiva n.º 2002/20/CE – "Directiva Autorização"[624].

---

[624] Citada.

Além das taxas por prestação de serviços, e na ausência de leilões competitivos para a atribuição das frequências, as entidades reguladoras deverão cobrar taxas de utilização do espectro radioeléctrico. Estas taxas, ao contrário das primeiras, não assentam numa lógica de contrapartida por actividade pública realizada, fundamentando-se, ao invés, na sinalagmaticidade inerente à utilização económica de um segmento de uma rede física imaterial.

As taxas por utilização do espectro radioeléctrico são, portanto, distintas das taxas por prestação de serviços de gestão do espectro, devendo ser cobradas pelas entidades reguladoras, não a título próprio, mas sim por conta do Estado. Relativamente à sua conformidade comunitária, as taxas por utilização do espectro radioeléctrico encontram-se expressamente previstas no n.º 1 do artigo 13.º da "Directiva Autorização"[625].

E, neste âmbito, a taxa de utilização do domínio público radioeléctrico deverá ser calculada em função da utilização efectiva do espectro. Conforme foi referido, a determinação do valor da unidade de mercado de um bem é sempre dificultada pela inexistência de valores comparativos de mercado sucedâneos. Por outro lado, inexistindo preços comparáveis de mercado, e não sendo possível uma simples computação de custos majorados por inexistência de uma cadeia produtiva de base no lado da oferta, será necessário construir uma aproximação baseada na determinação de um preço pela utilização de uma unidade.

Desta forma, será necessário, numa primeira fase, proceder à construção do termo de referência básico em que assentará toda a construção superveniente: esse termo básico consiste precisamente na determinação da Unidade do Espectro Radioeléctrico (UER).

Note-se que nos encontramos no domínio das taxas por utilização de bens do domínio público. Nestes termos, a definição da UER deverá ser o mais objectiva possível, de forma a comportar na sua construção todos os elementos relevantes do mercado em causa. É essa determinação objectiva que permitirá criar, na esfera jurídica, o mercado relevante constituído pela soma agregada de todas as UER (bem transaccionável) e dos seus utilizadores (agentes consumidores – neste caso os operadores de serviços de telecomunicações).

---

[625] Citada.

A determinação jurídica deste mercado é de fundamental importância para a concretização da relação de sinalagmaticidade essencial para a qualificação do tributo como taxa em sentido próprio, tanto mais que, no caso das taxas de utilização, por imperativos de eficiência na tributação, o seu valor deverá coincidir o mais possível com o seu real valor de mercado (óptica do preço em contraste com a óptica do imposto) numa acepção restrita do princípio da equivalência[626].

Uma determinação distorcida do mercado base levará inequivocamente a uma construção modelar errónea com inevitáveis custos de eficiência, pelo que se deverá tomar o máximo cuidado na construção da UER.

Tendo em consideração o tipo de mercado em causa, e atendendo à experiência comparada, não será possível, de um ponto de vista objectivo, proceder à construção de unidades uniformes de UER, que os utilizadores poderiam utilizar, em termos puramente numéricos, conforme as suas necessidades. Tal resulta de uma quase impossível normalização dos termos de referência do mercado.

A melhor aproximação consistirá na determinação individual e subjectiva da UER utilizada, calculando-se essa UER com base em critérios indexantes de base objectiva.

A construção dessa UER deverá ser efectuada através de elementos de que a entidade reguladora já disponha, de forma a evitar custos suplementares de construção do novo modelo tarifário.

Por outro lado, num sistema desta índole não existirá qualquer susceptibilidade de violação do princípio da igualdade entre os operadores num mesmo sistema de mercado (concorrência intra-sistemática) e entre sistemas de comunicação concorrentes (concorrência intersistemática).

Nesta óptica, a formatação da UER deverá assentar nos seguintes elementos:

– **Elemento de ordem espacial** (extensão do bem do domínio público utilizado), constituído pela superfície da área utilizada,

---

[626] No caso concreto, e tendo em consideração o normativo constitucional de eficiência na tributação, poderá, a nosso ver, desenvolver-se um pouco mais o que se pode entender como equivalência económica na tributação da utilização do espectro radioeléctrico. De facto, sendo o único suporte para a determinação do valor da UER a utilidade causada ao operador, será de aplicar um princípio de equivalência restrito (*Aquivalenz*).

em quilómetros quadrados de cobertura, determinada tendo em consideração os tipos dos emissores, a sua potência, a sua altura, ponderada, eventualmente, pela topografia da área envolvente[627];

– **Elemento de ordem instrumental** (caracterização do bem do domínio público utilizado), constituído: i) pela largura da faixa utilizada, em kHz; ii) pelo tipo de canal utilizado (caracterização das frequências); iii) pelo número de canais utilizados.

Este modelo, que absorve todos os elementos essenciais que compõem o segmento em causa é suficiente, na nossa óptica, para a criação de uma UER objectiva que será susceptível de servir de base para uma ponderação superveniente, tendo em vista a determinação do preço administrativo nos termos da mais pura metodologia assente num princípio da equivalência em sentido estrito.

Após a determinação objectiva da UER é essencial proceder-se à determinação do seu valor intrínseco. Ora, como se referiu, não existe actualmente um mercado que permita *per se* a determinação do valor da unidade numa lógica assente na oferta e na procura[628].

Pelo exposto, a fixação eficiente do valor da UER deverá ter necessariamente em consideração a utilidade que da fruição da mesma resulta para o agente que a utiliza. São irrefutáveis os ganhos económicos que resultam para um sujeito da utilização do espectro radioeléctrico. Essa utilidade é susceptível de medição tendo em consideração a análise do balanço de exploração dos utilizadores da UER.

Porém, é inegável que da utilização de determinados sistemas resulta uma maior utilidade económica de que de outros. Daí a necessidade de tomar em consideração, na determinação deste valor, uma média das vantagens patrimoniais resultantes de todos os sistemas que exploram o espectro radioeléctrico como plataforma de distribuição.

---

[627] Ou até mesmo pela densidade populacional da área em questão, se estiverem em causa serviços de comunicação mediáticos.
[628] Quer devido à própria inexistência de um mercado propriamente dito (inexistência de uma condição económica-instrumental), quer devido à natureza dominial do bem em causa (exclusão jurídica do mercado).

Através deste sistema conseguir-se-á privilegiar quem retira maiores vantagens económicas em desfavor de utilidades menos eficientes do espectro radioeléctrico[629], numa óptica de maximização do bem--estar geral.

Pelo exposto, e tendo em consideração a formulação típica de uma estrutura de tributação conformadora de uma taxa de uso, parecem não existir muitas dúvidas no sentido da adopção de um princípio de remuneração baseado na utilidade marginal, pois esse é o único sistema que corresponde a uma utilização efectiva do espectro. É, igualmente, concebível a construção de uma taxa de reserva tendo em consideração a inegável vantagem patrimonial resultante da reserva de utilização daquela UER.

O espectro radioeléctrico, enquanto segmento físico imaterial tem características especiais que devem ser tomadas em consideração nas opções tarifárias a tomar. A primeira especificidade decorre directamente do facto de se constituir como um bem do domínio público do Estado e, por isso, se encontrar submetido a um regime legal e constitucional especial. Por outro lado, tendo em consideração as suas implicações em todos os sectores económicos, uma vez que constitui a plataforma central de todos os sistemas de comunicações (à excepção da rede fixa de telefone e da fibra óptica) poderá, pelas suas características próprias, ser considerado como integrante dos serviços de interesse económico geral.

Esta constatação permite salientar uma ideia central na organização de todo o sistema de regulação do espectro radioeléctrico: a tributação segundo as regras de mercado (na medida do possível) será a mais eficiente – como se defendeu no ponto anterior – porém, existirão características próprias do bem que fundamentam a ponderação de outros factores tendo em consideração a sua natureza específica[630].

---

[629] Preocupações decorrentes de serviço público, qualquer que seja a forma que revista, deverão ser salvaguardadas em sede de elemento ponderador.

[630] Apesar deste postulado aparecer como quase unânime na doutrina económica liberal, a doutrina jurídica, mais preocupada com as questões relativas à redistribuição (base utilitarista) não foca com tanta relevância o referencial de mercado como método de fixação do preço óptimo. Teixeira Ribeiro, desenvolve uma posição de estabelecimento do valor da taxa na óptica do custo económico – elemento essencial para a determinação de um valor de mercado – referindo que se "*se cobrarem taxas, será, pois, com o fim de repartir o respectivo custo*", deixando, no entanto, em aberto, a questão da determinação do valor da

Quais serão, então, os elementos técnicos, económicos e sociais a ponderar e que extravasam uma aproximação assente numa pura lógica de mercado?

Existem diversos tipos de utilização possível do espectro radioeléctrico. Um factor de ponderação deveria assentar precisamente na finalidade da utilização, distinguindo-se entre utilizações públicas e utilizações privadas.

Não se defende, pois isso seria nefasto em sede de eficiência, a tendencial gratuitidade das transmissões de natureza pública. Essas utilizações deverão estar submetidas, em sede geral, às mesmas regras de tributação das utilizações de base puramente privada. Porém, é inegável que assentando a tributação na utilidade retirada pelo agente económico da utilização da plataforma de transmissão é nesse ponto que deverá ser efectuada uma ponderação que desonere as transmissões de natureza pública, de inegável utilidade social.

Ao efectuar-se esta ponderação irá eliminar-se a distorção – consciente – que foi operada no cálculo do valor da UER quando se tomou em consideração a média das vantagens patrimoniais resultantes de todos os sistemas que exploram o espectro radioeléctrico como plataforma de distribuição.

A utilidade social subjacente às utilizações públicas permitirá que se proceda a uma compensação na fonte na tributação deste tipo de transmissões, pois a sua finalidade é inequivocamente não mercantilística mas sim de utilidade pública.

---

taxa no caso em que inexiste um custo económico a sustentar pela utilização do bem, mas de cuja fruição os agentes retiram utilidades de manifesto valor económico, como acontece no caso em análise. Refere o autor: *"tem-se entendido que a eficiência impõe o fornecimento gratuito dos bens semipúblicos sempre que seja nulo o custo marginal desses bens. E o custo marginal é nulo, como logo, se vê, quando o consumo é irrival"*. A esta enunciação terá que se ligar a problemática da utilidade perceptada, em bens sem custo de manutenção mas em que o consumo é rival, como é o caso do espectro radioeléctrico. Teixeira Ribeiro, apesar de não ter ponderado esta hipótese, vem no entanto, referir que: *"não é desrazoável, pois, que o Estado, às vezes exija taxas pela utilização de bens semipúblicos cujo custo marginal é nulo"*. Obviamente que esta afirmação, sob pena de violação de um princípio básico de sinalagmaticidade só poderá ser entendida se a taxa a cobrar tiver como referencial a utilidade perceptada. J. Teixeira Ribeiro, *Lições de Finanças Públicas*, 5.ª ed., Coimbra, 1997, págs. 254 e 255.

A receita desta taxa – que é inequivocamente uma taxa por utilização de um bem do domínio público – reverterá para o Estado – ou para a entidade reguladora enquanto titular do direito de exploração deste bem do domínio público; porém, quando for cobrada por utilizações de utilidade pública deverá ser manifestamente reduzida já que o espectro está a cumprir a sua missão primordial: promover a utilidade pública e melhoria do bem-estar social – missão inequivocamente prosseguida (pelo menos em tese) pela iniciativa pública.

Ao efectuar-se esta ponderação *a posteriori* e não no momento do cálculo objectivo da UER, não se distorce a base de cálculo desta – baseado relembre-se, na utilidade marginal média das utilizações – pois os diversos montantes provenientes de vantagens patrimoniais diferenciadas serão tomados em consideração no cálculo da UER (de grande volume no caso de utilidades privadas, em pequeno volume no caso de utilidades públicas). Assim, o valor da UER a tomar em consideração não resultará unicamente da utilidade estritamente privada – geradora de grandes vantagens patrimoniais – mas é ponderada pelas menores vantagens patrimoniais decorrentes da utilização pública.

O valor simples desta ponderação será aplicado às utilizações privadas (evitando-se a sua excessiva oneração). Utilizando este ponderador, as utilizações públicas serão desoneradas, permitindo um real discernimento do serviço público prosseguido e uma efectiva medição do benefício concedido (valor realmente cobrado em contraste com o que seria cobrado no caso de uma utilização privada).

Desta forma consegue-se uma efectiva tributação pela utilidade marginal média (baseada no valor da UER), uma desoneração por serviço público (efectivamente medida pelo montante não tributado resultante da aplicação do ponderador) e uma não-oneração excessiva das transmissões privadas, garantindo-se a sinalagmaticidade quantitativa, ou seja, não se tributando excessivamente as utilizações privadas para subsidiar, indirectamente, as utilizações públicas.

Poderá, ainda, existir outro factor de ponderação decorrente de uma decisão pública de subsidiar determinado tipo de utilizações privadas que se considere de relevante interesse público. Neste caso, já não está em causa uma utilização pública da UER, mas sim uma utilização privada, mas que o Estado entende promover de modo a que os utilizadores da mesma a possam receber de uma forma menos onerosa.

Note-se que, nesta situação, o Estado não estará a subsidiar directamente os destinatários das transmissões, mas a reduzir os custos do agente económico que utiliza a UER, de forma que os seus custos de produção sejam reduzidos e possa prestar o serviço a um preço mais reduzido para o utilizador final.

Este sistema, uma vez que permite uma medição objectiva do benefício recebido (correspondente à despesa fiscal resultante da aplicação do elemento de ponderação), possibilita uma fiscalização efectiva dos preços praticados pelo agente beneficiário da redução, que poderá ser penalizado se não repercutir a vantagem ao nível dos preços oferecidos aos utilizadores dos seus serviços.

Esta ponderação poderá ter uma base qualitativa, tomando em consideração uma gama de serviços considerados como essenciais (por exemplo, comunicações de emergência ou de pessoas com dificuldade de locomoção, difusão de programas de interesse público, etc.), ou territorial (comunicações com áreas remotas ou com fraca densidade populacional, logo não apetecíveis numa lógica pura e simplesmente assente no mercado).

É inegável a importância das telecomunicações na redução dos problemas resultantes da interioridade. Os problemas económicos e sociais dessas zonas decorrem precisamente das dificuldades de comunicação. Ora, sendo os meios de comunicação que assentam no segmento radioeléctrico os mais indicados para ultrapassar esta dificuldade deverão estes ser promovidos através de uma ponderação progressiva de incentivo às regiões mais desfavorecidas.

Nestes termos, os critérios de ponderação a utilizar poderão basear-se no Índice de Desenvolvimento Económico e Social, pois os factores aí considerados (taxa de alfabetização; esperança de vida, nível de vida – PIB per capita – e o índice de conforto e saneamento) transpõem, quase na integra, as desigualdades existentes ao nível das condições de acesso[631].

---

[631] Poderá igualmente assentar-se num critério baseado nas NUTS, harmonizado comunitariamente. Outra solução passará pela construção de um novo critério tendo em consideração os custos de transmissão e de instalação acrescidos ou a densidade populacional em sede de área.

Tendo-se optado por uma construção assente na utilidade média da UER relativamente a todos os agentes económicos envolvidos de forma a construir objectivamente um preço de utilização importará, nesta fase, proceder a uma ponderação que tome em consideração o potencial de geração de resultados associado à presença de diferentes tecnologias de exploração.

Ao optar-se por uma quantificação da UER atendendo à utilidade gerada, não se poderia, sob pena de violação do princípio da igualdade na sua acepção material, tributar situações que geram retornos financeiros diferenciados de uma forma igualitária. O princípio da proporcionalidade, na sua acepção quantitativa, isso proíbe. Assim, a taxa a pagar deverá estar indissociavelmente ligada à utilidade recebida. No entanto, uma consideração estrita desta sinalagmaticidade levaria a um sistema de medição individualizada das utilidades alcançadas por cada operador individualmente considerado. Tal seria manifestamente ineficiente tendo em consideração os custos de negociação, de liquidação e de controlo.

A via possível para ultrapassar esta questão complexa, sem que nos afastemos dos princípios essenciais assentes na proporcionalidade qualitativa, será a do potencial económico médio de cada meio de difusão. Este método possibilitaria diferenciar o montante a pagar por cada operador atendendo ao valor económico subjacente ao meio de difusão, salvaguardando-se um princípio de equivalência entre a utilidade recebida e o montante a pagar, pois em princípio, e atendendo ao sistema de ponderação proposto, nunca nenhum operador pagaria mais do que aquilo que recebe pela prestação do seu serviço, sendo beneficiado se conseguir uma rentabilidade superior à média do seu meio de difusão, ou penalizado no caso inverso[632].

Este sistema, se aplicado sem distorções de qualquer espécie, iria promover, *per se*, um ajustamento progressivo da eficiência na utilização do espectro no sentido do seu aumento, com correspondente aumento de receita pública (já que o valor médio base da ponderação seria progressivamente ajustado em alta).

---

[632] Pelo exposto, este sistema iria, de forma indirecta, libertar UER´s utilizadas por operadores ineficientes a favor de operadores mais eficientes.

Por outro lado, tendo em consideração a tipologia própria do segmento em presença – o espectro radioeléctrico – a interdependência dos agentes no mercado poderá gerar efeitos reflexos relevantes. Nestes termos, as decisões de um operador *"poderão reflectir-se, por vezes, – positiva ou negativamente – sobre outras pessoas (outros operadores ou consumidores) que com ele nada têm a ver: proporcionando-lhes utilidades externas (benefícios resultantes de comportamento alheio), ora impondo-lhes desutilidades externas (custos resultantes de comportamento alheio)"*[633].

Poderão, pois, gerar-se exterioridades significativas no mercado em análise cuja não tomada em consideração atentará o princípio de tributação eficiente que se propõem. Tendo em consideração a estrutura do mercado, existem enormes probabilidades de congestionamento em determinadas faixas utilizadas do espectro radioeléctrico, geradoras de exterioridades negativas para outros operadores e utilizadores não contabilizadas na contabilidade individual do agente causador. Esta situação é nefasta para o bem-estar social, uma vez que os custos causados resultantes do diferencial entre o prejuízo privado marginal do agente causador e o prejuízo social marginal não são interiorizados no custo do serviço prestado, gerando-se a inevitável falha de mercado. É, pois, indispensável que o regulador corrija esta incapacidade genética do mercado – tanto mais que as faixas do espectro radioeléctrico são cada vez mais estreitas – utilizando o instrumento mais eficiente que tiver ao seu dispor (obrigação constitucional de eficiência).

Esta situação de congestionamento poderia ser resolvida, em tese, através de regulamentação administrativa, restringindo-se o acesso a determinados operadores de telecomunicações ou impondo-se restrições quantitativas relativamente à utilização da UER. Porém, esta situação pecará por excessiva rigidez pois não se adaptando ao mercado gerará em momentos posteriores graus de ineficiência superiores, violando-se, assim, o dever de eficiência na decisão.

Não entrando, agora, nas problemáticas relativas à possibilidade de construção de um mercado de direitos de utilização negociável, anteriormente referidas, poderá referir-se que a única forma de suprimir

---

[633] S. Franco, *Finanças Públicas e Direito Financeiro*, cit., pág. 28.

falhas de mercado consiste na utilização de mecanismos de mercado que corrijam a disfunção genética. Neste caso, a melhor forma de ultrapassar esta ineficiência consiste no desenvolvimento de um mecanismo que inclua o custo económico da exterioridade negativa no custo do serviço. Ora, não existirá melhor instrumento tributário para proceder a essa correcção do que o valor a cobrar pela utilização da UER conter uma ponderação desfavorável no caso de sobreutilizações da mesma, geradoras de efeitos reflexos negativos nas demais (interferências ou quebras de comunicação).

Pelo exposto, uma tributação eficiente do espectro radioeléctrico deverá tomar em consideração este tipo de ocorrências, podendo o ponderador a aplicar ser construído de uma forma progressiva, tendo em conta a capacidade das faixas e as frequências e canais utilizados pelo operador, ou então, de uma forma mais simples, consistir num único valor percentual a aplicar a faixas sobreutilizadas.

Finalmente, a construção de um sistema de tributação eficiente deverá tomar necessariamente em consideração as denominadas exterioridades tecnológicas presentes no mercado em análise. Estas exterioridades verificam-se quando a produção ou o consumo de um agente tecnológico se reflectem na produção ou no consumo de outro agente económico.

Este ponderador será essencial para a delimitação por parte do órgão regulador de uma política de incentivo à melhoria tecnológica subjacente ao mercado das telecomunicações. Tecnologias mais eficientes deverão ser promovidas em desfavor de tecnologias menos eficientes. A inovação verificada num sector deverá ser promovida de forma que os outros sectores possam aproveitar naturalmente os proveitos desse novo impulso tecnológico. Esta realidade é tanto mais importante no mercado em causa devido à estrita relação de interoperabilidade com os restantes meios de comunicação.

Nesta perspectiva, a tributação proposta para a utilização do espectro radioeléctrico encontra-se submetida a uma observância de um princípio de equivalência económica (*Äquivalenzprinzip*), traduzido na averiguação média do benefício gerado para o sujeito passivo (*Vorteilsausgleichs*)[634].

---

[634] Adopta-se assim uma posição que toma o princípio do benefício como elemento doutrinário básico.. De acordo com Fuentes Quintana: "*es la pretensión de ser un trâmite o*

Esta orientação corresponde na íntegra aos últimos desenvolvimentos doutrinários respeitantes à matéria e preenche inequivocamente todos os mandamentos constitucionais essenciais: o princípio da igualdade e o princípio da eficiência na decisão pública.

No entanto, e tendo em consideração os elementos de ponderação avançados, numa lógica de igualdade material, atendem-se a outros valores que imperativamente devem ser salvaguardados por um órgão regulador de um mercado específico.

Como já se referiu oportunamente, a jurisprudência mais recente do *BundesverfassungsGericht* tem vindo a reconhecer a admissibilidade constitucional de taxas orientadoras de comportamentos (*Lenkungsgebühren*). Nada mais correcto no nosso entendimento, pois uma política de mercado num sector em rede pressupõe uma função orientadora no sentido da construção de uma estrutura que o regulador considere mais eficiente. E para tal, é legítimo ao regulador apressar essas mutações através de uma política tributária adaptada à prossecução do objectivo de política[635].

Por outro lado, existe na utilização do espectro radioeléctrico um fundamento político assente no princípio do interesse geral ou bem comum (*Gemeinwohlprinzip*), por oposição a uma aplicação pura do princípio da equivalência económica. Tal é inequivocamente prosseguido no sistema proposto pelas ponderações que tomam em consideração o desenvolvimento económico-social da região ou a sua acessibilidade relativa ou a promoção do desenvolvimento tecnológico. Porém, e conforme foi ressalvado anteriormente, deverão evitar-se situações de "*impostos regulatórios*", que atendendo à sua natureza compensada, se constituem como instrumentos pouco transparentes.

A tributação pela utilidade, ao simular o exercício eficiente de uma remuneração decorrente do exercício de um direito de proprie-

---

copia, en el campo público, de la formación de los precios que, en la economia privada, se realiza a través del mercado" (in F. Quintana, *Hacienda Pública. Principios y estructura de la imposición*, Madrid, 1986, pág. 55).

[635] A utilização do instrumento tributário para este efeito, porque baseado no mercado, é inequivocamente mais eficiente do que a utilização de medidas administrativas regulamentares insensíveis à dinâmica própria do mercado em análise. Cfr. Carlos Baptista Lobo, "*O Imposto Ambiental. Análise Jurídico-Financeira*", Revista do Direito do Ambiente e Urbanismo, n.º 2, Almedina, 1998, págs. 5 e segs.

dade de um segmento, permite a interiorização da exterioridade de rede positiva, o que seria impossível por via da utilização livre do segmento em causa. Nesta óptica, esta imposição permite resolver o problema identificado na Parte I e que se traduzia na necessidade de socialização dos efeitos externos por uma via pecuniária. Consequentemente, esta lógica de tributação eficiente, que se supera a qualquer limitação de política fiscal de horizonte limitado que advogue a estrita orientação para os custos, é de exercício fundamental dada a sua importância na promoção de situações óptimas em sede de bem-estar social.

3. Preços Predatórios nos Sectores em Rede

3.1. *Dos preços predatórios em geral*

Uma das questões mais sensíveis no panorama jusconcorrencial dos sectores em rede é a temática dos preços predatórios. De facto, e atendendo à complexa natureza da actividade concorrencial nestes sectores, onde emergem diversas economias, quer do lado da oferta, quer do lado da procura, e onde as estratégias de aquisição de quota de mercado dependem, em larga medida, das decisões iniciais de aquisição por parte dos consumidores, não será de estranhar que, aplicando-se os critérios "normais" de aferição de preços predatórios, estes sejam identificados de forma profícua em diversas situações de mercado.

Por outro lado, e como veremos, a dogmática jusconcorrencial não se encontra tão desenvolvida como a dogmática regulatória a este respeito, o que aliás é explicável atenta a limitação de informação de que as autoridades concorrenciais podem dispor em comparação com aquela que é disponibilizada às autoridades reguladoras.

O teste legal de preços predatórios, ou de fixação de preços de venda abaixo do valor de custo, tem sido aplicado de forma contínua por parte das autoridades concorrenciais.

Considerando que o desenvolvimento estratégico de políticas de preços "anormalmente baixos" não se integra no âmbito de uma concorrência pelos méritos, quer a ordem jurídica norte-america (§ 2 *do Sherman Act*), quer a ordem jurídica comunitária (*artigo 82.º do Tratado*), vêm penalizar este tipo de condutas.

A técnica de exclusão concorrencial inerente à aplicação de preços predatórios assenta num pressuposto de que um agente com grande capacidade financeira procede a um sacrifício de lucros no curto prazo tendo em vista o afastamento dos concorrentes do mercado relevante, sendo os prejuízos recuperados no médio e longo prazo por via da angariação de rendas monopolistas.

Nesta óptica, e inversamente ao que acontece com uma prática de fraude à concertação ao nível dos comportamentos coordenados, o pressuposto traduz-se no facto dos lucros de longo prazo mais do que compensarem os prejuízos sofridos no curto prazo.

E esta é a primeira dificuldade: a penalização da conduta, a ser efectuada, só se pode basear nos efeitos de curto prazo, já que não se poderá esperar pelas consequências do seu desenvolvimento no longo prazo.

De facto, e neste momento posterior, a exclusão concorrencial já foi realizada[636]. Assim, apesar da estratégia integrar dois momentos distintos, as autoridades concorrenciais terão que efectuar as suas opções tomando unicamente em consideração os seus indícios face à táctica desenvolvida na primeira fase[637/638].

---

[636] E a definição do lapso temporal de análise da estratégia desenvolvida constitui a primeira dificuldade que se nos depara na análise destas práticas. Cfr. P. Areeda e D. Turner, "*Predatory Pricing and Related Practices Under Section 2 of The Sherman Act*", *Harvard Law Review*, 88, 1975, págs. 703 a 709.

[637] Parte da doutrina considera como essencial a existência de um período sequencial de compensação de perdas (e.g., W. Baumol, "*Principles Relevant to Predatory Pricing*", in E. Hope (ed.), *The Pros and Cons of Low Prices*, Stockolm, 2003, págs. 25 e segs.). De facto, se no período subsequente não ocorrer qualquer aumento de preços que compense a baixa de preços anterior, então os consumidores ficarão inevitavelmente numa melhor posição, e desta forma ter-se-á a certeza que a acção correctiva proposta pelas autoridades concorrenciais não visa unicamente a protecção de concorrentes. Por outro lado, a constatação deste período de recuperação subsequente permite afastar qualquer risco de intervenção concorrencial precoce. No entanto, existem algumas questões que podem fundamentar a não consideração do período de recuperação na análise de estratégias de preços predatórios. Assim, a verificação prognóstica é de prova bastante difícil, pelo que cairemos inevitavelmente na análise das intenções subjectivas dos concorrentes. Por outro lado, uma estratégia de preços predatórios poderá não estar ligada a qualquer período de recuperação, uma vez que poderá servir unicamente para que a empresa dominante sinalize a sua posição enquanto entidade líder de preços no mercado do segmento, ou mesmo nos mercados de

Porém, a doutrina não é unânime nem quanto aos pressupostos, nem quanto aos referenciais, nem sequer quanto à possibilidade efectiva de desenvolvimento potencial de estratégias de preços predatórios[639].

---

segmentos adjacentes, incentivando saídas ou desincentivando novas entradas ou até mesmo condicionando a formação de equilíbrios oligopolísticos coordenados. Esta situação é, aliás, conforme demonstraremos, crucial nos sectores em rede.

[638] Não é por acaso que o Tribunal de Primeira Instância, no acórdão *British Airways plc v Comissão* (Colectânea, II, 2003, págs. 5917 e segs.) refere que para que uma empresa desenvolva uma estratégia de preços predatórios não é necessário que os resultados que vise se venham a verificar, dado que o "abuso" não depende do resultado (para. 295). Porém, o Tribunal de Justiça, nos processos *AKZO* e *Compagnie Maritime Belge* (*cit.s*), mesmo que de forma indirecta, admitiu sempre a necessidade de ocorrência de um período de recuperação de perdas. Por sua vez, a Comissão, no processo *Wanadoo* (COMP/38.233, *Wanadoo Interactive*, de 16 de Julho de 2003), rejeitou a necessidade de existência de um requisito formal de recuperação (entendimento que é confirmado nos parágrafos 122 e 123 do seu *Discussion Paper*), referindo, no entanto, que a recuperação de perdas seria possível dada a estrutura do mercado relevante. De facto, estava em causa o fornecimento de serviço de Internet de banda larga por rede telefónica, onde, claro está, se fazem sentir enormes barreiras à entrada: i) bloqueio dos consumidores no operador histórico; ii) enormes custos de entrada; iii) necessidade de concretização de uma massa crítica; iv) inexistência de concorrência potencial ao nível da oferta grossista. Por sua vez, a jurisprudência norte-americana, nomeadamente o Supremo Tribunal Federal, no acórdão *Brooke Group Ltd v Brown & Williamson Tobacco Corp.* (509 U.S. 209, 1993), vem referir que o critério da recuperação só fará sentido em estratégias de preços predatórios de curto prazo, tornando-se, desta forma, mais fácil a sua identificação. Porém, e conforme foi demonstrado, a ordem jurídica norte-americana não parte do pressuposto prévio de existência de uma posição dominante, tal como acontece com o artigo 82.º do Tratado, onde o processo concorrencial implica uma identificação prévia das condições estruturais do mercado. Ora, em nossa opinião, torna-se necessário identificar qual a probabilidade de recuperação de prejuízos, mesmo que tal ainda não tenha ocorrido. Efectivamente, nos sectores em rede os agentes actuam da forma mais racional possível, logo, se tiverem condições estruturais para desenvolver essa estratégia, fá-lo-ão certamente. Porém, existem situações em que isso se torna estruturalmente possível: nas redes físicas materiais, onde existem barreiras à entrada significativas; nas redes físicas imateriais, onde os monopólios legais limitam as entradas; ou nas redes virtuais bidireccionais, onde as exterioridades de rede se fazem sentir de forma muito intensa. Porém, neste último caso, deverá tomar-se em consideração que a estratégia de preços predatórios terá de ser bastante intensa uma vez que os consumidores estarão bloqueados nas suas opções originais.

[639] A escola de Chicago afasta liminarmente a possibilidade de um agente económico desenvolver uma estratégia deste tipo uma vez que tal seria totalmente irracional. Cfr. R. Bork, *The Antitrust Paradox*, Free Press, 1993, págs. 144 a 160; F. Easterbrook, "*Predatory Strategies and Counterstrategies*, University of Chicago Law Review, 48, 181, págs. 263 e segs.

Inicialmente, os tribunais utilizaram referenciais qualitativos para a definição dos preços predatórios. Assim, encontramos diversas formulações (*e.g.* preços abaixo do custo[640]; concorrência ruinosa[641]; intenção predatória[642]) que em nada são úteis para uma análise coerente deste fenómeno concorrencial.

Apesar da primeira dificuldade enunciada – incapacidade de vislumbrar efeitos da estratégia no longo prazo[643] – o facto é que se deverá atender ao referencial de custos para a definição do preço economicamente justo[644].

Os tribunais comunitários têm, na sequência do acórdão *AKZO*[645], emanado uma jurisprudência uniforme, assente em duas regras essenciais: i) a fixação de um preço inferior aos custos variáveis médios é, normalmente, considerada enquanto conduta abusiva; ii) a fixação de um preço inferior aos custos médios totais mas acima dos custos variáveis médios deverá ser considerada abusiva se fizer parte de um plano para eliminar um concorrente[646].

---

[640] Cfr., e.g., *Utah Pie Co. v Continental Baking Co.*, 386 U.S. 685, 703 & n.14 (1967).

[641] Cfr. e.g., *Porto Rican American Tobacco Co. v American Tobacco Co.*, 30 F2.d 234, 236 (2nd Circuit), cert. negado, 279U.S. 858 (1929).

[642] Cfr. e.g., *Forster Mfg. Co. v FTC*, 335 F.2d 47, 53 (1st Circuit 1964), cert. negado, 380 U.S. 906 (1965), at. 52.

[643] Situação claramente reconhecida por parte da jurisprudência norte-americana. Cfr. e.g., *Sunshine Books v Temple University*, 697 F2.d 90 (3rd Circuit 1982).

[644] Apesar da própria jurisprudência ter, inicialmente, tentado não aplicar este referencial único. Assim, algumas instâncias jurisprudenciais norte-americanas declaram que as comparações de preço/custo seriam úteis mas não determinantes (*v.g. Chillicothe Sand & Gravel Co. v Martin Marietta Corp.*, 615 F2.d 427, 432 (7th Circuit 1980), ou então que as mesmas só seriam relevantes se fossem conjugadas com outros factores do foro qualitativo, maxime, as queixas de consumidores (*v.g., Instructional Systems Development Corporation v Aetna Cas.*, 1986-1 Trade Cas. ¶ 67,019 (10th Circuit 1987). Finalmente, um dos testes propostos assentava unicamente na verificação dos lucros potenciais face aos seus efeitos de destruição de rivais e de auferimento de rendas monopolistas (*William Inglis & Sons Baking Co v ITT Continental Baking Co.* 668 F2.d 1014 (9th Circuit 1981). Porém, e apesar das tentativas, a prova assentava irremediavelmente na estrutura de custos. Consultar, sobre esta questão, P. Areeda e H. Hovenkamp, *Antitrust Law*, vol. III, 2.ª edição, Aspen Publishers, págs. 278 e 279.

[645] Citado.

[646] Cfr., e.g., acórdão *AKZO, cit.*, paras. 70 e segs.; acórdão *Tetra Pak International*, (1994) *cit.*, para. 150; acórdão *Tetra Pak International*, (1996), cit.; Decisão COMP/ 38.233, *Wanadoo Interactive*, de 16 de Julho de 2003. Por sua vez, a jurisprudência norte-americana tem normalmente utilizado, pelo menos ao nível das instâncias inferiores, o

Por sua vez, o *Documento de Discussão*[647] da Comissão Europeia mantém a orientação genérica, propondo unicamente algumas alterações de pormenor, a saber: i) a adopção do critério dos custos evitáveis médios (que compara os custos de saída com os custos de manutenção em laboração, sendo que se estes forem superiores aos primeiros não se justificará a presença no mercado)[648]; ii) o estabelecimento de critérios objectivos para que a demonstração de intenção de exclusão não assente em análise de ordem subjectiva[649].

No que respeita à primeira regra decorrente do acórdão *AKZO*, quer o modelo jurisprudencial comunitário – critério dos custos variáveis médios –, quer o critério "aperfeiçoado" dos custos evitáveis médios (que integra não só os custos variáveis mas igualmente os custos fixos que poderiam ser evitados se a empresa terminasse a sua laboração) não são mais do que variações do modelo básico dos custos marginais[650].

---

critério *Areeda Turner*. No entanto, o Supremo Tribunal Federal ainda não emanou uma orientação clara a este respeito. Efectivamente, no acórdão *Brooke Group Ltd v Brown & Williamson Tobacco Corp.* (509 U.S. 209, 1993), a instância jurisdicional superior norte-americana recusou-se explicitamente a enunciar um referencial nesta matéria, preferindo deixar a questão em aberto, maxime, do que se deverá definir como "*an appropriate measure of it´s rival costs*". Assim, e assentando no acórdão *Cargill v Monfort of Colorado* (479 U.S. 104, 117 1986) e no acórdão *Matsushita Electric Industrial Co. v Zenith Radio Corp.* (475 U.S. 574, 588-589, 1986) refere unicamente que "*whether recovery should ever be available (...) when the pricing in question is above some measure of incremental cost (...) the reasoning in both opinions suggests that only below-cost prices should suffice, and we have rejected elsewhere the notion that above-cost prices that are below general market levels or the costs of a firm's competitors inflict injury to competition cognizable under the antitrust laws*". Areeda e Hovenkamp, que analisam esta questão profundamente, entendem que esta passagem indica que: "*predatory prices must be below measure of "incremental" cost. Because this is essentially a marginal cost test, and because average variable cost is used principally as a surrogate for marginal cost, which is difficult to measure, Brooke might be real as endorsing average variable cost as well as marginal cost predatory pricing tests and rejecting na average total cost test*". Cfr. P. Areeda e H. Hovenkamp, *Antitrust Law*, vol. III, 2.ª edição, págs. 280 e segs..

[647] Comissão Europeia, *Discussion Paper, cit.*, paras. 106 e segs.

[648] O que significa a aceitação da proposta de Baumol já sugerida pela OCDE. Cfr. W. Baumol, "*Predation and the Logic of the Average Variable Cost Test*", *Journal of Law and Economics*, 39, 1996, págs. 49 e segs.; OCDE, *Predatory Foreclosure*, DAF/COMP, 2005, págs. 23 e segs.

[649] *Discussion Paper, cit.*, paras. 113 a 115.

[650] Se todos os custos fixos forem irrecuperáveis, os custos variáveis médios e os custos evitáveis médios serão idênticos.

A grande diferença, em termos práticos, decorre da tentativa de utilização dos registos contabilísticos empresariais para se estabelecer um referencial pragmático e simplificado de averiguação comportamental, uma vez que uma análise pura de custos marginais é extremamente complexa e morosa[651].

A adopção deste critério, mesmo quando aperfeiçoado, não é de aceitação unânime. Efectivamente, a consideração dos custos recuperáveis é essencial para uma compreensão integral das decisões empresariais, dado que, existindo custos fixos, as empresas terão sempre de ponderar essa variável nas políticas de fixação de preços, *maxime*, quando estão em causa activos fixos de liquidez não recuperável. E esta possibilidade de inserção de um critério de ponderação adicional é extraordinariamente relevante e supera, em termos de fiabilidade, a perspectiva relativamente simplificada dos custos variáveis médios.

Existem dificuldades significativas, nomeadamente, quanto à questão da recuperabilidade ou irrecuperabilidade dos custos. Efectivamente, poderá ocorrer uma relocalização dos activos produtivos em outras unidades em caso de ausência de produção. E, face à normalização das redes físicas, essa possibilidade é bastante usual. Por exemplo, quando um voo é cancelado, não se pode entender que a companhia aérea perde todos os custos inerentes à amortização dos aviões e aos salários (fixos) da tripulação. De facto, e nestas circunstâncias, o avião e a correspondente tripulação poderão ser utilizados numa outra rota. Por outro lado, o desenvolvimento tecnológico poderá sempre permitir utilizações sucessivamente mais eficientes de activos fixos estabelecidos, o que impede a realização de juízos totalmente concludentes a este respeito.

No que diz respeito à segunda regra AKZO, a fixação de um preço inferior aos custos médios totais mas acima dos custos variáveis médios deverá ser considerada abusiva se fizer parte de um plano para eliminar um concorrente. De facto, e em situações de declínio temporário da procura, o produtor poderá estabelecer um preço inferior aos custos médios totais, cobrindo os custos variáveis

---

[651] Porém, as dificuldades mantêm-se em larga medida, uma vez que se torna essencial proceder a uma definição precisa de custos variáveis e custos fixos (o que, por vezes, não é nada fácil, como se verificou na decisão *Wanadoo* e no acórdão *AKZO*).

totais e uma parte dos custos fixos. É por essa razão que a desvaloração concorrencial da conduta depende da presença de um elemento intencional adicional: a pretensão de exclusão concorrencial.

Esta é uma questão circular. De facto, não existe nenhuma empresa no mercado que não pretenda excluir os seus concorrentes do mercado; essa é, aliás, a motivação que torna o jogo concorrencial eficiente. Neste caso, nunca se saberá, com precisão, que intenção terá um concorrente no desenvolvimento de uma qualquer estratégia agressiva ao nível dos preços[652]. Por outro lado, será que a fixação de um preço inferior ao limiar da primeira regra poderá ser condenável se não existir esta intenção patológica?

É igualmente uma questão bastante complexa, tal como a própria Comissão Europeia reconhece no seu *Documento de Discussão*[653], sendo, conforme se referiu, a legislação reguladora que se encontra melhor preparada para a sua resolução.

Porém, a comparação é relativamente injusta dado que as autoridades reguladoras têm um total conhecimento dos sectores económicos em causa, chegando mesmo a homologar e a certificar os investimentos realizados pelos agentes económicos. Os níveis de informação disponíveis são, portanto, diferentes.

Não será, no entanto, por essa razão que se propõe a adopção de uma alternativa ao método dos custos variáveis médios (ou da sua versão aperfeiçoada: custos evitáveis médios). Efectivamente, tal como foi demonstrado ao longo deste trabalho, os sectores em rede são caracterizados pelas fortes economias do lado da oferta e do lado da procura, o que leva a que os custos marginais de mais uma unidade produzida sejam totalmente insignificantes perante os custos fixos instalados. Por outro lado, qualquer decisão económica que se desenvolva ao nível da capacidade de produção e da determinação de preços no mercado não envolverá nunca uma apreciação financeira de custo de uma só unidade, mas sim de uma enorme quantidade das mesmas num horizonte de longo prazo.

---

[652] Cfr., *e.g.*, A.A. *Poultry Farms Inc v Rose Acre Farms Inc*, 881 F2.d 1396 at 1402 (7th Circuit 1898).

[653] *Discussion Paper, cit.*, paras. 113 a 115.

De forma semelhante ao que se referiu relativamente ao referencial regulatório[654], deverá ser aplicado o denominado método dos custos incrementais médios de longo prazo[655] que, recorde-se, é normalmente definido como o custo total de produção de uma empresa, incluindo o custo do produto, subtraídos os custos totais que a empresa sustentaria se não tivesse produzido esse produto, dividido pela quantidade de produtos produzidos[656].

Em tese, e dada a inexistência de plena informação, este critério permite uma melhor localização da análise financeira, uma vez que atende especificamente aos custos totais do produtor e aos custos incorridos pelo fabrico da produção total adicional (predatória), que são discernidos por via da sua contraposição aos custos que existiriam se tal opção não fosse desenvolvida. Neste âmbito, e de fundamental importância para os sectores em rede, tal permitirá incluir na análise todos os custos específicos, variáveis ou fixos, que tenham sido dispendidos, nomeadamente os custos de investigação, desenvolvimento e de promoção, que são calculados tomando como referencial o seu custo de reposição (e não o seu custo histórico).

---

[654] Na sua *Comunicação sobre a Aplicação das Regras da Concorrência aos Acordos de Acesso no Sector das Telecomunicações* (in JO C 265/2, 1998, paras. 113 a 114), a Comissão Europeia admitiu que este seria o melhor referencial quando se estivesse na presença de redes de telecomunicações. Assim, referiu: *"tal como referido pelo Tribunal de Justiça no âmbito do processo Akzo, a Comissão deve determinar o preço abaixo do qual uma empresa só realizaria lucros com o enfraquecimento ou a eliminação de um ou mais concorrentes. As estruturas de custos dos sectores de redes tendem a ser bastante diferentes das estruturas prevalecentes na maioria dos outros sectores, dado que os primeiros se caracterizam por custos comuns e conjuntos muito mais elevados. Por exemplo, no caso de fornecimento de serviços de telecomunicações, um preço que seja equivalente ao custo variável de um serviço pode ser substancialmente inferior ao preço que o operador deve imputar para assegurar a cobertura dos custos associados à prestação do referido serviço. Na aplicação do critério Akzo aos preços a serem imputados ao longo do tempo por um operador, e que estarão na base das eventuais decisões de investimento a tomar por este operador, os custos examinados devem incluir a totalidade dos custos adicionais associados à prestação do serviço. Na análise da situação deve ser tido em conta o período de tempo necessário ao longo do qual os custos devem ser examinados"*. Esta perspectiva é, aliás, confirmada no parágrafo 126 do *Discussion Paper*.

[655] R. Posner propõe, em alternativa, o modelo dos custos marginais de longo prazo (in *Antitrust Law, cit.*, pág. 189).

[656] Cfr. P. Bolton, J. Brodley e M. Riordan, *"Predatory Pricing: Strategic Theory and Legal Policy" Georgetown Law Journal*, 88 (8), 2000, pág. 2272.

Note-se, aliás, que o modelo dos custos variáveis médios torna quase impossível uma análise de preços predatórios nas redes virtuais. Relembre-se que o custo de reprodução de *software* por via de *"download"* é quase inexistente. O mesmo acontece com o transporte de um *kilowatt* adicional numa rede de energia ou com a realização de mais uma chamada de voz numa rede telefónica. Assim, e em tese, após a instalação da rede física ou do desenvolvimento do segmento virtual, os seus custos de reprodução aproximar-se-ão do zero, pelo que, em tese, nunca existiriam preços predatórios.

Na sua decisão relativa ao caso *Deutsche Post*[657], a Comissão aplicou este modelo, tentando demonstrar que esta empresa de distribuição postal havia desenvolvido preços predatórios num segmento concorrencial do mercado, compensados pelos proveitos fixos que auferia do seu segmento monopolista protegido[658]. Para o efeito, a Comissão analisou os custos específicos incorridos pela Deutsche Post

---

[657] Decisão *Deutsche Post AG, in* JO L 125/27, 2001.

[658] A acusação de subsidiação cruzada é quase inerente à questão dos preços predatórios quando estão em causa empresas que produzem uma multiplicidade de produtos em sectores em rede. De facto, e nos sectores regulados, estas práticas são de difícil concretização, uma vez que são aplicadas, usualmente, limitações contabilísticas, visando a separação entre os rendimentos decorrentes do segmento monopolista e os rendimentos auferidos nos segmentos concorrenciais, o que normalmente corresponde à separação entre a exploração grossista e a exploração retalhista. Adicionalmente, se estiverem em causa obrigações de serviço de interesse geral ou de serviço universal, as obrigações de transparência obrigam a uma contabilização bastante exigente dessa prestação. Nestas situações, como é óbvio, não existirá qualquer período de recuperação. Por outro lado, e para ter relevância concorrencial, os mercados onde se desenvolve a subsidiação cruzada devem estar relacionados, numa óptica idêntica à que se referiu relativamente à projecção de poder económico para mercados adjacentes em sede de vendas coligadas ou formação de pacotes compostos, sendo necessária a identificação de um nexo causal entre a fonte de proveitos e o mercado onde os prejuízos são gerados. A este respeito é normalmente utilizado o denominado *"teste combinado"*, nos termos do qual as vendas de cada um dos produtos deve cobrir os respectivos custos incrementais, enquanto que as vendas totais deverão cobrir os custos combinados totais, incluindo custos comuns e custos partilhados. Cfr., *e.g.*, P. Grout, *"Recent Developments in the Definition of Abusive Pricing in European Competition Policy", CMPO Working Paper Series* n.º 23, 2000, págs. 19 e segs. Porém, relembre-se, para a existência de preços predatórios não é necessário que se proceda a esta demonstração de causalidade. Assim, poderá criticar-se esta perspectiva combinada pelo facto de ser mais exigente do que a simples verificação do conceito puro de predação. Cfr. igualmente, P. Areeda e H. Hovenkamp, *Antitrust Law*, vol. IIIA, cit., págs. 295.

para a prestação do serviço em causa, excluindo os custos comuns que esta empresa teria de sustentar para a prestação do serviço no segmento monopolista e incluindo unicamente os custos incrementais de recolha, escolha, transporte e distribuição local do serviço postal concorrencial. Efectuada esta análise, a Comissão concluiu que esta empresa havia desenvolvido preços predatórios durante cinco anos (1990-1995).

Concordando-se, em princípio, com o entendimento da Comissão Europeia, existem, no entanto, algumas questões adicionais que importa tomar em consideração atendendo às características próprias dos sectores em rede.

Em primeiro lugar, importa ter consciência que as empresas que actuam nos sectores em rede, nomeadamente ao nível grossista, sofrem inevitavelmente prejuízos iniciais atendendo aos pesados investimentos que devem realizar na concretização dos segmentos. Em conformidade, todo o juízo de ponderação de rentabilidade deverá abarcar necessariamente a integralidade do período de vida útil dos bens, sob pena de se considerar que o período de funcionamento até ao *"breakeven"* é desastroso e o subsequente período extraordinariamente lucrativo.

Esta é uma realidade complexa e que tem necessariamente de ser tomada em consideração[659]. Pelo exposto, não se concorda com a conduta da Comissão quando, para o cômputo do referencial de preços predatórios, retira do cálculo os prejuízos sofridos nos períodos de arranque. A título de exemplo, na decisão *Wanadoo*, referiu expressamente que o mercado de Internet de alta velocidade ainda não se havia desenvolvido de forma suficiente para que um teste de predação fosse significativo[660]. Nestas circunstâncias terá necessariamente que se tomar em consideração o valor das perdas no âmbito de um sistema de reporte para jusante, de forma a permitir uma

---

[659] Em determinadas situações torna-se possível adaptar o critério dos custos variáveis médios de forma a alcançar um efeito quase equivalente. Tal poderá ser efectuado por via da actualização depreciativa dos activos fixos, de modo a que se retire um valor actual do imobilizado. Porém, tal só é facilmente efectuado em sectores regulados. Cfr. R. O'Donoghue e J. Padilla, *The Law and Economics of Article 82 EC, cit.*, págs. 270 a 272.

[660] Decisão *Wanadoo, cit.*, para. 71. No entanto, mais adiante, vem dizer que os mercados em arranque não estão imunes ao escrutínio do direito concorrência (para. 301).

imputação anual futura (mesmo que meramente previsional) dos custos incialmente ocorridos[661].

Em segundo lugar, e de acordo com alguma doutrina, na presença de barreiras à entrada a definição de uma política de preços por parte de um incumbente poderá ter efeitos predatórios sem que seja necessário que se atinja o limiar quantitativo do referencial adoptado. De facto, atendendo à sua base instalada, um monopolista poderá sempre reduzir os seus preços na iminência de uma nova entrada. Após a saída do concorrente, os preços poderão voltar ao referencial monopolista.

Segundo esta orientação, os efeitos de exclusão far-se-ão sentir mesmo que o nível mínimo de preços não tenha nunca violado qualquer referencial de custos[662]. Ora, conforme se tem referido sucessivamente, a defesa da concorrência não implica a manutenção artificial de concorrentes mais ineficientes que o sujeito dominante. De facto, não existe qualquer perda de bem-estar se agentes menos eficientes forem eliminados do mercado, por via de uma estratégia que claramente se inclui num modelo de concorrência pelo mérito.

Por outro lado, ao admitir-se um referencial com esta configuração, tal implicaria a criação de uma plataforma rígida de salvaguarda concorrencial, com efeitos nefastos ao nível do bem-estar, já que,

---

[661] Um outro sistema alternativo consiste na tomada em consideração dos custos de oportunidade do capital, através do método dos cash-flows descontados, que tanto pode ser histórico como previsional. Assim, os proveitos futuros podem ser previstos, e de seguida, ajustados por via da aplicação de uma taxa de desconto e de uma variação que tome em consideração o valor actual dos activos. No entanto, existe uma dificuldade na aplicação deste critério, que reside no facto das receitas previsionais poderem ser fixadas em função dos propósitos de exclusão. Por outro lado, e mais uma vez, não existem métodos de previsão económica totalmente fiáveis.

[662] Esta situação, inicialmente identificada por R. Schmalensee (*in "On the Use of Economic Models in Antitrust: The Realemon Case", University of Pennsylvania Law Review*, 127, 1978, págs. 994 e segs.), é relativamente usual no sector dos transportes aéreos. Porém, o Tribunal de Justiça teve a oportunidade de analisar esta questão no acórdão *Compagnie Maritime Belge*, concluindo que o artigo 82.º do Tratado não contém uma lista exaustiva de abusos, que esse abuso pode ocorrer sempre que da conduta da empresa dominante resultar uma redução dos níveis de concorrência no mercado, e que as empresas dominantes têm uma "especial responsabilidade" na condução do mesmo (cfr. acórdão *Compagnie Maritime Belge Transports SA e outros v Comissão*, Colectânea I, 2000, págs. 1365 e segs., paras. 111 a 114).

mesmo que um concorrente mais eficiente entrasse no mercado, e perante estas condições, ele fixaria um preço superior ao que poderia efectivamente praticar[663/664].

Em terceiro lugar, é necessário verificar se não existem justificações objectivas para o estabelecimento de preços num nível inferior ao referencial. Esta possibilidade tem sido aceite de forma unânime quer pela doutrina[665], quer pelas autoridades concorrenciais[666], quer pelos tribunais[667].

Existem algumas justificações típicas comuns a todos os sectores económicos (*v.g.* "*encontro com a concorrência*") e outras que decorrem das especiais características dos sectores em rede, *maxime*, da pretensão de ganho inicial de massa crítica (*v.g.* "*ofertas promocionais de curto prazo*", "*liderança de perdas*", "*minimização de perdas*"), ou inerentes aos próprios efeitos de economia decorrentes

---

[663] Esta é, aliás, a orientação do acórdão *Brooke* (*cit.*).

[664] Porém, e ainda assim, quer no acórdão *Compagnie Maritime Belge* (*cit.*), quer no acórdão *Hilti* (processo T-30/89, Colectânea II, 1991, págs. 1439 e segs.), as instâncias jurisdicionais comunitárias desvalorizaram concorrencialmente este tipo de práticas. No entanto, deverá relembrar-se que, nestas situações, a política de preços não constituiu o fundamento principal da acusação, dado que estavam em causa descontos de fidelidade e vendas coligadas. Ainda assim, a Comissão, no seu *Discussion Paper*, desenvolve esta temática, insistindo no seu entendimento: "*Another example of such an exceptional situation where price cuts above average total costs could be deemed predatory is where a single dominant company operates in a market where it has certain non-replicable advantages or where economies of scale are very important and entrants necessarily will have to operate for an initial period at a significant cost disadvantage because entry can practically only take place below the minimum efficient scale. In such a situation the dominant company could prevent entry or eliminate entrants by pricing temporarily below the average total cost of the entrant while staying above its own average total cost. For such price cut to be assessed as predatory it has to be shown that the incumbent dominant company has a clear strategy to exclude, that the entrant will only be less efficient because of these non-replicable or scale advantages and that entry is being prevented because of the disincentive to enter resulting from specific price cuts*" (para. 129).

[665] Cfr., e.g., R. Whish, *Competition Law, cit.*, págs. 706 e segs.; R. O'Donoghue e J. Padilla, *The Law and Economics of Article 82 EC, cit.*, págs. 283 e segs.

[666] Cfr. *Discussion Paper, cit.*, para. 130.

[667] Os tribunais norte-americanos actuam segundo a "*rule of reason*", o que significa uma necessária ponderação das justificações. Porém, os tribunais comunitários reconhecem igualmente que "*poderá ser aceitável que uma empresa em posição dominante venda com prejuízo em determinadas circunstâncias*" (acórdão *Tetra Pak*, 1994, *cit.*, para. 147).

do aumento sucessivo de quotas de mercado (*v.g."eficiências decorrentes da expansão de mercados em sectores em rede"*).

A justificação "*encontro com a concorrência*", pressupõe que a empresa dominante possa tomar medidas razoáveis e proporcionadas de forma a acompanhar uma redução de preços desenvolvida por um concorrente, aumentando os seus proveitos no curto prazo e manter a sua quota de mercado. Esta justificação tem sido aceite pela Comissão Europeia em diversas decisões[668], por vezes em termos bastante peremptórios[669].

Não nos poderemos esquecer que o referencial comunitário normalmente utilizado a este respeito engloba duas margens. Na sequência do acórdão *AKZO*, a fixação de um preço inferior aos custos variáveis médios é, normalmente, considerada como conduta abusiva, enquanto a fixação de um preço inferior aos custos médios totais mas acima dos custos variáveis médios deverá ser considerada abusiva se fizer parte de um plano para eliminar um concorrente.

Será de esperar que o argumento seja aceite de forma mais aberta no segundo caso do que no primeiro caso, uma vez que, nesta última situação, a defesa de "*encontro com a concorrência*" colide frontalmente com a presunção de violação *per se* normalmente accionada em situações de fixação de preços num limiar inferior aos custos variáveis médios por parte de empresas em posição dominante[670].

Apesar das preocupações, legítimas, das autoridades concorrenciais, nunca se deverá impedir uma empresa dominante de desenvolver uma actividade concorrencial no mercado, nomeadamente numa

---

[668] Cfr., *v.g.*, decisão *AKZO* (*in* JO L374/1, 1985), artigo 4.º; decisão *Hilti* (*in* JO L 65/19, 1988); *decisão BPB Industries plc* (*in* JO L 10/50, 1989) para. 133.

[669] Na decisão *Irish Sugar plc*, a Comissão afirma mesmo que não existe qualquer dúvida quanto à possibilidade de uma empresa com posição dominante no mercado poder defender a sua posição concorrendo com as outras empresas presentes no mercado (*in* JO L258/1, 1997, para. 134).

[670] Não é por acaso que no *Discussion Paper*, a Comissão refere o seguinte: "*in case the conduct concerns pricing below AAC the meeting competition defence can normally not be applied. Pricing below average avoidable cost is in general neither suitable nor indispensable to minimise the dominant company's losses. In case the abuse concerns pricing above average avoidable cost the meeting competition defence can be applied only if all the conditions of the proportionality test (...) are fulfilled, which in general is considered unlikely to be the case*". (para. 83).

situação de guerra de preços desde, obviamente, que esta se limite a acompanhar o movimento de descida de preços e não ultrapasse o limiar inferior. Na segunda situação descrita, ou seja, quando o preço é fixado acima do limiar dos custos variáveis médios e abaixo do limiar dos custos médios totais, a defesa do "*encontro com a concorrência*" entra no seu campo de eleição, dado que bastará demonstrar a inexistência de intenção de exclusão concorrencial[671].

No caso particular das justificações directamente relacionadas com a especificidade dos sectores em rede, poderemos distinguir as que visam a aquisição adicional de base instalada suficiente para garantir uma actividade eficiente no sector e aquelas que decorrem do normal devir concorrencial inerente à angariação de quotas de mercado significativas e de onde decorrem rendimentos geometricamente crescentes.

As *ofertas promocionais de curto prazo* integram o elenco das justificações potenciais inerentes à angariação inicial de massa crítica. O fundamento para esta permissão reside na necessidade dos consumidores conhecerem o novo produto de forma que, no momento posterior, possam desenvolver as suas opções racionalmente. Parte-se, portanto, de um pressuposto de reconhecimento de um cenário de informação imperfeita que importa superar por via da disponibilização do produto de forma generalizada a um baixo preço.

Assim, e após o final da campanha promocional, o ambiente voltará à normalidade, *i.e.*, os preços serão fixados ao seu nível natural, podendo os consumidores desenvolver as suas opções de forma mais fundada aos preços normais, uma vez que já tomaram conhecimento com o novo produto a um preço excepcional. Esta

---

[671] Já se criticou, *supra*, os termos subjectivistas que são normalmente utilizados para a aferição da intenção anticoncorrencial. Porém, é necessário analisar com cuidado as práticas de discriminação de preços, que, nesta perspectiva, podem tornar a política de preços predatórios mais sustentável para a empresa dominante. Efectivamente, se esta aplicar descontos selectivos unicamente a clientes das empresas rivais não enfrentará prejuízos muito elevados. Porém, e mesmo nestas circunstâncias não se deverá presumir a intenção de exclusão uma vez que, na ausência de barreiras à mobilidade (o que não ocorre nos sectores em rede), todos os consumidores poderão beneficiar potencialmente desse benefício o que remete esta situação para o âmbito das políticas gerais de redução de preços. Cfr., R. O'Donoghue e J. Padilla, *The Law and Economics of Article 82 EC, cit.*, págs. 284 a 290.

prática, muito utilizada nos sectores em rede, poderá ser bastante útil para desbloquear situações de dependência de escolhas passadas e não terá qualquer efeito patológico de exclusão. A sua duração terá de ser limitada, uma vez que o seu fundamento é unicamente o de fornecimento de informação aos consumidores e, a este respeito, poderão distinguir-se as promoções de novos produtos, em que as campanhas serão inevitavelmente de curto prazo, das promoções de normas, que deverão ser mais localizadas e de mais longa duração[672].

O desenvolvimento de estratégia de *"liderança de perdas"* visa igualmente a criação de uma base instalada e traduz-se na venda de um produto inicial com prejuízo, que será recuperado no momento subsequente por via de fornecimento de peças ou produtos complementares. Esta situação é bastante usual nos sectores em rede, quer físicos, quer virtuais. Por exemplo, a instalação da infra-estrutura de fibra óptica nos apartamentos não é onerada, logo, é colocada com prejuízo. Porém, a empresa incumbente espera recuperar essa perda inicial através do fornecimento subsequente de serviços sobre essa plataforma.

Ora, a justificação para esta prática insere-se claramente no modelo de discriminação de preços já analisado *supra*. Porém, será necessário que se demonstre a real eficiência da prática desenvolvida, nomeadamente, a demonstração de uma real ligação entre as perdas sofridas no produto principal e a verosimilhança da sua recuperação nos produtos complementares que, em conformidade, deverá ter sido planeada *ex ante*, em termos proporcionados e plausíveis.

Por sua vez, a minimização de perdas encontra-se directamente relacionada com a questão do excesso de investimento como forma de fazer face a novas entradas. Assim, a possibilidade de existência de "investimentos predatórios" foi já avançada. Em determinadas circunstâncias poder-se-á suspeitar das intenções subjacentes a um investimento em sobrecapacidade de produção. Porém, no caso em

---

[672] Discute-se a possibilidade destas campanhas poderem ter unicamente como alvos clientes de concorrentes e não já os clientes da base instalada, de forma a que os primeiros possam conhecer as virtualidades do produto fornecido pela empresa dominante. Ora, em princípio, desde que a campanha seja temporária e vise unicamente dar a conhecer o produto, não haverá qualquer obstáculo a esta prática.

que esta conduta foi analisada, a conclusão da autoridade concorrencial, *in casu*, a FTC, foi no sentido da viabilidade da mesma[673]. Esta conclusão é totalmente adaptada às condições concorrenciais dos sectores em rede, onde a tendência para a concentração é inevitável[674].

Se um concorrente entrou no mercado tomando como base uma percepção errada das condições económicas, não se poderá obstar a que a empresa incumbente proceda a uma adaptação da sua produção, num ambiente de claro excesso de capacidade. Logo, com a saída do concorrente, os níveis de produção, e de preços, voltarão ao nível natural[675].

Finalmente, e atendendo ao normal desempenho concorrencial nos sectores em rede inerente à angariação de quotas de mercado significativas e de onde decorrem rendimentos geometricamente crescentes as *"eficiências decorrentes da expansão de mercados em sectores em rede"* tornam-se conaturais.

Uma análise de preços predatórios nos sectores em rede não poderá esquecer em nenhuma circunstância os efeitos atípicos que aí se presenciam, nomeadamente os que decorrem: i) das fortes economias de escala e de gama, que implicam uma redução contínua dos custos médios totais em função do aumento da produção e que, por conseguinte, potenciam a aplicação de uma política de preços extraordinariamente favorável; ii) das exterioridades de rede, que após determinado nível de expansão do mercado, implicam uma redução significativa dos custos relativos atendendo ao nível de utilidade alcançado, pelo que será totalmente justificada a aplicação de um preço reduzido de forma que se alcance uma dimensão crítica[676]; iii) da necessidade de se ultrapassar a situação dilemática ao nível da

---

[673] Cfr. processo *du Pont (Titanium)*, 96 F.T.C. 653 1980.

[674] Cfr. E. Elhauge, *"Why above-cost price cuts to drive out entrants are not predatory and the implications for defining costs and market power"*, Yale Law Journal, 112, 2003, pág. 708.

[675] P. Areeda e H. Hovenkamp demonstram que, neste ambiente, o teste dos custos médios totais falhará, uma vez que poderá indicar "falsos positivos" ao nível da demonstração de preços predatórios. Cfr. P. Areeda e H. Hovenkamp, *Antitrust Law*, vol. III,, 2.ª edição, cit., págs. 446 e 447.

[676] Cfr. A. Kate e G. Niels, *"Below Cost Pricing in the Presence of Network Externalities"*, in E. Hope (ed.) *The Pros and Cons of Low Prices*, cit., págs. 97 e segs.

dependência das escolhas inicialmente adoptadas; iv) do imperativo de recuperação faseada dos elevados investimentos iniciais que obrigam à definição de um período de *breakeven* bastante alargado[677].

Infelizmente, e atendendo ao teor do *Discussion Paper*, a Comissão Europeia continua a resistir na aceitação deste tipo de argumentos, chegando mesmo a referir que este tipo de defesas de eficiência não pode, em geral, ser aplicado aos preços predatórios[678], o que é totalmente inaceitável.

Atendendo aos elevados custos de entrada e às significativas barreiras à saída, advoga-se a aplicação, nos sectores em rede, de um modelo de análise de preços predatórios que se aproxime do utilizado pelas entidades reguladoras.

E, neste enquadramento, haverá que efectuar uma distinção. Nos sectores em rede físicos "tradicionais" existe já uma forte tradição regulatória que, se eficientemente desenvolvida, permite uma aproximação a modelos de organização óptima. Nos restantes sectores em rede, *maxime*, nos virtuais é necessário adoptar enormes cautelas. De facto, é essencial que se entenda que os sectores em rede integram uma lógica concorrencial distinta dos restantes sectores, que se pode traduzir na máxima *"concorrência pelo mercado"*.

As estratégias iniciais de implantação no mercado serão necessariamente agressivas, e com um claro intuito de exclusão. Porém, esta exclusão será eficiente, desde que as condições do mercado tendam inevitavelmente para uma concentração. Por outro lado, as previsões de longo prazo padecem de inevitáveis insuficiências dado o padrão

---

[677] De acordo com a doutrina tradicional, se uma empresa se encontra a perder dinheiro, é natural que deva sair do mercado. Porém tal não poderá ser verdadeiro nos sectores em rede, uma vez que poderá existir uma "opção" de manutenção no mercado, se existir uma perspectiva de ganho futuro num horizonte temporal não longínquo. Por exemplo, as redes móveis de terceira geração ou as redes de fibra óptica sofrem de elevados prejuízos operacionais. No entanto, é sabido que estas infra-estruturas serão as bases para os novos produtos que se encontram em desenvolvimento (*e.g.*, serviço de banda larga de Internet móvel, ou cinema em casa). Nestes termos, as conclusões naturais que decorrem da doutrina tradicional não serão aplicáveis nestes casos.

[678] Cfr. *Discussion Paper, cit.*, para. 133. Porém, no parágrago 131 vem referir que os preços poderão ser estabelecidos em níveis inferiores ao dos custos variáveis médios se se fizerem sentir fortes efeitos de aprendizagem.

de aleatoriedade de evolução do mercado, em ambientes extraordinariamente dinâmicos, e onde se fazem sentir os efeitos da inovação.

3.2. Dos preços predatórios em especial enquanto instrumento de projecção do poder económico para mercados adjacentes

Apesar da generalidade da doutrina analisar as práticas de vendas coligadas e de formação de pacotes agregados enquanto práticas unilaterais anticoncorrenciais não baseadas nos preços, tal entendimento não é totalmente correcto. Assim, e mais uma vez, é demonstrada a falência dos modelos formais de análise concorrencial e a necessidade urgente da adopção de uma doutrina de efeitos.

No curto prazo, foi demonstrado que os efeitos das vendas coligadas e da formação de pacotes agregados de produtos poderá não ser neutra na óptica dos preços, podendo servir para atenuar os níveis de concorrência nesse aspecto[679].

Se existir um produto homogéneo produzido por duas empresas (duopólio), ambas concorrerão intensamente no âmbito dos preços, na ausência de concertação. Porém, se uma das empresas detiver um

---

[679] Não existindo um mercado de concorrência perfeita relativamente ao produto B, a prática de venda coligadas poderá ser utilizada de forma a tornar mais difícil, e no limite impossibilitar, a entrada de concorrentes potenciais no mercado. Considerando que uma empresa detém o monopólio de dois bens A e B, comercializando-os quer de forma conjugada, quer separada, um qualquer novo concorrente que pretenda entrar no mercado estará inevitavelmente numa situação desfavorável face ao agente instalado. Se o potencial concorrente pretender concorrer unicamente no mercado do produto A, não conseguirá atrair os consumidores que avaliem de forma elevada os produtos A e B, já que os mesmos preferirão adquirir o pacote compósito. A sua única possibilidade de negócio residirá nos agentes que avaliem de forma elevada unicamente o produto A, e que tenham uma apetência de aquisição reduzida relativamente ao produto B. Ora, esta situação só muito extraordinariamente ocorrerá num sector em rede dadas as relações de complementaridade entre os dois produtos. Por outro lado, a existência de economias de escala, igualmente comuns nos sectores em rede, impediria, por si só, as novas entradas. Note-se que este último facto é visível quer nos sectores em rede físicos, quer nos sectores em rede virtuais. Efectivamente, nestes últimos, uma resposta de um concorrente potencial que envolva a oferta conjugada dos dois produtos poderá ser extremamente difícil ou até mesmo impossível, tendo em consideração a protecção concedida pelos direitos de propriedade intelectual bem como as vertiginosas economias de escala aí presentes, dado que os custos marginais de produção se aproximarão do zero.

monopólio na oferta de um outro produto, a realização de uma ligação indissociável entre este produto e o oferecido em concorrência implicará uma subida do preço de venda do produto secundário. Tal decorre da diferenciação entre produtos obtida através da ligação, o que reduz os graus de concorrência decorrentes da situação duopolista. Nestas circunstâncias, a diferenciação entre produtos leva a um aumento dos preços (concorrência de Bertrand), aumentando os lucros das empresas e reduzindo o nível de bem-estar dos consumidores[680].

Por outro lado, e de forma indirecta, a prática de ligações indissociáveis ou de venda de pacotes agregados pode servir como meio de contornar sistemas de regulação de preços.

Quando dois produtos são comercializados conjuntamente, o preço de venda corresponde a um valor agregado, não correspondendo necessariamente à composição proporcional do custo dos bens incluídos. Esta realidade transforma este tipo de práticas num instrumento ideal de evasão a normas de regulação ou de tutela concorrencial dos preços (por exemplo, controlo dos mecanismos de formação de preços em mercados oligopolísticos), podendo ocasionar práticas de evasão ou fraude fiscais[681].

Se um agente em posição dominante estiver condicionado na formação do preço do seu produto A, através de regulação directa ou, indirectamente, por fiscalização das autoridades de concorrência, poderá promover a ligação desse produto com um outro, por um preço agregado, recuperando assim a renda monopolista que, de outra forma, se encontrava condicionada.

Quer estas intenções elisivas face à regulação vigente, quer a redução do nível de concorrência pelos preços no curto prazo são, inequivocamente, preocupantes. Porém, na óptica concorrencial, a situação mais grave é, claramente, a que decorre de eventuais desen-

---

[680] Numa situação de simples venda coligada (*mixed bundling*), existirão duas opções de aquisição para os consumidores: i) o produto coligado; ii) o produto separado. Nestas condições, os efeitos de diferenciação serão menos sensíveis, existindo três produtos no mercado: dois produtos homogéneos e um produto misto diferenciado.

[681] Por exemplo, o cômputo dos direitos alfandegários depende da qualificação dos produtos. Por outro lado, em sede de direito fiscal internacional um dos factores mais difíceis de computar na aplicação de Convenções para Evitar a Evasão e a Dupla Tributação Internacionais é precisamente a distinção entre o produto principal, as prestações de serviços acessórias, a assistência técnica e as *royalties* devidas.

volvimentos de preços predatórios através de mecanismos de vendas coligadas e formação de pacotes agregados.

De acordo com a doutrina, estes possíveis preços predatórios poderão fazer-se sentir quer no mercado do produto secundário, quer no mercado do produto principal.

A diferença de posicionamento das duas instâncias é extremamente clara em matérias específicas. Por exemplo, os acórdãos *LePage's*[682] e *Michelin II*[683] trataram de forma muito diferenciada o conceito de preço excepcionalmente baixo na análise de alegadas práticas de preços predatórios.

i) Preços Predatórios no mercado do produto secundário

A primeira situação poderá decorrer da prática normal de "*bundling*" puro, em que o sujeito com posição dominante oferece um pacote "compósito" em que o produto secundário é oferecido de forma gratuita, ou quase[684].

Note-se que, nestas circunstâncias, deverá estabelecer-se um nexo de causalidade entre o sacrifício de lucros no mercado do produto principal que domina e a obtenção de vantagem no mercado do produto secundário[685]. O nexo de causalidade depende do nível de

---

[682] *Le Page's v. 3M,* (324 F.3d 141, 3rd Circuit, 2003).
[683] *Michelin v. Comissão*, (Processo T-203/01), citado.
[684] Cfr. processos *Microsoft, citados*.
[685] O acórdão do Supremo Tribunal Federal *Aspen Skiing* constitui o caso basilar na matéria do sacrifício de lucros de curto prazo (*Aspen Skiing Co. v. Aspen Skiing Highlands Corp.*, 472, U.S. 585 (1985)). Neste acórdão estava em causa aquilo que parecia ser simplesmente um único mercado, mas que na prática se revelou serem dois. Os réus, a *Aspen Skiing Co.* concorriam com os autores, a *Aspen Skiing Highlands Corp.* na venda de pacotes de destinos de esqui, que se traduziam na venda de passes semanais para as quatro montanhas da região de Aspen. Entretanto, desenvolveu-se igualmente um produto que se traduzia num passe diário único. Foi nesse mercado que a *Aspen Skiing Co.* actuou recusando os passes diários emitidos pela *Aspen Skiing Highlands Corp.* para as montanhas por si exploradas, embora estes fossem aceites por todos os outros agentes no mercado. Neste processo, o Tribunal decidiu pela existência de dois mercados distintos mas complementares ou adjacentes e que a *Aspen Skiing* havia violado a Secção 2 do Sherman Act pois desenvolveu uma actividade que corporizava uma acção de exclusão de um concorrente, reduzindo o nível de qualidade dos produtos oferecidos aos consumidores, assentando numa conduta de redução de lucros de longo prazo que visava precisamente a exclusão de concorrentes a médio ou longo prazo sem que existisse qualquer justificação do ponto de vista do negócio.

dependência dos consumidores relativamente ao produto oferecido no mercado do produto principal.

Só assim é que a empresa poderá cobrar um preço supranormal no mercado do produto principal e aplicá-lo na subsidiação do produto secundário, o que consubstancia a denominada *"subsidiação cruzada"*. Se não existir essa relação de dependência dos consumidores relativamente ao produto principal, então não existirá qualquer projecção de poder económico para mercado adjacente mas sim um simples investimento adicional no mercado do produto secundário.

A subsidiação cruzada desenvolvida por sujeitos em posição dominante no mercado do produto principal consubstancia um verdadeiro sacrifício de lucros no mercado do produto secundário e deverá ser considerada restritiva da concorrência, dado que nenhum concorrente que esteja presente ou que pretenda entrar nesse mercado terá a opção de desenvolvimento de uma estratégia idêntica e, em consequência, estará impossibilitado de concorrer de forma equivalente, não conseguindo oferecer o produto secundário a um preço igualmente reduzido.

Esta regra foi enunciada igualmente no processo Kodak (*Eastman kodak Co. v. Image Technical Services Inc.*, 504, U.S: 451, 112 S.C.t. 2072, 119 L.Ed.2d 265). A temática do "sacrificio de lucros" assumiu, recentemente, uma importância fundamental na ordem jurídica norte-americana. No processo *Verizon Communications Inc. v. Law Offices of Curtis V. Trinko* (LLP, 124 S. Ct. 872, 2004), o Supremo Tribunal Federal anuiu num desenvolvimento de testes mais precisos a este respeito, tendo aceite a posição de que a prova de uma situação de monopolização implica necessariamente o sacrifício de lucros no curto prazo. Por sua vez, o artigo 82.º do Tratado CE, ao contrário da Secção 2 do Sherman Act, contém alguns exemplos de condutas que poderão ser consideradas como abusivas. A alínea c) e a alínea d) desse artigo contêm exemplos susceptíveis de englobar práticas que impliquem o sacrifício de lucros no curto prazo. No acórdão *Michelin*, o Tribunal de Justiça enunciou o critério que tem vindo a ser seguido até hoje a este propósito: *"article (82) covers practices which are likely to affect the structure of a market where, as a direct result of the presence of the undertaking in question, competition has already been weakened and which, through recourse to methods different from those governing normal competition in products or services based on trader' performance, have the effect of hindering the maintenance or development of the level of competition still existing in the market"* (processo 322/81, *NV Nederlandsche Banden-Industrie Michelin v. Commission*, Colectânea, 1983, pág. 3461. para 70). No mesmo sentido, pelo menos implicitamente, decidiu a Comissão no processo *Virgin/British Airways* (in JO L 30/1, 2000).

ii) *Preços Predatórios no mercado do produto primário*

Parte da doutrina[686] refere que a prática de preços predatórios poderá também ser realizada no mercado do produto principal nas situações em que um sujeito com posição dominante no produto (A) tem receio em aumentar o seu preço de venda, dado que tal prática poderia induzir os consumidores a optar pelo produto (B), também do mercado principal, não tão eficiente na satisfação das suas necessidades, mas mais barato (grau de elasticidade elevada do lado da procura)[687].

Nesta situação, o sujeito com posição dominante no mercado do produto principal (A) poderá vender o seu produto com o preço correspondente ao seu custo marginal (ou menor), retirando uma renda suplementar na venda de um produto secundário (C)[688]. Nestas circunstâncias, esta doutrina refere que os concorrentes existentes não conseguirão concorrer no mercado do produto primário, tendo de o abandonar, e os concorrentes potenciais que pretendam entrar no jogo concorrencial terão de efectuar uma entrada simultânea nos dois mercados, o que seria extremamente difícil.

Esta posição é criticável dado que existe uma efectiva possibilidade de concorrência. Bastará que os concorrentes do produtor do produto principal ofereçam igualmente uma solução compósita integrando um produto secundário similar. Dada a inexistência de qualquer posição dominante no mercado do produto secundário, e sendo necessária a extracção de um lucro excedente para o financiamento do produto principal, o que aumentará o preço do produto secundário, poderão os concorrentes desenvolver práticas concorrenciais semelhantes.

---

[686] Cfr, por exemplo, M. Patterson, *"Monopolization and Short-Term Profits"*, *International Antitrust Law and Policy*, Fordham University School of Law, 2003, pág. 229.

[687] Por vezes, para evitar esta transferência de opção ao nível do mercado dos produtos principais, o sujeito com posição dominante exige uma caução (transferência *lump-sum*), de forma a reduzir a mobilidade dos agentes do lado da procura. Cfr. Phillip Areeda e Louis Kaplow, *"Antitrust Analysis"*, Aspen Law and Business, Kluwer, 1997, pág. 689.

[688] Dada a existência de relações de estreita complementaridade entre os dois produtos, um agente económico que pretenda entrar num único mercado deparará com dificuldades inultrapassáveis, pois os consumidores muito dificilmente optarão pelo seu produto atendendo à base instalada no sector. Por sua vez, uma entrada simultânea no mercado dos dois produtos será mais onerosa e, em consequência, mais arriscada.

Ao não existir posição dominante no mercado do produto secundário, não se consegue antever qualquer possibilidade do concorrente em posição dominante no mercado do produto principal obrigar ou condicionar os consumidores nas suas aquisições. Em consequência, estará impossibilitado de projectar a sua posição económica[689].

Tal só não acontecerá se a base instalada do produto principal não for compatível com os restantes produtos secundários oferecidos pelos concorrentes. No entanto, nesta situação o sujeito deterá uma posição dominante no mercado do produto primário e no mercado do produto secundário, invalidando, à partida, uma concorrência efectiva ou potencial no mercado do produto secundário, o que lhe permitirá, nessas circunstâncias, proceder à referida projecção do poder económico nos dois sentidos (do mercado do produto principal para o mercado do produto secundário e vice-versa).

Por outro lado, se a empresa dominante condicionar a aquisição do produto principal à aquisição do produto secundário, e não se encontrarem reunidos os pressupostos básicos da *"teoria dos sistemas"*, então estaremos na presença de uma venda coligada *proprio sensu*, proibida nos termos aplicáveis às práticas unilaterais de conteúdo não pecuniário, sendo irrelevantes quaisquer considerações suplementares em sede de preços predatórios.

---

[689] No entanto, e apesar deste argumento parecer intuitivo, o Tribunal de Justiça parece conceber um nível de influência reflexa enquanto condicionante das opções do consumidor. No acórdão *Tetra Pak* foi referido que uma posição dominante num determinado mercado poderá originar um *status* favorecido no mercado não-dominado, o que permitirá a esse agente actuar de forma independente, sem tomar em consideração as opções dos restantes concorrentes. Esta posição é inaceitável, dado que, na prática, proíbe uma posição dominante sem que ocorra qualquer conduta do agente, ou seja, sem existir um abuso. Esta posição do Tribunal de Justiça consubstancia, na prática, uma presunção de abuso no mercado do produto secundário, tomando como ponto partida a posição dominante no mercado do produto primário. Por outro lado, a boa reputação é igualmente resultado de um investimento económico, não podendo qualquer agente ser prejudicado na aplicação do direito da concorrência por esse facto.

4. Compressão de Margens nos Sectores em Rede

A estratégia de *compressão de margem* ("*margin squeeze*") integra o âmbito potencial de abusos para efeitos do artigo 82.º do Tratado e consiste no desenvolvimento de uma política de preços de interligação ou de venda de produtos essenciais a agentes dependentes (situados em segmentos a montante ou a jusante), que visa a sua exclusão concorrencial por via da projecção do poder económico do agente dominante para os restantes segmentos da rede onde também desenvolve actividade concorrencial.

Como é fácil de antever, esta é uma prática que visa a integração vertical do sector, que se distingue da recusa em negociar pelo facto de se desenvolver de forma indirecta, ou seja, por via da eliminação das margens concorrenciais dos retalhistas ou, no caso do sector da energia, dos retalhistas e dos produtores[690].

As alternativas que se deparam a um agente dominante no desenvolvimento deste tipo de práticas são numerosas: i) o agente dominante

---

[690] Existe uma ligação inequívoca entre as duas temáticas. A compressão de margem é uma forma indirecta de se proceder a uma recusa em negociar. Neste âmbito, as conclusões que forem retiradas a este propósito deverão ser necessariamente transpostas para a temática da compressão de margem, nomeadamente se estivermos na presença de segmentos essenciais. Porém, parte da doutrina entende que podem ocorrer situações de compressão de margem sem que nos encontremos na presença de "segmentos essenciais", nomeadamente se estiverem em causa "*preços excessivos*", tal como se encontra estipulado na alínea a) do artigo 82.º. A este respeito, o Tribunal de Justiça tem entendido, na sequência das orientações ordoliberais, que os preços excessivos consistem em práticas de determinação de montantes de remuneração que se situam de forma persistente e significativa acima dos níveis concorrenciais, ou seja, se não tiverem qualquer relação com o "*valor económico*" do bem (cfr. acórdão *United Brands Company v Commission*, processo 27/76, Colectânea, 1978, págs. 250 e segs.; acórdão *General Motors Continental NV v Commission*, processo 26/75, Colectânea, 1975, págs. 1367 e segs.; mais recentemente decisão COMP/A.36.568/D3, *Scandlines Sverige AB v Port of Helsingborg*, de 23 de Julho de 2004). Porém, deverá relembrar-se que os "preços excessivos" se constituem como "abusos de exploração" enquanto que a "compressão de margem" se apresenta como "abuso de exclusão". Desta forma, os referenciais de averiguação são diversos: enquanto que os "preços excessivos" são calculados em função do custo económico do bem em si mesmo, a "compressão de margem" toma como referencial o preço do bem no mercado retalhista em função da margem lucro normal decorrente de uma actividade concorrencial. Cfr. R. O'Donoghue e J. Padilla, *The Law and Economics of Article 82 EC, cit.*, págs. 603 a 638. Cfr., igualmente, J. Temple Lang, "*Anticompetitive Non-Price Abuses*", in *International Law & Policy, cit.*, pág. 276.

pode aumentar os preços dos seus produtos essenciais, aumentando os custos do retalhista que, neste enquadramento, deixa de ter margem de lucro possível; ii) o agente dominante, detentor do segmento essencial, pode aumentar o custo de interligação, eliminando, da mesma forma, qualquer margem de lucro potencial ao concorrente; iii) o agente dominante poderá utilizar os elevados proveitos decorrentes da venda do produto principal, ou do acesso ao seu segmento essencial, para fornecer o produto secundário, no mercado a jusante, em termos subsidiados, baixando os preços dos bens neste segmento e, por conseguinte, retirando qualquer margem potencial aos seus concorrentes não-integrados[691].

Independentemente das críticas provenientes da escola de Chicago[692], e que são inerentes a qualquer modelo de abuso que envolva integração vertical de segmentos, e das contracríticas da escola Post--Chicago[693], a verdade é que a Comissão Europeia, salvo algumas

---

[691] Neste último caso, a compressão de margem cruza-se com a problemática dos preços predatórios no mercado secundário e com a subsidiação cruzada. As semelhanças com os preços predatórios são evidentes. Neste caso, e à sua semelhança, torna-se necessário demonstrar a intenção predatória, os efeitos de exclusão e de recuperação de renda bem como os efeitos adversos nos consumidores decorrentes desse tipo de práticas. Nesta óptica, o teste legal será naturalmente semelhante, ou seja, terá de se analisar se o agente dominante poderia desenvolver uma actividade rentável no segmento secundário se estivesse em condições semelhantes às dos seus concorrentes (teste de similitude de condições, baseado em restrições contabilísticas do tipo "*chinese walls*"). Porém, existem algumas diferenças, a saber: i) a análise de preços limita-se aos custos relevantes no mercado secundário, já que os custos grossistas ou de interligação se encontram estabilizados; ii) a questão da recuperação de proveitos terá de ser adaptada, uma vez que o sujeito em posição dominante poderá unicamente transportar os seus lucros para o segmento principal, não distinguindo os índices de exploração dos diversos segmentos (por exemplo, para uma companhia eléctrica plenamente integrada é indiferente o local onde se geram os lucros – produção, transporte ou distribuição). Cfr. R. O'Donoghue e J. Padilla, *The Law and Economics of Article 82 EC, cit.*, págs. 323 e 324.

[692] Relembre-se o argumento clássico decorrente da teoria da "*renda monopolista única*".

[693] Sintetizando os avançados *supra*, os argumentos são os seguintes: i) eliminação de constrangimentos para o estabelecimento de uma renda monopolista pura no segmento principal; ii) segurança acrescida da sua posição de mercado no segmento principal, restringindo o crescimento de concorrentes potenciais; iii) geração de um rendimento suplementar decorrente da exploração do segmento secundário.

situações excepcionais[694], só recentemente deu a devida atenção a este fenómeno.

Este facto, que contrasta claramente com a prática norte-americana[695], é bastante curioso uma vez que a lógica subjacente ao fenómeno patológico concorrencial da *"compressão de margem"* é idêntica à que subjaz aos fenómenos de desintegração vertical operados por via regulatória e aos modelos de regulação de preços de acesso e de interligação, tão usuais na legislação ordenadora dos diversos sectores.

Os processos comunitários mais relevantes são os decorrentes das decisões *Industrie des Poudres Sphériques*[696] e *Deutsche Telekom*[697].

No entanto, o ponto de partida para a definição conceptual comunitária da *"eliminação de margens"* pode ser encontrado na *Comunicação da Comissão sobre a aplicação das regras da concorrência aos acordos de acesso no sector das telecomunicações*[698]:

---

[694] Cfr., e.g., acórdão *National Carbonising Ltd v. Commission*, processo 109/75R, Colectânea, 1975, págs. 1193 e segs.; decisão *Napier Brown/British Sugar*, JO L 284/41, 1988.

[695] A primeira vez que a questão foi aflorada remonta ao ano de 1919, momento em que o Supremo Tribunal Federal, no acórdão *United States v Colgate & Co* (250 U.S. 300, 1919), referiu que a liberdade de definição dos termos concorrenciais só era totalmente garantida quando as actividades em causa fossem inteiramente privadas, excluindo essa liberdade integral na presença de actividades de interesse público. Por sua vez, no famoso acórdão *United States v. Aluminum Co. (Alcoa)*, (148 F2.d 416, 436-438, 2nd. Circuit, 1945), o Juiz Hand referiu que constituía um exercício ilegal do poder monopolista o estabelecimento grossista de alumínio a um preço superior ao "preço justo", e o estabelecimento de preços retalhistas de folha de alumínio a níveis baixos, o que impedia qualquer concorrente de auferir um lucro suficiente. Porém, não foi definido o que se entendia como preço justo, nem quais os referenciais de preços ou de custos, nem muito menos o que se entendia como margem de lucro suficiente. Cfr., ainda, acórdão *Grand Caillou Packing Co* (65 F.T.C 799, aff'd em parte e revisto sobre a denominação *La Peyre v. FTC*, 366 F2.d 117, 5th Circuit, 1966); acórdão *United States v Corn Products Refining Co*, (234 Fed. 964, S.D.N.Y 1916); acórdão *Columbia Metal Culvert Co. v Kaiser Aluminum & Chem. Corp.* (579 F2.d 20, 3rd Circuit, cert. negado, 439 U.S. 876, 1978). Cfr. sobre este assunto, P. Areeda e H. Hovenkamp, *Antitrust Law*, vol. IIIA, 2.ª edição, cit., págs. 123 a 138.

[696] Acórdão *Industrie des Poudres Sphériques SA v Comissão*, processo T-5/97, Colectânea, II, 2000, págs. 3755 e segs.

[697] Decisão *Deutsche Telekon AG*, JO L 263/9, 2003, actualmente em recurso no Tribunal de Primeira Instância, *Deutsche Telekon AG v Comissão*, processo T-271/03, ainda não julgado.

[698] JO C 265/2, 1998, paras. 117 e 118.

"Quando o operador detém uma posição dominante no mercado de produtos ou serviços, uma compressão de margem pode constituir um abuso. Pode ser demonstrada a existência de uma compressão de margem se for comprovado que as operações a jusante de uma empresa em posição dominante não seriam rentáveis com base no preço a montante cobrado aos seus concorrentes por uma divisão de serviços a montante da empresa em posição dominante. A divisão não lucrativa a jusante poderia ser dissimulada se o operador em posição dominante afectasse os custos às suas operações de acesso, custos esses que deveriam ser correctamente imputados às operações a jusante, ou tivesse de outro modo indevidamente determinado os preços de transferência no âmbito da empresa (...) Em circunstâncias adequadas, pode ser igualmente demonstrada a existência de uma compressão de margem se for comprovado que a margem entre o preço facturado aos concorrentes no mercado a jusante (incluindo as eventuais operações a jusante do próprio operador) em matéria de acesso e o preço imputado pelo operador da rede no mercado a jusante é insuficiente para permitir a um prestador de serviços razoavelmente eficiente no mercado a jusante registar um nível de lucros normal (excepto se a empresa em posição dominante puder demonstrar que as suas operações a jusante são excepcionalmente eficientes)".

Partindo desta concepção, as condições para a aferição de uma *"compressão de margem"* são as seguintes: i) existência de uma empresa dominante que actua em segmentos complementares de uma rede; ii) nos quais fornece um serviço ou um bem essencial para os seus concorrentes; iii) cobrando um preço por esse bem ou serviço que lhes retira qualquer margem de lucro económico; iv) sem que exista qualquer justificação objectiva para esse facto.

i) *empresa dominante que actua em segmentos complementares de uma rede*

A *"compressão de margem"*, enquanto *"abuso de exclusão"* inclui-se necessariamente no âmbito da integração vertical de mercados patológica, dado que pressupõe que uma empresa que actua num determinado segmento tenha a oportunidade de fornecer, em modos potencialmente exclusivos, bens ou serviços a outras empresas com quem igualmente concorre em segmentos complementares da rede[699].

---

[699] Se o agente dominante desenvolver as actividades grossistas e retalhistas utilizando veículos separados no âmbito do grupo empresarial, a questão manter-se-à. Cfr., e.g.,

Essa complementariedade poderá ser estabelecida na vertente superior da rede (*e.g.* relação entre a função de produção – concorrencial – e a função de transporte – monopolista), ou, num modelo mais comum, na vertente inferior da rede (*e.g.* relação entre a função de transporte ou de produção grossista – monopolista – e a função de retalho – concorrencial).

Se o agente dominante não for verticalmente integrado, *i.e.*, se não actuar em ambos os segmentos relevantes da rede, não haverá forma de projectar o seu poder económico e, consequentemente, não poderá ocorrer qualquer abuso de exclusão.

A actuação em segmentos complementares é essencial uma vez que só assim o agente dominante poderá proceder a uma transferência de renda, tendo em vista a discriminação negativa dos seus concorrentes não-integrados.

O montante exigido pela ligação ou pelo fornecimento servirá os intentos de arbitragem do agente dominante que, sem limitação, poderá atribuir a renda monopolista ao segmento que lhe for mais favorável, sem que para isso tenha de exigir mais aos restantes retalhistas do que exige a si próprio pela realização da mesma prestação[700].

Porém, não será necessário que a transferência seja desenvolvida numa vertente meramente monetarista. Para impedir este propósito, bastaria o estabelecimento de barreiras contabilísticas.

---

decisão *HOV SVZ/MCN* (JO L 104/34, 1984, paras. 247 e 248), onde o detentor da infra-estrutura ferroviária efectuou uma discriminação em favor da sua subsidiária de transporte ferroviário; acórdão *GT-Link A/S v De Danske Statsbaner* (DSB), (processo C-242/95, Colectânea, I, 1997, págs. 4449 e segs.), onde o operador dos portos discriminou em favor da sua subsidiária de transporte marítimo. Bastante comentado é igualmente, o processo instaurado pela autoridade concorrencial italiana à Telecom Itália, relativamente à discriminação de preços de acesso à Internet. Cfr. processo Telecom Itália, processo A 351, de 19 de Dezembro de 2004; cfr., igualmente, *Associazionne Italiana Internet Providers/Telecom*, Provvedimento n.º 7978, de 28 de Janeiro de 2000 (Bolletino 4/2000).

[700] Se o preço praticado for diferente, então teremos uma violação da alínea c) do artigo 82.º do Tratado, uma vez que tal corporizará uma discriminação abusiva. Porém, essa também não é uma questão simples, uma vez que se deverão distinguir os efeitos de exclusão dos efeitos de exploração. Cfr. R. O'Donoghue e J. Padilla, *The Law and Economics of Article 82 EC, cit.*, págs. 552 e 602.

Como foi bem decidido na decisão *Deutsche Telekom*, bastará que sejam exigidas obrigações adicionais de eficiência aos concorrentes, as quais o incumbente não tenha que suportar no âmbito da sua actividade no segmento retalhista. De facto, e nestas circunstâncias, a verificação da ocorrência de uma transferência de renda não passará pela simples constatação de uma compensação de perdas sofridas no segmento retalhista pela renda adicional auferida no segmento grossista, dado que a mesma poderá revestir uma natureza difusa, traduzida num não-investimento em eficiência acrescida que os concorrentes, para sobreviverem, terão de realizar[701].

ii) *fornecimento de um serviço ou bem essencial para os seus concorrentes*

O concorrente no segmento retalhista deverá estar dependente do fornecimento do bem ou do serviço prestado pelo agente dominante no segmento grossista. Se não existir um grau de dependência, ou seja, se o concorrente puder satisfazer a sua necessidade em outro local ou por outro meio, não existirá qualquer possibilidade de desenvolvimento de uma conduta de exclusão concorrencial a este propósito. No limite, o que o agente dominante estaria a fazer seria a colocar-se numa situação de desvantagem concorrencial, perdendo qualquer margem que poderia auferir ao nível do fornecimento do segmento retalhista.

Embora esta questão nunca tenha sido claramente referida pela doutrina administrativa ou pela jurisprudência, o fornecimento em causa ou o acesso pretendido deverá ser verdadeiramente essencial, no sentido altamente exigente que foi adoptado relativamente ao conceito de "segmentos essenciais" em sede de dever de negociar. Se os produtos ou serviços em causa não tiverem importância relativa no cômputo total dos custos de produção do produto final, ou se existir qualquer forma do concorrente retalhista poder contornar a via de fornecimento que lhe foi dificultada pelo agente dominante, então não haverá qualquer possibilidade de desenvolvimento de uma prática de exclusão.

---

[701] Decisão *Deutsche Telekom*, *cit.*, para. 141.

Neste âmbito poderão integrar-se as fontes alternativas de matérias-primas[702], a utilização de tecnologias alternativas ou a possibilidade de desenvolvimento de uma rede grossista própria[703].

iii) preço exigido ao nível do segmento grossista que retira qualquer margem potencial de lucro económico na exploração do segmento concorrencial

Tal como qualquer modelo de quantificação de preços abusivos, a definição do âmbito de compressão da margem encerra algumas dificuldades, tanto mais que o seu campo de verificação abarca necessariamente dois segmentos da rede. A forma mais simplificada de resolver este assunto passa pela análise da própria estrutura de resultados da empresa dominante na exploração do segmento concorrencial, verificando se esta se mantém positiva com a aplicação dos preços que são exigidos aos concorrentes[704].

Esta versão tem sido aplicada de forma generalizada pelas autoridades concorrenciais, tomando como referência os custos suportados pela empresa dominante no segmento retalhista[705]. Assim, e na

---

[702] Cfr. acórdão *Industrie des Poudres Sphériques SA v Comissão, cit.*, para. 139.

[703] No processo *Deutshe Telekom* estava em causa o acesso ao lacete local. Ora, uma vez que esse segmento se encontra organizado, ao nível da infra-estrutura de cobre, num modelo de monopólio natural, não existirão muitas dúvidas quanto à sua não replicabilidade e, consequentemente, quanto à sua essencialidade.

[704] Pode acontecer, no entanto, que dadas as opções regulatórias, o elemento de interligação ao segmento do incumbente se efectue num determinado nível, devendo esse custo ser sustentado pelo retalhista. Por outro lado, ao controlar a oferta grossista o incumbente poderá sempre escolher os modelos de tráfego mais eficientes, o que não acontece com um retalhista que se encontra sempre dependente do modelo de acesso regulado. Estas são desvantagens estruturais que, em nosso entender, não devem ser alvo de compensação. Quanto muito o que ocorre será uma responsabilidade do regulador pelo facto de optar por uma solução ineficiente. Aliás, o inverso também pode acontecer, uma vez que pode ser imposto ao incumbente uma multiplicidade de soluções de interligação, sendo que os concorrentes escolhem as mais eficientes e o incumbente mantém a exploração das menos eficientes. Nestas circunstâncias, a disfunção ocorre em sentido inverso. No presente caso, o incumbente poderá reduzir os seus preços ao nível dos praticados pelos concorrentes no âmbito de uma justificação de "encontro com a concorrência", ou, numa outra perspectiva, nunca poderá existir "compressão de margens" se os preços praticados pelos concorrentes forem inferiores aos praticados pelo incumbente.

[705] O processo Deutsche Telekom coloca dificuldades adicionais a este propósito. Efectivamente, torna-se necessário garantir que os serviços relativamente aos quais se comparam os

decisão *Deutsche Telekom*, a Comissão referiu explicitamente que o diferencial entre os preços grossistas e retalhistas praticados por esta empresa seria insuficiente para cobrir todos os custos suportados pelas actividades desenvolvidas no segmento a jusante[706].

Poderá efectuar-se uma análise pura de estrutura de proveitos dos concorrentes e, sem recurso a qualquer comparação, indagar-se se, mesmo com os preços praticados, estes poderiam auferir uma margem de lucro razoável[707]. Este teste tem como vantagem o facto de se ultrapassar o referencial de comparação, porém, implica uma análise da estrutura produtiva de todos os concorrentes, o que o torna bastante pesado em termos burocráticos.

---

preços decorrem em fluxo directo na rede em causa. Assim, e por exemplo, uma análise dos preços de oferta retalhista de acesso à Internet por parte de um incumbente terá de se basear na infra-estrutura concreta, não fazendo sentido comparar preços retalhistas relativamente a serviços que se baseiam numa oferta grossista de capacidade da rede de cobre com os preços grossistas praticados no acesso à oferta grossista da rede de fibra óptica. Assim, a análise deverá ser efectuada numa óptica segmentar sequencial e não numa perspectiva alternativa.

[706] Decisão *Deutsche Telekom, cit.*, paras. 102 e 140. No mesmo sentido, acórdão *Industrie des Poudres Sphériques SA v Comissão, cit.,* para. 178. O que nos leva à questão, omnipresente a este propósito, de definição de custos relevantes, nomeadamente, os custos específicos, comuns e partilhados. Mais uma vez, o critério mais adequado para os sectores em rede é o dos custos incrementais de longo prazo. Porém, a questão mantém-se actual. Mais uma vez, no processo Deutsche Telekom esta questão foi colocada. Em causa estava o facto desta empresa cobrar um valor superior para fornecimento grossista de acesso à Internet aos seus concorrentes do que cobrava aos seus clientes pela oferta retalhista do mesmo serviço, o que, segundo a Deutsche Telekom se justificava pelo facto dos seus clientes contratarem não só serviços de acesso à Internet mas igualmente serviço telefónico de rede fixa, o que permitia redistribuir os custos comuns e partilhados. Porém, este argumento foi afastado pela Comissão que remeteu para a legislação regulatória onde se estipula uma obrigação de separação contabilística relativamente aos dois serviços. Não negando a acutilância do argumento da Comissão, deverá dizer-se que os fundamentos da legislação regulatória são, a este propósito, distintos dos do artigo 82.º do Tratado, e por outro lado, quando um "operador virtual" pretende fornecer serviço de telecomunicações normalmente procede à formação de um pacote composto de serviços, o que justifica o cômputo integral dos custos grossistas inerentes ao lacete local.

[707] O que também coloca dificuldades de cálculo, havendo que distinguir entre o referencial contabilístico histórico ou o referencial dinâmico dos fluxos de caixa descontados. Em princípio, o primeiro referencial é preferível nas redes físicas, uma vez que se encontram estabilizadas, enquanto que o segundo é mais indicado para as redes virtuais, de natureza mais dinâmica.

A versão simplificada que tem sido adoptada, e que presumivelmente se irá aplicar no futuro atento o conteúdo do *Documento de Discussão*[708], tem uma vantagem e uma desvantagem. Como vantagem, permite a exclusão de concorrentes retalhistas menos eficientes que o agente dominante, o que é benéfico em sede de bem-estar social, claro está se essa ineficiência for estrutural e não decorrer dos condicionalismos próprios dos sectores em rede, nomeadamente o facto de ainda não terem atingido a dimensão crítica num ambiente de fortes economias do lado da oferta e do lado da procura.

No entanto, toma como referencial de eficiência um agente que, dada a sua condição típica[709], poderá não servir de modelo comparativo óptimo. Assim, não será de estranhar o aparecimento de um teste de segundo nível que, não assentando nos padrões de custos do agente dominante concreto, envereda por um modelo de normalidade, ou seja, o do *"operador razoavelmente eficiente"*[710].

Porém, esta opção, academicamente mais correcta, sofre de inevitáveis dificuldades técnicas. Em primeiro lugar não existirá informação suficiente para o estabelecimento deste padrão óptimo de eficiência. Tal só ocorrerá em ambientes regulados, onde a informação detida sobre a estrutura de custos do agente dominante é quase total, e onde os imperativos de organização eficiente do sector decorrem directamente da lei, e não de um qualquer imperativo ético que nunca poderá ser imposto a um agente que actua num ambiente concorrencial de mercado. De facto, e esta é uma outra diferença que se

---

[708] No *Documento de Discussão* adopta-se claramente como referencial o grau de eficiência da empresa dominante: *As regards pricing behaviour a certain conduct may have different exclusionary effects depending on how efficient the rivals are. A very efficient rival may be able to thrive in a market where the dominant company prices in a certain way, while a less efficient rival may be excluded from the market. The more detailed principles described in this paper for assessing alleged price based exclusionary conduct are based on the premise that in general only conduct which would exclude a hypothetical "as efficient" competitor is abusive. The "as efficient" competitor is a hypothetical competitor having the same costs as the dominant company. Foreclosure of an as efficient competitor can in general only result if the dominant company prices below its own costs* (para. 63).

[709] Porém, tem o mérito de computar a margem de ganhos potenciais decorrentes de uma integração vertical de segmentos na rede.

[710] Que tem sido aplicado por algumas autoridades nacionais. Cfr. R. O'Donoghue e J. Padilla, *The Law and Economics of Article 82 EC, cit.*, pág. 315.

identifica relativamente aos sectores regulados[711], uma empresa dominante que desenvolve uma actividade num sector não-regulado não está obrigada a aplicar políticas de preços eficientes, mas unicamente a concorrer pelos seus méritos, e desta forma, mesmo que de forma indirecta, cumprirá o seu papel contribuindo para a elevação dos níveis de bem-estar social.

Por outro lado, e salvo em ambientes regulados, esse referencial de eficiência é insusceptivel de ser pré-conhecido por parte do agente dominante, o que faria com que uma condenação a este propósito assentasse em meras suposições não constatáveis no momento relevante da ocorrência do facto.

iv) *sem que exista qualquer justificação objectiva para esse facto*

A referência em causa passará pela verificação das condições com que o agente dominante se depara e que poderão justificar a geração de prejuízos no segmento retalhista.

E, neste enquadramento, terá de se tomar em atenção as eficiências que se poderão gerar pela integração vertical dos segmentos, nomeadamente o aproveitamento de economias do lado da oferta e da procura e a melhoria dos padrões de compatibilidade bem como os seus efeitos nefastos em sede de bem-estar social, *maxime*, a redução do mercado retalhista para um nível subóptimo por via do aumento do preço de venda dos produtos.

É necessário relembrar que esta possibilidade não se constituirá como natural nos segmentos em rede nos momentos de expansão inicial da mesma. De facto, e nesse momento, o essencial é que o produto chegue ao consumidor ao preço mais reduzido possível e que a sua variedade seja tão rica quanto possível, e por conseguinte, que existam diversos produtores retalhistas que desenvolvam produtos qualitativamente distintos de forma que as preferências do maior

---

[711] No entanto, é nos sectores regulados que a "compressão de margem" mais se poderá fazer sentir. O movimento de liberalização de mercados ainda não foi bem aceite pelos incumbentes históricos. Assim, a obrigação regulatória de fornecimento de acesso aos concorrentes relativamente a segmentos essenciais da rede tem dado oportunidades para o desenvolvimento destas formas indirectas de proteccionismo de posições históricas proeminentes. De facto, só um modelo de desinvestidura jurídica integral, ou seja, a criação de duas empresas juridicamente distintas, poderá resolver de forma definitiva esta problemática.

número de consumidores sejam abarcadas (*e.g.*, mercado a jusante das aplicações informáticas sob a plataforma grossista do sistema operativo).

Importa não esquecer as justificações tradicionais que a este respeito têm vindo a ser aceites, tais como: i) existência de crise momentânea no mercado relevante; ii) promoção temporária de um novo produto; iii) criação de mercado ou de norma de mercado; iv) concorrência de preços com concorrente insolvente que se encontra num movimento de saída do mercado.

O fenómeno concorrencial inerente à "compressão de margem" só pode ser facilmente aferido em sectores estáveis e onde os produtos comercializados são relativamente uniformes. Quando os produtos comercializados nos segmentos retalhistas sofrem algum grau de diferenciação, em termos de qualidade e características, torna-se extraordinariamente difícil proceder ao juízo comparativo de rentabilidade.

Por outro lado, pressupõe-se que a relação de complementariedade entre os segmentos da rede se desenvolve num modelo linear. Porém, tal pode não acontecer, nomeadamente, nos segmentos em rede virtuais, onde os retalhistas podem optar por efectuar outras combinações produtivas envolvendo outras soluções tecnológicas. Além disso, os próprios retalhistas poderão dispor de fluxos de proveitos decorrentes de outras actividades no segmento a que o incumbente grossista poderá não ter acesso, nomeadamente, por bloqueio regulatório[712/713].

---

[712] É por isso que parte da doutrina sugere a realização de um duplo teste, analisando-se não só os custos do sujeito dominante mas igualmente os custos do rival retalhista. Cfr. P. Grout, *"Defining a Price Squeeze in Competition Law" in The Pros and Cons of Low Prices, cit.*, págs. 85 e segs.

[713] Ou, no limite, por favorecimento regulatório de novos concorrentes, que poderão criar as suas redes à custa de uma redução de margem no segmento grossista do incumbente, tal como aconteceu no momento de instalação das redes móveis, por via da política intersistemática de preços. Por outro lado, poderá acontecer que o preço regulado de acesso ao segmento grossista seja superior aos custos reais sustentados pelo operador a esse respeito. Ora, neste enquadramento, e uma vez que o agente dominante cumpre as obrigações regulatórias, *in casu*, mais precisas e mais concretas, em nossa opinião, nada haverá a obstar mesmo na eventualidade de formação de pacotes compostos de produtos, sob pena de total incongruência ao nível dos diversos institutos legais (em sentido contrário, considerando que o agente dominante tem a obrigação de sanar as insuficiências decorrentes da inacção do regulador, decisão *Deutsche Telekom, cit.*). Cfr. D. Geradin e R. O'Donoghue,

Por outro lado, terá necessariamente que se tomar em consideração o ambiente contratual que regula o mercado. De facto, num âmbito de uma política de cobertura de risco, quer por via de seguros, quer por via de derivados, as condições de mercado poderão estabilizar-se para um determinado sujeito, o que, na ausência de uma cobertura equivalente desenvolvida pelo concorrente retalhista, poderá revelar uma aparência de aplicação de preços discriminatórios.

De seguida, nunca se poderá esquecer o ambiente concorrencial típico dos mercados emergentes e de elevada intensidade tecnológica. O período de arranque é, na presença de elevados custos de investigação e desenvolvimento, tipicamente deficitário. Pelo exposto, a angariação da massa crítica inicial depende do desenvolvimento de uma política de preços ao nível do segmento retalhista que, inevitavelmente, revestirá um carácter deficitário perante os custos suportados.

Neste enquadramento, e à semelhança do que se referiu relativamente aos preços predatórios, só se poderá aferir, com algum grau de seriedade, a existência de "*compressão de margens*" ao analisarem-se as projecções inerentes aos planos de negócios e à política de amortizações e de depreciação dos activos.

No entanto, e como é óbvio, e para além da natureza naturalmente pantanosa de projecções de evolução futura de mercados que se caracterizam precisamente pela incerteza, estes instrumentos contabilísticos e financeiros têm outras finalidades e fundamentos (v.g. justificação de financiamentos bancários, política fiscal, distri-

---

"*The concurrent application of competition law and Regulation: the case of margin squeeze abuses in the telecommunications sector*", Journal of Competition Law and Economics, 1, 2005, págs. 355 a 425.

[714] Ainda assim, têm-se desenvolvido algumas propostas a este respeito. A primeira metodologia implica uma análise da razoabilidade das projecções efectuadas pela empresa relativamente aos seus proveitos futuros. Porém, tal como qualquer projecção ela será meramente probabilística, e não servirá para fundamentar uma condenação posterior ao momento da ocorrência dos factos. A segunda metodologia passará pela constatação da falha dos modelos económicos previsionais, e assentará na demonstração das intenções de exclusão concorrencial. No entanto, esta metodologia esquece que a razão pela qual se desenvolve a análise económica objectiva é precisamente a ultrapassagem das dificuldades inerentes à demonstração subjectiva de uma intenção. Cfr., relativamente a estas metodologias, R. O'Donoghue e J. Padilla, *The Law and Economics of Article 82 EC, cit.*, págs. 332 a 337.

buição de resultados aos accionistas), e não se encontram formatados para fundamentar uma análise concorrencial séria a este propósito[714].

Finalmente, será conveniente não esquecer que, além de tudo, importará demonstrar as intenções do agente dominante ao nível da exclusão anticoncorrencial dos seus rivais no segmento concorrencial[715].

---

[715] Conforme refere a Comissão, no seu *Documento de Discussão*: "*Article 82 prohibits exclusionary conduct which produces actual or likely anticompetitive effects in the market and which can harm consumers in a direct or indirect way. The longer the conduct has already been going on, the more weight will in general be given to actual effects. Harm to intermediate buyers is generally presumed to create harm to final consumers. Furthermore, not only short term harm, but also medium and long term harm arising from foreclosure is taken into account*" (para. 55).

PARTE IV
**PRÁTICAS CONCORRENCIAIS COLECTIVAS
NOS SECTORES EM REDE**

I
Da Reformulação das Bases de Análise Concorrencial das Redes na Óptica dos Comportamentos Colectivos

1. Os comportamentos colectivos nos sectores em rede – Prévio

As formas de organização típica dos mercados em rede obrigam à realização de uma investigação cuidada dos fenómenos relacionados com comportamentos colectivos. A estrutura colectiva é inerente ao conceito tipológico de rede.

Salvo nos casos de iniciativa estatal directa, estruturalmente intervencionista, em que os organismos públicos se substituem à iniciativa privada, ou a condicionam totalmente por via do instrumento concessionário de âmbito abrangente, e que, normalmente, culminam ambas em situações extremas de integração vertical, as redes são constituídas através de um encontro de vontades dos diversos agentes económicos especializados numa determinada actividade.

Essa parceria poderá situar-se nos diversos níveis de actividade económica. Numa lógica intersistemática, o conceito de interoperabilidade tem subjacente um encontro de vontades, necessariamente complexo e intrinsecamente compreensivo, visando a correlação de duas estruturas produtivas, tendencialmente distintas.

Esse relacionamento intersistemático implica o relacionamento próximo quer ao nível infra-estrutural, como ao nível operacional. Por exemplo, no sector dos transportes de mercadorias ou de passageiros, o sistema será tanto mais eficiente quanto eficazes forem os terminais intermodais e o relacionamento entre os horários dos diversos tipos de transporte.

Neste âmbito alargado, face à anterior tradição de organização em rede, a satisfação do consumidor dependerá da qualidade do relacionamento entre os diversos operadores, ao nível dos vários serviços prestados, de natureza distinta mas totalmente complementares entre si, e da funcionalidade do nó intermodal.

Na ausência de normas de regulação económica de natureza imperativa – que aliás serão desnecessárias neste campo específico – o sucesso das operações dos diversos operadores dependerá do diálogo e da real concertação de acções. O mesmo acontece nas redes de telecomunicações, onde a interoperabilidade intersistemática – cada vez mais importante atendendo ao movimento de convergência tecnológica – e a compatibilidade intra-sistemática são estruturais para a configuração do sector económico, quer ao nível da infra-estrutura, quer ao nível dos serviços.

Também as redes virtuais dependem da estrita relação de compatibilidade entre os diversos segmentos componentes e para haver compatibilidade tem necessariamente de existir um diálogo. Esse encontro de vontades poderá ocorrer num momento preliminar, com a fixação inicial da norma de compatibilidade, ou num momento subsequente, com a interligação dos diversos componentes concretizada por via de acordo entre os proprietários dos diversos segmentos.

A rede depende, portanto, de uma componente estrutural conjunta sobre a qual se desenvolve uma actividade operacional igualmente de natureza conjunta. A actuação colectiva é, portanto, omnipresente nos diversos níveis produtivos dos sectores em rede.

Poderá mesmo concluir-se que o movimento regulador de desintegração estrutural que se tem vindo a sentir, com o isolamento dos elementos de monopólio natural e com a fragmentação dos diversos níveis de actividade nas diversas redes, coloca em destaque, na óptica concorrencial, os comportamentos colectivos dos diferentes agentes presentes no mercado que, para desenvolverem de forma eficiente a sua actividade, têm necessariamente de se concertar entre si.

A distinção entre concertações pró-concorrenciais eficientes e concertações anticoncorrenciais ineficientes constitui, precisamente, o principal desafio que se coloca actualmente à política da concorrência.

As especificidades dos sectores em rede não se limitam à urgência de estabelecimento de padrões de organização colectiva de mercado. Não se pode negar uma outra realidade evidente: os segmentos das redes organizados em monopólio natural coexistem com outros segmentos, que não revelando essa configuração concorrencial extrema, em muito se afastam, em termos organizacionais, do outro pólo simétrico, ou seja, do modelo de concorrência perfeita.

Mesmo na inexistência de formas estruturais assentes nesse modelo monopolista extremo, a sobrevivência económica de uma rede depende de uma relativa restrição de oferta económica, pelo menos ao nível infra-estrutural.

Tal significa que, na presença de significativas economias de escala e de gama bem como, no caso das redes bidireccionais, de eventuais exterioridades de rede, a estrutura organizacional deste tipo de sectores tende a ser constituída por um reduzido número de segmentos concorrentes entre si, ou por um reduzido número de agentes produtores que desenvolvem a sua actividade nesse substrato infra-estrutural irremediavelmente restrito.

Quer ao nível infra-estrutural ou, pretendendo-se alargar um pouco o âmbito da análise de mercado, quer ao nível de operadores de mercados grossistas de prestação de serviços, não será de estranhar que, atendendo às particularidades económicas dos diversos sectores, um importante volume de segmentos dos sectores em rede (principalmente nas redes físicas, mas igualmente nas redes virtuais dependentes de redes físicas bidireccionais) se organizem segundo um modelo eminentemente oligopolista.

Este modelo de organização oligopolista é de percepção quase intuitiva. Por exemplo, no sector das telecomunicações móveis, e perante os elevados investimentos iniciais necessários à construção dos diversos segmentos da rede, nunca se poderá aspirar a um modelo de concorrência perfeita. E, note-se, estamos numa área que, apesar de se constituir como uma rede física, tem uma natureza eminentemente imaterial.

No limite, os operadores detentores de segmentos e, consequentemente, operadores grossistas de serviços prestados sobre essa infra-estrutura, susceptíveis de desenvolver uma actividade – eficiente – num determinado mercado, nunca poderão ultrapassar um número relativamente restrito (três ou quatro).

Esta situação é tanto mais real quando o índice de cobertura se aproxima dos 100% (e, por vezes, o ultrapassa, como no mercado português das telecomunicações móveis). Nestas condições, e na presença de uma eventual concentração entre dois operadores oligopolistas não fará qualquer sentido a aprovação de uma medida reguladora que se traduza na emissão de uma nova licença de prestação de serviços no mercado, de forma a manter o número de agentes presentes no mercado.

Nunca aparecerá qualquer (verdadeiro) novo concorrente em situações estabilizadas de mercado num sector em rede. Tal só acontecerá na eminência de uma alteração tecnológica radical geradora de uma vaga destrutiva, que corrompa terminantemente o sentido de satisfação definitiva das necessidades e que mantém estáveis as opções efectuadas pela maioria dos consumidores.

Por outras palavras, a alteração tecnológica deverá intranquilizar a percepção que o lado da procura detém relativamente ao próprio padrão estrutural de satisfação das suas necessidades, criando novas, ou alterando definitivamente a sua possível configuração. Por exemplo, o aparecimento de computadores pessoais com processamento de texto tornou as máquinas de escrever totalmente obsoletas. O mesmo se diga relativamente ao transporte aéreo transcontinental que suplantou totalmente o transporte marítimo de passageiros. E o mesmo se dirá quando as estruturas de *middleware* suplantarem definitivamente os sistemas operativos residentes.

Os exemplos são inúmeros, pelo que se poderá concluir que a estrutura oligopolista tende mesmo a assumir-se como regra de organização nos sectores em rede nos segmentos onde a predisposição monopolista não se faça sentir em todo o seu esplendor.

Perante o modelo de convergência de redes, e com a intensificação da concorrência intersistemática, os serviços que anteriormente eram desenvolvidos no âmbito de uma infra-estrutura organizada em monopólio natural, cujo exemplo prototípico é o das comunicações fixas suportadas na rede de cobre, podem ser prestados por outros suportes infra-estruturais (*e.g.* espectro radioeléctrico, rede wi-fi, fibra óptica, satélite, rede eléctrica, Internet), detidos por outros operadores, mas em número tradicionalmente restrito, no âmbito de organizações tipicamente oligopolistas.

A mesma realidade é aplicável aos agentes prestadores de serviços grossistas que actuam nesses mesmos segmentos. Considerando as condições económicas que suportam e fundamentam a sua actuação no mercado – economias do lado da oferta e da procura – não existirá espaço para uma actuação concorrencial fragmentada, o que nos remete irremediavelmente para o mesmo modelo oligopolista de mercado.

De facto, e retirando os elementos de monopólio natural, os únicos segmentos de mercado que parecem escapar a esta forma típica de organização são os referentes à prestação de serviços retalhistas em ambientes regulatórios bem enquadrados (ou seja, com a atenuação dos elementos que propendam para o monopólio natural e consequente integração vertical a jusante ou a nascente) que possibilitam uma intensidade concorrencial tendencialmente mais elevada. Essa franja retalhista de mercado é, no entanto, totalmente conformada pela própria capacidade da rede (determinada pelo seu proprietário e pela sua política de investimentos) e pela política de acesso e de preços do operador grossista e, aqui, tornam-se urgentes medidas reguladoras correctoras que orientem os comportamentos dos agentes e determinem a justa compensação pela utilização da estrutura subjacente.

Perante cenários generalizados de organização oligopolista de mercado, a doutrina concorrencial, nos termos dos ditames da *Nova Economia Industrial*, é unânime no prenúncio de formação de eventuais tendências de coligação entre os agentes presentes neste tipo de mercados concentrados.

Estas formas de colaboração, relativamente mundanas nos dias de hoje[716], podem, no entanto, revestir intensidades diversas.

De uma forma gradativa, poderão formar-se coligações tácitas ou acordos expressos, poderão desenvolver-se empresas comuns, de coordenação ou integração, ou então, e em termos radicais, poderão realizar-se operações formais de concentração na forma de verdadeiras e próprias fusões.

---

[716] G. Hamel, Y. Doz e C. Prahalad, *"Colaborate with your competitors – and Win"* in *Harvard Business Review on Strategic Alliances*, HBS Press, 2002, págs. 1 a 23.

Refira-se, porém, que face à dinâmica actual dos mercados e, eventualmente, perante a aplicação imponderada das normas de controlo de fusões, os modelos de colaboração institucionalizada temporária (as empresas comuns de colaboração) tendem a assumir uma particular relevância.

Deparamo-nos, neste ponto, com um dilema que acompanhará toda a exposição subsequente. Constitui, actualmente, um facto claro e notório que a estrutura oligopolística típica coloca diversos problemas do foro concorrencial. Revestindo uma forma de organização concorrencial mais complexa do que a decorrente do monopólio, poderá, porém, colocar problemas semelhantes em sede de bem-estar social. Esta será a dimensão patológica da organização oligopolista. Porém, e numa outra perspectiva, eminentemente benévola, a organização oligopolista poderá ser a forma mais eficiente de organização do mercado concreto, sendo que qualquer esforço na sua desagregação poderá originar custos excessivos e desproporcionados em sede de bem-estar social.

Face à natureza intermédia que reveste, a dificuldade na averiguação dos reais efeitos do oligopólio ao nível da eficiência no mercado aumenta exponencialmente pois, ao contrário do modelo monopolista de organização de mercado, em que se parte de um princípio de prejuízo para a concorrência, e do modelo de concorrência perfeita, em que se parte do princípio de benefício para a concorrência, a solução da situação oligopolista assenta numa permanente tensão, corporizada numa luta constante entre essas forças conflituantes, de benefício e prejuízo.

O resultado concorrencial decorrente desse conflito é incerto, dependendo de um desequilíbrio, por vezes fugaz e difuso.

Do sucesso na previsão do resultado desse conflito depende a legitimidade dos instrumentos de análise concorrencial dos mercados.

E, conforme será demonstrado, a configuração estrutural do sector é unicamente uma das variáveis em presença. Em termos definitivos, o que é relevante será o comportamento dos agentes no mercado. A estrutura do mercado deverá ser considerada como um factor de condicionamento comportamental; no entanto, o comportamento não é definitivamente condicionado pela estrutura.

Existirá sempre uma margem para a livre actuação concorrencial ao dispor dos agentes no mercado que as autoridades reguladoras e de tutela concorrencial deverão promover e desenvolver, não numa óptica estrita de curto prazo, que tem subjacente uma concepção estática de concorrência, mas num horizonte de médio e longo prazo, próprio de modelos dinâmicos de concorrência.

Tendo em consideração o objectivo final dos reguladores e das entidades de tutela concorrencial, nunca se poderão confundir comportamentos típicos assentes na racionalidade oligopolista típica com acções patológicas anticoncorrenciais.

Existe uma liberdade de actuação concorrencial no mercado oligopolista mas esta, atendendo às circunstâncias concretas, não será total nem abrangente. Deverá resistir-se à tentação de utilização dos padrões de referência de análise extremos. Por outras palavras, se a actuação dos agentes oligopolistas não se aproximar dos padrões de comportamento típicos da concorrência perfeita tal não implica que apontem imediatamente para a actuação monopolista. E, a este propósito poderá referir-se que o equilíbrio macro-económico concorrencial, gerador de bem-estar social, dependerá em larga medida da ocorrência de desequilíbrios fundamentais ao nível microeconómico que propiciem uma instabilidade impeditiva de formação de coligações nos mercados oligopolistas.

Neste campo, os desafios que se colocam ao intérprete situam-se num nível de complexidade sem antecedentes.

2. Breve Introdução Teórica. Racionalidade Individual e Colectiva

Conforme não nos cansamos de salientar, o modelo de organização concorrencial dos sectores em rede afasta-se significativamente do paradigma da concorrência perfeita, revestindo características próprias que não poderão ser esquecidas na análise concorrencial de um mercado relevante. Mais ineficiente que o funcionamento natural de um sector tipicamente oligopolista – que padecerá, em conformidade, de uma típica falha de mercado – será a conjugação dessa situação com uma falha administrativa ou de governação.

Tal ocorrerá, inevitavelmente, quando se tentam introduzir, de forma desregrada e imponderada, padrões concorrenciais assentes no modelo da concorrência perfeita em mercados estruturalmente imperfeitos. No limite, e uma vez que a existência de agentes com poder de mercado é inerente à própria estrutura de mercado, constituirá uma solução ineficiente a sua fragmentação. Qualquer solução com esta tipologia eminentemente intervencionista revestirá um carácter eminentemente *contra natura*.

No entanto, os sectores em rede não se encontram igualmente organizados numa estrita lógica monopolista, apesar de alguns segmentos revestirem características de monopólio natural. Muitas serão as situações em que os agentes no mercado situados no mesmo segmento da rede se encontram dotados de um poder de mercado significativo que lhes permitirá, numa actuação positiva colectiva ou, mesmo numa simples apreciação racional individual consciente da realidade colectiva, determinar unilateralmente as condições de oferta – oligopólio – ou de procura – oligopsónio – condicionando o comportamento concorrencial em toda a rede ou, pelo menos, numa parte significativa desta. No entanto, o seu poder de mercado nunca revestirá a intensidade de um poder monopolista.

A caracterização da intensidade concorrencial nestas situações deverá ser efectuada de forma gradativa, já que a solução mais eficiente para o caso concreto situar-se-á inapelavelmente entre os pólos diametralmente opostos descritos; por um lado, a concorrência entre produtores atomísticos e, por outro lado, o fornecimento exclusivo por um único agente monopolista[717].

O verdadeiro desafio consiste na averiguação da real situação concorrencial do mercado relevante e na aplicação doseada das medidas reguladoras e concorrenciais disponíveis, sabendo-se, porém, que em circunstâncias normais ocorrerá uma tendência natural de sobredosagem, como que se aplicando uma máxima *in dubio contra dominium*, que se faz sentir especialmente no momento da averiguação de um caso concreto, quer em sede de apreciação *ex ante* no controlo de concentrações, quer em apreciações *ex post*.

---

[717] Cfr. Fernando Araújo, *op. cit.*, pág. 369.

No limite, a concretização desregrada por parte da Comissão Europeia e das instâncias competentes nacionais, de práticas de sobredosagem, principalmente ao nível do instituto do domínio colectivo, legitima as acusações de deturpação dos objectivos de tutela concorrencial, nos termos das quais a política da concorrência se tornaria não num instrumento do aumento dos padrões de bem-estar social no mercado mas sim num instrumento único de protecção de concorrentes.

O modelo de organização oligopolista é típico nos sectores em rede físicos. Atendendo às suas características próprias, revela-se quer nas funções de produção de segmentos constitutivos de redes (na óptica de concorrência intra-sistemática e mesmo na disputa concorrencial intersistemática), quer na função de produção grossista de serviços suportados na infra-estrutura física relevante. Atendendo às intensíssimas economias aqui presentes, quer do lado da oferta, quer do lado da procura, *maxime*, às exterioridades de rede, não existe qualquer espaço concorrencial disponível para operadores de reduzida dimensão pelo que não fará sentido a criação artificial de condições para que estes possam emergir.

Qualquer acção de alteração da estrutura do produto fornecido no sentido da alcançar algum grau de diferenciação que permitiria a introdução de um novo agente de reduzidas dimensões no mercado não conseguirá atenuar a intensidade das economias descritas. Os custos impostos ao mercado no sentido da fragmentação estrutural do poder de mercado dos agentes dominantes terão unicamente como resultado uma redução dos padrões de bem-estar social. Mais úteis e proveitosos seriam os esforços no sentido da conformação do comportamento desses sujeitos naturalmente dominantes, impedindo-se, nomeadamente, a projecção do seu poder económico para as franjas concorrenciais.

Também nas redes virtuais poderá existir alguma propensão para formas de organização oligopolista. Em determinadas condições, os consumidores poderão optar por produtos fornecidos por agentes produtores dominantes no mercado relevante de forma a evitar o risco de adquirir um sistema susceptível de ser descontinuado num futuro próximo.

Esta realidade é facilmente demonstrável. Por exemplo, sempre que uma rede virtual assentar numa estrutura bidireccional de telecomunicações, esta forma de organização concorrencial será quase inevitável atendendo às exterioridades de rede presentes no mercado (*e.g.* sistemas operativos ou multimédia *"middleware"*, motores de busca ou, até mesmo, ficheiros de texto transmitidos por via electrónica). Tal só não acontecerá se já existir um sistema organizado de acordo com um modelo monopolista. O mesmo acontecerá quando se fizerem sentir economias de escala e de gama significativas.

Perante estas condições de mercado, o estudo jusconcorrencial do modelo de organização oligopolista adquire uma relevância fundamental. Não admira, portanto, que a quase totalidade do debate doutrinário moderno assente precisamente nas consequências concorrenciais deste tipo de organização de mercado[718/719].

O direito económico deverá preocupar-se com a definição de oligopólio não pelo seu carácter estrutural mas sim pelos efeitos comportamentais nefastos em sede de bem-estar que possam advir dessa forma de organização. Caso contrário, estaríamos na presença de um direito de intervenção e não de um direito de regulação ou ordenação.

A questão central é a seguinte: se as quotas de mercado se encontrarem muito concentradas, os agentes que detêm as percentagens mais elevadas poderão, colectivamente, alterar as condições concorrenciais do mercado, quer no âmbito das funções produtivas (preço e quantidade), quer no âmbito dos aspectos relacionais com os seus rivais menos poderosos.

---

[718] Robert Bork chega mesmo a propor uma alteração radical da legislação concorrencial norte-americana a este propósito, procedimento que seria preferível às sucessivas novas interpretações judiciais do *Sherman Act*. Cfr. Robert Bork, *op. cit.*, pág. 163.

[719] Nestes termos, e só para relembrar alguns conceitos básicos, o oligopólio define-se como o tipo de mercado onde se encontra uma polissituação do lado da procura e uma oligossituação do lado da oferta, caracterizando-se pela existência do lado da oferta (*"polein"*) de um número relativamente reduzido de empresas (*"oligos"*) e, do lado da procura, de um número extremamente alargado de consumidores. O oligopsónio traduz-se na situação diametralmente oposta, ou seja, na existência de uma oligossituação no lado da procura e numa polissituação do lado da oferta. No entanto, e por razões de praticabilidade e de relevância, dar-se-á uma atenção especial ao primeiro caso. Cfr. Carlos Baptista Lobo, *op. cit.*, págs. 162 e segs., e bibliografia citada. Cfr., igualmente e por todos, Fernando Araújo, *op. cit.*, págs. 369 a 390 e vasta bibliografia aí citada.

Se esse nível de concentração no mercado relevante resultar das condições próprias de funcionamento do mercado ou se decorrerem do verdadeiro mérito dos concorrentes, não existirá razão para a alteração das condições estruturais subjacentes.

Tal só acontecerá se ocorrer um «*abuso*» conceptualmente entendido e que se traduz no desenvolvimento de um conduta relativamente «*anormal*» de mercado e que vise a rentabilização extraordinária dessa posição dominante.

Nos sectores em rede, esse «*abuso*» poderá ser facilmente configurado quer por via da exploração do seu poder exorbitante, quer por via de restrições desproporcionadas à liberdade económica de outros agentes com o fito de projecção do poder económico para mercados adjacentes que, no limite, poderão não sofrer das mesmas limitações estruturais de que padece o mercado de origem do agente dominante.

A relevância jusconcorrencial da situação de oligopólio depende do resultado operativo decorrente da resolução do dilema fundamental que se coloca aos agentes oligopolistas. Na base conceptual deste tipo de organização de mercado encontram-se dois factores primordiais e que fundamentam os termos de actuação dos agentes no mercado.

Em primeiro lugar, existirá a pretensão – natural – de optimização maximalista do lucro por parte do oligopolista. Este intento, numa primeira análise, poderá levá-lo a actuar de forma individual, aproveitando a sua posição predominante no mercado para aumentar os seus resultados em desfavor de todos os restantes agentes presentes no mercado (concorrentes e clientes).

No entanto, em segundo lugar, existirá uma propensão quase irresistível para a segurança da sua posição concorrencial. A aversão natural ao risco poderá originar uma tendência para a actuação colectiva, desenvolvida em parceria com os restantes concorrentes que detenham as restantes quotas predominantes no mercado.

Neste tipo de mercado existirá uma permanente tensão fundamental entre a optimização do lucro baseada na racionalidade individual – assente na criação de desequilíbrios a favor do sujeito com posição dominante que propicie a angariação de avultados lucros de curto prazo – ou na racionalidade colectiva – baseada na instituição de equilíbrios entre sujeitos com posições dominantes que propicie a angariação de lucros razoáveis no médio e longo prazo.

Serão, precisamente, os resultados finais dessa tensão que preocupam os teóricos da Economia e do Direito. A discussão é vasta e a disputa entre os defensores das diversas tendências desenvolve-se de forma intensa e aguerrida nas duas áreas do conhecimento. A troca de argumentos desenvolve-se, muitas vezes, de forma cruzada.

E, nesta matéria, para não variar, as posições tendem a extremar-se. Não deverá constituir motivo de espanto o facto de, na prática jurisprudencial, os agentes oligopolistas serem tratados, por vezes, de forma muito mais dura do que um agente monopolista relativamente a práticas anticoncorrenciais relativamente idênticas, dado que a sua conduta assenta num pressuposto preliminar gravemente ponderado: a existência de uma conspiração organizada. Ora, foi precisamente esta realidade super-reactiva inevitavelmente desfavorável ao oligopolista que despoletou a crítica acutilante dos modelos de decisão tradicionais por parte da Escola de Chicago e, consequentemente, possibilitou a atribuição de diversos prémios Nobel aos seus mentores.

Nestas condições, a forma mais eficaz de se proceder a uma alteração das orientações jurídicas consistiu na alteração do tabuleiro de jogo.

O modelo de decisão jurídica foi relativamente desacreditado por via da demonstração económica pura. Não será de estranhar a adopção subsequente de argumentos de pura teoria económica, assente em modelos econométricos gerais e abstractos na fundamentação de processos judiciais extremamente complexos e diversificados. Por desconhecimento e por falta de preparação, as próprias instâncias jurisprudenciais não efectuaram as devidas ponderações e passaram a decidir casos concretos com base em modelos vagos e necessariamente simplistas. E, na dúvida – inevitável – a decisão era favorável ao réu. É, igualmente, a adopção desta posição extrema que fundamenta as críticas supervenientes aos modelos propostos pelos teóricos de Chicago[720].

A discussão ultrapassa em muito a simples análise estrutural das condições de mercado, centrando-se numa das mais complexas realidades: a averiguação das reacções comportamentais dos agentes perante realidades económicas necessariamente complexas.

---

[720] Cfr. A. Cucinotta, R. Pardolesi e R. Van. Den. Bergh, (ed.s), *Post-Chicago Developments in Antitrust Law*, New Horizons in Law and Economics, Edward Elgar, 2002.

Um juízo de ponderação torna-se fundamental. Efectivamente, o direito da concorrência não poderá ser aplicado sem um prévio escrutínio da realidade económica subjacente. Os efeitos decorrentes de uma aplicação desregrada das normas jurídicas poderão ser desastrosos do ponto de vista do Bem-Estar Social, da eficiência e da equidade.

No entanto, a decisão jurisdicional traduz-se na aplicação do direito ao caso concreto, e essa função, essencialmente hermenêutica, não se compadece com a aplicação forçada de modelos económicos gerais a situações específicas. A aplicação da norma legal deverá sempre traduzir-se num raciocínio de base eminentemente jurídica, sendo a demonstração económica um simples elemento de prova.

Em conformidade, e em jeito de salvaguarda inicial, a aplicação do direito não poderá assentar unicamente na adopção concreta e acrítica dos modelos económicos gerais, por vezes desadaptados da realidade concreta *sub judice*. A inserção de mecanismos de análise económica na aplicação do direito deverá ser necessariamente ponderada, não devendo consistir numa "economização" da decisão jurídica.

O ponto de equilíbrio passará, portanto, pela compreensão por parte do aplicador do direito, dos modelos económicos de base, que deverão servir unicamente como pontos de partida na análise do caso concreto, tendo em vista a obtenção da melhor decisão possível em sede de bem-estar social. Nada de inovador. O direito económico assenta precisamente neste pressuposto de base que constitui o seu fundamento e objectivo final.

É portanto nesta óptica que se analisarão os mais recentes desenvolvimentos da teoria económica dos oligopólios que, não se confundindo com esta, constituirá um instrumento fundamental na compreensão da figura da posição dominante colectiva, cujo conteúdo é eminentemente jurídico.

Esta percepção, aplicada aos sectores em rede, torna-se fundamental para o correcto entendimento das soluções de direito económico, reguladoras do ambiente jurídico aplicável – plano da criação do Direito – e dos quadros conceptuais para o correcto julgamento dos casos concretos – plano da aplicação do Direito.

Neste caso, mais do que em todos os outros, a Economia depende do Direito para a organização eficiente do mercado e o Direito depende da Economia para a correcta percepção das condições do mercado e da solução mais eficiente e equitativa.

3. Evolução da Teoria Económica do Oligopólio

Constituindo-se o oligopólio[721] como uma forma de organização intermédia (não se estranhando a sua configuração enquanto forma de "concorrência imperfeita") entre o modelo da concorrência perfeita e o monopólio, sempre a doutrina esgrimiu argumentos no sentido de equiparar o modo de funcionamento desse tipo de mercado a um desses modelos típicos.

Essa tendência de recondução da discussão teórica a terrenos já anteriormente conhecidos poderá explicar o originário extremismo das posições científicas em presença[722]. Não sendo possível passar em revista todas as posições enunciadas, opta-se por efectuar uma síntese fundamental das mesmas[723], antecipando-se, no entanto, que qualquer solução enunciada num pressuposto de recondução a uma qualquer das duas situações extremas assenta num simplismo necessariamente ab-rogante da fértil complexidade do oligopólio.

Ora, a tendência dominante inicial, retratada paradigmaticamente por Adam Smith, traduziu-se na recondução dos termos de funcionamento do modelo oligopolista de mercado aos padrões do monopólio[724]. Esta recondução partia de uma constatação inicial de

---

[721] A bibliografia disponível é extremamente vasta. Todos os manuais de microeconomia e de economia industrial desenvolvem de forma muito significativa a matéria dos oligopólios. Cfr., por exemplo, síntese efectuada por Fernando Araújo, (*in op. cit.*, págs. 370 e segs.).

[722] Esta é uma tendência relativamente usual no direito da regulação e da concorrência e que assenta na sedução fundamentalista pelos modelos de base económica para a explicação da realidade subjacente, através da qual o acto de aplicação do direito se transforma numa função silogística. Porém, e na grande maioria das ocasiões, o raciocínio é viciado logo à partida dado que se adopta preliminarmente um dos modelos extremos como referência de análise.

[723] Como refere Robert Bork, "*there appear to be about as many oligopoly theories as there are economists who have written on the subject*" (*in op. cit.*, pág. 102). No entanto, uma boa síntese pode ser consultada em F. Scherer e D. Ross, *Industrial Market Structure and Economic Performance*, 3.ª ed., 1990, págs. 199 a 234.

[724] Adam Smith enuncia claramente o entendimento vigente à época: "*(...) people of the same trade seldom meet together, even for merriment and diversion, but the conversation ends in a conspiracy against the public, or in some contrivance to raise prices. It is impossible indeed to prevent such meetings, by any law which either could be executed, or would be consistent with liberty and justice. But though the law cannot hinder*

base estritamente estrutural. Considerando as vantagens económicas resultantes da detenção de uma posição monopolista no mercado, constituiria uma tentação irresistível para os agentes oligopolistas a tentativa de reprodução dessa situação, de forma a cobrarem, de forma semelhante, a renda monopolista disponível, com os inevitáveis efeitos nefastos em sede de bem-estar para os consumidores (*i.e.* redução do volume de produção e aumento de preços).

Perante estas condições estruturais de mercado, e nos termos desta orientação teórica, os oligopolistas que actuassem no mesmo segmento do mercado em rede iriam inevitavelmente organizar-se, de forma a reproduzirem colectivamente o comportamento individual de um eventual monopolista que actuasse nesse mesmo segmento, na senda de um modelo de «*monopólio partilhado*», formalizado de forma expressa e inequívoca e que exteriorizaria um comportamento eminentemente coordenado.

Em total dissonância com esta concepção de emulação monopolista, Augustin Cournot e Joseph Bertrand, dois teóricos franceses do século XIX, alteraram a perspectiva teórica de partida, descrevendo a possibilidade de exercício do poder de mercado através de um grupo não-coordenado de oligopolistas. Assim, contrariamente à visão anterior, os oligopolistas não se comportariam inevitavelmente de forma coordenada. Nos termos da denominada «*concorrência de Cournot*»[725], o oligopolista iria desenvolver uma estratégia de maximização dos seus resultados por via do aumento do volume de

---

people of the same trade from sometimes assembling together, it ought to do nothing to facilitate such assemblies; much less to render them necessary" in Adam Smith, *An Inquiry into the Nature and Causes of the Wealth of Nations*, Glasgow Edition, R. Campbell, A. Skinner & W. Todd, eds., 2 vols. Oxford, Claredon, 1976 (edição em língua portuguesa, *Inquérito sobre a Natureza e as Causas da Riqueza das Nações*, 2 vols., Lisboa, Calouste Gulbenkian, 1981-1983). Cfr., por todos, Fernando Araújo, *Adam Smith, O Conceito Mecanicista de Liberdade*, Coimbra, Almedina, 2001. É, no entanto, atribuída a Sir Thomas Moore, a primeira utilização económica do conceito de oligopólio, quando, em 1516, na sua obra *Utopia,* fez notar que os preços não desciam para níveis concorrenciais simplesmente pelo facto de existir mais do que um agente produtor. Cfr. este propósito, J. Schumpeter, *History of Economic Analysis*, Oxford University Press, New York, 1954.

[725] Cfr. A. Cournot, *Recherches sur les Principes Mathématiques de la Théorie des Richesses*, Paris, 1938

produção, tomando o volume de produção dos seus parceiros como adquirido[726].

Nestas condições, e como refere Fernando Araújo, "*será do interesse de cada concorrente adoptar um volume de produção que não contribua para a sobreprodução e para a descida de preços*"[727].

O resultado previsível desta conduta será o estabelecimento de um preço que variará (de forma não-linear) entre o que resultaria de um mercado em concorrência perfeita ou de uma situação de monopólio, tendendo o equilíbrio a aproximar-se do nível concorrencial à medida que o número de agentes do lado da oferta se aproxima do infinito[728/729], construindo-se, pela primeira vez, um modelo gradativo de oligopólio.

---

[726] O que originou críticas imediatas por parte dos teóricos clássicos. De facto, a perspectiva de Cournot implicava necessariamente que os concorrentes se comportassem de forma estúpida, dado que o agente assumia que os concorrentes iriam actuar de uma forma distinta da sua, não havendo qualquer espaço para a aprendizagem. No entanto, é possível reverter esta crítica relativamente às assunções efectuadas pelos herdeiros directos dos teóricos clássicos – precisamente, os adeptos da teoria dos jogos – já que estes, como se demonstrará de seguida, pressupõem que os concorrentes tenham informação completa e uma total percepção das variáveis comportamentais relativamente à situação dos seus concorrentes, o que é totalmente irrealista no mundo real. Este é mais um dos casos que demonstra a irresistível tendência para a adopção de modelos extremos de análise, *in casu*, pressuposto de informação inexistente *versus* pressuposto de informação plena.

[727] Cfr. Fernando Araújo, *op. cit.*, pág. 378. Cfr., por todos, Stephen Martin, *Advanced Industrial Economics*, 2.ª ed., Blackwell, 2002, págs. 11 e segs.

[728] Cfr. Dennis Carlton e Jeffrey Perloff, *Modern Industrial Organization*, cit. O modelo de Cournot, assente na concorrência pelas quantidades foi desenvolvido por Stackelberg, que introduziu a possibilidade de existência de uma empresa dominante, detendo uma maior quota de mercado. Por outro lado, alterou os termos de regulação dos mecanismos de acção/reacção: enquanto que Cournot considerava que as empresas tomavam as acções das restantes como adquiridas, Stackelberg centrou as suas atenções nas reacções, ou seja, num *equilíbrio de segundo momento*. Em conformidade, este autor estuda no seu modelo as vantagens de se ser líder de mercado, ou, ao invés, de se ser um mero seguidor. Assim, se uma empresa decide ser seguidora relativamente a uma líder, o resultado é hoje denominado de *equilíbrio de Stackelberg*; se ambas decidirem ser seguidoras, o resultado será um *equilíbrio de Cournot*; finalmente, se ambas decidirem desenvolver estratégias de liderança, obtém-se um resultado denominado de «*estado de guerra de Stackelberg*». (H. von Stackelberg, *Marktform und Gleichgewicht*, Springer, Vienna, 1934). Cfr., Fernando Araújo, *op. cit.*, pág. 378. Os últimos desenvolvimentos teóricos assentes no modelo de Cournot poderão ser encontrados em M. McManus, "*Numbers and Sizes in Cournot Oligopoly*" Yorkshire Bulletin of Economic and Social Research, 14, 1, 1962,

Por sua vez, Bertrand defendeu uma perspectiva diferente, deslocando o enfoque da actividade concorrencial do volume de produção para a estratégia de preços.

Nos termos do seu modelo, denominado de «*concorrência de Bertrand*»[730], os produtores concorrem pelos preços e não pela quantidade de bens produzidos, assentando toda a sua estratégia na determinação do preço mais lucrativo. Assim, e utilizando de novo a perspectiva exemplar de Fernando Araújo, "*o oligopolista parte do princípio de que, faça ele o que fizer, os seus concorrentes não alterarão os preços, o que lhe abre a perspectiva de aumentar o seu volume de vendas através de uma quebra de preços que os outros não acompanharão*".

---

págs. 14 a 22; Idem, "*Static Cournot Equilibrium: rejoinder*", *International Economic Review*, 5,3, 1964, págs. 339 e 340; C. Frank e R. Quandt, "*On the Existence of Cournot Equilibrium*", *International Economic Review*, 4, 1, 1963, págs. 92 a 96; F. Szidarovsky e S. Yakowitz, "*A New Proof of the Existence and Uniqueness of the Cournot Equilibrium*", *International Economic Review*, 18,3, 1977, págs. 787 a 789; D. Gabay e H. Moulin, "*On the uniqueness and stability of Nash-equilibria in noncooperative games*", in A. Benoussan, P. Kleidorfer e C. Tapiero (eds.), *Applied Stochastic Control in Econometrics and Management Service*, North Holland, 1980, págs. 271 a 293; W. Novshek, "*On the existence of Cournot Equilibrium*", *Review of Economic Studies*, 52, 1985, págs. 313 a 326; desenvolvendo F. Hahn, "*Comments on the stability of the Cournot oligopoly situation*", *Review of Economic Studies*, 29, 4, 1962, págs. 329 a 331; J. Bulow, J. Geanakoplos e P. Klemperer, "*Multimarket Oligopoly: strategic substitutes and complements*", *Journal of Political Economy*, 93, 3, 1985, págs. 488 a 451; C. Kolstad e L. Mathiesen, "*Necessary and sufficient conditions for uniqueness of a Cournot Equilibrium*", *Review of Economic Studies*, 54, 4, 1987, págs. 681 a 690;, S. Svizzero, "*Cournot Equilibrium with Convex Demand*", *Economic Letters*, 54, 1997, págs. 155 a 158; T. Puu, "*The chaotic duopolists revisited*", *Journal of Economic Behaviour and Organization*, 33, 1998, págs. 385 a 394. No entanto, a síntese mais bem conseguida é a realizada por Carl Shapiro, in "*Theories of Oligopoly Behaviour*", *in Handbook of Industrial Organization*, vol. 1, Richard Schmalensee e Robert Willig (ed.s), North-Holland, 1989, 2005 (reemp.), págs. 329 e segs.

[729] Fernando Araújo, de forma extremamente perspicaz, distingue os termos concorrenciais dos processos de emulação de "líder de mercado". O líder de um mercado oligopolista aparece como se de uma empresa barométrica se tratasse. Dada a sua posição privilegiada no mercado fixa os seus preços, que são religiosamente seguidos pelos restantes concorrentes. Nestas condições, haverá que distinguir se esse procedimento resulta de uma concertação tácita entre os oligopolistas – actuação cooperativa – ou, ao invés, se resulta de uma situação de monopólio impuro, ou de um oligopólio natural.

[730] Cfr. J. Bertrand, "*Book review of Théorie Mathématique de la Richesse Social and of Recherches sur les Principes Mathématiques de la Théorie des Richesses*" in *Journal de Savants*, 67, págs. 499 a 508.

Assumindo que os concorrentes produzem produtos homogéneos ou plenamente substituíveis entre si e que têm a capacidade de satisfazer a procura integral exigida pelo mercado, o preço de equilíbrio aproximar-se-á do decorrente de um modelo de concorrência perfeita (custos marginais), mesmo na presença de um duopólio, no caso de ambos os produtores serem igualmente eficientes.

Ao invés, se um concorrente for mais eficiente do que o outro, no caso do duopólio, ou do que os restantes, no caso de oligopólio, o modelo prevê que essa empresa irá fornecer a totalidade do mercado a um preço que não excederá o custo de produção da empresa mais ineficiente, no primeiro caso, ou da segunda mais eficiente, no segundo caso.

Nestas condições não existe relação entre o nível de preços praticados no mercado e o número de empresas aí presentes, desde que existam pelo menos duas[731/732].

---

[731] Este resultado é por vezes denominado de «*paradoxo de Bertrand*» e serviu de base, conforme se demonstrará *supra*, às *Horizontal Merger Guidelines* norte-americanas de 1992. Este modelo foi igualmente desenvolvido, sendo a variante mais conhecida da autoria de Edgeworth. Este autor argumenta que o resultado do oligopólio é sempre indeterminado, e que qualquer equilíbrio alcançado não deverá nunca ser considerado como estável. Assim, quando um agente optar por desenvolver uma política de preços mais elevados, o seu concorrente terá uma incentivo para os reduzir; ao invés, se os preços forem fixados ao nível dos custos marginais, existirá um incentivo em sentido contrário, ou seja, o de aumento de preços. Nestas condições, Edgeworth sugere que os mercados nunca atingiriam um ponto de equilíbrio; pelo contrário, os preços variariam ciclicamente entre valores mais elevados e mais reduzidos. Este modelo de variação do padrão de preços é actualmente conhecido como o "*ciclo de Edgeworth*" (cfr. F. Edgeworth, "*The Pure Theory of Monopoly*", in *Papers Relating to Political Economy*, I, Macmillan, London, 1925, págs. 118 a 120). Um outro modelo clássico de oligopólio é o da "*procura quebrada*" ("*kinked demand*") desenvolvido por R. Hall e C. Hitch (*in* "*Price Theory and Business Behavior*", *Oxford Economic Papers*, 2, 1939, págs. 12 a 45) e Paul Sweezy (*in* "*Demand under conditions of Oligopoly*", *Journal of Political Economy*, 47, 1939, págs. 568 a 573). Quanto a este último modelo, o seu objectivo é o de fornecer um modelo estático de comportamentos dinâmicos, o que, logo à partida, é criticável. Cfr. J. Tirole, The *Theory of Industrial Organization*, MIT Press, 1988, págs. 243 e segs.; Fernando Araújo, *op. cit.*, pág. 379. No entanto, uma análise mesmo que simplesmente panorâmica não ficaria completa sem uma referência a Harold Hotelling que, em 1929, demonstrou a especial importância da estrutura e configuração da procura relativamente às características do produto, criticando, desta forma, o modelo proposto por Bertrand (cfr. H. Hotelling "*Stability in Competition*", *Economic Journal*, 39, 1929, págs. 41 a 57 reimpresso por J. Stigler e K. Boulding (eds.), *Readings in Price Theory*, Chicago, Richard Irwin, 1952).

Para os efeitos tidos por convenientes para este estudo, ambos os modelos demonstram que poderão existir estratégias colectivas não-cooperativas em mercados oligopolistas.

Quer Cournot, na óptica das quantidades, quer Bertrand, na óptica dos preços, demonstram que, em circunstâncias normais, o preço praticado em mercados oligopolistas afastar-se-á sensivelmente dos preços praticados em monopólio mesmo que não corresponda ao preço de um mercado em concorrência perfeita.

Claro que, nestas condições, manter-se-ão os incentivos para uma acção coordenada, de forma que as condições da oferta se aproximem do monopólio.

---

[732] L. Cabral efectua uma comparação entre os dois modelos, demonstrando a existência de um outro paradoxo. Assim, refere: *"(...) the comparison of the Cournot and Bertrand models gives rise to a sort of "paradox". Although the Bertrand Model is more realistic in assuming prices as the strategic variable, it gives rise to a result that seems a bit extreme: even if there are only two competitors, equilibrium price is the same as under perfect competition. The Cournot model, in turn, predicts that duopoly prices are between the monopoly and perfect competition prices, which seems more realistic; but it assumes that firms are output setters, not price setters"* (Luís Cabral (ed.), *Readings in Industrial Organization*, Blackwell, 2000, pág. 3. Uma tentativa de ultrapassar este paradoxo foi efectuada por David Kreps e José Scheinkman, (*in "Quantity Precommitment and Bertrand Competition Yield Cournot Outcomes"*, *Bell Journal of Economics*, 14, 1983, págs. 326 e 337). Por sua vez, L. Cabral, aponta três sugestões para a resolução do dilema de escolha entre os dois modelos. A primeira assenta no abandono da hipótese de existência de um produto homogéneo, supondo que se verifica diferenciação no produto, e, nestas condições, a concorrência nos preços na presença de produtos diferenciados não implica que o preço se iguale ao custo marginal, resolvendo-se, desta forma, o paradoxo de Bertrand. A segunda consiste em adoptar-se uma análise explicitamente dinâmica da concorrência oligopolística, constatando-se que a concorrência pelos preços é consistente com poder de mercado em oligopólio. Finalmente, a terceira via traduz-se no abandono da hipótese de existência de custos marginais constantes, concebendo-se restrições de capacidade de produção, caso em que os custos marginais tenderão para o infinito quando a quantidade exceder a capacidade de produção. Conclui, no final, que *"mercados em que os preços se ajustam mais rapidamente que as quantidades aproximam-se mais do modelo de Cournot; pelo contrário, mercados em que as quantidades se ajustam mais rapidamente que os preços aproximam-se mais do modelo de Bertrand. Dito de outra forma, a variável estratégica relevante é aquela que se ajuste mais lentamente"* (Cfr. L. Cabral, *Economia Industrial*, cit., 1994, págs. 49 a 52). Assim, atendendo às condicionantes dos dois modelos, o modelo de Bertrand será mais ajustado à análise onde seja possível identificar a capacidade de produção. Ao invés, o modelo de Cournot será mais indicado se essa variável for de difícil determinação. Cfr., igualmente, L. Cabral, *Introduction to Industrial Organization*, MIT, 2000, págs. 99 a 126.

Foi demonstrada inequivocamente a possibilidade de ocorrência de oligopólios não-coligados ou, num perspectiva positiva, concorrenciais. Como facilmente se poderá antever, os estudos de Cournot e Bertrand eram extraordinariamente avançados para a época em que foram redigidos e, por isso, foram relativamente ignorados. Recorde-se que, naquela época, a doutrina económica se encontrava num estado de desenvolvimento bastante rudimentar, assentando os seus modelos de estudo unicamente nas situações económicas limite – concorrência perfeita/monopólio.

Em claro movimento de ruptura, os dois autores franceses não só desenvolveram de forma totalmente inovadora modelos de concorrência imperfeita como, simultaneamente, reconduziram os seus resultados à conclusão que, naquela data, seria menos defensável: o equilíbrio não-cooperativo.

Na sequência da doutrina tradicional, de base cooperativa, que ignorava os contributos de Cournot e Bertrand, Edward Chamberlin introduziu, pela primeira vez, em 1929, a possibilidade de desenvolvimento de outras formas de equilíbrio oligopolista cooperativo, enunciando, de forma inovadora, o conceito de coligação tácita.

Os trabalhos deste autor, ao contrário dos desenvolvidos por Cournot e Bertrand, estão numa linha de continuidade com a doutrina económica clássica tradicional. Este autor, notando a interacção repetida entre os diversos produtores presentes no mercado, concluiu que os mesmos iriam naturalmente reconhecer a sua interdependência e actuar no sentido da maximização do seu lucro conjunto, sem que fosse necessária a formalização de um acordo expresso.

Assim, reportando-se a uma situação de mercado onde se encontrava presente um reduzido número de agentes produtores de um produto homogéneo, referiu o seguinte *"(...) if each seeks his maximum profit rationally and intelligently, he will realize that when there are only two or a few sellers his own move has a considerable effect upon his competitors, and that this makes it idle to suppose that they wil accept without retaliation the losses he forces upon them. Since the result of a cut by anyone is inevitably to decrease his own profit, no one will cut, and although the sellers are entirely independent, the equilibrium result is the same as though there is a monopolistic agreement between them*"[733].

A "bengala" de Chamberlin na explicação da estabilidade das coligações tácitas traduzia-se na possibilidade de exercício de acções de retaliação por parte dos membros da coligação relativamente a desertores.

Nestas condições, e diversamente do que era pressuposto pela doutrina económica inicial, os oligopolistas já não necessitariam de se organizar de forma explícita e formal, dado que as condições de mercado seriam propícias ao desenvolvimento de equilíbrios oligopolistas cooperativos de base informal mas que, ainda assim, teriam os mesmos efeitos nefastos que acordos monopolistas expressos.

Tomando como base os modelos desenvolvidos a essa data, e de forma a desenvolver-se a aplicação dos seus resultados aos modelos jurídicos de mercados, a primeira tendência aplicativa dos pressupostos económicos à teoria do direito da concorrência foi desenvolvida, nas décadas de 1950 e 1960, pela actualmente denominada de «*Escola Estruturalista de Harvard*».

Esta corrente doutrinária, iniciada por Edward Mason[734], adoptou como legado a doutrina económica desenvolvida por Edward

---

[733] E. Chamberlin, *The Theory of Monopolistic Competition*, Cambridge University Press, 1933, pág. 48. Cfr., J. Tirole, *op. cit.*, págs. 239 e segs.

[734] É a Edward Mason que normalmente se atribuem os méritos decorrentes do desenvolvimento do paradigma SCP (*Structure-Conduct-Performance*). Nos termos da sua teoria, a estrutura do mercado condiciona em larga medida o comportamento dos agentes e o desempenho do mercado. Nessa óptica, uma análise concorrencial deveria partir do estudo de uma série de condições estruturais tais como as características dos produtos (*e.g.* a sua durabilidade, diferenciação, normalização), a estrutura de produção e de custos do produtor (*e.g.*, os rácios entre os custos fixos e os custos variáveis nos diversos níveis da estrutura de produção), o número e a dimensão dos diversos produtores e consumidores, actuais ou futuros, as condições da procura (*v.g.* flutuações cíclicas ou sazonais dos níveis de vendas, conhecimentos dos consumidores) e, finalmente, a natureza dos canais de distribuição (Cfr. E. Mason, "*Monopoly in Law and Economics*", in *The Yale Law Journal*, November 1973, págs. 25 e segs.; Idem, "*Price and Production Policies of Large-Scale Enterprise*", in *American Economic Review*, 29, n.º 1, part. 2, March 1939, págs. 61 a 74). As relações causais entre a estrutura e a conduta são demonstradas pelos seguintes axiomas: (1) as empresas só poderão determinar os preços (conduta) se os seus produtos forem vendidos em condições estruturais distintas da concorrência perfeita. Ao não se encontrarem reunidas essas condições (óptimas) de mercado, os produtores só poderão decidir a quantidade de volume de produção que pretendem vender ao preço determinado pela oferta e procura;

Chamberlin e desenvolveu uma metodologia prática de análise assente no denominado paradigma SCP (*"Structure-Conduct-Performance"*), cujo mandamento principal assentava na concepção segundo a qual a estrutura do mercado (*Estrutura*) determinava a conduta das empresas nesse mercado (*Conduta*), o que, por sua vez, e atendendo às condições estruturais existentes, iria determinar o resultado do jogo concorrencial (*Resultado*).

Como facilmente se observa, a estrutura do mercado é a pedra de toque de todo o desenvolvimento teórico perfilhado por esta corrente doutrinária, sendo a conduta das empresas uma mera consequência mecanicista das condições estruturais existentes.

Nesta lógica foram desenvolvidos múltiplos estudos de base essencialmente indutiva, tendo em vista a análise empírica dos diversos sectores económicos, focalizados nos graus de concentração empresarial e na identificação de barreiras de entrada no mercado[735]. Neste enquadramento, os sectores em rede físicos, atendendo à sua estrutura organizacional oligopolista típica, sofreram um rigoroso

---

(2) o sucesso de uma coligação depende das características estruturais do mercado, *maxime*, o número de concorrentes e a facilidade de entrada; (3) a discriminação de preços requer a presença de pelo menos duas categorias de compradores, com elasticidades da procura diferenciadas bem como a existência de barreiras que impeçam que os compradores que hajam adquirido os bens a preços inferiores os revendam aos outros compradores dispostos a pagar mais pelo mesmo bem; (4) a natureza do produto e dos consumidores determinará o sucesso da publicidade enganosa; (5) a política de desenvolvimento de preços predatórios será mais bem sucedida se a empresa concorrente tiver uma elevada componente de custos fixos relativamente aos seus custos variáveis; (6) a intensidade da concorrência e a facilidade de entrada no mercado de produtos inovadores constituem elementos essenciais do planeamento das actividades de investigação de desenvolvimento. (Cfr. Doris Hildebrand, *op. cit.*, pág. 127 e segs.). Cfr., igualmente, D. Turner, *"The Definition of a Agreement undr the Sherman Act: Couscious Parallelism and Refusals to Deal"*, in *Harvard Law Review*, 75, 1962, págs. 655 e segs.

[735] O elemento central determinante de todos os desenvolvimentos posteriores seria, portanto, a existência de barreiras à entrada. A posição de Scherer demonstra claramente este posicionamento teórico: *"it is conventional (...) to had several additional characteristics in describing the "ideal" competitive market of economic theory (...) the most important is the absence of barriers to the entry of new firms (...). Conversely, significant entry barriers are the sine qua non of monopoly and oligopoly (...) sellers have little or no enduring power over price when entry barriers are non-existent."* (in *Industrial Market Structure and Economic Performance*, Chicago, Rand McNally, 1970, pág. 10).

escrutínio, cujos resultados eram quase inevitavelmente desfavoráveis na perspectiva da ponderação da sua benevolência concorrencial.

Ora, nos termos desses estudos horizontais da realidade económica, e após o cruzamento dos mesmos com indicadores médios de rentabilidade, constatou-se que quanto mais concentrado fosse o mercado, maior era a margem de lucro financeiro dos operadores presentes no lado da oferta[736/737].

Na presença destas condições, e uma vez que os elementos monopolistas seriam omnipresentes nos sectores em rede, a sua supressão não poderia ser desenvolvida através do regime de direito da concorrência constituído mas unicamente por via de procedimentos concorrenciais estruturais de *iure condendo*. Só nessas condições seria possível elevar os níveis de bem-estar social.

Como é facilmente perceptível, foi Edward Mason quem fundou os alicerces da *Organização Industrial* ("*Industrial Organization*")[738],

---

[736] Cfr. J. Faull e A. Nikpay, *op. cit.*, pág. 6.

[737] Atendendo à importância da estrutura do mercado na construção doutrinária perfilhada por esta escola de pensamento, a dimensão e número de vendedores adquire uma importância fundamental. Foi nessa óptica que a *Escola Estruturalista de Harvard* se preocupou em desenvolver índices de concentração que retratassem fielmente as realidades sectoriais e permitissem a realização de comparações entre os diversos mercados. Esta tendência, que se preocupava basicamente com a comparação dos índices de concentração com as margens de lucro dos diversos sectores foi denominada de "*doutrina da concentração*". Um bom exemplo desta tendência é o trabalho desenvolvido por Gideon Rosenbluth ("*Measures of Concentration*" in *Business Concentration and Price Policy*, National Bureau of Economic Research, Princeton University Press, New Jersey, 1955).

[738] Apesar do termo ter sido utilizado pela primeira vez de forma mediática por Joe Bain (*Industrial Organization*, 2nd print, John Wiley and Sons, New York, 1968). Cfr., a este propósito, E. Grether, "*Industrial Organization: past history and future problems*", *American Economic Review*, 60, 2, 1970, págs. 83 a 89; G. Stigler, "*Henry Calvet Simons*", *Journal of Law and Economics*, 17, 1, 1974, págs. 1 a 5; A. Philips e R. Stevenson, "*The Historical Development of Industrial Organization*", *History of Political Economy*, 6, 3, 1974, págs. 324 a 342; R. Schmalensee, "*The New Industrial Organization and the Economic Analysis of Modern Markets*" in W. Hildebrand (ed.), *Advances in Economic Theory*, Cambridge University Press, 1982, págs. 253 a 284; Idem, "*Industrial Organization*" in The New Palgrave, cit., vol. 2, 1987, págs. 803 a 808; Idem, "*Industrial Economics: an overview*", *Economic Journal*, 98, 392, 1988, págs. 643 a 681; T. Bresnahan e R. Schmalensee, "*The Empirical Renaissance in Industrial Economics: an overview*", *Journal of Industrial Economics*, 35, 4, 1987, págs. 371 a 378; G. Bonanno e D. Brandolini, "*Introduction*" in G. Bonanno e D. Brandolini, (eds.), *Industrial Structure in the New Industrial Economics*, Oxford Claredon Press, 1990.

termo que abarcou os sucessivos desenvolvimentos do seu trabalho pioneiro e que modelou a política económica e concorrencial futura[739].

Paradoxalmente, foi Joe Bain quem, criticando a postura extrema da *Escola Estruturalista de Harvard*, enunciou de forma clara e precisa os mandamentos essenciais da mesma relativamente a mercados oligopolistas.

Joe Bain criticou a perspectiva estruturalista (*maxime* a tendência fundamentalista propugnada pela "*doutrina da concentração*"), exigindo uma melhor fundamentação das suas posições, atenta a diversidade de comportamentos negociais susceptíveis de desenvolvimento nos mais diversos condicionalismos dos diferentes sectores económicos. Nesta óptica, Bain fez notar que as condutas negociais poderiam revestir diversas formas, comportando uma variedade de tácticas potenciais. Nesta perspectiva, o nível de produção e os respectivos preços poderiam ser estabelecidos através de uma das múltiplas formas de coligação explícita e, nestas circunstâncias, várias estratégias estariam aos dispor dos agentes produtores, tais como a realização de reuniões conspirativas, a sinalização de comportamentos pré-estabelecida, as trocas regulares de informação empresarial, ou a participação em associações empresariais. Se umas destas estratégias fosse invalidada, os seus anteriores membros poderiam facilmente constituir uma outra coligação, de vestes diferenciadas, mas igualmente eficaz.

No limite, mesmo na inexistência de coligações, explícitas ou implícitas, o funcionamento do mercado poderia ser formatado através do desenvolvimento de estratégias de liderança de preço, ameaça de preços predatórios ou até por via da aquisição amigável ou hostil de novos concorrentes potenciais.

---

[739] Apesar da *Escola da Organização Industrial* ter sido iniciada tendo por base unicamente trabalhos empíricos casuísticos, foi evoluindo e, actualmente, fornece dados essenciais para o desenvolvimento dos modelos económicos radicados na teoria dos jogos, quer na óptica dos jogos cooperativos, quer na dos jogos não-cooperativos. Note-se que, no limite, as investigações empíricas das condições concorrenciais dos diversos sectores económicos fornecem não só indicadores importantes para a inserção das variáveis dos modelos econométricos mas igualmente informações importantes para a validação dos seus resultados.

Nestas condições, Joe Bain argumentou no sentido de que não poderia ser estabelecida uma ligação liminar e inequívoca entre a estrutura do mercado, a conduta dos agentes e o seu resultado[740]. Pelo contrário, e mantendo a sua perspectiva eminentemente estruturalista, defendeu que deveriam ser testadas empiricamente todas as associações efectuadas entre a estrutura do mercado e o resultado do jogo concorrencial, deixando-se a matéria da conduta dos agentes num âmbito de relativa incerteza[741]. Este autor concluiu que a rentabilidade de um sector económico (uma medida de resultado) estava inequivocamente relacionada com duas vertentes da sua estrutura: o nível de concentração da oferta e a dimensão das barreiras à entrada[742].

Na óptica do oligopólio, a concentração do mercado originaria inevitavelmente a fixação de preço a um nível supracompetitivo,

---

[740] Joe Bain referiu que, ao contrário do que vinha a ser defendido à data, os estudos da estrutura de mercado norte-americana indicavam o seguinte: *"(1) that concentration of output among relatively few sellers is the dominant pattern; (2) that fewness of buyers is common in producer goods markets; (3) that product differentiation is significant for pratically all consumer goods and a number of producer goods; (4) that there are potentially many significant sub-varieties of "fewness" and concentration which would logically fall within the bounds of (...) oligopoly (..); (5) that there are additional market characteristics (...) upon the basis of which markets might be meaningfully distinguished"* (in *"Price and Production Policies"* in H. Ellis (ed.) *A Survey of Contemporary Economics*, The Blakiston Company, 1949, pág. 136).

[741] Doris Hildebrand, *op. cit.*, pág. 134.

[742] Cfr. J. Bain, *"Workable Competition in Oligopoly"*, American Economic Review, 40, 1950, págs. 35 a 47. Logo de seguida, Joe Bain testou o seu modelo em diversos sectores económicos (in *"Relation of profit rate to industry concentration: American manufacturing, 1936-1940"*, Quartely Journal of Economics, 65, 3, págs. 293 a 324). Uma síntese destes trabalhos, analisada com os instrumentos informáticos hoje disponíveis poderá ser consultada em S. Martin, *Advanced Industrial Economics, cit.*, págs. 118 a 130. Ora, as conclusões deste estudo forem enunciadas em 1956, tendo Bain confirmado as suas expectativas, ou seja, que as barreiras à entrada e o índice de concentração tinham reais efeitos sobre a rentabilidade (Cfr. J. Bain, *Barriers to New Competition*, Harvard University Press, 1956, pág. 191). Os seus trabalhos foram prosseguidos por William Comanor e Thomas Wilson, *"Advertising market structure and performance"* Review of Economics and Statistics, 49, 4, 1967, págs. 423 a 440; Idem, *Advertising and Market Power*, Harvard University Press, 1974) e por Norman Collins e Lee Preston, (in *"Price-cost margins and industry structure"*, Review of Economics and Statistics, 51, 1969, págs. 271 a 286) influenciando igualmente alguns teóricos da teoria dos jogos como Reinhard Selten (in *"A model of oligopolistic size structure and profitability"* in Reinhard Selten, *Models of Strategic Rationality*, Kluwer, 1988, págs. 157 a 181).

devido à adaptação mútua dos comportamentos dos agentes oligopolistas no mercado (precisamente, a «*interdependência oligopolista*»)[743].

Ora, esta perspectiva estruturalista culmina fatalmente numa concepção de política económica essencialmente intervencionista: somente a intervenção do Estado poderia alterar as condições estruturais do mercado e corrigir as suas limitações genéticas. É esta, ainda hoje, a base dogmática da política de correcção estrutural dos mercados («*remedies*»).

E, nestas condições, a *Escola de Chicago* não tardou em reagir[744]. Stigler colocou em causa as concepções que advogavam a estabilidade intrínseca do oligopólio em situações de interacção repetida tendo em consideração as condições estruturais de mercado. Na sua opinião, a interdependência entre as empresas seria inerente ao mercado, independentemente dos níveis de concentração da oferta.

As consequências desta concepção teórica são inevitáveis dado que o enfoque principal se altera dramaticamente: a razão do aumento

---

[743] Bain notara já que os oligopolistas desenvolviam políticas de preços inferiores às que resultariam de coligações expressas, distinguindo claramente os efeitos da interdependência oligopolista dos efeitos decorrentes de coligações tácitas. Escreveu, então, surpreendido, "*but more striking is the evidence in some of these industries of prices held persistently over many years within a range where the industry demand curve is evidently inelastic, the corresponding marginal revenue thus being negative and necessarily below long-run marginal cost. This indicates a prolonged tendency (...) to hold price below the level which would maximize, and apparently contradicts the basic a priori predictions of a theory of collusive pricing*" (in "*A note on pricing in monopoly and oligopoly*", American Economic Review, 39, 1, 1949, pág. 448). A razão para esta situação residia, segundo Bain, nos riscos de entrada de novos concorrentes no mercado, que ocorreriam inevitavelmente, se os preços fossem fixados ao nível monopolista. Nestas condições, o concorrente potencial deveria considerar o preço praticado no mercado como um indicador quer do nível de concentração, quer da variação provável da prática concorrencial após a sua entrada (*ibidem*, págs. 463 e 464). Ora, esta perspectiva de Bain antecipa as conclusões da teoria dos mercados contestáveis proposta por Baumol, Panzar e Willig em 1982 (in W. Baumol, J. Panzar e R. Willig, *Contestable Markets and the Theory of Industry Structure*, Harcourt Brace Jovanovich, 1982).

[744] A crítica assentou não só nos fundamentos teóricos de base mas igualmente na metodologia desenvolvida por Bain para a selecção da sua amostra. Cfr., relativamente a esta última perspectiva, Yale Brozen, "*Bain's concentration and rates of return revisited*", Journal of Law and Economics, 14, 1971, págs. 351 a 369. No entanto, as críticas efectuadas por este autor no sentido de colocar em causa as opções de Bain são totalmente reversíveis, pondo em causa as suas próprias opções.

dos preços a um nível supracompetitivo não deriva da estrutura do mercado mas sim do comportamento dos agentes no mesmo.

Esta perspectiva, estritamente comportamentalista, corrói teoricamente as bases da doutrina estruturalista advogada pela *Escola de Harvard*, retirando a proeminência às suas análises indutivas de mercado, quer ao nível da concentração, quer ao nível da relevância das barreiras à entrada, o que, *in limine* invalida todos os exercícios subsequentes de relacionamento empírico entre a estrutura do mercado, a conduta dos agentes e o resultado concorrencial.

No limite, a *Escola de Chicago* nega peremptoriamente qualquer relação entre o nível de concentração do mercado e os lucros das empresas[745]. No seu entender, a ligação que poderá existir resulta da maior eficiência na produção alcançada por algumas empresas (por via de economias de escala, de gama, ou de exterioridades de rede), o que levará a uma maior dimensão e, necessariamente, a um maior lucro, sem que exista qualquer dano do bem-estar social já que o lucro do agente com poder de mercado é agregado ao excedente global ao nível da sociedade.

Nestas condições, a única conclusão a tirar é a de que a política económica deverá assentar em moldes não intervencionistas: se o Estado intervir devido a razões puramente estruturais, estará não só a introduzir custos excessivos no mercado, dada a ocorrência inevitável de *falhas de governação*, como poderá aniquilar as empresas mais eficientes e que conseguem extrair as máximas vantagens de um mercado estruturalmente imperfeito, não por vício comportamental patológico, mas pela existência de diversas economias, quer do lado da oferta, quer do lado da procura.

A perspectiva adoptada pela *Escola de Chicago* é, portanto, de base eminentemente neoclássica, ou seja, assenta na distinção entre os modelos de concorrência perfeita e de monopólio, devendo o mercado ser analisado numa perspectiva essencialmente dinâmica na óptica da sobrevivência do mais apto (o denominado *darwinismo económico*).

---

[745] Cfr. J. Faull e A. Nikpay, *op. cit.*, págs. 7 e 8; Doris Hildebrand, *op. cit.*, págs. 143 a 150.

Distingue-se, no entanto, da escola neoclássica na percepção do conteúdo finalístico do jogo concorrencial. Na perspectiva teórica de Chicago, o equilíbrio estático final neoclássico nunca poderá ser alcançado; pelo contrário, o que acontecerá será uma sucessão infinita de equilíbrios parciais e passageiros, resultantes da actuação progressiva dos concorrentes e da sua acção contínua na aplicação dos recursos disponíveis.

Assim, atendendo a este permanente movimento natural no sentido da inovação e na adaptação dos sectores às novas condições concorrenciais, a concorrência pura deverá ser preservada e a intervenção estatal repudiada.

O corolário pragmático desta teorização é óbvio: qualquer acção estatal que tenha o objectivo de reorganizar estruturalmente um sector que se haja desenvolvido livremente ao longo do tempo deverá ser liminarmente rejeitada.

Nestas condições, as empresas nunca deterão definitivamente um poder de mercado; o que ocorrerá será simplesmente a detenção passageira e fugaz, que se esvaziará quando aparecer um concorrente mais eficiente e capaz.

Partindo dos trabalhos de Stigler, os téoricos de Chicago argumentaram num sentido eminentemente céptico: quer em mercados concentrados, quer em mercados desconcentrados, a emulação de uma situação monopolista dependeria de um consenso quanto ao nível de preços, que deveria ser alcançado e mantido.

Ora, estas coligações seriam altamente instáveis atendendo às possibilidades de desenvolvimento de descida de preços secretas[746], insusceptíveis de detecção por parte dos parceiros.

Assim, no entender de Stigler, existiriam factores que impediriam o desenvolvimento de acções coligadas. Esses factores, que propiciavam a «*instabilidade fundamental dos cartéis*» decorriam quer das condições estruturais dos mercados (probabilidade de ocorrência de choques imprevisíveis ao nível dos preços e da procura, e que os oligopolistas não conseguiriam distinguir de eventuais práticas de parceiros batoteiros), quer das capacidades dos agentes oligopolistas

---

[746] George Stigler, "*A Theory of Oligopoly*", in Journal of Political Economy, 72, 1, 1964, pág. 46.

detectarem fraudes ou batotas à coligação (de facto, se os parceiros da coligação não conseguirem detectar eficazmente as estratégias dos restantes, quer ao nível da quantidade, quer ao nível dos preços, não existirá espaço para qualquer acção coordenada).

Como bem sintetiza Fernando Araújo, *"em tese geral, o membro de um cartel que pudesse contar com a passividade dos demais membros teria interesse em violar unilateralmente o acordo e em expandir as suas vendas, beneficiando de uma ampliação dos ganhos extraordinários advindos da possibilidade de venda a preços superiores aos custos marginais, sendo que esse benefício seria mais do que compensador das perdas que averbaria com o abaixamento do preço de mercado resultante da sua «batota» – pelo simples motivo de que só ele teria ganhos, enquanto que as perdas seriam suportadas não apenas por ele mas por todos membros do cartel, um ganho individual compensado por perdas colectivas"*[747].

Nestas condições, as hipóteses de coligação bem sucedida eram bastante diminutas, limitando-se a sua ocorrência às situações onde os compradores fossem de muito reduzida dimensão e em grande número (nestas condições, uma eventual prática batoteira levaria a uma adesão maciça de novos compradores, o que seria inevitavelmente detectado pelos restantes membros da coligação) ou quando os preços fossem controlados por autoridades administrativas (o que torna impossível a redução secreta de preços)[748].

Robert Bork é um dos mais notáveis defensores desta orientação teórica. A sua perspectiva relativa aos mercados oligopolistas poderá ser considerada como representativa do pensamento da Escola em que se integra.

Partindo de uma perspectiva gradativa, Bork considera que os resultados do oligopólio se aproximam em muito dos resultados da concorrência perfeita, afastando significativamente o fiel da balança do referencial de monopólio[749].

Tal aproximação resulta da conjugação de três factores primordiais: 1) o preço do mercado desce substancialmente mesmo quando

---

[747] In *op. cit.*, pág. 371.
[748] Curiosamente as duas possibilidades são concebíveis nos sectores em rede.
[749] R. Bork, *op. cit.*, pág. 181.

somente uma nova empresa se estabelece num mercado anteriormente monopolista; 2) a coligação expressa é facilmente detectada em mercados oligopolistas; e, 3) mesmo quando a coligação expressa não é detectada, esta fatalmente se arruinará devido à sua instabilidade estrutural, fazendo com que os preços desçam para níveis competitivos.

Em consequência, Bork enuncia uma conclusão preliminar, mas indiciadora de toda a sua construção subsequente: *"conversely, it seems obvious that consumers have much less to fear from oligopoly than from collusion and, therefore, much less to fear from oligopoly than from monopoly"*[750].

Esta frase, além de enunciar a sua perspectiva gradativa, desvalorizando os perigos concorrenciais advenientes de uma situação de mercado oligopolista, indicia uma outra distinção fundamental: a distinção radical entre oligopólio e coligação.

Na sua perspectiva, a teoria estruturalista do oligopólio não seria mais do que uma parente próxima da teoria da coligação expressa. Ora, nestas condições, e por maioria de razão, se a coligação expressa era geneticamente frágil, a coligação tácita seria de desenvolvimento virtualmente impossível[751/752].

---

[750] *Ibidem*, pág. 183.

[751] Conforme refere Robert Dorfman, nestas condições *"firms must rely on a vague set of mutual understandings, never directly communicated, and therefore, clumsy and unenforceable. A peace founded upon such murky conventions is likely to be fragile"* (in *The Price System*, Englewood Cliffs, N.J., Prentice Hall, 1964, pág. 100).

[752] Robert Bork critica igualmente os resultados substanciais da teoria estruturalista do monopólio. Refere a este propósito o seguinte: *"the most baffling of the predictions of conventional oligopoly theory, however, is the occurence of a high rate of product differentiation as a substitute for price competition. The explanation usually given is that product competition does not drive prices down to marginal cost and is therefore a safer form of rivalry for the oligopolists. If we match that against the behaviour of overt conspirators, the explanation seems definitely peculiar. Cartels very often engage in product standardization precisely to secure stability. It seems perverse of oligopolists to engage in product differentiation for the same reason. Conventional oligopoly theory ought to predict a lessening of product differentiation, just as it predicts a lessening of price competition. Where product competition is observed, the correct inference is that the companies involved are not behaving as restrained oligopolists are supposed to; they are competing. There are at least three reasons for concluding that product rivalry is a sign of competition. First, product rivalry introduces so many variables that the stability of oligopolistic peace becomes impossible. Second, product rivalry is just as capable of eating*

Os *comportamentalistas de Chicago* revertem totalmente a perspectiva adoptada pelos *estruturalistas de Harvard*. A estrutura de mercado não deve ser considerada como um dado adquirido, exclusivamente determinada de forma exógena já que existirão elementos endógenos que influenciarão, pelo menos parcialmente, essa mesma estrutura[753]. Desta forma, o paradigma SCP não deverá ser entendido numa perspectiva eminentemente unidireccional, mas sim de uma forma bidireccional. Em conformidade, a conduta dos agentes também determinará a estrutura do mercado, bem como o seu desempenho.

Apesar desta forte ofensiva da *Escola de Chicago*, que obrigou a um reposicionamento teórico da teoria clássica do oligopólio, o conteúdo apelativo decorrente do *paradigma SCP* manteve todo o seu vigor. O segredo do seu sucesso é de fácil explicação: a metodologia de análise que propõe assenta numa *lista de análise* cuja aplicação ao mundo real é extremamente simples, atento o seu conteúdo eminentemente objectivo.

Ora, a (aparente) objectividade e a facilidade operacional são valores extraordinariamente importantes para as autoridades burocráticas de controlo da concorrência, tanto mais que a interpretação das grandes orientações legislativas é efectuada na grande maioria das ocasiões por via de documentos administrativos que tendem para a aplicação geral (as Orientações)[754].

Actualmente, o estudo da teoria do oligopólio aplicada à análise jurídica continua a ser desenvolvido pelas autoridades concorren-

---

away profits above the competitive level as is price rivalry. Third, product rivalry is a prominent feature of industries that are obviously not concentrated in structure" (in *op. cit.*, pág. 187). Desta forma Bork conclui que a concorrência através da diferenciação dos produtos é muito mais instável do que a concorrência pelos preços, já que tal obrigaria a uma complexa teia de informação de forma que às variações nos produtos correspondesse a variação de preço correcta na perspectiva da coligação. Efectivamente, nestas condições, seria mais lógico que a teoria estruturalista do oligopólio previsse uma normalização da produção e não a sua diferenciação.

[753] Cfr. H. Demetz, "*Industry Structure, Market Rivalry and Public Policy*" in *The Journal Of Law and Economics*, 16, 1, 1973, págs. 1 a 16.

[754] De acordo com S. Martin, assistiu-se, desde meados da década de 80 do século passado até aos dias de hoje, a um renascimento empírico da economia industrial, assente no desenvolvimento estatístico e das bases de dados empresariais, ultrapassando-se a fase da análise econométrica típica da década de 70 (*in Advanced Industrial Economics, 2nd edition*, Blackwell Publishing, 2002, pág. 117).

ciais, nomeadamente pela Comissão Europeia, tendo por base o *paradigma SCP* desenvolvido, na configuração proposta por Jonathan Faull e Ali Nikpay[755], tomando como base os trabalhos de Scherer[756].

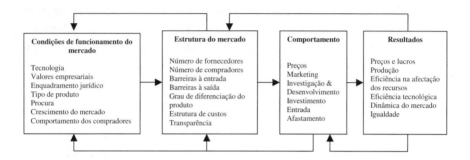

Conforme referem estes autores, aos quais se pode acrescentar Doris Hildebrand[757], a ofensiva de Chicago teve o mérito de refinar e desenvolver o paradigma SCP originário. Por exemplo, e em claro contraste com o modelo anterior, é hoje unanimemente reconhecida a importância das preferências dos consumidores e do estado de evolução tecnológica na definição das condições estruturais de mercado.

Por outro lado, a conduta deixou de ser considerada como um factor fatalmente determinado para, ao invés, se tornar um elemento determinante em algumas situações de mercado[758]. Por essa razão, o

---

[755] *In op. cit.*, pág. 8.
[756] F. Scherer, *Industrial Market Structure and Economic Performance*, cit., pág. 5.
[757] *In op. cit.* pág. 166.
[758] Seria injusto não focar neste ponto da exposição o papel da *escola neoclássica* e o seu conceito de liberdade de concorrência, na sua vertente bivalente, ou seja, enquanto liberdade de fazer parte do processo concorrencial de mercado e como liberdade de actuar livremente no mercado, que tem como corolário o exercício de um direito essencial de decisão e de acção. E, neste âmbito, também esta corrente doutrinária, representada nomeadamente por Erich Hoppmann e Dieter Schmidtchen, repudia a concepção segundo a qual a estrutura do mercado e o desempenho do mesmo conformam definitivamente os processos concorrenciais dos agentes económicos. Cfr. D. Hildebrand, *The Role Of Economic Analysis in the EC Competition Rules*, European Monographs, 17, Kluwer, 2002, págs. 153 e 154. Esta orientação tem claramente subjacente o substrato doutrinário da *Escola Económica Austríaca*, designadamente, a visão dinâmica de concorrência desenvolvida por Friedrich von Hayek e a sua natureza eminentemente exploratória e de descoberta sucessiva de novos

paradigma SCP desenvolvido adopta no seu conteúdo diversos mecanismos de retorno assentes numa dialéctica contínua entre a estrutura, a conduta e o desempenho, superando a lógica unidireccional pré-existente.

Apesar da evolução sofrida, é importante realçar um aspecto: o *paradigma SCP*, mesmo na versão desenvolvida, não tem uma vocação operativa no sentido da definição da actuação e das decisões das autoridades administrativas; pelo contrário, a sua utilidade é essencialmente do foro teórico e académico, constituindo-se como um bom elemento auxiliar na visualização das complexas interacções que ocorrem nos mercados e, por conseguinte, surge como um bom quadro orientador para a definição empírico/dedutiva do grau de probabilidade de ocorrência de coligações em mercados oligopolistas[759].

---

factos, e onde qualquer acção intervencionista do Estado deveria ser liminarmente afastada, limitando-se a acção pública a providenciar um clima equilibrado de mercado e a liberdade de entrada (in *The Meaning of Competition in Individualism and Economic Order*, Routledge & Kegan, Londres, 1949, págs 101 a 106). Apesar das posições da *Escola Económica Austríaca* poderem parecer semelhantes à doutrina da *Escola de Chicago*, existe uma diferença fundamental: a escola de Chicago advoga a eficiência como o objectivo último da política concorrencial, sendo que essa eficiência poderá ser conformada numa óptica agregada geral; ao invés, para a *Escola Económica Austríaca*, a eficiência é uma ficção holística sem qualquer expressividade já que o que releva são os objectivos individuais. Ora, nestes termos, não serão por acaso as acusações segundo as quais a política da concorrência comunitária protege não a concorrência ou os consumidores mas os concorrentes. Apesar de sucessivamente desmentidas pelos responsáveis comunitários, esta é precisamente a posição advogada pela *Escola Económica Austríaca*. E, no limite, corresponderá igualmente, à posição final da *Escola Ordoliberal de Friburgo*, que analisando as relações entre o sistema económico e o sistema político-social, advoga a fragmentação do poder de mercado mesmo quando os mercados tendam para o oligopólio ou mesmo para o monopólio (cfr. W. Eucken, *Die Grundlagen der Nationalökonomie*, Fisher, Berlim, 1939, págs. 24 a 37; Idem, *Die Grundsätze der Wirtschaftspolitik*, Rowohlt, Hamburgo, 1959, págs. 160 e segs.).

[759] Existem autores que advogam o abandono total do modelo SCP, mesmo na sua versão desenvolvida. Por exemplo, Stephen Martin, refere que, actualmente, esse paradigma deverá ser considerado como meramente descritivo, não propiciando qualquer desenvolvimento analítico dos mercados. Segundo este autor, a investigação actual da economia industrial assenta nos modelos formais de oligopólio devido a três razões fundamentais: (1) todos os desenvolvimentos do modelo SCP serão inúteis, uma vez que esse paradigma de análise se encontra esgotado, e, dessa forma, qualquer investigação adicional irá ser inevitavelmente similar a algo anteriormente desenvolvido; (2) os modelos de análise econométrica assentam em raciocínios indutivos em que a estrutura do mercado é considerada como um elemento

No entanto, nunca se poderá considerar como critério de referência definitivo na análise concorrencial dos mercados, nomeadamente ao nível da aplicação do *Regulamento das Concentrações*, onde a Comissão Europeia erradamente se satisfaz, como se demonstrará *infra*, com simples análises estruturais dos sectores em causa na fundamentação de proibições de realização de operações de concentração. Conforme analisaremos *infra*, os recentes acórdãos do Tribunal de Justiça têm, recentemente, condenado estas opções.

4. Implicações jurídico-económicas decorrentes das situações de oligopólio em sectores em rede

Adoptando a perspectiva gradualista, e não reconduzindo a situação de oligopólio a nenhum dos modelos extremos de organização do mercado, poderá afirmar-se que, em princípio, os procedimentos de actuação concorrencial dos agentes no mercado se reconduzem potencialmente aos seguintes modelos de referência: (1) a mera *interdependência oligopolista* poderá originar preços mais elevados de venda (ou uma menor quantidade de bens produzidos) no mercado relevante do que resultaria de um mercado de concorrência perfeita, sem que para o efeito exista qualquer acção coordenada no mercado; (2) sendo, no entanto, esses preços inferiores (ou a quantidade produzida superior) ao que resultaria de uma acção coordenada, expressa ou tácita. E, nestas condições, existirão incentivos para o desenvolvimento visando a emulação de uma situação monopolista.

Apesar da distinção entre comportamentos oligopolistas coordenados e não-coordenados ter sido enunciada de forma clara pela doutrina económica (pelo menos a partir do momento em que se deu a devida atenção aos trabalhos de Cournot e Bertrand), tal concepção não foi – e não é ainda hoje – facilmente apreendida pela doutrina jurídica.

Num primeiro momento, todas as situações susceptíveis de emergência numa situação oligopolista foram invariavelmente recon-

---

endógeno, logo, alterável, e não exógeno, como pressupõe o paradigma SCP; (3) os novos desenvolvimentos da teoria dos jogos permitem vislumbrar situações que em 1940 eram totalmente inatingíveis. Cfr. S. Martin, *Advanced Industrial Economics, cit.*, 2002, págs. 8 e 9.

duzidas ao modelo de actuação mais perceptível e de prova mais facilitada. Efectivamente, na perspectiva jurídica, a actuação oligopolista foi essencialmente concebida, e consequentemente combatida, na estrita perspectiva dos «*efeitos coordenados*», que poderiam desenvolver-se tipicamente através de acordos explícitos entre os agentes, decisões de associações ou práticas concertadas.

Como é fácil de antever, foi esta concepção que deu origem ao disposto no § 2 do *Sherman Act* ("*conspiration to monopolize*") e, subsequentemente, ao artigo 81.º do Tratado.

Importa, porém, salientar a diversidade das questões em análise. A interdependência oligopolista reverte para uma situação de incapacidade genética dos mercados oligopolistas e ocorre mesmo na inexistência de qualquer cooperação ou acção colectiva. É, portanto, inerente ao mercado.

Por sua vez, a adopção de comportamentos coordenados decorre da tentativa (racional) de maximização dos lucros por parte dos agentes oligopolistas, podendo estes concluir que uma actuação colectiva – mesmo que simplesmente implícita – é bem mais frutuosa do que a simples acção individual, ainda que desenvolvida num pressuposto de racionalidade colectiva.

Existem, portanto, três níveis de actuação potencial à disposição de um oligopolista: em primeiro lugar, o nível mais intenso de coordenação é desenvolvido através da coligação explícita (corporizada em acordos, decisões de associações e práticas concertadas); num segundo nível, os agentes poderão desenvolver formas de coligação tácita ou implícita ("*tacit collusion*", "*conscious parallelism*" ou "*tacit coordination*"), resultantes de um equilíbrio estratégico sustentado por comunicações informais, formas de sinalização ou homogeneização de práticas negociais[760]; finalmente, e num nível mais fluido, poderá desenvolver-se uma mera interdependência oligopolista que origina um equilíbrio oligopolista estático não-cooperativo ("*static noncooperative oligopoly equilibrium*") e que decorre das condições

---

[760] Cfr. Fernando Araújo, *op. cit.*, pág. 371. Por exemplo, e de acordo com Posner, a demonstração do desenvolvimento colectivamente consciente de uma política de preços supraconcorrenciais duradoura seria suficiente para a existência de uma coligação tácita (cfr. R. Posner, "*Oligopoly and the Antitrust Laws: A Suggested Approach, Stanford Law Review*, 21, (1969), págs. 1562 e segs.).

típicas do mercado em presença – cujas manifestações foram inicialmente identificadas por Cournot e Bertrand[761].

Note-se, aliás, que a forma de actuação concorrencial de um oligopolista esclarecido nunca se poderá afastar deste último paradigma de actuação concorrencial.

Estranho seria que os agentes com um poder de domínio colectivo ao seu dispor actuassem segundo modelos atomísticos de concorrência. Uma actuação concorrencial responsável deverá assentar em decisões de optimização de resultados. É por essa razão que, em mercados oligopolistas, os agentes económicos tomam em consideração não só as reacções da procura mas igualmente as dos seus concorrentes no mercado. De facto, esta última cognição não é necessária em mercados de concorrência perfeita dado que, perante a característica de atomicidade do lado da oferta, as reacções dos concorrentes serão redundantes. No entanto, tal já não ocorre nos mercados oligopolistas.

A compreensão destas diferentes intensidades de actuação concorrencial é crucial para a correcta análise das condições concorrenciais da generalidade dos sectores em rede de organização estruturalmente oligopolista.

---

[761] Para uma análise inicial da doutrina económica mais relevante cfr., e.g., R. Rees, "*Collusive Equilibrium in the Great Salt Duopoly*", in *The Economic Journal*, vol. 103, 1993, págs. 833 a 848; T. Ross e A. Bazilliauskas, "*Lessening of Competition in Mergers under the Competition Act: Unilateral and Interdependence Effects*" in *Canadian Business Law Journal*, vol. 33, 2000, págs. 373 a 426. Para uma análise mais geral, cfr. F. Scherer e D. Ross, *op. cit.*; L. Phlips, *Competition Policy: A Game-Theoretic Perspective*, Cambridge University Press, 1995; J. Tirole, op. cit.; D. Kreps, *A Course in Microeconomic Theory*, Hertfordshire Simon & Schuster International Group., 1990; D. Fudenberg e J. Tirole, *Game Theory*, MIT Press, 1991; J. Church e R. Ware, *Industrial Organization: A Strategic Approach*, McGraw-Hill, San Francisco, 2000.

II
Modelos Económicos de Actuação Colectiva nos Sectores em Rede

1. Preliminar. As coligações baseadas em acordos expressos

Face ao modelo de organização típico dos sectores em rede, não será de estranhar que os agentes económicos demonstrem uma tendência de integração estrutural conciliada com uma irresistível tentação de concertação comportamental. Conforme foi referido, essa necessidade de regulação conjunta dos modos de desempenho concorrencial é inerente à própria construção da rede – definição dos segmentos relevantes – e à definição dos serviços que são prestados no âmbito da infra-estrutura.

1.1. *Um caso especial: as práticas colectivas de fixação de normas de compatibilidade*

As redes dependem da relação de compatibilidade existente entre os diversos segmentos que a compõem. Essa compatibilidade é essencial quer nas redes físicas, quer nas redes virtuais, superando mesmo o alcance meramente intra-sistemático[762]. Note-se que, no âmbito de um grande sistema sectorial como é, por exemplo, o sector dos transportes colectivos, as boas práticas de organização económica obrigam à criação de centros intermodais, criados numa óptica de interoperabilidade pura, de forma que diversas redes (rodoviária, ferro-

---

[762] Cfr. M. Lemley, *The Economics of Improvement in Intellectual Property Law*, *Texas Law Review*, 75, (1997), págs. 989 e segs.

viária, área, fluvial e marítima) se harmonizem e coordenem mutuamente a satisfação eficiente da necessidade básica de mobilidade dos cidadãos ou de transporte de mercadorias. Neste caso, a coordenação colectiva intersistemática, no âmbito do grande sector dos transportes colectivos é essencial para a concretização de uma organização eficiente do sector em rede dos transportes compreensivamente entendido.

Note-se que, curiosamente, são as próprias instituições públicas que, desenvolvendo a sua acção de promoção de investimentos na área dos transportes fomentam essa organização colectiva, superando as incapacidades do mercado, nomeadamente, os custos da negociação colectiva inerente à criação de um nó de ligação intermodal (*"interface"*).

O mesmo acontece nas redes virtuais. A regulação dos termos de definição das opções de compatibilidade/incompatibilidade entre os diversos segmentos/lacetes propriedade de determinados agentes económicos constitui uma das mais controversas temáticas da moderna política da concorrência. De facto, e conforme foi demonstrado, o exercício de poder de mercado traduz-se, muitas das vezes, na recusa ou dificultação de acesso ao sistema proprietário (*e.g. processo Microsoft vs. Comissão Europeia*).

No entanto, existem momentos em que os concorrentes terão todo o interesse em actuar concertadamente. E um desses momentos é, sem dúvida, o momento da definição da norma futura, essencial para a normalização da rede que se pretende criar ou, simplesmente, evoluir.

A tecnologia das comunicações móveis depende do sistema adoptado por todos os fabricantes de equipamento e operadores de rede. As siglas VHS, DVD, GSM, 3G, UMTS, WI-FI não são mais do que exteriorizações de sistemas harmonizados tendo em vista o desenvolvimento eficiente dos serviços de comunicações móveis prestados na rede.

A própria globalização económica e a consequente abertura de mercados depende totalmente das normas adoptadas para os vários produtos. A própria língua que falamos constitui uma exteriorização de componentes normalizados que permitem uma compreensão geral. Os aparelhos de fax podem operar mundialmente pois a norma portuguesa a esse respeito é semelhante à japonesa ou angolana. A Internet depende da adopção de protocolos de comunicação normalizados.

As redes dependem, portanto, das relações de compatibilidade definidas previamente através da adopção de normas. Essas normas podem abranger não só a compatibilidade intra-sistemática (presente e intergeracional) como a própria interoperabilidade intersistemática no interior de um grande sector económico.

No limite, e numa rede de dimensão tendencialmente global (como é o caso paradigmático das redes de telecomunicações), a sua eficiência depende da existência de uma *conectividade universal,* de estruturas e de serviços, não somente ao nível da transmissão mas igualmente ao nível da recolha, armazenagem e tratamento da informação.

Nestas condições, não emergindo directamente do mercado uma «norma *de facto*», por via do domínio natural de uma determinada tecnologia superior a todas as outras[763], a criação da norma implica uma conjugação de esforços – logo, uma acção colectiva – que permita o seu desenvolvimento e estabelecimento.

Numa perspectiva muito difusa, estas alianças temporárias são estabelecidas por agentes que produzem segmentos complementares e que necessitam de acordar numa metodologia que permita que os diversos componentes da rede funcionem numa lógica de sistema. As normas são intrínsecas ao conceito de rede.

Num primeiro momento, o procedimento de criação de normas foi atribuído a organismos especializados de âmbito tendencialmente internacional. O exemplo paradigmático é a União Internacional de Telecomunicações (UIT), criada no século XIX e que, ainda hoje, desempenha um papel decisivo na organização do mercado das telecomunicações.

---

[763] Existem diversos processos relativos a esta questão. Cfr., *e.g.*, Comissão, *IBM Undertaking*, Comunicado de Imprensa IP/84/291, (1984) 3 CMLR 255; Decisão *Decca Navigator System*, JO L 43/27, 1989. O processo *Comissão v. Microsoft, citado*, analisa diversas questões a este propósito (relação cliente-servidor em sistema operativo, relações sistema operativo – *middleware*, e interoperabilidade servidor OS-servidor OS). De acordo com a Comissão, o processo *IMS Health* constituiria um outro exemplo, no entanto, tal é, a nosso ver, duvidoso. Cfr. Decisão *IMS Health*, decisão de aplicação de medidas interinas de 3 de Julho de 2001, JO L 59/18, 2002; suspenso pelo acórdão T-184/01R, ordens de 10 de Agosto de 2001 e 26 de Outubro de 2001, *IMS Health Inc.v. Comissão*; suspensão confirmada pelo Tribunal de Justiça em 22 de Abril de 2002 *in* acórdão referente ao processo C-418/01, *IMS Health v. NDC Health*.

No entanto, a norma tem um alcance abrangente pelo que a sua construção dependerá igualmente de uma vontade colectiva[764/765]. Actualmente, a aprovação das normas não depende tanto da acção de um órgão institucionalizado especializado[766] mas sim da força relativa dos agentes económicos na imposição das suas opções concorrenciais estruturais.

Essa vontade colectiva pode ser exteriorizada através de decisões de associações industriais ou de órgãos formais ou *ad-hoc* de normalização[767], podendo criar-se um modelo de *pool* de patentes. No limite, poderão ter o patrocínio de organizações governamentais.

---

[764] Uma análise relativa à formação de normas por via da interconexão em ambientes de equilíbrio não-cooperativo poderá ser encontrada em N. Economides e G. Worach, *Benefits and Pitfalls of Network Interconnection*, Discussion Paper n.º EC-92-31, Stern School of Business, NYU, 1990.

[765] J. Anton e D. A. Yao, "*Standard-Setting Consortia,Antitrust, and High-Technology Industries*", Antitrust Law Journal, 64 (1995), págs. 247 e segs.; M. Lemley, "*Antitrust and the Internet Standardization Problem*", Connecticut Law Review, 28, (1996) págs. 1041 e segs.; H.S. Gerla, "*Federal Antitrust Law and Trade and Professional Association Standards and Certification, U. Dayton Law Review*, 19, (1994), págs. 471 e segs.; D. Teece, "*Information Sharing, Innovation, and Antitrust*", Antitrust Law Journal, 62, (1994), págs. 465 e segs.; J. Brown, "*Technology Joint Ventures to Set Standards or Define Interfaces*", Antitrust Law Journal, 61, (1993), págs. 921 e segs.; T. Priaino, Jr., "*The Antitrust Analysis of Network Joint Ventures*", Hastings Law Journal, 47 (1995), págs. 5 e segs.; T. Jorde e D. Teece, "*Rule of Reason Analysis of Horizontal Arrangements: Agreements Designed to Advance Innovation and Commercialize Technology*", Antitrust Law Journal, 61, (1993), págs. 579 e segs.; M. Shurmer e G. Lea, "*Telecommunications Standardization and Intellectual Property Rights: A Fundamental Dilemma?*", in *Standards Policy for Information Infrastructure* (Kahin e Abbate eds) (1995), págs. 5 e segs.; M... Schallop, "*The IPR Paradox: Leveraging Intellectual Property Rights to Encourage Interoperability in the Network Computing Age*", AIPLA Quarterly Journal, 28, (2000), págs. 195 e segs.;

[766] Estas instituições sofreram uma mutação importante nos últimos anos, com a emergência da «sociedade da informação». É de salientar o trabalho de Robert Merges, nomeadamente o seu estudo relativo às «*organizações de direitos colectivos*» ("*collective rights organizations*"), constituídas por grupos industriais que adquirem os direitos de propriedade intelectual aos seus titulares e os licenciam numa óptica compósita, formando pacotes integrados (cfr. R. Merges, "*Institutions Supporting Transactions in Intellectual Property Rights*", California Law Review, 84, (1996), págs. 1293 e segs.), e que facilitam o trabalho das instituições de fixação de normas. E, note-se, se existir um direito individual de apropriação sobre uma determinada norma, essa norma não poderá ser adoptada pelos restantes agentes no mercado sem a expressa autorização do seu detentor.

[767] Cfr., e.g., Decisão *X-Open Group*, JO L 35/36, de 6 de Fevereiro de 1986; Decisão *Philips Matsushita D2B*, JO C 220/2, de 23 de Agosto de 1991; Decisão *Philips*

A colaboração de vontades é essencial para a criação da infra-estrutura de actuação futura[768]. E essa necessidade de actuação colectiva supera qualquer rivalidade que exista entre os próprios concorrentes. Por exemplo, em 1997, a Microsoft e a Netscape, que desencadearam entre si o processo concorrencial mais aguerrido de sempre nos Estados Unidos, acordaram na inclusão, nos seus *browsers*, de versões compatíveis de linguagem de modelação de realidade virtual desenvolvidas pela Silicon Graphics.

Note-se que as apreciações de índole económica susceptíveis de desenvolvimento para aferição do mérito concorrencial das práticas colectivas terão invariavelmente resultados duais.

Por exemplo: (i) a normalização permite a realização de uma análise mais facilitada dos méritos do produto por parte do consumidor; porém, elimina qualquer possibilidade de opção de adopção de plataformas concorrentes; (ii) a concorrência entre preços aumenta uma vez que é eliminada a diferenciação entre produtos; porém, essa ausência de diferenciação torna as tendências de coligação quase irresistíveis; (iii) os produtores evitam a realização de sobreinvestimentos em plataformas incompatíveis; porém, poderão sedimentar-se tecnologias menos eficientes e gerar-se posições dominantes de facto sem correspondência a uma real qualidade da infraestrutura; (iv) os consumidores poderão adoptar as melhorias tecnológicas que ocorram dentro da norma adoptada, não colocando em risco as exterioridades de rede existentes; porém, os benefícios positivos decorrentes das exterioridades de rede só são distribuídos aos consumidores numa proporção bastante reduzida.

Em tese, poderá concluir-se que a existência de normas origina um aumento da concorrência intra-sistemática de serviços e uma redução significativa da concorrência intersistemática ao nível infra-

---

Matsushita DCC, JO C 333/2, de 17 de Dezembro de 1992; Decisão *Philips VCR*, JO L 47/42, de 18 de Janeiro de 1978; Decisão *MPEG-2*, JO C 229/19, 1998. Esta última decisão da Comissão poderá ser comparada com o processo homólogo do DOJ, *MPEG-2*, Antitrust Division, carta de 26 de Junho de 1997 (http://www.usdoj.gov/atr/public/busreview/1170.htm), bem como com o processo DOJ, DVD, Antitrust Division, carta de 16 de Dezembro de 1998, (http://www.usdoj.gov/atr/public/busreview/2121.htm). Em especial, no referente às *pools* de patentes, cfr. DOJ, *Antitrust Guidelines for the Licensing of Intellectual Property*, U.S. Department of Justice e Federal Trade Commission, 6 de Abril de 1995. (http://www.usdoj.gov/atr/public/guidelines/ipguide.htm.).

-estrutural. Esta situação dilemática é ultrapassável, porém, num custo e num espaço de tempo apreciável.

Efectivamente, os consumidores poderão usufruir da concorrência acrescida no interior da rede normalizada mas perdem inevitavelmente os benefícios que poderiam decorrer de investimentos em redes concorrentes. Finalmente, poderão surgir situações de congestionamento ou de compatibilidade limitada já que a rede tenderá a ser utilizada no limite da sua capacidade e qualidade.

Nestas condições, existirá espaço para o desenvolvimento de práticas colectivas que, aliás, serão conaturais à criação e ao subsequente desenvolvimento da rede.

Será de todo conveniente que um dos concorrentes tente angariar os restantes num modelo de mercado que entenda ser o mais conveniente[769].

A criação da norma implica uma comunhão de vontades, naturalmente diversas, num conteúdo único. Se os custos de investimento forem significativos, ainda mais quando estiverem em causa «*saltos tecnológicos*», a partilha desses custos será essencial para o sucesso do empreendimento, tanto mais que os resultados dessa investigação serão sempre aleatórios[770].

A criação de normas depende de um primeiro estádio concorrencial que tem como base um princípio de eminente colaboração explícita entre concorrentes no mercado. Por sua vez, e uma vez a infra-estrutura concorrencial estabilizada, assistir-se-á a um segundo estádio do jogo concorrencial, cujo desempenho exteriorizará

---

[768] Importa distinguir as colaborações horizontais das verticais. As segundas, relativamente mais pacíficas, colocarão os problemas inerentes à integração vertical de segmentos de mercados; por sua vez, as primeiras poderão constituir veículos de fixação horizontal de preços ou para o desenvolvimento de coligações implícitas em segmentos do mercado que extravasam o âmbito real da norma concreta. Cfr. N. Economides, *Commentary on Antitrust Economics of Credit Cards Networks, Federal Reserve Bank of St. Louis Review*, Nov-Dec. 1995, págs. 60 a 63.

[769] Não se poderá esquecer que a pretensão máxima do concorrente é a da detenção individual da norma, já que tal constituiria a concretização da vitória concorrencial plena: a propriedade do próprio mercado. A acção colectiva será, portanto, uma solução de segundo óptimo.

[770] Cfr. L. Sullivan e W. Grimes, *The Law of Antitrust: an Integrated Handbook*, West Group, 2000, pág. 243.

a tendência comportamental dominante no âmbito da racionalidade oligopolista[771].

O segundo momento do estádio concorrencial será tratado subsequentemente, pelo que importará analisar, neste momento, a primeira situação, nomeadamente a oportunidade do desenvolvimento colectivo do processo de produção de normas no mercado e o seu enquadramento no seio dos regimes legais de tutela da concorrência.

Quer o regime comunitário, quer o regime norte-americano tenderam inicialmente a emitir juízos desfavoráveis na análise desse tipo de práticas. Efectivamente, o acordo colectivo entre concorrentes enquadra-se tipicamente no âmbito de incidência do artigo 81.º do Tratado e da Secção 2.ª do *Sherman Act*.

Neste momento, depara-se-nos uma dificuldade: a rede enquanto estrutura de construção e produção conjunta implica uma definição prévia das regras de compatibilidade e de interoperabilidade; por conseguinte, a definição dessas regras terá de ser efectuada no âmbito de uma vontade colectiva finalisticamente coordenada, o que constituirá um campo fértil para a aplicação das normas de tutela de concorrência.

Num primeiro momento, existirá uma tendência para a aplicação dos dispositivos de controlo concorrencial de práticas colectivas, dado que o alcance destes acordos tende a abranger a integralidade dos agentes posicionados no lado da oferta. E, note-se, este momento inicial, de relativa indefinição tecnológica, é crucial, principalmente nos sectores em rede virtuais.

A definição dos termos sobre os quais será criado o novo mercado implica uma actividade de investigação e desenvolvimento muito acentuada sem que exista qualquer garantia da adopção dessa solução pelos restantes parceiros no mercado e que, no limite, são os seus próprios concorrentes actuais.

Não será por acaso que, para eliminar problemas a jusante, os próprios concorrentes se unam em acções dispendiosas de investigação e desenvolvimento tendo em vista a definição dos novos termos

---

[771] Cfr. N. Economides e A. Skrzypacz, *Standards Coalitions Formation and Market Structure in Network Industries*, Working Paper EC-03-01, Stern School of Business, NYU, 2003.

tecnológicos de definição do mercado futuro. Ora, esta actividade, intrinsecamente colectiva, poderá ser alvo de escrutínio rigoroso por parte das autoridades concorrenciais que, no limite, poderão valorar negativamente a realização conjunta deste tipo de esforços e eliminar qualquer esforço de colaboração conjunta com esta finalidade.

Como ponto de partida, dever-se-á ter presente que a rede, enquanto expressão de uma vontade conjunta, pressupõe a existência desse tipo de vontade no momento da sua criação inicial, pelo que a adopção de perspectivas concorrenciais maximalistas poderá, *in limine*, impedir a sua própria criação.

E, note-se, não existirá qualquer antagonismo entre eventuais efeitos anticoncorrenciais decorrentes de práticas colectivas e benefícios económicos provenientes do aumento de eficiência nos mercados, raciocínio que fundamenta, no limite, a regra de razão adoptada pelo direito norte-americano[772] e, igualmente, pelo direito comunitário, a este título.

Por outro lado, uma qualquer análise concorrencial ponderada destes movimentos colectivos de fixação de normas não poderá esquecer as alternativas disponíveis: numa situação extrema, o domínio da norma poderá ser cometido a um único agente; no outro extremo, a profusão de soluções dará origem a incompatibilidades generalizadas com os inevitáveis custos em sede de bem-estar social.

Finalmente, poderá gerar-se uma guerra de normas, onde as empresas com melhor tecnologia poderão muito facilmente ser superadas por outras com melhor capacidade financeira, com capacidades de subsidiação cruzada ou com uma melhor protecção ao nível dos direitos de propriedade intelectual[773].

As duas ordens jurídicas não ignoram esta problemática. Nos Estados Unidos, esta questão foi bastante discutida[774], tendo mesmo

---

[772] Cfr. FTC, *Antitrust Guidelines for Collaboration Among Competitors*, Abril, 2000 (www.ftc.gov/os/2000/04/ftcdojguidelines.pdf)

[773] Cfr. C. Shapiro e H. Varian, *Information Rules: A Strategic Guide to the Network Economy*, Boston, Harvard Business School Press, (1999).

[774] O DOJ desenvolveu uma acção de investigação compreensiva em 1980, accionando a Sony, a Philips e outras empresas de electrónica devido ao estabelecimento da norma CD, com os seguintes fundamentos: "*defendants have agreed, combined, and conspired to eliminate competition (...) by agreeing not to compete in the design of formats for compact disccs and compact disc players, and by instead agreeing to stablish, and establishing, a*

chegado a acusar-se a legislação de defesa de concorrência de atrasar o desenvolvimento tecnológico por impedir a formação de consórcios de investigação.

Relembre-se que o que está em causa não é o processo de formação de normas em si, mas a metodologia que é adoptada pelos participantes na acção colectiva relativamente aos restantes concorrentes no mercado. Actualmente, o sistema norte-americano assenta na regra de razão que toma em consideração toda a envolvente concorrencial, *maxime*, o nível de concentração no mercado, relevante nos casos em que os parceiros concorrem horizontalmente no mesmo segmento, ou o impacto da actividade no desenvolvimento futuro do mesmo, nomeadamente na possibilidade de ocorrência de encerramento de segmentos à entrada de novos concorrentes[775].

O acórdão mais importante a este respeito é o referente ao processo *Addamax Corporation v. Open Software Foundation, Inc*[776]. Neste caso, a Open Software Foundation, composta por diversos operadores do mercado informático tais como a Hewlett Packard e a Digital Equipment Corporation decidiu criar uma nova plataforma sobre o sistema operativo UNIX. A Addamax, não tendo sido escolhida

---

common format and design" (in "*Second Amended Complaint*", Disctronics Texas, Inc., e tal. V. Pionner Electronic Corp., e tal., Eastern District of Texas, case n.º 4:95 CV 229, filled August 2, 1996 at. 12). Em 1984 foi aprovado nos Estados Unidos o *The National Cooperative Research Act* (Pub. L. n.º 98-462, 98 Stat. 1915, codificado no 15 USCA, §§ 4301-4306), precisamente para evitar que as normas de defesa de concorrência bloqueassem a formação de procedimentos de investigação conjunta entre empresas.

[775] Existe alguma jurisprudência sobre esta matéria, embora não muito conclusiva. No acórdão *Allied Tube & Conduit Corporation v. Indian Head, Inc.* (486 US 492, 1988), o Supremo Tribunal Federal considerou provada a existência de uma acção colectiva dos fabricantes de cabos eléctricos de aço tendo em vista a não adopção da norma que permitia a utilização do plástico Neste âmbito referiu, "agreement on a product standard is, *after all*, implicitly an agreement not to manufacture, distribute, or purchase certain types of products" (acórdão *cit.*, at 500). O mesmo aconteceu no acórdão *American Society of Mechanical Enginneers v. Hydrolevel Corp.* (456 US 556, 1982), no qual o Supremo Tribunal Federal anulou uma decisão de uma associação industrial. Cfr., ainda, acórdão *ECOS Elec. Corp. v. Underwriters Labs, Inc* (743 F 2.d 498, 5901, 1994); acórdão *National Macaroni Mfrs. Association v. FTC* (345 F 2.d 412, 426, 1965) Cfr. L. Sullivan e W. Grimes, *The Law of Antitrust: an Integrated Handbook*, West Group, 2000, págs. 244 a 261 e 692 a 694; L. Morais, *op. cit.*, págs. 848 a 881e 1460 a 1471.

[776] 888 F. Supp. 274 (1995); 964 F. Supp. 549 (D. Mass. 1997) aff'd, 152 F 3.d 48 (1st circuit 1998).

para fornecer o software de segurança essencial para a plataforma, acusou a Open Software Foundation e os seus associados de ter procedido de forma discriminatória, já que a sua solução seria a melhor e a exclusão consistiria numa forma de favorecer determinadas tecnologias detidas pela empresas associadas.

No caso concreto, a Open Software Foundation revestiria a qualidade de um consórcio de investigação, tendo o Tribunal de Distrito considerado que a mesma não detinha um poder significativo de mercado, uma vez que pretendia unicamente destronar o sistema UNIX dominante detido pela Sun Microsystems e pela AT&T[777].

Quanto ao regime comunitário, não se poderá esquecer que a normalização é um instrumento essencial para a criação do mercado interno. A existência de modelos nacionais incompatíveis ao nível dos diversos sectores económicos constituiria uma restrição insuperável para o desenvolvimento das garantias fundamentais previstas no Tratado.

Em conformidade, a normalização é, na União Europeia, uma condição para a criação do modelo de organização política pretendida pela sua lei fundamental, um pouco como o foi nos Estados Unidos novecentistas[778].

Conforme o disposto no artigo 81.º do Tratado, são incompatíveis com o mercado comum e proibidos todos os acordos entre empresas, todas as decisões de associações de empresas e todas as práticas concertadas que sejam susceptíveis de afectar o comércio entre os Estados-Membros e que tenham por objectivo ou efeito impedir, restringir ou falsear a concorrência no mercado comum, designadamente as que consistam em: a) fixar, de forma directa ou indirecta, os preços de compra ou de venda, ou quaisquer outras condições de transacção; b) limitar ou controlar a produção, a distribuição, o desenvolvimento técnico ou os investimentos; c) repartir os mercados ou as fontes de abastecimento; d) aplicar, relativamente a parceiros comerciais, condições desiguais no caso de prestações equivalentes colocando-os, por esse facto, em desvantagem na con-

---

[777] O Tribunal deu pouca relevância a um aspecto essencial: o poder de monopsónio detido pela Open Software Foundation. Neste caso, deveria ter tentado verificar se existiam políticas de contratação menos restritivas.

[778] Relembre-se que a criação dos fusos horários resultou da necessidade de estabilização dos horários dos comboios nos Estados Unidos.

corrência; e) subordinar a celebração de contratos à aceitação, por parte dos outros contraentes, de prestações suplementares que, pela sua natureza ou de acordo com os usos comerciais, não têm ligação com o objecto desses contratos.

Ora, os processos de aprovação colectiva de normas nos sectores em rede poderão muito facilmente ser reconduzidos a qualquer uma destas alíneas.

A fixação de valores de royalties ou a exigência de condições qualitativas de interligação poderão ser assimiladas a uma limitação de acesso à infra-estrutura. A regulamentação de acessos à infra-estrutura que visa evitar eventuais congestionamentos poderá reconduzir-se a uma limitação de acesso ao mercado, seja na perspectiva da produção, da distribuição ou do desenvolvimento técnico. E, no limite, os sistemas de produção conjunta verticalmente integrados, poderão consubstanciar uma forma de repartição de mercados ou de fontes de abastecimento. Finalmente, o privilégio de acesso aos sujeitos instituidores da norma poderá, por sua vez, colocar os restantes operadores numa situação de desvantagem concorrencial.

Independentemente da posição que se adopte quanto à verdadeira natureza do n.º 1 do artigo 81.º do Tratado (regra *per se* ou regra de razão), o n.º 3 do artigo 81.º como que estabelece uma cláusula de salvaguarda, permitindo que as disposições do n.º 1 possam ser declaradas inaplicáveis relativamente a actos colectivos que contribuam para melhorar a produção ou a distribuição dos produtos ou para promover o progresso técnico ou económico, contando que aos utilizadores se reserve uma parte equitativa do lucro daí resultante, e que: a) não imponham às empresas em causa quaisquer restrições que não sejam indispensáveis à consecução desses objectivos; b) nem dêm a essas empresas a possibilidade de eliminar a concorrência relativamente a uma parte substancial dos produtos em causa.

Além da possibilidade de outorga de isenções individuais, poderão ser concedidas isenções por categoria, sendo particularmente relevante para a matéria da normalização o disposto no Regulamento n.º 2659/2000, de 29 de Novembro de 2000[779], relativo a acordos de Investigação e Desenvolvimento.

---

[779] JO L 304/7, de 5 de Dezembro de 2000.

No entanto, e para não variar, o instrumento interpretativo mais importante traduz-se na Comunicação da Comissão referente às *Orientações sobre a aplicação do artigo 81.º do Tratado CE aos acordos horizontais*[780].

Neste documento define-se o que se entende por acordo de normalização, numa formulação relativamente insuficiente. Assim, a Comissão Europeia entende como tal os acordos que tenham por objectivo fundamental a definição dos requisitos técnicos e de qualidade que devem ser cumpridos por produtos, processos e métodos de produção presentes ou futuros[781], esquecendo toda a problemática das infra-estruturas. Em termos quantitativos, a Comissão entende que acordos que envolvam sujeitos com uma quota de mercado inferior a 10% do mercado relevante são insusceptíveis de averiguação concorrencial, numa óptica assente na regra *de minimis*[782].

Se os agentes participantes no acordo de normalização detiverem uma quota de mercado agregada superior a 10% do mercado relevante, poderão ainda assim escapar à proibição estabelecida no n.º 1 do artigo 81.º do Tratado CE se os processos forem não discriminatórios, abertos e transparentes e não obrigarem os restantes produtores ao cumprimento obrigatório da norma ou se fizerem parte de um acordo mais alargado que vise assegurar a compatibilidade dos produtos[783].

Note-se que, neste enquadramento, a Comissão Europeia encontra-se mais preocupada com o procedimento de formação da norma do que com o verdadeiro conteúdo e efeito da mesma. Por outro lado, parece confundir-se com o efeito do processo de normalização, bem como com as consequências *de facto* no mercado desse procedimento. Efectivamente, se o acordo alargado visar a uniformidade da norma num ambiente mais amplo, como é que a norma não se torna obrigatória *de facto* para os restantes produtores?

No entender da Comissão Europeia, o facto de os acordos de normalização restringirem ou não a concorrência depende da medida em que as partes continuam a ter liberdade para desenvolverem

---

[780] JO C 3/2, de 6 de Janeiro de 2001.
[781] Para. 159 das Orientações citadas.
[782] Para. 164 das Orientações citadas.
[783] Para. 163 das Orientações citadas.

simultaneamente outras normas ou outros produtos que não respeitem à norma objecto do acordo.

Conforme se dispõem nas referidas Orientações, "*os acordos de normalização podem restringir a concorrência quando impedem as partes de desenvolver normas alternativas ou de comercializar produtos que não respeitam a norma em causa*". Ora, esta não é a verdadeira questão. A existência de uma norma contratual de "não concorrência" é totalmente irrelevante no caso concreto. A questão é essencialmente factual. Se existe um processo de normalização em marcha não existe qualquer incentivo para a sua fuga, ainda mais se os agentes participarem nesse mesmo procedimento de formação da norma.

A ponderação para efeitos de concessão de isenção individual encontra-se conceptualmente adulterada atendendo ao escopo de criação do mercado interno. Assim, refere-se: "*a Comissão mostra-se geralmente favorável aos acordos que promovem a interpenetração económica no mercado comum ou que incentivam o desenvolvimento de novos mercados e a melhoria das condições da oferta. Para que estas vantagens económicas sejam efectivas, as informações necessárias à aplicação da norma devem ser acessíveis a todos os que pretendem penetrar no mercado e uma parte importante do sector em causa deve estar implicada na fixação da norma, de uma forma transparente*"[784].

As Orientações, apesar de úteis, não são senão uma simples introdução para a análise concorrencial dos acordos de normalização, esquecendo muitas das questões relevantes a esse efeito. No nosso entender, existem três questões relevantes para efeitos da análise do mérito concorrencial dos acordos de fixação de normas.

Inicialmente, haverá que averiguar da real necessidade da norma e consequentemente, do seu processo de formação colectiva. Ora, a existência dos sectores em rede depende da criação da norma. Os grupos organizados eliminam grande parte dos custos de negociação que decorreriam de um processo atomístico de negociação.

Em segundo lugar haverá que analisar o mecanismo de acesso ao processo de produção da norma. Em princípio, e de acordo com

---

[784] Para. 169 das Orientações citadas.

os mais básicos princípios económicos aplicáveis a este respeito, interessa que a base instalada seja o mais alargada possível. Esse número alargado de agentes não só permitirá a real implementação da norma, como garantirá uma alargada troca de opiniões que permitirá a formação de uma solução tecnologicamente válida.

No entanto, existem efeitos concorrenciais relevantes. Se um agente fizer vencer a sua solução numa franja restrita da norma, então terá uma vantagem sobre os restantes concorrentes do segmento. Não só poderá usufruir de economias de escala e de gama atendendo ao maior volume da sua produção, como aumentará os custos dos seus rivais que terão de adaptar as suas soluções à adoptada na norma. E, nesta óptica, poderão desenvolver-se estratégias denominadas de *"horse trading"*[785], onde todos tentam exponenciar os méritos da sua solução sobre as demais.

Consequentemente, os princípios da igualdade de oportunidade e da não-discriminação assumem uma relevância essencial em dois momentos: *i) deverá ser garantido um livre acesso dos concorrentes ao grupo que procede à formação da norma; ii) deverá ser garantida uma igualdade de oportunidades na discussão das soluções tecnológicas na formação da norma.*

Estas questões são, porém, menos relevantes do que poderão parecer numa primeira apreciação. Como é óbvio, os agentes que desenvolvem a norma pretendem uma base de adopção o mais alargada possível, pelo que terão todo o interesse em acolher o número mais alargado de concorrentes.

Por outro lado, e numa óptica de concorrência entre normas, importará escolher a melhor tecnologia possível, e tal só poderá ser efectuado no seio de uma discussão alargada e na presença de diversas soluções tecnológicas concorrentes.

Não se pode concordar com o disposto nas *Orientações* quando referem que, idealmente, as normas deveriam ser tecnologicamente neutras[786]. Ora, não se entende como é que uma solução possa ser tecnologicamente neutra num momento anterior à própria criação do mercado. Nesta fase anterior, as opções de desenvolvimento futuro

---

[785] Cfr. M. Dolmans, *Standards for Standards*, American Bar Association, Spring 2002, pág. 12.
[786] Cfr. para. 171 das Orientações citadas.

dependem de um acordo de orientação. E, essa orientação, por definição, nunca poderá ser neutra. No limite, se a solução fosse neutra, então não seria necessário qualquer acção de normalização.

Ao contrário do que se poderia esperar, a Comissão Europeia tem demonstrado alguma tolerância relativamente às restrições à admissão em grupos de normalização[787]. A razão para essa especial tolerância poderá residir no receio de formação de uma posição dominante colectiva, relativamente atenuada se existirem concorrentes no exterior do grupo organizado.

Este receio é, a nosso ver, infundado, já que bastará a possibilidade de desenvolvimento por parte dos concorrentes de soluções distintas das adoptadas na norma para que o jogo concorrencial se mantenha activo[788].

Por sua vez, se existirem normas concorrentes, então a possibilidade de criação da posição dominante poderá ser liminarmente afastada[789]. Assim, e tal como na generalidade das aferições de mérito concorrencial nos sectores em rede, a solução acertada dependerá da análise do caso concreto.

Finalmente, se as soluções de normalização forem disponibilizadas aos restantes parceiros no mercado de acordo com *critérios justos, razoáveis e não discriminatórios (FRAND)*[790], então não existirá qualquer possibilidade de desempenho anticoncorrencial, com excepção de eventuais abusos em sede de direito de propriedade intelectual (e.g., recusa de licenciamento, imposição de preços discriminatórios ou de compressão de margens, realização de subsidiação cruzada, cobrança de royalties excessivas, desenvolvimento de preços predatórios ou de práticas de projecção do poder económico para

---

[787] Cfr., e.g., Decisão da Comissão 87/69, *X/Open Group*, JO L 35/36, 1987. *Cfr*, ainda, para. 172 das Orientações citadas.

[788] Cfr. C. Shapiro, *Setting Compatibility Standards: Cooperation or Collusion?*, 2000, (http://haas.berkeley.edu/~shapiro/standards/pdf). No entanto, em sentido contrário, entendendo que os acordos de exclusividade poderão ser pró-concorrenciais, cfr. acórdão *National Bank of Canada v. Interbank Card Association*, 507 F. Supp 1113 (SDNY 1980), aff'd 666 F.2d 6 (2nd Cir. 1981).

[789] Cfr. Acórdão do Supremo Tribunal Federal, *Northwest Wholesale Stationers v. Pacific Stationary & Printing Company*, 472 US 284, (1985).

[790] Cfr. M. Dolmans, *Standards for Standards*, American Bar Association, Spring 2002, págs. 14 e segs.

mercados adjacentes). No entanto, e ainda a este título, será mais conveniente a celebração de acordos de licenciamento conjunto do que de cedência individual segregada de licenças onde, numa situação limite, um único operador poderá bloquear os intentos de todos os outros (*hold-out*).

Em terceiro lugar, haverá que analisar os critérios adoptados para a concessão das isenções, *maxime* o requisito quantitativo referente às quotas de mercado detidas pelos concorrentes ou o facto de serem concorrentes actuais no mercado relevante.

Ora, nos sectores em rede, o processo concorrencial é extraordinariamente dinâmico. As quotas de mercado detidas no momento presente nada significam no momento futuro quando a situação é de concorrência pelo mercado e não de concorrência no mercado. E, obviamente, a criação da norma é o momento fundamental na definição das condições de concorrência no estádio mercantilistico superveniente.

Neste enquadramento, mais importante que qualquer averiguação concorrencial actual será a realização de uma análise prospectiva sobre as condições concorrenciais futuras. No limite, o que a limitação de realização de acordos originará será a proliferação de normas de facto detidas por sujeitos individuais e que, numa situação de incerteza perante a norma vencedora, atrasarão o desenvolvimento tecnológico da rede em causa.

Por outro lado, não se poderá esquecer que o momento de formação da norma é um momento especial. Efectivamente, a normalização permitirá o desenvolvimento futuro de uma concorrência alargada, em estrita conformidade com a teoria dos jogos em dois estádios. Assim, mesmo que a intensidade concorrencial se reduza no momento inicial, essa redução será mais do que compensada no momento futuro (concorrência *ex ante versus* concorrência *ex post*). Por fim, não se poderá esquecer que a normalização e a troca de informações permanente entre os diversos concorrentes no mercado poderá favorecer o desenvolvimento de coligações. No entanto, essa questão será tratada *infra*.

2. A Teoria dos Jogos e a Nova Economia Industrial – o comportamento estratégico cooperativo e não-cooperativo – da coligação tácita ao equilíbrio oligopolista não-cooperativo

Actualmente, a principal questão em aberto reporta-se à regulação comportamental dos operadores dos sectores em rede atendendo às características próprias dos mercados em causa.

Mais importante e relevante que a análise das formas de coordenação expressa, mesmo que informais, das acções concorrenciais no mercado relevante, será a aferição concorrencial da legalidade dos modos de interacção mútua inerentes à sua própria estrutura oligopolística de organização dos sectores em rede.

Conforme se demonstrará *infra*, da organização oligopolista típica dos sectores em rede resultarão comportamentos estratégicos típicos no mercado cuja regularidade e legalidade será necessário analisar.

Reportamo-nos, obviamente, às questões decorrentes do desenvolvimento de interacções estratégicas concorrencialmente nocivas, consubstanciadoras da figura do «*domínio colectivo*» ou da «*posição dominante colectiva*».

No entanto, e ao contrário da doutrina jurídica tradicional, que tende a tratar de forma unitária a coligação tácita e a interdependência oligopolista, reconduzindo esta última à primeira realidade, entende-se que, na tentativa da construção de um sistema concorrencial eficiente e não distorcido, importará ter presente as diferenças típicas entre as duas realidades e que serão decisivas na conclusão final.

Os contributos da moderna *Teoria dos Jogos* e da *Nova Economia Industrial* são essenciais na definição da política concorrencial e regulatória dos sectores em rede e na consequente densificação do que se entende por «*posição dominante colectiva*».

Atendendo às suas características próprias, os sectores em rede organizam-se sistematicamente sob a forma de estruturas oligopolistas. A definição do impacto concorrencial desta forma típica de organização é tudo menos pacífica. No limite, ao equiparar-se organização oligopolista com posição dominante colectiva, o que é dogmaticamente incorrecto mas constitui uma tentação quase irresistível, praticamente todas as actividades concorrenciais desenvolvidas nos sectores em rede estariam directamente abrangidas pela (restritiva) legislação aplicável e, consequentemente, sujeitas à aplicação de medidas de correcção estrutural de mercado.

A análise dos comportamentos colectivos dos agentes participantes no mercado, bem como a configuração da sua correcta natureza, assume, neste enquadramento, uma relevância extrema.

Inicialmente, a questão essencial que se colocava reportava-se à análise do impacto das «*interdependências oligopolísticas*» entre os produtores em mercados concentrados no funcionamento desses mercados.

Neste campo, a *Nova Organização Industrial* pronunciou-se numa orientação teórica essencialmente baseada na *Teoria dos Jogos*, inventada, em 1937, pelo matemático John von Neumann e generalizada, no mundo económico, em 1944, por Oskar Morgenstern[791], fornecendo novas perspectivas de análise assentes na perspectiva estratégica das decisões dos agentes no mercado em contraposição com a perspectiva anterior, baseada essencialmente nos aspectos estruturais dos mercados.

As empresas (em sentido amplo) não deverão ser consideradas simplesmente como unidades económicas respondendo aos estímulos exógenos do mercado, determinados pela sua estrutura intrínseca e tendencialmente inalterável, mas sim como agentes modeladores dessas condições de forma a atingirem os seus objectivos económicos. De sujeitos determinados, os concorrentes passaram ser sujeitos determinantes das reais condições concorrenciais dos mercados.

Ao adoptar-se esta perspectiva, e no caso de ser verdadeira e operacional, as interacções entre os agentes e o mercado não poderão ser analisadas simplesmente numa perspectiva a longo prazo (a única consentânea com a concepção estrututral subjacente).

Ao invés, as barreiras à entrada no mercado, as vantagens competitivas e o grau de diferenciação dos produtos serão determinados de forma endógena pelas empresas no curto ou no muito curto prazo. O resultado desta nova perspectiva é evidente, pois os atributos do mercado, anteriormente considerados como elementos estruturais,

---

[791] Cfr. J. Neumann e O. Morgenstern, *Theory of Games and Economic Behaviour*, 3rd edition, (1.ª edição de 1944), Priceton University Press, 1980.

logo dificilmente mutáveis, transformaram-se em simples variáveis no processo decisório.

Segundo alguns autores, esta nova perspectiva coloca em causa os resultados obtidos pelas anteriores aproximações relativamente à racionalidade dos comportamentos coligados, afirmando-se mesmo que tal obrigará imperativamente a uma alteração dos métodos tradicionais de julgamento[792].

A nosso ver, essa conclusão não poderá ser dada como certa[793]. No entanto, esta nova orientação tem certamente o mérito de dar atenção a um número de factores que até então tinham passado quase despercebidos, permitindo novas aproximações às condições estruturais dos mercados e inserindo na problemática novas variáveis, como por exemplo, a qualidade da informação disponível. Porém, a inovação mais importante foi a ultrapassagem da ideia de estabilidade rígida dos mercados, o que trouxe, necessariamente, para o campo de apreciação a permanente incógnita relativa à sua própria evolução futura.

A estrutura do mercado já não constitui uma variável imutável, antes se altera de forma dinâmica e contínua, em estrita correspondência com as pretensões dos operadores.

São os operadores de transportes (aéreo, rodoviário ou marítimo) que definem as rotas mercantis relevantes. São os operadores de telecomunicações que definem a área de cobertura bem como os serviços que prestam. No futuro, serão os produtores de conteúdos informativos que definirão a tipologia das infra-estruturas de comunicação.

Nas redes virtuais permite-se mesmo a construção *ex novo* de mercados, no âmbito da concorrência construtiva de criação dos mesmos (simétrica da concorrência destrutiva shumpeteriana). Neste âmbito, assistimos a uma verdadeira concorrência pelos mercados, e não a uma concorrência nos mesmos.

---

[792] Cfr., *e.g.*, P. Gerowsky e A. Jacquemin, "*Dominant Firms and Their Alleged Decline*", in International Journal of Industrial Organization, Vol. 2, 1984, págs. 1 a 27; M. Slade e A. Jacquemin, "*Strategic Behaviour and Collusion*", in G. Norman e M. La Manna (eds.), The New Industrial Economics, Aldershot, 1992, págs. 47 a 65; D.A. Yao e S. de Santi, "*Game Theory and the Legal Analysis of Tacit Collusion*", in Antitrust Bulletin, 38, n.º 1, (1993), págs. 113 a 141.

A *Teoria dos Jogos* constitui-se como o instrumento mais indicado para a análise das interacções oligopolistas, permitindo distinguir a mera interdependência oligopolista das situações de coligação tácita, o que é crucial para a análise dos comportamentos colectivos nos sectores em rede.

As instâncias concorrenciais já interiorizaram a importância da teoria dos jogos; no entanto, aplicam os seus mandamentos – nomeadamente ao nível da teoria da retaliação – de uma forma desgarrada e axiomática.

Quando se refere que a estrutura do mercado deixou de ser um dado adquirido, transmutando-se num elemento moldável de acordo com a vontade dos concorrentes, o jogo que anteriormente era estático adquiriu um dinamismo extremo, retorcendo-se o terreno de acção conforme as preferências dos jogadores.

Na presença destas condições, e uma vez que o comportamento dos agentes em oligopólio se traduz num verdadeiro jogo de estratégia, o estudo dessas tácticas de articulação dos interesses dos diversos agentes envolvidos, "*no espaço intermédio dos extremos da cooperação e da rivalidade*", torna-se fundamental[794].

Atendendo ao exposto, e tendo-se concluído pela relevância da teoria dos jogos na análise do comportamento oligopolista, a clarificação do primeiro problema em presença – a distinção entre o impacto concorrencial da actuação dos agentes em coordenação expressa ou no âmbito de uma coligação tácita *lato sensu* (englobando equilíbrios cooperativos e não-cooperativos) – implica a realização de uma clarificação metodológica, havendo que distinguir a metodologia dos jogos cooperativos da dos jogos não-cooperativos, consoante a intuição inicial que se adopte na análise de um determinado mercado.

---

[793] Uma vez que o período de análise é alterado, passando do longo prazo para o curto prazo, poderá questionar-se se os diferentes resultados obtidos se devem à nova orientação teórica ou simplesmente à mudança de perspectiva a nível temporal. Sobre este assunto consultar: Erhard Kantzenbach, Elke Kottmann e Reinald Kruger, "*New Industrial Economics and Experiences from European Merger Control – New Lessons About Collective Dominance?*", estudo elaborado a pedido da Comissão Europeia, Bruxelas, 1995, págs. 5 e segs.

[794] Cfr. Fernando Araújo, *op. cit.*, pág. 380.

A distinção entre jogos não-cooperativos e jogos cooperativos assenta na ênfase teórica inicial e na sua estrutura. Nos jogos não-cooperativos, o agente individualmente considerado e as suas acções individuais constituem-se como a unidade fundamental de análise. Ao invés, nos jogos cooperativos, o ponto de partida é a própria existência de uma coligação – ou de um grupo de jogadores – sendo o seu objecto primordial de análise os termos de formação da concertação e a subsequente distribuição de recursos. Nesta última perspectiva, não são analisados os termos de estabilidade da coligação já que esta pressupõe que a mesma é juridicamente sustentável[795].

Atendendo à prática jurisprudencial recente, bem como à diversa *soft law* emanada pelas autoridades administrativas, a compreensão destas metodologias é cada vez mais essencial. Efectivamente, os procedimentos de prova nos diversos recursos jurisdicionais assentam, na sua grande maioria, na contestação de diversos pressupostos económicos de natureza essencialmente teórica.

Ora, nas condições jusconcorrenciais actuais, a teoria dos jogos cooperativos encontra-se em claro desuso. Os acordos expressos entre agentes oligopolistas são claramente condenados pelas autoridades concorrenciais, muitas vezes sem qualquer contemplação adicional[796], o que coloca em causa a base teórica desse ramo da *Teoria dos Jogos*[797].

Resta, portanto, a vertente dos jogos não-cooperativos (quer na vertente tácita ou coordenada, quer na vertente não-coordenada), que é claramente a mais rica e apaixonante bem como a mais indicada para o fornecimento de referências de actuação nos casos de interacção oligopolista nos sectores em rede.

Os resultados obtidos pela teoria económica do oligopólio partem, portanto, de um ponto de vista não-cooperativo, assumindo que os concorrentes tomarão as suas opções estratégias individuais tendo

---

[795] Joseph Harrington, Jr., "*Non-Cooperative Games*" in The New Palgrave Dictionary of Economics and the Law, Peter Newman, (ed.), vol. 2, 1998, págs. 684 e 685; J. Friedman, *Oligopoly and the Theory of Games*, North-Holland, New York, 1977; M. Shubik, *Game Theory in the Social Sciences: Concepts and Solutions*, MIT Press, Cambridge, 1982.

[796] Nomeadamente as considerações ao nível da eficiência acrescida ou das economias de escala ou de gama susceptíveis de aproveitamento.

[797] Cfr. Fernando Araújo, *op. cit.*, págs. 370 a 372.

em vista a concretização de uma situação de equilíbrio (coordenado ou não-coordenado), de que dependerão as restantes estratégias adoptadas pelos concorrentes em condições idênticas.

Esta posição assenta directamente nos ensinamentos de John Forbes Nash, que alterou a metodologia de análise dos oligopólios em termos bastante radicais. Na sua dissertação de doutoramento de 27 páginas escrita aos 20 anos introduziu a ideia de equilíbrio oligopolista (denominada posteriormente de «*equilíbrio de Nash*»), que se tornou o elemento central de referência na análise da coordenação dos agentes em mercados concentrados.

Assim, John Nash, inspirando-se inevitavelmente nos modelos de Cournot e de Bertrand (cujos resultados finais propiciavam situações posteriormente denominadas como *equilíbrio Nash-quantidade*, no primeiro caso, e *equilíbrio Nash-preço*, no segundo), introduz uma componente estratégica subjectiva no jogo concorrencial oligopolista[798], que distingue a sua teoria dos modelos anteriores assentes numa estrita postura subjectiva unilateral do oligopolista tendo em vista o aumento do seu lucro e onde a componente estrutural do mercado relevante se constituía como dado adquirido.

Nash lançou as bases da denominada "*Nova Teoria de Organização Industrial*"[799]. Esta nova orientação prossegue uma aproximação analítica baseada no *comportamento*[800], possibilitando prognoses

---

[798] John Nash, "*The Bargaining Problem*", Econometrica, 18, 2, 1950; Idem, "*Equilibrium Points in n-Person Games*", Proceedings of the National Academy of Sciences USA, 36, 1950; Idem, "*Noncooperative Games*", Annals of Mathematics, 54, 1953; Idem, "*Two-Person Cooperative Games*", Econometrica, 21, 1953; Idem, *Essays on Game Theory*, Cheltenham UK, Edward Elgar, 1996; Idem, *The Essential John Nash*, Harold Kuhn & Sylvia Nasar, (eds.), Princeton University Press, 2002.

[799] Cfr, e.g., J.E. Stiglitz e G.F. Mathewson (eds.), "*New Developments in the Analysis of Market Structure*", Londres, (1986); G. Norman e M. La Manna (eds.), The New Industrial Economics, Aldershot, 1992.

[800] Cfr. F. Forges e J. Thisse, "*Game Theory and Industrial Economics: An Introduction*" in G. Norman e M. La Manna (eds.), *The New Industrial Economics*, Aldershot, 1992, págs. 12 a 46; D. Fundenberg e J. Tirole, "*Noncooperative Game Theory for Industrial Organization: An Introduction and Overview*" in R. Schmalensee e R. Willig (eds.) *Handbook of Industrial Organization*, Vol. 1, Amesterdão, págs. 259 a 327; A. Jacquemin, "*What is at Stake in the New Industrial Economics*" in M. Baldassari (ed.) *Oligopoly and Dynamic Competition*, Londres, 1992, págs. 37 a 53; F. Scherer e D. Ross,

relativamente ao tipo de acções a desenvolver pelos produtores nas diferentes situações económicas de um mercado determinado.

Consequentemente, um aspecto comum a todos estes modelos é o facto de, inicialmente, ser necessário considerar opções específicas relativamente ao comportamento de firmas rivais no mercado, pois estes concorrentes são considerados como participantes no jogo. Os resultados desta análise preliminar dependem das «*regras do jogo*» e do «*espaço estratégico*» disponível[801].

As consequências económicas de um determinado modelo de organização sectorial oligopolista dependem agora do comportamento dos agentes e não unicamente da sua estrutura. O nível de exigência relativamente à análise concorrencial dos sectores em rede aumenta exponencialmente.

Conforme foi referido noutro local[802], a principal diferença entre esta perspectiva (desenvolvida posteriormente através da teoria dos jogos não-cooperativos) e o entendimento microeconómico tradicional baseado na interdependência oligopolista clássica é que esta nova orientação teórica considera cada produtor como prosseguindo a «*sua melhor estratégia*», baseada na análise das «*melhores estratégias*» dos concorrentes.

Pelo exposto, a nova teoria vem desenvolver a ideia, aflorada na anterior construção teórica, de que os oligopolistas, no momento da tomada das suas decisões, tomam em consideração as respostas possí-

---

Industrial Market Structure and Economic Perfomance, 3.ª ed., Boston, 1990; R. Schmalensee, "*Industrial Economics: An Overview*" in *Economic Journal*, Vol. 98, 1988, págs. 643 a 681; Idem, "*Inter-Industry Studies of Structure and Performance*" in R. Schmalensee e R. Willig (eds.), *Handbook of Industrial Organization*, Vol. II, Amesterdão, 1989, págs. 951 a 1009; W. Shepherd, *The Economics of Industrial Organization*, 3.ª ed., Englewood Cliffs, N. J., 1990; J. Sutton, "*Explaining Everthing, Explaining Nothing? Game Theoretic Models in Industrial Economics*" in *European Economic Review*, Vol. 34, 1990, págs. 505 a 512; J. Tirole, *The Theory of Industrial Organization*, Cambridge, Ma., 1988; E. Wolfstetter, "*Oligopoly and Industrial Organization*", Humboldt-Universitat Discussion Paper, Economic Series, n.º 10, Berlim, 1993; D. Yao e S. De Santi, "*Game Theory and the Legal Analysis of Tacit Collusion*" in *Antitrust Bulletin*, Vol. 38, n.º 1, 1993, págs. 113 a 141.

[801] Cfr. M. Slade e A. Jacquemin, "*Strategic Behaviour and Collusion*" in G. Norman e M. La Manna (eds.), *The New Industrial Economics*, págs. 49 e segs.; C. Lobo, *Concorrência Bancária ?*, pág. 188.

[802] C. Lobo, *Concorrência Bancária ?*, *cit.*, págs. 188 e segs.

veis (acção *a posteriori*) dos concorrentes à sua conduta através de considerações *ad hoc*[803], estabelecendo a nova orientação, um enquadramento para a formação de expectativas (acção *a priori*) tendo como base a escolha de estratégias pelos rivais.

Ou seja, enquanto que a anterior aproximação tomava simplesmente em consideração as reacções das firmas rivais a uma determinada actuação do sujeito, a nova aproximação vem tomar em consideração, na análise preliminar, as possíveis estratégias preliminares dos mesmos rivais. A análise concorrencial torna-se, portanto, essencialmente dialéctica e não meramente indutiva.

Na nova orientação proposta por Nash, todos os oligopolistas são assumidos como jogadores racionais e, num jogo não-cooperativo, o conceito aplicado por qualquer dos jogadores para resolver o seu problema de saber a melhor resposta às estratégias prosseguidas pelos seus concorrentes é conhecido como o *equilíbrio de Nash*.

A característica básica deste equilíbrio é a consideração de que as firmas individuais não terão qualquer incentivo para alterar a sua estratégia (Nash) enquanto os seus concorrentes estiverem a adoptar estratégias Nash[804]. Simplificadamente, numa situação de equilíbrio de Nash, as estratégias escolhidas pelos jogadores são as melhores respostas recíprocas disponíveis entre eles, na ausência de qualquer cooperação. É esta constatação que impede a extensão do raciocínio dialéctico para o infinito.

No entanto, os seus ensinamentos como que adquiriram uma vida própria, tendo a doutrina económica superveniente desenvolvido uma multiplicidade de considerações complementares à intuição iluminada de Nash relativamente à questão da estabilidade das interacções estratégicas em ambientes não-cooperativos.

Paradoxalmente, o principal desenvolvimento posterior reportou-se precisamente na cognoscência da instabilidade dos equilíbrios.

---

[803] Cfr. D. Yao e S. De Santi, cit., pág. 123. Numa perspectiva comparativa com os modelos tradicionais de oligopólio, cfr. R. Rees, *op. cit.*, págs. 28 e segs.

[804] Friedman forneceu a definição fundamental nos seguintes termos: "*each firm has a family, or set, of strategies from which it can choose, and each has an objective function it wishes to maximize. A noncooperative equilibrium consists of n particular strategies, one for each firm, so chosen that no single firm could possibly have obtained higher profits if it, alone, had selected a different strategy*". Cfr. J. Friedman, *Oligopoly Theory*, Cambridge, 1993, pág. 49.

Efectivamente, e conforme foi demonstrado pela Escola de Chicago, os elementos que permitem concluir para uma perenização da coligação são os mesmos que apontam para o seu colapso.

3. A Teoria dos Jogos Não-Cooperativos e os Sectores em Rede. A teoria dos jogos repetidos

Relembre-se que os modelos actuais dependem da forma como os diversos agentes interagem entre si no mercado relevante. Os modelos iniciais da teoria de oligopólio (Cournot, Bertrand, Stackelberg) não contemplavam a possibilidade de existência de coligações perenes. A razão para esse facto residia na própria estrutura económica estática pressuposta pelos modelos que se desenvolviam de forma finita, parcelar e a uma única volta (*"one-shot games"*).

A incarnação dos modelos primários de oligopólio nas vestes metodológicas adoptadas pela teoria dos jogos implica a sua qualificação como jogos não-cooperativos, de jogada simultânea, a uma única volta[805].

---

[805] Cfr. S. Martin, *Advanced Industrial Economics, cit.*, 2002, pág. 41. No entanto, existem autores que defendem que o modelo de Cournot não se constitui como um modelo estático de jogo, mas sim dinâmico. Neste sentido R. Leonard, (*in "Reading Cournot, reading Nash: the creation and stabilisation of the Nash Equilibrium", Economic Journal*, 104, 1994, pág. 505), tendo sido desenvolvidos modelos dinâmicos de jogos assentes no modelo de Cournot por E. Dockner, (na óptica dos jogos diferenciais, in *"A dynamic theory of conjectural variations", Journal of Industrial Economics*, 40, 1992, págs. 377 a 395) e, na óptica dos jogos repetidos, por H. Sabourian, (in *"Rational conjectural equilibrium and repeated games"* in P. Dasgupta, D. Gale, O. Hart e E. Maskin (eds.) *Economic Analysis of Markets and Games: Essays in Honor of Frank Hahn*, MIT Press, 1992, págs. 228 a 257), B. Lapham e R. Ware, *"Markov puppy dogs and related animals" International Journal of Industrial Organization*, 12, 4, 1994, págs. 585 e 586) e L. Cabral, (in *"Conjectural variations as a reduced form" Economic Letters*, 49, 1995, págs. 397 a 402). Por outro lado, H. Hotteling, (in *"Stability in Competition", cit.*, 1929, pág. 43), H. Stackelberg, (*in Marktform und Gleichgewicht", cit.* 1934, pág. 70), W. Fellner, (*in Competition Among Few*, Knopf, 1949, pág. 57) e O. Morgenstern, (*in "Demand Theory Reconsidered", Quartely Journal of Economics*, 1948, pág. 196), rejeitam explicitamente uma interpretação que defenda que os ajustamentos efectuados pelo oligopolista no modelo de Cournot se traduzam unicamente em eventos mentalmente configurados, sem tradução física, já que o

Nesta perspectiva mais simplificada da teoria dos jogos não-cooperativos, os oligopolistas formam expectativas, considerando as reacções possíveis dos seus rivais e desenvolvendo supervenientemente acções unilaterais no sentido da maximização do lucro disponível[806].

Num jogo estático, cada jogador joga unicamente uma vez, sem ter conhecimento das jogadas dos restantes parceiros, assentando as suas possibilidades no denominado «*dilema do prisioneiro*»[807].

Os resultados da resolução deste dilema são inequívocos: em jogos estáticos e a uma única volta será sempre lucrativo para os agentes oligopolistas desenvolverem condutas desviantes face ao resultado da coligação. O *equilíbrio de Nash* situar-se-á na opção individual que conduz à ruptura unilateral da coligação enquanto que o óptimo paretiano (para os dois concorrentes) implicaria a sua manutenção.

A interacção repetida entre os mesmos deverá ser considerada como um pré-requisito para o desenvolvimento de acções colectivas, pelo que a realização de um jogo a uma só ronda torna insustentável qualquer esforço de actuação colectiva, na ausência de comunicação entre os agentes ou de qualquer outro procedimento de sinalização indirecta[808], indiciadora, portanto, de uma coligação tácita cooperativa.

---

pressuposto do modelo implica que "*a empresa 1 escolha a sua capacidade de produção quando a empresa 2 tenha já escolhido a sua*", o que, segundo estes autores, indicia uma escolha sucessiva de substrato físico. Contra J. Friedman, (*in Oligopoly Theory*, Cambridge University Press, 1983, pág. 107), demonstrando que na concepção do modelo de Cournot a uma única volta, as reacções não podem ser realizadas e muito menos antecipadas, dado que as decisões terão de ser simultâneas, numa estrutura de jogo totalmente conhecida por todos, não existindo qualquer tempo para reacções. Ora, o único comentário que se poderá efectuar a este propósito é que a discussão assenta num pressuposto de base errado, já que se tenta formatar um modelo desenvolvido no passado a uma estrutura de pensamento actual. Assim, será tão impreciso dizer que o modelo de Cournot se configura como um modelo dinâmico como o seria qualificá-lo enquanto modelo estático à luz da moderna teoria dos jogos.

[806] É esta a fonte dogmática da escola teórica que estuda os "*jogos não-cooperativos*".

[807] Para a demonstração geral do «*dilema do prisioneiro*» na concorrência oligopolista consultar F. Araújo, *op. cit.*, págs. 381 a 385. Numa análise mais adaptada à política de definição das taxas de juro consultar C. Lobo, *Concorrência Bancária?*, *cit.*, págs. 190 a 193.

[808] Como bem refere Fernando Araújo (in *op. cit.*, pág. 385), os agentes oligopolistas não se encontram em puras situações de «dilema do prisioneiro», pelas seguintes razões:

No entanto, a insustentável leveza da coligação característica dos modelos de jogo a uma volta não implica o afastamento liminar de qualquer hipótese de coligação nos sectores em rede nos termos defendidos pela teoria dos jogos. Pelo contrário, considerando as suas características intrínsecas, *maxime*, a estabilidade estrutural, as relações de compatibilidade e interoperabilidade e a metodologia de produção conjunta, os sectores em rede serão um campo fértil para o desenvolvimento dos denominados *jogos repetidos*, cuja teoria supera os resultados da orientação anterior, substancialmente limitada.

Nas redes físicas (materiais e imateriais), os agentes oligopolistas interagem mutuamente de forma contínua, sem que exista um horizonte temporal definido para a dissolução da rede. A tendência para a actuação em rede pressupõe precisamente uma perenidade inter-relacional, com aprendizagem contínua e assentes na reputação[809], de forte conteúdo evolutivo[810], em total antítese relativamente às estruturas informais que suportam jogos a uma só volta.

No caso das redes virtuais, os jogos repetidos têm como limite o ciclo de vida do produto. No entanto, apesar da sua duração média ser cada vez menor, por definição, esse ciclo de vida é de duração indefinida, dependendo das preferências dos consumidores e do ciclo da inovação.

"*porque não estão limitados a um único lance do qual tudo depende – e pelo contrário se integram em relações estratégicas duradouras nas quais há lugar a muita transmissão de informações, a muita aprendizagem, a muito clarificação sobre as vantagens comuns de um pacto de cooperação -; porque, mantendo-se intactas as possibilidades de comunicação, a opção de negociarem e renegociarem vantagens recíprocas permanece sempre em aberto; porque os rivais oligopolistas não se movem numa grelha restrita e pré-determinada de ganhos e de perdas, não sendo por isso tão óbvia ou fácil de delinear uma estratégia dominante, um conjunto de acções possíveis que sejam ganhadoras, independentemente daquilo que faça a contraparte*". No entanto, a doutrina económica desenvolveu já modelos de dilema do prisioneiro em jogos repetidos. Um exemplo pode ser encontrado em Jean Tirole, *The Theory of Industrial Organization, cit.*, págs. 258 e 259. No entanto, estes modelos assentam em pressupostos comportamentais subjectivos extremos, tomando a loucura ou a vingança doentia como motores da coligação e da punição, respectivamente.

[809] Sobre os jogos com aprendizagem e o papel da reputação consultar Fernando Araújo, *op. cit.*, págs. 385 a 388 e bibliografia aí citada. Cfr., igualmente, J. Tirole, *The Theory of Industrial Organization, cit.*, págs. 256 a 262.

[810] Cfr. J. Weibull, *Evolutionary Game Theory*, MIT, 1995.

Ainda assim, as coligações que se construírem num determinado produto tendem a manter-se no produto subsequente, dado que a necessidade que se pretende satisfazer se mantém; o que se altera é a metodologia proposta pela oferta para essa satisfação. No limite, o jogo concorrencial nas redes virtuais não assenta na eliminação de necessidades passadas; ao invés, pretendem-se criar necessidades que só aparentemente são novas. No limite, e na esmagadora maioria das situações, estas são meramente substitutivas das originárias.

Perante a sua infinita leveza, a concorrência criativa/destrutiva nas redes virtuais é, muitas vezes, meramente aparente. Apesar da aparente criação de novos mercados, o fundamento básico é sempre idêntico.

Nestas condições, a teoria dos jogos não-cooperativos repetidos aparece como uma ferramenta essencial para a modelação do comportamento oligopolista nas redes físicas ou virtuais. Porém, a sua função não é a de fornecer respostas inequívocas relativamente ao resultado do comportamento dos agentes mas, unicamente, a de criar quadros de referência de análise dos mercados, atendendo às variáveis relevantes (número de jogadores, número e duração dos períodos do jogo, ou seja, frequência de interacções – as compensações, as estratégias e informações disponíveis e as expectativas que cada jogador tem relativamente ao comportamento dos restantes).

Os problemas metodológicos resultam essencialmente da dificuldade de identificação e de avaliação dos factores condicionantes dos comportamentos coligados e da sua estabilidade, na presença de jogos susceptíveis de repetição.

A contínua sofisticação da teoria dos jogos permitiu ultrapassar as insuficiências estruturais dos modelos inicialmente enunciados por Cournot e Bertrand. Efectivamente, estes modelos comportavam um jogo a uma única volta, o que, como facilmente se intui, não corresponde à dinâmica da maioria dos mercados, nomeadamente, às redes onde são realizados investimentos duradouros e desenvolvidas novas tecnologias tendo em vista a perenização da interacção entre os diversos agentes.

Nesta lógica dinâmica e de estabilização das interacções entre os diversos agentes, os agentes produtores deixam de ter como único objectivo a ampliação das suas margens de lucro no curto prazo (intuito único nos jogos a uma volta ou, por outras palavras, dos modelos estáticos de oligopólio) mas sim a manutenção de um determinado proveito, potenciado no longo prazo, que não seja afectado por uma guerra de preços fratricida.

Perante os mercados dinâmicos do mundo real, as formulações iniciais da teoria dos jogos evoluíram nos denominados superjogos (*"supergames"*), ou seja, jogos infinitamente repetidos num ambiente de informação perfeita. Nestas condições, os jogadores jogam o mesmo jogo vezes sem conta, sendo a história do jogo incorporada nas estratégias dos jogadores.

O resultado desta modelação dinâmica é o conhecido *teorema de Folk*[811]. Nos termos deste teorema, se os jogadores forem suficientemente pacientes, qualquer equilíbrio alcançado será pelo menos tão satisfatório como o que decorreria de um jogo a uma volta, no seu resultado paretiano. Ora, esta constatação não é mais do que a revalidação dinâmica dos resultados dos modelos clássicos estáticos, na ausência do dilema refractário do prisioneiro.

A estabilidade deste jogo, mais aproximado à realidade das redes, assenta na ameaça permanente de retaliação susceptível de imposição se existir uma qualquer estratégia batoteira desenvolvida por um dos jogadores.

Assim, de acordo com este teorema, se alguém desenvolver uma qualquer conduta desviante, tal causará uma ruptura definitiva do equilíbrio coordenado, sendo que, para o futuro, todo o relacionamento interinstitucional se baseará num modelo de equilíbrio não-coordenado. Ora, não existindo qualquer possibilidade de recuperação da confiança entre os diversos oligopolistas, as perdas de médio e longo prazo ocasionadas por essa conduta desviante nunca serão compensadas pelos ganhos de curto prazo; por definição, num jogo infinitamente repetido, os ganhos de longo prazo resultantes de um equilíbrio cooperativo serão sempre superiores aos ganhos de curto prazo advenientes de uma *"acção batoteira"* ou de fraude à coligação[812].

---

[811] A denominação de *teorema de folk* reporta-se a um mito da comunidade científica da teoria dos jogos. Efectivamente, apesar de nunca escrito de forma positivada, a doutrina sistematicamente refere este resultado como decorrente de uma larga tradição escolástica oral.

[812] Cfr. J. Friedman, *"A Non-Cooperative Equilibrium for Supergames"*, Review of Economic Studies, vol. 38, 1971, págs. 1 a 12; R. Aumann e L. Shapely, *"Long Term Competition: A Game Theoretic Analysis"*, Mimeo, 1976; D. Fedenberg e J. Tirole, Game Theory, MIT Press, 1991; A. Rubinstein, *"Equilibrium in Supergames with Overtaking Criterion"*, Journal of Economic Theory, vol. 21, 1979, págs. 1 a 9.

Pelo contrário, se o jogo for repetido, mas tiver um momento final definido, a coligação não será possível uma vez que todos os jogadores saberão o momento da volta final[813].

Esta conclusão é claramente demonstrada atendendo aos resultados dos jogos a uma volta. Nesses jogos a coligação é insustentável dada a incontrolável propensão para a fraude individual. Ora, num jogo repetido, se todos jogadores souberem qual é a volta final, todos estarão dispostos a fazer batota nessa última ronda. Por sua vez, se todos souberem que os restantes estão dispostos a defraudar a coligação no momento seguinte, também a coligação será insustentável na penúltima ronda dado que não existirá qualquer rendimento adicional no momento posterior, e assim sucessivamente (*raciocínio de indução inversa*)[814].

A percepção da possibilidade de realização de fraude a uma coligação num jogo repetido finito implica a insustentabilidade retroactiva da mesma, dado que esse horizonte é sucessivamente represtinado pelos agentes no momento da formação da decisão de actuação para o momento posterior.

No entanto, ao assumir-se que os jogos são infinitamente repetidos, de forma a evitar esse raciocínio de indução inversa, depara-se-nos a questão oposta: não se sabendo o momento final do encontro, não se poderá prever uma taxa de desconto do capital investido na formação do lucro do período, dado que o jogo se processa até ao infinito e, nestas condições, todos os períodos serão réplicas perfeitas do período anterior. De facto, se o jogo for infinito, não se poderá construir qualquer previsão racional que fundamente o estabelecimento da taxa de retorno anual do investimento realizado, já que o período de vida útil da actividade desenvolvida não pode ser definido.

Por outras palavras, numa situação de superjogos infinitamente repetidos, o ciclo de vida empresarial não apresenta qualquer variação de exercício para exercício, já que cada um é semelhante ao anterior.

---

[813] Cfr. C. Lobo, *op. cit.*, págs. 195 a 196.

[814] Na definição utilizada por D. Kreps, (in, *A Course in Microeconomic Theory*, Cambridge University Press, 1990) e Sigrid Stroux (in *US and EC Oligopoly Control*, Kluwer, 2004, pág. 15). Por sua vez, Selten denomina este fenómeno de "*chain-store paradox*". Cfr. R. Selten, "*The Chain Store Paradox*", *Theory and Decision*, vol. 9, 1973, págs. 127 a 159.

Nestas circunstâncias, que tem obviamente enormes repercussões na teoria concorrencial dos sectores em rede, a taxa de desconto do investimento realizado reflectida no preço da produção aproximar-se-á do zero em cada exercício. E nestas condições, poderá questionar-se da praticabilidade do exercício de uma coligação tácita uma vez que o oligopolista se sentirá naturalmente desprotegido no desenvolvimento de uma política que pressupõe margens de retorno extremamente reduzidas[815].

Por outro lado, ao contrário do que é exteriorizado pelas diversas decisões administrativas e jurisdicionais relativas à regulação concorrencial nos sectores em rede, as estratégias de retaliação são múltiplas e variadas[816], sendo que o sucesso da coligação depende da forma como forem exercidas.

---

[815] Esta é a questão de ouro para os teóricos da teoria oligopolista dos superjogos. Cfr. Carl Shapiro, *"Theories of Oligopoly Behaviour"*, cit., pág. 363. Nestas condições, J. W. Friedman demonstrou que a coligação tácita pode alcançar um resultado paretiano óptimo se o factor de desconto em cada período se aproximar da unidade, ou se os participantes no jogo se puderem adaptar rapidamente às estratégias dos restantes. Em caso de batota, e subsequente colapso da coligação tácita, cada jogador adopta uma estratégia de Cournot, ou seja, reverte para a situação de equilíbrio estático não-cooperativo. Este tipo de punição denomina-se reversão de Cournot. (cfr, J. W. Friedman, *"A noncooperative equilibrium for supergames"*, Review of Economic Studies, 38, 1971, págs. 1 a 12. Para um maior desenvolvimento desta questão, nomeadamente, quanto à questão da necessidade de punição do jogador que não proceda a uma reacção contra o agente batoteiro, cfr. D. Abreu, *"External Equilibra of Oligopolistis Supergames"*, Journal of Economic Theory, 39, 1986, págs. 191 a 225. Neste trabalho, Abreu demonstra que estratégias óptimas de punição (a dois tempos: a vara e a cenoura) poderão ser mais severas do que a simples *regressão de Cournot* e necessárias para a manutenção de coligações tácitas quanto está em causa uma concorrência pelas quantidades. Ao invés, numa situação de concorrência pelos preços – mais fluida e transparente – a *regressão de Bertrand* é mais do que suficiente para a constituição de um mecanismo de punição eficaz já que, nestas condições, na presença de bens homogéneos e custos marginais constantes, este tipo de regressão origina uma margem de lucro nula. No entanto, para situações em que os custos marginais não são constantes ou na ocorrência de alterações na estrutura da procura dos sectores, cfr, respectivamente W. A. Brock e J.A. Scheikman, *"Price-setting Supergames with Capacity Constraints"*, Review of Economic Studies, 52, 1985, págs. 146 a 152; e J. Rotemberg e G. Saloner, *"A Supergame-theoretic model of business cycles and price wars during booms"*, American Economic Review, 76, 1986, págs. 390 a 407.

[816] Cfr., quanto à tipologia das metodologias de retaliação, Fernando Araújo, *op. cit.*, págs. 375 e 376; Carlos Lobo, *op. cit.*, págs. 193 a 198 e bibliografia aí citada.

Infelizmente, e em prejuízo da certeza jurídica, os argumentos que se esgrimem levam, quase sempre, a conclusões paradoxais. De facto, quanto mais favoráveis forem as condições de mercado para o exercício de uma concorrência efectiva no sector (*e.g.* capacidade de produção não utilizada) mais probabilidades tem a coligação de ser bem sucedida, já que as bases de retaliação são, naquelas condições, extremamente credíveis[817].

A estabilidade do jogo depende, portanto, e em primeiro lugar, da sua duração psicologicamente indefinida pois, nessas condições, e perante as condições típicas dos sectores em rede, os benefícios de longo prazo serão invariavelmente superiores ao benefício de curto prazo resultante do desenvolvimento de uma conduta fraudulenta.

Em segundo lugar, é também necessário que uma conduta batoteira seja imediatamente detectada e punida. Somente nestas condições é que os eventuais benefícios de curto prazo resultantes de uma qualquer prática desviante serão eficientemente anulados através da imposição de sanções de conteúdo económico suficiente[818].

Ora, nos sectores em rede, mormente nas redes físicas, as relações de interdependência inatas a este tipo de organização assentam em programas de actuação sobre uma infra-estrutura de duração ilimitada. Por sua vez, os produtos formatados numa lógica de rede virtual sucedem-se sucessivamente com novas aparências mas com uma substância idêntica. E, nestas condições, as redes mantêm-se com uma duração indefinida, alterando-se unicamente o invólucro que as formaliza.

---

[817] Carl Shapiro qualifica esta situação de "*topsy-turvy principle of tacit collusion*" (in "*Theories Of Oligopoly Behaviour*", cit., pág. 357).

[818] A doutrina tem estudado estratégias susceptíveis de manter o equilíbrio de coligações onde a informação transmitida entre os parceiros é imperfeita. Relembre-se que Stigler havia enunciado a «*instabilidade fundamental dos cartéis*» que liminarmente impediria o desenvolvimento de coligações neste tipo de condições. No entanto, Green e Porter demonstraram que a simples definição de um preço alvo será suficiente para a coordenação tácita entre os agentes. Nos termos desta estratégia, os parceiros definiam um preço mínimo para a manutenção da coligação tácita. Se o preço do bem no mercado se reduzisse, ultrapassando esse limite, os parceiros desencadeariam imediatamente uma guerra de preços (*reversão de Cournot*), mesmo desconhecendo a identidade do agente causador. Estamos, nestas condições, na presença de uma "*trigger price strategy*". Cfr. E. Green e R. Porter, "*Noncooperative Collusion under Imperfect Price Information*", Econometrica, 52, 1984, págs. 87 a 100.

Por outro lado, o desenvolvimento conjunto da produção de serviços sobre esse conteúdo infra-estrutural implica a existência de um elevado padrão de transparência no funcionamento do mercado, o que permite a detecção rápida e eficaz de qualquer conduta desenvolvida em fraude à coligação.

Finalmente, dada a convergência tecnológica, a concorrência intersistemática dilui-se numa verdadeira concorrência intra-sistemática. As redes de energia são hoje redes de telecomunicações; as redes fixas não existem sem as redes móveis; os transportes marítimos dependem dos terrestres (rodoviários e ferroviários) e *vice-versa*; os computadores são televisões e as televisões assumem a formulação de verdadeiros computadores.

Neste âmbito, assistimos a uma interligação globalizante que torna o mercado cada vez mais transparente e integrado, numa óptica crescente de produção conjunta, onde as relações são transparentes e a informação concorrencial flui livremente.

4. Conclusões preliminares quanto aos resultados dos modelos económicos e da teoria dos jogos relativamente à teoria dos oligopólios

A diversidade das relações concorrenciais que se verificam num sector em rede bem como a complexidade dinâmica resultante da progressiva inovação tecnológica limitam, em larga medida, a aplicação cega e inadaptada de modelos económicos, necessariamente abstractos e de alcance limitado.

De facto, e apesar da sua cada vez maior sofisticação, os modelos microeconómicos comportam um ainda reduzido número de variáveis (ainda hoje se continua a discutir o virtuosismo do modelo simplificado de Cournot sobre o de Bertrand e *vice versa*), o que os torna bastante limitados na explicação dos comportamentos dos agentes económicos nos sectores em rede que se caracterizam por uma extrema complexidade.

O mesmo acontece com a teoria dos jogos, que se constitui indubitavelmente como um instrumento de extrema utilidade na explicação dos comportamentos coordenados das empresas concorrentes. No entanto, e é necessário ter este facto sempre presente, os seus resultados assentam sempre em conjunturas efectuadas *ad hoc* e *a priori* sobre as eventuais opções ao dispor dos jogadores.

As duas perspectivas, no seu estado de desenvolvimento actual, são ainda "escravas" do seu próprio resultado: invariavelmente uma situação de equilíbrio, que raramente se verifica no mundo real[819]. De facto, até mesmos os *superjogos* falecem na interpretação do equilíbrio relevante, perante as múltiplas variáveis à disposição do intérprete[820].

Porém, em termos gerais, quer a teoria microeconómica "clássica", quer a teoria dos jogos, apesar de não conterem (ainda) explicações completas e universais sobre o comportamento dos agentes no mercado, forneceram ensinamentos de extrema utilidade numa óptica de teorização geral, que aplicados a situações concretas poderão fornecer eficazes modelos de orientação, às autoridades concorrenciais[821].

---

[819] Opinião contrária tem Stephen Martin. Segundo este autor, a teoria dos jogos e a teoria microeconómica do oligopólio têm, actualmente, a capacidade de fornecer elementos de análise suficientes para a compreensão das forças concorrenciais presentes, não na generalidade dos mercados, mas em parcelas específicas dos mesmos. Nesse sentido efectua a seguinte consideração: *"market performance was expected to be better, all else equal, the more firms supplied the market. For this reason, mergers were viewed with suspicion, as was advertising (held to make it more difficult for rivals to compete). Agreements among rivals to limit competition were condemned; agreements between manufacturers and their distributors to limit competition were viewed with suspicion, largely by analogy with horizontal collusive agreements. In these and other areas, what was lacking was an analytic framework able to assess the welfare-enhancing and welfare-reducing consequences of specific types of market structure of firm conduct in a precise way and to indicate whether the net effect was positive or negative. The extensive collection of game-theoretic models of imperfectly competitive markets developed in the 1980's does not share this limitation. Such models generate very precise assessments of positive and negative aspects of market performance. But the game-theoretic framework does not aspire to generality. Game-theoretic models are defined by quite specific assumptions and their predictions about equilibrium behaviour are correspondingly specific, often not all robust to seemingly minor changes in underlying assumptions"*. E continua, *"the 1980's saw not only the formalization of theoretical industrial economics but also its fractalization: the literature of industrial economics now consists of a labyrinth of highly refined, highly specific models, each yielding conclusions that apply, in principle, only when the assumptions of the model are met. Generalizations must be drawn by reading between the lines – and by searching for regularities in the results of empirical tests of the formal models"* (in Advanced Industrial Economics, cit., págs. 8 e 9).

[820] Cfr. C. Shapiro, *"Theories of Oligopoly Behaviour"*, cit., pág. 379.

[821] Carl Shapiro, um dos principais teóricos da teoria dos jogos, efectua uma advertência importante: *"game theory does not predict the collusive outcome; it simply indicates*

De uma perspectiva substancial, e atendendo à teoria do oligopólio, poderão extrair-se das várias teorias enunciadas, alguns ensinamentos que auxiliarão o aplicador do direito da concorrência no aferimento das práticas de mercado nos sectores em rede.

Relembre-se que as questões em presença se situam na própria teorização central da posição oligopolista, típica dos sectores em rede.

A este respeito poderá ser retirada uma primeira conclusão, que aliás, já vinha a ser subliminarmente aferida no nosso discurso: o oligopólio traduz-se efectivamente num *tertio genus* concorrencial, em claro contraste com o monopólio e a concorrência perfeita. Por conseguinte, as soluções jusconcorrenciais aplicáveis a esses modelos extremos não serão certamente as mais indicadas para o tratamento dos mercados oligopolistas.

Serão, portanto, de afastar interpretações que, para explicar a complexidade concorrencial do oligopólio, se municiem de substrato teórico decorrente da teoria do monopólio ou da concorrência perfeita.

Tal não significa, no entanto, que, perante as inerentes dificuldades dogmáticas, as entidades públicas devam, de forma preventiva, intervir indiscriminadamente nos mercados oligopolistas regulando *a priori* todo o ambiente de actuação concorrencial dos agentes, atendendo à sua superior clarividência perante o mercado (teoria intervencionista).

Ou, numa lógica de aplicação de medidas reguladoras de correcção estrutural *a posteriori*, aproveitem operações de concentração para a imposição oportunista de desinvestidura de segmentos que nada sofrem estruturalmente com a operação mas que, na sua opinião, facilitariam, *ipso facto*, o desenvolvimento de poder de mercado numa óptica colectiva. Este é um comportamento intervencionista de base oportunista que deve ser repudiado. Efectivamente, se existe alguma razão para intervir, então as entidades deverão proceder a essa acção, sem que aguardem por uma reordenação dos agentes presentes no mercado. De facto, a imposição destas medidas de correcção estrutural tornam qualquer decisão empresarial de aquisição societária num pantâno de incertezas e de opacidade, o que em nada favorece o ambiente económico global.

---

that such an outcome is supportable as a noncooperative equilibrium", (in "Theories of Oligopoly Behaviour", cit., pág. 379).

Tal não significa que, ao invés, as autoridades se abstenham, pura e simplesmente de intervir, dado que o mercado oligopolista, mesmo imperfeito, alcançará ainda assim uma situação mais eficiente ao nível da satisfação das necessidades dos agentes económicos do que o que resultaria de uma modelação pública da sua actuação (teoria liberal).

Esta segunda opção é bastante mais complicada. Efectivamente, o que está em causa neste ponto é verificar se os agentes oligopolistas conseguem "clonar" ou "emular" as condições de mercado verificadas numa situação monopolista.

Note-se que, nestas condições, os oligopolistas estarão em condições de praticar todos os abusos monopolistas identificados anteriormente (*e.g.* vendas subordinadas, tabelamento de preços de revenda, acordos de concessão exclusiva, acordos exclusivos de distribuição territorial).

Constitui posição quase unânime na doutrina que os acordos expressos entre oligopolistas serão liminarmente de afastar, a não ser que deles resulte uma efectiva vantagem, aumentando-se os padrões de eficiência do mercado.

Porém, o problema principal actual não radica nos efeitos dos acordos expressos sobre o nível de eficiência geral do mercado na satisfação das necessidades dos cidadãos.

O que está em causa, em primeiro lugar, são os efeitos *per se* resultantes *ipso facto* da existência de uma posição oligopolista num determinado mercado.

É hoje unânime que, na ausência de qualquer coligação mesmo que tácita, a mera interdependência oligopolista gera preços de venda superiores aos que resultariam num mercado de concorrência perfeita[822].

---

[822] Mesmo em situações de "*guerra aberta*" de preços, as perdas sentidas por todos os agentes oligopolistas ficam ainda aquém das "perdas" sentidas por todos os agentes atomísticos em ambiente de concorrência perfeita. Cfr. Fernando Araújo, *op. cit.*, pág. 388. Por outro lado, a própria doutrina económica tende a definir a coligação tácita unicamente pelos seus efeitos. Por exemplo, Massimo Motta refere o seguinte: "*in economics, collusion is a situation where firms' prices are higher than some competitive benchmark (neste caso o preço resultante da ocorrência de um jogo a uma só volta, onde a coligação é, por definição, impossível). A slightly different definition would label collusion as a situation where firms set prices which are close enough to monopoly prices*". (*in Competition*

Restará saber se as vantagens de uma intervenção pública no sentido da redução destes preços de venda serão superiores aos custos dessa acção. Em causa está, portanto, toda a teoria jurídica que fundamenta o conceito de posição dominante colectiva, na esfera concorrencial, e o conceito de poder de mercado significativo, na esfera regulatória.

Em princípio, e como se demonstrará *infra*, a resposta dependerá da forma de organização natural do mercado em causa (em princípio, na presença de um oligopólio natural, do seu desmantelamento não resultará qualquer ganho adicional em sede de bem-estar, muito pelo contrário).

O problema fundamental que se coloca à doutrina jurídica é semelhante ao descrito na análise da doutrina económica relevante. Sabendo-se que as coligações expressas são, em princípio, inaceitáveis do ponto de vista jurídico, será importante clarificar-se o tratamento jurídico-concorrencial de eventuais domínios colectivos de mercado colectivos, inerentes ao modelo oligopolista de organização.

E, nesse campo, importará clarificar o que se entende por coligação tácita ou implícita e a sua relevância concorrencial.

5. Estratégias de coligação tácita nos sectores em rede, na óptica dos jogos repetidos

A coligação tácita ou implícita poderá ser desenvolvida em qualquer dos parâmetros vectoriais do processo de decisão estratégica da instituição, o que significa que tanto poderá incidir na política de fixação de preços, na decisão relativa à capacidade e à qualidade de produção, na especialização, ou nas políticas de distribuição de produtos ou de mercados.

Policy: Theory and Practice, Cambridge University Press, 2004, pág. 138). Ora, mesmo padecendo do pecado original consubstanciado na utilização dos efeitos enquanto elemento determinante da definição, a enunciação de Massimo Motta abarca só as duas manifestações extremas de formação de preços em mercados oligopolisticos: a aproximação à concorrência perfeita (no caso de inexistência de coligação implícita) e a aproximação à situação de monopólio (no caso de coligação expressa ou tácita). Faltará, portanto, o nível intermédio resultante da simples interdependência oligopolista.

Estas condicionantes variarão, obviamente, consoante as condições estruturais dos mercados, as condições concorrenciais do sector bem como consoante as características das empresas individualmente consideradas.

Face às suas condições estruturais, os sectores em rede são um campo fértil para o desenvolvimento de coligações tácitas. A experiência administrativa e jurisprudencial tal demonstra.

Atendendo à sua relativa importância, deverão salientar-se três tipos essenciais de coligações tácitas: i) a coligação na política de preços; ii) a coligação relativa à capacidade de produção, e; iii) a coligação relativa à definição geográfica de áreas do mercado.

As três vertentes enunciadas não são exaustivas, assentando num fundamento meramente operativo, pelo que poderão incluir no seu contexto outras formas marginais de comportamentos coligados.

5.1. *Coligação na política de preços nos sectores em rede*

Este tipo de coligação é, como não poderia deixar de ser, o mais tratado, quer na perspectiva jurídica, quer na económica. A razão para tal é o facto de ser uma das formas mais lineares e mais comuns de coligação.

Num mercado concorrencial, as empresas utilizam a sua capacidade produtiva até ao ponto em que optimizam os seus custos ou, por outras palavras, utilizam a sua capacidade produtiva no sentido de minimizar o preço médio dos seus produtos.

Se todos os produtores tiverem uma estrutura de custos idêntica, o que tendencialmente acontecerá nos sectores em rede físicos, poderá identificar-se indiciariamente a existência de uma coligação na política de fixação de preços quando todos os produtores mantiverem os preços de venda dos seus produtos em valores superiores ao custo marginal[823].

---

[823] O que poderá não ser verdadeiro atendendo à necessidade de recuperação dos custos fixos. Daí que o melhor critério se traduza na aplicação do referencial dos custos incrementais médios de longo prazo.

No extremo, numa situação de equilíbrio coordenado, os produtores poderão agir colectivamente da mesma forma que um agente em situação monopolista. No entanto, a presunção de ocorrência de uma coligação na situação de mercado descrita não deverá obnubilar a possibilidade de existência de uma mera "interdependência oligopolista", sendo que a diferenciação das duas situações terá que ser efectuada de forma bastante cuidadosa e criteriosa.

No entanto, e no caso específico da coligação nas políticas de preços, cada produtor individualmente considerado terá um incentivo adicional para aumentar os seus lucros aumentando a quantidade de bens e serviços que fornece, quando a sua capacidade de produção se encontrar subaproveitada.

Esta propensão para a prática de fraudes à coligação será tanto maior quanto for a diferença entre a capacidade de utilização das suas potencialidades nos termos do preço coligado e o nível óptimo de utilização nos termos do preço de mercado.

Pelo exposto, o sucesso de uma coligação ao nível da política de preços parece depender de um factor ligado ao lado da oferta, ou seja, a incapacidade de aumento imediato do volume de produção – inibindo-se eventuais tentações de fraude à coligação – e de um factor ligado ao lado da procura, ou seja, a necessária flutuação dos consumidores em resposta aos estímulos emitidos pelos produtores e, nesta situação, a fluidez nas opções dos consumidores parece depender da homogeneidade do produto fornecido na rede.

Têm existido alguns desenvolvimentos teóricos no estudo comportamental dos oligopolistas. Um dos mais significativos refere-se à curva da procura quebrada (*"kinked demand curve"*), e que se situa no âmbito das aproximações estáticas da teoria dos jogos em ambientes de concorrência dinâmica ao nível dos preços.

Nos modelos de procura quebrada, o oligopolista adopta uma perspectiva bivalente na análise das reacções dos concorrentes à sua política de preços. Nesta lógica, ocorrendo um movimento de quebra dos preços, os seus concorrentes irão certamente acompanhá-lo, de forma a evitar a perda de quota de mercado; no entanto, se o oligopolista optar por subir o seu preço de venda, tal não implicará um movimento simétrico por parte dos concorrentes, que não reagirão a essa táctica, pelo que a curva da procura se afigurará como quebrada, apresentando *uma inelasticidade (aparente) à descida de preços e uma quase infinita elasticidade (aparente) às suas subidas*[824].

Em termos quantitativos, este ambiente económico implica uma redução maciça do volume de vendas se a táctica individual se traduzir num aumento dos preços, e um pequeno aumento de vendas se, ao invés, o oligopolista optar por os reduzir.

Nestas condições, a dissuasão para o desenvolvimento de condutas concorrencialmente agressivas é total, propiciando-se uma "*paz oligopolista*" centrada num preço focal estático[825].

5.2. Coligação pela política de capacidade de produção nos sectores em rede

A coligação tácita, nesta formulação, assenta nas opções das empresas na definição endógena da sua escala e da sua capacidade de produção. Uma coligação desta índole poderá originar uma limitação colectiva da capacidade produtiva de um determinado mercado. Esta limitação poderá ser operada por uma diminuição da capacidade existente ou por uma não-expansão, que se ocorresse, seria totalmente justificada num mercado concorrencial. O resultado desta conduta restritiva a nível colectivo será o fornecimento de um menor número de bens ou de serviços no mercado de que resultarão maiores preços e maiores lucros (ou menores custos de investimento) para as empresas produtoras.

Nesta hipótese, a propensão para o desenvolvimento de fraudes à coligação será menor nas situações em que a empresa para se submeter à conduta oligopolista teve de limitar a sua capacidade de produção, facto que é dificilmente alterável num curto prazo.

---

[824] Cfr. F. Araújo, *Introdução à Economia, cit.*, pág. 379.

[825] Conforme se demonstrará *infra*, a principal crítica a esta modelação baseia-se precisamente na sua natureza. Efectivamente, os modelos estáticos de equilíbrio são claramente insuficientes para a correcta análise da realidade dinâmica. E, nestas condições, a determinação estática do preço focal, ou seja, o preço de equilíbrio para a análise subsequente das reacções oligopolistas traduz-se numa representação redutora da realidade dado que não existe qualquer forma de o prever (poderá ser qualquer valor que se insira no intervalo custo marginal/preço monopolista), sendo que qualquer variação nos custos de produção ou nas condições estruturais da oferta implicará uma necessária alteração dos mesmos. Cfr. J. Tirole, *Theory of Industrial Organization, cit.*, págs. 243 a 245.

Por outro lado, assumindo-se que as empresas envolvidas operam próximo da sua máxima capacidade (que, relembre-se, foi reduzida, ou, numa outra perspectiva, não foi aumentada), não haverá incentivo suficiente para uma redução de preços pois, em tese, a empresa não poderá aumentar a curto prazo a sua capacidade produtiva, o que a impede de ganhar uma elevada quota de mercado no curto prazo.

As limitações da capacidade de produção fazem-se sentir de forma diferenciada nos diversos sectores em rede. Em termos meramente introdutórios, deverá referir-se que, ao nível das infra-estruturas, *maxime* dos segmentos das redes físicas, qualquer aumento da capacidade de oferta implicará investimentos extremamente avultados, e que são alvo de uma enorme publicidade pública.

Pelo contrário, nas redes virtuais, este tipo de limitações não se fazem sentir com tão elevado grau de acuidade. Por exemplo, o custo de reprodução de mais uma cópia de *software* é irrisório, podendo essa operação ser efectuada de forma quase imediata. Assim, neste tipo de redes, as limitações mais significativas à capacidade sentir-se-ão não na produção física de bens ou serviços produzidos, mas sim na actividade de investigação e desenvolvimento.

Só neste último campo de actividade é que as limitações de aumento da capacidade da produção a curto prazo adquirem um carácter estrutural, equiparando-se à maioria das redes físicas. De facto, nas redes virtuais, e tirando a actividade de investigação e desenvolvimento – que, no entanto, é a variável mais importante do jogo concorrencial nesse tipo de redes – não se negando a existência de alguma rigidez em áreas parcelares da sua estrutura produtiva, bastará, na maioria das vezes, uma simples opção de gestão para aumentar exponencialmente o volume de produção, não havendo, nessa decisão, qualquer influência condicionante por parte do activo imobilizado da instituição. Ao invés, nos sectores em rede físicos, a capacidade reprodutiva do activo imobilizado é fundamental.

A tentação individual para a expansão da capacidade produtiva dependerá inicialmente de uma indagação quanto ao montante do lucro global disponível. Assim, um aumento dos lucros alcançados pelo aumento do volume de produção deverá compensar, ou ser superior, à redução dos lucros resultante da queda do preço de venda do produto no mercado.

A procura global do mercado terá, neste contexto, um papel determinante. Poderá, pois, formular-se uma regra, segundo a qual quanto mais sensível for a variação do preço ao aumento do volume de produção menor será o incentivo para a expansão da produção, *ceteris paribus*. Um outro factor condicionante da conduta individual do membro oligopolista será o montante de investimento irreversível necessário para o aumento da sua produção; ou seja, quanto maior for o seu grau de comprometimento relativamente à decisão a tomar, maior será o risco envolvido, e menor será a sua propensão à tomada dessa decisão.

Na óptica temporal, a coligação pela capacidade difere da coligação pelos preços, já que desenvolve numa perspectiva de longo prazo. Os agentes quando tomam as suas decisões estratégicas ao nível da capacidade produtiva, assentam-nas em condicionalismos estruturais que se mantêm no tempo (em tempo de indefinição e de conturbação não existirão, por definição, decisões estratégicas, mas simplesmente tácticas).

Ao adoptar-se esta estratégia de coligação, a sua manutenção é propiciada pela necessidade de manutenção do comportamento perante a necessidade de amortização do investimento. Ora, num sector em rede, uma vez que as decisões de investimento da empresa individualmente considerada são facilmente conhecidas pelos outros membros do grupo oligopolista, a manutenção do *status quo* será possível sem a realização de acordos explícitos.

No limite, poderá dizer-se que a protecção oligopolista resultante de uma coligação tácita poderá fundamentar a realização do investimento, que só seria possível, na sua inexistência, pela outorga de uma protecção monopolista subjacente à atribuição de uma licença ou concessão.

Assim, e nestas condições, o equilíbrio oligopolista, facilmente alcançável nos sectores em rede de natureza física, poderá gerar um aumento do bem-estar, já que os agentes, nestas condições, poderão assegurar-se, com elevado grau de certeza, que os seus investimentos estruturais serão financeiramente rentabilizados.

Ao invés, nos sectores em rede virtuais, a fluidez da concorrência pelo lado da capacidade impedirá, em princípio, o desenvolvimento deste tipo de coligações[826].

---

[826] Alguma atenção deverá ser dada às *semicoligações*. Conforme foi demonstrado, as empresas têm ao seu dispor diversas variáveis no seu jogo concorrencial (*maxime*, o preço, capacidade, segregação geográfica, mas também, embora mais raramente, a qualidade de produção e a publicidade), sendo que a teoria dos jogos pressupõe, na maioria das suas projecções, uma total capacidade de concertação em todas essas variáveis, e consequentemente uma total transparência de mercado nessas diversas variáveis. No entanto, e conforme também decorre da *teoria dos jogos repetidos*, a coligação ao nível dos preços é bem mais fácil de alcançar que a coligação ao nível da capacidade de produção. Nestas circunstâncias, criaram-se modelos de *semicoligação* que abarcam unicamente a coligação em uma ou duas variáveis (normalmente preço e quantidade), deixando as restantes em jogo concorrencial. (cfr., a este propósito, C. Fershtman e N.Gandal, *"Disadvantageous Semicollusion"*, International Journal of Industrial Organization, 12, 1994, págs. 141 a 154). Um importante modelo com esta configuração é o desenvolvido por Foros, Hansen e Sand, onde se demonstra que no mercado das telecomunicações móveis, existirá coligação na fase de arranque, ou seja, de criação da rede infra-estrutural (antenas, cobertura geográfica e funcionalidades de rede) e concorrência na fase subsequente (essencialmente por via dos preços) (cfr. O. Foros, B. Hansen e J. Sand, *"Demand-side Spillovers and Semi-collusion in the Mobile Communications Markets"* Journal of Industry, Competition and Trade, 2, 3, 2002, págs. 195-278). Note-se que alguma doutrina chega mesmo a defender que uma coligação parcial ao nível dos preços e não de quantidades poderá ser mais benéfica em sede de bem-estar que um mercado plenamente concorrencial, uma vez que a concorrência ao nível da quantidade de produção eliminará os efeitos negativos da coligação a nível de preços (cfr., Markku Stenborg, *"Forest for the Trees: Economics of Joint Dominance"*, European Journal of Law and Economics, 18, 2004, pág. 375). Um exemplo deste tipo de semicoligação é demonstrado no trabalho de Salvanes, Steen e Sorgard relativo ao mercado de transportes aéreos noruegueses (cfr. K. Salvanes, F. Steen e L. Sorgard, *"Collude, Compete or Both? Deregulation in the Norwegian Airline Industry"*, Journal of Transport Economics and Policy*, 37, 3, 2003, págs. 383 a 416). No entanto, nunca se deverá esquecer que a variável produção não é susceptível de alterações automáticas, dependendo em larga medida da capacidade potencial ainda não utilizada. Por outro lado, se a capacidade de produção do agente se encontrar no limite, a existência de uma coligação ao nível dos preços desincentivará qualquer opção de investimento tendo em vista o aumento da capacidade de produção instalada. Ao invés, poderá existir coligação ao nível da quantidade e não dos preços, e, nestas circunstâncias, o resultado em sede de bem-estar poderá ser tão gravoso como uma coligação integral, já que uma redução de preços não implicará um aumento da quota de mercado uma vez que a capacidade de produção não pode ser aumentada de forma a satisfazer a procura adicional. No entanto, também se deverá dizer que as coligações relativas à quantidade de produção só são bem sucedidas quando as empresas não pretendem desenvolver investimentos adicionais na aquisição de novos equipamentos de produção, ou seja, quando todos os concorrentes se encontrarem no limiar da sua capacidade. Em caso

5.3. Coligação relativa à divisão dos mercados nos sectores em rede

Este tipo de coligação assenta no estabelecimento de entendimentos tácitos através dos quais os sujeitos oligopolistas dividem os mercados consoante os tipos de produtos ou as regiões[827]. Os produtores comportam-se, pois, concertadamente, especializando-se em determinados segmentos do mercado, quer em termos de produtos, quer em termos espaciais, e reconhecem as especializações de cada um de forma recíproca, o que origina, necessariamente, uma diminuição da actividade concorrencial num determinado mercado.

Para a indagação da existência deste tipo de coligações é necessário verificar as barreiras à mobilidade entre os diversos segmentos de mercado. Nestas circunstâncias, poderá formular-se uma regra, segunda a qual, quanto maiores forem as barreiras naturais à mobilidade dos agentes no mercado e quanto mais claramente forem destrinçáveis os diversos segmentos de mercado, mais praticável será o exercício de actividades coligadas, uma vez que o grau de sucedaneidade ou de elasticidade cruzada entre os produtos será reduzido.

Este tipo de coligação tácita ocorre tipicamente nas situações em que as firmas envolvidas concorrem entre si num número diferente de mercados e será potenciada se os contratos resultantes das suas relações comerciais ocasionarem dependências recíprocas.

Do ponto de vista das entidades supervisoras, este tipo de coligação é dificilmente verificável, embora cause um elevado grau de restrição à concorrência e de ineficiência económica, pois o exame a efectuar incidirá nas razões subjectivas que regularam as opções de especialização, o que poderá, eventualmente, ter ocorrido pela existência de diferentes mercados, segmentados atendendo ao reduzido grau de elasticidade da sucedaneidade, e não por razões ocasionadas por práticas restritivas das partes.

---

contrário, se existir pelo menos um com uma larga capacidade potencial de produção, a tentação no desenvolvimento de uma conduta batoteira será quase irresistível, principalmente se os restantes não puderem desenvolver uma *"guerra de produção"* no curto prazo

[827] Cfr. P. Asch e J. Seneca, *"Caracteristics of Collusive Firms"* in Journal of Industrial Economics, Vol 23, n.º 3, págs. 223-237.

Porém, nos sectores em rede, *maxime* nos físicos, e face ao alcance tendencialmente mundial do mercado relevante, a segregação geográfica das áreas de actuação entre sujeitos oligopolistas constitui um facto facilmente identificável pelas autoridades públicas.

6. Conclusões preliminares: a concorrência dinâmica heterogénea inerente às redes. Os jogos a dois períodos

Os pontos anteriormente referidos revelaram um determinado número de factores que contribuem para a estabilidade das coligações. Tomando em consideração as novas teorias decorrentes da *Nova Economia Industrial*, dois deles aparentam uma importância fundamental: a ligação entre a elasticidade da procura e as flutuações dos preços nos mercados e os incentivos à coligação ou, na perspectiva inversa, ao desenvolvimento de práticas fraudulentas à coligação. A estes factores primordiais acrescenta-se o impacto das irreversibilidades na estrutura decisória dos produtores.

Numa perspectiva mais abstracta verifica-se que todos estes factores dependem essencialmente da estrutura da procura pois, ou são condicionados ou são condicionantes dela. Nestes termos, e numa análise mais sintética, o estudo da questão poderá ser efectuado tendo em consideração os dois factores primordiais, a saber: o grau de elasticidade da procura na rede e o grau de elasticidade da procura aferido em termos da empresa individualmente considerada.

O grau de elasticidade da procura na rede é um simples reflexo da intensidade das relações concorrenciais entre produtores que operam no mesmo segmento da rede ou em segmentos diversos mas paralelos.

Quanto maiores oportunidades tiverem os agentes, do lado da procura, para mudarem as suas preferências consumistas para outros produtos, isto é, quanto maior for a concorrência em bens sucedâneos, mais elástica será a procura no mercado.

Conforme se referiu numa outra sede[828], o grau de elasticidade de preço na procura no mercado terá um impacto não somente no

---

[828] Cfr. C. Lobo, *Concorrência Bancária?, cit.*, pág. 183.

incentivo à coligação mas igualmente no incentivo à fraude à coligação. Um elevado grau de elasticidade do preço significa que a procura global do mercado se reduzirá substancialmente se os produtores subirem colectivamente os preços, pelos que estes poderão esperar uma diminuição correspondente do grau de bens susceptíveis de serem adquiridos.

Simultaneamente poderá afirmar-se que os efeitos nos preços ocasionados por uma restrição colectiva de bens fornecidos serão inversamente proporcionais ao grau de elasticidade da procura. Ou seja, os efeitos serão menores se a elasticidade for elevada, e *vice-versa*.

Numa perspectiva aplicada, as vantagens das empresas, aferidas em termos colectivos, no desenvolvimento de uma coligação, diminuirão à medida que a elasticidade do preço no lado da procura aumentar. Individualmente, as vantagens variarão necessariamente no mesmo sentido.

Assim, se a coligação se basear simplesmente nos preços, a capacidade produtiva será fortemente afectada, ficando subaproveitada, o que fará aumentar o custo marginal de cada unidade produzida.

Consequentemente, se a procura revelar pouca elasticidade não existirão incentivos para a fraude. Por outro lado, o risco de uma grande perda de lucros no caso de desagregação da coligação tenderá a fornecer estabilidade às coligações no caso de procura rígida.

Ora, nos sectores em rede físicos, e uma vez que os bens produzidos são invariavelmente bens de primeira necessidade, a rigidez da procura é um elemento inerente ao mercado

Por todas estas razões, parece evidente a relação entre a elasticidade do preço no lado da procura e a atractividade e estabilidade dos comportamentos coligados. Este princípio parece ser aplicável a todos os tipos de coligações nos mais diversos mercados.

Esta conclusão tem implicações fundamentais na tarefa de aplicação do direito, pois as condições da procura no mercado constituirão um factor interpretativo imediato na análise de comportamentos coligados. Uma parte importante desta tarefa resultará do exame efectuado ao alcance das relações de sucedaneidade entre mercados vizinhos, quer em termos de produtos, quer em termos geográficos[829].

---

[829] No entanto, é necessário ter em consideração a durabilidade do grau de elasticidade observado. De facto, a procura poderá ser rígida a curto prazo, mas poderá ser elástica a

Quanto mais proximamente os diferentes produtores se confrontarem no mercado (e numa rede virtual de informação a proximidade engloba todo o mercado global), mais elevado será o grau de sucedaneidade entre os produtos fornecidos pelas firmas individualmente consideradas. Todos estes factores, a que acresce a exacerbação da concorrência, fornecerão incentivos para o desenvolvimento de uma coligação.

Esta situação é potenciada pela fraca possibilidade de deslocação de clientes para outro concorrente por razões assentes numa pequena descida de preços devido à dependência das escolhas passadas ou a factores de confiança pessoal. Nestes termos, a homogeneidade dos produtos fornecidos pelas empresas será um factor de propensão para a coligação, uma vez que essa realidade facilitará os termos do acordo colectivo.

É óbvia, pois, a conclusão de que em mercados com produtos heterogéneos, logo com elasticidades cruzadas reduzidas, o incentivo para a fraude à coligação tenderá a ser menor uma vez que as empresas necessitariam de efectuar grandes descontos para aumentar a quantidade dos produtos fornecidos, o que poderá não ser rentável, mantendo-se a coligação.

No entanto, estas conclusões só são validadas com um elevado grau de certeza nas redes onde as condições concorrenciais sejam estáveis ou não evolutivas, ou seja, em que os ciclos concorrenciais se sucedem sem alteração significativa das condições de mercado e das opções dos jogadores.

Porém, essa identidade estrutural e conjuntural não é uma característica dos sectores em rede. Pelo contrário, e salvaguardando-se as redes físicas materiais "pesadas", os jogos concorrenciais realizados nas redes têm uma natureza dinâmica e evolutiva. Nestas condições, os ciclos concorrenciais são irregulares e, consequentemente, não repetidos.

Essa irregularidade concorrencial resulta de diversos factores. Em primeiro lugar, a irreversibilidade das decisões jogará um papel importante nesta problemática. De facto, a estabilidade de uma coli-

---

médio ou a longo prazo, ou seja, depende do lapso de tempo necessário para o aparecimento de produtos alternativos ou para a adaptação dos consumidores a produtos alternativos.

gação está directamente relacionada com a irreversibilidade dos investimentos efectuados no exercício dessa coligação, ou seja, na actividade concorrencial interna do grupo oligopolista.

A irreversibilidade poderá ser entendida como uma expressão da extensão do comprometimento de um factor de produção a uma aplicação económica, ou seja, e em termos relativos, se esse factor for empregue para outra finalidade a sua utilidade baixará significativamente. Esta situação constitui, pois uma barreira à saída do mercado, pelo que a curva da oferta será inelástica.

Se ocorrer uma quebra de procura, existirá uma baixa da produção e, consequentemente, haverá um grande incentivo à criação de uma coligação pelos preços para evitar o colapso do mercado, protegendo-se os investimentos irreversíveis já efectuados. Note-se que, nestas condições, mesmo que existam perdas significativas, os agentes não poderão sair do mercado.

Pelo exposto, os benefícios para as empresas de uma coligação pelos preços são directamente proporcionais à quota dos custos irreversíveis nos custos totais.

Conforme foi demonstrado *supra*, o ambiente concorrencial nos sectores em rede caracteriza-se por uma heterogeneidade das condições que norteiam os diversos estádios da conduta dos agentes no mercado. A decisão de realização de um elevado investimento inicial, essencial para a entrada no mercado quer numa rede física, quer numa rede virtual – no limite, para a criação da própria rede, numa óptica de *concorrência pelo mercado* – impede *in limine* qualquer construção doutrinária que analise a temática do oligopólio nestes sectores como um jogo sucessivo e repetitivo de ciclos concorrenciais indiferenciados.

A característica essencial que caracteriza os *superjogos* – a repetição cíclica *ad eternum* de jogadas concorrenciais idênticas – e que fundamenta os seus desígnios teóricos de equilíbrio inerente não constitui um elemento identificativo do jogo concorrencial das redes.

A decisão de realização de um investimento avultado implica necessariamente a existência de uma heterogeneidade nos ciclos concorrenciais: o estado inicial em que o investimento é realizado e o estado seguinte onde o agente rentabiliza o investimento realizado.

Quer a variável quantidade – o investimento realizado certamente que reforçará as suas capacidade produtivas –, quer a variável preço – a taxa de desconto irá necessariamente aumentar de forma a possibilitar o retorno do investimento – serão necessariamente diversas das existentes no estádio inicial do jogo concorrencial.

Consequentemente, a simplicidade caracterizadora dos *superjogos* é arrasada por esta heterogeneidade concorrencial, que não só torna o mercado um campo complexo de interacção mútua como eleva o grau de risco das decisões empresariais, que supera a incerteza dos próprios jogos evolutivos[830].

E, note-se, nos sectores em rede, os investimentos em activos, corpóreos ou incorpóreos são, por definição avultados e irrecuperáveis. O problema essencial não radica tanto no seu montante elevado – no limite a criação da infra-estrutura em que assenta a rede – mas sim na sua irrecuperabilidade.

Conforme demonstrámos na Parte I, um carril ferroviário tem uma rentabilidade elevada enquanto suporte infra-estrutural da prestação de serviços de transporte ferroviário; no entanto, se essa prestação de serviços claudicar por alguma razão, o seu valor intrínseco é quase nulo, não sendo aproveitável para mais do que mera sucata. O mesmo acontece nas redes virtuais, com uma agravante: o valor incorpóreo inerente ao *saber-fazer* ("*know-how*") ou à informação coligida depende totalmente do serviço que se pretende prestar; se este falhar, nada mais restará[831]. O valor dos segmentos da rede depende, portanto, da sua interligação e da sua operabilidade.

O risco excepcional inerente à actuação nos sectores em rede não se limita, porém, à irrecuperabilidade dos investimentos realizados. Atendendo às condições estruturais das redes – *maxime*, a existência de exterioridades de rede, e no limite, à subaditividade característica dos monopólios naturais – a construção das infra-estruturas das redes físicas ou a própria construção da rede virtual (neste caso com a agravante das estratégias de desenvolvimento desta rede assentarem

---

[830] Para uma análise das condicionantes dos jogos evolutivos, cfr. Fernando Araújo, *Introdução à Economia, cit.*, pág. 375.

[831] A não ser em zonas bastante evoluídas (como Silicon Valley) onde a rede empresarial aí formada permite o reaproveitamento de activos falhados mas que podem ser importantes para o desenvolvimento de produtos subsequentes por outras empresas.

essencialmente em custos de *publicidade* e de *inovação*) poderá caracterizar-se por uma luta pelo mercado permanente e sem tréguas, em que só um poderá vencer.

E nesta óptica poderiam desenvolver-se estratégias cautelosas «*maxmin*» ou «*minimax*», tentando os jogadores, na primeira situação, garantir possibilidades de ganho mínimos, ou, na segunda situação, minimizar probabilidades de perdas máximas[832].

No entanto, e face ao referido, em muitas situações, só um poderá vencer o que impedirá liminarmente este tipo de coligações.

Poderia então pensar-se que, nos sectores em rede, a probabilidade do desenvolvimento de coligações, pelo menos ao nível da construção infra-estrutural, seria reduzido, atendendo à complexidade e ao risco inerente às opções concorrenciais subjacentes, e que fundamentariam a *"instabilidade fundamental dos cartéis" stigleriana*.

Porém, talvez tal não aconteça, porque, na óptica *"topsy-turvy"*, o que propicia a concorrência pode igualmente propiciar a edificação de coligações.

No entanto, estas coligações implicam um mecanismo fortalecido de interacção entre os oligopolistas que ultrapassa a mera interdependência oligopolista.

E, note-se, nas condições descritas, e na presença de oligopólios naturais – em que as redes são férteis – da cooperação oligopolista poderão resultar ganhos em sede de bem-estar social que ultrapassam os prejuízos do não desenvolvimento de uma actividade plenamente concorrencial.

Qual será o ganho social resultante do investimento pesado em quatro redes virtuais concorrentes, quando só duas, ou mesmo unicamente uma, poderão efectivamente vingar?

Esses custos irrecuperáveis não só geram um prejuízo social avultado como podem construir uma aura de medo e receio que impedirá investimentos futuros na inovação tecnológica[833].

Por outro lado, os consumidores que tiverem aderido às redes perdedoras terão um duplo prejuízo já que não só não retirarão van-

---

[832] Cfr. F. Araújo, *Introdução à Economia*, cit., pág. 376.
[833] Veja-se o caso do *crash* bolsista das empresas da "nova tecnologia" e que ainda hoje assombra esse segmento da actividade económica.

tagens do seu investimento inicial como terão de dispender novamente recursos financeiros de forma a integrarem-se numa das redes vencedoras.

As instâncias públicas desde há muito que propiciam a organização oligopolista dos mercados na óptica do licenciamento da actividade. Efectivamente, quando os poderes públicos admitem unicamente um número limitado de operadores de radiodifusão ou de comunicações móveis estão, na prática, a edificar um espaço oligopolista determinando *ab initio* as redes vencedoras onde, inevitavelmente, as interacções entre os concorrentes irão verificar-se. O mesmo acontece quando as instâncias reguladoras públicas aprovam as normas da actividade não só da operação em rede como da construção da própria infra-estrutura.

Não é simplesmente a hetero-regulação normalizadora que origina mercados oligopolistas, ou, no limite, monopolistas. Por vezes são os próprios concorrentes que se organizam mutuamente norteados pelo espírito auto-regulador, e numa primeira fase, acordam na edificação de uma infra-estrutura normalizada sob a qual prestarão os seus serviços.

Note-se que, também, nestas circunstâncias, os ciclos concorrenciais não são uniformes, dado que, numa primeira fase, é necessária a edificação da norma e só posteriormente os produtores actuarão concorrencialmente na rede anteriormente acordada.

Estes são simples exemplos de um comportamento dinâmico e heterodoxo (que supera os efeitos de uma simples *adaptação* dos jogadores às opções dos rivais ou a eventual intenção de criação de *reputação*) que impede, *in limine*, qualquer tentativa teórica de harmonização concorrencial. Não é por acaso que, perante estas condições, a doutrina tenha desenvolvido modelos de concorrência em dois estádios, assentes nos ensinamentos iniciais de Schelling[834].

Estes modelos partem igualmente de uma concepção de jogos sucessivos e que tendem para o equilíbrio, mas contém uma subtileza que os diferencia dos *superjogos* tradicionais e que se traduz na admissão de uma diferenciação fundamental, mas consequente, entre o período inicial do jogo competitivo – a *fase estratégica* – e os períodos subsequentes – a *fase táctica*.

---

[834] Cfr. T. Schelling, *The Strategy of Conflict*, New York, Oxford University Press, 1960.

Os produtores, no momento da realização da primeira opção (de investimento) deverão antecipar o resultado dessa opção inicial no ambiente concorrencial consequente, ou seja, no segundo período concorrencial, onde o ambiente concorrencial se organizará nos simples termos ditados pelo *equilíbrio de Nash*.

Este equilíbrio será concretizado numa total dependência relativamente às opções estratégicas tomadas na primeira fase do jogo concorrencial.

Tendo em consideração o que se referiu anteriormente quanto aos custos iniciais de investimento em activos corpóreos e incorpóreos e de criação de normas e saber-fazer nas redes físicas e virtuais e, no limite, na criação da própria rede – ou do próprio mercado – é fácil antever as potencialidades destes modelos no estudo do ambiente concorrencial das redes.

Os efeitos em sede de bem-estar são inevitavelmente dúbios. Efectivamente, as consequências de uma decisão de investimento de um agente deverão ser medidas atendendo ao seu impacto nos consumidores e nos rivais (em termos similares à *liderança de Stackelberg*[835]).

Se considerarmos que o investimento estratégico inicial realizado por uma empresa tem um efeito marginal nulo nos seus lucros, os resultados do mesmo para os níveis de bem-estar social dependerão dos seus efeitos nos consumidores e nos seus rivais. Assim, uma conduta de investimento agressiva na capacidade produtiva beneficiará inevitavelmente os consumidores, já que a quantidade de bens produzidos aumenta, mas prejudicará, inevitavelmente, os concorrentes, que face ao volume acrescido de produção do rival, alcançarão uma posição de *equilíbrio nashiano* assente num menor volume de produção.

Neste caso, e adoptando a terminologia de Fudenberg e Tirole, o sobreinvestimento radica numa estratégia "*top dog*"[836]. Em sentido

---

[835] Stackelberg identificou as consequências da estratégia de um líder ("*first-mover advantage*") nas opções produtivas dos seguidores, e estas nas opções iniciais do próprio líder, já que este as anteciparia no seu juízo primário. Ora, este raciocínio constitui-se como um verdadeiro precursor dos jogos a dois períodos.

[836] Cfr. D. Fundenberg e J. Tirole, *"The fat-cat effect, the puppy-dog ploy and the lean and hungry look"*, American Economic Review Papers and Proceedings, 74, 1984, págs. 361 a 366.

inverso, se a empresa em causa optar por praticar uma estratégia de subinvestimento (estratégia *"puppy dog"*[837]), tal originará uma concorrência menos *feroz* ao nível dos preços, o que causa um prejuízo aos consumidores dado que estes terão que suportar custos mais elevados; porém, os concorrentes serão beneficiados.

Estes mesmos resultados poderão ser alterados radicalmente, se as reacções ao investimento inicial se inverterem. De facto, a não-realização do investimento poderá pretender optimizar, até ao limite, os recursos disponíveis, sem que exista a necessidade de amortização dos mesmos – estratégia *"lean and hungry"*[838]. Inversamente, a realização de sobreinvestimentos poderá gerar condutas concorrenciais menos agressivas de todos os produtores, nomeadamente se a procura não reagir à oferta acrescida de bens. Neste caso, estaremos na presença de estratégias *"fat cat"*[839].

Os efeitos concorrenciais decorrentes das opções estratégicas de investimento dependerão, em muito, das condições estruturais de mercado, dos canais de comunicação da informação e, no limite, das acções estratégicas dos próprios concorrentes.

Note-se que um sujeito que pretenda criar uma nova rede virtual terá todos os incentivos a angariar operadores para essa rede, *maxime*, os próprios concorrentes.

Paralelamente à actuação concorrencial nos mercados, as opções estratégicas terão efeitos sensíveis no estabelecimento das condições de acesso às redes.

Uma estratégia de sobreinvestimento *"top dog"* impede a entrada de concorrentes potenciais na rede do incumbente. No entanto, em condições diferenciadas, o sobreinvestimento transforma-se facilmente numa estratégia *"fat cat"*, potenciando ganhos a todos os operadores que operem na rede, actuais ou futuros.

Neste caso, os custos de publicidade à própria rede – e não ao operador – beneficiam a totalidade dos operadores no mercado, gerando-se um ambiente concorrencial mais suave.

---

[837] Cfr. D. Fundenberg e J. Tirole, *"The fat-cat effect, the puppy-dog ploy and the lean and hungry look"*, cit., págs. 361 a 366.

[838] Cfr. D. Fundenberg e J. Tirole, *"The fat-cat effect, the puppy-dog ploy and the lean and hungry look"*, cit., págs. 361 a 366.

[839] Cfr. D. Fundenberg e J. Tirole, *"The fat-cat effect, the puppy-dog ploy and the lean and hungry look"*, cit., págs. 361 a 366.

Ao invés, uma estratégia *"puppy dog"* inicial de desinvestimento na rede poderá também atrair novos operadores, dado que a entrada na rede poderá parecer amigável, assumindo-se um compromisso de simples angariação de uma reduzida quota de mercado.

Noutras situações, o desinvestimento inicial poderá indicar que o operador incumbente reserva as suas forças concorrenciais – nomeadamente ao nível dos preços – para combater uma eventual entrada de um novo concorrente. Neste caso, e nas mesmas condições, identifica-se uma estratégia *lean and hungry*[840].

Ora, perante estas enunciações, poderá referir-se que, em situações de concorrência pelas quantidades, a conduta mais agressiva traduzir-se-á no sobreinvestimento; pelo contrário, em situações de concorrência pelos preços, a agressividade conduzirá ao subinvestimento[841].

Esta simples exposição demonstra claramente a complexidade concorrencial das redes bem como as circunstâncias que necessariamente condicionam uma actuação colectiva tácita. No entanto, atendendo à especificidade concorrencial das redes, outros exemplos de modelos de concorrência a dois períodos poderão ser enunciados, nomeadamente quanto à aprendizagem pela experiência, aos custos com investigação e desenvolvimento, registo de patentes, publicidade, trocas de informação, fusões e aquisições, selecção de produtos, estruturas de financiamento e contratação laboral e com os consumidores[842]. Analisemos alguns dos exemplos:

6.1. *Aprendizagem pela experiência*

A actuação nas redes implica uma enorme complexidade de procedimentos.

---

[840] Cfr. Richard Gilbert, "Mobility *Barriers and the Value of Incumbency*", *Handbook of Industrial Organization*, I, cit., págs. 509 e 510.

[841] Cfr. A. M. Spence, *"Entry, Capacity, Investment and Oligopolistic Pricing"*, *Bell Journal of Economics*, 8, 1977, págs. 534 a 544; A. K. Dixit, *"The Role of Investments in Entry Deterrence"*, *Economic Journal*, 90, 1980, págs. 95 a 106.

[842] Cfr, os diversos modelos citados por Carl Shapiro, *"Theories Of Oligopoly Behaviour"*, cit., pág. 390

Na grande maioria das situações, os operadores das redes físicas e as virtuais iniciam a sua actividade sem um conhecimento total das circunstâncias que a norteiam. As próprias empresas operadoras desenvolvem-se à medida dos estímulos que os mercados lhes fornecem.

Nestas situações, nas quais as empresas aprendem com a experiência adquirida, os volumes de produção realizados no primeiro período afectam os custos do período subsequente. Note-se que, nestas circunstâncias, a inexistência de uma informação completa relativamente aos procedimentos mais eficientes origina um natural excedente produtivo e um sobreinvestimento de capital[843].

6.2. Custos com Investigação e Desenvolvimento

Face à importância relativa da inovação nas redes virtuais, o ganho concorrencial decorre, na esmagadora maioria das situações, dos investimentos realizados no período anterior em investigação e desenvolvimento.

Nestes casos, o primeiro período do jogo é substancialmente diverso dos subsequentes.

Também a decisão do enfoque concorrencial é determinante: se o agente pretender concorrer pela quantidade, o custo marginal da unidade produzida reduz-se à medida que o volume de produção aumenta e, nestas circunstâncias, existirá um incentivo real ao sobreinvestimento; pelo contrário, a concorrência pelos preços leva, de forma semelhante ao que se referiu anteriormente, a uma natural retracção na aplicação de capital.

Por outro lado, também o registo de patentes pode originar situações de equilíbrio não-cooperativo. Nas redes virtuais, o detentor de uma nova tecnologia poderá mostrar-se avesso à outorga da sua licença a um concorrente no mercado, já que a permissão de acesso do rival a uma tecnologia superior pode eliminar a vantagem estraté-

---

[843] Cfr. Carl Shapiro, *"Theories Of Oligopoly Behaviour"*, cit., pág. 390; D. Fundenberg e J. Tirole, *"Learning by Doing and Market Performance"*, *Bell Journal of Economics*, 14, 1983, págs. 227 a 250.

gica que foi conseguida por via do investimento realizado na primeira fase do jogo concorrencial[844].

Face aos ganhos de escala, ou de forma a concorrer intersistematicamente, o percursor pode ter interesse em desenvolver uma concorrência oligopolista com um seu rival, expandindo a dimensão da rede de que é detentor[845].

6.3. *Em geral, a criação de uma ampla base instalada*

Conforme se referiu *supra*, a intenção de criação de uma ampla base instalada no momento inicial de criação da rede (física ou virtual) conforma em larga medida as decisões estratégicas dos operadores.

As opções concorrenciais tomadas num primeiro momento visam unicamente a expansão da mesma na maior escala possível, sendo que a rentabilização dos investimentos ocorrerá unicamente no segundo período do jogo concorrencial.

Diversas opções estão à disposição dos rivais nesse primeiro estádio evolutivo (decisões de compatibilidade/incompatibilidade, subsidiação de equipamentos terminais, publicidade maciça, parcerias estratégicas, fornecimento de informação ao mercado), de forma a ampliar eventuais exterioridades de rede (na presença de redes bidireccionais) e a bloquear os seus clientes, através da dependência das escolhas passadas ou utilizando contratos de fidelização a longo prazo, permitindo que os seus consumidores iniciais obtenham os melhores preços do mercado no segundo período concorrencial (o que reduz a sua agressividade concorrencial na óptica dos preços nesse período subsequente).

---

[844] Esta é uma forma indirecta de aumentar os custos dos rivais.
[845] Cfr. M.L. Katz e C. Shapiro, "*On the Licensing of Innovations*", *Rand Journal of Economics*, 16, 1985, págs. 504 a 520.

7. Sequência: A rivalidade dinâmica

Como é facilmente perceptível, a concretização de um equilíbrio (cooperativo ou não-cooperativo) nestes jogos a dois períodos implica uma ampla e contínua troca de informação bem como uma sinalização constante das intenções concorrenciais dos rivais. Porém, a dificuldade da questão é ainda ampliada atendendo a que os períodos concorrenciais poderão não ser unicamente dois, mas múltiplos. E neste caso já não se poderá sequer falar de *jogos a dois períodos* mas sim de *rivalidade dinâmica*[846], heterogeneamente cíclica.

Actualmente, face à elevada intensidade da inovação, principalmente nas redes virtuais, o ambiente económico dos sectores altera-se muito rapidamente. Neste enquadramento, as variáveis económicas estruturais que constituem um elemento estático nos modelos de oligopólio não podem mais ser tomadas como imutáveis.

Face a esta permanente mutabilidade do ambiente estrutural concorrencial, o estudo dos equilíbrios oligopolistas torna-se especialmente complexo. E, note-se, esta alteração dos ambientes estruturais deriva não só das mudanças naturais advenientes do ciclo empresarial (*variáveis exógenas*, tais como a redução de custos decorrente da adopção de uma nova tecnologia produtiva, o declínio natural de um produto ou o risco permanente de uma *entrada catastrófica* ("*technology displacement*") potenciadora de um monopólio quase imediato[847]) mas principalmente de *variáveis endógenas* à disposição do oligopolista, mas de difícil mimetização e percepção para os seus concorrentes.

Carl Shapiro ensaia, no âmbito das *variáveis endógenas*, uma distinção entre condições *tangíveis* e *intangíveis* susceptíveis de evolução ao longo dos diversos períodos dos jogos. Este exercício é particularmente útil na sistematização dos diversos elementos – mutáveis – que influenciam o curso do jogo concorrencial, e que são insusceptíveis de apreensão na óptica dos *superjogos*, cujos modelos, recorde-se, dependem totalmente da estabilidade estrutural destas condições.

---

[846] Cfr. Carl Shapiro, "*Theories Of Oligopoly Behaviour*", *cit.*, pág. 390; D. Fundenberg e J. Tirole, "*Dynamic Models of Oligopoly*", in A. Jacquemin, (ed.), *Fundamentals of Pure and Applied Economics*, vol. 3, New York, Harwood, 1986.

[847] Cfr. F. Araújo, *Introdução à Economia*, cit., pág. 333.

Partindo desta distinção de base, as condições tangíveis susceptíveis de influenciar o desempenho concorrencial dos agentes económicos na sua acção de resposta às reacções dos restantes parceiros traduzir-se-ão nas opções dinâmicas de cada um dos jogadores nas matérias relativas: *i)* à *estrutura de capitais próprios e capitais alheios no financiamento da actividade, maxime* o rácio e a estrutura de endividamento; ii) *às capacidades tecnológicas das empresas*, nomeadamente, o nível de maturidade tecnológica; e, iii) *às políticas contratuais laborais e de vinculação dos consumidores.*

Todas estas variáveis originam uma derivação temporal nas actuações dos concorrentes bem como uma estrutura de reacção insusceptível de imitação ou emulação. Como é facilmente perceptível, os ganhos decorrentes de uma fraude à coligação e a credibilidade da punição encontram-se totalmente dependentes dos recursos financeiros disponíveis para o efeito[848].

No limite, toda a actividade de concorrência pelas quantidades e pelos preços depende da infra-estrutura financeira que suporta a actividade operacional.

Por outro lado, a actualidade tecnológica dos activos fixos, bem como o seu período de vida útil, influencia decisivamente todas as actuações concorrenciais dos sujeitos económicos. Os períodos de amortização dos activos fixos, que derivam da *opção estratégica* de investimento[849], influenciam decisivamente as decisões empresariais relativas aos volumes de produção (na óptica dos custos variáveis por unidade produzida) e na óptica dos preços ("*cash-flows*" disponíveis), ambas *opções tácticas.*

Estas opções estratégicas dependem, em larga medida, das estruturas tecnológicas adoptadas.

Nas redes físicas, o factor crucial da estrutura de custos da actividade é o investimento nos activos físicos constitutivos da própria

---

[848] Relativamente ao impacto do rácio de endividamento na estratégia concorrencial da empresa, concluindo que o grau de endividamento se encontra directamente relacionado com a agressividade concorrencial na óptica das quantidades e inversamente na óptica dos preços, cfr. J. A. Brander e T. R. Lewis, "*Oligopoly and Financial Structure: the limited liability effect*", American Economic Review, 76, 1986, págs. 956 a 970.

[849] Cfr. R. Gilbert e R. Harris, "*Competition with Lumpy Investment*", Rand Journal of Economics, 15, 1984, págs. 197 a 212; J. P. Benoit e V. Krishna, "*Dynamic Duopoly: Prices and Quantities*", Review of Economic Studies, 54, 1987, págs. 23 a 35.

rede ou necessários à prestação dos serviços inerentes e que são amortizados em longos períodos de tempo, e nestas condições, a sinalização e recolha de informação é sempre possível.

Nas redes virtuais, as amortizações do capital investido são efectuadas rapidamente atendendo ao reduzido período de vida útil dos elementos da rede, o que, e ao contrário das redes físicas, torna a sinalização e a recolha de informação uma tarefa bastante difícil.

Finalmente, as práticas contratuais laborais e de incentivos, bem como as condições contratuais de longo prazo impostas aos consumidores, determinadas individualmente por cada concorrente, influenciam decisivamente as actuações tácticas subsequentes.

Se a empresa pretender concorrer pela quantidade, terá todas as vantagens em acordar com os seus trabalhadores o aumento do salário base e a redução da remuneração das horas extraordinárias, de forma a reduzir significativamente os custos marginais por unidade produzida em caso de aumento da procura.

O mesmo acontece com os planos de incentivo à gestão, decididos inicialmente e que condicionam a prática concorrencial futura, dado que poderão variar na remuneração excepcional do gestor pelo volume de vendas (*concorrência pela quantidade*) ou pela margem de lucro (concorrência *pelos preços*).

Finalmente, também os acordos de longo prazo estabelecidos entre os diversos produtores no mercado e os seus consumidores poderão influenciar decisivamente as condições concorrenciais futuras.

As condições *intangíveis* referem-se às ideias e intenções que, estrategicamente, um concorrente pretende fazer passar para o mercado de forma a alterar o comportamento dos concorrentes e dos consumidores em seu benefício.

A manipulação de informação é uma estratégia bastante eficaz em ambientes incertos[850]. Esse é o caso típico das redes virtuais, onde o concorrente irá tentar passar informação deturpada quer aos consumidores (nomeadamente o famoso *vaporware*), bem como aos concorrentes. Neste último caso, são especialmente tentadoras estra-

---

[850] No respeitante ao equilíbrio perfeito bayesiano em jogos dinâmicos com informação completa, cfr. D. Fundenberg e E.J. Tirole, *"Noncooperative Game Theory"*, in *Handbook of Industrial Organization*, vol. 1, cit., págs. 261 a 323, em especial, págs. 304 a 312.

tégias que visem passar a ideia de que o agente em causa tem custos reduzidos face aos concorrentes, aumentando a produção em conformidade, o que leva o concorrente a adoptar uma posição de equilíbrio consequente[851].

No entanto, estas estratégias têm uma especial acuidade quando o agente incumbente pretende afastar concorrentes potenciais, transformando-as em verdadeiras barreiras à entrada de âmbito predatório[852].

São, portanto, extremamente complexas e variadas as condições que poderão dar origem a equilíbrios não-cooperativos ou a coligações tácitas entre os agentes que operam nos diversos sectores em rede, sendo que a distinção entre os dois fenómenos é fundamental.

Os critérios e os instrumentos de análise sucessivamente mais sofisticados da teoria dos jogos não têm sido convenientemente utilizados pelas diversas instâncias aplicadoras – administrativas e judiciais – do direito da concorrência, apesar de comprovarem, já hoje, a possibilidade de desenvolvimento de equilíbrios oligopolistas não--cooperativos em ambientes cada vez mais complexos e variados.

Porém, e essa é a chave essencial para a definição da política da concorrência futura em sede de posição dominante colectiva nos sectores em rede, torna-se essencial efectuar uma distinção fundamental na análise das situações concorrenciais concretas entre casos de coligações tácitas, traduzidas em posicionamentos cooperativos não formalmente expressos, e simples equilíbrios oligopolistas que derivam naturalmente na ocorrência de determinadas condições de mercado.

É a esta luz que se analisarão, de seguida, os critérios normalmente utilizados pela doutrina jurídica e administrativa, visando a aferição de eventuais práticas colectivas que poderão levar potencialmente a situações de *"domínio colectivo"*.

---

[851] Cfr. Carl Shapiro, *"Theories of Oligopoly Behaviour"*, cit., pág. 406.

[852] Cfr. D. Kreps e R. Wilson, *"Reputation and Imperfect Information"*, Journal of Economic Theory, 27, 1982, págs. 253 a 279; P. Milgrom e J. Roberts, *"Predation Reputation and Entry Deterrence"*, Journal of Economic Theory, 27, 1982, págs. 280 a 312; Salop e Shapiro, 1980, J. Ordover e G. Saloner, *"Predation, Monopolization and Antitrust"* in Handbook of Industrial Organization, vol. 1, cit., págs. 538 a 592, em especial, págs. 556 a 561.

III
A "Posição Dominante Colectiva" nos sectores em rede

1. Condições de Mercado Necessárias para a Implementação e Manutenção de Coligações Tácitas. A definição comunitária de "posição dominante colectiva".

A doutrina jurídica diverge na definição das condições que tornam possível a implementação e, principalmente, a manutenção desses mecanismos de coligação tácita. Apesar de toda a controvérsia, existe actualmente uma aparente unanimidade quanto às condições mínimas de mercado – elementos estruturais – que terão necessariamente que existir de forma que uma coligação possa ser implementada, e sobretudo, mantida. Neste último caso, estar-se-á na presença de elementos comportamentais.

Conforme foi demonstrado, e apesar dos avanços recentes, a doutrina económica não consegue ainda fornecer instrumentos globais de análise que possibilitem a realização de simulações que permitam discernir com elevada fidelidade a verdadeira conduta dos agentes no mercado relevante.

Os comportamentos colectivos assentam, muitas vezes, em meras situações fácticas, dissimuladas por entre a elevada complexidade relacional inerente ao mercado. Por outro lado, existe uma séria confusão entre condutas de índole coordenada e outras de índole não-coordenada.

Dada a diversidade de situações concretas de mercado, a doutrina julgou fundamental efectuar um esforço de sintetização dos ensinamentos presentes, tendo em vista a selecção dos sectores susceptíveis de integrar formas de cooperação tácita dos agentes do lado da oferta[853].

Nestas óptica, e tendo em consideração os ensinamentos essenciais da *Nova Economia Industrial*, a doutrina jurídica preocupa-se essencialmente por desenvolver uma aproximação simplificada ao problema central da actuação colectiva.

A qualificação "simplificada" não deve, no entanto, ser entendida necessariamente de forma depreciativa. Pelo contrário, a extrema diversidade casuística obriga a uma necessária harmonização de procedimentos, sob pena da aplicação do direito se tornar extremamente onerosa e ineficiente.

Os factores que formatam os métodos simplificados de investigação concorrencial não devem constituir-se como elemento suficiente para a prova de uma qualquer prática ilegal. Conforme se demonstrou, a realidade é demasiado complexa para poder ser reconduzida a um modelo normalizado geral e abstracto. Estes factores deverão, portanto, ser considerados como meros indicadores que visam a facilitação da acção de investigação, sendo que uma eventual acusação – a ainda mais uma condenação – deverá ser justificada através de uma larga fundamentação casuisticamente adaptada.

A verificação da legalidade concorrencial das práticas colectivas adquire uma especial importância nos sectores em rede. Conforme foi atempadamente demonstrado, a construção da rede, bem como todo o seu funcionamento e desenvolvimento, dependem de uma actividade colectiva e coordenada.

Ao aplicarem-se de forma imponderada os mecanismos de controlo de práticas colectivas, as redes ou não seriam constituídas, ou seriam unicamente detidas por agentes monopolistas. Por outro lado, e como se pode observar no modelo norte-americano aplicado ao seu mercado energético, a aparente plena concorrência poderá dar origem a problemas de compatibilidade e de qualidade no fornecimento.

---

[853] Cfr. D. Carlton e J. Perloff, *Modern Industrial Organization, cit*, págs. 208 a 238; F. Scherer e D. Ross, *Industrial Market Structure and Economic Performance*, 3rd edition, Houghton Mifflin Company, 1990, págs. 235 a 315; S. Salop, *"Practices that (Credibly) Facilitate Oligopoly Coordination"*, in J. Stiglitz, G. Mathewson, eds., *New Developments in the Analysis of Market Structure*, Macmillan, 1986, págs. 265 e segs.; S. Stroux, *US and EC Oligopoly Control*, cit., págs. 17 a 35.

Do ponto de vista concorrencial, importa realizar uma distinção fundamental entre equilíbrios oligopolistas não-coordenados e equilíbrios oligopolistas coordenados, sabendo-se preliminarmente que os primeiros são inerentes à própria estrutura típica do mercado, decorrendo directamente da racionalidade individual de cada agente, e os segundos derivam directamente de uma tentativa de maximização de renda monopolista, implicando, em consequência, uma acção colectiva, mesmo que informal ou latente.

Dada a sua relativa gravidade no foro concorrencial, importará identificar os factores que, existindo num determinado mercado oligopolístico, poderão facilitar o desenvolvimento de condutas coordenadas.

Nesta perspectiva, e atendendo à experiência das autoridades concorrenciais, a perspectiva de análise concorrencial como que sofre uma inversão.

Na presença das condições estruturais descritas cria-se uma presunção, necessariamente elidível, de exercício de práticas coordenadas. A fonte dessa presunção é precisamente a racionalidade económica demonstrada pelos ensinamentos *supra* referenciados. No entanto, esta situação é facilmente revertida, pois essa presunção de coordenação é naturalmente elidida se a própria racionalidade económica subjacente que a fundamenta indiciar a ocorrência ainda mais provável de fraudes à coligação.

Note-se que nos sectores em rede se torna muito difícil efectuar uma análise preliminar tomando em consideração unicamente o preço dos serviços prestados, atendendo às complexas redes de financiamento das estruturas empresariais. A enunciação seguinte deverá ser considerada como um elemento geral de apreciação sectorial, não substituindo a análise casuística concreta das condições reais do mercado em causa.

De facto, e ao contrário do que parece entender a Comissão Europeia (atendendo à sua prática administrativa nos processos de investigação desenvolvidos quer em sede de aplicação do artigo 82.º do Tratado, quer do *Regulamento das Concentrações*[854]), a utilização

---

[854] Estranha-se, aliás, a extrema pobreza do *Documento de Discussão* relativamente a esta temática (cfr. paras. 43 a 50).

de um sistema baseado em listagens de indícios não é suficiente *per se* para a identificação de práticas de coligação tácita, ainda mais quando o seu conteúdo é meramente estrutural.

Os indícios devem ser entendidos como tal, ou seja, deverão servir unicamente para orientar as acções de investigação, não as substituindo.

Relembre-se, ainda, que a coligação tácita (*"equilíbrio coordenado"*) implica uma extensa coordenação empresarial, em todos os níveis de actividade (*e.g.*, preços, quantidade, quotas de mercado, investigação e desenvolvimento), de forma a possibilitar a existência de um equilíbrio insusceptível de ser atingido por práticas fraudulentas.

No entanto, de mera lista indicadora de situações potencialmente indiciadoras de coligações implícitas, susceptíveis de realização de prova em processo judicial concorrencial, a listagem adquiriu verdadeira força legal (*"soft law"*).

Perante o grau de incerteza reinante, a União Europeia optou por dar um passo em frente, não sendo portanto de estranhar que a própria regulação comunitária contenha *a priori* uma definição de indícios, que na perspectiva das autoridades reguladoras, permitem às autoridades nacionais reguladoras a identificação de *"domínio colectivo"*.

O conceito legal comunitário de domínio colectivo baseia-se precisamente na pressuposição económica de que em mercados altamente concentrados, os concorrentes reconhecem a sua interdependência, abandonando, em consequência, comportamentos concorrenciais agressivos.

No entanto, e ao contrário do exercício qualificativo que tem vindo a ser efectuado neste trabalho, não existe na prática decisória administrativa e jurisdicional qualquer coincidência entre o conceito jurídico de domínio colectivo[855] [e suas respectivas derivações, *v.g.*

---

[855] Opta-se, portanto, por considerar equivalentes as definições legais de domínio colectivo constantes no direito da concorrência e no direito regulador sectorial. Efectivamente, e tendo em consideração a problemática em presença, não existe qualquer razão para considerar distintas todas estas manifestações terminológicas de uma mesma realidade. No mesmo sentido, Paul Nihoul e Peter Rodford, *EU Electronic Communications Law*, Oxford University Press, 2004, pág. 319. No entanto, esta indefinição demonstra as hesitações do legislador comunitário a este propósito.

«*domínio oligopolista*» (*"oligopolistic dominance"*), «*domínio conjunto*» (*"joint dominance"*), ou mesmo, «*posição dominante colectiva*» (*"collective dominant position"*)] ou poder de mercado significativo exercido colectivamente e qualquer conceito económico.

De facto, e suspeita-se que esta terá sido a verdadeira motivação, poderá ter havido a tentação de trazer para o mundo do Direito o conceito indiferenciado de oligopólio.

No entanto, essa recepção conceptual imperfeita, ou incompleta, não foi feliz.

Para efeitos de clarificação, importará analisar o que se entende por *efeitos não-coordenados* (também denominados de *unilaterais ou multilaterais*) e *efeitos coordenados*, quer no âmbito de operações de concentração, quer na aplicação de medidas regulatórias, quer, num futuro próximo, no âmbito da aplicação do artigo 82.º do Tratado.

A eliminação da confusão conceptual actualmente existente é essencial para a clarificação dos conceitos actuais que norteiam o regime jurídico aplicável à posição dominante colectiva e à aplicação de medidas regulatórias em diversos sectores em rede (*maxime* nas telecomunicações electrónicas, nos transportes e na energia).

Em tese, a única forma de retirar conteúdo útil a esta distinção, que decorre directamente da tradição aplicativa do *Regulamento das Concentrações*, será reconduzir os primeiros aos efeitos que derivam da mera «*interdependência oligopolista*», na óptica do *equilíbrio oligopolista não-coordenado*, e os segundos, aos casos de «*coligação tácita*», eminentemente coordenada.

Colocando de parte a coligação explícita, formalizada em acordos expressos, o tratamento jurídico dos restantes fenómenos encontra-se de tal forma indefinido que a sua própria denominação não se encontra uniformizada, sendo normal encontrar designações como «*domínio conjunto*», «*domínio colectivo*», «*paralelismo consciente*» ou numa perspectiva mais económica, «*domínio oligopolístico*» ou «*coligação tácita/coordenação tácita*», muitas vezes utilizadas indiferenciadamente, confundindo-se estruturas de mercado com comportamentos no mercado.

Numa perspectiva estrutural, os conceitos de *domínio conjunto*, *domínio colectivo* ou *domínio oligopolístico* poderão ser considerados como equivalentes num foro económico (embora o último seja a este respeito muito mais acentuado, já que diz respeito a uma situação de mercado característica).

Tais denominações distinguem-se da *posição dominante colectiva*, cujo conteúdo jurídico é extremamente exigente, constando do Tratado e cuja densificação foi efectuada através de uma vasta prática jurisprudencial.

Diferentemente, os comportamentos num mercado poderão ser caracterizados atendendo ao nível de coordenação que se verifique entre os agentes aí presentes. Se existir algum padrão de coordenação poderemos designar essas acções enquanto formas de exercício de um «*paralelismo consciente*», de uma «*coligação tácita*» ou de uma «*coligação implícita*». Ora, todas estas formas de exercício de uma estratégia económica constituem a base da teoria jurídica dos *efeitos coordenados*.

Ao invés, se não existir um padrão de coordenação consciente, mas o simples desenvolvimento racional de uma acção unilateral por parte de um produtor num mercado de concorrência imperfeita que tome em consideração as reacções dos restantes concorrentes, estaremos no campo da *interdependência oligopolística*, que constitui a base da teoria jurídica dos *efeitos unilaterais ou não-coordenados*.

A razão de ser desta distinção assenta na tentativa de realização de uma diferenciação entre elementos tendencialmente indiciadores de *equilíbrios não-coordenados* e elementos que propenderiam ao desenvolvimento de *equilíbrios coordenados*.

No entanto, mesmo esses factores correctores estão actualmente a ser aplicados inadvertidamente, já que, e antecipando a conclusão final a este propósito, o conceito de *domínio colectivo* (nas suas mais diversas vestes, incluindo a *posição dominante colectiva*) tem de coincidir com o conceito económico de oligopólio coordenado assente em coligação tácita, devendo excluir a simples «*interdependência oligopolista*» intrinsecamente não-coordenada, e omnipresente, por inerência, na esmagadora maioria dos mercados dos sectores em rede (quer ao nível da infra-estrutura, quer da oferta grossista de serviços).

A concretização desta distinção e a definição dos seus efeitos jurídicos constitui actualmente o grande desafio jusconcorrencial.

Salvo honrosas excepções, a doutrina parece ser alheia a esta diferenciação, distinguindo os efeitos não-coordenados dos efeitos coordenados através de um quadro conceptual duvidoso.

Alistair Lindsay refere, a propósito do controlo de concentrações, que os efeitos unilaterais (ou não-coordenados) *"arise when the merged group is able profitably to reduce value for money, choice or innovation through is own acts without the need for a co-operative response from competitors"*[856].

Daqui não se retira nenhum conceito, já que se definem unicamente as consequências da ocorrência dos mesmos.

Note-se, no entanto, que Alistair Lindsay é decisivamente influenciada pelas *"Orientações para a Apreciação das Concentrações Horizontais nos termos do Regulamento do Conselho relativo ao Controlo das Concentrações"*[857], de 2004, onde se refere que os *efeitos não-coordenados* poderão consistir em duas realidades distintas.

Em primeiro lugar, identificam-se efeitos unilaterais de foro estritamente interno: *"de uma concentração podem resultar entraves significativos à concorrência efectiva num mercado se forem eliminadas pressões concorrenciais importantes sobre um ou mais vendedores que, consequentemente, beneficiam de um aumento de poder de mercado. O efeito mais directo da concentração será a eliminação da concorrência entre as empresas objecto da concentração"*[858].

---

[856] A. Lindsay, *The EC Merger Regulation: Substantive Issues*, London, Sweet & Maxwell, 2003, pág. 145.

[857] 2004/C31/03, in JO C 31/5, de 5 de Fevereiro de 2004. Estas Orientações corporizam uma das mais importantes parcelas da reforma legislativa e administrativa processada em 2004 em matéria de concentrações. Na sequência do *Livro Verde relativo à Reforma dos Controlo das Concentrações* (Livro Verde) (COM (2001) 745/6, de 11 de Dezembro de 2001 (http://europa.eu.int/comm/competition/mergers/review/green_paper/en.pdf), e, igualmente, dos acórdãos *Airtours/First Choice, Schneider/LeGrand* e *Tetra Laval/Sidel* (cits.), foi considerado essencial o desenvolvimento de uma verdadeira reforma no regime jurídico do controlo comunitário das concentrações, corporizado na adopção do novo Regulamento das Concentrações entre Empresas (Regulamento CE n.º 139/2004, do Conselho, n.º 139/2004, de 20 de Janeiro de 2004, *in* JO L 24, 2004), no Regulamento de Implementação da Comissão (Regulamento CE n.º 802/2004, da Comissão, de 7 de Abril de 2004, in JO L 33/1, 2004), na emissão das boas práticas da Direcção-Geral de Concorrência (http://europa.eu.int/comm/competition/mergers/legislation/regulation/best_practices.pdf), e, finalmente, na aprovação das referidas Orientações. Simultaneamente, a Comissão sofreu uma ampla alteração na sua organização administrativa, tendo sido desmantelada a sua *Merger Task Force*, já que essa função foi desagregada horizontalmente tomando em consideração as diversas especializações internas e sido criado um lugar de Economista Chefe, à semelhança do Departamento de Justiça norte-americano.

[858] Cfr. para. 24 das Orientações.

Desta definição – que reconduz os efeitos unilaterais ao conceito germânico de *"efeitos internos"* – não resulta qualquer efeito útil, já que se as empresas se concentram, elimina-se naturalmente a relação de concorrência que existia entre as empresas participantes.

A não ser que se pretenda penalizar, *tout court* a formação de posições dominantes por via do controlo de concentrações, esta definição de efeitos unilaterais padece de qualquer conteúdo.

Assim, esta definição não é minimamente operacional já que, nesta parte, tem como único objectivo reconduzir os denominados efeitos unilaterais à configuração de situações em que por via da realização da operação de concentração se cria ou reforça uma posição dominante.

E, com esta concepção, qualquer operação de concentração num sector em rede será invariavelmente qualificada dessa forma, já que, considerando a sua estrutura tipicamente oligopolista, um qualquer movimento de integração estrutural levará inevitavelmente à criação ou reforço de posições dominantes.

As Orientações de 2004 não ficam por aqui. Referem, de seguida, que *"além disso, as concentrações realizadas em mercados oligopolísticos, que implicam a eliminação de importantes pressões concorrenciais que anteriormente as partes na concentração exerciam mutuamente, juntamente com uma redução da pressão concorrencial sobre os restantes concorrentes podem, mesmo quando existem poucas probabilidades de coordenação entre os membros do oligopólio, resultar também num entrave significativo à concorrência"*. Ora, esta segunda categoria de efeitos unilaterais (externos) parece referir-se precisamente à eventual formação de oligopólios não-coordenados por via de operações de concentração.

Nestes termos, e na óptica do controlo das concentrações, a Comissão vai mais além do que o que se poderia entender numa primeira análise. Nos termos das *Orientações*, qualquer operação de concentração que possa originar uma situação de mercado que propicie equilíbrios oligopolistas não-coordenados poderá ser proibida ou sofrer a imposição de rigorosas medidas de correcção estrutural de mercado.

Perante esta definição conceptual, os efeitos não-coordenados do foro jurídico correspondem *mutatis mutandis* aos elementos estruturais que estabilizam um equilíbrio oligopolista não-coordenado, próprio do conceito de «*interdependência oligopolista*» do foro económico[859].

Em conformidade, os efeitos unilaterais corporizam consequências endógenas unilaterais, redutoras da intensidade concorrencial de um determinado mercado relevante, decorrente de uma alteração do estado estrutural desse mercado[860], e que permitem o exercício futuro de um poder monopolista acrescido – entenda-se, um abuso potencial de posição dominante – através: i) da criação ou reforço de uma posição dominante; ii) da perpetuação da posição dominante através da eliminação de concorrencial potencial ou emergente; iii) do controlo acrescido do nicho de mercado em que opera; iv) da oferta predatória de condições de comercialização irrecusáveis na perspectiva do consumidor, quer na óptica do preço, quer na óptica da qualidade[861].

Uma nota preliminar a este respeito. As pretensões da Comissão Europeia, em sede de controlo das concentrações, são muito ambiciosas, trazendo para o controlo concorrencial situações "naturais"

---

[859] E, consequente, poderão permitir aos agentes oligopolistas a emulação de uma situação monopolista, nas suas mais diversas vertentes. No entanto, a doutrina tem vindo a limitar a tipologia de comportamentos "monopolistas" susceptíveis de ser imitados de forma unilateral pelos oligopolistas. Assim, Sigrid Stroux (*in op. cit.*, págs. 186 e 187) identifica duas situações susceptíveis de enquadramento nos denominados efeitos unilaterais: i) *na óptica dos preços* – a concentração entre empresas produtoras de produtos diferenciados mas sucedâneos, que permitirá um aumento unilateral de preços num momentos posterior à operação de concentração (cfr. no mesmo sentido, *1992 US Horizontal Merger Guidelines*, nota de rodapé 22. Cfr e.g., processo COMP/M.2544, *Masterfoods/Royal Canin*, paras. 43 a 49; processo COMP/M.1980, *Volvo/Renault* VI, para. 34; processo COMP/M.1672, *Volvo/Scania*, in JO L143/74, para. 80); ii) *na óptica das quantidades* – quando os produtos sejam relativamente indiferenciados e as empresas que se concentram tenham capacidades de produção diferenciadas, a empresa com maior capacidade de produção tenderá a reduzir a sua oferta de produtos, não obtendo resposta das concorrentes, o que originará um aumento de preços.

[860] Essencialmente pela concentração de quotas de mercado, o que tende a introduzir esta concepção no âmbito de uma corrente estruturalista do direito da concorrência, já que a tendência será a de criar regras *de minimis* e *safe harbours*. Cfr, por exemplo, A. Lindsay, *op. cit.*, págs. 145 a 181. Ora, sempre que uma operação de concentração é impedida pelo uso do argumento "criação ou reforço de uma posição dominante" coloca-se em prática a teoria dos efeitos unilaterais. Cfr., e.g. processo IV/M.890, *Blokker/Toys 'R' Us*, in JO L 316/1, para. 88.

[861] Cfr., P. Areeda, H. Hovenkamp e J. Solow, *Antitrust Law*, vol. IV, ed. revista, cit., págs. 54 a 77.

de organização de mercado. Note-se que, neste enquadramento, os agentes poderão ser punidos *ex ante* pelo pretenso desenvolvimento *ex post* de acções racionais na perspectiva individual.

Neste enquadramento, terá necessariamente de ponderar-se a necessidade de realização de uma distinção conceptual entre os termos de concretização do "abuso" de posição dominante colectiva em sede de artigo 82.º do TCE, de poder de mercado significativo em sede de legislação reguladora sectorial e a criação ou reforço de posição dominante (colectiva) decorrente de efeitos unilaterais (ou não-coordenados) em sede de *Regulamento das Concentrações*.

A situação assume uma extrema perigosidade, ainda mais quando no passado, a Comissão Europeia bloqueou operações de concentração com o argumento de que poderiam originar um aumento de eficiência no mercado[862].

É inaceitável qualquer argumento que se sustente numa eficiência acrescida a fim de bloquear uma qualquer operação de concentração. Essa situação assume uma extrema gravidade nos sectores em rede, onde diversas economias se fazem sentir, quer no lado da oferta, quer no lado da procura.

Porém, a Comissão Europeia não hesitou em bloquear operações de concentração que possibilitavam a parceiros o acesso a tecnologias de ponta[863], nomeadamente a *know-how*[864], a investigação e desenvolvimento[865], ou a qualquer desenvolvimento técnico significativo[866].

---

[862] O sector aeronáutico foi particularmente afectado pela denominada "*efficiency offence*" Cfr., e.g., processo IV/M.53, *Aerospatiale/Alenia/de Havilland, in* JO L334/42, 1991; processo IV/M.877, *Boeing/McDonnell Douglas, in* JO L336/16, 1997. De facto, até mesmo a decisão relativa ao processo COMP/M.2220, *General Electric/Honneywell*, assentou no pressuposto de que o aumento das capacidades financeiras do grupo empresarial levaria a uma vantagem concorrencial inadmissível num mercado em que os investimentos são de longo prazo (argumento "*deep pockets*").

[863] Cfr. processo IV/M.214, *Du Pont/ICI*, JO L 7/13, 1993; processo IV/M.603, *Crown Cork & Seal/Carnaud Metalbox*, JO L 75/38, 1996.

[864] Cfr. processo IV/M.890, *Blokker/Toys 'R' Us*, cit., para. 96.

[865] Cfr. e.g. processo IV/M.737, *Ciba-Geigy/Sandoz*, JO L 201/1, 1997; processo IV/M.877, *Boeing/McDonnell Douglas, cit.*, paras. 83 a 103; processo COMP/M1601, *Allied Signal/Honneywell*, JO L 152/1, 2001, paras. 104 a 108.

[866] Cfr. processo COMP/M.1741 *MCI WorldCom/Sprint*, paras. 147 a 151; processo COMP/M.1751, *Shell/BASF/JV – Project Nicole*, para. 51.

Também nas redes físicas será inaceitável a emissão de objecções a operações de concentração com argumentos baseados no acesso privilegiado a redes de fornecimento[867], de distribuição[868], a uma base instalada de clientes[869], a sistemas de informação de preferência de clientes[870], ou outros factores qualitativos de diferenciação (e.g. reputação[871], programas de fidelização[872])

De facto, e atendendo à posição maximalista da Comissão revelada pela leitura das *Orientações* de 2004, deverá tomar-se uma de três opções.

Em primeiro lugar, poderá conceber-se um tratamento unitário da figura do abuso de posição dominante colectiva nos termos expostos pela Comissão nas suas *Orientações*. Uma outra opção poderá passar por distinguir os dois campos de análise concorrencial, já que o equilíbrio não-cooperativo nunca serviu de fundamento para a concretização do conceito de *"abuso"* em sede de aplicação do artigo 82.º do TCE. Uma terceira opção, mais crítica, passará por analisar problematicamente a questão subjacente, demonstrando a desadequação da posição da Comissão em sede de *Orientações*. Opta-se, como não poderia deixar de ser, por esta última.

Ad absordum, ao efectuar-se uma total correspondência entre o conceito de *"domínio colectivo"*, e consequentemente o conceito de *"abuso de posição dominante colectiva"* e o conceito de oligopólio (quer coordenado, quer não-coordenado), tal implicaria que todos os sectores em rede (físicos e virtuais) ficariam invariavelmente no âmbito de aplicação não só da aferição *ex post* do abuso para efeitos do artigo 82.º do Tratado – pelo que qualquer acção individual não--coordenada poderia ser considerada como abusiva – mas, igualmente,

---

[867] Cfr. acórdão T-102/96, *Endemol vs. Comissão*, Colectânea, II, 1999, págs. 753 e segs., para. 167.

[868] Cfr. processo IV/M.784, *Kesko/Tuko*, JO L110/53, para. 118; processo IV/M.890, *Blokker/Toys 'R' Us*, cit., para. 67.

[869] Cfr. processo IV/M.950, *Hoffmann-La Roche/Boehringer Mannheim*, JO L 234/14, 1998, para. 74.

[870] Cfr. processo IV/M.269, *Shell/Montecatini*, JO L 332/48, 1994, paras. 65 e 66.

[871] Cfr. processo IV/M.784, *Kesko/Tuko*, cit., para. 130.

[872] Cfr. processo IV/M.784, *Kesko/Tuko*, cit., para. 125.

do artigo 2.º do *Regulamento das Concentrações* e da diversa regulação sectorial vigente[873].

Ora, nestes dois últimos casos, uma vez que o escrutínio concorrencial assenta essencialmente numa lógica *ex ante*, ou seja na óptica do dano potencial, todos os projectos de concentração verificados nos sectores em rede, no primeiro caso, bem como todas as operações efectuadas por regulados, no segundo caso, estarão inapelavelmente no âmbito de aplicação dos respectivos dispositivos normativos, independentemente dos seus comportamentos no mercado relevante. Assim, se os riscos são de base comportamental, a adopção de medidas estruturais de correcção parece-nos desproporcionada.

---

[873] A complexidade legal é, portanto, evidente. O conceito de domínio colectivo é omnipresente no direito económico comunitário apesar do mesmo não conter uma qualquer definição conceptual válida. Assim, importará analisar os termos que definem a coordenação dos poderes das diversas entidades envolvidas. Adoptando-se um critério de intensidade, em primeiro lugar aparecerá o conceito de domínio colectivo presente no Regulamento das Concentrações, cuja competência aplicativa é atribuída exclusivamente à Comissão Europeia. Em segundo lugar, o domínio colectivo pode ser aferido na aplicação do artigo 82.º do Tratado, sendo que a sua aplicação é competência da Comissão Europeia, mas igualmente das autoridades jurisdicionais nacionais, tendo em consideração o seu efeito directo. Finalmente, em terceiro lugar aparece o conceito de domínio colectivo na diversa legislação reguladora, que transposta para a ordem jurídica nacional, e deverá ser aplicado pelas autoridades nacionais. Assim, diversas combinações poderão ser efectuadas: primeira hipótese – aplicação do artigo 82.º e do *Regulamento das Concentrações* – ora, nos termos do artigo 21.º do Regulamento, este não pode ser aplicado conjuntamente com o artigo 82.º, tendo em consideração o seu conteúdo exclusivo, pelo que a aplicação do *Regulamento das Concentrações* prejudica a aplicação do artigo 82.º do Tratado na análise, claro está, de concentrações (no entanto, se estiverem em causa situações distintas, o *Regulamento das Concentrações* não preclude a aplicação do artigo 81.º do Tratado); – segunda hipótese, aplicação do *Regulamento das Concentrações* e de normas reguladoras nacionais – em princípio esta hipótese não poderá ocorrer já que as perspectivas legais são distintas. As normas reguladoras visam disciplinar situações presentes enquanto que o *Regulamento das Concentrações* visa o futuro, avaliando a probabilidade da ocorrência futura de domínio colectivo (supostamente, de substrato cooperativo) por parte da entidade a constituir; – terceira hipótese, aplicação do artigo 82.º e de normas reguladoras nacionais – esta será a hipótese mais verosímil. As normas reguladoras nacionais visam averiguar a existência de uma situação de domínio colectivo e aplicar o conteúdo substantivo regulador. Por sua vez, e simultaneamente, poderá ser efectuada uma análise para efeitos do artigo 82.º visando verificar-se a ocorrência de eventuais abusos. Ora, em caso de abuso efectivo e persistente, poderá ocorrer uma aplicação cumulativa dos dois sistemas jurídicos: o artigo 82.º para a condenação do abuso verificado e as normas reguladoras para que esse abuso persistente seja imediatamente erradicado, regressando-se às obrigações reguladoras aplicáveis.

A situação é extraordinariamente grave, dado que a apreciação em larga medida discricionária[874] – por vezes raiando a arbitrariedade – e a inevitável incerteza, originou uma tentação reguladora demasiado forte para poder ser evitada.

Pelo exposto, e atendendo à sua inexistente formulação legal, a análise dos impactos concorrenciais dos denominados "*efeitos unilaterais*" ou "*efeitos não-coordenados*" necessita de um maior aprofundamento material, que só será possível num momento posterior à análise da diversa jurisprudência relevante[875].

Mais pacífica é a posição doutrinal na matéria dos *efeitos coordenados*. Neste âmbito, nem sequer existe qualquer disparidade terminológica no seu tratamento pelas diversas ordens jurídicas relevantes.

O parágrafo 39 das "*Orientações*", de 2004, descreve o entendimento da Comissão a este respeito: "*nalguns mercados, a estrutura do mercado poderá ser de tal ordem que as empresas considerem ser possível, razoável em termos económicos e por conseguinte preferível, adoptar de forma duradoura um comportamento no mercado que tenha por objectivo realizar vendas a preços mais elevados. De uma concentração num mercado concentrado podem resultar entraves significativos à concorrência efectiva, através da criação ou reforço de uma posição dominante colectiva, porque essa concentração aumenta a probabilidade de as empresas poderem coordenar desta forma o seu comportamento e aumentar os preços, mesmo sem concluírem um acordo ou sem recorrerem a práticas concertadas na acepção do artigo 81.º do Tratado. Uma concentração poderá também tornar a coordenação mais fácil, mais estável ou mais efectiva para as empresas que já coordenavam o seu comportamento antes*

---

[874] Cfr. Markku Stenborg, "*Forest for the Trees: Economics of Joint Dominance*" European Journal of Law and Economics, 18, 2004, pág. 366.

[875] Deverá sempre relembrar-se a este propósito que a importância crescente da teoria dos efeitos não-coordenados na análise concorrencial deriva da conjugação de factores de ordem burocrática (este tipo de análises são tecnicamente mais simples do que as relativas a efeitos coordenados), de ordem política (os democratas detinham o poder no governo norte-americano) e de ordem económica (os instrumentos econométricos baseados na teoria dos jogos não-cooperativos evoluíram decisivamente nos anos 90). Cfr. J. Baker, "*Why did the Antitrust Agencies Embrace Unilateral Effects?*", George Mason Law Review, 12, 2003, págs. 31 e segs.

da concentração, quer ao reforçar a coordenação quer ao permitir que as empresas coordenem o seu comportamento relativamente a preços ainda mais elevados".

Verifica-se, portanto, uma total coincidência conceptual entre os *"efeitos coordenados"* do foro jurídico e a «*coligação tácita*», na perspectiva do equilíbrio oligopolista cooperativo do foro económico já que, e na perspectiva do controlo de concentrações, na presença de um mercado concentrado, poderá aumentar a probabilidade de empresas coordenarem o seu comportamento, mesmo na ausência de qualquer acordo expresso ou prática concertada[876].

No entanto, esta aparente simplicidade conceptual não foi (e ainda não o é) facilmente apreendida pelas instâncias aplicadoras do direito da concorrência, quer na jurisdição comunitária, quer na jurisdição norte-americana.

2. A recepção jurídica da fenomenologia dos efeitos coordenados e não-coordenados em mercados oligopolistas.

2.1. *Introdução*

Em tese geral, poderá referir-se que as ordens jurídicas sentem enormes dificuldades em acolher no seu âmbito o conceito económico de «*domínio colectivo*» nas suas diversas vestes conceptuais[877], que

---

[876] Cfr. nesta matéria, L. Morais, *Empresas Comuns, Joint Ventures no Direito Comunitário da Concorrência, cit.*, págs. 1071 a 1121.

[877] As práticas aplicativas divergem muito nos direitos nacionais dos Estados-Membros. Quanto ao direito belga, T. Chellingsworth, refere que nunca o Conselho da Concorrência belga determinou a existência de uma posição dominante colectiva, apesar de ter sido suscitada a questão no processo *Nubelt/VMV et al.* (*http://mineco.fgov.be*) (in *"Belgium"*, in *Dealing with Dominance, cit.*, pág. 5). O mesmo já não acontece na ordem jurídica francesa, tendo o Conselho da Concorrência deste país aplicado por diversas vezes a esse propósito o L 420-2 do Código Comercial (Ordinance 86-1243, de 1 de Dezembro de 1986, codificado pela Ordinance 2000-912, de 18 de Setembro de 2000). No entanto, a jurisprudência evoluiu bastante nos últimos anos. Assim, na década de 80 do século passado, o Conselho da Concorrência determinava a existência de uma posição dominante colectiva mesmo que não existissem quaisquer laços económicos entre as empresas envolvidas. Porém, a evolução recente demonstra a adopção por parte das autoridades concorrenciais francesas de uma

se encontra intrinsecamente relacionado com a teoria dos efeitos coordenados e dos efeitos não-coordenados.

---

doutrina mais restritiva. Neste âmbito, a mera interdependência oligopolística é insuficiente para o estabelecimento de uma posição dominante colectiva para a aplicação do Código Comercial (cfr. Decisão do Conselho da Concorrência n.º 98-D-76, de 9 de Dezembro de 1998, *Situation de la concurrence dans le secteur du disque*, BOCCRF, 27 de Abril de 1999; Decisão do Conselho da Concorrência n.º 97-D-21, de 25 de Março de 1997, *Pratiques relevées sur les marches des appareils de détection des métaux et de la presse spécialisée dans l'information portant sur la prospection de métaux et trésors*, BOCCRF, de 8 de Julho de 1997). Já quanto ao controlo de concentrações não existe qualquer decisão de proibição de operações com esse fundamento, apesar da questão já se ter suscitado em diversas ocasiões (cfr. Parecer do Conselho da Concorrência n.º 91-A-06, de 25 de Junho de 1991, *secteur de la distribution d'eau*, BOCCRF, de 20 de Julho de 1991; acórdão de 20 de Agosto de 1996, Parecer n.º 96-A-09, de 9 de Julho de 1996, *secteur de la bière*, BOCCRF, 25 de Março de 1997, pág. 171). Cfr. V. Landes, "*France*", in Dealing with Dominance, cit., pág. 29. A ordem jurídica espanhola é mais profícua a este respeito. Assim, o conceito de posição dominante colectiva foi desenvolvido, analisado e aplicado na óptica do direito espanhol (o artigo 6.º n.º 1 da Lei da Concorrência de 17 de Julho de 1989) nos acórdãos do Tribunal de Defensa de la Competência n.º 427/1998, de 19 de Fevereiro de 1999, *Electra Caldera* e n.º 465/1999, de 27 de Julho de 2000, *Propriedad Intelectual Audiovisual* (cfr. igualmente, acórdão n.º 432/1998, de 29 de Novembro de 1999, *Líneas Aéreas) (www.mineco.es/TDC/)*. No acórdão *Propriedad Intelectual Audiovisual* foi utilizada a jurisprudência emitida pelo Tribunal de Justiça a propósito do processo *França vs. Comissão*, de 31 de Março de 1998, (cit.). Cfr. S. Pérez e R. Alonso, "*Spain*"; in *in Dealing with Dominance, cit.*, págs. 69 e 70. Por sua vez, em Portugal a questão da posição dominante colectiva foi unicamente aflorada no Relatório do Conselho da Concorrência de 1986, apesar da legislação nacional comportar uma previsão legal susceptível de abarcar essa realidade. Cfr., José Cruz Vilaça e Ricardo Oliveira, "*Portugal*", in Dealing with Dominance, cit., pág. 84). Situação semelhante ocorre na ordem jurídica italiana. Efectivamente, apesar da legislação da concorrência abarcar a posição dominante colectiva (artigo 3.º da Lei n.º 287, de 10 de Outubro de 1990), a autoridade de tutela da concorrência (*Autorità Garante della Concorrenza e del Mercato*) ainda não aplicou por única vez esse dispositivo normativo. A ordem jurídica sueca prevê, igualmente, na secção 19 da sua lei da concorrência (*Konkurrenslag* 1993:20) que a posição dominante colectiva pode ser desenvolvida de uma forma colectiva. Para a aplicação deste dispositivo normativo, a autoridade de defesa da concorrência (*Konkurrensverket*) confirmou na sua decisão n.º 533/93, *STIO*, de 10 de Novembro de 1993, aquilo que já era referido nos trabalhos preparatórios da lei em vigor (Prop. 1992/93:56), ou seja, que a doutrina comunitária constitui a base para a aplicação administrativa do direito sueco a este propósito. Assim, e apesar de ainda não ter aferido a existência de uma posição dominante colectiva na sua jurisdição, enunciou em duas decisões quais os requisitos para a sua existência (Decisão n.º 725/1994, *Skandiabanken*, de 24 de Junho de 1999; Decisão n.º 420/97, *Skanska AB*, de 12 de Setembro de 1997). Cfr, Johan Carle e Malin Giolito, "*Sweden*" in Dealing with Dominance, cit., págs. 115 a 119. O direito

Essa dificuldade decorre directamente da tipologia conceptual adoptada na regulação concorrencial dos mercados. No entanto, importa referir que a ordem jurídica comunitária importou de forma acrítica a doutrina norte-americana referente à matéria. Essa recepção foi diferida temporalmente face ao momento da sua origem, no entanto, a sua compreensão implica necessariamente a análise da experiência aplicativa original.

---

da concorrência alemão está bastante mais desenvolvido no tratamento da posição dominante colectiva. Assim, como já foi referido, a secção 19 (2) (2) prevê expressamente a posição dominante colectiva. Por sua vez, e em desenvolvimento do número anterior, a secção 19 (3) (2) adoptou a metodologia da determinação da posição dominante colectiva com base em presunções de quotas de mercado (três ou menos empresas com uma quota combinada de 50 por cento ou cinco ou menos empresas com uma quota combinada de dois terços). A presunção legal para a determinação da posição dominante colectiva funciona de forma diferente da presunção legal para aferição da posição dominante individual. Assim, enquanto que para esta situação a lei determina unicamente que se presume que uma empresa detém uma posição colectiva se ultrapassar a quota de mercado prevista na lei ("*Es wird vermutet (...)*"), no caso da posição dominante colectiva, a presunção é muito mais veemente, referindo que se considera que tal existe se ocorrer uma ultrapassagem dos limiares legais (*Eine Gesamtheit von Unternehmen gilt als marktbeherrschend (...)*). Perante desta diferenciação de tratamento, a doutrina maioritária considera que, no caso da posição dominante colectiva, existe uma efectiva inversão do ónus da prova, quer nos procedimentos administrativos, quer nos procedimentos judiciais. Por outro lado, existe uma limitação nos argumentos para a elisão da presunção. Assim, só poderão ser avançados dois tipos de fundamentos: a prova de existência de concorrência efectiva entre os membros do grupo ou a demonstração de que a quota de mercado detida é insuficiente para o domínio do mercado. Nestas condições, as autoridades administrativas e judiciais têm a vida extremamente facilitada já que não necessitam de desenvolver procedimentos inspectivos extensos e complexos. (Cfr. Thomas Jestaedt, Christian Bahr e Daniel von Brevern, *cit.*, págs. 136 a 138). Finalmente, a ordem jurídica do Reino Unido proíbe no capítulo segundo do *Competition Act* de 1998 o desenvolvimento de práticas concorrenciais restritivas desenvolvidas por "*monopólios complexos*". A definição desta situação encontrava-se prevista nas Secções 6 (2) e 7 (2) do *Fair Trading Act* de 1973, e correspondia *ipso facto*, a situações de abuso de posição dominante colectiva, em contraste com o "*monopólio de escala*" que correspondia à situação de posição dominante individual. No entanto, o *Entreprise Act* de 2002, que entrou em vigor em meados de 2003, revogou o *Fair Trading Act*, harmonizando o regime britânico com o regime comunitário.

2.2. Ordem Jurídica dos Estados Unidos da América

2.2.1. Secção 1.ª do *Sherman Act*

Nos termos da Secção 1 do *Sherman Act, "every contract, combination in the form of thurst or otherwise, or conspiracy, in restraint of trade or commerce among the several States, or with foreign nations, is declared to be illegal. Every person who shall make any contract or engage in any combination or conspiracy declared by Sections 1 to 7 of this title to be illegal shall be deemed guilty of a felony"*.

Relembre-se que a Secção 1 do *Sherman Act* foi aplicada inicialmente numa lógica *per se*, pelo que qualquer acordo que restringisse o tráfego comercial era imediatamente considerado como ilegal. Esta orientação jurisprudencial foi alterada em 1911 pelo Supremo Tribunal Federal no processo *Standard Oil*[878], inserindo-se, nas apreciações dos acordos, uma ponderação de razoabilidade.

Nos termos desta *rule of reason*, os efeitos pró-concorrenciais decorrentes destes acordos deveriam sobrepor-se aos efeitos anticoncorrenciais dos mesmos.

Em 1940, esta orientação sofreu uma derrogação parcial quando o mesmo Supremo Tribunal Federal, no processo *Socony*[879] considerou que os acordos de fixação de preços estariam sujeitos a uma proibição *per se*, dado que não existia qualquer justificação possível para a sua sustentação. Esta derrogação parcial não resistiu à crescente influência da *Escola de Chicago* no final dos anos 70 do século passado, tendo o Supremo Tribunal Federal considerado que até mesmo os acordos de fixação de preços poderiam ser necessários e socialmente benéficos[880].

As orientações descritas têm naturalmente efeitos na apreciação do comportamento dos agentes oligopolistas. E, neste enquadramento, rapidamente a ordem jurídica norte-americana detectou que, neste

---

[878] *Standard Oil Co vs. United States* 221 U.S. 1 (1911).
[879] *United States vs. Socony-Vacuum Oil Co.* 310 U.S. (1940).
[880] Cfr., por exemplo, *Continental T.V Inc. vs. Sylvania, Inc.*, 433 U.S. 36 (1977); *National Soc. of Professional Engineers vs. United States*, 435 U.S. 679 (1978); *Broadcasting Music Inc. vs. Columbia Broadcasting System*, 441 U.S. 1 (1979).

tipo de mercados, os agentes não necessitavam de realizar qualquer acordo expresso, bastando a sua simples interacção[881], na presença

[881] A discussão doutrinária a este respeito é longa e complexa. As duas posições em confronto (escola estruturalista de Harvard e escola comportamentalista de Chicago) tinham, como se demonstrou *supra*, posições diametralmente opostas quanto à formatação jurídico-económica da coligação tácita das quais, como não poderia deixar de ser, resultam consequências interpretativas distintas relativamente a *ratio* da Secção 1. Assim, a escola estruturalista, pela pena de Donald Turner, parte de uma posição inicial eminentemente determinista, através da qual o normal funcionamento do mercado constitui um factor suficiente para a edificação de interdependências entre os diversos oligopolistas, mesmo na ausência de qualquer comunicação ou acordo prévio. Assim, Turner, num seu artigo de 1962 (*"The Definition of a Agreement under the Sherman Act: Conscious Parallelism and Refusals to Deal", cit.,* pág. 633*),* considera que o conceito de "acordo" constante nesse preceito era suficiente para incluir no seu âmbito as acções paralelas conscientes desenvolvidas pelos diversos agentes do lado da oferta. Fora deste âmbito estaria, portanto, o simples comportamento interdependente em resultado de actos racionais do oligopolista, pois, caso contrário, obrigar-se-ia os oligopolistas à adopção de posturas concorrenciais bastante mais exigentes do que o normal, *maxime* à adopção de políticas de preços determinadas pelos custos marginais. No entanto, comportamentos interdependentes consistentes poderiam revelar um "acordo em acordar", suficiente para a recondução da conduta ao conceito legal de "acordo" (cfr., a este propósito, C. Kaysen, *"Collusion under the Sherman Act", in Quartely Journal of Economics,* 65, 1951, pág. 268). Ao invés, a escola comportamentalista de Chicago afasta a ideia de determinibilidade estrutural do mercado, referindo que qualquer comportamento nessa instância resulta unicamente de acções voluntárias dos agentes económicos. E, nestas circunstâncias, o conceito de acordo previsto na Secção 1 do Sherman Act englobaria unicamente as práticas concertadas, rejeitando-se, *ab initio*, o conceito de interdependência oligopolista. Nesta perspectiva, a questão essencial que se coloca é a da possibilidade de produção de prova, já que a aplicação deste preceito às coligações tácitas lhe parecia totalmente apropriada (Cfr. R. Posner, *"Oligopoly and the Antitrust Law – A Suggested Aproach" in Stanford Law Review,* 1969, pág. 1563). Assim, e de forma a facilitar o procedimento de produção de prova, propõe o desenvolvimento de uma análise bifásica. Num primeiro momento seria necessário verificar se o mercado era propenso à emergência de coligações (o que na prática deriva directamente da escola estruturalista) – mercados concentrados no lado da oferta, produtos normalizados, elevada preponderância dos custos fixos relativamente aos custos variáveis, procura estável ou em declínio – (cfr. R. Posner, *Antitrust Law – An Economic Perspective,* University of Chicago Press, Chicago, 1976; Idem, *Antitrust Law,* 2nd edition., University of Chicago Press, Chicago, 2001). Porém, num segundo momento seria necessário verificar se essa coligação existia de facto, analisando-se as consequências típicas que daí decorreriam – discriminação sistemática ao nível dos preços, excesso de capacidade produtiva por utilizar, lucros anormais, quotas de mercado estáveis, ofertas similares em concursos atípicos, anúncios de preços futuros despropositados – ou o desenvolvimento de práticas facilitadoras – trocas de informação ao nível dos preços, manutenção de preços de revenda a nível agregado e políticas de preços de distribuição uniformes –. Nesta perspectiva, o ónus da prova a cargo das autoridades

de *factores adicionais* ("*plus factors*"), eventualmente traduzidos na adopção de "*práticas facilitadoras*" que têm como objectivo o aumento do grau de transparência do mercado e, consequentemente, a redução da incerteza no tráfego concorrencial.

A adopção das denominadas práticas facilitadoras pode constituir uma prova circunstancial na identificação de uma "*conspiração*" no sentido adoptado pela Secção 1 do *Sherman Act*. Por sua vez, a própria adopção paralela das práticas facilitadoras por parte dos concorrentes poderá constituir uma violação da mesma norma legal, a julgar através da *rule of reason*.

Cedo os tribunais norte-americanos reconheceram que só em circunstâncias muito excepcionais poderiam existir elementos concretos de prova de acordos expressos[882], pelo que o comportamento paralelo dos concorrentes no mercado poderia constituir uma prova circunstancial da existência de acções colectivas, nomeadamente a adesão conjunta a um plano proposto[883], a manutenção perene de

---

concorrenciais aumenta exponencialmente, o que, no entender de Posner seria justificado atendendo ao perigo decorrente da potencial aplicação deste dispositivo ilegal de forma errónea ou desproposidata. Finalmente, a escola comportamentalista distinguia-se da estruturalista já que admitia a possibilidade de adopção de medidas de prevenção e punição deste tipo de coligações mais suaves do que a "separação estrutural". De facto, se a coligação advinha de comportamentos voluntários, a adopção de punições comportamentais seria relativamente simplificada e suficiente. Criticando estas duas escolas de pensamento, Richard Markovits propõe a realização de uma distinção entre interdependência oligopolista natural e provocada. A primeira forma coincidia com a adoptada por Turner. Porém, a segunda resultaria de actos voluntários de oligopolistas que desenvolvendo uma determinada prática, por exemplo, um aumento de preços, a tornavam irreversível, ameaçando os parceiros com uma guerra de preços. Cfr. R. Markovits, "*Oligopolistic Pricing Suits, the Sherman Act, and Economic Welfare – Part I: Oligopolist Pricing: Their Conventional and Operational Definition*", in Stanford Law Review, 26, 1974, págs. 493 e segs.; Idem, "*Oligopolistic Pricing Suits, the Sherman Act, and Economic Welfare – Part II: Injurious Oligopolist Pricing Sequences: Their Description, Interpretation, and Legality under the Sherman Act*", in Stanford Law Review, 26, 1974, págs. 717 e segs.; Idem, "*Oligopolistic Pricing Suits, the Sherman Act, and Economic Welfare – Part III: Proving (Illegal) Oligopolistic Pricing: A Description of the Necessary Evidence and a Critique of the Received Wisdom About its Character and Cost*", in Stanford Law Review, 27, 1975, págs. 307 e segs.; Idem, "*Oligopolistic Pricing Suits, the Sherman Act, and Economic Welfare – Part IV: The Allocative Efficiency and Overall Desirability of Oligopolistic Pricing Suits*", in Stanford Law Review, 28, 1975, págs. 919 e segs.

[882] *Amalgamated Meat Cutters vs. Jewel Tea Co.*, 381 U.S. 676, 720, (1965).
[883] *Interstate Circuit vs. United States*, 306 U.S. 208, (1939).

condições de venda sem qualquer justificação económica para o efeito[884] ou a adopção de políticas de distribuição similares relativamente a produtos complexos[885].

Neste âmbito, e após uma série de decisões consecutivas do Supremo Tribunal Federal assentes em fundamentações relativamente vagas e indeterminadas, criou-se a convicção nos tribunais menores de que comportamento paralelo e acordo conspirativo constituíam realidades idênticas.

Perante esta orientação jurisprudencial crescente, o Supremo Tribunal Federal sentiu a necessidade de concretizar a sua convicção, referindo no seu acórdão *Theatre Enterprise vs. Paramount Film Distributing Corp.*[886] que o simples paralelismo comportamental era insuficiente para fundamentar a aplicação da Secção 1.ª[887], abrindo a porta para uma jurisprudência mais refinada, visando a distinção dos efeitos resultantes de simples *"interdependências oligopolísticas"* não-coordenadas, relativamente a *"paralelismos conscientes"* tacitamente coordenados[888].

Revelando mais uma vez uma enorme imprecisão terminológica, no acórdão *Brooke Group*, o Supremo Tribunal Federal referiu que *"tacit collusion, sometimes called oligopolistic price coordination or conscious parallelism [...] in itself is not unlawful"*[889]. De facto, o que o tribunal pretendia era clarificar que a simples interacção oligopolista unilateral não era condenável, a não ser na presença de

---

[884] *American Tobacco Co. vs. United States*, 328 U.S. 781 (1946).

[885] *United States vs. Paramount Pictures*, 334 U.S. 131 (1948).

[886] 346 U.S. 537 (1954).

[887] A escola Estruturalista interpretou esta decisão como a confirmação da não aplicabilidade da Secção 1 à fixação paralela de preços, o que por si só justificaria regulação estrutural (cfr. C. Kaysen e D. Turner, *Antitrust Policy – An Economic and Legal Analysis*, Harvard University Press, Cambridge 1959, págs. 108 e 109). Por sua vez, a escola Comportamentalista foi mais cautelosa, defendendo a potencialidade da aplicação da Secção 1 quando a fixação de preços não se baseasse em simples opções individuais tomadas em total independência, pelo que, nestas circunstâncias a regulação estrutural seria despropositada (cfr. R. Posner, *"Oligopoly and the Antitrust Law – A Suggested Approach"*, in Stanford Law Review, 1969, pág. 1584.

[888] Cfr. *FTC vs. Lukens Steel Co.*, 454 F. Supp. 1182, 1190 n. 9, (D.D.C. 1978); *Weit vs. Continental III National Bank & Trust Co.*, 641 F 2.d 457, 463 (7th Circuit 1981).

[889] *Brooke Group Ltd. Vs. Brown & Williamson Tobacco Corp*, U.S. 133 S. Ct. 2578, 1983.

elementos adicionais (*"plus factors"*)[890] que revelassem uma conduta colectivamente coordenada.

Já em 1962 no acórdão *Delaware Valley*, referiu-se o seguinte: *"utilizing the theory of conscious parallelism to find conspiracy [where] at least two of the following three circumstances are present: "plus" factors such as those emphasizes in the simple refusal to deal (...); parallelism of a much more elaborate and complex nature; a web of circumstantial evidence pointing very convincingly to the ultimate fact of agreement"*[891].

Esta exigência suplementar resulta do sistema de prova circunstancial adoptado na jurisprudência americana. Actualmente, a aplicação da Secção 1.ª a uma conduta paralela depende da demonstração de elementos circunstanciais de facto adicionais. Na sua ausência, o caso nem sequer é apreciado pelo Tribunal.

A presença destes elementos adicionais não implica a imediata presunção da existência de uma prática colectiva ilegal, sendo sempre possível a realização de prova no sentido da demonstração de uma actividade negocial independente e autónoma[892].

A definição conceptual do que se entende por factor adicional tem vindo a ser constrída pelos tribunais norte-americanos, na maior parte das ocasiões pela negativa. Assim, no acórdão *Souza v. Estate of Bishop*, a instância jurisdicional entendeu que a consciência de desenvolvimento de uma conduta paralela não era suficiente para concretizar o tipo *"conspiracy"*[893]. Uma leitura atenta da diversa jurisprudência relevante revela, porém, alguns elementos susceptíveis de permitir a integração conceptual deste conceito[894].

---

[890] *Petruzzi's IGA Supermarkets, Inc. vs. Darling Delaware Co.*, 998 F2.d 1224 (3rd Circuit), cert. negado sub. nom. *Moyer Packing Co. vs. Petruzzi's IGA Supermarkets, Inc.*, 510 U.S. 994 (1993).

[891] *Delaware Valley Marine Supply Co. v. American Tobacco Co.*, 297 F2.d 199, 205, n.º 19, (3rd Circuit 1961), cert. denied, 369 U.S. 839, 1962.

[892] *Balaklaw vs. Lovell*, 822 F. Supp. 892 (N.D.N.Y 1993); *Todorov vs. DCH Healthcare Authority*, 921 F.2d 1438, 1456 n.º 30 (11th Circuit. 1991).

[893] *Souza v. Estate of Bishop*, 821 F2.d 1332, 9th Circuit, 1987; no mesmo sentido acórdão *Universal Amusements Co. v. General Cinema Corp.*, 635 F. Supp. 1505 (S.D. Texas, 1985).

[894] Os tribunais têm sido bastante exigentes na matéria de produção de prova. Por exemplo, no processo *Todd v. Exxon Corp.* (275 F3.d 191, 2.nd Circuit, 2002), referiu-se

Em primeiro lugar, é necessária a identificação de um motivo que justifique *per se* a emergência e manutenção de uma conspiração. Nesta matéria, o elemento crucial assenta na demonstração de que eventuais acções não-coordenadas seriam insuficientes para a prossecução dos objectivos dos oligopolistas. Assim, não existindo algo a ganhar, qualquer acção colectiva coordenada será injustificada, logo, improvável ou até mesmo impossível[895].

A elaboração jurisprudencial da motivação evoluiu ao longo dos anos. Inicialmente considerava-se que a simples tentativa de captura da renda monopolista se constituía como um motivo suficiente para o desenvolvimento de acções coordenadas[896].

Esta perspectiva evoluiu rapidamente para uma forma mais elaborada.

No processo *Venzie Corp. vs. US Mineral Products Co.*[897], além da identificação do motivo para o desenvolvimento da conspiração

---

que a simples troca de informações relativamente a salários praticados e a emissão de um compromisso conjunto de fixação uniforme dos mesmos seria suficiente para a concretização do elemento adicional. No entanto, nos acórdãos *Blomkest Fertilizer v. Potash Corp. of Saskatchewan* (203 F3.d 1028, 8th Circuit, cert. denied, 531, U.S. 815, 2000) e *Mitchael v. Intracorp.* (179 F3.d 847,858, 10th Circuit, 1999) considerou-se que a simples demonstração da ocorrência de troca de informações sem a realização de prova que as empresas em causa seguiram efectivamente uma acção coligada seria insuficiente. Nada de novo, já que tal concretiza o princípio universal da prevalência da substância sobre a forma. No entanto, se existirem indicações claras do desenvolvimento de uma coligação expressa, tal constitui um factor adicional suficiente. Cfr. P. Areeda e L. Kaplow, *Antitrust Analysis*, cit., pág. 280.

[895] *Reading Industry vs. Kennecott Copper Corp.*, 477 F. Supp. 1150, 1157 (S.D.N.Y 1979), que considerou que a simples existência de um mercado muito concentrado era suficiente para constituir um motivo para conspirar; *United States vs. FMC Corp.*, 306 F. Supp. 1106 (E.D. Pa 1969) onde o tribunal decidiu que a simples existência de padrões de procura rígida seria suficiente para coordenação de acções no sentido da manutenção dos preços apesar das capacidades da oferta se encontrarem subaproveitadas. Areeda e Kaplow consideram que a existência de um motivo para a conspiração constitui um pré-requisito para a identificação de uma prática colectiva coordenada. Cfr. P. Areeda e L. Kaplow, *Antitrust Analysis*, cit., pág. 281.

[896] *First National Bank of Arizona vs. Cities Service Co.*, 391 U.S. 253, 287 (1968); *Bogosian vs. Gulf Oil Corp.* 561 F2d 434, 446 (3rd Circuit 1977).

[897] 521 F2.d 1390, 1314 (3rd Circuit 1975), cert. negada 434 U.S. 1086 (1978). No entanto, já no processo *Milgram vs. Loew's Inc.* havia sido efectuada uma referência a este requisito, 192 F2.d 579, 583 (3rd Circuit 1951) *cert.* negado, 343 U.S. 929 (1952). Cfr., igualmente, *American Tobacco Co. vs. United States*, 328 U.S. 781, 810-811 (1946); *Interstate Circuit Inc. vs. United States*, 306 U.S. 208, 222 (1939).

tornou-se necessária a demonstração de que os actos praticados se traduziam no desenvolvimento de condutas contrárias ao interesse individual ("*acts against self-interest*")[898], nomeadamente através do desenvolvimento de comportamentos que, numa primeira apreciação, aparentassem revelar-se economicamente desajustados perante as condições de mercado ("*poor economic performance*")[899].

Não se pode deixar de apontar a ambiguidade da jurisprudência a este propósito[900]. Efectivamente, o padrão de comparação utilizado pelos tribunais norte-americanos assenta no mercado de concorrência perfeita. Ora, os actos pretensamente desenvolvidos contra o próprio interesse só o são efectivamente, se considerarmos que uma simples redução dos preços ou um aumento do volume de produção permitiriam, por si só, um aumento dos lucros.

Já sabemos que em mercados oligopolistas o padrão de racionalidade é distinto. O que aparenta ser uma conduta contrária ao interesse individual é, em última instância, a conduta racional neste tipo de mercado de concorrência imperfeita. Esta ambiguidade tem, aliás, sido reconhecida pelos próprios tribunais norte-americanos[901].

Tendo em vista a superação desta ambiguidade, as instâncias jurisdicionais norte-americanas têm tentado alcançar algum "*porto seguro*".

Assim, e numa terceira linha, os tribunais americanos tentaram tipificar alguns factores adicionais de âmbito eminentemente factual, apreciados numa óptica essencialmente causal, quer numa perspectiva *a priori*, concomitante ou *a posteriori*[902].

---

[898] Cfr. S. Stroux, *US and EC Oligopoly Control*, cit., pág. 49.

[899] Cfr. P. Areeda e L. Kaplow, *Antitrust Analysis*, cit., pág. 283.

[900] Conforme referem P. Areeda e H. Hovenkamp, "*action against self-interest is also ambiguous. One meaning merely restates interdependence: an act that would be against self-interest (failing to reduce price to expand market share) defined without regard to rivals' responses (similar reductions depressing industry profits) or against self-interest (initiating price rise) unless rivals do the same (follow the leader). In this usage, self-interest merely restates interdependence and adds nothing to it*" (*in op. cit.*, vol. VI, 2nd ed., pág. 244).

[901] *Coleman vs. Cannon Oil Company*, 849 F. Supp. 1458, 1467 (N.D Ala. 1993); *Toys 'R' Us*, 5 Trade Reg. Rptr.¶ 24516 F.F.C. (1998); *Japanese Electronic Products Antitrust* Litigation 723 F. 2d 238 (3rd Circuit 1983) cert. concedida *sub. nom. Matsushita Electronic Industry Co. Ltd. vs. Zenith Radio Corp.* 475 U.S. 574 (1986), para 495.

[902] A simples consideração causal de uma situação de mercado atípica enquanto indiciadora de uma prática colectiva coordenada é de duvidosa regularidade. Assim, no

Nesta sequência, assumiram que a existência de um elevado grau de trocas de informação interempresarial[903], de uma história passada de violações concorrenciais envolvendo práticas colectivas[904], ou de práticas comerciais idênticas relativamente a produtos de elevada complexidade[905], contrárias a qualquer análise de probabilidades, constituiriam condutas susceptíveis de indiciar por si só o desenvolvimento de práticas coordenadas.

É neste enquadramento que se desenvolve a teoria das práticas de facilitação ("*facilitating practices*") enquanto factores adicionais e que correspondem a práticas negociais ou contratuais típicas susceptíveis de permitir o desenvolvimento de presunções no sentido da identificação de práticas coordenadas.

Conforme se analisará com mais detalhe *infra*, estas práticas de facilitação poderão consubstanciar-se em trocas de informação (*v.g.*, anúncio antecipado de políticas, cláusulas contratuais de *consumidor-mais-favorecido* (ou mesmo de *vendedor-mais-favorecido*)[906] – e que permitem identificar estratégias de redução de preços dos concorrentes – cláusulas de protecção retroactiva relativamente a reduções de preços, desenvolvimento de políticas de preços *free-on-board* (F.O.B) – facilitando a transparência de preços finais dos produtos comercializados, publicação de manuais de preços, anúncio ou emissão de informações públicas (*e.g.*, discursos, intervenções, entrevistas publicadas nos meios de comunicação social, declarações de estratégia nos sítios da Internet) entre muitas outras.

Estas práticas de transmissão de opções comerciais de médio e longo prazo podem ser exercidas pelos membros do oligopólio, quer numa óptica individual, quer numa óptica colectiva.

---

processo *Estate of LeBaron vs. Rohm & Haas Co*. (506 F2.d 1261, 9th Circuit 1974), a demonstração da existência de elevadas margens de lucro foi considerada prova suficiente para a demonstração de uma prática colectiva coordenada. Em sentido inverso, apesar do tribunal se encontrar totalmente dividido, cfr. *United States vs. Chas. Pfitzer & Co*. (426 F2.d, 32, 39) alterado, 437 F2.d 1257 (2nd Circuit 1970).

[903] Cfr. *e.g. Plywood Antitrust Litigation*, 655 F.2d 627, 633-634, (5th Circuit 1981).

[904] Cfr. *e.g. Norfolk Monument Co. vs. Woodlawn Memorial Gardens, Inc.*, 494 U.S. 700, 703 (1969) *per curiam*.

[905] cfr. *e.g. De Jong Packing Co. vs. United States Department of Agriculture*, 618 F.2d 1329, 1333-34 (9th Circuit) *cert*. negada, 449 U.S. 1061 (1980).

[906] Cfr. *Jicarilla Apache Tribe v. Supron Energy Corp*. 479 F. Supp. 536, D.N.M, 1979).

No entanto, para efeitos de aferição da *"conspiracy"* é essencial a demonstração de que este tipo de estratégias reduz o nível de incerteza no mercado relativamente às diversas opções dos sujeitos com posição dominante. Relembre-se que a impossibilidade de realização de previsões sólidas sobre os comportamentos futuros dos concorrentes impede *in limine* qualquer equilíbrio oligopolístico. Apesar de tudo, não se poderá efectuar uma ponderação negativa generalizada relativamente a estas práticas de facilitação já que estas se desenvolvem no âmbito de outras obrigações de mercado.

Os consumidores, os investidores e os financiadores necessitam de uma plena e contínua informação sobre os produtos e as estratégias do sujeito económico. No limite, poderá mesmo dizer-se que o verdadeiro jogo concorrencial de médio e longo prazo entre os agentes oligopolistas se baseia na percepção destas fontes de informação (públicas) tendo em vista o desenvolvimento futuro das suas opções próprias[907].

Poderá, portanto, concluir-se que os tribunais norte-americanos têm entendido que os simples equilíbrios oligopolistas não-coordenados não se encontram no âmbito de incidência da proibição constante na Secção 1.ª do *Sherman Act*. De facto, a jurisprudência emitida nesta matéria revela uma especial preocupação na não punição de meros paralelismos comportamentais.

Neste enquadramento, os factores adicionais constituem elementos circunstanciais de prova, visando a demonstração da possível existência de acções coordenadas no mercado[908].

---

[907] Como foi demonstrado no acórdão *Ethyl*, se a estratégia publicitada pelo concorrente for extremamente apelativa para os consumidores, os restantes membros do oligopólio não terão outra opção que não seja a adaptação dos seus comportamentos concorrenciais ao da *"empresa líder"*. Nestas circunstâncias não existirá qualquer fundamento para a emissão de uma decisão jurisprudencial negativa, já que o Bem-Estar Social é prosseguido de forma mais eficiente através do desenvolvimento conjugado dessa estratégia (*Ethyl Corp.*, 101 F.T.C 425 (193) renomeado *DuPont v. FTC (Ethyl)*, 729 F.2d 128 (2.nd Circuit. 1984). Efectivamente, a realização deste tipo de ponderações tem justificado a posição de extrema tolerância jurisprudencial relativamente a este tipo de práticas. Cfr., por todos, P. Areeda e H. Hovenkamp, *op. cit.*, vol. VI, 2nd. ed., págs. 241 a 293.

[908] Inicialmente, o ónus da prova competia ao autor do processo que deveria demonstrar a impossibilidade de uma actuação independente dado que a coordenação seria *razoável* na circunstância concreta do mercado relevante. Cfr. *Monsanto Co. vs. Spray-Rite Services*

Porém, como a própria denominação indicia, na sua ausência, não poderá ser aferido qualquer comportamento coordenado e, consequentemente, a Secção 1.ª do *Sherman Act* é inaplicável.

2.2.2. Secção 2.ª do Sherman Act

Conforme o disposto na Secção 2.ª *do Sherman Act, "every person who shall monopolize, or attempt to monopolize, or combine or conspire with any other person or persons, to monopolize any part of the trade or commerce among several States, or foreign nations, shall be deemed guilty of a felony"*.

Coloca-se, portanto, a questão de se saber se a Secção 2.ª do *Sherman Act* poderá ser aplicada a uma acção conjunta de várias empresas no sentido da monopolização de um mercado, à sua tentativa ou a uma conspiração conjunta nesse sentido.

Relembre-se, para este efeito, que a prática aplicativa desta norma tem evoluído significativamente ao longo dos tempos. Assim, apesar de sempre se ter negado a sua aplicação à simples detenção do poder de monopólio, já a acção positiva no sentido da sua angariação tem sido avaliada de forma diferenciada.

Na sequência da jurisprudência inaugurada no processo *Alcoa*[909], mesmo aquisições *"não intencionais"* (*no-fault monopoly*) de poder monopolista poderiam ser proibidas à luz desta norma, independentemente da legalidade ou ilegalidade da prática desenvolvida para a sua aquisição[910].

Corp. 465 U.S. 752, (1984), para 764. No entanto, mais recentemente, a jurisprudência tende a ser mais exigente, obrigando a que o autor realize prova que tenda a excluir *ipso facto* o desenvolvimento de acções independentes. Neste sentido *Blomkest Fertilizer Inc. vs. Potash Corp. of Saskatchewan*, 203 F3.d 1028 (8th Circuit 2000). Ora, quando o mercado tem características oligopolistas nunca se conseguirá efectuar este tipo de prova já que os níveis de concentração do mercado originam condições concorrenciais próprias que permitem sempre presumir a existência de acções independentes, sustentadas em equilíbrios não-cooperativos.

[909] *United States vs. Aluminium Co. of America*, 148 F2.d 416 (2nd Circuit 1945).

[910] Cfr. *United States vs. Griffith*, 334 U.S. 100 (1948); *United States vs. Shoe Machinery Corp.* 110 F. Supp. 295 (D. Mass. 1953) aff'd *per curiam*, 347 U.S. 521 (1954). Uma análise crítica desta jurisprudência poderá ser consultada em R. Bork, *The Antitrust Paradox, cit.*, págs. 167 a 175; bem como em P. Areeda e L. Kaplow, *Antitrust Analysis, cit.*, págs. 462 a 474.

Por via da crescente influência da *Escola de Chicago*, rapidamente a jurisprudência evoluiu num sentido mais estrito. Nesse âmbito, os tribunais norte-americanos passaram a distinguir as aquisições de poder monopolista por via ilegal – não toleradas – das alcançadas por superior mérito concorrencial[911].

Face à controvérsia da questão, a discussão acerca da eventual aplicação deste preceito legal às aquisições de controlo colectivo de mercados oligopolísticos, inaugurada jurisprudencialmente no processo *American Tobacco*[912], foi ampla e fértil em argumentos[913].

---

[911] No acórdão *United States vs. Grinnel Corp.* (384 U. S. 563 1966), o Supremo Tribunal Federal referiu o seguinte: *"the offence of monopoly [...] has two elements: (1) the possession of monopoly power in the relevant market and (2) the wilful acquisition or maintenance of that power as distinguished from growth or development as a consequence of a superior product, business acumen, or historical accident"*. Esta orientação foi reafirmada no acórdão *Aspen Highlands Skiing Corp.*, 472 U.S. 595 (1985).

[912] *American Tobacco vs. United States*, 328 U.S. 781 (1946). Neste processo o Supremo Tribunal Federal reafirmou parte da sua posição enunciada no processo *Alcoa*, referindo porém, que: i) a rivalidade é estimulante para o progresso económico; ii) os actos de fixação de preços por concorrentes são semelhantes ao acto de fixação de preços por um monopolista; iii) a criação de uma posição monopolista por combinação viola *a Secção 2 do Sherman Act*; iv) a violação dessa Secção requer a existência de poder de mercado, mas não qualquer intenção expressa dado que nenhum monopolista poderia monopolizar um mercado sem ter consciência do que estaria a fazer. Cfr. P. Areeda e L. Kaplow, *Antitrust Analysis, cit.*, pág. 462.

[913] Face às dificuldades de realização de prova inerentes à aplicação da Secção 1 do *Sherman Act*, a escola Estruturalista advoga a aplicação da Secção 2 às práticas colectivas oligopolistas, isolando-se, no entanto, a análise comportamental de cada um dos agentes envolvidos, numa óptica de exercício conjunto de práticas monopolistas individuais (cfr. P. Areeda e D. Turner, *Antitrust Law: An Analysis of Antitrust Principles & Their Application*, Little, Brown and Company, Boston, 1978, ¶ 840b), apesar de reconhecer que o simples paralelismo comportamental não-coordenado é insusceptível de ser incluído no âmbito da proibição legal. No entanto, apesar dessa constatação, a escola Estruturalista, pela pena de Turner e Kaysen propõe a criação de legislação no sentido de proibir esse exercício considerado desrazoável de poder de mercado, apesar de não-coordenado, permitindo às autoridades públicas a dissolução dessas empresas. (cfr. K. Kaysen e D. Turner, *Antitrust Policy – An Economic and Legal Analysis, cit.*, págs. 266 a 272). Um dos seus argumentos assentava numa lógica quase redistributiva, já que dissolução tinha como objectivo não a punição do sucesso mas a limitação da recompensa por esse sucesso (cfr. D. Turner, *"The Scope of Antitrust and Other Economic Regulatory Policies"*, in *Harvard Law Review*, 82, 1969, pág. 1231). Note-se que foi a proposta de dissolução estrutural das empresas oligopolistas efectuada por Kaysen e Turner que desencadeou um enorme número de iniciativas no sentido da aprovação de uma lei de desconcentração de sectores oligopolistas (cfr. P. Neal, *et al.*

Neste processo judicial, o DOJ accionou as três maiores empresas tabaqueiras norte-americanas por manipulação conjunta de preços, utilizando como fundamento jurídico as Secções 1.ª e 2.ª do *Sherman Act*.

O tribunal concordou com a acusação, tendo condenado as empresas oligopolistas por violação das duas normas jurídicas. Ora, se a Secção 1.ª já havia sido aplicada na aferição concorrencial de condutos oligopolistas, o mesmo não havia ainda acontecido com a Secção 2.ª.

Tal constituiu o inaugurar de uma nova era de interpretação judicial, já que logo de seguida, foi emitida uma decisão semelhante relativamente ao processo *Paramount Pictures*[914], o que parecia indiciar a adopção, por parte do Supremo Tribunal Federal, da teoria da "*monopolização conjunta*" de mercados, na ausência de poderes de monopólio individualmente considerados.

"Report on the White House Task Force on Antitrust Policy" in Antitrust Law & Economics Review 2, 2, 1968-1969; em reacção, G. Stigler, et al., "Report of Stigler Task Force on Productivity and Competition", in Antitrust Law & Economics Review 2, 3, 1969, propondo a não dissolução estrutural), que culminaram na discussão de duas propostas legislativas ao nível do Congresso em 1968 e 1973. A primeira proposta legislativa decorreu directamente das conclusões do relatório Neal, e estipulava que em sectores económicos onde o volume de negócios agregado excedesse 500 milhões de dólares e as quatro maiores empresas detivessem mais de 70% da quota de mercado durante um período significativo de tempo (sete em dez anos ou quatro dos últimos cinco anos), estas deveriam ser dissolvidas em unidades menores, de forma que a quota de mercado das quatro maiores empresas ficasse abaixo dos 50%, não podendo nenhuma delas deter mais de 12% do total. Esta dissolução efectuar-se-ia independentemente de qualquer análise de eficiência concorrencial, pelo que foi naturalmente recusada. O mesmo destino sofreu a segunda iniciativa legislativa de 1973, que não assentava numa presunção de domínio por via da quota de mercado mas sim pela margem de lucro. Como é facilmente perceptível, a pressão para a não aprovação destas iniciativas legislativas teve como ponto de origem a Escola de Chicago. Assim, Posner argumentou que a Secção 2 do *Sherman Act* seria mais do que suficiente para lidar com eventuais questões decorrentes do exercício conjunto de poder de monopólio, sendo desnecessária qualquer legislação especial para mercados oligopolistas. Em termos substanciais, Posner critica o acórdão *Alcoa*, referindo que a punição de monopólios alcançados de forma legal era totalmente despropositada, dado que essa posição poderia advir da existência de economias de escala ou de superioridade tecnológica. No entanto, na presença de oligopólios essa jurisprudência seria duplamente despropositada já que os riscos em sede de Bem-Estar que poderiam advir desta forma de organização de mercado eram muito inferiores aos que decorreriam de uma posição monopolista pura, sendo que estas imperfeições de mercado revestiriam características meramente transitórias (cfr. R. Posner, "*Oligopoly and the Antitrust Laws – A Suggested Approach*", in Stanford Law Review, 1969, pág. 1596).

[914] *Paramount Pictures vs. United States*, 334 U.S. 131 (1948).

Nestas circunstâncias, três interpretações se tornaram possíveis. Em termos mais amplos, parte da doutrina argumentou no sentido de que a aplicação da Secção 2.ª do *Sherman Act* poderia ser efectuada na estrita óptica dos efeitos, ou seja, quando a conduta interdependente das empresas oligopolistas originasse efeitos de exclusão no mercado, sem que fosse necessário provar a existência de qualquer coordenação conspirativa[915]. Numa perspectiva mais estrita, a *doutrina estruturalista* defendia que a aplicação desta norma deveria ser dirigida à punição do oligopolista individualmente considerado[916]. Finalmente, a doutrina mais liberal reafirmou as suas posições a este respeito, defendendo que os oligopólios só poderiam ser contestados juridicamente na presença de elementos de coordenação, o que remetia a análise para a Secção 1.ª e não para a Secção 2.ª[917].

A orientação perfilhada pelo Supremo Tribunal Federal resistiu por pouco tempo, já que os tribunais inferiores, crescentemente influenciados pela *Escola de Chicago*, emitiram diversa jurisprudência acolhendo a terceira orientação o que, na prática, afastou a teoria do "*monopólio conjunto*", e eliminou qualquer possibilidade de aplicação da Secção 2.ª a oligopólios não-coordenados[918]. Em sequência,

---

[915] Nesta óptica, os oligopólios não-coordenados seriam incluídos no âmbito da previsão legal. Cfr. L. Sullivan, *Handbook of the Law of Antitrust*, West Publishing Co., St. Paul, Minnesota, 1979, pág. 809.

[916] O que é um duplamente paradoxal, já que, nestas circunstâncias: i) aplicar-se-ia uma norma antimonopolista num mercado onde não existiam agentes monopolistas; ii) negando-se a especificidade do oligopólio, existiria um mercado que seria simultaneamente oligopolista e monopolista.

[917] Apesar de alguns autores defenderem a aplicação da Secção 2.ª a oligopólios coordenados. Neste sentido, cfr. P. Wasburn, "*Price Leadership*", in *Virgínia Law Review*, 64, 1978, págs. 691 e segs. No entanto, outros, como P. Areeda e H. Hovenkamp, consideram a Secção 2 redundante se interpretada nesse sentido (*in. Antitrust Law*, IIIA, cit., págs. 389 e 390).

[918] Existem mesmo decisões desculpabilizadoras. Por exemplo, o Nono Circuito referiu o seguinte: "*Section 2 [...] does not govern single-firm anticompetitive conduct aimed only at creating an oligopoly [...] Congress authorized scrutiny of a single firm only when they pose a danger of monopolization [...]. We recognize that a gap in the Sherman Act allows oligopolies to slip past its prohibitions [...], but filling that gap is the concern of Congress, not the judiciary*" (*in Rebel Oil Co. vs. Atlantic Richfield Co.* 51 F3.d 1421, 1443, 9th Cirtcuit 1994, cert. negado, 516 U.S. 987, 1995). Ora, inconscientemente, o tribunal fez renascer as propostas de dissolução advogadas pela orientação estruturalista.

os oligopólios coordenados seriam remetidos para a análise em sede de Secção 1.ª[919].

A mesma orientação restritiva tem sido sucessivamente enunciada na interpretação jurisprudencial dos conceitos de *«conspiração para a monopolização»* ou de *«tentativa de monopolização»* constantes na Secção 2.ª do *Sherman Act*.

Após a aparente abertura de portas efectuada pela jurisprudência *American Tobacco* e *Paramount Pictures*[920], rapidamente os tribunais inferiores, imbuídos do espírito comportamentalista próprio de Chicago, ou desenvolveram interpretações restritivas relativamente ao que se entendia como conspiração para efeitos da Secção 2.ª à semelhança das enunciadas para a Secção 1.ª[921], ou, mais radicalmente, negaram *ipso facto*, a possibilidade de desenvolvimento de uma conspiração para monopolizar em mercados oligopolistas onde, por definição, nenhum agente detém uma posição monopolista[922].

---

[919] Cfr., e.g., *In re Coordinated Pretrial Proceedings in Petroleum Products Antitrust Litigation*, 782 F. Supp. 481, 486 (C.D. Cal. 1991); *Sun Dun, Inc. vs. Coca-Cola Co.*, Supp. 381, 390 (D. Md. 1990).

[920] Ambos citados. Cfr., P. Areeda e H. Hovenkamp, *Antitrust Law*, vol. IIIA, cit., págs. 390 a 405.

[921] Assim, apesar de algumas decisões terem desenvolvido uma doutrina autónoma (e.g. *United States vs. General Motors Corporation*, 121 F2.d 376, 7th Circuit 1941), actualmente, a análise é efectuada em termos semelhantes. Cfr.*e.g. International Distribution Centers vs. Walsh Trucking Co.*, 812 F2.d 786 (2nd Circuit) cert. negada, 482 U.S. 915, 1987.

[922] Cfr. *e.g. Kramer vs. Pollock-Krasner Foundation*, 890 F. Supp. 250, 256-257 (S.D.N.Y. 1995). A única excepção a esta orientação constante ocorreu no processo *United States vs. American Airlines* (743 F2.d 1114, 5th Circuit 1984), onde a prova realizada incluía uma gravação de uma conversa telefónica, cujo conteúdo conspirativo era indesmentível. De facto, um director de uma companhia de aviação telefonou ao concorrente, com o qual partilhava uma rota, no sentido de provocar uma subida das tarifas: *"raise your goddamn fares twenty percent, I'll raise mine the next morning. You will make more money and I will too"*. Nestas condições, e uma vez que a Secção 1 era inaplicável pois não ocorreu uma aceitação da proposta de acordo, o tribunal considerou que se encontravam reunidos os dois requisitos para a configuração de uma tentativa de monopolização: a intenção específica de monopolização e a elevada probabilidade de sucesso atendendo ao elevado nível de concentração do mercado. No entanto, conforme refere Sigrid Stroux, são extremamente raras as situações em que os elementos factuais de prova são tão irrefutáveis, pelo que qualquer decisão de não condenação seria insustentável. Cfr. S. Stroux, *US and EC Oligopoly Control*, cit., págs. 65 e 66.

A partir do momento em que os tribunais norte-americanos afastaram a interpretação segundo a qual a Secção 2.ª do *Sherman Act* seria susceptível de incluir a figura do *"monopólio conjunto"* ou, numa outra formulação comum, do *"monopólio partilhado"*, a sua aplicação ao controlo de oligopólios tornou-se insustentável. De facto, se existirem elementos de coordenação torna-se mais aconselhável – e facilitada – uma apreciação à luz da Secção 1.ª. Na sua ausência, os elementos de prova serão inexistentes e a prova em sede de Secção 2.ª torna-se impossível.

2.2.3. Secção 5.ª (a) do Federal Trade Commission Act

A ordem jurídica norte-americana dispõe ainda de um instrumento legislativo suplementar susceptível de enquadrar no seu âmbito o controlo de actos oligopolistas. Nos termos da Secção 5.ª (a) do *Federal Trade Commission Act*, *"unfair methods of competition in or affecting commerce, and unfair or deceptive acts or practices in or affecting commerce, are declared unlawful"*.

Este dispositivo legal visa complementar o *Sherman Act*, e apesar do seu conteúdo vago, tem sido entendido pela doutrina que a sua abrangência potencial é mais extensa do que a das Secções 1.ª e 2.ª do *Sherman Act*, sendo, no entanto, a sua intensidade sancionatória mais suave[923].

Não é portanto de estranhar que os tribunais norte-americanos, de forma a retirar algum conteúdo útil a esta disposição, enunciassem uma jurisprudência constante denominada *"norma de incipiência"*, segundo a qual as condutas que se traduzem em métodos de concorrência desleal, mas que fossem relativamente incipientes, logo insusceptíveis de se reconduzir às disposições do *Sherman Act*, poderiam, ainda assim, ser accionadas por via dessa disposição legal[924].

---

[923] O objectivo deste dispositivo legal é o de conferir a uma agência independente, a *Federal Trade Commission* (distinta do DOJ) poderes de apreciação da regularidade concorrencial nos mercados, sendo os mecanismos sancionatórios disponíveis *"mais equitativos e de aplicação prospectiva"* (terminologia utilizada por P. Areeda, H. Hovenkamp, e R. Blair, *Antitrust Law*, vol. II, 2nd edition, cit., pág. 12), em contraste com os disponíveis para a aplicação do *Sherman Act* e *do Clayton Act*.
[924] Acórdão *FTC vs. Cement Act*, 333 U.S. 683 (1948); *FTC vs. Motion Pictures Advertising Co.*, 344 U.S. 392, 394 (1953).

Perante o conteúdo relativamente vago dos conceitos adoptados e da permanente dúvida quanto ao seu campo de aplicação, a *Secção 5 (a) do Federal Trade Commission Act* tornou-se num potencial campo de eleição para a punição de práticas oligopolistas.

E, de facto, a sua aplicabilidade foi sempre arguida nos casos em que as instâncias jurisprudenciais afastavam a aplicabilidade do *Sherman Act*.

Na sequência do *acórdão American Airlines*, a *Federal Trade Comission* desenvolveu alguns processos relativamente a situações em que teve conhecimento de convites – não aceites, logo insusceptíveis de enquadramento na Secção 1 do *Sherman Act* – no sentido do desenvolvimento oligopolístico de práticas coordenadas[925].

A sua aplicabilidade foi igualmente suscitada no ano quente de 1970, quando o Congresso recusou a aprovação da legislação de dissolução dos oligopólios e os tribunais iniciaram a recusa da doutrina da *"monopolização conjunta"* para efeitos de aplicação da Secção 2.ª do *Sherman Act*.

Em sequência, a *Federal Trade Comission* tentou a aplicação desta doutrina para efeitos de aplicação da *Secção 5.ª (a) do Federal Trade Commission Act*.

Apesar dos vastos recursos investidos, sempre os Tribunais negaram as pretensões desta agência independente que tentava, desta forma, realizar fragmentações horizontais de mercado – nomeadamente pela imposição de cedências de activos corpóreos (unidades de produção) e incorpóreos (marcas, *know-how*) – num momento em que as dissoluções estruturais haviam sido negadas legislativamente pelo Congresso[926].

Estes resultados não são de estranhar. O conteúdo teleológico das normas de defesa da concorrência apoia-se em conceitos jurídico--económicos extremamente bem definidos e norteados por um objec-

---

[925] Cfr., *e.g. Interstate Circuit vs. United States*, 306 U.S. 208 (1939); *Quality Trailers Products Corp.*, FTC Dkt n.º C-3403, 1992 FTC LEXIS 270, (Nov. 5 1992).

[926] *L.G. Balfour Co. vs. FTC*, 442 F2.d 1 (7th Circuit 1971); *Golden Grain Macaroni Co.*, 78 F.T.C. 63 (1971); *Charles Pfizer & Co. vs. FTC*, 401 F2.d 574 (6th Circuit 1968), cert. negada, 394 U.S. 920 (1969); Em especial, *Kellogg Co.*, 99 FTC 8 (1972) e *Exxon Corp.*, 98 FTC 453 (1981). Cfr. S Stroux, *US and EC Oligopoly Control*, cit., págs. 68 e 69.

tivo de regulação eficiente do mercado. Seria incompreensível que a interpretação do teor da Secção 5.ª (a) do *Federal Trade Commission Act* contivesse qualquer grau de especialidade que superasse o conteúdo potencial das Secções 1.ª e 2.ª do *Sherman Act*, que, no direito norte-americano, contém os mandamentos essenciais do direito da concorrência.

Assim, a aplicação da Secção 5.ª (a) do *Federal Trade Commission Act* depende conceptualmente da interpretação das normas gerais. Se os tribunais entenderem que as normas gerais não abrangem uma determinada situação fáctica de mercado, nunca se poderá pretender que uma norma subsidiária o faça, tanto mais quando a sua letra (e espírito) visam a definição da área de actuação de uma agência independente, ou seja, têm um objectivo essencialmente administrativo[927].

2.2.4. Secção 7.ª do Clayton Act

À semelhança do que ocorreu com o ordenamento jurídico comunitário, o ordenamento jurídico norte-americano de tutela da concorrência não dispunha *ab initio*, de qualquer regulamentação específica de controlo das operações de concentração. Somente em 1914, e na sequência do acórdão *Standard Oil*[928], foi aprovado o *Clayton Act*, que na sua Secção 7.ª, proibia concentrações através de aquisições de participações sociais por parte de empresas dominantes noutras empresas que actuassem no mesmo mercado relevante[929].

Como é facilmente perceptível, ao permitir concentrações através de detenção de participações sociais por parte de pessoas singulares e ao não se aplicar a concentrações por via de aquisições de activos, a sua efectividade no controlo de mercados oligopolistas era bastante diminuta.

---

[927] No mesmo sentido, sustentando que o espírito legislativo do direito da concorrência será sempre idêntico tendo em vista o desenvolvimento eficiente de uma política concorrencial no mercado, cfr. P. Areeda, H. Hovenkamp, e R. Blair, *Antitrust Law*, vol. II, 2nd edition, cit., pág. 21.

[928] *Standard Oil Co. of New Jersy v. United States*, 221 U.S. (1911).

[929] Cfr. A. Gavil, W. Kovacic e J. Baker, *op. cit.*, págs. 418 a 560; S. Gurrea e B. Owen, "Coordinated Interaction and Clayton § 7 Enforcement", *George Mason Law Review*, 12, 2003, págs. 89 e segs.

Estas fraquezas genéticas da Secção 7.ª do *Clayton Act* só foram ultrapassadas em 1950, com a aprovação pelo Congresso do *Celler--Kefauver Act*, em plena alvorada Estruturalista, que alterou a sua redacção no seguinte sentido: "no person engaged in commerce or in any activity affecting commerce shall acquire, directly or indirectly, the whole or any part of the stock or (...) assets of another person engaged in commerce or in any activity affecting commerce, where in any line of commerce in any section of the country, the effect of such acquisition may be substantially to lessen competition, or tend to create a monopoly".

É neste enquadramento histórico que deve ser interpretado o teste SLC (*Substantially Lessening of Competition*), aplicado, pela primeira vez, no acórdão *Brown Shoe v. United States*[930], pelo juiz Warren, um conhecido adepto da ideologia Estruturalista.

Esta jurisprudência extremamente restritiva foi confirmada no acórdão *Philadephia National Bank*[931], originando a denominada presunção de ilegalidade *Philadephia National Bank,* e que proibia qualquer concentração que implicasse um aumento de quota de mercado.

Essa presunção rapidamente se tornou numa proibição *tout court*, aplicada mesmo a concentrações triviais entre mercearias de reduzida dimensão[932], tendo esta orientação radical[933] sido transposta para as *Merger Guidelines,* de 1968[934], redigidas por Donald Turner.

---

[930] Acórdão *Brown Shoe v. United States*, 370 U.S. 294, 1962. Neste processo foi proibida uma concentração entre um detentor de uma quota de mercado de 4% e um detentor de uma quota de mercado de 1%, com o fundamento de que o Congresso, com a aprovação da alteração à Secção 7 do Clayton Act, teria pretendido evitar a concentração acelerada de poder económico, salvaguardando o pequeno comércio e o poder dos distribuidores locais relativamente à grande indústria.

[931] 347 U.S. 1963.

[932] Acórdão *Von's Grocery v. United States*, 384 U.S. 270, 1966. Esta orientação extrema foi ligeiramente mitigada no acórdão *United States v. Pabst Brewing Co.*, 384 U.S. 546, 1966.

[933] Robert Bork sintetiza exemplarmente as orientações estruturalistas. Assim, eram nove as ideias fundamentais que sustentavam esta jurisprudência: 1) existia a convicção que se estava em presença de uma maré de concentrações na economia americana; 2) considerava-se desejável manter o controlo local sobre a indústria; 3) era necessário manter o "pequeno comércio"; 4) a criação de eficiências por via de uma concentração era irrelevante para a sua legalidade; 5) a eficiência era uma barreira concorrencial, constituindo um elemento

No início da década de 70 do século passado assistiu-se a uma alteração de concepções. A crescente influência da Escola de Chicago não poderia, mais uma vez, deixar de se fazer sentir, levando a uma erosão da posição estruturalista por via da introdução explícita da análise económica nos processos jurisdicionais.

Este posicionamento erradicou as apreciações concorrenciais unicamente assentes na evolução das quotas de mercado, introduzindo uma componente de ponderação qualitativa, exteriorizada na análise detalhada do mercado relevante, das condições concorrenciais do mesmo e da capacidade concorrencial futura das partes envolvidas.

Esta nova concepção foi exteriorizada pela primeira vez em 1974, no acórdão *United States v. General Dynamics Corp.*[935], sendo subsequentemente adoptada nas *Merger Guidelines* de 1982[936], cujo mentor foi William Baxter, da Escola de Chicago[937].

Nos termos desta nova orientação, o aumento dos níveis de concentração no mercado poderiam influenciar a emissão de uma decisão final negativa mas, ao contrário do que ocorria anteriormente, a sua relevância reduziu-se à de uma mera presunção[938].

Ao invés, foi realçada a importâncias de outros factores de natureza não estrutural tais como a natureza dos produtos, as características

---

anticoncorrencial; 6) mesmo que a eficiência não seja considerada uma barreira à entrada colocará sempre em causa o "pequeno comércio"; 7) a redução da concorrência no mercado ocorrerá sempre que se verifique uma concentração de quota de mercado, o que é indesejado pelo Congresso; 8) o crescimento interno é sempre desejável ao crescimento por via da concentração; 9) a legalidade da concentração deverá ser apreciada segundo os factos existentes à data do processo judicial e não no momento da realização da concentração passada. Bork, conclui que nenhuma destas ideias encontrava qualquer paralelo na letra do Clayton Act. Cfr. R. Bork, *op. cit.*, págs. 198 a 210.

[934] 1968 *US Department of Justice Merger Guidelines*.
[935] 415 U.S. 486 (1974). Cfr. R. Bork, *op. cit.*, págs. 217 a 224.
[936] 1982 *US Department of Justice Merger Guideline.s*
[937] Cfr. K. Ewing, *Competition Rules for the 21st Century*, Kluwer Law, 2003, págs. 75 a 164.

[938] Foi precisamente neste enquadramento que se procedeu à introdução do *Índice Herfindahl Hirshmann*. Ao contrário do índice anterior, que atendia a quota de mercado das quatro maiores empresas no mercado, o HHI toma em consideração não só a distribuição ponderada das quotas de mercado detidas pelas quatro maiores empresas, mas igualmente, a composição da distribuição relativa do mercado exterior a uma operação de concentração. Assim, e na senda do mecanismo presuntivo adoptado, estabeleceram-se nestas *Orientações* níveis críticos de concentração acima dos quais a operação seria necessariamente referendada.

dos clientes, o desempenho dos agentes no mercado ou a informação disponível[939].

Como não poderia deixar de ser, foi perfilhada a orientação teórica exteriorizada na teoria do oligopólio de Stigler. Em consonância, na análise dos mercados relevantes, todos os indicadores de coordenação oligopolista – trocas de informação, actos de monitorização de acções de rivais e desenvolvimento de práticas punitivas – eram cuidadosamente analisados.

Os efeitos coordenados resultantes de uma operação de concentração adquiriram uma importância primordial. Porém, a sua identificação constituía unicamente um ponto de partida para a análise já que, tendencialmente, e na senda da doutrina de Stigler, qualquer coordenação seria de muito difícil manutenção, pelo que a realização de prova de demonstração de não afectação da concorrência por parte das entidades notificantes da concentração era bastante facilitada[940].

O passo evolutivo subsequente no entendimento administrativo relativo a operações de concentração horizontais foi dado através da aprovação conjunta das *Horizontal Merger Guidelines* de 1992 por parte do DOJ e da FTC que, pela primeira vez, introduziu a *teoria dos efeitos unilaterais* (ou não-coordenados) na análise concorrencial[941].

O argumento para a introdução desta nova perspectiva assentou basicamente no adquirido teórico adveniente da teoria económica do monopólio. Nestes termos, as autoridades concorrenciais consideraram provável que, mesmo na ausência de coordenação, os oligopolistas poderiam imitar o monopolista visando a angariação de uma renda adicional que só seria possível no exercício de um poder de mercado.

---

[939] Cujo pendor foi mais acentuado com a revisão de 1984. Cfr. 1984 *US Department of Justice Merger Guidelines*.

[940] Cfr., e.g., acórdão *United States v. Baker Hughes Inc.*, 908 F2.d 981 285 U.S. App. D.C. 222 (D.C. Circuit 1990).

[941] Cfr., e.g., W. Kovacic, "The Modern Evolution of US Competition Policy Enforcement Norms", *Antitrust Law Journal*, 71, 2003, págs. 337 e segs.; T. Leary, "The Essential Stability of Merger Policy in the US", *Antitrust Law Journal*, 70, 2002, págs. 105 e segs.

Pela primeira vez, um instrumento administrativo publicado por autoridades de controlo concorrencial contemplou expressamente a distinção entre efeitos coordenados e não-coordenados.

E, perante essa novidade, não é de estranhar que a grande maioria dos processos subsequentes à publicação das *Guidelines* de 1992 se baseasse em análises de *efeitos não-coordenados*[942], apesar de, em numerosos casos, as alegações das autoridades concorrenciais confundirem as duas situações, identificando-os com efeitos coordenados[943].

A Secção 2.2 das *Guidelines* de 1992 dispõe que *"merging firms may find it profitable to alter their behaviour unilaterally following the acquisition by elevating price and suppressing output"*.

---

[942] Embora, obviamente, se mantivessem os processos relativos a efeitos coordenados. No entanto, o seu alcance era bastante limitado comparativamente com a época anterior, já que se limitava basicamente à análise de concentrações que originassem duopólios (Cfr. processos *McKesson/AmericanSouce* e *Cardinal Health/bergen Bruswig*, 12 F. Supp 2d 34, 1998, U.S. Dist. 1998-2 Trade Cas. (CHH) ¶ 72226; *United States v. Premdor Inc and Masonite Corp.*, 2002 U.S. Dist. Lexis 18276, 2002-2 Trade Cas. (CCH) ¶ 73737) ou situações de mercado altamente concentradas – concentrações de 4 para 3 (cfr. *Exxon Corporation Joint Venture*, FTC File n.º 97 10007, 1º de Agosto de 1998) de 5 para 4 (*US v. Alcoa, Inc & Reinolds Metals Co.*, n.º 1:00CV00954, D.D.C 2000) ou até mesmo de 7 para 6, desde que fosse apresentada prova concreta de aumento de preços no período subsequente à realização da operação (cfr. *Degussa Aktiengesellschaft*, FTC Dkt n.º C 3813, 19 de Junho de 1998). É de salientar, ainda no campo dos efeitos coordenados, o processo de concentração entre a Heinz e a Beech-Nut, respectivamente o segundo e o terceiro maiores produtores de comida para bebé. A FTC tentou impedir a operação de concentração assentando a sua argumentação na teoria dos efeitos coordenados (cfr. *Preliminary Injunction FTC v. H.J. Heinz, Co.*, n.º 00CV01688 D.D.C., 18 de Outubro de 2000). No seu entender, uma situação concorrencial, onde a Heinz e a Beech-Nut concorriam através da publicidade, oferta de cupões, programas de fidelização, descontos, qualidade de produção, inovação e variedade, seria colocada em causa no caso da Heinz obter uma posição de mercado equivalente ao líder do mesmo, a Gerber. Nestes termos, a base da oposição assentou na demonstração da criação de um duopólio. No entanto, a Heinz contra-argumentou em sentido contrário, tentando demonstrar que essa seria a única forma de ganhar dimensão e de competir com a empresa líder de mercado, dado que lhe permitiria produzir melhores produtos e mais variados. Apesar deste argumento, o Tribunal de Distrito impediu a operação pois considerou que a presunção estrutural não havia sido elidida, afastando totalmente a argumentação baseada na eficiência acrescida (246 F.3.d 70, D.C. Cir. 2001, para 719).

[943] Processo *Royal Caribbean Cruises, Ltd/P&O Princess Cruises plc and Carnival Corporation/P&O Princess Cruises plc* (FTC File 0041, Outubro de 2002); processo *Coca-Cola/Dr. Pepper* (111 FTC 735, 1994); processo *Worldcom Inc./Sprint Corporation*, de Junho de 2000.

Esta é a concepção de efeitos unilaterais de mais simples enunciação. De facto, nesta perspectiva, qualquer operação de concentração horizontal originará uma redução de concorrência. Porém, no entender das autoridades norte-americanas, essa redução de concorrência só será relevante se da operação resultar um agente com algum poder de mercado.

Esse é, de facto, o padrão comparativo. Efectivamente, conforme refere o *Comentário* de Março de 2006[944] às *Guidelines* de 1992, "*the manner in which a horizontal merger may generate unilateral competitive effects is straightforward: By eliminating competition between the merging firms, a merger gives the merged firm incentives different from those of the merging firms. The simplest unilateral effect arises from merger to monopoly, which eliminates all competition in the relevant market*".

No entanto, e apesar desta declaração de princípio, a consubstanciação das formas possíveis de exercício desse poder "monopolista" não é suficientemente concretizada pelas *Guidelines*.

A este respeito, a letra da Secção 2.2. é extremamente vaga: "*unilateral competitive effects can arise in a variety of different settings. In each setting, particular other factors describing the relevant market affect the likelihood of unilateral competitive effects. The settings differ by the primary characteristics that distinguish firms and shape the nature of their competition*".

Esta enunciação vaga e superficial do que se entende por efeitos unilaterais levou a que as instâncias administrativas concorrenciais se socorressem de modelos económicos normalizados e relativamente institucionalizados na doutrina.

Como não poderia deixar de ser, o modelo mais simples é do monopólio, que é aplicado quando duas empresas duopolistas se concentram numa só entidade[945].

---

[944] http://www.usdoj.gov/atr/public/guidelines/215247.htm#27

[945] Nestas situações as autoridades concorrenciais são normalmente bem sucedidas, bloqueando a operação (*United States v. Franklin Electric Co., United Dominion Industries, Ltd., and United Dominion Industries, Inc.*, 130 F. Supp. 2d 1025 (W.D. Wis. 2000), (http://www.usdoj.gov/atr/cases/indx221.htm) ou obrigando a cedência de activos importantes (*Glaxo Wellcome plc and SmithKline Beecham plc* (2000), 65 Fed. Reg. 82,374 (Dec. 28, 2000), (http://www.ftc.gov/opa/2000/12/skb.htm); *United States v. Suiza Foods*

O modelo seguinte deriva do primeiro, mas acolhe a lógica da empresa dominante, barométrica, que convive com uma multiplicidade de pequenos concorrentes dissidentes ("*fringe competitors*"), sem capacidade de aumentar significativamente a produção[946].

Este segundo modelo é tendencialmente aplicado em sectores económicos onde os produtos fornecidos são homogéneos e onde a expansão da produção seja relativamente difícil e morosa (*e.g.* redes físicas)[947]. No entanto, existem processos onde os efeitos unilaterais foram alegados em concentrações entre produtores de bens diferenciados[948].

Os restantes modelos utilizados são extremamente básicos, e assentam no conceito de «*interdependência oligopolista*» [949].

Assim, são acolhidos quer o *modelo de Bertrand* (utilizado com adaptações na análise de procedimentos negociais baseados em leilões coaseanos[950]) quer o *modelo de Cournot* (quando estão em causa quantidades).

Corp. and Broughton Foods Co., (E.D. Ky., filed Mar. 18, 1999), 64 Fed. Reg. 26,782 (May 17, 1999), 1999-2 Trade Cas. (CCH) ¶ 72,645,http://www.usdoj.gov/atr/cases/indx122.htm).

[946] R. Starek III & S. Stockum, *"What Makes Mergers Anticompetitive?: "Unilateral Effects" Analysis Under the 1992 Merger Guidelines,"* Antitrust Law Journal, 63, 1995, págs. 801 a 803.

[947] Acórdão *United States v. Georgia-Pacific Corp. and Fort James Corp.*, (D.D.C., filed Nov. 21, 2000), 66 Fed. Reg. 9,096 (Feb. 6, 2001), 2002-2 Trade Cas. (CCH) ¶ 73,811, (http://www.usdoj.gov/atr/cases/indx276.htm).

[948] Acórdão *FTC v. Staples, Inc.* 970 F. Supp 1066 (D.D.C: 1997); *United States v. Long Island Jewish Medical Center*, 983 F.Supp. 121 (E.D.N.Y. 1997). Cfr. S. Dalkir e F. Warren-Boulton, *"Prices, Market Definition and Effects of Merger: Staples-Office Depot"*, in J. Kwoka e L. White (ed.s), The Antitrust Revolution, cit., págs. 52 a 72; M. Pelcovits, *"The Long-Distance Industry: One Merger too Many? MCI WorldCom and Sprint"* in in J. Kwoka e L. White (ed.s), The Antitrust Revolution, cit., págs. 101 a 127.

[949] Cfr. *Commentary on the Horizontal Merger Guidelines*, March 2006, cit.

[950] Acórdão *United States v. Cargill Inc., Akzo Nobel, N.V., Akzo Nobel, Inc., and Akzo Nobel Salt, Inc.*, (D.D.C., filed Apr. 21, 1997), 62 Fed. Reg. 26,559 (July 22, 1997), 1997-2 Trade Cas. (CCH) ¶ 71,893, (http://www.usdoj.gov/atr/cases/indx108.htm); *Chicago Bridge & Iron Co. N.V.; Chicago Bridge & Iron Co.; and Pitt-Des Moines, Inc.* (2005), (http://www.ftc.gov/opa/2005/01/cbi.htm); *Metso Oyj and Svedala Industri AB* (2001), 66 Fed. Reg. 48,145 (Sept. 18, 2001), (http://www.ftc.gov/opa/2001/09/metso.htm); *United States v. Ingersoll-Dresser Pump Co. and Flowserve Corp.*, (D.D.C., filed Jan. 24, 2001), 65 Fed. Reg. 55,271 (Sept. 13, 2000), 2001-1 Trade Cas. (CCH) ¶ 73,154, (http://www.usdoj.gov/atr/cases/indx252.htm); *Quest Diagnostics, Inc. and Unilab Corp.* (2003), 69 Fed. Reg. 9,082 (Feb. 27, 2003), (http://www.ftc.gov/opa/2003/02/quest.htm).

Finalmente, quando a concentração aumente o poder negocial das entidades envolvidas perante clientes ou consumidores foram desenvolvidos modelos de negociação[951].

Além destes modelos, e se existir informação disponível suficiente, as autoridades concorrenciais adoptam modelos *"estruturalistas"* de análise de mercados, efectuando *"simulações de fusão"*, de forma a descortinar eventuais reduções substanciais do nível concorrencial resultantes de operações em que os produtos sejam relativamente diferenciados mas sucedâneos[952].

Esta metodologia é normalmente utilizada quando as quotas de mercados das empresas em causa exceder, no seu conjunto, 35% do mercado relevante[953].

A jurisprudência norte-americana, tradicionalmente tolerante na apreciação da prova apresentada pelas autoridades concorrenciais na demonstração dos efeitos unilaterais, alterou-se significativamente na sequência do processo *United States v. Oracle*[954].

---

[951] Acórdãos *Aspen Technology, Inc. and Hyprotech, Ltd.* (2004), 69 Fed. Reg. 45,063 (July 28, 2004), (http://www.ftc.gov/opa/2004/07/aspen.htm); *Tenet Health Care Systems and Slidell Memorial Hospital* (2003), (http://www.ftc.gov/opa/2003/04/lahospmerger.htm); *Rite Aid Corp. and Revco D.S., Inc.* (1996), (http://www.ftc.gov/opa/1996/04/riterevc.htm); *United States v. Aetna Inc. and The Prudential Insurance Co. of America*, (N.D. Tex., filed June 21, 1999), 64 Fed. Reg. 44,946 (Aug. 18, 1999), 1999-2 Trade Cas. (CCH) ¶ 72,730, (http://www.usdoj.gov/atr/cases/indx142.htm).

[952] Na óptica da concorrência monopolística. Cfr. E. Chamberlin, *The Theory of Monopolistic Competition*, Harvard, 1933, 1938; Joan Robinson, *The Theory of Imperfect Competition*, St Martin's, 1933, 2nd ed, 1969.

[953] Acórdãos *General Electric Co. and Agfa-Gevaert N.V.* (2003), 68 Fed. Reg. 74,582 (Dec. 24, 2003) (http://www.ftc.gov/opa/2003/12/geagfa.htm); *Nestlé Holdings, Inc.; Dreyer's Grand Ice Cream Holdings, Inc.; and Dreyer's Grand Ice Cream, Inc.* (2003), 68 Fed. Reg. 39,564 (July 2, 2003), (http://www.ftc.gov/opa/2003/06/nestle.htm); *General Mills, Inc.; Diageo plc; and The Pillsbury Co.* (2001), (http://www.ftc.gov/opa/2001/10/pillsbury.htm); *United States v. Kimberly-Clark Corp. and Scott Paper Co.*, (N.D. Tex., filed Dec. 12, 1995), 60 Fed. Reg. 66,557 (Dec. 22, 1995), 1996-1 Trade Cas. (CCH) ¶ 71,405, (http://www.usdoj.gov/atr/cases/kimber0.htm); *United States v. Interstate Bakeries Corp. and Continental Baking Co.*, (N.D. Ill., filed July 20, 1995), 60 Fed. Reg. 40,195 (Aug. 7, 1995), 1996-1 Trade Cas. (CCH) ¶ 71,271, (http://www.usdoj.gov/atr/cases/inters0.htm); *United States v. Vail Resorts, Inc., Ralston Resorts, Inc., and Ralston Foods, Inc.*, (D. Colo., filed Jan. 3, 1997), 62 Fed. Reg. 5,037 (Feb. 3, 1997), 1997-2 Trade Cas. (CCH) ¶ 72,030, (http://www.usdoj.gov/atr/cases/vailre0.htm).

[954] O acórdão *United States v. Oracle*, proferido pelo Tribunal de Distrito da Califórnia, no dia 9 de Setembro de 2004, constitui uma boa base para a análise da actual jurisprudência

Neste processo, o DOJ alegou que a operação de concentração entre a Oracle Corporation e a PeopleSoft, Inc violaria a Secção 7.ª do Clayton Act, assentando a quase totalidade da sua argumentação na teoria dos efeitos unilaterais.

Este processo é extremamente importante para os sectores em rede, uma vez que o mercado em causa (software de aplicações empresariais) se insere no âmago das redes virtuais, sendo constituído por um conjunto integrado de sistemas operativos, bases de dados, software de integração empresarial (*"middleware"*) e outras aplicações especificamente concebidos para a integração total das actividades de uma empresa (*"Entreprise Resource Planning – ERP"*), que podem ser comercializados de forma modular.

Neste âmbito, o DOJ considerou que a operação de concentração iria criar um duopólio no mercado norte-americano, constituído pela Oracle/PeopleSoft e a SAP America[955].

Atendendo à configuração variável dos produtos comercializados decorrente da sua composição multisegmentar, a definição de mercado torna-se uma tarefa extremamente difícil, ainda mais quando se opta por uma estratégia restritiva. Nestas situações, o mercado relevante não deve ser perspectivado na óptica multissegmentar do produto compósito, tanto mais que a sua definição é efectuada conforme as necessidades específicas de um utilizador.

---

norte-americana relativamente aos denominados "efeitos unilaterais". A Oracle pretendeu lançar uma oferta pública de aquisição hostil visando uma sociedade concorrente, a PeopleSoft, que operava no mercado das aplicações informáticas especializada de gestão de recursos empresariais. O DOJ contestou essa operação de concentração alegando que daí resultaria uma excessiva concentração empresarial no mercado relevante (software de elevado desempenho), pois o número de concorrentes iria reduzir-se de três (Oracle, PeopleSoft e SAP) para dois (Oracle e SAP), o que violaria a § 7 do *Clayton Act*. Ora, os fundamentos do DOJ para a demonstração desta violação assentaram unicamente na teoria dos "efeitos unilaterais".

[955] Neste caso, o DOJ não conseguiu definir o mercado relevante atendendo à diversidade de combinações possíveis ao nível deste tipo de software já que optou por o restringir àquilo a que denominou por produtos de "alto desempenho". Tal restrição foi considerada vaga, desligada da realidade do mercado e inconclusiva. De facto, e atendendo ao mercado em causa, bem como à necessidade concreta em presença, além dos fornecedores de pacotes de ERP, haveria que ter em conta os fornecedores de produtos intermédios, os prestadores externos de serviços, os sistemas incumbentes bem como os fornecedores de pacotes normalizados de software empresarial.

Cada produto é único na sua composição final. Se se efectuar uma análise segmento a segmento constata-se pela existência de uma multiplicidade de produtores. No entanto, nem todos detêm a totalidades das valências que uma determinada empresa necessita. A definição de mercado é, portanto, de difícil objectivação já que a sua definição assenta estritamente numa óptica casuística intimamente subjectiva.

Esta impossibilidade de definição estática de uma situação de mercado torna extremamente árdua a realização de prova quanto a eventuais efeitos coordenados (não alegados no caso concreto) ou não-coordenados decorrentes de uma operação de concentração.

O DOJ tentou demonstrar que a Oracle/PeolpleSoft actuava numa esfera concorrencial localizada, em tudo semelhante a um nó ou lacete nos mercados de software empresarial de elevado desempenho. Para tal utilizou todos os meios de prova disponíveis (documentos internos, prova testemunhal, relatórios periciais, regressões económicas bem como uma simulação de fusão tomando como base o modelo de leilão onde se demonstrava que os preços poderiam subir entre 13% e 30% no momento posterior ao da concentração).

No entanto, o Tribunal considerou que a teoria dos efeitos unilaterais não era aplicável ao caso concreto uma vez que o seu âmbito de aplicação se limitaria a mercados onde os produtores e os consumidores (sem poder negocial) se unissem em redor de um determinado produto concreto relativamente bem definido[956], o que não era o caso do mercado de ERP.

Ora, este mercado caracteriza-se precisamente pelo elevado grau de diversidade dos componentes modelares, detendo os clientes um enorme poder negocial, já que participavam na formatação do produto. Por outro lado, o Tribunal considerou que os elementos de prova, nomeadamente as simulações económicas, eram bastante insatisfatórios.

---

[956] Conforme refere o acórdão, *"The court finds that the plaintiffs have wholly failed to prove the fundamental aspect of a unilateral effects case – they have failed to show a "node" or an area of localized competition between Oracle and PeopleSoft. In other words, plaintiffs have failed to prove that there are a significant number of customers (the "node") who regard Oracle and PeopleSoft as their first and second choices. If plaintiffs had made such a showing, then the court could analyze the potential for exercise of monopoly power over this "node" by a post-merger Oracle or the ability of SAP or Lawson to reposition itself within the node in order to constrain such an exercise of monopoly power".*

A teoria dos efeitos unilaterais na presença de produtos diferenciados adopta, em larga medida, o adquirido doutrinário referente à concorrência monopolística.

Nestas condições, e ao contrário do que ocorre numa situação de concorrência perfeita, tendencialmente construída na base de um mercado de produtos homogéneos, onde o preço do produto é estabelecido ao nível do seu custo marginal, e o lucro do vendedor nulo, os mercados onde se transaccionem produtos diferenciados, que se caracterizam por ser substitutos imperfeitos entre si, permitem aos agentes produtores a obtenção de uma renda monopolista, reduzindo os níveis da produção e comercializando os produtos finais a um preço superior ao dos seus custos médios, e obviamente, acima do custo marginal.

No mercado dos ERP, e atendendo às suas características personalizadas, nenhum produto concorrente é totalmente sucedâneo, pelo que a curva da procura apresentará alguma rigidez, o que permitirá a obtenção da renda monopolista. No entanto, se o mercado em causa for livre de acesso, os agentes concorrentes tenderão a apresentar produtos cada vez mais próximos, aumentando o grau de sucedaneidade, tendendo o preço do produto a aproximar-se dos custos médios do produtor, acrescido de uma margem de lucro "razoável", e eliminando-se a renda monopolista. Nestas circunstâncias, num mercado perfeitamente concorrencial, os vendedores de produtos diferenciados não obtêm rendas monopolistas.

O texto das *Guidelines* de 1992, na sua Secção 2.21 refere o seguinte: "*substantial unilateral price elevation in a market for differentiated products requires [1] that there be a significant share of sales in the market accounted for by consumers who regard the products of the merging firms as their first and second choices, and [2] that repositioning of the non-parties' product lines to replace the localized competition lost through the merger be unlikely*".

Quanto a isto, o Tribunal no acórdão *United States v. Oracle*, referiu que uma acção assente na teoria dos efeitos unilaterais, na presença de produtos diferenciados deveria conter prova suficiente sobre os seguintes pontos: 1) os produtos devem ser diferenciados, não podendo ser considerados como perfeitamente sucedâneos – de facto, se forem homogéneos não existirá qualquer margem para uma coordenação supramarginal; 2) os produtos, apesar de diferenciados, deverão apresentar-se como substitutos próximos – serão considerados como tal se um substancial número de consumidores alterar as suas opções de compra em caso de aumento de preço de um deles; 3) os restantes produtos oferecidos por outros concorrentes deverão ser suficientemente diferenciados, permitindo um aumento não transitório de preços reduzido mas significativo na fase subsequente à da realização da operação de concentração (teste SSNTP); 4) o reposicionamento dos restantes concorrentes não deverá ser provável, ou seja, os restantes concorrentes não intervenientes na operação de concentração não deverão ter a possibilidade de realizar uma resposta rápida e eficiente, produzindo produtos semelhantes, e consequentemente, eliminando o poder de mercado das empresas concentradas.

O elemento essencial neste tipo de processos será a definição do que se entende por mercado relevante, devendo afastar-se qualquer tendência que limite o âmbito da apreciação concorrencial unicamente ao grupo de produtos das empresas que se pretendem concentrar – concorrência localizada – à semelhança do que normalmente acontece com as decisões jurisprudenciais que adoptam a doutrina dos submercados[957/958].

Quanto a este ponto, o Tribunal decidiu de forma que se considera acertada quando referiu *"the inability clearly to define a market suggests that strong presumptions based on mere market concentration may be ill-advised in differentiated products unilateral effects cases. (...) Furthermore, in differentiated products unilateral effects cases, the merging parties' combined market shares relative to competitors may be less relevant than the size of their market shares in determining whether anticompetitive effects are likely. (...) Accordingly, a strong presumption of anticompetitive effects based on market concentration is especially problematic in a differentiated products unilateral effects context"*.

---

[957] No mesmo sentido, Areeda, Hovenkamp e Solow, op. cit., IV. Ed. Rev , ¶ 914, págs. 60 e segs.

[958] Cfr., *Allen-Myland, Inc v IBM*, 33 F3d 194, 208 n16 (3d Cir 1994); *Satellite Television & Associated Resources v Continental Cablevision of Va, Inc*, 714 F2d 351, 355 n5 (4th Cir 1983) du Pont, 351 US at 392-93 (recusando a definição limitada de Mercado

Esta decisão jurisdicional, além de aumentar substancialmente a fasquia ao nível da prova, vem limitar o campo de aplicação da teoria dos efeitos unilaterais, o que poderá atenuar a tentação quase irresistível das autoridades norte-americanas na sua utilização.

Efectivamente, e no *status quo* jurisdicional anterior, a prova de efeitos unilaterais era substancialmente mais simples do que a prova de efeitos coordenados, atendendo à sua simplicidade relativa[959].

O processo *US v. Oracle* alterou significativamente a perspectiva de análise das operações de concentração. Tal pode originar uma regressão no posicionamento das autoridades concorrenciais na análise das operações de concentração e uma subsequente repristinação da teoria dos efeitos coordenados[960], que se encontra relativamente adormecida[961].

---

ao celofane*); TV Communs Network, Incv Turner Network Television*, Inc, 964 F2d 1022, 1025 (10th Cir 1992) (recusando a definição de um submercado limitado ao canal de cabo TNT na cidade de Denver); *Town Sound & Custom Tops, Inc v Chrysler Motors Corp*, 959 F2d 468, 479-80 (3d Cir 1992) (en banc) (recusando a definição de um submercado limitado aos produtos Chrysler); *Gall v Home Box Office*, Inc, 1992 WL 230245 at *4 (SDNY) onde se referiu explicitamente : *"[T]he natural monopoly every manufacturer has in its own product simply cannot serve as the basis for antitrust liability.".*

[959] Conforme referiu Carl Shapiro, *"while we are fairly confident in listing factors that facilitate or hinder collusion, including market structure, there is no single accepted method of quantifying the increased likehood of collusion attendant to a merger"* (C. Shapiro, *Mergers with Differentiated Products"* Speech to the American Bar Association (www.usdoj.gov/atr).

[960] Nesse sentido cfr. S. Stroux, *op. cit.*, pág. 198. No entanto, já em 2002, os responsáveis das autoridades concorrenciais norte-americanas redigiram vários documentos nesse sentido. C. James *"Rediscouvering Coordinated Effects: Antitrust Division"*, DOJ, 13 August 2002, (www.usdoj.gov/atr/public/speeches/200124.htm); W. Kolasky, *"Coordinated Effects in Merger Review: From Dead Frenchmen to Beautiful Minds and Maveriks"* Antitrust Division, DOJ, 24 April 2002, (www.usdoj.gov/atr/public/speeches/11050.htm).

[961] Normalmente, servia de "muleta" relativamente a processos construídos unicamente com recurso à teoria dos efeitos unilaterais. As excepções a este conteúdo residual são limitadas: *United States v. Premdor Inc., International Paper Co., and Masonite Corp.*, (D.D.C. filed Aug. 3, 2001), 66 Fed. Reg. 45,326 (Aug. 28, 2001), 2002-2 Trade Cas. (CCH) ¶ 73,737, (http://www.usdoj.gov/atr/cases/indx327.htm); *United States v. UPM-Kymmene Oyj, Raflatac, Inc., Bemis Co., and Morgan Adhesives Co.*, 2003-2 Trade Cas. (CCH) ¶ 74,101 (N.D. Ill. 2003), (http://www.usdoj.gov/atr/cases/upm-kymmene.htm); *R.J. Reynolds Tobacco Holdings, Inc. and British American Tobacco plc* (2004), (http://www.ftc.gov/opa/2004/06/batrjr.htm); *Rhodia; Donau Chemie AG; and Albright & Wilson*

2.3. A ordem jurídica comunitária

2.3.1. Artigo 81.º do Tratado CE

A aplicação do artigo 81.º do Tratado ao controlo da posição dominante colectiva depende da posição que se adopte quanto à interpretação do que se entende por práticas concertadas[962].

Face ao conteúdo legalmente indefinido desse conceito[963], não será de estranhar a tentação inicial da Comissão Europeia no sentido da utilização desse preceito para o enquadramento de práticas oligopolistas, quer estas revestissem uma natureza coordenada, quer decorressem de simples interdependências mútuas.

E essa tentação foi transmitida ao Tribunal de Justiça, quando, no acórdão *Dyestuffs*[964], julgou procedente uma acusação da Comissão Europeia baseada juridicamente na equiparação conceptual da

---

PLC (2000), 65 Fed. Reg. 15,156 (Mar. 21, 2000), (http://www.ftc.gov/opa/2000/03/wsl.htm); *Lafarge S.A.; Blue Circle Industries PLC; Blue Circle North America, Inc.; and Blue Circle, Inc.* (2001), 66 Fed. Reg. 34,682 (June 29, 2001) (http://www.ftc.gov/opa/2001/06/lafarge.htm); *Degussa Corp.; Degussa Aktiengesellschaft; and E.I. du Pont de Nemours & Co.* (1998), 63 Fed. Reg. 16,552 (Apr. 3, 1998), (http://www.ftc.gov/opa/1998/03/degussa.htm); *Diageo plc and Vivendi Universal S.A.* (2001), 66 Fed. Reg. 66.896 (Dec. 27, 2001), (http://www.ftc.gov/opa/2001/12/diageo.htm); *American Home Products Corp. and Solvay S.A. (1997)*, 62 Fed. Reg. 36,513 (July 8, 1997), *(http://www.ftc.gov/opa/1997/02/ahpsolv.htm); Arch Coal, Inc.; New Vulcan Coal Holdings, LLC; and Triton Coal Co., LLC.* (2004), 329 F. Supp. 2d 109 (D.D.C. 2004), 2004-2 Trade Cas. (CCH) ¶ 74,513, *(http://www.ftc.gov/opa/2004/04/archcoalcomp.htm).*

[962] Cfr. R. Whish, *Competition Law, cit.,* págs. 78 a 81; C. Bellamy e G. Child, European *Community Law of Competition, cit.,* págs. 61 a 71; J. Faull e A. Nikpay, *The EC Law of Competition, cit.,* págs. 76 a 80.

[963] Conforme se referiu numa outra sede, *"esta categoria é de árdua delimitação devido à heterogeneidade de actos que lhe podem ser reconduzidos. Elemento essencial será certamente a convergência de vontades e comportamentos. O conceito de "prática concertada" pretende cobrir as situações onde não exista um acordo ou uma decisão, ou então, existindo, seja impossível às autoridades a sua prova. Por estes condicionalismos, a noção torna-se de difícil definição".* Cfr. C. Lobo, *Concorrência Bancária?, cit.,* pág. 365.

[964] Acórdão referente aos processos 48-57/69, *ICI vs. Comissão,* Colectânea, 1972, págs. 619 e segs.. A jurisprudência é, no entanto, fértil. Cfr. além dos referidos de seguida, por exemplo, acórdão 41/69, *ACF Chemiefarma vs. Comissão,* Colectânea, 1970, págs. 661 e segs.; acórdão 86/82, *Hasselblad vs. Comissão,* Colectânea, 1984, págs. 883 e segs.; acórdãos 29 e 30/83, *CRAM and Rheinzink vs. Comissão,* Colectânea, 1985, págs. 1679 e segs.;

"*prática concertada*" aos actos simultâneos de subida de preços em mercados[965]. Ora, esta decisão poderia indiciar a tomada de alguma posição relativamente às condições concorrenciais de mercados oligopolistas.

Tal não aconteceu dado que o Tribunal, na fundamentação da sua decisão, utilizou como argumento para a sua condenação precisamente a não configuração do mercado relevante enquanto revestindo um caso de típico oligopólio.

Os fundamentos para esse afastamento dogmático basearam-se na compartimentação ainda existente à data (o território comunitário ainda era formado por vários mercados nacionais distintos[966], inexistindo o conceito de mercado único), na sua opacidade e no elevado número de concorrentes[967].

No entanto, e apesar de tudo, o Tribunal de Justiça efectua uma importante consideração, referindo que seria dificilmente concebível que a mesma acção pudesse ter sido realizada espontaneamente em

---

[965] No caso *Dyestuffs*, quase todas as empresas que produziam a anilina desse tipo, na Itália e no Benelux, efectuaram subidas de preços uniformes e simultâneas entre Janeiro de 1964 e Outubro de 1967, sendo que os dois últimos movimentos foram antecedidos de anúncios prévios, o que no entender da Comissão demonstrava um sucessivo aumento do grau de coordenação. Na sua decisão de 24 de Julho de 1969, (JO n.º L 195/11, 1969, CMLR D23) a Comissão alegou que as partes eram culpadas de práticas concertadas e aplicou coimas. Baseou a sua decisão na similitude dos montantes e das datas de efectivação dos aumentos de preços, tendo constatado pela existência de contactos informais entre as empresas. A ICI contestou este entendimento afirmando que os aumentos de preços simplesmente reflectiam o comportamento paralelo das empresas relativamente à empresa líder (*price-leader*), característico de um mercado oligopolístico, onde os contactos entre as empresas eram frequentes e estreitos, e as margens de lucros mínimas. O Tribunal decidiu que as condutas em causa se incluíam no conceito de *prática concertada* pois constituíam uma forma de coordenação entre as empresas que evitava os riscos da concorrência, e acrescentou que embora o comportamento paralelo não constitua uma prática concertada, poderá constituir um forte indício se conduzir a uma condição concorrencial que não corresponda às condições normais do mercado. Nesta situação concreta o Tribunal decidiu que o mercado em causa se encontrava fragmentado e dividido, pelo que o comportamento paralelo não se baseava na similitude de condições, mas simplesmente numa concertação que visava a eliminação dos riscos futuros do mercado, o que permitia às empresas o planeamento das actividades futuras com um grau muito reduzido de risco, principalmente nas matérias respeitantes ao aumento de preços dos seus produtos. Cfr. paras. 67, 68 e 69 do acórdão citado.

[966] Acórdão *Dyestuffs, cit.*, paras. 69 a 78.

[967] Acórdão *Dyestuffs, cit.*, paras. 105 a 108.

momentos temporais semelhantes, nos diversos mercados nacionais e na mesma gama de produtos[968].

Estas observações parecem indiciar a exigência de uma acção coordenada, pelo que se poderia entender que os comportamentos oligopolistas não-coordenados ficariam fora do âmbito de aplicação do artigo 81.º[969/970].

No acórdão *Suiker Unie*[971] o Tribunal de Justiça desenvolveu um pouco mais o seu entendimento relativamente às práticas concertadas. Assim, segundo este acórdão, este tipo de actuação[972] deveria

---

[968] Acórdão *Dyestuffs, cit.*, para. 109. No parágrafo 118 reforça a sua posição referindo o seguinte: "*although every producer is free to charge its price, taking into account in so doing the present or foreseeable conduct of his competitors, nevertheless it is contrary to the rules of competition contained in the Treaty for a producer to cooperate with is competitors, in any way whatsoever, in order to determine a coordinated course of action relating to a price increase and to ensure its success by prior elimination of all uncertainty as to each other's conduct regarding the essential elements of that action, such as the amount, the subject-matter, date and place of the increases*".

[969] O Advogado-Geral Mayras, nas suas conclusões relativas ao *acórdão Dyestuffs*, afirmou que seria necessário demonstrar: primeiramente, que o comportamento consciente paralelo não se deve exclusivamente, ou em grande parte às condições económicas ou à estrutura do mercado; – e, em segundo lugar, que quando não exista um encontro de vontades expresso, alguns padrões de comportamento deveriam conduzir inequivocamente à convicção que a conduta paralela seria resultado de uma política coordenada (cfr. *Opinion of AG Mayras*, Colectânea, 1972, págs. 619 e segs.).

[970] Tal não obstou a que parte da doutrina criticasse duramente o acórdão. Assim, Valentine Korah alertou para os perigos da adopção de uma interpretação ampla da decisão, ou seja que o conceito de prática concertada pudesse ser interpretado como integrando a adopção de comportamentos colectivos paralelos, mas sem encontro de vontades; por outras palavras, que abrangesse comportamentos paralelos não-coordenados. Cfr. V. Korah, *EC Competition Law and Practice*, Hart Publishing, Oxford 2000, pág. 46 e segs. Por sua vez, o Juiz Joliet criticou a decisão dado que o Tribunal não havia efectuado uma análise detalhada das condições de mercado, e que os anúncios de preços não poderiam constituir uma prova *per se* do desenvolvimento de uma coligação (cfr. R. Joliet, "*La Notion de Pratique Concertée et l' Arrêt ICI dans une Perspective Comparative*" in Cahier de Droit Européen, 1974, págs. 249 e segs.

[971] Acórdão *Cooperatieve Vereniging Suiker Unie and others vs. Comissão*, processo 40/73, Colectânea, 1975, págs. 1663 e segs.

[972] O Tribunal de Justiça, no para. 99 do seu acórdão, reforçou o entendimento que havia enunciado no processo Dyestuffs, definindo prática concertada enquanto "*a form of cooperation, which without having been taken to the stage where an agreement properly so-called has been concluded, knowingly substitutes for the risks of competition, practical cooperation between them which leads to conditions of competition which do not correspond to the normal conditions of the market*".

ser analisado à luz do conceito inerente às disposições do Tratado relacionadas com a concorrência.

O operador económico deverá determinar de forma independente a política que deseja adoptar no mercado nomeadamente no respeitante aos clientes e fornecedores. Esta terminologia poderia indiciar que o Tribunal de Justiça não toleraria adaptações oligopolistas não--coordenadas.

Esse entendimento amplo é afastado, quando refere que esse grau de independência não poderá precluir o direito de adaptação dos operadores económicos às actividades dos concorrentes no mercado.

Preclude, porém, no entender do Tribunal de Justiça, qualquer contacto, directo ou indirecto, entre os operadores, cujo objecto ou efeito seja o de influenciar a conduta ou de excluir um determinado ou potencial concorrente do mercado[973].

Nestas condições, a interpretação jurisdicional do conceito de prática concertada assenta num equilíbrio ténue entre prática coordenada (abrangida) e prática não-coordenada (afastada). Porém, se for realizada prova no sentido da demonstração da existência de contactos – directos ou indirectos – entre as partes num mercado oligopolístico, a prática seria considerada como coordenada, como que numa lógica *per se*[974].

Desde então muitos acórdãos foram emitidos, tendo as suas decisões assentado inevitavelmente no sucesso da realização de prova de existência de contactos entre as partes[975/976/977].

---

[973] Para. 174 do acórdão *Suiker Unie* citado.

[974] Paras. 167 a 192 do acórdão *Suiker Unie* citado. Esta tentação é quase irresistível já que a prática concertada distingue-se do acordo atendendo à sua natureza informal. Nestas condições, existindo prova circunstancial da existência de contactos, nada mais restará para sustentar uma acusação de desenvolvimento deste tipo de práticas. Ao negar-se a relevância da prova circunstancial produzida estará, *in limine*, a impedir-se a aplicação deste preceito. Cfr., relativamente a esta questão, C. Lobo, *Concorrência Bancária?, cit.*, págs. 365 a 370.

[975] Acórdãos *Musique Diffusion Française vs. Comissão*, processos 100/80 e segs , Colectânea 1983, págs. 1825 e segs. Neste processo, denominado *Pioneer,* o Tribunal julgou o conceito de prática concertada ao nível do distribuidor e não do produtor. As partes do processo eram as subsidiárias europeias principais da empresa japonesa Pioneer e distribuidores exclusivos dessa empresa em França (MDF), na Alemanha (Melchers) e no Reino Unido (Shriro). Os preços dos equipamentos da Pioneer eram mais elevados em França do

Uma vez que a análise de mercado era efectuada à data de uma forma muito rudimentar, os sectores em rede, atendendo à sua lógica

---

que na Alemanha ou no Reino Unido. O distribuidor francês queixou-se à Pioneer devido às importações paralelas de equipamentos da marca dos dois países referidos com destino à França. Da reunião realizada em Antuérpia nenhum registo escrito foi deixado, no entanto, o distribuidor alemão e o distribuidor britânico proibiram a exportação de produtos da marca para França. Perante estes factos, a Comissão (JO n.º L 60/21, 1980, 1 CMLR 457) considerou que a Melchers na Alemanha e a Shriro no Reino Unido tinham agido no sentido pretendido pela MDF sob pressão da Pioneer. A Comissão considerou existirem duas práticas concertadas para prevenir as importações paralelas para o território francês entre (i) a MDF, Pioneer e a Melchers; e (ii) a MDF, Pioneer e a Shiro. O total das coimas ascendeu aos sete milhões de ECU. No recurso contencioso, o montante das coimas foi substancialmente reduzido. No entanto, o Tribunal considerou que a Pioneer havia participado na prática concertada quando transmitiu as queixas da MDF aos outros distribuidores, através da marcação e da presidência da reunião de Antuérpia, e que "pela sua posição central, estaria obrigada a uma particular vigilância no sentido de prevenir esforços concertados daquele tipo que consubstanciavam práticas desconformes com as regras da concorrência" (paras. n.º 75, 79 e 132 do Acórdão).

[976] Acórdão *Züchner vs. Bayerische Vereinsbank*, processo 172/80, Colectânea, 1981, págs. 2021 e segs. Este processo é demonstrativo da concepção concorrencial de prática concertada existente à data e das suas implicações nos sectores em rede. Neste âmbito, em sede de reenvio prejudicial, o Tribunal de Justiça instruiu o tribunal nacional que, independentemente do direito dos concorrentes se adaptarem às condições de mercado, qualquer contacto entre os mesmos deveria ser proibido (paras. 12 a 14 do acórdão). Ora, atendendo aos condicionalismos do sector bancário, o tribunal entendeu que a existência de uma rede de troca de informações – apesar de inerente à própria prestação do serviço base – seria suficiente para a realização da prova (para. 21). Nestas condições, quer a existência de uma rede de produção conjunta, quer a demonstração de anúncios de preços constituíam prova para a demonstração *per se* de uma prática concertada proibida. Cfr C. Lobo, *Concorrência Bancária?, cit.*, págs. 409 a 413.

[977] Concluindo, nos termos deste estado de interpretação jurisdicional, os requisitos básicos para a existência de uma prática concertada verificar-se-iam na demonstração: (a) da existência de contactos entre as partes, que poderão consistir em reuniões, discussões, trocas de informação, ou meras sondagens informais, quer na forma escrita, quer na forma oral; e (b) se esse contacto (i) tiver como objecto influenciar o comportamento do mercado, através da remoção do grau de incerteza e de risco na conduta concorrencial futura da empresa, ou (ii) tiver como efeito a manutenção ou a alteração da conduta comercial da empresa fora das regras normais do mercado. A existência de uma prática concertada tem de ser devidamente provada, no entanto, evidências circunstanciais poderão ser suficientes (cfr. acórdão *CRAM and Rhenzink vs. Comissão*, processo 29 & 30/83, citado). Na prática, se (a) existir um comportamento paralelo no mercado, e; (b) for provada a existência de contactos entre as partes, a prática concertada era imediatamente aferida. Numa primeira apreciação, o comportamento paralelo *per se* era insuficiente para estabelecer a existência de

de estrita complementaridade e de produção conjunta, estariam permanentemente na mira da disposição legal, mesmo que a adaptação concorrencial se baseasse num equilíbrio não-cooperativo.

No entanto, a clarificação conceptual mais relevante ocorreu no processo *Woodpulp*[978]. Neste processo, a Comissão Europeia desenvolveu o seu caso utilizando os argumentos tradicionais ou seja, que os participantes no mercado haviam agido de forma concertada na definição dos preços de venda, sendo que a estrutura do mesmo não permitia uma qualquer conclusão que se baseasse num simples paralelismo comportamental, ainda mais quando o mercado não era oligopolista. Finalmente, demonstrou a existência de anúncios públicos de preços futuros[979].

O Tribunal de Justiça, por sua vez, e ao contrário do que havia decidido anteriormente, alterou significativamente a sua posição, como que recolocando o ónus da prova relativamente à existência de comportamentos coordenados na posição inicial. Em vez de considerar a prova de contactos ou de anúncios antecipados de preços como uma prova *per se* de coligação, obrigando os acusados a demonstrar o contrário, referiu que uma conduta paralela não poderá ser considerada como prova de concertação, a não ser que a concertação constitua a única explicação plausível para essa situação de mercado[980].

---

uma prática concertada, embora fosse uma forte evidência nesse sentido se se constituísse como anormal. A adequação espontânea do comportamento de uma empresa, ao comportamento de outro concorrente (paralelismo consciente) representaria um indício de existência de concertação, podendo esse comportamento constituir uma *facti specie* de coligação tácita coordenada. Assim, apesar da jurisprudência referir sucessivamente que a prática concertada não deveria ser aferida se houvesse uma explicação alternativa, a constatação de troca de informações sobre matérias confidenciais ou a existência de contactos estreitos possibilitavam *per se* a prova segura da existência de uma cooperação. A proximidade de datas relativamente a movimentações comerciais importantes e a existência de redes de contactos eram elementos decisivos para a realização dessa prova.

[978] Acórdãos *Ahström Oy e outros vs. Comissão*, processos C-89, 104, 114, 116 e 117, 125 a 129/85, Colectânea, I, 1993, págs. 1307 e segs.

[979] Decisão 85/202/CEE, *Woodpulp*, JO L 85/1, 2000.

[980] O Tribunal decidiu em total sintonia com as Conclusões do Advogado-Geral Darmon.

E, obviamente, essa prova competirá à autoridade concorrencial. Em sequência, o Tribunal de Justiça solicitou pareceres económicos a diversos peritos que concluíram que a simples interdependência oligopolista não-coordenada poderia originar as políticas concorrenciais identificadas[981].

Consequentemente, o Tribunal de Justiça concluiu que a conduta paralela identificada pela Comissão não constituía prova suficiente de concertação, ou seja, da existência de actos coordenados.

Salienta-se a relevância desta alteração jurisprudencial nos sectores em rede. A sua configuração oligopolista, assente no modelo de produção conjunta e dependente de uma troca permanente de informação, deixou de constituir matéria de facto para a construção de uma presunção – quase inelidível – de existência de práticas coordenadas, passando a constituir como que uma isenção geral que afasta a aplicação do artigo 81.º n.º 1 do Tratado CE aos sectores em rede, que atendendo à sua configuração típica, permitirão inevitavelmente juízos de plausibilidade de existência de tráfegos concorrenciais sustentados em simples equilíbrios oligopolistas não-coordenados.

Comparativamente à experiência norte-americana, e na simples óptica dos efeitos, o crivo europeu é muito mais exigente dado que a condenação de eventuais práticas dependerá sempre da demonstração da improbabilidade de desenvolvimento de equilíbrios não-cooperativos o que, considerando a configuração típica dos sectores em rede é extremamente difícil, ou praticamente impossível. Por definição, nos sectores oligopolistas, a interdependência oligopolista, porque racional, é praticamente inevitável.

Esta *excepção de interdependência oligopolista*[982] não poderá servir para justificar todos os comportamentos de agentes oligopo-

---

[981] Os peritos consultados na análise da estrutura do mercado concluíram que a simples interdependência oligopolista não-coordenada poderia explicar as práticas verificadas no mercado, tanto mais quando o mercado, e ao contrário do que a Comissão havia referido, se constituía numa sucessão de oligopólios-oligopsónios atendendo aos diversos tipos de pasta de papel, com um elevado grau de transparência, e cujo mecanismo de formação de preços assentava no modelo da "procura quebrada". Note-se que, face às economias de escala em presença, este mercado constitui-se como uma verdadeira rede, implicando uma estrita ligação entre os produtos, os transformadores e os utilizadores finais de pasta de papel.

[982] A justificação mais utilizada, na presença de agentes barométricos, é a da liderança de preços. Este argumento é, no entanto, desvalorizado pela Comissão. Cfr. Decisão

listas à luz do artigo 81.º n.º 1. No processo *Peroxygen Products*[983], os sujeitos sob investigação chegaram mesmo a argumentar que um acordo formal entre oligopolistas não se integraria no âmbito dessa norma dado que, na inexistência de acordo, o mercado se organizaria espontaneamente de forma semelhante.

Se a própria prática concertada não for aferida tomando como base simples comportamentos paralelos no mercado – inerentes aos próprios sectores em rede oligopolistas – ou seja, na simples óptica dos efeitos não-coordenados, mas decorrer da demonstração de acções colectivas concretas, então, os paradigmas de análise alteram-se totalmente.

O processo *Polypropylene*[984] é exemplar na demonstração deste entendimento. Efectivamente, o raciocínio anterior é válido para os processos nos quais a tentativa de identificação de práticas concertadas assentava unicamente numa prova realizada na simples óptica dos efeitos – relativamente "anómalos" face aos paradigmas da concorrência perfeita – nos mercados.

Situação distinta será o desenvolvimento por parte dos agentes de determinados comportamentos colectivos que têm como objecto directo prevenir, restringir ou limitar a concorrência.

Tal como os acordos *tout court* não merecem *ipso facto* a aplicação de uma qualquer excepção de interdependência oligopolista, também práticas coordenadas efectivamente identificadas o não merecerão.

Quando a Comissão Europeia recolher provas evidentes sobre a ocorrência de reuniões periódicas ou de troca de informação detalhada e completa entre os vários concorrentes[985], tal constituirá uma demonstração clara da prática de actos coordenados em si mesmo – directamente aferidos – que se sobrepõem naturalmente a qualquer

---

Cartonboard, JO L 243/1, 1994; Decisão *Zinc Producers Group,* JO L 220/27, 1984; Decisão *LPDE,* JO L 74/21, 1989; Decisão *PVC,* JO L239/14, 1994; Decisão *British Sugar,* JO L 76/1, 1999.

[983] Decisão *Peroxygen Products,* para. 50, *in* JO L 35/1, 1985. De facto, nessa lógica é legítimo questionar-se da própria necessidade do acordo.

[984] Decisão *Polypropylene,* JO L 230/1, 1986.

[985] Cfr. acórdão do Tribunal de Primeira Instância, *ANIC vs. Comissão,* processo T-6/89, Colectânea, II, 1991, págs. 1623 e segs.

averiguação de efeitos – aferidos unicamente de forma indirecta ou reflexa.

Apesar disso, o Tribunal de Justiça admite a prova em contrário a cargo dos operadores económicos. Desta forma, mesmo que a Comissão Europeia identifique a realização de reuniões, a troca de informações mútuas e uma interacção duradoura entre os diversos concorrentes, ainda assim se permite a realização de prova que demonstre que a actuação no mercado se baseou em actos não--coordenados.

Esta orientação jurisprudencial tem uma especial relevância nos sectores em rede onde, por inerência, a produção de bens e as prestações de serviços dependem da realização de reuniões e de contactos mútuos entre os diversos agentes.

Terá que se distinguir o âmbito das reuniões. Se as reuniões eminentemente técnicas não deverão merecer qualquer reparo concorrencial, sendo essenciais à própria operacionalidade da rede, já as de foro táctico ou estratégico deverão ser observadas de forma mais cuidada.

Qualquer análise concorrencial que se efectue a estas práticas terá necessariamente que ultrapassar as simples questões formais, sendo essencial uma investigação séria e criteriosa do conteúdo das informações transmitidas, principalmente se se referirem a políticas de preços, capacidades e estratégias de cobertura territorial.

Se essa averiguação não for efectuada de forma conveniente, qualquer acção concorrencial intentada assentará, inevitavelmente, num juízo de efeitos, sendo consequentemente aplicável a jurisprudência *Woodpulp*[986].

Caso se entenda o contrário, e uma vez que os sectores em rede assentam, inevitavelmente, em sistemas de troca de informações, e

---

[986] No entanto, não se concorda com o teor da decisão do Tribunal de Justiça, quando refere que as práticas concertadas se encontram no âmbito da proibição do n.º 1 do artigo 81.º do TCE, mesmo na ausência de quaisquer efeitos anticoncorrenciais no mercado (e.g. acórdão *Comissão vs. Anic Partecipazioni SpA*, processo C-49/92, Colectânea, I, 4125, paras. 121 e 122; acórdão *Cimenteries CBR vs. Comissão*, processo T-25/95 e segs., Colectânea, II, págs. 491 e segs, para. 1865). De facto, não se concebe como uma prática concertada de onde não decorram quaisquer efeitos anticoncorrenciais poderá, ainda assim, ser alvo de uma punição.

que poderá culminar na definição conjunta do sistema de preços aplicáveis, permitir-se-ia a aplicação do n.º 1 do artigo 81.º tomando como referência a simples ocorrência de uma multiplicidade de actos mútuos.

A aplicação da jurisprudência *Polypropylene* cria uma presunção inerente de comportamento anticoncorrencial de difícil elisão, dado que a demonstração de desenvolvimento independente da actividade concorrencial implica inevitavelmente a prova de factos negativos, ou seja, da não realização efectiva de actos coligados[987].

Apesar de nem a Comissão Europeia nem as instâncias jurisdicionais se preocuparem com a distinção entre acordos e práticas concertadas[988], dando relevância unicamente ao substrato cooperativo ou não-cooperativo das práticas colectivas, a sua diversidade é evidente.

O acordo é formal e manifesto, a prática concertada implica uma informalidade consubstanciada em determinadas acções concretas (*e.g.*, a realização de reuniões com determinadas agendas) visando a adulteração de condições de mercado específicas. No entanto, e como é óbvio, ambos têm uma natureza eminentemente cooperativa.

Situação diferente será a construção dos mecanismos necessários ao funcionamento da rede (*e.g.*, a criação de normas, a definição de interligações ou o estabelecimento de regras de actuação).

A própria rede depende de relações de cooperação operacional, distinta da cooperação concorrencial. Em caso de dúvida, na ausência de factos concretos e inequívocos, e na presença de mera "*prova circunstancial*", poderá fazer-se uso da jurisprudência *Woodpulp*, cabendo às instâncias concorrenciais provar que as práticas colectivas verificadas no mercado visam a cooperação concorrencial e não unicamente a cooperação operacional. Deverá, no entanto, relembrar-se que a estrutura oligopolista dos sectores implicará uma permanente

---

[987] Cfr. T. Wessely, "*Comment on Case C-49/92, Comission vs. Anic [1999] ECR I-4125; Case C-199/92P, Hüls vs. Commission, [1999] ECR I-4287; Case C-235/92P, Montecanti vs. Comission, [1999] ECR I-4539; Judgments of 8 July 1999 (together: Polypropylene appeal cases), with annotation*" in Common Market Law Review, 38, 2001, págs. 739 e segs.; S. Stroux, "*US and EC Oligopoly Control*", cit., págs. 83 e 84.

[988] A tendência que se poderá extrair dos diversos processos é a da consideração de uma infracção continuada.

interdependência oligopolista, criadora de sucessivos equilíbrios não-cooperativos.

3. A posição dominante colectiva – artigo 82.º do Tratado, legislação reguladora e regulamento de controlo das concentrações

3.1. Introdução. Primeira fase de desenvolvimento conceptual. A interpretação restritiva do artigo 82.º do Tratado e literal do n.º 3 do artigo 2.º do Regulamento das Concentrações

Conforme foi demonstrado *supra*, não existe na doutrina uma unanimidade quanto aos efeitos económicos de condutas concorrenciais colectivas. Por outro lado, as próprias ordens jurídicas demonstram alguma insegurança no tratamento legal da questão.

No caso das redes, e atendendo aos seus aspectos estruturais tendencialmente oligopolísticos, o desenvolvimento colectivo de poder de mercado emulador de posições monopolistas é teoricamente verificável.

Perante as especificidades dos sectores em rede organizados segundo o modelo oligopolista, com um reduzido número de concorrentes e um elevado padrão de concentração dos mercados, facilmente se poderão antever as potencialidades decorrentes da eventual aplicação do artigo 82.º do Tratado à regulação das diversas situações concretas.

Perante as especificidades estruturais das redes, a organização dos diversos segmentos constitutivos das mesmas aproximar-se-á quer do modelo de monopólio (*maxime,* nos lacetes ou nas estruturas de transporte de alta capacidade das redes físicas), quer do de oligopólio.

No entanto, a doutrina não responde unanimemente quanto às consequências jusconcorrenciais decorrentes deste ambiente oligopolista, embora tendencialmente o aproxime ao modelo concorrencial subjacente ao do monopólio, afastando, por conseguinte, o esquema paradigmático da concorrência perfeita.

Aceitando essa posição tendencial maioritária, sempre haverá a referir, que diferentemente do que ocorre nas situações de monopólio, a acção do agente no mercado, mesmo que definida num modo totalmente independente, dependerá sempre do teor da percepção que este efectuar relativamente ao comportamentos dos restantes parceiros de oligopólio em opções que em muito superam a averiguação comparativa de custos de produção, relativamente à oferta, ou ao grau de elasticidade da procura[989].

O artigo 82.º do Tratado, à semelhança de diversas legislações nacionais, mas diversamente da norte-americana – que proíbe unicamente o alcance da posição monopolista por meios não relacionados com os méritos concorrenciais – estabelece uma proibição de abuso da posição dominante.

Perante esta formulação, e no momento inicial, restava saber se essa posição dominante poderia ser aferida tomando como referência a situação de mercado de uma única entidade, ou, ao invés, se poderia abranger uma multiplicidade de agentes distintos[990].

A letra da lei era aparentemente clara quanto à possibilidade de exercício de um domínio colectivo sobre um mercado relevante, já que dispunha textualmente que a posição dominante poderia ser exercida por *uma ou mais empresas*. Porém, as consequências jurídicas desta redacção não foram evidentes.

---

[989] É por esta razão que alguns autores distinguem o conceito de poder de mercado, relacionando-o com a estrutura monopolística de mercado, do conceito de domínio de mercado, que seria aplicável aos mercados oligopolísticos. Cfr., Roger Van Den Bergh e Peter Camesasca, *European Competition Law and Economics, A Comparative Perspective, cit.*, pág. 315.

[990] A Comissão Europeia rapidamente deu conta das potencialidades que decorriam do artigo 82.º do Tratado CE para o controlo de oligopólios. Assim, desde a década de 70 do século passado, tentou desenvolver doutrina administrativa nessa matéria. Cfr. Comunicação da Comissão Europeia, *Report on the Behaviour of the Oil Companies in the Community during the Period from October 1973 to March 1974*, COM 675, de 10 de Dezembro de 1975. Neste relatório, a Comissão Europeia concluiu que as empresas petrolíferas haviam gozado de uma posição dominante colectiva durante o período da crise petrolífera. No entanto, não desenvolveu qualquer procedimento de abuso. Cfr., ainda, Decisão *British Petroleum Industry*, JO L 117/1, 1977, que foi, porém, anulada pelo Tribunal de Justiça no seu acórdão 77/77, *British Petroleum Maatschappij BV vs. Comissão*, Colectânea, 1977, pág. 1513.

Para dificultar a tarefa do intérprete, o n.º 3 do artigo 2.º do *Regulamento das Concentrações*, constantemente relembrado nesta matéria, e cuja interpretação se cruza repetidamente com a do artigo 82.º do Tratado, não referia especificamente a possibilidade da posição dominante ser exercida através de *uma ou mais empresas*, pelo que as empresas que foram alvo de um processo a esse título argumentaram sistematicamente pela impossibilidade de desenvolvimento colectivo de posição dominante[991].

Desse argumento literal desenvolvido em sede de controlo das concentrações decorriam efeitos sistemáticos relevantes o que conformava, de alguma forma, a solução interpretativa aplicada ao disposto no artigo 82.º do Tratado[992].

O teor dos acórdãos *Suiker Unie*[993], *Hoffmann-La Roche*[994] e *Züchner*[995] foi particularmente representativo desta posição extremamente restritiva adoptada pelo Tribunal de Justiça que limitou a aplicação do artigo 82.º do Tratado às condutas individuais unilaterais[996].

---

[991] O processo *Kali und Salz* foi paradigmático. A argumentação de defesa do Estado francês, da *Société Commerciale des Potasses e de l' Azote* (SCPA) e da *Entreprise Minière et Chemique* (EMC) baseou-se num entendimento que advogava a inaplicabilidade do *Regulamento das Concentrações* às situações de domínio colectivo. Já tivemos oportunidade de criticar este entendimento, efectivamente, uma interpretação com este teor *"originaria uma lacuna perigosa no tecido normativo concorrencial comunitário: seria suficiente repartir a posição dominante entre duas empresas para escapar à interdição enunciada pelo n.º 3 do artigo 2.º (do Regulamento das Concentrações)"* (cfr. Carlos Baptista Lobo, *Concorrência Bancária ?, cit.*, pág. 527.

[992] A doutrina mostrava-se muito hesitante nesta matéria. Cfr., e.g., D. Flint, "*Abuse of a Collective Dominant Position*", in Legal Issues of Economic Integration, 2, 1978, págs. 21 e segs.; J. Shaw, "*Collective Dominance or Concerted Practice?*", in European Law Review, 1989, pág. 99. Este autor defendia a não aplicação do artigo 82.º às práticas de domínio colectivo uma vez que tal tornaria redundante o conceito de práticas concertadas.

[993] Acórdão 40/73, *Cooperatieve Vereniging Suiker Unie e outros vs. Comissão*, Colectânea, 1975, págs. 1663 e segs.

[994] Acórdão 85/76, *Hoffmann-La-Roche vs. Comissão*, Colectânea, 1979, págs. 461 e segs.

[995] Citado.

[996] No para. 39 do acórdão *Hoffmann-La-Roche vs. Comissão*, foi referido o seguinte: "*a dominant position must also be distinguished from parallel courses of conduct which are peculiar to oligopolies in that in a oligopoly the courses of conduct interact, while in the case of an undertaking occupying a dominant position the conduct of the undertaking which derives profits from that position is to a great extent determined unilaterally*". A mesma posição ab-rogante foi adoptada no para. 10 do acórdão *Züchner (cit.)*: "*article 82 deals with the abuse of a dominant position and does not cover the existence of concerted practices, to which solely the provisions of article 81 apply*".

Até mesmo quando em 1988 o Tribunal de Justiça no seu acórdão *Bodson*[997] aplicou, pela primeira vez, o artigo 82.º do Tratado a uma situação que envolvia mais do que uma empresa, adoptou uma posição coerente com a jurisprudência anterior, referindo que a posição dominante poderia ser exercida no âmbito de um grupo integrado de empresas juridicamente autónomas, desde que sujeitas a uma direcção única[998].

Ou seja, mesmo na presença de empresas formalmente autónomas, se a condução substantiva da actividade fosse susceptível de se reconduzir a um único centro de decisão, então existiria uma unidade económica que permitiria concluir pela existência de uma posição dominante individual, apesar da pluralidade de partes envolvidas.

Esta argumentação, sustentada no conceito de *"unidade económica"* afasta liminarmente qualquer possibilidade de aplicação da doutrina da posição dominante colectiva *tout court*, que depende da existência de uma *vontade colectiva*. Ao enunciar uma posição em que se advoga a necessidade de existência de uma vontade única, é exteriorizado um antagonismo manifesto entre as duas posições, reconfirmando o teor restritivo do entendimento tradicionalmente adoptado.

Neste enquadramento, a possibilidade de regulação concorrencial dos sectores em rede oligopolistas no domínio do controlo das concentrações era ainda mais remota neste momento inicial.

Num primeiro momento, nem sequer existia qualquer regime legal especial, tendo sido aplicado unicamente o dispositivo constante nos artigos 81.º e 82.º do Tratado[999].

---

[997] Acórdão 30/87, *Corinne Bodson vs. Pompes Funèbres des Régions Libérées*, Colectânea, 1988, págs. 2479 e segs., em especial para. 21.

[998] No processo *Continental Can*, estavam envolvidas três empresas de um mesmo grupo económico (a Continental Can, empresa norte-americana, a SLW e a Europemballage, ambas suas filiais), tendo sido essa a base essencial para a fundamentação da decisão de aplicação do artigo 82.º (cfr. acórdão do Tribunal de Justiça referente ao processo 6/72, *Europemballage Corpn and Continental Can Co Inc v. Comissão*, Colectânea, 1973, págs. 215 e segs. A mesma linha de raciocínio foi desenvolvida pelo Tribunal de Justiça no acórdão relativo ao processo *Commercial Solvents vs. Comissão* (processo 6/73 e segs., Colectânea, 1974, págs. 223 e segs.).

[999] Cfr., *e.g.*, acórdão 6/72, *Europemballage Continental Can vs. Comissão*, Colectânea, 1973, págs. 215 e segs.

Somente com a adopção do Regulamento do Conselho n.º 4064/89, as instâncias comunitárias passaram a dispor de um verdadeiro regime jurídico de controlo das concentrações.

À semelhança dos princípios que fundamentavam a interpretação restritiva do artigo 82.º do Tratado, nos primeiros anos de vigência do *Regulamento das Concentrações* a Comissão Europeia efectuou uma aplicação muito limitada do seu teor, seleccionado unicamente como alvo de investigação as concentrações que originassem situações de posição dominante individual, dado que, no seu entender, a existência, num mercado oligopolista, de concorrentes de grande dimensão constituiria um contrapeso relevante que impediria o abuso individual do poder de mercado[1000].

Em finais de 1991, e por pressão do *Bundeskartellamt*, a Comissão Europeia demonstrou alguma preocupação adicional relativamente às condições concorrenciais futuras decorrentes de concentrações em mercados oligopolísticos[1001], tendo, no entanto, concluído que, ao contrário do direito alemão, o direito comunitário da concorrência não continha qualquer regime especial para a regulação do *"domínio colectivo"* resultante de operações de concentração[1002].

3.2. Segunda fase de desenvolvimento conceptual. A interpretação literal do artigo 82.º do Tratado e teleológica do n.º 3 do artigo 2.º do Regulamento das Concentrações

A segunda fase de desenvolvimento do conceito de posição dominante colectiva iniciou-se com a decisão da Comissão relativa ao processo *Italian Flat Glass*[1003], onde considerou que três empresas totalmente independentes haviam abusado da sua posição dominante colectiva no mercado do vidro para automóveis[1004].

[1000] Assim, mesmo na presença de mercados oligopolistas estritos (3 ou 4 concorrentes), a Comissão não levantou quaisquer questões em diversos processos relevantes. Cfr. Decisão IV/M. 004, *Renault/Volvo*, JO C 281/2, 1990; Decisão IV/M 098, *Elf/BC/CEPSA*, JO C 172/8, 1991.

[1001] Decisão IV/M 012, *Varta/Bosch*, JO L 320/26, 1991.

[1002] Decisão IV/M 165, *Alcatel/AEG Kabel*, JO C 6/23, 1992.

[1003] Decisão *Italian Flat Glass*, JO L 33/44, 1989.

[1004] Decisão *Italian Flat Glass, cit.*, paras. 67 a 71 e 79.

O fundamento utilizado para demonstrar violação do artigo 82.º do Tratado (e também do artigo 81.º) traduziu-se na conclusão de que as três empresas em causa haviam estabelecido entre elas um sistema de «*ligações estruturais*» ("*structural links*"), que permitia uma troca sistemática de produtos, eliminando a concorrência potencial, quer ao nível dos preços, quer das quantidades.

A decisão deste caso corporizou uma significativa evolução jurisprudencial, mais abrangente e, simultaneamente, integradora. Em termos de abrangência, admitiu-se a possibilidade de empresas totalmente independentes, quer na óptica legal, quer económica, poderem usufruir de uma posição dominante colectiva, sendo essa conduta susceptível de ser controlada através do dispositivo legal constante no artigo 82.º do Tratado[1005].

Na perspectiva da integração interpretativa, as instâncias jurisdicionais repudiaram a possibilidade de existência de conceitos distintos de posição dominante nas formulações conceptuais dos diversos instrumentos legais jurídico-concorrenciais. Estes foram, portanto, os pontos de orientação adoptados pela jurisprudência posterior do Tribunal de Justiça e do Tribunal de Primeira Instância.

A interpretação literal do artigo 82.º do Tratado e a interpretação "*teleológica*" do n.º 3 do artigo 2.º do *Regulamento das Concentrações* têm, como não poderia deixar de ser, implicações vastas na análise concorrencial dos sectores em rede.

Para a demonstração desse impacto basta analisar com atenção o conteúdo do acórdão do Tribunal de Primeira Instância relativo ao

---

[1005] O mesmo acontece no direito norte-americano. As § 1 do *Sherman Act* e § 3 do *Clayton Act* não concretizam igualmente qual o alcance do seu âmbito em sede aplicativa. No entanto, o Supremo Tribunal Federal na sua decisão relativa ao processo *Copperweld* (*Copperweld Corp. vs. Independence Tube Corp.*, 467 U.S. 752 (1984)), clarificou definitivamente a sua posição (enunciada preliminarmente no processo *Yellow Cab – United States vs. Yellow Cab. Co.*, 332 U.S. 218 (1947) -) considerando que um grupo de empresas gerido por uma direcção única poderia ser considerado como uma empresa única para efeitos de aplicação do direito da concorrência. A partir desse momento, a doutrina norte-americana começou a distinguir a "*intracorporate conspiracy*", desenvolvida no interior de uma única empresa, da "*intraentreprise conspiracy*" que seria desenvolvida no interior de um grupo de empresas, apesar das consequências jurídico-concorrenciais serem, como não poderiam deixar de ser, idênticas.

processo *Italian Flat Glass*[1006]. Nesse acórdão, e que corporiza a segunda fase histórica no desenvolvimento do conceito jurisprudencial de posição dominante colectiva, o Tribunal de Primeira Instância veio, pela primeira vez, e de forma inequívoca, admitir que duas empresas independentes poderiam usufruir conjuntamente de uma posição dominante face aos restantes operadores do mercado, em virtude de eventuais laços económicos que as unissem nesse propósito[1007].

O Tribunal de Primeira Instância admitiu, mas não concretizou o que entendia constituir como «*laços económicos*», uma vez que considerou que a Comissão Europeia não havia produzido prova suficiente para qualquer conclusão a esse respeito.

No entanto, pela primeira vez na ordem jurídica comunitária, uma instância jurisdicional havia considerado de forma clara e inequívoca que eventuais infracções dos artigos 81.º e 82.º do Tratado eram conceptualmente independentes, quer a nível dogmático, quer a nível aplicativo[1008].

[1006] Acórdãos do Tribunal de Primeira Instância *Società Italiana Vetro SpA e outros vs. Comissão*, processo T-68/89, T-77/89 e T-78/89, Colectânea, II, págs. 1403 e segs.

[1007] Conforme dispõe o ponto 358 do acórdão "*there is nothing, in principle, to prevent two or more independent economic entities from being, on a specific market, united by such economic links that, by virtue of that fact, together they hold a dominant position vis-à-vis the other operators on the same market. This could be the case, for example, where two or more independent undertakings jointly have, through agreements or licences, a technological lead affording them the power to behave to an appreciable extent independently of their competitors, their customers and ultimately of their consumers*" (cfr. acórdão *Società Italiano Vetro SpA vs. Comissão*, processos T-68 e 69/89, Colectânea, II, 1992, págs. 1403 e segs.).

[1008] As empresas em causa devem ser juridicamente independentes, não devendo existir qualquer relação de grupo entre elas. A existir uma qualquer laço jurídico ao nível das participações sociais coloca-se imediatamente um problema conceptual, já que a posição dominante colectiva implica necessariamente uma multiplicidade de vontades imputáveis a sujeitos diferenciados. Existindo uma relação de grupo, existe uma única vontade: a do grupo empresarial. Por exemplo, P. Areeda e H. Hovenkamp, problematizam esta questão nos seguintes termos: "*there is (a) conceptual problem in finding an agreement with a person already subject to one's lawful control – such as a parent with a subsidiary, an employer with a employee, or a principal with an agent. Is a "conspiracy" possible with one who lacks the legal power to disobey? The minds of the superior and the subordinate may meet, but conspiracy seems an inapt description of consultation and direction*" (in op. cit., vol. VII, 2.nd *edition*, 2005, pág. 195). Este entendimento foi igualmente exteriorizado pelo Supremo Tribunal Federal no acórdão *Copperweld (cit.)*: "*the very notion of an "agreement" in Sherman Act terms between a parent and a wholly owned subsidiary lacks*

Esta problemática adquire uma enorme importância na óptica da aplicação do direito da concorrência aos sectores em rede. A partir do momento em que o Tribunal de Primeira Instância admite a aplicação do disposto no artigo 82.º a empresas independentes relacionadas através de laços económicos torna-se crucial concretizar este último conceito.

Efectivamente, se existe uma particularidade que distingue os sectores em rede dos restantes sectores económicos é precisamente a sua organização colectiva assente em segmentos complementares e que originam, inevitavelmente, o estabelecimento de estreitos laços económicos entre todos os agentes envolvidos no mercado.

Note-se que o acórdão *Italian Flat Glass* foi inconclusivo em muitos aspectos. Em primeiro lugar, a jurisprudência emanada não foi concludente quanto às consequências substantivas da existência de *laços económicos* entre as empresas, que tanto poderão ser considerados como um requisito – *ex ante* – necessário para a aferição de uma posição dominante colectiva ou como uma manifestação – *ex post* – exemplificativa da existência dessa mesma posição dominante no mercado. Em segundo lugar, nem mesmo a definição conceptual de «*laços económicos*» foi minimamente concretizada.

Ora, se a existência de laços económicos implicar a celebração de um acordo, então certamente que se estará no âmbito de aplicação do artigo 81.º do Tratado, não havendo qualquer espaço útil para a aplicação do artigo 82.º.

Da leitura do acórdão também se não se afigura que o Tribunal considere necessária a existência de participações cruzadas entre as sociedades envolvidas. Ao invés, do acórdão parece retirar-se uma tendência abrangente ao nível da concretização dos *"laços económicos"* e que parece ser bastante diferenciada, não sendo necessária a existência

---

meaning. A § 1 agreement may be found when "the conspirators had a unity of purpose or a common design and understanding, or a meeting of minds in an unlawful arrangement". (...) But in reality a parent and a wholly owned subsidiary always have a "unity of purpose or a common design". O Tribunal de Primeira Instância, antecipando esta questão, referiu no acórdão *Flat Glass* (*cit.*) que as entidades que ocupem uma posição colectiva devem ser entidades juridicamente independentes. Seguindo a argumentação desenvolvida pelo Governo do Reino Unido no processo em causa, o Tribunal veio ainda referir que a posição dominante colectiva não é um conceito susceptível de ser aplicado a empresas de um mesmo grupo, já que estas constituem uma entidade económica única.

de quaisquer relações cruzadas ao nível da detenção do capital social das empresas em causa – maioritárias ou meramente minoritárias – para que a «*unidade económica*» se verifique no mercado relevante.

Afastando-nos ainda mais do formalismo relacional, será legítimo questionar se a partilha de infra-estruturas comuns ou a detenção de segmentos complementares de uma mesma rede poderá redundar na existência dos tais «*laços económicos*» que poderão concretizar a posição dominante colectiva.

Conforme foi demonstrado, os sectores em rede assentam essencialmente em relações de estreita complementaridade entre os diversos segmentos componentes. Os laços que se estabelecem entre os diversos titulares dos segmentos são não só óbvios como essenciais ao correcto funcionamento do mercado e o seu alcance ultrapassa em muito a vertente meramente económica, dado que o próprio mercado, em termos operacionais, deles depende[1009].

Note-se que, no limite, poderá mesmo entender-se que a simples possibilidade de existência de paralelismos comportamentais conscientes dos diversos agentes no mercado poderá ser suficiente para a concretização do requisito de existência de «*laços económicos*» ou «*laços estruturais*» criando-se, por essa via, uma «*unidade económica*» susceptível de propiciar a aplicação do artigo 82.º na óptica da posição dominante colectiva[1010].

[1009] Por exemplo, no acórdão *Almelo vs. NV Energiebedrijf Ijsselmij* (processo C-393/92, Colectânea I, 1994, págs. 1477 e segs.) o Tribunal de Justiça veio, pela primeira vez, secundar a posição do Tribunal de Primeira Instância, referindo que competiria aos tribunais nacionais averiguar da existência de laços entre os distribuidores regionais de energia eléctrica que fossem suficientemente fortes para sustentar a existência de uma posição dominante colectiva numa parte substancial do mercado comum. Esta orientação foi repetida nos acórdãos subsequentes: acórdão *Centro Servizi Spediporto Srl vs. Spedizioni Marittime del Golfo Srl* (processo C-96/94, Colectânea, I, (1996) págs. 2883 e segs.); acórdão *DIP Spa vs. Commune di Bassano del Grappa* (processo C-140/94, Colectânea, I, (1995), págs. 3247 e segs.) e acórdão *Sodemare SA, Anni Azzurri Holding Spa e Anni Azzurri Rezzato Srl vs. Regione Lombardia* (processo C-70/95, Colectânea, I, (1998), págs. 3395 e segs.).

[1010] O funcionamento eficiente de uma rede pode levar à celebração de uma teia contratual que tende à formação de uma «*rede de vulnerabilidade mútua*», dadas as relações de interdependência entre todos os agentes componentes do sector. Cfr., quanto a este aspecto, J. Scott, "*Multimarket Contract and Economic Performance*", *Review of Economics and Statistics*, vol. 60, (1982), págs. 523 a 532. Quanto ao mercado bancário, cfr. C. Lobo, *Concorrência Bancária?, cit.*, págs. 534 a 535.

No entanto, e perante a aparente exigência de um formalismo relacional inerente ao conceito de «*laço estrutural*» e, *maxime*, de «*unidade económica*», a existência de simples equilíbrios oligopolistas não-coordenados parece ficar de fora do âmbito de abrangência desta doutrina.

Após o acórdão *Italian Flat Glass* ter sido emitido pelo Tribunal de Primeira Instância, a Comissão iniciou uma aplicação profusa da doutrina da posição dominante colectiva.

Os termos inconclusivos do acórdão tal permitiam, sendo que, nestas condições, a Comissão Europeia não tinha a obrigação de provar a existência de acordos ou de práticas concertadas entre os diversos agentes económicos presentes no mercado, bastando uma alegação de existência de «laços económicos» para despoletar a condenação através do mecanismo previsto no artigo 82.º do Tratado.

A sua tarefa era, desta forma, muito mais simples, já que, nos sectores em rede, os agentes estão, inevitavelmente relacionados entre si, não só na perspectiva económica como até mesmo na vertente operacional[1011]. O mercado dos transportes marítimos mereceu, então, uma especial atenção[1012], logo seguido do mercado das telecomunicações[1013].

[1011] Por exemplo, nas conclusões do Advogado-Geral Lenz relativas ao processo 66/86, *Ahmed Saeed Flugreisen vs. Zentrale zur Bekampfung Unlauteren Wettbewerbs*, (in Colectânea, pág. 803) foi sugerido que duas companhias aéreas que partilhassem a mesma rota poderiam constituir um mercado separado e deter conjuntamente uma posição dominante.

[1012] Decisão *French-West African Shipowners' Committees* (in JO L 134/1, 1992); Decisão *Cewal* (in JO L 34/20, 1993); Decisão *TACA* (in JO L 95/1, 1999); Decisão *Port of Rodby* (in JO L 55/52, 1994). Em todas estas decisões a Comissão considerou que a coordenação de preços, rotas, horários e partilha de carga constituíam abusos de posição dominante colectiva. Esta posição não pode deixar de merecer críticas. Independentemente dos aspectos jurídicos subjacentes ao próprio conceito de posição dominante colectiva enquanto figura autónoma, o tráfego marítimo de mercadorias assenta em práticas seculares de organização que não podem ser colocadas em causa sem que exista uma argumentação sólida ao nível da demonstração clara e inequívoca de práticas colectivas restritivas da concorrência, necessariamente mais intensas do que uma argumentação, necessariamente vaga, fundamentada na simples existência de «laços económicos». Ora, os «laços económicos» entre as diversas empresas operadoras de transportes marítimos não só são óbvios como são essenciais ao desenvolvimento do mercado. Sem comunicação interempresarial, sem coordenação de rotas e horários, o sector dos transportes marítimos é ingovernável. Nestes termos, se for adoptada, neste mercado (ou em qualquer outro organizado em rede) uma orientação de política de concorrência similar à adoptada na decisão *Irish Sugar* (conclusão pela existência de posição dominante colectiva pelo facto de as empresas desenvolverem políticas de comercialização relacionadas em conjugação com a instituição de mecanismos de troca de informações visando a prossecução de um interesse comum – (in JO L 258/1, 1997)), os operadores dos sectores em rede estarão inevitavelmente numa situação de posição dominante colectiva. A abrangência conceptual adoptada pela Comissão é, pois, enorme, o que não pode deixar de ser criticável. Este entendimento "totalitarista" foi, aliás, acolhido pelo Tribunal de Primeira Instância. Nos acórdãos referentes aos processos T-191/98, T-212/98 a T-214/98, (Colectânea, II, 2003, págs. 1 e segs.), o Tribunal considerou que a simples participação na conferência marítima permitia concluir pela existência de uma «entidade colectiva», que se apresentava no mercado como um bloco perante os clientes e os demais concorrentes (in para. 601).

[1013] Os parágrafos 78 a 80 da *Comunicação da Comissão Relativa ao Acesso nos Mercados de Telecomunicações* são bastante elucidativos na descrição da concepção abrangente da Comissão: "*78. Duas empresas, cada uma detendo uma posição dominante num mercado nacional separado, não correspondem a duas empresas detendo uma posição dominante conjunta. Para que duas ou mais empresas detenham uma posição dominante conjunta, devem ter em conjunto e em grande parte a mesma postura face aos seus clientes e concorrentes, tal como uma única empresa em posição dominante. No que se refere mais especificamente ao sector das telecomunicações, uma posição dominante conjunta pode ser obtida por dois operadores de infra-estrutura de telecomunicações cobrindo o mesmo mercado geográfico.*

79. Além disso, para que duas ou mais empresas detenham em conjunto uma posição dominante é necessário, muito embora não seja suficiente, que não exista qualquer concorrência efectiva entre as empresas no mercado relevante. Na prática, a ausência de qualquer concorrência pode ser frequentemente devida ao facto de as empresas possuírem ligações entre si como, por exemplo, acordos de cooperação ou interconexão. A Comissão considera, porém, que nem a teoria económica, nem o direito comunitário pressupõem a necessidade, do ponto de vista jurídico, de ligações desse tipo para a existência de uma posição dominante conjunta. É considerada uma ligação económica suficiente o tipo de interdependência que se verifica frequentemente nas situações de oligopólio. Não existe aparentemente qualquer motivo, do ponto de vista jurídico ou da teoria económica, para exigir qualquer outro elo económico entre as empresas que detenham uma posição dominante conjunta. Não obstante, na prática essas relações existirão frequentemente no sector das telecomunicações em que os operadores nacionais possuirão quase inevitavelmente elos de diversos tipos entre si.

80. Podemos citar, a título de exemplo, o acesso à linha de assinantes (má tradução – em inglês local loop, ou seja, o lacete local) que, nalguns Estados-Membros, pode muito bem ser controlado num futuro próximo por dois operadores - o operador em actividade e um operador de televisão por cabo. A fim de prestar determinados serviços aos clientes, é necessário o acesso à linha de assinantes (lacete local) quer do operador de telecomunicações quer do operador de televisão por cabo. Consoante as circunstâncias e em especial consoante as relações entre os dois, pode verificar-se que nenhum dos operadores detenha uma posição dominante embora, no seu conjunto, possam exercer um poder de monopólio

No campo do controlo das concentrações salienta-se a decisão *Nestlé/Perrier*[1014] onde, pela primeira vez, a Comissão Europeia ousou introduzir o conceito de domínio oligopolístico num processo de controlo de concentrações, alargando exponencialmente a letra do n.º 3 do artigo 2.º do *Regulamento das Concentrações*.

A Comissão justificou a sua conduta utilizando um argumento "constitucional". No seu entender, uma vez que a alínea f) do artigo 3.º do Tratado CE estabelecia como um dos principais objectivos comunitários a salvaguarda de uma «*concorrência efectiva*», e sendo o domínio oligopolístico, conjuntamente com o domínio individual, um dos factores mais perigosos para a concretização desse objectivo fundamental, a sua interpretação teleológica encontrar-se-ia justificada[1015].

3.3. Terceira fase de desenvolvimento conceptual. A superação da mera análise estrutural do mercado. A densificação do conceito de "actuação colectiva"

Foi precisamente na sequência da acção de investigação ao sector dos transportes marítimos que o Tribunal de Justiça emitiu o acórdão *Compagnie Maritime Belge*[1016] em sede de recurso relativo

---

conjunto em relação ao acesso a estas infra-estruturas. A longo prazo, a evolução tecnológica poderá assegurar a viabilidade de outros mecanismos de acesso às linhas de assinantes como, por exemplo, as redes de energia eléctrica: esses mecanismos serão tomados em consideração para determinar a existência de uma posição dominante individual ou conjunta" (destaque nosso, in JO C 265/2, 1998). Como a própria Comissão reconhece, nos sectores em rede o tipo de interdependência em causa verifica-se frequentemente, o que, na prática possibilitará sempre uma investigação em sede de averiguação de um eventual abuso de posição dominante colectiva.

[1014] Decisão IV/M 190 *Nestlé/Perrier*, JO L 356/1, 1992.

[1015] Infelizmente, o recurso interposto perante o Tribunal de Primeira Instância não contemplou qualquer questão relacionada com o domínio colectivo. Ainda assim a doutrina discutiu vigorosamente esta inovação administrativa. Cfr. F. Jenny, "*Economic Analysis, Antitrust Law and the Oligopoly Problem*", in European Business Law Review, 1, 2000, págs. 55 e 56; C. Bright, "*Nestlé/Perrier: New Issues in EC Merger Control*", in International Financial Law Review, 11, 1992, págs. 22 a 24. Cfr., por todos, S. Stroux, *US and EC Oligopoly Control, cit.*, págs. 204 a 206.

[1016] Acórdãos *Compagnie Maritime Belge NV vs. Comissão*, processos C-395/96 e C-396/96 *in Common Market Law Review*, 2000, 4, 1076.

ao acórdão do Tribunal de Primeira Instância[1017] que havia confirmado, neste campo, a decisão da Comissão Europeia *Cewal*[1018].

Esta deliberação jurisprudencial tem uma enorme importância dado que vem detalhar, e consequentemente, restringir o conceito de posição dominante colectiva. Assim, e ao contrário do entendimento da Comissão, o Tribunal de Justiça entendeu que a existência de «*laços económicos*» entre as empresas do mercado não implicava, *per se*, a corporização de uma posição dominante colectiva.

Para que essa posição dominante colectiva fosse aferida seria necessário examinar se as empresas em causa constituíam, em conjunto, «*uma entidade colectiva*» em relação aos seus concorrentes, parceiros comerciais e consumidores num mercado determinado[1019].

Só no caso dessa situação se confirmar é que se poderia entender que existia efectivamente uma «*entidade colectiva*» susceptível de deter uma posição dominante e, consequentemente, desenvolver condutas abusivas.

Para apreciar a existência de uma «*entidade colectiva*» na acepção avançada pelo Tribunal de Justiça há que verificar, nas suas palavras: "*se existem relações económicas entre as empresas que lhes permitam agir em conjunto, independentemente dos seus concorrentes, dos seus clientes e dos consumidores (...). A existência de uma posição dominante colectiva pode, portanto, resultar da natureza e dos termos do acordo, do modo como se concretiza e, portanto, das relações ou factores de correlação entre empresas que dela resultam. Todavia, a existência de um acordo ou de outros laços jurídicos não é indispensável para a verificação da existência de uma posição dominante colectiva, verificação que poderia resultar de outros factores de correlação e que dependeria de uma aprecia-*

[1017] Acórdãos T-24/93 a T-26/93 e T 28/93, *Compagnie Maritime Belge Transports SA e outros vs. Comissão*, Colectânea, II, 1996, págs. 1201 e segs.

[1018] Decisão 93/83/CEE, JO L 34/20, 1993. Estava em causa, de novo, uma conferência marítima, tendo a Comissão considerado abusivos três aspectos: i) a implementação da conferência implicava a atribuição de direitos exclusivos; ii) as práticas concorrenciais agressivas integravam no seu âmbito acções do tipo "navios de combate", onde as tarifas praticadas eram inferiores às praticadas por qualquer um dos concorrentes, sendo os custos das mesmas suportados por todos os membros; iii) encontravam-se previstos acordos de fidelização assentes em preços *free on board (FOB)*, o que, no entender da Comissão, impedia o desenvolvimento independente da actividade (Decisão, cit., paras. 73 a 91).

ção económica, designadamente de uma apreciação da estrutura do mercado em causa"[1020].

Nestas circunstâncias, o Tribunal de Justiça alterou o enfoque conceptual que sustenta a posição dominante colectiva. Adoptando uma perspectiva organicista (a entidade colectiva) e os seus efeitos no mercado, coloca num segundo plano a vertente puramente relacional (a existência de laços económicos) [1021].

[1019] Ponto 39 do acórdão.

[1020] Pontos 42 e 45 do acórdão.

[1021] Neste acórdão o Tribunal de Justiça utilizou como precedentes os acórdãos *Almelo* (cit.) e *Kali und Salz* (cit.), equiparando a argumentação jurídica nas duas situações em causa – a interpretação do conteúdo do artigo 82.º do Tratado e do *Regulamento das Concentrações* -. Note-se que a problemática do abuso de posição dominante colectiva tem uma importância excepcional na interpretação do Regulamento das Concentrações, uma vez que constitui o critério essencial para a averiguação *ex ante* de operações de concentração entre empresas com posições significativas nos mercados relevantes. É por essa razão que a *Merger Task Force* da Comissão tem analisado como enorme cuidado (e por vezes com excessiva diligência) as questões relacionadas com a (eventual) coordenação tácita dos agentes no ambiente de mercado resultante da operação de concentração, mesmo na ausência de uma referência expressa à posição dominante colectiva no texto do Regulamento. As pressões nesse sentido eram extraordinariamente fortes. Quer as autoridades concorrenciais de Estados-Membros importantes (como a Alemanha e o Reino Unido), quer dos Estados Unidos da América estavam, à data, muito preocupadas com a questão da coordenação tácita no controlo de concentrações. Note-se que a Secção 2 das *Horizontal Merger Guidelines* do Departamento de Justiça Norte-Americano, aprovadas em 1992, (acessível no endereço http://www.usdoj.gov/atr/public/guidelines/guidelin.htm.), discutiam explicitamente os efeitos da interacção coordenada (*"coordinated interaction"*) – conceito equivalente ao domínio colectivo (*"collective dominance"*) utilizado pela doutrina europeia – concluindo que os seus efeitos no tecido económico eram, pelo menos, tão nefastos como os efeitos decorrentes de uma posição dominante individual. O texto do primeiro parágrafo da Secção 2.1. dessas orientações é esclarecedor: *"a merger may diminish competition by enabling firms selling in the relevant market more likely, more successfully, or more completely to engage in coordinated interaction that harms consumers. Coordinated interaction in comprised of actions by a group of firms that are profitable for each of them only as a result of the accommodating reactions of the others. This behaviour includes tacit or express collusion, and may or may not be lawful in and of itself"*. No entanto, apesar das semelhanças, existem algumas diferenças estruturais entre os dois sistemas jurídicos que não podem ser esquecidas. As autoridades concorrenciais norte-americanas preocupam-se não com a estrutura do mercado mas com a conduta dos agentes no mercado. A explicação para tal facto é clara e resulta do sistema legal norte-americano. Conforme explicitam Barry Pupkin e Iain McPhie, *"a single firm or a group of firms are allowed to dominate a market in terms of market share so long as such dominance was achieved by lawful competitive practices, and so*

Apesar de tal não ser referido expressamente, o tribunal parece pretender inserir no âmbito da aplicação do artigo 82.º do Tratado unicamente os equilíbrios oligopolísticos coordenados.

No entanto, e apesar da aparentemente ter sido colocada num segundo plano, a configuração estrutural do mercado torna-se um elemento fundamental de prova da existência «*da entidade colectiva*», desde que conjugada com uma análise comportamental dos sujeitos no mercado relevante.

A prova torna-se mais exigente. Já não bastará a simples averiguação da existência de algum grau de relacionamento entre as entidades ou a ocorrência de troca de informações. Torna-se necessário analisar a vertente estrutural do mercado e, com essa base, justificar a racionalidade da actuação colectiva cooperativa, exercida independentemente de concorrentes, clientes e consumidores[1022].

No acórdão *Compagnie Maritime Belge,* o Tribunal de Justiça veio afirmar que a existência de uma posição dominante colectiva pode resultar da natureza e dos termos de um acordo, do modo como se concretiza esse acordo e das relações ou factores de correlação entre as empresas daí resultantes.

Todavia, a existência de um acordo ou de outros laços jurídicos («económicos ou institucionais») não é indispensável para a verificação

---

long as their actions do not unreasonably restrain trade. Section 1 of the Sherman Act addresses concerted action that unreasonably restrains trade. The element of combined or concerted action in Section 1 claims generally is proven by an express agreement or inferred from circumstantial evidence indicating an understanding or agreement to take joint action. While a "collective dominant position" of the defendants is not an explicit requirement in Section 1 cases, the rule of reason analysis applied to most claims focuses upon the competitive effects of a restraint generally requires an analysis of the market positions of the defendants, because a practice that would be deemed reasonable in engaged in by small firms may be unreasonable if the defendants are dominant within their market". (B. Pupkin e I. McPhie, *"United States of America", in Dealing with Dominance*, NautaDutilh, ed., Kluwer Law International, European Monographs, 47, pág. 307.).

[1022] Esta ponderação organicista assenta na análise comportamental dos sujeitos económicos envolvidos. Nessa óptica, o Tribunal de Primeira Instância deverá ponderar, para efeitos de aplicação da proibição contida no artigo 82.º do Tratado, dois elementos distintos: a estrutura do mercado e o comportamento das empresas. A análise será, neste enquadramento, mista, e, portanto, distinta do juízo próprio de aplicação quer do artigo 81.º do Tratado, de base eminentemente comportamental, quer do Regulamento das Concentrações, que se preocupa essencialmente com a vertente estrutural do mercado.

da existência da posição dominante colectiva. Essa verificação pode resultar de outros factores de correlação e depende de uma apreciação económica, designadamente da apreciação da estrutura de mercado em causa[1023], desde que se descortine um comportamento colectivo coordenado.

Foi o Tribunal de Primeira Instância quem efectivamente inaugurou este terceiro momento interpretativo relativamente ao conceito de posição dominante colectiva nos seus acórdãos relativos aos processos relativos ao controlo de concentrações *Kali und Salz*[1024] e *Gencor*[1025].

[1023] Cfr. ponto 45 do acórdão. No entanto, de uma perspectiva substantiva, o acórdão merece alguma reflexão. No caso concreto estava em causa uma conferência marítima. Ora, nos termos da alínea b) do n.º 3 do artigo 1.º do Regulamento CEE n.º 4056/86, do Conselho de 22 de Dezembro de 1986 (in JO L 378/4), uma conferência marítima é um "grupo de, pelo menos, dois transportadores-exploradores de navios que assegure serviços internacionais regulares para o transporte de mercadorias numa linha ou linhas particulares dentro de determinados limites geográficos e que tenha celebrado um acordo ou convénio, seja de que natureza for, no âmbito do qual esses transportadores operem aplicando fretes uniformes ou comuns e quaisquer outras condições de transportes concertadas para o fornecimento de serviços regulares". O oitavo considerando desse Regulamento explica a racionalidade e, subsequentemente, a justificação do desenvolvimento desse tipo de práticas, considerando que tais conferências exercem um papel estabilizador capaz de garantir serviços fiáveis aos carregadores; que elas contribuem geralmente para assegurar uma oferta de serviços regulares de transporte marítimo suficientes e eficazes tendo em consideração os interesses dos utilizadores numa justa medida; que estes resultados não podem ser obtidos sem a cooperação exercida pelas companhias marítimas no seio das referidas conferências em matéria de tarifas e, eventualmente, de oferta de capacidade ou de repartição da tonelagem a transportar ou de receitas; que a maioria das vezes as conferências permanecem sujeitas a uma concorrência efectiva tanto por parte dos serviços regulares extraconferência como dos serviços à colheita e, em alguns casos, de outras formas de transporte; que a mobilidade das frotas, que caracteriza a estrutura da oferta no sector dos serviços de transportes marítimos, exerce uma pressão concorrencial permanente sobre as conferências, que normalmente não têm possibilidade de eliminar a concorrência numa parte substancial dos serviços de transporte marítimo em causa. Perante esta forma de organização institucionalizada, o Tribunal concluiu que uma conferência marítima, apesar de beneficiária da isenção por categoria prevista pelo Regulamento n.º 4056/86, poderia ser qualificada como entidade colectiva que se apresenta como tal no mercado, tanto em relação aos utilizadores como aos concorrentes, e deter uma posição dominante num mercado determinado e, *a fortiori*, explorar essa posição de modo abusivo.

[1024] Decisão *Kali und Salz/MdK/Treuhand*, JO L 186/38, 1994, que deu origem aos acórdãos *França vs. Comissão*, processos C-68/94 e 30/95, Colectânea I, 1998, págs. 1375 e segs. Neste processo estava em causa uma concentração entre duas empresas alemãs, a

Apesar destes processos terem sido desenvolvidos a propósito da aplicação por parte da Comissão Europeia do dispositivo normativo do *Regulamento das Concentrações*, a doutrina subjacente à interpretação do conteúdo dos dois dispositivos legais (o artigo 82.º do Tratado e o n.º 3 do artigo 2.º do *Regulamento das Concentrações*) ficou intrinsecamente relacionada, apesar das diferenças estruturais entre os dois institutos jurídicos.

Qualquer desenvolvimento que se efectue a este propósito em sede de interpretação do *Regulamento das Concentrações* terá, inevitavelmente, reflexos na interpretação quer do artigo 82.º do Tratado, quer ainda das diversas disposições regulatórias similares.

A razão para a ocorrência deste "cruzamento" doutrinário é de fácil apreensão. O abuso de posição dominante colectiva previsto no artigo 82.º do Tratado tem subjacente a utilização abusiva de mecanismos de coligação tácita ou de desenvolvimento paralelo, mas consciente, de comportamentos paralelos.

Em termos legais verifica-se uma coincidência quanto ao plano da previsão legal do n.º 3 do artigo 2.º do *Regulamento das Concentrações* (que visa prever a estrutura futura de um mercado relevante em resultado de uma operação de concentração) e a necessária consideração prévia (a determinação da posição dominante colectiva) essencial para a aplicação do artigo 82.º do Tratado, apesar de, como se sabe, este preceito só visar proibir o abuso dessa posição estrutural.

Kali und Salz AG e a Mitteldeutsche Kali AG, que operavam no mercado da potassa, tendo a Comissão concluído que a empresa comum iria criar uma posição dominante colectiva entre a Kali und Salz e uma outra empresa, a SCPA, devido aos laços estruturais que existiam entre elas (estas duas empresas haviam desenvolvido uma empresa comum no Canadá, institucionalizaram um acordo de exportação e partilhavam um acordo de distribuição no mercado francês). Nestas circunstâncias, a Comissão condicionou a aprovação da operação de concentração à denúncia, por ambas as partes, dos acordos estabelecidos. Ora, a Kali und Salz deu o seu consentimento a essa denúncia, mas não a SCPA, que, aliás, nem sequer era parte na operação de concentração, que recorreu da decisão da Comissão, conjuntamente com a ECM, sua empresa mãe e o Estado francês. O Tribunal de Justiça apesar de ter considerado que o domínio colectivo se inseria no âmbito da previsão do *Regulamento das Concentrações*, conclui que a Comissão não havia demonstrado que, da realização da operação, resultaria efectivamente uma posição dominante colectiva apesar da elevada discricionariedade de que dispunha nessa averiguação, considerando insuficientes os laços estruturais identificados para a manutenção de uma posição dominante colectiva posterior. Cfr., R. Whish, *Competition Law, cit.*, págs. 484 a 486; S. Stroux, *US and EC Oligopoly Control, cit.*, págs. 206 a 208.

A coincidência entre os interesses legais decorrentes dos dois institutos é manifesta: o *Regulamento das Concentrações* tenta identificar a estrutura futura de um mercado resultante da concentração entre dois sujeitos. Por sua vez, o artigo 82.º visa proibir o desenvolvimento de condutas abusivas de agentes organizados de uma determinada forma.

A aplicação de ambos os preceitos depende, pois, da definição de uma estrutura de mercado susceptível de qualificação como posição dominante colectiva.

Não será, portanto, de estranhar que o Tribunal de Justiça, no seu acórdão *França vs. Comissão* emitido na sequência de recurso da decisão *Kali und Salz* tenha aproveitado para confirmar a aplicabilidade do disposto no *Regulamento das Concentrações* a situações susceptíveis de se qualificarem como de domínio colectivo, isto apesar da forte argumentação produzida em contrário, quer pelo recorrente, quer pelo próprio Advogado-Geral Tesauro[1026].

Apesar de alguma doutrina ter contestado este "alargamento" interpretativo do *Regulamento das Concentrações* às operações que

---

[1025] Processo T-102/96, Colectânea, II, 1999, págs. 753 e segs. Este acórdão foi emitido na sequência do processo IV/M.619 (in JO L, 11/30, 1997), denominado *Gencor/Lonrho*, no qual a Comissão proibiu uma concentração entre duas empresas sul-africanas no mercado da platina e do ródio, com o argumento de que dessa operação resultaria a criação ou o fortalecimento de uma "*posição de duopólio dominante*" (parágrafo 219 da decisão), não sendo necessário, no futuro, e caso a operação se realizasse, o estabelecimento de qualquer acordo formal ou prática concertada, para que o oligopólio formado pudesse desenvolver comportamentos paralelos anticoncorrenciais (parágrafo 140 da decisão). Cfr. R. Whish, *Competition Law, cit.*, págs. 486 a 488; V. Korah, "*Gencor vs. Commission: Colective Dominance*", ECLR, 20, (1999), pág. 337.

[1026] O Governo francês argumentou no sentido da não aplicabilidade do *Regulamento das Concentrações* às situações de domínio colectivo, atendendo à sua letra, à sua base legal, à sua história, aos seus considerandos e à não possibilidade de intervenção processual de terceiros, que não sendo partes na operação de concentração, são no entanto, membros do oligopólio (paras. 169 a 172 do acórdão). Por sua vez, o Advogado-Geral Tesauro, nas suas conclusões, assentou a sua posição de contestação no último argumento referido pelo Governo francês (cfr. *Conclusões do Advogado-Geral Tesauro* no processo citado, Colectânea, I, 1998, págs. 1375 e segs.). No entanto, e mesmo assim, o Tribunal de Justiça decidiu no sentido da aplicação do *Regulamento das Concentrações* às situações de domínio colectivo, dado que, em caso contrário, uma enorme parte dos seus objectivos ficariam frustrados.

criassem ou reforçassem uma posição dominante colectiva[1027], o certo é que o acórdão *França vs. Comissão* consolidou essa interpretação. No entanto, resta saber o que é abrangido: equilíbrios oligopolistas não-coordenados ou simplesmente equilíbrios coordenados.

Ora, só no processo *Gencor* o Tribunal de Primeira Instância revelou a sua posição relativamente ao que entendia constituir «*laço económico*».

Neste processo, emitido na sequência de procedimento instaurado em sede de *Regulamento das Concentrações*, quer a Comissão, quer o Tribunal de Primeira Instância consideraram que "*no plano jurídico ou económico, não existe nenhuma razão para excluir do conceito de laço económico a relação de interdependência que existe entre os membros de um oligopólio restrito no interior do qual, <u>num mercado com as características apropriadas, designadamente em termos de concentração do mercado, de transparência e de homogeneidade do produto</u>, estão em condições de prever os comportamentos recíprocos e são, portanto, fortemente incitados a alinhar o seu comportamento no mercado, de modo nomeadamente a aumentar os lucros comuns através de uma restrição da produção a fim de poderem aumentar os preços. Efectivamente, em tal contexto, cada operador sabe que uma acção fortemente concorrencial da sua parte destinada a aumentar a sua quota de mercado (por exemplo, uma redução dos preços) provocaria uma acção idêntica dos outros, de modo que não retiraria nenhum benefício da sua iniciativa. Todos os operadores sofreriam, portanto, a redução do nível dos preços (...). Tais estruturas podem resultar tanto da existência de ligações económicas no sentido limitado defendido pela recorrente como das estruturas dos mercados de tipo oligopolístico, nas quais cada operador pode tomar consciência dos interesses comuns e, designadamente, fazer aumentar os preços sem ter que celebrar um acordo ou recorrer a uma prática concertada*"[1028].

No processo *Gencor*, a Comissão assentou a sua decisão na verificação dos seguintes condicionalismos estruturais do mercado

---

[1027] Cfr., e.g., J. Venit, *The Appraisal of Concentrations: The Nature of the Beast*, APFCLI, 1990; C. Bright, "*Nestlé/Perrier: New Issues in EC Merger Control*", in *International Financial Law Review*, 11, 1992, pág. 23.

[1028] Destaque nosso. Acórdão *Gencor, cit.*, ponto 276.

relevante: grau de concentração elevado; estruturas similares de custos das empresas presentes no mercado; elevada transparência no mercado; homogeneidade dos produtos; crescimento moderado da procura, estrutura rígida de preços; maturidade tecnológica; existência de barreiras à entrada; e, falta de poder de negociação entre os compradores[1029].

São precisamente estas as condições estruturais típicas presentes em todos os sectores em rede físicos e de um elevado número de sectores em rede virtuais, à excepção dos eminentemente tecnológicos caracterizados por um elevado grau de inovação.

Para reforçar esta tendência, as autoridades comunitárias têm usado igualmente como factor indiciário para descortinar posições dominantes colectivas a partilha por parte dos agentes que operem em infra-estruturas comuns.

Tal significa que, na prática, e utilizando esta metodologia, uma qualquer análise de averiguação das condições estruturais subjacentes à existência de uma posição dominante colectiva de agentes no mercado organizados em rede culminará facilmente num resultado positivo. Note-se que todas estas condições de mercado propiciam o desenvolvimento *per se* de equilíbrios oligopolistas não-cooperativos, reconduzindo-se, nesta óptica, à categoria de *efeitos unilaterais*.

O Tribunal de Primeira Instância aproveitou, no entanto, esta ocasião para densificar o conteúdo do acórdão *Italian Flat Glass*. Assim, referiu que nem sequer seria necessária a prova de existência de «laços económicos» para aferir um domínio colectivo. No seu entendimento, e deveria ser esta a interpretação do acórdão *Flat*

[1029] Parágrafo 159 do acórdão *Gencor*. Por sua vez, no parágrafo 141 da sua decisão, a Comissão enuncia claramente os fundamentos que a levaram a concluir pela existência de um oligopólio não concorrencial no mercado da platina e do ródio. Assim, no lado da procura concluiu que existia um crescimento moderado, sendo no entanto bastante rígida, o que tornava os compradores vulneráveis a abusos de exploração (essencialmente ao nível dos preços). Relativamente ao lado da oferta, verificou que esta era bastante concentrada, sendo a transparência no mercado elevada, os produtos homogéneos e a tecnologia de produção revelava já uma grande maturidade, com barreiras à entrada e à saída significativas. Por sua vez, os fornecedores tinham enormes relações ao nível da estrutura de financiamento e do tecido contratual. Nestas condições a Comissão concluiu que seria relativamente fácil o desenvolvimento de "comportamentos paralelos" por parte dos fornecedores, sem que ocorresse qualquer possibilidade de reacção por parte do lado da procura.

Glass, os laços aí identificados não constituiriam senão um elemento de prova de existência dessa situação estrutural, e não uma condição necessária para a sua existência. Desta forma, eventuais acordos ou licenças seriam simples exemplos de laços estruturais, não constituindo, porém, os únicos laços económicos susceptíveis de identificação.

Como se pode facilmente antever, deste tipo de argumentação resultou uma enorme confusão terminológica: o Tribunal de Primeira Instância havia utilizado o termo «*laço económico*», enquanto que a Comissão optou por utilizar a terminologia «*laço estrutural*» na decisão *Gencor*.

Em segundo lugar, e coerentemente com o conteúdo do acórdão *Compagnie Maritime Belge*[1030], emitido no ano seguinte pelo Tribunal de Justiça, o Tribunal de Primeira Instância considerou que as questões levantadas pelo artigo 82.º do Tratado e pelo *Regulamento das Concentrações* eram, a este propósito idênticas[1031].

No entanto, e esta é a principal inovação desta terceira fase de densificação jurisprudencial do conceito de posição dominante colectiva, independentemente de identificação dos laços estabelecidos no mercado entre os agentes económicos, o que é essencial será a indagação de factores que propiciam o desenvolvimento de comportamentos paralelos.

De acordo com a prática da Comissão, essa propensão seria tanto mais intensa quanto menor fosse o número de agentes no mercado – no caso *Gencor* seria criado um duopólio. Em consequência, a potencialidade de condenação de abuso de posição dominante colectiva em situações futuras passou a ser analisada numa base essencialmente numérica.

Apesar da "afinação" conceptual desenvolvida pelo Tribunal, o desenvolvimento do conceito de posição dominante colectiva ainda se encontra longe da perfeição. Efectivamente, nos sectores em rede, considerando a sua organização eminentemente oligopolística, será necessário aprofundar um pouco esta temática. Por exemplo, mesmo nas situações em que ocorre uma desintegração vertical no sector operada por via da regulação económica, constitui um facto normal e

---

[1030] *Cit.*
[1031] Para. 273 do acórdão *Gencor, cit.*

até pretendido, que o prestador de serviços e o detentor da infra-estrutura se apresentem no mercado movidos por interesses paralelos, apresentando-se aos consumidores e clientes como uma única entidade, coordenada tendo em vista a satisfação eficiente das necessidades no mercado[1032].

Tal facto, inerente à organização em rede dos diversos sectores económicos é congénito ao mercado e não deverá constituir um indicador suficiente para a existência de posição dominante no mercado e muito menos para a concretização do «abuso».

Como é de fácil percepção, nestas condições será muito comum a existência de situações estruturais essenciais à verificação de posição dominante colectiva nos sectores em rede[1033]. Dadas as condições

---

[1032] No mercado ferroviário deverão ser promovidos os encontros de vontade entre o detentor da infra-estrutura e os prestadores de serviços de transporte. A eficiência do sector disso depende. Nestas situações, sempre que ocorra um paralelismo comportamental entre o detentor da infra-estrutura (invariavelmente detentor de uma posição dominante) e um prestador de serviços poderá antever-se uma alavancagem colectivamente desenvolvida, sem necessidade de uma extensão manifesta da acção do incumbente no mercado da prestação de serviços sobre a sua rede. Estas situações, de acordo com a doutrina abrangente das instâncias comunitárias, também serão constitutivas de posições dominantes colectivas.

[1033] J. Faull e A. Nikpay são claros a este propósito, chamando a atenção para o elemento histórico enquanto elemento de condicionamento estrutural das actuais redes. Referem estes autores, a propósito do mercado das telecomunicações: *"with the ending of the legal monopolies on the provision of telecommunications services and infrastructure, and the increasing usage of mobile networks, it is likely that the former paradigm of single network dominance in the sector will become increasingly irrelevant. However, there remain significant commercial and/or technical limits to the number of competing networks likely to be present on any geographic market. The telecommunications sector in unlikely to be characterized by a large number of competing networks. As such, it may be the case that the number of networks in insufficient to ensure a competitive market, and competition problems may remain. In these circumstances it may not be possible to demonstrate that any one network operator is dominant. The continued utility of the competition rules to resolve remain competition problems will therefore depend on the extent to which the doctrine of joint, or collective, dominance can be used"* (in J. Faull e A. Nikpay, *The EC Law of Competition, cit.*, pág. 810). Esta perspectiva peca unicamente por defeito. Efectivamente, estes autores têm razão quando referem a reduzida probabilidade de desenvolvimento paralelo de redes concorrentes; por definição, a organização de mercado de uma rede infra-estrutural pende invariavelmente para a situação de monopólio, ainda mais nas redes bidireccionais, atendendo às fortes exterioridades de rede. Perante este estado de coisas, o domínio conjunto de detentores de infra-estruturas será invariavelmente aferido, mesmo quando os diversos segmentos forem detidos por sujeitos distintos (a lógica de produção

estruturais analisadas no capítulo inicial, será extraordinariamente fácil a realização da prova a este título.

Por exemplo, quer nas redes físicas quer nas redes virtuais, o detentor da infra-estrutura tecnológica ao negociar com um determinado prestador de serviços ou fabricante de um segmento complementar terá necessariamente que fornecer informação e desenvolver outros «*laços económicos*».

Por outro lado, os diversos detentores de diferentes segmentos concorrentes terão igualmente de desenvolver contactos e, subsequentemente, trocar informações para a realização do objecto da sua actividade já que estes sectores se caracterizam igualmente por assentarem em estruturas de «*produção conjunta*».

Sendo o mercado oligopolístico, existirá quase sempre fundamento para a identificação estrutural de eventuais posições dominantes colectivas[1034], nem que seja pelo "contágio" resultante de uma posição dominante individual previamente existente[1035].

---

conjunta com necessidade de troca sucessiva de informação leva inevitavelmente a uma conclusão de actuação colectiva única - o funcionamento eficiente da rede disso depende). No entanto, será possível desenvolver um raciocínio equivalente no âmbito da concorrência intra-rede. O desenvolvimento da actividade dos operadores de serviços na rede depende inexoravelmente da coordenação dos mesmos. Tal foi visível no caso mais "tosco" dos transportes marítimos analisado (e condenado) pela Comissão. Efectivamente, nestes processos, todos os operadores de transporte marítimo alegaram a necessidade de desenvolvimento de redes de coordenação (as conferências marítimas) para o funcionamento eficiente do mercado em causa. A Comissão, por sua vez, aproveitou esta argumentação para provar a actuação colectiva dos operadores, essencial para a constituição da situação de posição dominante colectiva.

[1034] Note-se que, no entendimento do Tribunal de Primeira Instância, a existência de laços estruturais é suficiente para provar uma situação de posição dominante colectiva. No entanto, mesmo essa prova poderá não ser necessária. Em nosso entender, a questão relativa ao discernimento de «laços estruturais» ou «laços económicos» constitui uma autêntica falácia quando o que está em causa são simples efeitos unilaterais de base não-coordenada. A partir do momento em que se adopta uma posição totalmente abrangente, é sempre possível identificar esse tipo de ligações. Conforme se referiu, num mercado oligopolista as interdependências oligopolistas são inevitáveis.

[1035] Este "contágio" depende, pois, do desenvolvimento de uma actuação colectiva entre dois sujeitos distintos, detendo um deles uma posição dominante no mercado. Não deverá, pois, confundir-se com o desenvolvimento de mecanismos de alavancagem ou projecção de poder económico para mercados adjacentes.

Não se deverá esquecer que a vertente estrutural do mercado é uma condição necessária, mas não suficiente, para a verificação de posições dominantes colectivas. Relevante será, portanto, a verificação comportamental dos agentes, que, relembre-se, deverão agir como uma «*entidade colectiva*» intrinsecamente coordenada.

Não se deverão cometer novamente os erros passados, tomando-se a parte pelo todo. A análise e a demonstração das condições estruturais do mercado não são suficientes para concluir pela existência da posição dominante colectiva.

Foi esse o erro cometido pelo Tribunal de Primeira Instância na sua jurisprudência *Gencor*. O Tribunal considerou que o equilíbrio oligopolista não-coordenado correspondia a uma conduta competitiva anticoncorrencial[1036].

Ora, não se poderá esquecer que o equilíbrio oligopolista não--coordenado é o resultado concorrencial normal de um mercado oligopolista.

O equívoco jurisprudencial é ainda mais grave quando, partindo de uma argumentação de base não-cooperativa, assente em elementos unilaterais estruturais, refere que, nestas condições, os oligopolistas estariam em condições de alinhar as suas estratégias, aumentando os seus resultados agregados, o que lhes permitia aumentar sistematicamente os preços de venda[1037].

Ou seja, dos elementos de prova susceptíveis de demonstrar a existência de equilíbrios não-cooperativos o Tribunal de Primeira Instância retira uma conclusão de existência de equilíbrios cooperativos.

É por essa razão que se torna essencial avançar um pouco mais, dado que, nestas circunstâncias, o conceito de abuso adquire uma importância adicional quando esteja em causa uma posição dominante colectiva num sector em rede. Considerando-se a estreita tipicidade da organização estrutural dos sectores em rede, e que facilmente propicia a indagação de uma posição dominante colectiva no mercado

---

[1036] Na sua redacção original, o acórdão referia o seguinte: "*the effect of the concentration would [...] have been that [...] anti-competitive parallel conduct would economically, have constituted a more rational strategy than competing with each other, thereby adversely affecting the prospect of maximizing combined profits*" (para. 236 do acórdão).

[1037] Para. 277 do acórdão.

relevante, o discernimento tipológico de eventuais condutas abusivas torna-se fundamental.

3.4. Quarta fase de desenvolvimento conceptual. A introdução da análise económica na definição da posição dominante colectiva

Embalada pelo acórdão proferido no processo *Gencor*, a Comissão emitiu as decisões *PriceWaterhouse/Coopers & Lybrand*[1038] e *Airtours/First Choice*[1039]. Na primeira, a Comissão esteve prestes a proibir a concentração entre as duas auditoras consultoras, caso o processo de fusão entre a KPMG e a Ernst & Young se concretizasse. Nesse cenário, o universo das multinacionais de consultoria e auditoria dominado por seis empresas – as denominadas "*Big Six*" – ficaria reduzido a quatro.

Essa situação oligopolista seria suficiente para a emissão de uma proibição por parte da Comissão. Ora, essa mesma orientação emergiu na segunda decisão referida que bloqueou a operação em causa (a aquisição hostil da *First Choice* por parte da *Airtours*) devido ao facto do número de agentes presentes no mercado se reduzir de quatro para três.

Os argumentos económicos utilizados pela Comissão foram idênticos aos utilizados no processo *Gencor* (a homogeneidade do produto, o crescimento lento da procura, a reduzida sensibilidade da procura ao preço, as estruturas de custos semelhantes dos principais fornecedores, a elevada transparência do mercado, a interdependência e as ligações comerciais que existem entre os principais fornecedores, os obstáculos significativos à entrada no mercado e a insignificante capacidade de pressão dos consumidores).

Porém, na decisão *Airtours/First Choice*, a Comissão foi extraordinariamente clara na descrição do que entendia como corolário da situação de mercado descrita. Referiu que nas condições de mercado

---

[1038] Processo n.º IV/M.938 in JO L 50/27.
[1039] Processo IV/M.1524, decisão C (1999) 3022 final, publicada sob o número 2000/276/CE (JO L 93/1, 2000).

posteriores à realização da concentração não seria necessário que os agentes no mercado se comportassem como se existissem acordos mais ou menos explícitos entre eles, sendo suficiente que da operação resultassem condições de mercado que tornassem racionais quaisquer *acções individuais* desenvolvidas pelos oligopolistas no sentido da redução dos níveis de concorrência no sector, permitindo-lhes actuar independentemente dos seus concorrentes, clientes e consumidores.

Pela primeira vez, a Comissão proíbe uma operação utilizando como argumento explícito e inequívoco o potencial desenvolvimento futuro de equilíbrios oligopolistas não-coordenados.

Esta posição da Comissão reduz ainda mais a exigência dos seus padrões de análise no sentido da aferição de posições dominantes colectivas.

Seguindo esta doutrina, já nem seria necessário o desenvolvimento de uma qualquer prática paralela, mas unicamente uma mera potencialidade assente numa pressuposição de racionalidade individual futura. Existe, nesta posição, um claro paralelismo com as conclusões do estudo desenvolvido por Katzenbach e Kruse para a Comissão em 1986[1040], bem como com os critérios utilizados pelo direito norte-americano resultantes da combinação entre os efeitos unilaterais e efeitos coordenados em situações oligopolistas[1041].

Note-se que, nestas circunstâncias, a Comissão adopta uma posição híbrida, o que lhe permite utilizar em seu proveito os argumentos tradicionais do direito comunitário (basicamente assente na demonstração da elevada quota de mercado detida por agentes em mercados oligopolísticos) com os critérios comportamentais norte--americanos.

Nestas circunstâncias, a Comissão utiliza os critérios de referência para a identificação de efeitos unilaterais para punir operações de onde possa resultar uma estrutura oligopolística reforçada de mercado, mesmo na inexistência de qualquer comportamento abusivo desenvolvido pelos agentes envolvidos.

[1040] Citado.

[1041] Cfr. *Horizontal Merger Guidelines* do Departamento de Justiça Norte-Americano, aprovadas em 1992, onde se distinguem os efeitos unilaterais, resultantes do domínio exercido por uma única entidade, dos efeitos coordenados, desenvolvidos por entidades detentores de domínio colectivo.

O exercício da instância comunitária assenta pois numa racionalidade virtual prospectiva, baseada na inevitabilidade futura do desenvolvimento racional individual de práticas restritivas por sujeitos oligopolistas. A perspectiva é, pois, totalmente fatalista. Esse juízo fatalista dinâmico futuro assenta, no entanto, em apreciações de base eminentemente estática determinadas por condições estruturais passadas.

Ora, a Airtours, verificando que a Comissão assenta o seu entendimento nas conclusões de Katzenbach e Kruse, desenvolve, em sua defesa, um argumento inteligente.

Perante a impossibilidade de contestar o juízo de prognose futura da Comissão e que, de acordo com os seus critérios, levaria inevitavelmente a uma situação estrutural futura de propensão "irresistível" ao estabelecimento de interdependência oligopolista, tenta demonstrar que qualquer resultado que origine uma propensão para a coordenação comportamental só poderia ser alcançado se existissem mecanismos de retaliação no mercado que obrigassem os oligopolistas a manter-se no seio da concertação tácita.

Na ausência desses mecanismos retaliatórios, os agentes oligopolistas iriam, inevitavelmente, desenvolver racionalmente condutas "fraudulentas", tentando aumentar os seus rendimentos de curto prazo, sem que os seus parceiros as pudessem detectar, e, muito menos, punir.

Na sua resposta, a Comissão desvalorizou o argumento, referindo *"que não seria necessária a existência de qualquer mecanismo de punição"*. Nas suas palavras, *"o que interessa para o domínio colectivo no caso concreto é verificar se o grau de interdependência entre os oligopolistas é tal que seria racional para os oligopolistas a redução da produção, e nesse sentido, a redução da concorrência, de tal forma que se criaria uma posição dominante colectiva"*[1042].

Não se pode deixar de criticar a argumentação "circular" da Comissão Europeia. Em termos de coerência, ela deixa bastante a desejar. Efectivamente, se o juízo que sustenta a concertação tácita futura assenta num juízo de racionalidade dinâmico assente na previsível estrutura do mercado, pelo menos poderia admitir a possibilidade de uma análise dinâmica das condições concorrenciais das reacções dos agentes nessa situação de mercado futura.

[1042] Cfr. ponto 150 da decisão.

Por outras palavras, se a análise de averiguação da posição dominante colectiva assenta em padrões de análise dinâmica (a racionalidade individual futura dos agentes individualmente considerados), essa análise não poderá deixar de ter em consideração as vertentes igualmente dinâmicas resultantes das condições de mercado futuras – a possibilidade de desenvolvimento de comportamentos "batoteiros", por exemplo – e não unicamente os elementos estáticos do mercado futuro – as quotas detidas pelos agentes.

Ao considerar irrelevante a possibilidade de desenvolvimento de *fraudes à coligação tácita* no momento futuro, a Comissão Europeia retira qualquer coerência lógica à sua argumentação, assentando todo o seu caso no combate ao equilíbrio oligopolista não-coordenado potencialmente verificável no caso da operação se realizar.

A partir do momento em que a Comissão Europeia afasta do enquadramento do problema a questão levantada pela Airtours relativa à (im) possibilidade de desenvolvimento de comportamentos punitivos, adoptou unicamente como base teórica para a fundamentação da sua posição a concepção económica de equilíbrio estático não-cooperativo[1043].

No entanto, na fundamentação da sua decisão, a Comissão argumenta no sentido de que a concentração proposta iria aumentar os incentivos dos operadores em coordenarem as suas decisões ao nível da capacidade de oferta através do desenvolvimento de «*estratégias sustentadas*» de que resultaria um «*reforço da sua interdependência*». Ora, estes são os termos que fundamentam a teoria descrita em primeiro lugar, ou seja, a teoria da coligação implícita ou coordenada.

[1043] A metodologia económica é essencial para a análise deste tipo de situações. Da análise dos resultados dos estudos sobre oligopólios desenvolvidos por Davidson e Deneckere em 1986, nos quais os agentes determinam inicialmente a capacidade produtiva e depois desenvolvem concorrência nos preços nos termos avançados pelo modelo de Bertrand, parece resultar um sistema de dispersão de preços, através do qual pacotes idênticos são comercializados a preços diferenciados. Se tal for verdadeiro, não existiria qualquer risco para o mercado proveniente da concentração proposta. Cfr. C. Davidson e R. Deneckere, *"Long-run competition in capacity, short-run competition in price and the Cournot model", Rand Journal of Economics*, 17, 3, págs. 404 a 415.

A metodologia económica utilizada pela Comissão não era minimamente clara[1044]. E foi precisamente por essa razão que o Tribunal de Primeira Instância anulou a decisão da Comissão no seu acórdão de 6 de Junho de 2002, dando origem a um quarto período na história doutrinária comunitária relativamente à conceptualização jurídica da posição dominante colectiva.

No seu acórdão o Tribunal de Primeira Instância demonstrou um extremo conhecimento da doutrina económica subjacente ao «*domínio colectivo*» tendo elevado significativamente o grau de exigência ao nível da prova, não só dos factos, como principalmente, da modelação económica aplicável ao caso em apreciação jurisdicional.

Assim, e num primeiro momento enunciou categoricamente três condições básicas para que uma situação de posição dominante colectiva assim definida possa ser criada:

> "– *em primeiro lugar, cada membro do oligopólio dominante deve poder conhecer o comportamento dos outros membros, a fim de verificar se adoptam ou não a mesma linha de acção. (...), não basta que cada membro do oligopólio dominante esteja consciente de que todos podem beneficiar de um comportamento interdependente no mercado, mas deve também dispor de um meio de saber se os outros operadores adoptam a mesma estratégia e se a mantêm. A transparência no mercado deveria ser suficiente para permitir a cada membro do oligopólio dominante conhecer, de modo suficientemente preciso e imediato, a evolução do comportamento no mercado de cada um dos outros membros;*
> *– em segundo lugar, é necessário que a situação de coordenação tácita possa manter-se no tempo, quer dizer, deve existir um incitamento ao não afastamento da linha de conduta comum no mercado. (...), só no caso de todos os elementos do oligopólio dominante manterem um comportamento paralelo é que dele podem beneficiar. Esta condição integra, portanto, o conceito de retaliações em caso de comportamento que*

[1044] Nestas condições não é de estranhar a intensidade das reacções da doutrina. Valentine Korah referiu que: "*the decision has left the current practice in confusion. We no longer know on what theory the Commission is working and it is impossible to advise firms whether mergers have a good chance of being cleared*" (in EC Competition Law and Practice, cit., pág. 315). A tentativa de abrangência de inclusão dos efeitos unilaterais no âmbito do conceito de posição dominante colectiva foi igualmente criticada por M. Motta, "*EC Merger Policy and the Airtours Case*", in European Competition Law Review, 2000, págs. 199 e segs.; C. Caffara e D. Neven, *Collective Confusion? An Economic View on 'Joint Dominance' in Merger Control*, mimeo, University of Lausanne.

se desvie da linha de acção comum. As partes partilham neste caso da ideia de que, para que uma situação de posição dominante colectiva seja viável, é necessário existirem factores de dissuasão suficientes para assegurar um incitamento duradouro no sentido de não haver desvios da linha de conduta comum, o que equivale a dizer que é necessário que cada membro do oligopólio dominante saiba que uma acção fortemente concorrencial da sua parte destinada a aumentar a sua quota de mercado provocaria uma acção idêntica por parte dos outros, de modo que não retiraria nenhuma vantagem da sua iniciativa;

– em terceiro lugar, para demonstrar suficientemente a existência de uma posição dominante colectiva, a Comissão deve também provar que a reacção previsível dos concorrentes actuais e potenciais bem como dos consumidores não põe em causa os resultados esperados da linha de acção comum"[1045].

Esta concepção demonstra claramente a adopção por parte do Tribunal de Primeira Instância da concepção económica da coligação implícita ou coordenada, assente na possibilidade de desenvolvimento de acções punitivas aos agentes que desenvolvam fraude à coligação.

Uma segunda novidade neste acórdão traduziu-se na ponderação por parte do Tribunal de Primeira Instância da evolução das condições concorrenciais. A instância jurisdicional exigiu à Comissão Europeia uma verdadeira demonstração económica, exaustiva e aprofundada, dos condicionalismos que levam à criação da posição dominante colectiva após a concretização da operação de concentração.

A partir do momento em que a Comissão Europeia concluiu que a realização da operação prevista criaria[1046], e não que reforçaria,

---

[1045] Para. 62 do acórdão *Airtours/First Choice, cit.*

[1046] Nos termos do para. 84 do acórdão, o Tribunal de Primeira Instância refere que embora a Comissão dedique uma parte da decisão à apreciação da «*[e]strutura da concorrência no passado*» (considerandos 128 a 138), a análise minuciosa dos pontos dessa parte mostra que, na realidade, a Comissão não se pronunciou sobre o alcance da concorrência existente no mercado. Limitou-se a expor (considerandos 128 a 138) uma série de circunstâncias ou de elementos ocorridos no mercado nos anos anteriores à notificação, para daí concluir (decisão, considerando 138) que «*vários elementos indicam existir já neste sector uma tendência para a posição dominante colectiva (sobretudo no que se refere à fixação das capacidades*». Mas não se faz nenhuma referência, nessas passagens da decisão, a um eventual reduzido grau de concorrência no mercado antes da notificação.

uma posição dominante no mercado[1047] competiria a esta entidade provar que, tendo em conta as características do mercado das férias organizadas em destinos próximos para os britânicos, a sua autorização implicaria a criação de uma posição dominante colectiva restritiva da concorrência, uma vez que a Airtours/First Choice e as suas principais concorrentes (a Thomson e a Thomas Cook) teriam o poder, que não tinham anteriormente, de adoptar a mesma linha de acção no mercado, fixando a sua capacidade aquém do que seria geralmente normal num mercado concorrencial, caracterizado por uma certa prudência em matéria de capacidade.

Em terceiro lugar, o Tribunal de Primeira Instância pondera de forma muito exigente os elementos de prova apresentados pela Comissão Europeia no sentido da demonstração das características que, no seu entender, tornam o mercado relevante favorável ao aparecimento de um oligopólio dominante.

Estes seriam, designadamente, e como já decorria da tradição decisória da Comissão, a homogeneidade do produto, o crescimento lento da procura, da reduzida sensibilidade da procura ao preço, as estruturas de custos semelhantes dos principais fornecedores, a elevada transparência do mercado, a interdependência e as ligações comerciais que existem entre os principais fornecedores, os obstáculos significativos à entrada no mercado e a insignificante capacidade de pressão dos consumidores.

Assim, e só para citar os aspectos mais importantes da argumentação do Tribunal de Primeira Instância, o acórdão considerou que, relativamente ao grau de estabilidade e de previsibilidade do mercado relevante, a prudência dos operadores inerente ao funcionamento normal do mercado não poderia ser interpretada como um elemento destinado a caracterizar uma posição dominante colectiva em vez de um elemento característico de um mercado concorrencial do tipo daquele que existia no momento da notificação[1048].

Quanto à demonstração da (reduzida) volatilidade do mercado, a Comissão teria de demonstrar efectivamente a existência de projecções comuns por parte dos operadores quanto às tendências de evolução

---

[1047] Considerando 194 da Decisão *Airtours/First Choice*, cit.
[1048] Paras. 85 a 92 do acórdão.

das condições de mercado, ao nível da intensidade da procura, ao nível das principais variáveis macroeconómicas, como o crescimento do produto interno bruto, as taxas de câmbio ou a confiança do consumidor[1049], bem como ao nível da volatilidade ligada a choques exógenos[1050].

Por outro lado, tendo a Comissão adoptado um modelo de oligopólio assente no equilíbrio de Cournot, o Tribunal considerou que, quanto ao argumento da Comissão segundo o qual, de qualquer forma, seria fácil distinguir uma descida da procura de um aumento da capacidade de outro operador, porque os actos deste último podem ser observados directamente, havia que rejeitá-lo, dado que um operador turístico integrado teria dificuldades em interpretar correctamente as decisões tomadas pelos outros operadores turísticos em matéria de capacidade atendendo à reduzida transparência de mercado[1051].

De seguida, e ao contrário do que a Comissão Europeia alegou nas respostas à Airtours, o Tribunal de Primeira Instância considerou a questão da punição das "fraudes" à coligação e da possibilidade de desenvolvimento de mecanismos de retaliação como revestindo uma importância fundamental.

[1049] Para. 144 do acórdão.
[1050] Para. 145 do acórdão.
[1051] O para. 147 do acórdão é particularmente demolidor para a Comissão. Aí o Tribunal refere que *"resulta das considerações precedentes que a Comissão não demonstrou que a teoria económica não actua no caso em apreço e considerou erradamente que a volatilidade da procura facilitava a criação de um oligopólio dominante pelos três últimos grandes operadores turísticos"*. Nos paras. 179 e 180 do acórdão o Tribunal de Primeira Instância refere mesmo que *"contrariamente ao que alega a Comissão, a circunstância de os grandes operadores turísticos negociarem entre si para obterem ou fornecerem capacidades ou negociarem trocas de lugares de avião ou de faixas horárias não assegura um nível de transparência suficiente no momento da tomada de decisões em matéria de capacidade. Resulta de tudo o que precede que foi erradamente que a Comissão entendeu, (...) que o mercado é muito transparente em relação a cada um dos quatro grandes operadores integrados durante o período de programação. Portanto, verifica-se que foi erradamente que concluiu que o grau de transparência existente no mercado relevante é uma característica que torna o mercado favorável ao aparecimento de uma posição dominante colectiva (...), sem que seja necessário examinar o mérito das suas apreciações sobre o grau de transparência durante o período das vendas, uma vez que as decisões importantes em matéria de capacidade para a época seguinte são tomadas durante o período de programação e que, em seguida, as possibilidades de aumento são muito reduzidas"*.

Relembre-se que quanto à possibilidade dos membros da coligação tácita desenvolverem mecanismos retaliatórios, a recorrente havia alegado na sua defesa perante a Comissão Europeia que devido às características do mercado relevante e aos efeitos da operação neste, não havia mecanismos de retaliação ou de dissuasão suficientes para assegurar a coesão interna do pretenso oligopólio dominante[1052].

Assim, a inexistência de mecanismos efectivos de retaliação no mercado em questão poria em causa a viabilidade de uma pretensa situação de oligopólio dominante, na medida em que não existiria o incitamento a longo prazo ao não afastamento da linha de conduta comum.

No considerando 191 do acórdão, o Tribunal de Primeira Instância veio imediatamente observar *"que a Comissão adoptou uma posição algo ambígua na decisão, porque sublinhou, em primeiro lugar, que a existência de um «mecanismo de sanção rigoroso», que assentaria na coacção, não é uma condição necessária para que haja uma posição dominante colectiva no presente processo"*.

Refere, de seguida, que na análise prospectiva do mercado própria de uma qualquer apreciação de alegada posição dominante colectiva, essa posição não deve apenas ser encarada num plano

---

[1052] A Airtours havia demonstrado que os meios alegadamente disponíveis para exercer retaliações durante a mesma época não seriam credíveis. No que diz respeito à possibilidade de se acrescentar uma certa capacidade durante o período que termina em Fevereiro, antes da época de Verão, ela não podia ser aumentada mais de 10% e não poderia sê-lo posteriormente. Ora, num sector caracterizado por uma volatilidade da procura, um aumento da capacidade em 10% não é suficiente para constituir uma punição significativa. Além disso, o custo suplementar que representaria a criação de uma capacidade adicional para efeitos punitivos não seria compensado pelas vantagens que as vítimas da batota retirariam da aplicação de uma punição. De qualquer forma, um aumento da capacidade seria extremamente difícil, porque poderia ser contrário aos interesses daqueles que aplicaram a punição, na medida em que, sendo a capacidade acrescentada à última da hora, provavelmente, de qualidade inferior (horários de voo pouco práticos, alojamentos de má qualidade), seria difícil de vender. Contestou também a possibilidade de utilizar vendas de saldo ou «selectivas» contra um concorrente como arma disciplinar. Por último, segundo a recorrente, os meios alegadamente disponíveis para exercer retaliações durante a época seguinte não são eficazes. Com efeito, tendo em conta o período de 18 meses necessário para criar grandes capacidades, qualquer batota detectada durante uma época de venda apenas poderia ser punida por aumentos de capacidade importantes duas épocas mais tarde. O nexo entre o desvio do acordo e a punição seria, portanto, pouco claro.

estático, num dado momento – o da realização da operação e das modificações introduzidas na estrutura da concorrência – mas deve também ser apreciada de modo dinâmico, nomeadamente no respeitante à sua coerência interna, à sua estabilidade e ao facto de se saber se o comportamento paralelo anticoncorrencial que ela poderia gerar pode perdurar no tempo[1053].

O Tribunal de Primeira Instância não foi particularmente exigente para com a Comissão, referindo que esta instituição não teria necessariamente que provar a existência de um determinado «*mecanismo de retaliação*», mais ou menos rígido, mas demonstrar, de qualquer forma, a existência de factores de dissuasão suficientes para que cada um dos membros do oligopólio dominante não tenha interesse em desviar-se do comportamento comum em detrimento dos outros membros do oligopólio.

Após um escrutínio exigente dos indícios apresentados pela Comissão, a instância jurisdicional considerou que as alegações eram improcedentes atendendo à estrutura casuística do mercado[1054].

Finalmente, o Tribunal de Primeira Instância, criticando marginalmente a metodologia adoptada pela Comissão na definição do mercado relevante, considerou que o nível de concorrência actual e potencial dos pequenos operadores seria suficiente para impedir a criação de uma posição dominante colectiva no mercado em causa[1055].

No seguimento do acórdão *Airtours*, o Tribunal de Primeira Instância emitiu o acórdão *Schneider Electric SA vs. Comissão*[1056] e o acórdão *Tetra Laval BV vs. Comissão*[1057], onde efectuou as mesmas considerações, confirmando a elevação dos padrões de exigência ao nível da prova económica.

[1053] Parágrafo 192 do acórdão.

[1054] Considerandos 200 a 207 do acórdão.

[1055] Refere-se no considerando 277 do acórdão que "*a Comissão não avaliou correctamente a reacção previsível dos pequenos operadores turísticos, dos concorrentes potenciais, dos consumidores e dos hoteleiros e que subestimou as referidas reacções como contrapeso susceptível de contrariar a criação de uma posição dominante colectiva*".

[1056] Processo T-310/01, Colectânea, 2002, II, págs. 4071 e segs.

[1057] Processo T-5/02, Colectânea, 2002, II, págs. 4381 e segs.

A problemática relativa à posição dominante colectiva foi igualmente tratada, agora à luz do artigo 82.º do Tratado, no extenso acórdão *TACA*[1058] emitido pelo Tribunal de Primeira Instância no dia 30 de Setembro de 2003.

Quanto aos aspectos estruturais da situação[1059], o Tribunal de Primeira Instância considerou que o grau de concorrência interna entre os membros da conferência marítima – um outro sector em rede – TACA era bastante limitado, o que permitiria uma análise colectiva da sua posição de mercado.

Assim, prosseguindo a jurisprudência *Kali und Salz*, *Gencor* e *Airtours*[1060], anteriormente descrita em matéria de controlo prévio de

---

[1058] Processos conjuntos T-191 & 212/98 a 214/98, *Atlantic Container Line e al. vs. Comissão in* Colectânea, 2003, II, págs. 3275 e segs.

[1059] A Comissão identificou cinco situações que, no seu entender, provavam a existência de laços económicos entre os membros da conferência marítima: i) a existência de um tarifário comum; ii) a existência de disposições contratuais que visavam a aplicação coerciva do acordo de conferência marítima; iii) a existência de um secretariado conjunto; iv) a publicação dos planos de negócio; e, v) o desenvolvimento de acordos de consórcio em algumas rotas (considerandos 526 a 531 da Decisão da Comissão, cit.). Os membros da conferência contestaram as conclusões da Comissão referindo que estavam obrigados ao desenvolvimento de um tarifário indicativo e à existência de normas coercivas de aplicação do acordo devido às obrigações impostas pelo direito norte-americano (*United States Shipping Act*), sendo que a publicação dos planos de negócio visava precisamente controlar a alteração das tarifas aplicadas pelos membros do consórcio. Por sua vez, o Secretariado comum tinha funções meramente administrativas, não intervindo na negociação dos acordos de prestação de serviços. Finalmente, os acordos de consórcio tinham unicamente como objectivo a melhoria da eficiência na exploração das rotas marítimas (considerandos 584 a 590 do acórdão). Conforme foi referido, nos termos da jurisprudência anterior, a aferição de uma posição dominante colectiva no mercado depende da demonstração da existência de laços económicos entre os diversos agentes no mercado (cfr. acórdãos *Centro Servizi Spediporto, cit.*, considerando 33; *DIP e outros, cit.* considerando 26; *France vs. Comissão ("Kali und Salz"), cit.* considerando 221; *Wouters e outros vs. Comissão*, processo C-309/99, *in* Colectânea, 2002, I-1577, considerando 113), sendo de seguida necessário examinar as correlações entre os agentes decorrentes da existência desses laços verificando se estes podem actuar colectivamente, independentemente das acções desenvolvidas pelos seus concorrentes, clientes e consumidores (cfr. acórdãos *Almelo, cit.* considerando 43; *Kali und Salz, cit.* considerando 221; *Companhia Marítima Belga de Transportes, cit.*, considerandos 41 e 42). O Tribunal de Primeira Instância, demonstrando uma enorme tolerância dogmática desconsiderou integralmente os argumentos dos membros da conferência, decidindo pela correcção das conclusões da Comissão.

[1060] Ao processo *Airtours* terão necessariamente que se juntar os acórdãos do Tribunal de Primeira Instância *Schneider/Legrand* (processo T-310/01, *Schneider Electric SA vs.*

concentrações, conclui que a existência de concorrência entre alguns membros do oligopólio não preclude a possibilidade de se poder concluir quanto à existência de uma posição dominante colectiva.

De seguida, o Tribunal de Primeira Instância concluiu que face à quota de mercado detida conjuntamente pelos membros da conferência – cerca de 60% do mercado relevante – a Comissão havia decidido acertadamente quanto à natureza limitada da concorrência externa.

Neste aspecto, duas questões foram clarificadas pelo Tribunal: i) as presunções sustentadas nas quotas de mercado aplicáveis à posição dominante individual são susceptíveis de transposição para as situações de posição dominante colectiva; e, ii) a partir do momento em que se conclui que existe uma posição dominante colectiva, qualquer argumento que sustente a existência de um grau de concorrência residual no seio do grupo torna-se irrelevante.

3.5. *Em especial. Efeitos unilaterais, não-coordenados e efeitos coordenados indiciadores de domínio colectivo. Que fase de desenvolvimento conceptual?*

Face ao enorme esforço de fundamentação demonstrado pelo Tribunal de Primeira Instância nos acórdãos *Airtours* e *TACA*, aparenta-se fundamental analisar algumas questões cruciais relativamente à dinâmica dos processos de formação de oligopólio e ao impacto dos denominados efeitos unilaterais, não-coordenados ou multilaterais. Mais pacífica, como se verá, é a problemática relativa aos efeitos coordenados.

Apesar de algumas variações na doutrina[1061], e que resultam da habitual disfunção entre a análise económica teórica e a aplicação

---

Comissão, Colectânea, 2002) e *Tetra Lava/Sidell* (processo T-5/02, *Tetra Laval vs. Comissão*, Colectânea, 2002). Cfr., J. Temple Lang, "Two Important Merger Regulation Judgements: The Implications of *Schneider/Legrand e Tetra Laval/Sidel*", *European Law Review*, 28, (2003), págs. 259 e segs.; T. Wessely, "*EU Merger Control at a Turning Point – The Court of First Instance's "Schneider" and "Tetra" Judgments*", Journal of Competition Law, 1, (2003), págs. 317 e segs.

[1061] Alistair Lindsay (*in The EC Merger Regulation: Substantive Issues*, Sweet & Maxwell, London, 2003), partindo da doutrina administrativa da Comissão Europeia, adopta a seguinte concepção: "*unilateral effects arise when the merged group is able profitably to*

jurídica prática bem como do diferente foro em que são concretizados (controlo de posições dominantes, controlo de concentrações ou legislação reguladora), convenciona-se adoptar uma formulação unitária susceptível de abranger todas as realidades concorrenciais, comungando a realidade económica com a doutrina jurídica[1062].

Assim, denominam-se como efeitos unilaterais, multilaterais ou não-coordenados, as situações de âmbito eminentemente estrutural que permitem, ou fomentam, a formação ou a manutenção de equilíbrios oligopolistas assentes numa racionalidade individual fundamentada na estrita interdependência oligopolista.

Estes efeitos assentam num perfil eminentemente estrutural, constituindo como que elementos estáticos na presença dos quais a racionalidade oligopolista se torna inevitável.

---

reduce value for money, choice or innovation through its own acts without the need for a co-operative from competitors". No seu entender, existem duas categorias de efeitos unilaterais: "*the first is described as a "paramount market position" and arises "if, as a result of the transaction, the merged firm would not be constrained in any significant way by actual competitors in the relevant market". The second category of unilateral effects is described by the Commission as comprising "non-collusive oligopolies" and applies when the merged group will have market power notwithstanding that it will not hold a paramount market position*" (págs. 145 e 146). Por sua vez, efeitos coordenados reconduzir-se-iam às situações de "domínio colectivo" ou conjunto. Neste sentido "*if a merger enables the companies remaining in the market to increase their profits by actions which depend for their success on co-operative responses from their suppliers (i.e. tacitly to co-ordinate their activities) they may be able to increase prices or reduce quality standards thereby mimicking wholly or partly the monopoly or cartel outcome*" (págs. 307 e 308). Ora, esta concepção decorre directamente da Comunicação da Comissão e padece dos vícios habituais já que tenta efectuar uma clivagem entre os dois fenómenos: "*unilateral and co-ordinated effects are mutually inconsistent because unilateral effects arise when the merged group enjoys market power in its own right (i.e., without depending for its success on co-operative responses from other suppliers), whereas co-ordinated effects depend for their success on co-operative responses from other suppliers. It follows that a merger may result in the merged group unilaterally choosing to raise prices or in coordinated effects but both cannot occur at once*". Ora, esta perspectiva é totalmente desadequada. Efeitos unilaterais e efeitos coordenados são distintos sendo que os segundos dependem dos primeiros, e os primeiros sem os segundos não têm qualquer impacto anticoncorrencial. Neste âmbito, é óbvio que os dois tipos de efeitos podem ocorrer sequencialmente ou até simultaneamente.

[1062] O que permite ultrapassar as questões levantadas por David Gerber relativamente ao papel dos Tribunais enquanto peritos económicos. Cfr. D. Gerber, "*Courts as Economic Experts in European Merger Law*", in International Antitrust Law & Policy, Fordham University School of Law, 2003, págs. 475 e segs. Contra este tratamento idêntico, cfr. R. Donoghue e A. Padilla, *The Law and Economics of Article 82*, cit., págs. 169 a 173.

Em termos simplificados, mas operacionais, integram-se nesta categoria os seguintes elementos estáticos: i) o índice de concentração no mercado, *maxime* o número, dimensão e simetria relativa dos concorrentes; ii) o nível de diferenciação dos produtos; iii) em geral, o padrão de transparência do mercado; iv) o grau de concorrência intra e intersistemática relativamente a concorrentes actuais ou futuros; v) o grau de contrapoder de mercado detido por clientes ou consumidores.

Por seu lado, os efeitos coordenados corporizam elementos que decorrem de práticas comportamentais positivas e que podem influenciar, de forma indirecta ou reflexa, a intensidade concorrencial manifestada nas relações entre os membros do oligopólio, conjuntamente considerados, bem como entre estes e agentes terceiros presentes no mercado (concorrentes, clientes ou consumidores), e que permitem, ou fomentam, a formação ou a manutenção de equilíbrios oligopolistas assentes em decisões de racionalidade colectiva.

Os comportamentos susceptíveis de se configurarem como efeitos coordenados distinguem-se das práticas concertadas dado que a sua contribuição para a formação do equilíbrio oligopolista coordenado é indirecta ou reflexa, isto é, traduzem-se normalmente no desenvolvimento de condutas que tornam a coligação mais facilitada, logo, racionalmente inevitável.

Uma análise atenta da diversa jurisprudência analisada revela que, apesar da aparente simplicidade conceptual, existiu uma clara flutuação de entendimentos. Suspeita-se que alguma da confusão terminológica inicial resultou da tentativa de utilização da concepção legal alemã, que distingue os efeitos internos dos efeitos externos.

A legislação alemã reguladora das restrições de concorrência (*GWB*)[1063], na sua Secção 19 (2) (2) refere que duas ou mais empresas são dominantes se não existir concorrência substancial entre estas

---

[1063] *Gesetz gegen Wettbewerbsbesschränkungen* – GWB – (www.bundeskartellamt.de). A legislação alemã entrou em vigor no dia 1 de Janeiro de 1958, tendo sido alterada pela última vez no dia 16 de Agosto de 1998 (in Jornal Oficial Federal, I, 1998, pág. 2546). A principal alteração introduzida traduziu-se na adopção do modelo comunitário de proibição *per se* do abuso de posição dominante, substituindo o modelo anterior que se baseava num necessário processo administrativo desencadeado para o efeito pelo *Bundeskartellamt,* ou então pelo tribunal comum com competência para o efeito (cfr. secção 22 da versão anterior do GWB).

relativamente a determinados tipos de bens ou serviços (efeitos internos, ou *Binnenwettbewerb*) e se não tiverem concorrentes, não estiverem expostos a concorrência substancial ou gozarem de um posição proeminente de mercado perante os seus concorrentes (efeitos externos, ou *Auâenwettewerb).*

A relevância desta distinção é evidente: a partir do momento em que se identifique a ausência de concorrência interna entre os membros do oligopólio, as condições estruturais para a identificação de uma posição dominante colectiva encontram-se reunidas.

E, nesta matéria, as autoridades concorrenciais germânicas são extremamente intolerantes. Tal como refere o *Bundeskartellamt,* não é necessário aferir qualquer conduta que indicie uma coligação activa entre os membros do oligopólio, sendo suficiente a conjugação dos elementos estruturais do mercado no sentido da criação de uma situação final anticoncorrencial[1064].

A aferição dos padrões de concorrência externa será essencial para medir a intensidade do abuso da posição dominante, razão pela qual esta matéria deverá ser tratada a esse propósito. No entanto, e pelas razões expostas, facilmente se pode concluir que não existe coincidência entre os conceitos jurídicos em presença. Efeitos internos não são equiparáveis a efeitos unilaterais ou não-coordenados, tal como os efeitos externos não correspondem aos efeitos coordenados.

Note-se, no entanto, que a concepção germânica não é operacional face aos desenvolvimentos da ciência económica. Efectivamente, qualquer grupo oligopolista desenvolve uma concorrência interna significativa. Tal só não acontecerá na presença de um acordo formal expresso e inequívoco.

Assim, a concepção de «efeito interno» cai pela base, já que só acolhe práticas colectivas de base totalmente monopolista, o que raramente ocorre em oligopólios informais. Por outro lado, o conceito de efeitos externos acolhe indiferenciadamente equilíbrios coordenados e equilíbrios não-coordenados.

[1064] Bundeskartellamt, *"Auslegungsgrundsätze",* II.A.2, págs. 43 e 44. A autoridade concorrencial alemã nem sequer exige a identificação de «laços económicos» entre os agentes envolvidos. No entanto, nos litígios judiciais, os Tribunais exigem a produção de prova a esse título. Cfr. T. Jestaedt, C. Bahr e D. von Brevern, *"Germany", in Dealing with Dominance, cit.,* pág. 130.

Pelo exposto, existe uma total conveniência na realização de uma correspondência entre o mundo do Direito e o mundo da Economia a este propósito. Assim *efeitos não-coordenados* correspondem a situações de mercado nas quais se poderá gerar um equilíbrio oligopolista não- coordenado; *efeitos coordenados* correspondem a situações de mercado nas quais se poderá gerar um equilíbrio oligopolista coordenado.

No primeiro caso existe um primado da racionalidade colectiva sobre a opção concorrencial; no segundo caso existe um primado da racionalidade individual, mas consciente da racionalidade colectiva envolvente.

Utilizando o quadro conceptual económico, a aferição do «*domínio colectivo*» juridicamente considerado no que se refere à concretização do conceito de posição dominante colectiva para efeitos quer do artigo 82.º do Tratado, quer do *Regulamento das Concentrações* só poderá ser efectuada tomando como base duas possibilidades teóricas ao nível da sua fundamentação económica.

Assim, ou o «*domínio colectivo*» assenta na coligação implícita entre um número relativamente reduzido de oligopolistas ("*implicit nonactive collusion*") ou se baseia num comportamento normalmente denominado como equilíbrio oligopolista estático não-cooperativo ("*static noncooperative oligopoly equilibrium*").

A distinção entre estes dois possíveis fundamentos teóricos da proibição do «*domínio colectivo*» reside nas possibilidades que o oligopolista dispõe para alterar as condições presentes de mercado em função dos seus comportamentos passados.

Na primeira situação, a coligação implícita assenta na possibilidade de desenvolvimento de estratégias de punição. Esta ameaça potencial, como foi demonstrado, impede qualquer deserção da coligação tácita.

Na segunda situação, o equilíbrio estático não-cooperativo não depende de qualquer estratégia passada do oligopolista, mas sim da verificação permanente das acções desenvolvidas pelos seus parceiros.

Nestas condições, cada oligopolista irá tomar as suas decisões de preços, de volume e de qualidade de produção no sentido da optimização dos seus lucros, tomando como base as suas expectativas relativamente às condutas e escolhas dos seus parceiros oligopolistas.

Em tese, poderá igualmente dizer-se que a presença de efeitos coordenados depende da existência prévia de elementos estruturais correspondentes ao modelo de efeitos não-coordenados.

A evolução da posição das instâncias comunitárias quanto à identificação dos padrões de intensidade de concorrência não-cooperativa (ou efeitos unilaterais do oligopólio) foi já descrita. De uma posição assente na aferição meramente estrutural das condições de mercado (a simples identificação de laços económicos), a Comissão passou, por intervenção do Tribunal de Primeira Instância, a ter que identificar padrões comportamentais típicos de coligação tácita de onde se pudesse concluir que os agentes oligopolistas se comportavam como uma única entidade económica (acórdãos *Compagnie Maritime Belge*[1065] e *Airtours*).

Esta questão, de foro eminentemente estrutural, assume uma particular importância na aplicação do dispositivo normativo contido no *Regulamento das Concentrações*, já que a emissão de uma eventual proibição assenta unicamente numa apreciação *ex ante* acerca das tendências de evolução estrutural futura de um mercado.

Ao invés, a aplicação do artigo 82.º do Tratado assenta numa análise *ex post* do comportamento dos agentes no mercado. Essa apreciação sucessiva permite a indagação concreta de comportamentos desenvolvidos, tornando desnecessário qualquer juízo de prognose assente nas condições preliminares de mercado, já que o resultado dessas condições estruturais prévias se traduziu no desenvolvimento de um comportamento abusivo susceptível de identificação concreta.

Deparamo-nos, portanto, perante situações jurídicas totalmente distintas: a aplicação do *Regulamento das Concentrações* depende totalmente da análise das condições estruturais de mercado definidas *ex ante* e que fundamentam totalmente o juízo – necessariamente subjectivo – de prognose futura; por sua vez a aplicação do artigo 82.º do Tratado pode ser efectuada com base nos comportamentos efectivamente desenvolvidos no momento presente, o que permite uma análise concreta dos abusos cometidos, tendo a vertente estrutural um interesse essencialmente indiciário.

[1065] Cfr., por exemplo, conclusões do Advogado-Geral Fennelly, no processo *Compagnie Maritime Belge*, considerando 28, in Colectânea, I,2000, pág. 1371.

No entanto, em ambas as situações aplicativas do direito da concorrência, as instâncias administrativas e judiciais têm, como foi demonstrado, tomado em especial consideração a situação concorrencial interna dos agentes organizados em oligopólio. Esta orientação não é de estranhar já que a aplicação do n.º 3 do artigo 2.º do *Regulamento das Concentrações* disso depende quase integralmente.

Diversamente, a sua importância em sede de aplicação do artigo 82.º do Tratado é eminentemente preliminar, servindo para o estabelecimento estrutural da situação de posição dominante colectiva e só, no limite, para aferição de um eventual abuso por ausência de concorrência interna.

O ponto de partida para a análise desta questão foi já referido. Após a identificação dos *«laços económicos»* que ligam os diversos membros do oligopólio (componente estrutural do oligopólio), torna-se necessário extrair os seus corolários na perspectiva «organicista» anteriormente descrita (comportamento uniforme dos agentes do oligopólio – entidade económica única).

A este propósito, o *level playing field* estabelecido pela prática aplicativa da Comissão é extraordinariamente abrangente. Das decisões *Airtours e Gencor* (emitidas, relembre-se, em sede de *Regulamento das Concentrações*) e *TACA* (relativa ao artigo 82.º do Tratado), transparece inequivocamente uma posição excepcionalmente tolerante.

Utilizando os termos utilizados pela Comissão no processo *Gencor*[1066]: *"similar negative effects which arise from a dominant position held by one firm arise from a dominant position held by an oligopoly. Such a situation can occur where a mere adaptation by members of the oligopoly to market conditions causes anticompetitive parallel behaviour whereby the oligopoly becomes dominant"*.

Nestes termos, parece que a mera existência de comportamentos paralelos – não conscientes – totalmente racionais na óptica da estrutura de mercado em oligopólio – interdependência oligopolistica – é considerada pela Comissão Europeia como susceptível de gerar danos na intensidade concorrencial do mercado.

[1066] Processo IV/M.620.

A Comissão confirma esta ideia quando refere, na mesma decisão, que "(...) *active collusion would therefore not be required for the members of the oligopoly to become dominant and to behave to an appreciable extent independently of their remaining competitors, their customers and ultimately their consumers*".

Estas palavras confirmam a orientação da Comissão Europeia. No seu entender, os efeitos anticoncorrenciais podem decorrer da simples estrutura do mercado, não sendo necessário qualquer comportamento activo desenvolvido por qualquer um dos membros do oligopólio.

Atendendo à letra da *soft law* publicada pela Comissão Europeia[1067], os efeitos unilaterais, considerados como concorrencialmente nocivos, são, unicamente, decorrência de «interdependência oligopolística», ou seja de um jogo concorrencial não-coordenado em mercado oligopolista, que em nada estão relacionados com práticas oligopolistas colectivas assentes em coligações tácitas (essas sim são o correspondente económico do conceito jurídico de "efeitos coordenados").

Tal como foi demonstrado, o Tribunal de Primeira Instância no acórdão *Airtours*, parece ter adoptado a teoria da coligação implícita quando fez depender a estabilidade do oligopólio à possibilidade de desenvolvimento de práticas de retaliação por parte dos membros integrantes[1068].

A teoria económica adquire, portanto, um papel de charneira na determinação de eventuais posições dominantes colectivas.

Já não bastará a mera demonstração por parte da Comissão Europeia dos elementos estruturais do mercado que tipicamente o poderão qualificar como oligopolístico. Também não será suficiente a mera descrição das condições históricas do mercado em causa, nem uma simples análise das quotas de mercado detidas pelas empresas.

Essenciais serão os comportamentos "organicistas" decorrentes destas condições estruturais de mercado.

Assim, da existência de laços económicos deverá decorrer uma prova suficiente, em sede de avaliação prospectiva, no caso de con-

---

[1067] Cfr. *Orientações relativas à Política de Concentrações* de 2004.
[1068] Considerandos 200 a 207 do acórdão.

trolo de concentrações, ou de condições presentes de mercado, na aplicação do disposto no artigo 82.º do Tratado, quanto à possibilidade de desenvolvimento de políticas de mercado autónomas, independentemente do posicionamento dos agentes de mercado externos ao oligopólio (concorrentes, clientes e consumidores). A mera prova indiciária torna-se totalmente insuficiente a este propósito[1069].

Da prática do Tribunal de Primeira Instância (e supervenientemente do Tribunal de Justiça), ressalta a importância de realização de prova relativamente à existência de «*redes complexas de cooperação intensa*», que potenciem a acção comum integrada dos agentes em oligopólio (nomeadamente através da criação de redes de informação oficiosas).

A adopção da teoria da coligação implícita por parte das instâncias comunitárias teria como corolário a identificação de uma posição dominante colectiva nas situações em que os diversos membros do oligopólio actuassem como se de uma única entidade económica se tratasse. No entanto, esta doutrina, repete-se, de base eminentemente organicista, poderá colocar alguns problemas operacionais.

A questão inicial a colocar-se radica em se saber se a existência de uma posição dominante colectiva depende na inexistência de concorrência interna dentro do grupo oligopolista. Uma actuação de grupo similar ao de uma única entidade económica significa que, internamente, não existe concorrência entre os seus membros.

Não deixa, porém, de ser surpreendente a afirmação efectuada pelo Tribunal de Primeira Instância no acórdão TACA, quando afirma que "*essa possibilidade de alinhamento do comportamento concorrencial não implica, pelo contrário, de modo algum que a concorrência entre as empresas em causa seja totalmente eliminada*"[1070]. Refere de seguida que "*embora a inexistência de concorrência efectiva entre operadores alegadamente membros de um oligopólio dominante constitua um elemento de peso entre os que desempenham um papel importante na avaliação da existência de uma posição dominante*

[1069] O mesmo não se poderá dizer na aplicação do Regulamento das Concentrações já que a prova susceptível de ser apresentada assentará fatalmente em bases essencialmente indiciárias, visando a prognose das condições concorrenciais futuras no mercado relevante.

[1070] Considerando 653 do acórdão.

colectiva (...), não se pode exigir, para se considerar provada tal posição dominante, que essa eliminação da concorrência efectiva leve à eliminação de toda a concorrência entre as empresas em causa"[1071].

As consequências desta posição são devastadoras, não estando ainda estudados todos os seus corolários. No entanto, o Tribunal atenua pouco depois as suas afirmações referindo que: *"há que concordar com as recorrentes no sentido de que uma significativa concorrência interna pode também demonstrar que, não obstante as diversas ligações ou factores de correlação existentes entre os membros de uma conferência marítima, estes não têm a possibilidade de adoptar uma mesma linha de acção no mercado que os apresente como uma entidade única face a terceiros e, portanto, que justifique uma apreciação colectiva da sua posição no mercado para efeitos do artigo (82). ° do Tratado"*[1072].

Existirá, pois, no entendimento do Tribunal de Primeira Instância, uma fracção de concorrência interna ao oligopólio que, no entanto, não impedirá uma conclusão final que desemboque na identificação de uma posição dominante colectiva. Nestes termos, poderá existir concorrência interna, no entanto, na vertente externa, o grupo deverá aparecer nas vestes de uma entidade económica única.

Este facto adquire uma especial sensibilidade quando os elementos de prova susceptíveis de serem avançados pela Comissão Europeia assentam inevitavelmente na evolução da estrutura de preços no seio do oligopólio e das quotas de mercado detidas pelos seus membros. Nesta matéria, o Tribunal de Primeira Instância mostrou uma enorme tolerância para com a Comissão, concluindo que eventuais flutuações no nível de preços ou nas quotas de mercado não serviam para concluir pela existência de uma concorrência sensível no seio do grupo.

O mesmo acontece quando os recorrentes tentam demonstrar algumas variações na quantidade de bens ou serviços produzidos no seio do grupo. Perante os elementos de prova apresentados, o Tribunal de Primeira Instância invariavelmente conclui que as demonstrações

---

[1071] Considerando 654 do acórdão.
[1072] Considerando 695 do acórdão.

efectuadas são insuficientes e, no limite, insusceptíveis de compensar a falta de concorrência pelos preços[1073].

Esta posição levanta algumas questões. À primeira vista parecerá que a estabilidade relacional fundamental para a actuação oligopolística é colocada em causa pela instância judicial, que admite a existência de uma posição dominante colectiva havendo concorrência entre os membros do grupo em causa.

Esta é uma inovação jurídica face à doutrina económica subjacente. Relembre-se que nos termos da teoria da coligação implícita, os membros do oligopólio coordenam os seus preços e as suas capacidades produtivas tomando como referência as denominadas "estratégias de punição" desencadeadas em desfavor do agente "batoteiro". É este o fundamento da coordenação oligopolística consciente.

Ora, o Tribunal de Primeira Instância, no acórdão *TACA* em análise, parece admitir a existência de descoordenação interna dentro do grupo oligopolístico. Efectivamente, ao admitir a existência de concorrência interna, todos os fundamentos de doutrina económica subjacentes à identificação de oligopólios caem pela base. Note-se que não se trata de concorrência residual, mas sim de concorrência efectiva, quer ao nível dos preços, quer ao nível das quantidades produzidas.

Ao admitir-se a existência de concorrência interna no seio de agentes em posição dominante colectiva nega-se a própria existência de uma coordenação oligopolística com base na teoria da coligação implícita[1074].

Nestas circunstâncias passamos para um fundamento teórico ainda mais difuso. Pela fundamentação avançada pelo Tribunal de Primeira Instância parece admitir-se a possibilidade de desenvolvimento de posições dominantes colectivas em situações de equilíbrio oligopolista estático não-cooperativo.

[1073] Considerando 729 do acórdão.

[1074] Perante a argumentação do Tribunal poderá pensar-se que esta posição decorre da evidente dificuldade de prova que competirá à Comissão a este título. No limite, todos os membros de um oligopólio conseguirão demonstrar flutuações de preços e de quantidades produzidas no seio do grupo. Note-se que a transparência do mercado e a troca de informações entre os membros são uma das condições estruturais para a manutenção do oligopólio.

Nestas condições, a estratégia do oligopolista não depende das acções passadas, mas sim das condições no momento presente. Cada membro toma as suas decisões de preços, quantidade e qualidade de forma a alcançar um rendimento óptimo, atendendo às escolhas e opções tomadas simultaneamente pelos restantes membros do oligopólio. Esta decisão é totalmente racional na perspectiva económica, porém, essa racionalidade não a torna necessariamente eficiente já que os padrões que a norteiam são muito similares aos padrões existentes num monopólio.

A adopção desta concepção teórica tem efeitos diferenciados consoante a sede em que for adoptada. Assim, e numa primeira apreciação poder-se-ia pensar que a aplicação do artigo 82.º não sofreria alterações importantes já que atende ao abuso e não à estrutura (simplificando, no limite, a prova), privilegiando-se os efeitos decorrentes da organização em oligopólio face às condições estruturais.

O mesmo já não acontece com o *Regulamento das Concentrações*. Considerando a sua vertente de controlo *ex ante*, a introdução na esfera jusconcorrencial de uma categoria de oligopólios não-coligados terá como efeito o desenvolvimento exponencial de acções de investigação comunitárias a este título, podendo uma operação ser proibida mesmo que não seja expectável a criação ou o reforço de comportamentos coligados.

Face a diversos acontecimentos recentes, parece existir uma nova fase de desenvolvimento conceptual da figura da posição dominante colectiva. A concepção adoptada pela Comissão Europeia já não depende unicamente de indícios normalmente reconduzidos ao fenómeno dos *"efeitos coordenados"*[1075], parecendo bastar-se através

---

[1075] A existência presente (no caso de aplicação do disposto no artigo 82.º do Tratado) ou futura (no caso de aplicação do Regulamento das Concentrações) de efeitos coordenados constitui condição necessária (mas não suficiente, face à possibilidade de existência de motivos justificativos – o argumento da empresa insolvente - ou atenuadores, tais como: o poder de compensação dos compradores, a possibilidade da entrada de novos concorrentes no mercado ou a demonstração da ocorrência de ganhos de eficiência, que poderão justificar a operação) para a realização de um juízo desfavorável em sede jusconcorrencial. Ora, como facilmente se pode antever, o conceito de "efeitos coordenados" tem uma natureza essencialmente económica já que, na prática, se refere às condições típicas de mercado que inevitavelmente concretizam uma coligação tácita implícita entre os membros do oligopólio. Assim, a concretização dos denominados efeitos externos depende da verificação

da revelação meros indícios, necessariamente difusos, de "efeitos internos" "unilaterais" ou "não-coordenados", desenvolvidos por um membro do grupo oligopolista individualmente considerado.

Na prática, tal significa que a aferição de uma posição dominante colectiva futura poderá ser consubstanciada por um simples juízo de prognose que demonstre a mera possibilidade de existência de uma situação de mercado em que o oligopólio se desenvolva num equilíbrio estático não-cooperativo.

Ora, como essa é a forma natural de organização dos mercados oligopolísticos, nomeadamente nos sectores em rede, virtualmente todas as opções comerciais desenvolvidas pelos agentes no mercado poderão ser, *ab initio*, reconduzidas a um escrutínio concorrencial tomando como base o instituto da posição dominante colectiva.

A adopção da teoria do equilíbrio estático não-cooperativo para a aferição da posição dominante colectiva para efeitos de aplicação do Regulamento das Concentrações é confirmada pela leitura da Comunicação da Comissão relativa às *"Orientações para a Apreciação das Concentrações Horizontais nos termos do Regulamento do Conselho relativo ao Controlo das Concentrações"*[1076] (*Orientações de*

---

de uma verdadeira coordenação oligopolística (que supera a simples interdependência, própria dos efeitos internos ou não-coordenados), ao nível da política de preços (manutenção dos mesmos a um nível supraconcorrencial) ou do volume de produção (redução do mesmo a um nível infraconcorrencial) ou da repartição geográfica dos mercados. A operacionalização deste tipo de coligações tácitas depende pois da possibilidade dos membros do oligopólio, num mercado estável: (1) acordarem as condições de coordenação (transparência do mercado e dos mecanismos de troca de informações, homogeneidade dos produtos e das preferências dos clientes e reduzida propensão para a inovação); (2) controlarem os desvios decorrentes de práticas batoteiras, (3) desenvolverem mecanismos de retaliação (em tempo útil e com a intensidade necessária: guerra de preços ou aumento do volume de produção; quer no mercado relevante, quer num mercado vizinho). Em suma, todas as condições anteriormente apontadas para o desenvolvimento de coligações tácitas cooperativas.

[1076] 2004/C31/03, in JO C 31/5, de 5 de Fevereiro de 2004. Estas Orientações corporizam uma das mais importantes parcelas da reforma legislativa e administrativa processada em 2004 em matéria de concentrações. Na sequência do *Livro Verde relativo à Reforma do Controlo das Concentrações* (Livro Verde) (COM (2001) 745/6, de 11 de Dezembro de 2001 (http://europa.eu.int/comm/competition/mergers/review/green_paper/en.pdf), e, igualmente, dos acórdãos *Airtours/First Choice, Schneider/LeGrand* e *Tetra Laval/Sidel* (cits.), foi considerada essencial o desenvolvimento de uma verdadeira reforma no regime jurídico do controlo comunitário das concentrações, corporizada na adopção do

2004)[1077], e, principalmente, pela nova redacção do n.º 3 do artigo 2.º do *Regulamento das Concentrações*, e constitui uma inovação face ao regime jurídico quer dos Estados-Membros, quer dos Estados Unidos da América.

A integração das consequências concorrenciais resultantes de equilíbrios estáticos não-cooperativos não encontra tradição em nenhum ordenamento jurídico comunitário[1078]. Até mesmo a ordem jurídica alemã exclui explicitamente a análise das consequências concorrenciais decorrentes dessa situação de mercado do âmbito do seu sistema de controlo das concentrações[1079].

3.6. *A nova orientação relativa aos "efeitos unilaterais" no controlo de Concentrações*

Apesar do teor da jurisprudência *Airtours/First Choice*, a política legislativa e a prática administrativa adoptaram um novo rumo.

A nova redacção do n.º 3 do artigo 2.º do *Regulamento das Concentrações* onde se refere que *"devem ser declaradas incompatíveis com o mercado comum as concentrações que não entravem*

---

novo Regulamento das Concentrações entre Empresas (Regulamento CE n.º 139/2004, do Conselho, n.º 139/2004, de 20 de Janeiro de 2004, *in* JO L 24, 2004), no Regulamento de Implementação da Comissão (Regulamento CE n.º 802/2004, da Comissão, de 7 de Abril de 2004, in JO L 33/1, 2004), na emissão das boas práticas da Direcção-Geral de Concorrência (http://europa.eu.int/comm/competition/mergers/legislation/regulation/best_practices.pdf), e, finalmente, na aprovação das referidas Orientações. Simultaneamente, a Comissão sofreu uma ampla alteração na sua organização administrativa, tendo sido desmantelada a sua *Merger Task Force*, já que essa função foi desagregada horizontalmente tomando em consideração as diversas especializações internas e sido criado um lugar de Economista Chefe, à semelhança do Departamento de Justiça norte-americano.

[1077] A adopção da técnica das quotas de mercado como metodologia indiciária para a determinação de posições dominantes assenta igualmente nesta lógica.

[1078] O UK Office of Fair Trading, nas suas *Substantive Guidelines*, de Maio de 2003, (www.oft.gov.uk), emitiu a sua posição relativamente à interpretação dos "efeitos unilaterais" (cfr. para 4.7 do documento citado).

[1079] Cfr. *Princípios Gerais de Interpretação relativos ao exame de domínio no Controlo Alemão das Concentrações, Bundeskartellamt, 2000 (www bundeskartellamt.de/ Auslegungsgrundsatze.pdf))*. Cfr., a este título, Rainer Nitsche e Julia Thielert, "*Economics on the advance: European reform and German competition policy*", CRA Competition Policy Occasional Papers, 2, 2003, págs. 3 e segs.

significativamente uma concorrência efectiva, no mercado comum ou numa parte substancial deste, em particular em resultado da criação ou do reforço de uma posição dominante"[1080] conjugada com a inserção de um novo considerando[1081] (o n.º 25) no texto inicial do *Regulamento das Concentrações* corporizou a adopção de um novo teste substantivo, denominado SIEC (*"Significantly Impeding Effective Competition"*), que parece transpor para a ordem jurídica comunitária o teste SLC (*"Substantial Lessening of Competition"*) vigente na ordem jurídica norte-americana (Secção 7 do *Clayton Act*)[1082].

Porém, uma observação atenta permite constatar que, na prática, extravasa em muito o seu objecto, já que visa igualmente analisar os efeitos das concentrações em estruturas de mercado oligopolísticas mesmo nas situações em que a coordenação tácita não é, à partida, identificável, o que pressupõe a indagação efectiva de equilíbrios oligopolistas estáticos não-cooperativos.

[1080] Sublinhado nosso. A anterior redacção deste preceito fazia depender a emissão da proibição da criação ou reforço da posição dominante. O novo preceito distingue-se do anterior dado o seu carácter meramente enunciativo.

[1081] Onde se estabelece o seguinte: "*tendo em conta as consequências que podem advir das concentrações em estruturas de mercado oligopolísticas, é ainda mais necessário preservar a concorrência nesses mercados. Muitos mercados oligopolísticos apresentam um nível saudável de concorrência. No entanto, em certas circunstâncias, as concentrações que impliquem a eliminação de importantes pressões concorrenciais que as partes na concentração exerciam mutuamente, bem como uma redução da pressão concorrencial nos concorrentes remanescentes, podem, mesmo na ausência da possibilidade de coordenação entre os membros do oligopólio, resultar num entrave significativo a uma concorrência efectiva. No entanto, até à data os tribunais comunitários não interpretaram expressamente o Regulamento (CEE) n.º 4064/89 como exigindo que as concentrações dêem origem a esses efeitos não coordenados para serem declaradas incompatíveis com o mercado comum. Como tal, no interesse da certeza jurídica, deverá ficar claro que o presente regulamento permite o controlo efectivo de todas essas concentrações, uma vez que estabelece que qualquer concentração que entrave significativamente a concorrência efectiva, no mercado comum ou numa parte substancial deste, deverá ser declarada incompatível com o mercado comum. A noção de «entrave significativo a uma concorrência efectiva» que consta dos n.ºs 3 e 4 do artigo 2.º deverá ser interpretada como abrangendo, para além dos casos em que é aplicável o conceito de posição dominante, apenas os efeitos anti-concorrenciais de uma concentração resultantes do comportamento não concertado de empresas que não teriam uma posição dominante no mercado em questão*" (sublinhado nosso).

[1082] Cfr. P. Areeda e H. Hovenkamp, *op. cit.*, vol. IV, edição revista, págs. 44 e segs.

Nos pontos 24 e 25 das Orientações (que se constitui como uma verdadeira "*soft law*") refere-se explicitamente que:

"*24 – De uma concentração podem resultar entraves significativos à concorrência efectiva num mercado se forem eliminadas pressões concorrenciais importantes sobre um ou mais vendedores que, consequentemente, beneficiam de um aumento de poder de mercado. O efeito mais directo da concentração será a eliminação da concorrência entre as empresas objecto da concentração. Por exemplo, se antes da concentração uma das empresas objecto da concentração tivesse aumentado os seus preços, teria perdido algumas das suas vendas a favor da outra empresa na concentração. A concentração suprime esta pressão concorrencial específica. As empresas que não participam na concentração e que se encontram no mesmo mercado podem também beneficiar da redução da pressão concorrencial resultante da concentração, uma vez que o aumento dos preços das empresas na concentração pode fazer deslocar uma parte da procura para as empresas rivais que, por seu turno, poderão considerar lucrativo aumentar os preços. A redução destas pressões concorrenciais poderá levar a aumentos de preços significativos no mercado relevante.*

25 – Normalmente, de uma concentração que der origem a tais efeitos não coordenados resultam entraves significativos à concorrência efectiva no mercado, em especial através da criação ou reforço da posição dominante de uma única empresa que, normalmente, teria uma quota de mercado significativamente superior à do seu concorrente mais próximo, após a concentração. Além disso, as concentrações realizadas em mercados oligopolísticos, que implicam a eliminação de importantes pressões concorrenciais que anteriormente as partes na concentração exerciam mutuamente, juntamente com uma redução da pressão concorrencial sobre os restantes concorrentes podem, mesmo quando existem poucas probabilidades de coordenação entre os membros do oligopólio, resultar também num entrave significativo à concorrência. O Regulamento das Concentrações esclarece que todas as concentrações que derem origem a tais efeitos não coordenados devem também ser declaradas incompatíveis com o mercado comum".

A adopção explícita do *teste SIEC* por parte das instâncias comunitárias consubstancia uma nova fase (a quinta!) na análise das concentrações de âmbito comunitário.

A novidade essencial traduz-se na substituição do teste simples de domínio, que assentava na simples análise dos vínculos económicos e das quotas de mercado, por uma verdadeira metodologia económica susceptível de abarcar de forma mais fiel todos os condicionalismos do caso concreto.

Em tese geral, poderá concluir-se que a criação ou reforço de uma posição dominante passou a ser um exemplo de uma efectiva redução do tráfego concorrencial num mercado relevante.

Neste ambiente legal, as tentativas desenvolvidas pela Comissão, durante os catorze anos de vigência da versão inicial do *Regulamento das Concentrações*, de extensão explícita da letra do dispositivo legal constante no n.º 3 do artigo 2.º – no sentido de abarcar em sede interpretativa as correntes jurisprudenciais norte-americanas relativas ao *teste SLC* – deixaram de ser necessárias dado que o legislador criou expressamente uma previsão de conteúdo tendencialmente equivalente.

A Comissão Europeia tem hoje como especial preocupação analisar os efeitos horizontais substantivos decorrentes de operações de concentração, *maxime* os termos em que o poder de mercado pode ser exercido (*e.g.*, aumento de preços) subalternizando a vertente formal e simplista da análise concorrencial assente na percepção de quotas de mercado que sustentava a simples análise de reforço de posição dominante[1083].

Apesar da Comissão ter sido dotada de um instrumento analítico similar ao que existe no direito norte-americano, que, à partida, parecerá legitimar as práticas de investigação sucessivamente derrogadas pelo Tribunal de Primeira Instância na óptica da redacção anterior do n.º 3 do artigo 2.º do *Regulamento das Concentrações*, a verdade é que, perante o conteúdo, quer do considerando 25 desse Regulamento, quer do teor das Orientações, a Comissão estará pronta a ultrapassar, em larga escala, o conteúdo de poderes atribuído às entidades de controlo concorrencial dos Estados Unidos.

Por outras palavras, da reforma do *Regulamento das Concentrações* operada em 2004, conjugada com a diversa "*soft law*" aprovada pela própria Comissão Europeia, parece retirar-se uma intenção única: a legitimação de imposição de proibições de concentração atendendo aos "efeitos unilaterais" das mesmas.

[1083] Cfr. S. Baxter e F. Dethmers, *"Unilateral Effects under European Regulation: How big is the gap?"*, ECLR, 380, 2005; K. Fountoukatos e S. Ryan, *"A new substantive test for the EU Merger Control"*, ECLR, 277, 2005., A. Weitbrecht, *"EU Merger Control in 2005 – An Overview"*, ECLR, 2, 2006, págs. 43.

Efectivamente, e neste campo, não se concorda com Eleanor Fox e Luís Morais[1084] quando referem que a Comissão Europeia nunca ponderou na sua *praxis* decisória os eventuais efeitos unilaterais decorrentes de uma operação de concentração. A ponderação dos aspectos estruturais do mercado relevante numa óptica que em muito extravasa a avaliação da relação concorrencial entre as empresas participantes na concentração isso revela.

Tal é efectuado consecutivamente, embora de forma não expressa, nos diversos processos colocados à sua apreciação, embora, e como as instâncias jurisdicionais fizeram notar, de forma bastante deficiente.

Aquilo que a Comissão viu sucessivamente negado pelo Tribunal de Primeira Instância no foro jurisdicional parece ter sido alcançado por via legislativa e administrativa.

A letra das *Orientações de 2004* é clara e inequívoca. Diversos factores, que considerados separadamente não são necessariamente decisivos, poderão influenciar a probabilidade de uma concentração ter efeitos anticoncorrenciais. De uma forma não exaustiva, a Comissão Europeia enuncia nas citadas Orientações diversos indicadores que, na sua opinião, poderão influenciar a probabilidade de uma concentração ter efeitos unilaterais significativos. Vejamos:

(1) As empresas envolvidas na concentração terem elevadas quotas de mercado

Numa primeira análise, será necessário avaliar as características mais relevantes do mercado. Nos termos referidos pela Comissão Europeia, e assentando a sua aproximação numa dimensão eminentemente quantitativa, quanto mais elevada for a quota de mercado detida pelas empresas, mais probabilidades existirão de que essas empresas possuam poder de mercado.

Em consequência, quanto maior for a soma agregada de quotas de mercado, mais probabilidades existirão de que uma concentração provoque um aumento significativo do poder de mercado. Por outro lado, quanto maior for o aumento da base de vendas em que são

---

[1084] Eleanor Fox, *"Collective Dominance and the Message from Luxembourg"; in Antitrust*, Fall, 2002; Luis Morais, *Empresas Comuns-Joint Ventures no Direito Comunitário da Concorrência*, cit., pág. 1070.

obtidas margens mais elevadas após um aumento de preços, maiores probabilidades existirão de que as empresas na concentração considerem que esse aumento de preços é lucrativo, apesar da redução da produção que o acompanha[1085].

Estes critérios constituem uma reciclagem dos antigos indicadores de domínio no mercado. Nota-se, no entanto, que a Comissão Europeia resistiu à tentação de introdução de quotas presuntivas de domínio que, no limite, reduziriam o seu poder discricionário. Neste campo, os critérios simplificados de apreciação adquirem uma normal proeminência.

(2) as empresas que participam na concentração serem concorrentes próximas

Em segundo lugar, a Comissão Europeia analisará as posições das empresas envolvidas no processo de concentração no mercado relevante.

Assim, quanto mais elevado for o grau de substituibilidade entre os produtos das empresas na concentração, maiores probabilidades existirão de que essas empresas aumentem os preços de forma significativa[1086].

A rivalidade passada entre as partes constituirá um factor determinante na análise. De acordo com a Comissão Europeia, a existência de elevadas margens antes da concentração poderá igualmente tornar mais prováveis aumentos de preços significativos.

Serão maiores as probabilidades de limitação do incentivo das empresas na concentração para aumentarem os preços quando as empresas rivais produzirem substitutos próximos dos produtos das empresas na concentração do que quando oferecem substitutos menos próximos. Pelo contrário, será menos provável que de uma concentração resultem entraves significativos à concorrência efectiva, em especial através da criação ou reforço de uma posição dominante, quando existir um elevado grau de sucedaneidade entre os produtos

---

[1085] Cfr. para. 27 das *Orientações de 2004, cit.*
[1086] Cfr. paras. 28 a 30 das Orientações. Cfr. Processo IV/M. 1980, *Volvo/Renault VI*, para. 34; Processo COMP/M.2256, *Philips Agilent/Health Care Solutions*, paras. 33 a 35.

das empresas na concentração e os produtos fornecidos pelos fabricantes rivais.

No entanto, relembre-se, a diferenciação entre os produtos poderá ser um incentivo ao desenvolvimento de uma concorrência monopolística.

(3) os clientes terem poucas possibilidades de mudar de fornecedor

Conforme a Comissão Europeia refere no parágrafo 31 das *Orientações*, os clientes das partes na concentração poderão ter dificuldades em mudar para outros fornecedores, devido ao facto de existir um número reduzido de fornecedores alternativos ou porque enfrentam custos de transferência significativos.

Nestas condições, e de acordo com a Comissão Europeia, estes clientes serão particularmente vulneráveis aos aumentos de preços, pelo que a concentração poderá afectar a capacidade de estes clientes se protegerem contra os aumentos de preços. Tal poderá acontecer, em especial, com os clientes que utilizaram as duas empresas em concentração como uma dupla fonte de fornecimentos para obter preços concorrenciais.

(4) quando for pouco provável que os concorrentes aumentem a oferta no caso de aumento do preço de venda

Este critério é já de conteúdo eminentemente analítico. De facto, apesar de ser apresentado como factor indiciário, a sua apresentação implica uma análise prévia das condições futuras de mercado. Note-se o conteúdo do parágrafo 32 das Orientações: "*quando as condições de mercado implicam que seja pouco provável que os concorrentes das partes na concentração aumentem substancialmente a sua oferta se os preços aumentarem, as empresas na concentração poderão ter um incentivo para reduzir a produção para um nível inferior aos níveis agregados antes da concentração, aumentando assim os preços no mercado. A concentração aumenta o incentivo para reduzir a produção, ao proporcionar à empresa resultante da concentração uma base de vendas mais alargada em que beneficiará de margens mais elevadas resultantes de um aumento dos preços provocado pela redução da produção*".

Qualquer juízo de prognose a este respeito será eminentemente especulativo, sendo virtualmente impossível aos agentes provarem o inverso, já que a situação apresentada é meramente hipotética.

Apesar de preexistirem enquanto indício de oligopólio não-cooperativo, a Comissão parece adoptar, nesta óptica, a perspectiva do oligopólio coordenado. Tal é claramente demonstrado pela leitura dos parágrafos 33 e 34, onde a Comissão refere que *"em contrapartida, quando as condições de mercado são tais que empresas rivais dispõem de capacidade suficiente e que um aumento suficiente das suas vendas lhes seria lucrativo, é pouco provável que a Comissão conclua que a concentração cria ou reforça uma posição dominante ou que, de outra forma, resulte num entrave significativo à concorrência efectiva (...). Esta expansão da produção é particularmente improvável quando os concorrentes estão confrontados com limitações de capacidade insuperáveis e quando a expansão de capacidade é onerosa ou ainda quando as capacidades excedentárias existentes têm custos de exploração significativamente mais elevados do que a capacidade que está a ser utilizada".*

Ora, estas condições são precisamente as propícias ao desenvolvimento de práticas fraudulentas à coligação, e por isso, a Comissão parece tolerar estas condições de mercado. No entanto, repete-se a questão: não serão estas situações indiciadoras de *"efeitos coordenados"*, ao invés de verdadeiros e próprios *"efeitos unilaterais"*?

(5) a entidade resultante da concentração tiver condições de impedir a expansão dos concorrentes

De acordo com a Comissão, algumas concentrações projectadas poderão resultar em entraves significativos à concorrência efectiva ao proporcionar à empresa resultante da concentração uma posição que lhe daria a capacidade e o incentivo para dificultar ainda mais a expansão das empresas de menores dimensões e dos concorrentes potenciais ou para restringir, de outro modo, a capacidade concorrencial das empresas rivais[1087].

Neste caso, os concorrentes poderão não estar em condições, quer individualmente, quer em conjunto, de exercer sobre a entidade

---

[1087] Cfr. considerando 36 das *Orientações de 2004*.

resultante da concentração uma pressão suficiente que a impeça de aumentar os preços ou de adoptar outras medidas prejudiciais para a concorrência. Por exemplo, a entidade resultante da concentração poderá possuir um tal nível de controlo ou de influência sobre a oferta de matérias-primas ou sobre as possibilidades de distribuição que a expansão ou a entrada de empresas rivais (empresas *"maverick"*) poderá revelar-se mais onerosa.

Poderá, ainda, eliminar-se o *"competitive fringe"*, ou seja, o contrapoder detido por empresas terceiras não integrantes do grupo oligopolista. Da mesma forma, o controlo que a entidade resultante da concentração detém sobre as patentes ou outros tipos de propriedade intelectual – como as marcas – poderá dificultar a expansão ou a entrada de empresa rivais (questão das *"infra-estruturas essenciais"*).

Nesta matéria, os sectores em rede são especialmente visados. Assim, de acordo com a Comissão, *"em mercados em que a interoperabilidade entre diferentes infra-estruturas ou plataformas é importante, uma concentração poderá proporcionar à entidade resultante da concentração a capacidade e o incentivo para aumentar os custos ou diminuir a qualidade do serviço dos seus rivais".*

(6) quando a concentração eliminar uma força concorrencial importante

A Comissão Europeia pretende, neste ponto, controlar as aquisições quer de concorrentes actuais, quer de concorrentes potenciais. Essencial será, no entender da Comissão, a intensidade da inovação potencial no mercado. Nestes termos, no parágrafo 38 das Orientações refere que *"nos mercados em que a inovação constitui uma força concorrencial importante, uma concentração poderá aumentar a capacidade e o incentivo para as empresas introduzirem outras inovações no mercado, aumentando, assim, a pressão concorrencial exercida sobre os rivais para inovarem nesse mercado. Em alternativa, a concorrência efectiva poderá ser entravada de forma significativa devido a uma concentração entre duas importantes empresas inovadoras, por exemplo, entre duas empresas com produtos prontos a serem comercializados num determinado mercado de produtos. Da mesma forma, uma empresa com uma quota de mercado relativamente reduzida poderá, todavia, constituir uma força concorrencial importante se possuir produtos promissores prontos a serem comercializados".*

Perante este enquadramento, poderemos extrair uma conclusão inequívoca: a Comissão Europeia tem hoje à sua disposição o enquadramento legal que sempre desejou.

A redacção do novo *Regulamento das Concentrações* conjugado com as *Orientações de 2004* torna claras as intenções da Comissão na prossecução de concentrações atendendo aos seus efeitos não- coordenados[1088].

A situação, ao contrário do que poderá parecer, não é semelhante à dos Estados Unidos, já que o teor das *Orientações* comunitárias em muito excede o conteúdo das *Linhas de Orientação Norte-Americanas de 1992* e a sua prática jurisprudencial, nomeadamente se tivermos presente a jurisprudência *United States v. Oracle*[1089].

Assim, a adopção do referencial *SIEC* poderá consubstanciar a atribuição de um poder discricionário alargado à Comissão Europeia no controlo de relações entre oligopolistas[1090].

Conforme se demonstrou, nos sectores em rede, qualquer concentração irá inequivocamente gerar «*efeitos não-coordenados*» susceptíveis de escrutínio concorrencial e, consequentemente, poderá ser alvo de uma apreciação negativa ou da imposição de medidas regulatórias de correcção estrutural ou comportamental. Somente a prática aplicativa – e o consequente controlo jurisdicional – poderá clarificar a realidade futura a este propósito.

[1088] Cfr. e.g. decisão da Comissão relativa ao processo COMP/M.3178, *Bertlsmann/Springer/JV*, 3 de Maio de 2005; decisão da Comissão relativa ao processo COMP/M.3653, *Siemens/Va Tech*, 2005; decisão da Comissão relativa ao processo COMP/M.3280 *Air France/KLM*, 2004, decisão da Comissão relativa ao processo COMP/M.3770, *Lufthansa/Swiss*, 4 de Julho de 2005.

[1089] Citado.

[1090] Em sentido favorável à introdução do teste *SLC* poderá consultar-se S. Stroux, *US and EC Oligopoly Control, cit.*, págs. 228 a 231; R. Whish, "*Substantial Lessening of Competition/Creation or Strengthening of Competition [Dominance], at the International Competition Network*", First Annual Conference, Analytical Framework of Merger Review, Nápoles, 2002; N. Levy, "*Dominance v. SLC: a Subtle Distinction?*", EC Merger Regulation Conference, Bruxelas, Novembro, 2002, pág. 23. No entanto, parte da doutrina entende que as alterações são meramente semânticas, tendo um reduzido alcance substantivo. Neste sentido, cfr. J. Gallot, "*Substantive tests – Are the Differences between the Dominance and SLC Tests Real or Semantic?*" EC Merger Regulation Conference, Bruxelas, Novembro, 2002.

Não é por acaso que a doutrina tem discutido a orientação futura da interpretação administrativa a propósito do controlo de concentrações em mercados oligopolistas[1091]. No entanto, deverá sempre relembrar-se, para efeitos de orientação da *praxis* concretizadora das regras de conduta contidas nas *Orientações* de 2004, que o controlo de concentrações assenta na realização de juízos *ex ante* sobre situações futuras de mercado. E, no estado de ciência actual, muito dificilmente se poderão realizar previsões infalíveis.

Se não forem efectuadas as devidas ponderações atendendo às suas especificidades, qualquer acção de concentração realizada num mercado organizado em rede cairá inevitavelmente no âmbito de incidência desta nova orientação atendendo, à sua forma típica de organização estrutural e de modo de funcionamento.

Finalmente, e para aumentar a relevância desta questão, no dia 13 de Julho de 2006, o Tribunal de Primeira Instância inaugurou uma nova orientação jurisprudencial, anulando a decisão da Comissão de 2004 que havia autorizado a criação da *Sony BMG*, uma empresa comum entre a Bertlesmann e a Sony, que, dessa forma concentrariam as suas forças no mercado da música.

A criação da empresa comum foi notificada à Comissão Europeia em Janeiro de 2004, nos termos previstos no *Regulamento das Concentrações*[1092].

No final da Fase I de investigação, a Comissão Europeia exteriorizou "sérias dúvidas" acerca da compatibilidade do processo de criação da empresa comum com as regras de tutela concorrencial

---

[1091] J. Vickers refere-se aos efeitos unilaterais denominando-os de "*efeitos multilaterais*" (in "*Competition Economics and Policy*", discurso de 3 de Outubro de 2002, www.oft.gov.uk). Esses efeitos multilaterais corresponderiam aos elementos estruturais que permitiriam um efeito de primeira ordem de aumento de preços por parte das entidades concentradas, seguido de um efeito de segunda ordem que corresponderia ao movimento de aumento de preços dos restantes concorrentes. Cfr., igualmente, J. Fingleton, "*Does Collective Dominance Provide Suitable Housing for All Anticompetitive Oligopolistic Mergers?*", European Merger Control Conference, 7-8 November 2002, Brussels, págs. 8 e segs. Cfr., ainda, M. Ivaldi, B. Jullien, P. Rey, P. Seabright e J. Tirole *The Economics of Unilateral Effects, Report for DG Competition, European Commission*, (IDEI, Toulouse), 2003 (http://europa.eu.int/comm/competition/mergers/review/the_economics_of_unilateral_ effects_en.pdf).

[1092] Processo COMP/M.3333.

que regulam o Mercado Interno e desenvolveu uma análise mais aprofundada, iniciando a Fase II de investigação concorrencial.

No final deste procedimento, a Comissão Europeia inverteu o seu entendimento inicial e considerou que a empresa comum poderia ser constituída sem que houvesse necessidade de impor quaisquer condições.

Não satisfeitas com a não oposição da Comissão Europeia, um grupo de pequenas empresas de produção de música (*Impala*) solicitou a anulação da Decisão da Comissão, o que foi consumado com o acórdão de 13 de Julho de 2006 relativo ao processo T-464/04.

Este processo é extremamente importante. Em primeiro lugar, foi a primeira vez que Tribunal de Primeira Instância anulou, de forma extremamente crítica, uma decisão da Comissão Europeia que não se opunha a um projecto de concentração. Em segundo lugar, a matéria em litígio é precisamente a respeitante à posição dominante colectiva.

Nos casos anteriores, as querelas assentam essencialmente na alegação por parte das partes envolvidas de que a Comissão Europeia não havia sido suficientemente diligente na averiguação das condições económicas do mercado que haviam fundamentado a sua decisão de proibição da operação de concentração, nomeadamente, os elementos dos quais decorreriam barreiras inelutáveis ao desenvolvimento coligações.

Neste processo, ocorre precisamente o contrário, ou seja, o Tribunal de Primeira Instância considerou que a Comissão Europeia não analisou de forma diligente as condições de mercado que, no seu entender, poderão levar à formação de coligações no mercado relevante.

Ora, este entendimento jurisprudencial poderá dar origem como que a uma Fase III de âmbito eminentemente judicial no procedimento de controlo de concentrações, sendo que a decisão administrativa de não oposição já não poderá ser entendida como elemento definitivo de finalização de processo.

Não será de estranhar que, nos termos desta jurisprudência, os agentes que operem numa mesma rede reajam judicialmente sempre que ocorrer uma concentração entre concorrentes[1093].

3.7. A nova orientação na interpretação do artigo 82.º do Tratado e no ambiente legislativo regulador – o poder de mercado significativo conjunto

Ao admitir-se a teoria dos efeitos unilaterais no controlo de concentrações – assente numa lógica de apreciação *ex ante* – não se antevê como se poderá não a aceitar nas apreciações *ex post* de práticas desenvolvidas por agentes com posição dominante no mercado. Essa orientação é inevitável perante o ambiente de «*fertilização cruzada*»[1094] a que se assiste nos domínios conceptuais do direito da concorrência.

No entanto, é necessário efectuar uma ressalva inicial: ao considerar-se que poderão resultar práticas abusivas assentes em meros efeitos unilaterais estar-se-á, na prática, a aumentar exponencialmente o âmbito de aplicação do artigo 82.º do Tratado.

De facto, ou se entende que constituindo os efeitos não-coordenados elementos estruturais de mercado, a simples detenção de uma posição dominante poderá ser negativamente ponderada atendendo à estrutura típica de mercado, já que nenhuma acção positiva do agente é necessária para a concretização dos seus efeitos, ou então, conclui-se que o conceito de abuso poderá assentar em elementos de base negativa não sendo necessária qualquer acção positiva do agente em posição dominante para a realização de um juízo negativo a esse efeito.

Opcionalmente, e de uma forma menos agressiva, poderá aguardar-se por uma qualquer operação de concentração que só reflexa-

---

[1093] A Comissão Europeia confirmou, no dia 3 de Outubro de 2007, a autorização para a concentração da Sony e da BMG, considerando a comissária para a Concorrência Neelie Kroes que "*esta fusão não ameaça a concorrência e, portanto, autorizamo-la sem restrições*".

[1094] Expressão utilizada por A. Gavil, W. Kovacic e J. Baker, *in Antitrust Law in Perspective: cases, concepts and problems in competition policy*, cit., pág. 776.

mente tenha efeitos no sector relevante e, nessa sede, impôr a alienação de certos activos detidos por um dos agentes envolvidos (com posição dominante, claro está), mesmo se estes tiverem impacto unicamente num mercado relevante distinto do abrangido pela operação de concentração.

Por conseguinte, quer se adopte uma perspectiva que ignore a exigência de um "abuso" concreto para a apreciação negativa da posição dominante, quer se alargue a malha conceptual desse pré--requisito, a adaptação do artigo 82.º ao conteúdo dogmático do controlo de concentrações implicará fatalmente um juízo negativo a essa luz na presença de uma estrutura oligopolista que permita o desenvolvimento de comportamentos assentes numa racionalidade individual não-coordenada.

O esclarecimento definitivo desta questão assume uma particular importância para os sectores em rede.

É criticável qualquer tentativa de expansão da doutrina relativa aos efeitos unilaterais em sede de controlo de concentrações à interpretação das disposições legais relativas ao abuso de posição dominante. Efectivamente, se a aplicação da mesma em situações em que ocorre uma alteração da situação estrutural de mercado já é criticável, o que dizer de uma sua aplicação numa situação estável de mercado?

A tentação das autoridades administrativas concorrenciais será a da sua aplicação no momento em que se encontrarem estabilizados os mecanismos económicos de aferição de efeitos unilaterais em operações de concentração.

O que está em causa não é uma probabilidade acrescida de ocorrência de equilíbrios oligopolísticos não-cooperativos após a realização da operação de concentração. Na realidade, o que está em causa é a probabilidade *tout court* de ocorrência desse tipo de comportamento individual em determinadas circunstâncias estruturais de mercado, e para tal não é necessária qualquer mutação estrutural significativa da composição do mesmo. Bastará a simples análise económica das situações concorrenciais presentes em mercados oligopolistas.

Esta possibilidade – real – de expansão da teoria dos efeitos unilaterais à análise de desempenho de mercados terá enormes implicações nos sectores em rede, que, como se demonstrou no capítulo inicial, adquirem, em numerosos sectores de actividade, uma configuração tipicamente oligopolista, ainda mais quando estes assentam em pressupostos regulatórios prévios desenvolvidos numa óptica de licenciamento legal numericamente limitado.

E, neste âmbito, o conceito de abuso de posição dominante colectiva para efeitos de aplicação deste dispositivo normativo poderá ser preenchido através de uma simples apreciação das condições estruturais de mercado, numa óptica objectiva estritamente estática.

É criticável, portanto, qualquer posição maximalista que advogue este tipo de procedimento. No limite, a teoria dos efeitos unilaterais poderá ser útil para a aferição de uma posição dominante colectiva, mas nunca para consubstanciar um abuso.

A constituição da posição dominante colectiva poderia servir como elemento indiciário de perigosidade para o desenvolvimento de uma conduta abusiva subsequente. No entanto, essa conduta terá de ser aferida posteriormente, utilizando uma metodologia económica analítica que comprove o dano concorrencial provocado pelos agentes oligopolistas.

E, em consonância, a sua aplicação para efeitos de apreciação de operações de concentração deverá ser reapreciada no mesmo sentido, sob pena de se penalizar a constituição de posições dominantes colectivas *per se*, o que é inaceitável do ponto de vista concorrencial.

Se uma determinada posição de mercado não pode ser considerada anticoncorrencial na óptica do controlo da posição dominante colectiva pois não existe qualquer abuso, como é que a mutação de mercado que a consubstancia poderá sê-lo?

Em princípio, a análise *ex post* efectuada para efeitos de aplicação do artigo 82.º do Tratado deveria ser muito mais intensa e exigente que a análise *ex ante* efectuada para efeitos de controlo de concentrações já que as condições de mercado se encontram definitivamente estabilizadas, o que permite uma investigação económica concreta assente em provas factuais irrefutáveis.

No entanto, o que actualmente acontece é precisamente o inverso: do controlo de concentrações – cuja apreciação concorrencial é efectuada numa óptica *ex ante,* assentando em meras presunções, por definição, insuficientemente fundamentadas – resultam efeitos mais vigorosos (ao nível das medidas regulatórias de correcção estrutural e comportamental e da emissão de proibições) do que os que resultam da averiguação de abusos de posições dominantes colectivas para efeitos do artigo 82.º do Tratado – efectuados numa óptica *ex post*, e com informação concreta disponível. Tal realidade afigura-se extremamente incoerente.

A situação é ainda mais grave já que perante a incapacidade (impropriedade) actual do artigo 82.º do Tratado para o julgamento e condenação de equilíbrios oligopolistas não-cooperativos, têm as instâncias reguladoras sectoriais desenvolvido iniciativas organizadas em redor do conceito de "*poder de mercado significativo*", também ele susceptível de ser preenchido numa óptica colectiva.

Deparamo-nos, de novo, com um conceito cuja aplicação assenta numa óptica *ex ante*, mas cujo objectivo é o de prevenir antecipadamente algo que não se tem a certeza que ocorrerá num momento futuro, mas que atendendo às condições estruturais de mercado poderá vir a ocorrer.

Assim, sem que se efectue um escrutínio *ex post* à luz do disposto no artigo 82.º do Tratado, optou-se por desenvolver-se uma figura paralela do foro regulatório, assente no conceito do poder de mercado significativo colectivamente exercido.

A doutrina administrativa mais desenvolvida a este respeito é a referente ao sector das telecomunicações, precisamente o sector em rede paradigmático.

No artigo 14.º da *Directiva Quadro das Telecomunicações Electrónicas*, de 2002[1095], considera-se que "uma empresa tem poder de mercado significativo se, individualmente <u>ou em conjunto com outras</u>, gozar de uma posição equivalente a uma posição dominante, ou seja, de uma posição de força económica que lhe permita agir, em larga medida, independentemente dos concorrentes, dos clientes e mesmo dos consumidores".

Este preceito acolhe no foro regulatório a concepção concorrencial de posição dominante colectiva, desenvolvendo o anexo II a essa Directiva o que se entende por posição dominante conjunta (termo equivalente), descrevendo quais os critérios que deverão ser tomados em consideração na sua consubstanciação, e que deverão ser desenvolvidos em *Orientações* subsequentes.

[1095] Directiva n.º 2002/21 do Parlamento Europeu e do Conselho, publicada no JO L108/33, 2002.

Esses critérios são os seguintes: *i) mercado plenamente desenvolvido; ii) falta de crescimento ou crescimento moderado da procura; iii) pouca elasticidade da procura; iv) homogeneidade do produto; v) estruturas de custos semelhantes; vi) quotas de mercado semelhantes; vii) falta de inovação técnica, tecnologia plenamente desenvolvida; viii) ausência de excesso de capacidade; ix) barreiras elevadas ao acesso; x) falta de um contrapoder dos compradores; xi) falta de concorrência potencial; xii) existência de vários tipos de laços informais ou de outro tipo entre as empresas em questão; xiii) existência de mecanismos de retaliação; xiv) falta de concorrência de preços ou pouca margem para essa concorrência.*

De seguida acrescenta que a lista *"não é exaustiva e os critérios não são cumulativos".*

Conforme se pode facilmente verificar, os critérios de aferição de uma posição dominante conjunta para efeitos de aplicação da legislação regulatória têm como critério de referência os princípios que subjazem à teoria dos efeitos coordenados, e que analisaremos no final deste capítulo na óptica do seu impacto nos sectores em rede.

No entanto, neste momento, importa aferir se existe algum risco da teoria dos efeitos unilaterais ser utilizada para a consubstanciação do conceito regulatório de posição dominante conjunta que, repete-se, a todo título é semelhante ao conceito concorrencial previsto no artigo 82.º do Tratado CE.

Para tal importará analisar não só o instrumento administrativo que desenvolveu o previsto no artigo 15.º da *Directiva Quadro das Telecomunicações Electrónicas* e no seu anexo II, mas igualmente a prática das autoridades reguladoras nacionais que, utilizando esta doutrina, regulam e supervisionam os mercados no seu objecto.

O instrumento administrativo em causa, precisamente as *Orientações da Comissão relativas à análise e avaliação de poder de mercado significativo no âmbito do quadro regulamentar comunitário para as redes e serviços de comunicações electrónicas*[1096] contém, a este respeito, uma doutrina que não coincide com a posição actual do Tribunal de Primeira Instância.

[1096] JO C 165/03, de 11 de Julho de 2002.

Efectivamente, e confirmando explicitamente a total dependência do conceito de posição dominante conjunta com o conceito de posição dominante colectiva, estas *Orientações* descrevem e acolhem todo o *acquis* jurisprudencial referente a este conceito. No entanto, e de forma preocupante, não referem, ainda, o acórdão *Airtours/First Choice*, limitando-se a enunciar o seu entendimento relativamente ao desenlace dos processos *Gencor* e *Compagnie Maritime Belge*. Conclui-se, no entanto, nestas Orientações que estarão em causa unicamente eventuais efeitos coordenados. Conforme aí se refere: *"na avaliação ex ante da possível existência ou emergência de um mercado que é ou poderia ser propício a uma dominância conjunta na forma de coordenação tácita, as ARN deveriam analisar: a) Se as características do mercado são conducentes a uma coordenação tácita, e (b) Se tal forma de coordenação é sustentável, ou seja: i) se algum dos oligopolistas tem capacidade e incentivos para se desviar do comportamento coordenado, tendo em conta a aptidão e os incentivos para retaliação por parte dos que não se desviam desse comportamento e ii) se os compradores/concorrentes marginais/potenciais novos operadores têm capacidade e incentivos para desafiar qualquer comportamento coordenado anticoncorrencial"*[1097].

No entanto, e uma vez que existe uma efectiva ligação entre a doutrina administrativa da Comissão referente à política de concorrência e de regulação de mercados, não será de estranhar uma eventual extensão da teoria dos efeitos unilaterais justaposta nas *Orientações de 2004 relativas às Concentrações Horizontais* à presente temática.

E esse risco é mais do que aparente. As autoridades reguladoras nacionais não tardaram a proceder a essa extensão.

[1097] Para. 96 das *Orientações* citadas. No parágrafo 99 reforça-se essa posição de limitação à teoria dos efeitos coordenados: *"num mercado oligopolístico em que a maioria, senão mesmo a totalidade, dos critérios supramencionados se encontram reunidos, deverá ser determinado se, em particular os operadores de mercado possuem um forte incentivo para convergirem para um comportamento coordenado no mercado, em detrimento de um comportamento concorrencial. Esta situação verifica-se quando os benefícios a longo prazo resultantes de um comportamento anticoncorrencial compensam plenamente quaisquer vantagens a curto prazo resultantes do recurso a um comportamento concorrencial"*.

A título de exemplo, a *Commission for Communications Regulation*, da República da Irlanda, publicou em 9 de Dezembro de 2004 o Relatório n.º 04/118, referente à análise do mercado do acesso grossista e de originação de chamadas no sector das telecomunicações móveis[1098], onde, utilizando uma argumentação indiscriminadamente assente na teoria dos efeitos coordenados e não-coordenados, conclui pela formação de um oligopólio, gerador de múltiplas insuficiências ao nível da concorrência que, na sua óptica, só poderiam ser sustidas com o desenvolvimento de medidas reguladoras de correcção: *(i) a obrigação dos operadores de permitir o acesso às infra-estruturas de comunicações móveis por terceiros; ii) a obrigação de acesso não discriminatório; iii) a imposição de estabelecimento de preços de acesso com uma orientação para os custos; iv) a obrigação de realização de separação contabilística.*

Esta iniciativa demonstra uma tendência que poderá originar uma vertigem regulatória totalitária já que os critérios subjacentes à teoria dos efeitos não-coordenados serão utilizados para justificar a imposição de medidas regulatórias de correcção estrutural e comportamental *ex ante,* mesmo na ausência de qualquer alteração estrutural de mercado resultante de uma operação de concentração.

Se, ao invés, essa tendência não vingar, e atendendo ao estado actual de ciência, iremos depararmo-nos com uma situação relativamente ambígua: as apreciações assentes em lógicas *ex ante,* apesar de duvidosas e meramente probabilísticas, utilizarão os critérios maximalista da teoria dos efeitos unilaterais; por sua vez, as apreciações assentes em lógicas *ex post,* mais concretas e ajustadas à realidade limitar-se-ão à aplicação dos critérios, mais pesados, decorrentes da teoria dos efeitos coordenados.

Esta divergência não faz o menor sentido. Em tese, a solução ideal seria precisamente a inversa. As apreciações *ex ante* deveriam assentar unicamente em previsões fundadas e incontroversas de exercício futuro de equilíbrios oligopolistas coordenados, de aferição facilitada, deixando de parte qualquer prognose relativa à racionalidade individual não-cooperativa dos agentes económicos.

[1098] www.comreg.ie

Por seu lado, as apreciações *ex post* poderiam assentar numa prova menos exigente dado que os elementos demonstrativos dos efeitos nefastos na óptica concorrencial já se teriam manifestado, o que permitiria às autoridades de controlo concorrencial uma efectiva comparação entre a situação concorrencial no mercado no momento anterior e no momento presente, permitindo a consubstanciação do conceito de abuso de posição dominante pelas duas vias possíveis: i) a demonstração de comportamentos oligopolísticos não-coordenados efectivamente verificados; ii) a demonstração de comportamentos oligopolísticos coordenados efectivamente verificados.

Caso contrário, uma análise *ex ante* que implique uma penalização por via dos efeitos não-coordenados assentará fatalmente num exercício de prognose futura de mera tendência já que, com os actuais meios de modelação económica, nunca poderá existir um grau de certeza absoluta relativamente ao exercício futuro de um equilíbrio oligopolista não-coordenado.

A análise dos efectivos comportamentos dos agentes presentes no mercado é fundamental. Relembre-se que o desvalor jurídico não impende sobre a detenção da posição dominante, mas sim sobre o uso abusivo dessa posição privilegiada no mercado.

Infelizmente, esta questão, ao contrário da anterior, ainda não se encontra suficientemente tratada pela jurisprudência comunitária.

Este défice de tratamento jurídico não é de estranhar. Tomando em consideração a imaterialidade conceptual subjacente, assente basicamente em presunções de comportamento abusivo com base na realidade estrutural dos mercados[1099], qualquer esforço no sentido da identificação típica de comportamentos abusivos é extraordinariamente complicado.

Assim, a utilização da teoria dos efeitos não-coordenados em apreciações *ex ante* do foro concorrencial – *controlo de concentrações*

[1099] Nos termos da doutrina já constituída ao nível da aplicação do *Regulamento das Concentrações*, as decisões da Comissão assentam invariavelmente num juízo de prognose futura acerca do comportamento eventual das empresas considerando a estrutura típica do mercado relevante. A proibição de uma acção de concentração baseia-se, muitas vezes, na simples constatação de que as condições futuras do mercado resultantes da operação em causa facilitariam o eventual desenvolvimento futuro de comportamentos anticoncorrenciais. A acção assenta, pois, num pressuposto de prevenção atendendo às condições estruturais de mercado e não em qualquer comportamento realmente desenvolvido.

– ou do foro regulatório – *poder de mercado significativo conjunto* – consubstanciará, na prática, uma penalização *in periculum* cujos efeitos ao nível da eficiência económica são, como não poderia deixar de ser, extremamente duvidosos, tanto mais quando nos sectores em rede, na inexistência de uma estrutura organizada em monopólio natural, estes estarão tipicamente organizados segundo um modelo oligopolísticos.

Nestas condições, os agentes que actuam nos diversos segmentos da rede tomam inevitavelmente em consideração nas suas acções as opções tomadas pelos restantes parceiros no mercado em causa. A coligação involuntária, ou não-cooperativa, não só é inevitável como é estrutural, decorrendo necessariamente das relações de compatibilidade que se desenvolvem entre os diversos segmentos componentes e os diferentes serviços que são prestados com base nestes.

Pelo exposto, e perante precedentes que apontam no sentido da realização de análises simplistas na determinação de mercados relevantes e de quotas de mercado relativas, a aplicação da teoria dos efeitos não-coordenados no controlo de concentrações realizadas em sectores em rede e na justificação da imposição de medidas regulatórias de correcção de mercados implicará inapelavelmente a realização de um juízo negativo omnipresente relativamente a esta forma estrutural de organização de mercado, que, conforme se demonstrou, é imanente ao próprio conceito de sector em rede.

Consequentemente, se não existir uma alteração do posicionamento das autoridades concorrenciais e de regulação, não só nenhuma concentração será no futuro incondicionalmente aprovada, como ocorrerá uma tendência quase irresistível para o desenvolvimento de uma sobre-regulação já que, de acordo com os critérios expostos, em todos os sectores em rede oligopolísticamente organizados existirá um perigo efectivo de desenvolvimento de equilíbrios não-coordenados, sendo irrelevante para a imposição das medidas regulatórias que estes se efectivem.

No limite, isso nunca se saberá já que a regulação prévia supostamente os impedirá (*falácia regulatória*). Nunca se saberão, igualmente, quais os custos em sede de bem-estar dessa política de prevenção num ambiente em permanente mutação e onde qualquer previsão, por mais sustentada e completa, é inapelavelmente falível.

Relembre-se, ainda, que nos encontramos num campo de intensa concorrência entre as entidades reguladoras e as entidades concorrenciais. De facto, se a teoria dos efeitos unilaterais for acolhida para justificar a imposição de medidas regulatórias de correcção em determinados mercados já não existirá justificação para o impedimento de uma operação de concentração nos mesmos – o mercado é regulado, não havendo risco de desenvolvimento de equilíbrios não-coordenados – nem para a verificação de abusos de posição dominante, pelas mesmas razões.

No limite poderá mesmo dizer-se que a regulação do mercado será tanto mais eficiente quanto menor for o número de agentes presentes no mercado.

Esta orientação política é totalmente incorrecta já que parte de um princípio que não corresponde à realidade actual.

Esse enviesamento doutrinário resulta dos seguintes factores: i) incompreensão dos mecanismos de funcionamento dos sectores em rede (*e.g.* compatibilidade, economias do lado da oferta e do lado da procura, interoperabilidade); ii) incompreensão dos modelos de concorrência dinâmica de luta pelo mercado e de permanente diferenciação dos produtos (principalmente nas redes virtuais); iii) não aceitação do modelo oligopolístico como modelo típico de organização dos sectores em rede.

Neste enquadramento, a teoria dos efeitos não-coordenados, e dadas as suas características particularmente difusas e voláteis, só poderá ser utilizada para fundamentar juízos *ex post*, mas nunca *ex ante*. De facto, só no momento posterior à concretização do equilíbrio oligopolista não-coordenado é que se saberá com todo o grau de certeza que ocorreu um dano concorrencial efectivo.

Assim, e no limite, a teoria dos efeitos não-coordenados só deverá ser aplicada na substancialização do conceito de abuso e nunca como fundamento para a imposição de medidas preventivas, sem nunca se esquecer as particularidades próprias dos sectores em rede, nomeadamente a sua tendência para a organização natural segundo um modelo de oligopólio.

4. Considerações relativas à teoria dos efeitos coordenados nos sectores em rede

Perante as dificuldades de implementação da teoria dos efeitos não-coordenados (na Europa, face aos problemas dogmáticos, e nos Estados Unidos, pela limitação jurisdicional consubstanciada no acórdão referente ao processo *U.S v. Oracle*) não será de estranhar que a teoria dos efeitos coordenados adquira uma especial proeminência nos métodos de análise concorrencial[1100].

E, como não poderia deixar de ser, a tipologia estrutural oligopolística dos sectores em rede e a sua metodologia de funcionamento constituem um campo fértil para a sua aplicação.

Do ponto de vista da política da concorrência, a questão fulcral que se coloca no momento da análise de um mercado com uma elevada concentração de produtores[1101], consiste em se saber se exis-

---

[1100] Cfr., e.g., C. James, *Rediscovering Coordinated Effects*, !3 de Agosto de 2002 (www.://www.usdoj.gov/atr/public/speeches/200124.htm); W. Kolasky, *Coordinated Effects in Merger Review: From Dead Frenchmen to Beautiful Minds and Mavericks*, 24 de Abril de 2002 (www.://www.usdoj.gov/atr/public/speeches/11050.htm); J. Baker, "*Mavericks, Mergers and Exclusion: Proving Coordinated Competitive Effects Under Antitrust Laws*", New York University Law Review, 77, 2002, págs. 139 e 140.

[1101] Assim, numa situação de duopólio em que, contrariamente às assumpções aplicadas num modelo de Cournot ou de Stackelberg, as duas firmas tenham reconhecido a sua interdependência mútua, a interacção entre elas resultará ou numa concertação ou numa concorrência oligopolística. No caso normal de concertação pelos preços/quantidade, cada firma terá uma quota-parte estabelecida no mercado, e poderá vender o equivalente a essa quota, a qualquer preço que estabeleça, dentro das margens da elasticidade da procura, pelo que o incentivo aos fornecedoras para se comportarem conjuntamente como se tratassem de um único monopolista é óbvio. Cada firma desejará a fixação de um determinado preço que satisfaça o requisito do rendimento marginal ser equivalente ao custo marginal. Se todas as firmas tiverem uma estrutura de custos e de procura idêntica, então o preço do mercado será o desejado. Então, se os duopolistas acordarem numa acção concertada, eles irão acordar as quantidades de bens oferecidas, da mesma forma que um monopolista o faria (para uma perspectiva gráfica desta realidade cfr. E. Kantzenbach, E. Kottmann e R. Kruger, cit., págs. 21-23). Se é uma realidade insofismável que os duopolistas maximizam os seus lucros pela concertação, pois essa é a conduta óbvia da racionalidade colectiva das firmas individualmente consideradas, também é inegável que numa perspectiva agregada, estas condutas colectivas têm efeitos nefastos na eficiência económica global, pois levam a perdas de bem--estar, em termos distributivos, e conduzem a subutilizações da capacidade produtiva, gerando ineficiências técnicas. Mas mesmo que as firmas fixem um preço inferior, ainda existirá incentivo para essa concertação, pois o risco de instabilidade do mercado será significativamente

tirá um pequeno grupo deste tipo de agentes com uma elevada quota do mercado, cuja actuação, por si só, é susceptível de restringir a concorrência[1102].

---

reduzido. Ou então, se a quota de mercado estiver delimitada, poderá ser racionalmente aconselhável à firma individualmente considerada, utilizar a sua máxima capacidade de produção, o que elevará os seus lucros, mas, como se disse, a um preço inferior ao da concertação, fazendo "batota". Nota-se que o termo "batota" não tem necessariamente uma conotação negativa, uma vez que esta prática concorrencial terá efeitos benéficos no nível de bem-estar económico global do mercado, podendo mesmo afirmar-se que a "batota" reduz tanto mais as perdas de bem estar, quanto o preço praticado pelo "batoteiro" se aproxima do ponto de equilíbrio de Cournot, verificando-se um aumento sucessivo de eficiência.

[1102] Cfr., J. Baker, *"Two Sherman Act Section 1 Dilemmas: Parallel Pricing, the Oligopoly Problem, and Contemporary Economic Theory"*, in Antitrust Bulletin, Vol. 38, n.º 1 (1993) págs. 143-219; J. Baker e T. Bresnahan, *"The Gains from Merger or Collusion in Product-Differentiated Industries"* in Journal of Industrial Economics, Vol. 23, n.º 4 (1985), págs. 427-444; T. Bresnahan, *"Empirical Studies of Industries with Market Power"* in R. Schmamensee e R. Willig (eds.), Handbook of Industrial Organization, Vol. II, Amesterdão (1989), págs. 1011-1057; M. Chang, *"The Effects of Product Differentiation on Collusive Pricing"* in International Journal of Industrial Organization, Vol. 9 (1991), págs. 453-469; D. D´Aspremont e J. Gabszewicz, *"On the Stability of Collusion"* in J. Stiglitz e G. Mathewson (eds.), New Developments in the Analysis of Market Structure*, Londres (1986), págs. 243-261; I. Domowitz, *"Oligopoly Pricing: Time-varying Conduct and the Influence of Product Durability as an Element of Market Structure"* in G. Norman e M. La Manna (eds.), The New Industrial Economics, Aldershot (1992), págs. 214-235; J. Friedman, *"Oligopoly Theory"*, Cambridge, (1983); J. Friedman e J. Thisse, *"Partial Collusion Fosters Minimum Product Differentiation"* in Rand Journal of Economics, Vol. 24, n.º 4 (1993), págs. 631-645; D. Ginsburg, *"Nonprice Competition"* in Antitrust Bulletin, Vol. 38, n.º 1, págs. 83-111; E. Green e R. Porter, *"Non Cooperative Collusion under Imperfect Price Information"* in Econometrica, Vol. 52, n.º 1 (1984), págs. 87 a 100; F. Gul, *"Noncooperative Collusion in Durable Goods Oligopoly"* in Rand Journal of Economics, Vol. 18, n.º 2, págs. 248-254; A. Jacquemin, *"Sélection et Pouvoir dans la Nouvelle Economie Industrielle"*, Louvain-la-Neuve/Paris, (1985); Idem, *"Colusive Behaviour, R & D and European Policy"* in M. Baldassarri (eds.), Oligopoly and Dynamic Competition, Londres (1992), págs. 203-230; A. Jacquemin e M. Slade, *"Cartels, Collusion, and Horizontal Merger"* in R. Schmalensee e R. Willig (eds.) Handbook of Industrial Organization, Vol. 1, Amesterdão, págs. 415 a 473; T. Jorde e D. Teece, *"Innovation and Cooperation: Implications for Competition and Antitrust"* in Journal of Economic Perspectives, Vol. 4, n.º 3 (1990), págs. 75-96; W. Kovacic *"The Identification and Proof of Horizontal Agreements under the Antitrust Laws"* in Antitrust Bulletin, Vol. 38, n.º 1 (1993), págs. 5 a 81; V. Lambson, *"Aggregate Efficiency, Market Demand, and the Sustainbility of Collusion"* in International Journal of Industrial Organization, Vol. 6 (1988), págs. 263 a 271; W. Macleod, G. Norman e J. Thisse, *"Competition, Tacit Collusion and Free Entry"* in Economic Journal, Vol. 97 (1987), págs. 189-198; L. Phlips,

Repare-se que esta situação não é qualificável como oligopolista no sentido clássico, uma vez que para tal qualificação ser plenamente operacional deveria haver simplesmente um pequeno número de agentes do lado da oferta, o que poderá não acontecer nos sectores em rede.

Tendo em consideração uma possível alteração do conceito de "poder de mercado", assistimos a uma renovação do conceito de oligopólio, aplicável igualmente a uma situação de existência de um pequeno grupo de empresas num mercado dotadas de um poder "exorbitante" decorrente do "domínio colectivo" exercido e que lhes permite levar a cabo alterações perceptíveis nas condições de venda. Nestes termos, já não será necessária a existência de um pequeno número absoluto de agentes no mercado, *tout court*, mas a concentração em poucos agentes, mesmo que estes existam em grande número em termos absolutos, da maior parte da quota do mercado. Tal é possível atendendo às exterioridades de rede presentes nesse sector económico.

Conforme se demonstrou, as condições estruturais dos sectores em rede são propícias ao desenvolvimento de jogos repetidos, uma vez que a interacção entre os diversos agentes no mercado assenta num modelo de continuidade tendendo para o infinito. Tal é particularmente verdadeiro nas redes físicas bem como em redes virtuais que assentam numa infra-estrutura de telecomunicações.

Neste tipo de redes, as condições estruturais são particularmente tolerantes ao desenvolvimento de interacções repetidas entre os diversos agentes presentes no mercado. Nestes casos, encontram-se reunidas todas as condições necessárias ao desenvolvimento de coligações estáveis: (1) o número de agentes presente no mercado é muito limitado, estando a quota de mercado normalmente bastante concentrada em empresas dominantes; (2) existem barreiras significativas à entrada, pelo que a concorrência potencial de curto prazo é extraordinariamente limitada; (3) assentando os sectores em rede

---

"Parallélisme de Comportements et Pratiques Concertées" in Revue d´Économie Industrielle, Vol. 63, 1.º trimestre (1993), págs. 25-44; D. Reitman, *"Partial Ownership Arrangements and the Potential for Collusion"* in Journal of Industrial Economics, Vol. 42, n.º 3 (1994), págs. 313-322; T. Ross, *"Cartel Stability and Product Differentiation"* in International Journal of Industrial Organization, Vol. 10, n.º 1 (1992), págs. 1 a 13.

numa lógica de produção conjunta, os detentores dos diversos segmentos infra-estruturais ou os produtores dos diversos serviços prestados sobre o mesmo segmento terão necessariamente de interagir repetidamente, de forma paciente (a remuneração dos capitais investidos implica operações de longo prazo, o que facilita o desenvolvimento de punições a condutas desviantes) e tolerante, já que o próprio funcionamento eficiente da rede disso depende; (4) as condições de mercado são necessariamente estáveis, sendo os níveis de inovação e de incerteza relativamente reduzidos (isto é particularmente verdadeiro nos mercados da energia e dos transportes); (5) os concorrentes, operando no mesmo segmento de mercado, são necessariamente simétricos, ocorrendo uma enorme transparência qualitativa relativamente aos produtos produzidos (a compatibilidade a isso obriga) e nas práticas concorrenciais dos mercados.

No caso particular das telecomunicações, a inovação é particularmente intensa, o que poderia, à primeira vista, retirar o sector do âmbito dos sectores em que tipicamente poderão ocorrer coligações tácitas. No entanto, esse nível intenso de inovação é relativamente atenuado pela prévia normalização das inovações tecnológicas e pela necessária compatibilidade e interoperabilidade dos sistemas. Por outro lado, recorde-se que a existência de exterioridades de rede amplia o poder de mercado detido pelas empresas com maior quota de mercado, tornando-o ainda mais concentrado em termos reais.

No caso das redes virtuais, as condições de mercado são bastante variáveis atendendo à diversidade das mesmas. No entanto, dado o desenvolvimento sucessivo de mecanismos de concorrência monopolística em determinados segmentos de rede, com a criação de produtos que, apesar de diferenciados, são compatíveis entre si, poderão facilmente reproduzir-se, nestes sectores, as condições acima identificadas e que tornam provável o desenvolvimento de coligações nos sectores em rede físicos.

A análise da prática das autoridades concorrenciais, na óptica da teoria dos efeitos coordenados, adquire uma particular acuidade[1103].

[1103] M. Ivaldi, B. Jullien, P. Rey, P. Seabright e J. Tirole *The Economics of Tacit Collusion, Report for DG Competition, European Commission*, (IDEI, Toulouse), 2003. (http://europa.eu.int/comm/competition/mergers/review/the_economics_of_tacit_collusion_en.pdf).

Analisar-se-á, de seguida, a fenomenologia da coligação tácita na estrita óptica do equilíbrio oligopolístico coordenado. Nesta perspectiva, identificar-se-ão as condições que estruturalmente a condicionam, numa óptica de racionalidade colectiva maximizadora de eventuais rendas monopolísticas disponíveis. No entanto, e como não poderia deixar de ser, a análise assenta unicamente num juízo de probabilidade[1104], no entanto, bastante mais precisa que a análise de efeitos não-coordenados.

A tipologia expositiva adoptada – sistema de listagem – deriva das próprias opções administrativas, dado que as autoridades são muito propensas à utilização de listas pretensamente objectivas.

Assim, ainda que originariamente tivesse um intuito meramente analítico (para análise administrativa nas acções de investigação em sede de artigo 82.º e controlo de concentrações), a prática da listagem de verificação ("*check-list*"), adquiriu, supervenientemente, um conteúdo indiciador (que justificou a inclusão substancial nas linhas de orientação comunitária relativas às concentrações horizontais), mas que se metamorfoseia rapidamente, adquirindo as vestes de um verdadeiro quadro de referência para julgamentos sumários em sede de regulação sectorial[1105].

Dada a proeminência desta metodologia, optou-se por efectuar uma análise sumária dos factores comummente utilizados pelas autoridades administrativas e que, no seu entender, propiciam o desenvolvimento de domínio colectivo, correspondente à situação económica de oligopólio coordenado por via de coligação tácita ou implícita.

[1104] Cfr. P. Areeda, H. Hovenkamp e Solow, *Antitrust Law*, Vol. IV, rev., cit, para. 916.a.

[1105] A irresistível tendência para a formulação de *check-lists* contaminou o legislador comunitário (v.g. Directiva Quadro das Telecomunicações Electrónicas, cit., anexo II), as autoridades comunitárias e norte-americanas de controlo da concorrência (v.g., as diversas Orientações relativas a controlo de concentrações horizontais) bem como a doutrina (cfr. P. Nihoul e P. Rodford, *EU Electronic Communications Law*, cit., págs. 305 a 341; .P. Rey, *Collective Dominance and the Telecommunications Industry*, cit., págs. 6 a 20; A. Anderson, *Collective Dominance in E.C. Merger Control: An Analysis of Legal and Economic Arguments*, Gotemborg Universitet, 2001, págs. 42 e segs.; C. Olsson, *Collective Dominance – Merger Control on Oligopolistic Markets*, Gotemborg Universitet, 2001, págs. 23 e segs. No entanto, e por todos, e comparando o sistema alemão, comunitário e norte-americano, T. Kaeseberg, *Coordinated Effects and Collective Dominance – A Comparison of German, EC and U.S. Merger Control*, working paper, Humboldt-University Berlin, 2003, págs. 19 e segs.).

4.1. Elementos Essenciais para a Implementação e Manutenção de Coligações Tácitas – óptica dos efeitos coordenados

Apesar de todos os desentendimentos doutrinários a este respeito, e das próprias disfunções naturais na aplicação dos conceitos económicos a realidades jurídicas distintas, existe uma relativa unanimidade na recondução dos efeitos coordenados – conceito eminentemente jurídico – à realidade económica da coligação tácita ou implícita, decorrente de situações de equilíbrio oligopolista cooperativo.

No entanto, devem efectuar-se duas ressalvas: em primeiro lugar, o conceito de *efeitos coordenados*, actualmente aplicado à generalidade das situações concorrenciais, deriva directamente do controlo de concentrações, tendo, por isso um lastro doutrinário próprio e que muitas vezes é inaplicável às novas situações abrangidas; em segundo lugar, a doutrina comunitária e a doutrina norte-americana divergem do que se entende por efeitos coordenados.

Neste lado do Atlântico, reconduz-se este conceito à identificação da coligação tácita *tout court*, na óptica do domínio colectivo ou conjunto cooperativo não formal. Nos Estados Unidos, por sua vez, entende-se como efeitos coordenados todos os factores que propiciam ao desenvolvimento de coligações quer tácitas, quer expressas[1106].

A origem da doutrina dos efeitos coordenados deriva, como foi referido, do controlo de concentrações. A sua aplicação visa a análise prospectiva das condições de mercado posteriores à ocorrência da operação, nomeadamente, a possibilidade acrescida de desenvolvimento de equilíbrios oligopolísticos cooperativos no mercado em causa.

É neste enquadramento que se deverá entender o disposto nos parágrafos 40 a 69 das *Orientações de 2004*, que tentam clarificar o ponto de vista da Comissão Europeia a este respeito[1107]. No entanto,

---

[1106] Cfr. *US Horizontal Guidelines*, 1992 (versão de 1997) (www.usdoj.gov/atr/public/guidelines/hmg.htm), sec. 2.1.

[1107] O Tribunal de Primeira Instância tem revelado um enorme grau de exigência na prova dos "*efeitos coordenados*". Assim, no seu acórdão, de 6 de Junho de 2002, relativo ao processo T-342/99, *Airtours vs. Comissão*, anulou a decisão da Comissão (Decisão da Comissão relativa ao processo IV/M.1524, *Airtours/First Choice*, 2000, JO L 93/1), dado que, no seu entender, uma operação não poderia ser bloqueada utilizando-se unicamente o

as análises prospectivas implicam necessariamente a análise das condições presentes. E, nestas circunstâncias ocorre, inevitavelmente, uma irresistível tendência para a apreciação normalizada dos procedimentos de análise[1108].

Por outro lado, e no limite, poderá mesmo concluir-se que a adopção multilateral de *práticas de facilitação* – utilizando-se a terminologia norte-americana – consubstancia uma verdadeira prática concertada para efeitos de aplicação do artigo 81.º do Tratado. De facto, nestas situações, a acção restritiva só poderá ser bem sucedida se for adoptada pela totalidade dos agentes oligopolistas e, em consequência, existirá uma verdadeira prática concertada na adopção deste tipo de mecanismos[1109]. No entanto, será sempre necessário averiguar se o que se entende por anticoncorrencial não será na realidade uma componente estrutural do mercado em rede.

Não será de afastar a aplicação do artigo 82.º do Tratado quando a adopção da prática de facilitação revestir uma natureza meramente unilateral mas que seja fundamental para a manutenção do equilíbrio cooperativo. Curiosamente, nem as instâncias administrativas, nem

---

fundamento de que ocorreria uma redução do número de operadores num mercado oligopolista ou de que nesse mercado todos os agentes interagem reciprocamente tomando em consideração as acções dos concorrentes. Actualmente, nestes casos, as obrigações de produção de prova a cargo da Comissão são bastante mais pesadas. Cfr. Decisão da Comissão relativa ao processo IV/M.1016, *Price Waterhouse/Coopers & Lybrand*, 1999, (JO L50/27) onde a Comissão reconheceu (para. 104) que o seu ónus da prova se encontrava bastante mais reforçado na sequência do acórdão relativo aos processos conjuntos C-68/94 e C-30/95, *França vs. Comissão*, (Colectânea I, 1998, págs. 1375 e segs.). Apesar disto, o Tribunal de Primeira Instância refere no seu acórdão relativo ao processo T-5/02, *Tetra Laval BV vs. Comissão*, de 25 de Outubro de 2002, que na ausência de modelos económicos exactos, a Comissão pode actuar com base numa análise probabilística. Ora, daqui resulta um recuo relativo ao nível da exigência já que os indícios poderão sustentar o início de uma investigação *ex post* mas não uma acusação e, muito menos, uma condenação, ambas sustentadas em apreciações *ex ante*.

[1108] No acórdão do Tribunal de Primeira Instância relativo ao processo T-342/99, *Airtours vs. Comissão*, para .62, refere-se que a coordenação depende da reunião de três factores essenciais: i) vigilância mútua eficaz relativamente às adesões cooperativas e à detecção de eventuais fraudes; ii) existência de mecanismos retaliatórios eficazes; iii) incapacidade de afectação da estabilidade cooperativa por via de acções de terceiros (concorrentes actuais, potenciais e consumidores).

[1109] No mesmo sentido P. Areeda, *Antitrust Law*, 6, Little, Brown and Company, Bóston, 1986, 29, ¶ 1407b., págs. 239 e 240.

as instâncias jurisdicionais têm explorado esta via de análise apesar da aparente possibilidade de desenvolvimento deste tipo de condutas abusivas anticoncorrenciais tendo em vista o reforço de uma posição dominante colectiva já existente.

Nestes termos, em mercados oligopolistas onde o nível de transparência seja elevado, a adopção unilateral de práticas de facilitação poderá reforçar a disciplina colectiva que permite o equilíbrio coordenado (quer na perspectiva da implementação, quer na de controlo e punição). No entanto, a sua aplicação deverá ser afastada sempre que seja demonstrada uma razão justificativa de índole objectiva para o desenvolvimento dessa prática.

Efectuadas estas ressalvas, analisar-se-ão de seguida os elementos essenciais que normalmente são identificados como constituindo a base para a criação e estabilização de equilíbrios oligopolistas coordenados, efectuando a necessária ponderação tendo em vista a sua adaptação aos condicionalismos estruturais dos sectores em rede.

4.2. *Oferta Concentrada e Estabilizada*

Conforme tem sido sucessivamente referido, atendendo às significativas economias presentes nos sectores em rede, não será de estranhar que a grande maioria dos mercados se organize num modelo oligopolista. Tal implica, inevitavelmente, um elevado grau de concentração no mercado que, aliás, constitui a base de toda a teoria desenvolvida, quer em sede de efeitos não-coordenados, quer em sede de efeitos coordenados.

É, hoje, relativamente unânime na doutrina económica a identificação de uma situação como oligopolista se o *Indice Herfindahl-Hirschman* (IHH)[1110] num determinado mercado relevante ultrapassar

---

[1110] A ciência económica demonstrou permanentemente uma especial preocupação na criação de indicadores objectivos que permitissem medir a intensidade da concentração económica num determinado mercado. Nestas condições, e a menos que se adopte uma posição eminentemente "estruturalista" a simplicidade é antagónica da fiabilidade, dado que a realidade económica é demasiado complexa para se inserir num modelo econométrico extremamente simplificado. Assim, e relembrando a sua relevância meramente indiciária, e desde a sua primeira utilização oficial nas *Merger Guidelines* norte-americanas de 1984, o valor de 1000. Abaixo desse valor, quer as *Horizontal Merger Guidelines* norte-americanas de 1992, quer as *Orientações para a Apreciação das Concentrações Horizontais nos termos do Regulamento do Conselho Relativo ao Controlo das Concentrações de Empresas* de 2004[1111], consideram improvável a existência de quaisquer efeitos concorrenciais adversos[1112].

---

o IHH tem-se salientado perante os demais indicadores (*v.g.*, o índice de concentração dos 2, 4 ou mais maiores produtores, denominados índices CR2, CR4, ou CRx respectivamente) como o critério mais utilizado pelas instâncias concorrenciais na medição da intensidade concorrencial dos mercados. O seu método operacional assenta na soma dos quadrados das quotas de mercado detidas por todos os agentes produtores presentes no mercado. Assim, se num mercado relevante existirem 4 agentes no lado da oferta com A=40, B=30, C=20 e D=10, o IHH será de 1600+900+400+100, ou seja, 3000. Ao contrário dos restantes critérios, o IHH pondera de forma muito sensível quer a posição de mercado detida por empresas com uma elevada quota de mercado, quer os efeitos de concentrações. Por exemplo, e para demonstrar este último caso, se os agentes C e D se fundissem, passariam a deter um quota de 30. Ora, nestas condições o IHH daquele mercado passaria a ser de 1600+900+900, ou seja, 3400, sendo o *delta* resultante da concentração de 400 (diferença entre o IHH prévio de 3000 e o IHH posterior de 3400). Cfr., numa análise comparativa entre os diversos índices, P. Areeda, H. Hovenkamp e J. Solow, *op. cit.*, vol. IV, ed. revista, págs. 133 a 167.

[1111] *JO n.º C 31/5 de 5 de Fevereiro de 2004.*

[1112] No entanto, como temos vindo a defender, deverá ser entendido que quer as orientações norte-americanas, quer as comunitárias têm um efeito meramente presuntivo. No entanto, o seu conteúdo diverge significativamente. Nos termos das orientações comunitárias de 2004, é também pouco provável que a Comissão identifique preocupações em termos de concorrência de tipo horizontal numa concentração com um IHH, após a concentração, situado entre 1000 e 2000 e com um delta inferior a 250, ou numa concentração com um IHH, após a concentração, superior a 2000 e com um delta inferior a 150, excepto quando se verificam circunstâncias especiais como, por exemplo, um ou mais dos seguintes factores: a) uma concentração que envolva um concorrente potencial que entre no mercado ou um concorrente recente com uma quota de mercado reduzida; b) uma ou mais das partes na concentração são inovadores importantes e este facto não está reflectido nas quotas de mercado; c) existência de participações cruzadas significativas entre os participantes no mercado; d) uma das empresas na concentração é uma empresa "dissidente", existindo grandes probabilidades de perturbar o comportamento coordenado; e) indícios de existência de coordenação passada ou presente ou de práticas que a facilitam; f) uma das partes na concentração possui uma quota de mercado anterior à concentração igual ou superior a 50%. Por seu lado, as orientações norte-americanas de 1992 estabelecem cinco situações típicas adicionais à citada: 1) se o IHH posterior à operação de concentração se situar entre os 1000 e os 1800, e o delta for inferior a 100, então também não existirão motivos para desenvolver uma investigação; 2) se, na situação anterior, o delta for superior a 100, então poderão existir alguns efeitos potenciais adversos que justificam uma investigação; 3) se o IHH

Nem mesmo este referencial IHH de 1000 poderá ser considerado um *"porto seguro"*, atentas as condições típicas de alguns sectores em rede. Por exemplo, no sector da electricidade, Steven Stoft demonstra que mesmo com valores dessa natureza, em determinadas condições de mercado o produtor poderá exercer um significativo poder de mercado. Tal possibilidade decorre da extrema rigidez da procura de electricidade no curto prazo, que permitirá a fixação de preços até 100 vezes superiores ao custo marginal, se os concorrentes actuarem nos termos do modelo de Cournot[1113]. A elasticidade da procura será, portanto, um factor a considerar na demonstração dos níveis de concentração dos mercados.

Uma qualquer análise que pondere unicamente o lado da oferta é, inevitavelmente, falaciosa. Note-se que, para além da análise das condições da procura, também as metodologias de contratação e a extensão geográfica dos mercados têm um papel determinante na definição da intensidade do poder de mercado de um agente económico. Assim, e somente a título de exemplo, a utilização de derivados (futuros e opções) têm como efeito a redução dos níveis de poder de mercado já que a possibilidade de definição das condições de médio ou longo prazo impede o exercício abusivo de condutas nefastas à concorrência no curto prazo.

Na perspectiva geográfica, a intensidade de IHH depende obviamente do mercado relevante que seja considerado. Os valores serão bastante diferentes quer se tome em consideração a escala nacional, a escala comunitária ou a escala mundial.

Relembre-se, para este efeito, que as redes mais importantes (telecomunicações e distribuição informática assente em comunicações electrónicas) têm um alcance mundial, apesar das instâncias

---

posterior à operação de concentração for superior a 1800, e o delta resultante for inferior a 50, então também não existirão motivos para desenvolver uma investigação; 4) se, na situação anterior, o delta resultante se situar entre os 50 e os 100, então poderão existir alguns efeitos potenciais adversos que justificam uma investigação; 5) finalmente, se o delta na situação descrita em 3) for superior a 100, então presumir-se-á que existe a criação ou reforço de poder de mercado. Esta presunção poderá ser elidida demonstrando-se que nas condições estruturais de mercado em presença, o exercício desse poder de mercado se torna improvável.

[1113] Cfr. Steven Soft, *Power System Economics – Designing Markets for Electricity*, IEEE Press, 2002, pág. 358.

aplicadoras do direito (regulador e da concorrência) terem uma tendência irresistível para uma definição mais reduzida do seu âmbito de extensão espacial.

Esta é uma questão extremamente complexa. A quota de mercado detida por um determinado agente não constitui senão um mero indício das medidas das suas possibilidades na formatação das condições de negociação no mercado em que opera. No entanto, quer o legislador (com a aprovação de legislação que contenha a definição percentual do que se considera como posição dominante: *e.g.* a legislação alemã), quer as autoridades concorrenciais (com o recurso a instrumentos de *soft law*: *v.g.* as denominadas "*Orientações*"), quer a própria doutrina[1114], tendem, por razões de simplificação, a considerar estas percentagens como provas irrefutáveis de domínio de mercado, obnubilando o seu fundamento inicial meramente indiciário[1115].

Obviamente que quanto maior for o nível de concentração no mercado mais facilmente poderão ser desenvolvidas coligações. No entanto, tal não significa que se proceda a análises estruturais simplificadas do mercado na presença de um elevado grau de concentração do mesmo, já que cada caso é único, diferenciando-se de todos os demais.

[1114] Consultar, e.g., R. Selten, "*A Simple Model of Imperfect Competition Where Four are Few and Six are Many*", International Journal of Game Theory, 2, 1973, págs. 141 a 201; T. Kaeseberg, *Coordinated Effects and Collective Dominance – A Comparison of German, EC and US Merger Control, working paper*, Humboldt-University Berlin, 2003, pág. 40.

[1115] Reduzir o problema do oligopólio à sua vertente numérica é uma tentação simplificadora quase irresistível. No entanto, essa redução poderá encobrir a verdadeira questão jusconcorrencial. A questão do número de produtores presentes no mercado é, de facto, importante. Porém, o que é verdadeiramente essencial é a forma como os mesmos produtores exercem o seu poder no mercado bem como o seu dinamismo. É esse poder de mercado, exercido de forma individual ou colectiva, que poderá causar danos nos níveis de concorrência dos mercados. O número de agentes presentes no mercado e as quotas detidas são, portanto, meros indicadores da detenção de poder de mercado, que se constitui, em si, como o factor verdadeiramente relevante. Cfr., sobre esta questão, Richard Whish, *Competition Law*, Butterwoths, 4.º ed., págs. 461 e 462. Deverão ser evitados a todo o custo comentários semelhantes aos enunciados pela Comissão Europeia no processo *Price Waterhouse/Coopers & Lybrand,* onde considerou improvável o desenvolvimento de práticas de domínio colectivo quando o número de produtores for superior a 3 ou 4, atendendo à complexidade das inter-relações a estabelecer (cfr. processo IV/M.1016, cit., para. 103).

Por outro lado, deverão evitar-se fragmentações artificiais dado que tal poderá significar a perda de eficiência no mesmo (na presença de economias significativas no lado da oferta e no lado da procura). E, note-se, essas fragmentações artificiais poderão passar pela tendência de aplicação de medidas regulatórias correctoras estruturais extremas pró-activas (cisão de empresas, ou obrigação de cedências de activos) ou reactivas (na sequência de notificações de processos de concentração).

Existem algumas particularidades que devem ser consideradas. Em primeiro lugar, deverá ter-se presente que qualquer equilíbrio oligopolista coordenado se torna insustentável na presença de *concorrentes dissidentes* (*"fringe competitors"*; empresas *"maverick"*[1116]) que, situando-se no exterior da coligação, poderão desfeitear os resultados concorrenciais decorrentes da coligação, tanto mais que as vantagens económicas de uma coligação são sempre angariadas à custa dos agentes dissidentes não participantes[1117]. Tal só não acontecerá se a intensidade de exterioridades de rede no lado da procura asfixiar, à nascença, esses operadores de reduzida dimensão.

No caso das redes físicas, e na presença de significativas barreiras à entrada[1118] resultantes da necessidade de realização de elevados investimentos iniciais[1119], ou de barreiras à saída, traduzidas em avul-

---

[1116] Os critérios para a identificação deste tipo de concorrentes – normalmente assentes no seu efeito concorrencial ao nível dos preço - podem ser consultados em J. B. Baker, *"Mavericks, Mergers, and Exclusion: Proving Coordinated Competitive Effects under the Antitrust Law"*, New York University Law Review, 77, 4, April, 2002, págs. 135 a 203. Uma aplicação adaptada destes critérios pode ser consultada em A. Gavil, W. Kovacic e J. Baker, *Antitrust Law in Perspective: Cases, Concepts and Problems in Competition Policy*, cit., págs. 506 a 511.

[1117] Cfr. C. von Weizsäcker, *"Kollecktive Marktbeherrschung im rahmen der staatlichen und internationalen Fusionskontrolle"*, Contribution to the Economic Seminar Ottobeueren, 2001.

[1118] No entanto, e ao contrário do que entende a FTC, o argumento de saturação do mercado não pode ser utilizado como constituindo uma barreira à entrada. Cfr *Staples, Inc. and Office Depot, Inc.* (1997), *FTC v. Staples, Inc.*, 970 F. Supp. 1066 (D.D.C. 1997), (http://www.ftc.gov/opa/1997/06/stapdec.htm).

[1119] Cfr., eg. *Concord Boat Corp. v. Brunswick Corp.* 207 F3.d 1039 (8th Cir. 2000). No entanto, os Tribunais norte-americanos têm entendido que a realização de operações de locação financeira ou de acordos de partilha de custos poderão erodir eventuais barreiras à entrada, nomeadamente no mercado dos satélites de telecomunicações. Cfr. acórdão *Southern Pacific Communications Co. v. AT&T*, 556 F. Supp. 825, 1982. Relativamente à

tados custos irrecuperáveis[1120], essa potencialidade concorrencial dissidente exterior ao cartel constituirá um risco extremamente reduzido, ou mesmo inexistente, se nos encontrarmos num mercado onde a entrada é administrativamente limitada (licenças, autorizações ou mesmo barreiras pautais)[1121] ou na presença de um monopólio natural[1122] onde, num mercado de produtos homogéneos, as economias do lado da oferta poderão ser esmagadoras[1123].

Nas redes virtuais, as vantagens técnicas decorrentes da actividade de investigação e desenvolvimento[1124], ou a detenção de protecção de direitos de propriedade intelectual[1125], poderão dificultar o êxito da concorrência por parte de qualquer outra empresa.

Finalmente, também a dependência dos consumidores relativamente às escolhas passadas, a sua lealdade a marcas[1126], bem como a reputação empresarial[1127] poderão constituir barreiras à entrada significativas.

---

ordem juridica comunitária, cfr., e.g. Decisão da Comissão relativa ao processo IV/M.190, *Nestlé/Perrier*, JO L356/1, 1992; Decisão da Comissão relativa ao processo IV/M.358 *Pilkington-Techint/SIV*, JO L158/24, 1994; Decisão da Comissão relativa ao processo *Gencor/Lonrho*, JO L11/30, 1997; Decisão da Comissão relativa ao processo IV/M.1430, *Vodafone/Airtouch*, paras. 27 e 28; Decisão da Comissão relativa ao processo COMP/M.1741, *MCI WorldCom/Sprint*, paras. 205 e 263.

[1120] Cfr. acórdão *Verizon Communications, Inc. v. FCC*, 535 U.S. 467, 499 n.º 17, 2002.

[1121] A jurisprudência norte-americana varia a este respeito. No processo *Caribbean Broadcasting System, Ltd v. Cable & Wireless PLC*, 148 F3d 1080, 1086 (D.C. Cir. 1998) considerou-se que a exigência de uma licença constituia uma barreira à entrada. No entanto, no processo *Indiana Telcom Corp.* 2001 WL 1168169, o tribunal decidiu num sentido totalmente diferente, considerando que a regulação não constitui elemento para a prova de existência de barreiras significativas à entrada.

[1122] Nomeadamente se nos encontrarmos na presença de uma infra-estrutura essencial ou de um recurso natural extraordinariamente escasso. Cfr., Decisão da Comissão no processo IV/M.754, *Anglo American Corp./Lonrho*, JO L 149/21, 1998, paras. 118 e 119. Cfr., ainda, acórdão *Omega Satellite Products Co. v. City of Indianapolis*, 694 F2.d 119, 126 (7th Cir. 1982).

[1123] A concorrência é, nestas condições, impraticável, já que estratégias de guerrilha do tipo "*hit and run*" não se poderão desenvolver.

[1124] Cfr. Decisão 97/610/CE da Comissão no processo IV/M.774, *Saint-Gobain/Wacker-Chemie/NOM*, JO L 247/1, 1997 paras. 184 a 187.

[1125] Cfr. Decisão 94/811/CE da Comissão no processo IV/M.269, *Shell/Montecatini*, JO L332/48, 1994, para. 32.

[1126] Cfr. Decisão 98/327/CE da Comissão no processo IV/ M.883, *The Coca-Cola Company/Carlsberg A/S*, JO L 145/41, 1998, paras. 72 e 73.

[1127] Decisão 2002/156/CE da Comissão no processo COMP/M.2097, *SCA/Metsä Tissue*, JO L 57/1, 2002, paras. 83 e 84.

Por conseguinte, deverão ser analisadas com especial atenção operações de concentração entre empresas dominantes e concorrentes dissidentes, actuais ou potenciais – situação extraordinariamente normal nos sectores em rede virtuais, nomeadamente, no campo das tecnologias da informação e das comunicações electrónicas[1128] – e cujos efeitos nefastos para a concorrência poderão ser desproporcionadamente superiores relativamente ao que uma análise simplista baseada em quotas de mercado actuais poderia exteriorizar[1129], ainda mais se existirem exterioridades de rede significativas.

Esta questão assumirá uma especial acutilância se a política de regulação visar a promoção do desenvolvimento de mercados emergentes ou a eliminação/atenuação da posição de vantagem dos incumbentes históricos.

Não se poderá esquecer, que a concorrência neste tipo de sectores tem em vista o próprio mercado e, nesta perspectiva, as exterioridades de rede só constituirão uma defesa económica dos agentes estabelecidos num mercado estabilizado, não o sendo se os clientes concluírem que o novo mercado emergente onde o novo operador opera é qualitativamente superior ao estabelecido.

Por conseguinte, operadores instalados, poderão estender facilmente a sua influência para mercados nascentes ou, no limite, e esta consistirá no prejuízo extremo em sede de bem-estar, poderão eliminá-los à nascença ou atrasar a sua implementação – através do desacordo de normalização – de forma a defenderem a sua posição no mercado original[1130], perpetuando a organização oligopolista, de forma semelhante ao que faria um agente monopolista[1131].

[1128] Estas operações de concentração poderão envolver empresas que actuem em mercados adjacentes e que possam, a todo o momento, aceder ao mercado em causa (*"perceived potential competitors"*) – cfr., e.g. *United States v. Marine Bancorporation, Inc.* 418 U.S. 526, 1973; *FTC v. Procter & Gamble Co*, 386 U.S. 568, 1967 – ou empresas que não actuando naquele momento no mercado em causa possam a qualquer momento entrar, nomeadamente através da aquisição de empresas que aí já actuem (*"actual potential competition"*) – cfr. e.g. *B.A.T Industries Ltd*, 104 FTC 852, 1984, págs. 919 a 920.

[1129] Cfr. Decisão da Comissão no processo COMP/M.2016, *France Télécom/ Orange*, para. 28.

[1130] Estas situações são extraordinariamente comuns em sectores dinâmicos com o das telecomunicações. Cfr. *United States v. SBC Communications Inc.* Complaint ¶¶ 2-3, n.º 99-0715 (D.D.C Mar. 23, 1999). De facto, a FCC norte-americana é bastante mais

Em conformidade, o conceito de concentração horizontal deverá ser alargado, abrangendo não só as operações realizadas entre empresas que operam num segmento actual de mercado, mas, igualmente, as realizadas entre agentes que operem em segmentos actuais de mercado e agentes nascentes que poderão desenvolver novos segmentos sobrepostos aos actuais, que tornariam estes últimos obsoletos[1132].

Atente-se que esta sugestão vai ao arrepio da tendência de definição cada vez mais restrita dos mercados relevantes para efeitos de controlo de concentrações.

Por outro lado, a política de controlo de concentrações não poderá prejudicar operações de reorganização empresarial levadas a cabo pelos operadores concorrenciais com o argumento de que tais reestruturações aumentariam a capacidade dos operadores coordenados desenvolverem práticas anticoncorrenciais, já que daí decorreria reflexamente um reforço da sua posição dominante colectiva.

---

exigente que o DOJ, pelo que as suas posições são normalmente norteadas pelo conceito de "mercado em transição". Assim, e ao contrário do DOJ, a sua acção não se limita à eliminação de práticas que reduzam a concorrência em determinados mercados, mas igualmente à promoção efectiva da concorrência futura. Esta actuação tem como pressuposto uma análise mais exigente a operadores incumbentes, nomeadamente quando estes tentam estender a sua actuação a outros segmentos de mercado. No entanto, e excepcionalmente, o DOJ aplicou a doutrina da concorrência potencial para impedir a realização de uma operação de concentração que envolvia distribuidores de televisão por cabo e distribuidores de televisão por satélite, onde a NewsCorp, que havia adquirido o direito de utilização das principais frequências de um satélite, tentou fundir-se com a Primestar, o consórcio de empresas de distribuição de programas por cabo. O DOJ impediu a concentração considerando que a distribuição por satélite seria o melhor sistema concorrente possível da distribuição por cabo, não fazendo sentido que a única empresa que o poderia realizar se fundisse com a empresa dominante no primeiro mercado. Cfr. *United States v. Primestar, Inc.*, Complaint, n.º 98-1193 (D.D.C: May 12, 1998). Em sentido quase semelhante, cfr., eg. Decisão da Comissão relativa ao processo M.1439, *Telia/Telenor*, JO 40/1, 2001; Decisão da Comissão relativa ao processo M.2803, *Telia/Sonera*, JO C201/19, 2002.

[1131] Esta foi, a nosso ver, a verdadeira razão da fusão entre o sistema operativo Windows e o Microsoft Explorer.

[1132] Distinguindo-se das concentrações horizontais e das diagonais. A perspectiva proposta assenta numa dimensão temporal, e, de facto, o custo de anulação de uma empresa nascente é substancialmente inferior ao risco de perda total do mercado actual. No entanto, somente se propõe esta extensão dado que as operações entre concorrentes num mesmo mercado são analisadas de forma mais exigente que as operações entre agentes de mercados pretensamente distintos.

Levado ao limite, este tipo de entendimento, conduziria a que os operadores concorrenciais nunca pudessem alcançar uma dimensão suficiente para fazer face aos operadores estabelecidos[1133]. Relembre--se que nos tribunais norte-americanos foi já expressamente reconhecido que uma reestruturação empresarial que origine um aumento de eficiência produtiva pode criar condições para que os agentes se tornem dissidentes[1134], reduzindo-se o risco de desenvolvimento de coligações.

Em segundo lugar, deverá ter-se em atenção que os níveis de quota de mercado poderão não corresponder à rentabilidade comercial. Isso é particularmente evidente nos sectores em rede bidireccionais, onde as exterioridades de rede se fazem sentir significativamente, situação que permite que o poder de mercado possa ser exercido de forma quase esmagadora pelos sujeitos dominantes.

Se a estes factores se adicionarem custos com publicidade e reputação no mercado[1135], as possibilidades de desenvolvimento de equilíbrios coordenados entre os incumbentes serão mais do que evidentes.

Consequentemente, os critérios de aferição não deverão assentar em simples apreciações simplificadas (normalmente, as autoridades concorrenciais no mercado das telecomunicações utilizam o referencial número de subscritores[1136]).

No entanto, e em sentido inverso, deverá ter-se em atenção que se uma empresa adquirir uma dimensão esmagadora no mercado

---

[1133] Cfr. Decisão da Comissão relativa ao processo COMP/M.2684, *EnBW/EDP/ Cajastur/Hidrocantábrico*, paras. 33 a 37.

[1134] O que foi expressamente reconhecido no acórdão *Heinz/Beech-nut*, 116 F. Supp 2d 190 (D.D.C. 2000). Actualmente, a secção 4 das *Orientações norte-americanas* reconhecem expressamente essa possibilidade: "in a coordinated interaction context (...) marginal cost reductions may make coordination less likely or effective by enhancing the incentive of a maverick to lower price or by creating a new maverick firm".

[1135] Considerando que a reputação constitui uma barreira à entrada cfr. *Image Technical Services Inc. v. Eastman Kodak Co.*, 125 F.3d 1195, 1207, (9th Cir. 1997). Em sentido oposto, cfr. *Sothern Pacific Communications v. AT&T*, 556 F. Supp. 825, 883 (D.D.C 1983) aff'd, 740 F.2.d 980 (D.C Cir. 1984).

[1136] Cfr. no mercado das telecomunicações norte-americano *United States v. Primestar, Inc.*, Complaint ¶ 71, n.º 98-1193 (D.D.C, May 12, 1998); *United States v. SBC Communications, Inc.*, Complaint ¶ 16, n.º 99-0715 (March 23, 1999); *United States v. AT & T*, Amended Complaint ¶ 21, n.º CV 01176 (D.D.C May 26, 2000).

oligopolista, na presença de economias significativas do lado da oferta e do lado da procura, ela não terá necessidade de desenvolver qualquer coligação, já que tal não será necessário. Nesta última situação, o principal prejuízo concorrencial advirá de uma tentativa de entrada de uma empresa dominante num determinado segmento de mercado num novo segmento concorrencial de um mercado diverso, capitalizando a reputação angariada num outro mercado onde o tráfego concorrencial seja reduzido.

Um caso típico foi o desenvolvido pela Microsoft com a sua Xbox, que visou combater a Sony e a sua Playstation, o que subalternizou, até muito recentemente[1137], todos os concorrentes restantes no mercado das consolas de jogos.

Neste caso, não estava unicamente em causa o mercado de videojogos, já que atendendo à convergência tecnológica, as consolas de jogos tenderão a transformar-se em estações domésticas de multimédia. No entanto, o facto é que os videojogos têm um preço tabelado, idêntico para ambos os sistemas de consolas.

Em terceiro lugar, deverá ser efectuada uma análise qualitativa dos concorrentes no mercado. Por maioria de razão, quanto maior for a semelhança entre os concorrentes presentes no mercado mais probabilidade existirá de desenvolvimento de equilíbrios coordenados. Nestes termos, a análise concorrencial deverá atender a três características básicas essenciais: *i) a semelhança na estrutura de custos; ii) a semelhança ao nível das quotas de mercado detidas; iii) a semelhança relativamente à capacidade produtiva instalada.*

Quanto mais semelhante for a estrutura de custos dos concorrentes mais uniformes serão as condições de mercado relativamente às políticas de preços e de volume de produção[1138]. A contribuição

---

[1137] A Nintendo, com a sua Wii, procedeu a um movimento de ruptura tecnológica que lhe permitiu alcançar a liderança no mercado em 2007.

[1138] No entanto, a importância dada a este critério por parte da Comissão Europeia varia de caso para caso. Assim, no processo *Airtours/First Choice*, foram utilizados critérios indirectos de base extraordinariamente simplista (já que os operadores operavam para os mesmos destinos e utilizavam os mesmos hotéis) (cfr. Decisão da Comissão relativa ao processo IV/M.1524, JO L93/1, 2000. Este método foi colocado em causa pelo TPI). Por sua vez, no processo *UPM Kymmene/Haindl*, a Comissão utilizou critérios de análise extraordinariamente detalhados a fim de descortinar as estruturas de custos dos operadores e dos seus fornecedores, incluindo os custos marginais (Decisão da Comissão relativa ao

desta característica para a formação e manutenção de coligações é evidente já que, nestas condições, não existirá qualquer incentivo para o desenvolvimento de práticas concorrenciais agressivas por parte de um concorrente[1139].

No limite, e se a diferença de custos não for extraordinariamente significativa, o operador em posição dominante poderá actuar nas vestes de um líder de preços. Por outro lado, a informação a transmitir para a sustentação do equilíbrio oligopolista não terá de ser completa nem compreensiva, já que os pressupostos básicos de actuação serão comuns a todos os concorrentes. Finalmente, quer a detecção de *fraudes à coligação*[1140], quer o desenvolvimento de práticas retaliatórias serão extraordinariamente facilitadas[1141]. Nestes termos, se a concentração aumentar o diferencial de custos entre os operadores, esta poderá obter um juízo de conformidade já que a concretização de uma eventual coligação será bastante mais dificultada[1142].

Um outro factor que a Comissão Europeia considerava decisivo para o desenvolvimento de comportamentos coordenados consistia na semelhança ao nível das quotas de mercado dos operadores[1143]. No entanto, esse entendimento foi evoluindo, tendo esta instância

---

processo COMP/M.2498, JO L233/38, 2002). Finalmente, no processo *BP/E.ON*, limitou-se a analisar dados fornecidos por consultores independentes do sector acerca dos diferenciais máximos entre as estruturas de custos dos produtores em causa (Decisão da Comissão relativa ao processo COMP/M.2533, JO L276/31, 2002).

[1139] Cfr., *e.g.*, Decisão da Comissão relativa ao processo IV/M.190, *Nestlé/Perrier*, JO L356/1, 1992, para. 125; Decisão da Comissão relativa ao processo *Alcan/Alusuisse*, JO L90/1, 2002, para. 94.

[1140] Cfr. Europe Economics, *Study on Assessment Criteria for Distinguishing between Competitive and Dominant Oligopolies in Merger Control*, Final Report for the European Commission, May 2001, pág. 31.

[1141] Cfr., e.g., Decisão da Comissão relativa ao processo COMP/M.1939, *Rexam/American National Cam*, para. 24.

[1142] Cfr. por exemplo, F. Sherer e D. Ross, *Industrial Market Structure and Economic Performance*, Houghton Rifflin Company, 1990, pág. 285; A. Lindsay, *The EC Merger Regulation: Substantive Issues, cit.*, pág. 335.

[1143] Cfr., e.g. para a aferição de desenvolvimento de eventuais efeitos coordenados, Decisão da Comissão relativa ao processo IV/M.315, *Mannesmann/Vallourec/Ilva*, JO L102/15, 1994; *Nestlé/Perrier*, JO L356/1, 1992, Decisão da Comissão relativa ao processo *Gencor/Lonrho*, JO L11/30, 1997; por sua vez, para os afastar, considerando a assimetria das quotas de mercado, cfr. e.g., Decisão da Comissão relativa ao processo COMP/M1663, *Alcan/Alusuisse*, JO L90/1, 2002, para. 94.

reconhecido que os operadores oligopolistas não necessitam de deter o mesmo poder de mercado relativo, e que as quotas de mercado só são relevantes para aferição de eventuais incentivos ao desenvolvimento de práticas de fraude à coligação e da praticabilidade de desencadeamento de práticas de retaliação[1144].

De facto, e pelas razões expostas no capítulo introdutório, a aplicação deste critério não poderá constituir um factor decisivo para a aferição de eventuais equilíbrios coordenados nos sectores em rede, nomeadamente na presença de exterioridades de rede significativas no lado da procura ou de economias de escala relevantes no lado da oferta[1145].

Por seu lado, a semelhança ao nível das capacidades produtivas poderá igualmente assumir alguma relevância na análise concorrencial desde que bem interpretada. Se relembrarmos a teoria económica a este respeito, a capacidade de produção é precisamente uma das formas através da qual poderá ser exteriorizada uma eventual coligação.

Deverão distinguir-se os efeitos de limitação da capacidade produtiva, enquanto forma de exteriorização de uma coligação, das características da capacidade produtiva enquanto elemento fomentador de equilíbrios coordenados.

A relativa semelhança no que se refere a capacidades de produção poderá aparecer como um critério facilitador do desenvolvimento de práticas coordenadas.

Deverá ser afastada a ideia de que a existência de um enorme volume de produção não aproveitada constituirá um indicador irrefutável da existência de uma coligação[1146], já que, nestas condições, e no seguimento da lógica "*tupsy turvy*", ao mesmo tempo que constitui

---

[1144] OECD, *Oligopoly, Best Practices Roundtable*, October, 1999, DAFFE/CLP (99)25 (www.oecd.org) págs. 213 e segs.

[1145] Note-se, aliás, que a própria Comissão identificou efeitos coordenados em operações de concentração projectadas em mercados onde as quotas detidas eram assimétricas. Cfr., e.g., Decisão da Comissão relativa ao processo IV/M.1313, *Danish Crown/Vestjyske Slagterier*, JO L20/1, 2000; Decisão da Comissão relativa ao processo *Airtours/First Choice*, cit..

[1146] Como entendeu a Comissão Europeia, por exemplo, na Decisão da Comissão relativa ao processo COMP/M.1939, *Rexam/American National Can*, para. 24.

uma reserva aplicável numa fase de punição[1147], essa possibilidade de expansão imediata permitirá o exercício imediato de práticas fraudulentas[1148].

Porém, se todos os operadores oligopolistas num mercado tecnologicamente estável estiverem a operar perto do limite da sua produção, sendo necessário um investimento significativo para se proceder ao aumento das capacidades (ou, numa outra perspectiva, a um movimento de inovação tecnológica), o que não é efectuado por nenhum deles, então poderá presumir-se pela existência do desenvolvimento futuro de um equilíbrio coordenado num momento posterior à realização de uma operação de concentração.

Como metodologia operacional de análise de concentrações poderá referir-se que uma operação de concentração que aumente a assimetria ao nível da capacidade de produção subaproveitada entre os operadores no mercado reduzirá a possibilidade subsequente de desenvolvimento de comportamentos coordenados.

E, note-se, os indicadores económicos poderão apresentar resultados divergentes. Na ausência de dependência de escolhas passadas, de exterioridades de rede e de economias de escala significativas, um operador de pequena dimensão, com capacidade de produção subaproveitada, terá todos os inventivos para desenvolver práticas fraudulentas à coligação.

Não só a sua fraude será dificilmente detectada dado que o impacto das suas práticas concorrenciais ao nível dos preços será marginal, como os ganhos que obtiver serão extraordinariamente significativos atendendo à reduzida quota de mercado detida. E, nesta óptica, de uma operação de concentração entre pequenos operadores decorreriam efeitos concorrenciais mais prejudiciais do

---

[1147] Cfr., e.g. Decisão da Comissão relativa ao processo COMP M/1693, *Alcoa/Reynolds*, JO L58/25, 2002, para. 54.

[1148] Estas duas faces da mesma moeda foram sucessivamente demonstradas nas Guidelines norte-americanas relativas às concentrações horizontais. Assim, a versão de 1984 identificou o primeiro fenómeno – incentivo à coligação – enquanto que a versão de 1992, demonstrou a segunda consequência – incentivo à fraude. Cfr. P. Areeda, H. Hovenkamp e J. Solow, *Antitrust Law*, vol. IV, rev. ed, cit., ¶ 944 e3. págs. 216 e 217 No entanto, e como é óbvio, a possibilidade de desenvolvimento de comportamentos coordenados será mais acentuada se somente um dos oligopolistas dispuser de capacidade subaproveitada.

que de uma operação de concentração entre operadores de maior dimensão, dado que as práticas concorrenciais destes últimos já se encontrariam relativamente estabilizadas. No entanto, estas não são as condições típicas nos sectores em rede.

Em quarto lugar, as autoridades concorrenciais têm dado uma especial atenção à análise histórica do mercado[1149]. Atendendo à potencial virtualidade inerente à previsão das condições concorrenciais futuras subsequentes à realização de uma operação de concentração, a análise das condições concorrenciais passadas constitui a única forma de, com algum grau de segurança, se estabelecer algum referencial comparativo válido contrafactual, ou seja, da forma de organização de mercado que existiria no caso da operação de concentração não se concretizar.

A este respeito, as autoridades concorrenciais têm adoptado uma relativa intolerância face a operações de concentração em mercados onde o domínio oligopolístico pré-exista, já que, no seu entender, um domínio oligopolístico de mercado seria forçosamente reforçado no caso da ocorrência de uma junção estrutural de dois concorrentes[1150]. No entanto, tal posição deverá ser repensada, já que sendo o domínio oligopolístico uma forma de organização estrutural de mercado, se

---

[1149] A informação histórica relativa às condições concorrenciais de mercado assume uma enorme importância, já que, atendendo à vertente dinâmica da concorrência, somente uma visão compreensiva da evolução do mercado permitirá a realização de um juízo válido sobre as eventuais condições concorrenciais futuras decorrentes de uma operação de concentração horizontal. A este respeito, alguns indícios poderão ser decisivos. Assim, se as quotas de mercado se mantiverem estáveis num horizonte temporal alargado, existirá uma possibilidade acrescida de desenvolvimento futuro de práticas coordenadas. Inversamente, se as flutuações ao nível das quotas (e também ao nível dos preços) forem significativas, então poderá concluir-se pela existência de uma verdadeira concorrência (no mesmo sentido, TPI, acórdão *Airtours/First Choice, cit.*, para. 111). Curiosamente, a existência anterior de práticas de cartelização de mercado é tratada de forma mais benévola pelas autoridades comunitárias do que pelas autoridades norte-americanas. Assim, nas Orientações norte-americanas, a demonstração da existência prévia desse tipo de organização constitui um indicador decisivo de que a operação de concentração originará um equilíbrio coordenado (secção 2.1. das *Guidelines* de 1992, revistas em 1997). Por sua vez, a Comissão Europeia considera que esse elemento não constitui um factor necessário para o bloqueio da operação (cfr. OCDE, *Oligopoly, Best Practices Roundtable, October*, 1999, DAFFE/CLP(99)25, págs. 219 e 220 (*www.oecd.org*).

[1150] Cfr. Decisão da Comissão relativa ao processo IV/M.190, *Nestlé/Perrier*, JO L356/1, 1992, para. 118.

da operação de concentração não resultar qualquer alteração significativa dos procedimentos de actuação concorrencial, não existirá motivo para a sua não aprovação[1151].

E, nesta perspectiva, deverão ser igualmente repensadas as usuais condições impostas pelas autoridades concorrenciais, nomeadamente, a separação estrutural ou a alienação de activos[1152], principalmente, se os mesmos disserem respeito a operações em mercados adjacentes não directamente relacionados com o mercado principal.

Finalmente, em quinto lugar, as relações jurídico-económicas existentes entre os concorrentes poderão constituir um veículo para a instituição e manutenção de equilíbrios coordenados. No entanto, e ao contrário do que a Comissão Europeia[1153] e as instâncias jurisdicionais comunitárias[1154] anteriormente entendiam, a existência de vínculos estruturais ou meramente económicos, não pode ser interpretada enquanto elemento de prova suficiente para a demonstração de existência de coligações[1155], ainda para mais quando o desempenho eficiente dos operadores no mercado a isso justificar[1156].

[1151] Parece ser este o significado do parágrafo 82 do acórdão do TPI relativo ao processo *Airtours/First Choice* (cit.).

[1152] *Bloqueando a operação por via da consideração de práticas de coordenação passada*, cfr., FTC, *Air Products and Chemicals, Inc.; L'Air Liquide S.A.; and The BOC Group plc.* (2000). Por sua vez, uma obrigação de alienação de activos foi imposta pelo DOJ no processo *United States v. Suiza Foods Corp. and Broughton Foods Co.*, (E.D. Ky., filed Mar. 18, 1999), 64 Fed. Reg. 26,782 (May 17, 1999), 1999-2 Trade Cas. (CCH) ¶ 72,645 (http://www.usdoj.gov/atr/cases/indx122.htm) e pela FTC no processo *Rhodia; Donau Chemie AG; and Albright & Wilson PLC* (2000), 65 Fed. Reg. 15,156 (Mar. 21, 2000), (http://www.ftc.gov/opa/2000/03/wsl.htm). No mesmo sentido, a FTC limitou o âmbito da operação de concentração no processo *Degussa Corp.; Degussa Aktiengesellschaft; and E.I. du Pont de Nemours & Co.* (1998), 63 Fed. Reg. 16,552 (Apr. 3, 1998), (http://www.ftc.gov/opa/1998/03/degussa.htm). Acordo semelhante foi alcançado no processo desenvolvido pelo DOJ, *United States v. Premdor Inc., International Paper Co., and Masonite Corp.*, (D.D.C. filed Aug. 3, 2001), 66 Fed. Reg. 45,326 (Aug. 28, 2001), 2002-2 Trade Cas. (CCH) ¶ 73,737, (http://www.usdoj.gov/atr/cases/indx327.htm).

[1153] Cfr., e.g., Decisão da Comissão relativa ao processo IV/M.1313, *Danish Crown/Vestjyske Slagterier*, JO L20/1, 2000, para.117.

[1154] Cfr., *e.g.*, acórdão T-102/96, *Gencor v. Comissão*, Colectânea, II, 1999, pág. 753.

[1155] Aliás, na perspectiva da Comissão Europeia, a questão era colocada de forma inversa. Assim, a demonstração de existência de ligações entre os concorrentes nem sequer seria uma condição necessária para uma conclusão de existência de efeitos coordenados. Cfr. e.g., Decisão da Comissão relativa ao processo IV/M.1383, *Exxon/Mobil*, para. 480.

[1156] Cfr., por todos, acórdão do TPI, *Airtours v. Comissão*, cit., paras. 285 e 289.

Apesar disso, em relações de participações sociais cruzadas[1157] ou conjuntas numa terceira entidade[1158], a participação conjunta em órgãos de administração, o desenvolvimento de empresas comuns[1159], de alianças ou de parcerias, a partilha de redes de distribuição e de fornecimento ou a cooperação nesse sentido, a realização de programas de investigação conjunta ou a criação de normas ou licenças conjuntas, constituirão factores estruturais significativos que não só tornam o mercado mais transparente como propiciam a criação de relações de confiança duradouras.

4.3. Transparência do Mercado em Rede

A transparência do mercado é unanimemente considerada como factor essencial para que as coligações possam ser desenvolvidas e mantidas[1160/1161].

[1157] Cfr. e.g., Decisão da Comissão relativa ao processo COMP/M.1673, *VEBA/VIAG*, JO L188/1, 2001, para. 78.

[1158] Cfr. e.g., Decisão da Comissão relativa ao processo COMP/M.1673, *VEBA/VIAG*, JO L188/1, 2001, para. 79.

[1159] Cfr. e.g., Decisão da Comissão relativa ao processo COMP/M.2499, *Norske Skog/Parenco/Walsum*, JO L233/38, paras. 95 a 99; Decisão da Comissão relativa ao processo COMP/M.2389, *Shell/DEA*, JO L15/35, 2003.

[1160] Cfr. Bundeskartellamt, *Auslegungsgrundsätze*, págs. 55 e 56; Comissão Europeia, Decisão da Comissão relativa ao processo IV/M.1524, *Airtours/First Choice*, cit., para. 105; Tribunal de Primeira Instância, acórdão T-342/99, *Airtours plc v. Comissão*, cit., para. 159; DOJ, 1992 *Horizontal Merger Guidelines*, Section 2.1.

[1161] Na ordem jurídica norte-americana, a troca de informações entre agentes oligopolistas poderá consubstanciar prova indirecta (*plus-factor*) de uma coligação de preços para efeitos de aplicação da Secção 1ª do Sherman Act e da Secção 5ª do FTCA. Actualmente, os tribunais norte-americanos adoptam a este propósito um critério de razoabilidade uma vez que existe o entendimento segundo o qual as trocas de informação poderão ter efeitos pró-concorrenciais ou anticoncorrenciais, dependendo da estrutura de mercado, da natureza da informação transmitida, da sua credibilidade e dos meios e alcance da difusão. A perspectiva estruturalista, que propugna pela aplicação de uma proibição *per se* encontra-se, portanto, ultrapassada (cfr. S. DeSanti e E. Nagata, "*Competitor Communications: Facilitating Practices or Invitations to Collude? An Application of Theories to Proposed Horizontal Agreements Submitted for Antitrust Review*", Antitrust Law Journal, 63, 1994, págs. 95 a 99.

Se o mercado for transparente, a informação necessária é facilmente transmitida entre os concorrentes, reduzindo-se significativamente o nível de incerteza, o que permite a realização de juízos de actuação fundamentados e comprovados[1162].

Por outro lado, a existência de um elevado padrão de transparência no mercado, permite igualmente a fácil detecção de práticas de fraude à coligação, possibilitando o desenvolvimento quase automático de práticas de punição.

Este receio de retaliação imediata, é um dos mais importantes factores para a estabilização das coligações, já que os ganhos de curto prazo provenientes da "fraude" serão, nestas circunstâncias, invariavelmente reduzidos. Assim, nestas condições, o mercado não padeceria da denominada *instabilidade fundamental dos cartéis stigleriana*, alcançando-se um equilíbrio estável, por impossibilidade de desenvolvimento de práticas fraudulentas.

Nos sectores em rede, o índice de transparência no mercado é extremamente elevado. Nos sectores físicos em rede, a própria lógica de produção conjunta em que assenta a infra-estrutura, bem como os serviços que sobre ela são prestados, implica uma total integração

---

[1162] Estas conclusões assentam nos dados fornecidos pela teoria dos jogos repetidos com informação perfeita. No caso dos jogos repetidos na presença de informação imperfeita, as conclusões não são idênticas, dado que a informação imperfeita tende a limitar a extensão do âmbito da coligação. Numa situação de incerteza, os enganos são inevitáveis e as fases de punição, da tipologia "guerra de preços", ocorrem periodicamente. Conforme refere Jean Tirole a propósito das descidas secretas de preços, nestas condições uma coligação que abranja a totalidade das variáveis de mercado não poderá ser mantida (*in The Theory of Industrial Organization, cit*, pág. 252). Igualmente, em situações em que a procura seja muito volátil, a prática de descidas secretas de preços torna bastante improvável a manutenção das coligações. Cfr. Europe Economics, *Study on Assessment Criteria for Distinguishing between Competitive and Dominant Oligopolies in Merger Control*, Final Reporte for the Eurpean Comission Enterprise Directorate General, Maio de 2001, pág. 18. Cfr., igualmente, D. Fudenberg e E. Maskin, *"The Folk Theorem in Repeated Games with Discount and with Incomplete Information"*, *Econometrica*, vol. 57, 1989, págs. 759 a 778. No entanto, Green e Porter, partindo dos trabalhos de Stigler, demonstram a possibilidade teórica de uma coligação ser mantida mesmo na ausência de informação sobre as actuações do concorrente. E. Green e R. Porter, *"Non Cooperative Collusion under Imperfect Price Information"*, in *Econometrica*, 52, 1984, págs. 87 a 100. Sobre este assunto consultar também, H. Matsushima, *"The Folk Theorem with Private Monitoring and Uniform Sustainability"*, CIRJE Working Paper F-84, 2000.

das políticas dos diversos operadores. Assim, as políticas de preços (nomeadamente após a introdução do euro), as estratégias de produção, a capacidade e as políticas de investigação, de desenvolvimento e de publicidade são, invariavelmente, transmitidas aos concorrentes pela própria lógica de funcionamento dos diversos mercados.

Por outro lado, nos sectores em rede físicos, e perante a estabilidade tecnológica que os caracteriza, os procedimentos de engenharia reversa são sempre susceptíveis de realização, o que permite, em tempo útil, a transmissão de uma informação completa sobre a tipologia da produção aos diversos concorrentes.

Essa transmissão plena de informação não decorre unicamente do desenvolvimento de actos unilaterais de recolha da mesma. Nas telecomunicações, e só para referir alguns exemplos, os preços de prestação de serviços são geridos de forma integrada por todos os operadores; a inovação tecnológica tem de ser concertada sob pena de incompatibilidade mútua, sendo que, a cobertura geográfica de prestação de serviços é alvo de divulgação antecipada e é facilmente comprovada.

Por sua vez, no sector energético, os preços de venda de energia são determinados de forma extrema – mas igualmente transparente – ou seja, ou são alvo de um processo de leilão público automático, ou então resultam de um procedimento totalmente determinado pelo organismo regulador e amplamente divulgado; nos transportes ferroviários, os canais horários são publicitados e alvo de negociação entre todos os prestadores de serviços interessados, com intervenção mediadora da entidade reguladora.

Mas mesmo as redes virtuais dependem de um relacionamento transparente entre todos os operadores presentes no mercado. O detentor do sistema operativo deverá transmitir os dados necessários para a criação de novo *software* que nele assente, sob pena de incompatibilidade e redução da gama disponível. O criador de uma nova consola de jogos deve fornecer as especificações do sistema aos produtores de jogos. Em caso inverso, a incompatibilidade ferirá de morte o sistema que deveria suportar. Mais intensamente do que nas redes físicas, o sucesso da rede virtual depende da relação de compatibilidade entre os diversos segmentos (veja-se, aliás, os fundamentos do processo europeu da Micrsoft relativamente aos códigos-fonte).

Todos os operadores no mercado deverão actuar como remadores olímpicos, tomando decisões com uma cadência constante, visando o desenvolvimento da rede.

Note-se o caso dos leitores de música MP3. Independentemente do sucesso de um determinado equipamento presente no mercado, é essencial que os consumidores adiram a uma determinada norma, criando-se assim, e numa primeira fase, o próprio mercado. Deste modo, num primeiro momento o sucesso de um é o sucesso de todos. E para que exista esse sucesso é necessária uma perfeita transparência entre todos promotores originários. Só num segundo momento a concorrência intersistemática se acentuará. Assim, também nas redes virtuais, a transparência é um atributo essencial à própria existência da rede em causa.

A própria lógica de funcionamento do sector em rede implica fatalmente uma ampla transparência de procedimentos. No limite, poderá mesmo referir-se que a eficiência de uma rede na satisfação das necessidades dos cidadãos depende de um inter-relacionamento totalmente transparente dos concorrentes presentes no mercado.

Nestas circunstâncias, poderia concluir-se que a transparência no mercado – condição necessária à própria existência do sector em rede[1163] – levaria inevitavelmente à criação de condições óptimas para a implementação e manutenção de coligações entre os diversos operadores.

No entanto, algumas ponderações terão necessariamente que ser efectuadas. Por exemplo, quanto maior for o nível de transparência no mercado, menores serão os custos dos consumidores na procurar do melhor negócio[1164].

[1163] A transparência no mercado poderá mesmo ser considerada como uma supercaracterística dos sectores em rede, comportando no seu âmago todos os condicionalismos necessários à existência de coligações. Neste sentido, Europe Economics, *Study on Assessment Criteria for Distinguishing betweem Competitive and Dominant Oligopolies in Merger Control, cit.*, pág. 33.

[1164] E o que dizer dos mecanismos de formação de preços em sectores em rede? Por exemplo, a ANACOM criou em Abril de 2006 um observatório de tarifários da rede de comunicações móvel. Será que tal constitui um mecanismo similar a uma prática de facilitação? Ou será uma forma de fornecer ao consumidor informação agregada relativamente a planos de preço supostamente personalizados?

Ora, na inexistência de barreiras significativas à saída (reais ou psicológicas[1165]), tal facto possibilita uma adesão maciça à melhor proposta, o que aumenta exponencialmente a propensão para a fraude numa coligação, minando-se, liminarmente, a sua estabilidade[1166].

O mesmo acontece com as políticas de redução de preços propostas a grandes clientes. Quanto maior for a "renda monopolista" que estiver disponível, maior a propensão para a realização de ofertas secretas de redução de preços a grandes clientes do concorrente[1167] (lógica *"topsy-turvy"*; situação de facilitação do desenvolvimento de fraudes mas igualmente de imposição de medidas retaliatórias vigorosas[1168]).

Por outro lado, nas redes virtuais, após a criação da norma inicial, cada um dos concorrentes propenderá para a criação de factores de diferenciação que levem os consumidores a optar pela solução por si proposta. Nesta fase, a transparência já não se constitui como um atributo essencial no mercado, já que o seu desenvolvimento dependerá da percepção individual do concorrente relativamente às necessidades dos diversos consumidores, sendo que, as suas diversas actuações se pautarão por um elevado secretismo[1169].

Nestas condições, a diversidade do produto aumentará o nível de opacidade do mercado, não permitindo aos concorrentes a detecção imediata de práticas fraudulentas[1170].

[1165] Cfr. o que se referiu relativamente à *teoria da dependência das escolhas passadas*.

[1166] Cfr. P. Mollgaard e B. Overgaard, *"Market Transparency: a Mixed Blessing?"*, Mimeo, 2001.

[1167] No entanto, estas estratégias são detectadas imediatamente pelo concorrente, já que existirá a propensão do cliente contactar o fornecedor actual no sentido de equiparar os seus termos contratuais à proposta recebida.

[1168] Cfr., igualmente, Massimo Motta, *Competition Theory*, cit., pág. 149.

[1169] Note-se, no entanto, que a implementação e manutenção de uma coligação não depende da existência de informação perfeita sobre a actuação dos concorrentes. Pelo contrário, conforme referem Green e Porter, bem como Stigler (*op. cits.*), para essa estabilidade será unicamente necessária a informação relativa a grandes variáveis agregadas, principalmente da empresa líder, se existir.

[1170] Cfr. D. Abreu, D. Pearce e E. Stachetti, *"Optimal Cartel Equilibria with Imperfect Monitoring"; Journal of Economic Theory*, 39, 1985, págs. 251 a 269. Neste sentido também J. Tirole, (*in The Theory of Industrial Organization, cit.*), que adaptando o modelo de Green e Porter demonstra que um oligopolista poderá desenvolver uma estratégia coligada sem deter informação completa sobre as movimentações dos concorrentes. Assim,

Por conseguinte, o factor mais relevante para a manutenção de eventuais coligações tácitas será a transmissão de informação relevante entre os concorrentes nas matérias mais sensíveis do ponto de vista concorrencial: os preços e o volume de produção. Quanto mais perfeita for a transmissão de informação, mais probabilidades existirão de manutenção de uma coligação implícita.

No entanto, como já se referiu, a manutenção dessa eventual coligação não depende totalmente da perfeição dessa transmissão. Mesmo em situação de informação incompleta, as coligações poderão ser mantidas. Joseph Farrel, em 1987, demonstrou a importância de sistemas de troca de informação difusa (*"cheap talk"*), mas suficientes para estabilizar os termos de coordenação entre os concorrentes, em jogos de equilíbrio múltiplo[1171].

Essencial, será, portanto, a transmissão entre os concorrentes das intenções de concorrência futura de cada um, tendo em vista a realização colectiva de raciocínios que sustentem um equilíbrio cooperativo da coligação no longo prazo. Não se deverão desprezar os fluxos informativos relativamente às condições de oferta passadas ou actuais, já que servirão para o nivelamento eficiente (na óptica da racionalidade dos oligopolistas) de mecanismos de punição adaptados à circunstância concreta dos concorrentes[1172].

---

a conduta coligada deverá assentar, num primeiro momento, no desenvolvimento de um preço monopolista, que será mantido enquanto a quota de mercado detida se mantiver. Num segundo momento, quando a quota descer, o oligopolista deverá iniciar uma guerra de preços, durante algum tempo, regressando, após um determinado período, ao preço monopolista. Segundo Jean Tirole, este procedimento será suficiente para amedrontar os parceiros de coligação, que se absterão de potenciais práticas fraudulentas, independentemente do facto da descida da quota de mercado se poder dever unicamente a um choque adverso do lado da procura, ou, por outras palavras, a simples má sorte. Por outro lado, se os concorrentes detiverem os dados económicos agregados do sector em que concorrem poderão muito facilmente identificar estes factos exógenos à coligação e reagir imediatamente à fraude desenvolvida.

[1171] J. Farrel, *"Information and the Coase Theorem"*, *Journal of Economic Perspectives*, 1, 2, 1987.

[1172] Cfr. M. Motta, *Competition Theory, cit.*, pág. 151. Cfr., igualmente, K. Kühn, *"Fighting Collusion by Regulating Communication Between Firms, Mimeo*, 1997, concluindo que a transmissão de informação relativa às condições de oferta (preços e quantidades) passadas e presentes constitui o mais eficiente instrumento para a concretização de coligações entre as empresas.

Ora, conforme foi referido, essa transmissão de informação poderá ser efectuada através de "anúncios" privados directamente dirigidos aos concorrentes, tendo em vista a formação de preços no futuro próximo (por exemplo, através de mensagens de correio electrónico)[1173].

Poderá igualmente ser desenvolvida através de uma associação profissional, comercial ou industrial (ou auto-reguladora, ou, no limite, hetero-reguladora) de um determinado mercado[1174] (por exemplo,

---

[1173] Na ordem jurídica norte-americana, o tratamento concorrencial das trocas directas de informação entre concorrentes era, na época estruturalista, extremamente restritivo. Nos termos do acórdão *United States v. Container Group* (393 U.S. 333, 1969), qualquer transmissão de informação por parte de um concorrente que tivesse subjacente um fluxo recíproco por parte dos restantes era, em mercados oligopolistas, proibida *per se*. No entanto, com o aumento de influência da escola de Chicago, a perspectiva jurisprudencial alterou-se progressivamente, passando a aplicar-se um sistema baseado na *rule of reason* (cfr. acórdão *Goldfarb v. Virginia State Bar*, 421 U.S. 773, 1975; acórdão *United States v. Citizen & Southern National Bank*, 422 U.S. 86, 1975) que se consolidou definitivamente com o acórdão *United States v. Gypsum* (438 U.S., 1978). No entanto, na análise concorrencial norte-americana, a troca directa de informações entre concorrentes tem sido considerada como um *plus-factor* na aferição de equilíbrios coordenados. Ainda assim as *Antitrust Guidelines for Collaboration among Competititors* emitidas pelo DOJ e pela FTC em Abril de 2000 (www.ftc.gov/os/2000/04/ftcdojguidelines.pdf), assumem que o grau de risco de desenvolvimento de comportamentos coordenados por via da troca de informações aumenta à medida da elevação do grau de concentração no mercado, apesar de reconhecer que, em algumas situações (v.g. partilha de tecnologia e de know-how) daí poderão decorrer benefícios pró-concorrenciais (cfr. Secções 3.31 a 3.33 das *Guidelines)*. Por sua vez, a posição inicial das instâncias comunitárias a este propósito foi, como não poderia deixar de ser, extremamente restritiva (cfr. acórdão *Cooperatieve Vereniging Suiker Unie v. Comissão*, processo 40/73, Colectânea, 1975, págs. 1663 e segs., para. 174; acórdão *ANIC v. Comissão*, processo T-6/98,Colectânea, II, págs. 1623 e segs., paras. 200 e 201). No processo ANIC, a opinião do Advogado-Geral Cosmas (C-49/92, Colectânea, I, 1999, págs. 4125 e segs., para. 41) considerou desnecessária a existência de reciprocidade nos fluxos de informação para a consubstanciação da infracção. No entanto, o Tribunal de Justiça decidiu de outra forma, que passa pela possibilidade do concorrente provar que não utilizou a informação unilateralmente transmitida pelo seu concorrente, o que, como é óbvio, é extremamente difícil, se não mesmo impossível. A prática comunitária é, pelo exposto, bastante mais restritiva do que a adoptada pela jurisprudência norte-americana (cfr. acórdão *Tate & Lyle plc, British Sugar plc e Napier Brown Co. Ltd v. Comissão Europeia*, processos conjuntos T-202/98, T-204/98 e T-207/98, Colectânea, II, 2001, págs. 2035 e segs.).

[1174] A jurisprudência norte-americana evoluiu de uma posição extremamente restritiva, onde não se admitia, pela aplicação da Secção 1.ª do Sherman Act, qualquer sistema de troca de informações através de organizações empresariais (vg. *American Column & Lumber Co. v.*

os transportes aéreos e marítimos dependem da disseminação de informação acerca dos preços futuros dos bilhetes ou dos fretes marítimos; ora, essa informação sobre preços está à disposição de todos os concorrentes, permitindo a adaptação constante dos seus comporta-

---

United States, 257 U.S. 337 (1921); *United States v. American Linseed Oil Co.* 262 U.S. 371 (1923)), para uma posição extremamente permissiva, aprovando trocas de informação por via associativa sem qualquer apreciação estrutural do mercado (cfr. *Maple Flooring Manufacturers Association v. United States*, 268 U.S. 563, 1925; *Cement Manufacturers Protective Association v. United States*, 268 U.S. 588 (1925). A era da *rule of reason* foi inaugurada pelo processo *Sugar Institute Inc. v. United States*, (297 U.S. 553, 1936), que sofreu um interregno na vigência da doutrina estruturalista. Por seu lado, a jurisprudência comunitária a este respeito sofreu igualmente uma evolução. Assim, na primeira decisão formal a este propósito (Decisão da Comissão relativa ao processo *Glass Container*, para. 41, JO L160/1, 1974), a Comissão considerou que a troca de informação detalhada sobre a política de preços violava o artigo 81.º do Tratado, já que eliminaria o risco em mercados oligopolistas (cfr. igualmente, Decisão da Comissão relativa ao processo *Cobelpa/VNP*, JO L242/10, 1977; Decisão da Comissão relativa ao processo *Vegetable Parchment*, JO L70/54, 1978). No entanto, no seu *Sétimo Relatório sobre a Política da Concorrência* de 1977, a Comissão fez questão de salientar que apesar de desenvolver um escrutínio rígido a este propósito, não aplicava um princípio de proibição *per se*, já que qualquer decisão dependeria de uma análise do tipo de informação transmitida e da estrutura do mercado em causa. No entanto, em mercados oligopolistas, o juízo administrativo era invariavelmente negativo sempre que a troca de informação contivesse mais dados do que simples estatísticas agregadas. (cfr. Decisão da Comissão relativa ao processo *White Lead*, JO L21/16, 1979; Decisão da Comissão relativa ao processo *Welded Steel Mesh*, JO L161/18, 1989; Decisão da Comissão relativa ao processo *Hasselblad*, JO L161/18, 1982; Decisão da Comissão relativa ao processo *Peroxygen Products*, JO L35/1, 1985. Neste ultimo caso a informação transmitida era de índole estatística, e encontrava-se agregada; no entanto, ainda assim, a Comissão considerou que atendendo ao número reduzido de concorrentes no mercado estes poderiam extrair da informação estatística preciosos indicadores concorrenciais relativamente a preços, capacidade e quotas de mercado. Cfr., igualmente, Decisão da Comissão relativa ao processo *Fatty Acids*, JO L3/17, 1987). A posição da Comissão Europeia foi explicitamente confirmada quer pelo Tribunal de Primeira Instância, quer pelo Tribunal de Justiça (cfr. acórdãos T-34/92, *Fiatagri e New Holland Ford v. Comissão*, Colectânea, II, 1994, págs. 905 e segs; T-35/92, *John Deere v. Comissão*, Colectânea, II, 1994, págs. 957 e segs.; acórdãos C-7/95, *John Deere v. Comissão*, Colectânea, I, 1998, págs. 3111 e segs.; C-8/95, *Fiatagri e New Holland Ford v. Comissão*, Colectânea, I, 1998, págs. 3175 e segs.). Poderá, portanto, concluir-se que a prática comunitária em mercados oligopolistas tende para a aplicação de uma proibição per *se* de troca de informações, já que na maioria dos processos, a análise estrutural do mercado é totalmente irrelevante para a decisão final. Cfr. E. Bissocoli, *"Trade Associations and Information Exchange under US Antitrust Laws and EC Competition Law"*, World Competition, 23, 2000, págs. 80 e segs.; S. Stroux, *op. cit.*, págs. 144 a 156.

mentos mútuos[1175], bem como o anúncio implícito do destinatário de práticas de punição[1176]).

Atendendo à lógica de rede, as informações podem ser transmitidas facilmente através das comunicações essenciais ao funcionamento dos leilões, nomeadamente, nos leilões de licitação ascendente[1177].

[1175] Cfr. *United States v. Airline Tariff Publishing Co.* (1994-2 Trade Cas. 70687 DCC) e igualmente, *Domestic Air Transportation Litigation,* (148 FRD 297, N.D. Ga. 1993). Cfr. J. Baker, "*Identifying Horizontal Price Fixing in Electronic Marketplace*", *Antitrust Law Journal,* 65, 1996, págs. 41 e segs.; S. Borenstein, "*Rapid Price Communication and Coordination: The Airline Tariff Publishing Case* (1994)", in J. Kwoka e L. White (eds.), *The Antitrust Revolution,* , 3rd edition, Oxford University Press, 1999.

[1176] No caso *Airline Tariff Publishing Co.* as companhias de aviação chegavam mesmo a colocar a denominação da empresa de aviação para a qual se dirigia a punição no pé de página de cada bilhete.

[1177] Massimo Motta descreve dois exemplos interessantes a este respeito. No primeiro caso, encontravam-se em licitação bens situados em situações geográficas distintas, e, nestas condições, os licitadores transmitiam informação entre si licitando o montante final com a indicação do código postal da área que mais lhes interessava. Nestes termos, os diversos concorrentes sinalizavam as suas opções mutuamente. Assim, e utilizando os indicativos telefónicos, imagine-se o leilão de dois imóveis situados em Lisboa e no Porto, com um valor base de licitação de € 100,000,00, estando no mercado dois concorrentes. Nestas condições, bastará que o licitador com interesse no bem situado em Lisboa efectue uma primeira oferta de € 100.000,21 para os dois bens e o segundo efectue uma licitação superveniente de € 100.000,22, para que ambos compreendam que o primeiro pretende adquirir o bem situado em Lisboa (21) e o segundo o bem situado no Porto (22). Uma situação deste teor ocorreu nos Estados Unidos (cfr. P. Klemperer, "*What really matters in auction design*" *Journal of Economic Perspectives*, 16, 2002, págs. 169 a 189). O segundo caso ocorreu nos leilões de espectro radioeléctrico na Alemanha. Nesta situação estavam em causa dez blocos idênticos de frequências, tendo o leilão uma regra particular: uma licitação ascendente teria de ser pelo menos 10% superior à licitação anterior. Ora, existindo unicamente dois concorrentes válidos (a Mannesmann e a T-Mobil), a Mannesmann fraccionou a sua licitação em duas partes: para os blocos 1-5 ofereceu 18.18 milhões de Marcos Alemães por megahertz, e para os blocos 6-10 ofereceu 20 milhões de Marcos. Ora, a Mannesmann sinalizou convenientemente a sua pretensão de divisão de mercado com a T-Mobil, de forma que ambas adquirissem 5 blocos pelo montante de 20 milhões de Marcos. Assim, a T-Mobil aumentou a licitação dos blocos 1-5 em 10% (18,18 milhões acrescidos de 10% são 20 milhões), tendo o leilão sido finalizado logo de seguida. O seu resultado foi inequívoco: quer a Mannesmann, quer a T-Mobile ficaram com 5 blocos de frequências, cada uma, exactamente pela mesma quantia: 20 milhões de Marcos Alemães. Cfr. Massimo Motta, *Competition Theory, cit.,* págs. 153 e 154.

Numa outra perspectiva, quer as normas de defesa dos direitos dos consumidores, quer as normas que determinam a prestação de informações ao mercado por parte de sociedades cotadas obrigam a uma ampla divulgação das políticas empresariais bem como das estratégias futuras das diversas organizações.

Para além das formas de enunciação privada das suas opções estratégicas futuras, os concorrentes dispõem ainda de um álibi quase indestrutível que permite encobrir práticas de transmissão de informação aos rivais.

De facto, será difícil provar que a publicação de preços sobre bens a comercializar no futuro numa página da *Internet* tenha por finalidade unicamente a transmissão de informação ao rival e não ao consumidor.

Nestas situações, para que ocorra um verdadeiro dano concorrencial será necessária a conjugação destas acções com outras práticas facilitadoras contratuais[1178] (*e.g. cláusulas de cliente mais favorecido*[1179], *cláusulas de encontro com a concorrência*[1180], manutenção

---

[1178] Cfr. *Memorandum from John Shenefield, Shared Monopolies*, DOJ, 1978.

[1179] A *cláusula de cliente mais favorecido* ("*most-favoured customer*") constitui uma derivação da famosa cláusula de direito internacional público e que constitui a base do sistema GATT e OMC. Através desta cláusula negocial, o vendedor compromete-se a aplicar ao comprador as melhores condições comerciais que ofereça a outros compradores. Estas cláusulas poderão ter um alcance retroactivo ou meramente contemporâneo. No primeiro caso, se o vendedor oferecer melhores condições em futuras vendas deverá necessariamente compensar o comprador passado pela margem paga em excesso. No segundo caso, o vendedor obriga-se a não proceder a qualquer discriminação de preços entre compradores (normalmente da mesma área geográfica). A doutrina económica tende a considerar como anticoncorrencial este tipo de clausulado já que, por um lado, torna a prática de descontos mais onerosa; por outro lado, o desenvolvimento de punições a eventuais fraudes torna-se quase impraticável já que as guerras de preços se tornam proibitivas e insusceptíveis de focalização. No entanto, deverá dizer-se que a utilização deste tipo de cláusulas não consubstancia *per se* o desenvolvimento de qualquer comportamento anticoncorrencial, sendo um mero factor indiciário para a identificação de coligações tácitas. Por outro lado, deverão ponderar-se os efeitos positivos em sede de eficiência, nomeadamente em sede de redes. Assim, uma *cláusula de cliente mais favorecido retroactiva* pode eliminar a aversão ao risco do consumidor pioneiro que pretende iniciar a sua participação numa rede recentemente formada. Nestas condições, este tipo de cláusulas permitirá a efectiva interiorização das exterioridades positivas de rede nos clientes iniciais, permitindo que estes obtenham as mesmas vantagens financeiras que os clientes subsequentes da rede já desenvolvida. No mesmo sentido, eventuais choques futuros que se situem no lado da oferta (nomeadamente os decorrentes da inovação tecnológica) serão redistribuídos de uma forma mais equitativa entre todos os utilizadores da rede. Cfr. D. Besanko e T. Lyon (1993), *"Equilibrium Incentives for Most-Favored Customer Clauses in an Oligopolistic Industry,"* International Journal of Industrial Organization, 11, 1983, págs. 347 a 367; T. Cooper, *"Most-Favored-Customer Pricing and Tacit Collusion,"* Rand Journal of Economics 17, 1986, págs. 377 a 388; K. Crocker e T. Lyon, *"What Do 'Facilitating Practices' Facilitate?: An Empirical Investigation of Most-Favored Nation Clauses in Natural Gas Contracts,"* Journal of Law and Economics, 37, 1994, págs. 297 a 321; P. DeGraba, e A. Postlewaite, *"Exclusivity Clauses and Best Price Policies in Input Markets"* Journal of Economics and Management Strategy, 1, 1992, págs. 423 a 454; L. Marx, e. Shaffer, *"Opportunism and Nondiscrimination Clauses,"* Working Paper, University of Rochester, 2000; W. Neilson e H. Winter (1992), *"Unilateral Most Favored Customer Pricing: A Comparison with Stackelberg,"* Economics Letters, 38, 1992, págs. 229 a 232; W. Neilson e H. Winter, *"Bilateral Most Favored Customer Pricing and Collusion,"* Rand Journal of Economics, 24, 1993, págs. 147 a 155. No entanto, existem estudos experimentais que demonstram a inexistência de qualquer impacto anticoncorrencial na aplicação destas cláusulas. Cfr. D. Grether e C. Plott, *"The Effect of Market Prices in Oligopolistic Markets: an Experimental Examination of the Ethyl Case",* in Economic Inquiry, 22, 1984, pág. 479. Em sentido claramente contrário, T. Cooper, *"Most-Favoured-Customer Pricing and Tacit Collusion"* in Rand Journal of Economics, 17, 1986, pág. 378. Este tipo de cláusulas foram proibidas pelo DOJ nos processos *United States v. General Electric Co*. 1977-2 Trade Cas. (CCH) ¶ 61,660, at 72,718 (E.D. Pa 1977) e *E.I Du Pont De Nemours v. FTC*, 729 F 2d 128 (2nd Cir. 1984). Na óptica comunitária, cfr. Decisão da Comissão relativa ao processo *Rolled Zinc Products and Zinc Alloys*, (JO L362/40, 1982) e Decisão da Comissão relativa ao processo *Trans-Atlantic Conference Agreement* (TACA) JO L95/1, 1999, para. 490.

[1180] A *cláusula de encontro com a concorrência* (*"meeting-competition"*) implica que o vendedor ofereça ao comprador as melhores condições existentes no mercado. Desta forma, se um outro concorrente vender o produto em causa por um preço menor, o vendedor deverá compensar o comprador pelo montante em diferença. Esta cláusula, nos sectores em rede, pode sofrer uma derivação, transformando-se numa *cláusula de encontro ou libertação* (*"meet or release"*), o que permite ao vendedor decidir entre compensar o comprador pela diferença de preço ou libertá-lo de uma obrigação de manutenção na rede. A doutrina é quase unânime na condenação deste tipo de clausulado negocial. Este tipo de procedimento permite um controlo permanente e imediato da actividade concorrencial dos parceiros de uma eventual coligação, facto que é essencial para a rápida aplicação de um mecanismo de retaliação. Estas cláusulas reduzem os incentivos à realização de um corte nos preços dado que os únicos clientes que poderiam ser influenciados por esse movimento seriam os novos clientes, pois os antigos, beneficiários da cláusula em causa, teriam o mesmo efeito no âmbito dos seus contratos. No entanto, qualquer ponderação concorrencial deste tipo de cláusulas deverá incluir os efeitos positivos das mesmas. Em primeiro lugar, elimina o risco inerente às opções dos consumidores pioneiros. De facto, o sujeito que pretenda iniciar a sua participação numa rede, ao beneficiar desta cláusula, não sofrerá qualquer perda de Bem-Estar por uma eventual má

de preços de revenda[1181], *preços de entrega uniformizados¨*), que visam uma clarificação concorrencial relativamente a determinados *pontos focais* fundamentais para a estabilidade do oligopólio[1182], que poderão mesmo ser ampliados através da adopção de medidas de fixação vertical de preços[1183].

---

escolha passada, dado que as condições de que usufruirá serão sempre semelhantes às da melhor rede (pelo menos ao nível monetário). Harmonizando-se por esta via as condições concorrenciais nas redes, estas competirão pela qualidade, fomentando-se, simultaneamente, a interligação entre os diversos sistemas. Por outro lado, a eliminação do risco da escolha passada terá um efeito perene, dado que permitirá aos utilizadores da rede o permanente usufruto das melhores condições possíveis, pelo que estas cláusulas permitem a interiorização de eventuais exterioridades positivas de rede. Neste âmbito, este tipo de cláusulas deverão ser sempre ponderadas da perspectiva concorrencial. Contra, Massimo Motta, referindo que estas cláusulas deverão ser sujeitas a uma proibição *per se*. (in *Competition Theory, cit*, pág. 158). Cfr., igualmente, S. Salop, *"Practices that (Credibly) Facilitate Oligopoly Coordination"* in J. Stiglitz e G. Mathewson (eds.), *New Developments in the Analysis of Market Structure*, Macmillan, London and Cambridge, 1986, págs. 265 e segs.

[1181] Além dos efeitos controversos ao nível da integração vertical dos diversos segmentos dos sectores em rede, a manutenção dos preços de revenda (*"resale price maintenance"*) pode constituir, igualmente, uma estratégia negocial de facilitação no desenvolvimento de coligações. Os grossistas, ao eliminarem as variações de preços ao nível do retalho estão, na prática, a simplificar os termos de funcionamento do mercado, tornando os preços grossistas transparentes o que permite a realização de juízos fundados relativamente aos motivos de variação de preços no mercado, ou seja, este enquadramento negocial possibilita aos parceiros oligopolistas o discernimento rápido e eficaz de eventuais fraudes à coligação. Bork defende, a este propósito, a necessidade de realização de uma ponderação dos efeitos positivos ao nível da eficiência resultantes deste tipo de cláusulas, afastando, desta forma, qualquer posição que advogue a sua proibição *per se*. Assim, se: (1) este clausulado for essencial para a prestação conjunta de um determinado serviço ou bem; ou (2) nenhuma das empresas em causa detiver uma quota de mercado significativa; ou (3) deste clausulado não resultar uma intenção de restrição quantitativa de produção; então, da aplicação deste procedimento negocial não resultará qualquer prejuízo para a concorrência. Cfr. R. Bork, *The Antitrust Paradox, cit*, págs. 263 a 279.

[1182] Se os produtos relevantes forem comercializados por via electrónica, a transparência concorrencial é total, baseando-se no software de controlo mútuo desenvolvido para esse fim, não sendo necessária qualquer cláusula deste tipo para o desenvolvimento de coligações.

[1183] Nas *Orientações relativas às Restrições Verticais* (in JO C291/1, 2000), a Comissão reconhece a possibilidade de desenvolvimento de efeitos anticoncorrenciais horizontais por via de acordos verticais de fixação de preços. De facto, esse tipo de práticas aumenta os níveis de transparência do mercado, pelo que em situações estruturais oligopolistas existirá uma risco acrescido de equilíbrios comportamentais coordenados (cfr. para. 228 das Orientações).

Face a esta diversidade, Massimo Motta propõe a realização de uma distinção entre *anúncios privados* efectuados unicamente entre os concorrentes (incluindo a transmitida no seio de leilões) e *anúncios públicos* que vinculem o produtor na sua relação com os consumidores[1184].

Nesta configuração, qualquer transmissão de informação sobre opções concorrenciais realizada no seio do oligopólio deverá ser considerada ilegal, independentemente de revestir uma natureza formal (telefaxes ou mensagens de correio electrónico), triangulada (através de associações) ou meramente informal (pressuposições de licitação no seio de leilões).

Ao invés, os anúncios públicos deveriam ser alvo de um tratamento diverso dado que a transparência na informação fornecida ao mercado é essencial para a formação das opções dos consumidores e, neste caso, se revestirem uma natureza vinculativa, deverão ser tolerados atendendo aos seus efeitos no bem-estar dos consumidores.

Ora, esta é uma forma de ultrapassar a lógica *topsy-turvy* omnipresente na teoria oligopolista, já que, como se demonstrou, o que é favorável à concorrência é simultaneamente favorável à formação de coligações.

Apesar de se concordar com esta posição de base favorável aos anúncios públicos, é necessária alguma cautela.

Não se pode esquecer que o anúncio público de preços futuros pode constituir uma forma de testar o mercado a curto ou médio prazo, estimulando os rivais a apresentar igualmente as suas potenciais reacções à táctica exteriorizada no presente, mas ainda não concretizada uma vez que só se desenvolverá no futuro. Nestas circunstâncias é necessário averiguar casuisticamente a própria configuração do mercado e a efectiva concretização da táctica anunciada, sob pena desta se traduzir unicamente em "conversa fiada" (*"cheap talk"*).

No entanto, se a transmissão da política de preços futura se situar estritamente no âmbito de uma relação grossista-retalhista torna-se difícil configurar uma qualquer vantagem para os consumidores. O mesmo acontece em situações em que os consumidores são em reduzido número (empresas consumidoras de produtos intermédios)

[1184] Cfr. Massimo Motta, *Competition Theory, cit.*, págs. 153 e 154.

e cujos preços são estabelecidos através de mecanismos negociais e não por via de ofertas ao público.

Em jeito de conclusão preliminar, a transparência de mercado é, efectivamente, um factor fundamental de propensão para o desenvolvimento de práticas cooperativas. No entanto, e como a própria teoria dos jogos já provou, é possível a concretização de relações de cooperação entre concorrentes em ambientes de informação imperfeita ou assimétrica[1185].

Qualquer conclusão a este respeito não poderá esquecer a fundamental complexidade das redes. E, nessa óptica, o jogo concorrencial em muito ultrapassa a variável "preço" e a variável "quantidade", dependendo de muitos outros factores relevantes, que se encontram em permanente mutação e que, por definição, se encontram indefinidos, quer numa perspectiva conjuntural, quer estrutural (*e.g.* inovação, investimento, ciclos de vida de produtos, só para citar os mais relevantes).

Neste âmbito, e de acordo com os ensinamentos decorrentes da teoria dos jogos, o grau relativo da importância da informação pode ser escalonado em três categorias. Na primeira categoria integra-se a informação relativa aos pontos focais mais relevantes numa eventual coligação: a quantidade de produção e o preço. A segunda categoria, intermédia, integra no seu âmbito toda a informação necessária ao estabelecimento exacto do enquadramento económico segundo o qual os operadores desenvolvem a sua actividade concorrencial, englobando dados sobre a estrutura de custos, presente e passada, dos diversos sujeitos do lado da oferta e a configuração presente da procura, sendo estes dados essenciais para a identificação de um

---

[1185] Relembre-se, no entanto, que como Stigler (*op. cit.*) argumentou em 1964, e Green e Porter (*op. cit.*) confirmaram em 1984, se os preços reais e os descontos secretos não forem observáveis, a manutenção de uma coligação é extremamente difícil, o que não impede, no entanto, o desenvolvimento de um equilíbrio não-cooperativo, ou melhor, de reversões à situação de equilíbrio não-cooperativo após o desencadeamento de estratégias de punição da tipologia ("*trigger*") num número finito de rondas, ou seja, de estabelecimento do preço no nível do custo marginal de produção. A este respeito deve referir-se que estas "guerras de preços" só parecem existir quando os concorrentes não detêm a informação completa acerca da actuação dos restantes. Por outro lado, não deve esquecer-se que é extremamente difícil distinguir a origem das variações de preços do mercado, que poderão decorrer de uma baixa "fraudulenta" ou meramente de um choque na procura.

eventual equilíbrio cooperativo e para o estabelecimento de metodologias dissuasoras eficazes e eficientes. Finalmente, a terceira categoria integra toda a informação a que a teoria da rivalidade dinâmica faz referência, nomeadamente dados sobre investimentos, investigação e desenvolvimento, estrutura futura de custos e configuração futura da procura, essencial para a clarificação do ambiente de médio prazo que sustentará a eventual coligação[1186].

4.4. *Homogeneidade do Produto e a Normalização nos Sectores em Rede*

A homogeneidade do produto é igualmente considerada como um importante factor facilitador no desenvolvimento de coligações[1187].

Nestas condições, os concorrentes podem criar um ponto de focalização[1188], facilmente controlável (na grande maioria das situações será o preço de venda[1189]. Também o volume de produção[1190] ou a distribuição geográfica[1191] poderão constituir referências para esse efeito).

Estas condições permitirão a implementação e manutenção da coligação implícita, mesmo na inexistência de qualquer troca de informação, formal ou informal. Atendendo à identidade dos bens produzidos, e perante variações de quotas de mercado que ocorrem

---

[1186] Cfr. L. Peeperkorn, *Competition Policy Implications from Game Theory: an Evaluation of the Commission's Policy on Information Exchange*, (www.comm/dg04/speech/six/en), págs. 10 e segs.

[1187] Cfr. Bundeskartellamt, *Auslegungsgrundsätze*, págs. 55 e 56; Comissão Europeia, in Decisão da Comissão relativa ao processo IV/M.1524, *Airtours/First Choice*, para. 88; DOJ, 1992 *Horizontal Merger Guidelines*, Section 2.1.

[1188] Cfr. F. Scherer e D. Ross, *Industrial Market Structure and Economic Performance, cit.*, pág. 279.

[1189] Cfr. processos IV/M.1016 *Price Waterhouse/Coopers & Lybrand*, JO L50/27, 1999, para. 100. No sector eléctrico cfr. processo COMP/M.1673 VEBA/VIAG, JO L188/1, 2001, para. 80.

[1190] Cfr. *1992 US Horizontal Merger Guidelines*, rev. 1997, *cit.*, Secção 2.11.

[1191] Nomeadamente nas redes físicas cuja organização original assentava num pressuposto de monopólio nacional ou regional.

quase simultaneamente a uma descida de preços, qualquer desvio à coligação é imediatamente detectado e a punição facilmente desenvolvida.

Porém, e também como nos casos anteriores, os aparentes unanimismos tendem a ignorar algumas dificuldades escondidas.

Sendo os produtos produzidos pelos diversos parceiros sucedâneos[1192] entre si, tal significará que uma estratégia de redução de preços facilmente culminará num grande ganho ao nível de quota de mercado.

Perante este condicionalismo, e face ao elevado lucro potencial a curto prazo, a homogeneidade do bem constituirá, igualmente, um factor essencial para o rápido sucesso de uma qualquer conduta desviante, ou para a entrada relâmpago de um novo concorrente.

A homogeneidade no produto é uma característica que se acentua nos produtos fornecidos nas redes físicas. Efectivamente, os fornecedores de serviços básicos em redes de telecomunicações, de electricidade, de gás ou de transportes aéreos ou ferroviários, só para citar alguns exemplos, sentem uma enorme dificuldade em diferenciar a sua oferta perante a concorrência. Uma chamada de voz suportada na rede fixa é dificilmente diferenciável pelos operadores; o mesmo se diga da unidade de energia consumida, do metro cúbico de gás ou de água, ou da passagem de comboio.

A situação é distinta nas redes virtuais. Nestas redes, o desenvolvimento tecnológico, combinado com as técnicas agressivas de comercialização dos produtos origina uma tendência de "*diferenciação horizontal*", de forma a permitir a segmentação dos clientes de uma determinada produção.

Esta tendência de segmentação é facilmente observável, por exemplo, no mercado automóvel (a diferenciação explícita das diversas versões de automóveis de gama equivalente é um bom exemplo desta prática. Por exemplo, um Mercedes e um BMW são considerados produtos diferentes, apesar de se dirigirem a uma faixa de clientes idêntica. No entanto, os consumidores diferenciam-nos quer por questões emocionais, quer de *design*, optando pelo seu preferido), mas verifica-se igualmente nos produtos informáticos (o *software*

[1192] Cfr. S. Bishop e M. Walker, *Economics of EC Competition Law, cit.*, págs. 48 a 50.

concorrente nunca é idêntico; os fabricantes, nas suas acções de *marketing* tendem precisamente a acentuar as diferenças do seu produto perante a oferta da concorrência).

No limite, assiste-se hoje a uma extrema personalização do produto – se não real, pelo menos publicitada – em que cada solução é efectuada à medida do cliente. Por exemplo, o software de gestão empresarial de uma empresa moderna integra toda a sua cadeia organizativa. Partindo-se de uma série de blocos pré-definidos, a composição final do produto é feita à sua medida.

O mesmo acontece com o hardware informático. Actualmente um computador é montado atendendo às opções pessoais do consumidor relativamente a processadores, placas gráficas e de som, disco rígido, etc.).

O objectivo da diferenciação horizontal é precisamente a criação de uma relação de fidelidade entre o consumidor e a sua opção inicial, tendo este relutância em alterar a sua opção base, mesmo na presença de flutuações de preço sensíveis.

Esta resistência à mudança poderá ser unicamente de ordem psicológica (ou seja, fidelidade assente em juízos de reputação[1193]) ou poderá ter motivações económicas (relembre-se o que foi referido acerca da teoria da dependência das escolhas passadas).

Por vezes, os próprios concorrentes desenvolvem programas de fidelização directos (por exemplo, os programas de passageiro frequente, ou os pontos-prémio de uma qualquer cadeia de distribuição de combustíveis), ou indirectos (por exemplo, as máquinas de café que funcionam unicamente com doses pré-estabelecidas, que só podem ser compradas num único fornecedor).

Alguns autores têm referido que o desenvolvimento tecnológico tem como efeito precisamente a acentuação do nível de diferenciação horizontal ao nível de todas as estruturas de produção[1194]. Obviamente

---

[1193] Por exemplo, a nacionalidade do produtor é ainda um factor essencial na ponderação efectuada pelo consumidor no momento da aquisição do bem. No caso do mercado bancário consultar Carlos Lobo, *Concorrência Bancária?*, *cit.*, págs. 90 e 91.

[1194] Cfr. E. Kantzenbach, E. Kottmann e R. Krüger, *Report for the European Comission. New Industrial Economics and Experiences from European Merger Control: New Lessons about Collective Dominance?*, Office for Official Publications of the European Communities, Luxemburgo, 1995, pág. 34.

que, no limite, nas redes físicas, a diferenciação só pode ser efectuada ao nível do serviço fornecido tendo por base a rede pré-existente. Ao invés, nas redes virtuais a personalização das opções poderá ser efectuada ao nível dos próprios segmentos componentes da rede.

Deverá reconhecer-se que tal como a normalização dos produtos, a sua diferenciação horizontal tem efeitos ambíguos na estabilidade das coligações. Raith[1195], por exemplo, demonstra que a diferenciação dos produtos poderá impedir a troca de informações em mercados não transparentes.

Nestas condições, os agentes poderão ter dificuldades em analisar a estratégia dos seus concorrentes, o que impede, *in limine*, o desenvolvimento de coligações. Em sentido contrário, poderá referir-se que a troca de informação não necessitará de ser perfeita, bastando que a atenção dos concorrentes assente em determinados *"pontos focais"*[1196] essenciais, sabendo estes, de antemão, que dada a diferenciação dos produtos, os clientes terão alguma dificuldade em alterar as suas opções e, nestas condições, os ganhos de curto prazo decorrentes de uma prática batoteira serão, inevitavelmente, reduzidos.

Por outro lado, Ross e Braziliauskas demonstram que mesmo que os concorrentes não consigam atingir um acordo relativamente ao preço atendendo à diferenciação dos produtos fornecidos, poderão sempre cooperar por outras vias, como por exemplo, pela divisão geográfica dos mercados ou dos consumidores[1197].

Por seu lado, a diferenciação vertical baseia-se na distinção qualitativa entre os diversos produtos. Tal ocorre quando uma empresa produz um bem que é superior aos fornecidos pelas empresas rivais, sendo esse facto reconhecido pela procura, que considera que do consumo do bem em causa resulta uma melhor satisfação das suas necessidades.

[1195] Cfr. M. Raith, *"Product Differentiation, Uncertainty and the Stability of Collusion"*, London School of Economics, STICERD Discussion Paper Series EI/16:49, 1996.

[1196] Os pontos focais têm precisamente por objectivo colmatar eventuais lacunas informativas, permitindo analisar coligações parciais em situações de informação imperfeita.

[1197] Cfr. T. Ross e A Braziliaukas, *"Lessening of Competition in Mergers Under The Competition Act: Unilateral and Interdependence Effects"*, Canadian Business Law Journal, 33, 2000, págs. 373 a 426.

Nestas circunstâncias, este concorrente tem um maior incentivo à prática de fraudes à coligação, já que a sua margem de ganho potencial é ampliada e, simultaneamente, face à superior rigidez ao nível da procura do seu produto, terá menos a recear relativamente às reais consequências de eventuais retaliações. Nestes caso, quanto maior for a vantagem qualitativa de uma empresa face aos demais concorrentes menor será a probabilidade de ocorrência de uma coligação[1198].

Ora, as redes físicas são reconhecidamente espaços de actuação padronizados. A compatibilidade e a interoperabilidade desvanecem qualquer vantagem qualitativa real atendendo ao substrato material subjacente.

Mesmo nas redes virtuais, a diferenciação que pareça existir entre os diversos produtos é, muitas vezes, meramente aparente e resulta de uma actividade de marketing e publicidade agressiva.

Efectivamente, o próprio conceito de rede virtual assenta, também, na relação de compatibilidade entre diversos segmentos que se organizam no sentido da satisfação de uma necessidade. Ora, por vezes, a rede virtual não é senão uma mera organização de componentes produzidos por diversos produtores e organizados em redor de uma marca ou denominação comercial.

Um computador COMPAQ, por exemplo, é um somatório de componentes produzidos por diversos fabricantes de *hardware*, que a COMPAQ organiza em redor da sua marca de comercialização. Igualmente, uma placa de vídeo ou de som resulta da reunião (*"assembling"*) de diversos microcomponentes também produzidos por diferentes produtores.

O mesmo acontece com as viaturas automóveis e outros produtos compósitos. Neste enquadramento, uma qualquer análise concorrencial implicará uma necessária análise de mercados relevantes cada vez mais restritos e pormenorizados, ou seja, de micromercados compostos precisamente pelos diversos microcomponentes, que se constituem como os verdadeiros segmentos da rede identificada pela imagem de marca.

[1198] Cfr. P. Rey, *Collective Dominance and the Telecommunications Industry*, working paper, University of Toulouse, 2002, págs. 16 e 17.

Assim, e ao contrário do que parte da doutrina defende, a homogeneidade dos produtos não só é uma característica qualificadora dos mercados de mercadorias normalizadas (*e.g.* cimento, combustíveis, águas minerais) e, naturalmente das redes físicas, que atendendo às necessidades básicas que visam satisfazer são necessariamente normalizadas, mas ainda, e de forma cada vez mais intensa, atendendo aos movimentos de microespecialização, mas igualmente das redes virtuais, sendo que os elementos de diferenciação resultam unicamente dos investimentos publicitários que, em larga medida, se encontram direccionados para a divisão geográfica de mercados[1199].

Deverá ser sempre relembrado que as características de homogeneidade ou de diferenciação dos produtos serão sempre gradativamente consideradas por parte dos consumidores, não sendo correcto, na perspectiva da análise concorrencial, a adopção de posições extremas a este respeito, tanto mais quando a relativa diferenciação de produtos – que poderá ser efectuada por via da simples combinação personalizada (*"bundling"*) de diversos componentes compósitos (*e.g.* software ERP, planos de preços personalizados, computadores pessoais) – não constituindo um obstáculo intransponível ao desenvolvimento de equilíbrios oligopolistas não-coordenados, por maioria de razão, também não o será para efeitos de coligação tácita, ainda mais na presença de estratégias de liderança de preços, de definição de pontos focais ao nível da política de preços (sistemas lineares de *pricing*, descontos arredondados, *pricing* multiproduto, preços uniformizados de entrega, ou de definição de transacções – tipo F.O.B) ou de formação de *clusters* produtivos.

Não se poderá esquecer a este respeito que a própria evolução tecnológica condiciona decisivamente a formatação dos produtos oferecidos no mercado.

A inovação é omnipresente, influenciando não só o produto em si, como o próprio sistema de produção[1200], rede de distribuição e método de comercialização (relembre-se a revolução que corporiza o comércio electrónico e as futuras plataformas de *middleware*).

[1199] Cfr. E. Kantzenbach, E. Kottmann e R. Krüger, *Report for the European Comission. New Industrial Economics and Experiences from European Merger Control: New Lessons about Collective Dominance?*, *cit.*, pág. 49.

[1200] Cfr., e.g., Decisão da Comissão relativa ao processo COMP/M.2498, *UPM-Kymmene/Haindl*, JO L233/38, 2002, paras. 106 e 107.

Nestas circunstâncias, onde o próprio sentido de desenvolvimento do mercado se torna incerto, existirá uma reduzida margem para o desenvolvimento de coligações tácitas[1201].

As opções iniciais das empresas definem o rumo concorrencial a adoptar no seu futuro, não havendo espaço para qualquer cooperação no momento posterior à adopção da norma.

Essa intolerância à coligação aumenta exponencialmente quando o ciclo de vida dos produtos (ou dos próprios mercados) se encurta significativamente, na lógica da *concorrência schumpeteriana* pela renda monopolista de curto prazo[1202].

4.5. *Existência de Transacções Repetidas e Contactos Intra e Intersistemáticos*

A existência de transacções repetidas entre os diversos operadores num mercado circunscrito constitui um pré-requisito não só para o reconhecimento por parte dos agentes da sua relativa interdependência mas igualmente para o estabelecimento de verdadeiras coligações implícitas.

A existência de jogos repetidos é essencial para o estabelecimento das condições básicas determinantes para a emergência de coligações. Conforme foi demonstrado *supra*, sem esse horizonte cíclico, e atendendo às consequências do juízo de indução inversa, nenhuma coligação é susceptível de manutenção num horizonte finito já que a tendência para o desenvolvimento de fraudes à coligação se torna irresistível.

[1201] Cfr., e.g., Decisão da Comissão relativa ao processo IV/M.1298, *Kodak/Imation*, para. 60; Decisão da Comissão relativa ao processo COMP/M.1838, *BT/ESAT*. para 14. No entanto, a Comissão Europeia declarou que *"it cannot be excluded that oligopolistic dominance can be found in markets with high rates of product and/or process innovation. An indication could be stable market shares in markets with high rates of innovation"* (in OECD, *"Oligopoly"*, Best Practices Roundtable, October, 1999, DAFFE/CLP(99)25, pág. 218.

[1202] Fershtman e Pakes afirmam mesmo que, nestas condições, o resultado de uma coligação será invariavelmente a ocorrência de uma "guerra de preços". Cfr. C. Fershtman e A. Pakes, *"A Dynamic Oligopoly with Collusion and Price Wars, RAND Journal of Economics*, 31, 2, 2000, págs. 207 a 236.

A eficiência na detecção de fraudes depende em larga medida da frequência das transacções entre os diversos agentes produtores.

As redes, por definição, implicam o relacionamento cíclico e contínuo entre os diversos agentes concorrentes detentores de segmentos que se interligam mutuamente e, nessa medida, constituem o sector económico em causa. Por exemplo, nas telecomunicações, os diversos segmentos de mercado (quer se constituam como segmentos da rede fixa (cobre, cabo, rede eléctrica) da rede móvel, da rede satélite ou qualquer outra) interligam-se mutuamente, de forma repetida, e num horizonte temporal indefinido. As transacções são, desta forma, cíclicas e contínuas.

De forma idêntica ao nível retalhista, os diversos operadores de telecomunicações interagem entre si, umas vezes como entidade de origem da comunicação, outras vezes como entidade de destino.

Neste âmbito, quer ao nível da infra-estrutura, quer ao nível dos serviços prestados, a perenidade relacional constitui um factor essencial para o desenvolvimento da actividade de satisfação das necessidades dos clientes.

O mesmo acontece com o sector financeiro, o sector eléctrico e os transportes, ou seja, com a generalidade das redes físicas. De facto, todos estes sectores são caracterizados por um sistema de produção conjunta o que, por definição, implica a repetição nos relacionamentos em sede intra-sistemática.

Por outro lado, e tomando novamente o exemplo das telecomunicações, a repetitividade das transacções no seio destas redes traduz-se monetariamente numa multiplicidade de pequenos pagamentos mútuos.

Estas pequenas quantias, muitas vezes liquidadas por via da compensação, permitem fugir a uma das críticas fundamentais de Stigler à estabilidade dos cartéis. Este autor, relembre-se, apontou como barreira à estabilidade das coligações a existência de encomendas de elevado montante, dado que, nestas circunstâncias, o volume de uma transacção iria sobrepor-se, em termos de relevância, à periodicidade das mesmas, fomentando-se a tentação para a redução secreta de preços[1203].

[1203] Cfr. G. Stigler, *"A Theory of Oligopoly"*, *cit.*, págs. 44 e segs.

Ora, as transacções efectuadas no seio das redes físicas citadas traduzem-se invariavelmente em pequenos montantes, com margens inevitavelmente reduzidas, cuja dimensão monetária releva unicamente do seu enorme número.

Nestas circunstâncias, os agentes terão uma propensão para o desenvolvimento de uma estratégia de *"vida tranquila"*, não colocando em causa os relacionamentos futuros em troca de pequenos ganhos de curto prazo[1204]. Por outro lado, o poder de negociação dos consumidores será inevitavelmente reduzido, o que, como se demonstrará *infra*, constitui um outro factor de propensão para a coligação.

A perfeição da informação disponibilizada mutuamente pelos concorrentes relativamente às suas estratégias atinge o seu auge nas situações em que os contactos estabelecidos extravasam os limites de uma única rede.

Os movimentos de globalização económica e de convergência tecnológica têm originado a criação de oligopólios mundiais ao nível das principais redes. Tal é o resultado normal da liberalização de mercados na presença de exterioridades de redes e da optimização do *know-how* acumulado pelos diversos operadores.

As próprias redes interligam-se a uma velocidade crescente. Esse movimento económico é natural.

As redes bidireccionais tentam aproveitar da forma mais ampla possível as exterioridades positivas de rede disponíveis. Por seu lado, as redes físicas unidireccionais e as redes virtuais podem usufruir de sensíveis economias de escala e de gama.

Os contactos que se estabelecem entre os diversos agentes podem verificar-se a diversos níveis: (1) num âmbito intra-sistemático, num espaço geograficamente limitado; (2) num âmbito intra-sistemático, num espaço globalizado; (3) num âmbito intersistemático, num espaço geograficamente limitado e, finalmente; (4) num âmbito intersistemático, num espaço globalizado.

[1204] A reputação é, igualmente, um factor determinante para a estratégia negocial dos agentes no seio das redes. Cfr. D. Kreps, *"Repeated Play: Cooperation and Reputation,"* Chapter 14 of *A Course in Microeconomic Theory*, Princeton, 1990.

A primeira situação refere-se à situação tradicional do século XX, em que os diversos agentes interagiam entre si na criação de uma rede local ou regional.

No limite, os mesmos agentes produtores poderiam desenvolver uma acção idêntica em diversas redes locais ou regionais em espaços diferenciados.

A segunda situação resulta da evolução natural da primeira. Com a eliminação das fronteiras económicas, a rede evolui naturalmente, estendendo o seu alcance para a sua dimensão óptima. Nestas circunstâncias, os agentes proprietários dos segmentos ou operadores de serviços terão um espaço mais amplo de relacionamento, aumentando exponencialmente o volume de interacções mútuas.

Por sua vez, a terceira situação resulta de uma alteração de paradigma económico. Nos termos deste modelo, os concorrentes para adquirirem uma dimensão global num determinado mercado iniciam uma ampla actuação nas diversas redes local ou regionalmente disponíveis. Nesta óptica, as empresas de telecomunicações dedicam-se às comunicações fixas, às comunicações móveis, ao sector audiovisual ou de serviços de Internet. As empresas de electricidade dedicam-se às telecomunicações, aos combustíveis e ao gás. Os operadores de transportes adquirem agências de viagens e cadeias hoteleiras[1205].

Finalmente, o quarto modelo de organização decorre da evolução económica natural. As redes físicas evoluirão naturalmente para a sua dimensão mundial, sendo que os operadores nas mesmas desenvolverão, num primeiro momento, serviços especializados no âmbito da sua rede de especialização, alienando os activos restantes

---

[1205] Estes são casos de integração diagonal de redes, numa lógica de criação de conglomerados. No entanto é necessário ser bastante cauteloso na definição de mercado relevante. Conforme refere Bork, quando a CBS adquiriu a equipa de futebol americano dos New York Yankees, essa fusão poderia ter sido entendida de três formas distintas: como concentração horizontal, já que os dois operadores concorriam entre si no mercado do entretenimento; como concentração vertical, uma vez que a equipa de futebol fornece conteúdos audiovisuais; ou, como concentração diagonal, ou de conglomerado, uma vez que os mercados em que actuam são considerados tradicionalmente como distintos. Nesta óptica, Bork defende que a definição de mercado relevante é, nestas circunstâncias, irrelevante, devendo este tipo de concentrações ser analisada à luz de uma *rule of reason* tomando por base a eficiência da operação. Cfr. R. Bork, *The Antitrust Paradox, cit.*, págs. 246 a 250.

e que não constituem o núcleo central da sua actividade (a segunda situação descrita), mas rapidamente, e à semelhança do que aconteceu no âmbito regional ou local, sentirão uma natural tendência para a agregação das diversas redes.

Este movimento de integração natural em conglomerados estender-se-à aos operadores de redes virtuais, devido a três ordens de motivos: (1) a fusão funcional de diversos produtos (por exemplo, o centro multimédia doméstico ou os telemóveis com funcionalidades multimédia); (2) a construção de marcas de reputação mundial; e, (3) a especialização da produção de microssegmentos normalizados, caracterizados por uma reduzida ou nenhuma especialização.

Pelo exposto, os contactos multimercados serão naturais e inequívocos[1206]. Na perspectiva concorrencial, recorde-se, os oligopolistas determinam as suas estratégias e tácticas negociais em função das reacções previsíveis dos seus concorrentes. A rivalidade entre os operadores depende da intensidade concorrencial existente no mercado, da perfeição da informação transmitida e dos ganhos potenciais decorrentes da manutenção de uma coligação.

Nestas circunstâncias, quer os contactos intra-sistemáticos, mas em mercados geográficos distintos, quer os contactos intersistemáticos podem aumentar os incentivos ao desenvolvimento de coligações.

No primeiro caso, um operador de rede de alcance meramente local poderá ter uma agressividade concorrencial superior à de um operador de redes locais, mas de dimensão nacional. Em caso de *"guerra de preços"* entre oligopolistas, um operador nacional, com presença em vários mercados locais, terá mais a perder que um mero operador local. Esse operador nacional sofrerá a retaliação dos restantes parceiros nos diversos mercados em que opera, correndo nestas condições, riscos superiores aos sentidos por um mero operador local. Por outro lado, o operador nacional poderá sofrer ainda retaliações em mercados locais distintos, aumentando os riscos de perda financeira[1207].

[1206] B. Bernheim and M. Whinston, *"Multimarket Contact and Collusive Behavior," Rand Journal of Economics,* 21 (Spring 1990), 1-26; W. Evans and I. Kessides, *"Living by the 'Golden Rule:' Multimarket Contact in the U.S. Airline Industry,"* mimeo, University of Maryland, 1991.

[1207] Cfr. P. Areeda e L. Kaplow, *Antitrust Analysis, cit.*, págs. 873 e 874.

No segundo caso, os riscos para um oligopolista batoteiro aumentam exponencialmente uma vez que a retaliação poderá ser realizada numa rede distinta, quer na dimensão geográfica, quer na dimensão material, criando-se uma *rede mútua de vulnerabilidade* de dimensão global[1208].

Este raciocínio assenta, como facilmente se antevê, na lógica da fundamental instabilidade das coligações e poderá ser transposto para o novo paradigma global, em que os operadores locais se configuram como operadores nacionais, e os anteriores operadores nacionais se configuram como operadores globais.

4.6. *Estabilidade dos Condicionalismos do lado da Procura*

A existência de estabilidade no lado da procura é igualmente importante para a criação e manutenção de coligações[1209], quer na óptica da fiabilidade da informação disponível para a implementação de eventuais coligações[1210], quer na óptica dos incentivos à manutenção de eventuais equilíbrios.

De acordo com as diversas análises empíricas, a implementação de equilíbrios cooperativos parece ser facilitada em situações em que a procura se encontra estabilizada, quer na perspectiva de volume agregado de vendas (óptica quantitativa), quer na da evolução tecnológica (óptica qualitativa).

Numa óptica quantitativa, se o nível da procura se encontrar estagnado, não existirão incentivos para que as empresas incumbentes concorram tendo em vista o aumento da sua quota de mercado relativa, já que qualquer ganho será efectuado à custa de uma perda do concorrente. Simultaneamente, não existirá qualquer risco de entrada de um novo concorrente potencial. Nestas circunstâncias, qualquer desvio será facilmente detectado, desencadeando uma guerra de preços[1211].

[1208] Cfr. S. Stroux, *US and EC Oligopoly Control, cit.*, pág. 26.
[1209] Cfr. G. Stigler, "*A Theory of Oligopoly*", *cit.*.
[1210] Nestas condições, não existirá qualquer dificuldade em identificar fraudes à coligação, já que os ciclos empresariais se mantêm estáveis e os "choques" na procura serão inexistentes.
[1211] Cfr. acórdão T-342/99, *Airtours/First Choice, cit.*, para. 139.

Se a procura no mercado se encontrar em declínio acentuado, a configuração das interacções concorrenciais aproximar-se-à dos jogos finitos, sendo que, nestas circunstâncias, qualquer coligação será insustentável atendendo aos raciocínios de indução inversa realizados pelos concorrentes.

Se, ao invés, ocorrer um movimento contínuo e sustentado de lenta expansão do lado da procura, então os ganhos de médio e longo prazo serão superiores aos eventuais ganhos de curto prazo decorrentes de uma eventual prática fraudulenta, o que, conjuntamente com a estabilidade das previsões de evolução agregadas, facilita a promoção de equilíbrios oligopolistas[1212].

Essa tendência para a estabilidade será ainda mais ampliada se existirem barreiras à entrada significativas (*maxime* se as mesmas decorrerem do regime jurídico regulador – necessidade de licença – ou da impossibilidade física de expansão, por exemplo, devido à escassez do espectro radioeléctrico), eliminando-se eventual concorrência potencial[1213].

A doutrina diverge na análise das consequências concorrenciais resultantes de situações de rápida e elevada expansão do lado da procura.

Assim, e ao contrário da doutrina dominante[1214], poderá entender-se que, numa situação de crescimento rápido da procura, existirá um incentivo ao estabelecimento de equilíbrios cooperativos dado que os ganhos de curto prazo serão reduzidos relativamente aos previsíveis ganhos de médio e longo prazo[1215].

[1212] Neste sentido, na Decisão da Comissão relativa ao processo IV/M.1440, *Lucent Technologies/Ascend Communications*, a Comissão concluiu que a concentração não seria propícia ao desenvolvimento de efeitos coordenados dado que o mercado revestia uma natureza essencialmente tecnológica, encontrando-se em rápida expansão. (cfr. para. 18).

[1213] A Comissão Europeia considera que a expansão do lado da procura impede a edificação de coligações. Cfr. Comissão Europeia, *Guidelines for Market Definition in Electronic Communication Markets*, 2002.

[1214] Cfr., *e.g.*, A. Lindsay, *The EC Merger Regulation, cit.*, pág. 330; Decisão da Comissão relativa ao processo IV/M.1383, *Exxon/Mobil*, para. 475; Decisão da Comissão relativa ao processo COMP/M.1838, *BT/ESAT* e Decisão da Comissão relativa ao processo COMP/M2016, *France Télécom/Orange*.

[1215] Cfr. P. Rey, *"Collective Dominance and the Telecommunications Industry", cit.*, pág. 14.

Na sequência da óptica *topsy-turvy* omnipresente, no momento imediatamente posterior ao da criação da rede, a adesão potencial de novos utilizadores poderá ser de tal forma maciça que uma eventual fraude à coligação poderá gerar um ganho exponencial de aderentes (principalmente em redes caracterizadas pelo efeito de rede mais radical "*winner takes all*", ou na sua fórmula mais ponderada, "*winner takes most*").

Dada a evolução explosiva do lado da oferta, uma eventual fraude será dificilmente detectada, pelo menos atempadamente. Neste ambiente, as retaliações tardias serão totalmente ineficazes já que os utilizadores aderentes ficarão relativamente "*bloqueados*" nas suas opções iniciais.

Por sua vez, em situações em que os ciclos empresariais se sucedem, as flutuações do lado da procura adoptam um padrão relativamente errático. Nestas circunstâncias, a configuração das estratégias individuais óptimas varia consoante a fase do ciclo, a sua periodicidade e respectiva simetria.

Relembre-se que a coligação só é sustentável enquanto seja possível ter a percepção de que os ganhos de médio e longo prazo decorrentes de uma situação de equilíbrio são superiores aos ganhos imediatos de longo prazo resultantes de uma fraude à coligação. No entanto, quando o mercado se encontra no culminar de uma fase de alta, os ganhos de curto prazo decorrentes de uma fraude à coligação serão elevados e os custos de uma retaliação relativamente reduzidos, já que só se farão sentir numa fase descendente do ciclo[1216].

A estabilidade dos padrões da procura é, nos termos expostos, uma característica típica das redes físicas. Atendendo às suas funções, à sua dimensão, aos elementos históricos disponíveis e, principalmente, à relativa rigidez dos próprios consumos, a evolução futura do desempenho económico do sector é facilmente perceptível.

O ciclo empresarial tende a apresentar uma orientação agregada ascendente, o que torna este tipo de redes bastante propício ao estabelecimento e manutenção de coligações no foro intra-sistemático.

[1216] Cfr. J. Rotemberg e G. Saloner, "*A Supergame.Theoretic Model of Business Cycles and Price Wars during Booms*", American Economic Review, 76, 1986, págs. 390 a 407; J. Haltiwanger e J. Harrington, "*The Impact of Cyclical Demand Movements on Collusive Behaviour*", Rand Journal of Economics, 22, 1991, págs. 89 a 106.

Porém, as conclusões poderão ser diferentes ao analisar-se a questão de uma perspectiva mais ampla, ou seja, no âmbito da concorrência intersistemática.

E, neste enquadramento, poderá existir uma maior rivalidade. Por exemplo, os operadores de transporte ferroviário poderão, nas franjas da sucedaneidade intersistemática, desenvolver uma concorrência agressiva relativamente aos operadores de transporte rodoviário.

No mercado da energia, os distribuidores de gás poderão concorrer com os distribuidores de electricidade no fornecimento de clientes de elevada dimensão.

O mesmo acontece no relacionamento intersistemático nas redes das telecomunicações (comunicações fixas *vs.* comunicações móveis *vs.* comunicações alternativas – satélite, *wi-fi*, Protocolo IP, *powerlines*, etc.).

Neste ambiente, e na ausência de contactos intermercados, eventuais coligações serão dificilmente mantidas.

Por sua vez, as redes virtuais estão normalmente sujeitas a um ciclo de vida do produto relativamente curto, sem variações cíclicas. Por outras palavras, o produto nasce, desenvolve-se, atinge o seu auge, iniciando-se imediatamente a fase decrescente que culminará inevitavelmente no seu desaparecimento.

4.7. *Pressão concorrencial por parte dos clientes*

O exercício de um poder de mercado por parte de um agente situado no lado da oferta encontrar-se-á limitado se os seus clientes puderem adoptar comportamentos independentes.

A pressão concorrencial sobre um fornecedor não é apenas exercida pelos concorrentes, mas pode também advir dos seus clientes. Mesmo as empresas com quotas de mercado muito significativas poderão não estar em condições, após a concentração, de causar entraves consideráveis à concorrência efectiva.

Tal como demonstrado no caso do software ERP, o desenvolvimento do produto depende da colaboração activa do cliente, o que impede, à partida, comportamentos totalmente independentes do lado da oferta.

Na mesma medida, as autoridades concorrenciais têm ponderado o poder negocial dos compradores face aos vendedores, no âmbito de negociações comerciais, devido à sua dimensão, à sua importância comercial para o vendedor e à sua capacidade de mudar para fornecedores alternativos.

Esse poder negocial acrescido, é normalmente denominado de *poder de compensação*[1217].

O poder de compensação detido pelo consumidor depende da intensidade do poder monopolista detido pelo produtor, já que a sua base consiste na ameaça credível de, num preço razoável, e sem que se coloque em causa o cerne da satisfação da necessidade em causa, o cliente possa recorrer a fontes de fornecimento alternativas caso o fornecedor decida aumentar os preços ou agravar de qualquer outra forma a qualidade ou as condições de entrega[1218].

Como é facilmente perceptível, face a fornecedores tendencialmente monopolistas ou oligopolistas, somente um cliente tendencialmente monopsonista ou oligopsonista poderá exercer satisfatoriamente esse poder de compensação[1219].

Nesta óptica, este tipo de contraposição ao poder de mercado oligopolista só poderia ser exercido em mercados em que o índice de integração vertical seja extremamente acentuado. Só nestas condições – oferecendo um preço inferior ao gerado na coligação mas superior ao custo marginal – é que um cliente poderá fazer claudicar o preço coordenado, criando condições ao desenvolvimento de fraude à coligação[1220].

[1217] Cfr., e.g. processo IV/M.1882 - *Pirelli/BICC*, parágrafos 73 a 80.

[1218] Cfr., e.g. processo IV/M.1245 - *Valeo/ITT Industries*, parágrafo 26.

[1219] A própria Comissão Europeia parece reconhecer esta limitação. No parágrafo 65 das *Orientação* de 2004 refere o seguinte: "*tal aconteceria se o comprador pudesse mudar imediatamente para outros fornecedores, pudesse ameaçar, de forma credível, com uma integração vertical no mercado a montante ou apoiar uma entrada ou expansão no mercado a montante, por exemplo, convencendo um concorrente potencial a entrar no mercado e comprometendo-se a fazer-lhe grandes encomendas. É mais provável que este tipo de poder de compensação dos compradores seja detido pelos grandes clientes sofisticados do que pelas pequenas empresas num sector fragmentado. Um comprador pode também exercer poder de compensação recusando comprar outros produtos fabricados pelo fornecedor ou, principalmente no caso de bens duradouros, atrasando as aquisições*".

[1220] Cfr. S. Bishop e M. Walker, *The Economics of EC Competition Law*, cit., pág. 280.

5. Conclusões preliminares: o ambiente concorrencial nas redes na presença de regulação económica

Pelo exposto, e face à aparente facilidade na análise dos mercados decorrente da utilização de métodos de análise concorrencial normalizados, não se deverá nunca esquecer que a única solução acertada, na óptica da justiça e da eficiência, decorrerá de uma análise casuística que tome em consideração o dinamismo do mercado.

Nestas circunstâncias, a possibilidade de desenvolvimento de equilíbrios oligopolísticos coordenados é mais aparente do que real[1221].

É fundamental que não se confundam os mecanismos próprios de funcionamento dos sectores em rede, logo pró-concorrenciais, com eventuais mecanismos de facilitação de comportamentos coordenados anticoncorrenciais.

Existem riscos que é necessários evitar. Por vezes, as orientações reguladoras são desenvolvidas sem um correcto enquadramento concorrencial. A publicitação de quadros comparativos de preços de produtos relativamente normalizados constitui um exemplo claro desta situação.

Efectivamente, constitui prática comum a publicação por parte das autoridades reguladoras das telecomunicações dos preços praticados pelos diversos operadores de telecomunicações móveis relativamente aos diversos produtos fornecidos.

Esta aparente transparência acrescida tem como efeito imediato a facilitação de intuitos cooperativos sem que exista sequer a necessidade de desenvolvimento de condutas de controlo de desvios concorrenciais por parte dos concorrentes.

O mesmo se diga quanto ao estabelecimento mútuo de obrigações de compatibilidade e de liberdade de acesso às infra-estruturas privativas dos agentes estabelecidos.

Deve afastar-se, no entanto, o entendimento que defende que os objectivos da legislação de tutela da concorrência e da legislação reguladora são antagónicos ou não-coincidentes.

[1221] Cfr. M. Blechman, "*Conscious Parallelism, Signalling and Facilitating Devices: The Problem of Tacit Collusion under Antitrust Laws*", New York Law School Law Review, 24, 1979, págs. 892 e segs.

De facto, ambos pretendem o aumento dos padrões de bem-estar dos cidadãos, no entanto, e por vezes, a tempos distintos e com conteúdos dogmáticos diferenciados.

A legislação reguladora, dada a sua complexidade e âmbito potencial de aplicação, é bem mais abrangente e casuisticamente delimitável que a legislação de defesa da concorrência. No seu âmbito torna-se possível a realização de considerações bem como de opções ao nível da alteração estrutural do mercado que, tradicionalmente, não eram possíveis em sede de legislação de defesa da concorrência.

Por exemplo, mesmo nos Estados Unidos, o critério do *"interesse público"* previsto nas Secções 214 (a) e 310 (d) do *Communications Act* da forma como é interpretado pela *Federal Communications Commission* (FCC), em muito excede o enquadramento de análise tradicional da legislação concorrencial[1222].

Ora, no respeitante à investigação de comportamentos colectivos em sede de sectores em rede, haverá que resistir à tentação de adopção de soluções simplistas, justapostas em presunções de organização estrutural de mercado. De facto, atendendo ao intrínseco conhecimento do mercado por parte das entidades reguladoras, é díficil para estas alcançar um estádio de abstracção essencial para um desenvolvimento analítico correcto nesta matéria.

[1222] Cfr. *Teleport Communications Group, Inc. and AT&T Corp.*, 13 FCCR 15236, ¶ 11 e 12, (July 23, 1998). Aí se refere, que para além do enquadramento concorrencial tradicional a FCC: *"(...) the public interest anlysis may also include an assessment of whether the merger will affect the quality of services provided to consumers or will result in the provision of new aditional services to consumers (...). The Commission´s analysis of competitive effects of the proposed transaction is informed by antitrust principles, but is not governed by the scope of antitrust laws (...). Ultimately, we must determine whether the applicants have demonstrated that the proposed transaction, on balance, serves the public interest"*. A este respeito, a Comissária Ness, referiu o seguinte: *"For example, in a mass media merger, one such consideration might be the effect of the merger on diversity of voices. In a telecommunications merger, public interest consideration could possibly include: effects on universal service (affordability of telephone services), effects on network reliability (benefits of independent redundant networks versus benefits of consolidated operations), effects on viability of other market participant's strategies (will otherwise viable competitors need to redirect their energies from competing to consolidating to defend against the power from the newly combined entity), or effects on the agency's ability to discharge its regulatory functions (...)*. (in S. Ness, *Mergers and Consolidation in the Tellecomunications Industry: Hearing Before the House Commission on the Judiciary*, 105th Cong. 6, 1998. Cfr., ainda, ABA, *Telecom Antitrust Handbook*, 2005, págs. 72 e segs.

Por outro lado, e perante a insustentável leveza que conforma o véu que encerra os comportamentos colectivos, é aconselhável que todas as infracções a este propósito assentem na realização de análises de base *ex post*, próprias das autoridades concorrenciais.

6. Em especial: As concentrações verticais

Ao contrário das concentrações horizontais, as concentrações verticais não constituem em si mesmas, uma questão concorrencialmente relevante. Efectivamente, uma concentração vertical não aumenta os níveis de concentração num mercado relevante, quer na óptica dos fornecedores, quer na óptica dos clientes. Por conseguinte, o poder de mercado, em sentido técnico, detido por um determinado agente económico não se altera se este optar por celebrar uma série de operações de concentração, a jusante ou a montante da sua posição original de mercado.

Neste enquadramento, as questões concorrenciais que decorrem de uma operação de concentração vertical não resultam propriamente da operação formalmente considerada (ao contrário das concentrações horizontais onde a possibilidade de exercício de equilíbrios coordenados e não-coordenados é imanente à própria operação), mas sim dos comportamentos económicos substancialmente considerados susceptíveis de desenvolvimento sucessivo pelo agente em consequência, ou tendo subjacente, a operação de concentração.

Portanto, os problemas concorrenciais que se suscitam a propósito das concentrações verticais são precisamente os que se suscitaram a propósito da integração vertical de segmentos nos sectores em rede.

Não se poderá negar, porém, que a integração vertical permitirá obter um grau de visibilidade acrescido das condições de mercado, já que o agente deterá informação privilegiada sobre diversas fases do processo produtivo, e, no limite, se todos os agentes exercerem a mesma estratégia e detiverem situações verticais similares, os contactos multimercados facilitarão o desenvolvimento de comportamentos coordenados.

Por outro lado, o desenvolvimento colectivo de práticas restritivas de acesso de novos concorrentes será mais eficaz se praticado de forma coordenada[1223].

Muitas questões deverão ser ponderadas a este propósito, e, infelizmente, o impacto concorrencial das concentrações verticais no âmbito da teoria das coligações não se encontra suficientemente estudado pela doutrina.

Conforme referido *supra*, é difícil indagar as verdadeiras motivações de um agente no desenvolvimento deste tipo de estratégias, sendo que os objectivos de concretização de padrões produtivos com eficiência acrescida poderão facilmente ser confundidos com comportamentos anticoncorrenciais.

A este respeito, a potencialidade/intensidade dos comportamentos concorrenciais poderá variar consoante a posição relativa do segmento na organização global do mercado.

É inegável que o mecanismo de formação de preço num segmento grossista é substancialmente mais opaco e irregular que o mesmo procedimento num mercado retalhista. Consequentemente, a formação e manutenção de coligações é bastante mais facilitada neste último segmento do que no antecedente[1224].

Nestas condições não será de estranhar que os agentes grossistas procurem entrar nos mercados retalhistas de forma a evitar prejuízos económicos. Estes danos poderão resultar de práticas coordenadas no segmento retalhista, e neste caso, a motivação para a integração é pró-concorrencial dado que esta integração desencorajará a formação de coligações.

Esta motivação dificilmente se distingue de um eventual objectivo estrutural de formação de coligações oligopolistas. A realização de

---

[1223] Contra, Areeda, Hovenkamp e Solow, que consideram que a acção de integração vertical praticada por um oligopolista deveria ser considerada legal *per se* (*cfr. op. cit.*, vol. IV, rev. ed., pág. 140). Não se nega que a intensidade de poder de mercado que um monopolista pode exercer a este propósito é desmesuradamente superior ao de um oligopolista em situação idêntica. No entanto, se se admite que, em situações de concentração de mercado aferida em termos horizontais se poderão constituir tentações irresistíveis no sentido de formação de coligações, essas tendências serão, naturalmente, mais intensas quando os oligopolistas detenham um conhecimento quase integral das condições do mercado.

[1224] Cfr. S. Bishop e M. Walker, *The Economics of EC Competition Law, cit.*, pág. 289.

um juízo de diferenciação entre estes dois comportamentos é fundamental.

Note-se, no entanto, que quanto mais concentrado for o mercado no segmento retalhista mais facilitado se torna o exercício de comportamentos coordenados no segmento grossista, já que o secretismo nas negociações a esse nível fica irremediavelmente comprometido[1225].

Uma outra prática comum em mercados concentrados é a aquisição por parte do comprador predominante de um dos fornecedores oligopolistas. Note-se que na situação anterior, apesar do mercado revestir uma natureza oligopolista, a existência do comprador com elevado poder negocial impede a formação de coligações dado que existirá sempre a possibilidade de desenvolvimento de reduções de preços dificilmente detectáveis.

Ora, se esse comprador se funde com um desses fornecedores então ele tornar-se-á um dos membros do oligopólio, desaparecendo a incerteza que permitia um funcionamento concorrencial do mercado[1226].

No entanto, para que possa ocorrer qualquer procedimento de tutela concorrencial torna-se necessário demonstrar que o segmento secundário do mercado era, no momento anterior ao da concentração, relativamente concorrencial.

Caso contrário, se já ocorrer um desenvolvimento de um poder monopolista nada se altera, pelo que não existirá qualquer fundamento para impedir essa ou qualquer outra concentração vertical que se realize entre operadores dos segmentos complementares de mercado[1227].

É, portanto, bastante criticável que as entidades concorrenciais e reguladoras aproveitem, por vezes, estes movimentos para a imposição de medidas regulatórias de correcção estrutural que não poderiam desenvolver numa situação de normalidade.

Finalmente, deverá ter-se em atenção que também neste campo se poderá aplicar a lógica *topsy-turvy*. Uma concentração vertical entre agentes situados em segmentos complementares de mercados

---

[1225] No ordenamento jurídico norte-americano, estas concentrações são tratadas de forma extraordinariamente tolerante. Cfr., *Merger Guidelines*, 1984, § 4.221.

[1226] Cfr. Decisão *Union Carbide Corp.*, 59 FTC 614, 652, (1961).

[1227] Cfr. P. Areeda, H. Hovenkamp e J. Solow, *op. cit.*, IVA, págs. 169 a 174.

poderá gerar um nível de insegurança de tal ordem que impeça a formação ou a manutenção de coligações.

No caso do mercado do segmento secundário se organizar de forma oligopolista, os concorrentes nunca saberão se a redução de preços realizada pelo parceiro presente nos dois segmentos de mercado se deve a uma conduta concorrencial praticada no segmento secundário ou no segmento primário.

Na verdade, a redução de preços que se faça sentir no mercado retalhista – oligopolista – poderá resultar de uma agressividade concorrencial no mercado primário.

Nestas condições, a detecção da fraude à coligação torna-se extraordinariamente difícil e uma eventual reacção só poderá ser desencadeada num prazo relativamente longo. Conscientes destes factos, os concorrentes presentes no mercado secundário não terão outra opção se não a adopção de comportamentos agressivos.

Nesta óptica, e na perspectiva da regulação económica, a imposição de uma separação contabilística entre segmentos do negócio em agentes verticalmente integrados poderá ter efeitos nefastos já que, nesta situação, os concorrentes no mercado oligopolista terão uma percepção permanente das motivações concorrenciais do parceiro. A fonte de uma redução de preços será imediatamente identificável, o que afasta liminarmente o ambiente de insegurança que mantinha os comportamentos concorrenciais nesse segmento.

Um aspecto comum a todas as estas situações é a pré-existência de uma organização oligopolista num determinado segmento do mercado[1228]. E, nestas condições, o que se discute é a possibilidade ou não de intensificação de exercícios de comportamentos coordenados.

Neste campo, e perante a insuficiência de dados económicos totalmente credíveis, não será aconselhável extravasar a teoria dos efeitos unilaterais ao campo das concentrações verticais.

Finalmente, nunca se poderá tomar o aumento de eficiência resultante de uma acção de concentração vertical como um acto lesivo para a concorrência.

Embora esta afirmação possa parecer estranha em toda a sua extensão, a verdade é que a Comissão Europeia já utilizou o argu-

---

[1228] Cfr. S. Bishop e M. Walker, *The Economics of EC Competition Law*, cit., pág. 288.

mento da «*ofensa de eficiência*» para sustentar que uma concentração pode criar ou reforçar uma posição dominante[1229].

A fundamentação para esta posição, assenta numa assumpção claramente enraizada na teoria dos efeitos horizontais, distorcida com a lógica omnipresente de protecção dos concorrentes. Assim, se um empresa se tornar extremamente eficiente, esta poderá afastar todos os rivais do mercado, não necessitando de competir no momento futuro.

Ora, esta previsão fatalista de tendência para o monopólio universal, não é confirmada no mundo real. A vantagem de preço não implica automaticamente a criação de um domínio monopolista. Outros factores, para além do preço, conformam o jogo concorrencial.

A reacção das empresas a esta postura da Comissão Europeia é curiosa. As notificações de concentrações verticais passaram a ser um enunciado de demonstrações da não eficiência da operação de concentração.

No entanto, não seria estranho que a fundamentação monopólio-fatalista seja substituída por uma outra, mais moderada, que assente na condenação liminar de oligopólios multissegmentares, ou seja, em que a estrutura oligopolista dos diversos agentes se faça sentir nos diversos níveis de mercado, com as naturais consequências ao nível da aplicação da teoria dos efeitos unilaterais.

7. Em Especial: As Concentrações de conglomerado

A separação conceptual entre fusões verticais e horizontais não é linear. Os sectores em rede assentam numa realidade dimensional que supera as dimensões clássicas.

Assim, e numa terceira dimensão, terá necessariamente que se analisar os sistemas de organização diagonal próprios dos (verdadeiros) conglomerados e, numa quarta dimensão, é essencial analisar o mercado relevante no seu dinamismo intrínseco, onde a variável temporal assume uma importância predominante.

[1229] Cfr. decisão IV/M1349), *Telia/Telenor*, citado; decisão *Honneywell*, citado.

No entanto, nada do que referimos nesta sede diverge do enunciado anteriormente. As concentrações de conglomerado (*"conglomerate mergers"*) transpõem para o domínio do controlo das concentrações as doutrinas anteriormente expostas – e contestadas – relativamente ao poder diagonal de mercado exercido por um sujeito com posição dominante.

Também neste campo, a postura da Comissão Europeia evoluiu significativamente ao longo dos tempos. De uma perspectiva de relativa tolerância, nos termos da qual concluía – com relativa facilidade e sem grandes preocupações de investigação adicional – que as concentrações de conglomerado não criavam nem reforçavam uma posição dominante no mercado, evoluiu para uma postura menos tolerante, assente na doutrina dos «*efeitos de alcance*» ("*range effects*"), nos termos da qual o alargamento da carteira de produtos e serviços fornecidos poderá propiciar o desenvolvimento de efeitos anticoncorrenciais, mesmo na ausência de sobreposições horizontais de segmentos resultantes de uma acção de concentração.

A Comissão Europeia tem desenvolvido recentemente uma intensa actividade neste campo, transpondo para esta matéria toda a doutrina enunciada anteriormente quanto à projecção do poder económico[1230].

[1230] A alteração efectuada ao n.º 4 do artigo 2.º do Regulamento n.º 4064/89 através do Regulamento do Conselho n.º 1310/97, conjugada com a revisão do Regulamento 17 de 1968, corporizou um alargamento da jurisdição da Comissão no âmbito da análise dos processos de concentrações que permitiu incluir o artigo 81.º do Tratado enquanto referencial de análise cumulativo. A apreciação dos processos de criação de empresas comuns é extremamente relevante. Efectivamente, a criação de uma empresa deste tipo poderá traduzir, na prática, a corporização, *proprio sensu*, de uma prática proibida nos termos dos artigos 81.º e 82.º do Tratado. Neste âmbito, a Comissão tem aplicado de forma consistente um teste a dois tempos: num primeiro momento investiga a possibilidade da criação da empresa comum corporizar ipso facto o desenvolvimento de uma conduta restritiva à concorrência actual ou potencial nos termos do n.º 1 do artigo 81.º do Tratado; de seguida, e caso o primeiro teste seja negativo, analisa de forma casuística as cláusulas negociais e verifica se integram algumas condutas que desenvolvidas pelas casas mãe corporizariam uma violação do n.º 1 do artigo 81.º ou do artigo 82.º do Tratado. No entanto, e por uma questão do coerência, em ambas as circunstâncias a Comissão analisaria a potencial aplicação de uma isenção no caso de se encontrarem reunidos os pressupostos exigidos pelo n.º 3 do artigo 81.º. Cfr. por exemplo, no sector das telecomunicações processo IV/JV.1 – *Telia/Telenor/Schibsted*; processo IV/J.V.2, paras. 35 a 41 – *Enel/FT/DT*; processo IV/J.V.4,

No processo *RTL/Verónica/Endemol*[1231], a autoridade concorrencial comunitária averiguou os termos através dos quais a empresa comum Holland Media Groep oferecia pacotes compósitos de espaços publicitários, em horários mais e menos nobres que se traduziam, na prática, em descontos quase integrais relativamente a anúncios em espaços televisivos pouco atractivos.

No processo *Bertsmann/Kirch/Premiere*[1232], a Comissão investigou, entre outros aspectos, a relação entre os mercados de TV paga e TV gratuita. A Bertsmann e a Kirsh detinham uma posição forte, mas não dominante, no mercado da TV gratuita e, consequentemente, no mercado publicitário subjacente. A Kirsh, detinha ainda uma posição dominante na TV paga na Alemanha.

Neste processo a Comissão entendeu que – como é lógico – quanto mais atractiva for a televisão gratuita, menos incentivados serão os consumidores a subscrever serviços pagos de televisão, pelo que, a constituição de uma empresa comum por estes operadores poderia originar uma redução da qualidade dos programas da TV gratuita, levando os consumidores a aderir aos sistemas de televisão paga.

Tendo sido constatado que, quer as audiências, quer o volume de receitas publicitárias se haviam mantido relativamente à TV gratuita, a Comissão não emitiu qualquer conclusão desfavorável.

O processo *Enel/France Télécom/Wind/Infostrada*[1233], envolveu uma investigação aos mercados das telecomunicações e da electrici-

---

paras. 31 a 33 – *Viag/Orange U.K.*; processo COMP/J.V.5, paras. 34 e segs. – *Cégétel/ Canal+/AOL/Bertelsmann;* processo COMP/J.V.6, paras. 29 e segs. – *Erikson/Nokia/ Psion;* processo IV/JV.7, paras. 29 e segs. – *Telia/Sonera/Lithuanian Telecommunicati ONS*; processo IV/J.V.8, paras. 29 e segs. – *Deutsche Telekom/Springer/Holtzbrink/ Infoseek/Webseek*; processo IV/J.V.9, paras 30 e segs. – *Telia/Sonera/Motorola/Omnitel*; processo IV/J.V.11, paras. 35 e segs. – *Home Benelux B.V.*; Processo IV/J.V. 16, paras 25 e segs. – *Bertelsmann/Viag/Game Channel*; processo COMP/J.V.17, para. 21 – *Mannesmann/Bell Atlantic/OPI*; processo COMP/J.V.23, para. 29 – *Telefónica/Portugal Telecom/Medi Telecom*; processo COMP/J.V.30, paras. 29 e segs. – *BVI Television/SPE Euromovies Investments/Europe Movieco Partners*; processo COMP/J.V. 40, paras. 44 e segs. – *Canal+/Lagardère/Canal Satellite*; processo COMP/J.V. 51, paras. 25 a 27 – *Bertelsmann(Mondadori/BOL Itália.*
[1231] Processo IV/M.553 (1996), in JO L134/32.
[1232] Processo IV/M.993 (1999), in JO L53/1.
[1233] Processo COMP/M.2216.

dade italianos, decorrendo da aquisição do fornecedor de serviços telefónicos fixos – Infostrada – que era detida pelo grupo Vodafone/ /Mannesmann e pela empresa italiana Wind, que se dedicava aos serviços de comunicações móveis e que era detida conjuntamente pela France Télécom e pela Enel.

Neste caso, a Comissão investigou três tipos de mercado: comunicações fixas, serviços de acesso à Internet e fornecimento de capacidade de transmissão; tendo concluído que em nenhuma destas situações a entidade adquirente ficaria com uma quota de mercado superior a 15%, pelo que, potencialmente, não existia qualquer questão a levantar.

No entanto, a autoridade concorrencial italiana, não satisfeita com essa conclusão, questionou a Comissão acerca dos efeitos futuros da operação, não no mercado das telecomunicações, mas no mercado da electricidade, uma vez que, de acordo com a autoridade italiana, daí poderia decorrer um reforço da posição dominante da Enel no mercado de fornecimento de energia eléctrica.

Os argumentos utilizados baseavam-se precisamente na possibilidade que a Enel teria no futuro de proteger a sua posição dominante no mercado eléctrico, criando um pacote compósito de fornecimento eléctrico com a prestação de serviços de telefone fixo. Ora, em consequência desta tomada de posição, as autoridades italianas condicionaram a autorização para a aquisição da Infostrada pela Wind à alienação pela Enel, de uma parte considerável da sua capacidade de oferta no mercado eléctrico, de forma a reduzir a sua posição dominante nesse mercado[1234].

Por sua vez, no processo *BskyB/KirshPayTV*[1235], a Comissão concluiu que a Kirch poderia projectar o seu poder económico decorrente da posição dominante que detinha no mercado da TV paga para o mercado vizinho (*"neighbouring market"*) dos serviços televisivos digitais interactivos.

A base para a sua conclusão, assentou na necessidade de utilização da plataforma detida pela Kirsh por parte dos diversos fornecedores de conteúdos para esse mercado que permitiria a esta empresa dominar igualmente o mercado dos serviços televisivos digitais.

[1234] Decisão entretanto anulada pelos Tribunais italianos.
[1235] Processo COMP/JV.37, parágrafos 78 e 79.

O processo *Telia/Telenor*[1236], envolveu a constituição por parte da Suécia e da Noruega de uma nova empresa, que englobaria no seu âmbito os operadores de telecomunicações incumbentes dos dois Estados, um pouco à semelhança do que já havia sido efectuado no sector dos transportes aéreos com a criação da SAS.

Após a análise do mercado relevante, efectuada com especial detalhe no que respeita ao lacete local, aos serviços de telefonia de voz, de difusão televisiva e de acesso à Internet; a Comissão conclui que a entidade a criar poderia: i) aumentar os custos dos rivais no acesso à infra-estrutura, através do aumento das tarifas e/ou da redução da qualidade da interconexão; ii) oferecer pacotes combinados de produtos de telecomunicações em áreas geográficas alargadas; e, iii), no limite, proteger os mercados de origem da concorrência desenvolvida por outros operadores nacionais de Estados limítrofes.

Neste enquadramento, foram impostas intensas medidas regulatórias de correcção estrutural (separação da rede por cabo da rede de cobre, acesso livre ao lacete local) o que, no limite, impediu a realização da própria operação de concentração.

Subsequentemente, no caso *Telia/Sonera*[1237], a Comissão Europeia analisou a concentração entre a Telia e o operador incumbente finlandês.

Em consonância com a decisão anteriormente descrita, a Comissão Europeia considerou que a concentração iria impedir a entrada do maior concorrente potencial no mercado nacional de ambos os países, dando uma especial importância ao sector das telecomunicações móveis, aos serviços de retalho empresarial, ao perfil grossista de terminação de chamadas na rede fixa e móvel e aos serviços de roaming internacional.

O elemento determinante para a decisão negativa da Comissão Europeia, traduziu-se precisamente na conclusão de que a posição dominante ao nível grossista poderia levar a uma restrição real do acesso de concorrentes ao mercado retalhista, o que reforçaria a posição dominante já detida pelas empresas no retalho móvel e pelos serviços empresariais sem fios.

[1236] Decisão M.1436, *Telia/Telenor*, JO L 40/1, 2001.
[1237] Decisão M.2803, *Telia/Sonera*, JO C 201/19, 2002.

De forma a remediar as preocupações exteriorizadas pela Comissão Europeia, ambas as empresas acederam na separação estrutural (e legal) das suas redes fixas, móveis e de serviços de retalho na Suécia e na Finlândia (mantendo-as, no entanto, no seu grupo empresarial) concedendo o acesso não discriminatório às suas redes, incluindo aos serviços de roaming internacional.

A posição da Comissão Europeia a este respeito é bastante criticável, já que adopta uma perspectiva, segundo a qual a dimensão do concorrente quantitativamente considerada, constitui, *ipso facto*, um aspecto fundamental de teor negativo a ter em conta na análise concorrencial.

Esta postura é radicalmente distinta da desenvolvida pelas instâncias norte-americanas a partir de 1982, data em que abandonaram a *"entrenchment theory"* que decorria do acórdão do Supremo Tribunal *Federal FTC v. Procter & Gamble*, de 1967[1238/1239] e, no limite,

---

[1238] 386 US 568. A posição actual das autoridades norte-americanas pode ser consultada em DOJ *"Range Effects: The United States Perspective"*, DOJ Antitrust Division Submission for OECD Roundtable on Portfolio Effects in Conglomerate Mergers, October 2001, (www.usdoj.gov/atr/public/international/9550.pdf). A justitificação é clara: *"The U.S. antitrust agencies eliminated entrenchment as a basis for challenging non-horizontal mergers in 1982 when the Department issued its new Merger Guidelines and the Federal Trade Commission issued its Statement on Horizontal Mergers. We did so because we recognized that efficiency and aggressive competition benefit consumers, even if rivals that fail to offer an equally "good deal" suffer loss of sales or market share. Mergers are one means by which firms can improve their ability to compete. It would be illogical, we concluded, to prohibit mergers because they facilitate efficiency or innovation in production. Unless a merger creates or enhances market power or facilitates its exercise — in which case it is prohibited under Section 7— it will not harm, and more likely will benefit, consumers"*. Cfr., ainda, OECD, *Portfolio Effects in Conglomerate Mergers*, DAFFE/COMP (2002), (www.oecd.org).

[1239] Considerando a doutrina administrativa norte-americana, quer o DOJ, quer a FTC têm assumido uma preocupação crescente com operações de concentração realizadas entre produtores de produtos altamente diferenciados. Conforme se refere nos *Comentários Conjuntos de Abril de 2006 às Orientações*, *"the Agencies commonly find that proposed mergers involving highly differentiated consumer products would not attract the entry of new brands because entry would not be profitable at pre-merger prices. In a market populated by well-established brands, successful entry usually requires a substantial investment in advertising and promotional activity over a long period of time to build share and achieve widespread distribution through retail channels. Moreover, making such investments by no means assures success"* (*op. cit.*, secção 3). Esta prática restritiva relativa a concentrações de conglomerado tem, a nosso ver, assentado num pressuposto erróneo.

poderia proibir concentrações por simples razões dimensionais, sem qualquer ponderação dos graus de eficiência no mercado.

Não é por acaso que parte da doutrina apontou a existência de uma denominada «*ofensa de eficiência*», onde as economias de gama e de envergadura resultantes de uma operação de concentração, poderiam servir de fundamento puro e simples para a emissão de uma decisão negativa por parte da Comissão Europeia.

Nestas condições, uma realidade socialmente benéfica transfigurava-se, por via da errada percepção burocrática da mesma, num factor concorrencialmente nefasto. Esta concepção só pode ser entendida se a política da concorrência se nortear por um princípio de protecção de concorrentes (concorrência como fim) e não como instrumento de elevação do nível do bem-estar social do mercado (concorrência como meio).

Esta concepção – questionável – é facilmente observável na justificação teórica adoptada pela Comissão Europeia, nas sucessivas decisões e que assenta, invariavelmente, em duas fundamentações típicas: por um lado, a típica projecção de poder económico para mercado adjacente, através da potenciação de vendas subordinadas ou de produtos compósitos[1240]; por outro lado, o "poder de carteira", realidade doutrinária, naturalmente difusa, e que se baseia na ideia de que a dimensão empresarial num mercado onde existam economias de escala e de gama significativas constitui, por si só, uma restrição à concorrência no mercado.

É precisamente neste campo que se constrói a doutrina da «*ofensa de eficiência*» que, levada ao extremo, fundamenta juízos negativos não somente quando a operação de concentração se limita

---

O que está em causa não é o produto em si, mas sim a marca diferenciadora e a infra-estrutura de distribuição, que se pretende optimizada. Nesta óptica, não se compreende como poderão ser impostas medidas de correcção, tais como a alienação de marcas, quando essa referência é instrumental face ao produto comercializado. Um exemplo deste procedimento poderá ser consultado nos processos *Nestlé Holdings, Inc.; Dreyer's Grand Ice Cream Holdings, Inc.; and Dreyer's Grand Ice Cream, Inc.* (2003), 68 Fed. Reg. 39,564 (July 2, 2003), (http://www.ftc.gov/opa/2003/06/nestle.htm); *United States v. L'Oreal S.A., L'Oreal USA, Inc., and Carson, Inc.*, (D.D.C., filed July 31, 2000), 65 Fed. Reg. 51,025 (Aug. 22, 2000), 2001-1 Trade Cas. (CCH) ¶ 73,256, (http://www.usdoj.gov/atr/cases/indx251.htm).

[1240] Questão já analisada anteriormente e para a qual se remete.

a concentrar simples produtos ou serviços distintos numa única rede de distribuição[1241] mas igualmente quando da operação resulta a junção de uma especial competência operacional com uma substantiva capacidade financeira, ou seja, a criação de um "*deep pocket*" no sentido literal do termo[1242].

Não é por acaso, que a doutrina enuncia como potencial orientação geral da Comissão Europeia a máxima «*big is bad*», decorrente do acórdão *Procter & Gamble*, mas repudiada, desde 1982, pelas autoridades concorrenciais norte-americanas.

8. Em especial: As Concentrações sequenciais

Nos sectores em rede, a realização de operação de concentração entre sujeitos com uma posição significativa no mercado relevante tem normalmente como resposta uma outra operação de concentração entre os restantes sujeitos.

Esta reacção estratégica sequencial[1243], orientada na grande maioria das situações por preocupações de aumento do padrão de eficiência,

---

[1241] Cfr. processo IV/M794, *Coca-Cola/Amalgamated Beverages*, 4 CMLR 368, 1997, (JO L 218/15); processo IV/M833, *Coca-Cola/Carlsberg*, 5 CMLR 564, 1997; processo IV/M938, *Guiness/Grand Metropolitan*, 1998, JO L 288/24. As razões que a Comissão Europeia normalmente aponta para efectuar um juízo negativo neste tipo de concentrações são as seguintes: a empresa resultante da concentração é mais atractiva para os consumidores, uma vez que oferece uma gama alargada de produtos; a concentração gera economias de escala e de gama nas vendas e comercialização; a concentração cria oportunidades acrescidas de vendas subordinadas e de formação de produtos compósitos; finalmente, a concentração aumenta o risco de recusas de fornecimento. Ora, conforme se pode facilmente concluir, as duas primeiras razões assentam essencialmente num fito de protecção de concorrentes e não de consumidores. A segunda constitui mesmo a exteriorização da "ofensa de eficiência": Por sua vez, as duas últimas razões assentam em meras projecções de potencialidade, e não em realidades concretas directamente decorrentes da operação de concentração. Cfr. S. Bishop e M. Walker, *The EC Competition Law, cit.*, pág. 292.

[1242] Termo afastado definitivamente na revisão das Orientações de 1982. Cfr. . Robert D. Joffe, Kolasky, McGowan, Mendez-Penate, Edwards, Ordover, Proger, Solomon, & Toepke, *Proposed Revisions of the Justice Department's Merger Guidelines*, 81 Columbia Law Review, 81, (1981), págs. 1569-70.

[1243] J. Barkoulas, B. Christopher Baum e A. Chakraborty, "*Waves and persistence in merger and acquisition activity*" Economic Journal, 70, 2001, págs. 237 a 243; M. Kamien, e I. Zang, "*Monopolization by sequential acquisition*", Journal of Law,

não pode merecer um tratamento desfavorável só porque os níveis de concentração no mercado aumentaram na sequência da concentração antecedente[1244].

Esta relativa injustiça pode decorrer de apreciações simplistas relativamente a níveis de concentração no mercado, ou seja, quando se tomam unicamente em consideração as relativas posições de mercado dos diversos concorrentes oligopolistas. No limite, a segunda operação de concentração pode ser bloqueada pelo simples facto da primeira operação aumentar o nível de concentração no mercado relevante[1245]. Consequentemente, tomando os agentes presentes no mercado conhecimento de um projecto de concentração, poderão eles próprios apresentar um segundo projecto de forma a bloquear a aprovação do primeiro, em violação do princípio da boa fé.

Atendendo à tipologia próprias das redes, as concentrações sequenciais são inevitáveis. No entanto, ao utilizarem-se os mecanismos normais de apreciação concorrencial, as injustiças serão quase inevitáveis. Note-se que, no limite, uma primeira operação poderá ser aprovada unicamente porque foi apresentada em primeiro lugar, enquanto que a segunda, mais justificada e de onde decorrem mais eficiências, poderá ser bloqueada unicamente por razões de índole estrutural.

É por estes motivos que se propugna pela necessidade de realização de análises materiais, sem que o nível de concentração do mercado seja condicionado por limites normalizados.

Nestas circunstâncias, Michael Jacobs propõe que no caso da notificação simultânea de diversas operações de concentração, pode-

---

Economics & Organization, 9, 1993, págs. 205 a 229; K. Lommerud, O. Straume e L. Sorgard, *"Downstream merger with upstream market power"*, European Economic Review, 49, 2005, págs. 717 a 743; P. Barros, *"Approval Rules for Sequential Horizontal Mergers"* Discussion Paper, No.1764, CEPR, 1997.

[1244] Veja-se o caso do sector dos transportes aéreos, das telecomunicações, da comunicação social, da distribuição, entre outros.

[1245] Uma outra questão interessante que poderá decorrer deste tipo de práticas diz respeito às trocas de informação que são prestadas nas negociações pré-concentração. Efectivamente, se analisarmos os formulários de prestação de informações às autoridades concorrenciais verificamos que os sujeitos que apresentam o projecto de concentração detêm um total conhecimento mútuo. Assim, mesmo que a operação não seja aprovada, a troca de informação foi realizada, permitindo o desenvolvimento de equilíbrios oligopolistas.

riam ser desenvolvidos métodos de leilão, sendo unicamente aprovada aquela de que resultasse um maior aumento de eficiência[1246].

Apesar deste sugestão ser meritória, continua a padecer de um preconceito concentracionista. De facto, mesmo que o segundo projecto de fusão seja menos eficiente do que o primeiro, implica igualmente um aumento de eficiência no mercado, pelo que não poderá ser julgado sumariamente de forma negativa.

No entanto, e no limite, a análise separada de cada uma das operações poderá merecer numa apreciação positiva, o que poderá não acontecer ao proceder-se a uma análise integrada das duas operações.

9. Balanço económico – Ponderação de Eficiência

A possibilidade de realização de uma *ponderação de eficiência* na apreciação dos efeitos das concentrações foi, durante muitos anos, uma matéria controversa. A questão era tradicionalmente colocada em termos bivalentes, ou seja, perguntava-se se a operação de concentração poderia ser aceite atendendo às vantagens económicas produzidas e que poderiam compensar os entraves significativos à concorrência directamente decorrentes da operação em causa[1247].

Ora, a nosso ver, não existe sequer qualquer margem de controvérsia. A defesa da concorrência não é um fim em si mesmo, mas antes um instrumento de prossecução de aumentos do bem-estar social, cuja ponderação é necessariamente agregada.

[1246] Este autor propõe igualmente uma solução para a eliminação da vantagem de apresentação em primeiro lugar de uma operação de concentração que passaria pela realização de uma consulta ao mercado, de forma a incentivar a realização simultânea de outras operações de concentração. Ora, esta solução, além de assentar numa postura extremamente intervencionista, esquece a própria dinâmica do mercado, sacrificando os aspectos de funcionamento material do mercado de forma a resolver uma eventual injustiça formal que resulta unicamente de uma aplicação cega dos critérios de aferição dos níveis de concentração no mercado. Cfr. M. Jacobs, *"Second order oligopoly problems with international dimensions: sequential mergers, maverick firms and buyer power"*, in *Post-Chicago Developments in Antitrust Law*, cit., págs. 166 e 167.

[1247] Cfr., e.g., S. Pais, *O Controlo das Concentrações de Empresas no Direito Comunitário da Concorrência*, Almedina, Coimbra, 1996, pág. 381.

Por outro lado, este tipo de ponderações assentava num pressuposto diacrónico infundado, contrapondo um efeito presente (apreciado numa óptica estritamente estática) com um resultado futuro.

Conforme se referiu, qualquer apreciação deste tipo será de afastar atendendo aos padrões de fundamental dinamismo da concorrência: um processo não pode ser apreciado através da realização de retratos sucessivos inevitavelmente estáticos.

Neste âmbito, não se antevê qualquer possibilidade de existência de um antagonismo a este propósito. Das duas uma, ou a concentração tem efeitos nefastos, no foro concorrencial, por redução dos níveis de bem-estar social, ou não tem.

Se da operação decorrerem efeitos negativos, esta deve ser proibida; em caso contrário, não existirá qualquer fundamento para uma decisão administrativa negativa. Assim, e quanto muito, poderá distinguir-se o campo jusconcorrencial do campo da política (*"politics"*) industrial ou comercial; mas nunca da *"policy"* económica, onde se inserem critérios como *"o progresso técnico e científico"*. No entanto, *"policies"* funcionais, não poderão ser atendidas no âmbito da relativa pureza da apreciação económico-concorrencial[1248].

Não existe, por conseguinte, qualquer contraposição entre efeitos económicos e efeitos concorrenciais, não fazendo qualquer sentido contrapor o conceito de *"balanço económico"* ao conceito de *"balanço concorrencial"*.

Afirmações deste tipo assentarão inevitavelmente em concepções formalistas do direito da concorrência[1249].

Não é este – ainda – o entendimento das autoridades administrativas de controlo da concorrência, inevitavelmente influenciado pela tradição restritiva anterior. Relembre-se que o DOJ, no processo

---

[1248] No mesmo sentido L. Morais, *op. cit.*, pág. 1005.

[1249] Pelo exposto, não se pode concordar com Sofia Pais quando refere: *"(...) o apelo ao «progresso técnico e económico» parece (...) poder entrar em conflito com imperativos concorrenciais"* (*in. op. cit.*, pág. 383). Já Louis Vogel afirmava que a noção de progresso técnico e económico não permitia isentar uma concentração restritiva da concorrência, sendo apenas e só um elemento a ponderar na apreciação dessa eventual restrição. Cfr. L. Vogel, *"Le nouveau droit européen de la concentration"*, Juris-Classeur Periodique, ed. entreprises, 64 ème année, 1990, pág. 722. Contra, A. Jacquemin, *"Stratégies d' entreprise et politique de la concorrence dans le marché unique européen"*, *Revue d'Economie Industrielle*, n.º 57, 1991, pág. 22.

United States v. Philadelphia National Bank convenceu o Supremo Tribunal Federal que a eficiência era legalmente irrelevante, pelo que uma fusão que reduzisse substancialmente a concorrência deveria ser proibida, mesmo que uma ponderação sócio-económica final demonstrasse a existência de um benefício líquido[1250].

No entanto, e por influência da Escola Estruturalista de Harvard (e não de Chicago), esta posição foi progressivamente afastada, dando origem à revisão das *Horizontal Merger Guidelines* de 1997[1251], nos termos das quais as considerações de eficiência deverão ser consideradas no processo de apreciação jusconcorrencial de operações de concentração.

Apesar de tudo, as considerações de eficiência merecem ainda alguma suspeição. Na Secção 4 das *Merger Guidelines de 1992* (revistas), refere-se que nunca será justificável uma concentração que origine uma situação monopolista ou quase monopolista.

No mesmo sentido, as *Orientações* de 2004 da Comissão Europeia acolheram esta orientação.

A apreciação dos padrões de eficiência inerentes a uma operação de concentração tem, nos sectores em rede, uma enorme importância, atendendo à sua dimensão estruturante na sociedade moderna. Neste âmbito, os agentes que se pretendem concentrar fá-lo-ão por razões empresariais e económicas. A este título, seria um pouco pretensioso pensar que o único objectivo que os agentes económicos prosseguem por via da fusão é a criação de condições para o exercício de práticas anticoncorrenciais.

A renda monopolista inerente ao aumento do poder de mercado poderá ser pretendida na óptica do objectivo fundamental da maximização do lucro[1252]; porém, existem muitos outros ganhos que poderão ser alcançados através de uma operação de concentração bem sucedida.

[1250] 374 U.S. 321, 371 (1963).

[1251] Cfr. L. Morais, op. cit., pág. 1001; W. Kolasky e A. Dick, *The Merger Guidelines and the Integration of Efficiencies into Antitrust Review of Horizontal Mergers*, US DOJ, 2002. Cfr., e.g., *FTC v. H.J Heinz*, 246 F3.d 708, 720 (D.C. Cir. 2001); *FTC v. University Health, Inc*, 938 F2.d 1206, 1222 (11ᵗʰ Circ. 1991); *United States v. Long Island Jewish Medical Centre*, 983 F. Supp. 121, 137 (E.D.N:Y 1997).

[1252] Cfr. T. Scitovsky, "*A note on Profit Maximization and its Implications*", *Review of Economic Studies*, 1943, págs. 57 a 60.

A título meramente exemplificativo, os agentes poderão alcançar reduções significativas de custos, combinando activos complementares (concentrações verticais ou de conglomerado), eliminando duplicações operacionais, prosseguindo economias de escala e de gama, ou potenciando exterioridades de rede (concentrações horizontais)[1253].

A melhoria da qualidade da produção e um efeito acelerador na inovação, poderão igualmente ser alcançados através de estratégias de integração institucional, o que beneficia inequivocamente os consumidores e aumenta os níveis de bem-estar social.

Estas constatações, simplisticamente enunciadas, deverão ser tomadas em consideração na análise jusconcorrencial, sob pena da mesma se tornar totalmente funcionalizada, confundindo condições para o exercício de uma actividade com eficiência acrescida com estruturas unicamente potenciadoras de desenvolvimento de efeitos unilaterais ou coordenados.

Infelizmente, quando não os afastam, explicita ou implicitamente[1254], quer as autoridades administrativas, quer a doutrina, têm analisado a eficiência acrescida, numa óptica de compensação eventual, em que factores propiciadores de eficiência económica poderiam ser ponderados positivamente face a eventuais efeitos restritivos da concorrência[1255].

Nos sectores em rede, a própria estrutura concorrencial, assente em relações de estrita compatibilidade e, em algumas situações, geradora de economias do lado da procura bem como do lado da oferta,

---

[1253] Cfr. e.g., P. Matos e V. Rodrigues, *Fusões e Aquisições, Motivações, Efeitos e Política, Principia*, Lisboa, 2000.

[1254] Cfr., e.g., Comissão Europeia, *Livro Verde sobre a Revisão do Regulamento (CEE) n.º 4064/89*, 2001, onde se refere o seguinte: "*some commentators (...) suggest that the dominance test does not allow for a proper consideration of efficiencies that may result from mergers. To date, however, the issue of efficiencies has only been raised in a limited number of decisions under the Merger Regulation, and the precise scope for taking such considerations into account may not have been fully developed*". (para. 170).

[1255] A doutrina chega mesmo a enunciar regras quantificadas a este propósito. Por exemplo, Areeda, Hovenkamp e Solow propõem regras simplificadas de apreciação onde uma concentração de reduzida intensidade (nível de HHI pós-fusão inferior a 1800) poderia ser justificada por via de eficiências ordinárias, enquanto que operações mais intensas só poderiam ser justificadas por via de eficiências extraordinárias. Cfr., *op. Cit.*, vol. IVA, págs. 93 e 94.

não permite a realização de análises bivalentes. A separação do padrão de eficiência económica da análise concorrencial torna qualquer resultado inevitavelmente distorcido.

Efectivamente, a própria estrutura organizacional típica, bem como o sistema de funcionamento próprio dos sectores em rede, podem ser facilmente confundidos com o exercício *ex professo* de práticas coordenadas ou não-coordenadas concorrencialmente nocivas.

Ao alienar-se o campo da eficiência económica da análise concorrencial das operações de concentração, esse risco aumenta exponencialmente. No limite, poderá mesmo dizer-se que a organização em rede é eficiente em sim mesma e depende da eficiência relacional entre os seus membros. Ao retirarem-se os padrões de eficiência da análise concorrencial, nada mais restará a não ser as práticas de coordenação tácita ou implícita, relativamente às quais um juízo cego de apreciação concorrencial retirará conclusões inevitavelmente negativas.

Conforme se demonstrou, a realização de uma operação de concentração que vise o estabelecimento de uma dimensão eficiente de rede, pode, em mercados de oligopólio natural, ser facilmente confundida com a criação e o reforço de uma posição dominante e, em conformidade, ser proibida[1256].

Ao tomar-se em consideração a vertente teleológica do programa económico da União Europeia, onde a política da concorrência se constitui como um instrumento da finalidade de aumento do bem-estar social, nenhuma outra conclusão se poderá retirar se não a da integração total e inequívoca da análise económica na análise concorrencial[1257].

Assim, não farão sentido apreciações do teor das efectuadas nas *Orientações da Comissão de 2004* onde se refere: *"quanto maiores forem os efeitos negativos possíveis sobre a concorrência, maior será a necessidade de a Comissão se assegurar que os alegados*

[1256] Ainda mais se se entender, como o faz Luis Morais, que a reformulação do teste de compatibilidade com o mercado comum resultante da segunda reforma do *Regulamento de Controlo das Concentrações* traduz uma mera reordenação dos elementos já anteriormente presentes nesse teste. Cfr. L. Morais, *op. cit.*, pág. 923.

[1257] Cfr., *e.g.*, P. Camesasca, *European Merger Control: Getting the Efficiencies Right*, Intersentia-Hart, 2000.

ganhos de eficiência são substanciais e susceptíveis de serem realizados e repercutidos a um nível suficiente nos consumidores".

Reforça, ainda, na senda das *Guidelines norte-americanas*: "*é muito improvável que uma concentração que leve a uma posição de mercado próxima do monopólio, ou que conduza a um nível semelhante de poder de mercado, possa ser declarada incompatível com o mercado comum com base no facto dos ganhos de eficiência serem suficientes para anular os seus efeitos anticoncorrenciais potenciais*"[1258].

Ora, o que dizer quando o modelo monopolista ou oligopolista for, na realidade, o modelo mais eficiente de organização do mercado, como acontece na grande maioria das situações dos sectores em rede?

E o que dizer quando a própria cooperação empresarial for a forma mais eficaz de prosseguir uma determinada actividade económica?

Apreciações deste teor, apesar de superarem a conservadora aversão à introdução da análise económica nos processos de apreciação jurídica, são ainda insatisfatórias.

No entanto, é precisamente este o tipo de raciocínio que preside às análises actualmente desenvolvidas, quer pelas autoridades norte-americanas, quer pelas autoridades comunitárias.

A análise concorrencial, assente num pressuposto de protecção do tecido concorrencial no mercado não poderá nunca esquecer, ou menosprezar, a eficiência produtiva e distributiva. De facto, a garantia de existência de padrões satisfatórios de concorrência não é minimamente antagónica de tais objectivos. Ao invés, é uma das condições para a sua prossecução.

Consequentemente, análises concorrenciais unicamente assentes em elementos estruturais – de que são exemplo paradigmático as metodologias de aferição de efeitos coordenados e não-coordenados – só serão válidas se, simultaneamente, forem considerados elementos económicos – para além da vertente estrutural – que permitam a visualização panorâmica da situação de mercado, na sua vertente eminentemente dinâmica.

[1258] *Op. cit.*, para. 84.

Esse esforço de inserção de padrões de eficiência na análise concorrencial estrutural do mercado, foi já efectuado no local próprio, tendo passado pela demonstração da especificidade das redes.

Neste âmbito, poderá falar-se de um *primeiro nível de ponderação global de eficiência,* que deverá englobar, não só a ponderação dos critérios de análise concorrencial estrutural, como a própria definição do que se entende como situação concorrencial futura decorrente da operação de concentração[1259/1260].

No entanto, existe ainda espaço para o desenvolvimento concreto da *defesa de eficiência* – é assim que é concebido o sistema, o que demonstra o ainda latente antagonismo entre a análise concorrencial e a análise económica a este propósito – na análise dos processos de concentração nos sectores em rede.

E, neste *segundo nível de ponderação restrita de eficiência,* a questão é extraordinariamente limitada já que, tipicamente, quer as autoridades administrativas, quer a doutrina limitam a percepção de aumento de eficiência ao estreito campo da redução de custos operacionais[1261].

Na verdade, e isto constitui um facto incontestável, se de uma operação de concentração resultar uma redução dos custos marginais tal originará uma redução de preços. Obviamente que uma análise coerente de eficiência deverá extravasar em larga medida a simples óptica dos custos de produção, no entanto, e por economia de exposição, limitar-se-á a análise a esta vertente.

[1259] Por exemplo, a concentração entre pequenos operadores num mercado em rede aumentará o nível de concentração no mercado, mas também poderá criar condições para o desenvolvimento eficiente de dissidências a coligações instaladas, só possíveis pela aquisição de dimensão que permite uma intervenção ao nível dos preços no mercado relevante.

[1260] Williamson propôs em 1968 um modelo onde se demonstrava que os pequenos ganhos de eficiência proporcionados pelas operações de concentração seriam suficientes para compensar, na óptica do Bem Estar Social, os eventuais efeitos negativos em sede de poder de mercado. Cfr. O. Williamson, *"Economies as an Antitrust Defense: The Welfare Tradeoffs", American Economic Review,* 58, 1968, págs. 18 a 36; Idem, *"Economies as an Antitrust Defense: Correction and Reply", American Economic Review,* 58, 1968, págs. 1372 a 1376.

[1261] Obviamente que motivações unicamente pecuniárias, como as referentes à poupança fiscal, deverão ser afastadas deste tipo de argumentação.

Adoptando a perspectiva dicotómica típica – que como se referiu não é a mais indicada – que distingue a eficiência económica da eficácia concorrencial, não constituirá surpresa uma posição que defenda a possibilidade de não proibição de realização de uma operação de concentração, se os ganhos de eficiência que dela provenham compensarem os prejuízos decorrentes da diminuição do tráfego concorrencial (efeitos coordenados ou não-coordenados) inerentes à realização da mesma. Esta é a configuração típica do denominado *balanço económico*[1262/1263].

Não se pense, porém, que esta ponderação restrita da eficiência que corporiza a denominada defesa de eficiência é de aceitação pacífica.

Parte da doutrina, ainda hoje se mantém irredutível na não aceitação deste procedimento, utilizando argumentos que passam pela sua *desnecessidade*[1264], pela *possibilidade de adopção de comporta-*

[1262] Se correctamente aplicado. Deverão ser de afastar posições doutrinárias que distingam eficiências ordinárias e eficiências extraordinárias. Efectivamente, algumas decisões jurisprudenciais limitaram a defesa de eficiência à prova de ocorrência de eficiências extraordinárias que decorressem de uma operação de concentração e que extravasassem o âmbito normal das eficiências ordinárias inerentes à concentração empresarial. Cfr., e.g., *United States v. Rockford Memorial Corp.*, 717, F. Supp, 1251, 1291 (N.D. Ill, 1989) aff'd 898 F2.d1278 (7th Cir.) cert. denied, 498 U.S. 920 (1990).

[1263] O trabalho mais importante em termos de análise dos efeitos das concentrações sobre o Bem Estar em mercados oligopolistas foi o realizado por Farrel e Shapiro em 1990. No seu modelo, estes autores efectuam uma tripartição dos impactos possíveis de uma operação: i) sobre os lucros das empresas envolvidos; ii) sobre os lucros das empresas concorrentes; iii) sobre os consumidores. Nesta óptica, e uma vez que no primeiro nível os resultados eram inevitavelmente positivos, pois caso contrário, a operação não se realizaria, o balanço económico positivo dependeria do saldo dos efeitos da operação sobre os lucros das restantes empresas e o benefício dos consumidores. Cfr. J. Farrel e C. Shapiro, "*Horizontal Mergers: An equilibrium analysis*" American Economic Review, 80, 1, 1990, págs. 107 a 126; Idem, "*Horizontal Mergers: Reply*" American Economic Review, 81, 4, 1991, págs. 1007 a 1011.

[1264] A argumentação que defende a desnecessidade de existência de uma defesa de eficiência assenta nos seguintes pressupostos: i) as empresas em causa serão normalmente de reduzida dimensão pelo que as eventuais economias de escala alcançadas serão irrelevantes já que, na perspectiva estrutural, as operações de concentração nunca seriam abarcadas pelos índices mínimos de concentração presentes nas orientações legislativas; ii) em consonância, e neste tipo de mercados, empresas de reduzida dimensão seriam necessariamente insolventes e, consequentemente, poderiam usufruir dessa defesa processual. Ora, como é facilmente perceptível, este tipo de argumentação peca por um excessivo simplismo. A dimensão eficiente do operador económico depende do tipo de mercado em causa, variando desde

mentos alternativos (e.g. expansão interna ou constituição de empresas comuns de base cooperativa)[1265], e que culminam na extrema *dificuldade de prova da existência e medição das economias geradas* por via de uma operação de concentração[1266].

Parece incontestável a aceitação de uma operação de concentração cujo saldo em sede de bem-estar social se demonstre positivo, ou

---

a absoluta irrelevância dimensional num mercado de concorrência perfeita pura até à total concentração em 100% da quota de mercado numa situação de monopólio natural. Por outro lado, a defesa da empresa insolvente é totalmente desajustada já que nestas situações, e em coerência, as pequenas empresas nem deveriam existir já que não teriam alcançado a denominada dimensão eficiente. Por exemplo, numa situação de mercado onde ocorra um oligopólio coordenado, os preços extraordinariamente elevados poderão permitir que uma empresa de reduzida dimensão se mantenha indefinidamente, apesar da ineficiência dimensional. Cfr. P. Areeda, H. Hovenkamp e J. Solow, *Antitrust Law,* IV rev., cit., págs. 31 e 32.

[1265] Basicamente, o que se pretende é a demonstração de que o efeito decorrente da concentração não seria alcançado através de metodologias concorrencialmente menos nocivas, a saber: i) *a expansão interna* ou; ii) a *criação de uma empresa comum.* Quanto à primeira possibilidade não se demonstra existir, em sede de bem-estar social, qualquer diferença entre uma opção de crescimento interno ou a aquisição de um concorrente. Efectivamente, se a dimensão óptima implicar uma aumento da quota de mercado será conveniente que tal ocorra o mais rapidamente possível e sem perda de recursos disponíveis. Se as economias do lado da oferta e da procura forem extraordinariamente significativas, o mercado se encontrar relativamente estabilizado, ou em expansão lenta e as empresas em causa detiverem capacidades complementares, a opção pela concentração poderá ser a mais indicada. O mesmo acontece quando a entidade adquirida tiver capacidades subaproveitadas ou se o seu preço de mercado for inferior ao custo de investimento numa nova unidade produtiva. Estas são situações típicas nos sectores em rede físicos. No entanto, se o mercado se encontrar numa rápida expansão, a forma mais fácil de aumentar a sua rede poderá passar pela fusão com um concorrente, sem que daí decorra qualquer prejuízo do bem-estar social. Ora, esta será uma situação típica nos sectores em rede virtuais. Por sua vez, a possibilidade de desenvolvimento de uma empresa comum é normalmente apontada como uma alternativa preferencial à realização de uma concentração, sendo que alguns autores propõem mesmo uma discriminação positiva a este propósito. Este tipo de organização empresarial comporta, em alguns casos, custos de negociação acrescidos, nomeadamente ao nível da definição da política de investigação e desenvolvimento e não permite o desenvolvimento pleno de economias de escala. No entanto, e apesar de não existir uma total integração jurídica entre as entidades, o facto é que a concorrência no mercado relevante é efectivamente eliminada. Neste âmbito, uma empresa comum só se demonstra preferível à concentração quando existam deseconomias de escala num reduzido segmento da actividade produtiva dos agentes.

[1266] Este argumento é paradoxal já que a mesma dificuldade de prova não é reconhecida para a fundamentação de uma decisão administrativa negativa face ao projecto de concentração.

seja, onde as economias reais de recursos ultrapassem as perdas absolutas de bem-estar[1267].

Por outro lado, deverá ser entendido que os benefícios em sede de bem-estar, deverão ser analisados num âmbito alargado, não se devendo limitar aos ganhos recebidos pelo consumidor presente, englobando igualmente a perspectiva concorrencial futura.

A principal questão que se coloca a este respeito é a de se saber se os ganhos adicionais resultantes da operação de concentração – que subjazem ao juízo positivo de aumento de eficiência no mercado – deverão ser transpostos para os consumidores através da real redução do preço dos produtos[1268], impedindo-se, consequentemente, a sua interiorização nos dividendos dos detentores do capital social dos produtores.

Não se pode adoptar uma perspectiva fundamentalista a este respeito. Em tese, a totalidade dos ganhos decorrentes da realização eficiente de uma operação de concentração, só seria totalmente transferida para os consumidores numa situação de concorrência perfeita (o que é improvável nos sectores em rede), ou na presença de normas regulatórias próprias para o efeito.

Também não será admissível uma apropriação total e absoluta dos ganhos por parte dos produtores, que, nestas condições, acumulariam os ganhos decorrentes do aumento de poder de mercado, com as vantagens pecuniárias decorrentes de um padrão mais elevado de eficiência. Tal resultado violaria os mandamentos mais básicos de uma eficiência distributiva equitativa.

Finalmente, e numa perspectiva dinâmica, não se poderá esquecer que o benefício dos consumidores futuros dependerá do investimento presente realizado em investigação e desenvolvimento. Nesta perspectiva, os ganhos excepcionais poderão ser aplicados nessa acti-

---

[1267] Cfr. P. Areeda, H. Hovenkamp e J. Solow, *Antitrust Law*, IV rev., *cit.*, págs. 32 a 37.

[1268] A jurisprudência norte-americana tem sido especialmente exigente a este respeito, obrigando a uma transferência imediata e inequívoca dos ganhos financeiros para os consumidores. Cfr., e.g., acórdãos *FTC v. University Health*, 938 F2.d 1206, 1222-1223 (11th Cir. 1991); *United States v. United Tote*, 768 F. Supp. 1074, 1084-1085 (D. Del. 1991). Cfr., ainda, J. Kattan, *"Efficiencies and Merger Analysis, Antitrust Law Journal,* 62, 1994, págs. 518 e segs.; S. Stockum, *"The Efficiencies Defense for Horizontal Mergers: What is the Government's Standard?" Antitrust Law Journal,* 61, 1993, págs. 837 e 838.

vidade e não imediatamente distribuídos aos consumidores. Ora, esta prática não poderá merecer qualquer juízo negativo.

Por outro lado, na presença de preços regulados, o juízo de eficiência poderá demonstrar-se problemático. Efectivamente, se os preços são determinados pelo órgão regulador, os efeitos imediatos decorrentes de uma operação de concentração só serão transferidos para o consumidor com uma alteração tarifária.

Nestas circunstâncias, não se aparenta sério qualquer juízo de ponderação restrita de eficiência. No entanto, também o juízo estrutural de aferição do poder de mercado não poderá merecer um juízo negativo, já que um eventual aumento de preços decorrente de um equilíbrio coordenado ou não-coordenado estará inevitavelmente prejudicado por via da acção da instituição reguladora do mercado.

A este respeito, as *Guidelines norte-americanas de 1997*, que influenciaram de forma directa as *Orientações comunitárias de 2004*, elencam três requisitos essenciais para que a defesa de eficiência possa ser considerada relevante num processo de análise concorrencial: a eficiência alcançada deverá ser *específica* e *directamente resultante* do processo de concentração, *não decorrendo de reduções anticoncorrenciais* do nível de produção ou da qualidade dos serviços.

Considera-se que uma eficiência é específica num processo de concentração se não puder ser alcançada de outra forma que não através da integração empresarial, ou podendo-o, a um custo social mais elevado do que o resultante da operação de concentração.

Esta questão assume uma dimensão essencialmente teórica, indiciando o preconceito pejorativo adoptado pelas autoridades administrativas a este respeito. Não é por acaso que este é um dos crivos sobre o qual são julgadas as defesas de eficiência por parte das autoridades norte-americanas[1269] e comunitárias[1270].

[1269] Cfr., e.g., acórdão *United States v. Verizon Communications, Inc. and MCI, Inc.*, (D.D.C., filed Oct. 27, 2005), (http://www.usdoj.gov/atr/cases/verizon.htm).

[1270] No parágrafo 85 das Orientações comunitárias refere-se explicitamente "*incumbe às partes na concentração fornecer atempadamente todas as informações relevantes necessárias para demonstrar que não existem alternativas realistas e viáveis, menos anticoncorrenciais do que a concentração notificada, quer sem carácter de concentração (por exemplo, um acordo de licença, ou uma empresa comum com carácter de cooperação)*

A interpretação do que se entende por eficiência *directamente resultante* do processo de concentração, *não decorrendo de reduções anticoncorrenciais* dos níveis de produção ou da qualidade dos serviços (*"cognizable efficiency"*) tem sido, para não variar, extraordinariamente restritiva[1271].

A este respeito, as autoridades de controlo da concorrência obrigam sistematicamente à quantificação exacta das reduções de custos que pretendem alcançar, o que, na grande maioria das situações, é totalmente impossível em moldes realistas[1272], ainda mais quando se obriga à contabilização acrescida dos efeitos nefastos da operação em sede de poder de mercado, tendo em vista a determinação da sua suficiência.

Por outras palavras, só se poderá saber se o balanço económico é positivo após a contabilização precisa e inequívoca das perdas concorrenciais decorrentes do aumento dos níveis de concentração no mercado e face aos ganhos de eficiência.

Quanto a esta quantificação, os sectores em rede padecem de uma situação paradoxal. Face à sua dimensão, qualquer aumento de eficiência verificado numa rede física será significativo e relevante, dado que as economias do lado da oferta e da procura serão facilmente identificáveis. No entanto, nas redes virtuais, a sua quantificação será extremamente complexa.

A título de exemplo, a construção de um sistema, (*e.g.*, um navio ou um automóvel) integra uma multiplicidade de processos conducentes à produção de cada um dos segmentos componentes, cuja matéria-prima é extremamente diferenciada, acontecendo o mesmo com a intensidade da investigação e desenvolvimento.

---

ou com carácter de concentração (por exemplo, uma empresa comum com carácter de concentração ou uma concentração estruturada de forma diferente) e que preservem os alegados ganhos de eficiência".

[1271] Cfr. acórdãos *Arch Coal, Inc.; New Vulcan Coal Holdings, LLC; and Triton Coal Co., LLC.* (2004), 329 F. Supp. 2d 109 (D.D.C. 2004), 2004-2 Trade Cas. (CCH) ¶ 74,513, (http://www.ftc.gov/opa/2004 /04/archcoalcomp.htm); *United States v. Oracle Corp.*, 331 F. Supp. 2d 1098 (N.D. Cal. 2004), (http://www.usdoj.gov/atr/cases/oracle.htm).

[1272] Cfr., e.g., A. Mateus, *A Teoria Económica e as Concentrações na perspectiva da Política da Concorrência*, Lição proferida na Faculdade de Direito da Universidade de Coimbra, 2003, pág. 17.

As dificuldades na aferição da eficiência do processo produtivo não ficam por aqui, já que os diversos componentes terão de ser transportados para um local onde serão combinados para a produção do produto final que, por sua vez, deverá ser transportado para o local de venda final.

Ora, a escala mínima para realização eficiente de todas estas operações varia significativamente consoante o segmento ou a fase de produção em causa. A eficiência decorrente de uma operação de concentração dependerá das economias de integração que se alcancem.

Estas economias de integração dependem das vantagens económicas que decorrerão para as empresas em causa pela combinação das suas capacidades produtivas. Assim, o papel dos fornecedores independentes será fundamental. De facto, dois produtores automóveis poderão planear uma operação de concentração na área dos pneus, dado que a produção desse componente só seria eficiente se ocorresse uma conjugação das capacidades produtivas das duas empresas. Nestas condições, poderia argumentar-se que duas linhas de montagem ineficientes seriam substituídas por uma estrutura unificada eficiente.

Apesar de tentados, este argumento de eficiência padece de insuficiência. Conforme a doutrina estabilizada a este respeito, seria necessário provar que esse nível de produção eficiente não poderia ser alcançado através do recurso à contratação de fornecedores independentes[1273].

A necessidade de compatibilidade acrescida e a questão dos direitos de propriedade industrial, podem alterar este mandamento de permanente subsidiariedade do aumento de eficiência decorrente de operações de concentração na presença de fornecedores exteriores.

Conforme se referiu, a doutrina tende a focar a defesa de eficiência na demonstração de ocorrência da redução dos custos. No entanto, essa perspectiva é demasiado restrita, dado que, nos sectores em rede, e na presença de regulação correctora eficiente, poderão ser relevantes as economias que se possam fazer sentir igualmente do lado da procura.

[1273] Cfr. P. Areeda, H. Hovenkamp e J. Solow, *Antitrust Law,* IV rev., cit., págs. 65 e 66.

Na presença de exterioridades de rede, de um aumento de dimensão da rede poderão resultar não só economias de escala e de gama, mas igualmente, ganhos de utilidade pela presença de utilizadores directamente relacionados e que poderão interagir livremente entre si.

No entanto, e em termos bem menos controversos, poderá ensaiar-se uma tentativa de identificação de critérios jusconcorrenciais que poderão, nestes sectores, sustentar uma defesa de eficiência. E, nesta linha, a demonstração da ocorrência de economias produtivas do lado da oferta, adquire uma especial proeminência.

Assim, e num mercado onde os produtos produzidos sejam relativamente homogéneos, duas redes ineficientes de reduzida dimensão poderão facilmente ser combinadas numa rede eficiente de maior dimensão, a um custo inferior ao que resultaria de um processo de crescimento interno.

Nestas condições, as relações de compatibilidade e interoperabilidade permitem uma total integração das redes sectoriais numa rede de maior dimensão sem qualquer dificuldade e sem qualquer prejuízo económico atendendo às economias *dimensionais* em presença, que serão típicas de uma rede física.

A análise da prática da Comissão Europeia relativamente aos sectores em rede, revela que os denominados efeitos de rede têm sido valorados como elemento de consolidação de poder de mercado, fundamentando, por conseguinte, decisões de teor negativo[1274], o que é criticável.

Os argumentos para esta linha de decisão, normalmente assentes no conceito de exterioridade de rede foram já analisados (dependência das escolhas passadas *"path dependence"*, efeito imitação *"tipping"*, efeito bola de neve *"snowball effect"*).

Chama-se no entanto, a atenção – mais uma vez – para a aplicação desregrada desta linha conceptual a sectores onde as economias do lado da procura não se fazem sentir, dada a ausência de bidireccionalidade.

[1274] Cfr. decisão da Comissão relativa ao processo IV/M.1741, *MCI/Worldcom*, 2000; decisão da Comissão relativa ao processo COMP/M.1795, *Vodafone/Mannesmann*, 2000; decisão da Comissão relativa ao processo IV/JV.27, *Microsoft/Liberty Media/ Telewest*, 2000.

A especialização poderá igualmente servir para sustentar uma defesa de eficiência. Assim, numa rede virtual, composta por uma multiplicidade de segmentos complementares, os custos fixos necessários à produção de cada um dos segmentos diferenciados, poderão ser impeditivos para o desenvolvimento de um sistema eficiente.

Na presença de um sistema totalmente novo, somente um aumento da capacidade de produção de todos os segmentos em causa poderá tornar viável o produto em questão. Pelo exposto, a realização de uma operação de concentração entre produtores, visando a especialização produtiva de segmentos em cada uma das unidades, revelar-se-á inequivocamente eficiente.

Quando as *economias de especialização* são relevantes, importará tomar em consideração, na análise económica do mercado, a especificidade do sistema virtual em causa, bem como os custos económicos inerentes a uma opção de investimento pelo aumento da capacidade de produção interna.

Ao invés, uma defesa de eficiência que assente em *economias de distribuição*, apresenta-se de mais difícil justificação. Areeda, Hovenkamp e Solow, definem como condições necessárias a este propósito a prova cumulativa: i) da existência de economias de escala significativas na distribuição (armazenagem e venda grossista); ii) da ocorrência de "economias de integração" na fase retalhista (nomeadamente na contratação de "outlets"); iii) que a distribuição eficiente e a integração projectada depende da comercialização retalhista de produtos de um único produtor; iv) que os agentes que se propõem concentrar só poderão comercializar os seus produtos de forma eficiente em outros mercados geográficos onde as suas vendas actuais são demasiado restritas para um nível eficiente de distribuição[1275].

Este tipo de defesa é extremamente problemático, já que, atendendo à tipologia da rede e à sua dimensão geográfica, o aumento de eficiência na distribuição num determinado mercado poderá ter como reverso da moeda a redução do tráfego concorrencial em mercado, onde esses agentes já seriam eficientes atendendo à sua integração, em resultado da operação de concentração.

[1275] Cfr. P. Areeda, H. Hovenkamp e J. Solow, *Antitrust Law,* IV rev., cit., pág. 73.

De facto, uma operação de concentração entre agentes presentes em diversos mercados, deverá ser necessariamente aferida num âmbito geográfico alargado, já que uma definição restrita do mercado relevante poderá levar a uma análise concorrencial distorcida.

No mesmo sentido, a demonstração de ocorrência de *economias de promoção* apresentar-se-á como argumento insuficiente, se não mesmo contraproducente[1276] para justificar a operação de concentração.

O seu sucesso estará dependente da demonstração da ocorrência de economias de escala nessa área de negócio, o que poderá ser relativamente normal em ambientes económicos assentes na sociedade da informação (redes virtuais).

No entanto, as razões pelas quais se poderá advogar a relativa exiguidade deste argumento na justificação de uma operação de concentração são as seguintes: i) em geral, os custos de promoção são relativamente reduzidos face aos custos da produção do produto comercializado[1277]; ii) os custos de promoção poderão desenvolver barreiras à entrada de pequenas empresas inovadoras, que se verão impossibilitadas de efectuar a promoção dos seus produtos face ao "ruído" decorrente das acções das empresas dominantes; iii) os custos de promoção persuasiva excedem os custos que decorreriam do fornecimento de uma informação completa e perfeita aos consumidores, gerando ineficiência no processo produtivo.

Estas constatações obrigam-nos à realização de considerações adicionais. Assim, colocando de parte o primeiro argumento, que até poderá não ser verdadeiro na presença de um mercado de produtos desmaterializados, o juízo negativo relativamente aos restantes assenta intrinsecamente no receio da expansão do poder económico de empresas dominantes, no mercado em causa, ou em mercados adjacentes.

Neste enquadramento, poderá efectuar-se uma ponderação no caso das empresas em presença serem de reduzida dimensão, face aos operadores dominantes no mercado dado que, nessas condições,

---

[1276] Cfr., *e.g.*, acórdão *FTC v. Procter & Gamble Co, (Clorox)*, 386 U.S. 568 (1967).

[1277] Nas redes virtuais tal poderá não ser verdadeiro. Conforme se referiu, o custo de reprodução de software é quase inexistente e, nestas condições, a componente de custo promoção poderá ser relativamente significativa.

os riscos que suportam a apreciação negativa não se farão sentir. Pelo contrário, a operação de concentração poderá ser uma condição para a sua própria sobrevivência num universo onde a (sociedade da) informação se confunde com a (sociedade da) promoção.

Um outro tipo de defesa de eficiência passará pela demonstração da realização de *economias de investigação e desenvolvimento* na sequência da realização de uma operação de concentração.

Ao contrário do argumento de eficiência fundamentado nas economias de promoção, não se poderá nunca efectuar um juízo preliminar negativo relativamente a este tipo de despesas tendo como base a sua "desnecessidade", "futilidade" ou a sua propensão à manutenção de posições dominantes existentes.

Conforme se referiu *supra*, no ambiente económico actual, a inovação constitui um dos factores mais importantes para o aumento nos níveis de bem-estar social da colectividade, suplantando mesmo a eficiência distributiva decorrente do desenvolvimento de políticas de preços de concorrência perfeita.

Os problemas de prova no desenvolvimento deste tipo de argumento são quase inultrapassáveis. A imaterialidade inerente à inovação torna a sua quantificação quase impossível. O número de patentes registadas é relativamente indiferente face aos aspectos qualitativos das mesmas, tornando-se impossível aferir quaisquer economias de escala por inexistência de critérios básicos de referência.

Uma forma de ultrapassar esta dificuldade, passará pela observação, não do número de patentes registadas, mas sim do índice de registo das mesmas em termos temporais[1278]. Apesar de tudo, existe um porto relativamente seguro a este propósito. Muitas vezes, a actividade de investigação e desenvolvimento depende da aquisição de uma base tecnológica bastante dispendiosa, facto que impede a aquisição desses equipamentos, por parte de empresas de reduzida dimensão.

Esta defesa de eficiência numa operação de concentração pode ser exequível, apesar dos instrumentos administrativos actualmente existentes demonstrarem uma preferência para, nestes casos, se

---

[1278] Cfr. F. Scherer e D. Ross, *Industrial Market Structure and Economic Performance, cit,,* págs. 647 a 649.

desenvolverem empresas comuns não integradas com fins de investigação e desenvolvimento[1279].

Finalmente, e uma vez que a operação de concentração originará uma empresa com maior dimensão, daí poderão resultar diversas economias ao nível da facilidade de angariação de financiamentos – *economias de financiamento* – (facto que poderá ser maximizado no caso de uma das empresas envolvidas revestir uma natureza financeira) e eventual redução do risco dos mesmos (claro está, se a produção subsequente for mais diversificada)[1280].

O mesmo acontecerá no caso de uma das empresas envolvidas ter uma enorme dimensão, o que permitirá à pequena unidade o acesso a fornecimentos com preços mais reduzidos (por via de descontos de quantidade, melhor percepção do mercado, melhor capacidade negocial ou, no limite, aquisição de poder de monopsónio em alguns fornecimentos). No entanto, e tirando a eventual aquisição de poder de monopsónio – que corporiza uma distorção concorrencial no mercado – poderá referir-se que a concretização de *economias de contratação* poderá ser alcançada de forma eficiente através do desenvolvimento de mecanismos de contratação cooperativos, mas não integrados[1281].

Por outro lado, uma operação de concentração originará ganhos naturais decorrentes da centralização operacional de serviços de apoio à produção, e da concretização de complementaridades ao nível da gestão e do licenciamento tecnológico. Porém, estes ganhos, naturais num processo de concentração, serão inevitavelmente reduzidos face a eventuais prejuízos concorrenciais.

De rejeitar liminarmente serão os argumentos que assentem na justificação da operação de concentração, tomando como base a redução dos custos de cumprimento das incumbências regulatórias. De

---

[1279] Cfr. e.g., Department of Justice, *Guidelines for the Licensing and Aquisition of Intelectual Property*, 1994.

[1280] No limite, este tipo de economias não resulta directamente da operação de concentração mas sim da atenuação da imperfeição dos mercados financeiros ao nível da percepção do risco de financiamento. O que não se poderá aceitar serão posições como a adoptada no processo *General Electric/Honeywell*, (*cit.*) onde a Comissão Europeia identificou esta factualidade como um elemento de poder de mercado que reforçaria uma posição dominante.

[1281] Tal como no caso anterior, o que ocorre é uma atenuação de uma falha de mercado. Cfr. acórdão *Olin Corporation*, 113 FTC 400 (FTC 1990).

facto, estes custos serão inerentes à actividade produtiva e, consequentemente, não poderão ser autonomizados numa óptica de simples custos administrativos. Por exemplo, os custos de implementação de um sistema de tratamento de águas residuais não podem ser imputados ao simples cumprimento de uma obrigação regulatória legal mas sim ao próprio processo produtivo, devendo ser analisados nessa óptica[1282].

Verificando a existência de economias de escala ao nível dos custos de produção, então, este tipo de defesa poderá ser elegível. Porém, uma justificação autónoma, ou seja, desligada do processo produtivo, padecerá de qualquer fundamento.

9.1. *Em especial: o argumento da empresa insolvente*

O argumento da empresa insolvente constitui uma variação das defesas de eficiência referidas *supra*, reportando-se às situações em que uma empresa financeiramente inviável, sem perspectivas de recuperação[1283], é adquirida por um concorrente.

Esta *"defesa"* é extraordinariamente relevante nos sectores em rede virtuais onde os activos corpóreos que sustentam os capitais próprios são relativamente reduzidos face à actividade tendencialmente incorpórea.

Assim, os critérios de análise financeira tradicional, que assentam num pressuposto de existência de colaterais significativos para a justificação de operações de financiamento, podem muitas vezes levar a conclusões de insolvabilidade, quando os pressupostos temporais da actividade de investigação e desenvolvimento não levam à concretização atempada de projectos.

No entanto, e apesar desse deslizamento temporal do projecto, não se poderá negar o valor intelectual dos activos imateriais detidos. Não será de estranhar, que nestas condições, a empresa intelectual-

---

[1282] Cfr. B. Pashigian, *"The Effect of Environmental Regulation on Optimal Plant Size and Factor Shares"*, Journal of Law and Economics, 27, 1984, págs. 1 e segs.

[1283] Problema inicialmente colocado no acórdão *International Shoe Co. v. FTC*, 280 US 291 (1930), e desenvolvido no acórdão *Citizen Publication Co. v. United States*, 394 US 131, 138 (1969).

mente aprovisionada, mas financeiramente insolvente, se torne um alvo de um concorrente bem informado quanto às suas reais capacidades.

De forma diferente, nos sectores em rede físicos, onde as barreiras à saída sejam significativas por via da irrecuperabilidade dos investimentos em activos corpóreos pesados, a eventual aquisição de uma empresa insolvente por um concorrente poderá ser economicamente vantajosa, dado que os activos em causa poderão manter a sua apetência produtiva em sede de rede, impedindo-se a sua desafectação e subsequente venda a preços insignificantes.

Note-se que, em ambos os casos, a eficiência decorrente da operação de concentração decorre da própria lógica do funcionamento em rede (no primeiro caso, na presença de activos incorpóreos; no segundo caso, de activos corpóreos), de onde deriva a grande fatia do seu valor económico, e não de uma qualquer tentativa de manutenção artificial de postos de trabalho ou de remuneração de investimentos privados.

Esta realidade, objectiva e mensurável, ultrapassa em termos de validade os fundamentos tradicionais de defesa, que assentam na estrita lógica das sinergias de gestão segundo as quais os activos de uma empresa insolvente seriam melhor utilizados pela equipa de gestão da empresa dominante no mercado.

Aqui, tal como em outros capítulos, a aferição concorrencial de aquisições de agentes que operam em sectores em rede apresenta algumas particularidades que não podem ser ignoradas.

Um dos argumentos usuais na justificação económica de operações de concentração com empresas insolventes assenta precisamente na reduzida capacidade concorrencial das mesmas. Efectivamente, uma empresa em dificuldades económicas, muito dificilmente poderá apresentar condições apetecíveis à procura, a não ser que adopte comportamentos concorrencialmente desleais que a colocarão numa situação ainda mais desesperada. Ora, a aquisição atempada de um agente nestas condições, permitirá que a sua capacidade produtiva seja mantida, conservando os activos a sua apetência económica original.

Porém, tal como em outros mercados, a admissibilidade de uma aquisição de uma empresa de menor dimensão por uma dominante suscita problemas concorrenciais sensíveis.

Não será portanto de estranhar que a doutrina, bem como as instâncias concorrenciais, enunciem critérios selectivos de aquisição, exteriorizando uma preferência para operações de aquisição que não envolvam empresas dominantes mas sim outros concorrentes de menor dimensão. No entanto, estas preocupações poderão ter um papel meramente redutor da velocidade de integração do mercado.

Relembre-se que o sucesso das defesas de eficiência depende, tipicamente, da demonstração de ocorrência de economias em resultado directo da operação.

Porém, e no limite, se o mercado tender para o monopólio natural, por existência de economias de escala significativas, todas as empresas, à excepção da dominante, serão empresas em situação potencialmente insolvente.

Este problema torna-se ainda mais acutilante nos sectores em rede, onde as economias se podem sentir quer no lado da oferta, quer no lado da procura. Note-se, que mesmo nestas circunstâncias extremas, a aquisição pelo monopolista dos activos da empresa insolvente poderá ser, num último recurso, uma solução mais eficiente que o seu abandono.

É esta lógica complexa que deve nortear a interpretação do disposto nos diversos instrumento administrativos que regulam esta situação, *maxime,* as *Guidelines* Norte-Americanas de 1992[1284] e as *Orientações Comunitárias* de 2004, tendo-se sempre presente que, ao contrário das restantes *"defesas de eficiência" supra* exemplificadas, a aquisição da empresa insolvente não implicará qualquer prova demonstrativa de aumento de bem-estar social consequente à realização da operação[1285].

[1284] Nos termos das *Guidelines* norte-americanas de 1992 uma operação de concentração não criará ou reforçará o poder de mercado nem facilitará o seu exercício se estiverem concretizadas quatro circunstâncias: i) a empresa insolvente não puder cumprir os seus compromissos financeiros no curto prazo; ii) a empresa insolvente não puder encetar o processo especial de recuperação previsto no Capítulo II do *Bankruptcy Act*; iii) tiverem falhado todas as tentativas de boa-fé no sentido de assegurar a viabilidade da empresa e de manutenção dos activos no mercado que não passassem pela realização da operação de concentração; iv) se, no caso de não realização da operação de concentração, os activos da empresa insolvente saíssem do mercado relevante.

[1285] W. Shughart e R. Tollison, *"The Welfare Basis of the "Failing Company" Doctrine"*, Antitrust Bulletin, 30, 1985, págs. 357 e segs.; T. Campbell, *"The Efficiency of the Failing Company Defense"*, Texas Law Review, 63, 1984, págs. 251 e segs.

Por exemplo, nos termos das *Orientações* de 2004 da Comissão Europeia estabelece-se que esta instituição «*pode decidir que uma concentração, que de outra forma seria problemática, é compatível com o mercado comum se uma das empresas objecto da concentração for uma empresa insolvente*»[1286].

O requisito de base para esta "defesa", consiste em não se poder considerar que a deterioração da estrutura concorrencial após a concentração é causada pela operação. É o que acontece quando a estrutura concorrencial do mercado se deteriora, pelo menos na mesma extensão, na ausência da concentração. Efectivamente, se a empresa desaparecer, a sua quota de mercado anula-se, aumentando-se as quotas dos restantes concorrentes na relação proporcional directa.

A Comissão considera que os três critérios que se seguem são relevantes para a aplicação do "*argumento da empresa insolvente*".

Em primeiro lugar, a empresa alegadamente insolvente seria num futuro próximo excluída do mercado devido a dificuldades financeiras, se não fosse adquirida por outra empresa.

Em segundo lugar, não deverá existir qualquer aquisição alternativa que provoque menos distorções da concorrência do que a concentração notificada.

Finalmente, em terceiro lugar, na ausência da concentração, os activos da empresa insolvente deveriam sair inevitavelmente do mercado.

Esta aparente transparência conceptual esconde algumas dificuldades interpretativas. É necessário definir o que se entende por empresa insolvente. A primeira formulação foi efectuada no acórdão *International Shoe*[1287], onde se referiu que a insolvência consiste numa situação em que os recursos se encontram de tal forma exaustos que qualquer tentativa de recuperação padeceria de uma elevada probabilidade de insucesso.

Ora, esta orientação, formulada em 1930, influencia, ainda hoje, as instâncias concorrenciais.

Ao estabelecer-se como requisito para a sustentação do argumento da empresa insolvente a demonstração do eventual desapare-

---

[1286] Para. 89 das *Orientações*.
[1287] Acórdão *International Shoe Co. v. FTC*, 280 US 291, 302 (1930).

cimento dos activos do mercado relevante, não se está senão a enunciar uma perspectiva radical de insolvência.

Existem outras situações que, a nosso ver, podem ser reconduzidas a este argumento. Por exemplo, nas redes físicas imateriais, uma elevada parcela da competitividade da empresa depende do investimento sucessivo em nova tecnologia, pelo que uma empresa que se encontre em dificuldades deixará de investir, perdendo sucessivamente quota de mercado face aos concorrentes.

Existem activos, e consequentemente, capacidade produtiva, mas em desaparecimento. Nestas condições, não existindo qualquer situação de insolvência no momento actual, em sentido técnico, deparamo-nos com uma empresa economicamente falhada[1288].

[1288] A jurisprudência norte-americana tem dado uma atenção especial a esta questão. No acórdão *Citizen Publication* (cit.), o Supremo Tribunal Federal considerou que a insolvência ou falência não seria caracterizador de uma empresa falhada já que esta poderia sempre reorganizar-se nos termos do regime previsto nas secções 10 e 11 do *Bankruptcy Act*. Consequentemente, em decisões posteriores (e.g. acórdão *United Steel Corp.v. FTC*, 426 F2.d 592, 608-609, 6th Circuit, 1970), só se concedeu provimento a esta defesa no caso dos esforços de recuperação inexistirem ou serem improváveis. Ora, estas considerações adicionais só são justificáveis no caso da falência de um duopolista, atendendo aos constrangimentos concorrenciais decorrentes da edificação da posição monopolista do parceiro sobrevivente. No entanto, a jurisprudência satisfaz-se normalmente com a demonstração da situação de insolvência (cfr. e.g., *FTC v .Great Lakes Chem. Corp.*, 528 F. Supp. 84, 96-98, (N.D. Ill. 1981); *United States v. Black & Decker Mfg. Co*, 430 F. Supp. 729, 778-781 (D. Md. 1976); *United States v. Maryland & Virginia Milk Producers Assn.*, 1967 F. Supp. 799, 808 (D.D.C. 1968). Os tribunais consideraram porém que a insolvência não se encontrava eminente quando: i) existissem perspectivas de lucro futuro (*cfr. e.g., Papercrft Corp.*, 78 FTC 1352, 1408 (1971)); ii) auferissem alguma margem de lucro *(cfr., e.g., United States v. Greater Buffalo Press*, 402 U.S. 549, 555 (1971)); iii) dispusessem de crédito (*cfr., eg.., United States v. Pabst Brewing Co.*, 296 F. Supp. 994, 1000 (E.D. Wis. 1969)). Por sua vez, consideraram que apesar da existência de dificuldades, a empresa não se encontrava "falhada" no caso de: ocorrência: i) de um declínio nas vendas (*cfr., e.g., United States v. Phillips Petroleum Co.*, 367 F. Supp. 1226, 1259-1260 (C.D. Cal. 1973)); ii) de um declínio nas margens de lucro (*cfr. e.g., United States v. Jos. Schlitz Brewing Co.*, 253 F. Supp 129, 148 (N:D. Cal 1972); iii) de perdas acumuladas (*cfr., e.g., United States v. Blue Bell*, 395 F. Supp. 538, 550 (M.D. Tenn. 1975)); iv) de sistemas produtivos obsoletos (*cfr., e.g., Crown Zellerbach Corp.* v. *FTC*, 296 F2.d 800, 832 (9th Circuit 1961)); v) de dificuldades de gestão (*cfr., e.g., United States v. Third National Bank in Nashville*, 390 US 171, 188-189 (1968)); vi) de dificuldades comerciais (*cfr., e.g., Dean Foods*, 70 FTC 1146, 1280.1281 (1966)). Cfr. P. Areeda, H: Hovenkamp e J. Solow, *ob. cit*, vol. IV, págs. 236 e segs.

No entanto, o argumento pode ser invertido. O critério de insolvência pode ser bastante generoso para a aferição da real situação financeira de uma filial especializada falhada no seio de um conglomerado próspero.

Atendendo às obrigações regulatórias que impõem o estabelecimento de mecanismos de contabilização separada em determinadas empresas que operam em sectores em rede, o prisma da análise poderá não assentar unicamente na dimensão da empresa mas limitar-se a uma divisão da empresa em concreto. Efectivamente, poderão existir empresas com elevada capacidade financeira a operar num determinado sector em rede e que, agregadamente, disponham de enormes recursos financeiros mas que, por proibição de subsidiação cruzada, poderão deter divisões em situação de *"falência técnica"*.

Nestas condições, o argumento da empresa insolvente poderá ser aplicado[1289].

A Comissão Europeia aflorou pela primeira vez esta questão na Decisão *Kali und Salz/MdK/Treuhand*[1290]. Mais recentemente, no processo relativo à *Basf/Eurodiol/Pantochim*[1291] foram enunciados os

---

[1289] Cfr. Contribuição da Delegação Norte-Americana in OECD Roundtables, *"Failing Firm Defense"*, OECD/GD(96)23, Competition Policy Roundtables, and Failing Firm in Light of Global Competition, 1996, paras. 5 e segs.

[1290] Decisão n.º 94/449/CEE da Comissão no processo IV/M.308 - Kali+Salz/MDK/Treuhand, JO L 186/38 de 21.7.1994. Na sua decisão no âmbito deste processo, a Comissão afirmou que a criação de uma posição dominante não era consequência da concentração, uma vez que a empresa adquirente obteria uma posição dominante mesmo na ausência da concentração. A falta de nexo causal entre a concentração e a criação de uma posição dominante significa que esta última resultaria do desaparecimento da empresa em situação de insolvência, que seria inevitável mesmo no caso da concentração ser proibida, não decorrendo da própria concentração que cria ou reforça a posição dominante na sequência da qual a concorrência seria significativamente impedida.

Nessa decisão, a Comissão aplicou o conceito de "concentração de recuperação" com base nos três seguintes critérios: (a) a empresa adquirida seria obrigada a sair do mercado a curto prazo, caso não fosse adquirida por outra empresa, (b) não existia qualquer alternativa de aquisição menos restritiva da concorrência, e (c) a quota de mercado da empresa adquirida, no caso de esta ser obrigada a sair do mercado, seria absorvida pela empresa adquirente. O Tribunal de Justiça confirmou a abordagem da Comissão no que se refere ao conceito de "concentração de recuperação" no seu acórdão de 31 de Março de 1998, (cfr. processos apensos C-68/94 e C-30/95 – *República francesa/Comissão* e *SCPA/Comissão*, Colectânea 1998).

[1291] DecisãoCOMP/M.2314 http://ec.europa.eu/comm/competition/mergers/cases/decisions/m2314_20010711_590_pt.pdf).

critérios básicos que hoje se encontram previstos nas *Orientações* de 2004, e que correspondem, *grosso modo*, aos contemplados nas *Guidelines* norte-americanas.

No último processo enunciado, a BASF alegou que estavam preenchidas as condições do argumento da empresa insolvente, isto é, que a BASF alcançaria uma posição comparável mesmo na ausência da concentração e que, de qualquer forma, os activos das actividades em questão sairiam definitivamente do mercado.

O Tribunal de Comércio de Charleroi, responsável pelo processo de pré-falência, confirmou à Comissão que ambas as empresas teriam sido declaradas em situação de falência se não tivesse sido aprovado um adquirente para a Eurodiol e para a Pantochim antes de terminar o prazo de 16 de Junho de 2001.

Logo que a BASF tivesse cessado o apoio financeiro, as empresas seriam inevitavelmente obrigadas a abandonar o mercado. Nestas condições, a Comissão Europeia entendeu que a primeira condição se encontrava preenchida, já que a empresa se encontrava numa situação comprovada de insolvência.

De seguida, e de forma a provar que não existia qualquer outra opção alternativa de aquisição menos anticoncorrencial para a Eurodiol e a Pantochim, o próprio Tribunal encetou contactos com diversos concorrentes, sendo que unicamente a BASF se perfilou para a aquisição.

Contudo, demonstrando um enorme espírito de iniciativa, a Comissão decidiu analisar mais aprofundadamente a possibilidade de uma aquisição por um adquirente alternativo, tendo encetado contactos com concorrentes da BASF, que confirmaram o desinteresse na aquisição da empresa, e consequentemente, o cumprimento da segunda condição.

Finalmente, era necessário indagar do cumprimento da terceira condição – a saída inevitável do mercado dos activos a serem adquiridos.

A este respeito, a Comissão Europeia adoptou uma perspectiva relativamente tolerante uma vez que constatou que a saída das empresas do mercado não originaria uma situação de monopólio. Por outro lado, reconheceu que o desmantelamento da capacidade produtiva iria reduzir o nível de oferta do mercado relevante, prejudicando os clientes. Desta forma, e após uma análise de mercado, considerou improvável que um terceiro adquirisse a Eurodiol e a Pantochim imediatamente após a falência, já que os ónus ambientais, de manutenção e laborais eram consideravelmente elevados[1292].

A Comissão considerou que, nestas circunstâncias específicas, a deterioração da estrutura concorrencial através da concentração seria menos significativa do que na ausência da concentração.

Estas apreciações, necessariamente sumárias, devem, apesar de tudo, ser bem sustentadas teoricamente. Tal como em todas as situações do foro concorrencial, cada caso é único em si mesmo. Mesmo a reduzida literatura que se tem dedicado ao estudo desta defesa chama a atenção para a especificidade de cada situação concreta.

Por exemplo, Mason e Weeds argumentam que as *"concentrações de resgate"* – terminologia comunitária tendencialmente equivalente ao argumento da empresa insolvente na ausência de ponderação económico-social[1293] – têm efeitos benéficos ao encorajar as entradas de novos agentes no mercado relevante (acção *ex ante*), aumentando o excedente do consumidor no longo prazo[1294].

Por outro lado, Persson, focalizando-se nos efeitos *ex post*, propõe a adopção de modelos de leilão, já que a aquisição da empresa insolvente por concorrentes de reduzida dimensão poderá não ter efeitos óptimos na óptica social[1295].

A ideia de que a aquisição de uma unidade, cuja situação de insuficiência económico-financeira é irreversível, se constitui como uma opção mais favorável em termos sociais do que a sua falência, é tentadora. No entanto, será necessário efectuar algumas reflexões adicionais.

Numa situação desta índole, e de forma intuitiva, sabe-se que será o concorrente de maior dimensão no mercado que deterá a melhor posição para essa aquisição.

A sua capacidade financeira e o seu nível de informação serão superiores aos demais concorrentes, o que facilitará inequivocamente

---

[1292] Cfr. paras. 153 e segs. da Decisão.
[1293] Por influência do artigo 2.º do Regulamento das Concentrações.
[1294] R. Mason e H. Weeds, *"The Failing Firm Defense: Merger Policy and Entry"*, 2003, *mimeo*.
[1295] L. Persson, *"The Failing Firm Defence"*, Journal of Industrial Economics, 53, 2005, págs. 175 a 201.

as negociações e lhe permitirá uma maior capacidade de reacção. Por outro lado, nos sectores em rede bilaterais, e na presença de exterioridades de rede, serão exactamente os maiores operadores que alcançarão maiores ganhos com a integração de um concorrente de mais reduzida dimensão.

Numa outra perspectiva, em mercados oligopolistas, onde a tendência para gerar excesso de capacidade de produção de forma a eliminar riscos de novas entradas é inerente ao poder económico detido, este tipo de aquisições poderá facilitar a capacidade excedentária e assumir uma barreira à entrada adicional, reforçando o poder de mercado dos agentes coligados.

Nestas circunstâncias, poderá existir um *trade-off* entre os ganhos de manutenção dos activos do mercado e um seu aproveitamento reforçando barreiras à entrada em mercados oligopolistas[1296].

[1296] A. Fedele e M. Tognoni, "*Failing Firm Defense with Entry Deterrence*", Março, 2006, *mimeo*.

PARTE V
CONCLUSÕES

1. Conclusões Gerais

A conclusão fundamental a retirar deste trabalho é a seguinte: os sectores em rede, independentemente da configuração que revistam, necessitam de uma política concorrencial e reguladora eficiente, que tomando em consideração as suas características próprias – *maxime* a inerente tendência para a concentração económica – defina modelos de organização óptima tendo em vista a promoção do bem-estar social.

Nessa óptica, o direito económico deverá adoptar soluções de ordenação económica que visem a inserção de padrões crescentes de eficiência nos diversos sectores económicos. E este mandamento, inerente a toda a dogmática juseconomicista, aplica-se indiferenciadamente à legislação reguladora e à legislação concorrencial, que se constituem ambas como instrumentos de uma finalidade superior: a promoção do bem-estar social e a consequente melhoria da situação de todos os cidadãos.

E, a este propósito, é possível emitir uma conclusão própria em cada um dos níveis de análise fundamental.

Num primeiro nível – de organização geral dos sectores económicos – torna-se possível construir uma doutrina jurídico-económica comum a todos os sectores, tendo como base o objectivo de resolução das incapacidades de mercado que se encontram fatalmente presentes em todos os sectores analisados. As soluções jurídico-económicas (regulatórias ou concorrenciais) propostas ao longo da exposição são comummente aplicáveis, *mutatis mutandis*, à generalidade dos sectores económicos.

É possível o desenvolvimento de uma teoria geral de direito económico aplicável às redes, que apesar de assentar em larga medida no sector paradigmático – as telecomunicações – soluciona a generalidade das questões essenciais de organização óptima dos sectores, independentemente da sua configuração específica.

Supera-se, assim, uma das falhas comuns na doutrina jurídico-económica. Efectivamente, não se partiu da análise específica de um sector para, a partir daí, erigir uma potencial doutrina comum, naturalmente distorcida, dada a especificidade do ponto de partida.

Pelo contrário, a aproximação adoptada – de ordem essencialmente geral e abstracta – permitiu discernir as características comuns aos diversos sectores e isolar as questões essenciais omnipresentes tendo em vista a definição de modelos jurídicos de organização eficiente, quer na perspectiva intra-sistemática, quer intersistemática.

Num segundo nível – de organização interna dos sectores económicos – verificou-se que as soluções gerais (*macroorganizacionais*) dos mercados devem, no interior de cada um dos sectores, ser detalhadas e afinadas de forma a que as soluções concorrenciais (*microorganizacionais*) específicas de cada um dos segmentos da rede se configurem no modelo mais eficiente possível.

Neste âmbito mais restrito, demonstrou-se a possibilidade de existência de padrões de organização estruturais diferenciados no seio de uma só rede. De facto, e dependendo da sua configuração económica, os diversos segmentos poderão sofrer pressões concorrenciais distintas, o que poderá obrigar à adopção de modelos de contenção de exercício de poder económico, que podendo advir de forma natural da posse de um dos segmentos, não será, no entanto, conatural à generalidade do sector concreto.

2. Síntese Conclusiva Estrutural

O modelo organizacional desta tese beneficiou enormemente das virtudes dogmáticas inerentes à teoria das redes, que permitiu a adopção de modelos de exposição extraordinariamente claros e transparentes.

Esta perspectiva possibilitou a realização de duas distinções cruciais. Assim, e quanto à natureza, distinguiram-se as redes físicas (materiais e imateriais) das redes virtuais; e quanto ao tráfego, distinguiram-se as redes unidireccionais das redes bidireccionais (simples e compostas).

Simultaneamente, a utilização deste modelo teórico permitiu uma visualização abstracta dos modelos organizacionais das redes, possibilitando o vislumbre de um elemento essencial do foro intra-sistemático – o segmento – que concretizou o preenchimento de um tradicional "vazio" conceptual, que se situava entre a adopção da imagem geral do "sector económico" e a imagem restrita do "mercado".

De facto, e esta é uma fonte de crítica geral em toda a exposição, todas as soluções regulatórias e concorrenciais desenvolvidas até à data situam-se ou a um nível excessivamente geral – o modelo de organização geral do sector – ou a um nível excessivamente específico – o mercado do produto relevante.

Ora, conforme foi demonstrado, o modelo de organização em rede, reticular por definição, permite a adopção do modelo segmentar, incontestavelmente melhor adaptado para a formatação de modelos de organização estrutural eficiente nos diversos sectores em rede, bem como para a adopção das medidas de correcção estrutural ou comportamental que se pretendam aplicar nos diversos sectores.

A visualização segmentar das redes permite ultrapassar as dúvidas comuns relativamente ao que se entende por "mercado relevante" ou por "produto relevante", sistematicamente colocado em crise, nomeadamente, nas redes onde os movimentos de inovação são mais intensos.

Independentemente da natureza da rede em apreciação, um desempenho concorrencial eficiente depende da forma como a actividade económica decorre num determinado segmento, ou em segmento paralelo, da mesma.

In limine, poderá mesmo referir-se que a área relevante de aferição da capacidade concorrencial de uma rede deverá sempre reconduzir-se à dimensão segmentar pois só assim conseguirá absorver plenamente a dinâmica económica inerente, *maxime*, a que decorre da intrínseca ligação entre componente infra-estrutural (vulgo *hardware*) e a componente de serviço ou bem produzido (vulgo *software*).

Este enquadramento segmentar – mais específico – permite ainda uma visualização mais perfeita dos efeitos decorrentes das patologias mais comuns do foro concorrencial em sede de redes:

i) na óptica individual, a alavancagem ou, na terminologia adoptada ao longo da exposição, a projecção do poder económico para segmentos adjacentes baseada na detenção de um lacete ou segmento em "*engarrafamento monopolista*";
ii) na óptica colectiva, o desenvolvimento de equilíbrios colectivos coordenados em segmentos naturalmente oligopolistas.

Independentemente das soluções casuisticamente defendidas a respeito de cada um destes fenómenos, conaturais a uma organização de mercado em rede, a verdade é que a adopção do modelo segmentar permitiu a recondução dos efeitos patológicos à dimensão precisa onde os mesmos são realizados e onde os efeitos se fazem sentir, salientando, na presença de mercados secundários, a necessidade de existência de uma interligação entre os diversos segmentos relevantes, afastando-se, liminarmente, de uma eventual tutela concorrencial ou regulatória as práticas de extensão diagonal de poder económico.

Porém, da distinção realizada entre redes físicas e redes virtuais não resultou qualquer emissão de orientações teóricas distintas em função das mesmas. Pelo contrário, permitiu a "afinação" das soluções concorrenciais e regulatórias propostas tomando em consideração as características genéticas dos sectores, atenta a sua natureza e configuração.

Concluiu-se, assim, que em todas as redes, independentemente da sua natureza física ou virtual, se farão sentir importantes economias do lado da oferta (de escala, de gama ou de densidade) que, por si só, poderão obrigar à adopção de soluções jurídicas eficientes de contenção de poder económico que decorre de uma natural tendência para a concentração.

Porém, na presença de economias do lado da procura, *vulgo*, de exterioridades de rede, a propensão concentracionista torna-se irresistível e imparável. E, a este respeito, demonstrou-se a essencialidade da realização de uma diferenciação entre a situação das redes unidireccionais e as redes bidireccionais já que, só nestas últimas, as exterioridades de rede se farão sentir em todo o seu esplendor.

É, aliás, este fenómeno que, conjugado com as significativas economias do lado da oferta, obriga à adopção de um modelo concorrencial e regulatório próprio, e que passa, no limite, pelo "isolamento" concorrencial de um segmento central, por via de desintegração ou por via da aplicação de barreiras contabilística, de forma a evitar contágios patogénicos com outros segmentos potencialmente concorrenciais no sector económico em análise.

Neste ponto, é necessário efectuar uma ponderação sequencial: de facto, existe quem retire destes fenómenos económicos algumas conclusões que podem extravasar o seu próprio âmbito: um exemplo desta prática traduz-se na denominada *"teoria da dependência das escolhas passadas"* e que, conforme se demonstrou, deverá ser aplicada de uma forma bastante cuidadosa e limitada ainda mais em ambiente regulado por um forte dinamismo concorrencial.

Porém, de foro imensamente mais gravoso serão as medidas que imponham desfragmentações artificiais de sectores em rede que poderão anular os efeitos externos positivos que decorrem quer das diversas economias (do lado da oferta e do lado da procura), quer das relações de compatibilidade decorrentes da normalização.

Quando se propõe o "isolamento" concorrencial de um segmento tal não deve ser levado à letra, devendo-se unicamente, de forma proporcionada, proceder a uma conformação concorrencial do comportamento do seu detentor.

E, a este respeito, os remédios comportamentais de natureza regulatória (*e.g.* liberdade de acesso de terceiros ao segmento essencial – acesso desagregado) são, inequivocamente mais apropriados que remédios estruturais, ainda mais se estes forem impostos por via das autoridades concorrenciais, numa lógica reactiva *ex post*.

Assim, a normalização e as relações de compatibilidade são propiciadoras de vantagens sociais, que não devem ser obnubiladas por movimentos artificiais de *desinvestidura*, totalmente desadequados atendendo à sua brutalidade, ainda mais se forem desenvolvidos por autoridades concorrenciais numa lógica reactiva a eventos específicos ocorridos no mercado.

Se o decisor público pretender enveredar por esse caminho, então o foro próprio será o da legislação reguladora que, atenta a sua natureza *ex ante* e o seu âmbito compreensivo, será inequivocamente mais adequada para a composição óptima do modelo de organização integral de um sector, atendendo à sua generalidade e abstracção.

3. Síntese ao Nível da Orientação Dogmática Adoptada

Se há algo que se mantém inalterado e tem um alcance transversal em todas as épocas ao nível do direito económico, é o condicionamento das conclusões de orientação do exercício de posse do direito de propriedade relativamente ao pressuposto dogmático doutrinário que se adopta à partida.

Referiu-se sucessivamente ao longo da obra que se adoptava a óptica do princípio da eficiência. Esse pressuposto, doutrinariamente neutro, permitiu o desenvolvimento de arbitragens casuísticas tendo sempre como pano de fundo o bem-estar geral.

Simultaneamente, tendo igualmente um fundamento equitativo, o princípio da eficiência impede o "esmagamento" do bem-estar individual face a realidades agregadas de conteúdo necessariamente massificado.

Foi nesta perspectiva que se construiu um conceito operacional de concorrência efectiva, fugindo-se aos referenciais puros fornecidos pelo paradigma da concorrência perfeita, geneticamente desadaptada para uma absorção plena e sem preconceitos da realidade de base inerente ao modelo de organização dos sectores em rede.

Os sectores em rede assumem-se como que uma terceira via de organização relativamente aos mercados concorrenciais e aos mercados monopolistas.

Neste ambiente complexo, a concorrência efectiva terá uma configuração necessariamente dinâmica.

Nas redes físicas, atendendo à configuração típica dos segmentos e à elevada preponderância dos activos fixos corpóreos, a disputa concorrencial situa-se ao nível dos segmentos grossistas e retalhistas de prestação de serviços. Porém, a disputa concorrencial é mais acesa nas redes virtuais dada a sua imaterialidade, e abrange o próprio mercado, e não uma qualquer margem do mesmo. Pretende-se o domínio da rede e não de parte dela.

Neste enquadramento, as autoridades públicas não devem gastar recursos em acções de fragmentação artificial do mercado; ao invés, devem garantir a existência de uma concorrência dinâmica construtiva, assente em *"saltos tecnológicos"* sequenciais.

Esta acção não deverá, porém, ser excessivamente voluntarista, ou seja, não se deverá funcionalizar o normativo da concorrência para essa finalidade, dada a inevitável tendência para a criação de *"campeões nacionais"*, neste caso, ainda em gestação ao momento da decisão.

Por outro lado, a conceptualização da ideia de mercado em rede poderá facilitar significativamente a definição do mercado relevante. A rede tem um conteúdo dimensional intrínseco.

Na sua dimensão física, o alcance geográfico é definido pela abrangência territorial dos seus segmentos infra-estruturais. Por seu lado, os produtos fornecidos serão aqueles que se suportam na própria infra-estrutura material ou imaterialmente definida.

Além disso, e na perspectiva das redes virtuais, a definição do mercado poderá ser facilmente delimitada tendo como referência a norma ou *standard* vigente, ou no limite, as normas ou *standards* concorrentes tendo em vista a satisfação de uma necessidade concreta dos consumidores.

Duas notas conclusivas fundamentais a este respeito.

Em primeiro lugar, a definição apriorística de um produto de referência para a determinação subsequente do mercado relevante depende da tipologia própria da rede em concreto. Nesta óptica, e numa perspectiva *top-down,* assenta-se num pressuposto de que o produtor pode construir (montar) o seu produto perante as opções tecnológicas à sua disposição. Este é o caso das redes físicas tradicionais, onde a definição de mercado relevante constitui uma tarefa facilitada dada a segmentação tradicional dos mercados.

Porém, esta situação é totalmente distinta daquela em que o consumidor pode construir o seu produto adquirindo individualmente os segmentos parcelares do seu sistema, eminentemente personalizado. Esta perspectiva *bottom-up* permite uma liberdade de escolha de segmentos acrescida, já que as opções serão tomadas tendo em consideração as tecnologias disponíveis, permitindo uma maior sucedaneidade potencial de componentes.

No caso das redes virtuais, em que a componente tecnológica é muito importante, e que, no limite, comporta a integralidade da própria norma (por exemplo, no *software*), o grau de diferenciação entre produtos não permite uma delimitação de mercado relevante assente em simples aferições baseadas unicamente nos preços.

Em segundo lugar, não se pode esquecer a vertente da interoperabilidade bem como o movimento de convergência tecnológica. Actualmente, os produtos de base tecnológica sucedem-se no tempo a uma velocidade vertiginosa. Por sua vez, as próprias redes alteram a sua configuração tecnológica permitindo a prestação de serviços alternativos que anteriormente seriam prestados através de outras infra-estruturas o que, no limite, permite uma interoperabilidade plena entre redes anteriormente distintas. Os próprios produtos e serviços convergem na satisfação de necessidades cada vez mais específicas dos consumidores.

Assim, também a definição de mercado relevante deverá assumir feições dinâmicas.

Nestas circunstâncias, estamos em condições de definir um sentido para a concorrência efectiva.

4. O Sentido de uma Concorrência Efectiva nos Sectores em Rede

O conceito de concorrência efectiva tem sido discutido até à exaustão. Há quem o santifique, há quem o diabolize. No entanto, atenta a sua natureza plástica, assume uma extraordinária importância na definição dos modelos de direito económico aplicáveis aos sectores em rede.

Poderá dizer-se que todo o trabalho versa um entendimento de ordenação económica assente na concorrência efectiva. É esse conceito que permite a superação dos paradigmas de organização típicos, de base dogmática muito pronunciada (liberal ou dirigista), e legitima a adesão a um pressuposto de neutralidade próprios da eficiência económica.

Em sentido objectivo, a concorrência efectiva confunde-se com o próprio sentido de ordenação económica eficiente, englobando os fundamentos tradicionalmente apontados à regulação económica em sentido amplo, mas igualmente uma lógica de justiça e redistribuição eficiente.

A concorrência efectiva implica um controlo das tendências de concentração no mercado, mas não se deve esquecer que, em determinadas condições, essas tendências de concentração, oligopolistas ou até mesmo monopolistas, são estruturais ao mercado.

Assim, a concorrência efectiva, do ponto de vista estrutural, implicará uma função eminentemente operacional, traduzindo-se na política de optimização concorrencial das condições existentes do mercado de forma que, numa determinada configuração natural do mesmo, reconhecida e tolerada, resultem as melhores opções produtivas, de qualidade e de redistribuição.

Em sentido subjectivo, a concorrência efectiva implica a análise dos fundamentos da decisão do agente económico individualmente considerado. A inerente subjectividade dos juízos de valor tem sido um obstáculo permanente à teorização económica de organização estrutural de mercado. No limite, essa inerente subjectividade impede *ipso facto* a formação de um conceito perfeito de bem-estar social.

Porém, estes elementos subjectivos são fundamentais para a formulação de uma política eficiente de organização de mercados. Assim, e nesta dimensão, a concorrência efectiva implica a análise das consequências comportamentais dos agentes no mercado, sem que para tal se tome em consideração uma determinada estrutura de mercado enquanto elemento dado ou imutável.

Numa dimensão espacial, a concorrência efectiva deverá abarcar a totalidade da rede, quer na vertente intra-sistemática, quer no âmbito global da interoperabilidade intersistemática. A concorrência efectiva implica que o tendencial alcance globalizante das redes seja integrado na análise concorrencial. E, nesta óptica, até mesmo os exemplos tradicionais de monopólio natural deverão ser reponderados, numa perspectiva de concorrência intersistemática crescente.

Paradoxalmente, a concorrência efectiva deverá ter igualmente em consideração a tendência reactiva dos agentes económicos perante este atenuar do seu poder espacial de mercado. Referimo-nos, neste ponto, à tentativa de diferenciação dos produtos com a criação de poderes monopolísticos sobre determinados micromercados, numa óptica estrita de concorrência monopolística com desenvolvimento de poder de mercado em estreitos nichos.

Finalmente, numa dimensão temporal, a concorrência efectiva deverá integrar uma vertente analítica de inovação e progresso, substituindo-se a análise bidimensional típica de equilíbrio geral (preço/quantidades) por um sistema tridimensional onde o desenvolvimento tecnológico desempenha um papel de ruptura e de desequilíbrio permanente, na óptica da concorrência dinâmica, o que implica uma substituição de todos os modelos clássicos de análise concorrencial, que assentam inevitavelmente em concepções concorrenciais estáticas.

5. Conclusões ao nível das práticas concorrenciais individuais nos sectores em rede

5.1. *Efeitos e alcance da projecção do poder económico para segmentos adjacentes*

O exercício individual do poder de mercado nos sectores em rede está relacionado com os constrangimentos infra-estruturais de organização e funcionamento dos segmentos (*maxime*, na presença de *engarrafamentos monopolísticos*).

A este respeito superaram-se as doutrinas vigentes, excessivamente formalistas e analíticas, adoptando-se uma verdadeira e própria *doutrina dos efeitos* tendo em vista a garantia de um aproveitamento das margens de eficiência disponíveis num modelo descomplexado de averiguação comportamental no foro concorrencial. Nesta perspectiva já não releva a componente formal da conduta (*e.g.* negociação exclusiva, preço predatório, venda coligada, compressão de margem) em si mesma considerada ("*per se*"), mas sim os seus efeitos concretos no mercado relevante em causa, numa óptica assente na "rule of reason" e numa política regulatória e de concorrência não dirigista.

Assumiu-se que, nos sectores em rede, existe um ambiente natural para a criação de posições dominantes em diversos segmentos das redes. Considerou-se, igualmente, como facto consumado a apetência dos mesmos agentes para a rentabilização das suas posições dominantes.

Nesta óptica, a adopção de uma concepção concorrencial radial de base segmentar permitiu uma conceptualização relativamente simplificada das questões concorrenciais nos diversos níveis potenciais de exercício de abusos de exclusão.

Afastando-se a relevância concorrencial da exclusão diagonal, e remetendo-se as práticas de exclusão horizontal para um enquadramento essencialmente assente em pressupostos de comportamento colectivo (isto, claro está, sem prejuízo da relevância dos preços predatórios), assume especial preponderância, nesta sede, a óptica da exclusão vertical operada por via da alavancagem ou, na formulação adoptada, da projecção do poder económico para segmentos a montante ou a jusante do segmento principal.

Atendendo à configuração arquitectónica típica das redes físicas e virtuais, a natureza plenamente concorrencial dos mercados não constitui a regra; pelo contrário, configura-se como a verdadeira e própria excepção. Assim, sob a aparência de um movimento de integração vertical "natural", os agentes poderão esconder verdadeiros actos abusivos visando unicamente a exclusão de concorrentes.

Constitui situação relativamente comum nos sectores em rede o facto de um sujeito dominante (incumbente histórico ou incumbente "natural") controlar um segmento monopolista (*"bottleneck"*), essencial para todo o circuito da rede, que lhe permite condicionar totalmente o tráfego concorrencial nessa rede limitando ou mesmo recusando, a utilização do seu segmento por parte dos restantes concorrentes.

Porém, e num âmbito estrutural, ninguém poderá ser penalizado pelo facto de ser monopolista. Numa perspectiva operacional, nenhuma actuação concorrencial no mercado poderá ser considerada nociva em si mesma pelo simples facto de ser desenvolvida por um agente com posição dominante no mercado.

A análise dos impactos concorrenciais da acção dos diversos agentes presentes nos sectores em rede é portanto complexa. Essa complexidade deriva da própria realidade estrutural dos sectores e obriga à realização de uma avaliação concorrencial bidimensional, tomando em consideração o *"poder"* no mercado do produto primário (segmento subordinante ou principal) e as consequências do seu exercício abusivo no mercado que se pretende integrar, ou seja, no mercado do produto derivado (segmento subordinado ou secundário, que se poderá situar a montante ou a jusante do segmento subordinante ou principal).

A esta avaliação tradicionalmente bidimensional deverá ser adicionado um elemento temporal ou cronológico.

As estruturas concorrenciais inerentes à organização em rede são, por definição, dinâmicas. Esse dinamismo é constante, implicando uma análise permanente da evolução do âmbito infra-estrutural da rede (o desenvolvimento de segmentos), da tipologia dos serviços que são prestados utilizando as plataformas (físicas ou virtuais) existentes, do número de agentes presentes no mercado, quer do lado da oferta, quer do lado da procura, (concorrência nos mercados) bem como do desenvolvimento de outras infra-estruturas que sejam susceptíveis de concorrer com a existente (concorrência pelos mercados).

Nesta perspectiva, o modelo bidimensional tradicional deve ser superado, de forma que se atinja uma perspectiva de análise de âmbito tridimensional.

E, a este respeito, torna-se possível emitir uma directriz de análise geral, susceptível de ser aplicada a todos os casos de projecção de poder económico para segmentos adjacentes:

- se o produtor monopolista de um segmento primário integrar na sua produção um segmento secundário cujo mercado seja perfeitamente concorrencial, aparentemente não existirá qualquer impacto anticoncorrencial susceptível de ser apontado. Os efeitos negativos serão, em princípio, meramente aparentes atingindo unicamente os concorrentes anteriores no mercado do segmento secundário, sem que daí decorram quaisquer prejuízos para os consumidores. A propensão para a inovação e a possibilidade de entrada de novos concorrentes no mercado do segmento secundário mantêm-se inalteradas;
- se o produtor monopolista de um segmento primário integrar parcial ou totalmente na sua produção um segmento secundário complementar cujos padrões de mercado se afastem significativamente do paradigma da concorrência perfeita, poderão fazer sentir-se significativos impactos anticoncorrenciais decorrentes do movimento de integração. Os efeitos negativos farão sentir-se, em princípio, ao nível da propensão para a inovação e da possibilidade de entrada de novos concorrentes no mercado do segmento secundário que necessitarão de realizar investimentos adicionais, quase nunca recuperáveis se existirem economias de escala significativas. No entanto, poderão existir efeitos positivos decorrentes do aumento da eficiência nos processos produtivos e nas transacções. Finalmente, não se poderá esquecer a possibilidade de eliminação de dupla marginalização na presença de monopólios sucessivos.

5.3. *Em especial, as vendas subordinadas e a formação de pacotes agregados*

As estratégias concorrenciais que corporizem vendas coligadas ou a formação de pacotes agregados de produtos são inerentes aos sectores em rede.

A enunciação de uma regra geral a este respeito torna-se liminarmente impossível, sendo nefastas as incursões reguladoras que estabeleçam a validade ou a invalidade, à partida, deste tipo de práticas.

Neste âmbito, deverá ser afastada a aplicação de uma presunção económica de legalidade ou de ilegalidade deste tipo de práticas, sendo que qualquer apreciação terá que assentar numa análise casuística – *"rule of reason"*.

Para que se fundamente a existência de uma projecção de poder económico para segmento adjacente é imprescindível averiguar se, efectivamente, os dois produtos são totalmente distintos e independentes entre si já que, nos sectores em rede, o juízo de dependência/ /independência dos produtos entre si é extremamente dificultado. A relação de complementaridade entre os diversos componentes obnubila a identidade própria de cada um dos elementos individualmente considerados.

Nunca se poderá esquecer que as práticas de vendas coligadas e de formação de pacotes agregados poderão revestir aspectos pró-concorrenciais, podendo gerar economias do lado da oferta e corporizar estratégias eficientes de discriminação de preços e de medição de preferências (*"metering"*). Por outro lado, em sede de compatibilidade intra-sistemática e de interoperabilidade intersistemática, o desenvolvimento de vendas coligadas e a formação de pacotes agregados poderá permitir reduções significativas de custos de incompatibilidade e de informação, aumentando-se significativamente a qualidade dos serviços prestados na rede.

5.4. *Em especial*. A recusa em negociar o acesso a segmentos essenciais.

O regime do dever de negociar com rivais constitui um instituto unificado que, no caso de acesso a segmentos em sectores em rede, depende da reunião de algumas condições essenciais.

Em primeiro lugar deverá existir uma recusa de acesso por parte de uma entidade que tenha poder dominante sobre o segmento principal.

Em segundo lugar, e uma vez que este tipo de estratégia se inclui no âmbito dos modelos de projecção do poder económico para segmentos adjacentes, deverão necessariamente existir dois segmentos diferenciados mas complementares, num modelo sequencial.

Em terceiro lugar, o segmento em causa deverá ser indispensável para o desempenho concorrencial da rede. Em tese, tal só ocorrerá em situações bastante limitadas.

Finalmente, e em quarto lugar, o acesso ao segmento em causa deverá ser técnica e economicamente viável, não existindo qualquer justificação objectiva para a recusa. A ponderação das justificações de não concessão de acesso deverá ser necessariamente efectuada numa perspectiva casuística, uma vez que a solução variará em função da tipologia da rede em presença, do momento tecnológico da sua evolução ou da fase económica do processo de investimento. Assim, deverão ser aferidos, em todas as circunstâncias, os efeitos que advêm dessa permissão de acesso para a economia da rede.

No caso específico das redes virtuais, a dimensão da análise em sede de direito da concorrência é diferente da dimensão em que opera o direito de propriedade intelectual. Este visa a concessão de um exclusivo de utilização, sanando as falhas de mercado inerentes à sua fácil duplicação e, por conseguinte, tem uma dimensão inequivocamente estrutural. Por sua vez o direito da concorrência opera no âmbito da análise de condutas, tendo um escopo eminentemente operacional.

Nas redes virtuais, a titularidade exclusiva do segmento depende da outorga do respectivo direito de propriedade intelectual. É este direito que permite ao titular usufruir da sua propriedade, usando-a em exclusivo de forma a extrair um rendimento que retribua os custos incorridos na sua criação.

A propriedade intelectual é, portanto, essencial para garantir o exercício efectivo de um direito de propriedade nos segmentos virtuais, facto que é crucial para a interiorização das exterioridades de rede positivas nas redes virtuais.

A análise concorrencial de abusos de posição dominante em redes virtuais e em redes físicas deverá ser efectuada em termos semelhantes, não existindo qualquer motivo para uma adaptação analítica com fundamento na propriedade intelectual.

6. As políticas de preços nos sectores em rede

As políticas de preços são fundamentais nos sectores em rede.

Considerando as características próprias destes sectores, o decisor público tem necessariamente que emular os resultados que decorreriam do livre exercício de uma concorrência perfeita em situações de mercado que bastante se afastam desse paradigma. Nesta óptica, e uma vez que os mecanismos de mercado são necessariamente falíveis nas circunstâncias concretas dos diversos sectores em rede, torna-se necessário formular modelos de regulação *ex ante* que superem as incapacidades genéticas desses mercados, tendo em vista a optimização dos níveis de bem-estar social.

Este modelo regulatório é essencial para garantir os propósitos dos instrumentos de regulação estrutural. Porém, e tendo em consideração o princípio da eficiência, o decisor está obrigado a adoptar o modelo mais perfeito possível para o mercado em causa.

Assim, o modelo regulatório geral assentará necessariamente numa óptica de orientação para os custos, tomando essa variável como referencial, numa perspectiva essencialmente assente nos custos incrementais médios de longo prazo.

No entanto, e quando tal se tornar impossível, nomeadamente nas redes físicas imateriais, o referencial deverá assentar na utilidade marginal média, metodologia que possibilita o desígnio fundamental de necessária interiorização das exterioridades de rede pelo exercício de um direito efectivo de propriedade nesses segmentos.

Esse modelo de regulação *ex ante* é, no entanto, insusceptível de alargamento à generalidade dos sectores. Em tese, esse modelo só será operacionalmente aplicável quando se estiver na presença de segmentos naturalmente monopolistas.

Num outro plano, já de foro eminentemente concorrencial, atendendo aos elevados custos de entrada e às significativas barreiras à saída, concluiu-se pela aplicação, nos sectores em rede, de um modelo de análise de preços predatórios que se aproxima do utilizado pelas entidades reguladoras.

E, neste enquadramento, haverá que efectuar uma distinção. Nos sectores em rede físicos "tradicionais" existe já uma forte tradição regulatória que, se eficientemente desenvolvida, permite uma aproximação a modelos de organização óptima. Nos restantes sectores em rede, *maxime*, nos virtuais, é necessário adoptar enormes cautelas. De facto, é essencial que se entenda que os sectores em rede integram uma lógica concorrencial distinta dos restantes sectores, que se pode traduzir na máxima *"concorrência pelo mercado"*. As estratégias iniciais de implantação no mercado serão necessariamente agressivas, e com um claro intuito de exclusão.

Por outro lado, e na óptica da política de preços eficientes no acesso a segmentos, são quatro as condições para a aferição de uma *"compressão de margem"* nos sectores em rede.

Em primeiro lugar, e como em qualquer situação de projecção do poder económico para segmentos adjacentes, a empresa dominante deve actuar em segmentos complementares de uma rede. Essa complementariedade poderá ser estabelecida na vertente superior da rede (*e.g.* relação entre a função de produção – concorrencial – e a função de transporte – monopolista), ou, num modelo mais comum, na vertente inferior da rede (*e.g.* relação entre a função de transporte ou de produção grossista – monopolista – e a função de retalho – concorrencial).

Em segundo lugar, o fornecimento do serviço ou bem em causa deverá ser essencial para os seus concorrentes. O concorrente no segmento retalhista deverá estar dependente do fornecimento do bem ou do serviço prestado pelo agente dominante no segmento grossista. Se não existir um grau de dependência, ou seja, se o concorrente puder satisfazer a sua necessidade em outro local ou por outro meio, não existirá qualquer possibilidade de desenvolvimento de uma conduta de exclusão concorrencial a este propósito.

Em terceiro lugar, o preço exigido ao nível do segmento grossista deverá ser de tal ordem que retira qualquer margem potencial de lucro económico na exploração do segmento concorrencial.

E, em quarto lugar, não deverá existir qualquer justificação objectiva para a aplicação desse montante remuneratório virtualmente excessivo. E, neste enquadramento, terá de se tomar em atenção as eficiências que se poderão gerar pela integração vertical dos segmentos, nomeadamente o aproveitamento de economias do lado da oferta e da procura e a melhoria dos padrões de compatibilidade bem como os seus efeitos nefastos em sede de bem-estar social, *maxime*, a redução do mercado retalhista para um nível subóptimo por via do aumento do preço de venda dos produtos.

Salienta-se, porém, que o fenómeno concorrencial inerente à "compressão de margem" só pode ser facilmente aferido em sectores estáveis e onde os produtos comercializados são relativamente uniformes. Quando os produtos comercializados no segmento retalhistas sofrem algum grau de diferenciação, em termos de qualidade e características, torna-se extraordinariamente difícil proceder ao juízo comparativo de rentabilidade.

7. Conclusões ao nível dos comportamentos colectivos nos sectores em rede

A conclusão fundamental que importa extrair a este respeito consiste no facto das actuações colectivas se mostrarem racionais e eficientes nos sectores em rede oligopolistas, desde que esse comportamento se realize de forma não-coordenada.

Por outro lado, e apesar da concorrência nos sectores em rede se desenvolver no âmbito dos jogos não-cooperativos repetidos a dois períodos, ou no limite, em múltiplos períodos em sede de concorrência dinâmica, a verdade é que a teoria dos jogos não tem sido convenientemente utilizada na análise de casos concretos.

Do ponto de vista concorrencial, importa ter presente a distinção fundamental entre equilíbrios oligopolistas não-coordenados e equilíbrios oligopolistas coordenados, sabendo-se preliminarmente que os primeiros são inerentes à própria estrutura típica do mercado, decorrendo directamente da racionalidade individual de cada agente, e os segundos derivam directamente de uma tentativa de maximização de renda monopolista, implicando, em consequência, uma acção colectiva, mesmo que informal ou latente.

E, em conformidade, as soluções concorrenciais deverão ser distintas, devendo afastar-se a primeira situação do âmbito da "*posição dominante colectiva*", quer para efeitos de artigo 82.º do Tratado, quer para efeitos de Regulamento de Concentrações, quer ainda para efeitos de legislação reguladora.

8. Conclusão Final

Considera-se, portanto, provada a possibilidade de estabelecimento de uma política reguladora e concorrencial comum que, adaptando os modelos dogmáticos gerais às características intrínsecas das redes, permitirá o estabelecimento de soluções eficientes de organização económica (regulação *lato sensu*) tendo em vista a inserção de padrões de concorrência efectiva de dimensão dinâmica nos diversos sectores em rede.

Nesta perspectiva, as tendências radicais de desfragmentação concorrencial do poder de mercado deverão ser substituídas por uma regulação (em sentido lato), necessariamente eficiente, que controle o poder de mercado dos agentes naturalmente dominantes nos diversos sectores em rede.

A regulação económica deverá, portanto, assumir uma nova dimensão, mais compreensiva e exigente, que tome em consideração as especificidades dos diversos sectores em rede e conforme o poder fáctico de mercado detido pelos líderes naturais de mercado no sentido da optimização das potencialidades económicas dos modelos de organização em rede em benefício do bem-estar social ou, em última instância, dos consumidores.

REFERÊNCIAS BIBLIOGRÁFICAS

A

AMERICAN BAR ASSOCIATION – *Telecom Antitrust Handbook,* 2005
ABBAMONTE, L. – *Cross-subsidization and Community Competition Rules: Efficient Pricing versus Equity,* European Law Review, 1998
ABREU, D.; PEARCE, D.; STACHETTI, E. – *Optimal Cartel Equilibria with Imperfect Monitoring,* Journal of Economic Theory, 39, 1985, p. 251-269
ABREU, D. – *External Equilibra of Oligopolistis Supergames,* Journal of Economic Theory, 39, 1986, p. 191-225
AFUAH, A. – *Innovation Management: Strategies, Implementation and Profits.* New York: Oxford University Press, 1998
AIGNER, G.; BUDZINSKI, O.; CHRISTIANSEN, A. – *The Analysis of Coordinated Effects in EU Merger Control: Where Do We Stand after Sony/BMG and Impala?,* European Competition Journal, 2 December 2006, Hart Publishing, Oxford
ALCHIAN, A.; KESSEL, R. – *Competition, Monopoly and the pursuit of Money. Aspects of Labour Economics,* Princeton University Press, 1962
ALSTYNE, M. A. – *The State of Network Organization: a Survey in Three Frameworks,* Journal of Organizational Computing, 7, 3, 1997, p. 2
ANDERLINI, L.; FELLI, L. – *Transaction Costs and the Robustness of the Coase Theorem,* The Economic Journal, Blackwell Publishing, 116, n.º 508, January 2006
ANDERSON, A. – *Collective Dominance in E.C. Merger Control: An Analysis of Legal and Economic Arguments,* Gotemborg Universitet, 2001
ANDERSON, A. – *Conscious Parallelism in the use of delivered pricing systems: A modified per se standard of review under FTC Act,* Cornell Law Review. vol. 66, n.º 6, 1981
ANTON, J.; YAO, D. A. – *Standard-Setting Consortia, Antitrust, and High-Technology Industries.* Antitrust Law Journal. n.º 64, 1995
APPLEGATE, L.M.; CASH, J.I.; MILLS, D.Q. – *Information Technology and Tomorrows´s Manager,* Harvard Business Review, 1988, p. 128-136
ARAÚJO, F. – *Adam Smith. O conceito Mecanicista de Liberdade,* Coimbra, Almedina, 2001
ARAÚJO, F. – *Introdução à Economia.* vol. I. Coimbra, Almedina, 2003
ARAÚJO, F. – *Introdução à Economia.* 3.ª ed., Coimbra, Almedina, 2005
AREEDA, P.; HOVENKAMP, H. – *Antitrust law.* vol. I, III e IIIA, 2nd edition, Aspen Law & Business, 2002
AREEDA, P.; HOVENKAMP, H. – *Antitrust law: an analysis of antitrust principles and their application,* New York, Aspen, 2000
AREEDA, P.; HOVENKAMP, H. – *Fundamentals of Antitrust Law.* vol. 1. New York, Aspen Law & Business, 2002

AREEDA, P.; KAPLOW, Louis – *Antitrust Analysis*. Aspen Law and Business, Kluwer, 1997
AREEDA, P.; TURNER, D. – *Antitrust Law: An Analysis of Antitrust Principles & Their Application*. Boston: Little, Brown and Company, 1978
ARROW, K. – *Economic Welfare and the Allocation of Resources for Inventions* – in NELSON, R. ed. – *The Rate and Direction of Inventive Activity*. Princeton University Press, 1962
ARTHUR, W. Brian – *Competing Technologies, Increasing Returns and Lock-In by Historical Events, The Economic Journal*. n.º 99, 1986
ARTHUR, W. Brian – *Increasing Returns and the New World of Business, Harvard Business Review*, July-August 1996
ARTHUR, W. Brian – *Positive feedbacks in the economy, Scientific American*. n.º 262 1990, p. 92-99
ASCH, P.; SENECA, J. – *Characteristics of Collusive Firms, Journal of Industrial Economics*, vol. 23, n.º 3, p. 223-237
ASKENAZY, P.; THESMAR, D.; THOENIG, M. – *On the Relation Between Organisational Practices and New Technologies: the Role of Time Based Competition, The Economic Journal*. vol. 116, n.º 508, January 2006, Blackwell Publishing
AUMANN, R.; SHAPELY, L. – *Long Term Competition: A Game Theoretic Analysis*. Mimeo, 1976

B

BAIN, J. – *A note on pricing in monopoly and oligopoly, American Economic Review*, vol. 39, n.º 1, 1949, p. 448
BAIN, J. – *Barriers to New Competition*. Harvard University Press, 1956, p. 191
BAIN, J. – *Industrial Organization*. 2nd print. New York: John Wiley and Sons, 1968
BAIN, J. – *Price and Production Policies. In* Ellis, H. ed. – *A Survey of Contemporary Economics*, The Blakiston Company, 1949, p.136
BAIN, J. – *Relation of profit rate to industry concentration: American manufacturing, 1936-1940, Quartely Journal of Economic*s, vol. 65, n.º 3, p. 293-324
BAIN, J. – *Workable Competition in Oligopoly, American Economic Review*, n.º 40, 1950, p. 35-47
BAKER, J. – *Mavericks, Mergers and Exclusion: Proving Coordinated Competitive Effects Under Antitrust Laws, New York University Law Review*, vol. 77, n.º 4, April 2002, p.135-203
BAKER, J. – *Two Sherman Act Section 1 Dilemmas: Parallel Pricing, the Oligopoly Problem, and Contemporary Economic Theory, Antitrust Bulletin*, vol. 38, n.º 1, 1993, p. 143-219
BAKER, J. – *Why did the Antitrust Agencies Embrace Unilateral Effects?, George Mason Law Review*, n.º 12, 2003
BAKER, J.; BRESNAHAN. T. – *The Gains from Merger or Collusion in Product-Differentiated Industries, Journal of Industrial Economics*, vol. 23, n.º 4, 1985, p. 427-444
BARKOULAS, J.; BAUM, B. Christopher; CHAKRABORTY, A. – *Waves and persistence in merger and acquisition activity, Economic Journal*, vol. 70, 2001, p. 237-243
BARROS, P. – *Approval Rules for Sequential Horizontal Mergers*. Discussion Paper, Nº.1764. CEPR, 1997
BAUMOL, W.; PANZARD, J.; WILLIG, R. – *Contestable Markets and The Theory of Industry Structure*. New York: Harcourt Brace Jovanovich, 1982

BAXTER, S.; DETHMERS, F. − *Unilateral Effects under European Regulation: How big is the gap?*, European Competition Law Review, vol. 380, 2005

BAXTER, S.; DETHMERS, F.; DODOO, N. − *The GE/Honeywell Judgment and the Assessment of Conglomerate Effects: What's New in EC Practice?*, European Competition Journal, Hart Publishing, Oxford, vol. 2, April 2006,

BECKER, G. − *The Economics of Discrimination*. Chicago, University Press, 1957

BELLAMY, C.; CHILD, G. − European *Community Law of Competition*, London: Sweet & Maxwell, 1987, p. 61-71

BENOIT, J. P.; KRISHNA, V. − *Dynamic Duopoly: Prices and Quantities, Review of Economic Studies*, vol. 54, 1987, p. 23-35

BERNHEIM, B.; WHINSTON, M. − *Multimarket Contact and Collusive Behaviour*, Rand Journal of Economics, vol. 21, Spring 1990, p. 1-26

BESANKO, D.; LYON, T. − *Equilibrium Incentives for Most-Favored Customer Clauses in an Oligopolistic Industry*, International Journal of Industrial Organization, vol. 11, 1983, p. 347- 367

BHARADWAJ, K. − *Marshall on Pigou's Wealth and Welfare*, Economica, February 1972, p. 32-46

BISHOP, S.; WALKER, M. − *The Economics of EC Competition Law*. London: Sweet & Maxwell, 2002

BISSOCOLI, E. − *Trade Associations and Information Exchange under US Antitrust Laws and EC Competition Law, World Competition*, vol.23, 2000

BLACK, Oliver − *Communication, Concerted Practices and the Oligopoly Problem. European competition journal*, vol. 1, Hart Publishing, Oxford, October 2005,

BLAIR, R.; KASSERMAN, D. − *Antitrust Economics*, Homewood, Richard D. Irwin, 1985

BLAIR, R.; KASSERMAN, D. − *Vertical Integration, Tying and Antitrust Policy*, American Economic Review. vol. 68, 1978, p. 397-402

BLAKE, H.; JONES, W. − *Toward a Three-Dimensional Antitrust Policy, Columbia Law Review*, vol. 65, 1965

BLECHMAN, M. − *Conscious Parallelism, Signalling and Facilitating Devices: The Problem of Tacit Collusion under Antitrust Laws*, New York Law School Law Review. vol. 24, 1979

BOBZIN, H. − *Principles of Network Economics*, Berlin Heidelberg: Pringer-Verlag, 2006

BONANNO, G.; BRANDOLINI, D. − *Industrial Structure in the New Industrial Economics*, Oxford: Claredon Press, 1990

BORENSTEIN, S. − *Rapid Price Communication and Coordination: The Airline Tariff Publishing Case*, in KWOKA, J.; WHITE, L. − *The Antitrust Revolution*. 3rd edition. Oxford University Press, 1999

BORENSTEIN, S.; MACKIE-MASON, J.; NETZ, J. − *Antitrust Policy in Aftermarkets, Antitrust Law Journal*, vol. 63, 1995, p. 455-482

BORENSTEIN, S.; MAKIE-MASON, J.; NETZ, J. − *Exercising Market Power in Proprietary Aftermarkets*, Journal of Economics and Management Strategy. vol. 9, 2000

BORK, R. − *The Antitrust Paradox*. New York: Free Press, 1993

BOWMAN, W. S. − *Patent and Antitrust Law: A Legal and Economic Appraisal*. Chicago University Press, 1973

BOWMAN, W. S. − *Tying Arrangements and the Leverage Problem*, Yale Law Review. vol. 67, 1957, p. 19-36

BRAUN, Jens-Daniel; CAPITO, Ralf – *The Framework Directive*, In KOENIG, C.; BARTOSCH, A.; BRAUN, J.-D. – *EC Competition and Telecommunications Law,* The Hague: Kluwer, 2002
BRANDER, J. A.; LEWIS, T. R. – *Oligopoly and Financial Structure: the limited liability effect,* American Economic Review, vol. 76, 1986, p. 956-970
BRESNAHAN, T. – *Empirical Studies of Industries with Market Power,* In SCHMAMENSEE, R.; WILLIG, R. – *Handbook of Industrial Organization*, vol. II. Amesterdão, 1989, p. 1011-1057
BRESNAHAN, T.; SCHMALENSEE, R. – *The Empirical Renaissance in Industrial Economics: an overview,* Journal of Industrial Economics, vol. 35, n.º 4, 1987, p. 371-378
BRETON, A.; WINTROPE, R. – *The Logic of Bureaucratic Conduct*, Cambridge: Cambridge University Press, 1982
BRIGHT, C. – *Nestlé/Perrier: New Issues in EC Merger Control*, International Financial Law Review, vol.11 1992, p. 22-24
BROCK, Gerard – *Towards a Competitive Telecommunications Industry:* Selected Papers from the 1994 Telecommunications Policy Research Conference, University of Maryland, Julho de 1995, p. 31-42
BROCK, W. A.; SCHEIKMAN, J. A. – *Price-setting Supergames with Capacity Constraints,* Review of Economic Studies, vol. 52, 1985, p. 146-152
BROWN, J. – *Technology Joint Ventures to Set Standards or Define Interfaces, Antitrust Law Journal*, vol. 61, 1993
BROZEN, Y. – *Bain's concentration and rates of return revisited, Journal of Law and Economics*, vol. 14, 1971, p. 351-369
BUCCIROSSI, F.; BRAVO, S. – *Competition in the Internet Backbone Market,* World Competition, vol. 28, Issue 2, McDermott, Will & Emery, Brussels, 2005
BUCHANAN, J.; STUBBLLEBINE, W. – *Externality, Economica*. vol. 29, 1962, p. 371-384
BUDZINSKI, O. – *An Economic Perspective on the Jurisdictional Reform of the European Merger Control System, European Competition Journal,* vol. 2, Hart Publishing, Oxford, April 2006.
BULOW, J.; GEANAKOPLOS J.; KLEMPERER, P. – *Multimarket Oligopoly: strategic substitutes and complements, Journal of Political Economy*, vol. 93, n.º 3, 1985, p. 488-451
BURNSTEIN, M. L. – *The Economics of Tie-In Sales, The Review of Economics and Statistics,* vol. 42, 1960, p. 19 a 36
BYRNE, J. A.; BRANDT, R.; PORT, O. – *The Virtual Corporation, Business Week,* 1993, p. 98-103

C

CABRAL, L. – *Conjectural variations as a reduced form, Economic Letters*. vol. 49, 1995, p. 397-402
CABRAL, L. – *Introduction to Industrial Organization*, MIT, 2000, p. 99-126
CABRAL, L. – *Readings in Industrial Organization*, Blackwell, 2000
CALABRESI, G. – *Transaction Costs, Resource Allocation and Liability Rules: A comment, Journal of Law and Economics*, vol.11, 1968, p. 67-74
CALKINS, S. – *The October 1992 Supreme Court Term and Antitrust: More Objectivity than Ever, Antitrust Law Journal*, vol. 62, 1994
CAMESASCA, P. – *European Merger Control: Getting the Efficiencies Right*, Intersentia-Hart, 2000

CAMPBELL, T. – *The Efficiency of the Failing Company Defense, Texas Law Review.* vol. 63, 1984

CARBAJO J.; SEIDMANN, D.J. – *A Strategic Motivation for Commodity Bundling, Journal of Industrial Economics*, vol. 38, 1990, págs. 283 a 289

CARLE, J.; GIOLITO, M. – *Sweden*, in N. DUTHIL (ed.), *Dealing with Dominance,* Kluwer, 2003, p. 115 a 119

CARLTON, D. – *A General Analysis of Exclusionary Conduct and Refusal to Deal – Why Aspen and kodak are Misguided, Antitrust Law Journal,* vol. 68, 2001

CARLTON, D.; WALDMAN, M. – *The Strategic Use of Tying to Preserve and Create Market Power in Evolving Industries, NBER Working Paper 6831,* 1998

CAZENAVE, P. e MORRISON, C. – *Mais Pareto était-il "parétien"?,* in *Justice et Redistribution,* Paris: Economica, 1978

CEEP – Europa – *Concorrência e Serviço Público –* Lisboa: IPE, 1996

CHADWICK, E. – *Results of different principles of legislation and administration in Europe: of competition for the field, as compared within the field of service, Journal of the Royal Statistical Society,* vol. 22A, 1859, p. 381-420

CHAMBERLIN, E. – *The Theory of Monopolistic Competition,* 7.ª edição, appendix B. Cambridge: Harvard University Press, 1956

CHANG, M. – *The Effects of Product Differentiation on Collusive Pricing, International Journal of Industrial Organization,* vol. 9. 1991, p. 453-469

CHELLINGSWOTH, T. – *Belgium,* in N. DUTHIL (ed.), *Dealing with Dominance,* Kluwer, 2003, p. 5

CHEN, Z.; ROSS, T. – *Refusals to Deal, Price Discrimination and Independent Service Organizations, Journal of Economics and Management Science,* vol. 2, 1993, p. 593-614

CHOU, C.; SHY, O. – *Network Effects without network externalities, International Journal of Industrial Organization,* vol. 8, 1990, p. 259-270

CHOY, J.; STEFANIDIS, C. – *Tying, Investment, and the Dynamic Leverage Theory.* Michigan State University, Julho de 2000, p. 27

CHRISTIANSEN, L. R.; GREENE, H. G. – *Economics of Scale in US Electric Power Generation, Journal of Political Economy,* vol. 84, 1976, p. 655-676

CHRISTENSEN, P.; RABASSA, V. – *The Airtours Decision: Is there a New Approach to Collective Dominance?, European Competition Law Review,* vol. 22, 2001

CHURCH, J.; GANDAL, N. – *Complementary network externalities and technological adoption, International Journal of Industrial Organization,* vol. 11, 1993, p. 236-260

CHURCH, J.; GANDAL, N. – *Network Effects, Software Provision and Standartization, Journal of Industrial Economics,* vol. XL, n.º 1, 1992, p. 85-104

CHURCH, J.; WARE, R. – *Industrial Organization: A Strategic Approach.* San Francisco: McGraw-Hill, 2000

COASE, R.H. – *The Problem of Social Cost, Journal of Law and Economics,* vol. 3 1960, p. 1-44

COASE, R.H. – *The Regulated Industries: Discussion, American Economic Review,* vol. 54, 1964, p. 194-197

COLLINS, N.; PRESTON, L. – *Price-cost margins and industry structure, Review of Economics and Statistics,* vol. 51, 1969, p. 271-286

COMANOR, W.; WILSON, T. – *Advertising market structure and performance, Review of Economics and Statistics,* vol. 49, n.º 4, 1967, p. 423-440

COMANOR, W.; WILSON, T. – *Advertising and Market Power,* Harvard University Press, 1974

Comissão Europeia – *Guidelines for Market Definition in Electronic Communication Markets*, 2002
Comissão Europeia – *Livro Verde sobre a Revisão do Regulamento CEE n.º 4064/89*, 2001
Comissão Europeia in OECD – *Oligopoly, Best Practices Roundtable*. DAFFE/CLP9925, October 1999, p. 218
Contribuição da Delegação Norte-Americana In OECD Roundtables – *Failing Firm Defense – Competition Policy Roundtables, and Failing Firm in Light of Global Competition. OECD/GD9623*,1996
Cooper, T. – *Most-Favored-Customer Pricing and Tacit Collusion, Rand Journal of Economics*, vol. 17, 1986, p. 377-388
Cournot, A. – *Recherches sur les Principes Mathématiques de la Théorie des Richesses*. Paris, Hachette, 1838. Tradução para inglês: *Research into the Mathematical Principles of the Theory of Wealth*, traduzido por BACON, N. – Mountain Center, California, James and Gordon, 1995
Cowing, T. – *Technical Change and Scale Economics in a Engineering Production Function: the Case of Steam Electric Power, Journal of Industrial Economics*, vol. 23, 1974, p. 135-152
Crocker, K.; Lyon, T. – *What Do 'Facilitating Practices' Facilitate?: An Empirical Investigation of Most-Favored Nation Clauses in Natural Gas Contracts, Journal of Law and Economics*, vol. 37, 1994, p. 297-321
Cucinotta, A.; Pardolesi R.; Van. Den. Bergh, R. – *Post-Chicago Developments in Antitrust Law*, New Horizons in *Law and Economics*. Edward Elgar, 2002

D

Dalkir, S.; Warren-Boulton, F. – *Prices, Market Definition and Effects of Merger: Staples-Office Depot*, In J. Kwoka e L. White – *Antitrust revolution: economics, competition and policy*, 4th ed. Oxford: Oxford University Press, 2004, p. 52 a 72
Dahlman, C. – *The problem of Externality, Journal of Law and Economics*, vol. 22 1979, p. 141-163
D´Aspremont, D.; Gabszewicz, J. – *On the Stability of Collusion*. In J. Stiglitz, J.; Mathewson, G. – *New Developments in the Analysis of Market Structure*. Londres, 1986, p. 243-261
David, Paul – *Clio and the Economics of QWERTY. American Economic Review*. vol. 75, 1985, p. 332-337
David, P. – *Some New Standards for the Economics of Standartization in the Information Age*, In Dasgupta P.; Stoneman P. – *Economic Policy of Innovation and New Technology*, 1990, p. 3-41
David, P. *"Understanding the economics of QWERTY: The necessity of history*. In Parker, W. N. – *Economic History and the Modern Economist*. New York: Basil Blackwell, 1986
Davidow, W.H.; Malone, M.S. – *The Virtual Corporation*. New York: Harper Collins, 294, 1992
Davidson, C.; Denecker, R. – *Long-run competition in capacity, short-run competition in price and the Cournot model, Rand Journal of Economics*. vol. 17, n.º 3, 1986, p. 404-415
Degraba, P.; Postlewaite, A. – *Exclusivity Clauses and Best Price Policies in Input Markets, Journal of Economics and Management Strategy*, vol. 1, 1992, p. 423-454

DEMSETZ, H. – *Industry Structure, Market Rivalry and Public Policy, The Journal Of Law and Economics*, vol. 16, n.º 1, 1973, p. 1-16

DEMSETZ, H. – *Information and Efficiency: Another Viewpoint, Journal of Law and Economics*, vol. 10, 1969, p. 1-22

DEMSETZ, H. – *Why Regulate Utilities?, Journal of Law and Economics*. April, 1968, p. 55-65

DEPARTMENT OF JUSTICE – *Guidelines for the Licensing and Aquisition of Intelectual Property*, 1994

DEPARTMENT OF JUSTICE – *Range Effects: The United States Perspective*. DOJ Antitrust Division Submission for OECD Roundtable on Portfolio Effects in Conglomerate Mergers. October 2001, www.usdoj.gov/atr/public/international/9550.pdf

DESANTI S.; NAGATA, E. – *Competitor Communications: Facilitating Practices or Invitations to Collude? An Application of Theories to Proposed Horizontal Agreements Submitted for Antitrust Review, Antitrust Law Journal*, vol. 63, 1994, p. 95-99

DETHMERS, F.; DODOO, N.; MORFEY, A. – Conglomerate Mergers under EC Merger Control: An Overview, *European competition journal*, Hart Publishing, Oxford vol. 1, October 2005

DEWEY, D. – *The Economic Theory of Antitrust: Science or Religion, Vancouver Law Review*, vol. 50 1964

DIRECTOR, A.; LEVI, E. – *Law and the Future: Trade Regulation, Northwestern University Law Review*, vol. 51, 1956

DIXIT, A. K. – *The Role of Investments in Entry Deterrence, Economic Journal*, vol. 90, 1980, p. 95-106

DIXON, P.; MUELLER, C. – *Competition: The Moral Justification for Capitalism, Antitrust Law & Economic Review*, vol. 27, 1996

DIXON P.; MUELLER, C. – *Antitrust Law: The Magna Carta of the Free Enterprise System, Antitrust Law & Economic Review*, vol. 27, 1996

DOCKNER E. – *A dynamic theory of conjectural variations, Journal of Industrial Economics*, vol. 40, 1992, p. 377-395

DOLMANS, M. – *Standards for Standards*, American Bar Association, Spring 2002

DOMOWITZ, I. – *Oligopoly Pricing: Time-varying Conduct and the Influence of Product Durability as an Element of Market Structure*. In NORMAN, G.; LA MANNA, M. – *The New Industrial Economics*. Aldershot, 1992, p. 214-235

DONOGHUE, R.; PADILLA, J. – *The Law and Economics of Article 82 EC*. Hart Publishing, 2006

DORFMAN, Robert – *The Price System. Englewood Cliffs*. New Jersey: Prentice Hall, 1964, p. 100

DOZ, Y.L.; PRAHALAD, C.K. – *Managing DMNC's: A search for a new paradigm, Strategic Management Journal*, vol. 12, 1991, p. 145-164

DUNLOP, B.; MCQUEEN, D.; TREBILCOCK, M. – *Canadian Competition Policy: A Legal and Economic Analysis*, Toronto, Canada Law Book, Inc, 1987

DWORKIN, R. – *What is Equality? Part 2: Equality of Resources, Philosophy and Public Affairs*, vol. 10 1981, p. 283-345

DYBVIG, P. B.; SPATT, C. – *Adoption Externalities as Public Goods, Journal of Political Economics*. vol. 20, March 1983, p. 231-247

E

EATON, J.; ENGERS, M. – *Intertemporal Price Competition, Econometrica*, vol. 58 1990, p. 637-659

ECONOMIDES, N. – *Commentary on Antitrust Economics of Credit Cards Networks*, Federal Reserve Bank of St. Louis Review. November-December 1995, p. 60-63

ECONOMIDES, N. – *Desirability of compatibility in the absence of network externalities*, American Economic Review. n.º 79, 1989, p. 1165-1181

ECONOMIDES, N. – *Public Policy in Network Industries*, Working paper #06-01, Net Institute, 2006

ECONOMIDES, N.; FLYER, F. – *Compatibility and Market Structure for Network Goods*, Discussion Paper EC-98-02, Stern School of Business, NYU, 1998

ECONOMIDES, N.; HIMMELBERG, C. – *Critical Mass and Network Evolution in Telecommunications*. In BROCK G. – *Toward a Competitive Telecommunications Industry*. 1995

ECONOMIDES, N.; SKRZYPACZ, A. – *Standards Coalitions Formation and Market Structure in Network Industries*, Working Paper EC-03-01, Stern School of Business, NYU, 2003

ECONOMIDES, N.; WHITE, L. – *Networks and compatibility: implications for antitrust*, European Economic Review. n.º 38, 1994, p. 651-662

ECONOMIDES, N.; WHITE, L. – *One-way networks, two-way networks, compatibility and antitrust*, Working paper EC-93-14. Stern Scholl of Business, New York University, 1993

ECONOMIDES, N.; WORACH, G. – *Benefits and Pitfalls of Network Interconnection, Discussion Paper n.º EC-92-31*, Stern School of Business, NYU, 1990

ECONOMIDES, N.; SALOP, S. – *Competition and Integration among Complements, and Network Market Structure*, Journal of Industrial Economics, vol. XL, n.º 1, p. 70-83

EDGEWORTH, F. W. – *Mathematical Psychics*. Reimpressão, Nova Iorque: Augustus M. Kelley, 1967, p. 6-8

EDGEWORTH, F. W. – T*he Pure Theory of Monopoly*, Papers Relating to Political Economy. vol. I, London: Macmillan, 1925, p. 118-120

ELHAUGE, E. – *Defining Better Monopolisation Standards*, Stanford Law Review. vol. 56, n.º 2, 2003

ELLIG, J.; LIN, D. – *A Taxonomy of Dynamic Competition Theories*. In ELLIG, J. – *Dynamic Competition and Public Policy*. Cambridge University Press, 2001, p. 16-44

ELLIS, H. S.; FELLNER, W. – *External Economies and Diseconomies*, American Economic Review. n.º 33, Setembro 1943, p. 493-511

ETRO, F. – *Competition Policy: Toward a New Approach*, European Competition Journal. vol. 2 April 2006, Hart Publishing, Oxford

EUCKEN, W. – *Die Grundlagen der Nationalökonomie*. Berlim: Fisher, 1939, p. 24-37

EUCKEN, W. – *Die Grundsätze der Wirtschaftspolitik*. Hamburgo: Rowohlt, 1959

EUROPE ECONOMICS – *Study on Assessement Criteria for Distinguishing between Competitive and Dominant Oligopolies in Merger Control. Final Reporte for the Eurpean Comission Enterprise Directorate General*, Maio de 2001

EVANS, D. – *Breaking Up Bell: Essays in Industrial Organization and Regulations*. New York: North Holland, 1983

EVANS, D. – *Introduction*. In EVANS, D. ed. *Microsoft, Antitrust and the New Economy: Selected Essays*. Kluwer, 2002, p. 1-23.

EVANS, D.; PADILLA, A. J. – *Designing Antitrust Rules for Assessing Unilateral Practices: A Neo-Chicago Approach.* Joint Center, AEI-Brookings Joint Center for Regulatory Studies, 04-20, Setembro 2004
EVANS, L.; GUTHRIE, G. – *Risk, price regulation, and irreversible investment,* International Journal of Industrial Organization. vol. 24, Issue 1 January 2006
EVANS W.; KESSIDES I. – *Living by the 'Golden Rule: Multimarket Contact in the U.S. Airline Industry, Mimeo,* University of Maryland, 1991
EWING – *Competition Rules for the 21st Century,* Kluwer Law, 2003, p. 75-164

F

FARREL, J. – *Information and the Coase Theorem,* Journal of Economic Perspectives, vol. 1, n.º 2, 1987
FARREL, J.; SALONER, G. – *Converters, compatibility and innovation,* Journal of Industrial Economics, n.º 40, 1992, p. 9-35
FARREL, J.; SALONER, G. – *Installed Base and Compatibility: Innovation, Product Preannouncement, and Predation,* American Economic Review, vol. 76, 1986, p. 940-955
FARREL, J.; SALONER, G. – *Standartization, Compatibility, and Innovation,* Rand Journal of Economics, vol. 16, Spring 1995, p. 70 a 83
FARREL, J.; SHAPIRO, C. – *Horizontal Mergers: An equilibrium analysis,* American Economic Review. vol. 80, n.º1, 1990, p. 107-126
FARREL, J.; SHAPIRO, C. – *Horizontal Mergers: Reply,* American Economic Review. vol. 81, n.º 4 1991, p. 1007-1011
FAULL, J.; NIKPAY, A. – *The EC Law of Competition.* Oxford: Oxford University Press, 1999, p. 76 a 80
FEDELE, A.; TOGNONI, M. – *Failing Firm Defense with Entry Deterrence.* Março 2006, *Mimeo*
FERREIRA, E. Paz – *Direito da Economia.* Lisboa: AAFDL, 2001
FEDENBERG, D.; TIROLE, J. – *Game Theory.* MIT Press, 1991
FELDMAN, A. – *Pareto Optimality,* The New Palgrave Dictionary of Economics and the Law. vol. 3. Londres: Macmillan, 1998, p. 5 -10
FELLNER, W. – *Competition Among Few.* Knopf, 1949, p. 57
FERSHTMAN, C.; PAKES, A. – *A Dynamic Oligopoly with Collusion and Price Wars,* Rand Journal of Economics, vol. 31, n.º 2, 2000, p. 207-236
FERSHTMAN, C.; GANDAL, N. – *Disadvantageous Semicollusion,* International Journal of Industrial Organization, vol. 12, 1994, p. 141 -154
FINGLETON, J. – *Does Collective Dominance Provide Suitable Housing for All Anticompetitive Oligopolistic Mergers?,* European Merger Control Conference 7-8 November 2002, Brussels
FISHER, W. – *Teorias da Propriedade Intelectual.* In *A Economia da Propriedade Intelectual e os novos Media: entre a inovação e a protecção.* Guerra & Paz, 2006, p. 58-87
FLINT, D. – *Abuse of a Collective Dominant Position – Legal Issues of Economic Integration,* vol. 2, 1978
FOROS, O.; HANSEN B.; SAND, J. – *Demand-side Spillovers and Semi-collusion in the Mobile Communications Markets,* Journal of Industry, Competition and Trade. vol. 2, n.º 3, 2002, p. 195-278

FORGES, F.; THISSE, J. – *Game Theory and Industrial Economics: An Introduction*. In NORMAN, G.; LA MANNA, M. – *The New Industrial Economics*. Aldershot, 1992, p. 12-46

FOUNTOUKATOS, K.; RYAN, S. – *A new substantive test for the EU Merger Control, ECLR*, 277, 2005

FOX, E. – *Collective Dominance and the Message from Luxembourg*, Antitrust, Fall, 2002

FOX, E. – *What is harm to competition? Exclusionary Practices and Anticompetitive Effect*, Antitrust Journal, vol. 70, 2003, p. 398

FRANCO, A. de Sousa – *Direito Económico – Súmulas*. Volume II Lisboa: AAFDL, 1983

FRANCO, A. de Sousa – *Nota sobre o princípio da liberdade económica*, Boletim do Ministério da Justiça, vol. 355, 1986, p. 17-40

FRANCO, A. de Sousa; MARTINS, G. D'Oliveira – *A Constituição Económica Portuguesa – Ensaio Interpretativo*. Coimbra: Almedina, 1993

FRANK, R. – *Microeconomia e Comportamento*. 6.ª edição. McGraw-Hill, 2006, p. 412-413

FRANK, C.; QUANDT, R. – *On the Existence of Cournot Equilibrium*, International Economic Review. vol. 4, n.º 1 1963, p. 92-96;

FREIRE, P. Vaz, – *Eficiência económica e restrições verticais*, Dissertação de Doutoramento em Ciências Jurídico-Económicas, AAFDL. Lisboa, 2008;

FRIEDMAN, J. – *Oligopoly Theory*. Cambridge: 1993

FRIEDMAN, J. – *A Non-Cooperative Equilibrium for Supergames*, Review of Economic Studies, vol. 38 1971, p. 1-12

FRIEDMAN, J. – *Capitalism and Freedom*. Chicago University Press, 1962

FRIEDMAN, J. – *Oligopoly Theory*. Cambridge: 1983

FRIEDMAN, J.; THISSE, J. – *Partial Collusion Fosters Minimum Product Differentiation*, Rand Journal of Economics, vol. 24, n.º 4, 1993, p. 631-645

FRIEDMAN, J. – *A noncooperative equilibrium for supergames*, Review of Economic Studies. vol. 38, 1971, p. 1-12

FRIEDMAN, J. – *Oligopoly and the Theory of Games*. New York: North-Holland, 1977

FRIEDMAN, J. – *Oligopoly Theory*. Cambridge University Press, 1983, p. 107

FTC – *Antitrust Guidelines for Collaboration Among Competitors*. Abril 2000, www.ftc.gov/os/2000/04/ftcdojguidelines.pdf

FUDENBERG, D.; MASKIN, E. – *The Folk Theorem in Repeated Games with Discount and with Incomplete Information*, Econometrica. vol. 57, 1989, p. 759-778

FUNDENBERG, D.; E. J. TIROLE – *Dynamic Models of Oligopoly*. In JACQUEMIN, A. – *Fundamentals of Pure and Applied Economics*. vol. 3. New York: Harwood, 1986

FUNDENBERG, D.; E. J. TIROLE – *Learning by Doing and Market Performance*, Bell Journal of Economics. vol. 14 1983, p. 227-250

FUNDENBERG, D.; E. J. TIROLE – *The fat-cat effect, the puppy-dog ploy and the lean and hungry look*, American Economic Review Papers and Proceedings. vol. 74, 1984, p. 361-366

FUNDENBERG, D.; E. J. TIROLE – *Noncooperative Game Theory for Industrial Organization: An Introduction and Overview*. In SCHMALENSEE R.; WILLIG R. – *Handbook of Industrial Organization*. vol. 1. Amesterdão, p. 259-327

G

GABAY, D.; MOULIN, H. – *On the uniqueness and stability of Nash-equilibria in noncooperative games*. In BENOUSSAN, A.; KLEIDORFER, P.; TAPIERO, C. – *Applied Stochastic Control in Econometrics and Management Service*. North Holland: 1980, p. 271-293

GALLOT, J. – *Substantive tests – Are the Differences between the Dominance and SLC Tests Real or Semantic?*. EC Merger Regulation Conference, Bruxelas: Novembro, 2002

GASMI, F.; LAFFONT J.; SHARKEY, W. – T*he Natural Monopoly Test Reconsidered: An Engineering Process-Based Approach to Empirical Analysis in Telecommunications, International Journal of Industrial Organization*. vol. 20, n.º 4, 2002, p. 435-459

GAVIL, A.; KOVACIC W.; BAKER, J. – *Antitrust Law in Perspective: Cases, Concepts and Problems in Competition Policy*. Thomson West, 2002, p. 562-563

GARZANITI, L. – *Telecommunications, Broadcasting and the Internet*. 2nd edition, Thomson Sweet & Maxwell, 2003

GERBER, D. – *Courts as Economic Experts in European Merger Law. International Antitrust Law & Policy*. Fordham University School of Law, 2003

GERADIN, D.; HENRY, D. – *The EC Fining Policy for Violations of Competition Law: An Empirical Review of the Commission Decisional Practice and the Community Courts' Judgments, European Competition Journal*, vol. 1, October 2005. Hart Publishing, Oxford

GERADIN, D. – *Limiting the Scope of Article 82 EC: What can the EU Learn from the US Supreme Court's Judgement in Trinko, in the Wake of Microsoft, IMS and Deutche Telekom?, Common Market Law Review*, vol. 41, 2004

GERLA, H.S. – *Federal Antitrust Law and Trade and Professional Association Standards and Certification, U. Dayton Law Review*, vol. 19, 1994

GERLACH, M. – *Alliance Capitalism: The Social Organization of Japonese Business*. Berkeley: CA, University of Califórnia Press, 1992

GEROWSKY, P.; JACQUEMIN, A. – *Dominant Firms and Their Alleged Decline. International Journal of Industrial Organization*, vol. 2, 1984, p. 1-27

GILBERT, R.; SHAPIRO, C. – *An Economic Analysis of Unilateral Refusals to Licence Intelectual Property*. Proceedings of the National Academy of Sciences USA, 1985

GILBERT, R. – *Mobility Barriers and the Value of Incumbency, Handbook of Industrial Organization*. I, p. 509-510

GILBERT, R.; HARRIS, R. – *Competition with Lumpy Investment, Rand Journal of Economics*. vol. 15 1984, p. 197-212

GINSBURG, D. – *Nonprice Competition – Antitrust Bulletin*. vol. 38, n.º 1, p. 83-111;

GLEICK, J. – *Chaos: Making a New Science*, Nova Iorque: Penguim, 1987

GÓMEZ-IBÁÒEZ, J. – *Regulating Infrastructure, Monopoly, Contracts and Discretion*. Harvard University Press, 2003, p. 5

GREEN, E.; PORTER R. – *Non Cooperative Collusion under Imperfect Price Information, Econometrica*. vol. 52, n.º 1, 1984, p. 87-100

GREER, D. F. – *Industrial Organization and Public Policy*. 2nd edition, New York, Macmillan Publishing Company, 1984

GRETHER, E. – *Industrial Organization: past history and future problems, American Economic Review*. vol. 60, n.º 2, 1970, p. 83- 89

GRETHER, E.; PLOTT, C. – *The Effect of Market Prices in Oligopolistic Markets: an Experimental Examination of the Ethyl Case, Economic Inquiry*. vol. 22, 1984, p. 479

GUL, F. – *Noncooperative Collusion in Durable Goods Oligopoly*, Rand Journal of Economics, vol. 18, n.º 2, p. 248-254
GRUNZWEIG, P. – *Prohibiting the Presumption of Market Power for Intellectual Property Rights: The Intellectual Property Antitrust Protection Act of 1989*, Journal of Corporation Law, vol. 16, 1990
GURREA, S.; B. OWEN – *Coordinated Interaction and Clayton § 7 Enforcement*, George Mason Law Review, vol. 12, 2003
GYSELEN, L. – *Rebates: Competition on merits or Exclusionary Practice?*. 8th EU Competition Law and Policy Workshop, European University Institute, Junho 2003

H

HAHN, F. – *Comments on the stability of the Cournot oligopoly situation*, Review of Economic Studies. vol. 29, n.º 4, 1962, p. 329-331
HALL, R.; HITCH C. – *Price Theory and Business Behaviour*, Oxford Economic Papers, vol. 2, 1939, p. 12-45
HALTIWANGER, J. – *The Impact of Cyclical Demand Movements on Collusive Behaviour* – Rand Journal of Economics, vol. 22, 1991, p. 89 -106
HAMEL, G.; DOZ Y.; PRAHALAD, C. – *Collaborate with your competitors – and Win*, Harvard Business Review on Strategic Alliances. HBS Press, 2002, p. 1-23
HANCHER; SIERRA, B. – *Cross-subsidiation and EC Law*, Common Market Law Review, vol. 35, 1998
HARBORD, D. – *The Airtours Case: Collective Dominance and Implicit Collusion in European Merger Analysis*. Market Analysis, Centre for Economic Learning and Social Evolution, 2002
HARRIGAN, K.R. – *Joint Ventures and Competitive Strategy*, Strategic Management Journal, vol. 9, n.º 2, 1988, p. 141-158
HARTMAN, R.; TEECE D.; MITCHELL W.; JORDE, T. – *Assessing Market Power in Regimes of Rapid Technological Change*, Industrial and Corporate Change. vol. 2, 1993, p. 317-350
HARRINGTON, J. Jr. – *Non-Cooperative Games*. in NEWMAN, Peter – *The New Palgrave Dictionary of Economics and the Law*. vol. 2, 1998, p. 684-685
HATZOPOULOS, H. – *Case Notes in IMS*. Common Market Law Review. vol. 41, 2004
HAY, G. *"Faciltating Practices, The Ethyl Case*. In KWOKA, J. WHITE, L. – *The Antitrust Revolution*. 3rd ed.. New York: Harper Collins, 1999
HAYEK, F. – *Competition as a Discovery Procedure"* in New Studies in Philosophy, Politics, Economics and the History of Ideas, University of Chicago Press, 1978, págs. 181 e segs
HAYEK, F. – *Individualism and Economic Order*. Chicago University Press, 1948
HAYEK, F. – *Kinds of Rationalism* – Economic Studies Quartely, vol. 15 1965
HELM, D.; JENKINSON, T. – *Introducing Competition into Regulated Industries*. In HELM, Dieter; JENKINSON, Tim – *Competition in Regulated Industries*. Oxford University Press, 1998, p. 1-22
HEMPHILL, T.; VONORTAS, N. – *US Antitrust Policy, Interface Compatibility Standards, and Information Technology*. Knowledge, Technology & Policy, vol. 18, n.º 2, 2005, p. 126-147

HERBERT, B. – *Delivered pricing as Conspiracy and as Discrimination: The Legal Status, Law and Contemporary Problems.* 1950
HICKS, J. – *The Foundations of Welfare Economics. Economic Journal.* vol. 49, 1939, p. 712
HILDEBRAND, D. – *The Role Of Economic Analysis in the EC Competition Rules.* European Monographs, 17, Kluwer, 2002, p. 153-154
HIRSHLEIFER J.; GLAZEL A.; HIRSHLEIFER, D. – *Price Theory and Applications – Decisions, Markets and Information,* 7.ed., Cambridge University Press, 2005, págs. 497-536
HOPPE, H. – *The Economics and Ethics of Private Property.* Kluwer, 1993, p. 141-164
HOTELLING, H. – *Stability in Competition, Economic Journal,* vol. 39, 1929, p. 41 a 57 reimpresso por STIGLER, J.; BOULDING, K. – *Readings in Price Theory,* Chicago: Richard Irwin, 1952
HOVENKAMP, H. – *Antitrust Policy After Chicago, Michigan Law Review,* vol. 84, 1985
HOVENKAMP, H. – *Post-Chicago Antitrust: A review and a critique, Columbia Business Law Review,* 2001
HUGHES, J. – *The Philosophy of Intellectual Property. Georgetown Law Journal.* vol. 77, 1988, p. 330-350

I

IVALDI, M.; JULLIEN, B.; REY, P.; GAVIL, P. A.; KOVACIC, W.; E BAKER, J. – *Antitrust Law in Perspective: cases, concepts and problems in competition policy.* p. 776, www.:// www.usdoj.gov/atr/public/speeches/200124.htm
INCARDONA, R. – *Modernisation of Article 82 EC and Refusal to Supply: Any Real Change in Sight?. European Competition Journal.* vol. 2, December 2006, Hart Publishing, Oxford

J

JACQUEMIN A. – *Collusive Behaviour, R & D and European Policy.* In BALDASSARI, M. – *Oligopoly and Dynamic Competition.* Londres: 1992, p. 203-230
JACQUEMIN A. – *Sélection et Pouvoir dans la Nouvelle Economie Industrielle.* Louvain-la-Neuve/Paris, 1985
JACQUEMIN A. – *Stratégies d'entreprise et politique de la concorrence dans le marché unique européen. Revue d'Economie Industrielle,* n.° 57, 1991, p. 22
JACQUEMIN A. – *What is at Stake in the New Industrial Economics.* In BALDASSARI, M. – *Oligopoly and Dynamic Competition.* Londres, 1992, p. 37-53
JACQUEMIN A.; SLADE, M. – *Cartels, Collusion, and Horizontal Merger.* In SCHMALENSEE, R.; WILLIG, R. – *Handbook of Industrial Organization.* Volume 1. Amesterdão, p. 415-473
JACOBS, M. – *An Essay on the Normative Foundations of Antitrust Economics, North Carolina Law Review.* vol. 74, 1995
JACOBS, M. – *Second order oligopoly problems with international dimensions: sequential mergers, maverick firms and buyer power,* A. CUCINOTTA, R. PARDOLESI, R. VAN DEN BERGH (eds.) *Post-Chicago Developments in Antitrust Law,* Edward Elgar, 2002, p. 166-167
JAMES C. – *Rediscouvering Coordinated Effects: Antitrust Division.* DOJ, 13 August 2002, www.usdoj.gov/atr/public/speeches/200124.htm

JARILLO, C. – On Strategic Networks, *Strategic Management Journal*, vol. 9, 1988, p. 32
JASMB T.; POLLITT, M. – *International Benchmarking and Regulation: An Application to European Electricity Distribution Utilities, Energy Policy*, vol. 31, 2003, p. 1609-1622
JEFFERSON, T. – *Notes on the State of Virgínia*. New York, Norton, 1972
JENNY, F. – *Economic Analysis, Antitrust Law and the Oligopoly Problem. European Business Law Review*. vol. 1, 2000, p. 55-56
JESTAEDT, T.; BAHR, C.; VON BREVERN, D. – Germany. in N. DUTHIL (ed.), *Dealing with Dominance*, Kluwer, 2003, p. 130
JOFFE, R. D.; MCGOWAN, K.; MENDEZ-PENATE, E.; ORDOVER; PROGER; JOHNSTON, R.; LAWRENCE, P. R. – *Beyond Vertical Integration – The Rise of Value-Adding Partnership, Harvard Business Review*. vol. 66, n.º 4, 1988, p. 94-101
JOLIET, R. – *La Notion de Pratique Concertée et l' Arrêt ICI dans une Perspective Comparative, Cahier de Droit Européen*, 1974
JORDE, T.; TEECE, D. – *Innovation and Cooperation: Implications for Competition and Antitrust, Journal of Economic Perspectives*, vol. 4, n.º 3, 1990, p. 75-96
JORDE, T.; TEECE, D. – *Rule of Reason Analysis of Horizontal Arrangements: Agreements Designed to Advance Innovation and Commercialize Technology, Antitrust Law Journal*, vol. 61, 1993
JOSKOW P. – *Regulation of Natural Monopolies*. 05-008 WP. *Center for Energy and Environment Policy Research*. Abril 2005. p. 10-11

K

KAHN, A. – *The Economics of Regulation*. Volume I. Massachusetts: MIT Press, 1988, p. 1-19
KAHN, A. – *The Economics of Regulation, Principles and Institutions*. Volume II. Massachusetts: MIT Press, 1988, p. 110
KAHN, A. – *The Economics of Regulation, Principles and Institutions*, Massachusetts: MIT Press, 1995, 6.ª ed., p. 119
KAESEBERG, T. – *Coordinated Effects and Collective Dominance – A Comparison of German, EC and US Merger Control. Working paper*, Humboldt-University Berlin, 2003, p. 40
KALDOR, N. – *Welfare Propositions in Economics and Inter-Personal Comparisons of Utility. Economic Journal*. vol. 49 1939, p. 551
KALLAY, D. – *The Law and Economics of Antitrust and Intellectual Property, An Austrian Approach*. Edward Elgar, 2004
KAMIEN, M.; ZANG, I. – *Monopolization by sequential acquisition. Journal of Law, Economics & Organization*. vol. 9 1993, p. 205-229;
KANTZENBACH, E.; KOTTMANN, E.; KRUGER, R. – *New Industrial Economics and Experiences from European Merger Control: New Lessons about Collective Dominance?. Report for the European Comission*. Luxemburgo: Office for Official Publications of the European Communities, 1995
KAPLOW, Louis – *Extension of Monopoly Power Through Leverage, Columbia Law Review*. vol. 85 1985
KAPTEYN, P. J. G; VAN THEMAAT, P. VerLoren – *Introduction to the Law of the European Communities*. 3rd Ed. edited and further revised by Laurence Gormley. Kluwer, 1998, p. 67-85

KATTAN, J. – *Efficiencies and Merger Analysis, Antitrust Law Journal.* vol. 62, 1994

KATZ, M.L.; SHAPIRO, C. – *Antitrust in Software Markets. In Competition, Innovation and the Microsoft Monopoly: Antitrust in the Digital Marketplace.* EISENACH, Jeffrey; LENARD, Thomas eds., The Progress & Freedom Foundation, Kluwer, Boston, 1999

KATZ, M.L.; SHAPIRO, C. – *Network Externalities, Competition, and Compatibility. American Economic Review.* vol. 75, June 1985, p. 424-440

KATZ, M.L.; SHAPIRO, C. – *On the Licensing of Innovations. Rand Journal of Economics.* Vol, 16, 1985, p. 504-520

KATZ, M.L.; SHAPIRO, C. – *Systems Competition and Network Effects, Journal of Economic Perspectives.* vol. 8, n.º 2, 1994, p. 94

KATZ, M.L.; SHAPIRO, C. – *Technology adoption in the presence of network externalities. Journal of Political Economy.* vol. 94, 1986, p. 822-841

KATZ, M.L.; SHAPIRO, C. – *Product Introduction with Network Externalities. Journal of Industrial Economics,* vol. XL, n.º 1, p. 55-84

KAYSEN, K. – *Collusion under the Sherman Act. Quartely Journal of Economics.* vol. 65, 1951, p. 268

KAYSEN, K.; TURNER, D. – *Antitrust Policy – An Economic and Legal Analysis.* Harvard University Press, Cambridge, 1959

KIRZNER, I. – *Competition and Entrepreneurship.* Chicago University Press, 1973, p. 105

KLEIN, B.; CRAWFORD, R.; ALCHIAN, A. – *Vertical Integration, Appropriate Rents and the Competitive Contracting Process. Journal of Law & Economics.* vol. 21, 1978

KITCH, E. – *The Fire and the Truth: Remembrance of Law and Economics at Chicago, 1932-1970., Journal of Law and Economics,* 1983

KITTELE S.; LAMB, G. – *The Implied Conspiracy Doctrine and Delivered Pricing, Law & Contemporary Problems.* vol. 15, 1950

KLAUSNER, M. – *Corporations, Corporate Law, and Networks of Contracts. Virginia Law Review,* vol. 16, 1995, p. 758

KLEMPERER, P. – *Markets with Consumer Switching Costs, Quarterly Journal of Economics.* vol. 102 1987, p. 375-394

KLEMPERER, P. – *What really matters in auction design, Journal of Economic Perspectives.* vol. 16 2002, p. 169-189

KNIGHT, F. H. – *Some Fallacies in the Interpretation of Social Cost, Quartely Journal of Economics.* vol. 38, Agosto 1924, p. 582-606

KOCAS, C.; KIYAK, T. – *Theory and evidence on pricing by asymmetric oligopolies. International Journal of Industrial Organization,* Volume 24, Issue 1, January 2006

KOENIG, C.; KUHLING, J.; BRAUN, J. – *Die Interdependenz von Markten in der Telekommunikation Teil II – Art. 13 Abs. 3 des Rahmenrichtlinien-Entwurfs und seine Folgen.* 2001

KOGUT, B. – *Joint Ventures: Theoretical and Empirical Perspectives, Strategic Management Journal.* vol. 9, 1988, p. 319-332

KOLASKY, W. – *Conglomerate Mergers and Range Effects: It´s a long way from Chicago to Brussels.* DOJ Antitrust Division, October 2001, www.usdoj.gov/atr/public/international/9536.pdf

KOLASKY, W. – *Coordinated Effects in Merger Review: From Dead Frenchmen to Beautiful Minds and Maveriks.* Antitrust Division, DOJ, 24 April 2002, www.usdoj.gov/atr/public/speeches/11050.htm

Kolasky, W.J. – *Network Effects: a Contrarian View. George Mason Law Review.* vol. 7 1999
Kolasky, W.; Dick, A. – *The Merger Guidelines and the Integration of Efficiencies into Antitrust Review of Horizontal Mergers.* US DOJ, 2002
Kolstad C.; Mathiesen, L. – *Necessary and sufficient conditions for uniqueness of a Cournot Equilibrium. Review of Economic Studies.* vol. 54, n.º 4, 1987, p. 681-690
Korah, V. – *EC Competition Law and Practice.* Hart Publishing, Oxford 2000
Korah, V. – *Intellectual Property Rights and the EC Competition Rules.* Hart Publishing, Oxford 2000, p. 141-143
Korah, V. – *Gencor vs. Commission: Colective Dominance.* ECLR, vol. 20, 1999, p. 337
Korah, V. – *Tetra Pak II Lack of Reasoning in Court's Judgement. European Community Law Review.* vol. 8, 1997
Korobkin, R. B.; Ulen, T.S. – *Law and Behavioral Science: Removing the Rationality Assumption from Law and Economics. Califórnia Law Review.* vol. 88, 2000
Kotakorpi, K. – *Access price regulation, investment and entry in telecommunications. International Journal of Industrial Organization,* Volume 24, Issue 2 September 2006
Kovacic, W. – *The Identification and Proof of Horizontal Agreements under the Antitrust Laws. Antitrust Bulletin.* vol. 38, n.º 1, 1993, p. 5-81;
Kovacic, W. – *The Modern Evolution of US Competition Policy Enforcement Norms. Antitrust Law Journal.* vol. 71, 2003
Kovacic, W.; Shapiro, C. – *Antitrust Policy: A Century of Economic and Legal Thinking. Journal of Economic Perspectives.* vol. 43, 2000
Krattenmaker, T.; Salop, S. – *Anticompetitive Exclusion: Raising Rivals Costs to Achieve Power over Price, Yale Law Journal.* vol. 96, 1986
Kreps, D.; Wilson, R. – *Reputation and Imperfect Information, Journal of Economic Theory.* vol. 27, 1982, p. 253-279
Kreps, D. – *A Course in Microeconomic Theory.* Cambridge University Press, 1990
Kreps, D.; Scheinkman, J. – *Quantity Precommitment and Bertrand Competition Yield Cournot Outcomes. Bell Journal of Economics.* vol. 14, 1983, p. 326-337
Kühn, K. – *Fighting Collusion by Regulating Communication Between Firms. Mimeo,* 1997

L

Lambson, V. – *Aggregate Efficiency, Market Demand, and the Sustainability of Collusion. International Journal of Industrial Organization.* vol. 6 1988, p. 263-271
Lande, R. – *Wealth Transfers as the Original and Primary Concern of Antitrust: The Efficiency Interpretation Challenged. Hastings Law Journal.* vol. 34, 1982
Landes, W.; Posner, R. – *The Economic Structure of Intellectual Property.* Cambridge, Harvard University Press, 2003
Lang, J. Temple – *Anticompetitive Non-Pricing Abuses under European and National Antitrust Law.* Hawk, B. ed.. *International Antitrust Law & Policy,* Fordham, 2004, p. 235-340
Lang, J. Temple – *The Principle of Essential Facilities in European Community Competition Law – The position since Bronner. Journal of Network Industries.* vol. 1, 2000, p. 375-405

LANG, J. Temple – *Two Important Merger Regulation Judgements: The Implications of Schneider/Legrand e Tetra Laval/Sidel*. European Law Review. vol. 28, 2003

LAPHAM B.; WARE, R. – *Markov puppy dogs and related animals*. International Journal of Industrial Organization. vol. 12, n.º 4, 1994, p. 585-586

LARDNER, J. – *Fast Forward*. New York: W.W. Norton, 1987

LAWRENCE P.R.; LORSCH, J.W. – *Organization and Environment*. Boston: Harvard University Press, 1967

LEARY, T. – *The Essential Stability of Merger Policy in the US*. Antitrust Law Journal. vol. 70, 2002

LEIBENSTEIN, H. – *Allocative Efficiency vs. "X-efficiency"*. The American Economic Review. June 1966

LEIBENSTEIN, H. – *Bandwagon, snob, and Veblen effects in the theory of consumer's demand*. Quartely Journal of Economics. vol. 64, 1950, p. 183-207, reimpresso in BREIT, W.; HOCHMAN, H. M. – Readings in Microeconomics. 2.ª edição. Nova Iorque: Holt, Rinehart e Winston, Inc., 1971

LEMLEY, M. – *The Economics of Improvement in Intellectual Property Law*. Texas Law Review. vol. 75 1997

LEMLEY, M.; MCGOWAN, D. – *Legal Implications of Network Economic Effects*. California Law Review, vol. 86, 1998

LEONARD, R. – *Reading Cournot, reading Nash: the creation and stabilisation of the Nash Equilibrium*. Economic Journal. vol. 104, 1994

LEVY, N. – *Dominance v. SLC: a Subtle Distinction?*. EC Merger Regulation Conference. Bruxelas: Novembro, 2002

LEVY, N. – *Are Network Externalities a New Source of Market Failure*. Research in Law and Economics. vol. 17, 1995

LIEBOWITZ, S.; MARGOLIS, S. – *Network Externality: An Uncommon Tragedy*, Journal of Economic Perspectives. vol. 8, n.º 2, 1994

LIEBOWITZ, S.; MARGOLIS, S. – *Network Effects and Externalities*, The New Palgrave Dictionary of Economics and the Law. vol. II. Macmillan, 1998

LIEBOWITZ, S.; MARGOLIS, S. – *The Fable of the Keys*. Journal of Law & Economics. vol. 22, n.º 1 1990

LIEBOWITZ, S.; MARGOLIS, S. – *Re-thinking the Network Economy – The true forces that drive the digital marketplace*. AMACOM, New York: 2002

LINDSAY, Alistair – *The EC Merger Regulation: Substantive Issues*. London: Sweet & Maxwell, 2003

LITTLE, I. – *A Critique of Welfare Economics*. 2nd Edition. Oxford University Press, 1957

LITTLECHILD, S. – *Austrian Economics*, Schools of Thought in Economic Series. Vols. I, II e III 1990. UK: Aldershot

LIVRO BRANCO SOBRE SERVIÇOS DE INTERESSE GERAL – COM 2004. 12 de Maio de 2004

LIVRO VERDE RELATIVO À REFORMA DOS CONTROLOS DAS CONCENTRAÇÕES – COM 2001 745/6. 11 de Dezembro de 2001, http://europa.eu.int/comm/competition/mergers/review/green_paper/en.pdf

LIVRO VERDE SOBRE SERVIÇOS DE INTERESSE GERAL – COM 2003. 21 de Maio de 2003

LOCKE, J – *Two Treatises of Government*, P. Laslett ed., Cambridge, Cambridge University Press, 1970, *Second Treatise, sec. 27*

LOBO, C. Baptista – *Concorrência Bancária?*. Lisboa: Almedina, 2001

Lobo, C. Baptista – *Subvenções Ambientais, análise jurídico-financeira*. Revista Jurídica do Ambiente e Urbanismo. n.º 5 e 6, 1997, Almedina

Lommerud, K.; Straume O.; Sorgard, L. – *Downstream merger with upstream market power*. European Economic Review. vol. 49, 2005, p. 717 -743

Lopatka, J.; Page, W. – *'Obvious' consumer harm in antitrust policy: The Chicago School, the Post-Chicago School and the Courts*. In Cucinotta, Antonio; Pardolesi, Roberto; Van Den Bergh, Roger, eds., *Post-Chicago Developments in Antitrust Law, New Horizons in Law and Economics*, 2002, p. 129-160

M

McGowan, D. – *Regulating Competition in the Information Age: Computer Software as an Essential Facility Under the Sherman Act*. Hastings Comm & Ent., L.J. 771, 1996

Macleod W.; Norman G.; Thisse, J. – *Competition, Tacit Collusion and Free Entry*. Economic Journal. vol. 97, 1987, p. 189-198

Madiég – *Innovation and Market Definition under the EU Regulatory Framework for Electronic Communications*, World Competition. vol. 29, Issue 1, 2006. McDermott, Will & Emery, Brussels

Makie-Mason J.; Metzler, J. – *Links Between Markets and Aftermarkets: Kodak*. In Kwoka J.; White L. – *The Antitrust Revolution, Economics, Competition and Policy*. 4.ª edição, 2004

Malone, T.W. – *Modeling Coordination in Organizations and Markets*, Management Science. vol. 33, n.º 10, 1987, p. 1317-1332

Markovits, R. – *Oligopolistic Pricing Suits, the Sherman Act, and Economic Welfare – Part I: Oligopolist Pricing: Their Conventional and Operational Definition*. Stanford Law Review. vol. 26, 1974

Markovits, R. – *Oligopolistic Pricing Suits, the Sherman Act, and Economic Welfare – Part II: Injurious Oligopolist Pricing Sequences: Their Description, Interpretation, and Legality under the Sherman Act*. Stanford Law Review, vol. 26, 1974

Markovits, R. – *Oligopolistic Pricing Suits, the Sherman Act, and Economic Welfare – Part III: Proving Illegal Oligopolistic Pricing: A Description of the Necessary Evidence and a Critique of the Received Wisdom About its Character and Cost*, Stanford Law Review. vol. 27, 1975

Markovits, R. – *Oligopolistic Pricing Suits, the Sherman Act, and Economic Welfare – Part IV: The Allocative Efficiency and Overall Desirability of Oligopolistic Pricing Suits*. Stanford Law Review. vol. 28, 1975

Markovits, R. – *Tie-Ins and Reciprocity: A Functional, Legal, and Policy Analysis*, Texas Law Review, vol. 58, 1980, p. 1363-1369

Marques, M. L.; Almeida, J. – *Entre a propriedade e o acesso: a questão das infra-estruturas essenciais*. In Soares, A.; Marques, M. L. eds. – *Concorrência*, Estudos, Almedina, 2006

Marshall, A. – *Priciple of Economics*. 8.ª edição. Londres: Macmillan, 1949

Martimort, D.; Piccolo, S. – *Resale price maintenance under asymmetric information*, International Journal of Industrial Organization. vol. 25, Issue 2, April 2007

Martin, S. – *Advanced Industrial Economics*. 2nd edition. Blackwell Publishing, 2002

MARVEL, H. – *Exclusive Dealing, Journal of Law and Economics*. vol. 25, 1982, p. 1-25
MARX, K. – *Economic and Philosophic Manuscripts of 1844*. New York, International Publishers, 1964
MARX, L.; SHAFFER – Opportunism and Nondiscrimination Clauses. *Working Paper*. University of Rochester, 2000
MASON, E. – *Monopoly in Law and Economics, The Yale Law Journal*, November, 1973
MASON, E. – *Price and Production Policies of Large-Scale Enterprise, American Economic Review*. vol. 29, n.º 1, part. 2, March 1939
MASON R.; WEEDS, H. – *The Failing Firm Defense: Merger Policy and Entry. Mimeo*, 2003
MATEUS, A. – *A Teoria Económica e as Concentrações na perspectiva da Política da Concorrência, Lição proferida na Faculdade de Direito da Universidade de Coimbra*, 2003
MATHEWSON, F.; WINTER, R. – *Tying as a Response to Demand Uncertainty*. University of Toronto mimeo, 1994
MATOS P.; RODRIGUES, V. – *Fusões e Aquisições, Motivações, Efeitos e Política*. Lisboa: *Principia*, 2000
MATSUSHIMA, H. – *The Folk Theorem with Private Monitoring and Uniform Sustainability. CIRJE Working Paper F-84*, 2000
MATUTES C.; REGIBEAU P. – *Compatibilty and bundling or complementary goods in a duopoly, Journal of Industrial Economics*. vol. 40, 1992
MATUTES C.; REGIBEAU, P. – *Mix and match: product compatibility without network externalities, Rand Journal of Economics*, vol. 19 1988, p. 221-234
MCGEE, J. – *Predatory Price Cutting: The Standard Oil NJ Case, Journal of Law and Economics*. vol. 1 1958
MCMANUS, M. – *Numbers and Sizes in Cournot Oligopoly, Yorkshire Bulletin of Economic and Social Research*. vol. 14, n.º 1, 1962, p. 14-22
MCMANUS, M. – *Static Cournot Equilibrium: rejoinder, International Economic Review*. vol. 5, n.º 3 1964
MCQUEEN; TREBILCOCK, M. – *Canadian Competition Policy: A Legal and Economic Analysis*. Toronto, Canada Law Book, Inc, 1987
MEMORANDUM FROM JOHN SHENEFIELD – *Shared Monopolies*. DOJ, 1978
MERGERS AND AQUISITIONS: *Antitrust Division Chief Reacts to EU Decision to Prohibit GE/ Honneywell Deal. Antitrust & Trade Reg. Rep.*, 81, BNA, 15 Julho de 2001
MERGES, R. – *Institutions Supporting Transactions in Intellectual Property Rights, California Law Review*. vol. 84, 1996
MILGROM, P.; ROBERTS, J. – *Predation Reputation and Entry Deterrence, Journal of Economic Theory*. vol. 27, 1982, p. 280-312
MOLLGAARD P.; OVERGAARD, B. – *Market Transparency: a Mixed Blessing?, Mimeo*, 2001
MONTI, G. – *The Concept of Dominance in Article 82. European Competition Journal*. vol. 1, Hart Publishing, Oxford, October 2005
MONTI, M. – The *Future of Competition Policy in the European Union*. Discurso no Merchant Taylor's Hall, Londres: 9 de Julho de 2001, http://europa.eu.int/comm/competition/speeches/index/2001.html
MORAIS, L. – *Empresas Comuns-Joint Ventures no Direito Comunitário da Concorrência*, Coimbra: Almedina, 2006

MORGENSTERN, O. – *Demand Theory Reconsidered. Quartely Journal of Economics*, 1948
MOTTA, M. – *Competition Policy: Theory and Practice*. Cambridge University Press, 2004
MOTTA, M. – *EC Merger Policy and the Airtours Case. European Competition Law Review*, 2000

N

NAGEL R.; DOVE, R. – *21st Century Manufacturing Strategy – An Industry Led View*. Iacocca Institute, Lehigh University, March 1992
NALEBUFF, B. – *Bundling: GE-Honneywell 2001. In* KWOKA, John Jr.; WHITE, Lawrence – *The Antitrust Revolution, Economics, Competition and Policy*. 4th edition. Oxford University Press, 2004
NASH, J. – *The Bargaining Problem, Econometrica*. vol. 18, n.º 2, 1950
NASH, J. – *Equilibrium Points in n-Person Games, Proceedings of the National Academy of Sciences USA*. vol. 36, 1950
NASH, J. – *Noncooperative Games, Annals of Mathematics*. vol. 54, 1953
NASH, J. – *Two-Person Cooperative Games, Econometrica*. vol. 21, 1953
NASH, J. – *Essays on Game Theory, Cheltenham UK*, Edward ELGAR, 1996
NASH, J. – *The Essential John Nash*, Princeton University Press, 2002
NEAL, P. et al. – *Report on the White House Task Force on Antitrust Policy, Antitrust Law & Economics Review*. vol. 2, n.º 2, 1968-1969
NEILSON, W.; WINTER, H. – *Bilateral Most Favoured Customer Pricing and Collusion. Rand Journal of Economics*. vol. 24, 1993, p. 147-155.
NEILSON, W.; WINTER, H. – *Unilateral Most Favoured Customer Pricing: A Comparison with Stackelberg . Economics Letters*. vol. 38, 1992, p. 229-232
NESS, S. – *Mergers and Consolidation in the Telecommunications Industry: Hearing Before the House Commission on the Judiciary*. 105th Cong., 1998
NEUMANN, J.; MORGENSTERN, O. – *Theory of Games and Economic Behaviour*. 3rd edition. Priceton University Press, 1980
NIHOUL, P.; RODFORD, P. – *EU Electronic Communications Law*. Oxford University Press, 2004
NISKANEN, W. – *Bureaucracy and Representative Government*. Chicago: Aldine-Atherton, 1971
NITSCHE, R.; THIELERT, J. – *Economics on the advance: European reform and German competition policy. CRA Competition Policy Occasional Papers*. vol. 2 2003
NOHRIA, N.; ECCLES, R.G. – *Network and Organizations*. Harvard Press School. Boston: MA, 1993
NORMAN, G.; LA MANNA M. – *The New Industrial Economics*. Aldershot, 1992
NOVSHEK, W. – *On the existence of Cournot Equilibrium, Review of Economic Studies*. vol. 52 1985
NOZICK, R. – *Anarchy, State and Utopia*. New York, Basic Books, 1974

O

O'DONNEL, M. – *Pigou: an extension of Sidgwickian thought. History of Political Economy*. vol. 11, n.º 4, 1979
OECD – *Oligopoly. Best Practices Roundtable. DAFFE/CLP 99 25,* October 1999, www.oecd.org

OECD – *Portfolio Effects in Conglomerate Mergers. DAFFE/COMP* 2002, www.oecd.org
OLSSON, C. – *Collective Dominance – Merger Control on Oligopolistic Markets.* Gotemborg Universitet, 2001
OREN S.; SMITH, S. A – *Critical Mass and Tariff Structure in Electronic Communications Markets. Bell Journal do Economics.* vol. 12, Autumn 1981 p. 467-487

P

PAIS, S. – *O Controlo das Concentrações de Empresas no Direito Comunitário da Concorrência.* Coimbra: Almedina, 1996
PAGE, W. – *The Chicago School and the Evolution of Antitrust: Characterization, Antitrust Injury, and Evidentiary Sufficiency. Vancouver Law Review.* vol. 75, 1989
PARDOLESI, R.; RENDA, A. – *How safe is the King's Throne? Network Externalities on Trial. Post Chicago Developments. Antitrust Law.* UK, 2002
PARETO, V. – *Manuel D' Économie Politique.* 1906. Tradução por SCHWIER, A.S. *Manual of Political Economy.* Nova Iorque: Augustus M. Kelley, 1971
PASHIGIAN, B. – *The Effect of Environmental Regulation on Optimal Plant Size and Factor Shares. Journal of Law and Economics.* vol. 27, 1984
PATTERSON, M. – *Monopolization and Short-Term Profits. International Antitrust Law & Policy.* Fordham University School of Law, 2003
PEEPERKORN, L. – *Competition Policy Implications from Game Theory: an Evaluation of the Commission's Policy on Information Exchange.* www.comm/dg04/speech/six/en
PELCOVITS, M. – *The Long-Distance Industry: One Merger too Many? MCI WorldCom and Sprint.* In KWOKA, J.; WHITE, L., *The Antitrust Revolution.* Oxford : Oxford University Press, 2004
PERSSON, L. – *The Failing Firm Defence. Journal of Industrial Economics.* vol. 53, 2005
PHLIPS, L. – *Competition Policy: A Game-Theoretic Perspective.* Cambridge University Press, 1995
PHLIPS, L. – *Parallélisme de Comportements et Pratiques Concertées. Revue d'Économie Industrielle.* vol. 63, 1.º trimestre 1993, p. 25-44
PHLIPS, L. – *Spatial pricing and Competition. Studies in Competition – Aproximation of Legislation* Series, Brussels n.º 29, 1976,
PHILIPS, A.; STEVENSON, R. – *The Historical Development of Industrial Organization. History of Political Economy.* vol. 6, n.º 3, 1974, p. 324-342
PIGOU, A. – *The Economics of Welfare.* 4th Edition. London: MacMillan, 1932
PIGOU, A. – *Wealth and Welfare.* Londres: Macmillan, 1912
PITOFSKY, R. – *The Political Content of Antitrust. University of Pennsylvania Law Review.* vol. 127, 1979
PITOFSKY, R. – *The essential facilities doctrine under U.S. antitrust law.* 2005. In http://www.ftc.gov/os/comments
PITOFSKY, R.; PATTERSON, D.; HOOKS, J. – *The Essential Facilities Doctrine Under U.S. Antitrust Law, Antitrust Law Journal.* vol. 70 2002, p. 443-462
PLEATSIKAS, C.; TEECE, D. – *Markets Experiencing Rapid Innovation.* In ELLLIG, J. – *Dynamic Competition and Public Policy.* Cambridge University Press, 2001

PLEATSIKAS, C.; TEECE, D. – *New Indicia for Antitrust Analysis in Markets Experiencing Rapid Innovation*. In ELLIG, J. – *Dynamic Competition and Public Policy*. Cambridge University Press, 2001

POPPER, S.; WAGNER, C. – *New Foundations for Growth: the US Innovation System Today and Tomorrow*. RAND. Washington D. C.: Science and Technology Policy Institute, 2001

POSNER, R. A. – *Antitrust Law – An Economic Perspective*. University of Chicago Press, Chicago, 1976

POSNER, R. A. – *Law and the Future: Trade Regulations*. Northwestern University Law Review. vol. 51 1956

POSNER R. A. – *Economic Analysis of Law*. 5.ª ed.. Nova Iorque: Aspen Law and Business, 1998

POSNER, R. A. – *Oligopoly and the Antitrust Laws: A Suggested Approach*. Stanford Law Review. vol. 21, 1969

POWEL, W. W. – *Neither Market Nor Hierarchy: Network Forms of Organization*. Research in Organizational Behavior. vol. 12, 1990, p. 295-336

PRIAINO, T. Jr. – *The Antitrust Analysis of Network Joint Ventures*. Hastings Law Journal. vol. 47 1995

PUPKIN, B.; MCPHIE, I. – *United States of America. Dealing with Dominance*. Kluwer Law International. European Monographs. vol. 47, 2003

PUTTERMAN, L.; ROEMER J.; SILVESTRE, J. – *Does Egualitarism Have a Future?*. Journal of Economic Literature. vol. 36, 1998, p. 861-902

PUU, T. – *The chaotic duopolists revisited*. Journal of Economic Behaviour and Organization. vol. 33, 1998, p. 385-394

Q

QUINN, J.; MINTZBERG H.; e JAMES, R. -*The Strategy Process*. New Jersey: Englewood Cliffs, Prentice Hall, 1988

R

RAITH, M. – *Product Differentiation, Uncertainty and the Stability of Collusion*. STICERD Discussion Paper Series EI/16:49. London School of Economics, 1996

RASKOVICH, A. – *Competition or collusion? Negotiating discounts off posted prices*. International Journal of Industrial Organization. vol. 25, Issue 2 April 2007

RAWLS, J. – *A Theory of Justice*. Harvard University Press, 1971

REES, R. – *Collusive Equilibrium in the Great Salt Duopoly* – The Economic Journal. vol. 103 1993, p. 833-848

REITMAN, D. – *Partial Ownership Arrangements and the Potential for Collusion*, Journal of Industrial Economics. vol. 42, n.º 3 1994, p. 313-322

RING, P.S.; VAN DE VEN, A.H – *Structuring Cooperative Relationships Between Organizations*. Strategic Management Journal. vol. 13, 1992, p. 483-498

REENEN, John Van – *The Growth of Network Computing: Quality-Adjusted Price Changes for Network Servers*, The Economic Journal. vol. 116, n.º 509, Blackwell Publishing, February 2006,

REY, P. – *Collective Dominance and the Telecommunications Industry. Working paper.* University of Toulouse, 2002
ROBERTS, E. – *New Ventures for Corporate Growth. Harvard Business Review.* vol. 58, n.º 4 1980, p. 134-152
ROBINSON, J. – *The Theory of Imperfect Competition.* 2nd ed. St Martin's, 1933
ROHLFS, J. – *A Theory of Interdependent Demand for Communications Service. Bell Journal of Economics.* vol. 5, Spring 1974, p. 16-37
ROHMER, John J. – *Theories of Distributive Justice.* Harvard University Press, 1996
RÖLLER, L.; MANO, M. – *The Impact of the New Substantive Test in European Merger Control. European Competition Journal.* vol. 2 April 2006. Hart Publishing, Oxford
ROSENBLUTH, G. – *Measures of Concentration. Business Concentration and Price Policy.* New Jersey; National Bureau of Economic Research, Princeton University Press,1955
ROSS, T. – *Cartel Stability and Product Differentiation. International Journal of Industrial Organization.* vol. 10, n.º 1, 1992, p. 1-13
ROSS T.; BAZILLIAUSKAS, A. – *Lessening of Competition in Mergers under the Competition Act: Unilateral and Interdependence Effects. Canadian Business Law Journal.* vol. 33, 2000, p. 373 -426
ROTEMBERG J.; SALONER, G. – *A Supergame Theoretic Model of Business Cycles and Price Wars during Booms. American Economic Review.* vol. 76, 1986, p. 390-407
ROTHBARD, M. – *Praxeology: The Methodology of Austrian Economics.* In DOLAN, Edwin – *The Foundations of Modern Austrian Economics.* Sheed & Ward, 1976
RUBINSTEIN, A. – *Equilibrium in Supergames with Overtaking Criterion. Journal of Economic Theory.* vol. 21 1979, p. 1-9

S

SABOURIAN, H. – *Rational conjectural equilibrium and repeated games.* In P. DASGUPTA, D. GALE, O. HART e E. MASKIN – *Economic Analysis of Markets and Games: Essays in Honor of Frank Hahn.* MIT Press, 1992
SABEL, S. – *Moebius-Strip Organizations and Open Labor Markets: Some Consequences of the Reintegration of Conception and Execution in a Volatile Economy.* In BAIRDIEU, P.; COLEMAN, J. S. – *Social Theory for a Changing Society.* Westview Press. Boulder, CO, 1991
SALOP, S. – *Practices that Credibly Facilitate Oligopoly Coordination.* In STIGLITZ, J.; MATHEWSON, G. – *New Developments in the Analysis of Market Structure.* London and Cambridge: Macmillan, 1986
SALONER, G.; ORDOVER J. – *Predation, Monopolization and Antitrust – Handbook of Industrial Organization.* vol. 1, 2001
SALVANES, K.; STEEN, F.; SORGARD, L. – *Collude, Compete or Both? Deregulation in the Norwegian Airline Industry, Journal of Transport Economics and Policy.* vol. 37, n.º 3, 2003 p. 383-416
SÁNCHEZ, R. – *Infraestructuras en red y liberalización de servicios público.* INAP, 2003
SANTOS, J. Costa – *Bem-Estar Social e Decisão Financeira.* Coimbra: Almedina, 1993
SCHALLOP, M. – *The IPR Paradox: Leveraging Intellectual Property Rights to Encourage Interoperability in the Network Computing Age. AIPLA Quarterly Journal.* vol. 28, 2000

SCHELLING, T. – *The Strategy of Conflict*. New York: Oxford University Press, 1960
SCHERER, F. – *Industrial Market Structure and Economic Performance*. Chicago: Rand McNally, 1970
SCHERER, F.; ROSS, D. – *Industrial Market Structure and Economic Performance*. 3rd edition. Houghton Mifflin Company, 1990
SCHMALENSEE, R. – *A Note on the Theory of Vertical Integration*, Journal of Political Economy. vol. 81, 1973, p. 442-449
SCHMALENSEE, R. – *Direct Testimony of Richard Schmalensee: United States v. Microsoft*, 2001, p. 17-18
SCHMALENSEE, R. – *Industrial Economics: An Overview*. Economic Journal. vol. 98 1988, p. 643-681
SCHMALENSEE, R.; WILING, R. – *Inter-Industry Studies of Structure and Performance*. Handbook of Industrial Organization. vol. II, Amesterdão: 1989
SCHMALENSEE, R. – *The New Industrial Organization and the Economic Analysis of Modern Markets*. In HILDEBRAND, W. – *Advances in Economic Theory*. Cambridge University Press, 1982
SCHMITZ, S. – *How Dare They? European Merger Control and the European Commission's Blocking of the General Electric/Honneywell Merger*. University of Pennsylvania Journal of International Economic Law. vol. 23, Summer 2002, p. 325-383
SCHUMPETER, J. – *History of Economic Analysis*. Oxford University Press, New York, 1954
SCITOVSKY, T. – *A Note on Welfare Propositions in Economics*. Review of Economic Studies. vol. 9 1941, p. 77-88
SCOTT, J. – *Multimarket Contract and Economic Performance*. Review of Economics and Statistics. vol. 60, 1982, p. 523-532
SEABRIGHT; TIROLE, J. – *The Economics of Unilateral Effects. Report for DG Competition, European Commission*. IDEI Toulouse : 2003, http://europa.eu.int/comm/competition/mergers/review/the_economics_of_unilateral_effects_en.pdf
SEGAL, I.; WHINSTON, M. – *Exclusive Contracts and the Protection of Investments*. RAND Journal of Economics. vol. 31, n.º 4, 2000, p. 603-633
SEIDMANN, D. J. – *Bundling as a Facilitating Device: A Reinterpretation of Leverage Theory*. Economica. vol. 58, 1991, p. 491-499
SELTEN, R. – *A model of oligopolistic size structure and profitability*. Models of Strategic Rationality. Kluwer, 1988, p. 157-181
SELTEN, R. – *A Simple Model of Imperfect Competition Where Four are Few and Six are Many*. International Journal of Game Theory. vol. 2, 1973, p. 141-201
SELTEN, R. – *The Chain Store Paradox*. Theory and Decision. vol. 9, 1973, p. 127-159
SEN, A. – *Equality of what?*. In MCMURRIN – *Tanner Lectures on Human Values*. vol. I. University of Utah Press, 1980
SHAPIRO, C. – *Aftermarkets and Consumer Welfare: Making Sense of Kodak*. Antitrust Law Journal. vol. 63, 1995
SHAPIRO, C. – *Setting Compatibility Standards: Cooperation or Collusion?*, 2000, http://haas.berkeley.edu/~shapiro/standards/pdf
SHAPIRO, C. – Theories of Oligopoly Behaviour, *Handbook of Industrial Organization*, vol. 1, 2001
SHAPIRO, C.; VARIAN, H. – *Information Rules: A Strategic Guide to the Network Economy*. Boston: Harvard Business School Press, 1999

SHARKEY, W. – *The Theory of Natural Monopoly*. Cambridge University Press, 1982
SHAW, J. – *Collective Dominance or Concerted Practice?*. European Law Review, 1989
SHEPHERD, W. – *The Economics of Industrial Organization*. 3.ª ed., Englewood Cliffs, 1990
SHER, B. – *The Last of the Steam-Powered Trains: Modernising Article 82*, European Competition Law Review. vol. 25, n.º 5, 2004
SHUGHART W.; TOLLISON, R. – *The Welfare Basis of the "Failing Company Doctrine*, Antitrust Bulletin,. vol. 30, 1985
SHURMER M.; LEA, G. – *Telecommunications Standardization and Intellectual Property Rights: A Fundamental Dilemma?*. In KAHIN; ABBATE – Standards Policy for Information Infrastructure, 1995
SHUBIK, M. – *Game Theory in the Social Sciences: Concepts and Solutions*. Cambridge: MIT Press, 1982
SHY, Oz – *Industrial Organization: Theory and Applications*. Cambridge: MIT Press, 1996
SHY, Oz – *The Economics of Network Industries*. Cambridge University Press, 2001, p. 36-43
SIDGWICK, Henry – *Principles of Political Economy*. Londres: Macmillan, 1883
SIMONS, H. – *Economic Policy for a Free Society*. Chicago University Press, 1948
SILVA, M. Moura – *Inovação, Transferência de Tecnologia e Concorrência, Estudo Comparado do Direito da Concorrência dos Estados Unidos e da União Europeia*. Almedina, 2003
SLADE, M. – *The Leverage Theory of Tying Revisited. Discussion Paper n.º 97-09* 1997. Department of Economics, University of British Columbia
SLAWSON – *A Stronger, Simpler Tie-In Doctrine*. Antitrust Bulletin 1980, p. 688-689
SMITH, A. – *An Inquiry Into the Nature and Causes of the Wealth of Nations*. 1789, 5.ª ed.. Nova Iorque: Random House/The Modern Library, 1937
SOBEL, G. – *The Antitrust Interface with Patents and Innovation: Acquisition of Patents, Improvement Patents and Grant-Backs, Non-Use, Fraud on the Patent Office, Development of the New Products and Joint Research*. Antitrust Law Journal. vol. 53, 1985
SOFT, S. – *Power System Economics – Designing Markets for Electricity*. IEEE Press, 2002
SOLOMON; TOEPKE – *Proposed Revisions of the Justice Department's Merger Guidelines*. Columbia Law Review. vol. 81 1981, p. 1569-1570
SØRGARD, L.; FJELL, K. – *How to Test for Abuse of Dominance?*. European Competition Journal. vol. 1 October 2005, Hart Publishing
SPECTOR, D. – *Loyalty Rebates and Related Pricing Practices: When Should Competition Authorities Worry?*. In EVANS, D.; PADILLA, J. eds., Global Competition Policy: Economic Issues and Impacts, LECG, 2004
SPENCE, A. M. – *Entry, Capacity, Investment and Oligopolistic Pricing*. Bell Journal of Economics. vol. 8 1977, p. 534-544
SPETA, J. B. – *Handicapping the Race for the Last Mile? A Critique of Open Acess Rules for Broadband Platform*. Yale Journal on Regulation. vol. 17 2000
SPIVAK, S.; BRENNER, F. – *Standardization Principles: Principles and Practices*. New York: Marcel Dekker, 2001
SPULBER, Daniel F. – *Regulation and Markets*. MIT Press, 1989
STACKELBERG, H. – *Marktform und Gleichgewicht*. Vienna: Springer, 1934
STAREK R.; STOCKUM, S. – *What Makes Mergers Anticompetitive?: "Unilateral Effects" Analysis Under the 1992 Merger Guidelines*. Antitrust Law Journal. vol. 63 1995, p. 801-803

STENBORG, M. – *Forest for the Trees: Economics of Joint Dominance*. European Journal of Law and Economics. vol. 18 2004

STIGLER, G. – *A Theory of Oligopoly*. Journal of Political Economy. vol. 72, n.º 1, 1964

STIGLER, G. – *Henry Calvet Simons*. Journal of Law and Economics. vol. 17, n.º 1, 1974

STIGLER, G.; et al – *Report of Stigler Task Force on Productivity and Competition*. Antitrust Law & Economics Review. vol. 2, n.º 3 1969

STIGLITZ, J. E. – *Whither Socialism?*. Cambridge: MIT Press, 1994

STIGLITZ, J. E.; MATHEWSON, G. F. – *New Developments in the Analysis of Market Structure*. Londres: 1986

STOCKUM, S. – *The Efficiencies Defence for Horizontal Mergers: What is the Government's Standard?*. Antitrust Law Journal. vol. 61, 1993, p. 837-838

STOYANOVA, M. – *Regulatory and Competition Law Approaches to Price Squeeze: Access Pricing in the Telecommunications Sector*. European Competition Journal. vol. 1, Hart Publishing, Oxford, October 2005

STROUX, S. – *US and EC Oligopoly Control*. Kluwer, 2004

SULLIVAN, L. – *Handbook of the Law of Antitrust*, Minnesota : West Publishing Co., St. Paul, 1979

SULLIVAN, L.; GRIMES, W. – *The Law of Antitrust: an Integrated Handbook*. West Group, 2000

SUTTON, J. – *Explaining Everything, Explaining Nothing? Game Theoretic Models in Industrial Economics*, European Economic Review. vol. 34, 1990, p. 505-512

SVIZZERO, S. – *Cournot Equilibrium with Convex Demand*. Economic Letters. vol. 54, 1997, p. 155-158

SWEEZY, P. – *Demand under conditions of Oligopoly*. Journal of Political Economy. vol. 47, 1939, p. 568-573

SZIDAROVSKY, F.; YAKOWITZ, S. – *A New Proof of the Existence and Uniqueness of the Cournot Equilibrium*. International Economic Review. vol. 18, n.º 3, 1977, p. 787-789

T

TASNÁDI, A. – *Price vs. quantity in oligopoly games*. International Journal of Industrial Organization. vol. 24, Issue 3, May 2006

TASSEY, G. – *Standartization in Technology-Based Markets*. Research Policy. vol. 29, 2000

TEECE, D. – *Information Sharing, Innovation, and Antitrust*. Antitrust Law Journal. vol. 62, 1994

TEECE D.; COLEMAN, M. – *The Meaning of Monopoly: Antitrust Analysis in High Technologies Industries*. Antitrust Bulletin. vol. 43, 1998

TEEPLES R.; GLYER, D. – *Cost of Water Delivery Systems: Specific and Ownership Effects*. Review of Economics and Statistics. vol. 69, 1987

TELSER, L. – *Why Should Manufacturers Want Fair Trade?*. Journal of Law and Economics. vol. 3 1960

TIROLE, J. – The *Theory of Industrial Organization*. Cambridge: MIT Press, 1988

TOLLOCK, G. – *The Politics of Bureaucracy*. Washington DC: Public Affairs Press, 1965

TULLY, S. – *The Modular Corporation*, Fortune, 1993, págs. 106-114

TURNER, D. – *The Definition of a Agreement under the Sherman Act: Conscious Parallelism and Refusals to Deal*. Harvard Law Review. vol. 75, 1962

TURNER, D. – *The Scope of Antitrust and Other Economic Regulatory Policies.* Harvard Law Review. vol. 82, 1969
TURNER, D. – *The validity of Tying Arrangements Under the Antitrust Laws.* Harvard Law Review. n.º 42 1958, p. 50-53

U

UK MONOPOLY AND MERGER COMMISSION – *A report on the supply of vídeo games in the UK.* Report of the Monopolies and Mergers Commission, March 1995
UK OFFICE OF FAIR TRADING – *Substantive Guidelines.* Maio de 2003, www.oft.gov.uk
ULEN, T. – *Firmly Grounded: Economics in the Future of Law.* Wisconsin Law Review, 1997
US HORIZONTAL MERGER GUIDELINES. 1992, www.usdoj.gov/atr/public/guidelines/hmg.htm
UTTERBACK, J. – *Mastering the Dynamics of Innovation.* Cambridge: Harvard Business School Press, 1984

V

VAN DEN BERGH, R.; CAMESASCA, P. – *European Competition Law and Economics, A Comparative Perspective,* p. 315
VARIAN, H. – *Price Discrimination.* In *The Handbook of Industrial Organization.* SCHMALENSEE, R.; WILLING, R.D., eds., Amsterdam: North Holland Publishing, 1989
VENIT, J. – T*he Appraisal of Concentrations: The Nature of the Beast. APFCLI,* 1990
VERNON, J. M.; GRAHAM, D. A. – *Profitability of Monopolization by Vertical Integration.* Journal of Political Economy. vol. 79, 1971
VICKERS, J. – *Competition Economics and Policy.* Discurso de 3 de Outubro de 2002, www.oft.gov.uk
VICKERS, J. – *Market Power in Competition Cases.* European Competition Journal. vol. 1 October 2005, Hart Publishing, Oxford
VILAÇA, J. Cruz; OLIVEIRA, R. – *Portugal. Dealing with Dominance.* , in N. DUTHIL (ed.), *Dealing with Dominance,* Kluwer, 2003, p. 84
VISCUSI, W.; VERNON J. M.; HARRINGTON, J. E. Jr. – *Economics of Regulation and Antitrust.* 3rd Edition. The MIT Press, 2000
VOGEL, L. – *Le nouveau droit européen de la concentration. Juris-Classeur Periodique.* Ed. entreprises, 64 ème année, 1990
VON HAYEK, F. – *The Meaning of Competition in Individualism and Economic Order.* Londres: Routledge & Kegan, 1949
VON WEIZSÄCKER, C. – *Kollecktive Marktbeherrschung im rahmen der staatlichen und internationalen Fusionskontrolle.* Contribution to the Economic Seminar Ottobeueren, 2001

W

WAELBROECK, D. – *Michelin II: A per se rule against rebates by dominant companies?.* Journal of Competition Law and Economics. vol. 1, 2005, p. 149-171
WALDEN I.; ANGEL, J. – *Telecommunications Law and Regulation.* World Competition. vol. 29, Issue 2, McDermott, Will & Emery, Brussels, 2006

WASBURN, P. – *Price Leadership. Virgínia Law Review.* vol. 64, 1978
WEIBULL – *Evolutionary Game Theory.* MIT, 1995
WEITBRECHT, A. – *EU Merger Control in 2005 – An Overview. ECLR*, vol. 2, 2006
WESSELY, T. – *Comment on Case C-49/92, Comission vs. Anic [1999] ECR I-4125; Case C-199/92P, Hüls vs. Commission, [1999] ECR I-4287; Case C-235/92P, Montecanti vs. Comission, [1999] ECR I-4539; Judgments of 8 July 1999 together: Polypropylene appeal cases, with annotation. Common Market Law Review.* vol. 38, 2001
WESSELY, T. – *EU Merger Control at a Turning Point – The Court of First Instance's "Schneider" and "Tetra" Judgments. Journal of Competition Law.* vol. 1, 2003
WESTFIELD, F.M. – *Vertical Integration: Does Product Price Rise or Fall?. American Economic Review.* vol. 71, 1981, p. 335-346
WHETTEN, D.A. – *Interorganizational Relations: a Review of the Field. Journal of Higher Education.* vol. 52, n.º 1 1981
WHISH, R. – *Competition Law.* 4th ed.. Butterworths: 2001
WHISH, R. – *Substantial Lessening of Competition/Creation or Strengthening of Competition [Dominance], at the International Competition Network. First Annual Conference. Analytical Framework of Merger Review*, Nápoles: 2002
WHITE, B. – *Countervailing Power – Different Rules for Different Markets? Conduct and Context in Antitrust Law and Economics. Duke Law Journal.* vol. 41, 1992
WHITE, L. – *US Public Policy towards Network Industries.* Washington D.C.: AEI – Brookings Joint Center for Regulatory Studies, 1999
WICKIHALDER, U. – *The Distinction between an "Agreement" within the Meaning of Article 81 of the EC Treaty and Unilateral Conduct, European Competition Journal,* vol. 2, Hart Publishing, Oxford April 2006
WILLIAMSON, O. – *Economies as an Antitrust Defense: The Welfare Tradeoffs. American Economic Review.* vol. 58, 1968, p. 18-36
WILLIAMSON, O. – *The Vertical Integration of Production: Market Failure Considerations. American Economic Review.* vol. 61, 1971
WINSTON, M. D. – *Tying, Forclosure and Exclusion. American Economic Review.* vol. 80, 1990, p. 837-859
WOLFSTETTER, E. – *Oligopoly and Industrial Organization. Humboldt-Universitat Discussion Paper. Economic Series.* n.º 10, Berlim, 1993

Y

YOSHINO, Y. – *An Essay on Pigouvian Externality.* University of Virginia, Janeiro de 2001
YAO, D.A.; SANTI, S. – *Game Theory and the Legal Analysis of Tacit Collusion. Antitrust Bulletin. vol.* 38, n.º 1 1993, p. 113-141

Z

ZEKOS, G. – The New E.U. *Approach to Mergers and Market Integration. European Community Law Review.* n.º 27 2000
ZERBE, R. – *Economic Efficiency in Law and Economics.* Edward Elgar, 2001

ÍNDICE

RESUMO	9
NOTA PRÉVIA	11
MODO DE CITAR E OUTRAS CONVENÇÕES	15
PLANO GERAL	19

PARTE I
INTRODUÇÃO AOS SECTORES EM REDE

I. INTRODUÇÃO GERAL	23
1. Apresentação	23
2. Introdução à teoria das redes. Delimitação terminológica e axiológica	27
II. DA ARQUITECTURA DA REDE	37
1. Sectores em rede. Definição	37
1.1. Quanto à estrutura das redes: redes em estrela, circulares ou em teia	40
1.1.1. Rede em estrela	40
1.1.2. Rede circular ou em anel	46
1.1.3. Rede em teia	47
1.2. Quanto à natureza da rede: redes físicas e redes virtuais	48
1.2.1. Redes físicas	48
1.2.2. Redes virtuais	53
1.3. Quanto ao tráfego da rede: redes unidireccionais e redes bidireccionais	60
1.3.1. Redes unidireccionais	60
1.3.2. Redes bidireccionais	61
1.3.3. Redes virtuais bidireccionais compostas	62
III. SECTORES EM REDE: QUESTÕES ESTRUTURAIS ESSENCIAIS	67
1. Introdução	67
2. Existência de condições para a constituição de monopólios naturais em determinados segmentos das redes	69
3. A compatibilidade e as normas do sector	83

4. As exterioridades de rede 91
   4.1. Da urgência de uma definição 111
   4.2. As exterioridades de rede e a tipologia das redes 116
   4.3. Da alegada existência de exterioridades de rede em redes virtuais 123
   4.4. Corolários concorrenciais da teoria das exterioridades de rede –
        a dependência das escolhas passadas ("path dependence") – falência
        da teoria dos mercados contestáveis? 130
   4.5. Conclusão. A Formação de Normas ou "Standards" 143

PARTE II
INTRODUÇÃO À REGULAÇÃO E CONCORRÊNCIA NOS SECTORES EM REDE

I. A POLÍTICA DA REGULAÇÃO E DA CONCORRÊNCIA NOS SECTORES
   EM REDE 151
   1. A política da regulação e da concorrência. Fundamentos 151
   2. A conformação dos sectores em rede aos imperativos de redistribuição,
      equidade e qualidade 163
   3. Princípios óptimos de ordenação jurídico-económica nos sectores em rede ... 167
   4. Da distinção fundamental entre estratégias eficientes e ineficientes nos sectores
      em rede. A concorrência dinâmica 174
   5. Da necessidade de reformulação do conceito de domínio e de mercado relevante ... 185
      5.1. A concorrência dinâmica e o domínio de mercado 185
      5.2. Da necessária reformulação do conceito de monopolização e de posição
           dominante 193
      5.3. A concorrência dinâmica nas redes e a definição de mercado relevante 205
   6. Conclusão. O conceito de Concorrência Efectiva 221

PARTE III
PRÁTICAS CONCORRENCIAIS INDIVIDUAIS NOS SECTORES EM REDE

I. DA REFORMULAÇÃO DAS BASES DE ANÁLISE CONCORRENCIAL
   DAS REDES NA ÓPTICA DA POSIÇÃO DOMINANTE INDIVIDUAL 237
   1. A reorientação das metodologias de apreciação do poder de mercado individual:
      da forma aos efeitos 237
      1.1. Práticas de Exclusão Horizontal: Remissão 241

II. ANÁLISE ECONÓMICA DOS MODELOS DE EXTENSÃO VERTICAL
    DO PODER DE MERCADO EM SEGMENTOS DOS SECTORES
    EM REDE 243
    1. Extensão vertical e integração vertical: conceito e definições 243
    2. Relevância Concorrencial da Integração Vertical em Mercados Concorrenciais 247
    3. Relevância Concorrencial da Integração Vertical em Mercados Não
       Concorrenciais 251

4. A Integração Vertical Intra-sistemática: riscos e oportunidades	254
5. Doutrina Económica Relevante: Escola de Chicago e Post-Chicago	255
6. Análise crítica da posição da Escola de Chicago	268
6.1. Um exemplo Jurisprudencial Norte-Americano: o processo Eastman Kodak – mercados derivados – ("aftermarkets") e suas consequências ao nível comunitário	277
III. DO ABUSO DA POSIÇÃO DOMINANTE – PRÁTICAS INDIVIDUAIS DE EXCLUSÃO CONCORRENCIAL NOS SECTORES EM REDE	285
1. As vendas subordinadas ("tying") e a formação de pacotes agregados ("bundling"), numa óptica de concorrência pelos segmentos das redes	285
1.1. Introdução	285
1.2. O regime legal comunitário e respectivas concretizações	287
1.2.1. Os processos Microsoft: pacotes agregados	308
1.3. Algumas referências conclusivas	314
2. A recusa em negociar e o acesso a segmentos essenciais	323
2.1. Questões iniciais	323
2.2. Em especial, os acordos restritivos de comercialização e os descontos de fidelização	327
2.3. O direito de acesso aos segmentos "essenciais" nos sectores em rede ...	340
2.4. Os direitos de propriedade intelectual, a concorrência e o dever de negociar nas redes virtuais	342
2.5. O dever em negociar e a doutrina das "infra-estruturas essenciais"	356
2.6. O dever de negociar o acesso a segmentos essenciais no direito comunitário da concorrência	361
2.7. A regulação de acesso a segmentos essenciais	370
2.7.1. Sector das telecomunicações electrónicas	372
2.7.2. Sector da energia	374
2.7.3. Redes virtuais: programas de computador e bases de dados	376
2.8. Regime concorrencial do dever em negociar o acesso a segmentos essenciais	379
IV. DO ABUSO DA POSIÇÃO DOMINANTE – PRÁTICAS INDIVIDUAIS DE EXCLUSÃO CONCORRENCIAL BASEADAS NA POLÍTICA DE PREÇOS NOS SECTORES EM REDE	397
1. A determinação de preços óptimos de acesso a segmentos de sectores em rede	397
2. A regulação de preços	399
2.1. Introdução	399
2.2. Referencial de Custos para a Determinação de Preços de Acesso	401
2.2.1. O preço eficiente no acesso unidireccional a segmentos nos sectores em rede	404
2.2.2. O preço eficiente no acesso bidireccional a segmentos nos sectores em rede	412
2.3. Referencial de Utilidade para a Determinação de Remuneração por Utilização de Segmentos	416
2.4. Um exemplo de tributação eficiente pelos custos: a taxa de utilização da infra-estrutura ferroviária	423

2.5. Um exemplo de tributação eficiente pela utilidade: a taxa de utilização do espectro radioeléctrico 438
3. Preços Predatórios nos Sectores em Rede 452
   3.1. Dos preços predatórios em geral 452
   3.2. Dos preços predatórios em especial enquanto instrumento de projecção do poder económico para mercados adjacentes 469
4. Compressão de Margens nos Sectores em Rede 475

PARTE IV
PRÁTICAS CONCORRENCIAIS COLECTIVAS NOS SECTORES EM REDE

I. DA REFORMULAÇÃO DAS BASES DE ANÁLISE CONCORRENCIAL DAS REDES NA ÓPTICA DOS COMPORTAMENTOS COLECTIVOS ... 491
   1. Os comportamentos colectivos nos sectores em rede – Prévio 491
   2. Breve Introdução Teórica. Racionalidade Individual e Colectiva 497
   3. Evolução da Teoria Económica do Oligopólio 504
   4. Implicações jurídico-económicas decorrentes das situações de oligopólio em sectores em rede 524

II. MODELOS ECONÓMICOS DE ACTUAÇÃO COLECTIVA NOS SECTORES EM REDE 527
   1. Preliminar. As coligações baseadas em acordos expressos 527
      1.1. Um caso especial: as práticas colectivas de fixação de normas de compatibilidade 527
   2. A Teoria dos Jogos e a Nova Economia Industrial – o comportamento estratégico cooperativo e não-cooperativo – da coligação tácita ao equilíbrio oligopolista não-cooperativo 543
   3. A Teoria dos Jogos Não-Cooperativos e os Sectores em Rede. A teoria dos jogos repetidos 551
   4. Conclusões preliminares quanto aos resultados dos modelos económicos e da teoria dos jogos relativamente à teoria dos oligopólios 559
   5. Estratégias de coligação tácita nos sectores em rede, na óptica dos jogos repetidos 563
      5.1. Coligação na política de preços nos sectores em rede 564
      5.2. Coligação pela política de capacidade de produção nos sectores em rede 566
      5.3. Coligação relativa à divisão dos mercados nos sectores em rede 570
   6. Conclusões preliminares: a concorrência dinâmica heterogénea inerente às redes. Os jogos a dois períodos 571
      6.1. Aprendizagem pela experiência 580
      6.2. Custos com Investigação e Desenvolvimento 581
      6.3. Em geral, a criação de uma ampla base instalada 582
   7. Sequência: A rivalidade dinâmica 583

III. A "POSIÇÃO DOMINANTE COLECTIVA" NOS SECTORES EM REDE ...   587
1. Condições de Mercado Necessárias para a Implementação e Manutenção de Coligações Tácitas. A definição comunitária de "posição dominante colectiva"   587
2. A recepção jurídica da fenomenologia dos ef. coordenados e não-coordenados em mercados oligopolistas   600
   2.1. Introdução   600
   2.2. Ordem Jurídica dos Estados Unidos da América   603
      2.2.1. Secção 1.ª do Sherman Act   603
      2.2.2. Secção 2.ª do Sherman Act   612
      2.2.3. Secção 5.ª (a) do Federal Trade Commission Act   617
      2.2.4. Secção 7.ª do Clayton Act   619
   2.3. A ordem jurídica comunitária   632
      2.3.1. Artigo 81.º do Tratado CE   632
3. A posição dominante colectiva – artigo 82.º do Tratado, legislação reguladora e regulamento de controlo das concentrações   642
   3.1. Introdução. Primeira fase de desenvolvimento conceptual. A interpretação restritiva do artigo 82.º do Tratado e literal do n.º 3 do artigo 2.º do Regulamento das Concentrações   642
   3.2. Segunda fase de desenvolvimento conceptual. A interpretação literal do artigo 82.º do Tratado e teleológica do n.º 3 do artigo 2.º do Regulamento das Concentrações   646
   3.3. Terceira fase de desenvolvimento conceptual. A superação da mera análise estrutural do mercado. A densificação do conceito de "actuação colectiva"   653
   3.4. Quarta fase de desenvolvimento conceptual. A introdução da análise económica na definição da posição dominante colectiva   666
   3.5. Em especial. Efeitos unilaterais, não-coordenados e efeitos coordenados indiciadores de domínio colectivo. Que fase de desenvolvimento conceptual?   677
   3.6. A nova orientação relativa aos "efeitos unilaterais" no controlo de Concentrações   690
   3.7. A nova orientação na interpretação do artigo 82.º do Tratado e no ambiente legislativo regulador – o poder de mercado significativo conjunto   702
4. Considerações relativas à teoria dos efeitos coordenados nos sectores em rede ...   712
   4.1. Elementos Essenciais para a Implementação e Manutenção de Coligações Tácitas – óptica dos efeitos coordenados   717
   4.2. Oferta Concentrada e Estabilizada   719
   4.3. Transparência do Mercado em Rede   734
   4.4. Homogeneidade do Produto e a Normalização nos Sectores em Rede ...   748
   4.5. Existência de Transacções Repetidas e Contactos Intra e Intersistemáticos   754
   4.6. Estabilidade dos Condicionalismos do lado da Procura   759
   4.7. Pressão concorrencial por parte dos clientes   762
5. Conclusões preliminares: o ambiente concorrencial nas redes na presença de regulação económica   764
6. Em especial: As concentrações verticais   766
7. Em Especial: As Concentrações de conglomerado   770

8. Em especial: As Concentrações sequenciais 777
9. Balanço económico – Ponderação de Eficiência 779
   9.1. Em especial: o argumento da empresa insolvente 797

PARTE V
CONCLUSÕES

1. Conclusões Gerais 809
2. Síntese Conclusiva Estrutural 810
3. Síntese ao Nível da Orientação Dogmática Adoptada 814
4. O Sentido de uma Concorrência Efectiva nos Sectores em Rede 816
5. Conclusões ao nível das práticas concorrenciais individuais nos sectores em rede 818
6. As políticas de preços nos sectores em rede 823
7. Conclusões ao nível dos comportamentos colectivos nos sectores em rede ... 825
8. Conclusão Final 826